ASSAMESE AND ENGLISH DICTIONARY

ASSAMESE
AND
ENGLISH DICTIONARY

M. BRONSON

GYAN

Published by

Gyan Publishing House
5, Ansari Road
Daryaganj, New Delhi-110002
Phone: 011-47034999, 9811692060
E-mail: books@gyanbooks.com

Distribution Network
gyanbooks.com
India, USA, Canada, UK, Australia, France

ISBN : 9788121242479 (PB)
First Published, 1867

2nd Impression 2020

Printed at: Gyan Press, Delhi.

Assamese and English Dictionary
Author: M. Bronson

A
DICTIONARY
IN
ASSAMESE AND ENGLISH.

অসমিয়া আৰু ইংৰাজি
অভিধান।

COMPILED
BY
M. BRONSON,
AMERICAN BAPTIST MISSIONARY.

First Edition.

AMERICAN BAPTIST MISSION PRESS.
SIBSAGOR.
1867.

PREFACE.

ASSAMESE is the language usually spoken by the entire population of the Brahmaputra Valley, and in most cases it is the only medium of intercourse with the bordering Hill Tribes. There is nothing to show that the Assamese race and their language have not existed in this Valley from time immemorial; and it is surprising that, during the change of rulers, the oppression and misrule to which they have been subjected, there are so few traces of any material change in their language. The Ahoms, a branch of the great Shan or Tai race, conquered Assam at an early period, and governed it for many hundred years, until it passed into the hands of the present Government; but scarcely a trace of their language is found in the present dialect of the Assamese. The Burmese, the Mohammedans, and powerful Cachari Tribes have in turn waged war upon Assam without affecting the language. This may serve to show the love of a people for their own tongue, and that if we would confer upon them the blessings of science and the true Religion, the most direct and successful medium is their own vernacular.

Unfortunately an impression has prevailed that Assamese and Bengali are identical or nearly so. Hence all the Schools, Courts, and official business of every kind are conducted in Bengali. This has greatly retarded the cause of education and general progress among the masses. They have no inclination to abandon their own for a foreign dialect. The higher classes, seeing their own language ignored, strive to obtain a sufficient knowledge of Bengali to fill Government offices; but they never feel at home in the language. In the family and social circle, nothing but the vernacular is spoken. Were Government now to abandon the country, Assamese would supersede all other dialects simply because it is the language of the masses.

That eminent linguist Max Muller tells us, that "there is hardly a language that in some sense may not be called a mixed language. No nation or Tribe was ever so completely isolated as not to admit a certain number of foreign words." Again, "It matters not how many words may be derived in common from another language, it does not prove the identity of any two dialects. It is to the *grammar* that we must look, to decide their identity."

Now in regard to the supposed identity of Assamese and Bengali, let it be borne in mind that wherever Hinduism goes, it takes its sacred language, the Sanscrit, along with it. In all the dialects of India, spoken by Hindoos, religious and scientific terms are mostly of Sanscrit origin, modified more or less by the peculiarities of each dialect. But the grammars of these dialects are different; hence they are distinct languages, notwithstanding they have many words in common. So in the case before us. Both Assamese and Bengali borrow largely from the Sanscrit, but the grammars are quite different, as will be readily seen by comparing them together. It might as well be said that French and Italian are one language, because both are sprung from the Latin, as that Bengali and Assamese are one, because they borrow in common from the Sanscrit.

After thirty years familiar acquaintance with the people, I am fully persuaded that it is a mistake to ignore their language. It ought rather to be cultivated. If suitable encouragement were given, the educated Assamese would soon supply vernacular School Books, and a new impulse in favor of education would manifest itself among the masses. In no other way can education ever be popularized among them.

In regard to the present work, it is the first Dictionary of the language ever published, and has necessarily been a difficult task. In the fourteen thousand words here collected, will be found many in daily use by the people, that no Bengali scholar will understand. Many of these words have been written as they dropped from the lips of the people. While I have thus endeavored to give the spoken language, I have also inserted the more common Sanscrit words that are used in the *Puthis*, and therefore known to the people. These words are also used in our School Books, and Scripture Translations. But it should be borne in mind that they are often used in Assamese, with a modified meaning, and a different pronunciation. A few words are used with a slight difference of form and pronunciation. These have been placed together as one word, and coupled by a bracket. English definitions have been simplified and varied as much as space will allow, for the sake of those who are learning English. As the language has hitherto had no standard, and has been used vaguely, I am aware that this first edition, like all other first attempts of the kind, must be left more or less imperfect. No word however has been allowed to pass without careful examination; and when doubts have existed, the oldest and best informed of the people have been consulted.

I am greatly indebted to the Rev. Dr. Brown, for a valuable list of words, and definitions partly given, all in the vernacular. The Rev. Mr. Whiting also printed a list of words as far as the letter ধ, without definitions.

The system of Orthography adopted in this work, is that of *Judurám Borua*, a learned Assamese Pundit, which it is believed much better corresponds with the actual pronunciation of the people than any other system met with. (See "Introduction to Brown's Grammatical Notices," Page IX.)

Suggestions from every quarter for the improvement of the work will be thankfully received, and borne in mind in the revision for a second Edition.

For the liberal contributions received, I beg to return many thanks. Should health and means permit, a second Volume, the corresponding English and Assamese, will follow.

M. Bronson.

Nowgong, Aug. 12th 1867.

আভাস।

সকলো জাতি মানুহৰ মাজত নিজ মাত্রি ভাসা আদৰনিয়। সেয়ে জিমান কি খিন আৰু অসোভিত নহওক, তেও আপোন ভাসা বুলি নেৰে। বন বিগ্রহ, ৰাজ্য ভগা আৰু নতুন ৰাজ্য পতা, এনে দুৰঘটনাৰ পৰা, বা নানা বিদেসি ভাসা সিকাতে মাত্রি ভাসাক গুচাব নোআৰে। আমাৰ এই অচম দেসত ইয়াৰ প্রমান দেখা গৈচে। পূৰ্ব্বে আহোম ৰজা সকলে এই দেস জই কৰি, স স বচৰ ভোগ কৰিলে। তেওঁবিলাকৰ ভাসা থাম্তি জাতিৰ সমতিয় এক ভাসা আচিল; কিন্তু এনে অতি আচৰিত জে ৰজা সকলৰ ভাসাই অচমিয়া ভাসাৰ একো হানি নকৰি, এতিয়া প্রাই সেই ভাসা আপুনি লোপ হল। এই দৰে, মান আৰু মচলমান সৈন্যে বাৰে বাৰে এই দেসত বন কৰি দেসৰ বহু উত্পাত কৰিলে; তথাপি ভাসাৰ একো লৰ নহল। আৰু বৰ্ত্তমান কালত এই দেস ইংলণ্ডিয় সকলৰ অধিন হোআত, তেওঁবিলাকে অচমিয়া ভাসাৰ প্রতি বিসেস সহাই নহৈ, বঙ্গালি ভাসাক নিজ মাত্রি ভাসা বুলি, গবৰ্ণমেণ্টৰ সকলো কৰম আৰু স্কুল আদিতো সেই ভাসাকে বেৱহাৰ কৰে; তাতে আমাৰ অচমিয়া মানুহ এভাগে জিবিকাৰ উপাইৰ নিমিত্তে বহু সুমেৰে বিদেসি ভাসা সিকে; আৰু কিচু বঙ্গালি কথা লিখিব বুজিব পাৰিলে, কাচাৰিৰৈ গৈ, তাত বঙ্গালি অচমিয়া দুয়োকো মিহলাই আৰজি আদি লিখি জিবিকাৰ উলিয়াই। কাচাৰি ঘৰত দিনৰ দিনটো হিন্দুস্থানি, বঙ্গালি আৰু কেতিয়াবা কেতিয়াবা কিচু অচমিয়া কথাও মিহলাই কাম কাজ কৰে; কিন্তু আপোন ঘৰ পৰিয়াল পোআ মাত্রে, সুধ ৰূপে নিজ মাত্রি ভাসাৰে আলাপ কৰে। এই দৰে প্রাই ৩০ ত্রিচ বচৰ গল, কিন্তু অসমিয়া ভাসা ব্রহ্মপুত্র নদিৰ সোঁতৰ নিচিনাকৈ বাধাৰ মাজত একে দৰে চলি আচে, আৰু আগলৈকো চলিব।

এতেকে, এই দেসৰ উনতিৰ নিমিত্তে নিজ মাত্রি ভাসা উত্তম কৰিব লাগে। পূৰ্ব্বে বঙ্গালি আদি অনেক ভাসা অতি খিন আচিল; কিন্তু এতিয়া উত্তম কৰা হৈচে; এই ৰূপে আমাৰ এই দেসি গ্যানি লোক সকলেও নিজ মাত্রি ভাসাক উত্তম কৰিব পাৰে; বিসেসকৈ জি সকলে ইংৰাজি ভাসাৰে ন ন গ্যান বিদ্যা সিকিচে, তেওঁবিলাকে একে আলচেৰে সেই গ্যান বিদ্যাৰ দ্বাৰাই অচমিয়া ভাসাৰে নানা বিধ ৰকমৰ পুথি চাপিলে দেসত গ্যান বিদ্যা বাঢ়িব, আৰু ক্রমে ক্রমে ভাসাও উত্তম আৰু সকলোৰে মান্যবন্ত হৈ জাব,

সকলো পুথিৰ মাজত অভিধান অতি প্রয়োজনিয়। অনেক ইংৰাজি লোকে অচমিয়া ভাসা সিকিবলৈ ইচা কৰে, আৰু অনেক অচমিয়া লোকেও ইংৰাজি ভাসা সিকিবলৈ সুম কৰি আচে। সকলোৰে উপকাৰৰ নিমিত্তে অচমিয়া ভাসাৰে এই প্রথম অভিধান সমাপ্ত কৰিলোঁ। ইয়াত

১৪০০০ চৈধ্য হেজাৰ মান সব্দ আছে, তাৰ অৰ্থ অচমিয়া আৰু ইংৰাজি, এই দুই ভাসাৰে দিয়া হল। উত্তম উত্তম পণ্ডিত, আৰু জনা লোকৰ সহাই লৈছিলোঁ, আৰু অনেক বছৰৰ পৰা সব্দ গোটাই, তাৰ অৰ্থ লিখা হৈছে; তাতো কোনো কথাৰ সন্দেহ লাগিলে, অন্য অনেক জনা লোকে সৈতে বিচাৰ কৰা গল; তেও ইয়াত কি অসুধ ওলাই, পণ্ডিত সকলে তাত দোস নধৰি, আমাক জনালে বৰ উপকাৰ মানিম; আৰু পুনৰ্ব্বাৰ চাপোঁতে তাক সংসোধন কৰা জাব।

ইংৰাজি আৰু অচমিয়া ভাসাৰে, এই পুথিৰ দুতিয় ভাগো আৰম্ভন কৰা গৈছে। ইতি ॥

জিলা নগাওঁ আচাম,
সন ১৮৬৭ ইং তাং ১২ আগষ্ট।

এম ব্রন্সন।

ASSAMESE ALPHABET.

অ		o (*or* a)	ঐ	ৈ	oi (ai)
আ	া	a (á)	ও	ো	ó
ই	ি	i	ঔ	ৌ	ou
উ	ু	u	অং	ং	ong
এ	ে	e			

ক		k	ড	ḍ	ব		b
খ		kh	ঢ	ḍh	ভ		bh
গ		g			ম		m
ঘ		gh	ত	t	য	্য	y
ঙ	ং	ng	থ	th	ৰ	্ৰ	r
চ		s (ch)	দ	d	ল		l
জ		j	ধ	dh	ৱ		w
ঞ		ṉ	ন	n	স		s, h
ট		ṭ	প	p	হ		h
ঠ		ṭh	ফ	ph			

COMPOUND FORMS.

ক্ৰ kr,	ক্ত kt,	গ্ন gn,	ঙ্ক ngk,	ঞ্চ ns,	ঞ্জ nj,
ণ্ট nṭ,	ণ্ঠ nṭh,	ণ্ড nḍ,	ত্ন tn,	ত্ম tm,	ত্ৰ tr,
ত্ৰু tru,	দ্ধ ddh,	দ্ম dm,	দ্ভ dbh,	দ্ব dw,	ন্ত nt,
ন্ত্ৰ ntr,	ন্তু ntu,	ন্থ nth,	ন্দ nd,	ন্দ্ৰ ndr,	ন্দ্ৰু ndru,
ন্ধ ndh,	ন্ব nb,	ন্ম nm,	ন্স ns,	প্ত pt,	প্ন pn,
প্ল pl,	ব্দ bd,	ভ্ৰু bhru,	ম্প mp,	ম্ব mb,	ম্ভ mbh,
ল্প lp,	ষ্ট sṭ,	ষ্ঠ sṭh,	স্ক sk,	স্ত st,	স্ত্ৰ str,
স্তু stu,	স্থ sth,	স্ন sn,	স্প sp,	স্ব sw,	স্ম sm,
স্ৰু sru,	ৰু ru,	হু hu,	দ্ৰু dru,	হ্ম hm.	

A DICTIONARY,

ASSAMESE AND ENGLISH.

অ, The first vowel in the Alphabet. In Assamese the sound fluctuates between long and short o, as in the two syllables of the word *morrow*. It is inherent in every consonant; but the mark (্) placed underneath suppresses the vowel sound. Native writers denote the long sound of অ, by a circumflex, as কঁলা *black*; মঁহ a *buffalo*. Before a vowel অ becomes অন. As a prefix it is equivalent to *un*, *no*, *not*.

অ আই, *interj*. আচৰিত মনা মাত, a particle expressing surprise.

অংশ, *s*. ভাগ, ভোখৰ, খণ্ড, a share, division, piece.

অংশি, *s*. ভাগি, ভাগৰ গৰাকি, a partner, a sharer.

অঁকৰা, *a*. আঁকৰা, কথা কব নোআৰা, নিৰ্ব্বোধ, dumb, having an impediment in the speech; *s*. a dunce, a stupid fellow.

অঁকা, *a*. আঁক বাঁক কৰা, চিন দিয়া; এক পৰ্ব্বতিয়া জাতি, marked, tattooed; *s*. a hill tribe of Assam.

অঁকা বঁকা, *a*. নানা বৰনিয়া, আঁক্ বাঁক্, of diverse colours, striped.

অঁকিওআ, *a*. আঁচ দিয়া, অঁকা, চিটাচিট কৰাৰ চিন, marked, striped, tattooed.

অঁটা, *a*. জোৰা, কুলুআ, enough, sufficient.

অভোআ, *s*. মৰা পোঁচা, পৰিপাটি, সজ কৰা, ভগা চিগা বঢ়া, the act of putting in order, mending, repairing.

অঁৰা, *a*. গণ্ডা, চাৰিটিয়াকৈ লেখ কৰা, a term used in counting by fours.

অঁহ, *interj*. খঙ উঠা মাত, an exclamation of anger or indignation.

অঁহিয়া, *a*. আঁহ থকা, stringy, fibrous.

অকঁটলা, *a*. ঠাল ঠেঙুলি নকটা, আখি নকঁৰলা, not pruned, not trimmed.

অকটা, *a*. কেহা তিতা লগা, ঘিন ঘান নাইকিয়া, unpalatable, without disgust or aversion.

অকটুৰ, *a.* কঠিন নোহোৱা, কোমল, not cruel or unfeeling, not harsh, insipid or disagreeable to the ear, mild, soft.

অকঠিন, *a.* টান নোহোৱা, উজু, চিল, সুগম, soft, easy to do, not abstruse.

অকণ্টকা, *a.* কেজা নাইকিয়া, অচিন্তা, সুকলম, free from any thing that occasions anxiety, at ease, without an enemy.

অকথনিয়, *a.* কবলৈ অজোগ্য, কৈ ওৰ পেলাব নোৱৰা, unspeakable, beyond expression.

অকথা, *s.* হব নলগা কথা, অনিয়াই, দুষ্কৰম, improper talk, obscene language, misconduct, injustice.

অকপট, *s.* কপট নাইকিয়া, সাধু, sincerity, frankness, honesty.

অকপটি, *a.* সৰল, হোজা, পোন, অকুটিল, without hypocrisy, sincere, frank, honest, open-hearted.

অকম্পন, *a.* নকঁপা, থিৰ, নৰলা, not agitated, quiet, unmoved.

অককনা, *a.* নির্দয়া, কঠিন মন, নিমৰমিয়াল, unmerciful, unpitying, hard-hearted.

অকর্ম, *s.* কুকৰম, দুস্ক্রিয়া, a bad action, wickedness.

অকর্মন্য, *a.* অকামিলা, কোনো কামৰ জোগ্য নোহোৱা, fit for nothing, worthless, useless.

অকল, *a.* গুটিয়া, অকলসৰিয়া, কেৱল, মাত্র, single, alone, only.

অকলঙ্ক, *s.* নির্দোস, অপজস নোহোৱা, সুধ, purity, immaculateness.

অকলঙ্কি, *a.* চেকা নলগা, নির্দুসি, বাদ নাইকিয়া, spotless, untarnished, without blemish, stainless.

অকলসৰিয়া, *a.* লগ নাইকিয়া, alone.

অকলে, *ad.* লগ সঙ্গ নোহোৱাকৈ, separately, singly, by one's self.

অকল্যান, *s.* অমঙ্গল, অসুভ, আপদ, a misfortune, adversity, evil.

অকস্মাত, *ad.* হঠাত, আচম্বিত, গিৰিসাই, ঘুপুৰাই, চমকৈ, suddenly, abruptly, unexpectedly.

অকহি পুৰুস, *s.* আদি পুৰুস, একৈচ পুৰুস, ancestors, forefathers, progenitors.

অকাজ, *a.* অকাৰন, অকার্জ্য, অকাম, useless, without cause.

অকাবু, *a.* চল নোপোৱা, কৰিবলৈ আচল, difficult, perplexing, intricate.

অকামিলা, *a.* একো কামৰ জোগ্য নোহোৱা, আবালচন্দ, unserviceable, useless, worthless.

অকাৰন, *a.* কাৰন নথকা, বৃথা, এনেই, without cause or reason, fruitless, in vain.

অকাৰ্য্য, *s.* অনুচিত কৰম, অশুদ্ধ কাম, an improper work or action, wickedness, wrong.

অকাৰ্য্য ভাগি, *a.* অকৰ্ম্মা, কাম কাজ কৰিব নজনা, কোনো কামৰ দুজ নো-পোৱা, worthless, useless, stupid.

অকাল, *a.* অসময়, কাল পূৰ নোহোৱা, অনিয়মিত বেলা, premature, out of season.

অকাল মিত্তু, *s.* অকালত মৰা, আদবয়সতে মিত্তু হোৱা, premature death, early or accidental death.

অকিৰ্ত্তন, *a.* অপ্ৰকাস, প্ৰচাৰ নকৰা, unpublished, unpromulgated.

অকিৰ্ত্তি, *a.* জসস্যা হিন, দুৰ্নাম, অখ্যাতি, without renown, infamous.

অকিৰ্ত্তিম, *a.* সুধ, ভাঁজ নাইকিয়া, দ্ৰিঢ়, genuine, real, unalloyed, pure.

অকুটিল, *a.* অকপট, সুধ, পোন, sincere, honest, guileless.

অকুমাৰ, *s.* ডেকা লৰা, ডেকা, a boy under the age of puberty.

অকুমাৰি, *s.* গাভৰু চোৱালি, ডেকেৰি, a girl under the age of puberty.

অকুলন, *a.* কম, নটা, deficient, wanting, insufficient.

অকুলিন, *a.* অজাতি, নিচ জাতিয়া, আন কুলিয়া, of low caste, unprivileged, untitled, ignoble.

অক্ৰম, *a.* লেটিপেটি, বেমেজালি, অনিয়মিত, want of order, irregularity.

অক্ৰিতগ্য, *a.* নলাগ নোলোৱা, উপকাৰ নমনা, unthankful, ungrateful.

অক্ৰিপা, *s.* নিৰ্দ্দয়া, কাঠচিত, নিঠৰ, hardheartedness, unmercifulness.

অক্ৰিয়া, *s.* অকৰম, অধৰম, inaction, improper action, irreligion.

অক্ৰোধ, *a.* খঙ নাইকিয়া, জুৰ, dispassionate, placid, tranquil; *s.* the restraint of anger, dispassionateness, calmness.

অক্লেস, *s.* দুখ নাই, অনায়াস, the absence of distress, fatigue or difficulty, well being.

অক্লেসে, *ad.* সুচসে, উজু ৰূপে, দুখ নোহোৱাকৈ, with facility, easily.

অখটি, *s.* আওখটি, লৰা আদিৰ পেঁচাল, আহুকাল, a childish whim, fancy, caprice.

অখণ্ড, *a.* গোটেইটো, ভাগ নকৰা, নভগা নিচিগা, সৰ্বকাল থকা, whole, unbroken, undivided, continuous.

অখণ্ডন, *s.* নুগুচা, সৰ্বতিকাল থকা, নখণ্ডা, the non removal of a difficulty or evil, whole, unbroken, non refutation, continuity.

অখাদ্য, *a.* খাব নোপোৱা বেহানি, নোখোৱা, not fit for food, forbidden food, not eatable.

অখালড়াঁৰ, *s.* বিনা দোসত ভৰনি, the payment of an unjust demand.

অখিওআ, *s.* থোকৰ পৰা আখি খহোআ, the act of separating the several clusters of a bunch of fruit.

অখিচ, *s.* অলিক্ট, লেতেৰা, নিচ মানুহ, a low untidy slovenly person.

অখিন, *a.* নিখিনোআ, পুৰ, মঙহিয়াল, পুষ্ট, not lean, fat, fleshy.

অখিয়া, *a.* আখি থকা, having fruit in clusters.

অখিল, *s.* সমস্ত, গোটেই জগত, every thing, the world; *a.* whole, entire.

অখ্যাই, *a.* খ্যাই নোহোআ, অবিনাসি, জাউতিজুগিয়া, unwasting, imperishable, undecaying, everlasting.

অখ্যাই অব্যাই, *a.* বাহিয়াল, নুচুকুআ, unfailing, inexhaustable.

অখ্যাত, *a.* ঘা নলগা, খুন নোহোআ; আৰৈ চাঙল, undamaged, unbroken, unbruised. *s.* sun-dried rice.

অখ্যাতা, *s.* এঁৱা চোআলি, কুমাৰি, a virgin.

অখ্যাম, *a.* অসমৰ্থ, সক্তিহিন, নোআৰা, unable, insufficient, impotent.

অখ্যাৰ, *s.* আখৰ, a letter of the alphabet, a type.

অখ্যাতি, *s.* কুজস, অমৰ্জতা, দুৰ্নাম, disrepute, dishonor.

অখ্যোমা, *a.* দাই দোস নেৰা, খেমা নকৰা, unforgiving, implacable.

অখ্যোহিনি, *s.* সৈন্যৰ সংখ্যা বিসেস, a complete army, consisting of 109,350 foot, 65,640 horse, 21,870 chariots, and 21,870 elephants.

অগতি, *a.* নিৰাসুই, নৰ্কি, destitute of a refuge, without remedy, lost to all hope of final happiness.

অগতিৰ গতি, *s.* অনাথৰ নাথ, helper of the helpless.

অগনন, অগন্য, *a.* অলেখা, গনিব নোআৰা, বিস্তৰ, অমিয়া, uncounted, incalculable, innumerable, countless.

অগম, *a.* নিচে নাইকিয়া, অসঙ্কাৰ, নেদেখা নুমুনা, without conception hint or suspicion.

অগম্য, *a.* জাব নোআৰা, বুধিৰ অগোচৰ, impassable, impenetrable, impracticable, beyond conception.

অগম্যাগমন, *s.* জাব নলগালৈ জোআ, আপোনাৰ সমন্তিয়া তিৰোতাক গমন কৰা, unlawful cohabitation, incest.

অগৰ বগৰ, *a.* ইফাল সিফাল, লৰ চৰ, ই সি বস্তু, this way and that way, wavering, unsettled, unsteady, this and that.

অগৰু, *s.* আগৰ কাঠ, এবিধ চন্দন, a species of sandal wood.

অগৰ্বি, *a.* গৰ্বি নোহোআ, নিৰহঙ্কাৰি, not proud, not arrogant.

অগৰ্হি, *a.* কুৰুপ, অসুন্দৰি, ভাঁজ লগা, ill-formed, mis-shapen, ugly.

অগৰ্হিত, *a.* নিন্দাব বা ঘিনাব নোআৰা, not despicable, irreproachable.

অগাধ, *a.* অতি গহিন, বৰ দ, বৰ গম্ভিৰ, আথাউনি, very deep, profound, fathomless.

অগা পিচা, *s.* আগ পাচ, first or last, sooner or later.

অগা বগা, *s.* আগচি ধৰা, বাট ভেঁটি ধৰা, বাধা জনমোআ, hindrance, obstruction, the act of hedging up a way.

অগিয়া বগিয়া, *s.* একেটা বনকে উটা পুটাকৈ দুটাই কৰা, emulation, rivalry, evasion, subterfuge.

অগুন, *a.* গুন নাইকিয়া, নিস্ফল, bad, useless, worthless.

অগুৰুআ *a.* গুৰু গোঁসাই নাইকিয়া, গোঁসাই নমনা, অনৰনিয়া, অভকতিয়া, not discipled, not obeying a priest, or the rules of the Hindoo religion.

অগুনকাৰি, *a.* উপকাৰ নমনা, অসলাগি, ungrateful, unthankful.

অগোচৰ, *a.* নে দেখা নুসুনা, সাখ্যাত নোহোআ, unseen, unheard of, not under the cognizance of the senses.

অগ্নি, *s.* জুই, অগনি, হুতাসন, বহ্নি, fire; any violent passion or emotion, as *kam ogni, prem ogni, krudh ogni.*

অগ্নি কনা, *s.* ফিৰিঙটি, জুই আঙনি, a spark of fire.

অগ্নিকলাই, *s.* বৰ খঙ, কলাই খাবৰ দৰে উঠা, চোকা, irascibility, quick tempered, hasty.

অগ্নিকাঁৰ, *s.* অগ্নিসৰ, অগ্নিবান, বজ্ৰ, a fiery dart, a thunderbolt.

অগ্নিকুণ্ড, *s.* হোমৰ জুইৰ গাঁত, জুইশাল, নৰক, a sacrificial pit, a fiery furnace, hell.

অগ্নিকোন *s.* পুবহে দখিনহে মাজৰ চুক বা দিস, the southeastern point of the compass.

অগ্নিজ্বাল, *s.* জুইৰ তাপ, the heat of fire.

অগ্নিমই, *a.* অগ্নিৰ নিচিনা, খঙাল, উগ্ৰ, like fire, fiery, high tempered, passionate.

অগ্নিসিখা, *s.* জুইৰ জিবা বা আগ, a flame, a tongue of fire, a blaze.

অগ্যাত, *a.* নজনা, নুবুজা, unknown.

অগ্যাতি, } অগিয়াতি, } *a.* নিজ বঙহ পৰিয়াল নোহোআ, destitute of relations, not related to.

অগ্যান, } অগিয়ান, } *s.* গ্যান হিন, নিৰ্বোধ, মুৰ্খ, নজনা, ignorant, want of knowledge.

অগ্যানি, } অগিয়ানি, } *a.* পৰ্হিব সুনিব ন জনা, নিৰ্বোধ, মুৰ্খ মানুহ, ignorant, unlearned.

অগ্র, *s.* আগ, পূর্ব, আগালি, মুৰ, the point, the top, head, front, peak or pinnacle, a preliminary; *a.* first, preliminary.

অগ্রগনি, *a.* প্রথম, আগ বনুআ, first in place, first in order of precedence whether in a good or bad sense; *s.* a leader.

অগ্রাহ্য, *a.* লব নলগিয়া, পতিয়াব নলগিয়া, unacceptable, unworthy to be received or believed.

অঘটন, *s.* নঘটা, নোহোআ কথা, নর্জা, the non occurrence of an event, the non accumulation of property; *a.* unusual, not happening.

অঘাইত, *a.* বৰ, অতিসই, মহা, দুষ্ট, ভয়ানক, very great, monstrous, enormous, frightful.

অঘিন, *s.* ঘিন নাই, বিকচিনা ন লগা, without antipathy or disgust, without abhorrence or aversion.

অঘোৰ, *a.* মৃদু, খঙ্গ ৰাগ নাইকিয়া, not gloomy, cheerful, lively.

অঘোৰি, } *s.* ঘৰ নাইকিয়া, জুগি জাতি বিসেস, without a house or
অঘৰি, } fixed habitation, a class of wandering mendicants.

অঘ্রান, *a.* ঘ্রান নোহোআ, গন্ধ নোলোআ, inodorous, destitute of smell.

অঙ্ক, *s.* সংখ্যা, গননা বিদ্যা, a numerical figure, the science of arithmetic.

অঙ্কিত, *a.* চিন দিয়া, আঁক দিয়া, marked, paged.

অঙ্কুৰ, *s.* গাজ, গজালি, ফুল আদিৰ কোঁহ, a sprout, a seed bud, a germ.

অঙ্কুস, *s.* গজাঙ্কুস, লাংচিং, আঁকুহি, an elephant goad, an iron hook used in driving elephants.

অঙ্গ, *s.* হাত ভৰি আদি সৰিলৰ ভাগ, a member of the body, a limb, a part.

অঙ্গ প্রত্যঙ্গ, *s.* হাত ভৰি আদি সৰু বৰ সৰিলৰ সকলো ভাগ, the body and its members, the whole body.

অঙ্গত্র, *a.* দৰিদ্র, একো নাইকিয়া, খিনোআ, ভাগি চিগি জোআ, having nothing, stripped of every thing, emaciated, dilapidated.

অঙ্গিকাৰ, *s.* প্রতিগ্যা, দিম বা কৰিম বুলি গাত লোআ, a promise, agreement, engagement.

অঙ্গিভঙ্গি, *s.* গা হাত ভেঙ্গুৰা কৰা, a distortion of the body.

অচত্র, *a.* চত্র নাই, ৰজা ভগা দেস, অৰাজ, without a royal umbrella, *i. e.* without a king or ruler.

অচঙ্গ্রাই, *s.* বায়ুৰ বেদনা, মুৰ ফুৰনি, ৰাই জাঁই, vertigo, giddiness.

অচম্বিত, *a.* অকস্মাত, আচৰিত, astonishing, surprising, sudden.

অচৰ্ধা, *s.* অস্রধা, অমান্য, আমনি, হেলা, incredulity, disregard.

অচল, *a.* লৰ চৰ নকৰা, ঠৰ, অলৰ, immovable, torpid, fixed.

অচলা, *a.* বহু সম্পত্তিৰে চহকি, ধনি, wealthy, rich, opulent, affluent.

অচাৰ সঁচাৰ, *s.* নাইকিয়া, নুমুনা নেদেখা, অহা জোআ নকৰা, not to be found, without trace or vestige.

অচিদ্র, *a.* চিদিৰ নাইকিয়া, নিবিন্ধা, নিৰ্দুসি, not pierced, faultless, irreproachable.

অচিন, *s.* চিন নোহোআ, আচহুআ ঠাই বা মানুহ, without sign or vestige, a strange place or person.

অচিনাকি, *s.* চিনাকি নোহোআ, a stranger.

অচিন্তন, *s.* চিন্তা ন কৰা, ন ভবা, carelessness, indifference, without reflection.

অচেতন, *a.* সাৰে ন থকা, বিচেষ্টা, তত গ্যান নাইকিয়া, unconscious, void of reflection, senseless, inanimate.

অচেদ অভেদ, *a.* ন কটা, প্রিথক নোহোআ, নেবা নেপেৰা, undivided, incessant.

অচেষ্টা, *s.* পুরুসার্থ বা কাৰ্বাৰ ন কৰা, হেলা, without exertion, inaction, trifling.

অজই, *a.* জিনিব নোৱৰা, unconquerable, invincible.

অজগৰ, *s.* বৰ সাপ, a large serpent, (the boa constrictor.)

অজগৌ, *a.* একো ন জনা, অজলা, গোটগৰু, stupid, ignorant, *s.* a dunce.

অজতন, *a.* জতন নকৰা, কাৰ্বাৰ নাইকিয়া, without endeavor, at ease.

অজতনে, *ad.* অজতনে, সহজে, সুগমে, easily, with facility, without effort.

অজৰ অমৰ, *a.* ৰোগ বা মৰনৰ অধিন নোহোআ, চিৰজিবি, not subject to the infirmities of age or death, immortal.

অজলা, *a.* নিৰ্বোধ, নজনা, foolish.

অজাচিত, *a.* নোখোজা, নিবিচৰাকৈ পোআ, এনেই পোআ, obtained without asking, unrequested, unsought.

অজাত, *a.* নোপজা, জাত কুল নোহোআ, unproduced, unborn, having no caste.

অজাতৰিয়া, *a.* জাত এৰা, ভালৰ পৰা বেয়া হোআ, বেয়া, unlike the original, deteriorated, of bad origin, bad.

অজাত সত্রু, *s.* প্রধান সত্রু, নোহোআ নোপজা সত্রু, a chief enemy, an enemy that has no equal.

অজাতি, *a.* জাত কুল নাইকিয়া, ভিন জাতিয়া, without caste, belonging to another caste.

অজান, *a.* ভাল বেয়া নজনা, বিবেচনা ৰহিত, devoid of reason, irrational, unreasonable.

অজামিল, *s.* পূৰ্ব্ব কালৰ এটা দুৰ্জ্জন ব্ৰাহ্মণৰ নাম, দুষ্ট স্বভাৱৰ লোক, the name of an ancient notoriously wicked brahmin; applied also to persons notoriously wicked.

অজিগ্যাস, *s.* নোসোধা নোপোচা, আগ গুৰি নোচোৱা, the doing of a thing regardless of consequences, a rash imprudent action.

অজিগ্যাসি, *a.* অবিবেচক মানুহ, not inquisitive, rash, imprudent.

অজিন পাতকি, } *s.* দুৰ্জ্জন মানুহ, অমিল, বিৰুধি, a quarrelsome litigious
অজিনাহি, } person; *a.* discordant.

অজিৰ্ন, *s.* জিৰ্ন নোহোৱা, পেটৰ অজিন, not in tatters, indigestion.

অযুক্তি, *a.* অমিল, অসুগুত, অনুচিত, illogical, inconsistent improbable.

অযুত, *a.* দহ হেজাৰ, ten thousand.

অযোগ্য, *a.* অপাত্ৰ, অনুচিত, নোজৰা, unworthy, unfit, incompetent.

অযোত্ৰ, *s.* সম্পতি হিন, অসমৰ্থ, বিভুতি নোহোৱা, without subsistence, or competence.

অযোধ্যা, *s.* তিৰ্থ থান, শ্ৰীৰাম থকা নগৰ, name of a sacred city.

অঞ্জলি, *s.* আঁজলি, দুই হাতে জোখা, হাত জোৰ, the hands joined together with the palms upward; as much as can be held with the hands so joined.

অট্টালিকা, *s.* পকি ঘৰ, ইটা বা শিলেৰে সজা, an edifice of brick or stone.

অটুট, *a.* আটুট, কম বেচ নোহোৱা, মুৰে মুৰে হোৱা, not deficient, full measure.

অঠিক, *a.* বিঠিক, অস্বৰূপ, অনিচই, not exact, uncertain.

অঠিক বিঠিক, *a.* ঠাক ঠিক নোহোৱা, আচলা, not in order, not exact, nothing in place, nothing in readiness.

অড়লিয়া, *a.* এফলিয়া, একতিয়া, আওগৰিয়া, one sided, aslant.

অণ্টেকণ্টে, *s.* ডিঙ্গিৰ নেলিএ সৈতে, টেটুএ সৈতে, the whole inside of the mouth and throat.

অণ্ড, *s.* কনি, ডিমা, ডিম্ব, an egg.

অণ্ডকোস, *s.* মুষ্ক, মানুহ আদিৰ কনি, a testicle.

অত, *pron.* ইমান, এইমান, এতেক, বহুত, so much, so many, so great.

অতক, *ad.* ইমান সৰহ, ততোধিক, বিস্তৰ, so many, so great, so much.

অতনা, *ad.* এতেক, ইমান, বিস্তৰ, বহু, so many, so much.

অতপা, *a.* বৰকৈ বৰ্হা, মুৰে দাট বুলা, obstreperous, audacious, impudent.

অতপালি, *s.* অতিচাৰ কৰম কৰোঁতা, ডেও পৰা, audacity, impudence, turbulence.

অতমান, *ad.* ইমান, ইয়াৰ সমান, অধিক বা অলপ, so much or so little.

অতৰ চেলাই, *a.* অটাঙ্গৰিয়া, খিনকটিয়া, হাৰে চালে লগা, নিচলা, wasted away, emaciated, thin, gaunt.

অতৰন, *s.* আতৰন, নিৰুপাই, পাৰ হব নোঅৰা, impassableness, without the means of getting through a difficulty, irremediableness.

অতল, *a.* তলি নোহোআ, অগাধ, পাতাল বিসেস, bottomless, in Hindoo cosmography the first of the infernal spheres or worlds.

অতাঙ্গৰিয়া, *a.* দুৰ্বলি, weak, feeble.

অতি, *ad.* অধিক, অতিসই, very, exceedingly.

অতি অলপ, *ad.* নিচেই তাকৰ, এচিকটা, very little, very few.

অতিকাই, *a.* থূলন্তৰ, সকত, ডাঙ্গৰ গা, large bodied, gigantic, huge.

অতিক্ৰম, *s.* অতিচাৰ, লংঘন, সিমা ভঙ্গা, আগ্যা নমনা, transgression, the passing a prescribed boundary, disobedience.

অতিকৈ, *ad.* অধিককৈ, বৰ্হাকৈ, সৰহকৈ, greatly, exceedingly, excessively.

অতিত, *a.* গোআ, হৈ গোআ, past, gone, by-gone.

অতিথি, *s.* আলহি, প্ৰবাসি, অথিতি, a guest, a stranger.

অতিথি সেৱা, *s.* আলহি সোধা, hospitality.

অতিসই, *a.* সৰহকৈ, বৰকৈ, বহুলকৈ, much, excessive; *ad.* exceedingly.

অতিসাৰ, *s.* গুহনি, বৰকৈ পেট চলা, dysentery, violent purging.

অতুল্য, *a.* তুলনা কৰিব নোঅৰা, অনুপম, unequalled, unsurpassed.

অত্যন্ত, *ad.* অতিসই, বৰকৈ, very, excessive, much.

অত্যাচাৰ, *s.* অন্যাই, অমুৰি, দুৰ্জনালি, violence, oppression, lawlessness.

অত্যাচাৰি, *a.* অন্যাই অমুৰি কৰোঁতা, oppressive, overbearing, dissolute.

অত্যুত্তম, *a.* অতি উত্তম, ভালতকৈ ভাল, very good, excellent.

অত্ৰ, *ad.* ইয়াত, এই ঠাইত here, in this place.

অত্ৰিপ্ৰি, *a.* ত্ৰিপিতি নোহোআ, হেপাহ নপলোআ, unsatisfied.

অথচ, *conj.* আৰু, আধিকন্তু, পাচত, গৈ থৈ, also, and, moreover.

অথন, *ad.* অখোন, কিচু বেলিলৈ, এতিয়া, now, a short time.

অথনি, *ad.* অলপৰ আগোয়, a little before, previous.

অথনিকৈ, *ad.* কিচু পলমকৈ, a little afterwards, bye and bye.

অথন্তৰ, *s.* আপদ বিপদ, দুখ, কষ্ট, লৈলৈ থৈথৈ, calamity, distress.

অথবা, *ad.* নতুবা, নাইবা, কিম্বা, otherwise, or, else.

অথৰ, *a.* থিৰ নাই, হিচেষ্টা, কঁপি থকা, unsteady, tremulous.

অথৰ্ব্ব, *s.* চাৰি বেদৰ সেস খনৰ নাম, the last of the four Veds.

অথালি পথালি, *a.* দিঘে পুতলে, length and breadth.

অথিতি, *s.* থিতি নাইকিয়া, আলহি, প্ৰবাসি, without a fixed abode, a stranger, a guest.

অথিৰ, *a.* চঞ্চল, লৰচৰ, unsteady, giddy, volatile.

অথিৰ অবিৰ, *a.* থান থিত নাইকিয়া, জোজা নোহোৱা, disarranged, not in order.

অদই, *a.* অভুদই; নুটুকুৱা, বিস্তৰ, দন্য ন পৰা, unfailing, inexhaustible.

অদত্তা, *a.* অবিবাহিতা, নিদিয়া, not given in marriage, ungiven.

অদমন, *s.* অবস, অধিনত নথকা, সাসন বা দস নকৰা, the not subduing an enemy, not subjecting taming or restraining; *a.* unsubdued.

অদৰিসন, }
অদৰ্সন, } *s.* নেদেখা, লুকাই থকা, disappearance; *a.* hidden, out of sight.

অদাচিত, *ad.* অৱস্যে, নিসংসয়ে, certainly, doubtless, of course.

অদানি, *a.* দান নকৰা, দানসিল নোহোৱা, not benevolent, not liberal.

অদিতি, *s.* ইন্দ্ৰ আদি দস দিগপাল দেৱতাৰ মাতাৰ নাম, the mother of the inferior gods.

অদ্য, *ad.* আজি, আজিৰ দিন, to day.

অদ্যাপি, *ad.* আজিলৈকে, আজিও, এতিয়ালৈকে, to this day, as yet, still.

অদ্যাবধি, *ad.* আজিৰে পৰা, এতিয়াৰে পৰা, from to-day.

অদ্রিস্ট, *a.* নেদেখা, কঁপাল, ভাগ্য, unseen; *s.* fate, destiny.

অদ্রিস্য, *a.* নেদেখা, লুপ্ত, গুপুত, invisible.

অদ্বিতিয়, *a.* দুতিয় নহই, প্ৰধান, অনুপম, একেটা, without a second, unrivaled, having no equal.

অদ্ভুত, *a.* আচৰিত, আগে পাচে নোহোৱা, supernatural, marvelous.

অধঃ, *ad.* তল, অধোভাগ, নাম, beneath, below, down.

অধঃ পতন, *s.* তললৈ পৰা, নৰকে গমন, a falling, falling into hell.

অধম, *a.* নিচ, পাসণ্ড, খেৰেচ, পাপিস্ট, vile, base, mean, wicked.

অধৰ, *s.* তলৰ ওঁঠ, the lower lip.

অধৰম, *s.* পাপ, অন্যাই, দোস, wickedness, irreligion, sin.

অধৰমি, *a.* অধৰ্মি, পাপিস্ট, দুৰাচাৰি, wicked, ungodly, sinful.

অধম্য, *a.* নিচেই বেয়া, খেৰেচ, very vile, low, contemptible.

অধিক, *a.* সৰহ, বিস্তৰ, বহুত, more, abundant, much.

অধিক্‌কৈ, *ad.* সৰহকৈ, বৰ্হাকৈ, বহুলকৈ, abundantly, plentifully.

অধিকন্তু, *conj.* বিসেসত, তথাপি, অথচ, moreover, in addition to.

অধিকাৰ, *s.* অধিপতি, গৰাকি, গিৰিএক, প্ৰভু, lord, owner, possessor.

অধিকাৰি, *s.* গৰাকি, সত্ৰৰ অধিকাৰি, a proprietor, the head of a Hindoo religious establishment.

অধিকাৰিনি, *s.* গৰাকিনি, গিৰিইতনি, wife of the above.

অধিদেৱতা, *s.* ইষ্ট দেৱতা, a guardian deity.

অধিদৈৱত, *s.* খুদ্র দেৱতা, ইন্দ্র আদি দস দিগপাল দেৱতা, an inferior deity, a demi-god.

অধিন, *a.* বস হোৱা, আগ্যা মনা, তল হোৱা, subject to, dependent.

অধিপতি, *s.* প্রভু, মহা রজা, ছত্রি, গৰাকি, Lord, sovereign, king, owner.

অধিবাস, *s.* সুভ কৰমৰ আগেয়ে কৰা ক্রিয়া, a preliminary ceremony on festive occasions.

অধিৰাজ, *s.* ৰাজাধিৰাজ, Lord of the world, King of kings.

অধুনা, *ad.* এতিয়া, বৰ্তমান সময়ত, এই প্রস্তাৱত, at present, now, lately.

অধোগতি, *s.* তললৈ জোৱা, নৰকলৈ জোৱা, descent, the going to hell.

অধোগামি, *a.* তললৈ জোৱা, descending, sinking.

অধোদিস্টি, *s.* তললৈ চোৱা, a downcast look, a looking down.

অধোভাগ, *s.* তলৰ ভাগ, the lower part.

অধোমুখ, *a.* তল মুখ, লাজুক, downcast, of sad countenance, bashful.

অধৌত, *a.* নোধোৱা, অসুচি, unwashed, unclean.

অধৌৰ্জ্য, *s.* নসহা, ইন্দ্রিয়ক দমন নকৰা, impatience, not restraining one's self.

অধ্যয়ন, *s.* পৰ্হা, পাঠ আওৰোৱা, reading, repeating a lesson, study.

অধ্যাপক, *s.* সিখ্যক, ওজা, পৰ্হোৱা পণ্ডিত, a teacher, an instructor.

অধ্যায়, *s.* আধ্যা, ভাগ, কাণ্ড, a chapter, division, section.

অন্ন, *s.* ভাত, অন, আহাৰ, boiled rice, food in general.

অনঙ্গ, *a.* অঙ্গহিন, কাম দেও, without body; *kam deu*, the Indian Cupid.

অনন্ত, *a.* অন্ত নাই, অসেস, সৰ্বতিকাল থকা, নিত্য, অনন্ত নামে সৰ্প, eternal, endless; *s.* the name of a fabulous serpent with a thousand heads on which the world is supposed to rest.

অনন্ত কাল, *s.* ওৰেও, সদাকাল, eternal ages, eternity.

অনন্তৰ, *ad.* ইয়াৰ পাচে, পাচত, অনুক্রমে, afterwards, succeeding.

অনপৰাধি, *a.* দুসি নোহোৱা. নিৰপৰাধি, not guilty, faultless.

অনৱৰত, *a.* সদাই, খতিখন নোহোৱাকৈ, incessant, perpetual, constant

অনৰ্গল, *a.* সৰসৰিয়া, খঁকজা নলগা, খোঁচৰ নোখোৱা, fluent, glib, ready of speech.

অনৰ্থক, *a.* অকাৰন, বেথা, বিয়ৰ্থ, বিফল, to no purpose, fruitless, in vain.

অনল, *s.* জুই, অগ্নি, বহ্নি, fire.

অনা, *part.* লগত লৈ অহা, চৰতিয়া, brought; *s.* one anna.

অনাআভুআ, *ad.* বুজবাজ নোপোৱা, ঠিকঠাক নজনা, নেদেখা, not fully informed, doing any thing ignorantly or at venture.

অনাচাৰ, *s.* বেয়া আচাৰ, বিতি আচাৰ এৰা, improper conduct, not according to rule.

অনাচাৰি, *a.* বিতি আচাৰ নমনা, দুৰাচাৰি, lawless, contrary to usage.

অনাথ, *a.* ৰখিয়া নোহোআ, নিৰাসুই, unprotected, orphan, helpless.

অনাথকৈ, *ad.* নিৰাসুইকৈ, উদখিয়াকৈ, helplessly, forlornly.

অনাদৰ, *s.* আদৰ ন কৰা, অৱহেলা, অসুধা, disrespect, inattention, incivility, impoliteness, irreverence.

অনাদি, *a.* আদি নাইকিয়া, without beginning, from eternity.

অনাদি পাতন, *s.* জগতৰ সুজন, পুথিৰ নাম, the creation of the universe; a Hindoo shaster that treats of the creation.

অনা নিয়া, *s.* নিএ আনে, the act of taking away and bringing back.

অনাবিৃষ্টি, *s.* বৰখুন নোহোআ, খৰ টনা, a drought, want of rain.

অনায়ক, *a.* স্বামিহিন, অধিকাৰ নাইকিয়া, without an owner master or leader, unclaimed.

অনায়াস, *s.* পৰিসুম নোহোআ, ease, facility, readiness.

অনায়াসে, *ad.* সহজে, এনেই, দুখ নকৰাকৈ, সুগমে, easily, with facility, without difficulty.

অনাৰি, *a.* বেয়া হোআ, নষ্ট কৰা, injured, damaged, destroyed.

অনাৱস্যক, *s* আৱস্যক নোহোআ, অকাৰন, unnecessary, needless.

অনাহাৰ, *s.* আহাৰ নোখোআ, বৃত, লঘোন, abstinence from food, fasting.

অনাহাৰি, *a.* লঘোনিয়া, উপবাসি, abstaining from food.

অনিচই, *a.* ঠিকনা নাই, অঠাৰৰ, uncertain, doubtful, unsettled.

অনিচা, *s.* ইচা নাই, মন নোজোআ, অৰুচি, disrelish, aversion, reluctance.

অনিতি, *s.* নিতিৰ দৰে ন হই, অবিহিত, immorality, injustice.

অনিত্য, *a.* সদাই নথকা, খন্তেকিয়া, অসাৰ, temporary, transitory, unsubstantial.

অনিন্দিত, *a.* নিন্দিত নোহোআ, not despised, not censured.

অনিন্দিয়, *a.* নিন্দা কৰিবৰ জোগ্য নোহোআ, not despicable, not censurable, irreproachable.

অনিদ্রিত, *a.* জাগৰিত, সাৰে থকা, wakeful, watchful, sleepless.

অনিয়ম, *a.* নিয়ম নাই, বিদস্তৰ, বিধিমতে নোহোআ, irregular, without rule or order.

অনিয়মিত, *a.* নিয়মিত নোহোআ, থিৰ নকৰা, not regulated, not determined, indefinite.

অনিৰ্বচনিয়, *a.* কৰৰ সাধ্য নাইকিয়া, কৈ এঁটাব নোৱৰা, unspeakable, unutterable, indescribable.

অনির্ব্বন্ধ, *a.* অনিয়ম, নির্ব্বন্ধ নকৰা, ঠাক ঠিক নকৰা, without order, unsettled, unregulated.

অনির্ভই, *s.* সাহস, ভই নাইকিয়া, boldness, courage, fearlessness.

অনিষ্ট, *a* অবাঞ্ছিত, অমঙ্গলিয়া, অপকাৰ, undesired, ominous, evil.

অনিষ্টকাৰি, *a.* অপকাৰি, হানি কৰোঁতা, occasioning evil to another.

অনু, *prefix.* উপসর্গ বিসেস, used only in composition, it usually conveys the idea of following, agreeing, according to.

অনুকুল, *a.* সহাই, সাৰথি, coinciding, acting in concert with, assisting.

অনুক্রম, *s.* ক্রম, ইটোৰ পৰা সিটোলৈ, succession, order, a series.

অনুক্রমে, *ad.* ক্রমে ক্রমে, orderly, successively.

অনুখ্যন, *ad.* সর্বদাই, ওৰেও কালে, সঘনে, perpetually, continually.

অনুগত, *a.* পাচত জোআ, অহা জোআ কৰা, gone after another.

অনুগমন,
অনুগামি, } *s.* পাচে পাচে জোআ, সতি জোআ, a following after, the act of a woman burning herself on the funeral pile of her husband, a follower, a *Suttee.*

অনুগ্রহ, *s.* প্রসন্ন, ক্রিপা, দায়া, mercy, grace, favour.

অনুচৰ, *s.* আলধৰা, লগুআ, an attendant, a page.

অনুচিত, *a.* কৰিব ন লগা, অজোগ্য, improper, unfit, unsuitable.

অনুতাপ, *s.* সোক, বিসাদ, repentance, regret, remorse.

অনুপকাৰি, *a.* উপকাৰি নোহোআ, সহাই নোহোআ, unprofitable, not helpful.

অনুপম, *a.* অতুল্য, অতি উত্তম, বিতোপন, unequalled, unsurpassed, incomparable.

অনুপান, *s.* ঔসধৰ লগত খোআ দ্রব্য, a substance in which medicine is taken.

অনুভৱ, *s.* অনুমান, প্রমান লোআ, ভুল বুজা, an inference, experimental knowledge.

অনুমত,
অনুমতালি, } *a.* উন্মত, বিভত, বলিয়া, মতোৱাল, deranged, intoxicated, beside one's self.

অনুমতি, *s.* সম্মতি, আদেস, আজ্ঞা, consent, permission, direction.

অনুমান, *s.* জুক্তিৰ দোআৰাই নিচই কৰা, মনে ধৰা কথা, an inference, a hypothesis, a supposition, a guess.

অনুমানিক, *a.* মনেৰে জনা, পঙ্গা, ভৰা কথা, probable, inferable, supposable.

অনুৰূপ, *a.* সদ্রিস্য, তুল্য, নিচিনা, নিয়মিয়া, resembling, corresponding, similar, a little less, inferior.

অনুসন্ধান, *s.* বিচৰা, বুজ বিচাৰ, ভুলোআ, বুজ বাজ, search, investigation, enquiry, scrutiny.

অনুসাৰে, *ad.* নিচিনাকৈ, ভাহে, according to, like.

অনুস্বাৰ, *s.* নাকৰ পৰা উচাৰিত বিন্দু, the nasal character (ং).

অনেক, *a.* বিস্তৰ, বহু, সৰহ, many, much, abundant.

অনোআ, *a.* লোকৰ দোআৰাই অনা, brought, causing to be brought.

অন্ত, *s.* মৰন, সেস, ওৰ পৰা, an end, a limit, death.

অন্তঃকৰন, *s.* মন, অন্তৰ, চিত, হিদই, the heart, mind, the inner part.

অন্তঃপুৰ, *s.* ভিতৰ ঘৰ, ভিতৰ খোঁটালি, a zenana, an inner apartment.

অন্তক, *a.* নাসক, মাৰোঁতা, জম ৰজা, deadly, mortal; *s.* Jom, the fabulous king of death.

অন্তকাল, *s.* সেস কাল, মৰন কাল, the end, the time of death.

অন্তৰ, *s.* মন, আঁতৰ, দুৰ, নিলগ, বেলেগ, the mind; *a.* distant, different, unlike.

অন্তৰত, *ad.* আঁতৰত, সেসত, মুৰত, পাচলৈ, subsequently, afterwards.

অন্তৰা অন্তৰি, *a.* আঁতৰা আঁতৰি, প্ৰিথক, নিলগ হোআ, mutually separated, disunited.

অন্তৰিখ্য, *s.* আকাস, গগন, the sky, the firmament.

অন্তৰিপ, *s.* সাগৰলৈ সোমাই জোআ কিলাকুটিয়া মাটি, a headland, a cape.

অন্তৰ্জামি, *a.* মন জানোঁতা, knowing the heart.

অন্তৰ্ধান, *s.* অদৰ্সন, হৰলুক হোআ, a disappearance, a vanishing.

অন্তৰ্হিত, *a.* লুকুআ, নেদেখাকৈ থকা, হৰলুক, disappeared, vanished.

অন্তি, *s.* উন্তি, কানৰ অলঙ্কাৰ, an ear-ornament.

অন্তিম, *a.* সেস, last, ulterior.

অন্ত্যেষ্টি ক্ৰিয়া, *s.* দাহ দহা কাজ আদি মৰাৰ কৰম, প্ৰেতক্ৰিয়া, funeral obsequies, offerings to the manes of deceased ancestors.

অন্ধ, }
অন্ধক, } *a.* কনা, অন্ধলা, দিৃষ্টিহিন, blind, sightless.

অন্ধকাৰ, *s.* এন্ধাৰ, পহৰ নাইকিয়া, darkness, gloom; *a.* dark.

অন্ধকুপ, *s.* একো নেদেখা ঘোঁপ ঠাই, এন্ধাৰ দ গাঁত, a dark deep well or pit.

অন্ধলা, *a.* অন্ধক, ধেন্দেলা, কনা, blind.

অন্ধি সন্ধি, *s.* উপাই, বুধি, বাট, চল, চিদ্ৰু, a means, way or chance of doing a thing, a crevice, a flaw in one's conduct.

অন্ন, *s.* আহাৰ, ভাত আদি খোআ দ্ৰুব্য, boiled rice, food in general.

অন্নজল, *s.* জিবিকাৰ উপাই, subsistence, maintenance, a living.

অন্নপূর্ণা, *s.* অন্ন দিয়ঁতি গোঁসানিৰ নাম, a godess, the Hindoo Ceres.

অন্ন প্ৰাশন, *s.* কেঁচুআ লৰাক প্ৰথমে ভাত খুউআ, a Hindoo ceremony on giving a child boiled rice for the first time.

অন্য, *pron.* আন, পৰ, ভিন, বেলেগ, another, different, other.

অন্যথা, *s.* ভিন ভাও, বিৰোধ, বেলেগ, the contrary, the reverse.

অন্যাই, *s.* ন্যাই নোহোআ, অধৰম, অবিচাৰ, injustice, wrong.

অপ, *prefix.* উপসৰ্গ, অন্যথা বা বেয়া, contrary to, to take from, bad.

অপকৰ্ম, *s.* কুকৰম, দুষ্কৰম, a mean action, improper conduct.

অপকাৰ, *s.* হানি, বেয়া কৰা, হিংসা, injury, detriment, loss.

অপকাৰি, *a.* হানি কৰোঁতা, অনিষ্টকাৰি, injurious, detrimental.

অপথ্য, *a.* বিৰোধ, অপথ্য, ৰোগ বৃদ্ধি কৰা বস্তু, inimical, hostile, hurtful, producing disease.

অপঘাত, *s.* হনন কৰা, অকস্মাত মৰন, murder a tragical or sudden death.

অপজস, *s.* কুজস, দুৰ্নাম, disgrace, dishonor, infamy.

অপথ, *s.* আওবাট, অবাট, কুপথ, a wrong road, an evil course.

অপ দেৱতা, *s.* ভুত পিসাঁচ প্ৰেত আদি, an apparition, a ghost, hobgoblin.

অপবাদ, *s.* মিচাকৈ দোস দিয়া, অখ্যাতি, কলঙ্ক, a false accusation, libel.

অপবাদি, } *s.* বাদ দিওঁতা, a false accuser, a defamer.
অপবাদক, }

অপবিত্ৰ, *a.* অসুচি, অসুধ, impure, unclean, unholy.

অপব্যই, *s.* অকাৰনে খৰচ কৰা, ধন বস্তু উৰুউআ, prodigality, wastefulness, profuse expenditure.

অপমান, *s.* অমৰ্য্যতা, নিন্দা, গালি, dishonor, indignity, insult, abuse.

অপমিৃত্যু, *s.* অকাল মৰন, an untimely death.

অপৰাধ, *s.* অগৰ, দোস, দণ্ড জোগ্য কৰম, a fault, guilt, sin.

অপৰাধি, *a.* দুসি, অগৰিয়া, পাপি, guilty, criminal, faulty, sinful.

অপৰিচই, *s.* অচিনাকি, নিচিনা নজনা, a stranger; *a.* unacquainted.

অপৰিমিত, *a.* অসংখ্য, লেখ জোখ নাইকিয়া, বহুত, unlimited, measureless, immoderate, excessive.

অপৰিষ্কাৰ, *s.* নিকা নোহোআ, অনিৰ্মল, not clear, not transparent, unclean, vague.

অপৰুপ, *a.* বিচখ্যন, অদ্ভুত ৰুপ, preternatural, strange, distorted.

অপৰ্হআ, *a.* নপৰ্হা, অপণ্ডিত, চহা, unlearned, ignorant.

অপহৰন, *s.* চলকৈ নিয়া, লোকৰ বস্তু নিয়া, a plundering, a purloining.

অপাই, *s.* আপদ, অমঙ্গল, a hindrance, a misfortune, a calamity, an accident, an evil.

অপাঠক, *a.* পাঠ কৰিব নোৱৰা, অজ্ঞানি, unable to read, ignorant.

অপাত্র, *a.* অযোগ্য, অকামিল্লা, unfit for, unworthy of, incapable.

অপাৰ, *a.* পাৰ নাইকিয়া, অসিমা, shoreless, boundless.

অপাৰ্গত, *a.* পাৰ্গত বা নিপুন নোহোৱা, unskilled, incompetent.

অপাৰ্থক, *a.* একো কাম কৰিব নোৱৰা, সক্তিহিন, incapacitated, enfeebled, weak.

অপালক, *a.* পোহ পাল ন কৰা, আগ্যা ন মনা, not cherishing, not maintaining, disobedient.

অপি, *conj.* আৰু, আৰুও, পুনৰপি, and, also, moreover.

অপুত্রক, } *a.* পুত্র নাইকিয়া, without offspring, childless.
অপুত্রকা, }

অপুজনিয়, *a.* পুজনিয় নোহোৱা, মান্য কৰিব ন লগা, not worthy of reverence or respect.

অপুৰ্ন, *a.* অসম্পুৰ্ন, আদ্দখলিয়া, not full, incomplete, unaccomplished, unfulfilled.

অপুৰ্ব, *a.* আগেয়ে নহুনা, নুসুনা, পুৰ্বে নোহোৱা, অতি উত্তম, unheard of, unprecedented, excellent, uncommon, remarkable.

অপেখ্যা, *s.* বাট চোৱা, বৈ থকা, আসা, expectation, waiting for, hope.

অপেস্বৰা, *s.* অপেস্বৰি, স্বৰ্গ বেস্যা, স্বৰ্গৰ নাচনি, উপদেবি, a female demi-god; the fabled dancers and courtezans of heaven.

অপ্রকাস, *a.* প্রকাস নোহোৱা, নে দেখা, গুপুত, লুকুআ, অফুট, unpublished, secret, unrevealed, hidden.

অপ্রমাদ, *s.* নিৰ্বিঘ্নি, সুকলম, আপদ আদি নোহোৱা, well-being, safety.

অপ্রমান, *s.* প্রমান বা চিনচাৰ নোহোৱা, without proof, of doubtful authority.

অপ্রমানিক, } *a.* সাখি দাদি নোহোৱা, অস্বৰুপ, without proof, untrue,
অপ্রমান্য, } improbable.

অপ্রয়াস, *s.* দুখ সুখ বিনা, এনেই, সুচল, without effort, ease; *ad.* easily.

অপ্রয়োজন, *s.* আৱস্যক নোহোৱা, নলগা, without necessity; *a.* unnecessary.

অপ্রানি, *a.* নিৰ্জিব, অচেতন, without life, inanimate.

অপ্রিতি, *s.* প্রিতি নাইকিয়া, চেনেহ নোহোৱা, want of love.

অপ্রিয়, *a.* মৰম দেখা নাইকিয়া, ভাল নোপোৱা, unamiable, not beloved.

অপ্রৌঢ়িক, *a.* গুপুত, প্রকাস নোহোৱা, unrevealed, not made known.

অফলা অফলি, *ad.* আচবা আচৰি, থেকেচা থেকেচি, dashing to and fro, throwing this way and that.

অফুট, *a.* অপ্রকাস, গুপুত, without trace, knowledge, or intimation.

অৱগ্যা, *s* অৱহেলা, অনাদৰ, disregard, contempt, despite

অবচন, *s.* দুৰ্ব্বাক্য, অমান্য কথা, কুবচন, scurrilous or profane language.

অবস, *s.* অধিন নোহোৱা, নদমা, তল নোহোৱা, not under control. unsubjugated, insubordinate.

অবস্তু, *a.* বেয়া বস্তু, অসাৰ, অনৰ্থক, worthless, unsubstantial, unreal,

অবাক, *a.* নিমাত, বোবা, নিৰুত্তৰ, mute, speechless, unable to reply.

অবাচ্য, *s.* বেয়া মাত, অশুভ মাত, কুবচন, obscene language, obscenity.

অবাট, *a.* বাট নোহোৱা, আওবাট, বিপথ, pathless, a wrong way, an evil course of conduct.

অবাধ্য, *a.* বাধা নুসুনা, হাক বচন নমনা, দগা, stubborn, disobedient.

অবাব, *a.* অকাৰন, এনেই, সুদাই, নাহক, causeless, to no purpose.

অবালচন্দ, *a.* বন হাবি কৰিব নজনা, অকামিলা, incompetent, having no skill at work, worthless, useless.

অবিকল, *s.* দুখ কেলেস নাইকিয়া, the absence of trouble or evil.

অবিচাৰ, *s.* অন্যাই, ভালকৈ বিচাৰ নকৰা, injustice, wrong.

অবিচেদ, *s.* চেদ ভেদ নোহোৱা, নেৰা নেপেৰা, খতিখম নোহোৱা, union, connection of parts, continuity.

অবিদিত, *a.* ন জনা, প্ৰকাস নোহোৱা, unknown, invisible.

অবিধি, *a.* বিধি বা সাস্ত্ৰৰ বিপৰিত, বেআইনি, unlawful, illegal.

অবিনাস, *s.* নষ্ট নোহোৱা, অমৰন, imperishableness, indestructibility.

অবিনাসি, *a.* অমৰ, অখ্যাই, জাউতি জুগিয়া, indestructible, imperishable.

অবিবাহিত *s.* বিয়া নোহোৱা পুৰুস, আবিঐ, an unmarried man, a bachelor.

অবিবাহিতা, *s.* বিয়া ন কৰোৱা চোআলি, আবিঐ তিৰোতা, a maid, a spinster, a virgin.

অবিবেচক, *a.* বিবেচনা ন কৰা, inconsiderate, thoughtless, careless.

অবিবেচনা, *s.* বিবেচনা ন কৰা, বুদ্ধি বাদ্ধি নোচোৱা, want of consideration, discrimination or investigation.

অবিলম্বে, *ad.* সিঘ্ৰে, লগতিলেই, অদাচিতে, quickly, without delay.

অবিসেস, *a.* অভেদ, সাধাৰন, like, similar; *s.* similarity, resemblance.

অবিস্ৰাম, *s.* আজৰি নাইকিয়া, নিজিৰোৱা, without cessation or rest.

অবিস্বাস, *s.* বিস্বাস নাই, অসস্বাত, ন পতিওৱা, unbelief, incredulity, distrust.

অবিস্বাসি, *a.* অসস্বাতি, সত্যক নমনা, incredulous, unbelieving, unfaithful.

অবিহন, *s.* অবৰ্ত্তমান, ন থকা, নোহোৱা, absence, non-existence.

অবুজ, *a.* বুজ বিচাৰ ন কৰা, অবোধ, stupid, inconsiderate; *s.* stupidity.

অবৈয়াল, *a.* অসম্মত, কথা নু সুনা, অভাবি, unwilling, dogged, obstinate.

অবোধ, *a.* নিৰ্বোধ, অজলা, dull, foolish, stupid, ignorant.

অব্যক্ত, *a.* অপ্ৰকাস, অদ্ৰিস্য, latent, invisible, imperceptible.

অব্যবহাৰ, *a.* চলাচল ন কৰা, out of use, obsolete.

অব্যয়, *a.* ব্যই নোহোআ নুচুকুউআ, undiminishable, undeclinable.

অব্যৰ্থ, *a.* সাফল, গুন ধৰা, সিধি হোআ, efficacious, effectual, infallible.

অবিত্তি, *a.* বৃত্তি বা জিবিকাৰ উপাই হিন, without occupation or means of living.

অভই, *s.* ভই নাইকিয়া, the absence of fear; *a.* secure, fearless.

অভব্যকথা, *s.* নিলাজ মাত, অবাচ্য কথা, filthy obscene conversation.

অভকতিয়া, *a.* অসৰনিয়া, গুৰু গোঁসাইক ন মনা, not discipled.

অভক্ত, } *a.* ভক্তিহিন, অভকতিয়া, ইশ্বৰক প্ৰেম ভক্তি ন কৰা, not
অভকত, } devoted to, destitute of piety, irreligious.

অভক্ষ্য, *a.* খাব নোপোআ, not eaten; *s.* forbidden food.

অভগন, *a.* ন ভগা নিচিগা, খৰচ নোহোআ, সদাই থকা, unbroken, whole, entire, unexpended, perpetual.

অভদ্ৰ, *a.* বেয়া, কুচিত, সামান্য, evil, bad, common, of low rank.

অভাও, *s.* নাটনি, অকুলন, নোহোআ, lack, destitution, want, deficiency, failure.

অভাগ্য, *s.* দুৰ্দসা, দুৰ্বাসনা, দুৰ্কপাল, ill-fortune, adversity.

অভাজন, *a.* অকামিলা, অপাত্ৰ, অযোগ্য, unfit, unworthy.

অভিচাৰ, *s.* হাৰা কৰম, মন্ত্ৰ আদিৰ দ্বাৰাই প্ৰান মৰা, an incantation to injure or destroy.

অভিচাৰি, *s.* হাৰা কৰম কৰোঁতা, তুকৰমি, হাৰামি, a person who destroys by incantation.

অভিধান, *s.* সব্দৰ অৰ্থ ভেদ কৰা পুথি, সব্দৰ সংগ্ৰহ, অমৰ, a treasury of words and their meanings, a dictionary.

অভিন, *a.* বেলেগ নোহোআ, একে, not separated, alike.

অভিপ্ৰাই, *s.* আসই, মনৰ ইচা, তাতপৰ্য্য, scope, design, object, intention; the moral of a fable.

অভিমান, *s.* আপোনাক বৰ বুলি মনা, অহঙ্কাৰ, বিৰকতি, pride, self-esteem, the sullen resentment of an affront.

অভিৰুচি, *s.* হাবিয়াহ, মনৰ ইচা, inclination, earnest desire, taste, relish.

অভিলাস, *s.* ইচা, হেপাহ, কামনা, মন জোআ, a wish, desire, lust.

অভিলাসি, *a.* ইচা কৰোঁতা, desirous, covetous, sensual.

অভিসিক্ত, } *s.* সান্তি কৰা, প্ৰধান কামত নিয়োজন কৰা, ৰজা পতা,
অভিসেক, } the induction into a kingly or priestly office; installation.

অভিস্ট, *a.* অভিৰুচি, মন জোআ, বাঞ্চিত, wished for, desired.

অভেদ, *a.* বেলেগ নোহোৱা, একে, alike, *s.* oneness, similarity, identity.

অভ্যন্তৰ, *a.* আন্তৰিক, মাজ, ভিতৰ, inward, internal, within.

অভ্যাগত, *s.* আলহি, অথিতি, a guest, a visitor.

অভ্যাস, *s.* সদাই আচৰন কৰা, সহজ, আখৰা, habit, custom, practice, study.

অভ্যাসি, *a.* অভ্যাস কৰি থাকোঁতা, studious, practicing.

অভ্যদই, *s.* বৰ্দ্ধা, অধিক হোৱা, বাহুল্য, abundance, prosperity, plenty.

অমঙ্গল, *s.* দুৰ্দ্দসা, আপদ, অসুভ, disaster, calamity, an evil omen.

অমঙ্গলিয়া, *a.* আপদিয়া, অমঙ্গল জনক, hurtful, injurious, calamitous.

অময়া, *a.* মায়া হিন, সত্য, পৰম, free from illusion, real, perfect.

অময়াপুৰি, *s.* সুখৰ স্থান, স্বৰ্গ, a place of true happiness, heaven.

অময়া সুখ, *s.* অতি সুখ, পৰম সুখ, true happiness.

অমৰ, *a.* কেতিয়াও ন মৰা, চিৰজিবি, অভিধান বিসেস, undying, immortal, permanent; *s.* the name of a dictionary.

অমৰন, *s.* সদাই জিয়াই থকা, অনন্ত পৰম আয়ুস, নমৰা, নুচুকুআ, immortality, eternal life; *a.* eternal, unending.

অমৰা, *s.* এবিধ টেঙা গচ, the name of a tree and its fruit.

অমৰাৱতি, *s.* ইন্দ্ৰপুৰি, ইন্দ্ৰৰ নগৰ, the residence of Indra.

অমৰ্জ্জতা, } *s.* মান্যহিন, লঘু কৰা, disrespect, incivility, dishonor.
অমৰ্জ্জাত,

অমৰ্জ্জতালি, *s.* অনাদৰ, অসম্ভ্ৰম, disrespect; *a.* dishonorable, mean.

অমা, *s.* জোনৰ সোল ভাগৰ একভাগ, চন্দ্ৰ কলাৰ নাম, edge of the new moon.

অমাত, *a.* অবাক, মাতিব নোৱৰা, silent, speechless.

অমান, *s.* অমৰ্জ্জতা, মান আদৰ ন কৰা, dishonor, want of respect.

অমান্য, *a.* মান পাবৰ অজোগ্য, not worthy of respect or regard.

অমানুহ, *s.* নিচ মানুহ, নিন্দা বিকৰ্থনাৰ মাত, not human; a term of abuse.

অমান্তি, *s.* অসম্মত, সৈমান নোহোৱা, not consenting to, dissentient.

অমাৱাস্যা, *s.* আওঁসি, জোন মৰা তিথি, day of the new moon, change of the moon.

অমাৰি, *s.* এবিধ গচৰ নাম, a species of tree.

অমিয়া, *s.* অমৃত, সুৱাদ, nectar, the water of life.

অমিল, *a.* মিল নোহোৱা, বিৰুধা বিৰুধি, discordant, at variance, differing.

অমিলন, *s.* মিল নোহোৱা, মিমিলা, নোপোৱা, disagreement, disunion, discord, the not obtaining.

অমুক, *s.* আমুকা, নাম প্ৰকাস ন কৰি নিচই ৰুপে কোৱা, such a thing, such an one, a certain one.

অমুৰি, *s.* উপদ্ৰৱ, দুস্টালি, উদ্দণ্ডালি, violence, wickedness, mischief.

অমুৰ্খ, *a.* জ্ঞানি, not stupid, wise.

অমুল, } *a.* মুল সিপা নাইকিয়া, অকাৰন, মিচা, destitute of root or
অমুলক, } origin, without foundation, groundless, false.

অমুল্য, *a.* দৰ নাইকিয়া, বহু মুল্য, অতি উত্তম, priceless, invaluable, excellent.

অমোচন, *s.* নখওা, নুগুচা, non-liberation, non-removal.

অম্ৰিত, *s.* দেৱতাৰ আহাৰ, পঞ্চাম্ৰিত, অতি সোআদ বা উত্তম, nectar, food of the gods, the five sweets, viz. honey, sugar, milk, curds and ghee; any thing supremely excellent.

অম্ৰিতা, *s.* এবিধ গচ আৰু তাৰ গুটিৰ নাম, name of a tree and its fruit.

অম্ৰিতি, *s.* পান পাত্ৰ, লোটা বিসেস, an oblong drinking vessel.

অম্বিকা, *s.* গোঁসানি, দুৰ্গাৰ এক নাম, one of the names of Doorga.

অম্বুবাচি, *s.* সাঠ লগা, হিন্দু মতে আহাৰ মাহৰ সাদিন স্তোআত, প্ৰিথিবি চুআ বা অসুচি হই, the three days in the month of *Ahar* believed by the Hindoos to be unclean.

অয়ন, *s.* গতি, সুৰ্য্যৰ উত্তৰ আৰু দখিন গতি, motion, the sun's course north or south of the equator.

অৰখ্যক, *a.* উদলিয়া, গৰাকি ন থকা, without a keeper or master.

অৰখিত, *a.* ন ৰখা, উদঙ্গ, not preserved, not kept or restrained.

অৰন্য, *s.* হাবি, কাঠনি জাবনি, a forest, a wilderness, a thicket.

অৰা, *a.* আৰি থোআ, ওলোমাই ৰখা, suspended, hanged; *s.* the act of suspending or hanging.

অৰাজক, *a.* ৰজা নাইকিয়া, অচত্ৰ, without a king or ruler; *s.* an interregnum.

অৰাজ্য, } *a.* প্ৰজা নাইকিয়া ঠাই, নৰসুন্য, অৰন্য, নিজান, without inhab-
অৰাজ, } itants, without subjects, a desolate place.

অৰি, *s.* সত্ৰু, বৈৰি, an enemy.

অৰিয়া অৰি, *s.* বাগি হাজি ধৰা, বিবদা বিবদি, emulation, rivalry.

অৰিহনা, *s.* দখিনা, দান, religious offerings.

অৰিতিয়া, *a.* অনাচাৰি, ৰিতি নমনা, not conformed to rule or custom.

অৰুচি, *s.* অনিচা, ভাল নোপোআ, ঘিন, disrelish, disgust, aversion.

অৰুন, *s.* সুৰ্য্যৰ সাৰথি, সুৰ্য্য, ৰঙ্গা ৰবন, the dawn, the sun, Aurora, the sun's charioteer; *a.* the red or purple color of the dawn.

অৰুনোদই, *s.* প্ৰাতহ, পুবে বেনু দিআ সময়, নিচেই পুআ, the dawn.

অৰুন্ধতি, *s.* তৰা বিসেস, বসিষ্ঠ নামে মুনিৰ ভাৰ্য্যাৰ নাম, the name of a star; in mythology the wife of Bohistho muni who is said to have been turned into a star.

অৰোগি, *a.* নিৰুগি, স্বস্থ সৰিল, not diseased, healthy.
অৰ্ঘ, *s.* পুজাৰ উপচাৰ, আসা এৰা, the act of presenting an oblation.
অৰ্ঘ্য, *s.* পুজাৰ পাত্ৰ বিসেস, a sacrificial vessel.
অৰ্চন, } *a.* অৰ্চা, পুজা, সেৱা, আৰাধনা, respect, honor, worship.
অৰ্চনা, }
অৰ্জ্জা, *s.* আৰ্জ্জন, ঘটন, পৰিস্ৰমৰ লাভ, earnings, gain; *a.* acquired.
অৰ্জ্জাকোৰ্জ্জা, *s.* ঘটনপিটন, স্ৰমৰ লাভ, obtained by one's own labour.
অৰ্জ্জুন, *s.* পাণ্ডু ৰজাৰ এক পুত্ৰ, এবিধ গচ, name of one of the sons of Pandoo, famous in the story of the Mahabharat; name of a tree.
অৰ্থ, *s.* ধন বস্তু, বোধ, অভিপ্ৰাই, কাৰন, wealth, meaning, purport.
অৰ্থনা, *s.* প্ৰাৰ্থনা, নিবেদন, জাৰা কৰা, a prayer, a petition, a request.
অৰ্থহিন, *a.* কঙ্গাল, নিৰ্ধনি, poor, needy, destitute.
অৰ্থবাদ, *s.* অৰ্থ বিচাৰ, অৰ্থ কৰা, the investigation of a meaning.
অৰ্থবান, *a.* ধনি, চহকি, rich, wealthy.
অৰ্থাত, *ad.* বিসেসত, বাস্তৱত, namely, that is to say.
অৰ্থান্তৰ, *s.* অন্য অৰ্থ, another meaning.
অৰ্থি, *a.* ধনি, প্ৰাৰ্থনাকাৰি, মগনিয়াৰ, rich; *s.* a petitioner, a beggar.
অৰ্থে, *ad.* কাৰনে, নিমিত্তে, হেতুকে, about, for the sake of.
অৰ্ধ, *a.* আধা, আদখিনি, সমানে, এফাল, half, a moiety.
অৰ্ধচন্দ্ৰ, *s.* জোনৰ আদখিনি, a half moon, a crescent.
অৰ্ধ ৰাত্ৰি, *s.* দুপৰ ৰাতি, মাজনিসা, midnight, half the night.
অৰ্ধাঙ্গ, *s.* আধা সৰিল, ভাৰ্জ্যা, half of the body, a wife.
অৰ্দ্ধেক, *a.* আধেক, এফাল, আদুটি, half, the half of any thing.
অৰ্পন, *s.* সোধাই দিয়া, গতাই দিয়া, সমৰ্পন কৰা, উচৰগ কৰা, the act of making over, surrendering, or dedicating an oblation.
অৰ্পনা, } *s.* দিয়া, আৰপি থোআ, given, dedicated.
অৰ্পা, }
অৰ্পিত, *a.* অৰ্পন কৰা, সোধোআ, idem.
অৰ্ব্বুদ, *a.* দহ কোটি, a hundred million.
অৰ্স, *s.* ৰোগ বিসেস, the hemorrhoids or piles.
অৰ্হ, *affix.* জোগ্য, উপজুক্ত, implying liability, subjection.
অৰ্হৰ মাহ, *s.* মিৰি মাহ, a kind of pulse.
অলখ্য, *a.* অলেখ, বিস্তৰ, অনেক, innumerable, countless, many, much.
অলগৰ্ক্ক, *a.* অকামিলা, মুৰ্খ, একোন জনা, এলেহুআ, stupid, lazy, good for nothing.
অলঙ্কাৰ, *s.* আভৰন, খাৰু মনি আদি ভুসন, a jewel, an ornament.

অলঙ্কৃত, *a.* ভুসিত, অলঙ্কাৰ পিন্ধি থকা, সজোআ পৰোআ, adorned, ornamented, decorated.

অলপ, *a.* ভাকৰ, কিচু এফেৰিমান, a few, a little, a small quantity.

অলপ অচৰপ, *a.* ভাকৰ তুকৰ, অলপিয়া, a very few, a very little.

অলপতে, *ad.* সোন কালে, কিচু পলমে, soon, shortly, in a little while.

অলপ ধতুআ, *a.* অলপ সাহেৰে, ভয়াতুৰ, timid, fearful.

অলপাই, } *a.* অলপ বয়সত মৰা, সাও দিয়া মাত, short lived, a term
অল্পায়ুস, } of abuse.

অলপিয়া, *a.* এফেৰিমান, ভাকৰিয়া, few, a little.

অলম, *ad.* আলম, আসুই, সহাই, under the protection of, by the assistance of.

অলৰ, *a.* অচল, লৰচৰ নোহোআ, থিৰ, fixed, stable, unchangeable.

অলাভ, *a.* লাভ নহিকিয়া, অকাৰন, ব্ৰেথা, unprofitable, useless, in vain.

অলিয়া বলিয়া, *a.* থৰকাচুটি এৰা, অথিৰ অবিৰ, বিচেষ্টা, crazy, delirious, out of one's wits, beside one's self.

অলেখ, *a.* অসংখ্যাক, বিস্তৰ, অনেক অনেক, innumerable, very many.

অলৈ তলৈ, *ad.* ইফাললৈ সিফাললৈ, this way and that way, to and fro.

অলৌকিক, *ad.* চলাচল নোহোআ, অচলিত, unpopular, not current, not according to common usage.

অলো ভলো, *a.* অথিৰ, অঠাৱৰ, বিভত, going this way and that way, confused.

অৱতাৰ, *s.* ৰুপ ধৰা, আকাৰ ধৰা, an incarnation, assuming a form.

অৱতির্ন, *a.* অৱতাৰ হোআ, ওলোআ, incarnate, descended as a deity to assume an earthly form.

অৱধান, *s.* মন দিয়া, কান পতা, সুনা, attention, care, regard.

অৱসৰ, *s.* জিৰনি, আজৰি, বিস্রাম, rest, leisure, opportunity, spare time.

অৱসান, *s.* অন্ত, ওৰ পৰা, সমাপ্তি, extinction, end, decline.

অৱসিষ্ট, *a.* অৱসেস, থাই এৰা, বাকি থকা, left, remaining.

অৱসেস, *s.* বাহিঁ থকা, আগলিকা, a residue, remainder, remnant, surplus.

অৱসেসে, *ad.* পাচে, মুৰকত, finally, at last, last of all.

অৱস্য, *a.* নিচয়, স্বৰুপ, ঠিক কথা, certain; *ad.* certainly, to be sure.

অৱস্থা, *s.* দসা, গতি, বিলৈ, condition, situation, state, plight.

অৱহেলা, *s.* হেলা কৰা, উলাই কৰা, অমান্য কৰা, disregard of authority, contempt, disrespect.

অষ্টম, *a.* আঠ, the eighth.

অষ্টমি, *s.* চন্দ্ৰৰ অষ্টম দিন, তিথি বিসেস, the eighth of a lunar day.

অষ্টাকষ্টা, *a.* ধৰকাচুটি, চেষ্টা মেষ্টা, reduced to the last extremity.

অষ্টাঙ্গ, *s.* সৰিলৰ আঠ অঙ্গ, the eight principal members of the body on which the Hindoos make religious marks, viz. the two hands, the eyes, the breast, the forehead, the throat and the middle of the back.

অষ্টাঙ্গ প্রনাম, *s.* দণ্ডৱত কৰা, দিঘল দি পৰা, prostration, touching the ground with eight parts of the man, viz. the hands, feet, thighs, breast, eyes, head, words and mind.

অস, *interj.* দুখ পোআ মাত, খেদ কৰা, হাই হাই, an exclamation of distress, sorrow or regret.

অসংখ্য, } *a.* অলেখ, অগনন, বিস্তৰ, unnumbered, innumerable,
অসংখ্যা, } many.

অসক্তি, *s.* দূৰ্বল, অসমৰ্থ, weakness, want of power; *a.* powerless, weak.

অসঙ্গত, *a.* সঙ্গত নোহোআ, অমিল, অসম্ভৱ, inconsistent, incongruous.

অসচিয়া, *a.* অসুচি হোআ, অসৌচ লগা, unclean, impure.

অসজ্জ, *a.* সজ্জ নোহোআ, বেয়া, বিসম, bad, mean, evil.

অসঞ্চাৰ, *s.* নথকা, নেদেখা, দূৰ্লভ, নাইকিয়া, without trace or intimation.

অসপ্রাত, *s.* অবিস্বাস, সপ্রাত ন কৰা, unbelief, incredulity, distrust.

অসপ্রাতি, *a.* অবিস্বাসি, বিস্বাসঘাতকি, incredulous, unbelieving, faithless, treacherous.

অসতি, *a.* দুষ্টালি, বেস্যালি তিৰি, not virtuous, unchaste; *s.* a licentious woman.

অসত্য, *a.* মিচা, অযথৰূপ, untrue, false, feigned.

অসত্যবাদি, *s.* মিচলিয়া, সঁচা নোকোআ, a liar; *a.* untruthful.

অসন্তুষ্ট, *a.* বিকুষ্ট, বেজাৰ, displeased, dissatisfied.

অসন্তসিয়া, *a.* সুগিয়া, দুখিত, sad, sorrowful, displeased.

অসন্তোস, *s.* সোক, বেজাৰ, বিসাদ, sorrow, sadness, grief, displeasure.

অসভ্য, *a.* সভাৰ জোগ্য নোহোআ, অসিষ্ট, বনৰিয়া, আবৰি, wild, barbarous, savage, uncivilized.

অসম্পূৰ্ন, *a.* কম হোআ, সিধি নোহোআ, incomplete, unfulfilled.

অসম্ভৱ, *a.* হব নোআৰা, অতি আচৰিত, অসাধ্য, improbable, inconsistent, unreasonable, strange, odd, uncommon, extraordinary.

অসম্ভ্ৰম, *s.* অমৰ্জাত, মান্য ন কৰা, a neglect, an affront, an indignity.

অসম্মত, *a.* অমান্তি, অবৈয়াল, reluctant, averse, unconsenting.

অসম্মান, *s.* অমান্য, অমৰ্জতা, সম্ভ্ৰম ন কৰা, a dishonor, an indignity, an affront, incivility.

অসৰনিয়া, *a.* সৰন নোহোৱা, গুৰু গোসাঁইক নধৰা, অভকতিআ, without a priest or religious teacher, undiscipled.

অসলাগ, *s.* গুন নোহোৱা, উপকাৰ ন মনা, ingratitude, unthankfulness.

অসলাগি, *a.* সলাগ নোহোৱা, উপকাৰ ন মনা, ungrateful, unthankful.

অসহন, *s.* নসহা, বেজাৰ লগা, impatience, non-endurance.

অসহনিয়, *a.* সহিব নোৱৰা, ধৌৰ্য্য ন কৰা, unendurable, unbearable.

অসাখ্যাত, *a.* নে দেখা, অগোচৰ, নিলগ, not present, behind one's back.

অসাদৰ, *s.* অনাদৰ, প্ৰিতি ন থকা, disregard, disesteem.

অসাধু, *a.* অধৰ্ম্মি, দুৰ্জ্জন, পাপি, unrighteous, immoral, bad.

অসাধ্য, *a.* নোৱৰা, দুস্কৰ, দুসাধ্য, impossible, impracticable.

অসান্তি, *s.* অসুখ, আসাঁতি, অথিৰ, unhappiness, discomfort, restlessness.

অসাৰ, *a.* সাৰ নাইকিয়া, নিস্ফল, unsubstantial, worthless.

অসাৰ্থক, *a* নিস্ফল, অনৰ্থক, ব্যৰ্থ, fruitless, in vain, ineffectual.

অসাৱধান, *a.* মন নিদিয়া, ভতলৈ ন থকা, সাষ্টম নোহোৱা, not vigilant, careless, unwary.

অসিধ, *a.* সিধি নোহোৱা, অসম্পুৰ্ন, অপ্ৰমানিক, unaccomplished, uncompleted, unsubstantiated.

অসম, } *a.* অতুল্য, সমান নোহোৱা, আচাম দেস, unequaled, unparal-
অচম, } leled; *s.* the country of Assam.

অসমই, *s.* অকাল, আবতৰ, out of season; *a.* untimely, inopportune.

অসমন্ধ, *s.* সমন্ধ ন লগা, সম্পৰ্ক ন থকা, the want of connection, or agreement; want of relation to; without fitness or propriety.

অসমৰ্থ, } *a.* সক্তিহিন, অপাৰ্গত, অজোগ্য, incompetent, unable, incapable.
অসমৰথ }

অসমান, *a.* অসম, খলা বমা, uneven, undulating.

অসমিয়া, } *a.* আচাম দেসিয়া, belonging to Assam, Assamese.
অচমিয়া, }

অসিম, } *a.* অসেস, অপাৰ, অপৰিমিত, unbounded, unlimited, endless.
অসিমা, }

অসিষ্ট, *a.* অভদ্ৰ, আচাৰ ন জনা, impolite, unpolished, vulgar, rude.

অসুখ, *s.* দুখ, কেলেস, suffering, affliction, distress.

অসুখিয়া, *a.* অসন্তসিয়া, দুখিয়া, unhappy, sad, uncomfortable.

অসুচি, *a.* অপবিত্ৰ, চুআ, মলিন, ceremonially impure, unclean.

অসুধ, *a.* ভুল থকা, ভাঁজ দিয়া, কপট থকা, incorrect, inaccurate, alloyed, insincere.

অসুভ, *a.* অমঙ্গলিয়া, বিসম, unpropitious, bad, evil.

অসূয়া, *s.* খিয়াল, হিংসা, পৰৰ সুখ দেখিব নোৱৰা, malice, hate, envy.

অসুৰ, *s.* দৈত্য দানৱ, a fabulous race of demons or evil spirits; *fig.* a very wicked person.

অসুৱনি, *a.* দেখিবলৈ বেয়া, অসোভা, আলাগি, ugly, ill-favored, unsightly,

অসোক, *s.* এবিধ ফুল, সোক ন কৰা, a species of flower, free from grief.

অসোভন, *s.* অসৌন্দৰ্য্য, দেখিবলৈ বেয়া, the want of elegance or beauty.

অসোভা, *a.* সোভা নোহোৱা, অসুৱনি, দেখিবলৈ বেয়া, ill-favored, ugly, inelegant, uncomely.

অসোৱাদ, *a.* সোআদ নাইকিয়া, সেবেকা, tasteless, insipid.

অসৌচ, *s.* ওপজা আৰু মৰাৰ চুআ, the ceremonial uncleanness of birth and death.

অসৌচিয়া, *a.* অশুচি হোৱা, চুআ লগা, unclean, impure, (ceremonially.)

অস্ত, *s.* মাৰ জোৱা, বহা, the setting, of the heavenly, bodies.

অস্তগিৰি, } *s.* সূৰ্য্য মাৰ জোৱা পৰ্বত, the fabled western mountains
অস্তাচল, } behind which the sun sets.

অস্ত্ৰ, *s.* দা, কটাৰি আদি কটা চিকা অস্ত্ৰ, a weapon, an edge tool, a missile, arms.

অস্ত্ৰ সস্ত্ৰ, *s.* যুধৰ আঁহিলা, arms, weapons of war, armor offensive and defensive.

অস্ত্ৰাঘাত, *s.* অস্ত্ৰৰ কোব, the blow of a weapon.

অস্থায়ি, *a.* অনিত্য, অলপ দিনিয়া, transitory, temporary, fleeting.

অস্থি, *s.* হাৰ, a bone.

অস্থিৰ, *a.* অথিৰ, চঞ্চল, লৰচৰ, unstable, wavering, unsettled.

অস্ৰধা, *s.* অচৰ্ধা, অমান্য, হেলা, distrust, disregard, the treating any thing with contempt as incredible.

অস্ৰু, *s.* চকুৰ পানি, চকুৰ লো, লোতক, a tear.

অস্ৰুত, *a.* নুশুনা, নাস্ৰুত নাস্তুত, unheard of.

অস্ৰুপাত, *s.* চকুৰ লো ওলোৱা, চকুৰ পানি বোৱা, shedding tears, weeping.

অশ্ব, *s.* ঘোঁৰা, a horse.

অশ্বত্থ, *s.* আঁহত গচ, a species of tree; the *Ahant*.

অশ্বমেধ, *s.* ঘোঁৰা বলি দিয়া জগ্য, the offering of a horse in sacrifice.

অশ্বিনি, *s.* ঘুঁৰি, সাতাইচ নখ্যত্ৰৰ প্ৰথম নখ্যত্ৰ, a mare; in Hindoo mythology the first of the twenty seven stellar mansions.

অশ্বিনি কুমাৰ, *s.* দেৱতাৰ বেজ, দেৱতা বিসেস, the fabulous physicians of heaven; twin gods said to be begotten of *Hurjyo* the sun, and his wife *Honjoya* in the shape of a mare.

অহ, *interj.* অস; দুখ বেজাৰৰ মাত, an exclamation of pain or displeasure.

অহঙ্কাৰ, *s.* গৰ্ব, আপোনাকে আপুনি বৰ বুলি মনা, pride, self esteem, egotism, self-conceit.

অহঙ্কাৰি, *a.* গৰ্বি, মইমতালি, গঁফাল, দৰ্পি proud, haughty, scornful, disdainful, self conceited.

অহম, *s.* জাতি বিসেস, আঠ ঘৰিয়া আহোমৰ বংশ, the Assamese race.

অহর্নিস, *ad.* সদাই, খতিখন নাইকিয়া, continually, day and night, without cessation.

অহা, *s.* আহি থকা, coming, approach.

অহা জোআ, *s.* গমনা গমন, coming and going.

অহি, *s.* সৰ্প, সাপ, a serpent, a snake.

অহিংসক, *a.* অপকাৰ ন কৰোঁতা, হিংসা ন কৰা, not injurious, harmless, inoffensive.

অহিংসা, *s.* নিৰপকাৰ, harmlessness.

অহিত, *a.* বিৰোধ, সত্রু ভাও, against, inimical, opposed to.

অহিফেন, *s.* সাপৰ ফেন, আফিঙ্গ, opium, the poppy, said to have sprung from the venom that fell from Maha-Deu's serpents.

অহিফেনা, *s.* সাপৰ ফেঁট, the hood of a serpent.

অহোপুৰুসাৰ্থ, *ad.* অতি জতনেৰে, বৰ সুমেৰে, very zealously, by every means.

আহোৰাত্র, *ad.* দিন ৰাতি, দিনে ৰাতিএ, by day and by night.

অহোহোআ, *a.* ভোলোঙ্গা, নিয়ম দস্তুৰ নাইকিয়া, simple, foolish, shallow in intellect, aimless, haphazard.

আ

আ ব্যঞ্জন বর্নত গোট খালে আকাৰ এই ৰূপে লিখে, (া) the proper sound of this vowel is that of *a* in *father*, but it is often shortened and has the sound of *a* in *America*, especially when unaccented, as in the word আটাই, *all.* It never has the broad sound of *a* in *hall*, so common in Bengali. When joined to a consonant it is expressed by the symbol, (া) placed on the right hand. As a prefix, it is equivalent to *even to, up to.*

আই, *s.* মাত্রি, মাক, চেনেহৰ মাত, গুটি ওলোআ বা বসন্ত ৰোগ, mother, a term of affection, the small pox.

আইঐ, *interj.* দুখৰ মাত; অকস্মাত ভই পাই চিঞ্ৰা, an exclamation of suffering or of sudden alarm.

আইকুঁৱৰি, *s.* ৰজাৰ ঘৈণি, মাদৈ, কুঁৱৰি, ৰাজমাও, a queen, a king's consort.

আইচ দেউতা, *s.* আহোম ভাগৰিয়াৰ তিৰোতা, address of any respectable woman among the Ahoms.

আইটি, *s.* জিয়েকক মৰমেৰে মতা, a term of affection used in addressing daughters.

আইদেও, *s.* ৰজাৰ জি, বৰ লোকৰ জিয়াৰি, চেনেহ দেখুআ মাত, a term used in addressing the daughters of the king, also the daughters of all respectable people, affectionate address.

আইদেউতা, *s.* ভদ্ৰ লোকৰ তিৰোতা, আইচু, a respectable woman.

আউটি, *s.* টাঙনি, চুৰ, একদিস, a part, a particular quarter or side.

আউনি পান, *s.* হাবিত থকা এবিধ পান, the wild pan.

আউল, *s.* লেটপেটা, জোঁট, জেঙা, আঁত নো লোআ, জঞ্জাল, a snarl, a tangle, an involvement in difficulty.

আউলু আপচু, *a.* নেউচা কেউচা, নিন্দা কৰা মাত, a term of abuse.

আউল বাউল, *s.* সান মিহলি, জোঁট পোট, বেমেজালি, a medley, confusion, disorder.

আউলি জাউলি, *a.* দুখ বেজাৰত চুলি আদি মেলি ধৌৰ্জা এৰা, reeling to and fro with hair disheveled as in distress, or when half asleep.

আউলি বাউলি, *a.* কানি কাপৰ এৰি বলকি ফুৰা, ধৌৰ্জা এৰা, wandering about in a distracted manner, insane.

আউলিয়া, *a.* আউল বাউল হোআ, snarled, tangled, confused.

আউলুআ, *s.* আউল কৰা, ওঁত হেৰুআ, the act of snarling or tangling; *a.* confused, tangled.

আও, *prefix.* বেয়া, নিচ, ওভোতা, পাচ, বাঁও, আচৰিত মাত, evil, base, bad, contrary to, the left; *interj.* an exclamation of surprise.

আওকচু, *s.* বনৰিয়া কচু, বিজাতৰিয়া, a species of wild yam, an evil disposed person, base born.

আওজা, *s.* আওহা, পিঠিৰে ভৰ দি থকা, ভেঁজা দি থকা, the act of leaning against any thing.

আওটা, *s.* ধাতু জোল কৰা, পগোআ, the melting or refining of metals.

আওকঠিয়া, *s.* বেয়া গঁচ, বেয়া জাত, bad seed, base origin.

আওকথা, *s.* বেয়া কথা, ওভোতা কথা, evil communication, contradiction.

আওকথিয়া, *a.* অন্যাই বা অসঙ্গত কথা কঁওতা, contradictory or unreasonable in speech, disagreeing, adverse.

আওকনিয়া, *a.* মন নি দিয়া, কান সবালি মৰা, আওহেলা কৰা, turning away the ear, heedless, inattentive.

আওকাঠ, *s.* বয়া কাঠ, সাৰ ন থকা কাঠ, wood of an inferior quality, soft sappy wood.

আওকান, *s.* সুনিও নুসুনা ভাও ধৰা, অমনোযোগ, অসুধা, the turning a deaf ear, turning away from what is spoken, pretending not to hear.

আওকাল, *s.* বেয়া কাল, সাবট, an unpropitious time, an embrace; *a.* ill-omened, inauspicious.

আওখটিয়া, *a.* গৰিয়া গৰু, নিচালি কৰা, obstinate, stubborn, refusing to work, dogged.

আওখলা, *s.* ধোআ পখলা, the washing and rinsing of any thing.

আওগৰিয়া, *a.* এচলিয়া, এফলিয়া, হলনিয়া, not level, aslant, lopsided.

আওঘটনা, *s.* দুঘটনা, ন হব লগা হোআ, misfortune, mishap.

আওটনি, *s.* চুআ পাতনি, জাবৰ জোথৰ পেলোআ ঠাই, গেৰেকনি, a place where filth and refuse are thrown.

আওঠা ওলগা, *s.* নৰিয়া পৰিয়াত আল ধৰা, আল পৈচান ধৰা, the act of ministering in sickness.

আওঠি, *s.* কাপৰৰ দাঁতি, the selvedge of cloth.

আওডলা, *s.* পানি লৰোআ, পানিত কাপৰাদি জোকাৰি ধোআ the act of paddling, rinsing or moving any thing to and fro in water.

আওডুবি, *s.* ধৰ দ পানি, কুৰ্হ, a deep place in the channel of a river.

আওচলিয়া, *a.* হলনিয়া অৰৰিয়া, একানপতিয়া, not perpendicular, aslant.

আওনা আউনি, *s.* অনিয়া অনি, বাদ বিবাদ, বগিয়া বগি, contention, strife, emulation, rivalry.

আওফাল, *s.* বাঁওফাল, the left side, the wrong side.

আওফাল মৰা, *s.* আফাল মৰা, ঠেলা মৰা, a side blow, a slap, a shove.

আওবৰ, আয়ুবৰ, } *s.* আহোম ৰজাই সিঙৰি ঘৰ পাট ঘৰত উঠিবলৈ জাঁওতে ৰ.টত বোআ স্বৰ্নবট, a species of tree in great repute among the Ahoms.

আওবৰিয়া, *a.* অসুভ বা বেয়া বৰিয়া, অচলিয়া, pertaining to an unlucky day, aslant.

আওবাট, *s.* কুবাট, কুৰিতি, a wrong way, an evil course of conduct.

আওবাৰ, *s.* বেয়াবাৰ, কুদিন, a prohibited or unlucky day.

আওভাও, *s.* উআদিহ, বুজ, ভাও ভঙ্গি, the manner or method of doing any thing, gesticulation.

আওমৰন, *s.* বৰ দুখ পাই মৰা, নিৰাসুই হৈ মৰা, an unnatural or very painful death.

আওৰাই, *v.* অভ্যাস কৰা, মনত ৰবলৈ ঘনে ঘনে পৰ্হা, to practice, to learn, to commit to memory.

আওৰোআ, *s.* মনত থাকিবলৈ শিকা, মুখত অহোআ, সৰ্ষৰিয়া কৰা, the act of practicing or of committing to memory; *a.* committed to memory, practiced, learned.

আওলা, *s.* পানি পাচ, ঘৰৰ পানিপাচৰ খুঁটাৰ পৰা বাহিৰ ডোখৰ চাল, the lower portion of a roof, the eaves of a house.

আওহতিয়া, *a.* বাঁওহতিয়া, লেবেৰাহতিয়া, এমুৰিয়া, left handed, out of the way, at one side.

আওহা, *s.* আঁওজা, the act of leaning against.

আওহাত, *s.* বাঁওহাত, লেবেৰাহাত, the left side, the left hand.

আওহেলা, *s.* অৱহেলা, আওকান, অসুধা, contempt, disregard of authority, neglect.

আওহোআ, *s.* আঁওজাই থোআ, আওহাই, the act of placing one thing against another in a leaning position.

আঁউজি, *v.* আঁওহি, পিঠিৰে ভৰদি, to lean against, to lean or rest on.

আঁওকলিয়া, *a.* দুই হাতৰ বেৰে পোআ, a measure of size, as much as can be clasped by both arms.

আঁওর্চ, *s.* হাল বোআত আঁচ দি বৰ্হোআ মাটি, a piece of land surrounded by a furrow for ploughing.

আঁওচা, *s.* খাই মুখ ধোআ, the act of washing the mouth; *a.* washed.

আঁওজা, *s.* আওহা, পিঠিৰে ভৰদি থকা, ভেজাদি থকা, leaning against.

আঁওৰ পাঁওৰ, *s.* পেট পকোআ, নাৰি লুটিয়াপুটি কৰা, griping pain, colic.

আঁওসি, } *s.* অমাবস্যা, জোন মৰা তিথি, the disappearance or last
আওহি, } change of the moon.

আঁ কৰা, *s.* বেত মেলি থকা, মুখ মেলা, the act of opening the mouth.

আঁক, *s.* আঁচ, চিন, ৰেখা, চিৰদিয়া, ফাট লোআ, অঙ্ক, a mark, point, line, crack, a numerical figure.

আঁকনি বাৰি, *s.* আঁকটনা বাৰি, an instrument for marking lines.

আঁকবাঁক, *a.* অঁকাবঁকা, নানা বৰনিয়া, striped, variegated, spotted.

আঁকমচা, *s.* বাট মৰা, মোজোআ নেমেলা, বৰ সত্রু, the breaking off of friendly intercourse, an enemy.

আঁকৰা, *a.* অঁকৰা, মাত ফুটাই কব নোআৰা, having an impediment in the speech, tongue tied.

আঁকলা, *s.* চিনিব বুজিব পৰা, the act of perceiving or understanding; *a.* perceived, understood.

আঁকলুআ, *a.* খাবলৈ নবলৈ নোপোআ, বস্তুত বৰ হাঁপাহ কৰা, not plentiful, scarce, hankering after, greedy.

আঁকি, *v.* আঁক দি, চিন দি, চিৰদি, to rule, to mark, to stripe.

আঁকুহি, *s.* হাঁকুটি, আগ ঘোৰ খোআ বাৰি, a hooked instrument used to seize and draw with.

আঁকোৰ বাঁকোৰ, } *a.* কেঁকোৰা বেঁকোৰা, বেঁকা বেঁকি, crooked, curved,
আঁকোৰা, } bent, turned.

আঁকোৰ্গোজা, *a.* একথিয়া, ন কৰিলে নেযোঁতা, of one word, obstinate, self-willed, head-strong, determined.

আঁকোৱাল, *s.* দুই হাতৰ বেৰ, সাবট মৰা, a double armful, as much as can be clasped by both arms; with মাৰি to embrace, to clasp.

আঁচ, *s.* ৰেখা, আঁক, ফাট মেলা. a mark, a point, a line, a crack.

আঁচল, *s.* কাপৰৰ আগ, দিহাৰ আগ ফুল, the end or flowered border of a cloth.

আঁচলা, *s.* এতৰপিয়া এৰিয়াৰ কাপৰ, an *Eria* cloth worn single.

আঁচু, *s.* ৰঙনিয়া সুতা, colored thread.

আঁচুঅলি, *s.* আগত ফুল দিয়া কাপৰ, a cloth with a flowered border.

আঁচুওআ, *s.* মুখ ধুওআ, আচমন কৰা, causing the mouth to be rinsed.

আঁচুকৰি, } *s.* দাৰু হৰিদ্ৰা, আঁচু বোলোআ গচ, a tree the root of
আঁচুকাঠ, } which is used in coloring yellow.

আঁচুৰি, *v.* নখেৰে আঁচোৰা, মুৰ ফনিওআ, to scratch, to comb.

আচুৰি পিচুৰি, *v.* নখেৰে অথালি পথালিকৈ আঁচোৰা, to scratch, to lacerate, to use every means to obtain a livelihood.

আঁচোৰ, *s.* চিন, নখৰ ঘা, a mark, a scratch.

আঁচোৰা, *s.* মুৰ ফনিওআ, আঁচুৰি পেলোআ, the act of combing the hair, scratching.

আঁজলি, *s.* অঞ্জলি, দুই হাতৰ জোখ, a double handful.

আঁজোৰ, *s.* চোঁতকৈ টানি অনা, a short sudden pull, a twitch.

আঁজোৰ পিঁজোৰ, *s.* টনাটনি, আজোৰা আঁজুৰি, pulling back and forth, scuffling, scrambling to obtain.

আঁজোৰা, *a.* চোঁতকৈ বলদি একৰাই অনা, কৰিবলৈ আচল, সুৰলা নহই, jerked, twitched, pulled suddenly, intricate, difficult.

আটাল, *s.* ওপৰ চাঙ্গ, an upper floor, a platform, a scaffolding.

আঁঠা, *s.* এঁঠা, কৰাল, লাগি ধৰা বস্তু, gum, any sticky substance.

আঁঠিয়া, *s.* সৰহ গুটিএৰে এবিধ কল, a species of plantain having seeds.

আঁঠু, *s.* জানু, কলা ফুলৰ ওপৰ গাঁঠি, the knee; constructed with কাহি or পাৰি, to kneel.

আঁঠুঅনিয়া, } *a.* আঁঠুৰ সমান; একাঁঠু, knee deep, reaching to the knee.
আঁঠুমুৰিয়া, }

আঁঠুআ, *s.* মহে খাব নোআৰা আবৰন, মচৰি, a musquito curtain.

আঁঠু কৰ্হা, *s.* হাতে আঠুৰে জোআ, আঠু পাৰি বহা, the going about on the hands and knees, creeping, kneeling.

আঁঠু চাঙ্গাই, *v.* ৰজাৰ আগেদি জোআত আঁঠু চপৰাই মান কৰা, to repeatedly touch the ground with the knees when entering the presence of the king.

আঁঠু জোঙ্গ, *s.* আঁঠু মাটিলৈ জোৰ কৰা, touching the ground with joined knees as a token of respect.

আঁঠু মুৰ, *s.* আঁঠুৰ খিলা, the knee pan.

আঁঠু লোআ, *s.* আঁঠু পৰা, আঁঠু কৰ্হা, the act of kneeling.

আঁত, *s.* পেটৰ নাৰি, ওঁত, সুতাৰ মুৰ, the entrails, the end of a thread.

আঁতকৰ্হালি, *a.* কিৰ্পিন, কট্‌কিন, আক্ৰোহি, ধৰিলে নেৰা, penurious, miserly, grasping.

আঁতৰ, *a.* নিলগ, আলেঙ্গ, দুৰৈ, প্ৰিথক, removed, separate, distinct, apart.

আঁতে আঁতে, *ad.* পেটে পেটে, ভিতৰে ভিতৰে, আঁহে আঁহে, privately, secretly.

আঁধৰা, *s.* জুই লাগি থকা খৰি, এডোখৰ পোৰা খৰি, a fire brand.

আঁৰ, *s.* বেঁকা, ভাঁজ, হেটামেচা, কল বিগৰা, a bend, a crook, an obstruction or derangement in machinery.

আঁহৰ, *s.* এবিধ ৰোগ, lunacy, epilepsy.

আঁহৰিয়া, *a.* আঁহৰ ৰোগে ধৰা মানুহ, lunatic, epileptic.

আঁহ, *s.* মঙ্গহ আদিৰ খুদুগিৰ, সুত, পেটকথা, আঁত, a muscle, a thread of a spider's web, the fibres of wood, the secrets of the heart.

আঁহত, *s.* অশ্বত্থ বৃক্ষ, the name of a sacred tree.

আঁহপাহ, *s.* শিৰ, মঙ্গহ আদিৰ সুত, the fibrous or coarse part of anything.

আঁহিয়া, *a.* কেঁচা মঙ্গহৰ নিচিনা গোন্ধ, কেচেমা কেচেম, having the smell of raw meat.

আঁহিলা, *s.* সঁজুলি, জুদ্ধৰ অস্ত্ৰ সস্ত্ৰ, implements, edged tools, weapons, munitions of war.

আকঙ্খ্যা, *s.* ইচা, ভাৰসা, প্ৰত্যাসা, desire, wish, expectation, hope.

আকচা, *s.* আকোৰ্গোজা, ঘিন ঘান নোহোআ, audacious, having neither antipathy nor aversion.

আকটা, *a.* ঘিন ঘান নাইকিয়া, খাবলৈ বেয়া, without disgust fear or aversion, unpalatable.

আক্ তাক, *pron.* ইটক সিটক, this and that.

আকন, *s.* বৃিখ্য বিসেস, the name of a shrub.

আকৰ, *s.* সোন ৰুপ আদিৰ খনি, অর্থাত উত্পনৰ ঠাই, ঘাই কাৰন, মুল, a mine, a quarry, origin, source.

আকর্ষন, *s.* টনা, বলেৰে অনা বা ৰখা, attraction, the act of drawing; with কৰি, to attract, to draw, to influence.

আকলন, *a.* কেঁচুআ, অবোধ নিচেই সৰু, not come to the age of reason, young, immature.

আকলি বাকলি, *s.* ই সি, অকামিলা বস্তু, জাবৰ জোথৰ, this and that, things of no value.

আকাক্তি, *a.* বব কাটিব নজনা, not knowing how to weave or spin.

আকাঠু, *a.* জাবৰনি হোআ, আঁঠুঅনিয়া, এক আঁঠু, covered with rubbish, knee deep.

আকাৰ, *s.* আক্রিতি, ঠগ, shape, figure, form, appearance.

আকাল, *s.* এঁকাল, দুর্ভিখ্য, খাবলৈ নাইকিয়া সময়, a famine, dearth.

আকাস, *s.* সুন্য, গগন, ওপৰ, the sky, space, firmament, above.

আকাস বাত্তি, *s.* কাত্তি মহিয়া বাত্তি আকাসত লগোআ চাকি, a lantern suspended on high by the Hindoos in October and November, a beacon.

আকাস মণ্ডল, *s.* আকাস মৰল, গোটেই আকাস, the circle of the heavens.

আকাসি, *a.* আকাসত থকা, আকাসৰ, aerial, celestial.

আকাসি গঙ্গা, *s.* স্বর্গ গঙ্গা, গঙ্গা নদিৰ আকাসত থকা ভাগ, the milky way; the heavenly Ganges of Hindoo mythology.

আকাসি বানি, *s.* স্বর্গ বানি, ওপৰৰ পৰা কোআ বাক্য, a voice or sound from heaven, or from above.

আকোৰ বাকোৰ, *a.* বেঁকেবো, কেঁকোৰা, বেকাঁ বেকি, crooked, bent, curved.

আকৌ, *ad.* পুনৰাই, আৰুবাৰ, দুনাই, again, a second time, once more.

আক্রমন, *s.* পৰাক্রম কৰি লোআ, আপোন বাহু বলে লোআ, আটকি ধৰা, a seizure, an invasion; with কৰি, to capture, to seize.

আক্রিতি, *s.* ৰুপ, গৰ্হ, আকাৰ, মুর্ত্তি, shape, form, appearance.

আক্রোহি, *a.* পাবলৈ বৰ আসা কৰা, দিবলৈ টান পোআ, কিপ্নি, কঠিন, grasping, miserly, avaricious.

আখজা, *a.* অনভ্যাস, নচলা, খোকোজা লগা, unpracticed, unskilled, unaccustomed to.

আখটি, *s.* অমূৰি কৰা, সৰু লৰাৰ পেঁচ পতা, লৰাৰ দৰে ন নকৈ চিদু ধৰা, caprice, a childish whim; *a.* childish, silly, whimsical.

আখৰ, *s.* অখ্যৰ, বৰ্ন, a letter of the alphabet, type.

আখৰা, *s.* গান বাজনা, নাচ সিকা বা অভ্যাস কৰা, গায়ন জোৰা, the act of learning and practicing music and dancing.

আখৰুআ, *a.* আখৰ থকা, অতি বুৰা, marked, written, wrinkled, aged.

আখল, *s.* ৰান্ধনি সাল, ভাত ৰন্ধা ঠাই, a kitchen, a cooking place.

আখা, *s.* চৌকা, উধান পতা ঠাই, চৰু বহোআ খুঁটি বা চপৰা, a support on which a cooking vessel is placed while over the fire.

আখাপতিয়া, *a.* আখাৰ দৰে চুকিয়া চুকিকৈ বহা বা থোআ, seated or stationed about like the three supports on which a cooking vessel is placed.

আখি, *s.* কাঠ বাঁহৰ চকু, কলৰ আসি, কঠিয়াৰ মুঠা, a knot, a bunch of plantains, a bundle of sprouted paddy for transplanting.

আখিয়া, *s.* আখি থকা, গাঁঠি থকা, bearing fruit in clusters, knotty.

আখেজ, *s.* হিংসা, অসূআ ভাও, খিয়াল, hate, ill will, a grudge.

আখৈ, *s.* ভজা ধান, parched corn.

আখৈয়া গোম, *s.* সৰ্প এবিধ, a species of venomous snake.

আখৈ লাৰু, *s.* আখৈৰ মিঠৈ, a sweet-meat composed of parched corn and treacle.

আখ্যান, *s.* বিবৰন, ইতিহাস, a story, a description, a relation.

আগ, *s.* প্ৰথম, ওপৰ, ঘাই, মূৰ, সাখ্যাত, first, prior, chief, the first part, the front, the point or end of any thing; with বাৰ্হি to meet, to welcome, to accompany a short distance at parting.

আগ কৰি, *v.* সাখ্যাত কৰা, লেখত প্ৰথম কৰা, দিবলৈ অঙ্গিকাৰ কৰা, to present before, to introduce, to place at the head, to present as a religious offering, to vow.

আগচি ধৰি, *v.* আগ ভেঁটি ধৰা, জাব নিদিয়া, to obstruct or hedge up a way.

আগচেৰুআ, } আগচেউৰা, } *s.* আগ পিৰা দুটা, আগ ঠেঙৰ মঙহাল ভাগ, a shoulder, a fore leg.

আগতিয়া, *a.* আগেয়ে হোআ, হব লগা কালৰ আগেয়ে হোআ, prior, before the proper time.

আগত, } আগতে, } *prep.* সাখ্যাত, মুৰত, প্ৰথমত, সমুখত, before, in the presence of, at the top, at first.

আগনি, *a.* প্ৰথমে হোআ, the first.

আগনি খাৰনি, *s.* প্ৰথমে ওলোআ খাৰনি, the first and strongest ley.

আগন্তুক, *s.* পাওনিৰ আসা, হব লগা, expectation, anticipation, about to be, arrived, come.

আগপাচ, আগপিচ, *a.* আগ অন্ত, গৰ্হ গতি, অগা পিচা, আগপৈচান, first and last, preceding and succeeding, serving, ministering.

আগফাল, *s.* পোনৰ ফাল, মুৰ ভাগ, সোঁ ফাল, ঘাই চৌতাল, the first part, top, the right side, the front side.

আগবৰ্হা, *s.* আগলৈ জোআ, আগ বাৰ্হি জোআ, জোখতকৈ দিঘল হোআ, growth, progress, advancement; *a.* advanced, grown, gone to meet another, exceeding the proper measure.

আগ বৰ্হাই, *v.* আগ বৰ্হাই বাটত থোআ বা অনা, আগ ভাগ কৰা, to go to meet or accompany a person a short distance.

আগ বাৰ্হি, *v.* আগবৰ্হা, আগধৰি, প্ৰথমে, to grow, to increase, to go to meet or accompany another; *ad.* first of all, in advance.

আগ ভাগ, *s.* প্ৰথম ভাগ, দিম বুলি নিয়ম কৰা, আগ কৰি টোপোলা বন্ধা, the first part; with কৰি, to present as a religious offering, to vow.

আগম, *s.* সাস্ত্ৰৰ নাম, তন্ত্ৰ সাস্ত্ৰ, the Veds; a large class of writings treating of the ceremonial part of the Hindoo religion.

আগ মঙ্গহ, *s.* কলিজা, the liver, sometimes used for the heart.

আগমন, *s.* অহা জোআ, an arrival, a coming or going, an occurrence.

আগহতিয়া, *a.* থিয়ৈ হাত মেলি ঢুকি পোআ জোখ, a measure, as high as one can reach standing up.

আগহাত, *s.* সোঁ হাত, the right hand.

আগাৰ, *s.* পৰিমানতকৈ সৰহ, অতি বৰ্হা, more than sufficient, excess.

আগাৰি, *a.* শাই বৈ ঢুকুআব নোঅৰা, super-abundant.

আগালি, *s.* নদিৰ আগ, সেসত লগা, গচৰ ওপৰ ভাগ, পাচতিয়া, the source of a river, an after crop, fruit out of season.

আগালি চিগা, *s.* আগ চিগা, আগলৈ আসা নথকা, disappointment; *a.* broken off, disappointed, hopeless.

আগিয়া চিতা, *s.* ঔসধিয় বন গচ, উপবিহ, a medicinal tree.

আগিয়া ঠুঁটি, *s.* নৈলৈ আগ বাৰ্হি থকা গৰা, a high bank projecting into the river, a promontory.

আগুআ, *s.* আগেয়ে জোআ, আগ বৰ্হা, উজুআ, the act of going forward, advancing, taking the lead, ascending a stream.

আগুৰা, *s.* বেৰি ধৰা, আবৰি ধৰা, আগচা, the act of surrounding; *a.* surrounded, enclosed, encompassed about.

আগুল পাগুল, *s.* অটিয়া মটিয়াকৈ চোবোআ, পাগুলা, ঘুৰাই ঘুৰাই চোবোআ, the act of chewing the cud, mastication.

আগে, *ad.* পুৰ্ব্বে, প্ৰথমে, আগেয়ে, তাহানি, at first, before, forward.

আগৈ, *ad.* আগেয়ে, পোনেই, জোআ কালত, previously, formerly.

আগোআল, *s.* গলয়া, নাৱৰ আগ ধৰা, a boatman stationed on the prow of a boat.

আগ্যা, *s.* আদেস, বিধি, হুকুম, command, order, direction.

আগ্যাবস, *a.* তল, অধিন, তলপিয়া under, subject to, dependent.

আগ্ৰহি, *a.* আক্ৰোহি, eager, desirous, zealous.

আঘাত, *s.* ঘা মৰা, কোবোআ, কোব মৰা, a blow, a knock, an injury.

আঘেৰ, *a.* অঙ্ক বিসেস, eleven.

আঘোন, *s.* হেমন্তৰ প্ৰথম মাহ, অস্টম মাহ, the eighth month, corresponding to part of November and December.

আঘোনিয়া, *a.* আঘোন মাহত হোআ, born made or produced in the month of ***Aghun.***

আঘ্ৰান, *s.* ঘ্ৰান, বাচ, সুঙ্গা, scent, smell, fragrance.

আঙ্গঠা, *s.* জুই থকা এঙ্গাৰ, এবিধ জাল, a coal of fire, a fishing net.

আঙ্গঠি, *s.* আঙ্গুলিৰ অলঙ্কাৰ, a ring for the toe or finger.

আঙ্গনি *s.* তামোল আদিৰ থোকৰ সৰু সৰু ডাল, জুইৰ আগ ফিৰিঙ্গটি, the branch stems of a cluster of fruit, a spark of fire.

আঙ্গ বাঙ্গ, *a.* কাম কৰিব নজনা, আঁকবাৰ দৰে কোআ বা গোআ, awkward, at work, stupid, incoherent.

আঙ্গমৰা, *a.* অঙ্গমৰা, কাম সক্তি হিন, without power of procreation.

আঙ্গৰখা, *s.* দিঘল চোলা, হলৌ চোলা, চাপ্‌কন, a long jacket, a long native garment.

আঙ্গামুৰি, *s.* গাভঙ্গা, গামুৰি দিয়া আঙ্গি, the act of stretching and yawning.

আঙ্গি ভুঙ্গি, *s.* হাতেৰে টাই টুই কৰা, মুখ ইকটা বিকটা কৰা, a distortion of the face or body, contortion, grimace.

আঙ্গুল, } অঙ্গুলি, } *s.* হাত ভৰিৰ সাখা, আঙ্গুলিৰ পথালি জোখ, a finger, a finger's width in measure.

আচক, } আচোক, } *a.* থাওক, দিবলৈ বাধা কৰা, enough, sufficient, no more.

আচন্দ্ৰাই, *s.* অচন্দ্ৰাই, মুৰ ঘুৰুওআ, vertigo, giddiness.

আচমন, *s.* আঁচোআ, মুখ ধোআ, বামুনৰ নিত্য কৰ্ম্মৰ ব্ৰিতি, a braminical custom of washing the mouth and touching the eight principal parts of the body.

আচম্বিত, *ad.* হঠাত, অকস্মাত, হুপুৰাই, suddenly, unexpectedly.

আচৰন, *s.* প্ৰবৰ্ত্তন, আচাৰ, ৰিতি, বেৱহাৰ, conduct, behaviour, habit.

আচৰা, *s.* আচাৰি, আচৰন কৰা, a switch, a stick, habit, practice.

আচৰা আচাৰি, *v.* ঠেকেচা ঠেকেচি, তালফাল কৰা, to throw back and forth with violence, to throw any thing down in anger.

আচৰিত, *a.* অদ্ভুত, আচৰ্য্য, বিস্মই মনা, astonishing, surprising, wonderful.

আচৰোআ, *s.* চলোআ, প্ৰবৰ্ত্তোআ, the causing to do, or to be done.

আচৰ্য্য, *a.* আচৰিত, wonderful, miraculous, astonishing.

আচল, *a.* অকাবু, ঘাই, স্বৰুপ, নিভাঁজ difficult, without means of doing, genuine, original, true.

আচল বিচল, *a.* চল বুধি নো পোআ, difficult, intricate.

আচহুআ, *a.* অনাআহুআ, নিচিনা নজনা, unfamiliar, unacquainted with.

আচাত বিচাত, *s.* ইচাত বিচাত, হাত ভৰি আচৰা, tossing in distress.

আচান, *a.* সহাই বা বন্ধু হিন, অকলে থকা, friendless, alone, solitary.

আচাম, *s.* অসম দেস, the country of Assam.

আচামাৰি, *s.* ফকিৰ সন্যাসিৰ ভেঙ্গুৰিয়া লাখুটি, a crooked staff used by travelling mendicants.

আচাৰ, *s.* আচৰন, প্ৰবৰ্ত্তন, বেৱহাৰ, তেলত পেলাই থোআ আম আদি খোআ বস্তু, conduct, usage, practice, pickled fruit.

আচাৰ খাই, *v.* পিচল খাই পৰা, লেটামুৰি খোআ, to slip and fall.

আচাৰ মৰা, *s.* এফাললৈ বেগেৰে মাৰি পঠিওআ, a slap, a side blow, a shove, the dashing of any thing down violently.

আচাৰি, *s.* গৰু আদি কোবোআ চেকনি, তিনি আৰু আধা (৩॥), আচাৰ মাৰি, আচৰন কৰি, a twig, a switch, three and a half; *v.* to strike, to switch, to throw down, to toss aside, to practice.

আচাৰেকনি, *s.* পানি ওফৰা, জলকনিকা, চিটিকি পৰা, a driving rain.

আচাৰ্য্য, *s.* বেদ অধ্যাপক, ভটাচাৰ্য্য, a teacher of the Veds, a philosopher, a prophet.

আচিনাই, *s.* আজিনাই, গাৰ চালত হোআ খহুৰ নিচিনা গুটি, a wart.

আচুতিয়া, } *a.* সাঁচতিয়া, গোটাই থোআ, ব্যয় ন কৰা, unexpended, laid
আচুতে, } up, put aside not to be touched.

আচোক চাৰি, *ad.* থাওক চাৰি, নোজোআ নোহোআ কথাত বুজাই, instead of, so far from; as in the phrase, ***Instead of*** giving to you, I have not enough for myself. ***So far from*** speaking to him, I have not even seen him.

আজ, *a.* হোজা, পোন, simple, artless, undesigning, without duplicity.

আজন্ম, *ad.* জনমৰ পৰা, ওপজাৰ পৰা, from one's birth.

আজৰক জৰোআ, *a.* ৰোগ জন্মোআ বা বৰ্হোআ, unwholesome, producing or increasing disease.

আজৰি, *s.* আহৰি, কাম এঁটোআ, সাং কৰা, নাইকিয়া কৰা, leisure, the act of finishing or completing; with কৰি, to make bare, to denude, to lay waste. to complete.

আজৰি বতৰ, *s.* একো কাম নাইকিয়া দিন, উদঙিয়া কাল, a time of leisure, or the absence of pressing work.

আজৰিয়া, *ad.* উদঙিয়া, বন বাবি নোহোআ, at leisure, unoccupied, unemployed.

আজৰোআ, *s.* আজৰি কৰা, উদঙ কৰা, the act of finishing up, the making empty or bare.

আজলমথালি, *s.* আজলালি, নজনা ভাও ধৰা, টেঙৰালি, pretending or feigning ignorance, craftiness, cunning, subtilty.

আজলা. *a.* অজলা, foolish, dull, stupid.

আজলালি, *s.* আজল মঠালি, একো ন জনা নুবুজা ভাবে থকা, the feigning ignorance of work.

আজলি, *s.* বুধি হিন তিৰোতা, a foolish woman; *a.* dull, stupid.

আজানু, *ad.* আঁঠুলৈকে, reaching to the knee.

আজাৰ, *s.* বৃখ্য বিসেস, a species of tree.

আজাৰ বিজাৰ, *s.* খঙেৰে কোআ, টেঙা মাত, anger, peevishness, the uttering of angry words, crossness.

আজি, *ad.* এই দিন, এতিয়া, to day.

আজি কালি, *ad.* এই কাল, now a days, the present time.

আজোককা, *s.* ককাকৰ বাপেক, প্ৰপিতামহ, a paternal great grandfather.

আজোখ, } *a.* বিজোখ, জোখ পোত নোহোআ, not according to
আজোখা, } measure, disproportionate, unmeasured.

আজোঁট, *a.* কৰিবলৈ টান, difficult to do.

আজোনাতি, *s.* নাতিৰ নাতি, পৰিনাতি, a great grandson.

আজোবুৰি আই, *s.* আজো ককাৰ তিৰোতা, আজো বুৰিমাক, a maternal great grandmother.

আঞ্জা, *s.* দিহ, সিজোআ সাক পাচলি মাচ আদি, a vegetable or meat curry.

আট, *s.* টানকৈ বন্ধা, আট খোআ, টান হোআ, গোট মৰা, a girting, tightening or compressing; with খাই, to draw tight, to girt; with মাৰি, to thicken, to coagulate, to congeal.

আটক, } *a.* পাবলৈ টান, দুসাধ্য, ৰৰগিয়া, difficult to obtain, scarce,
আটকিয়া, } deficient.

আটকাল, *s.* অনুমান, গম, মনেৰে প্ৰমান পোআ, পঁজাল পোআ, উমান, a guess, a surmise, an intimation, conception.

আটটিয়াৰ, *a.* সকলোএ আঁটোতা, চহকি, having abundance, wealthy.

আটা, *s.* এঁটাগুৰি, ঘেঁহু ধান আদিৰ গুৰি, flour, meal.

আটাই, *a.* সমুলি, সকলো, সমস্ত, all, the whole.

আটাঙ্গৰিয়া, *a.* নিৰ্বল, নিসকতিয়া, weak, enfeebled by disease.

আটাল, *s.* ওপৰ চাঙ্গ, a platform, a scaffolding.

আটাহ, *s.* চিঁয়ৰ, এটাহ, a call, a scream, a cry; with পাৰি, to call, to cry out, &c.

আটি, *s.* পোল্গা, আউটি, ভাগ, a bundle, a portion, a division.

আটি ধৰা, *a.* টানি ধৰা, compressed, tightened, closely bound; *s.* the act of compressing, tightening &c.

আটি ধৰি, *v.* টানি ধৰি বা বান্ধি, to tighten, to compress.

আটি মুটি, *v.* টাই টুই কৰা, ভাও দেখুউআ, to express by signs, to gesticulate.

আটিল, *a.* টান, ঢিলা নোহোআ, hard, tough, firm, compact.

আটুট, *a.* সমান, বৰ্হা টুটা নোহোআ, খৰিচ, even, full, entire, wanting nothing.

আটেঙ্গটিঙ্গা, } *a.* বৰ ওখ, সম জোখতকৈ ওখ, টিঙ্গটিঙ্গিয়া, চুকি নোপোআ,
অটেঙ্গা, } very high, disproportionately high, out of reach.

আটোপ টঙ্কাৰ, *s.* বৰকৈ উচও কৰা, বজনজনা, গপ মৰা, display, show,

আটোম টোকাৰি, *a.* ঠাক ঠিক, আৰ ন লগা, ভাঁজ নলগা, without imperfection, faultless.

আঠ, *a.* আঠোটা, দুই অঁৰা, eight.

আঠকুনিয়া, *a.* আঠ চুকিয়া, eight cornered, octagonal.

আঠখাৰি, *s.* আঠ বিধ খাৰৰ ঔসধ, a medicine composed of eight alkalies.

আঠচলিচ, *a.* দুকুৰি আঠ, forty eight.

আঠত্ৰিচ, *a.* একুৰি ওঠৈৰ, thirty eight.

আঠ মঙ্গলা, *s.* বিয়াৰ পৰা আঠ দিনত কন্যাৰ ঘৰত দৰাক খুউআ, a feast for the bridegroom at the house of the bride, on the eighth day after marriage.

আঠ সত্তৰ, *a.* তিনি কুৰি ওঠৈৰ, seventy eight.

আঠসষ্ঠি, *a.* তিনি কুৰি আঠ, sixty eight.

আঠাহন, *a.* দকুৰি ওঠৈৰ, fifty eight.

আঠে পসে, *ad.* কেতিয়াবা কেতিয়াবা, মাজে সময়ে, now and then, occasionally, sometimes.

আডম্বৰ, *s.* খিতাপ, ফিতাহি, গঁফেৰে ফুৰা, show, display, ostentation, pride.

আতৰ, *s.* গোলাপ আদিৰ ফুলৰ তেল, the otto or distilled oil of roses &c.

আতৰন, *s.* আপদ, তৰনৰ উপাই নাইকিয়া, a remediless evil, calamity.

আতলচ, *s.* এবিধ কঁঠাল, the custard apple.

আতা, *s.* বাপ, গোঁসাইৰ আৰু বুিধ লোকৰ সম্বোধন, a respectful title, addressed to priests and to elderly men.

আতাই তাই, *a.* বিহ্বল, বিচেষ্টা, বিবুধি হোআ, driven to desperation, distracted.

আতাৰি, *a.* বিৰোধা বিৰুধি, দেখিব নোঅৰা, ভাল নোপোআ, at variance, out of favour, disliked.

আতাল পতাল, *ad.* তল ওপৰ, above and below.

আতি, *ad.* অতিসই, বৰকৈ, very, exceedingly, greatly.

আতিহা ফাতিহা, *s.* গঁফ, গন্দলিকা, নিজ প্রসংসা, গর্ব, pride, haughtiness, self-conceit.

আতূম্ভৰি, *a.* আপোন পেটা, আত্মভৰি, selfish, voracious.

আতুৰ, *a.* পিৰিত, বিচেষ্টা, ভই পোআ, distressed, distracted, frightened.

আতুলি, *v.* বাঁতি আহিব খোজা, ওকালি, to retch, to gag, to heave as when about to vomit.

আতুলিয়া, *a.* আধা তোলিয়া, weighing or worth eight annas.

আতুলিয়া পেঁচ, *s.* বৰ ধুন মৰা, অহঙ্কাৰ কৰা, display, show, parade.

আতৈ, *s.* গুৰুতৰ সম্বোধন, লগৰ সেৱকিয়া, respectful address of a co-religionist or brother disciple.

আতোল তোল, *s.* বৰ আস্থিক, আদৰ সাদৰ, any demonstration of affection and respect.

আতোলা, *s.* আধা তোলা, আঠ অনাৰ ভৰ, a rupee in weight.

আতো পিতো, *s.* মৰম পতিওআ, আলো ছদো, প্রেম দেখুউআ, affectionate expressions of sympathy in suffering, condolence.

আত্ম, *a.* স্বয়ং, নিজ, আপোন, self, one's self.

আত্মক্রিত, *a.* আপুনি কৰা, নিজে কৰা, done by one's self.

আত্মা, *s.* জিব, প্রান, spirit, self, the soul.

আত্মাঘাত, *s.* আপোন ঘাত, আপুনি মৰা, আত্মা হত্যা, self-murder, suicide, self destruction.

আত্মাঘাতি, *s.* আপোন ঘাতি, one who commits suicide.

আত্মাধিন, *a.* স্বতন্ত্র, স্বাধিন, independent, not subject to another.

আত্মিয়, *a.* আপোন, নিজ, belonging to one's self.

আথবেথ, *s.* চেনেহ, আদ্বিক, respect, reverence, love.

আথব, *a.* আলব, বব বুৰা, decrepit, palsied, old.

আথলিয়া, *s.* অতি ডাঙ্গৰ, সকত, থুলহুৰ, large, stout, corpulent.

আথাউনি, *a.* অথাউনি, থাউনি নোপোআ, দ, beyond one's depth. deep, unfathomable.

আথাও পুথাও, *s* উপবি পুরুস, ককাকৰ বাপেক, আজো ককাক, ancestors; an old Ahom term.

আদ, } *s.* আধা, এফাল, সমভাগ, a moiety, a half.
আদখন, }

আদকপলিয়া, *a.* দুখ সুখ সমানে পোআ, হত ভগিয়া, alternate good and bad fortune, ill-fated.

আদকপালি, *s.* এফলিয়া মুৰৰ বিস, ৰোগ বিসেস, a disease in which the pain is confined to one side of the head.

আদখনিয়া, *a.* আধা আধি, এফাল, a part of any thing, one half.

আদখৰিয়া, *s.* অলপ খাৰনি দি বন্ধা আঞ্জা, food slightly seasoned with an alkali.

আদ বয়স, *s.* সম বয়স, middle-age.

আদবয়সিয়া, *a.* আদহিয়া, সম বয়সিয়া, middle-aged.

আদ মহা, *s.* আদ মহিয়া, দুই চৰিভিয়া, টকাৰ আঠ ভাগৰ এভাগ, one eighth of a rupee, two annas.

আদব, *s.* সম্মান, মৰ্য্যাত,চেনেহ, মৰম, সাস্তা, respect, honor, veneration, esteem; *a.* cheap, low-priced.

আদৰনিয়, *a.* মান্যৱন্ত, আদৰ কৰিবৰ জোগ্য, estimable, honorable, worthy of respect.

আদৰ সাদৰ, *s.* চেনেহ, বেথা, আন্থিক, love attended with respect.

আদৰাই, *v.* আদৰি অনা, মান্যেৰে আগ বঢ়াই অনা, to go to meet and bring any one on the way with welcomes and demonstrations of respect,

আদর্স, *s.* নিদর্সন, আৰ্হি, দেখুওআৰ উপাই, চিন, an original from which a copy is to be made, a specimen, a pattern, a sign.

আদহিয়া, *s.* আদ বয়স জোআ, middle-aged.

আদা, *s.* এদা, ginger.

আদাই, *s.* উচল, বাকি ন থকা, a complete payment or fulfilment of an obligation.

আদালত, *s.* সোধৰ সমাজ, a court of justice.

আদাল্‌তলি, *s.* অৱিুতি বা হাবি মাটি, unproductive or uncultivated land.

আদি, *a.* প্ৰথম, আগ, পুৰ্ব, স্বাই, গুৰি, initial, prior, first; *s.* commencement, beginning, first cause.

আদি অন্ত, *s.* পুৰ্বাপৰ, আগ গুৰি, first and last, beginning and end.

আদি কৰি, *a.* প্ৰভৃতি, ইত্যাদি, et cetera, and so forth, &c.

আদিত্য, *s.* সুৰ্য্য, বেলি, the sun.

আদি দেও, *s.* নাৰায়ন, বিষ্ণু, Narayon, Vishnoo.

আদি বাসি, *s.* কোনো দেসৰ আদি লোক, the first settlers of a country, aborigines.

আদুটি, *s.* আদখান, কেতুটি, a part, some.

আদেস, *s.* আগ্যা, অনুমতি, বিধান, a command, law, precept, ordinance.

আদোল, } *a.* লোকৰ তলে থকা, আগ্যাৰ অধিনত থকা, subject to,
আদল, } dependent on.

আদোস, *a.* নিৰ্দোস, অনাদোস, জেজা নাইকিয়া, faultless, innocent.

আদ্যন্ত, *a.* আদি অন্ত, আগ গুৰি, from first to last; *s.* the beginning and the end.

আদ্যস্রাধ, *s.* প্ৰথমে কৰা সৰাধ, অসৌচৰ অন্তৰ সৰাধ, the first funeral ceremony; giving the funeral cake preparatory to the principal *shradh.*

আদ্যা প্ৰক্ৰিতি, *s.* আদিতে হোআ প্ৰক্ৰিতি, দেবি, original and unformed matter, called in Hindoo mythology the female principle from which the world is said to have sprung.

আদ্যোপান্ত, *ad.* আদিৰ পৰা অন্তলৈ, আগৰ পৰা গুৰিলৈ, সবিসেস, from first to last, from beginning to end.

আধলি, *s.* আঠ অনা, টকাৰ এফাল, eight annas, a half rupee.

আধলিটিয়া, } *a.* আধলিলৈ পোআ, আঠ অনিয়া, obtainable for
আধলিয়া, } eight annas.

আধা, *a.* অৰ্ধ, আদখনি, one half, a part.

আধা আধি, *ad.* সমানে, সম ভাগে, half and half, equal shares.

আধা কটা, *a.* দুষ্ট, নিলাজ, টটাটিজা, নিচ, আদখনি কটা, base, shameless, wicked; cut half through.

আধাখুন্দা, } *a.* খৰচিয়া পিঠাগুৰি আদি, ভালকৈ নুখুন্দা, coarse
এধাখুন্দা, } rice flour; *a.* half pounded, coarse.

আধানাৰ্জি, *s.* আদখন পেলোআ, হানি, আথানি, loss, waste of one half.

আধা পোৰা, *a.* এডোখৰ পোৰা, আধৰা, আধা সিজা, half burnt, half roasted or cooked.

আধা মৰা, *a.* প্ৰাই মৰা, half dead.

আধামুৰি, *s.* ৰাতি মাটিৰ পৰা ওলোআ জুই, বনত ভূত মাইকিয়া, a phosphorescent light supposed by the natives to be an evil spirit; bustling about, moving to and fro like the above light.

আধাৰ, *s.* বস্তু ধৰা পাত্ৰ, পিয়াহ, স্তন, আসন, that which holds, supports or sustains; the breast from which the child is nourished, a seat.

আধাৰ কঁটিয়া, *a.* পিয়াহ খোআ লৰা, তালকৈ পিয়াহ খাবলৈ নোপোআ, a sucking child, stinted in nourishment from the breast.

আধাৰ বঁটা, *s.* কাউৰিএ আহাৰ খুউআ খুই কৰা, the circumstance of crows feeding each other, supposed to be ominous of the coming of a guest, or of some other event.

আধাৰি, *s.* বকটুৰ কৰা চক আদি থোআ বিৰিয়া, a coil of any soft substance to support the bottom of earthern vessels.

আধাৰি পতা, *s.* মেৰৰ পতা, the act of coiling.

আধাসাৰি, *a.* বৰ দুখ পোআ, হাৰাসাস্তি, jaded, spent, wearied.

আধি, *a.* সমভগিয়া, আদভাগ, half, half shares.

আধিক্য, *s.* অধিক, সৰহ, বিস্তৰ, বৰ্হা, abundance, excess, overplus.

আধি দিয়া, *s.* সমান ভাগলৈ দিয়া, আধি লগোআ, the hiring, letting or working anything at half shares.

আধিপত্য, *s.* প্ৰভুত্ব, অধিকাৰ, lordship, sovereignty, government.

আধুনিক, *a.* এতিয়াৰ কাল, ইদানিক, recent, modern, relating to the present time.

আধেক, *s.* অৰ্দ্ধেক, a part.

আধেৰ, *s.* আদসেৰ, দুই পোআ, half a seer, two *puas.*

আধেৰিয়া, *a.* আদসেৰিয়া, আদসেৰ ধৰা, half a seer.

আধ্যা, *s.* মুৰ, অন্ত, অধ্যাই, a chapter, the end.

আন, *a.* অন্য, ভিন, পৰ, other, another, different.

আনখন, *a.* আন দিন, আন বস্তু, another day or time, a different thing.

আনন্দ, *s.* হৰিষ, হৰ্ষ ৰঙ্গ, joy, pleasure, delight, happiness.

আনন্দিত, *a.* হৰ্সিত, পুলকিত, সুখি, joyful, happy, delighted.

আনা আচুৰা, *a.* নজনা নুসুনা, নেদেখা নুবুজা, অচিনাকি, unknown, unheard of, unseen, ignorant of, unacquainted with.

আনাৰি, } a. নাৰ, ভ্ৰষ্ট, আভাৰি, deteriorated, corrupted, ravished,
আওনাৰি, } depraved, hateful to the sight, with কৰি, to spoil, to waste, to put out of favour.

আনুজ, } s. এক সন্তানৰ জনমৰ পৰা আন সন্তানৰ জনমলৈকে, the in-
আনজ, } terval from one birth to another.

আনেকা দিনা, s. পাচ দিনা, আন দিন, an after day, hereafter.

আনে বানে, a. জতে ভতে বস্তু পোআ, successful in acquiring wealth.

আন্তৰিক, a. ভিতৰৰ, মাজৰ, inward, internal, within.

আন্দোলন, s. আন্দোলা আন্দোলি, থোপা থোপে গুটি লাগি ভিৰ খোআ, a swinging or oscillating motion, bending down with fruit, the agitation or investigation of a subject.

আন্ধাৰ, s. এন্ধাৰ নিসা, সুৰ্য্যৰ ৰশ্মি ন পৰা, অন্ধকাৰ, darkness, gloom, night; a. dark, gloomy.

আপ, s. ককা, বাপেকৰ বাপেক, বুৰা মানুহৰ সম্বোধন, grandfather, a respectful term used in addressing elderly men.

আপঁইতা, a. কুমলিয়া, পুৰঠ নোহোআ, পৈনত নোহোআ, not full grown, unripe, immature.

আপচু, a. বিগাৰ্হি, আউঁলা, ugly, ill favoured.

আপটৰ পট, s. দেসত নাইকিয়া, নোপোআক পোআ, খজ বা নিন্দাৰ মাত, a rarity, a curiosity, used as a term of abuse.

আপত্তি, s. ওজৰ, a reply in defence, an objection, a remonstrance.

আপদ, s. বিপদ, দুখ, বিপত্তি, calamity, misfortune, evil, accident.

আপদাহ, s. দোষ, ছিদ্ৰ, a fault, an imperfection with সাৰি to escape censure.

আপদিয়া, a. আপদে পোআ, unfortunate.

আপদেও, s. বাপেক, ককাক, আৰু বুৰা মানুহৰ সম্বোধন, father, a respectful term used in addressing elderly men.

আপা, s. সৰু লৰা, address of a small child, a term used by the Ahoms in addressing an uncle's wife.

আপাৰ, a. see অপাৰ, boundless.

আপালি, s. প্ৰমাদ, দুখ, বিপদ ঘটা, নৰিয়া, misfortune, adversity.

আপাহ, s. উপকাৰ, এপাহ, ফুলৰ পাহি, assistance, petal of a flower.

আপাহ্ মৰা, s. এপাহ মৰা, খন্তেকিয়া উপকাৰ, পাল সুটুআ, doing work slightly, eye service, passing time in mere pretence of work.

আপি, s. সৰু চোআলিৰ সম্বোধন, a term used in addressing the daughters of any respectable person.

আপিট, *a.* বন বাৰিত ভাল, নিপুন, skillful, accomplished, serviceable

আপুটি, *s.* বোপাই, আপদেও, সৰু লৰাক বাপেক মাকে চেনেহেৰে মতা, a familiar address to a father, sometimes used to a child.

আপুনি, *pron.* মই, নিজে, তুমি, অৰ্থাত ভাল লোকক মতা সব্দ, নিজে, স্বয়ং I myself, thou thyself, used in respectful address to superiors.

আপুৰুগ, *a.* দেখিবলৈ নাই, পাবলৈ টান, আটক, not to be seen or found, wanting.

আপুৰুগিয়া, *a.* আটকিয়া, নোপোআকৈপোআ, scarce, difficult to obtain.

আপোন, *a.* নিজ, স্বকিয়, সম্বন্ধি, one's own, peculiar, proper.

আপোনা আপুনি, *pron.* স্বয়ং, নিজে, আপোন ইচাতে, এনেই হোআ, of one's own accord, spontaneously.

আপোনাৰ, *pron.* মোৰ, তোমাৰ, নিজৰ, one's self, your or his own.

আপ্ত, *a.* আপোন, মিত্ৰ, one's own, familiar, trustworthy, confidential.

আপ্লাবন, *a.* পানিএ তল নিয়া, উটাবুৰা, a flood, an inundation.

আপ্লাবিত, *a.* তল জোআ, overflowed, inundated.

আফৰ, } *s.* কমাৰ সালৰ হাতিনা নলাৰ মুখৰ ডিলা, the mouth of a
আফৰি, } native blacksmith's bellows.

আফৰি, *a.* বৰ ধুনিয়া, সকলোতে পৰ খেদাকৈ ফুৰা, bustling, sprightly, active, lively.

আফাল, *s.* আস্ফালন, আচাৰ মৰা, a side blow, a slap; with খাই, to slip and fall; with মাৰি, to toss aside, to slap.

আফিঙ্গ, *s.* আফু গচৰ এঁঠা, অহিফেন, opium, said to have sprung from venom that dropped from the mouths of the serpents that encircle the head of Hoda Hiwo, hence the name অহিফেন, as applied to opium.

আফু, *s.* কানিৰ গচ, আফিঙ্গৰ গচ, the poppy plant.

আফুআ, *a.* কানি খোআ, কানিয়া, addicted to the use of opium; *s.* an opium eater.

আফুট, *a.* অস্ফুট, গুপ্ত, অপ্ৰকাস, hidden, secret, concealed.

আফুটনি, *s.* ওকনিৰ জগা কনিৰ চোকোৰা, the shell of a nit.

আফুটা, *a.* নুফুটা, নিবিন্ধা, unbored, unpierced.

আফুতলি, *s.* আফু অৰ্জা মাটি, a poppy field.

আবতৰ, *a.* অবতৰ, অকাল, out of season, untimely.

আবতৰিয়া, *a.* অকালত হোআ, produced out of season.

আবনুআ, *a.* বন বাৰি ন কৰা, বনত ন লগোআ, one who does not work or who has not been put to work.

আবৰ, *s.* এবিধ পৰ্বতিয়া জাতি, the name of a hill tribe in northern Assam.

আবৰন, *s.* ঢাকন, আচাদন, ৰাখন, a covering, a veil, the act of screening or covering.

আবৰ বিবৰ, *a.* অসভ্য পৰ্বতিয়া জাতি বিসেস, promiscuous barbarous tribes spoken of collectively.

আবলুখা, *s.* এমাডিমা, সৰু লৰা, a child two or three years of age.

আবৰি, *a.* বৰাব নোঅৰা, অসভ্য জাতি, independent, uncivilized.

আবৰি ধৰা, *s.* চাৰিও ফালে বেৰি ধৰা, the act of shutting in or surrounding on all sides.

আবৰি ভাবৰি, *s.* জেঙ্গ জাবৰ, নাম নাইকিয়া মিহলি বস্তু, rubbish, trash, a collection of unspecified worthless things.

আৱস্যক, *s.* প্রয়োজন, কাৰন, ন হলে ন হই necessity, expediency; *a.* necessary, expedient.

আবাং, *a.* একো ন জনা, stupid, worthless, idiotic.

আবাল, *a.* লৰা কালৰ, childish, belonging to childhood.

আবাল চন্দ, *a.* একো ন জনা, একো কামৰ পাত্র ন হই, stupid, good for nothing, useless.

আবাল বৃিধ, *s.* লৰাৰ পৰা বুৰালৈকে, from youth to old age.

আবাহন, *s.* আহ্বান, নিমন্ত্রন, মতা, an invitation, a call.

আবিঐ, *a.* বিয়া নোহোৱা, অবিবাহিতা, unmarried, applied to both sexes.

আবিৰ, *s.* ফাকু গুৰি, a red powder, which the Hindoos throw at each other at the ***Fákuá*** or ***Doul Játrá.***

আবিৰ্ভাব, *s.* প্রকাস, অধিষ্টান, a revelation, an unfolding, a developement.

আবুজন, *a.* অবুজন, বুৰুআ, ignorant, dull of comprehension.

আবুৰ, *s.* আপোনাৰ মান মৰ্জাত ৰখা, the maintaining of one's proper dignity or state.

আবুৰি ভাবুৰি, *s.* বিংবাং, বুজ নোপোআকৈ মতা, আং বাং, talking incoherently or wildly.

আবেদন, *s.* জনোআ, নিবেদন, মিনতি, the representation of a circumstance, making a thing known, a petition.

আবেলি, *s.* বিয়লি, ভাটিবেলা, the afternoon.

আবোধ, *a.* গ্যান নোহোৱা, অজ্ঞান, ফুকলিয়া, ignorant, senseless, stupid.

আবৃিত, *a.* বেৰা, ঢকা, লুকুউআ, concealed, covered, with কৰি, to enclose, to cover.

আগুৰুত, } a. অসৰনিয়া, অগুৰুআ, গুৰুত নোহোৱা, without a gooroo,
আগুৰুতিয়া } undiscipled, (a term of abuse.)

আভজন, a. ঈশ্বৰত নভজা, ভক্তিৰ ন জনা, not a worshipper, ignorant of the mode of worship.

আভঁজা, a. আগৰ্হি, অকামিলা, ভাঁজ নাইকিয়া, ill formed, ugly, unsightly.

আভঁজুআ, a. ভাঁজ নাইকিয়া, মিহলি নোহোআ, অসুঅনি, without mixture or alloy, offensive to the sight, ugly, deformed.

আভৰন, s. অভৰন, ভুসন, খাৰু মনি আদি অলঙ্কাৰ, an ornament, a jewel, attire.

আভা, s. পহৰ, কিৰন, sunshine, splendor, brightness, glossiness.

আভাল ভাল, a. ভাল বেয়া হোআ, good or bad.

আভাস, s. নাম মাত্র, ভুমিকা, an introduction, a preface, a preamble.

আভূআ, a. ন জনা, অচিনাকি, ভু নো পোআ, ignorant of, unacquainted with.

আভূআ মৰা, s. এপাহ মৰা, ভুআ দিয়া, ফাঁকি দিয়া, the act of deceiving, counterfeiting or pretending.

আভোক, s. ভোক ন থকা, অনিচা, without hunger, satiety.

আম, s. টেঙ্গা বিসেস, আমু, সাঁও, the mango, a disease of the bowels, diarrhea.

আম কাছন্দি, s. আমগুৰি, আমহি, a kind of pickle made of mustard and green mangoes.

আমটু, s. পছু আদিৰ বুকুৰ মঙ্গহ, চৰাই আদিৰ খিলা, the fleshy portion of the breast of beasts, the crop or first stomach of a fowl.

আমতা, s. পকা আম আদি চালি সুকুআ, the dried pulp of the mango prepared as an article of food.

আমন জিমন, a. অসন্তোস ভাও, মন মাৰি থকা, নিৰানন্দ মুখ, of a sad countenance, sorrowful, disconsolate.

আমনা, s. বঙ্গা বাও ধানৰ নাম, a species of paddy, winter rice.

আমনি, s. অনিচা, ভাগৰ, বেজাৰ, aversion, satiety, disgust.

আমনিউআ, v. আমুউআ, হেপাহ পলোআ, অনিচা, ত্রিপ্তি পোআ, to cloy, to satiate, to disgust.

আমন্ত্রন, s. নিমন্ত্রন কৰা, মতা, মাত্তি অনা, a call, an invitation, a welcome, courtesy.

আমন্ত্রিত, s. মতা, নিমন্ত্রিত, called, invited, welcomed.

আম পোতনি, s. এবিধ পোক পলু, a species of silk worm.

আমৰক্ত, s. তেজ সাঁও, গুহনি, the dysentery.

আমৰা, *s.* অমৰা গুটি, এবিধ ফল, the name of a tree and its fruit.

আমলখি, *s.* এবিধ গুটি আৰু তাৰ গচ, a species of tree, and fruit, (phyllanthus emblica.)

আমসুল, *s.* পেট বন্ধ হৈ খোচা বিষা, পেটৰ বেদনা, the colic.

আমি, *pron.* আমি সকলোটি, মই, we; used occasionally for the singular.

আমিন, *s.* মাটি জোখা বা পিয়ল কৰোঁতা, বিচাৰ কৰা, a surveyor, a supervisor, an investigator.

আমুআই, *v.* আমনিউআ, অনিচা হোআ, বিৰক্তি লগা, to cloy, satiate, disgust.

আমুক, *a.* কোনো বিসেস মানুহ বা বস্তুক বুজুউআ, such an one, such a person place or thing.

আমৈ, *s.* সখিএকৰ মাক, বাপেকৰ সখিএকৰ ভাৰ্জ্যা, a friend's mother, the wife of a father's friend.

আমৈলতা, *s.* ঔসধিয় লতা বিসেস, সগুনি লতা, a species of vine, used in medicine.

আমোদ, *s.* হৃস, আনন্দ, ৰঙ্গ, ধেমালি, enjoyment, pleasure, festivity; with কৰি, to enjoy.

আমোদি, *a.* ৰঙ্গুআল, সুৰলা, সুস্বাদু, gratifying, enlivening, pleasurable, jovial, pleasant to the taste.

আমোল, *s.* কোনো অধিপতিএ অধিকাৰ কৰা দিন, কোনো বিসয়ৰ ফল পোআ, the period of a ruler's administration, the gains of an office.

আমোল টেঙ্গা, *s.* এবিধ টেঙ্গা, an acid fruit.

আমোলদাৰ, *s.* চিপাহিৰ এক অধিপতি, an under officer in a regiment of native soldiers.

আমোলমোল, *a.* গন্ধ ব্যাপ্ত, বিচখ্যন, সুগন্ধ, fragrant, sweet scented, odorous.

আমোলা, *s.* চিৰিস্তাদাৰ আদি আদালতৰ কৰ্ম্ম কাৰি, a shiristadar of a court of justice and his officers.

আমোলাই, *v.* মন মাৰি, বিসাদ লগা, নিৰাস দেখুআ, to look disappointed, downcast, sad, melancholy or dejected.

আয়, *s.* বৰ্দ্ধি, উফুউআ, লাভ, gain, profit, receipts.

আয়ত্ত, *a.* বস, তল হৈ থকা, আগ্যাধিন, subject to.

আয়তন, *a.* বহল, বিস্তাৰ, পথালি জোখ, breadth, dimension.

আয়তি, *s.* স্বামি থকা তিৰোতা, a woman who has a living husband.

আয়ম, *s.* অেম, গঁফ, ফিতাহি, মান্য ৰূপে থকা, আপোন মান সৎকাৰ ৰখা, pride, affectation of former greatness, style.

আয়স, *interj.* ভাল বা বেয়াকৈ লগা মাত, হেঁপাহৰ মাত, দুখ বা সুখৰ মাত, an exclamation of pain, pleasure, or desire.

আয় সকল, *s.* বসন্ত, গুটি ওলোআ, তিৰোতা লোকক মতা সম্বোধন, the small pox; a term used in addressing a company of women.

আয়া, *s.* দাসি, সৰু লৰাৰ আল ধৰা দাসি, a nurse, a waiting maid.

আয়াজাত, *s.* গভায়ত, অহা জোআ, চিনা চিনি, মিল, familiar communication, friendly intercourse.

আয়াস, *s.* প্ৰয়াস, পৰিস্ৰম, দুখ, labor, effort, fatigue.

আয়ুধ, *s.* জুধৰ অস্ত্ৰ, আঁহিলা, armor, arms.

আয়ুৰ্বেদ, *s.* বেজালি পুথি, নিদান পুথি, a Hindoo treatise on medicine.

আয়ুস, *s.* আয়ু, জিৱনৰ কাল, দুখ পোআ মাত, a period of life, age, a life time; *interj.* An exclamation of pain or suffering.

আয়ুষ্মান, *a.* দিৰ্ঘ জিবি, অনেক দিনিয়া মানুহ, long-lived, of long duration.

আয়ৈ, *interj.* পুতৌ কৰা মাত, দুখ বেজাৰ বা ভই খোআ মাত, an exclamation denoting affection distress or fear.

আয়োজন, *s.* জুগুত, গোটোআ, উদ্যোগ, থিৰ কৰা, provision, preparation, arrangement, (as for a journey or any undertaking.)

আয়ৌ, *interj.* ভই বা চঁক খোআ মাত, বিস্মই মনা মাত, an exclamation of terror or surprise.

আৰ, *s.* আবৰন, ঢাকনি, বেৰ, গুপুত, a screen, a shade, with কৰি, to screen, with কাটি, to clear new land for cultivation.

আৰ কাপৰ, *s.* আৰ দিয়া কাপৰ, ঢাকনি কাপৰ, a cloth screen, a curtain.

আৰজি, *s.* দৰখাস্ত, নিবেদন পত্ৰ, গোচৰ, a written petition, a request.

আৰতি, *s.* দিপ দৰ্সন, সন্ধ্যা সেৱা, the waving of a lamp before an idol, a wave offering.

আৰনি, *s.* পিয়াহ খোআ সৰু লৰাৰ ৰোগ বিসেস, a disease peculiar to nursing infants.

আৰনি পুৰনি, *s.* বহু দিনিয়া, অতি পুৰনি, ancient, very old.

আৰপি, *v.* অলপকৈ লগাই থোআ, বান্ধি থোআ, to slightly put together preparatory to completion.

আৰবি, *a.* আৰব দেসৰ লোক, আৰবি ভাসা, Arabic, Arabian.

আৰবেৰ, *s.* আবৰন, বেৰ, ঢাকনি, a wall, fence, partition.

আৰম্ভন, *s.* আৰম্ভ, কৰিবলৈ ধৰা, a beginning, a commencement.

আৰাও, *s.* এটাহ, চিঞৰা, হাই, a noise, a scream, a tumult.

আৰাধনা, *s.* উপাসনা, একাগি চিন্তন, ভজনা, ভাবনা, worship, adoration, with কৰি, to worship, to adore, to honor.

আৰাধনিয়, *a.* আৰাধনা কৰিবৰ জোগ্য, worthy of reverence and worship.

আৰাল, *s.* এৰাল, গৰু চাগলি চৰিবলৈ বান্ধি দিয়া দিঘল লেজু, a tether.

আৰি, *s.* এবিধ মাচ, কথা বন্ধা, অৰা, ওলোমোআ, a species of scaleless fish, a bet, a wager; *v.* to suspend, to hang.

আৰিমুৰি, *s.* গা মুৰ ভঙ্গা, গা পোনোআ, মেৰেটা মেৰেটি, the act of stretching or straightening the body when weary from long confinement in one position.

আৰিয়া, *s.* ফটাকানি মেৰাই তেল দি লগোআ মলা, a torch, a flambeau.

আৰিকুঁজা, *a.* অলপ কুঁজা, পিঠি পোন নোহোআ, hump-backed, crooked.

আৰি বন্ধা, *s.* কথাবন্ধা, অৰিয়াঅৰিৰ নিয়ম, a bet, a wager, a stake.

আৰু, *conj.* অধিক, বাকি থকা, আকৌ, and, also, again, furthermore.

আৰুবাৰ, *ad.* আনবাৰ, আকৌ, পুনচ, পুনৰ্ব্বাৰ, দুনাই, again, a second time, yet again, once more.

আৰুবেলি, *s.* জোআ বচৰ, আকৌ, পুনৰাই, the past year, again.

আৰু বেলিলৈ, *s.* আগৰ বচৰলৈ, অহা বচৰ, afterwards, next year.

আৰে, *s.* গিতৰ প্ৰাস, গিতৰ ভঙ্গিতা, the prolonging of a musical note in singing or chanting.

আৰেকচন্দ, *s.* এবিধ বন, দৰবৰ নাম, a jungle plant used as a medicine in eruptive diseases.

আৰৈচাউল, *s.* নিসিজোআ ধানৰ চাউল, rice cleaned from the husk by simply drying previous to being pounded out.

আৰৈমুৰিয়া, *s.* ভালকৈ নিসিজা ধানৰ চাউল, rice but partially boiled before being cleaned from the husk.

আৰৈয়া, *a.* সুকান দ্ৰব্য, কিচু নৰম, সুদাই, dry, inferior.

আৰোআন, *s.* ৰজাৰ চত্ৰ বিসেস, a sort of umbrella or screen used only by the king.

আৰোআন ধৰা, *s.* ৰজাৰ আৰোআন ধৰা, the king's umbrella bearer.

আৰোগ্য, *a.* নিৰুগি, ৰোগ নথকা, নিঘুনিয়া, healthy, in health.

আৰোপন, *s.* থাপন কৰা, ৰখা, অৰ্পন কৰা, the act of appointing or placing in office.

আৰোহন, *s.* উঠা, চৰা, ওপৰত উঠা, the act of mounting upon, getting into a vehicle, ascending or climbing.

আৰ্চি, *s.* দৰ্পন, দাপোন, a mirror, a looking glass.

আৰ্জন, *s.* ঘটন, উপাৰ্জন, earnings, savings, accumulation of any thing.

আৰ্জা, *s.* গৰ্হ, সাদৃস্য, আৰ্হি, ঠগ, a likeness, pattern.

আৰ্জি কুৰ্জি, *v.* সুমেৰে লাভ কৰা, to acquire by one's own labour.

আৰ্জিত, *a.* অৰ্জা, ঘটা, acquired, gained, accumulated.

আৰ্থিক, *a.* গ্যানি, নিপুন, বিবেকি, wise, skillful, versed in any science.

আৰ্হি, *s.* ঠগ, আৰ্জা, নকচা, নিচিনা, গৰ্হ, a pattern, an example, a likeness, a picture.

আৰ্হৈ, *a.* দুভাগ আৰ ভাগ, two and a half.

আল, *s.* খুঁটাৰ কান, কুকুৰা আদি চৰাইৰ ঠেঙৰ কাঁইট, the tenon of a post, a spur, a sharp point.

আলগ, *a.* নিলগ, বেলেগ, apart, distant, distinct.

আলগতিয়া, *a.* আচুতিয়া, নিলগত থকা, distinct, uncommon, separate.

আলগা, *a.* নলগা, প্ৰিথক, unaccordant, separate, distinct.

আলগোআ, *s.* বেলেগোআ, গা নলগোআ, the act of separating; *a.* separated.

আলচ, *s.* মন্ত্ৰনা, পৰামৰ্শ, counsel, a plot, with কৰি, to plan, to plot.

আলজাল, *s.* নো চোআ ভাও ধৰি চোআ, সুনিও নুসুনা ভাও, আওকনিয়া ভাও, hearing or seeing while pretending not to hear or see.

আলজিবা, *s.* তালুত থকা জিবা, the uvula.

আলতা, *s.* লাৰ পানি, ৰঙা বৰন, lac, leaves impregnated with lac.

আলধৰা, *s.* পৰিচাৰক, দাস, লগুআ, কিঙ্কৰ, সেৱক, an attendant, a servant, the act of serving or waiting upon.

আলনি, *s.* আজোখ, লনি নোহোআ, অসুন্দৰি, not symmetrical, ill favored.

আলপৰিচান, } *s.* লগুআলি, পৰিচৰ্য্যা, বন কৰা, service, attendance,
আলপৈচন, } respect, with ধৰা, to serve, to attend upon.

আলম, *s.* আসুই, সহাই, protection, refuge.

আলম বিলম, *a.* পলম কৰা, গহৰি কৰা, বেলি কৰা, not punctual, not exact in time, late.

আলপিন, *s.* গাঁতি সলা, কাপৰত মৰা সলা, a pin.

আলৰ, *a.* বৰ বুঢ়া, নৰলা নচৰা, জঠৰ, decrepit, palsied, aged.

আলসনি, *s.* অকস্মাত পেট কামোৰনি ধৰা, পিসাঁচি, a sudden pain in the bowels supposed to be caused by an evil spirit.

আলসুআ, *a.* কোমল, আতোলতোল, দুখ সহিব নোআৰা, অতি সুখি, soft, delicate, tenderly nourished, petted, indulged.

আলফুল, *a.* ঢিল, কোমল, দুখ নোপোআকৈ, আলসুআ, tender, delicate, easily injured or broken by handling.

আলই, *s.* ঘৰ, নিবাসৰ থান, থকা ঠাই, a house, habitation, abode.

আলৰি, *a.* বুৰি, লৰিব নোঅৰা তিৰোতা, a decrepit old woman.

আলস্য, *s.* এলাহ, বনলৈ ইচা নোহোআ, সৰপালি, laziness, indolence, idleness, sloth.

আলহউদগ, *s.* বৰ সাদৰ, আত্তৌ পুত্তৌ, বৰ আনন্দ, the treating a person with great respect and love.

আলাই ত্নাবৰি, *s.* আকাজ ভাগি, ভাঁকৰি, unskillful, untidy.

আলাউ, *s.* অলাউ, ডিঙ্গি নোহোআ লাও, a bottle-shaped gourd.

আলাইআথানি, *s.* অকাৰন হানি, নেমাযৰি পেলোআ, waste or death from utter neglect.

আলাই ত্নাবৰ, *s.* বন ন জনা, গৰ্হপিট নোহোআ, unskillful, ill-favored, untidy.

আলাগত, } আলাগতে, } *ad.* ওপৰত, সুন্যত, নিলগত, আলাসত, in empty space, resting on nothing, out of reach.

আলাগি, *a.* এলাগি, অসুৰনি, গিৰিএকে দেখিব নোৱৰা তিৰোতা, unsightly, a woman who is hateful in the eyes of her husband.

আলাস্থু, *s.* ধুঁআৰ মল, এলাস্থু, soot.

আলাপ, *s.* কথা বাত্ৰা, কথোপকথন, চেনেহ আদিৰে কথন, conversation, intercourse, discourse, familiarity as friends.

আলাপাক, *s.* কথা বাত্ৰা আদি ন জনা, আওপাক, হোজা, ফাকিফুকা ন জনা, absence of artifice, stratagem or cunning.

আলাপি, *a.* সজ কথা কব পৰা, বৰ কথকি, social, chatty, affable, familiar.

আলাবাদু, *a.* একো নজনা, অপাত্ৰ, ignorant of work, useless.

আলাসতে, *s.* ওপৰতে, মাটিত নলগা আলাগতে, above, unsupported, in empty space.

আলাহেদা, *a.* প্ৰিথক, নিলগ, বায়ং, separate, distinct, different.

আলি, *s.* পথ, বাট, ৰাজ বাট, a path, a road, a highway.

আলিঙ্গন, *s.* সাবটি ধৰা, কোলাকোলি, আঁকোআলি ধৰা, the act of hugging, embracing, or clasping.

আলু, *s.* মুল, দাঁতৰ গুৰি, a tuberous root, the gums of the teeth.

আলুউঠা, *a.* মাটিৰ ওপৰলৈ গচৰ মুল উঠা, পিৰি উঠা, উচন হোআ, rooted up, completely destroyed, applied to persons as well as plants

আলেখলেখ, *s.* চেগ, চল, লখ্য, গতি, a stealthy watching, laying in wait to injure or destroy.

আলেঙ্গে আলেঙ্গে, *ad.* নিলগে নিলগে, আঁতৰে আঁতৰে, বায়ঙ্গে বায়ঙ্গে, not close at hand, outwardly.

আলেজালে, *ad.* অকাৰ্জত বহি থকা, বেুথাতে, idly, to no purpose.
আলৈআলুকাল, *s.* পৰিয়ালৰ জঞ্জাল, domestic strife, family jars.
আলৈপালৈ, *s.* পোহাপলা, বন্ধু বান্ধৱ, মিতিৰ কুটুম, অঙ্গহিবঙ্গহি, a supporter, one's own friends and relations.
আলৈবিলৈ, *s.* আলাই বিলাই, আচানত বৰ দুখ পোআ, আলাইআথানি, alone, forsaken, desolate.
আলো, *s.* পহৰ ৰশ্মি, দিপ্তি, মহিমা, light, brightness, brilliancy.
আলোকন, *s.* দিৃষ্টিপাত কৰা, চোআ, the act of looking at, seeing.
আলোচনা, *s.* বিবেচনা, গুনি চোআ, বিচাৰ কৰা, আলচ কৰা, an investigation, a view.
আলৌআপচু, *a.* নিন্দিত মাত, ঘিন কৰা, আহুকলিয়া, a term of abuse.
আলোলোআ, *a.* আলসুআ, বৰ চেনেহেৰে তোলা, tender, delicate, tenderly brought up.
আৱস্যক, *s.* ন হলে নহই, লাগতিয়া, কামিলা, প্রয়োজনিয়, লগা, necessity, expediency; *a.* necessary, indispensable, expedient.
আস, *s.* আসা, হেঁপাহ, ইচা, মন, desire, thirst, intention, mind.
আসই, *s.* মন, অভিপ্রাই, চিত, intention, object, scope, aim, mind.
আসংসা, *s.* আসির্বাদ, a blessing.
আসকত, *a.* ঢিলা, নিৰ্বল, লেতুসেতু, weak, feeble.
আসকতিয়া, *a.* দুৰ্বলি, পিৰিত, খিন, weak feeble, lean.
আসক্ত, *a.* মন মজা, ৰতি, মন বহা, অনুৰাগ, devoted, attached, enamoured.
আসংকা, *s.* সংসই, ভই, ঠায়ৰ কৰিব নোৱৰা, উগুলথুগুল, doubt, hesitation, incertitude.
আসন, *s.* চকি আদি বহা বস্তু, a seat, a throne, a seat of any kind.
আসন্ন, *a.* সেস, অৱসান, ওচৰ চপা, near, at hand, approaching.
আসন্নকাল, *s.* আৱসান কাল, মৰন কাল, সেস কাল, the close of life, the time of death.
আসপাস, *ad.* আগ পাচ, চাৰিও ফালে, চৌমেৰে, around, on every side.
আসৰাধি, *s.* অপিণ্ডক, স্রাধ হিন, সৰাধ নকৰা, one who does not perform the ceremony of *shradh* for his ancestors.
আসলসলাই, *s.* ঢেঁকিৰ সলা, ঢেঁকিৰ কঁতৰাত থকা পথালি মাৰি, the pin of a foot pestle for pounding out paddy.
আসা, *s.* ভাৰসা, ইচা, অপেখ্যা, হেঁপাহ, হাবিয়াহ, hope, wish, expectation, longing, trust.
আসাঁতি, *a.* অসান্তি, বিচেস্টা, অসুখ, ধৰফৰ, restless, discomposed, tossing about in pain.

আসাঁতি আবাতি, *a.* অসুখ অসান্তি, স্বস্থ নোপোৱা, restless, unquiet, uneasy, tossing about.

আসাধাৰি, *a.* আসাকৈ থকা, লুভি, expectant, eager to obtain.

আসাপত্তিয়া, *a.* আথাপত্তিয়া, তিনি চুকিয়া, triangular, trigonal.

আসাৰচাৰেক, *a.* গোটাচাৰেক দুই এক আসাৰ কথা, a few words more.

আসামুধিয়া, *a.* উদাৰচিত, অকপটিয়া, sincere, guileless, without hypocrisy.

আসি, *a.* চাৰি কুৰি, eighty.

আসিৰ্বাদ, *s.* বৰ দিয়া, আসিস, a blessing, a benediction.

আসুৰি, *a.* অসুৰৰ দৰে প্ৰবৰ্ত্ত, দুৰাচাৰি, মেলেচ, diabolical, barbarous.

আসৈ কৰা, } *s.* মিচা মতা, নুই কৰা, হোআক নোহোৱা বোলা, the
আসৈ মতা, } act of denying, contradicting, refusing to acknowledge.

আসোঁআহ, *s.* কাৰন, বাধা, কাম, কাজ, an excuse, hindrance or reason for not doing work.

আসোভা, *s.* অসোভা, see অসোভা.

আস্তব্যস্ত, *s.* আদৰ সাদৰ, লৰালৰি, ততাতৈয়া, hastening to show demonstrations of love and respect.

আস্তিক, *s.* ভক্তি, সুধা, আদৰ সাদৰ, believing, trusting, confiding in, a term applied to God, and to individuals.

আস্ফাল, *s.* আফাল, ঢোলোকনি, কোব, আচাৰ, a side stroke or slap, the dashing of a wave.

আস্বাদ, } *s.* চাকি চোৱা, সোআদ লোৱা, জুতি চোৱা, কথা বা পৰ্ব্ব,
আস্বাদন, } সুনাত সোআদ লগা, taste, savour, intellectual relish.

আশ্বাসা, } *s.* আস্তিক কৰা, পতিঔআ, মৰমেৰে সোধন পোচন,
আশ্বাস বিশ্বাস, } আদৰ সাদৰ, treating with honor and respect.

আস্ৰম, *s.* ধৰম বিসেস, বুহ্মচাৰি, গ্ৰিহস্থি, বনবাসি, ভিখ্যাৰি, এই চাৰি আস্ৰম, তপসিৰ থকা ঠাই, a state or condition of life, a hermitage or religious retreat.

আস্ৰমি, *a.* আস্ৰম, সমন্ধিয়, আস্ৰম কৰা মানুহ, pertaining to the above.

আস্ৰই, *s.* সহাই, ৰখ্যাৰ থান, আলম, a refuge, a shelter.

আস্ৰিত, *a.* আস্ৰই কৰা, ভাৰসা কৰি থকা, secured, sheltered, protected.

আহজাহ, *s* অহা জোৱা, coming and going, going back and forth.

আহডলিয়া বাহডলিয়া, *a.* লতা পতা, অলপ মিতিৰ লগা, remotely related.

আহৰি, *s.* আজৰি, খতি, সমাপ্ত, চুকুউআ, leisure, cessation from, with কৰি, to complete, to finish, to draw to a close.

আহাৰ, *s.* খোৱা বস্তু, ভোজনৰ দ্ৰব্য, এক মাহৰ নাম, food of all kinds, a Hindoo month corresponding to parts of June and July.

আহাৰি, *a.* খাওঁতা, খাটৈআ, greedy, gluttonous.

আহাৰুআ, *a.* আহাৰ মাহত হোআ, এবিধ পোক, produced in or belonging to the mouth of Ahar, a species of insect.

আহিন, *s.* সৰত কাল, বচৰৰ সপ্তি মাহ, the Hindoo month, corresponding to the last half of September and first half of October.

আহিনিয়া, *a.* আহিনত হোআ বা ওপজা, produced in, or belonging to the above month.

আহু, *s.* বাম ধান, অলপ বেয়া, a species of paddy grown on high land, inferior in quality.

আহুকাল, *s.* বেজাৰ, আপদ, আমনি, a time of perplexity or trouble.

আহুত, *a.* নিমন্ত্রন কৰা, মতা, called, invited.

আহুতি, *s.* হোম, হৱন কৰা, a burnt offering, a sacrifice.

আহুদি, *s.* মন মোহোআ দৰব বা মন্ত্র, হৰা দৰব, জাদু কৰা, an incantation, a charm, with কৰি, to charm, to bewitch &c.

আহুনিয়া, *a.* আওগৰিয়া, এচলিয়া, কতিয়া, on one side, aslant, bent.

আহোন, *s.* হাতিৰ গলধন, ডিঙ্গিৰ ওপৰ ফাল, বিখ্যাদিৰ হলা চেপেটা ডাল, any elevated seat, the elephant's neck on which the driver sits, a steersman's seat on the stern of a boat, a natural seat formed by the branches of a tree.

আহোন মাৰি, *v.* আহোন্ডিৰি বহা, to sit cross-legged.

আহোন্ডিৰি, *v.* আসন মৰা, দুই ঠেঙ জুটি বহা, to sit with the feet drawn up and crossed.

আহোম, *s.* ইন্দ্ৰবংসি, কুলবিসেস, descended from Indra, the Ahom race.

আহোম, বগৰি, *s.* এবিধ গচৰ গুটি, a species of plum.

আহো, *interj.* সামান্যক নিলগৰ পৰা মতা, a word used in calling to a person at a distance.

আহ্নিক, *a.* দিনটিয়া, দিনে দিনে, কৰা, daily, diurnal.

আহ্বান, *s.* নিমন্ত্রন, মতা, an invitation, a call.

আহ্লাদ, *s.* হৰ্স, আনন্দ, তুস্ট, joy, gladness, delight, mirth, festivity.

আহ্লাদিত, *a.* ৰঙ্গ পোআ, হৰ্সিত, সন্তুস্ট, glad, joyful, mirthful.

ই

ই, ঈ, ব্যঞ্জনৰ লগত গোট খালে ইকাৰ আৰু দিৰ্ঘিকাৰ এই ৰূপে লেখে, (ি, ী,) These two vowels are used indiscriminately to express the sound of *i*, in *pique*, *pin*, *pity*. The Assamese language knows no distinction between them except what is produced by accent, to which the Sanscrit and Bengali distinction of long and short denoted by those two characters have no reference. Hence for all practical purposes the first character only need be retained. ই, is often used as an emphatic affix, equivalent to *even*, *indeed*. It is sometimes used for *he*, *it*, *this*, *that*, *this one*. It is used in speaking of an inferior, and in pointing out the nearest of two things.

ইঃ, *interj*. ইহ্, অৱহেলা গেজেৰা মৰা বিস্ময়ৰ বা কোপৰ মাত, a particle expressing disgust, scorn, surprise, sorrow or anger.

ইকটা সিকটা, *s*. মুখ ভেঙুৰা কৰা, বেয়া গোস্থত মুখ ইফাল সিফাল কৰা, the making a wry face, distortion of the features.

ইকৰা, *s*. ঘৰৰ বেৰ আদি দিয়া ত্রিন বিসেস, a jungle reed.

ইকাতি সিকাতি, *ad*. ইমুখ সিমুখ, ইলুটি সিলুটি, ইফাল সিফাল, from side to side, this way and that way.

ইঙ্গিত, *s*. কথা বুজা ঠাৰ, চিয়াৰ, চকু টিপুউআ মুৰ দুপিওআ আদি সঙ্কেত কৰম, a signal, a hint, a wink, a nod, with কৰি, to beckon &c.

ইচ, *interj*. বেয়া পোআ বা উপলব্ধা, কৰা মাত, a particle expressive of pain, surprise, anger or sorrow.

ইচা, *s*. মন, বাঞ্চা, কামনা, wish, desire, will, choice, inclination.

ইচাক্রমে, } *ad*. ইচা ৰূপে, মনৰ জোখাৰে, spontaneously, according
ইচামতে, } to the will or desire.

ইচাট বিচাট, *s*. চাটি ফুটি, জৰত গাৰ পোৰনিএ ধৰা, tossing about in pain, restlessness, inquietude.

ইচাপূৰ্বক, *ad*. আপোন মনেৰে, আপোনা আপুনি, voluntarily; *a*. voluntary.

ইজা, *a*. ইপাতৰ মুঠ হিচাব সিপাতত্ দিয়া, brought over, carried forward in accounts.

ইটা, *s*. ইষ্টক, পকা মাটি, a brick.

ইটাগুৰিয়া, *a*. চৰাই এবিধ, ইটাৰ নিচিনা বৰন, the name of a bird; *s*. reddish like brick.

ইটি, *a*. এইটি, আগত থকা সৰু বস্তু, বেথাৰ মাত, this one, this little one, expressing affection.

ইটে সিটে, *pron*. এইটোএ সেইটোএ, পৰস্পৰ, ইয়ে সিয়ে, দুয়ো, to this and that, to each other.

ইটো, *pron*. ই, এইটো, ওচৰত থকাটো, this, this one, the nearest of two, this fellow or inferior thing.

ইতৰ, *a*. আন, পৰ, সামান্য, নিহ, other, different, ordinary, low, mean.

ইতি, *ad*. সমাপ্ত, অন্ত, ওৰ পৰা, the end, finis.

ইতিকিঙ্গ, *s*. নিন্দা, অৱহেলা, উলাই, detraction, reviling, contempt.

ইতিখ্যন, *ad.* এতিয়াই, নিমিসতে, just now, quickly, at this moment.

ইতিমধ্যে, *ad.* এনেতে, ইয়াৰ মাজতে, ইতি সময়ে, meanwhile, during this time.

ইতিয়াই, *ad.* এতিয়াই, খন্তেকত, ইতিখ্যনে, just now, this very instant.

ইতিহাস, *s.* বিবৰন, বুৰঞ্জি, আখ্যান, a relation, a history, a narrative, a story.

ইত্যাদি, *ad.* ইয়াকে আদি কৰি, et cetera, and so forth.

ইদানিক, *ad.* এতিয়া, এই কালত, now, at this time.

ইদিকি সিদিকি, *ad.* ইফালে সিফালে, ইপোনে সিপোনে, this side and that side.

ইনুআ বিনুআ, *s.* ইনাই বিনাই কন্দা, বিলাপ কৰা, গুন বৰ্নাই কন্দা, a lament, a dirge, lamentation, wailing.

ইন্দু, *s.* চন্দ্ৰ, জোন, the moon.

ইন্দুৰ, *s.* এন্দুৰ, মাটিত গাঁত লৈ থকা জন্তু, a ground rat.

ইন্দ্ৰ, *s.* দেৱতাৰ অধিপতি, সুৰপতি, পুৰন্দৰ, the Hindoo god said to preside over the atmosphere, and to whom the other gods are subordinate.

ইন্দ্ৰজাল, *s.* মায়াজাল, টটিক কৰা বিদ্যা, the net of illusion, jugglery.

ইন্দ্ৰজিত, *s.* ৰাৱনৰ পুত্ৰ, এবিধ সৰ্প, the son of Rawan, the king of Lonká or Ceylon, a species of snake.

ইন্দ্ৰদ্যুম্ন, *s.* জগনাথ তিৰ্থ থাপন কৰোঁতা এক ৰজাৰ নাম, name of the king who founded the shrine of Juggernath.

ইন্দ্ৰমায়া, *s.* ইন্দ্ৰজাল, legerdemain, jugglery.

ইন্দ্ৰমালতি, *s.* বগা আৰু হালধিয়া ফুল এবিধ, a species of flower.

ইন্দ্ৰানি, *s.* ইন্দ্ৰৰ ভাৰ্য্যা, Indra's wife.

ইন্দ্ৰায়ুধ্য, *s.* ইন্দ্ৰৰ অস্ত্ৰ, মেঘধেনু, Indra's bow, the rainbow.

ইন্দ্ৰাসন, *s.* ইন্দ্ৰৰ আসন, the throne of Indra.

ইন্দ্ৰিয়, *s.* সৰিৰৰ অঙ্গ, চেতনা, the organs of sensation and perception.

ইন্দ্ৰিয় দমন, *s.* কাম আদি ইন্দ্ৰিয়ক বস কৰা, self denial, self control.

ইন্দ্ৰিয় দোস, *s.* ইন্দ্ৰিয়ৰ বস হৈ কুকৰম কৰা, evil propensity, concupiscence, evil desire.

ইপৰিয়া, *a.* ইপাৰত থকা, এই ফলিয়া, on this side (of a river or road) belonging to this party or army.

ইপাৰ, *s.* এইপাৰ, এই দাঁতি, this side, the nearest side.

ইপিনে, ইপোনে, } *ad.* এইপোনে, এই দিসে, এই ফাল, this direction, this way.

ইফলিয়া, *ad.* এই ফলিয়া, ইপৰিয়া, ইভগিয়া, on this side, of this party.

ইবাই সিবাই, *ad.* ঘনে ঘনে অহা জোআ, ইবাৰ সিবাৰ, again and again, constantly coming and going.

ইবাৰ, *ad.* এই বেলি, এই বাৰ, this time, this once.

ইমান, *ad.* এইমান, এই পৰিমান, so little or so much.

ইমুখ সিমুখ, *s.* ইফাল সিফাল কৰা, লাজত মুখ ঘুৰুউআ, turning this way and that way, with কৰি, to avert the face from shame &c.

ইয়াত, *ad.* এই ঠাইত, in this place, here.

ইয়ে, *pron.* এয়ে, এইটোএ, ই, this one, (this very person emphatic.)

ইৰ্ষা, *s.* হিংসা, মন্দ ভাও, কপট, পৰঅপকাৰ চিন্তা, envy, malice, spite, ill will.

ইলাচি, *s.* এলাচি, গন্ধ দ্রব্য, মচলা বিসেস, cardamons.

ইলিহি, *s.* মাচ এবিধ, the *ilihi*, or *hilsa* fish.

ইষ্ট, *a.* বাঞ্চিত, প্রিয়, বন্ধু, সুহৃদ, desired, wished for, cherished, beloved.

ইষ্টকর্ম্ম, *s.* সুভকাম, বাঞ্চিত কাম, আপোন কাম, a favorite or cherished work, work according to one's desire.

ইষ্ট গুৰু, *s.* আপোন গুৰু, নিজ গুৰু, one's own chosen religious teacher.

ইষ্ট দেৱতা, *s.* আপোন দেৱতা, কুল দেৱতা, the god of special choice and worship.

ইষ্টাত্মিক, *a.* মিতিৰালি, চিনাকি, ইষ্ট থকা, intimate, friendly, attached.

ইষ্টাৰ্চন, *s.* পুজা কৰা, ইস্বৰক অৰ্চনা কৰা, worship, homage, adoration.

ইস, *interj.* দুখ খঙ্গ বেজাৰ আদিৰ মাত, আচৰিত মনা মাত, ইহ, a particle expressing anger, scorn, disgust.

ইসাদ, *s.* সাখি, জনা দেখা প্রমান, witness, evidence, an eye witness.

ইসান, *s.* উতৰ পুবৰ মধ্য কোন, সদাসিৱ, the north east point of the compass, one of the names of *Hoda Hiwo* or *Moha, Deo*.

ইস্তাহাৰ, *s.* ৰজাৰ আগ্যা প্রকাস কৰা, ঘোসনা, a proclamation, a notice.

ইস্তাহাৰ নামা, *s.* জাননি পত্র, ঘোসনা পত্র, a written proclamation &c.

ইস্ত্রি, *s.* ধোবাই কাপৰ ঘঁহা যন্ত্র, an instrument for ironing cloth.

ইস্বৰ, *s.* সৃজন পালন সংহাৰ কৰ্ত্তা, প্রভু, God, the supreme being, Lord.

ইস্বৰি, *s.* দেবি, গোসানি, আদ্যা প্রক্রিতি, a goddess, original unformed matter.

ইস্বৰিয়, *a.* ইস্বৰ সমন্ধিয়, divine, godlike.

ইহ, *s.* নাঙ্গলৰ ডিলা, ইস, the beam of a plough.

ইহ, *a.* এই, বৰ্ত্তমান, this, present.

ইহকাল, *s.* জিৱন কাল, বৰ্ত্তমান কাল, the present time, the present state.

ইইঁত, *pron.* ইবিলাক, এই সকল, these, they, (spoken of inferiors.)

ইহলোক, *s.* এই জগত, মৰ্ত্ত্যলোক, এইপুৰি, the present life, this world or state of existence.

ইহলোক পৰলোক, *s.* ইহকাল পৰকাল, here and hereafter, this world and the next.

উ

উ, ঊ, উকাৰ আৰু দিৰ্ঘ্‌কাৰ, ব্যঞ্জনৰ লগত গোট খালে এই ৰূপে লিখে, (ু ূ) আচৰিৰ্ত মনা মাত, বিস্মিউআ. These two vowels when joined to consonants are represented by the symbols (ু ূ) placed under the letter. They are indiscriminately used in Assamese to represent the sound of *u* in *rule* or *oo* in *poor.* Hence the first character only need be retained. উ, is used interjectively, to express surprise, and in calling or replying to a person at a distance.

উআ, } *ad.* মিচা, অকাৰন, সুদা, without cause, needlessly.
উআতে, }

উআই, *interj.* আচৰিত মাত, বিস্ময় মনা মাত, নে দেখাক দেখা, a particle expressing surprise, or astonishment.

উআদিহ, *s.* আগগুৰি, বুজ, ভুভটং, a full understanding or certain knowledge of an affair.

উঁই, } *s.* বগা পোক এবিধ, the termite or white ant.
উইপৰুআ, }

উঁইচিলা, *s.* উয়ে মাটি তোলা ভেঁটি, উই হাঁফলু, a heap of earth thrown up by white ants.

উইবাহ, *s.* উই কৰ্কৰা, a nest of white ants.

উই হাঁফলু, *s.* see উইচিলা.

উকটপাকট, *s.* পেট পকোআ, a griping of the bowels.

উকটিঅহা, *s.* বাঁতি আহিব খোজা, retching as when about to vomit.

উকটি পেলোআ, *s.* দন্দত গোপন কথা বাহিৰ কৰা, গোকাটনি অঁতোআ, the act of divulging a secret, of making a hidden matter public, stirring up an old difficulty.

উকদিয়া, *s.* ৰোগ উজাৰ খোআ, গুচা ৰোগ পুনৰ হোআ, the breaking forth afresh of an old disease or pain.

উকমুকনি, *s.* ঘামত গা পোৰা, গপগপনিত উসাহ নোপোআ, a burning sensation of the body, a stifling suffocating sensation.

উকলা, *s.* অৱসেস, লেখ জোখত বাহিঁ থকা, excess, surplus, remainder.

উকহ, *s.* এবিধ কুৰুআ চৰাই, a species of eagle.

উকহে খোৱা, *s.* ভত নোপোৱা, ধৰ্ফৰোৱা, ভেৎপৰা, the doing anything hastily, rashly, or without regard to consequences.

উকা, *a.* বৰন ফুল নোহোৱা কাপৰ আদি, plain, colorless, unornamented.

উকাই, *v.* পুনৰপি হোৱা, to break forth afresh (as of a disease.)

উকি, *s.* ৰিঙ্গ, এটাহ, a call, a cry, with মাৰি, to call, to cry aloud.

উকিআই, *v.* ৰিঙ্গিউৱা, ৰিঙ্গিয়াই মতা, to call out to a person at a distance.

উকিল, *s.* গোচৰ কৰিবৰ নিমিত্তে প্ৰতিনিধি, মুক্তিয়াৰ, an attorney, an agent, a pleader in a court, a mooktear.

উকুউৱা, *s.* ভাল হোৱা ৰোগ দুনাই হোৱা, উকদিয়া, a relapse into disease from a convalescent state.

উকুলিয়াই, *v.* উকুলিউৱা, মুখৰ পৰা উলিয়াই পেলোৱা, to spit out, to eject from the mouth.

উক্ত, *a.* কোৱা, কথন, আগত কোৱা, said, spoken, related.

উক্তি, *s.* কোৱা কথা, a saying, expression, sentence.

উখনা উখনি, *s.* বাদ বিবাদ, mutual abuse, disputation.

উখৰা, *a.* একো গচ বন নগজা ঠাই, সুকান ঠাই, খঙ্গাল; *s.* a dry, barren place, quick tempered.

উখল মাখল, *ad.* উলহমালহ, খৰখেদা, quickly, expeditiously.

উখহা, *s.* বেদনাত মঙ্গহ উঠা, মঙ্গহ ওফোন্দা, ডাঙ্গৰ হোৱা, a swelling, enlargement, inflation; *a.* swollen, inflated, enlarged.

উখামুখা, *a.* মনবৰ্হা, নেচাই নিচিন্তি কাম কৰা, audacious, inconsiderate, rash.

উখাহ, } *s.* উসাহ, নিশ্বাস, the breath, respiration.
উসাহ,

উখুআ, } *s.* উহুআ, পানি দি সিজোৱা, the act of boiling; *a.* boiled,
উসুআ, as rice boiled in the husk preparatory to pounding out.

উখুমা, } *a.* তিতা বস্তত গাপ লগা, মলঙ্গা, ভেঁকুৰা, heated, swollen,
উসুমা, mouldy, mildewed.

উখুমাগলা, *a.* উখহামুখ, সেতা সেৰেলুআ, ঢেপাগাল, full face, having high cheek bones.

উগাৰ, *s.* উদ্গাৰ, হেঁকটি বিগেস, ওপৰলৈ পেটৰ বায়ু উঠা, eructation, the act of belching wind from the stomach.

উগাৰ চৰা, *s.* উগৰা, হুমিউৱা, heaving a sigh, the expression of a determination to punish or revenge.

উগাৰি, *v.* উগাৰ মৰা. to eructate, to belch up wind.
উগুলথুগুল. *s.* বিবুধি, অথিৰ অবিৰ, consternation, perplexity, trouble.
উগ্র, *a.* অতি, চোকা, নিপুন, খঙাল, very, very much, very great, passionate, pungent.
উগ্রকঁপালি, *a.* ভাগ্যৱন্ত, সুখি, বৰ কঁপালি, fortunate, lucky, prosperous.
উগ্রবুধি, *s.* বৰ বুধি, চোকা বুধি, a good understanding, a quick perception.
উগ্রসাস্থি, *s.* বৰ সাস্থি, নানা জাতনা দিয়া, জিয়াতু, torture, torment, agony.
উঘলা, *s.* উভলা, গুৰিএ সৈতে তোলা, the act of eradicating or uprooting.
উঘা, *s.* সুতা লোআ জন্ত্র, সিপিনি তাঁতিৰ মঁজুলি, a reel for winding thread.
উঘালি, *v.* গুৰিএ সৈতে তুলি, উভালি, to uproot, to eradicate, to overthrow.
উঘুআই; *v.* উঘাত সুতা মেৰোআ, to wind thread on a reel.
উচও, *s.* উতসৱ, বৰ ৰঙ্গ, ৰহস্য, পৰ্ব্ব, বিবাহাদি, a festival, a holiday, a joyful occasion.
উচটাই, *v.* মন বৰ্হোআ, উচাহ বৰ্হোআ, to persuade, to encourage, to influence, to embolden.
উচটুআ, *s.* প্রসংসাৰে মন বৰ্হোআ, the act of persuading by flattery.
উচন, *a.* উবাব, নাস, ঠাই উদঙ্গ হোআ, ruined, devastated, laid waste.
উচপিচ, *s.* মনৰ উদ্যোগ, খৰ্‌খৰ, ধৰফৰ, hurry, bustle, restlessness.
উচৰ্গ, } *s.* উতচৰ্গ, দান, আগ কৰা, a gift, an offering, with কৰি,
উচৰগ } to offer in sacrifice, to dedicate.
উচৰ্গা, *s.* উচৰ্গি দিয়া, জৌতকত দিয়া, alms giving, offering as a sacrifice; *a.* given, offered.
উচল, *s.* চুকুআ, আদাই, সমুলি দিয়া, the bringing to a close, completion, full payment of a debt or obligation.
উচলপাচল, *a.* উলহমালহ, আনন্দত বিভত হোআ, intoxication with joy, delighted.
উচলা, *a.* উলাহ দিয়া, ওপৰলৈ দঙ্গা, elevated, lifted up, prominent.
উচাটমাৰি, *v.* খঙত কথা নুসুনি গুচি জোআ, to go away in anger and refuse to listen.
উচাৰ, *s.* চঁক, ভই খাই গা জোকাৰ মৰা, a sudden start, a shudder.
উচাৰন, *s.* কথন, মাত, গোআ, utterance, pronunciation.
উচালমৰা, *s.* উফাল মৰা, ওপৰলৈ বল দিয়া, an upward force or pressure, a sudden spring or bound.
উচালি, *v.* বলেৰে ওপৰলৈ দাঙ্গি, উলাহি, to lift upward, to raise.
উচাহ, *s.* উত্‌চাহ, উদ্যোগ, মন উঠা, zeal, enterprise, readiness, forwardness, eagerness to engage in an undertaking.

উচাহি, *a.* উতচাহি, বজুআল, মন বর্হা, zealous, eager; enterprising.

উচুটিয়া, *s.* উচটোআ, মিচাকৈ প্রসংসা কৰোঁতা a flatterer, a sycophant.

উচুপি, *a.* সৰহিয়া, বহুত, ভেনেই, very many, very much, the whole.

উচুপিকন্দা, *s.* ফেঁকুৰি কন্দা, লৰাই হেঁকটিয়াই কন্দা, suppressed crying, sobbing.

উজনি, *a.* নদিৰ ওপৰ ভাগৰ পোনে, up country, up stream.

উজনিমুআ, *a.* উজনি ফালে মুকৈ থকা, with face turned up stream.

উজনিয়া, *a.* উজনিৰ, উজনিত থকা, upward, belonging to an up country.

উজৰা, *s.* খানি খোআ মাটি, জুৰ্জুবিয়াকৈ খোচৰা, পুৰনি কথা উলিউআ, mellowing or stirring up ground for seed, the reviving or agitating an old affair; *a.* mellowed, agitated.

উজৰি উঠা, *s.* খঙকৈ কোআ, খঙত গুঁজৰি উঠা, the using of harsh angry words or speech, a sudden rising of anger.

উজলা দতা, *a.* দঁতুআ, বাহিৰলৈ দাঁত ওলোআ, prominent front teeth.

উজাই, *v.* উজনিলৈ জোআ, আগ বৰ্হা, to go up stream, to advance.

উজাগৰ, *s.* সাৰে থকা, অনিদ্রিত, wakefulness, watchfulness, vigilance.

উজান, *s.* উজনি ঠাই, সৰহ মাচে লগ ধৰি উজাই জোআ, an upland country, up stream, the moving of fish in shoals up stream.

উজাৰ, *s.* চঁক খোআ, ৰোগ উক দিয়া, sudden flight or dispersion from fear, the breaking out of disease afresh.

উজাৰ খাই, *v.* ত্রাকে ভই খাই উঠা, উক দিয়া, to startle or disperse; *a.* startled, frightened, broken out afresh as of disease.

উজাৰি, *v.* খুঁচৰি দিয়া, গুপুত কথা উলিয়াই দিয়া, উজাৰ খুআই, to pulverize or mellow the soil, to expose or make public.

উজু, *a.* ঢিল, কোমল, সুগম, easy to do or to understand.

উজুআ, *s.* উজাই জোআ, ওপৰলৈ টনা, the act of ascending or causing to ascend.

উজুঁটি, *s.* জুঁটি, ভৰিৰ আঙুলিত খুন্দা খোআ, a mis-step, a mistake.

উজ্জল, *a.* প্রকাস, কান্তি, নির্মল, luminous, clear, bright, transparent.

উট, *s.* জন্তু এবিধ, উষ্ট্র, a camel.

উটনিয়া, *a.* চিয়াৰেৰে কথাত নিন্দা কৰা, উপলুঙ্গা কৰা, খেনি কৰা, ironical, abusive.

উটা, *s.* ওপঙা, পানিৰ ওপৰত উটি জোআ, the being sustained or carried on the surface of a fluid; *a.* floating, buoyant.

উটাপুটি, *s.* অগিয়াবগি, ওপৰাওপৰি, অনিয়াঅনি, dispute, emulation, strife, rivalry.

উটাৰুৱা, *s.* বান পানি অহা, চল, ভগনিয়াৰ মানুহ, a flood, an inundation; *fig.* a person who wanders about like drift wood, without any fixed habitation; *a.* overflowed, inundated, laboring under some heavy calamity.

উটি, *v.* ওপঙ্গি, পানিত উটি জোআ, to float, to drift, to move on the surface of a fluid.

উটিবুৰি, *v.* পানিত এবেলি উটি এবেলি তল জোআ, থানথিত নোলোআকৈ বাগৰি ফুৰা, to float and sink alternately, to wander about without fixed abode.

উটুআই, *v.* উটাই দি, ওপঙ্গাই দি, to cause to float, to carry away by the force of a current.

উঠঙ্গা, *a.* অলপ ওখ, মাত্র ওখ, prominent, slightly elevated.

উঠঙ্গাই, *v.* বৰ বৰ কথা কোআ, গপাই কোআ, কথাৰে বৰটো কৰা, to make one's self prominent, to boast, to brag.

উঠঙ্গাউঠঙ্গি, *a.* ওখ চাপৰ, খাল বাম, undulating, uneven.

উঠন, *s.* বৰ্হা, সকত হৈ অহা, উঠি অহা, growth, increase, elevation, a rising up, ascension.

উঠনা, *s.* আগলৈ মুল্য দিবলৈ কিনা, the purchasing on credit.

উঠা, *s.* বৰ্হা, ওপৰলৈ জোআ, সাৰ পোআ, গা দঙ্গা, growth, ascent, awaking from sleep, rising, standing up.

উঠামেলা, *a.* বাৰে বাৰে উঠা বহা, alternate rising up and sitting down.

উঠি, *v.* গা দাঙ্গি, ওপৰলৈ জোআ, to rise, to grow, to wake from sleep, to mount, to ascend.

উঠি অহা, *s.* বাৰ্হি জোআ, ডাঙ্গৰ হৈ জোআ, a springing up, growth.

উত্কট, *a.* আহুকাল, বৰ কষ্ট, কৰিবলৈ কঠিন, annoying, disagreeable, troublesome, difficult.

উত্খাত্, *s.* উবাৰ, উচন, সৰ্বনাস, overthrow, destruction, ruin.

উতজুআ, *v.* উতলোআ, উচটোআ, urge a person to any course good or bad.

উতনুআ, *s.* জন্তু এবিধ, উত্রাবল, তত নাইকিয়া, a small ground animal; *a.* restless, unstable, excitable.

উত্পতি, *s.* ওপজা, হোআ, ওলোআ, a production, result, consequence, fruit, development.

উত্পন, *a.* জন্ম, ওলোআ, ঘটন, produced, arisen from, with কৰি, to produce, to beget, to bear.

উত্পাত, *s.* অদ্ভুত ঘটনা, অমঙ্গল ঘটাৰ চিন, a calamity, a portent.

উত্পাৰি, *v.* উবাৰি, সমুলি তুলি, to waste, to ravage, to turn upside down.

উত্তম, *a.* অতি ভাল, শ্রেষ্ট, প্রধান, best, chief, super-excellent.

উত্তৰ, *s.* উত্তৰ, সমিচাৰ, সিধান্ত, সম্বিধান, একদিস, an answer, a defence, a reply, the northern point of the compass.

উত্তৰ কাল, *s.* অহা কাল, ভবিস্যত কাল, আগলৈ, the coming time, hereafter.

উত্তৰ প্ৰত্যুত্তৰ, *s.* কথোপকথন, প্ৰশ্নোত্তৰ, বাৰে বাৰে উত্তৰ কৰা, a dialogue, a conversation.

উত্তৰাধিকাৰ, *s.* পৈত্ৰিক ধন আদিৰ গৰাকি বা ভাগ, an inheritance, a title, a right in a patrimonial estate, a government, a privilege, a possession.

উত্তৰাধিকাৰি, *s.* পৈত্ৰিক ধন আদিৰ গৰাকি হোআ, an heir, a successor.

উত্তৰায়ন, *s.* মাঘৰ পৰা চমাহ সুৰ্জ্যে উত্তৰলৈ গতি কৰা পথ, the sun's path north of the equator.

উত্তৰি, *s.* ঘাগৰি গতিয়াকৈ লোআ কাপৰ, কায়স্থৰ লগুন, সম্বিধানি, a cloth worn over the left shoulder and under the right arm so as to leave the latter exposed, the sacred thread of the Kayosth caste, a person skilled in argument.

উত্তপ্ত, *a.* তাপত ওপৰলৈ উফন্দি অহা, boiled, ruffled, agitated, heated.

উতলি, *v.* থকবকোআ, জুইৰ তাপত উথাল্ ধৰা, to boil, to melt, to bubble up.

উত্সৰ্গ, *s.* উচৰ্গা, দান, আগ কৰা, an offering, oblation, gift, with কৰি, to present as an oblation, to sacrifice.

উত্সৱ, *s.* উচও, see উচও.

উত্তাপ, *s.* অতিসই তাপ, মনৰ উচাহ, warmth, heat, ardor, zeal.

উত্তির্ন, *a.* উঠা, পাৰ পোআ, উধাৰ পোআ, rescued, crossed over, extricated from a difficulty.

উত্ৰাৱল, *s.* উথপ্থপ, উন্মত, বিহ্বল, ecstasy, enthusiasm, distraction; *a.* delighted, excited, overjoyed.

উথপ্থপ্, *s.* খদমদম্, খৰখেদা, লৰাত কৰা, উত্ৰাৱল, excitement, hurry, bustle.

উথাপন, *s.* কথা উলিউআ, উচাৰন, প্ৰস্তাব, introducing a subject for conversation, discussion.

উথাল, *s.* থকবকোআ, তাপত ওফন্দি অহা, boiling or bubbling up.

উদ, *s.* পানিত মাচ ধৰি খোআ জন্তু, an otter.

উদক, *s.* জল, পানি, a fluid, water.

উদগাই, *v.* উচটাই, উত্তলাই, উচাহ বৰ্হাই, to exhort, to animate, to incite, to urge forward.

উদঙ্গ, *a.* সুদা, মুকলি, লাঙ্গট, নাইকিয়া, bare, naked, empty, stripped, open, uncovered, let loose.

উদঙ্গ মুৰিয়া, *a.* মুকলি মুৰিয়া, অধিন নোহোআ, স্বতন্ত্ৰ, free, independent.

উদঙ্গিয়া, *a.* উদঙ্গ মেলা, অৰখ্যাক, let loose to wander about without a keeper, unowned, unprotected, stripped of every thing.

উগুন্ত, *a.* স্বতন্ত্ৰ, অবস, অদমন, উদঙ্গিয়া, independent, uncontrolable, unrestrainable.

উদফাঁই, *s.* ওপৰলৈ উসাহ টনা ৰোগ, ঘুমুৰোগ, the asthma.

উদই, *s.* প্ৰকাস, ওলোআ, the coming into view, rise, appearance, applied to the rising of the heavenly bodies, and to the introduction of knowledge.

উদইগিৰি, } *s.* সুৰ্জ্য ওলোআ পৰ্বত, the fabled eastern mountains
উদয়াচল, } over which the sun rises.

উদৰ, *s.* পেট, the belly, the bowels.

উদাঁত, *s.* দাঁত ন ভগা গৰু, উদঁতিয়া, cattle whose second teeth have not grown.

উদাপদুমা, *a.* উমইহতিয়া, বিচাৰ নাইকিয়া common to all, having no separate owner, any thing done or shared in common.

উদাৰ, *a.* ভঙ্গভঙ্গিয়া, অকপটিয়া, হোজা, simple, open, candid, frank, guileless, unreserved.

উদাস, *s.* একান্ত ভাৱে ইশ্বৰক চিন্তা, সংসাৰত বিৰক্তি হোআ, religious abstraction, misanthropy, retirement from the world, asceticism.

উদাসিন, } *s.* কেৰলিয়া, বৰলা ভকত, বৰাগি এবিধ, a religious men-
উদাহিন, } dicant, a recluse, a celibate.

উদাহৰন, *s.* দ্ৰিষ্টান্ত, উপমা, পাটুআ, an example an illustration, a parable.

উদি, *a.* উদঙ্গ, মুকলি, ঢাকনি নোহোআ, bare, open, uncovered, naked.

উদিয়াই, *v.* উদঙ্গকৈ ঢাকনি গুচাই, মুকলি কৰি, to bare, to uncover, to expose, to open.

উদিত, *a.* উদই হোআ প্ৰকাসিত, risen, come into notice, come into vogue, newly introduced.

উদুলিমুদুলি, *s.* তোলপাৰ, হুলথুল, confusion, disorder, tumult.

উদগতি, *s.* উন্নতি, উৰ্ধগতি elevation, ascent.

উদগাৰ, *s.* উগাৰ, see উগাৰ.

উদ্দেস, *s.* হুভালোআ, অভিপ্ৰাই, কাৰন, an object, view, motive, reason.

উদ্ধাৰ, s. ৰখ্যা, মুক্তি, ত্ৰান, আপদ বা পাপৰ পৰা তোলা, rescue, deliverance, salvation, purification from ceremonial uncleanness.

উধিত, a. ওপৰলৈ তোলা, মুক্ত কৰা, delivered, rescued, saved, extricated.

উদ্বাউল, a. উজৰি উঠা, খঙত ব্যাকুল হোআ, beside one's self with anger, furious, raving, distracted with passion.

উদ্বিগ্ন, a. উগুলথুগুল, ব্যাকুল, উত্ৰাৱল, troubled, perplexed, anxious.

উদ্বিৰাল, s. উদ, মাচ খোআ এবিধ জন্তু, an otter.

উদ্ভণ্ডালি, s. দুষ্টালি, অমুৰি, wickedness, outrage.

উদ্ভৱ, s. ওলোআ, উত্পত্তি, জন্ম, the coming into existence, production.

উদ্যত, a. সষ্টম, কৰিবলৈ ধৰা, জুগুত হোআ, ready to undertake, about to do, commenced, engaged, ready.

উদ্যম, s. পৰিস্ৰম, কাৰ্বাৰ, উদ্যোগ, effort, exertion, labor.

উদ্যান, s. বাগিচা, ফুলনি বাৰি, a grove, a park, a flower garden.

উদ্যানপাল, s. বাৰি চোআ, মালি, a gardener.

উদ্যোগ, s. কাৰ্বাৰ, জতন, পুৰুসাৰ্থ, উচাহ, endeavour, exertion, labor, effort, zeal, fervor.

উদ্যোগি, a. কাৰ্বাৰি, উচাহি, সুমি, active, industrious, energetic.

উধও, ad. সাম্‌ফল নোহোআ, ব্যৰ্থ, to no purpose, futile.

উধনিয়া, a. উধানৰ সমান ডাঙৰ, very large, *i.e.* large as an *udhan* or earthen support for a cooking vessel.

উধমুধ, s. আগ গুৰি, ভাল বেয়াৰ বুজ, from top to bottom, all the particulars, a full understanding of the merits of a case.

উধাই, v. ওপৰলৈ উঠি জোআ, গঁপাই, to mount, to ascend as a bird.

উধাতু, a. নিধাতু, বিচেষ্টা, নিৰুস্বাস, বিভত, out of breath from sudden fright or running.

উধান, s. তিনি খুঁটি বা চপৰা ডলিৰ চোকা, চৰু বহাবৰ নিমিত্তে মাটিৰ সজা চুলা, a cooking place or support for a cooking vessel.

উধামুধা, s. আগ গুৰি নো চোআ, ভাল বেয়াৰ বিচাৰ ন কৰা, the doing any thing at random without understanding or investigation.

উধাৰ, s. উদ্ধাৰ see উদ্ধাৰ, deliverance, salvation.

উধাৰপলা, s. দিয়া দি কৰা, উপকাৰৰ সলনি উপকাৰ কৰা, the returning favor for favor, the reciprocation of a kindness.

উধাৰি, v. উধাৰ কৰি, নিস্তাৰি, to deliver, to extricate, to save.

উধুআ, s. ওপৰলৈ তোলা, the act of ascending, or causing to ascend.

উধুতে, ad. উমইহতে, আটাইৰে মাজতে, ৰাজহতে, in common, common to all.

উধেউধে, *ad.* মাজ্রে মাজ্রে, কাকো লগ নোপোআকৈ, মাজেমুখে, at random, as a bullet aside from the mark, or as irrelevant speech.

উন, *affix.* হিন, এটা কম, কিচু তাকৰ, one less than, less.

উনত্রিচ, *a.* একুৰি ন twenty nine; *i. e.* one less than thirty.

উনস, *a.* এটা কম এস, নিৰানৰৈ, ninety-nine.

উনা, *a.* অলপ কম হোআ, কথালৈ কান পতা, a little deficient; *s.* deficiency, listening to hear the conversation of others.

উনাই, *v.* কান পাতি থকা, সাৰ লৈ থকা, মন কৰা, to listen to catch what is said at a distance.

উনি, *s.* পাট সুতা কটা যন্ত্র, a reel for winding silk.

উনিআপ্রানি, *a.* দৰিদ্র, সামান্য, নিহকিন, poor, mean, insignificant.

উনিউনি, *a.* অলপ অলপ, কুহুমিয়া তপত, very little, lukewarm, tepid.

উনিয়াই, *v.* সুতা লোআ, অহা জোআ কৰা, to wind thread, to frequently go and come.

উনিসলা, *s.* সুতলাহি ভঙ্গা সলা, a reel for thread.

উনুই, *s.* ভুমুক, পুঙ্গ, উহ, a spring, a fountain.

উনুকিয়াই, *v.* অলপকৈ কথাৰ মুৰ উলিউআ, to obtain a clue to a matter from a word, hint or intimation.

উনৈচ, *a.* এটা কম একুৰি, nineteen.

উনৈচত বাবলোআ, *a.* অকাৰনে বলকা, বৰকৈ দন্দ হাই কৰা, quarrelsome, contentious, litigious.

উন্তি, *s.* অন্তি, কানৰ অলঙ্কাৰ, an ear ornament worn by men.

উন্নতি, *s.* ব্রিদ্ধি, বৰ্হা, increase, prosperity, elevation, exaltation.

উন্মত, *a.* বলিয়া, পাগল, উত্রাৱল, deranged, insane, intoxicated.

উপ, *prefix.* উপসৰ্গ বিসেস, আন কথাৰ আগত থাকিলে মন্দ অৰ্থ প্রকাস বা হিন বা কম বুজাই, with the idea of vicinity, resemblance.

উপকথা, *s.* সাধু কথা, পুৰান কথা, উপলুঙ্গা কথা, a proverb, an adage, a common saying.

উপকৰন, *s.* উপাহাৰ, উপাধি বস্তু, a side dish, any thing added, as vegetables or sauces, to a meal.

উপকাৰ, *s.* সহাই ভজা, হিত কৰা, এপাহ, assistance, help, aid, benefit.

উপকাৰি, *a.* উপকাৰ কৰোঁতা, হিতকাৰি, হিতৈসি, beneficial, advantageous, helpful, useful.

উপক্রম, *s.* আৰম্ভন, কৰিবলৈ ধৰা, a beginning, an attempt.

উপগত, *a.* আহি পোআ, সাখ্যাত হোআ, উপনিত, arrived, present.

উপগৰু, *s.* পটোল দাতা, বিধি সিখ্যক, an inferior *gooroo* or teacher.

উপচ, *a.* পুৰ, চপ্‌চপিয়া, full, even measure.

উপচক্ৰ, *s.* উতপাত, অকস্মাত আপদ ঘটা, calamity, sudden evil.

উপচাৰ, *s.* পুজাৰ বস্ত, the attire, furniture &c. used at poojas.

উপচি পৰা, *a.* পুৰ হৈ পৰা, অধিক, full and running over, abundant.

উপজি, *v.* জন্মি, হৈ, to bear, to give birth to, to be.

উপজিবিকা, *s.* পোহনৰ উপাই, প্ৰবৰ্ত্তন, জিবিকা, livelihood, support.

উপজিব্য, *a.* জিবিকাৰ উপাই, yielding maintenance or support.

উপজিহ্বা, *s.* আলজিবা, the epiglottis, the uvula.

উপযুক্ত, *a.* উচিত, জোগ্য, বিহিত, fit, proper, qualified.

উপ্‌তন, *s.* উত্‌পন, আৰ্জ্জন, ঘটন, লাভ, production, savings, profit.

উপ্‌তাপ, *s.* তাপ, বেজাৰ, পিৰা, সোক, heat, distress, mental suffering.

উপদিপ, *s.* সৰু দিপ, মাজুলি, মাজুলি চাপৰি, an island.

উপদেৱতা, *s.* ভুত পিসাঁচ আদি, a demigod, an evil spirit, an apparition.

উপদেস, *s.* সিখ্যা, গ্যান দিয়া, instruction, advice, teaching.

উপদেসক, *s.* উপদেস দিওঁতা, সিখ্যা গুৰু, সিখ্যক, an instructor, a teacher, a preacher.

উপদ্ৰুৱ, *s.* বিঘিনি, অমুৰি, অন্যাই আচৰন, calamity, oppression.

উপদ্ৰুৱি, *a.* উপদ্ৰুও কৰোঁতা, অন্যাই আচৰন কৰোঁতা, calamitous, ruinous, oppressive, tyrannical.

উপনয়ন, *s.* লগুন দিয়নি, the investiture of the sacred thread.

উপনাম, *s.* আন নাম, উপলুঙ্গা নাম, a surname, a nickname.

উপনিত, *a.* উপস্থিত, আহি পোৱা, arrived, present.

উপনিসদ, *s.* বেদৰ একাগ, a portion of the Veds.

উপন্যাস, *s.* প্ৰস্তাৱ কৰা, উপকথা, সাধু কথা, an exordium, a tale, a story.

উপপতি, *s.* বটুআ গিৰিএক, চুৰকৈ লোৱা পৈ, one who practices whoredom, a pimp, a panderer.

উপপত্নি, *s,* চাপনি তিৰি, বাটলু, a kept mistress, a concubine.

উপবন, *s.* উদ্যান, ফুলনি বাৰি, a garden, a flower garden, a grove.

উপবাস, *s,* লঘোন, ব্ৰত, a religious or voluntary fast.

উপবাসি, *a.* লঘোন দিয়া, নিৰাহাৰি, one who observes a voluntary or religious fast.

উপবিত, *s.* জগ্য সুত্ৰ, উতৰি, the sacred thread.

উপবিতি, *a.* লগুন উতৰিকৈ লোৱা, invested with the sacred thread.

উপবিদ্যা, *s.* সামান্য বিদ্যা, সিল্প বিদ্যা আদি, an inferior art or science, such as sleight of hand, dancing, basket work &c.

উপবেদ, *s.* আয়ুৰ্ব্বেদ আদি, one of the inferior Veds.

উপভোগ, s. বিসই ভোগ, সুখ ভোগ, worldly enjoyment, gratification.

উপমা, s. তুলনা, দ্রিস্টান্ত, পটন্তৰ, a comparison, simile, metaphor.

উপমাত্রি, s. ধাই, তোলনিয়া মাক, a wet nurse, a foster mother.

উপৰি, a. ওপৰৰ, আগৰ, পুৰ্ব্বৰ, তাৰ বাহিৰে, above, former, besides.

উপৰি জন্ম, s. পুৰ্ব্বৰ জন্ম, প্ৰথমৰ জন্ম, a former birth.

উপৰি পুৰুস, s. পুৰ্ব্বপুৰুস, আদি পুৰুস, ancestors, progenitors, forefathers.

উপৰুআ, a. সম্পৰ্ক ন থকা, আলাগতিয়া, not belonging to, not connected with or related to.

উপলখ্য, } s. চিন, অনুমান, কেৰাহিকৈ চোআ, an indication, an
উপলখ্যান, } inference, a deduction, a glance, a clue.

উপলঙ্ঘা, s. উলঙ্ঘা কৰা, নমনা, আগ্যা ভঙ্গা, contempt of an order, disobedience.

উপলভ্য, s. কিঞ্চিত লাভ, অলপ উত্পন, a small profit or yield.

উপলুঙ্গা, s. মিচা জেন মনা, উটনিয়া, ইতিকিঙ্গ, jesting, raillery, ridicule.

উপসাম, s. ৰোগ আদি কম হোআ, সাম কটা, লঘু কৰা, alleviation, abatement of pain or distress.

উপসৰ্গ, s. অব্যই সব্দ, an inseparable preposition.

উপসান্ত, a. অলপ সান্ত, ৰোগ আদি কমি জোআ, alleviated, abated.

উপস্থিত, a. আগ হোআ, আহি পোআ, সাখ্যাত, arrived, present, at hand.

উপহাস, s. পৰিহাস, খেনি, উপলম্ভা, a jest, ridicule, a smile.

উপাই, s. কৌসল, বুধি, জিহৰ দ্বাৰাই কোনো কৰম সিধি হই, means or way of doing, help, an expedient, device.

উপাক পাক, a. পাক লগা, আঁৰ লগা, বিমোৰ, reversing, turning upside down, involved in difficulty, perplexed.

উপাখ্যান, s. ইতিহাস, ব্ৰিত্তান্ত, বিবৰন, সজা কথা, a narrative, a history, a fable, fiction.

উপাঙ্গ, s. খুদ্ৰু অঙ্গ, অপ্ৰধান ভাগ, চুলি, আঙ্গুলি আদি, a subordinate part, a subdivision.

উপাধি, s. বিসই সমন্ধিৰ নাম, উপহাৰ বস্তু, a title, an attribute, any light food.

উপাৰ্জ্জন, s. ঘটন, আৰ্জন, সুমৰ লাভ পোআ, gain, savings, accumulation of property.

উপাৰ্জ্জিত, a. আৰ্জ্জিত, পোআ, accumulated, gained, amassed.

উপালম্ভা, s. অমৰ্জতা, নিন্দা, গলিয়াগলি কৰা, দুৰ্বাক্য, abuse, reproach.

উপাসক, s. আস্ৰিত, সেৱক, লগুআ, আৰাধনা কৰোঁতা, a worshipper, an attendant, a servant.

উপাসনা, *s.* আৰাধনা, ভাৰসা, সুস্ৰুসা, supplication, prayer, service.

উপাসা, *s.* আসা কৰা, ভাৰসা, hope, expectation, service, worship.

উপাস্থি, *s.* কোমল হাৰ বিসেস, a cartilage.

উপহাৰ, *s.* ফল মুল আদি, সামান্য আহাৰ, উপাধি দ্ৰুব্য, any light food, as fruit vegetables &c.

উফৰা উফৰি, *v.* চিটিকাচিটিকি, উফৰি পৰা, খজত ডেও পৰা, to bound as a ball, to spring, to hop about as parched corn.

উফাল মাৰি, *v.* আচাৰ মৰা, ওপৰলৈ আঁজোৰ মৰা, উচাল মৰা, to wrench one's self away from the grasp of another.

উফি, *s.* মুৰৰ খজতি ধৰা ৰোগ বিসেস, a scab or scurff, dandruff.

উফিউআ, *s.* চুলি ভাল ভাল কৰি মেলি চোআ, examining the hair of the head hair by hair.

উবৰা, *a.* অবস হোআ, নমনা, obstinate, uncontrollable, disregardful.

উবাজ, *a.* বেয়া কথা, নিলাজ মাত, অবাচ্য, obscene, shameless in speech.

উবাৰ, *a.* উচন, বিনাস, সাজ কৰা, নাইকিয়া হোআ, made desolate, laid waste, with কৰি, to lay waste, to destroy.

উবুৰি, *a.* তললৈ পেট কৰা, তললৈ মুকৈ পৰা, prostrate, prone, with হৈ, to lie prostrate on the face.

উবুৰিওআ, *s.* তললৈ মুখ কৰা, ওভোতোওআ, লুটিওআ, prostration, turning upside down, somerset.

উবুৰি খাই, *v.* লুটি খোআ, বাগৰ খোআ, উভতি পৰা, to turn topsy turvy, to pour forth, as a multitude of people, or as a running stream.

উভ, *a.* চাঁচ কোৰ নাঙ্গল আদিৰ জোখতকৈ খিয় হোআ, খিয় ঘৰ, the beam of a plough or the handle of an adze or hoe &c. if set too steep is thus called.

উভজ, *s.* অভং, কুবাক্য, লাজ কথা, obscenity, unchaste language.

উভতি, *v.* উলটি, ঘূৰি, উচতি জোআ, to turn back, to return, to retrace one's steps.

উভয়, *a.* দুই প্ৰকাৰ, দুয়ো, both, two as distinct from others.

উভয়তে, *ad.* দুয়োৰো মাজতে, দুয়ো ফালে, mutually, on both sides.

উভলা, *s.* উঘলা, তুলি অনা, the act of uprooting or overthrowing; *a.* uprooted, eradicated, overthrown.

উভলি, *s.* হাল বোআ মাটিৰ মুৰ, the ends of a piece of ploughed land.

উভইাঁ, *a.* খহটা, নিমজ নোহোআ, coarse, rough, uneven.

উভি, *v.* ঘৰৰ খুঁটা পুতি চাল তোলা, ঘৰ খিয় কৰা, মনেৰে কথা ঠিক কৰা to erect as the frame of a house, to decide upon, to purpose.

উভিয়া, *a.* কপাহৰ ডাঙ্গৰ সুতা, লাগবাঙ্ক নোহোৱা বন, ঠৈহ ধৰা, coarse (applied to thread or work,) stubborn.

উভিয়া উত্তৰ, *s.* অমিল মাত, খঙ্গ উঠা মাত বা উত্তৰ, an uncivil answer, defiant or disrespectful speech.

উভৈনদি, *s.* সৰহ, বিস্তৰ, অসংখ্য, abundant like an unfailing stream.

উম, *a.* অলপ তাপ, warm, moderately heated, tepid.

উমইহতিয়া, *a.* ৰাজহুৱা, সকলোৰে, belonging to all in common.

উমঘাম, *s.* বুজ বিচাৰ, চিন্তা, desire, concern, warmth; with a negative, lukewarmness, indifference, listlessness.

উমনি দি, *v.* অলপ তপতে ৰখা, চৰাইএ কনিত উম দিয়া, to impart warmth, to place eggs under a fowl for hatching.

উমা, *s.* দুৰ্গা, পাৰ্বতি, সিৱৰ ভাৰ্য্যা, one of the names of Doorga.

উমাকান্ত, *s.* সিৱ মহাদেৱ, পাৰ্বতিৰ স্বামি, Hiwo, the husband of Doorga.

উমান, *s.* গম, আটকাল, বুজ, an intimation, an inference, a guess.

উমানন্দ, *s.* গুৱাহাটিৰ ব্ৰহ্মপুত্ৰৰ মাজত থকা সিৱৰ দল, a rocky island near Gowhatty on which stands a shrine of Hoda Hiwo.

উমুউআই, *v.* উমদিয়া, উমনি লোৱা, to cause to give warmth, to set a fowl on eggs.

উৰগ, *s.* সৰ্প আদি বুকেৰে ফুৰা জন্তু, a reptile, creeping things.

উৰন, *s.* খুঁটা আদিৰ পোতৰ ওপৰ ভাগ, উৰি ফুৰা চৰাই জাতি, উৰিব পৰা, the portion of any thing above the ground, as of a post, tree or wall, whatever flies, ability to fly.

উৰনিয়া, *a.* উৰিব পৰা, খুঁটি খাব পৰা, fledged, able to fly, old enough to provide for itself, applied to a bird or child.

উৰবাঙ্কি, *s.* পেট ওফন্দা, নাৰিএ পাক লোৱা, nausea, sickness.

উৰহ *s.* চাৰি পাতি আদিত থকা এবিধ পোক, a bed-bug.

উৰহা, *s.* দেওৱা ৰস, চুপা, scorched, a burnt liquid.

উৰহি, *s.* এবিধ পাচলি, a species of bean.

উৰাই, *s.* উৰুআই, চুকুআই, আকাৰ্য্যত খৰচ কৰা, to sweep away, to scatter, to disperse, to waste.

উৰাল, *s.* ধান আদি বনা জতন, মাৰিএৰে ধান আদি খুন্দা কাঠৰ পাত্ৰ, a wooden mortar for pounding rice.

উৰাল মাৰি, *s.* উৰালত খুন্দা মাৰি, মুখল, a pestle for the above.

উৰি, *v.* ডেউকাৰে বা দি জোৱা, to fly, to soar in the air, as a bird.

উৰি আপ্ৰনি, *a.* দুখিয়া সমান্য, নিধনি, poor, ordinary, destitute.

উৰিআম, *s.* এবিধ গচ, a species of tree.

উৰিদল, s. পানিত হোআ এবিধ বন, a species of grass.

উৰিধান, s. দল ধান, wild rice.

উৰিপুৰি, v. চৰাইৰ দৰে নানা ঠাই ফুৰা, থানথিত নাইকিয়া, to wander about without fixed place or habitation.

উৰু, s. কৰঙন, জঙ্ঘা, জানু, the thigh.

উৰুআই, v. বতাহৰ বলত উৰি জোআ, উৰাই দিয়া, to blow away, to scatter or sweep away as by a tempest.

উৰুকা, s. বিহুৰ আগ দিন, বিহুৰ সঁকৰাতি, the day previous to the *Behoo* festivals.

উৰুখনি, } s. বৰখুনত চাল ফুটি পানি পৰা, leakage, the dropping of
উৰুখা, } water through the roof; a. leaky.

উৰুঙা, a. বিঙা, পাতল লগা, নিমাওমাও, cheerless, sad, lonely.

উৰুমি, s. বিসাদ, অসন্তোস, সোক, sorrow, grief, sadness, depression.

উৰুলি, s. তিৰোতাই সুমঙ্গলৰ নিমিত্তে জিবা কঁপাই সব্দ কৰা, a loud trilling sound uttered by women in concert as a blessing on any joyful occasion, as a marriage or the birth of a child.

উৰুলিপুঙা, s. বিবেচনা ন কৰা, তৰল, পাতল মন, a rambler, an idler.

উৰ্ধ, a. ওখ, ওপৰ, high, lofty.

উৰ্দ্ধবাহু, s. ওপৰলৈ হাত দঙ্গা সন্যাসি, দ্রিঢ়কৈ কোআ, the lifted arm, either in solemn asseveration or as an act of merit by a devotee.

উৰ্বৰা, a. সকলো সহ হোআ মাটি, সাৰুআ, ৰসাল, a fertile or rich soil.

উৰ্মাল, s. হাতত লৈ ফুৰুআ হাঁচটি, বুকুৰ নোম, a pocket handkerchief, the hair of the breast.

উলঙ্গট, a. নাঙ্গট, বিবস্ত্ৰ, উদঙ্গ, naked, unclothed, bare.

উলঙ্ঘন, } s. আগা বা সিমা ভঙা, উলাই কৰা, transgression, dis-
উলঙ্ঘা, } obedience, the passing a limit or boundary, trespass.

উলটি, a. ঘুৰি পালটি, উভতি, to turn back, to return, to retrace one's steps, with দি, to give back, with আহি, to come back again, with কৰি, to do the same thing over again.

উলমুলাই, v. মনত ৰঙ্গ লগোআ, চুকচুকুআ, ভুৰুকিওআ, to amuse, to entice, to gull, to inveigle, to deceive with false promises.

উলমুলুআ, s. কথাৰে মন ভাল কৰোআ, উচটোআ, ভুৰুকিউআ, deceiving or putting off with false promises; a. deceived, &c.

উলহমালহ, s. আনন্দেৰে খৰখেদা কৰা, bustle, hurry, joyful haste.

উলহৰ মাদলি, s. ৰঙ্গত উল্লাস হোআ, সুনা মাত্রে মন উচটা, exultation, ecstasy, rapture, sudden transport.

উলহা, *a.* ওপৰলৈ দঙা, অলপ দঙা, উসাহি দিয়া, lifted up, elevated, transported with delight.

উলাই, *v.* ন মনা, মিচা মতা, উপলুঙা কৰা, to disregard, to disbelieve, to treat as unworthy of belief or confidence.

উলামুলা, *s.* লোকক সামান্য জেন দেখা, এলাপেচা কথা, অসাৱধানে ফুৰা bold, audacious, rash, impertinent, insolent.

উলাহ, *s.* ওপৰ?ল দঙা, আনন্দ, a lifting up, joy.

উলাহি, *v.* ওপৰলৈ তুলি ধৰি, আনন্দিত হোআ, to lift up, to rejoice; *a.* joyful, elated.

উলিয়াই, *v.* বাজ কৰি, বাহিৰ কৰি, প্ৰকাস কৰি, to bring out, to expose, to make public, disclose.

উলু, *s.* এবিধ বন, a species of coarse grass used as thatch.

উলুঅনি, *s.* উলু বননি, খেৰনি, a patch of *uloo* grass.

উলুআ গোম, *s.* এবিধ বিসাল সাপ, a species of venomous snake.

উলুঙপলুঙ, *s.* হেলাত কাম কাজ ন কৰা, সাৰিবলৈ উপাই চিন্তা, wasting time in mere pretence of doing, staring about and doing nothing watching for opportunity to escape.

উলুফিচিকা, *s.* উলুৰ পোনেই ওলোআ গজালি, the sprouts of the *uloo* grass.

উলুমজুলুম, } *s.* উদুলিমুদুলি, উলহমালহ, হুলথুল, hubbub, tumult, con-
উলুমধুলুম, } fusion, hurly burly.

উল্কাপাত, *s.* ওপৰৰ পৰা পৰা জুই, ধুমকেতু পৰা, পপিয়া তৰা, the falling of a meteor, a meteor or falling star.

উল্লাস, *s.* আনন্দ, হৰিস, exultation, joy, rapture, ecstatic pleasure.

উল্লাসিত, *a.* আনন্দিত, হৰ্সিত, হৰিসিত, joyful, glad, enraptured.

উৱঁই, *s.* কাঠ এবিধ, a species of tree.

উৱলা, } *a.* খহা, গেলা, গেলি পৰা, suppurated, rotted or
উৱলি জোআ, } sloughed off.

উস, *interj.* দুখ পোআ মাত, ভাগৰৰ মাত, আচৰিত মাত, an exclamation expressive of pain, surprise, disappointment.

উস্আস, *interj.* দুখ পোআ মাত, টান পোআ মাত, a particle expressing intense pain, suffering.

উসা, *s.* প্ৰাতঃ, পুআ বেলা, অৰুনোদই কাল, the dawn, the early morning, twilight.

উসাজাত্ৰা, *s.* পুআতে জোআ, বেলি নৌ ওলাওঁতেই জোআ, the setting out on a journey in the early morning.

উসাহ, *s.* নিস্বাস, the breath, respiration.

উসাহতে, *ad.* খন্তেকতে তিলেকতে, বেগতে, in a breath, in a moment.

উসুউআ, *s.* পানিৰে সিজোআ, সিজুউআ ধান, the act of boiling, the rice of boiled paddy; *a.* boiled.

উস্রিঙ্গা, *s.* উঁচিবিঙ্গা, এবিধ পোক, an insect resembling the cricket.

উস্রিঋল, *a.* পাতল মন, বিতত, তৰল, shallow, flighty, pliable, fickle.

উহ, *s.* ভুমুক, পিটনিৰ গাঁত, কথাৰ বুজ বা প্ৰকাস, a spring or source, the facts or merits of a case.

উহদিয়া, *s.* জৰনি পানিৰ ভুমুক ওলোআ, মাচে উসাহ লোআ, the springing up of water, the rising of aquatic animals to the surface of the water to breathe.

উহনি, *s.* পিটনিৰ উহ থকা ঠাই, a place of springing water, a spring.

উহমুহনি, *s.* নিশ্বাস বন্ধত গা গপগপোআ, a sense of suffocation, a choking stifling sensation.

উহ লোআ, *s.* উহ দিয়া, বুজ লোআ, the thorough investigation of a matter, the springing up of water.

উহুআ, *a.* উসুউআ, লোন তেল নিদি পানিৰে সিজোআ, boiled without condiments.

উহুআজবৰা, *s.* বাৰে মিহলিকৈ সুদা পানিৰে সিজোআ সাক, greens of sorts boiled together without seasoning.

ঋ, ৠ, ঌ, ৡ, এই চাৰি আখৰ অসমিয়া ভাসাত প্ৰাই ন চলে, these four compounds of ৰ, *r*, ল, *l*, and ই, *i*, used in the Sanscrit and Bengali, are seldom used in writing Assamese.

এ

এ, একাৰ ব্যঞ্জন, বৰ্নৰ লগত গোট খালে এই ৰূপ লিখে (ে), আন কথাৰ আগত থাকিলে এটাক বুজাই, this vowel is pronounced like *e* in *men*; in composition it is expressed by the symbol (ে) placed on the left side of the letter. In composition with a noun it generally means *one*.

এঁ, *interj.* ভুল খেদ অসন্তোস আদি প্ৰকাস কৰা, an exclamation expressing displeasure regret or disgust.

এই, *pron.* আগত থকাটো, this, the one nearest.

এই জন্যে, *ad.* এই হেতুকে, এতেকে, therefore, for this cause.

এইটো, এইয়া, } *pron.* সাখ্যাতে দেখাই দিয়া বা বুজুউআ, this particular person or thing pointed out.

এই নিমিত্তে, *ad.* এই কাৰনে, এই হেতুকে, for this reason, therefore.

এইমান, *a.* ইমান, ইয়াৰ সমান, so much, so many, so long.

এইলেখিয়া, *ad.* এনেকুআ, ইয়াৰ নিচিনা, thus, in like manner.

এই হেতুকে, *ad.* এতেকে, এই কাৰনে, for this cause, wherefore.

এঁ, *interj.* সোঁট সোঁৱৰোআ মাত, ঋথা, এঁ, কেনে পালি, হেঁকাই, a particle expressing satisfaction at having retaliated or returned like for like.

এঁও, *pron.* এই জন, সাখ্যাতে থকা জন, he or she, (honorific.)

এঁওআ, *a.* কোমল, কেঁচা, নাকলৈ তেজ উঠা ৰোগ, not hard or tense, fresh, soft, immature; *s.* a polypus of the nose.

এঁওআ গাখিৰ, *s.* দুগ্ধ, দৈ ন বন্ধা গাখিৰ, milk, sweet milk.

এঁওআ চৰু, *s.* পাগত নিদিয়া চৰু, an unbaked earthern vessel.

এঁওআ চোআলি, *s.* গাভৰু বা বিয়া নোহোআ চোআলি, অকুমাৰি, a girl that has not reached the age of puberty.

এঁওআপকিয়া, *s.* ভালকৈ পাক নোখোআ, সেৰেপাগুনিয়া, slack twisted.

এঁওআ সুতা, *s.* কপাহৰ কেঁচা সুতা, নিসিজোআ কপাহি সুতা, cotton thread that has not been boiled.

এঁকাল, *s.* আঁকাল, খাবলৈ নোহোআ, দুর্ভিখ্য, dearth, scarcity, famine.

এঁটাই, *v.* হৈ, সাং কৰি, সমাপ্ত কৰি, to complete, to bring to a close.

এঁটাগুৰি, *s.* ঘেঁহু ধানৰ পিঠাগুৰি, flour, meal.

এঁটাহ, *s.* চিয়ৰ, হাই, a loud cry, a scream, with পাৰি, to cry out.

এঁটোআ, *a.* সমাপ্ত কৰা, মুৰ পেলোআ, finished, completed, done.

এঁঠা, *s.* লাগি ধৰা বস্তু, আঁঠা, কঁৰাল, gum, any adhesive substance.

এঁঠাএঁঠি, *a.* লাগি ধৰা, জেকেটমেকেট, glutinous, adhesive, gummy.

এঠাই, *v.* আঁঠা লগোআ, কঁৰাল দিয়া, to glue or join by a viscous substance.

এঁহ, *inter.* কেঁকনিৰ মাত, বেজাৰ বা অমান্যৰ মাত, a particle expressing distress, suffering, disgust or disrepect.

এক, *a.* এটা, one, one of two, single; *article.* a, an.

একজেতিকা, } *a.* এক প্ৰকাৰ, কেনেবা লগা, বিক্চিনা লগা, বেয়া
একজেতিয়া, } পোআ, peculiar, singular, sickening, nauseous.

এককঠা } *s.* এক কঠা, আদসেৰ, half a seer, or one pound.
একঠি, }

একঠিয়া, *a.* আদসেৰিয়া, এক কঠা ধৰা, half a seer in measure.

একডিয়া, *a.* এফলিয়া, হেলনিয়া, এচলিয়া, separate, aside, aslant, oblique.

একত্ৰ, *a.* এক লগ, গোট খাই থকা, together, in one place.

এককথিয়া, } *a.* এক কথাৰ মানুহ, অঙ্গিকাৰ নেৰা, of one word, truth-
একেকথিয়া, } ful, keeping one's promise.

একদ্রিষ্টি, *a.* একাললৈ চৰে চাই থকা, looking steadily in one direction.

একনিয়া, *a.* এটিয়া, বিজোৰ, single, not one of a pair.

এক প্ৰকাৰ, *a.* এবিধ, একৰূপ, one kind, one sort, one way or manner.

এক মুৰিয়া, *a.* একলিয়া, এচুকিয়া, on one side, out of the way.

একা, *ad.* অকলসৰিয়া, নিচই বা ভই দেখুআই কোআ মাত, alone, single, a word often used as a threat to express determination, as মাৰিম একা, *I will certainly strike you.*

একাকাৰ, *s.* একে হোআ, একে জাত হোআ, of one form or shape, of one caste or religion.

একাখৰিয়া, *a.* এমুৰিয়া এদাঁতিয়া, একলিয়া, কোআ কথা নেৰা, on one side, out of the way, of one word.

একাগি, } *a.* একে বিধিয়া, ভিন ভাও নোহোআ, একে জাত, undivided,
একেআগি, } agreeing, of the same material.

একাচবিকাচ, *s.* ঘিনঘান, আচাৰ বিচাৰ, disregard of the ceremonial rules of caste.

একাঁচল, *a.* কাপৰৰ এক মুৰ, a cloth having one embroidered end.

একাচি, *a.* একোখ, এগুনা, one step, one degree.

একাচেকা, *a.* বেয়া, একজেতিয়া, আসই নোপোআ, peculiar, uncommon.

একাজ্জি, *s.* আকাজ্জি, বব কাটিব ন জনা তিৰোতা, একাজভাগি, বস্তু আৰি থোআ জতন, ignorant of weaving or spinning, a suspended triangular bamboo frame used as a shelf.

একাতি, *s.* একলিয়া, নিলগ, one sided, not horizontal, separate.

একাদস, *a.* আঘেৰ, eleven.

একাদসি, *a.* চন্দ্ৰৰ আঘেৰ কলা পুৰ হোআ দিন, তিথি বিসেস, the eleventh day of the moon.

একানবৈ, *a.* চাৰি কুৰি আঘেৰ, ninety one.

একান্ত, } *a.* সৰ্বদাই, একাগি, একমন, অতিসই, tending to one
একান্তিক, } result, excessive.

একান্ত ভক্ত, } *s.* ইশ্বৰৰ এক চিতিয়া সেৱক, a devout worshiper
একান্ত ভকত, } of God.

একান্ত ভক্তি, *s.* একে মনেৰে সেৱা কৰা, supreme regard or worship.

একান্ত মন, *s.* এক মন, সুধ চিত, the whole mind, fixedness of mind.

একাপ, *s.* বেঁত পাঁচ ডাল বা দহ চিৰা, a bundle of five whole or ten split rattans.

একুচিয়া, *a.* একে খন কাপৰকে তলে ওপৰে গাত মেৰাই পিন্ধা, enveloped in one cloth wound round and round the body.

একুৰা, } s. এমুঠি, এমুঠি খেৰ বা খৰিত অনা জুই, a small bundle.
একুৰি, } a lighted wisp or bundle of sticks.

একুৰি, a. কুৰি, পাচ গণ্ডা, twenty, a score.

একুলিয়া, a. একে কুলিয়া, এক জাতৰ of the same caste.

একে, a. বেলেগ ন হই, সদৃশ, নিচিনা, the same, alike.

একেকঠি, a. সমান, একে দৰ, একাকাৰ, even, uniform, level, one expanse or sheet, as of water.

একে কলেৱৰ, a একে দেহ, একে লগ, মিহলি, one, united, mingled.

একে চিত, a. একে মন, একান্ত ভাও, unanimous, fixed in purpose.

একেটা, a. অকলসৰিয়া, এটা, one, only one.

একেঠৰে, ad. লৰ চৰ ন কৰাকৈ, থিৰ দিৃষ্টি, একে পোনেই থকা, fixedly, steadfastly.

একেতিলে, ad. খন্তেকতে, বেগতে, quickly, speedily, in a moment.

একে দৰ, a. একে ৰূপ, একে দাম, alike, as before, of the same price.

একে লগ, a. একে সঙ্গে, একে ঠাই, joined, united, in the same place.

একে সঙ্গি, s. লগৰ মানুহ, an associate, a companion.

একেসাৰ, s. এক বচন, একে কথা, a word, a sentence, the same word.

একৈচ, a. একুৰি এক, twenty one.

একৈয়া জ্বৰ, s. এদিন এৰি এদিন উঠা জ্বৰ, a fever that returns every other day, a tertian fever.

একো, a. কোনো, অলপো, কিচু, even one, one thing, with নাই, not any thing, nothing, not even one.

একো একো, a. কোনো কোনো, একোটা, some, certain persons or things.

একোঁচ, s. বুকৰ কাপৰেৰে কোনো বস্তু এবাৰ ভৰাই লোআ, as much of any thing as can be taken in the end of a shoulder cloth.

একোচা, s. এমুঠা, এপোলা, an armful.

একোটা, a. কোনোটো, এটা, some.

একোসৰিয়া, a. এদাঁতিয়া, এফলিয়া, aside, apart from.

একোহালি, s. তাঁত বোআত হাতে চুকি পোআলৈকে, ডেৰ হাত মান, as much cloth as can be woven at once before winding it on the cylinder of the loom.

এখন, } a. এটা, এপাট বা এচলা, one, applied to any thing spread
এখান, } out or extended.

এখন্তেক, s. অলপ বেলি, তিলেক, a moment, a very short space of time.

এখুজিয়া, a. এখোজ এখোজকৈ খোজ কৰা, slow paced.

এখেত, ad. ইয়াত, এই ঠাইত, here, in this place.

এখেপ, *s.* এবেলি গৈ অহা, এবাৰ, the going and returning once.

এখেলৈ, *s.* ইয়ালৈ, এই ঠাইলৈ, here, to this place, hither.

এগন্ধা, *s.* ডিঙ্গিলৈকে ভৰা পৰিমান, a vessel full up to the neck.

এগাৰ, *a.* আগাৰ, ওগাইবহ, সৰহ, abundant, plentiful.

এগাৰি, *v.* খাই ৰাহিঁ থকা, মঁৰাই, to remain in excess after eating.

এগাল, *s.* এবেলি গাল মাৰি খাব পৰা, এগৰাহ, কেতেটি, অলপমান, a mouthful, a small quantity, a little.

এগুন, *s.* এক ভাগ, এডলিয়া, one part, one strand of a rope.

এগোট, *a.* এক, এটা, one, one thing, an integer.

এঘাৰ, *a.* একাদশ, আঘেৰ, eleven.

এঘৈয়া, *a.* এফলিয়াকৈ কটা জোঙ, pointed by cutting only on one side.

এঙ্গাই, *v.* খাবলৈ ইচা নোজোআ জেন দেখুআ, বেয়া বুলি মিচাকৈ লব নোখোজা, to feign disinclination in purchasing or eating.

এঙ্গাজেঙ্গা, *a.* আউল বাউল, ওভতা গুভতি, confused, snarled, tangled.

এঙ্গামুৰি *s.* হামিত গামুৰি দিয়া, the act of stretching and yawning.

এঙ্গাৰ, *s.* আঙ্গাৰ, কইলা charcoal.

এঙ্কেৰুআ, *a.* এঙ্গাৰৰ নিচিনা, আধা পোৰা, coal-black, half burnt.

এচলিয়া, *a.* এচালথকা, এচলা কাঠৰ সজা বস্তু, কাতি, a roof with one side only, any thing made of one piece of board, slanting.

এচাম, *s.* এতৰপ, এজাঁপ, এবেলি হোআ, a thickness, layer, fold, grown or produced in the same season, a stage of disease.

এচাৰি, *s.* বাঁহৰ আচাৰি, a switch, a twig.

এচিকটা, *s.* এফেৰিমান, একন, a little, the smallest possible quantity.

এচুকিয়া, *a.* এমুৰিয়া, এচুকত থকা, one cornered, on one side.

এচোআ, *s.* এডোখৰ, এক ভাগ, a part, a piece, a portion.

এজন, *a.* মানুহ এটা, one person.

এজাঁই, *s.* এবেলি হিলৈ মৰা, one discharge, one shot.

এজান, *s.* এবিধ চৰাই, ন জনা, a species of bird; *a.* not come to years of discretion.

এজাৰ, *s.* আজাৰ, এবিধ গচ, এক জাৰ কাল, a species of tree, one cold season.

এজেৰা বেজেৰা, *a.* বেজাৰ লগা কেটেৰা কেটেৰি, কেটেৰ জেঙেৰ, cross, snappish, surly, petulant.

এজোৰ, *s.* দুটা, এহাল, two, a pair, a brace, a couple.

এটকিয়া *a.* এক টকালৈ পোআ, এটকাৰ, one rupee in price or weight.

এটা, *a.* এক, এগোট, one; *article.* a, an.

এটাল, *s.* আটাল, ওপৰ চাঙ্গ, one floor or story of a house.

এটি, *a.* এটা, সৰু বা মৰম লগা মাত, one, a little or beloved one.

এটি কৰিৰ মান, *a.* অতি তাকৰ, অলপমান, a cowrie's worth, a very little.

এটুপলি, *s.* এটা সৰু টোপোলা, a small bundle.

এটুপি, *s.* এটোপা, কিচুমান, a drop, a small quantity of any liquid.

এঠলিয়া, *a.* এডলিয়া, এডাল থকা, having only one branch or stem.

এডাল, *affix.* এটা ডাল, এটা, used in connection with the names of things that are long and round, as a tree, a bamboo, a rattan.

এঢলিয়া, *a.* এফলিয়া, একতিয়া, এফালে কাতি হোআ, aslant, oblique.

এঢাল, *s.* এফাল, এপোন, in one quarter, in one direction.

এত, *ad.* ইমান, অতনা, so much, so many.

এতিখ্যন, *ad.* ততালিক, এতিয়াই, বেগতে, just now, in a moment.

এতিয়া, *ad.* এই খেনত, সম্প্রতি, now, at present.

এতেক, *ad.* ইমান, বহুত, সৰহিয়া, so much, so many, so abundant.

এতেকতে, এতেকে, } *ad.* এই হেতুকে, এই কাৰনে, তাৰ হন্তে, therefore, for this cause.

এতখনি, *ad.* এতেক, ইমান, এই পৰিমান, so much, so large.

এথানি, *s.* আধানাৰ্জি, নষ্ট হোআ, দুৰ্দসা, waste, misfortune, calamity.

এথানি এবানি, *s.* প্ৰতিপালক ন থকাত দুখত পৰা, অনাস্তিক, বিপদ, a state of helplessness, suffering from neglect.

এথালগেথাল, এথালথেথাল, } *s.* থেকেচা থেকেচি, ধুমধুপাল, খঙ্গত বস্তু আদি থেকেচা মাৰি দিয়া, throwing any thing down with violence.

এথুঁতৰি, *a.* থুঁতৰিলৈকে তল জোআ, chin deep, up to the chin.

এদতিয়া, *a.* এফলিয়া, বাকি ন থকা, acquitted from a claim, paid in full.

এদা, *s.* আদা, আৰ্দ্ৰক, ginger.

এদাকৰি, *s.* এবিধ গচ, মেজাংকৰি গচ, a species of tree.

এদাঁতি, *a.* এক মুৰ, এক পাৰ, one end or side.

এদিনিয়া, *a.* এদিন থকা, দিনটিয়া, অনিত্য, existing for a day, transient.

এদোৰোল, *s.* এতৰপ, এজাপ, of one thickness or fold.

এধৰিয়া, *a.* এফালে ধাৰ থকা, এদাঁতিএ কটা, having a straight edge like a chisel or adze, ground or beveled on one side.

এধা, *a.* আধা, আদখন, এফাল, half, a part.

এধাকটা, *a.* আধা কটা, see আধা কটা.

এধাখুন্দা, *a.* খৰচিয়া, অলপকৈ খুন্দা, half-pounded or pulverised, coarse.

এধান, *a.* এটি ধানৰমান, এচিকটা, অতি তাকৰ, the size of a grain of paddy, a small amount.

এধানাৰ্জ্জি, *s.* আধানাৰ্জ্জি, আফাল নষ্ট, আদখন হানি, the waste or loss of one half of any thing.

এধাপকা, *a.* ভালকৈ নপকা, ডেমেহিয়া, half-ripe.

এধামৰা, *a.* প্ৰাই মৰা, নিধাতু কৰা, half dead, almost exhausted.

এধামুৰি *s.* ধনগুলৈ, তত হেৰাই জোআ, বৰ দুখত পৰা, the ignisfatuus; *a.* agitated, frightened, tossed about like the ignisfatuus.

এধাৰ, *s.* আধাৰ, পিয়াহ, এসুঁতি, the breast, a stream.

এধাৰকঁটিয়া, *a.* পিয়াহকঁটিয়া, ভালকৈ পিয়াহ খাবলৈ নোপোআ, stinted in growth for want of proper nourishment from the breast.

এধাৰি, *s.* আধাৰি, বিৰিয়া, a wisp of straw or other soft material used to set earthern vessels on.

এধাসাৰি, *a.* হাৰাসাস্তি, বৰ দুখ, overcome with fatigue, exhausted.

এনগেন্দাই, *v.* এঙ্গাই, অনিচা বুজুআ, to feign disregard or aversion.

এনাই, *s.* আহোমৰ বুৰি মাক, নাই তল জোআ, a grandmother, (an Ahom term,) a measure, up to the waist in height.

এনিতেনি, *ad.* এই ফালে সেই ফালে, অলৈতলৈ, this way and that way, thus and thus.

এনুআ, *ad.* এনেকুআঁ, এই নিচিনা, such, like, likewise.

এনে, *ad.* এই ৰূপ, এই দৰ, in like manner, thus.

এনেই, *ad.* সুদাই, বিনা মুল্যে, অকাৰনে, ওপৰতে, without difficulty expense or cause, gratis.

এনেকুআ, *ad.* এই নকচাৰ, এই নিচিনা, এই বিধৰ, of this sort kind or shape, thus, such like.

এনেকৈ, *ad.* এই দৰে, এই স্বৰূপে, thus, so, like, in this manner.

এনেতে, *ad.* এই সময়ত, এনে কালত, meanwhile, at this or that time.

এনেতেনে, *ad.* ই সি, এই ৰূপ, সেই ৰূপ, this and that, thus and thus.

এপৰ, *s.* তিনি ঘন্টাৰ পৰিমান, দিন বা ৰাতিৰ চাৰি ভাগৰ এভাগ, the fourth part of a day or night, three hours.

এপৰিয়া, *a.* এপৰ বেলিৰ বাট, নদিৰ এপাৰ, এদনিয়া, of three hours duration, belonging to this side.

এপল, *s.* এক দণ্ডৰ সাঠি ভাগৰ এভাগ. a minute, the sixtieth part of an hour.

এপলিয়া, *a.* এবাৰ পালত থকা, এবেলি পৰ দিব লগা, a time or turn in rotation, having one lot or turn.

এপাদ, *s.* এভৰি, এঠেঙ, চাৰি ভাগৰ এভাগ, a foot, a leg, a fourth part.

এপাৰ, *a.* নৈ আদি পানি থকা ঠাইৰ এদাঁতি, one side of a river &c.

এপাৰি, *s.* এসাৰি, a row, a line.

এপাহ, *s.* উপকাৰ, ফুল বা জালৰ এটা এটা পাহি, help, the interstices of a net a flower leaf or petal.

এপাহ মৰা, *s.* উপকাৰ ৰখা, ভালকৈ ন কৰা, mere pretence of doing.

এপিঠিয়া, *a.* এক মনে, দৃিঢ় ভাৱে, একে ফালে, fixed in purpose, determined, firm, resolute.

এপিনে, *a.* এদিসে, এফালে, this way, this direction.

এফলিয়া, *a.* এচলিয়া, আঁতৰ, one side of, oblique, apart.

এফাল, *a.* দুভাগ, আদখন, one half.

এফেৰা, } *a.* কিচুমান, অলপ, a very little.
এফেৰি,

এবাহ, *s.* সৰহ, অধিক, জুম, a nest full, a swarm, a multitude.

এবিধিয়া, *a.* এক প্ৰকাৰৰ, এক ভাৱৰ, of one size, sort or kind, alike.

এবুলিয়া, *a.* এবোল খোআ, এবেলি ৰৰন দিয়া, placed in dye once only, half-colored.

এবেলি, *a.* এবাৰ, এবৈচা, once, one time.

এবেলিয়া, *a.* এবেলা কৰা, এবেলি হোআ, during part of the day, belonging to a part of a day.

এভৰি, *s.* এটা ভৰি, এক ঠেঙ্গ, এবেলি অনা, এভাৰ, one foot, a load.

এভৰিয়া, *a.* এঠেঙ্গিয়া, এবেলি আনিব পৰা, one footed, bringing one load.

এমাডিমা, *s.* নিচেই সৰু লৰা চোআলি, চালুকিয়া, a very young child.

এমুৰিয়া, *a.* এমুৰত থকা, এদাঁতিয়া, দোন আদিৰ জোখৰ আদখনিয়া অৰ্থাত মুৰিয়া, belonging to one end, an even measure.

এয়ে, *pron.* ইয়ে, আগত থকাক বুজাই, this, this person or thing.

এয়েই, *pron.* এয়েই, এইটোয়েই, emphatic the of above.

এয়েৰে, *pron.* ইয়াৰে সৈতে, with this.

এৰন, *s.* এৰি দিয়া, মুকলি, গা সৰা, liberation, release, escape.

এৰা, *s.* এৰি পোহা গচ, ত্যাগ কৰা, সলাগি হই বোলা, the castor oil plant, a term of assent, yes; *a.* left, abandoned, deserted.

এৰাই, *v.* বন্ধনৰ পৰা মুকলি হোআ, মুলকি, সাৰি, to leave, to loosen, to break away, to fall off as leaves or fruit.

এৰাও, *s.* হাই, এটাহ, হুৰামুৰা, a noise, a tumult.

এৰা চৰাই, *s.* এবিধ সৰু চৰাই, a species of bird.

এৰাপৰলিয়া, *a.* ভাগি অহা, বহু দিন মানুহ ন থকা, জাবৰনি হোআ, deserted, abandoned, covered with rubbish.

এৰালি, *s.* বন ঘাঁহ এবিধ, a species of grass.

এৰি, *s.* পলু, এৰাপাত খাই সুতা দিয়া পোক, ত্যাগি, the silk worm that feeds on the castor oil plant; *v.* to leave, to abandon.

এৰিয়া, *a.* এৰি পোক বা তোথাৰ সুতা আৰু কাপৰ, relating to the *eri-polu,* the silk obtained from the *eri-polu.*

এৰুআই, *v.* মুকলি কৰা, খহোোআ, গুচুউআ, to separate, to part, to loosen, to strip off, to put a stop to, to bring to an end.

এলাইজাপৰি, *a.* ধুনধান নাইকিয়া তিৰি, সৰপি, a woman that is negligent in adorning herself, indolent.

এলাগতিয়া, *a.* প্রিথকে থকা, কামত ন লগা, separate, distinct, different, unfit for, unsuited to.

এলাগি, *a.* অসুন্দৰি, দেখিবৰ মন নোজোআ, unsightly, ugly.

এলাচি, *s.* ইলাচি, সুগন্ধি ফল, মচলা বিসেস, cardamons.

এলান্ধু, *s.* আলান্ধু, ধুঁআৰ মল, soot.

এলাপেচা, *a.* ইতৰ, সমান্য, অকামিলা, low, common, worthless, mean.

এলাহ, *s* আলস্য, বনলৈ মন নোজোআ, হেলা, সৰপালি, laziness, indolence, inactivity, sloth.

এলেকৰপেলেক, *a.* একো সমন্ধ ন থকা, মিতিৰ বংস নোহোআ, without relations or friends, a term of abuse.

এলেন্ধুআ, *a.* এলান্ধু কলিয়া, ধুঁআ বৰনিয়া, sooty, smoky dark.

এলেহুআ, *a.* সৰপা, বনলৈ ভই কৰা, idle, lazy, indolent, slothful.

এসাঁজিয়া, *a.* এসাঁজ এৰি এসাঁজ খোআ, এসাঁজলৈ আঁটা, eating only once a day, sufficient for one meal.

এসা, *s.* ফলৰ আথি, ভাত ৰন্ধা ঘৰা, আসা, a bunch of fruit, a cooking place, hope, expectation.

এসাঁজ, *s.* এবাৰ খোআ, ভোজন কৰা, one meal.

এসাৰ, *s.* এটি কথা, একেসাৰ, আসা থকা, one word, having hope.

এসাসুধিয়া, *a.* আসাসুধিয়া, পেটত কথা ন ৰখা, অকপটিয়া, without guile or hypocrisy, sincere.

এহতিয়া, *ad.* এহাতে কৰা, এহাত জোখ, এহাত থকা, done with one hand, one cubit in measure, having only one hand.

এহি, *a.* এই, this, this one, (poetic.)

এহেত, *ad.* ইয়াত, চমুতে, here, in this place.

এহেৰুআ, *a.* আহাৰ মাহত হোআ, born or produced in the month of *Ahar.*

এহেলৈ, *pr.* ইয়ালৈ, এই ঠাইলৈ, ইফাললৈ, this, to this, to this place.

এহোলোকা, *s.* এচোলোকা, হেলেপনিত পানি লোমোআ, the washing of water over the sides of a boat or bank.

ঐ

ঐ, ঐকাৰ ব্যঞ্জনৰ লগত গোট খালে এই ৰূপে লিখে (ৈ) হেৰ, সামান্য মাত, sounded like *oi*, in *going*. When connected with a consonant it is expressed by the mark (ৈ) preceeding it. It is also an exclamation used in calling to an inferior.

ঐআই, *interj.* আচৰিত বা লৰা চোআলিক মৰম পতিউআ মাত, an exclamation of wonder or surprise, a term used in fondling or caressing.

ঐয়াহৈয়া, *ad.* বিৰোধাবিৰুধি, ইফালে সিফালে টনাটনি কৰা, অমিল কথাত লাগি থকা, mutually discordant, disunited, hostile.

ঐৰাৱত, *s.* ইন্দ্ৰৰ হস্তি, Indra's elephant.

ঐৰাৱতি, *s.* মান দেশৰ প্ৰধান নদি, the river Irrawaddy.

ঐশ্বৰ্য্য, *s.* সম্পত্তি, বিভূতি, গৌৰৱ, মহিমা, state, grandeur, glory, wealth.

ঐশ্বৰ্য্যৱন্ত, *a.* ধনৱন্ত, প্ৰতাপি, glorious, majestic, great, grand.

ঐহিক, *a.* ইহকালৰ, মৰ্ত্ত্য লোকৰ, pertaining to this life, pertaining to the present world.

ও

ও, ওকাৰ, ব্যঞ্জনৰ লগ হলে এই ৰূপ লিখে, (ে া) কোনো কথাৰ সেমত যুক্ত হলে আৰু বুজাই, যো যঁহা অস্ত্ৰ, this vowel is pronounced nearly like *u* in *bull;* with a consonant it is expressed by the mark (ে া) the (ে) being placed on the left side of the letter and the (া) on the right. It is used as a conjunctive affix meaning, too, also; *s.* a file, a rasp.

ওআইভাজ, *s.* ফিতাহি কথা, বৰ কথা, egotism, vaunting, boasting.

ওআদানি, *a.* সৰহিয়া, বিস্তৰ ওগাইবহ, abundant, much, many.

ওঁ, *interj.* সন্মতি মাত, হয় বোলা, সোঁঅৰা, an expression of assent and approval, yes.

ওঁক, *s.* ওকালিৰ সবদ, the noise made in retching or vomiting.

ওঁঠ, *s.* ওঁঠ, a lip.

ওঁঠ চেপেকোআ, *a.* আশা ভঙ্গ কৰি পঠিওআ, লাজ পেলোআ, মাতিব নোৱাৰা কৰা, struck dumb by disappointment or shame.

ওঁত, *s.* আঁত, মুক্ত, সুতাৰ মোৰ, the end of a thread, a clue.

ওঁহ, *interj.* বাধা কৰা, ধৰ বা কৰ বোলা, অৱত নেথোআ, a prohibitive or negative particle, a stifled groan or sound of distress; sometimes equivalent to the expression come on, hasten &c.

ওঁহোওঁহ, *interj.* অনিচাৰ মাত, ন হই, বাধা কৰা মাত, a particle expressing unwillingness negation or prohibition.

ওকটপাকট, *s.* ওকলমাকল, পেট পকোআ, বাঁতি আহিব খোজা, sickness of the stomach, nausea.

ওকনি, *s.* চুলিৰ পোক, কাপৰত থকা পোক, a louse.

ওকালি, *s.* বাঁতি আহিব খোজা, a retching or heaving with nausea.

ওকোটা, *s.* উজবা, লবোআ, বেয়া গালি, the stirring up of filth, a term of abuse.

ওকোটাখোঁকোটা, *s.* নানা ৰূপে বেয়া গালি পৰা, বিকথনা, excessively abusive language, scurrility.

ওকোলমোকোল, *s.* খাবৰ মন মোজোআ, আমুউআ, অনিচা, satiety, eating to the full, cloyed.

ওকোলা, *a.* মুখৰ পৰা উলিওআ বস্তু, ejected from the mouth.

ওখ, *a.* ওপৰ, উৰ্দ্ধ, খিয় জোখ, high, elevated, lofty, tall; *s.* height.

ওখ চাপৰ, *a.* খলাবমা, অসমান, uneven, undulating, hilly.

ওখনাওখনি, *s.* বদিয়াবদি কৰা, উতৰা উতৰি, strife, quarrel, dispute.

ওখল, *s.* মলি, টাটৰি, filth, dirt.

ওখোন, *s.* ধান খেৰ লুটিওআ বাৰি, an instrument used for stirring or turning grain when threshing or drying.

ওখোনিয়াই, *v.* ওখোনেৰে মৰনা লুটিওআ, to open out, to stir up, as grain on a threshing floor.

ওখোৰা, *a.* দোদোৰা, খলাবমা, হেঁটা মেচা, ন বাম, uneven, not level.

ওগাইবহ, *a.* বহুত, অনেক, সৰহ, plentiful, abundant.

ওচমোচ, *s.* বুজ, বিবেচনা, আগ গুৰি, উচিত বা অনুচিত হোআৰ বুজ, understanding, consideration, sense of propriety.

ওচৰ, *a.* সমিপ, কোস, চমু, near, at hand, close to.

ওচৰচুবুৰিয়া, *a.* ওচৰত থকা, সমিপত থকা, চুবুৰিয়া, neighboring, adjacent.

ওচৰ চুবুৰিয়া, *s.* প্ৰতিবাসি, ঘৰৰ ওচৰত থকা মানুহ, a neighbor.

ওচৰাউচৰি, *a.* লগালগি, দেখা দেখি, near to each other, adjacent.

ওচৰিয়া, *a.* চুবুৰিয়া, ওচৰত থকা, সম্বন্ধিয়া, near, neighboring, related.

ওজ, *s.* সামগ্ৰি, ধন সোনৰ বাহিৰে সামান্য বস্তু, wealth of all kinds except gold and silver.

ওজন, *s.* জোখ, গধুৰৰ পৰিমান, weight, measure.

ওজবাজ, *s.* সামগ্ৰি আদি, বস্তু বেহানি, things in general.

ওজৰ, *s.* গোচৰ, জেৰা, আপত্তি, a complaint, an objection, a murmur.

ওজৰাউজৰি, *a.* গোচৰাগুচৰি, উতৰাউতৰি, mutually complaining.

ওজা, *s.* শিল্প বিদ্যাত বা শিখা পৰীত পাৰ্গত, a teacher of art or science.

ওজানি, *s.* ওজাৰ তিৰোতা, শিষ্যকিনি, wife of the above.

ওজালি, *a.* বেজালি, relating to the office or work of an *uja*; *s.* an exorcist.

ওটা, *s.* ঘৰৰ পানি বাজ হোৱা নলা, a spout or drain for conducting water out of a house.

ওটাবোকা, *s.* নিন্দনিয় মাত, গেৰেকনি একটা, a term of abuse.

ওঠাল বৰিছাল, *s.* মাচ ধৰা বৰ জাল, a large fish net.

ওঠৈৰ, *a.* অষ্টাদহ, eighteen.

ওথোৰগোঁথোৰ, *s.* ঠেহ পতা, মুখ ওফোন্দোৱা, ন মতাকৈ গপ কৰা, sulkiness, pouting, sullenness, moroseness.

ওদা, *a.* সেমেকা, পাগ ঢিলা, ডকৰা, জুইত বা মুকুউআত এধা কেঁচা হোৱা, untempered, soft, half roasted.

ওদাইদাৰি, *s.* অধিকাৰ, গৰাকি কৰ্ত্তা, a master, an owner, a ruler.

ওদাল, *s.* লেজু আদি কৰা এবিধ গচৰ চাল, a tree the bark of which is used for making ropes.

ওনা, *s.* ওৰা ধৰা, আৰম্ভ, কৰিব ধৰা, উপাই কৰা, এবেলি খোলাত ভাঙ্গিবলৈ জোৰা বস্তু, a beginning, a commencement.

ওনাওন, *s.* সৰহ, বিস্তৰ, abundance, plenty.

ওন্দোলা, *a.* মেঘে আবৰন কৰা, মুখ ওলোমোৱা, cloudy, dark, lowering, overcast, of a downcast look.

ওন্দোলোৱা, *a.* মেঘে ঢাকি ধৰা, গাল ওফোন্দোৱা, খঙ্গ মুখে থকা, overhung with clouds, having an angry expression of countenance, clouded.

ওপঙ্গি, *v.* পানিত উটি ফুৰা, to float on the surface of a fluid.

ওপচ, *s.* দোন আদি পাত্ৰৰ মুৰে মুৰে হৈ বৰ্হা, a measure heaped up.

ওপচ মুৰিয়া, *a.* জুকলিয়া, দোন বা কঠাৰ ওপৰ মুৰিয়া, heaped up, copious, abundant.

ওপজা, *a.* জন্মা, হোৱা, উতপন কৰা, born, begotten, produced.

ওপজা দিন, *s.* জনম দিন, a birth day.

ওপজোৱা, *s.* জনমোৱা, উলিউআ, প্ৰসৱ কৰা, the act of begetting, bringing forth; *a.* begotten, born.

ওপৰ, *a.* উৰ্দ্ধ, আগৰ, ওখ, high, above, lofty; *s.* height.

ওপৰচৰিয়া, *a.* তাৰ বাহিৰেও, ওপৰঞ্চি, চৰাজ চোৱা, over and above, chief, principal; *s.* one who acts a conspicuous part, a spy.

ওপৰঞ্চি, *s.* প্ৰধান মানুহ, a prominent person, a leader.

ওপৰা উপৰি, *a.* ইটোৰ ওপৰত সিটো, হৈচা হৈচি, one above the other, in close succession, pressed together, packed, jammed.

ওফন্দি, *v.* উথহি, ফুলি, অহঙ্কাৰ কৰি, to swell, to inflate, to be puffed up.

ওফৰা, *s.* উফৰি জোৱা, ছিটিকি পৰা, the act of springing or bounding off to a distance, separating and falling off.

ওফৰাশিঙলা, *s.* এবিধ খজু, ৰোগ বিসেস, a cutaneous disease.

ওভটগোৰে নচা, *s.* ওপৰলৈ ঠেঙ তুলি নচা, ডেঙ পৰা, উগ্ৰাৱল, দুষ্টালি কৰা, shamelessness, indecent behaviour.

ওভতসোভত, *s.* ওলটাউলটি, ওভোতাই দি আকৌ অনা, repeated orders and counter orders concerning the same thing.

ওভোতা, *a.* লুটি খোৱা, তল ভাগ ওপৰ হোৱা, ঘুৰি অহা বা জোৱা, inverted, turned upside down, turned back.

ওম্, *s.* ওঁং, ঁ, the sacred syllable A. U. M. denoting the hindoo trinity, which is never to be repeated in the hearing of one who does not wear the sacred thread.

ওমলা, *s.* খেলা, ৰঙ্গ, ধেমালি, কেলি, play, sport, frolic, fun.

ওমলাই, *v.* ৰঙ্গ কৰাই, খেলাই, to entertain another by play, to amuse.

ওৰ, *s.* সেস, সিমা চুকুউআ, ৰজা ফুল এবিধ, end, boundary, termination, a species of flower.

ওৰ জোৱা, *s.* গৰ জোৱা, জন্তু আদিএ সিঙ্গাৰ কৰা, copulation, sexual intercourse.

ওৰনি, *s.* মুখ ঢকা কাপৰ, a veil, a covering for the face.

ওৰনিয়া, *a.* ওৰনিৰ দৰে, like a veil.

ওৰবাটে, *ad.* গোট বাটে, বাটৰ সকলোতে, the whole way or distance.

ওৰ লোৱা, *s.* কোনো কথাৰ বুজ লোৱা, কাৰন বুজা, ascertaining the cause of any thing.

ওৰাধৰা, *s.* আৰম্ভন, জোকৰা, কৰিবলৈ ধৰা, an attempt, a beginning.

ওৰেও, *ad.* সদাই, নিৰন্তৰ, always, continually, at all times.

ওৰেদিন, *ad.* গোটেই দিন, দিনটো, the whole day, all day long.

ওৰেৰাতি, *ad.* গোটেই ৰাতি, the whole night, all night long.

ওল, *s.* এবিধ কচুৰ নাম, a species of yam.

ওলগ, *s.* ভৰিত ধৰা, সেৱা, falling at the feet, prostration, worship.

ওলগনি, *s.* মিৰন, আগ্যা সুনুউআ বাবে টেকেলাক দিব লগা ধন, the legal fee of a messenger sent to deliver an official order.

ওলগ লোৱা, *s.* সেৱা কৰা, প্ৰনাম কৰা, worship, prostration, touching the foot of a superior in token of homage or respect.

ওলটপালট, *a.* ওন্তডাউন্তত্তি, ওলোটাই দিয়া, লুটিয়ালুটি, upside down topsy turvy, turned back, disordered, confused.

ওলটাই, *v.* ওভোতাই, লুটিয়াই, to turn back, to give back any thing.

ওলমি, *v.* ডোল বা কোনো বস্তু লাগি শূন্যত থকা, নেরি লাগি ফুরা, to hang to suspend from some thing above, to depend upon.

ওলা, *s.* মিচিবিৰুলাক, a kind of sugar in balls.

ওলাই, *v.* বাহিৰ হৈ, প্ৰকাশ হৈ, উতপন হোৱা, to come out, to appear, to become visible, to be known or exposed.

ওলোৱা, *s.* বাজ হোৱা, প্ৰকাশ হোৱা, appearance, publicity, visibility.

ওলোটাই, *v.* ওভোতাই, ঘূৰাই, লুটিয়াই, দুনাই অনা, বা দিয়া, to overturn, overthrow, subvert, to turn back, to do a second time.

ওলোমধোলোম, *a.* লটংপটং, ওলমি জোকাৰ খাই জোৱা, swaying to and fro, oscillating.

ওলোমা, *a.* তললৈ পৰা, অৰা, pendent, hanging down, suspended.

ওলোমাই, *v.* তললৈ আৰি থোৱা, তললৈ ওলমি পৰাকৈ লগোৱা, to suspend, to attach to something above so as to hang down.

ওলোমাবাদুলি, *s.* তললৈ মুখ কৰি ওপৰত হাতে ভৰিএ লাগি থকা, hanging by the feet and hands with head downwards.

ওহাৰ, *s.* গৰু আদিৰ গাঁখিৰৰ বাহ, the bag or udder of animals.

ওহালপুতল, *s.* দিঘল পুতল, দিঘ পুতল, length and breadth.

ঔ

ঔ, ঔকাৰ ব্যঞ্জনৰ লগত গোট খালে এই ৰূপে লিখে (ৌ) টেকা এবিধ, মাতিলে উত্তৰ দিয়া বা বিজিওৱা মাত, this vowel is generally considered as a compound of *o* and *u*, but the sound in Assamese is that of long *o* in *more*. Joined to a consonant it is expressed by the symbol (ৌ), the (ে) on the left hand and the (ৗ) on the right.

ঔচ, *interj.* কুকুৰক বিজিওৱা মাত, a word used in calling dogs.

ঔ-টেঙা, *s.* ঔ গচৰ গুটি, the fruit of the *ou* tree.

ঔৰস, *a.* স্বদেহৰ পৰা হোৱা, born of one's own body, lawfully begotten.

ঔৰস জাত, *a.* স্বৱিৰ্য্য জাত, legitimately born, of natural descent.

ঔষধ, *s.* ঔষধ, দৰব, দেৱআই, medicine, a remedy, a specific.

ঔষধি, *a.* ঔষধ সম্বন্ধিয়া, medicinal, relating to the science or practice of medicine.

ক

ক, ব্যঞ্জনৰ প্ৰথম আখৰ, the first consonant, it has the invariable sound of *k* in *king*.

কইদ, *s.* বন্দিকৈ থোআ, বন্ধা, imprisonment, confinement.

কইদি, *s.* কাটেকিয়াল মানুহ, বন্দিয়াৰ, one who is placed in arrest, a prisoner, a captive.

কইৰ, *s.* চৰাই এবিধ, a species of bird, the name of a tree.

কওক, *v.* বোলোক, কোআ, কবলৈ দিয়া, speak, say, (honorific.)

কংস, *s.* কৃষ্ণৰ মোমাএক, মথুৰা দেসৰ পূৰ্ব ৰজাৰ নাম, the name of Khrishnu's maternal uncle, the king of Mothura.

কঁইটা, *s.* পিৰালিৰ দাঁতি, পানি পোত্তাৰ ওচৰ; মঁহ পোআলিৰ মুখত বান্ধি দিয়া জোঁটা সলা, the outer side of the embankment of a house, a muzzle to prevent calves from sucking.

কঁকলুআ, *a.* কঁকালৰ সমান, up to the waist.

কঁকাল, *s.* কঙ্কাল, সৰিলৰ মৌ মাজ ভাগ, the loins, the waist, the middle.

কঁকালি, *s.* কঁকালত পিন্ধা কটি সুত্র, টঙ্গালি, a cord or ornamented band worn around the waist.

কঁকিলা, *s.* দিঘল মাচ এবিধ, a species of fish.

কঁকিলাদাঁৰ, *s.* কঁকিলা মাচৰ দিঘল দাঁৰ, the snout of the *konkila* fish.

কঁকিলাসজিয়া, *a.* পিলপিলিয়া গা, গা নাইকিয়া, লেঙ্গপেঙ্গ কৰে, long and slender like the snout of the above fish, spindling.

ককুআ, *s.* সুঙ্গ থকা ধান এবিধ, a kind of rice.

কঁটলা, *s.* কেঁটেলা পছু, বাঁহ কাঠৰ আগি পুচুউআ, a porcupine, trimming, pruning, straitening out the feathers as a bird.

কঁটালি, *v.* কঁহালি সলসলিয়া কৰি, পানিৰ তলৰ বন, to prune, to trim, to smooth; *s.* a species of grass.

কঁটিঅৰি, *s.* জালোআ, মাচ বেচা ডোম, a fish-monger, a fisherman.

কঁটিয়াই, *v.* গৰুৰ তপিনাত আচাৰিৰে খোচাই, মুখত হেঁচি খুউআ, to urge forward with a goad, to force any thing into the mouth.

কঁটিয়া, *a.* সৰু হৈ থকা, চুঁটি, চাপৰ, stunted, dwarfed.

কঁঠাল, *s.* ফল এবিধ, কণ্টকি, the jacktree and fruit.

কঁচৰা, *s.* ঢেকি ৰখা খুঁটা, জয়ন্তা কচাৰি ৰজাৰ মোহৰ, the post of a pedal used in cleaning rice, a coin of the Cachari kings.

কঁথ, *s.* খদিৰ গচৰ এঁঠা, a species of gum.

কঁথা, *s.* ফটা কানিৰে সিয়া নিহালি, a quilt made of several thicknesses of old cloth.

কঁপজ্বৰ, *s.* কঁপনি জ্বৰ, an ague and fever.

কঁপনি, *s.* কঁপা, থিৰ নোহোআ, a shaking, a trembling.

কঁপলিয়া, *a.* কঁপালি, সুখি, fortunate, lucky, prosperous, happy.

কঁপাল, *s.* চকুৰ চেলাউৰিৰ ওপৰ ভাগ, ললাট, বাসনা, ভাগ্য, the fore-head, fate, destiny.

কঁপাল ফুটা, *a.* অভাগ্য, দুৰ্ক্পাল, এবিধ লতা গচ, unfortunate, unlucky; *s.* a species of climbing plant.

কঁপালি, *s.* কঁপালৰ ভুষন, an ornament for the forehead.

কঁপি, } *v.* থৰথৰ কৰি, কঁপি, অথিৰ হৈ, জোকাৰি, to tremble, to
কঁপি জঁপি, } shake, to quiver, to be agitated.

কৰলা, *a.* কটলা, বাঁহ কাঠৰ আখি গুচুউআ, pruned, trimmed.

কঁৰা, *a.* চাউল আদি নিকা কৰা, cleaned, pounded out as rice.

কঁৰালি, *v.* এঁঠাই, আখি গুচাই, to glue, to stick, to prune.

কঁৰাসলি, *s.* মুগা কটা জাঁউৰি যাৰি, the spindle on which *muga* thread is wound.

কঁৰিয়াই, *v.* কাঁৰ মৰা, সৰ প্ৰহাৰ কৰা, to shoot with a bow.

কৰিয়া, *s.* কানৰ অলঙ্কাৰ, গাখিৰ খিকআ চুঙ্গা, an ear ornament, a joint of bamboo used as a milk jug.

কৰোঁতা, *s.* জি জনে কৰে, কাৰি, an agent, a doer.

কঁহকঁহিয়া, *a.* নিচেই জিয়া, গেলা নোহোআ, অতি ভাল, living, lively, excellent, fresh applied to fish newly caught.

কঁহাৰ, *s.* কাঁহৰ বন কৰা মানুহ, a brazier, a worker in brass.

কঁহুআ, *s.* এবিধ বন, কাঁহেৰে সজা, a species of grass, any thing made of bell-metal.

কক্কক, *s.* কুকুৰা চৰাইৰ মাত, a cackling noise as made by fowls.

ককৰ্তনিয়া, *a.* কাঠ পতান, খিন, immature, not perfectly grown, dwarfed, blasted, shriveled.

ককৰ্থনা, *s.* নিন্দা, কুবচন, বিকৰ্থনা, গালি, reproach, calumny, abuse.

ককা, *s.* মাক বা বাপেকৰ বাপেক, পুথাও, a grandfather.

ককাই, *s.* জেষ্ঠ ভাই, সমস্ত লগোআ মাত, an elder brother, used also as a term of respect and friendship.

কক্ষা, *s.* আখেজ, খিয়াল, পেটৰ কপট, কথা বান্ধি লগা, hate, ill will, hypocrisy, a fixed resolution.

কঙ্কন, *s.* হাতৰ অলঙ্কাৰ, a bracelet worn by men.

কঙ্কৰ, *s.* কাঁকৰ, শিল গুৰি বা টান মাটি, gravel, pebble, broken brick.

কঙ্গাল, *a.* দৰিদ্ৰ, ভিকহু, দুখিয়া, poor, needy, necessitous, indigent.

কচ, *s.* মাচ এবিধ, a species of fish.

কচ্কচ, *s.* বেজবেজাই ঘাৰ খজুতি ধৰা, an itching twinging sensation.

কচ্কচনি, *s.* খচ্খচনি, ধৰফৰ, খজুতি uneasiness, fretfulness, grumbling.

কচকচাই, *v.* ধৰফৰাই, হাতেৰে লাৰিচাৰি ভাঙ্গিচিঙ্গি থকা, অশাঁতি, to be restless, meddlesome, worrying, mischievous.

কচ্‌কচিযা, *a.* কচ্‌কচাই থকা, সান্ত ভাৱে ন থকা, fretful, restless, teazing, mischievous.

কচৰকামোৰ, *s.* খোজা বস্তু নে পালে নেৰা, বহুকৈ ধৰা, অতি ইচাৰে খোজা, persistence, not to be put off or denied.

কচাৰি, *s.* এক জাতি বিসেস, a tribe of people, the Cachari race.

কচাৰি ঘৰ, *s.* ৰজাৰ সোধ কৰা ঘৰ, a court house.

কচাঙনি, *s.* কচালি থকা, জোকাৰনি, the act of swaying back and forth, swaggering or reeling to and fro.

কচালি, *v.* জোকাৰি, to move back and forth, to sway to and fro.

কচি, *v.* ঘনকৈ আঁক দি কটা, টানকৈ বন্ধা, to make frequent incisions in anything, to girt or draw tight.

কচি বান্ধি, *s.* টানি বন্ধা, টোপোলা বান্ধি ধন সঁচা, to draw tight, to girt, applied often to the tying up of money in bags.

কচু, *s.* এবিধ সাক, বা তাৰ মুল, an edible root of the arum class.

কচুআগাম, *s.* এবিধ খজুআ ৰোগ, the name of a cutaneous disease.

কচুআ ফৰিঙ্গ, *s.* এবিধ বৰ ফৰিঙ্গ, খগা ফৰিঙ্গ, a species of the locust.

কচুগুটি, *s.* কচুৰ টেপু, কচ্‌কচিয়া, the small sprouts that grow on the parent root, a troublesome worrying person or child.

কচুঘোঁটা, *s.* বৰকৈ জোকৰা, বৰ দুখ দিয়া, the act of beating up and reducing to a soft consistency, hence the bringing under subjection by hard discipline.

কচোআ, *s.* মাচৰ পেটত থকা পোক, a worm found in the flesh and intestines of fish.

কচ্ছপ, *s.* কাচ, কুৰ্ম্ম, a tortoise, a turtle.

কজলা, *a.* কলা বেঙ্গেনাৰ বৰন, purple.

কজুআ, *s.* বাজ বেপাৰি, সজাই, an under or travelling trader, a pedlar.

কটক, *s.* উৰিয়া দেসৰ এক নগৰ, সেনা, the city of Cuttack, a soldier.

কট্‌কটিয়া, *a.* টান, কচ্‌কচাই থকা, বেস্যালি, hard, restless, lustful.

কটকি, *s.* কথা জোগোআ, কথা বাত্ৰা লৈ জোআ মানুহ, an ambassador, a messenger, a spokesman.

কট্‌কিনা, *a.* চিকটা, কিৰ্পিন, আটকিয়া, illiberal, hard, stingy, scarce.

কটনা কাটি, *v.* বেচৈল লোকৰ সুতা কটা বা কাপৰ বোআ, to spin or weave for others.

কটৰিয়া, *a.* চাউলিয়া, সান নোজোআ, not well softened or mixed.

কটা, *a.* কম কৰা, চেদ কৰা, গালিৰ মাত, অস্ত্ৰেৰে কটা ঘা, diminished, cut, severed; *s.* a term of abuse, a gash, a wound.

কটাক্ষ, *s.* চকু কেৰাহিকৈ চোআ, দৰ্শন, a side look, a significant glance.

কটা চিঙ্গা, *s.* কাটকুট, নিচেইকৈ এৰা, ঠিকঠাককৈ কোআ, a cutting, a final separation, a positive declaration; *a.* severed, final, uttered once for all, irreversable.

কটাবান্ধ, *s.* পাচলৈ হাতকৈ বন্ধা, binding the hands behind the back.

কটাৰি, *s.* কটা চিঙ্গা সক অস্ত্ৰ, a knife.

কটাৰি ডবুআ, *a.* কটাৰি ডাবৰ নিচিনা, কটাৰি ডবুআ ধান মাহ আদি, grain or fruit &c. shaped like the handle of a *tamul* knife.

কটাহি, *a.* কেটেহা কেটেহ গোন্ধোআ, having an offensive smell.

কটিবন্ধ, *s.* কঁকালি, পৃথিৱিৰ জাৰ ঘাম আদিৰ বিসেস বিসেস ভাগ, a girdle worn about the loins, a zone or division of the earth.

কটিসুত্ৰ, *s.* কঁকালি জৰি, কন্ধৰ্নি, a cord worn about the loins.

কটু, *a.* বেয়া লগা, জ্বলা, বেজেৰা, disagreeable to the taste, abusive, scurrilous, acrimonious.

কটুবাক্য, *s.* কঠিন মাত, কেটেৰজেঙ্গৰ, খঙৰ মাত, provoking language, spiteful angry speech.

কটুৰ, *a.* টান, নিৰস, কঠিন, hard, dry, without feeling or sympathy.

কঠ, *s.* মুথা বন আদিৰে কৰা আসন, a thick soft mat for sitting &c.

কঠ খোআ, *s.* কষ্ট খোআ, সময়ত প্ৰসৱ নোহোআকৈ থকা, exceeding the proper period of gestation.

কঠনা, *s.* এবিধ বগা ফুল, a species of flower.

কঠনিয়া, *a.* একঠা ধৰা, আদ সেৰিয়া, containing a *kotha* or half seer.

কঠলুআ, *s.* কাঠ এবিধ, টান বোকা, a species of tree, stiff clay.

কঠা, *s.* চই মুঠি ধৰা পাত্ৰ, আদ সেৰ, কুৰি লোচা মাটি, half a seer in measure, a measure of land.

কঠাকঠ, *a.* একঠা একঠা কৰা, সৰহ, divided into *kothas* or half seers.

কঠিন, *a.* টান, কটুৰ, নিৰ্দয়া কিৰ্পিন, hard, severe, unfeeling, difficult to do or to understand, illiberal.

কঠিয়া, *s.* সঁচ, বিজ, ৰুবলৈ পচোআ পুলি ধান, seed, semen, also grain sown for transplanting.

কঠিয়ানি, *s.* কঠিয়া তলি, কঠিয়া সিঁচা ঠাই, a place where seed is sown for transplanting.

কঠুআ, *a.* টান, বিৰস, সোআদ ন থকা, কাঠৰ সক পাত্ৰ, juiceless, dry, insipid; *s.* a small wooden vessel.

কঠুআ মাত, *s.* বেজেৰা মাত, টেঙ্গা মাত, harsh angry language or tone.

কত, *ad.* কিমান? ওজন বা সংখ্যা সোধা, how much? how many?

কত্, *ad.* কোন ঠাইত? কোন খিনিত? where? in what place?

কতক, *a.* সৰহ, অধিক, কেতখনি, many, very much, some few.

কতক্ষন, *ad.* কিমান কাল? কিমান পৰলৈ? how long a time?

কতখনি, *ad.* কিমান? কতেক বস্তু? how much? how abundant?

কতপা, *s.* আঙ্গুলি কতপা, প্ৰমানৰ নিমিত্তে আঙ্গুলিৰ চিন দি খত লিখা, the impression or mark of a finger, used in the old Assamese form of witnessing a deed of the sale of slaves or lands.

কতবা, *ad.* কিমান? how much?

কতবা, *ad.* কোনোবা ঠাইত, in some place unknown or not specified.

কতা, *ad.* কত? কোন ঠাইত? where? in what place?

কতিয়াকৈ, *ad.* কাতিকৈ, obliquely, slantingly.

কতু, *ad.* কোনো ঠাইত, (with a negative) nowhere, in no place.

কতুবা, *ad.* কঁতবা, কোনোবা ঠাইত, in some unknown place.

কতেক, *ad.* কেতবোৰ, কেতেক, কেতেটি, a few, somewhat.

কতো, *ad.* খেনো, কোনো, কেতো, some, a portion.

কথকি, *s.* কথা কব জনা, বাক্যপটু, কথা বাহি, a speaker, an eloquent person, a great talker, an orator.

কথন, *s.* কথা হোআ, কোআ, conversation.

কথনমথন, *s.* কথা বাত্ৰা, কোআ মেলা, a conference, mutual intercourse or consultation.

কথনিয়, *a.* কব লগা, কবৰ উচিত, proper to be spoken.

কথমপি, } *ad.* অলপতে, জেনতেন, কোনো মতে, barely, somehow,
কথম্ কথমপি, } by some means.

কথম কথমপি সৰা, *a.* মূৰে মূৰে সৰা, escaped by the narrowest chance.

কথা, *s.* বাক্য, বৃত্তান্ত, বিসই, a word, a sentence, discourse, saying, a story, an affair, a matter.

কথাই ধৰা, *s.* কথাকে চিন্তি থকা, চিন্তা সোমোআ, laying to heart, realizing any fact or truth.

কথা কিনি, *v.* চলেৰে আপোনাৰ কথা জনাই অন্যৰ কথা বুজা, to find out another's wish or plans by craft.

কথা দি, *v.* বুধি সিকোআ, উচটোআ, ভাঙ্গোআ, to entice, instigate or inveigle.

কথা পিস্তাই, *v.* অপ্ৰকাস কথা লোকৰ আগত সৈ কৰ্হোআই প্ৰমানিক কৰোআ, to obtain an open acknowledgement of a matter previously kept secret or having no witness.

কথা বন্ধা, *s.* আৰি বন্ধা, নিয়ম কৰা, a wager, a bet, a stake.

কথা বাত্ৰা, *s.* কথনমথন, কোআকুই, conversation, familiar talk.

কথাবাহি, *a.* কথকি, বহু কথা কোআ, full of words, loquacious, garulous.

কথা সুনুউআ, *s.* আগ্যা সুনুউআ, প্ৰচাৰ কৰা, making known a decree, publishing, proclaiming.

কথা হোআ, *s.* কথোপকথন কৰা, কথা বাত্ৰা হোআ, conversation, conference, consultation.

কথিত, *a.* কোআ, উক্ত, spoken, uttered.

কথিমথি, *v.* বুজি বাজি, সুধি পুচি, বিবেচনা কৰি, to talk over a matter.

কথিয়া, *a.* কথা কওঁতা, ভাসি, talkative, garulous.

কথোপকথন, *s.* কথা বাত্ৰা, আলাপ প্ৰলাপ, দুয়ো কোআ মেলা কৰা, কোআকুই কৰা, conversation, dialogue.

কদাঞ্চিত, *ad.* কেতিয়াবা, কোনো ৰূপে, কেনেবাকৈ, somehow, at sometime perchance.

কদম, *s.* গাম ধৰা, ঘোঁৰাৰ এখুজিয়া খোজ, a step, a pace or gait.

কদম্ব, } *s.* বৃিখ্য এবিধ, বঘু বৃিখ্য, a species of tree.
কদম,

কদৰ্য্য, *a.* কুচিত, বেয়া, লেতেৰা, loose, bad, abominable, filthy.

কদৰ্থনা, *s.* বিকৰ্থনা, নিন্দা বিটন্দা, reproach, abuse, contempt.

কদলি, *s.* কলা গচ, কল, the plantain tree and fruit.

কদাকাৰ, *a.* কুৰূপ, কুচিত আকাৰ, আলাগি, অসুৰনি, ill shapen, ugly, deformed.

কদাচ, *ad.* কেতিয়াবা, প্ৰাই কোনো কালে, rarely, seldom, scarcely ever.

কদাচাৰ, *s.* কুআচাৰ, বেয়া প্ৰবৰ্ত্তন, কুকৰম, immorality, profligacy, rascality, misconduct.

কদাচিত, *ad.* কেতিয়াবা, কেনেবাকৈ, occasionally, seldom, perchance.

কদাপি, *ad.* কেতিয়াও, কদাচিতো, seldom if ever.

কঁন, *s.* গুটিৰ ভি খুদু অংসৰ পৰা গজালি মেলে, অতি খুদু, the eye or germ of a seed, that which germinates or reproduces, an atom.

কনক, *s.* সোন, সুবৰ্ন, gold.

কনকানিয়া, *a.* জুনজুনিয়া, অতি সুকান, sharp, shrill, dry.

কন্‌কনোআ, *s.* গনগনোআ, বহু মানুহৰ সবদ, হাই, a loud tumultuous sound, a buzz, the hum of a distant multitude.

কনক চম্পা, *s.* সোন বৰনিয়া সুগন্ধি ফুল এবিধ, a species of flower.

কননিয়া, *s.* কান ফটা চক, কান ফটা, ঠেনঠেনিয়া, a cracked earthen vessel, the sound of such a vessel when struck.

কন মৰা, *a.* বিজ মৰা, কন গেলা, ধান আদি গুটিক গজিব নোৱাৰাকৈ সিজোআ, নষ্ট কৰা, loss of the power of vegetation or procreation, the destruction of vitality.

কনা, *a.* চকুএ নে দেখা, অন্ধক, কুঁহিয়াৰ আদিৰ পোলা, blind; *s.* a person who is blind, a bundle of sugar-cane or reeds.

কনাই, *s.* ক্রিস্নৰ এক নাম, বিয়াত দৰা কন্যাই দলিয়া দলি কৰা টোপোলা বিসেস, Khrishnu as a child; a small bundle containing a guava betelnut panleaf *aroi* rice and *dubori* grass, bound with thread and passed back and forth between the bride and bridegroom at a marriage expressive of a wish that she may have offspring.

কনাইমলধু, *s.* এবিধ ধানৰ নাম, a species of paddy.

কনাকনি, *s.* কানে কানে ফুচফুচুআ, মনে মনে কোআকুই কৰা, whispering in the ear.

কনামাকৰি, *s.* কানৰ ভিতৰৰ মল, ear wax.

কনামুচৰি, *s.* এবিধ মাচ খোআ চৰাই, সৰু বিধ বগলি, the name of a small bird that preys on fish.

কনামুনা, *s.* একো নে দেখা, চকুমুদি বগা বগি দিয়া, seeing nothing, a play of closing the eyes and striking back and forth pretending to be blind.

কনাৰি, *s.* নাৱৰ গোঁজ মৰা বিৰিয়া ডোল, ফুল এবিধ, নগৰা, a noose or fastening to a boat or basket, a lilly.

কনি, *s.* ডিমা, অণ্ড, অণ্ডকোস, an egg, a testicle.

কনিকলি, *a.* বিন্দুহেন, সৰু, খুদ্র, very little, minute.

কনিকা, *s.* নিচেই সৰু বস্ত, ৰেনু, বিন্দু, a particle, an atom, a drop.

কনিকিওআ, *s.* বিন্দু বিন্দু বৃষ্টি পৰা, drizzling, falling in fine mist.

কনি ধান, *s.* এবিধ সৰু ধান, a species of small grain.

কনি বিহ, *s.* এবিধ বিসাল গচৰ গুটি, a tree bearing a poisonous fruit.

কনিয়া, *s.* বিয়া দিবলৈ নোওআ ধুউআ চোআলি, a bride.

কনিস্ট, *a.* বয়সত সৰু, নুমলিয়া, least, youngest, junior.

কনিষ্ঠাঙ্গুলি, *a.* কেঁয়া আঙ্গুলি, the little finger.

কনিয়াই, *v.* একন একন বৃষ্টি অনা, কনিকিওআ, to rain in very small drops, to mist.

কনুআ, *s.* এবিধ মাচ খোআ চৰাই, a species of bird that preys on fish.

কন্যা, *s.* কুমাৰি, দুহিতা, সষ্টৰাসি, a young girl, a virgin, daughter, a bride, the sign Virgo.

কন্যাদান, *s.* চোআলি বিয়া দিয়া, the giving a daughter in marriage.

কন্যাৰাসি, *s.* সষ্ঠ ৰাসি, the sign Virgo.

কণ্টক, *s.* কাঁইট, হুল, জোঙ্গ, সত্রু, a thorn, a prickle, any thing pointed, any cause of pain or trouble, an enemy.

কণ্ঠ, *s.* ডিঙ্গি, গল, টেটু, the throat.

কণ্ঠমালা, *s.* কণ্ঠা, ডিঙ্গিৰ মালা, a necklace.

কণ্ঠা, } *s.* ডিঙ্গিত পিন্ধা সোনৰ মালা, a species of neck ornament.
কণ্ঠি, }

কণ্ঠাগত, *a.* জিৱ ডিঙ্গিৰ গুৰিত থকা, মৰিবলৈ চিপ লোআ, coming to the throat as life, ready to tear the body, about to expire.

কন্দনামুআ, *a.* কান্দোঁ কান্দোঁ হোআ, বিসাদ মন দেখুউআ, of sad countenance, about to cry.

কন্দল, *s.* দন্দ, বিৰোধ, a dispute, contention, quarrel.

কন্দলি, *s.* কলা গচ, a plantain tree.

কন্দা, *s.* ক্রন্দন, বিলাপ, weeping, loud lamentation.

কন্দাকটা, *s.* দুখৰ ৰাও, ইমনি বিননি, বিলাপন, loud wailing, lamentation.

কন্দুআই, *v.* ক্রন্দন কৰাই, to cause to cry.

কন্ধ, *s.* কান্ধ, কান, মুৰ নাইকিয়া ভুত, পুথিৰ ভাগ, the shoulder, a ghost or apparition, a chapter, a division.

কন্ধা, *s.* পোলা, আটি, an armful, a bundle.

কপ, *s.* কঁপনি, কম্পন, কঁপা, a trembling, shaking, agitation.

কপ্‌কপনি, *s.* বলকনি, অনর্থক কপে বহু কথা কৈ থকা, লপ্‌লপনি, idle talk, prating verbosity.

কপ্‌কপিয়া, *a.* লব্‌চব্‌ কৰিব নোঅৰা, খাঁজে খোপে খোআ, fitted to, made to fit, as an article of dress, a tenon and mortice.

কপ্‌জপ্, *a.* থৰকবৰক, কঁপি উঠা, কপজপোআ, tremulous, quivering.

কপট, *s.* চল, পেটত ক্রোধ থকা, আখেজ, hypocrisy, deceit, ill will.

কপটবেস, *s.* চদ্মবেস, ভাও ধৰা, an assumed form or character, acting a feigned part.

কপটি, } *a.* খিয়লিয়া, পেটত কপট ৰখা, hypocritical, dissembling.
কপটিয়া, }

কপৰা, *s.* কপাহৰ চুপহি, আফু কলি, সেত কপৰা, the unopened pod of cotton and poppy plants, the name of a medicinal plant.

কপর্দ, *s.* সিৱৰ জঁটা, the matted hair of Hoda Hiwo.

কপর্ধুল, *s.* উত্তম মিহি কাপৰ এবিধ, a kind of fine silk gauze.

কপাট, *s.* দুআৰ, a door.

কপাহ, s. কপাহৰ গচ বা তুলা, the cotton plant, cotton.

কপাহগুটিয়া, s. এবিধ বন গচ, a jungle plant.

কপাহনি, s. কপাহৰ তলি, কপাহ গচৰ ঠাই, a place where cotton is grown.

কপাহি, a. কপাহৰ কৰা, কপাহৰ পৰা হোআ, made of cotton.

কপি, s. বানৰ, বান্দৰ, a monkey, an ape.

কপিং, } s. লেঙ্গটি, পোকৰটনা, a narrow strip of cloth worn around
কপিঙ্গ, } the loins.

কপিদা, s. আগ নোহোআ দিঘল দা, a large knife or razor-shaped instrument.

কপিল, a. পিঙ্গল বর্ন, ৰিসি এজনৰ নাম, copper coloured, the name of an ancient Sage.

কপিলা, a. কপিল বৰনিয়া, copper coloured.

কপিলি, s. কপিল বৰনৰ গাই গৰু, নগাঁৱৰ এক নৈৰ নাম, a mythological cow said to bestow whatever any one asks, a river in the Nowgong District.

কপৌ, s. পাৰৰ নিচিনা বনৰিয়া চৰাই, a wild pigeon.

কপৌলতা s. এবিধ বনৰিয়া লতা, a wild creeping plant.

কপৌজপৌ, s. অথিৰঅবিৰ, আপদত পৰি তত হেৰোআ, unsteadiness, without self possession or presence of mind.

কফ, s. খেঁকাৰ, phlegm.

কব্‌কবাই, v. বলকি-থকা, সৰহকৈ কথা কৈ থকা, to prate, to babble, to be loquacious.

কবচ, s. ৰনৰ জাখৰ, মন্ত্র কবচ, ঔসধৰ মাদলি, defensive armor, an amulet or charm worn as a protection against evil.

কবনি, s. কাকুতি, মিনতি, বলকনি, earnest entreaty, supplication.

কবন্ধ, s. মুৰ নাইকিয়া ভুত, গাঁৰিডোখৰ, an apparition said to resemble a headless trunk.

কবাৰি, a. কিৰ্পিন, কট্‌কিন, tight fisted, stingy, miserly.

কবি, s. কবিতা কৰোঁতা, কাব্য কৰা পণ্ডিত, সাক এবিধ, a poet, one who is skilled in metrical composition, a cabbage.

কবিতা, s. পদ, শ্লোক, চন্দ, a poem, poetry, verse.

কবুল, s. সৈ কৰা অঙ্গিকাৰ কৰা, an acknowledgement, agreement.

কবুলতি, s. নিবৰ্ন্ধ পত্র, অঙ্গিকাৰ কৰা পত্র, a written acknowledgement or agreement.

কম, a. তাকৰ, অপুৰ্ন, deficient, incomplete.

কমনি, *a.* বিকল হৈ ফুৰা, মাচে পানিত চেল ওপঙ্গা দি ফুৰা, bewildered, perplexed, confused; applied also to fish when paralyzed by poison cast into the water.

কমনিয়াই, *v.* দুখত চেলেঙ্গ পেলেঙ্গকৈ ফুৰা, বেজাৰত বিকল হোৱা মাচৰ কমনি লগা, to wander about bewildered and perplexed, to paralyze fish by casting poison into the water.

কমণ্ডলু, *s.* সন্যাসিৰ জল পাত্র বিসেস, the drinking vessel of an ascetic.

কমল, *s.* পদ্ম, পদুম, the lotus or water lilly.

কমলা, *s.* লক্ষ্মি, বিষ্ণুৰ ভার্য্যা, a name of Lokhmi, wife of Vishnu.

কমলিনি, *a.* পদুম ফুলৰ নিচিনা সুন্দৰি তিৰি, পদুমনি, a woman beautiful as the lotus.

কমাই, *v.* তাকৰাই, কপাহৰ তুলা কমোৱা, to diminish, to clean cotton.

কমাইকুটাই, *v.* আর্জ্জিকুর্জ্জি, ঘটিপিটি, to earn, to acquire property.

কমাৰ, *s.* লোৰ কাম কৰোঁতা, a blacksmith.

কমি, *v.* টুটি, তাকৰ হৈ, to diminish, to abate, to lessen.

কমোৱা, *s.* তাকৰোৱা, বালি ধুই সোন উলিওৱা, কপাহৰ তুলা আঁজোৱা, অর্জ্জা, the act of diminishing, washing for gold, the cleaning of cotton, gain, earnings.

কম্পন, *s.* কঁপন, থৰ্থৰ, জোকাৰ খোৱা, a trembling, shaking, agitation.

কম্পমান, *a.* কঁপি থকা, থৰ্থৰ বৰবৰ কৰা, অথিৰ হোৱা, trembling, quaking, vibrating, agitated.

কম্প্যাচ, *s.* দিস বিদিস নিৰুপন কৰা জন্ত্ৰ, a compass.

কম্পিত, *a.* কঁপি থকা, থৰ্থৰ বৰ্বৰ লগা, made to tremble, agitated.

কম্বল, *s.* নোমৰ কাপৰ, কামলি, থঙ্গা, a coarse woollen blanket.

কম্বু, *s.* তিনি ৰেখিয়া সামুক, a shell with three convolutions.

কম্বুগ্রিবা, *a.* তিনি ৰেখা থকা ডিঙ্গি, having a neck marked with three lines like the conch shell, a sign of beauty and of good fortune.

কৰ, *s.* হাত, ৰাজকৰ খাজানা বা গুৰুক দিয়া ধন, হাত গাৰ চালত ঘহঁনি খাই কাঠ বন্ধা, a hand, revenue whether of a king or priest, callosity, callousness.

কৰ্, *ad.* কোন ঠাইৰ, কঁত থকা, whence? from what place?

কৰৈ, *s.* ডুখ্যা বিসেস, কাঠ বিসেস, a species of tree.

কৰকচ্, *s.* লোন এবিধ, বৰ কঠিন, a kind of salt; *a.* harsh, rough, hard.

কৰ্কৰ, *s.* দাঁত চোবোৱাৰ সবদ, কৰচনি, the noise of gnashing or grinding the teeth together.

কৰকোষ্ঠি, *s.* হাতৰ তলুআৰ আঁক, the lines in the palms of the hands

কৰঙ্গন, *s.* উৰু, আঁঠুৰ ওপৰ ভাগ, the thick part of the leg, the thigh.

কৰঙ্গনিয়া, *a.* কৰঙ্গনৰ সমান, এটা পৰিমান, up to the waist, a measure.

কৰঙ্গা, *s.* এবিধ দল বন, a species of wild grass.

কৰচনি, } *s.* দাঁত কামোৰা, দাঁত চোবোআ, কৰচা, the act of gnashing
কৰচা, } or grinding the teeth together as in rage or great pain.

কৰচলি, *s.* হেঁতা, a large spoon or ladle.

কৰচাই, *v.* দাঁত চোবোআই, দাঁত কৰকৰোআই, to cause to gnash or strike the teeth together.

কৰজা, *s.* ধাৰ, ৰিন, a loan, a debt, (Hindee.)

কৰজোৰ, *s.* ক্রিতাঞ্জলি, হাত জোৰ, the joining of the palms of the hands together as in respectful address.

কৰত, *s.* কাঠ ফলা অস্ত্র, a saw.

কৰতল, *s.* হাতৰ তলুআ, the palms of the hand.

কৰতলিয়া, *a.* অধিন হোআ, খাজানা দিব লগিয়া, কৰনিয়া, tributary, subject to, under tribute to a *gooroo*, discipled.

কৰতাল, *s.* এবিধ বাদ্য, a rude instrument of music composed of a piece of notched bamboo and a cowry on which it is rapidly moved back and forth.

কৰতি, *s.* মাচ এবিধ, মন্ত্ৰৰ বান্ধ কটা পুথি, a species of fish, a book that teaches how to destroy the power of muntras.

কৰতিয়া, *s.* কামৰূপৰ পচিম সিমাৰ কৰতিয়া নামে নৈ, কৰতিয়া গঙ্গা, কৰতৰ কাম কৰোঁতা, the name of a river that forms the western boundary of Kamroop, a sawyer.

কৰন, *s.* কৰা, ক্রিয়া, a work, an action, a deed.

কৰনি, *s.* কাপৰ আদি থোআ কাঠ বাঁহৰ পাত্ৰ বিসেস, a sort of native clothes box or basket.

কৰনিয়া, *a.* গুৰুক কৰ দিব লগা, কৰতলিয়া, discipled, tributary to a priest or spiritual guide.

কৰপ, *s.* গাত মলি বন্ধ জোআ, লেপ, টাটৰি, গৰু মহৰ সিঙ্গত কৰপ বন্ধা, a streak stripe or line, the mark of a vine growing around a tree, stripes or wrinkles on the horns of cattle.

কৰপল্লব, *s.* হাতৰ চিন্নাৰ, আঙুলিৰ ঠাৰেৰে কোআ, talking by signs, conversation by the fingers.

কৰপাত্ৰ, *s.* চলু, হাতৰ ঠোলা, the hand used as a cup.

কৰবন্ধা, *s.* হাতৰ চাল টান মৰা,কাঠ বন্ধা, callousness on the hands.

কৰবিৰ, *s.* পুস্প ব্রিক্ষ বিসেস, the sweet scented oleander or rose bay.

কৰম, *s.* কাজ শ্ৰাদ্ধ, সৰাধ, a work, an action, funeral obsequies or offerings to the manes of the dead.

কৰমকঁপাল, *s.* দশা, বাসনা, কঁপালত লিখা, destiny, fate, condition.

কৰমকাৰি, *s.* কাজ কৰম কৰোঁতা, পোৰোহিত, one who performs the funeral rites, a priest.

কৰমা, *s.* হৰা নিয়া, কুক্ৰিয়া, মন্ত্ৰ কৰি মানুহ মৰা, one who injures or destroys others by incantations.

কৰমালা, *s.* জপমালা, মালা গুটি, a bead roll or rosary.

কৰলিপয়ন, *a.* সিঁহৰতি, বেমেলি, লেটপেট, scattered about in disorder, mixed promiscuously together.

কৰলিয়া, *a.* সুকান, নিৰস, dry, unseasoned, juiceless, without flavor.

কৰাল, *s.* এঁঠা, লেই, gum, paste, any sticky substance.

কৰি, *v.* কৰা, to do, to act, to perform.

কৰি, } *s.* ধনৰ মুখে বেৱহাৰ কৰা সাগৰৰ সামুক বিসেস, কপৰ্দ্দক, a
কৌৰি, } cowry.

কৰাই, *s.* ভজা চাউলৰ গুৰি, সান্দহ; লোকৰ দোআৰাই কাৰোআ, the flour of parched rice, called *hándoh*; *v.* to cause to do.

কৰাইচ, *a.* কট্‌কিনা, কিৰ্পিন, চিকটা, penurious, stingy, miserly.

কৰাইমুৰিয়া, *s.* লেজু আদি পকোআত পাক লাই গাঁঠি লগা, খৰ পাক, a kink or twist in a rope or thread.

কৰুআ, *s.* নুফুটা কপাহ, মুনিয়া, cotton not well opened from the pod.

কৰুনা, *s.* ক্ৰিপা, দয়া, টেঙা এবিধ, mercy, pity, a species of acid fruit.

কৰুনাকৰ, } *s.* ক্ৰিপাকৰ, দয়ানিধি, ক্ৰিপাৰ আধাৰ, a mine of pity,
কৰুনাধাৰ, } a receptacle of mercy.

কৰুনাময়, *a.* দায়ালু, ক্ৰিপাময়, pitiful, tender hearted, merciful.

কৰুনাসাগৰ, *s.* প্ৰেমসাগৰ, ক্ৰিপাসিন্ধু, the ocean of mercy.

কৰৈ, *s.* এবিধ সুকাঠি গচ, a species of tree.

কৰোআ, *a.* লোকৰ হতুআই কৰা, done, caused to be done.

কৰ্কচ, *a.* কঠিন, কেটেৰা, কঠুআ, harsh, rough, hard.

কৰ্কচবাদ, *s.* কেটৰা কেটেৰিকৈ উত্তৰ কৰা, sharp angry contention.

কৰ্কট, *s.* কেঁকোৰা, চতুৰ্থ ৰাসি, a crab, the sign Cancer.

কৰ্কৰা, *s.* পানি নিদিয়াকৈ থোআ ভাত, cooked ricekept for after eating.

কৰ্কৰনি, *s.* দাঁত কামোৰাৰ সবদ, the noise of gnashing the teeth.

কৰ্কৰাই, *v.* দাঁতেৰে সবদ কৰি দাঁত চোবাই, to gnash the teeth.

কৰ্কৰি জল, *s.* স দাহনৰ পাচে মৰিল টেঁচা হবাল পানি আদি দিয়া, libations of water poured out for the dead.

কৰ্কৰিয়া, *a.* সুকান, খৰ্খৰিয়া, নিৰস, dry, parched, arid, juiceless.
কৰ্চন, *s.* বৰ চৰাই এবিধ, a species of large bird.
কৰ্জা টেঙ্গা, *s.* এবিধ টেঙ্গা, an acid fruit, the coronda, (Carissa Carodas.)
কৰ্ত্তব্য, *a.* কৰিব লগা, উচিত, proper to be done, fitting.
কৰ্ত্তা, *s.* কৰোঁতা, অধিকাৰ, গৰাকি, a doer, a master, a governor.
কৰ্দ্দৈ, *s.* পাঁচ সিৰিয়া টেঙ্গা বিসেস, a species of acid fruit.
কৰ্দ্দৈ সিৰিয়া, *a.* খঁতুৰা পহিয়া, কৰ্দ্দৈ টেঙ্গাৰ নিচিনা সিৰ থকা, carved or shaped like the above fruit.
কৰ্দ্ধনি, *s.* সোন ৰুপৰ গুনাৰে গঁথা কঁকালৰ অলঙ্কাৰ, a gold or silver threaded girdle.
কৰ্ন, *s.* কান, স্রৱনেন্দ্রিয়, এজন বিৰৰ নাম, the ear, the sense of hearing, the name of a hero mentioned in the Mahábhárat.
কৰ্নগোচৰ, *s.* কানত পৰা, সুনা, falling on the ear, hearing distance.
কৰ্নবেধ, *s.* কান বিন্ধনি বিয়া, কান ফুটুআ, the ceremony of piercing the ears of a male child observed by the brahmins and kaisths.
কৰ্নাভকৰ্নি, *ad.* ইকান সিকানকৈ passing from ear to ear.
কৰ্নাট, *s.* এক দেসৰ নাম, the country of Mysore.
কৰ্পুৰ, *s.* কাফুৰ, সুগন্ধি দ্রব্য, হাবিৰ এবিধ সুগন্ধি গচ, camphor.
কৰ্পুৰ মনি, *s.* এবিধ সিলৰ মনি, কৰ্পুৰানি, a species of bead.
কৰ্ফাল, *s.* আচাৰ; আস্ফাল, a side blow or slap.
কৰ্বাৰ, } *ad.* কঁৰবাৰ, কোনোবা ঠাইৰ, from some unknown place.
কৰুবাৰ, }
কৰ্বাৰ কোনোবা, } *ad.* নিচেই অচিনাকি, somebody from somewhere.
কৰুবাৰ কোনোবা, }
কৰ্ম, *s.* কৰম, কাম, বন, a work, an action, an affair.
কৰ্মকৰ্ত্তা, *s.* কাম কৰোঁতা, an overseer or agent.
কৰ্মনাসা, *s.* এক নদিৰ নাম, পুন্যখ্যই নদি, a river in Hindustan the very sight of which is said to destroy religous merit.
কৰ্মন্য, *a.* কামৰ জোগ্য, লাগতিয়াল, কামিলা, fit for work, useful.
কৰ্মফল, *s.* আৰ্জ্জিত কৰমৰ ভোগ, বেচ, the result of an action, reward, consequence.
কৰ্মবন্ধ, *s.* বাসনা, কৰমৰ ভাল বেয়া ভোগ কৰা, the inevitable consequences of an action.
কৰ্মভোগ, *s.* ফল ভোগ, আৰ্জ্জিত কৰমৰ ভোগ, experience of results &c.
কৰ্মসাধন, *s.* কাম সিদ্ধি কৰা, কৰি এঁটোআ, completion of a work.
কৰ্সাল, *s.* নাৱৰ বিন্ধা মৰা সাল, a plug in the bottom or side of a boat.

কৰ্হা, *a.* বলেৰে নিয়া, হেঁতাৰে চকুৰ পৰা তোলা, আঁজুৰি তোলা, taken away by force, snatched, plucked out, dipped out of a dish.

কৰ্হোআ, *s.* এবেলি হালবাই থোআ, এচাহ দিয়া, a first plowing, an iron cooking dish.

কৰ্হালি, *s.* চৰা নাৱৰ আগ চোআ, the prow of a pleasure boat.

কৰ্হিওআ, *s.* এঠাইৰ পৰা আন ঠাইলৈ নিয়া, the act of carrying away.

কৰ্হোআ, *a.* হেঁতাৰে কৰ্হাই নিয়া, এবেলি হাল বোআ, dipped out, taken forcibly away, once ploughed.

কল, *s.* কলা, কলাগি কল, যন্ত্ৰ, মাচৰ ফুল, a plantain, an engine or machine, the gills of fish, the lower part of the human jaw.

কলকান, *s.* সাঁফৰ, খুৰা লগা বানবাটি, a covered metal dish with feet attached.

কলকলাই, *v.* মাত ফুটিবলৈ ধৰা, পানিৰ সবদ কৰা, to utter a low sound as of children beginning to talk, to make a rippling sound as of water or the din and buzz of a distant multitude.

কলকলনি, *s.* পানিৰ কলকল সব্দ, মাত ফুটিবলৈ ধৰা, a rippling sound, the cooing noise of little children when beginning to talk.

কল্কি, *s.* বিষ্ণুৰ দসম অৱতাৰ, the tenth and last Hindoo incarnation.

কলগচিআ, *s.* ভৰিৰ ৰোগ বিসেস, a disease of the leg.

কলগুহ, *s.* ডিঙ্গিৰ পৰা নেবা লেঠা, আপদ, an insurmountable difficulty, a dilemma.

কলঙ্ক, *s.* চেকা, মামৰ, অপবাদ, দুৰ্নাম, a spot or mark, iron rust, defamation, abuse.

কলঙ্কি, *a.* অপবাদি, দুৰ্নামি, stained, blemished, stigmatized.

কলং, *s.* এখন নৈৰ নাম, the name of a river in the Nowgong District.

কলচি, *s.* দোল আদিৰ ওপৰত সজা কলাডিল, পানি তোলা টেকেলি, ঘঁট, টেকেলি, a pinnacle, a point, a small water jar.

কলনি, *s.* কলাবাৰি, a garden of plantain trees.

কলপ, *s.* গাৰ মোট, সাঁফৰ, the cast off skin of a snake or other reptile.

কলপ কলপ, *s.* কাপ কাপ কৰা, মৰিবলৈ উসাহ টনা, panting, gasping.

কলপতিয়া, *a.* কলাপাতৰ বৰনিয়া, like the plantain leaf in colour.

কল্প, *s.* বুহ্মাৰ এদিন, ৪৩২০০০০০০ বচৰ, a kolpo, a period of 432000000 years, termed a day and night of Brohmo.

কল্পতৰু, *s.* ইন্দ্ৰপুৰিৰ অভিলাস সিদ্ধি কৰা দেৱ বৃক্ষ, দানি, a fabled tree of Indra's paradise said to yield whatever fruit is desired, a liberal person.

কলপন, } s. উপাই, মনত ভৰা, মনেৰে পজ্জা, a scheme, a settled
কল্পনা, } purpose, a plan, a device.

কল্পান্ত, s. জুগৰ অন্ত, প্ৰলই কাল, the end of a kolpo, the final dissolution of the world.

কল্পিত, a. মিচা, সজা কথা, কিৰ্ত্তিম, feigned, spurious, counterfeit.

কলম, s. কাপ, লিখনি, গচৰ ডাল ধৰা, a pen, a cutting or stem of a plant, a scion, a graft.

কলমলাই, v. দুখেৰে বনাই ফুৰা, টোপনিত চকু মুদাই নিয়া, to be oppressed with sleep or borne down with sorrow.

কলমটিয়াই, v. কলমলাই, টোপনিয়াই, to slumber, to sleep, to doze.

কলমুআ, a. পানিত সিপাৰ নোআৰি বগাই ফুৰা, floating about like a plant without root, wandering without fixed habitation.

কলহ, s. পানিৰ পাত্ৰ, ঘঁট, a water pot, a pitcher, a jar.

কলহিয়া, a. কলহ জেন ডাঙ্গৰ, কলহৰ পৰিমান, pertaining to a *koloh*, the measure of a *koloh*.

কঁলা, a. ক্ৰিষ্ণ বৰন, এন্ধাৰ, black, dark; s. darkness

কলা, a. কানে নুসুনা, কল, চন্দ্ৰৰ সোল ভাগৰ এভাগ, deaf; s. a plantain, a sixteenth part of the moon's disc.

কলাই, s. কলামাহ, কান্দি ঠৰ হোআ, leguminous seeds, pulse or vetch of kinds, exhausted with crying.

কলাইখাৰ, s. ছিলৈ মৰা খাৰ, বৰ চোকা, gunpowder; a. pungent, piercing, passionate.

কলাগুটিয়া, a. কলা গুটিৰ নিচিনা, এধা সুকান ধান আদি, like a plantain seed; half dried applied to paddy and other grain.

কলা ঘুমটি, s. অল্প নিদ্ৰা, কান জগি থকা টোপনি, a light sleep half asleep and half awake, dozing.

কলাচহুৰা, s. কলা পাতৰ ঠাৰি, the stems of the plantain leaf.

কলাডিল, s. কল গচৰ ডিল, বুকৰ ডিলা, the flower of the plantain tree, the heart.

কঁলামাটি, s. নাগমাটি, কলা বৰনৰ মাটি, stone or fossil coal.

কলামাহ, s. খেচাৰি মাহ s. a species of pease or pulse.

কলাফুল, s. আঁঠুৰ তল ভাগ, কলৰ ফুল, the calf of the leg, the fruit of the plantain tree.

কলাফুলিয়া, a. কলাফুলৰ সমান হোআ, reaching to the calf of the leg.

কলামলা, a. অলপ নিদ্ৰা, চিলমিল, drowsy, dozy, heavy, sluggish.

কঁলামঁলা, a. মলিন, soiled, dirty.

কল্যান, *s.* কুসল, সুস্ত, welfare, prosperity, happiness.
কল্যানি, *a.* ভাগ্যৱন্তি, সুখি, prosperous, fortunate, happy.
কলি, *s.* চতুৰ্থ জুগ, নুফুটা ফুল আদি, কুমলিয়া পুটি, অমঙ্গল, কঁলা বৰনিয়া মাইকি, কোনো বস্তুৰ মুৰত দিয়া বেটু, the so called fourth or present age of the world, the iron age or age of vice, which commenced 3000 years before the Christian era, and is to continue 432000 years when the world is to be destroyed; the calix of a flower, an unblown flower, a bud, calamity, dissention; *a.* dark colored.
কলিয়া, *a.* কঁলা বৰনিয়া, কালসম্বন্ধিয়া, blackish, relating to a period.
কলিয়াই কলিয়াই, *a.* অতি দুখে নৰিয়াত বহু দিনে সুস্থ হোআ, gradually recovered after long illness.
কলিয়াকচু, *s.* এবিধ কলা কচু, a species of the *kosu* plant.
কলিয়াবৰ, *s.* খৰঙ্গিৰ দেস, the name of a district in Nowgong.
কলিকা, *s.* কলি, নুফুটা ফুল, চুপহি, a flower bud.
কলিজা, *s.* বুকৰ কলাডিলৰ বোখা, আগ মঙ্গহ, the liver.
কলিজুগ, *s.* কলিকাল, চাৰি জুগৰ সেস জুগ, the fourth and last age of the world. see কলি.
কলিজুগিয়া, *a.* কলিজুগত হোআ, relating to the *Koli jug* &c.
কলিতা, *s.* জাত বিসেস, one of the Hindoo castes.
কলেৱৰ, *s.* সৰিল, একে কঠি, the body, complete in all its parts.
কলৈ, *ad.* কোন ঠাইলৈ, whither? to what place? in what direction?
কলৌ, *s.* কন্দল, বিবাদ, contention, altercation, quarrel.
কলৌজপৌ, *a.* আউলজাউল, থৰকবৰক অথিৰ, থানথিত নোহোআ, unsettled, unsteady, running this way and that, fickle, wavering.
কৱচ, *s.* লোৰ জাখৰ, চোলা, ৰনৰ সাজ, defensive armor, a covering for the body in battle.
কষ্ট, *s.* ক্লেস, দুখ, আটক, পিৰা, pain, suffering, distress, trouble.
কসটি, *s.* উতম সিল, সোনপৰিক্ষা কৰা সিল, a touchstone, a test for gold.
কষ্টসাধ্য, *a.* কৰিবলৈ টান, difficult to accomplish.
কসিপুৰি, *v.* অহো পুৰুসাৰ্থ কৰি, গা দাঙ্গি কোআ, ৰবকৈ ধৰা, to earnestly strive for, to affirm in the strongest possible manner, to earnestly importune, to press a suit.
কষ্টা, *s.* কপিঙ্গ, সৰু চুৰিয়া, a narrow waist cloth.
কস্তুৰি, *s.* গান্ধ পহুৰ নাই, গান্ধ কলাই, musk, the perfume so called.
কহ, *s.* কেহেটা গুন, তামৰ মামৰ, verdigris.

কহুৰা, } *a.* কাহি থকা, having a cough, expectorating.
কহুআ,

কাইলৈ, *s.* কালিলৈ, পৰ দিন, বৰ্ত্তমান দিনৰ পাচত অহা দিন, tomorrow.

কাউচা, *s.* চৰাই এবিধ, দুষ্টস্ত্ৰি, a species of bird, a licentious woman, a termagant.

কাউচালি, *a.* দন্দ হাই কৰা, দুষ্টালি, restless, quarrelsome, licentious.

কাউথেকেৰা, *s.* এবিধ থেকেৰা, an acid fruit.

কাউৰি, *s.* কাকপক্ষি, a crow, a raven.

কাওন, *s.* সোল পোন, 16 *puns* or 1280 *cowries.*

কাউনিয়া, *a.* একাওনলৈ পোআ, worth or obtainable for one *kaun.*

কাওবাও, *s.* কাকুতি মিনতি, entreaty, earnest supplication.

কাঁইট, *s.* কণ্টক, ছুল, a thorn, a prickle, a foe, a cause of anxiety.

কাঁইটনি, *s.* বহুকাঁইট থকা ঠাই, a place full of thorns or difficulties.

কাঁইটিয়া, *a.* কাঁইট থকা, thorny, prickly.

কাঁইবাই, *s.* মাচ এবিধ, a fish resembling the eel.

কাঁও কাঁও, *s.* পানি আদিৰ সবদ, বৰ বেগে জোআ, a roaring rumbling sound as of water or of anything in rapid motion.

কাঁক, *s.* সৰু তোম, a loosely platted basket.

কাঁকবাঁক, *s.* কাওবাও, কাকুতি, বিনই কৰা, the throwing about the hands by way of entreaty or supplication.

কাঁকিৰোল, *s.* এবিধ দিঘল কেৰেলা, a kind of esculent vegetable.

কাঁকৈ, *s.* চুলিৰ জঁট ভঙ্গা ফনি বিসেস, a very coarse bamboo comb.

কাঁকৈচিৰা, *s.* চিৰাচিৰ, দিঘলে দিঘলে ফটা, গা ফটা, cracks in the feet or other parts of the body like the prongs of a comb.

কাঁচমাটি, *s.* খেহ আদি দেসৰ উত্তম পাত্ৰৰ বগা মাটি এবিধ, the clay from which china ware is made.

কাঁচল, *s.* কাপৰৰ আঁচল ভাগ, the edge or border of a cloth.

কাঁচলি, *s.* ৰিহা, তিৰোতাৰ গা ঢকা কাপৰ, অলপ ৰঁদ পৰা, a woman's shoulder cloth, mild sunshine.

কাঁচি, *v.* মঙ্গহ আদিত ঘনকৈ আঁক দি কঁচা, ভালকৈ দৈ নোহোআ, to gash meat or fish preparatory to roasting.

কাঁজিবিৰলি, *s.* সৰু সাপ এবিধ, a species of snake.

কাঁজিয়া, *s.* দন্দ, গালিয়াগলি, ওজৰ, contention, disputation, a squabble.

কাঁটল, *s.* তৰ্জুৰ কাঁইট, আল, the index of a pair of scales, a spur.

কাঁটল ফুটা, *a.* আল ফুটা, জৌবনবস্থা হোআ, grown, mature, virile, as an ox when horns are grown or a fowl when spurs appear.

কাটলুআ, *a.* ধন লগা, ধনুআ, laid under tribute, subject to taxation.
কাঁটি, *s.* হালোআ আচাৰিৰ মুৰৰ জাক, the point of an ox goad.
কাঁতৰি, *s.* কুঁহিয়াৰ সালৰ যুৰুউআ মাৰি, the beam of a native sugar mill
কাঁৰ, *s.* বান, সৰ, an arrow, a dart.
কাঁৰ মাৰি, *v.* সৰ মৰা, to discharge an arrow.
কাঁৰি, *s.* কাৰ মাৰোঁতা, হজুআ, চাউল আদি নিকা কৰি, an archer, a class who in the days of the Assam Kings were appointed to do cooley work; *v.* to pound out, to clean of husks.
কাঁৰ্ফাই, *s.* ফাঁকেৰে ধেনু, চুটিয়া ধেনু, a cross-bow, a sutia bow.
কাঁহ, *s.* মিহলি ধাতু বিসেস, বৰ কাঁহ, bell-metal, a gong.
কাঁহি, *s.* ভাত খোআ পাত্র, কাঁহ পিতলৰ থাল, বন এবিধ, a platter of white brass or bell-metal, a species of grass.
কাক, *pron.* কোন জনক, কাউৰি, whom? *s.* a crow.
কাকচৰিত্র, *s.* কাউৰিৰ মাতৰ দোআৰাই মঙ্গল চোআ পুথি, a shaster that teaches how to divine by the cawing of crows, divination.
কাকত, *s.* চিঠি, খত আদি পত্র, a letter, an official paper or writing.
কাকতি, *s.* লিখক, মহৰি, লেখাক, a writer, a clerk, a secretary.
কাকতিয়া, *a.* কাকত কৰি বেচা, বা লোআ, আঁক কাকত জনা, anything bought or sold by written agreement, anything mentioned in a written list.
কাকতি ফৰিঙ, *s.* পাখিত আখৰৰ দৰে চিন থকা ফৰিঙ, a species of locust.
কাকবা, *ad.* কোন জনক, some one, (indefinite.)
কাকবন্ধ্যা, *a.* বিঐবাজি, এটাৰ মাইকি হৈ আৰু নোহোআ, barren after the first child.
কাকিনি, *a.* লেঙ্গা, অতি দিঘল, very tall and slender, spindling.
কাকা, *s.* কউৰিৰ মাত, the cawing of crows.
কাকুতি, *s.* মিনতি, কাবৌকোকালি, entreaty, supplication.
কাকোন, *s.* সোনাৰিৰ চেপেনা, a goldsmith's pincers.
কাখ, *s.* কোস, কাখৰ, দাঁতি, ওচৰ, the side; *a.* near, close to.
কাখৰি, } কাসৰি, } *ad.* কাসৰ, দাঁতি, ওচৰ, near to, bordering on, by the side of.
কাখৰিয়া, } কাসৰিয়া, } *a.* ওচৰিয়া, দাঁতিঅলিয়া, adjacent, proximate, bordering close upon.
কাখলতি, } কাসলতি, } *s.* বাহুৰ মুল, বগল, কুক্ষি, the arm pit.
কাগজ, *s.* তুলাপাত, paper.

কাঙ্গু, *s.* নৰম চাহ এবিধৰ নাম, a quality of tea, the *congou.*

কাচ, *s.* কূৰ্ম, কচ্যপ, a tortoise, a turtle.

কাচনমতি, *a.* সুন্দৰি তিৰোতাৰ নাম, ধুনমাৰঁতি, fond of dress and finery, elegant.

কাচুবৰন, *s.* কাচুবৰনিয়া, কজলা, a brownish or brindle colour.

কাচাৰি, *s.* কচাৰি, বিচাৰস্থান, a court house.

কাচি, *s.* ধান দোআ কটাৰি, নাও বন্ধা লেজু, a sickle, a boat rope.

কাচি পাৰি, *v.* পিন্ধি উৰি, to equip, to attire, to make ready.

কাচুটি, *s.* চুৰিয়া, a waist cloth.

কাচুটিয়া, *a.* চুৰিয়া জোআ, old enough to wear a waist cloth.

কাচুটি হেৰুউআ, *s.* বিচেষ্টা, তত হেৰোআ, *lit.* one who throws off the waist cloth, *i.e.* one who is beside himself.

কাজ, *s.* কাম, বন, বেৰসাই, সকাম, work, employment, personal concern.

কাজ কৰম, } *s.* মৰাৰ কৰ্ম্মক্রিয়া, স্রাদ্ধ, funeral obsequies, offerings
কাজ দহা, } made to deceased ancestors.

কাজভাগি, *a.* অতি কামত নিপুনা, কামিলা, skilled, accomplished, qualified.

কাজল, *a.* কজলা বৰন, brownish.

কাজলি, *s.* আঁজলি, কজলা বৰনিয়া, a double handful; *a.* brownish.

কাজলিফোঁহা, *s.* খুদু খহু বিসেস, a pimple.

কাজি, *s.* বৰ কাটিব পৰা তিৰোতা, নিপুনা, a woman skillful at work.

কাজুআ, *a.* নিপুন, কাঠিয়ক, কামিলা, skillful, able, accomplished.

কাঞ্চন, *s.* সুবৰ্ন, ফুল এবিধ, gold, a species of flower.

কাটকুট, *s.* কটা চিন্হা, অসুধ আদি কটাৰ চিন, marks of correction in a writing, a cutting, a clipping.

কাটন, *a.* কাটোন, চোকা, কটা, cutting, sharp, keen.

কাটনি, *s.* জুগি, কাটিব লগা, কাজি, the *jugi* class, a cutting, clipping or paring, a skillful woman.

কাটিল ফুটিল, *a.* লৰচৰ নকৰা, দগা, indolent, inactive, slow.

কাঠ, *s.* কাষ্ট, কটাগচ, দাৰু খৰি, wood, timber.

কাঠকটিয়া, *s.* কাঠ কটা মানুহ, বাৰৈ, a carpenter, a woodman.

কাঠকঠুআ, *a.* টান, বিৰস, নিচৈ কলি, hard like wood, juiceless, unripe; *s.* a small wooden bowl.

কাঠকলি, *s.* কঠিন কলি, ফুল কলি, hard unripe fruit, a fruit germ.

কাঠচলি, *s.* চাঁচ আদিৰ মুখৰ সৰু পাতল চলা, a small chip of wood.

কাঠচিত, *a.* কঠিন মন, hard hearted, unfeeling like a piece of wood

কাঠনি, *s.* জাৰনি, গচনি, a wood, a forest.

কাঠফুলা, *s.* পচা কাঠ আদিৰ পৰা ওলোআ ফুল, a mushroom, a fungus.

কাঠবাঁজি, *a.* অপুত্ৰাস্ত্ৰি, বন্ধ্যাতিৰি, বাঁজি, barren, without offspring.

কাঠবুকু, *a.* কঠিন চিত, see কাঠচিত.

কাঠৰিয়া, *s.* কাঠ বেচা লোক, কাঠকটিয়া, a dealer in wood.

কাঠসংস্কাৰ, *s.* খৰি দিয়া, দাহ কৰা, the act of giving wood for the burning of a dead body.

কাঠসৰ, *s.* বৰ হৰিনা পহু, কাঠ খোআ পহু, a species of large deer.

কাঠি, *s.* দুহতিয়া জোখ, বাঁহৰ পাতলকৈ তুলুআ চেপেটা সলা, পেৰাৰ চাবি, a measure of two cubits, a splint of bamboo, a key.

কাঠিজাল, *s.* মাচ মৰা জাল এবিধ, বান মৰা, a fishing net, an obstruction of split bamboo placed across a stream to catch fish.

কাঠিয়ক, *a.* পাৰ্গত, নিপুন, বুধিয়ক, expert, clever, skillful, able.

কাণ্ড, *s.* ভাগ, চেদ, a portion, division, a limb, a member.

কাণ্ডাৰি, *s.* গুৰিয়াল, নাৱৰ মাজি, a pilot, a helmsman, a steersman.

কাতৰ, *s.* কাকুতি, কাওবাও, ব্যাকুল, entreaty, supplication.

কাতৰি সোনা, *s.* বৰ আস্থিকৰ বস্তু, মৰমৰ দ্ৰব্য, anything rare or highly valued.

কাতৰোক্তি, *s.* বিনই বচন, কেঁকনি, entreaty, an expression of distress.

কাতি *s.* কেঁচি, সপ্তম মাহ, হলনিয়া, এবৰিয়া হোআ, a pair of scissors, the seventh month, corresponding to the last part of October and the first part of November; *a.* aslant.

কাতিকুতা, *a.* ইফাল সিফাল, লুটিবাগৰ, লৰচৰ, ইবাগি সিবাগি, this way and that way, turning from side to side.

কাতিনেউলি, *s.* ধান এবিধ, a species of paddy.

কাতিহা নকৰা, *a.* মাত্ কথা নসহা, irritable, impatient, excitable.

কাতো, *ad.* কোনো মানুহত, (with a negative,) to no one.

কাতোবা, *ad.* কোনোবাত, to some one.

কাথ, *s.* কায়স্থ জাত, a person of the *kayosth* class or caste.

কান, *s.* কৰ্ন, কান্ধ, দাঁতি, চৰু কলহৰ ওপৰৰ মোটোকোআ ভাগ, the ear, the shoulder, the edge or shore, the rim of a vessel or cup.

কানকটা, *a.* কান চেদ কৰা, নিলাজ, দুৰ্জন, ear-cropped, a term of reproach arising from the custom of cropping the ears of offenders practiced by the Assam Kings.

কানকলা, *a.* কানে নুসুনা, কলা, deaf, dull of hearing.

কান কৰি, *v.* মন দি, সুনি, to listen, to hear, to attend.

কানকুৰিকা, *s.* পখি এবিধ, a species of bird.

কানখৰিকা, *s.* কান খজুউআ হাঁকোটা, an ear pick.

কানগাঁৰ, *s.* কানৰ ভিতৰত হোআ ঘহু, a discharge from the ear.

কানতাল, *a.* মহা সবদে কানত সোপা মাৰি ধৰা, deafening, stunning.

কানপতা, *s.* লোকৰ সলনি কামৰ ভাৰ লোআ, মন দিয়া, the taking a burden from another's shoulder, bearing another's burden, the giving heed, paying attention, listening.

কানপাহ, *s.* কোৰৰ কানত লো জঁপা, যোধ দিয়া, the welding a strip of iron about the eye of a hoe.

কানবিন্ধনি, *s.* কানবিন্ধোআ, কর্ন বেধ, the ceremony of piercing the ears.

কানমৰা, *s.* ভাৰত কান সলোআ, shifting from shoulder to shoulder.

কানমাৰি, *s.* ভাৰ নিয়া মাৰি, a pole or bamboo for carrying burdens.

কানমুৰালি, *s.* কানৰ বেদনা, a disease of the ear.

কানসমনিয়া, *v.* কানৰ সমান ওখ, up to the shoulder in height or depth.

কানৰলতি, *s.* কানৰ তল ভাগ, the lobe of the ear.

কানসৰালি, *s.* আওকনিয়া দৰে সুনা, নিজম দি থকা, hearing while pretending not to hear.

কানসাৰ, *a.* ভুভা, চেতন, সতর্ক, wide awake, alert, vigilant.

কানসোঁতা, } *s.* কানৰ পাচ ভাগ, the portion of the head just behind
কানসটা, } the ear.

কানাই, *s.* ক্রিষ্ণৰ এক নাম, কনাই, a name of *Krishna*.

কানি, *s.* আফিঙ, চিপা কাপৰ, opium, a rag.

কানিদুৰ্অৰি, } *a.* অলপকৈ মেলা দুআৰ, standing ajar as a door &c.
কানিদুঅৰিয়া, }

কানিয়া, *v.* কানি খোআ, addicted to the use of opium.

কানিমুনি, *s.* দেখি নেদেখা ভাও ধৰা, এন্ধাৰত ভালকৈ নেদেখা, the feigning of blindness, indistinctly seeing on account of darkness.

কানে কানে, *a.* মুৰে মুৰে, নিয়মিত সময়ৰ মুৰতে, full to the brim, at the exact time, with কোআ, whispering, speaking in the ear.

কানে কানমাৰিএ, *ad.* কথমপি, মুৰে মুৰে হোআ, just sufficient, barely.

কান্ত, *s.* প্রিয়, স্বামি, beautiful, beloved, dear, desirable; *s.* a husband.

কান্তা, *s.* ভার্জ্যা, সুন্দৰি স্ত্রি, a beloved wife; *a.* beautiful.

কান্তি, *s.* সোভা, প্রকাস জেউতি, glory, brilliance, splendor.

কান্তিমই, *a.* সোভামই, প্রকাসজুক্ত, glorious, glowing with light.

কান্তিমন্ত, *a.* সোভিত, দিপ্তিমন্ত, beautiful, sparkling with gems.

কান্দন, } *s.* ক্রন্দন, বিলাপ, weeping, crying.
কান্দনি, }

কান্ধ, *s.* কান, বাহিচনিৰ ওপৰ ভাগ, the shoulder.

কান্ধুলি, *s.* মাচ এবিধ, a species of fish.

কাপ, } *s.* কলম, লেখনি, বেঁতৰ আটি, a pen, a bunch of rattans.
কাপকাঠি, }

কাপ কাপ, *a.* নানা বৰনিয়া আঁচ থকা, বৰ দুখ পোআ, striped with different colors, variegated, distressed.

কাপ চেকিয়া, *s.* এবিধ বৰ চেকিয়া, চেকিয়া নলি, a small reed sometimes used for making pens.

কাপৰ, *s.* কাপোৰ, বস্ত্র, বসন, cloth.

কাপৰ কানি, *s.* বস্ত্র, পিন্ধা বসন, wearing apparel in general.

কাপুৰুস, *a.* কুপুৰুস, সাহহিন, অকামিলা, cowardly, timid, worthless.

কাফুৰ, *s.* কর্পুৰ, camphor.

কাপোৰৰ ঘৰ, *s.* তাম্বু ঘৰ, a tent, a tabernacle.

কাফি, *s.* চাহৰ দৰে খোআ এবিধ গচৰ গুটি, coffee.

কাবনি, *s.* কাকুতি, মিনতি, কাবৌ, supplication, entreaty.

কাবাজ, *s.* সৈন্যৰ শিক্ষা, military drill.

কাবু, *s.* চল, উপাই, the means or way of doing anything.

কাবৌ, *s.* কাবনি, কাকুতি, entreaty, supplication.

কাবৌ কাকুতি, } *s.* অতিসই মিনতি, অতি দুখৰ মিনতি, স্তুতি নতি,
কাবৌকোকালি, } earnest entreaty, worship.

কাব্য, *s.* কবিতা, শ্লোকৰ পুথি, a poem, poetry, verse.

কাম, *s.* কামনা, মনৰ ইচা, বন, কার্জ, বৰন এবিধ, desire, lust, work, business, an affair, a light blue colour.

কামচৰাই, *s.* কাম বৰনিয়া চৰাই, a species of bird.

কামদেউ, *s.* ক্রিস্নৰ পুত্র, the Indian Cupid, the god of love.

কামধেনু, *s.* পুৰানিক গাই গৰু, a fabulous cow said to grant whatever is desired.

কামনা, *s.* অভিলাস, বাঞ্চা, ইচা, wish, desire, lust.

কামবৰনিয়া, *a.* নিল বৰনিয়া, light blue.

কামবান মৰা, *a.* কামসৰ হনা, কাম দেৱে সৰ হনা, মন ভোলা, love-struck, smitten by the arrow of Cupid.

কামভাও, *a.* ভিৰোতালৈ ইচা হোআ, lustful, libidinous.

কামৰুপ, *s.* অসম দেসৰ এভাগ, ইচাৰুপ, সুন্দৰ, a district in the western part of Assam; *a.* pleasing, beautiful.

কামাখ্যা, *s.* দেবি, the name of a sacred shrine and hill near Gowhatty.

কামাগ্নি, *s.* কামানল, কাম বান, the fire of lust, lechery.

কামৰুপি, *a.* ইচাৰুপি, কামৰুপৰ, according to desire, beautiful, belonging to the district of Kamroop.

কামলি, *s.* নোমৰ কাপৰ, কম্বল, থঙ্গা, a coarse woollen blanket, a carpet.

কামাসক্ত, *a.* ৰমনলৈ মতি, লুম্পট, lewd, wanton, amorous, lascivious.

কামি, *s.* ফলা বাঁহৰ সৰু চলা, a long narrow piece of split bamboo.

কামিনি, *s.* সুন্দৰি, মন মোহা তিৰি, a beautiful woman; *a.* fascinating, lascivious.

কামিলা, *a.* কাৰ্জত লগা, লাগতিয়াল, serviceable, useful, skillful.

কামিহাৰ, *s.* বুকৰ পথালি হাৰ, a rib.

কামুক, *a.* লুম্পট, কামাতুৰ, কাঁৰৱা, lascivious, lustful, wanton.

কামুকি, *s.* বেস্যা, কামাতুৰি, কাঁৰৱি, a prostitute, a strumpet; *a.* lascivious.

কামুৰি, *v.* দাঁতেৰে চিঙ্গি, মুৰ বা পেট বিসাই, to bite, to lacerate with the teeth, to ache, to pain, to twinge, to throb.

কামুৰি ফুৰা, *s.* কাবনি কৰি পাচে পাচে ফুৰা, কামোৰ মাৰি ধৰা, the following after with persistent entreaty for some favour.

কামোৰ, } *s.* দাঁতেৰে চেপাদি ধৰা, পেট মুৰৰ বেদনা, a bite, a
কামোৰনি, } wound made by the teeth, a griping pain, twinging.

কামোৰা, *a.* দাঁতেৰে চোবোআ, বহি খোআ, নাৱৰ পথালি ডাঙ্গ, bitten, aching; *s.* a brace in a building extending from the beam to the roof, a transverse support of a boat.

কামোৰাকামুৰি, *s.* খোআখুই, খুঁটিয়াখুঁটি, বিবাদ, contention, fighting or devouring each other.

কাই, *s.* দেহ, সৰিল, the body endued with sensibility and thought.

কায়স্থ, *s.* কাথ, জাতি বিশেস, one of the hindoo castes, a person who has a *Khetrio* father and a *Soodra* mother.

কাইক, *a.* সাৰিৰিক, দৈহিক, bodily, corporeal, belonging to the body.

কাৰ, *pron.* কোন জনৰ, whose?

কাৰক, *s.* কৰোঁতা, a doer, an agent.

কাৰন, *s.* নিমিত্ত, হেতু, a cause, a reason.

কাৰ্বাৰ, *s.* পুৰুসাৰ্থ, উপাই, কাৰ্সনা, an effort, an exertion, pains.

কাৰ্বাৰি, *a.* কাৰ্বাৰ কৰা, সুমি, pains taking, assiduous.

কাৰিকৰ, *s.* খনিকৰ, সিল্প কৰ্ম্ম জনা, a mechanic, a workman.

কাৰিকা, *s.* ৰত্ন মালাৰ সুত্ৰৰ পুথি, the name of a hindoo shaster.

কাৰেও, *ad.* কোনোৱেও, (with a negative) belonging to no one.

কাৰেঙ্গ, *s.* ৰজাৰ অতি ওখ ঘৰ, ৰঙ্গ ঘৰ, a castle, an amphitheater.

কাৰ্য্য, *s.* কাজ, বন, সকাম, work, business, affair.

কার্ত্তিক, *s.* সিৱৰ পুত্র, কাতি মাহ, a son of Hiwo, the seventh month.

কার্সনা, *s.* উপাই, কাম, exertion, effort, contrivance.

কাৰ্হনি, *s.* তাতবাতি কৰা জন্ত্র, ধান আদি কৰ্হা হেঁতা, an instrument used in warping thread for weaving, a scoop or ladle.

কাৰ্হি, *v.* এক পাত্রৰ পৰা আন পাত্রলৈ নিয়া, বলেৰে আঁজোৰ মাৰি অনা, to lade out from one dish to another, to take by force, to take; when preceded by সৈ, to own, to confess.

কাল, *s.* সময়, ৰিতু, মৰন, time, the seasons, the time of death.

কালক্রম, *s.* গতিকে, সময় বিসেস, order of time, in process of time.

কালখ্যান, *s.* বিসমখ্যান, জোগিনিৰ দিস্টি পৰা কাল, an unpropitious time, a time of evil omen.

কালচক্র, *s.* কাল ৰূপ চকা, সময়ৰ গতি, revolution of the seasons.

কালজিৰা, *s.* সুগন্ধি, সৰু সৰু কলা গুটি এবিধ, a small aromatic seed.

কাল নিয়াই, *v.* দিন বা সময় খেদোআ, আয়ুস চুকুউআ, to spend time.

কাল্পনিক, *a.* মিচা, সজা, অৱৰূপ, feigned, fictitious, imaginary, forged.

কালমুর্ত্তি, } *a.* দেখিবলৈ ভই লগা, ভয়ানক মুর্ত্তি, terrible, terrific, awful.
কালৰূপ, }

কালসত্রু, *s.* প্রধান সত্রু, অজাত সত্রু, মৰা বা দুস্ট পুত্র, a deadly enemy, also applied to a son who has by misconduct or untimely death disappointed the hopes of his parents.

কাল সর্প, *s.* কাল সাপ, বিসাল সাপ, the black and most poisonous species of the cobra de capello.

কালাগ্নি, *s.* প্রলয়াগ্নি, কালৰূপ জুই, the final and universal conflagration of the world.

কালান্তক, *s.* মৰন, জম ৰজা, death, *Jom* the fabled regent of death.

কালি, *s.* জোআ দিন, মহি, গোঁসানি, পেঁপা বিসেস, yesterday, ink, the goddess Kali, a kind of wind instrument.

কালিয়ন, *s.* মুল্য পাচে দিবলৈ অনা দ্রব্য, ধাৰ, the buying on credit.

কালিকা, *s.* কালি গোসানি, হাতি মহ আদিৰ খেতৰ, the goddess Kali the imaginary guardian divinity of wild beasts.

কালিন, *a.* কালত হোআ, of a particular time.

কালিহি, *a.* অলপ অলপ পহৰ হৈ অহা, a little, growing a little light, applied to the early morning.

কাবৈ, *s.* মাচ এবিধ, a species of fish.

কাষ্ঠ, *s.* কাঠ, খৰি, wood, timber.

কাস, *s.* কোস, কাখ, দাঁতি, the side, edge, border.

কাসি, *s.* তির্থ খেত্র বিসেস, বানাৰচ্, সিৱপুৰি, the city of Benares.

কাস্যপ, *s.* মুনি এজন, গোত্র বিসেস, the name of a former sage, also of a noted family.

কাহ, *s.* কঁহুৰ বেদনা, কঁফ, a cough.

কাহানি, *ad.* কেতিয়া, কোন দিনা, when? on what day?

কাহিনি, *s.* চিদ্র, অগৰ, কাৰন, evil report, a story, cause of an evil.

কি, *pron.* সোধা মাত, interrogative: what? when doubled (কি—কি) it has the force of either—or? whether—or? which?

কিঐ, *ad.* কি হল, কি কৈচা, what is the matter? what do you say?

কিঙ্কৰ, *s.* দাস, বন্দি, সেৱক, ভৃত্য, a servant, a slave, a worshipper.

কিঙ্কিনি, *s.* ঘুগুৰা আদি সৰু ঘণ্টা, a small bell, a girdle of small bells, any tinkling ornament.

কিচকিচাই, *v.* বিজবিজাই, ধূলি বালি গাত লাগি বেয়া লগা, to feel the disagreeable sensation caused by dust and perspiration.

কিচ্কিচনি, *s.* ঘামত গা খজুউআ, বিজবিজনি, an itching sensation from dust and heat.

কিচ্মিচ্, *s.* দ্রাক্ষা, সুকান পনিয়ল বিসেস, a raisin, a dried grape.

কিচু, } *a.* অলপ, তাকৰ, কিঞ্চিত, a little, a few, a small quantity.
কিচুমান, }

কিচুতে, *ad.* অলপেত, shortly, in a little while, narrowly, applied to an escape from danger.

কিঞ্চিত, *a.* কিচু, অলপ, a very little.

কিট, *s.* পোক, an insect, a worm, a maggot.

কিট্কিট্কৰে, *ad.* অতি কঁলা বা টান, very hard or very black.

কিট্কিটিয়া, *a.* খিংখিঙিয়া, কেটকেটিয়া, tearing, petulant, querulous.

কিটিপ, *s.* গোপন কল, কৌসল, a puzzle, a secret, a device, a snare.

কিটিৰ, *s.* লাহেকৈ ঠেকা লগা, লাহেকৈ কামোৰা, the noise of a gentle knock, a slight bite or sting; *ad.* slightly.

কিতাপ, *s.* পুস্তক, বহি, পুথি, a book, a volume.

কিন্কিননি, *s.* অলপ অলপকৈ বৰখুন পৰা, বা গুনা আদি বজাৰ সব্দ, the sound of a gentle dropping of rain or water, the twang of a stringed instrument.

কিন্কিনিয়া, *a.* বৰখুন থিৰ্থিৰোআ, drizzling, falling in very small drops.

কিনা, *a.* ধন দি লোআ, purchased, bought; *s.* the act of buying.

কিনি, *v.* মুল্য দি, ক্রই কৰি, to buy, to purchase.

কিন্তু, *conj.* তথাচ, কিয়নো, তাত বাজে, but, moreover, furthermore.

..ৰ, *s.* স্বৰ্গগায়ক, a kind of fabulous beings with horses heads on a human figure, celestial choristers or musicians.

কিৰা, *a.* নজনা কথা, নেদেখা বস্তু, something unseen or unknown.

কিৰাকিৰি, *n.* ইসি, নানা বিধ নেদেখা বস্তু, অমুলক, this and that, various things of little value, something or other.

কিমান, *pron.* কেতেক, কেইটামান, পৰিমান বা সংখ্যা সোধা, how many? how much? how large? what price?

কিয়, *ad.* কেলেই, কিকাৰন, why? for what reason? on what account?

কিয়নো, *conj.* কাৰন, because, for.

কিৰকিৰিয়া, *a.* টান, গা নাইকিয়া, লাহি, hard, not friable, (as applied to soil;) stinted in growth.

কিৰন, *s.* ৰস্মি, প্ৰকাস, দিপ্তি, a ray of light, a sunbeam, refulgence.

কিৰাঙ্গ, *s.* ৰঙ্গ, ধেমালি, আনন্দ, sport, pastime, play.

কিৰাট, *s.* ম্লেচ লোক, অসভ্য জাতি, কচাৰি জাতি, a savage, generally applied to the Cachari race.

কিৰিঙ্গা, *s.* মগনা হাঁতি, সৰু জাতৰ দঁতাল হাঁতি, a species of small elephant.

কিৰিচ, *s.* জোঙ্গাল খড়্গ এবিধ, a small pointed sword, a dagger.

কিৰিটি, } *s.* মুকুট, মুৰৰ ভুসন, a crown, a diadem, a tiara.
কিৰিট, }

কিৰ্কিৰিয়া, *a.* গানাইকিয়া, লাহি, slender, thin, small.

কিৰিলি মৰা, *s.* বৰকৈ হাই দিয়া বা হাঁহি উঠা, a scream or loud laughter.

কিৰ্ত্তন, *s.* প্ৰচাৰ কৰা, গুন বৰ্নোআ, শ্ৰী সঙ্কৰে কৰা পুথি এখন, the act of singing the praises of any one, celebrating, chanting, proclaiming, preaching; the name of a shaster written by Shree *Hongkor* the founder of the *Maha Puruhia* sect.

কিৰ্ত্তনিয়া, *s.* কিৰ্ত্তন গোআ, a singer, a proclaimer, one who reads or chants the *Kirton.*

কিৰ্ত্তি, *s.* সুখ্যাতি, জসস্যা, খ্যাতি, renown, celebrity, fame.

কিৰ্ত্তিকা, *s.* নক্ষত্ৰ বিসেস, the name of a star.

কিৰ্ত্তিম, *a.* মিচা, ভাঁজ দিয়া আভুআ ভঁৰা, fictitious, false, counterfeit.

কিৰ্ত্তিমন্ত, *a.* জসস্যাৱন্ত, খ্যাতিমন্ত প্ৰসংসিত, renowned, illustrious.

কিৰ্ত্তিমালি, *a.* ভাণ্ডনা কৰা, এপাহ মৰা, আভুআ ভঁৰা, deceitful, counterfeit; *s.* deceiving counterfeiting, imposing upon.

কিৰ্পিন, *s.* কিৰ্পন, কৰাইচ, দিব খাব নোআৰা, penuriousness, closeness.

কিৰ্পিনালি, *a.* কৰাইচালি, কিৰ্পনালি, stingy, miserly, parsimonious.

কিল, *s.* কিলাকুঁটিৰে মৰা, a blow given with the elbow.

কিল্‌কিল কৰে, *ad.* সিলসিলিয়াকৈ বৰ্হা, পানিৰ বেগৰ সব্দ, rapidly growing up tall and slim, flowing with a rippling sound.

কিল্‌কিলাই, *v.* পানিএ কিল্‌কিল সব্দ কৰা, to flow with a rippling noise.

কিলাই, *v.* প্ৰহাৰ কৰি, কিল মাৰি, to beat, to strike with the elbow.

কিলাকিলি, *s.* মৰা মৰি কৰা, pugilism, striking back and forth.

কিলাকুঁটি, *s.* বাহুৰ মাজ গাঁঠি, the elbow.

কিলাকুঁটিয়া, *a.* চুকিয়া, চুক বৰ্হা, বেঁকা, elbow shaped, angular.

কিস্তি, *s.* দৰব পিহা পটা, ধন দিয়াৰ নিয়মিত কাল, a stone mortar, an instalment, money due at a particular time.

কিহেতু, *ad.* কি কাৰন, কি নিমিত্তে, কেলেই, for what reason?

কু, *prefix.* কুচিত, বেয়া, অধম, bad, mean, contemptible.

কুঅভিলাস, *s.* বেয়া মন, মন্দ বাঞ্চা, evil inclination, wicked desire, lust.

কুআচৰন, } কুআচাৰ, } *s.* বেয়া আচাৰ, দুষ্ট আচাৰ, অধৰম, wickedness, evil conduct, bad practices.

কুঁঅৰি, *s.* ৰানি, ৰজাৰ ঘৈনি, পটেশ্বৰি, a queen, a king's consort.

কুঁঅলি, *s.* অন্ধকাৰ কৰি পৰা নিয়ৰ, a mist, a fog, haze.

কুঁআকুঁই, *a.* ধুঁআধুঁই, ধুঁঅলি কুঁঅলি, smoky, hazy, foggy.

কুঁচি, *v.* কোঁচখাই জোআ, পাচ হোঁহোঁকা মৰা, to shrink, to contract, to shrink back, turn back as in sudden fright.

কুঁচিয়া, *s.* সৰ্পাকাৰ জল জন্তু এবিধ; an eel.

কুঁজ, *s.* উঠঙা পিঠি, a hump, a curvature of the spine, hump-back.

কুঁজা, *a.* কুঁজ থকা, উঠঙা পিঠিয়া, চাপৰি কুৰা মানুহ, curved, crooked, hump-backed, bowed over.

কুঁজা কেলা, *a.* পোকে বিন্ধি বেঁকা কৰা গুটি, fruit deformed by the boring of insects.

কুঁজি থেকেৰা, *s.* টেঙা এবিধ, কুঁই থেকেৰা, a species of acid fruit.

কুঁআ, *a.* পানিত মাচ আদি গেলি গোন্ধোআ, পানি পিয়া, rotten, putrid, applied to stagnant water, or animals thrown into the water.

কুঁৱৈ লতা, *s.* লতা এবিধ, a species of creeping plant.

কঁহকুঁহিয়া জৰ, *s.* অলপিয়া জৰ, পানি লগা জৰ, a slight fever occasioned by taking cold.

কুঁহি, *s.* কোমল পাত, মঞ্জৰি, কোঁহ, a young tender leaf.

কুঁহিয়াৰ, *s.* ইখু, গুৰ চেনিৰ গচ, sugar cane.

কুঁহিলা, *s.* পানিত হোআ বন এবিধ, a species of plant that grows in marshy places and from which mats are made.

কুঁছলিয়াই, *v.* কুহকিয়াই, কুচুলিয়াই, to deceive, to lure, to inveigle.

কুকথা, *s.* বেয়া কথা বা কৰম, a bad word or action.

কুকৰম, *s.* কুকৰ্ম, কুআচাৰন, বেয়া কাম, evil doing, wickedness, vice.

কুকৰ্মি, *a.* দুৰ্কৰ্মা, হৰাকৰম কৰা লোক, wicked, profligate, dissolute.

কুকলঙ্ক, *s.* দুৰ্নাম, অপজস, বদনাম, obloquy, infamy, disgrace.

কুকাম, } *s.* কুচিত কাম, অকাজ, an evil deed, viciousness.
কুকাৰ্জ, }

কুকামনা, *s.* কুঅভিলাস, বেয়া বাঞ্ছা, কুইচা, evil desire, lust.

কুকি, *s.* এবিধ পৰ্বতিয়া জাতি, বাঁহৰ ফুল তোলা পাত্র, পৰ্বতিয়া লোকৰ হোৰা, a mountain tribe of north Cachar Assam; a basket used by hill people for carrying burdens on the back, a small flower basket.

কুকিল, *s.* কুলি চৰাই, the Indian black cuckoo.

কুকুৰ, *s.* পোহমিয়া জন্তু বিসেস, বেৰৰ বেবেটা ধৰা খুঁটি, a dog, a stake used in fastening the bottom of a partition.

কুকুৰসুতা, *s.* গচ এবিধ, a species of tree.

কুকুৰা, *s.* পক্ষি বিসেস, a gallinaceous fowl, a hen, a cock.

কুকুৰিকনা, *s.* গধুলি কনা, a temporary blindness at evening.

কুকুৰিকাম, *a.* দেখিবলৈকে নোহোৱা, not to be seen, found or obtained.

কুকুৰিবাহি, *s.* ঘন পোঁআতি, টুনি চৰাই আদিৰ জাক, frequently bearing young, a flock of small birds.

কুকুহা, *s.* পক্ষি বিসেস, খেৰৰ জুই উৰি জোআ, a species of small bird, bits of burning grass carried about by the wind.

কুখ্যাতি, *s.* কুজস, অখ্যাতি, দুৰ্নাম উঠা, dishonor, infamy, evil report.

কুগতি, *s.* দুখত পৰা, দুৰ্গতি, কুআচৰন, calamity, distress, misery, the coming to a bad end, evil conduct, wickedness.

কুঘ্রান, *s.* বেয়া গোন্ধ, দুৰ্গন্ধ, an offensive smell or odour, stench.

কুচ্‌কুচ্‌, *s.* খজুৱতি, খৰফৰ, an itching, restlessness, uneasiness.

কুচ্‌কুচিয়া, *a.* সাঁতিৰে নথকা restless, uneasy.

কুচি, *s.* সুতা তাহোনিয়া জন্ত্র, এবিধ বন গচ, a brush used by weavers to size a web in the loom, a jungle plant.

কুচিত, *a.* বেয়া, মন্দ, কুৰূপ, evil, bad, abominable, ugly, deformed.

কুজাত, *s.* বেয়া জাত, আগুজাত, a low caste, a bad sort or species.

কুজাতৰিয়া, *a.* অজাতি, দুষ্ট, বেয়া বিধৰ, base-born, inferior, bad.

কুট, *s.* পুথিৰ সাৰিৰ মাজত থোআৰ চিন, (. ।) a mark of punctuation.

কুটকুটনি, *s.* হাত ভৰিৰ জোৰাৰ সিৰত কামোৰা, a pain in the joints.

কুটকুটিয়া, *a.* খুটখুটিয়া, দন্দ লগাই থকা, quarrelsome, contentious.

কুটকুৰা, *a.* কুটুলা, ৰোম্বোৰা, short, dwarfed, stinted.

কুটনা, *s.* ভাঙ কুটা গৰ, a block on which *bhang* is cut.

কুটনাট, *s.* টাটক নাটক, কাঁকি, লগোআ ভজোআ, a mischief maker.

কুটনি, *s.* লগনিয়া, টুটকিয়া, মাচ এবিধ, চিন দিয়া মাৰি, a tale bearer, a whisperer, an instrument for ruling lines, a species of fish.

কুটসাল, *s.* অজিনপাতকি, জিনজাব নোঅৰা, লোকে দেখিব নোঅৰা, one who stirs up strife or is always at variance with others; *a.* odious, hateful, offensive to the sight.

কুটস্থালি, *s.* টুটকালি, নাৰদালি, a tale bearer, *Narad*-like.

কুটা, *s.* চিগা খেৰ, সৰুকৈ কটা, a bit of straw, a small bit of anything; *a.* cut into small pieces, chopped.

কুটাচিঙ্গা, *s.* সমস্ত চিঙ্গা, নিচইকৈ এৰা, (*lit.*) the breaking in two of a bit of straw, *i. e.* complete separation, sundering, parting.

কুটি, *v.* সৰু সৰুকৈ কাটি, হাঁহি উঠা, বা অৰ্থ বুজিব নোঅৰা কথা, হাতৰ আঙুলি নাইকিয়া তিৰি, নাঙ্গলৰ মুঠি, to cut into small pieces; *s.* a ludicrous story, a woman without fingers, the tip end of a plough handle.

কুটি কথা, *s.* ধেমেলিয়া কথা, a ludicrous story or narrative.

কুটিল, *a.* কুচুটিয়া, কপটি, সৰল নাহোআ, বেঁকা, insincere, hypocritical, disingenuous, insidious.

কুটুম, *s.* মিত্তিৰ, সগা ভগা, a relative, a family, a kinsman, a connexion.

কুটুলা, *a.* কুটকুৰা, চুঁটি, short.

কুটুহ, *s.* কেটেৰা মাত, ইহ্, gruffness, sharp retort.

কুঠ, *s.* কুষ্ঠ ৰোগ, পখৰা ৰোগ, the leprosy.

কুঠৰি, *s.* খোঁটালি, কোঠা, an apartment, a room.

কুঠাৰ, *s.* কটা ফলা অস্ত্ৰ বিসেস, পৰসু, an axe, a battle axe.

কুঠি, *s.* চাহ আদি মাৰি খোআ ঠাই, গোলা ঘৰ, a factory, a shop, a house of merchandise.

কুঠিয়া, *a.* কুঠ ৰুগিয়া, a leper; *a.* leprous.

কুঠুনি, *s.* কুঠ ৰুগিয়া তিৰি, বুৰি মানুহক গালি পৰা মাত, a leprous woman, a term of abuse meaning indolent, torpid, inactive.

কুণ্ড, *s.* জগ্য জুইৰ গাল, গাঁত, a pit, a sacrificial pit, a pool.

কুণ্ডল, *s.* কঁৰিয়া, কানৰ ভুসন, an ear ring.

কুচিত, *a.* নিন্দিত, বেয়া, অসুৱনি, low, mean, ugly, uncomely, deformed, evil, despicable.

কুতর্ক, *s* মন্দ বিচাৰ, অন্যাই বাদানুবাদ, false reasoning, unsound argument.

কুতুহল, *s.* আনন্দ, ধেমালি, play, sport, pastime.

কুদর্সন, *s.* অসুভ দর্সন, an evil appearance, the sight of an evil omen.

কুদ্রিষ্টি, *s.* বেয়াকৈ চোআ, দেখিব নোঅৰা, বেয়াকৈ চোআ, imperfect vision, an evil look or desire, a look of disfavour or aversion.

কুনকি, *s.* চিকাৰি মাইকি হাঁতি, মাখুন্দি হাঁতি, a female decoy elephant.

কুন্‌কুন, *s.* সৰু সব্দ, a low suppressed sound as of crying or singing, the twang or vibrating sound of a stringed instrument.

কুন্‌কুনাই, *v.* গুনগুনাই, মনে মনে কন্দা বা গোআ, to utter a low suppressed or humming sound.

কুনাম, *s.* দুর্নাম, বেয়া নাম, a bad name, disrepute.

কুনিতি, *s.* মন্দ ৰিতি, বেয়া আচৰন, low or perverted morals.

কুন্তি, *s.* পাণ্ডু ৰজাৰ ভার্জ্যা, the wife of king Pandoo.

কুন্দ, *s.* ফুল এবিধ, a species of flower.

কুন্দমালতি, *s.* এবিধ বগা ফুল, the Indian jessamine.

কুন্দসাল, *s.* কাঠ কুন্দা জন্ত্র, a turner's lathe.

কুন্দা, *s.* নিগনি আদি ধৰা জন্ত্র, অপৰাধি মানুহৰ হাত ভৰি সুমাই কইদ কৰা বিন্ধা দিয়া কাঠ, a trap, stocks for confining criminals.

কুন্দাৰ, *s.* কুন্দৰ কাম কৰোঁতা, a turner.

কুন্দুআ, *a.* কুন্দেৰে চঁচা, সমান কৰা, turned; *s.* the act of turning.

কুপ্চ, *a.* আগর্হি, কুচিত, বেয়া, ঘিনিত, repulsive, disgusting, hateful.

কুন্থি, *s.* নাৱৰ খোটালি, a portion of a boat between two cross beams, a room in a boat.

কুপ, *s.* নাদ, দ গাঁত, a well, a reservoir of water.

কুপর্কিতি, *s.* দুস্ট স্বভাও, বেয়া আচৰন, evil disposition or conduct.

কুপা, *s.* চপি, তেল থোআ সৰু পাত্র, a joint of bamboo or any small vessel for holding oil.

কুপিত, *a.* ক্রোধিত, খঙাল, angry, wrathful, enraged, provoked.

কুপুত্র, *s.* অগিয়ান বা দুস্ট পুত্র, বেয়া লৰা, a wicked or undutiful son.

কুপুৰুস, *s.* বেয়া স্বভাৱেৰে মানুহ, an evil minded person.

কুবচন, *s.* নিন্দা বচন, গালি, abuse, obscenity, scurrillity.

কুবাট, *s.* আওবাট বিপথ, a wrong way, evil conduct.

কুবাসনা, *s.* বিপদ, দুর্দসা, ill fate, adversity, misfortune.

কুবিওআ, *s.* অস্ত্রেৰে কোব মৰা, আচাৰিৰে মৰা, the act of striking a blow with a stick or some instrument; *a.* struck, smitten.

কুবুধি, *s.* বেয়া বুধি, কুআলচ, a perverted understanding, bad advice.

কুবেৰ, *s.* ধনৰ অধিপতি দেৱতা, the Indian Plutus or god of wealth.

কুবেৱহাৰ, *s.* কুপ্রবর্ত্তন, দুষ্ট আচাৰ, evil conduct, wickedness, vice.

কুভাবনা, *s.* কুমতি, কুচিন্তা, evil thoughts, wicked desires.

কুম, *s.* কঁপালৰ ওপৰ ভাগ, ঘৰৰ মুধ আৰু পানি পাচৰ মাজ ভাগ, the frontal lobes of the forehead, the portion of a roof midway between the ridge-pole and the eaves.

কুম্‌কুম, *s.* গন্ধ দ্ৰব্য, অকণ্টকা সুখ, a fragrant substance, ease, with কৰে livng free from anxiety or trouble.

কুমটি, *s.* গালেৰে মাটি খনা কিট এবিধ, the name of an insect.

কুমটিয়া, *s.* হাতৰ তলুআৰ ব্যাধি বিসেস, a disease in the palms of the hands.

কুমতি, } *s.* দুৰ্বুধি, বেয়া মন, কুগ্যান, evil desire, evil inclinations,
কুমন, } a wicked mind, an evil heart.

কুমন্ত্রনা, *s.* দুৰ্মন্ত্ৰনা, বেয়া বুধি, চল, evil advice, conspiracy, intrigue.

কুমন্ত্রি, *s.* দুস্ট মন্ত্রি, an evil adviser, an intriguer.

কুমৰ, *s.* ৰাজ পুত্ৰ, কোঁঅৰ, a prince, the king's son.

কুমৰ খুঁটা, *s.* মাজ পাচৰ খুঁটা, the post midway between the ridge pole and eaves of a house.

কুমৰধনি, *s.* অনেকট গোট খাই ধেমালি কৰি হাই কৰা, an uproar, the tumult of a multitude assembled on any joyful occasion.

কুমলি, *v.* পানিত তিতি, কোমল কৰি, to soften by soaking in water.

কুমলিয়া, *a.* সৰু, কোমল, আপঁইতা, young, tender, soft, immature.

কুমাৰ, *s.* লৰা, কুম্ভকাৰ, a small child, a potter.

কুমাৰসম্ভৱ, *s.* কালিদাসে লিখা কাব্য এখন, a poem written by Kalidas.

কুমাৰনি, *s.* কুমাৰৰ তিৰি, এবিধ পোক, a potter's wife, a species of insect resembling a wasp.

কুমাৰ মাটি, *s.* চক্ৰ গৰ্হা মাটি, potter's clay.

কুমাৰি, *s.* বিয়া নিদিয়া বা সান্তি বিয়া নোহোআ চোআলি, a virgin, a young girl.

কুম্পাচ, *s.* কম্পাচ্, দিসবিদিস নিৰোপন কৰা জন্ত্ৰ, a compass.

কুম্পানি, *s.* বেহেৰুআৰ সমাজ, এস সৈন্যৰ লেখ, a firm, persons united for trade, a division of a regiment of soldiers.

কুম্ভ, *s.* কলহ, কুম, একাদস ৰাসি, an earthern water-jar, the sign Aquarias.

কুম্ভকাৰ, *s.* কুমাৰ, চক্ৰ গৰ্হা, a potter.

কুম্ভিপাক, *s.* নৰক বিসেস, one of the hells of hindoo mythology.

কুম্ভিৰ, *s.* ঘঁৰিয়াল বিসেস, an alligator, a crocodile.
কুৰকুৰিয়া, *s.* ক্ষুদ্ৰ এবিধ, a species of bird.
কুৰমুৰা, *s.* তাঁতৰ খুঁটি, a post of a native loom.
কুৰল, *s.* পল জাপি আদিৰ বাওলি, ফুল এবিধ, a splint of bamboo bound on the edge of any braided work, a species of flower.
কুৰা, *s.* জাঁঠিৰ নাল, একোচা, the shaft or handle of a spear, a small bundle of fire wood, জুইকুৰা, a lighted bundle.
কুৰাও, *s.* সুনিবলৈ বেয়া বাও, any disagreeable sound.
কুৰি, *s.* বিংসতি, কোঁৰেৰে খানি, twenty; *v.* to hoe, to dig with a hoe.
কুৰিতি, *s.* কুনিতি, দুৰাচাৰ, a bad custom, an evil habit.
কুৰিয়া, *a.* কণিয়া, ভাগত একুৰি থকা, কুৰি টকালৈ পোআ, having a chronic disease, a twentieth part, worth twenty rupees.
কুৰুআ, *s.* এবিধ মাচ ধৰা চৰাই, উজনিয়া বতাহ, a species of fish bird, a wind that blows up stream.
কুৰুআবাহি, *s.* এখন সত্ৰৰ নাম, the name of one of the leading hindoo religious establishments of Assam.
কুচকি কুৰুকি, *v.* কাপৰ আদিৰ ভিতৰত হেঁচি হেঁচি সোমোআ, to nestle close to another.
কুৰুখেত্ৰ, *s.* কুৰুপাণ্ডৱৰ ৰনৰ থলি, the famous battle field of Kooroo Pandoo.
কুৰুচ্ কুৰুচ, *s.* পেটৰ বুকৰ অলপ কামোৰনি, a slight pain in the breast or bowels.
কুৰুচা, *s.* কুৰুচিয়া, কাঁচি দৈ, milk slightly curdled; *a.* curdled.
কুৰুপ, *a.* বেয়া ৰুপ, আগৰ্হি, কুচিত, uncomely, deformed, ill favoured.
কুৰুলি, *s.* এবিধ বাদ্য, ফেঁচাৰ মাত, an instrument of music, the screech of an owl.
কুচুটি, *s.* কপট, চল, অহিত কথা, craft, cunning, intrigue, hypocrisy.
কুচুটিয়া, *a.* কপটিয়া চলবাজি, হিংসক, crafty, cunning, deceitful.
কুৰ্তা, *s.* চোলা এবিধ, a loose native jacket.
কুবুধিয়া, *a.* দুবুধিয়া, বেয়া বুঁধি দিওঁতা, stupid, crafty, subtle; *s.* a bad adviser, rogue.
কুৰ্ম, *s.* কাচ, কচ্ছপ, a tortoise.
কুৰ্মঅৱতাৰ, *s.* বিষ্ণুৰ দস অৱতাৰৰ দুতিয় অৱতাৰ, the second of the ten incarnations of Vishnoo in the shape of a turtle.
কুৰ্হি, *s.* এক মাচৰ নাম, a species of fish.
কুল, *s.* গোত্ৰ, জাত, বংস, family, race, tribe, lineage, caste.

কুলকর্ম্ম, *s.* জাতি ধৰ্ম্ম, কুল ক্রিয়া, the religious rites and observances peculiar to any particular caste.

কুল্কুলিয়াই, *v.* মুখত পানি লৈ খোআ, to gargle.

কুলখ্যান, *s.* দুৰ্লখ্যন, বেয়া চিন, কুলক্ষণ, an evil omen or sign; *a.* inauspicious, unlucky, ominous.

কুলখ্যানিয়া, *a.* বেয়া লখ্যনৰ মানুহ, হুতাসিন, ominous of evil.

কুল দেৱতা, *s.* ইষ্ট দেৱতা, the tutelar deity of a particular caste.

কুলিয়া, *a.* সজ কুলিয়া, of good lineage or descent, of good family.

কুলসিল, *s.* নিজ কুলৰ ধৰ্ম্মত থকা, কুলৰ সজ আচাৰি, conduct by which the honor of a tribe, family or class is advanced.

কুলা, *s.* ধান চাউল জৰা পাত্ৰ, সাপৰ ফেঁট, a fan for winnowing grain, the hood of a snake.

কুলাঙ্গাৰ, *s.* কুলাধম, বংসৰ মাজত নিন্দিত, conduct contrary to the rules of caste, a term of abuse.

কুলাচল, *s.* এক অসুৰৰ নাম, এটা পৰ্ব্বতৰ নাম, the name of a powerful demon, name of a mountain.

কুলাচাৰ, *s.* কৌলিক আচাৰ, কুলধৰ্ম্ম, the customs of a caste or family.

কুলাধম, *s.* বংসৰ মধ্যত অধম, one contemptable among his people.

কুলি, *s.* এবিধ কলা চৰাই, হুলুআ, the Indian cuckoo, a coolie.

কুলিন, *a.* উত্তম বংস জাত, of high descent, noble, honorable, of a good family, belonging to the highest caste of Brahmuns.

কুলিয়া, *a.* জাত সম্বন্ধিয়া, জতিয়া, relating to caste.

কুস, *s.* হিন্দু মতে সাত দিপৰ এক দিপ, ৰামৰ এক পুত্ৰ, জগ্যত লগা এবিধ তিন, one of the seven hindoo continents, name of one of the sons of Ram, a species of sacred grass used in religious ceremonies and sacrifices.

কুসল, *s.* কৈল্যান, সুখ, মঙ্গল, নিৰাপদ, happiness, welfare, safety, good fortune, prosperity.

কুসলি, *a.* কঁপালি, ভাগ্যৱান, সুখি, prosperous, happy, fortunate, lucky.

কুসাৰি, *a.* বিতুষ্ট, বেয়া লগা, আসঙ্কা, ক্রোধ, displeased, dissatisfied, discontented, reluctant, piqued, unwilling.

কুসাসন, *s.* কুসবনৰ আসন, a mat made of the *kuh* or sacred grass.

কুসাহ, *s.* মন্দ সাহ, আপদ ঘটনালৈ ভই ন কৰা, audacity, impudence, boldness, presumption.

কুসাহিয়াল, *a.* দুসাহসি, ভই নকৰা, audacious, presumptious.

কুসি, *s.* সৰু কোসা, a spoon shaped vessel used in religious ceremonies.

কুস্বভাৱ, *s.* দুৰ্মতি, বেয়া মন, কুমন, an evil disposition, a corrupt nature, depravity.

কুহু, *s.* কুলিৰ মাত, কুকু, the note of the Kuli or Indian cuckoo.

কুঁহুম, *s.* কণিৰ মাজত থকা হালধিয়া ভাগ, ফুল এবিধ, the yolk of an egg, the saffron flower.

কুহুম বুলিয়া, *s.* কুহুম ফুলেৰে বোলোআ, the colour of the saffron flower.

কুহুমিয়া, *a.* অলপ তপত, warm, tepid.

কুহুৰকুহুৰ, *s.* ঘনে কহাৰ সব্দ, the noise of prolonged coughing.

কেইটা, *a.* লেখত কিমান, কেই জন, how many.

কেইবাটাও, *a.* অনেকটি, several persons or things.

কেঁউ কেঁউ, *s.* কেংকেং, কুকুৰৰ মাত, the yelping of a dog.

কেউটিয়া ঢোঁৰা, *s.* ঢোৰা সাপ, a species of snake.

কেঁও, *s.* কুঁহি, কোনো, a tender leaf or shoot; *pron.* any body, (with a negative) no one, nobody.

কেঁকনি, *s.* দুখৰ মাত, নৰিয়াত কেঁকোআ মাত, নেথনি, a groan.

কেঁকাই,
কেঁকাই গোঁথাই, } *v.* কেঁকনি ধৰা, নেথাই, to groan, to moan, to grunt.

কেঁকুৰি, *a.* কুঁচি থকা, বেঁক, সঙ্কোচিত, bent, bowed, curved.

কেঁকোআ, *s.* দুখ বা নৰিয়াৰ মাত, নেথোআ কেঁকনি, a groan, a moan.

কেঁকোজেঁকো, *ad.* জেনতেনকৈ, কোনো প্ৰকাৰে ভাৰ অনা, barely, after some sort or manner, at the utmost stretch of one's strength.

কেঁকোৰা, *a.* বেঁকা, ভাঁজ লোআ, কৰ্কট, নাৱৰ বাৰত দিয়া, বাঁহৰ চুঙ্গা, crooked, bent; *s.* a crab, a joint of bamboo attached to the sides of small boats to support the covers or roof.

কেঁকোঁৰাই, *v.* কোঁচাই, তিৰ খুআই, to curve, to bend.

কেঁকোৰা কেঁকুৰি, *a.* ভেঙ্গুৰিয়া, বেঁকাবেকি, curved, crooked, bent.

কেঁকোৰা দোলা, *s.* অসম ৰজাৰ দোলা, বেঁকোৰা মাৰিৰে দোলা, a royal sedan used only by the kings of Assam.

কেঁকোৰা বিচা, *s.* এবিধ বিচা, a poisonous reptile, the scorpion.

কেঁচ, *s.* বিহাত কতিয়া আক্ৰিতিৰে দিয়া ফুল, বেঁকা ফুল, oblique stripes in the border of a cloth.

কেঁচা, *a.* নপকা, নিসিজা, অবিবেচক, unripe, raw, uncultivated, stupid.

কেঁচাই খাতি, *s.* কালি দেবিৰ এক নাম, a name of the Goddess Kali.

কেঁচাই খোআ, *s.* কেঁচাই খাব পৰা বস্তু, খঙ্গত বলিয়া হোআ, anything that may be eaten raw or unripe; *a.* of ungovernable temper.

কেঁচাসাল, *a.* অবিবেচক মানুহ, বুজালেও নুবুজা, obstinate, self-willed, one who refuses to listen to others.

কেঁচি, *s.* কেঁচা বৰন, কাতি, a colour, a pair of shears or scissors.

কেঁচিয়া, *a.* দুই চুক হেঁকেৰা, কতিয়া, out of square, oblique, slanting.

কেঁচু, *s.* ভুমি লতা, মাটিত থকা দিঘল পোক এবিধ, the earth worm.

কেঁচুআ, *s.* পিয়াহ খোআ লৰা চোআলি, a babe, an infant.

কেঁচুমটী, *s.* কেঁচুএ তোলা মাটি, mud thrown up by the earth worm.

কেঁচুমুৰিয়া, *s.* অর্সৰোগ বিসেস, the piles or hemorrhoids.

কেঁচুসাপ, *s.* কেঁচুৰ নিচিনা এবিধ সাপ, মাটিসাপ, a species of snake resembling the ground worm.

কেঁচেলুআ, *a.* এধাপকা, এধাসিজা, half-ripe, half-cooked.

কেঁতুকুৰি, *s.* চেৰেপা, দামদুম, a species of flying insect.

কেঁতুৰি, *s.* হালধিৰ নিচিনা গচ এবিধ, a species of tree of light yellow colour.

কেঁতুৰিয়া, *a.* অলপ হালধিয়া বৰন, light yellow.

কেঁয়া, *s.* পাতত কাঁইট থকা গচ এবিধ, সদাগৰ, মাৰোআৰি দেসৰ বেপাৰি, a species of prickly shrub, a Marwari trader.

কেঁয়াবন, *s.* সিপাত আলু থকা বন এবিধ, a species of coarse grass.

কেঁৰা, *a.* বেঁকা, এফলিয়া, কাতি, aslant, sloping, oblique, one sided.

কেঁৰাকেঁৰি, *a.* বেঁকাবেঁকি, পকোআপকি, turning this way and that, glancing to and fro.

কেঁৰাচকু, *s.* বেঁকা চকু, এফলিয়া চকু, squint eye, squinting.

কেঁৰাচকুআ, *a.* বেঁকা চকু থকা, এফলিয়া চকুআ, squint eyed.

কেঁৰি টেকেলি, *s.* ডিঙ্গি দিঘলিয়া সৰু টেকেলি, a small long necked earthern jar.

কেঁৰু, *s.* কর্নভুসন, কানৰ অলঙ্কাৰ, an ear ornament.

কেঁহেৰু, *s.* ত্রিন এবিধৰ পমৰ মূল, a species of esculent root.

কেংকেং, *s.* কুকুৰে দুখ পাই চিয়ৰা মাত, the cry of a dog when beaten.

কেচ্‌কেচিয়া, *a.* সদাই কথাৰে খগ্গ কৰি থকা, কিটকিটাই থকা, teasing, vexatious, annoying, troublesome.

কেচেমাকেচেম, *a.* কেঁচা মঙ্গহৰ গোন্ধৰ দৰে, having the smell of raw fish or meat.

কেচেৰ, *s.* কেঁচা গুটি আদি চোবোআৰ সবদ, the noise made by the teeth when eating hard or unripe fruit.

কেচেৰু, *s.* এৰি পলুএ পাত খোআ গচ এবিধ, a species of tree the leaves of which are sometimes used for feeding silk worms.

কেচেলাকেচেল, *s.* কঁকাল লৰাই বেঁকাকৈ খোজ কৰা, the swaying the body as under a heavy load or from diseased limbs.

কেট্‌কেটিয়া, *a.* চোবাই ভাঙিব নোৱৰা টান বস্তু, কটুকৈ মতা, জেকেৰা, hard to break with the teeth, peevish, fretful.

কেট্‌কেটোআ, *s.* খিঙখিঙোআ, খঙেৰে দোস ধৰি থকা, scolding, finding fault.

কেটাইজেঙেৰিয়া, *a.* অলপতে খঙ উঠা মানুহ, কেটেৰিয়া, কেটাইজেৰিয়া, irritable, peevish, cross, fretful, snappish.

কেটেৰজেঙেৰ, *s.* টেঙা মাত, টান মাত, crossness, angry speech.

কেটেৰা মাত, *s.* খঙৰ মাত, a sharp angry way of speaking.

কেটেলা, *a.* হাৰ চাল থকা, lean, thin in flesh.

কেটেলা পহু, *s.* এবিধ জন্তু, a porcupine, a hedgehog.

কেটেহা, *s.* আঁহিয়া গোন্ধোআ, disagreeable odour of animals or of urine or of the body unbathed, any rank smell.

কেতুকেতোআ, *s.* পানি ঘোদালি থকা, পানি বোকা কৰা, the act of roiling or rendering turbid by stirring up the dregs &c.

কেতখনি, *s.* কেতেটি, কেতবোৰ, some, a part, a portion.

কেতসন্ধানে, *ad.* কাচিত, অলপতে, lacking but a little, narrowly, barely.

কেতিয়া, *ad.* কোন সময়ই, কাহানি, when ?

কেতিয়াও, *ad.* কোনো সময়তো, (with a negative) never, at no period.

কেতিয়াবা, *ad.* কাহানিবা, কোনো সময়ত, sometimes, at some time.

কেতু, *s.* নৱ গ্রহৰ সেস গ্রহ, the ninth planet.

কেতুটি, *a.* কেতুবোৰ, কেতখনি, few, a little.

কেতেক, *a.* কিমান, কেতেখনি, how much? how many?

কেতেইকঁঠাল, *s.* মাটি কঁঠাল, the pineapple plant.

কেতেকি, *s.* এবিধ সুগন্ধ ফুল, এবিধ চৰাই, a species of fragrant flower, a bird.

কেতেৰিয়া, *s.* একে কথাকে কৈ থকা, কথা নিচিগা, the reading the same thing over and over, repetition.

কেতো, *a.* কোনো, কেতবোৰ, some.

কেদাৰ, *s.* সিৱৰ থান, তির্থ খেত্ৰ, a shrine of Hiwo.

কেনকেন, *s.* নেৰাকৈ বৰখুন দিয়া, লৰাই ঠেহ লাগি কান্দি থকা, the sound of a constant dropping of rain or crying of a child.

কেন্‌কেনিয়া, *a.* অলপ্‌ অলপকৈ বৰখুন দি থকা, continuous, applied to rain or any continuous sound of dropping.

কেনকেননি, *s.* লৰা চোআলিএ সদাই কান্দি থকা, a continual crying.

কেনা, *s.* পোকে খৰা, মোৰ নলগা, fruit bored by insects, a mistake in weaving or platting.

কেনা লগা, *s.* মোৰ নলগা, কথাত খৌচৰ খোআ, a mistake made in weaving or braiding, so that the proper figure or regular order attempted is not preserved, a mistake in speaking.

কেনি, *a.* কোন পোনে, কোন দিগে, which way?

কেনিও, *a.* এপোনেও, কোনো পোনেও, no way whatever.

কেনিবা, *a.* কোনোবা ফালে, somewhere, in some way.

কেনে, *ad.* কি ৰূপ, কেনেকুৱা, how, in what condition, in what way.

কেনেকৈ, *ad.* কি দৰে, কি ৰূপে, how, by what means.

কেনেবা, *a.* বেয়া লগা, অসোভা, একজেতিয়া, bad, disagreeable.

কেনেবাকৈ, *ad.* কোনো ৰূপে, কোনো উপায়েৰে, somehow, in some way.

কেনেৰিয়া, *a.* মাত সুনিব নোআৰা, কেনকেনাই উঠা, nervous, irritable.

কেন্দাই, *v.* অলপ দুখতে কন্দা, to whimper, to whine.

কেন্দু, *s.* এবিধ গচ, a tree producing a gum used in calking boats.

কেন্দ্ৰ, *s.* চিদ্ৰ, কাহিনি, প্ৰিথিবিৰ বা গোলাকাৰ বস্তুৰ দুই মুৰ, a fault, a stigma, the north and south poles.

কেপ, *s.* পেজ, a two pronged contrivance made of two bamboos, used in raising timbers, or supporting a heavy body.

কেপ্‌কৰা, *s.* ৰজাৰ বহা আসন, *a* নিচ, কেলেহুআ, a cushioned seat, used only by the king and his nobles, a person without house, friends or means of support.

কেপাকানি, *s.* ফটা কানিত লিপি থোআ আফুৰ এঁঠা, a kind of opium.

কেব্‌কেবনি, *s.* সৰহকৈ বলকি থকা, loquacity, idle talk, palaver.

কেব্‌কেবাই, *v.* কবকবাই থকা, বলকি, to talk, to prate, to be loquacious.

কেমটাই, *s.* বনৰো পহু, এবিধ মাচ বাকলিয়া পহু, a species of land animal that has scales like a fish.

কেৰ্‌কেৰ, } *s.* কুঁহিয়াৰ সাল আদিৰ সবদ a creaking sound.
কেৰকেৰ্‌নি, }

কেৰ্‌কেৰিয়া, *a.* টান, কটুৰ, নিৰস, hard, dry, without moisture.

কেৰ্‌জেৰ, *s.* দৰ ভাৱত কম বেচ কৰা, a bantering about the price of anything.

কেৰ্‌মেৰ, *s.* বেঁকাবেঁকি হোআ, সাপ আদিৰ গতি, a tortuous motion, as of a snake.

কেৰামতালি, *a.* দম্ভালি, অবস, boastful, independent, self willed.

কেৰুনিয়া, *a.* কেৰোনে বিন্ধা, চিদ্ৰ থকা, bored by insects, faulty.

কেৰেক, *s.* দুআৰ আদিৰ কেৰ্কেৰিয়া সবদ, a creaking sound.

কেৰেচ, *s.* জোৰাৰ মাজত অকস্মাত বিস উঠা, a pain in the joints, a cramp, a spasmodic affection of some part of the body.

কেৰেচিয়া, *a.* বেঁকা, চলিয়া, টৌৰিয়া, slanting, oblique.

কেৰেচি, *a.* এধা বনৰিয়া, half tamed.

কেৰেয়া, *s.* ভেৰোন, নাও বা ঘৰৰ বেচ, hire, rent.

কেৰেলা, *s.* কেৰোলা, পাচলি বিসেস, a well known vegetable.

কেৰেলুআ, *s.* এস ঠেঙিয়া পোক, a hundred legged worm.

কেৰোন, *s.* কাঠ খোৱা পোক এবিধ, a species of insect, an excrescence on a tree caused by the boring of an insect.

কেলিকেন্দেলি, *s.* ৰঙ্গ ধেমালি, লাহে ধিৰে, sport, play; *ad.* slowly, surely.

কেল্কেলনি, *s.* কাকৰ মাত, আগ গুৰি নোহোআ কথা, বলকনি, the cawing of crows, words without meaning, idle talk.

কেল্ফেদ, *s.* লেতেৰা, কথা কব নজনা, a person of offensive habits; *a.* untidy, unclean, foolish, stupid.

কেলেই, *ad.* কিয়, why? for what reason?

কেলেংখা, *s.* জহ জগৰ, লেঠা, the involving one's self in difficulty.

কেলেস্, } *s.* দুখ, জাতনা, distress, suffering, affliction.
ক্লেস, }

কেলেহুআ, *a.* লোকৰ ঘৰত চাপি থকা, নিজ মাটি ভেঁটি নাইকিয়া মানুহ, indigent, dependent on others.

কেলৈবা, *a.* কি সকামে, কি হেতু, why? wherefore?

কেৱল, *ad.* অকল, মাত্র, only, merely, simply.

কেৱলিয়া, *s.* ডঙ্গুআ ভকত, উদাসিন, an ascetic, a religious recluse, a disciple of shri *Honkor* head of the Mahá Puruhiá sect.

কেৱাৰ, *s.* বন্দিকাম, গেবাৰ, চাকৰ, menial service, any low occupation.

কেৱাৰি, *a.* কটুৰ, সাৰ নাইকিয়া, not mellow or friable, exhausted by cultivation as applied to land.

কেস, *s.* মুৰৰ চুলি, the hair of the head.

কেসবেস, *s.* চুলি ভালকৈ মেলাই ধুন কৰা, a tress of hair, a ringlet.

কেসৰ, *s.* ফুলৰ পাহিৰ মাজৰ মঞ্জৰি, the stamen of a flower.

কেসৰি, *a.* সিংহৰ দৰে গলধনত চুলি থকা, shaggy, having a mane.

কেসৱ, *s.* বিষ্ণু, a name of Vishnoo.

কেহা, *a.* অলপ তিতা, বিবস হৈ বেয়া লগা, astringent, harsh to the taste.

কেহেটা, } *a.* কেহা লগা, astringent, bitterish, harsh tasted.
কেহেটি, }

কেহেলাই, } v. ভৰঙ্গাই, ধুন লগাই, to loiter in doing or obeying.
কেহেলিয়াই, }

কেহেলৈ, *ad.* কোন ঠাইলৈ, কলৈ, whither? to what place?

কৈ, *v.* to say, to speak, to tell, to declare.

কৈতপ, *s.* খঙ, ক্রোধ, কপট, a grudge, secret ill will, hate.

কৈলাস, *s.* সিৱৰ থকা ঠাই, সিৱপুৰি, the fabled abode of Hiwo.

কোঁঅৰ, *s.* কুমৰ, ৰাজ পুত্র, a king's son, a prince.

কোঁচ, *s.* বুকৰ কাপৰ কোঁচাই জোলোঙ্গাৰ দৰে ধৰা, জাত এবিধ, the gathering together of the ends or sides of a shoulder cloth to receive anything, a caste or division of people.

কোঁচ খোআ, *a.* চুঁটি হোআ, shrunken, contracted, drawn together.

কোঁচাই, *v.* কোঁচ খাই, চপাই, to gather in folds, to plait.

কোঁটা, *a.* আঙ্গুলি হিন মানুহ, destitute of fingers.

কোঁঠ, *s.* গৰ বান্ধি সেনা থকা ঠাই, a fort, a fortification.

কোঁহ, } *s.* মৌৰ ৰহ ঘৰা, মাজৰ গুপুত বা কোমল ভাগ, গজালি,
কোঁহা, } honey comb, a fruit or seed in two or more lobes, a tender sprout, a shoot.

কোঁহকাল, *s.* দন্দবাদ, হাই উকমি, কেলেংখা, contention, discord.

কোঁহাকোঁহি, *a.* ভালকৈ নপকা, ভালকৈ নিসিজা, half ripened, half cooked.

কোকমোক, *s.* অতি পুআ, প্রাতস, the early dawn.

কোকাই, *v.* লেনিয়াই, কাবৌ কৰি, to teaze, to importune, to entreat.

কোকানলে, *s.* পানি বেগেৰে বৈ থকা, অতি বেগেৰে খিয় হৈ পানি পৰা, the rapid flowing of water as from a spout or a break in an embankment, a purging from the bowels.

কোকিল, *s.* কুলি চৰাই, the Indian cuckoo.

কোকোহা, *a.* আসকত, দুর্ব্বল, খিন, emaciated, lean, shrivelled.

কোঙ্গা, *s.* হাত ভৰিৰ আঙ্গুলি মোটোকা খাই থকা, a disease of the toes and fingers caused by the contraction of the muscles.

কোচাকোচ, *s.* লেচেৰা লেচেৰ, মুঠামুঠা, the gathering up in clusters, or binding in bundles or separate tresses.

কোটকুৰি, *s.* বনৰিয়া মুগা পোক পলু, a species of wild silk worm.

কোটকোৰা, *s.* টেঙ্গা এবিধ, a species of tree and its fruit.

কোটৰ, *s.* খোৰোঙ্গ, খোন্দ, পর্ব্বতৰ গুহা, a hollow in a tree, a cave.

কোটাই জামু, *s.* সৰু জামু এবিধ, a species of fruit.

কোটাইআঙ্গন, *s.* বনৰিয়া সৰু বেঙ্গেনা এবিধ, a species of the egg plant.

কোটি, *v.* এস লক্ষ, দহ নিজুত, ten million, a crore.

কোটোহা, *s.* এবিধ ঘন গঁঠিয়া বাহ, a species of bamboo.

কোঠা, *s.* সক সক খোটালি, a small room, an apartment.

কোঠাকোঠা, *s.* খোঁটালি খোঁটালি, separate sections or apartments.

কোত, *s.* চকুৰ ৰোগ, a disease of the eye.

কোতঘৰ, *s.* বন্দিসাল, a prison for criminals before trial.

কোতমনি, *s.* সোন ৰুপৰ মিহিকৈ কৰা সৰু মনি, ফুটি মনি, তিৰোতাৰ অলঙ্কাৰ বিসেস, a small kind of bead.

কোদো, *s.* বিসাল কলা পতঙ্গ এবিধ, a hornet.

কোদোআ, *a.* খঙ্গ দৃষ্টি, মেঘ ওলোমোআ, angry visaged, frowning, dark, cloudy.

কোন, *s.* চুক, কোনা, মানুহক সোধা, কোন জন, a corner; *pron.* the interrogative who?

কোন কোন, *pron.* নে দেখা নজনাকৈ সোধা, who or which of several persons or things.

কোনাকোনি, *ad.* চুকিয়াচুকি, cornerwise, diagonally.

কোনো, *pron.* কেও, এটাও, some, some one, any one, when used with a negative particle it signifies no one, nobody.

কোনো কালে, *ad.* কেতিয়াও, কদাপিও, (with negative) never, at no time.

কোনো কোনো, *ad.* দুই এক, several, a few.

কোনোবা, *pron.* নিচিনা নজনা মানুহ, some one, somebody.

কোঙ্ক, *s.* চিন মাত্র, আৰ্জা, a rough model, an outline.

কোঙ্কা, *s.* কোচা, পোলা, a bundle of sticks, reeds or sugar cane.

কোঙ্কোআ, *v.* চিন মাত্র কৰা, আক্রিতি মাত্র কৰা, to fashion, to model, to shape, to reduce to proper size.

কোপ, *s.* ক্রোধ, খঙ, anger, rage.

কোপাল, *a.* খঙাল, angry, cross, wrathful.

কোপিত, *a.* খঙাল, ক্রোধিত, wrathful, furious, raging.

কোব, *s.* বেগ, অস্ত্র আদিৰ কোব, ঘা মৰা, a rapid motion, a blow.

কোবা, *s.* বেৰত বন্ধা থিয় কামি, a perpendicular support to a partition.

কোবাই, *v.* হাঁতুৰি আদিৰে পিটা, আচাৰিৰে মৰা, to strike, to beat, to hammer, to flog.

কোবাকুবি, *ad.* তৰাতৰি, খৰখেদা, বেগাবেগি, quickly, rapidly, swiftly.

কোবাল, *a.* বলি, কাটন, খৰতকিয়া, বেগি, strong, skillful, swift.

কোমল, *a.* ঢিলা, মিদু, থুহথুহিয়া, soft, gentle, tender, mild.

কোমল চাউল, *s.* জলপনিয়া চাউল, তিয়াই চোবোআ চাউল, a kind of rice that is eaten without cooking.

কোমলোৱা, *a.* কোমল কৰা, softened; *s.* the act of softening.
কোমোৰা, *s.* লতা এবিধৰ গুটি, পাচলি বিসেস, a species of pumpkin.
কোৰ, *s.* কোদাল, মাটি খনা অস্ত্ৰ বিসেস, ৰোগ, a hoe, disease in general.
কোৰকোৰাই, *v.* পেটে গজা, ভেঁকুলি আদিৰ মাত, to croak, to rumble, to utter a low harsh sound as a frog, or the bowels.
কোৰা, *s.* সাঙ্গি ভাৰ, কোৰেৰে খনা, a heavy load carried by poles on men's shoulders; *a.* hoed, dug over.
কোৰাই, *v.* কোৰেৰে খনাই, to dig.
কোৰান, *s.* মচলমানৰ শাস্ত্ৰ, ফোৰ্কান, the Koran.
কোৰোক, *s.* ক্ৰোক, ৰাজ আজ্ঞাৰে ঘৰৰ সম্পত্তি লোৱা, a legal attachment of property.
কোৰোকা, *s.* নাৰিকলৰ খোলা, a ladle made of the cocoanut shell.
কোৰোকানি, *s.* খলা বমা হাবি, কোৰোকা কুষ্কি মাটি, a dense uneven jungle, undulating ground.
কোৰোটাকুকটি, *a.* ওখ চাপৰ, খলাবমা, uneven, undulating.
কোৰোলা, *a.* একাৰি, পৰলিয়া, only partially cleaned from the husk.
কোৰ্কোৰনি, *s.* পেটৰ গাজনি, ভেঁকুলিৰ মাত, a croaking, rumbling.
কোৰ্হাল, *s.* কোৰ্হাল, হাই, অনেকৰ মাত, the noise of a crowd of people.
কোৰ্হোনা, *s.* ধান আদি চপোৱা কাঠৰ পাত্ৰ, কোৰৰ নিচিনা বস্তু, an implement for gathering up and spreading grain to dry.
কোল, *s.* লোৰ ওভোতা জোং, চেপা আদিত দিয়া মাচ ধৰা অস্ত্ৰ, a barbed spear, a sort of bamboo fish trap.
কোলঠি, *s.* চিতল আদি মাচৰ পেটৰ তল ভাগ, the belly part of a fish.
কোলা, *s.* কোস, বহি আসন পতা, the lap, applied also to the hip or side on which the natives carry children.
কোলাকুলি, *s.* ইটে সিটে সাবটাসাবটি কৰা, a mutual embracing.
কোলাহল, *s.* হাই, কোৰ্হাল, a tumultuous noise.
কোৱা, *ad.* বোলা, কোআ, কাউৰি, said, spoken, uttered; *s.* a crow.
কোৱাথ, *s.* নানা বিধ ঔসধ গোটাই সিজোআ পানি, কৃথ, a decoction.
কোৱাৰি, *s.* মুখৰ দুই চুক, the corners of the mouth.
কোৱামোআ, *s.* ধুঁঅলি কুঁঅলি, চাৰিও ফালে কলা হৈ থকা, haziness.
কোস, *s.* দাঁতি, ওচৰ, কাস, nearness, proximity, side, edge; *a.* near, close, at hand.
কোসৰকটা, *s.* দাঁতি কটা the trimming off of an edge of anything.
কোসা, *s.* পুজাৰ জলাধাৰ, a sacrificial vessel.
কোষ্ঠি, *s.* জন্ম পত্ৰিকা, সোঁঅৰনি, a horoscope.

কৌটাল, } s. দন্দ, খৰিয়াল, contention, disturbance, strife.
কৌটালি, }

কৌতুক, s. ৰহস্য, ৰঙ্গ, ধেমালি, a spectacle, show, fun, sport.

কৌতুকিয়া, a. ৰঙ্গুআল, ধেমেলিয়া, jocose, sportive playful.

কৌমুদি, s. জোন, এক পুথিৰ নাম, the moon, the rays of the moon, an astronomical book of the Hindoo.

কৌস্তুভ, s. সাগৰ মথনত পোআ বিষ্ণুএ পিন্ধা মনি, a breast jewel worn by Vishnu at the churning of the ocean.

ক্রন্দন, s. কন্দা, বিলাপ, বিনাই কন্দা, weeping, crying, lamentation, wailing.

ক্রম, s. গতি, এটাৰ পৰা আন এটালৈ, order, succession, a series.

ক্রমাগতিক, a. ক্রমে ক্রমে in order, in succession; *ad.* consecutively.

ক্রমে ক্রমে, *ad.* লাহে লাহে, ক্রমাগত, gradually, successively.

ক্রই, s. কিনা, a purchase.

ক্রইবিক্রই, s. কিনা বিকা, বেপাৰ, বানিজ্য কৰম, trade, commerce.

ক্রান্তি, s. একবাৰ তিনি ভাগৰ এভাগ, the third part of a cowry.

ক্রিডা, s. ধেমালি, বিহাৰ, কেলি, ৰতি, play, a game, wantonness.

ক্রিষ্ণ, a. কলা, নিল বৰন, নাৰায়ন, black or a dark blue; s. Krishna.

ক্রিষ্ণপখ্য, s. এন্ধাৰ পখ্য, জোন খ্যই হোআ সমই, the wane of the moon, the fortnight of the moon's decrease.

ক্রিত, a. কৰা, কৰম কৰা, made, done, performed.

ক্রিতগ্য, s. উপকাৰ মনা, সলাগ লোআ, gratitude, thankfulness

ক্রিতাঞ্জলি, s. কৰজোৰ, হাত জোৰ, the joining the hands in supplication.

ক্রিতান্ত, s. সকলো কামৰ সেস কৰোঁতা, জম, the universal destroyer, Jom the fabled regent of death.

ক্রিতার্থ, a. ক্রিত কার্জ, কর্ম সাফ্ফল, successful, prosperous.

ক্রিত্তিকা, s. ত্রিতিয় নখ্যত্র, the third of the stellar mansions, the Pleiades.

ক্রিত্রিম, } a. ভাগুনা, জাঁজ, আভুআ ভঁৰা, feigned, counterfeit, alloyed,
কিৰ্ত্তিম, } artificial.

ক্রিপন, a. কিৰ্পিন, চিকটা, খৰচ কৰিব নোৱাৰা, miserly, penurious.

ক্রিপা, s অনুগ্রহ, করুনা, দায়া, grace, mercy, favor, good will.

ক্রিপাদ্রিষ্টি, s. মৰমকৈ চোআ, পুতৌ কৰা, a gracious look, a look of favor or of pity.

ক্রিপানিধি, s. ক্রিপাসাগৰ, ক্রিপাসিন্ধু, the sea of mercy.

ক্রিপামই, a. দায়ামই, করুনামই, merciful, gracious.

ক্রিপালু, a. দায়ালু দায়াযুক্ত, মৰমিয়াল, pitiful, merciful, gracious.

ক্রিপাসন, *s.* করুনাসন, অনুগ্রহৰ আসন, the mercy seat.

ক্রিমি, *s.* পোক, পেলু, কেঁচু, a worm, a maggot, an earth-worm.

ক্রিয়া, *s.* কৰম, বন, কাৰ্য্য, জাগজগ্য আদি কৰ্ম্ম, an act, a deed, a work, the performance of a religious rite or ceremony.

ক্রিস, *a.* খিন, চেৰেলা, lean, thin, wasted, emaciated.

ক্রিসক, } *s.* খেতিয়ক, হালোআ, চহা, a cultivator, a farmer, a
ক্রিসিয়ক, } husbandman, a peasant.

ক্রিসি, *s.* খেতি, সহ, cultivation, agriculture, husbandry, tillage.

ক্রুৰ, *a.* নিৰ্দয়া, কাঠচিত, নিমৰমিয়াল, cruel, pitiless, hard-hearted.

ক্রোস, *s.* চাৰি উঁাৰৰ বাট, চাৰি হেজাৰ হাত পৰিমিত, a measure of distance equal to four thousand cubits or nearly nine furlongs.

ক্রোধ, *s.* খঙ্গ, কোপ, anger, wrath, fury, rage.

ক্রোৰ, *s.* কোটি, এস লখ্য, ten millions, a crore.

ক্লান্ত, *s.* সুমজুরু, ভাগৰুআ, সুান্ত, weariness, languor.

ক্লান্তজুক্ত, *a.* বৰ ভাগৰুআ, মৰাৰ দৰ হোআ, হেবাথৰিয়া, weary, languid.

ক্লিব, *s.* নপুংসক, স্ত্রি পুরুসৰ চিন হিন, neuter, a hermaphrodite.

ক্লেস, *s.* বৰ দুখ, জাতনা, সাস্তি, distress, affliction, suffering.

ক্লেসদায়ক, *a.* দুখ দিওঁতা, afflicting, distressing.

কচিত, *ad.* কাচিত, কেতিয়াবা, কদাচিত, sometimes.

কাথ, *s.* ঔসধৰ সিজোআ পানি, a decoction.

খ

খ, খকাৰ, আকাস, সুন্য, the aspirate *kh*, sounded uniformly like *kh*, as in the compound word *brickhause*. It is often incorrectly pronounced like *h*; the sky, the atmosphere.

খই, *s.* খ্যই, অলপ অলপ চুকুআ, wasting, wearing away by attrition.

খঁক, *s.* বৰ ভোক, হেপাহ, excessive hunger or desire.

খঁকুআ, *a.* ভুকিয়া, লুভিয়া, বাখ্যস, voracious, gluttonous, covetous; *s.* a glutton, a gormandizer, avariciousness.

খঁটাসুৰ, *s.* দুৰ্জ্জন, অতি দুস্ট, এক অসুৰৰ নাম, fiendish, devilish; *s.* the name of a demon.

খঁতিৰা, *s.* ঠিক দিয়া, নিয়মৰ বেলা, a fixed or appointed time.

খঁৰখাই, *v.* খঁৰ মাৰি, লুটি খাই, to turn summerset.

খঁৰ মৰা, *s.* খঁৰ খোআ, মুৰ ওভোতাই বাগৰা, a tumbling over, turning summerset; *a.* turned topsy turvy, inverted.

খঁৰা, *a.* আগ চিগা, লঠা, ডিজি নোহোআ খালৈ, topped, having the end cut or broken off; *s.* a species of narrow mouthed basket.

খঁৰামুৰা, *a.* আগ মূৰ কটা, mutilated, cropped, lacking the top or end.
খঁৰিয়া, *s.* চিতল মাচৰ পোআলি, a species of fish.
খকজা, *a.* খগজা, অসহজ অনভ্যাসি, unaccustomed to, unpracticed.
খকন্দ, *s.* কন্দল, ব্রিখ্য এবিধ, contention, a species of tree.
খক্মককৈ, *ad.* খচমচকৈ, অতি খৰ্খেদাকৈ, confusedly, hurriedly.
খক্মকাই, *v.* লৰালৰি কৰি, বেগাবেগি কৰি, to do quickly or confusedly, to start suddenly.
খকৰমকৰকৈ, খকা মকা, } *ad.* আগ গুৰি নোচোআকৈ, in a bungling confused manner, rashly, without caution.
খকৰাই, *ad.* ঘুপুৰাই, বেগাই, একেবেলিএ, rapidly, quickly, suddenly.
খকৰামুকুটি, *s.* হাত মুঠি মাৰি গালত মৰা, the act of smiting on the cheek with a clenched fist.
খকাখুন্দা, *s.* দন্দ হাই, খুঁটিয়াখুঁটি, contention, quarrelsome speech.
খকাৰ, *s.* খ বর্ন, the letter খ, or its sound.
খগজা, *s.* আখজা, খকজা, অনভ্যাস, a little wanting, not perfect.
খঙ্গ, *s.* ক্রোধ, কোপ, anger, wrath, sharpness.
খঙ্গাল, *a.* খঙ্গ থকা, ক্রোধি, কোপজুক্ত, angry, wrathful, cross.
খচক, *s.* ভৰিৰ গচকা, খোজ দিয়া, a footstep, or impression of the foot.
খচকা, *a.* গচকা, ভৰিৰে ফেনেকা, trampled under foot, trodden.
খচকি, *v.* গচকি, ভৰিএৰে মোহাৰি, to trample, to mix by treading.
খচ খচ, খচ্ খচনি, } *s.* চকুত কুটা আদি পৰি দুখ দিয়া, বন আদি কৰোঁতে ভত নিদিয়া, an itching irritating sensation, as from a mote in the eye, annoyance, irritation.
খচ্খচ্ কৰে, *ad.* আগ গুৰি নোহোআকৈ কৰা বা কোআ, বালিৰ দৰে লগা, doing or saying things without regard to consequences.
খচ্খচাই, *v.* খচ্খচোআ, to itch, to annoy, to irritate.
খচ্খচিয়া, *a.* বালি জেন লগা, rough, hard, uneven to the touch.
খচ্মচকৈ, *ad.* খৰখেদাকৈ, খপৰ জপৰকৈ, quickly, expertly.
খচা, *a.* আটুট, ভৰিএৰে ফেনেকা, full, not deficient, mixed by treading.
খচি, *v.* গৰকি, মোহাৰি, to tread, to mix by treading, to trample.
খচিকটা, *s.* একো নেৰাকৈ সমুলি কটা, the act of clearing or cutting away entirely, cropping the top and branches.
খচি খোআ, *s.* একো নেৰাকৈ খোআ, eating every thing set before one, eating to the full.
খজতি, *s.* খজুৰতি, গাৰ বিজ বিজনি, an itching sensation.
খজা, *a.* এফাল নপকা, সম্পুর্ন নোহোআ, imperfect, half.

খজিনা, *a.* তৰহ বিচাৰি চৈহ ধৰা, fastidious, notional, particular.
খজুঅতি, *s.* খজতি চোআ, see, খজতি.
খজুআ, *a.* খজতি ধৰা, scratching slightly.
খঞ্জৰি, } *s.* বাদ্য এবিধ, বালিমাহি চৰাই, a musical instrument,
খঞ্জৰিট, } a species of bird.
খটখটি, *s.* সিল, কাঠ, বা ইটাৰ জখলা, a flight of steps.
খট্খটিয়া, *a.* সুকান, টান, dry, hard.
খটবান্ধ, *s.* নেৰানেপেৰা, বাবতি, doing or giving reluctantly.
খটা, *s.* খাটনি কৰা, ভক্তি কৰা, serving, doing, rendering religious homage.
খটিয়াই, *v.* ঘনে ঘনে কৈ থকা, to urge, to command again and again.
খণ্ড, *s.* ডোখৰ, চেও, ভাগ, প্ৰকৰন, আধ্যা, a portion, a piece, a fragment, a division, a section, chapter.
খণ্ড খণ্ড, *ad.* ডোখৰ ডোখৰ, piece by piece, in pieces, with কৰি, to cut into pieces, to divide into portions.
খণ্ডন, *s.* গুচন, দুৰ হোআ, মোচন, removal of a difficulty, refutation, the expiation or removal of sin.
খণ্ডমুণ্ড, *s.* কাটি চিঙি খাস্তাং কৰা, cutting up, destroying utterly.
খণ্ডা, *a.* গুচা, হেংদাং, removed, expiated, refuted; *s.* the king's sword.
খণ্ডাই, *v.* গুচাই, to destroy, to remove, to expiate.
খত্, *s.* নিৰ্বন্ধন পত্ৰ, কৰজ পত্ৰ, a bond, a writing, a promissory note.
খতৰ, *a.* আপোন কথাৰেই ঘাটি খোআ, উতৰ হেৰোআ, self convicted, condemned by one's own words, unable to reply.
খতি, *s.* অনুপস্থিত, খতিয়া, জিৰনি, absence, interruption, cessation from usual work, rest, stoppage.
খতিশম, *s.* সৰ্ব্বদাই, চেদজেদ নাই, (with a negative,) without cessation.
খতিয়নি, *s.* অনেক ঠাইৰ পৰা গোটোআ, হিচাপৰ বহি, gathering together from all sources, summing up accounts, a ledger.
খতিয়া, *a.* খতি হোআ, নকৰা বা নহা, absent, minus, deficient.
খদ্খদিয়া, *ad.* খৰকৈ কথা কোআ, speaking rapidly.
খদমদম, *s.* লৰালৰি, উদুলমুদুল, bustle, haste, hurry.
খদাবান, *s.* খুঁৰা লগা বাটি, বানবাটি, a vessel with feet.
খন, *affix.* পৰিবৰ্ত্তি অব্যয় সব্দ, সব্দৰ পাচত জোগ হলে কেতিয়াবা এক, কেতিয়াবা বহু বচন বুজাই, an affix, generally applied to any thing spread out or extended, as কাপৰ খন, *i. e.* a cloth.
খনকে, *a.* আটাইকে, সকলোকে, গোটেইখন, all, the whole.
খন্খন্, *ad.* ভাগ ভাগ, বেলেগ বেলেগ, খান খান, one by one, severally.

খনা *a.* গাঁত কৰা, কোৰা, dug, hoed; *s.* the act of digging or hoeing.

খনি, *s.* গাঁত, খলি, কথাৰ পাচত জোগ হলে, মৰমেৰে এখানক বুজাই, a quarry, a mine, a burrow, a hole.

খনিওআ, *s.* ডোখৰ ডোখৰ কৰা, the act of cutting into pieces.

খনিক, *ad.* খানিক মান, অলপ বেলি, a little while.

খনিকৰ, *s.* চিত্ৰকৰ, মুৰ্ত্তি আদি সজা লোক, an engraver, a sculptor.

খনিয়া, খনিয়া কাপৰ, *s.* দোদোৰলিয়া কপাহি কাপৰ এবিধ, a kind of cloth worn double.

খনিলোআ, *s.* মাচ আদিএ গাঁত লোআ, ঠাই লোআ, the gathering together of fish &c. in shoals, frequenting a place of resort.

খনেই, *a.* আটাই, গোটেই, সমুলি, the whole.

খনেকতে, *ad.* বেগতে, নিমিসতে, অলপতে, instantly, immediately.

খনোআ, *s.* লোকৰ দ্বাৰাই খনা, the causing to be dug or hoed.

খন্তক, *s.* নিমিস, অলপ বেলি, খেনেক, a moment, an instant.

খন্তি, *s.* খন্তা, ঘান চিকনোআ বা মাটি খোচৰা অস্ত্ৰ, a spud, a small implement used in weeding or loosening the earth about plants.

খন্তিয়া, *s.* গোধা ৰোগ এবিধ, সাপ এবিধ, a disease of the hands and feet, a species of snake.

খন্তিয়া খুঁচুৰিয়া, *a.* অলপ অচৰপ, ডাকৰ তুকৰ, small, inferior, mean.

খন্তেক, *s.* চকুৰ প্ৰচাৰ মৰা বেলা, তিলেক, ঘৰিৰ এঘণ্টাৰ সাঠি ভাগৰ এভাগ, a moment, the twinkling of an eye, a minute.

খন্তেকত, *ad.* খনেকত, ততালিকত, তিলেকত, in a moment.

খন্তেকিয়া, *a.* নিমিসিয়া, অলপ দিনিয়া, brief, evanescent.

খন্দমৰা, *s.* এবচৰলৈ নিৰ্বন্ধ কৰা, an engagement of one year.

খন্দা, *a.* সিমা দি ভাগ কৰা, divided, portioned off.

খন্দিওআ, *s.* আলি দি মাটি ভাগ কৰা, নেচাৰে সুতা গাঁথি থোআ, বেলিএ বেলিএ কথা সোধা, dividing land into portions by paths, looping skeins of thread together, questioning and cross questioning.

খন্দুআ, *s.* এবচৰ গোট নেলাগি এবচৰ লগা, ধন দি এবচৰলৈ মাটি খোআ, producing every alternate year, hiring land for one year.

খপ, *s.* সাঁফৰ, সোপা, ঢাকন, a cover, a lid.

খপ্‌খপাই, *ad.* অতি খৰকৈ, very quickly.

খপ্‌জপ, *a.* থৰকবৰক, অথিৰ, without presence of mind, unsteady.

খপৰাই, *ad.* খচৰাই, গিৰিসাই, immediately, instantly.

খপা, *a.* জালত দিয়া, জালত দি সোন কপৰ ভাঁজ নথকা কৰা, প্ৰবাসত ৰাখি নিউআ, refined, freed from dross; *s.* refining metals.

খপা সোন, *s.* জ্বালত দিয়া সোন, নিৰ্ভাঁজ সোন, refined gold.

খপি, *v.* জ্বালত দি, খচি কাটি, প্ৰবাসত ৰাতি নিয়াই, to refine metals, to cut down a tree or forest leaving nothing remaining, to sojourn temporarily, to pass a night.

খপিউআ, *s.* কনাৰ দৰে হাতেৰে বিচাৰ কৰা, হেটিউআ, groping, feeling about for something in the dark, searching by feeling.

খপিয়া, *s.* চপনিয়া, খপিয়া পৰা, sojourning in the house of another in the hope of marriage or gain, passing a night.

খপিয়াই, *v.* নেদেখাকৈ হাতেৰে বিচাৰি, হেটিয়াই, to feel about for something unseen.

খপিয়া পৰা, *s.* চপনিয়া পৰি থকা, লোকৰ ঘৰত আসুই লৈ থকা, see, খপিয়া.

খপুআ, *s.* ঠায়ে ঠায়ে খাপ দিয়া, ভাগ ভাগ, belonging to a relay; *s.* waiting for a person at different stages, lying in wait.

খপোআ, *s.* নিৰ্ভাঁজ কৰোআ, causing to be refined or freed from alloy.

খবঙ্, *s.* ভোৰতাল আদিৰ মাত, পানিত খোজৰ মাত, a deep heavy sound as of a gong or of anything dropped into deep water.

খবৰ, *s.* ৰন বিগ্ৰহ আদিৰ সম্বাদ, বাত্ৰা, news of war or any important event, general intelligence.

খবৰজবৰ, *s.* অথিৰ, খৰকবৰক, doing anything confusedly, without order or exactness.

খবিচ্, *a.* খচা, ঠিক, আটুট, exact, true, complete, neither more nor less.

খবুআ, *s.* বেৰ আদিৰ দাঁতিত লগোআ খোলা বাঁহ, a bamboo grooved to receive the lower edge of a reed or bamboo wall or partition.

খম্খমাই, *v.* নতুন কাপৰ আদিৰ সবদ কৰা, to make a rustling sound as of new cloth.

খম্খমিয়া, *a.* খমখম সব্দকৈ উঠা, rustling, as of silk cloth when rubbed.

খমলা, *a.* বখলা, গোট মৰা, thickened, turned from a fluid to a solid state, loppered, coagulated, clotted.

খমিৰ, *s.* আটাগুৰি ওফন্দিবলৈ দিয়া তাল বা খজুৰৰ ৰস আদি দ্ৰব্য, কপট, yeast, leaven, figuratively used to mean hypocrisy.

খয়, *s.* ক্ষয়, টুটি জোআ, হানি, diminution, attrition, wearing away.

খয়ক্ষৰ, *a.* খয়, খাস্তাং এটা নাইকিয়াকৈ গুচুউআ, utterly wasted.

খৰ, *s.* গুহনি, বেগ, পাগ টান হোআ, অনা ব্ৰিষ্টি, চালৰ ৰোগ, dysentery, swiftness, brittleness, parchedness, a cutaneous disease; *a.* quick, dry, brittle, parched.

খৰকিউআ, *s.* মলি আদি গুচাই বিন্ধা বহল কৰা, clearing out afresh an opening that has been closed up.

খৰকৈ, *ad.* বেগাই বেগাই, সিম্রে, খৰখেদাকৈ, quickly, hastily, speedily.

খৰ্খৰাই, *v.* সুকান পাত আদি লৰাই সবদ কৰা, কানৰ ভিতৰত সবদ উঠা, to make a rustling noise, to rustle.

খৰ্খৰিয়া, *a.* সুকান, জুনজুনিয়া, very dry, parched.

খৰ্খেদা, *s.* বেগাবেগি কৰা, লৰালৰি কৰা, খৰপোচ, ততাতৈয়া, the act of hastening, hurrying, expediting, with কৈ, rapidly, hastily.

খৰগ, *s.* গঁৰৰ নাক ডেওনাত হোআ সিঙ্গ বিসেস, the horn of the rhinoceros.

খৰচ, *s.* ব্যয়, ধন চুকুউআ, expenditure, expense, cost.

খৰচনা, *s.* দঙ্গা বাহ বা কাঠ, চোকা, a temporary prop or support.

খৰচি, *a.* ব্যই, এধাখুন্দা গুৰি, prodigal; *s.* the coarse portion of anything that remains after sifting.

খৰচিয়া, *a.* এধাখুন্দা, মিহি নোহোআ, coarse, not pulverised.

খৰ্ধৰ, } *ad.* লৰালৰি, লৰাত কৰা, বেগাবেগি, quickly, the doing a
খৰ্পচ, } thing quickly, used as a noun and an adverb.

খৰম, *s.* কাঠৰ, পাদুকা, a sandal.

খৰ্মৰ, } *s.* লুটিয়ালুটি, ধৰফৰনি, ডেও পাৰনি, tossing about in
খৰ্মৰনি, } distress, restlessness, uneasiness whether of mind or body.

খৰমৰা, *s.* অনা বিুষ্টি, বদ টনা, scorching heat; *a.* scorched, parched.

খৰ্মৰোআ, *s.* ধৰফৰোআ, লৰি ফুৰা, tossing about, restlessness.

খৰলা, *s.* ঘোঁৰাৰ ফনি বিসেস, a curry comb.

খৰলি, *s.* নিৰসকৈ ৰন্ধা সাক, the leaves of vegetables cooked very dry.

খৰলি পাক, *s.* পাক মাৰি ঘুৰি অহা, উচাট মৰা, খঙ্গেৰে ঘুৰি ফুৰা, going and returning quickly, going round and round in anger.

খৰলিপিটা, *s.* ডেওপৰা, ধৰফৰোআ, grumbling, fretting, complaining.

খৰলিয়া, *s.* ডোখৰা ডুখৰি, নিমজ নোহোআ, broken, rough.

খৰাই, *v.* খাৰ মচলা দি সুকুআই, ঘনে ঘনে সৰু পানি চোআ, to bleach, to expel the alkaline qualities of new cloth, to urinate frequently.

খৰাঙ্গ, *a.* ৰৰখুন নোহোআ, নিৰস মাটি, এলাহ নকৰা, without moisture, dry, parched, expert, quick, active.

খৰালি, *s.* খৰ্কালি, পানি নোহোআ কাল, the dry season.

খৰাহি, *s.* চাউল আদি ধোআ বাঁহৰ পাত্র, a small bamboo basket used for rinsing rice.

খৰি, *s.* জুই ধৰা কাঠ, firewood, fuel of all kinds.

খৰিয়া, *a.* খৰ থকা, খৰ ৰোগে ধৰা, having a cutaneous disease.

খৰিকটিয়া, *s.* খৰি কটা মানুহ, a wood cutter.

খৰিকা, *s.* খেৰৰ ঠাৰি বা গোটা ভাগ, সলা কাঠি, মুগা কনি ধৰা জুৰি, a grass tooth pick, a roasting spit, a spire of dry grass to which the eggs of the silk worm is attached.

খৰিকাজাঁই, *s.* এবিধ সুগন্ধি বগা ফুল, the Indian Jessamine.

খৰিকা দিয়া, *s.* সলাত বিন্ধি জুইত সুকুআ, putting upon a spit for roasting.

খৰিকা বটালি, *s.* সৰু বটালি, a small chisel.

খৰিচা, *s.* বাঁহ গাজৰ কৰা সুকান টেঙ্গা গুৰি, a pickle made of the tender shoots of the bamboo.

খৰি দিয়া, *s.* মৰা মানুহ পোৰা, কাঠ সংস্কাৰ, burning a dead body.

খৰিমাটি, *s.* বগা মাটি, খৈ মাটি, chalk.

খৰিয়াল, *s.* দন্দ বিবাদ, হাই উৰুমি, wrangling, angry dispute.

খৰুআ, *a.* ওপৰ ওঁঠৰ মাজে চিগা, খাৰ দি ৰন্ধা, খৰে ধৰা, hare-lipped, seasoned with alkali.

খৰুআ বেঙ্গেনা, *s.* কাঁইটিয়া বেঙ্গেনা, a thorny species of the egg plant.

খৰে ধৰা, *a.* গুহনি, তেজ সাওঁ পৰা, খৰিয়া, having the dysentery, a cutaneous disease called *khor.*

খৰোআ, *s.* ৰোগ এবিধ, খাৰেৰে সুকুউআ, খাৰ ৰস কৰা, a disease of the urinary organs, bleaching or expelling the alkaline qualities.

খৰোতৰ, *a.* খৰ্খেদা, বেগাল, তিখামখৰা, very quick, swift.

খৰ্চকিয়া, *a.* আলস্য হিন, খৰোতৰ, কোবাল, বেগাই কৰিব পৰা, expert, active, quick at work.

খৰ্ব, *v.* এস অৰ্বুদ, ten thousand millions.

খৰ্ব নিখৰ্ব, *a.* অতি খৰকৈ কোআ, খৰোতৰ, expert, speaking rapidly.

খৰ্মুজা, *s.* তৰ্মুজা, এবিধ লতাৰ ফল, a watermelon.

খল, *s.* খলি, সোৰ, a drill for sowing seeds.

খলক, *s.* পানিৰ ঢৌৰ আস্ফালনৰ সব্দ, এবাও, কোলাহল সব্দ, হাই, the noise of agitated water, a tumult, a hubbub.

খলকনি, *s.* খলক লগা, পানিৰ সব্দ, a roaring tumultuous sound, a sudden moving of waters to and fro.

খলখল, *s.* হাঁহিৰ সব্দ, পানিৰ কলকল মাত, the sound of loud laughter or of agitated water.

খল্খলনি, *s.* হঁহা বা লৰোআ পানিৰ সব্দ, পেটৰ গাজনি, the noise of loud laughter or of agitated water, rumbling of the bowels.

খল দিয়া, *s.* সোৰ কটা, trenching, preparing ground for sowing in drills.

খলপা, *s.* তৰপ, থাক, a layer, a fold of cloth, a story or floor of a house, a succession of things one above another.

খলপাই, *s.* তৰপেই, তেনেই, সমুলি, খোলেপাই, the whole (collectively,) the entire assemblage of parts.

খলপা খলপি, খলপিয়া, } *ad.* তৰপিয়া, জাঁপজাঁপ, থাক থাক, divided into layers, layer upon layer.

খলম, *s.* কঁহাল, ভাত আদিৰ মাৰ, তাঁতৰ ডাহোন, starch, sizing.

খলমলাই, *v.* আওখলা, পানিত জোকাৰি ধোআ, to rinse in water, to slightly agitate water.

খলমা বান্ধি, *v.* এঁঠাল বস্তু সুকাই চপৰা মৰা, বখলাবখল হোআ, to dry into a hard consistence.

খলা, *s.* প্ৰবাসত ভাত ৰন্ধা ঠাই, মাহ সৰিয়হ মৰা থলি, a temporary cooking place, guests or lodgers, a threshing floor, (generally the ground,) used also for spreading grain to dry.

খলাবমা, *a.* ওখ চাপৰ, দ বাম, uneven, undulating.

খলি, *s.* লোৰ, ঠাই লোআ, a furrow or drill in which seed is sown, a place of resort or rest.

খলিত, *a.* খতি পৰা, নাইকিয়া, absence, loss, deprivation, cessation.

খলিহনা, *s.* সক মাচ এবিধ, a species of fish.

খলিহৈ, *s.* সৰিয়হ আদিৰ তেল পেৰা পিটা, oil cake, the mass of compressed seed that remains after the oil has been extracted.

খলুআ, *a.* চৈতন্যৰ, চতুৰ, কথাৰ খেল কৰি ফুৰা, shrewd, observing, of great observation and experience.

খহটা, *a.* নিমজ নোহোআ, হাতত লাগি জোআ, rough to the touch, harsh, not smooth.

খহন, *s.* এৰাই পৰা, খহি পৰা, breaking or dropping off as the leaves or fruit of a tree, caving off as a bank.

খহনিয়া, *a.* খহি খচা, এৰাই পৰা, মঁহৰ ৰোগ এবিধ, caving, falling off; *s.* a disease of cattle by which the flesh sloughs off.

খহমহিয়া, *a.* মটমটিয়া, খহটা, লেতুসেতু নোহোআ, stiff, rigid, inflexible, starched.

খহা, *a.* খহি জোআ, সুলকি পৰা, caved off, loosened, broken away.

খহি, *v.* এৰাই তললৈ পৰাই সুলকি, to loosen, to cause to fall off, to cut away as a stream does a bank.

খহু, *s.* ফোঁহা, বিহফোঁহোৰা, পুঁজ পানি ওলোআ ঘা, an abscess, a pustule, a boil, the itch, a general name for cutaneous diseases.

খহুআ, } *a.* খহু থকা, having warts, blotches, or any eruptive disease.
খহুলা, }

খহুলা ভেঁকুলি, *s.* চুক ভেঁকুলি, a toad.

খহোআ, *a.* এৰোআ, সোলোকোআ, caused to be loosened, caved off.

খাই, *v.* ভোজন কৰি, মিলি, to eat, to fit.

খাওনি, *s.* খোআ বস্তু, সম্বল, eatables, food in general.

খাওন্দ, *s.* ৰজাৰ অস্থি গঙ্গাত পেলাবলৈ নিওঁতে লগৰ সঁজাতি, ৰজাৰ গুপ্ত চৰাঙ্গ চোআ, an officer of the king's household who accompanies the dead body of the king to the Ganges to see that the necessary ceremonies are performed; a spy.

খাকৰ, *s.* খোকাউৰি, গাঁত খনা বাঁহৰ অস্ত্র, a bamboo instrument for digging holes.

খাকৰু, *s.* নাকৰ সুকান সেঙুন, the mucous discharge from the nose.

খাঁকি, *s.* জোৰা, আখি, the fork or parting of the legs, a crotch.

খাঁজ, *s.* খোপ, দুটা বস্তু মিলাবলৈ বা ধৰিবলৈ খোপ কটা, a notch or mortise for the support or joining of two pieces of timber.

খাঁজ খাই, *v.* কাঠৰ খাই ধৰা, জোৰা মিলি পৰা, খোপে খোপে খাই জোআ, to fit two pieces of timber together.

খাঁজি খাজি, *v.* ঠাহি ঠাহি ভৰোআ, খুন্দি খুন্দি ভৰোআ, to stuff, to cram, to drive or ram down with violence.

খাঁৰি, *a.* নাক চুঁটি তিৰোতা, নেজ খঁৰা মাইকি জন্তু, a woman having a short or mutilated nose, a beast having the tail mutilated.

খাঁৰি ওৰনি, *s.* মুখ নঢকা আদখনিয়া ওৰনি, a short veil.

খাজি খোআ, *s.* ৰজাৰ বাটত খোআ ঠাই, a temporary place of rest and refreshment for the king on a journey.

খাটলা, *s.* চাৰি চুকিয়া দোলা, a palankeen used by kings and priests.

খাগৰি, *s.* তৃন এবিধ, খাগৰা, a species of coarse grass or reed.

খাজনা, *s.* ৰাজকৰ, ৰাজস্ব, কৰ, revenue, ground rent, tribute.

খাজাঞ্চি, *s.* ধন ভঁৰালি, ৰাজ ভঁৰালি, a treasurer, a cash keeper.

খাজুৰ, *s.* খজুৰ বৃক্ষ বিশেষ, the date tree and its fruit.

খাট, *s.* পালেঙ্গ, কাঠৰ খুৰা লগা সজ্যা, a bedstead.

খাটনি, *s.* চাকৰ আদিৰ কৰিব লগা কাম, পাবৰ আসাৰে লোকৰ আগত স্তুম বা নিবেদন কৰা, service whether of god or man, special efforts to obtain a desired good through another person.

খাটমিয়াৰ, *s.* খাটনি লগোআ, চেনেহ বা বিশ্বাসৰ পাত্র, a favorite attendant, one who has the confidence and esteem of another.

খাটাঙ, *a.* চিদাং, মুৰ মৰা, নিচয়, true, certain, final, unalterable.

খাটাংকৈ, *ad.* নিচইকৈ, চিদাংকৈ, truly, certainly, unalterably.

খাটি, *v.* বেচলৈ কাম কৰি, খাটনি ধৰি, to serve, to work for wages, to curry favor by officious civilities.

খাটি লুটি, *v.* পৰৰ সন্তোসলৈ বহু সুমকৈ খাটনি লগোআ, to labour earnestly and unremittingly to obtain another's favor.

খাটুআ, *a.* দিঘলো নহই চুঁটিও নহই, মধ্যম, of medium size.

খাত, *s.* পাম, নিলগত পতা বাৰি ঘৰ, a farm, a distant cultivation.

খাতি, *s.* সোনা ৰুপা আদিৰ সৰু সৰু ডুখৰি, the cuttings of gold, silver, or any of the metals.

খাতিখুতা, *s.* সৰু সৰু ডুখৰি, খন্তিয়া খুঁচুৰি, small cuttings or pieces.

খাতোআল, *s.* খাতত থকা মানুহ, belonging to a farm, a laborer on a *khat*.

খাদ্য, } *s.* খোআ সমল, আহাৰ, খাব পৰা বেহানি, food of all
খাদ্য সামগ্রি, } kinds; *a.* edible, esculent, good for food.

খান, *s.* খন, ডোখৰ, টো, টা, a piece, an individual thing, generally applied to anything spread out or extended.

খান খান, *ad.* এপাত এপাত, খন খন, পাহ পাহ, সিচৰতি, here and there, one here and another there, with কৰি, to scatter about.

খানচাৰেক, *ad.* দুখন মান, খান দেওক, a few, as many as three or four.

খানি, *v.* গাঁত কৰি, কোৰেৰে চাহ কৰি, to dig, to hoe.

খানিক, } *s.* অলপ মান, নিমিস, এফেৰি মান বেলি, a little, a moment,
খানিকমান, } a brief period of time.

খানিকুৰি, *v.* খানি, লুটিয়াই চাহ কৰি, to dig up jungle land and bring under thorough cultivation.

খান্ধৰি, } *s.* গুনঠি খুউআ ডোল, কথাৰ বান্ধ, a noose, a loop.
খান্দি, }

খান্দিদিএক, *s.* খন্দিয়াই থোআ নেচাদিএক, a bunch of several skeins of thread looped together.

খাপ, *s.* গুপুতে পৰ দিয়া, বাট চোআ, খলপা, a lying in wait, an ambush, an ambuscade, a story of a house, a layer or division of things placed one above another, a cascade.

খাপ দি, *v.* লুকাই পৰ দিয়া, জোপা লোআ, to lie in wait.

খাপৰ, *s.* বৰ জাঠি, a large spear.

খাপৰি, *s.* খলপিয়া ৰোগ, জ্বৰ খাপৰি, খলপিয়া ইটা, the spleen, a tile.

খাপি, *s.* মনিৰ চেও, খলপাখলপ, a division in a string of beads of different colours; several layers or divisions.

খাবৈচ, *s.* খাবৈয়া, বহু আহাৰি, সৰহ খাওঁতা, a glutton, a gormandizer.

খাম, *s.* গোট মৰা, জাপ, লেফাফা, a coagulated mass, several layers adhering together. an envelope,

খাম্তি, *s.* এক জাতি লোক, the Kampti or Shan race.

খাম্তি দা, *s.* দিঘলিয়া দা, খামতিৰ অস্ত্ৰ, a long knife, a Kampti sword.

খামপুতি, *v.* } খোপনি পুতি, থিৰে থাকি, to stand fixed and unmoved, to set down the foot determinedly.
খামপুতি ধৰি, }

খাম্ বন্ধা, *a.* গোট খোআ, খমলা, coagulated, thickened, clotted.

খামবান্ধি, *v.* গোট খাই থকা, to adhere, to stick, to change from a liquid to a solid state.

খামি, *s.* বুকু, সাহ, পিত, মন, the breast, the heart, the mind.

খামিদাঠ, *a.* বুকু ডাঠ, সাহিয়াল, পিত বৰ্হা, মন বৰ্হা, courageous, bold.

খামুচি, *v.* খামোচ মাৰি ধৰি, to grip, to clutch, to grasp.

খামোচ, *s.* মুঠি মাৰি ধৰা, হাতৰ চমকাৰ জোখ, a grip, a grasp, as much as can be grasped in the hand at once.

খামোচা খামোচে, *ad.* মুঠিএ মুঠিএ, handful by handful.

খাৰ, *s.* কল গচ আদিৰ পোৰা চাই, কলাই খাৰ, খাৰ দি বন্ধা আঞ্জা, an alkali obtained from the ashes of the plantain and other trees, food seasoned with the above, gunpowder.

খাৰ কাৰ্হি, *v.* বস্তুৰ চোকা গুন বাহিৰ কৰি, to extract alkali &c.

খাৰধি, *s.* সাক পাচলি আদি, vegetables, a side dish.

খাৰনি, *s.* খাৰৰ পানি, চাইৰ সৰোআ পানি, lye, alkali.

খাৰনি সঁডা, *s.* খাৰনি চটা, খাৰ সৰোআ পাত্ৰ, a vessel used in obtaining lye from ashes, a leach.

খাৰি বন্ধ জোআ, *a.* সংস্কাৰ বন্ধা, মনত কৈতপ লাগি থকা, ক্ৰোধ নেপাহৰা, habituated, not forgetting an injury, holding a grudge.

খাৰচাৰ, *a.* নিৰুত্তৰ, speechless, put to silence.

খাৰচাই, *s.* নটিনি, চোকা, গালি পৰা মাত, a public prostitute, a term of gross abuse.

খাৰু, *s.* কঙ্কন, হাতৰ ভুসন, a bracelet.

খাৰুআ, *s.* ৰঙ্গা কাপৰ এবিধ, খাৰ দিয়া, a kind of red cotton cloth, an iron handle and chain for securing a box or chest.

খাৰে ধৰা, *a.* বাঁহ কাঠ আদিত মল ধৰা, বৰমোহা, mildewed, rusty, timeworn, weather beaten.

খাল, *s.* বহল গাঁত, খাবৈ, মাজ চাপৰ ঠাই, খোল, a gulf or bay, a deep ditch or pit, a deep hollow, ravine or defile.

খাল পৰা, *a.* বহি জোআ, সোমাই জোআ, কমি জোআ, diminished, settled down, reduced.

খালি, *a.* সুদা, উদঙ্গ, সৰাধৰ কলাপটুআৰ অন্ন পাত্ৰ, empty, void blank; *s.* the outer section of the plantain tree, used for presenting the offerings at funeral ceremonies.

খালৈ, *s.* মাচ থোআ বাঁহ আদিৰ কলহ আক্ৰিতিৰ পাত্ৰ, a small basket for holding fish, shaped like a water jar.

খালৈপেটা, *a.* খালৈৰ দৰে পেট, having a belly shaped like the above.

খালোন, *s.* খাৰনি পানি পগাই গোট কৰা চোকা দ্ৰব্য, a coarse potash.

খাৱন, *s.* খোআ, ভোজন কৰা, the act of eating.

খাৱৈ, *s.* দ লোৰ, জান, খাল, a broad deep excavation or trench.

খাস্তাং, *s.* উবাৰ, নষ্ট, নাইকিয়া, wasting, destruction, with কৰি, to destroy utterly or lay waste.

খাহ, *s.* নৈ নাইকিয়া চহা ঠাই, বৰখুনত পানি হোআ দ পথাৰ আদি ঠাই, a place destitute of running water, a sparsely populated place.

খাহৰাজ্য, *s.* চহা গাওঁ, the inhabitants of the above place.

খাহি, *s.* কনি কৰ্হা জন্তু, কটা গচৰ গজালি, পোসা, a castrated animal, a gelding, the sprout of a tree that has been cut.

খাহি ধৰা, *s.* কটা গচৰ গজালি ওলোআ, পোসা মেলা, the sprouting out afresh after cutting.

খিক্খিকাই, *v.* হাঁহিৰ মাত, বৰকৈ হাঁহি থকা, খিল্খিলাই, to giggle, to titter, to laugh boisterously.

খিকিন্দালি, *s.* ধেমালি, ৰঙ্গ, হাঁহনি, sport, fun, frolic.

খিখিউআ, *s.* অলপকৈ হঁহা, the act of laughing gently.

খিঙ্খিঙাই, *v.* কুকুৰৰ দৰে গেঙেৰি দিয়া, অলপতে খঙ্গ কৰা, to speak in a cross, surly or snappish manner.

খিঙ্খিঙিয়া, *a.* অলপতে খঙ্গ উঠা, কেটাই জেঙেৰিয়া, cross, surly, irritable.

খিচ, *s.* গৰুৰ মুতৰ বোকা, খেচ, dirt, filth, the excrements of cattle.

খিচ্খিচাই, *v.* গা বিজবিজাই, to feel an uneasy prickling sensation.

খিচনি, *s.* গেৰেকনি, গেকেটনি, a filthy place.

খিচিৰা, *a.* নালিয়া, গা নিচই সৰু, পিল্পিলিয়া, small and spare, the puny one in a family of children or brood of animals.

খিচিৰাই *v.* সাৰ নোপোআকৈ, নজনাকৈ, to cut slightly, imperceptibly or without pain.

খিচিৰি, *s.* মাহ চাউল আদি মিহলিকৈ সিজোআ আহাৰ, a dish composed of rice, ghee, pulse and spices cooked together.

খিটখিটনি, *s.* অলপ অলপ দন্দ লগা, দুই নাৱৰ ঠেকাৰ সবদ, bickering, the noise made by boats striking against each other.

খিতপিয়া, } *a.* মৰ্জ্জতাৱন্ত, বৰ প্ৰতাপ বুজুআ, খ্যাতিমন্ত, having an
খিতাপ, } honorable name or title, ostentatious, showy, pretentious.

খিতাপ, *s.* জসস্যা, খ্যাতি, প্ৰতাপ, show, display, ostentation.

খিতি, *s.* ক্ষিতি, প্ৰিথিবি, ধৰনি, ভুমণ্ডল, the earth.

খিতিপাতি, *s.* ক্ষিতিপতি, ৰজা, ভুপতি, a king, a sovereign.

খিন, *a.* খিন, মঙ্গহ নাইকিয়া, কেটেঙ্গা, dried up, lean, thin in flesh.

খিনকটিয়া, *a.* হাৰ চাল থকা, নিচলা, emaciated, wasted away.

খিনাই, *v.* খিন হৈ, গাৰ মঙ্গহ আদি সুকাই, to grow thin or emaciated.

খিনি, *affix.* অব্যয় সব্দ, আন সব্দৰ পাচত জোগ হলে বহু বুজাই, জথা, ক্ষিমান, জেতেখিনি, an affix of place or quantity, meaning here, there, yonder, some, a few.

খিনিতে, } *affix.* স্থান বুজুআ অব্যয় সব্দ, ঠাইতে, here, used also as
খিন্তে, } an affix of time and place.

খিয়লাখিয়লি, *s.* হিংসা হিংসি, বিৰোধাবিৰুধি, mutual hate.

খিয়লিয়া, *a.* হিংসক, কুচুটিয়া, বিৰুধি, hating, wishing evil to others.

খিয়াতি, } *s.* খ্যাতি, সকলোএ জনা, খিতাপ, জসস্যা, fame, celebrity.
খ্যাতি, } rumour, report.

খিয়াল, *s.* হিংসা, আখেজ, দ্ৰোহ, অহিত চিন্তা, hatred, malice, spite.

খিৰ, *s.* ক্ষিৰ, এঁৱা গাঁখিৰ, দুগ্ধ, milk.

খিৰতি, *s.* গাঁখিৰ ওলোআ গাই বা মঁহ, a milch cow or buffalo.

খিৰন, *s.* খিৰুআ, গৰুৰ ওহাৰ চোঁচা, দোহন, the act of milking.

খিৰ সাগৰ, *s.* ক্ষিৰ সাগৰ, দুগ্ধ সমুদ্ৰ, the milk ocean, according to hindoo cosmogony the second of the seven circular oceans.

খিৰাই, *v.* গাঁখিৰ চোঁচা, গাঁখিৰ খিৰোআ, দোহা, to milk.

খিৰিক, *s.* খিৰিঙ্গ, অলপিয়া সবদ, any low ringing sound.

খিলখিলনি, *s.* পানিৰ সৰু মাত, a low rippling sound of water.

খিলঞ্জি, *a.* একে ঠাইতে অনেক কাল থকা, অনেক পুৰুসিয়া ঠাই, ancient, remaining in one place for many generations.

খিলা, *s.* এপাত, খন, বিৰা, a single leaf of a tree or paper.

খিলি, *s.* লোহাৰ চেপেটা গজাল, a flat kind of nail used in joining two pieces of wood together.

খিলিকি দুআৰ, *s.* বেৰৰ সৰু দুআৰ, a window.

খিলোআ, *s.* খিলি মৰা, গজাল মৰা, nailing or fastening with nails.

খুআই, *v.* মানুহক ভোজন কৰাই, লগাই, to feed, to attach, to fasten.

খুউআ, *a.* ভোজন কৰোআ, জোৰা মিলোআ, লগোআ, fed, fastened &c.

খুকুন্দা, *s.* খদুঅনি, চিন্তা, খুঁকুৰি, doubt, mistrust, hesitation.

খুকুৰা, *a.* ভগা চিগা, গুৰি হোআ, ডুখৰা ডুখৰি, broken to pieces.

খুঁকুৰি, *s.* আসঙ্কা, সন্দেহ, hesitation, doubt, apprehension, mistrust.

খুচৰি, *v.* ভৰিৰে মাটি আঁচুৰি, নিৰাই, উজাৰি, হুৰুকি, to scratch or loosen the ground, to stir up, to investigate a matter.

খুঁচি, *s.* বিন্ধি, খোঁচ মাৰি, to pierce, to stab, to punch.

খুচমুচাই, *v.* মিচামিচিকৈ বন কৰি দিন নিউআ, to idle away time in mere pretence of doing, or in mere preliminaries.

খুচুৰ, *ad.* অলপ অলপ, লাহে লাহে, very little, slowly.

খুচুৰ মুচুৰ, *s.* খুচমুচাই, এটা বনত দিন নিউআ, spending much time in accomplishing little.

খুচুৰাই, *ad.* লাহেকৈ সৰুকৈ, slowly, gently, with a low voice.

খুচুৰিয়া, *a.* জোঁট, সৰু সৰু, পিলিকি পিলিকি থকা কাম, small, insignificant, mean, diminutive.

খুজি, *v.* মাগি, আস্থা কৰ, ইচা কৰি, to beg, to ask for, to desire.

খুজিয়া, *a.* খোজৰ আক্রিতি বা গতি কৰা ভাও, like unto, in size and shape of foot, or in gait.

খুঁটখুঁটিয়া, *a.* মঘনে দন্দ কৰা, কমোৰাকামুৰি কৰা, mutually picking, biting or devouring each other, contentious, quarrelsome.

খুঁটা, *s.* কাঠ আদিৰ স্তম্ভ, ঘৰৰ চাল ধৰা খুঁটা, a post, a pillar.

খুঁটা মাৰি, *v.* খুঁটা পুতি সিমা বন্ধ, চিন দিয়া, to place a pillar or post in order to mark a boundary.

খুঁটি, *v.* ঠোঁতেৰে খোঁট মাৰি বা কামুৰি, গোঁজ, চিদু ধৰা, to peck, to pick up with the bill, to spring or strike at as a snake in biting or a fish at a hook; *s.* a small stake, fault finding.

খুঁটি খোআ, *a.* আপুনি খুঁটি খাব পৰা, বুজন বা সিয়ান হোআ, capable of providing for ones self, applied to a young child or bird.

খুঁটিতলিয়া, *s.* খুটিতাল বজাওঁতা, a player on a kind of small cymbal.

খুঁটিতাল, *s.* সৰু তাল, a small cymbal.

খুঁটিয়াই, *v.* খুঁটি, জোকাই, খোঁট মাৰি, ভালকৈ আখৰ নিচিনাকৈ পঢ়া, to peck, to pick a quarrel, to read hesitatingly.

খুঁটিয়াখুঁটি, *s.* কামোৰা কামুৰি, ঠোতামোজা, বাদ বিবাদ, wrangling.

খুতুৰা, *s.* ডোখৰ, খণ্ড, সৰু সৰু ভাগ, a piece, a bit, a slice, a shred.

খুতুৰাখুতুৰ, *s.* অনেক ডোখৰ, খণ্ডা খণ্ড, সৰু সৰু, ডুখৰি, a very small piece or bit; *a.* very small.

খুতুৰিয়া, *a.* দা কটাৰিৰ ধাৰত অলপ ভগা, মুমুৰিয়া, মেলা, nicked or notched, as the edge of an instrument.

খুদ, } *s.* চাউলৰ কনিকা, refuse of broken rice or other grain.
খুদু, }

খুদখুদনি, *s.* উগুলথুগুল, খুদুঅনি, চিন্তনি, consternation, perplexity, anxiety.

খুদিয়া, *a.* খুদৰ সমান, সৰু সৰু, কনিকা কনিকা, খুদু, very small. minute, little or slender.

খুদুঅনি, } *s.* সৰহ চিন্তা, ধিধিঅনি, চিন্তনি, ভই, আসঙ্কা, fear, con-
খুদু লগা, } sternation suspicion, uncertainty.

খুদু, *a.* ক্ষুদ্র, সৰু সুক্ষ্ম, তাকৰ, কনিকা, small, little, minute.

খুদুসৌচ, *s.* ক্ষুদ্রসৌচ, সৰুপানি, মুত্ৰ, the discharge of urine.

খুধা, *s.* ক্ষুধা, ভোক, খাবলৈ মন জোআ, hunger, appetite.

খুধাতুৰ, *a.* ক্ষুধাতুৰ, ভোক লগা, লঘোনিয়া, hungry.

খুধিত, *a.* ক্ষুধিত, খাব খোজা, ভোক লগা, an hungered.

খুন কৰা, *a.* ঘা লগা, কটা, তেজ উলিউআ, maimed, wounded, mutilated.

খুনখুনিয়া, *a.* কনকনিয়া, মোহাৰত গুৰি হোআ, very dry, crumbling.

খুনি, *s.* খুন কৰোঁতা, খোনা তিৰি, one who maims or wounds, a woman who stammers in her speech.

খুন্দ, *a.* নিসন্ধি, packed closely without interstices.

খুন্দকন, *s.* খুদ চাউল, খুদকন, the refuse of pounded rice.

খুন্দন, *s.* খুন্দা ধৰা, হাঁতুৰি আদিৰে মৰিয়াই চেপেটা বা গুৰি কৰা, the act of pounding beating or bruising.

খুন্দনা, *s.* তামোল খুন্দা সৰু উৰল, a small mortar for pounding and mixing together betelnut, pan, lime &c. for a quid.

খুন্দা, *a.* শিল আদি খুন্দেৰে মৰা, ঠেকা লগা, beaten with clubs or stones, smitten, struck, pounded; *s.* the act of beating &c.

খুন্দাখাই, *v.* ইহত সিহত টানকৈ লগা, ঠেকা খোআ, to strike against, to bump, to collide.

খুন্দামৰা, *s.* খুন্দা মাৰি ধৰা, ঠেকা লগোআ, cramp in the stomach, striking against, coming into collision, butting as sheep.

খুন্দি, *v.* গুৰি বা চেপেটা হবলৈ খুন্দি, পিটি, মাৰি, ঠাহি, টানকৈ, বৰকৈ, to beat, to pound, to bruise, to press any thing into a vessel to its utmost capacity; *ad.* strongly, greatly, tightly, quickly.

খুন্দিয়াখুন্দি, *a.* ঠেকাঠেকি ধিধিয়নি, striking back and forth, bumping against each other.

খুন্দুআ, *a.* গুৰিকৈ খুন্দি পেলোআ, মৰোআ বা কিলোআ, beaten, struck.

খুপখুপিয়া, *a.* পিচল, তুকতুকিয়া, slippery, muddy.

খুপৰি, *s.* সৰু ঘোপ খোঁটালি, a small dark room.

খুপি, *v.* ভৰিৰ আঙুলিৰে বোকা পানি ঠাইত টিপা মাৰি ধৰা, to press in the toes when walking in a slippery place.

খুবলি, *s.* গাঁৰিসলি, ধান চাউল আদি খুন্দা পাত্ৰ, a foot pestle or mortar in which grain is pounded.

খুম, *s.* কাপৰ আদি মেৰাই দুই মুৰ বান্ধি টোপোলা কৰা, a bundle bound in a cloth at the two ends forming a bag.

খুম মৰা, *s.* বঙ্গেৰে মুৰে মুৰে খুন্দা মৰা, জুঁজত মুৰেৰে চাগ আদিএ খুন্দা, butting, as sheep or cattle.

খুৰ, *s.* ক্ষুৰ, মুৰ খুৰুআ অস্ত্ৰ, a razor.

খুৰখুৰিয়া, *a.* চুলেই ভগা বস্তু, পতান ধানৰ নিচিনা হাতত লগা, ready to crumble at the touch, light and empty like chaff.

খুৰসিল, *s.* ক্ষুৰসিল, খুৰ ধৰোআ সিল, এবিধ জাবোন, a stone on which razors are sharpened, a hone, a strop.

খুৰা, *s.* মঁহ গৰুৰ ঠেংৰ নখ, পিৰা চন্দুকৰ ঠেঙ্গ, দদাএক, the hoof of cattle, the feet of furniture, a junior paternal uncle.

খুৰাই, *v.* খুৰেৰে মুৰৰ চুলি কটা, to shave with a razor.

খুৰি, *s.* দদায়েকৰ ঘৈনিএক, গোটোঙ্গ বাটি, লেঙ্গুৰি, the wife of a junior paternal uncle, a small oval dish; *a.* lame.

খুৰুপ, *s.* বাঁহৰ চেপেটা সলা, জাপি চৈ আদিত মৰা চেপেটা সলা, thin splints of bamboo, used in making boat covers &c.

খুলখালি, } *s.* ঘৈনিয়েকৰ ভাই ভনি, a wife's younger brother or
খুলসালি, } sister.

খুলখুলাই, *v.* পানিত মাচ সৰা বা জোকৰাত সবদ উঠা, to make a splashing or rippling sound as of fish passing through the water.

খুলি, *v.* খোলনি বিন্ধা দি গাঁত কৰা, to hollow out, to mortise.

খুলিয়া, *s.* খোল মৃদং বজাওঁতা, one who plays on a drum called *khoul.*

খুলুঙ্গমুলুঙ্গ, *s.* পানি জোকৰা মাত, a splashing or rippling sound.

খুহমুহাই, *v.* খুচমুচাই, to spend time in trifling, to loiter.

খেও, *s.* তাঁতত মাকো এবেলি মৰা, নৈত নাৱেৰে পাৰি দিয়া, জাল বোআ, a throw, a cast, a crossing over; *e.g.* throwing a shuttle, casting a net, crossing a stream in a boat.

খেকাউৰি, *s.* খাকৰ, a bamboo implement for digging holes.

খেকাৰ, *s.* কাহত ওলোআ কঁফ, phlegm.

খেকেটিয়া, *a.* আহুকলিয়া, difficult, perplexing.

খেক্‌খেক, *s.* সিয়াল বান্দৰ আদিৰ মাত, ৰবকৈ হঁহাৰ মাত, the cry of a monkey or jackal, boisterous laughter.

খেঁকেৰু, *s.* গচত চৰাই ধৰা ফান্দ, গচ এবিধ, a bird snare, a species of tree.

খেঁকেৰুপতিয়া, *a.* খেঁকেৰু পাতৰ নিচিনা, চুলিৰ খোপিয়া বান্ধ, like the leaf of the khenkeru tree, a mode of dressing the hair.

খেঁজালনি, *s.* মিচাই ৰবকৈ সলাগি হঁহা, নিন্দা, making sport of a person, jeering, bantering, deriding.

খেঁজালি, } *v.* খেলি কৰি, মিচাই ৰবকৈ সলাগি, বিগতি কৰি, to
খেঁজেলিয়াই, } make sport of, to joke, to jest, to jeer, to mock.

খেতৰ, *s.* উপদেৱতা, ক্ষেত্ৰ পাল, পিশাচ, a fiend, an imp, an imaginary malignant demon, supposed to destroy little children.

খেতৰসাইজ, *s.* চাঁয়া বাজি, মায়া বাজি, magic, sleight of hand.

খেতৰি, *s.* খেঁতৰৰ মাইকি, পিশাচনি, feminine of the above word.

খেঙ্গ, *s.* কুকুৰৰ মাত, the cry of a dog.

খেঙ্গ্‌খেঙ্গাই, *v.* খিংখিঙ্গাই, ৰবকৈ কুকুৰে ধৰা, to snarl, to snap, to cry out as a dog, applied to contentious angry persons.

খেচ, *a.* বেয়া, অধম, নিচ, low, mean, vile.

খেচ্‌খেচ, } *s.* চোকা মাত, সদাই একে কথাকে কৈ থকা, ধাৰ সাধি
খেচ্‌খেচনি, } থকা, importunity, teasing, sharp cutting speech, repeated dunning for a debt.

খেচ্‌খেচিয়া, *a.* বালিৰ দৰে লগা, খহটা, gritty, rough, teasing, annoying.

খেচ্‌মেচ, *s.* অকাৰনে পলম বা বেলি কৰা, needless delay, spending time on mere preliminaries.

খেচালত, *s.* ঘনে কৈ থকা, হেক্‌হেকনি, annoyance, irritation.

খেচালনি, *s.* খেচ্‌খেচাই থকা, কৈ কৈ বেজাৰ লগোৱা, the causing irritation or annoyance, vexing with importunity.

খেচেৰ, *d.* একে বেলিএ কটা বা কোৱা, cutting or speaking rashly.

খেচেৰা, *s.* অলপ ডাঙ্গৰ লৰা, এখনিয়া কাচুটি পিন্ধা লৰা, a lad, a boy of ten or twelve years of age.

খেচেৰাই, *v.* খচৰ কৰে কটা, বেগতে উতৰ দিয়া, to slash, to cut suddenly, to give a quick tart reply.

খেট্‌মেট, *s.* বাবতি কৰা, স্বৰূপ কথাত মিচাই দন্দ হাই কৰা, higgling about the price of an article or in making a bargain.

খেটেংমেটেং, *s.* ঘেটমেট, অনিয়াঅনি, এঁয়াহৈয়া, dispute, wrangling.

খেত, } *s.* সস্য কৰা, পথাৰ, কৃষি, সস্য, a cultivation, a field, a
খেতি, } farm, the crop of standing grain.

খেতিয়ক, *s.* খেতি কৰা মানুহ, ক্রিসক, হালোআ চহা, a cultivator, a farmer, a husbandman, a peasant.

খেত্র, *s.* ক্ষেত্র, পথাৰ, তির্থ থান, খেতৰ, a field, a sacred place, a place of pilgrimage, a fabulous fiend supposed to destroy children.

খেত্রপাল, *s.* ক্ষেত্রপাল, খেতৰৰ জাক বা সমুহ, a fabled family of demons.

খেত্রিয়, *s.* ক্ষেত্রিয়, জাত এবিধ, one of the four principal hindoo castes.

খেদ, *s.* বেজাৰ, সোক, দুখ, চিন্তা, sorrow, distress, penitence, regret.

খেদখেদিয়া, *a.* মলিন, বোকাজুক্ত, besmeared, bedaubed.

খেদমেদ, *s.* খেঁাচৰ বন, আলপৈচান, light work of a domestic kind, chores.

খেদা, *s.* খেদি জোআ, চোঁচা মৰা, লৰ, বেগে জোআ, the act of driving, chasing away or expelling; preceded by খৰ, it means to hasten; followed by মাৰি, to run after.

খেদা খেদি, *ad.* লৰালৰি, বেগাবেগি, pursuing in turn, rapidly, quickly.

খেদালি, *v.* কেদেলা, পানি বোকা কৰা, to roil, to stir up, to muddle.

খেদি, *v.* দুৰ কৰি, লগ ধৰিবলৈ লৰি অহা বা জোআ, to drive away, to pursue; with অহা, to rush towards, to advance.

খেদিত, *a.* দুখিত, চিন্তিত, সোকাকুল, distressed, grieved, sorrowful.

খেদোআ, *a.* খেদাই দিয়া, দুৰ কৰা, নিলগকৈ পঠিওআ, ত্যাগ কৰা, driven off, expelled, banished, chased away.

খেন, *s.* ক্ষন, নিৰুপিত সময়, বেলি, পৰ, a fixed time or period.

খেনকতে, *ad.* ততালিকে, বেগতে, তিলেকে, in a moment, quickly.

খেনি, *s.* ঊলাই, নিন্দা, উপলুজ্জা, a taunt, a jeer, a joke.

খেনি কৰা, *s.* উপহাস্য কৰা, খেজালি থকা, taunting, jeering.

খেনেক, *s.* খন্তেক, অলপ, তিলেক, a moment of time.

খেনেকতে, *ad.* ততালিকে, খন্তেকতে, মুহুর্তকতে, in a moment of time.

খেনো, } *a.* কোনো, কেতবিলাক, some one, several, some.
খেনো খেনো, }

খেপ, *s.* খিয়াল, আখেজ, এবেলি বেহা কৰি অহা, এখেপ, এবাৰ, a grudge, secret ill will, hate, going and returning once, one time, once.

খেপাখেপি, *a.* বিৰোধাবিৰুধি, feeling mutual ill will, discordant.

খেপিওআ, *s.* হাতেৰে চাৰিও ফালে বিচৰা, feeling about, searching.

খেপে খেপে, *ad.* বাৰে বাৰে, সঘনে, again and again, repeatedly.

খেমা, *s.* দাই এৰা, পাপ মোচন, সহন কৰা, উধাৰ, forgiveness, pardon, remission, forbearance.

খেমাধেমা, *s.* দাই ধৰিব বা এৰিবও পৰা, power to pardon or to punish.

খেমাৱন্ত, } a. খেমা কৰা স্বভাওজুক্ত, খেমাৱান, সহনিয়, forbearing,
খেমাৱান, } forgiving, ready to pardon, gracious, lenient, patient.

খেমি, v. দাই দোস এৰি, সহি, to pardon, to forgive, to remit.

খেৰ, s. ধান উলু আদিৰ সুকান ঢিন, thatch, dry grass, straw.

খেৰনি, s. খেৰ থকা ঠাই, উলুৱনি হাবি, a jungle where thatch grows.

খেৰেউ, a. জোথা সুতা, coarse and short thread.

খেৰেচ, a. নিচ, সামান্য, লেতেৰা, low, vile, mean, filthy, untidy.

খেৰেপাখেৰেপ, a. মুতৰ নিচিনা দুৰ্গন্ধ, offensive in smell like urine.

খেল, s. ৰজাৰ বিসেস বিসেস কামৰ নিধাৰিত মানুহৰ ভাগ, তাচ পাস আদি ওমলা বস্তু, a class, a division of the people set apart by the king for some particular work; a game, a play.

খেল্ কৰা, s. ওমলা, ধেমালি কৰা, কথা গমা, play, sport, a game of chance.

খেলখেদা, s. চাল পাহ আদিৰ খেল কৰা, playing a game of chance.

খেলখেলকৰে, ad. খলখল কৰি, চেক্‌চেক্ কৰে, ৰবকৈ, loudly, boisterously, vociferously.

খেলখেলাই, v. ৰবকৈ হাঁহি, to laugh boisterously.

খেলনা, s. লৰাই ওমলা বস্তু, playthings, toys.

খেলনাও, s. পানিত ৰঙ্গ কৰি ফুৰা পাতল নাও, a pleasure boat.

খেলমেল, a. জেটপেটি, অলপ আওডালি ধোআ, বেমেজালি, confused, mixed, thrown together in disorder, half washed, roiled.

খেলা, s. ৰঙ্গ ধেমালি, play, sport, amusement.

খেলি, v. উমলি, ধেমালি কৰি, খেলত পাৰ্গত হোআ, কথা গমি মানুহ, to play, to sport; a. expert at play or games, far seeing.

খেলিমেলি, s. জুৰ লগা, উথলথুগুল লগা, অথিৰঅথিৰ, confusion, perplexity, uncertainty.

খেলুআ, a. একে খেলৰে, খেলি, belonging to a khel or class, playful.

খেলেপাই, a. সমুলি, আটাইবোৰ, every, each.

খেলোআ, a. খেল কৰা, ধেমালি কৰা, engaged in play, sporting &c.

খেৱা, a. পাৰি দিয়া, খোআ, পাৰ হোআ, crossed, passed over.

খেৱালি, s. খেও দিয়া জাল, a cast net or one thrown by hand.

খেহ, s. পুব ফালৰ এক দেস, চিনা দেস, খেহ লোক, China, the Chinese.

খেহকগিয়া, a. কহুৱা, ঘনে কাহি থকা, having a cough.

খেহৰজিয়া, s. চহা মানুহ, সমান্য মানুহ, a common labourer who lives at the house of another.

খেহেটা, a. লেতেৰা, জেগেলা, unclean, untidy, slovenly.

খেহেৰ খেহেৰ, s. কাহি থকা সব্দ, the noise of continuous coughing.

খৈমাটি, s. বগা মাটি, chalk.

খৈয়া, *s.* ভাত কাপৰিয়া চাকৰ, বনুআ, a labourer who works for food and clothes, a labourer.

খৈৰ, *s.* এবিধ জগঁয়া কাঠ, a tree held sacred by the hindoos.

খোআ, *a.* ভোজন কৰা, মিলি পৰা, নিপাৰলৈ পাৰি দিয়া, eaten, fitted, joined or matched, crossed over a stream.

খোআলোআ, *s.* সংসর্গ, গ্রিহ বাস, cohabiting, living together.

খোআবোআ, *s.* প্রবর্ত্তন, ভোজন, manner of living, eating and drinking.

খোআখুই, *s.* কামোবা কামুৰি, দুয়ো একে লগে ভোজন কৰা, fighting or devouring each other, eating together.

খোক, *s.* চুক, সৰু খোঁটালি, a corner, a recess.

খোঁকা, *s.* বাঁহৰ মাচ ধৰা সৰু জন্ত্র, a small bamboo trap for catching fish.

খোকা পতা, *s.* মাচ ধৰিবলৈ খোকা পতা, পাবলৈ আসা কৰা, setting the above, figuratively the hope of obtaining anything.

খোঁকোজা, *s.* সংসই, আসঙ্কা, খুঁকুৰি, মুখত ভালকৈ নহা, fear, doubt, hesitation in reading or repeating anything.

খোঁচ, *s.* জোঙ্গা মাৰিবে বিন্ধা, হান মৰা, a stab, a thrust.

খোঁচনি বাৰি, *s.* মানুহ খৰি দিয়াত লৰোআ মাৰি, a bamboo stake used in turning dead bodies when burning.

খোঁচনি বিন্ধনি, *s.* পেট কামোবা ৰোগ, a griping pain in the bowels.

খোচৰ, *s.* কৰিবলৈ টান, জোঁট বন, difficult, requiring close application.

খোঁচৰা, *a.* উজৰা, মাটি চহোআ, stirred, loosened, investigated.

খোঁচা, *a.* হান মৰা, খোঁচ মৰা, জোঙ্গ আদিৰে গোঁজ মৰা, pierced, punched, thrust through.

খোঁচা মৰা, *s.* চালত খেৰেৰে বিন্ধা মৰা, মাজে মাজে কৰা বন, গোঁজা মৰা, inserting thatch to repair a roof, piercing, thrusting &c.

খোঁচাৰি, *v.* উজাৰি, তলৰ পৰা জোকাৰি, পিট খাই থকা বস্তু উজাৰি, to stir up, to loosen, to open out.

খোঁচোনা, *s.* মেটেলি, কঁকালত চুৰিয়া টানি পিন্ধা খোঁচ, the fastenings or ends of the waist cloth.

খোঁচোৰা, *s.* উজৰা, খোঁচাৰি পোলোআ, গোঁজা মৰা, digging or scratching the ground, as fowls.

খোঁট মৰা, *a.* ঠোঁটেৰে কামোৰা, খোঁটা, bitten, pecked.

খোঁটালি, *s.* খোঁটালি, ঘৰৰ ভিতৰৰ ভাগ, a room, an apartment.

খোকোৰা দোদোৰা, *a.* বৰকৈ ভগা ফুটা, broken, defaced, battered, dinted.

খোখোআই, *v.* খোনাই খোখোকৈ থকা, to stammer from anger or an impediment in speech.

খোচখোচাই, *v.* খৰ্খৰাই, খোচমোচাই, to make a low rustling sound.

খোজ, *s.* ভৰিৰ তলুআৰ চিন, ভৰিৰ গতি, a foot print, the space passed over by the foot in walking or running.

খোজ কাৰ্হি, *v.* বাট বোলা, গতি কৰা, গমন, to walk, to go afoot.

খোজনিয়াৰ, *s.* মগনিয়াৰ, পৰৰ বস্তু খুজি খোআ, a beggar, a supplicant, one who lives on alms.

খোজলৰা, *s.* জাক ফুৰা, গৰুএ সিঙ্গাৰ কৰা, পথাৰ ফুৰা, having the range of a flock, as a bull or ram.

খোজা, *s.* মগা, জায়া কৰা, ইচা কৰা, begging, desiring; *a.* asked for, requested in marriage.

খোজাবৰ্হী, *s.* ধন বস্তু দি চোআলি খোজা, খাৰু মনি পিন্ধাই থোআ, asking for a girl and placing on her the usual ornaments.

খোদখোদাই, *v.* অলপ পানিত ভৰিৰে খচকি ঘোদলা, to roil, to stir up, to make muddy.

খোদালনি, *s.* ঘোদালি পেলোআ পানি, বোকা কৰা পানি, ঘোদা, muddiness, turbidness, foulness.

খোনা, *a.* কথা কওঁতে খোখোআই কোআ, হেঁকটিয়াই কোআ, stammering; *s.* a stammerer, a stutterer.

খোনো, *pron.* খেনো, কোনো, some one, some body.

খোপ, *s.* খাঁকি, আখি, চৈহ, a shoulder or notch cut in one timber to hold another, the notches in a stiok used as a ladder, anger or secret revenge.

খোপনি, *s.* নখ পুতি ধৰা, pressing in the toes in walking with care not to slip.

খোপনি পুতি, *v.* ভৰিৰ নখেৰে খামোচ মাৰি ধৰা, সদাই এক্কে ঠাইত থকা, to stand one's ground, to make a stand, to press down the toes and guard one's self from slipping.

খোপা, *s.* চুলি গোটাই বন্ধা, a bunch of hair bound in a knot on the crown or behind the head, a crest.

খোব লগা, *s.* মুখ লগা, বস্তুত পৰৰ লোভ লগা, the looking with an evil eye on the things of others, supposed to be attended with evil to the latter.

খোৰ, *s.* সৰু খাল, তৰজুআ গাঁত, a shallow pit, a cavity.

খোৰ লোআ, *s.* বুজ লোআ, জন্তু আদিএ ঠাই লোআ, the understanding of an affair, the act of burrowing, making a place of resort.

খোৰা, *a.* লেঙ্গেৰা, পেঙ্গা, lame, crippled, unsound in limb.

খোৰাই, *v.* লেকেচিয়াই, ভালকৈ খোজ কাঢ়িব নোঅৰা, to limp, to walk lame, to halt.

খোৰোঙ্গ, *s.* গুহা, খোৰ. ধোন্দ, a cavity, a hollow in a tree, a fissure.

খোৰোচা, *s.* চোঁচনি গাঠি, a slip knot.

খোল, *s.* বাদ্য বিসেস, কল পটুআৰ পাত্র, a kind of drum, a dish extemporized from the stalk of the plantain, a hollow.

খোলনি, *s.* কাঠ বাঁহত দিয়া বিন্ধা, a hollowing out, a mortise.

খোলা, *s.* মাটিৰ পাত্রৰ ভগা ডোখৰ, সাহ নাইকিয়া বাহ বা গুটি, a bit of broken earthen vessel, blasted or immature grain, an empty cocoon, mortising or hollowing out.

খোলাকটি, *s.* মাটিৰ পাত্রৰ সৰু সৰু ডুখৰি, pieces of broken earthen vessel.

খোলাচপৰিয়া, *s.* তিল গুৰ দিয়া পিঠা, a kind of pastry.

খোলাগুলোআ, *a.* টকলা, একো নাইকিয়া হোআ, empty, having nothing.

খোহমোহ, *s.* অন্ত, আঁত গুৰি, উৰাদিহ, the particulars from first to last; with লগা, doubt, indecision, perplexity.

খোহা, *s.* এডখৰ জোৰা, দিয়া, খোঁচা মৰা, a splice, lengthened by &c.

খোঁ, *s.* খোক, খাঙ্গ, সৰু টৌম বিসেস, a kind of small basket.

খোঁখোঁ, *ad.* চোঁচোঁ কৰে, পানি বৰকৈ পৰা, pouring rapidly.

ক্ষত, *s.* ঘা, কটা ঘা, a cut, a wound, a hurt.

ক্ষত বিক্ষত, *a.* বহু ঘা লগা, covered with wounds, sorely wounded.

ক্ষতি, *s.* হানি, অপকাৰ, নষ্ট কৰা, injury, loss, hurt, damage.

ক্ষন, *s.* নিমিস, অতি অলপ কাল, a period of four minutes, also a moment of time, an instant.

ক্ষনিক, *a.* খন্তেকিয়া, অলপিয়া, brief, evanescent, momentary.

গ

গ, গকাৰ, অহঙ্কাৰ, গঁফ, the letter *g*. It has uniformly the hard sound as in *gun*.

গইনা, *s.* আসুই, সহাই, a refuge, protection, a place of safety.

গঁঠিয়া, *a.* গাঠি থকা, বাঢ়িব নোঅৰা, গাঁঠিৰ ৰোগ, knotty, having joints, stinted in growth; *s.* a disease of the joints.

গঁতা, *a.* ডিঙ্গিত ধৰি হাতেৰে ঠেলা, siezed by the neck and thrust violently.

গঁতিয়াই, *v.* ডিঙ্গিত ধৰি হেঁচি নিয়া, to sieze by the neck and thrust.

গঁফ, *s.* অহঙ্কাৰ, ঠেহ, pride, scorn, disdain, haughtiness.

গঁফাল, *a.* ঠেহাল, গৰ্ব্বি, proud, scornful, haughty.

গফিয়াগঁফি, *s.* ঠেহেৰা ঠেহেৰি, গপিআগপি, mutual scorn, estrangement.

গয়া, *s.* গাঁৱলিয়া, গাঁৱত থকা, a villager; *a.* belonging to a village.

গৰ, *s.* এবিধ বন জন্তু, a rhinoceros.

গঁৰলিয়া, *a.* গঁৰলে ধৰা, ডিঙ্গি ডাঙ্গৰ হোআ, having a large neck.

গঁৰাল, *s.* জন্তু আদি থোআ বেৰা ঠাই, a fold, an enclosure, a pen.

গঁৰলা, *s.* বেৰৰ খবুআৰ তলত দিয়া বাঁহ, a bamboo placed under a partition to prevent rotting.

গ কৰি, *v.* অহঙ্কাৰ কৰা, গৰ্ব কৰা, to indulge in pride, arrogance &c.

গকাৰ, *s.* গবন, the letter গ, or any character representing its sound.

গগন, *s.* আকাস, সুন্য, the sky, the firmament, space.

গগন মণ্ডল, *s.* আকাস মণ্ডল, the circle of the heavens.

গগনা, *s.* বাঁহৰ মুখ বাদ্য বিসেস, a small musical instrument of bamboo.

গগলা, *s.* আঙ্গুলি উখহা ৰোগ এবিধ, a disease of the fingers.

গগৈ, *s.* আহোম ডাঙ্গৰিয়াৰ পুত্ৰ নাতিৰ সম্বোধন, a title or address of persons of rank among the Ahoms.

গঙ্গা, *s.* ভাগিৰথি নদি, the river Ganges, said in the hindoo shasters to run in three streams, viz, the heavenly Ganges, the earthly Ganges, and the Ganges of the lower regions.

গঙ্গাজলিয়া, *a.* জলজলিয়া, নিৰ্মল, বগা, sparkling, glistening, clear, white.

গঙ্গাধৰ, *s.* সিৱৰ এক নাম, literally the holder of the Ganges, a name of Hiwo, given because he is said to have held the Ganges a thousand years in the matted hair of his head.

গচ, *s.* ব্রিক্ষ, অব্যই সব্দ, a tree, applied to things long and slender.

গচকনি, *s.* গৰকনি, ভৰিৰে খচকা, the act of trampling under foot.

গচকা, *a.* খচকা, গৰকা, খোজ পৰা, trampled under foot, trodden down.

গচকি, *v.* ভৰিৰে খচকি, to tread, to trample.

গচনি, *s.* কাঠনি, জাবনি, a woodland, a forest, a thicket.

গচা, *s.* চাকি থোআ পাত্ৰ, দিপাধাৰ, সিঙ্গাৰ কৰা, a candlestick, copulation.

গচাই, *v.* চিকোনাই, হেৰন ভগন দিবলৈ গতাই দিয়া, to weed out, to fix a valuation in case of loss or injury and make it over.

গচাল, *a.* সকত, ডাঙ্গৰ, গধুৰ, stout, large, heavy.

গচি, *s.* মুঠিধান, গচে সৈতে থোআ, paddy in the straw.

গচিভঁৰাল, *s.* ধানৰ ডাঙ্গৰি থোআ ভঁৰাল, a granary for unthreshed grain.

গচোআ, *a.* নিৰোআ, গতাই দিয়া, thinned or weeded out.

গচোআই, *s.* গচত উঠিব পৰা মানুহ, গচুআ, নিৰোআই, one who can climb; *v.* to cause to be weeded.

গজ, *s.* হাঁতি, দুহতিয়া, মাৰি বা লোৰ সলি, an elephant, a yard, a yard measure, a roasting spit.

গজগজিয়া, *a.* ডহডহিয়া, ডাঠ, খামপোতা, firm, stiff, decided.

গজগতি, *a.* থিৰ গমন, হাতিৰ খোজ, গহিনকৈ গতি কৰা, having an elephant's slow and measured geit, slow paced.

গজগ গজঙ্গ, *s.* গুমুহ গুমুহ খোজ, গোৰোআ মাৰি জোআ a stately gait.

গজদন্ত, *s.* হাঁতি দাঁত, an elephant's tusk, ivory.

গজন, *s.* মাটিত গজা গচ আদি, গজালি ওলোআ, sprouting, a general term for whatever sprouts and grows out of the earth.

গজমুকুতা, *s.* হাঁতি দাঁতত হোআ মুক্তা, a very large pearl fabulously said to be produced in the head of an elephant.

গজমুৰা, }
গজমুৰিয়া, } *a.* হাঁতি মুৰা, সিঙ্গ নাইকিয়া, দুৰ্কঁপলিয়া, খাইমুৰা, having an elephant shaped head; *s.* a hornless cow, a bad omen, a term of abuse.

গজলা, *a.* গজাল মৰা, nailed, fastened with nails, pegs &c.

গজলিয়া, *a.* ডেকা, নকৈ হোআ, youthful, fresh.

গজা, *a.* গাজ মেলা, গুটি ফুটি ওলোআ, sprouted, germinated.

গজাগোমৰা, *s.* মেঘে গিৰ্গিৰি সব্দ কৰা, গাজনি মৰা, thunder, bellowing, a rumbling of the bowels.

গজাল, *s.* লোৰ খুঁটি, a nail, a tack, a peg.

গজালি, *s.* কোঁহোৰা, কুঁহি, গজাল মৰা, a sprout, a twig; *v.* to nail.

গজি, *v.* গাজ ধৰি, ফুটি ওলোআ, to sprout, to germinate, to shoot forth.

গজিন্দ্ৰ, *s.* গজেন্দ্ৰ, বৰ হাঁতি, বৰ সকত, the name of a fabulous elephant.

গজিন্দ্ৰ পুৰুস, *s.* হাঁতি জেন মানুহ, a person of great size and strength.

গজোআ, *s.* পচোআ, গজিবলৈ দিয়া, causing to sprout.

গঞ্জ, *a.* ডাঠ, ঠাহ, নিসন্ধি, thick, close together, packed.

গণ্ড, *s.* গঁৰল, গলৰ ঘটিকা, the goitre, the cheek bone, the cheek.

গণ্ডগোল, }
গণ্ডঘোল, } *s.* গোলমাল, হুলস্থুল, a tumult, an uproar, a mob, an insurrection, a mutiny.

গণ্ডপ, *s.* গপ, অহঙ্কাৰ, দম্ভ, pride, arrogance, ostentation.

গণ্ডপি, *a.* গঁফাল, অহঙ্কাৰি, arrogant, boastful, obstreperous.

গণ্ডলিকা, *s.* বৰ কথা, দম্ভালি, arrogant, boastful or defiant language.

গণ্ডা, *s.* চাৰি কৰা, চাইটা, আঁৰা, four, four cowries, counting by fours.

গণ্ডুকি, *s.* ভাৰত বৰ্সৰ উতৰ ভাগত সালগ্ৰাম উত্পন হোআ নদি, a river in hindoostan famous for the Halogram or sacred stone found in it which is worshipped as the representation of Vishnoo.

গণ্ডুস, *s.* আচমনত হাতৰ তলুআত ধৰা পানি চলু, a handful of water held in the palm of the hand to wash the mouth.

গত, *a.* জোআ, ভুত, স্বভাও, পৰ্কিতি, past, gone, transpired; *s.* natural disposition, manner of doing.

গতকাল, *s.* জোআ সময়, ভুত কাল, time gone by, the past.

গতাই, *v.* সোধাই, লগাই, অৰ্পন কৰি, to make over, to deposit.

গতায়ত, *s.* অহা জোআ, আহি গৈ থকা, intercourse, coming and going.

গতি, *s.* গমন, আসুই, আচৰন, দসা, মুক্তি, motion, progress, condition in life, a means of deliverance, fate, final condition, the attainment of eternal bliss after death.

গতিক, *s.* ক্রম, মত, উপাই, order, succession, manner, means of doing.

গতিকে, } *ad.* দসাৰে, ক্রমে, দস্তুৰেৰে, somehow, some way, by some
গতিক্রমে, } means.

গতিমতি, *s.* স্বভাও, ভাল বেয়া স্বভাও, a good or bad disposition as manifested by the actions.

গতিহিন, *a.* গতি ৰহিত, motionless, helpless, without relief.

গতে গতে, *ad.* ঠিকেঠাকে, বুজিবাজি, আঁতে আঁতে, exactly, carefully.

গতোআ, *a.* সোধোআ, সমৰ্পন কৰা, deposited, made over, delivered up.

গদ্‌গদ্ বাক্য, *s.* আনন্দত বা দুখত মাত ফুটাই কব নোৱৰা, speech interrupted by sobs or extreme joy.

গৰ্দভ, *s.* গাধ, an ass, a donkey.

গদলা, *a.* মেটা, সৰপা, দগা, হাতি ঘোঁৰাৰ পিঠিত দিয়া দলিচা, dilatory, slow, a cloth spread under a saddle or elephant's guddy.

গদহা, *a.* ডাঠ, মঙ্গহ থকা, fat, plump, fleshy.

গদহা গদহ, *s.* ডোখৰ ডোখৰ, গেধেমা, a chunk, a short thick piece.

গদা, *s.* অস্ত্র বিসেস, চিতল মাচৰ পিঠি, a mace, a club, the back of the *sitol* fish.

গদাধৰ, *s.* আচাম দেসৰ এক ৰজাৰ নাম, কৃষ্ণৰ এক নাম, the name of a king of Assam, a name of Khrishna the bearer of a club.

গদিয়াই, *v.* হাতৰ কোস বা দাৰ পিঠিৰে মৰা, to beat with the back of a knife or sword or the lower part of the hand.

গদ্যৰচনা, *s.* চন্দ নোহোআ কথা, জোঁটোআ, prose writing, prose.

গধুৰ, *a.* পাতল নোহোআ, ভাৰি, গহিন, গম্ভিৰ, চিন্তিত, heavy, weighty, momentous, serious, sad.

গধুৰালি, *a.* গহিন ভাও, sedate, sober, staid, grave.

গধুলা, } *s.* সন্ধ্যা, বেলি মাৰ জোআ, evening, sunset.
গধুলি, }

গধুলি গোপাল, *s.* ফুল এবিধ, a flower that blossoms at evening.

গধুলি বেলিকা, *s.* মুনিচুনি সময়, গধুলি, towards evening, dusk, twilight.

গন, *s.* বর্ন, প্রকাৰ, সমূহ, বিলাক, a genus, a class, a multitude.

গনক, *s.* জোতিসিয়া, জাতি এবিধ, a fortune teller, an astrologer, a calculator of nativities.

গনগন, *s.* পকা ঘৰত মাতিলে কন্‌কনাই জোআ সব্দ, a reverberation, a concussion of sound.

গনতি, *s.* নেওতা, গননা, হিচাব, a numbering, reckoning; with কৰি, to count, to number, to reckon.

গননা, *s.* গনন, গনতি, লেখ, arithmetic, a calculation, a number.

গনপতি, *s.* সিব পুত্র, গনেস, a ringleader, a name of Gonesh.

গনা, *a.* লেখা, ভবা, মনা, reckoned, counted, esteemed.

গনাগন, *a.* গননা কৰা, মনা বা মান্য কৰা, reckoned, counted, esteemed; with a negative regardless of fear or favour.

গনাগুথা, *s.* ভবা, চিন্তা, গুপ্ত ভাবে কোআকুই কৰা, secret conversation about the probabilities of some rumour or event.

গনি, *v.* গনন কৰি, লেখি, গোটাই, মানি, to count, to add up, to enumerate, to calculate, to esteem, to account.

গনিকা, *s.* বেস্যা, নটি, a harlot.

গনিত, *s.* লিখিত, লেখ কৰা, জোতিস পুথি, আঁকৰ পুথি, enumerated, counted; *s.* the title of a treatise on astrology, arithmetic.

গনেস, *s.* সিব পুত্র, বিঘিনি নাসক, the elephant headed deity, Gonesh.

গন্ধক, *s.* খহুআ গন্ধক, brimstone, sulphur.

গন্ধকলাই, *s.* কস্তুৰি, গান্ধ পহুৰ নাভিৰ তলত থকা সুগন্ধি বস্তু, musk.

গন্ধচন্দন, *s.* জাতি চন্দন, বগা চন্দন, a kind of sandal wood or perfume.

গন্ধতেল, *s.* সুগন্ধি তেল, আতৰ আদি, perfume in general.

গন্ধৰস, *s.* সুঘ্রানি ৰস, myrrh.

গন্ধর্ব্ব, *s.* উপদেৱতা, স্বর্গৰ গায়ন, a demigod, the fabled choristers of the hindoo heaven.

গন্ধর্ব্বি, *s.* অপেস্বৰা, গন্ধর্ব্বৰ তিৰোতা, fem. of the above, the female dancers or courtesans of the hindoo heaven.

গন্ধসৰই, *s.* গোন্ধোআ কাঠ এবিধ, the Sassafras tree, the timber of which is much used for boats.

গন্য, *a.* গননিয়, লেখ লব লগা, প্রধান, numerable, calculable.

গপ, *s.* অহঙ্কাৰ, গর্ব্ব, অনর্থক কথা, বোহ, an idle tale, vain boasting, idle talk, mere chitchat.

গপগপিয়া, *a.* একে ৰাহে থকা, মধ্যম ৰূপ তাপ, burning, raging.

গপগপনি, *s.* গুলগুলনি, a burning sensation as in fever.

গপা, *a.* চিন্তা কৰা, গুনা ভবা, considered, thought over or reflected upon.

গপাই, *v.* গাপ দি, আবুৰকৈ, গ-কৰি, to swell or sprout seed previous to sowing, to be reserved or sullenly silent.

গপাগপি, *s.* দুইকো দুয়ে গপ কৰা, a mutual estrangement.

গপি, *v.* বিবেচনা কাৰি, গঁফাল, to think, to consider; *a.* boastful, proud.

গপিপিঠি, *v.* চিন্তি, ভাবি, আগপাচ চাই, বিবেচনা কৰি, to think over, to revolve in the mind, to look at on all sides.

গপিয়া, *a.* অহঙ্কাৰি, গোঙ্গোৰা, disdainful, scornful, reserved.

গপিয়াগপি, *a.* গেঁখেলা গেঁখেলি, ঠেহেৰা ঠেহেৰি, disdainful, estranged.

গপোআ, *a.* গাপ দিয়া, আবুৰ কৰা, swollen, sprouted, reserved, secret.

গভাইত, *s.* প্রজোজক, চুৰ আদি কৰিবলৈ পাচোঁতা বা উপাই দিওঁতা, an instigator, aider or abettor of crime.

গভুৰা, *s.* মতা লৰা, মুনিহ লৰা, a male child.

গম, *s.* সঁজ্ঞাল, উমান, বুজ, an intimation, a hint, a perception, an indistinct idea or conception, apprehension.

গমগমিয়া, *a.* গহিন লগা, ভয়ঙ্কৰ, cheerless, gloomy, dismal.

গমন, *s.* খোজ কৰ্হা, গতি, সঙ্গম, স্ত্রি ভোগ, the act of going, motion, march, progress, coition.

গমনাগমন, *s.* জোআ অহা, intercourse, going and coming.

গমহ, *s.* গধুৰ খোজৰ সব্দ, a stamping, the sound of heavy footsteps.

গমা, *a.* ভবা, চিন্তা, অনুমান কৰা, thought over, reflected upon, imagined, conceived in the mind.

গমাৰি, *s.* কাঠ এবিধ, an ornamental tree, (gmelina arboria.)

গমি, *v.* ভাবি, চিন্তি, অনুমান কৰি, to think, to reflect, to conceive of.

গম্য, *a.* ভাবিব লগা, accessible, practicable, attainable, passable.

গভৰ, *s.* ভিতৰ, গহ্বৰ, অন্তঃপুৰ, an enclosed and sheltered place.

গম্ভিৰ, } *a.* গহিন, দ, গধুৰ স্বভাও, deep, profound, grave, sober,
গভিৰ, } stern.

গয়া, *s.* তির্থ থান বিসেস, a city in Behar, a place of pilgrimage.

গৰ, *s.* ধাম, ধৰনি, বৰ চাপ, আস্রয়ৰ ঠাই, a sleeper or support of a superstructure, a wall, a breast work, a fort, a stronghold.

গৰকা, *a.* খচকা, তাঁতৰ ভৰি দিয়া বাৰি, কেৰ্কেটুআ আদি মৰা চিটিকা, trodden down; *s.* the treadles of a loom, a trap.

গৰকি, *v.* খচকি, হেঁচি, to trample, to tread down.

গৰখাবৈ, *s.* বৰ চাপৰ খাল, a trench about a fortification.

গৰখিয়া, *s.* গৰু ৰখা লোক, a cow keeper.

গৰ্‌গৰনি, *s.* হোহোঅনি সব্দ, পানি ডকাৰ মাত, a roar, as of a tempest or of falling water.

গৰগৰ্হা, *s.* লো কাঁহ আদিৰ মঁজুলি কৰা, a worker in metals.

গৰঙ্গ, *s.* পানি অনা বাঁহৰ দিঘলিয়া চুঙ্গা, a piece of bamboo of several joints, used for carrying water.

গৰজোআ, *s.* মৈথুন কৰা, সগ খোআ, the sexual embrace, copulation.

গৰল, *s.* ডিঙ্গি ডাঙ্গৰ হোআ ব্যাধি, গলগণ্ড, the goitre.

গৰলবিহ, *s.* বৰ বিহ, a deadly poison.

গৰা, *s.* খিয় চাপ আদি, নৈৰ পাৰ, steep, precipitous; *s.* a bank.

গৰাই, *v.* গোটাই, চপাই, থুপাই, হেঁচুকি, দমাই, to gather together, to heap up, to pile up.

গৰাকান, *s.* গৰাৰ দাঁতি, গৰাৰ কাস, the side of a bank or steep place.

গৰাকি, *s.* অধিকাৰ, স্বামি, পতি, owner, proprietor, keeper, head.

গৰাগৰ, *a.* গোটাগোট, নভগা নিচিগা, whole, entire, unbroken rice.

গৰাহ, *s.* ভাতৰ গ্ৰাস, গ্ৰাস, as much rice or other food as may be pressed together by the fingers for a mouthful, swallowing.

গৰিয়া, *s.* মচলমান, জবন, বন কৰিব নোআৰা গৰু আদি, নুফুটা ধান, a mussulman or follower of Mahommed, an ox that wont work, paddy that remains unparched over strong heat.

গৰিয়া আলু, *s.* ৰঙ্গা আলু এবিধ, a species of sweet potato.

গৰিহনা, } *s.* নিন্দা, বেয়া বোলা, নেওচা দিয়া, rebuke, reproof, reprehension; with কৰি, to upbraid, to reproach, to chide.
গৰিহা, }

গৰু, *s.* গো, ধেনু, মুৰ্খ, a cow or ox, a simpleton.

গৰুআ, *s.* মাচ এবিধ, a species of fish.

গৰুআ গলা, *a.* বৰ গাল, ওফোন্দা গাল, sullen, morose, surly.

গৰুড, } *s.* পক্ষিৰাজ, বিষ্ণুৰ বাহন, in hindoo mythology the bird and vehicle of Vishnoo, being something between a man and a bird, and regarded as the regent of birds.
গৰুণ্ড, }

গৰুনপখি, *s.* গচত হোআ কাঠফুলা, গৰুণ্ড, ধান এবিধ, a vegetable fungus on plants or trees, the vehicle of Vishnoo.

গৰুনগৰুন, *a.* দেখিলেই দুৰ হবলৈ কোআ, দেখিব নোআৰা, ordered out of sight, detestable, hateful to the sight.

গৰৈ, *s.* মাচ এবিধ, a species of fish.

গৰৈমুৰি, *s.* নাৱৰ তলত পৰা গৰ, গৰমুচি, the moveable supports of a floor in the bottom of a boat.

গৰোআ, *a.* গোটোআ, দমোআ, gathered together, heaped, piled.

গৰ্গৰিয়া, *a.* গৰগৰাই উঠা, খাই যৈ সকত বা ত্রিপ্তি হোআ, boisterous, roaring, satisfied and strengthened by eating.

গৰ্জন, *s.* মেঘৰ সব্দ, বৰ ডাবি, thunder, tumult, roaring or bellowing.

গৰ্জা, *a.* গৰ্জা, মেঘে সব্দ কৰা, thundering, roaring, bellowing, growling.

গৰ্জি, *v.* গাজি, সবদ কৰি, to roar, to thunder, to rumble, to rage, to scold.

গৰ্ত, *s.* গাঁত, খাল, a cave, an excavation, a pit.

গৰ্ব, *s.* অহঙ্কাৰ, গপ, pride, arrogance, haughtiness, scorn.

গৰ্বি, *a.* অহঙ্কাৰি, গপি, arrogant, haughty, scornful.

গৰ্বালি, *a.* গঁফ কৰা, অহঙ্কাৰি, proud, vain-glorious, haughty.

গৰ্ভ, *s.* পেট, পেটত থকা লৰা চোআলি, ত্রিনৰ গজালি বা কেঁও, ভিতৰ, মাজ, a foetus, embryo or unborn child, the belly, the womb, the spatha of a plant, the inside, the middle.

গৰ্ভধাৰন, *s.* পেট হোআ, গাভিনি হোআ, conception, pregnancy.

গৰ্ভনাৰেজা, *s.* পেটৰ ৰোগ, abscess, a disease of the bowels.

গৰ্ভপাত, *s.* গৰ্ভস্রাব, গৰ্ভ নষ্ট হোআ, a miscarriage, an abortion.

গৰ্ভৱতি, *a.* গৰ্ভ হোআ স্ত্রি, গা নৰিয়া, গা পৰসিয়া, pregnant, with child.

গৰ্ভাসয়, *s.* মনৰ ভাব, বা আসই, the secrets of the mind.

গৰ্হ, *s.* ঠান, আক্রিতি, নিচিনা, ৰূপ, নকচা, likeness, similarity, resemblance.

গৰ্হনি, *s.* গৰ্হাৰ বেচ, বস্ত সজাৰ বেচ, the price paid for making or repairing brazen or metal vessels.

গৰ্হা, *a.* নিন্দা বা বিগতি কৰা, সজা বা নিৰ্মান কৰা, censured, forged.

গৰ্হিত, *a.* নিন্দনিয়, নিন্দিত, সুঅনি, দেখিবলৈ ভাল, ঠগি, despicable, handsome, comely, beautiful.

গৰ্হিয়া খোআ, *a.* গালি খাই ফুৰা, treated with scurrility and abuse.

গৰ্হোআ, *s.* কৰোআ বা সজোআ, forging, working in metals.

গল, *s.* কণ্ঠ, ডিজি, টেটু, the neck.

গলগণ্ড, *s.* গঁৰল, ডিজি ডাঙৰ হোআ, the goitre.

গলগ্রহ, *s.* কলগুহ, ডিজিৰ পৰা নেৰোআ, *lit.* fastened to the neck, *i. e.* involvement in difficulty.

গলগলিয়া, *a.* গহিন মাত, বৰ পকা, speaking in the throat, hoarse.

গলচেপা, *s.* ডিজি চেপা, টেটুত টেপা মৰা, throttling or strangling.

গলধন, *s.* চুঁট, গলৰ ওপৰ ভাগ, নাৱৰ টিঙৰ গুৰি, the upper part of the neck, the prow of a boat.

গলধা, *s.* কুঁহিয়াৰ সালৰ ভিমৰ ওপৰ ধৰা কাঠ, the beam in which the screw of a sugar mill revolves.

গলপাপৰি, *s.* গলকম্বল, গৰুৰ গল বিচনি, the dewlap of cattle.
গলপতা, *s.* স্ত্রিৰ কন্ঠৰ অলঙ্কাৰ, a neck ornament worn by women.
গলবেৰা, *s.* গলত হোআ ব্যাধি, a disease of the neck.
গলমনিকা, *a.* কন্ঠৰ ৰেখা, ফাটো এবিধ, having a stripe around the neck; *s.* a species of parrot.
গলয়া, *s.* নাৱৰ আগোআল, one who manages the prow of a boat.
গলহুঙ্কাৰ, *s.* গলৰ সব্দ, গল হেঁকাৰি, the sound of hemming or hawking from the throat.
গলহেঙ্গেৰা, *s.* ডিঙিত হোআ ৰোগ, a disease of the throat.
গলহেঙ্গোআ, *a.* ডিঙিত খোআ বস্তুএ ধৰা, খজুউআ, a choking or strangling, caused by some obstruction in the throat.
গলাগোপা, *s.* ভবা চিন্তা, পৰামর্স কৰা, মনে মনে আলচা, holding secret consultation.
গলিয়াই, *v.* গাল মাৰি, to toss food into the mouth.
গলিয়াগলি, *s.* গালি পৰাপৰি, mutual abuse.
গহৰা, *a.* নপচোআকৈ গজা, অপুনি গজা, self sown, self produced.
গহন, *a.* অতি হাবি, গহিন, নিবিস্তবন, impervious, thick; *s.* a forest.
গহ্বৰ, *s.* গম্ভিৰৰ পর্বতৰৰ গুহা, a cave, a deep valley, a secluded arbor.
গহৰি, *s.* বিলম্ব, হেলা, delay, procrastination.
গহিন, *a.* গম্ভিৰ, গধুৰ, deep, grave, profound.
গহিনালি, *a.* গধুৰালি, থিৰ স্বভাও, slow in answering deciding or doing.
গাঁও, *s.* গ্রাম, a village.
গাঁওপৰিয়া, *a.* গাঁৱৰ সমন্ধিয়া, গাঁৱৰ পদপি বিসেস, belonging to or holding an office in a village.
গাঁওবাৰিক, *s.* গাঁৱৰ মাজত টেকেলাৰ দৰে কাম কৰা বিসয়া, the *tekela* of a village.
গাঁওবুৰা, *s.* গাঁৱৰ মাজত প্রধান বা মুখ্য মানুহ, the head man of a village.
গাঁজি দিয়া, *a.* হেঁচি দিয়া, ঠাহি ভৰোআ, pressed down.
গাঁঠলু, *s.* টোপোলা, চুঁটিমুটি, a bundle; *a*, short and thick, chunked.
গাঁঠি, *s.* দেহৰ অঙ্গৰ জোৰা, বান্ধ, a joint of the body, a knot, a fastening; *v.* to knit, to knot, to string, to gather, to arrange.
গাঁত, *s.* গর্ত, খাল, a cave, a hole, an excavation, a cavity.
গাঁতি, *s.* কাপৰৰ বান্ধ, a knot made in tying the two ends of a cloth together.
গাঁতিয়াল, *s.* ভুত পিসাঁচৰ নিচিনা, বুৰা ডাঙৰিয়া, an imaginary inferior class of evil spirits.

গাঁথন, *s.* মনি আদি গঁথা, knitting, knotting or stringing together, orderly arrangement.

গাঁৰ, *s.* বৰ কোঁহোৰা, a large boil or abscess.

গাঁৰি, *s.* ৰথ, গাড়োখৰ, কাপৰৰ আগত তিয়াই বৈ দিয়া ডাঙৰ সুতা, a cart, a wheel carriage, a headless trunk, the rows of coarse thread woven into the ends of a cloth.

গাঁৰি পৰা, *s.* চেলেঙ্গ কাপৰৰ মাজে মাজে ডাঙৰ সুতাৰে দুই তিনি আঙ্গুলকৈ বোআ, a barred or checkered cloth having coarse threads interwoven at regular intervals throughout.

গাঁৰিমলি, *s.* খুবলি, ধান বনা কাঠৰ খোল, a large mortar for pounding out rice or paddy.

গাঁৰু, *s.* সিতান লোআ, a pillow.

গাঁৰু গিলিপ, *s.* গাঁৰুৰ মোট, a pillow case.

গাঁৰুচাক, *s.* গাঁৰুৰ তলা, the embroidered end of a round pillow.

গাঁৰো, *s.* পৰ্বতিয়া জাতি এবিধ, a mountain tribe of Assam.

গাঁৰোখোৰা, *s.* বাটি এবিধ, a kind of large metal dish.

গাঁৱলিয়া, *s.* গাঁৱত থকা, গাঁৱৰ, a villager; *a.* belonging to a village.

গা, *s.* সৰিল, দেহ, the body.

গাই, *s.* মাইকি গৰু, নিজে, পৰ্হি বা গান কৰি, a cow, each one personally; *v.* to sing, to chant, to repeat from memory.

গাইগোটা, *a.* আপুনি, সুকিয়া, নিজ, নিজা, separate, distinct.

গাইপতি, *a.* প্ৰত্যেকে, জনে জনে, প্ৰতিজনে, each, every one, severally.

গাইমুআ, *a.* ডাঁৰি নগজা মানুহ, beardless.

গা উঠা, *a.* উত্ৰাৱল, কাকো নমনা, উলহমালহ, frenzied, insubordinate.

গাওনি, *s.* গান গোআ বেচ, লোকৰ ভাল বেয়া কৈ ফুৰা, গ্লানি গোআ, wages paid to a singer; proclaiming the good or evil of others.

গাখিৰ, *s.* দুগ্ধ, ক্ষিৰ, দৈ, milk.

গাখিৰতি, *a.* দুগ্ধৱতি, বহু গাখিৰ ওলোআ, milch, giving milk plentifully.

গাজ কথা, *s.* মনত লাগি থকা কথা, গুপত কথা, the secret thoughts.

গাজৰ ৰিহা, *s.* পাটৰ বঙ্গালি ৰিহা বিসেস, তিৰোতা লোকৰ গাত লোআ বস্ত্ৰ বিসেস, a scarf of fine silk.

গাগৰি, *s.* এবিধ জল পাত্ৰ, a kind of water jar, a pitcher.

গাগৰি মৰা, *s.* কোনো আসুই পাই উভতি সাহ ধৰা, courage derived from the sense of support or protection.

গাগিনি, *s.* বৰ ফৰিঙ্গ এবিধ, a species of grass-hopper.

গাগিনিপেটা, *a.* দিঘল পেটা, পেটুআ, long-bellied like the above insect.

গা ঘৰ, *s.* নিজ ঘৰ, কোস ঘৰ, one's own house, an adjoining house.

গাঙঠি, *s.* ব্যাধি এবিধ, চিকত গুটিৰ দৰে ব্যাধি হোআ, a glandular swelling.

গাজ, *s.* গচৰ সিপাৰ গজালি, এবিধ পাতল কাপৰ, আঁত, ভিতৰ, a tender sprout, gauze; *a.* inner, secret.

গাজখৰিচা, *s.* গাজৰ খৰিচা, গাজ টেঙ্গা, a pickle of bamboo sprouts.

গাজনি, *s.* মেঘৰ গৰ্জন, thunder, any rumbling sound.

গাজি, *v.* গৰ্জন কৰি, to thunder, to rumble, to roar.

গাজি গুমৰি, *s.* ডাবি হুকি, মেঘে গাজি থকা, হুম্‌হুম্ গিৰ্গিৰি, a roaring, as of a tempest or of an angry person.

গাজি গুজা, *s.* সঁহাৰি, মানুহৰ অব্যক্ত সক সক সব্দ, an intimation, a low murmur of voices.

গাজি মাহ, *s.* চোকোৰা গুচুউআ গজা মাহ, sprouted pulse from which a kind of food is prepared.

গা জোৰা, *a.* অঁটা, সম্পুৰ্ন হোআ, sufficient to satisfy the desire.

গাঠিয়ন, *s.* গন্ধ দ্ৰুব্য বিসেস, a perfume for anointing the body.

গাদল, *a.* সৰপা, ধোদা, দগা, lazy, inactive, sluggish, mopish.

গা দাঙ্গি কোআ, *s.* গাতুলি কোআ, ঠিকৈ কোআ, affirming positively.

গাদি, *s.* দাৰ পিঠি, হাঁতিৰ ওপৰত পৰা আসন, বজাৰি বহা ঠাই, হাতৰ তলুআৰ কোস, the king's seat, an elephant's pad or howdah, the back of a knife, *daw*, &c. the lower edge of the hand.

গাদিয়া, *s.* ডাঙৰ হোআ, মন দি কাম কৰা, ability to help, giving the mind to any work.

গাদুখাই, *v.* দুখ হোআ, বেজাৰ পোআ, to regret, to be sorry or vexed with one's self.

গাধ, *s.* গৰ্দ্দভ, ভাবি, an ass, a donkey.

গাধৈ, *s.* চাঙ্গত পৰা থেঁতালি বোআ বাঁহ আদি, crushed bamboo or reeds braided for a floor or platform.

গাধোআ, *s.* স্নান কৰা, bathing or washing the body in water.

গান, *s.* গিত, singing, a song, vocal music; with কৰি, to sing, to chant.

গানিকা, *s.* গান কৰা লোক, জোৰা গোআ, a chorister, one who sings and plays on an instrument.

গান্ধকলাই, *s.* গন্ধকলাই, কস্তুৰি, musk.

গান্ধবিৰিঙ্গা, *s.* সুঘ্ৰানি বন এবিধ, lemon grass.

গান্ধি, *s.* ধান খোআ, দুৰ্গন্ধি পোক এবিধ, a species of bug.

গাপ, *s.* তাপ, তিতা বস্তু হেঁচা খালে উঠা তাপ, heat, warmth, heat from fermentation or pressure of damp substances.

গাপ লগা, *a.* গাপে ধৰা, তাপে ধৰা, heated by fermentation.

গাভৰু, *s.* ডেকেৰি, জুবতি, a grown up girl; *a.* grown up.

গাভৰু কাল, *s.* ডেকেৰি কাল, জৌৱন কাল, the age of puberty.

গাভৰুদেও, *s.* ৰজাৰ পুত্র ভাই আদিৰ তিৰোতা, a respectful title used in addressing the wives of the sons or brothers of the king.

গা ভৰুন, *a.* গৰ্ব্ভজুক্ত, গা ভাৰি, pregnant.

গাভি, *a.* গাভিয়াল, সকত, চহকি, wealthy, great.

গা ভাৰি, *a.* গা ডাঙ্গৰ, গা পৰসিয়া, গৰ্ব্ভৱতি, corpulent, pregnant.

গাম, *s.* ঘোৰাৰ খোজ, মিৰি ডফলা আদিৰ বিসয়া, the pace of a horse, the headman of several mountain tribes of Assam.

গামখাৰু, *s.* মুনিহ খাৰু, a bracelet worn by men.

গা মুৰি, *v.* গা ভঙ্গা, গা মেৰেটামেৰেটি কৰা, to stretch, to yawn.

গামোচা, *s.* গা টোকা, মুখ মচা, a towel, a napkin, a handkerchief.

গায়ন, *s.* গায়ক, গান কৰোঁতা, গানিকা, a singer, a chanter.

গায়ত্রি, *s.* বেদৰ গুপ্ত শ্লোক, বৃহ্ম মন্ত্র, চন্দ বিসেস, a sacred verse of the Rig Veda, generally repeated mentally, and considered by the brahmins too sacred to be repeated in the hearing of persons not wearing the sacred thread.

গাল, *s.* কপোল, চকুৰ তল ভাগ, কিচুমান, এবেলি গলিয়াই খোআ, the check, a little, a mouthful.

গাল ফলা, *s.* ফটা গাল, মাচ ধৰা জন্ত্র এবিধ, a bamboo fish trap.

গাল মৰা, *s.* মুখলৈ হাতেৰে নি খোআ, putting food into the mouth.

গালি, *s.* নিন্দা মাত, বেজাৰ পোআ মাত, abusive language.

গাহৰি, *s.* বৰা, সুকৰ, a hog, swine.

গাহিলা, *s.* লেহেম বা গহিন, সঞ্চয় থকা, সম্পত্তি থকা, indifferent in regard to others, wealthy, opulent.

গিজগিজাই, *v.* ঠিহঠিহাই, নসহা, নমনা, খং কৰা, to feel a sharp cutting pain in the bowels, to be impatient, to teaze.

গিত, *s.* গান, কবিতা, a hymn, a song.

গিত বাদ্য, *s.* গোআ বোআ, chanting and playing on instruments.

গিতা, *s.* সাস্ত্র এখনৰ নাম, a celebrated hindoo poem.

গিদ, *s.* গিদা, পোকৰ, মলদ্বাৰ, জোনি, the anus.

গিদকুমলি, *s.* মুলাধাৰ, a disease of the anus.

গিদাউদি, *a.* নাঙ্গট, bare, naked.

গিয়াতি, *s.* একে লগে খোআ বোআ, those who eat and drink together.

গিয়াতি কুটুম, *s.* friends, relations, kindred.

গিৰি, *s.* পৰ্ব্বত, স্বামি, অধিকাৰ, a mountain, an owner, a husband.
গিৰিএক, *s.* স্বামি, a husband.
গিৰিপ্প, *s.* বৰকৈ পৰা সব্দ, a loud report as of anything falling heavily.
গিৰিস, *ad.* গিৰিসাই, সিঘ্রে, বেগতে, immediately, quickly.
গিৰিইত, *s.* গ্রিহস্থ, গৰাকি, husband, head, proprietor, owner.
গিৰিইতনি, *s.* গ্রিহস্থৰ ঘৈনি, a wife, the mistress of the house.
গিৰ্গিৰনি, *s.* মেঘৰ মাত, পেটৰ মাত, a rumbling or rolling sound.
গিৰ্জনি, *s.* অনেকৰ হাই, বহু লোকৰ গোট, the noise of a multitude.
গিৰ্জা, *s.* ভজনা, আৰাধনা, ইশ্বৰ সেৱা, the public worship of God.
গিৰ্জাঘৰ, *s.* খ্রিষ্টিয়ান লোকৰ সেৱা কৰা ঘৰ, নাম ঘৰ; a place of worship.
গিলি, *v.* খাই, গ্রাস কৰি, to swallow.
গিলিপ, *s.* মোট, ঢাকনি, a case or cover of skin or cloth.
গিলিপ মৰা, *a.* ঢাকনি মৰা, covered; *s.* the act of covering &c.
গু, *s.* বিষ্টা, মল, গোবৰ, dung, filth.
গুৱা, *s.* গুৱা, তামোল, the betelnut.
গুআকটা, *s.* তামোল কটা, the office of betelnut cutter to a priest.
গুআমৰি, *s.* এবিধ তামোলৰ মচলা, a fragrant seed eaten with the betelnut.
গুআল, *s.* মঁহ গৰু ৰখিয়া, a herdsman, a milkman.
গুআলি, *s.* গোপস্ত্রি, গোপিনি, a milkmaid.
গুঁই, *s.* গোধিকা, জন্তু বিসেস, a reptile of the lizzard tribe.
গুঁজৰি, *v.* গৰ্জ্জ কৰি, ডাবি দি, চিঁয়ৰি, to roar, to bellow, to rumble.
গুঁজি, *v.* পুতি, খোঁচা মাৰি, to thrust into, as a stake into the ground.
গুঁফিয়া, *a.* গোফ থকা মানুহ, having a mustache.
গুচৰিয়া, *s.* গোঁচৰ কৰা মানুহ, a complainant.
গুচাই, *v.* বেয়া কৰি, দূৰ কৰি, to spoil, to remove, to put away.
গুচি, *s.* কুৰিপাত পানৰ জোকা, আঁতৰি জোআ, a bunch containing twenty leaves of the *pan;* with যৈ, to go away, to depart.
গুচুআ, *a.* দূৰ কৰা, নিলগ কৰা, নষ্ট কৰা, taken away, removed.
গুজুৰকৈ, *ad.* সৰুকৈ, briefly.
গুজুৰিয়া, *a.* সৰুকৈ কোআ, in a word, brief.
গুটি, *s.* বিজ, বাটলু গুটি, seed, fruit.
গটি ওলোআ, *s.* আই ওলোআ, বসন্ত ৰোগ, the small pox.
গুটিমালি, *s.* ফুল এবিধ, a species of flower.
গুটিয়া, *a.* অকলসৰিয়া এটিয়া, *a.* single, one.
গুটিওআ, *s.* গুটি মৰা, the shooting of clay balls with the bow.
গুটি ভঁৰাল, *s.* গটি ধানৰ ভঁৰাল, a granary for unwinnowed grain.

গুচ, *a.* গুপ্ত, অপ্রকাস, secret, concealed, abstruse.

গুদগুদনি, *s.* মনৰ ধান্দা, চিন্তনি, মনত পৰি থকা, reflection, impression.

গুদগুদাই, *v.* খুদুআই বা ধিধিয়াই থকা, চিন্তা কৰি, to feel an impression or conviction.

গুদাম, *s.* ধাতু আদিৰ নির্ম্মিত চোলাৰ গুনটি, ভঁৰাল, বেহা কৰা ঠাই, a button, a storehouse, a warehouse, a magazine.

গুধিয়া, *a.* বদিয়া, দোস থকা, নিন্দিত, of evil report, infamous.

গুন, *s.* বিদ্যা, উপকাৰ, স্বভাও, সত্ত্ব ৰজঃ তম, সমান জোখ, জস, এড়লিয়া জৰি, নাও টনা লেজু, a quality, a property, an attribute, a virtue, power, effect, knowledge; the three properties of matter, as *Sotwo* or principle of existence or truth, the *Rojo* or that of passion, and *Tomo* that of darkness and ignorance; a strand of a rope, the track rope of a boat; preceeded by a numeral it signifies fold, as চাৰি গুন, four fold.

গুন কথন, *s.* জস কোআ, গুন কোআ, praise, eulogy, panegyric.

গুনকৰ, *a.* উপকাৰক, ফলদায়ক, উপকাৰি, improving, advantageous, profitable, effectual, beneficial.

গুনগুন, } *s.* ভুনভুন, সৰু সব্দ, ভুনভুননি, the humming of bees, a
গুনগুননি, } low murmuring sound.

গুন জুগুতি, *s.* গাৰ গুন, জসস্যা, আগ গুৰি, natural quality whether good or bad, virtues or defects as shown by the conduct.

গুনঠি, *s.* পঘাৰ গাঁঠি, খান্দৰি, a loop in the end of a rope or string.

গুনন, *s.* ভাবন, চিন্তন, reflection, thought, consideration, solicitude.

গুননি, *s.* ভাবনি, চিন্তনি, concern, anxiety, solicitude.

গুনমলা, *s.* ক্রিস্নৰ গুন থকা পুথি, Khrishna's life written by Shree Hongkor.

গুনৱতি, *a.* গুনজুক্ত স্ত্রি, কান্তি, virtuous, talented, accomplished, (feminine.)

গুনৱন্ত, *a.* গুনজুক্ত, পার্গত, accomplished, estimable, talented, skillful.

গুনসিন্ধু, *s.* গুনৰ সাগৰ, the ocean of good qualities or goodness.

গুনা, *s.* ভাবি চোআ, সোনা ৰুপাৰ সৰু তাৰ, reflecting upon, wire.

গুনাকটা, *s.* গুনা কটিয়া, গুনাৰ ফুল দিয়া, one who inserts the gold or silver border; *a.* having such a border.

গুনাকটিয়া, *s.* জি সোন ৰুপৰ গুনা কৰে, a maker of wire.

গুনাকৰ, *s.* সর্ব গুন থকা, the mine of goodness.

গুনাগঁথা, *s.* ভবা চিন্তা, ভাবি ভাবি চোআ, arranging the thoughts in order, revolving in mind.

গুনাগুন, *s.* ভাল বেয়া উপকাৰ অপকাৰ, virtues and defects.

গুনাটনা, *s.* ক্লি গুনা টানে, অলঙ্কাৰ আদিত গুনা লগোআ, the person who pulls wire; *a.* ornamented with gold or silver wire.

গুনা টানি, *v.* উবাৰি কোআ, বৰ সাহ দিয়া, গুনাবলুদি, to speak out definitely, to reassure, to declare, to draw-out wire.

গুনানুচৰিত্ৰ, *s.* গুন চৰিত্ৰ, ভাল বেয়া গুনৰ বৰ্ননা, a relation of the good or bad qualities of any one.

গুনানুবাদ, *s.* গুনউক্তি, গুন কথন, praise, adoration.

গুনা পৰা, *s.* কাপৰৰ আগত গুনাৰ খেও দিয়া, the parallel lines in a gold or silver border.

গুনি, *v.* ভাবি, গুনজুক্ত, বিদ্বান, এবিধ আহুধান, to think, to reflect; *a.* possessed of good qualities; *s.* a species of paddy.

গুপগুপাই, *v.* ধুমধুমাই, দপদপাই লৰি ফুৰি, গুমুহ গুমুহ সব্দ কৰি, to make a confused clattering noise, as in running.

গুপগুপিয়া, *a.* দপদপিয়া, অতিসই, very, excessively.

গুপুত, *a.* আবুৰ থকা, লুকুউআ, secret, in disguise, incog.

গুপুতে, *ad.* গুপুত ভাবে, নজনাকৈ, covertly, secretly, privately.

গুপ্ত, *a.* গোপন, গুপুতে, নজনা আৰ, secret, private, concealed.

গুপ্তবেস, *s.* চদ্মবেস, কপট বেস, a disguise, a mask, hypocrisy, covertness.

গুপ্তবেসি, *s.* চদ্মবেসি, বহুআ, one who wears a mask, an actor, a player, a hypocrite.

গুমগুমনি, *s.* গুমগুম সব্দ, হুমহুমনি, a roaring rumbling sound.

গুমাই, *ad.* বেগাই, খৰকৈ, quickly, without delay, speedily.

গুমুনি, *s.* সাপে খোআৰ ঔসধৰ গচ, a species of tree famous as a specific for the bite of snakes.

গুৰ, *s.* চুৰা, পগাই টান কৰা কুঁহিয়াৰৰ ৰস, raw sugar, molasses treacle.

গুৰা, *s.* জাল আদিত দিয়া সিহৰ গুলি আদি, চুৰ্ন, গুৰি, the sinking weights attached to a net.

গুৰি, *s.* মুল, আদি, চুৰ্ন, নিকট, ওচৰ, নাৱৰ পাচ টিঙ্গ, the root or beginning, the first cause or source, the trunk of a tree, any powdered substance, the stern of a ship or boat, proximity.

গুৰি কথা, *s.* মুল কথা, কাৰনি, আদি কথা, cause, origin, the root.

গুৰিকৰাই, *s.* ভজা চাউলৰ গুৰি, the flour of parched rice,

গুৰি কুন্তি, *s.* নাৱৰ গুৰিৰ খোঁটালি, the stern division of a ship or boat.

গুৰিগচ, *s.* মুলৰ ঠাই, গৰাকি, আদি কাৰন, the root, owner, first cause.

গুৰিচালনি, *s.* পিঠা গুৰি চলা বাহৰ সৰু সৰু বিন্ধাৰে জন্ত্ৰ, a fine sieve.

গুৰিপৰুআ, *s.* সৰু সৰু পিপৰা, a species of small ant.

গুৰিয়াই, *v.* গোৰ মাৰি, লথিয়াই, to kick, to stamp with the foot.

গুৰিয়াল, *s.* নাৱৰ গুৰি ধৰা, কৰ্ণধাৰ, কাণ্ডাৰি, a helmsman, steersman.

গুৰু, *s.* শিখ্যক, ধৰ্ম্ম উপদেশক, a religious teacher, a spiritual guide.

গুৰুতৰ, *a.* প্ৰধান, বৰ, great, heavy, important.

গুৰুলাগুৰুল, *a.* বৰকৈ পকা, বৰকৈ কিলোআত বা খুন্দাত জোল হোআ, reduced to pulp or jelly as from over ripeness or from beating.

গুলগুলনি, *s.* গপগপনি, an inward burning sensation.

গুলগুলাই, *v.* গাপ লগা, to feel an inward burning sensation.

গুলগুলিয়া, *a.* বৰকৈ পকা, দুবিভুত, fully ripe.

গুলচি, *s.* পৰ্হি দোলাত হাতেৰে ধৰিবলৈ দিয়া জৰি, an ornamental loop or tassel belonging to a sedan or *japi.*

গুলঞ্চ, *s.* এবিধ ফুল, a species of flower.

গুলপিয়া, *a.* গোলাপ ফুলৰ বৰনিয়া, like a rose, rose coloured.

গুলাই, *ad.* অতি সৰহকৈ, পাৰে মানে, plentifully, as much as possible.

গুলাল, *s.* ফুল এবিধ, a species of flower.

গুলি, *s.* সিহৰ বাটলু গুটি, বস্তু জোল কৰি, a ball, a pill, a bullet; *v.* to mix, to dissolve in water.

গুলিউআ, *s.* গুলি মৰা, shooting or causing to be shot, dissolving in water.

গুলিয়াই, *v.* হিলৈ মাৰি, to shoot.

গুলুম, *s.* ঘোপ, গপগপনি, close, confined, pent up, without air.

গুলুম বন্ধা, *s.* ঘোপ মৰা, গপগপনি ধৰা, want of ventilation and light.

গুলৈ, *s.* জুই লগা বায়ু, মিচা পহৰ, আক এই দেশৰ মানুহে ধনগুলৈ বোলে, the ignis fatuus, supposed by the Assamese to be an evil spirit, that points out where money is buried.

গুলৈয়া নাও, *s.* বৰ হোলোঙ্গ নাও, a large canoe.

গুহা, *s.* গহ্বৰ, পৰ্ব্বতৰ গাঁত, a cave, a cavern, a grotto.

গুহ্যদ্বাৰ, *s.* পোকৰ, বহিৰ্দ্বাৰ, মলদ্বাৰ, the anus.

গেঁৰ, *s.* চৰাই পোআলিৰ নাই, গৰ্ভত থকা ধানৰ থোক, the umbilical cord of young birds, the umbilical vessels of plants.

গেৰা, *s.* মঁহৰ মতা পোআলি, a buffalo male calf.

গেজেৰি, *s.* দাঁত খিকিৰি উঠা, ডাঠ দেখুউআ, to snarl, to show the teeth.

গেজগেজাই, *v.* হুলে ফুটাৰ বেদনা কৰা, to feel pain from a thorn.

গেজা, *a.* হেঁচা, ঠেলা, pressed, shoved, pushed.

গেজ্জি, *s.* গেজেঙ্গ, দা কটাৰিৰ মালত সোমোআ ভাগ, the pointed end of an instrument that is inserted in a handle.

গেজপনি, *a.* ডাঠ, হলি পৰা হাবি, thick, dense, (as forest or jungle.)
গেজেৰা, *s.* ঠেহেৰা মাত, জোকোৰা মাত, angry retort, cutting words.
গেঠেপা, *a.* তেনেই থকা, নবৰ্হা নুটুটা, inactive, torpid, stationary.
গেঠেলা গেঠেলি, *a.* ঠেহেৰা ঠেহেৰি, ভাল মাতেৰে নমতা, mutually displeased, speaking in an angry fault finding manner.
গেঠেলুৱা, *a.* গোঠেলা মৰা, নপকা, সিধি নোহোআ, hard and unripe, applied to fruits, boils, &c. ineffectual.
গেদ, গেদনি, *s.* মেদ, মেদেনি, জেৰ, lees, dregs, sediment.
গেদগেদিয়া, *a.* মেদমেদিয়া, এলেহুআ, roiled, turbid, inactive, stupid.
গেদেৰি, *s.* বহৰ জেৰ মেদ, scum, refuse.
গেধেমা, *s.* ডাঠ, লেদ লেদিয়া, thick, blocked out, indolent.
গেনগেনোৱা, *a.* মাত ভগা, পানিজগাৰ মাত, hoarseness, a heavy voice.
গেনা, *a.* ভালকৈ মাত নুফুটা, নাকে মতা, nasal, speaking through the nose.
গেনি, *a.* ভালকৈ মাত নুফুটা তিৰোতা, a woman who speaks do. do.
গেন্ধ, *s.* গোন্ধ, গন্ধ, odor, smell, fragrance.
গেন্ধালি, *s.* এবিধ দুৰ্গন্ধিয়া, পোক, an insect of offensive smell.
গেন্ধালি সালি, *s.* সালিধান এবিধ, a species of paddy.
গেন্ধেলা, *a.* ঘিনলগা, disagreeable, hateful.
গেবাৰ, *s.* চাকৰ, কাম কৰা দাস, menial, slave, a term of abuse.
গেবাৰি, *s.* চাকৰি, দাসকৰ্ম্ম, গোলাম কাম, menial service.
গেৰগেৰ, *a.* নিচেই উম নথকা, একেবাৰে অনেক ছিলৈ আদি মৰা শব্দ, cold, chilly; *s.* a loud report as of thunder or heavy artillery.
গেৰগেৰাই, *v.* গৰ্গৰাই, to roar, to make a loud noise.
গেৰগেৰিয়া মাত, *s.* কঁফযুক্ত মাত, ডিঙ্গিত লাগি জোআ মাত, a wheezing.
গেৰাই, *v.* দমাই, লবৰ মন নে থাকিলেও হেঁচি দিয়া, to pile up, to offer, to urge the acceptance of a thing not asked for.
গেৰেকনি, *s.* বেয়া ঠাই, খিচনি, a place for refuse and filth.
গেৰেওগেথেও, *a.* খাই বৈ ভাগৰ লগা, gluttonous, eating to excess so as to feel a sense of weariness and loathing.
গেৰেকুআ তামোল, *s.* এবিধ বন তামোল, a species of small betel.
গেৰেপ, *a.* দম, ওপৰাওপৰি, ডাঠ, thick, dense, as forest or jungle.
গেৰেপনি, *s.* ডাঠ হাবি, গেজেপনি, a dense, jungle.
গেৰেম, *a.* এলেহুআ, এবিধ আহুধান, indolent; *s.* a species of paddy.
গেৰেলা, *a.* পেটাল, জন্তু এবিধ, stout, pot-bellied; *s.* a species of pole cat.
গেৰেলি, *s.* পেটুলি, a corpulent girl or woman, a term of abuse.

গেৰেহা, *a.* ভালকৈ নুশুকুআ, half-dried.

গেলগেলিয়া, *a.* ভিতৰে ৰৰকৈ পকা, পুতৰ দৰে, over ripe, rotten, putrid.

গেলা, *a.* পচা, বিৰস হোআ, rotten, decayed, putrid.

গেলি, *v.* পচি, to rot, to decay, to putrify.

গেলেপা, *a.* তাপ লগা, হেতনি খাই থকা, heated from fermentation.

গেলোৰা, *s.* গেলিবলৈ এবিধ বন মাহ, causing to rot, a species of bean.

গৈ, *v.* গমন কৰি, to go.

গৈগৈ, *v.* গমন কৰি কৰি, গৈ থাকি, to go continuously.

গৈথৈ, *ad.* মুৰকত, সেসত, পাচত, finally, lastly.

গোঁগোঁআই, *v.* ভোমোৰা আদিৰ সদ্দ কৰা, খঙেৰে বেগাই জোআ, to make a buzzing sound.

গোঁজ, *s.* জোঙ্গ, বাঁহৰ কাঠৰ খুঁটি, a stake, a peg, a pin.

গোঁজৰনি, *s.* হুমহুমনি, গুঁজৰি উঠা, a roaring sound as of beasts.

গোঁজা, *a.* গুজি থোআ, পোত, তললৈ ভিকুআ, stuck into the ground, half buried, bent down, bowed over.

গোঁজা থোআ, *a.* তললৈ মুখকৈ থকা, of downward look, downcast.

গোঁজা মাৰি, *v.* পুতি থোআ, খোঁচ মাৰি থোআ, to partly bury in the ground, as setting out a plant or sticking a stake.

গোঁঠনি, *s.* জৰিৰ সিয়নি, tying, stringing, arranging in rows.

গোঁঠা, *a.* গোঠনি দিয়া, জৰিৰে গথা, braided, platted, strung together.

গোঁফ, *s.* পুৰুসৰ ওপৰ ওঁঠত গজা নোম, a mustache.

গোঁফাল, *a.* গোঁফ থকা মানুহ, having a mustache.

গোঁৰা, *a.* বগা, a fair complexion, white, European.

গোঁৰা চিপাহি, *s.* ইংৰাজি সেনা, European or white soldiers.

গোঁসাই, *s.* ইস্বৰ, দেৱতা, গুৰু, মহাজন, a hindoo name for God; a gooroo or religious teacher, the head of a religious sect.

গোঁসানি, *s.* দেবি, দুৰ্গা, দেবি মুৰ্তি, মহন্তৰ ভাৰ্জা, a goddess, the wife of a gooroo.

গোঁহাই, *s.* চাৰি ঘৰিয়া আহোম ভাঙ্গৰিয়া, উপাধি বিসেস, a title given by the Assam kings to certain families of royal descent.

গো, *s.* গৰু, মুৰ্খ নজন, an ox, a cow, a stupid fellow.

গোআ, *s.* গান কৰা, পাঠ কৰা, singing, chanting, reading.

গোআই, *v.* গান কৰাই, to cause to read, repeat or sing.

গোআল, *a.* অহঙ্কাৰি, কথা নুসুনা, haughty, self conceited, obstinate.

গোকাট, *a.* বেয়া, বৰ কুচিত, vile, filthy, unclean.

গোকাটনি, *s.* গেৰেকনি, মলিন ঠাই, চুঙনি, a filthy place.

গোহায়নি, *s.* গোহাইৰ ভাৰ্য্যা, গাভৰুদেও, the wife of the above.

গোখৰুকটা, *s.* এবিধ ঔসধি গুটি, a kind of medicinal seed.

গোখুঁৰা, *s.* গৰুৰ খুঁৰা, the hoof of cattle.

গোগা, *s.* হাবিৰ মাজৰ দ খাল, গোগ, low jungle where water stands.

গো-গা কৰা, *s.* কোনো কথাৰ অলপ ওলোআ, a rumor, a slight intimation, the talking over any matter of mere rumor.

গোগোল, *s.* মুঠাৰ নিচিনা এবিধ বন, a grass of which mats are made.

গোঙা, *s.* মাত ভালকৈ নুফুটা, having an impediment in the speech.

গোঙোৰা, *a.* খঙাল, আসই নোপোআ, angry, cross, reserved.

গোচ, *s.* ঠেঙৰ তল ফালৰ সিৰ, মঙহ, ধানৰ পুলি বা কঠিয়াৰ গোচা, the muscles of the lower part of the leg; flesh; meat; a bunch of grass or green grain; a tuft of grass.

গোচলোআ, *s.* ধান ৰুবলৈ প্ৰথম আৰম্ভ কৰাৰ বিতি, a ceremony performed at the beginning of transplanting paddy.

গোচৰ, *s.* মকদ্দমা, নিবেদন, দৰ্শন, a law suit, a petition; anything perceptible by the senses.

গোচৰাগুচৰি, *s.* পৰস্পৰ গোচৰ কৰা, mutual litigation.

গোচা, *s.* কঠিয়াৰ মুঠি, a bunch of grass or grain for transplanting.

গোচাৰক, *s.* গৰু ৰখিয়া, a herdsman, a cowherd.

গোজগোজ কৰে, *ad.* কালৈকো নেচাই বেগাই জোআ, steadily going forward regardless of anything.

গোজগোজাই, *v.* গুজৰি, খঙ কৰি, to rage, to be furious.

গোজিহ্বা, *s.* আলজিবা, দোজিবা, the palate.

গোজোংগোজোংকৈ জোআ, *s.* কালৈকো নেচাই, তললৈ মুকৈ জোআ, to walk in an abstracted manner.

গোজোৰাই, *v.* গেজেৰা মাৰি, to cause to roar.

গোট, *s.* গুটি, ফল, এটা, সম্পূৰ্ণ বা ভেনেই থকা, থুপ, seed, fruit, one thing, a whole; *a.* unbroken, entire.

গোট কৰা, *a.* লগ কৰা, চপোআ, মুঠ কৰা, gathered together, summed up.

গোট কাঠ, *a.* একো নজনা, knowing nothing, *lit.* like a log of wood.

গোট খাই, *v.* লগ খাই, একে লগেই, to gather together, to assemble.

গোট গৰু, *s.* একো নজনা, মুৰ্খ, a fool, an idiot, like a beast.

গোটগোট, *a.* এটা এটা, one by one, scattered, dispersed.

গোট ধৰা, *a.* গুটি ধৰা, ফল ধৰা, bearing fruit, fruitful.

গোট মৰা, *a.* টান মৰা, ডাঠ মৰা, hardened, congealed, solidified.

গোটা, *a.* নকটা, অচেদ, undivided, whole, entire, unbroken.

গোটাই, *v.* লগ লগাই, থুপাই, একে লগ কৰা, মুঠ কৰি, সাঁচি থৈ, to collect, to gather up, to assemble.

গোটকৰাই, *s.* ভজা চাউল, parched rice.

গোটাচাৰেক, গোটাদেউক, *a.* কিচুমান, দুটামান, some, several, a few.

গোটে, *a.* নভঙাকৈ, সমূলি, unbroken, whole, entire.

গোটেই, গোটেইখন, *s.* তেনেই, অটাইবোৰ, নভগা আটাই, the whole.

গোটোঙ্গ, *a.* মেলাহি নহই, থিয়, precipitous, steep.

গোটোআ, *a.* চপোআ, সাঁচা বা মুঠ কৰা, gathered, collected.

গোথোৰামুআ, *a.* বেজাৰেৰে থকা, অসন্তোস মুআ, sad, sober, displeased.

গোত্র, *s.* বংস, আদি পুৰুস, a family, a clan, lineage, race, pedigree.

গোদগোদাই, *v.* পেটৰ বেজাৰ অপ্রকাস ৰূপে কোআ, to mutter, to grumble.

গোদাবৰি, *s.* এক নদিৰ নাম, the name of a river, the Godavery.

গোধ, *s.* বদনাম, ঠেঙ্গ ডাঙ্গৰ হোআ ৰোগ, ill repute, a bad name, the elephantiasis or swelled leg.

গোধা, *a.* ভৰি ডাঙ্গৰ হোআ, having the elephantiasis.

গোনা, *s.* অকলসৰিয়া মতা মহ, অবস, a solitary male buffalo; *a.* solitary, unsubdued.

গোনাই, *v.* খুজি, মাগি, জাস্না কৰি, to ask for, to request.

গোনোআ, *a.* খুজি অনা, খোজা, মগা, obtained by asking, asked for.

গোন্ধ, *s.* গন্ধ, ঘ্রান, scent, smell, odor.

গোপ, *s.* গুআল, গৰখিয়া, a herdsman, a milkman, a cow-keeper.

গোপগৰু, *s.* কাঠৰ সজা গৰু, মুৰ্খ, জুপ, a wooden cow erected for sacrificial purposes, hence fig. a stupid person, a dunce.

গোপন, *v.* গুপ্ত, নজনা, অপ্রকাস, unknown, unrevealed, secret.

গোপনিয়, *a.* অপ্রকাস্য, লুকাই ৰাখিব লগা, গুপুত, concealable, what may or ought to be concealed.

গোপাগোপ, *a.* গোবাগোব, অতিসই, বহুত, much, abundant.

গোপাল, *s.* গুআল, গোৰক্ষক, ক্রিষ্ণৰ এক নাম, a herdsman, a dairy-man, an epithet of Krishnoo.

গোপি, গোপিনি, *s.* গোপৰ তিৰি, গোপিকা, গোপি, গুআলৰ স্ত্রি, wife of the above, a female cowherd, a milkmaid.

গোপিনাথ, *s.* গোপিবিলাকৰ নাথ, ক্রিষ্ণ, lord of the *gupis*, Krishnoo.

গোবৰ, *s.* গো বিষ্টা, গোমই, cowdung, manure.

গোবৰখুঁটি, *s.* সুকান গোবৰ, dry cowdung.

গোবকআ, *s.* গুপোত্তা পোক, an insect of the beetle species.

গোবৰ্দ্ধন, *s.* জি পৰত ক্রিষ্ণই হাতেৰে ধাৰিলে, the fabled mountain that Khrishnoo held on the end of his finger to shelter the milkmen and maids of Brindabon in a tempest.

গোবাঙ্ক, *a.* বৰ বেয়া, লেতেৰা, অকামিলা, bad, contemptible, worthless.

গোবিন্দ, *s.* ক্রিষ্ণৰ এক নাম, a name of Krishnoo.

গোমগুমুনি, *s.* সাপে খোআৰ ঔসধিয় লতা এবিধ, a species of vine used as an antidote to the bite of snakes.

গোমধান, *s.* এবিধ ধান, খাদ্য দ্রব্য বিসেস, maize, Indian corn.

গোম সাপ, *s.* বিসাল সাপ এবিধ, a species of poisonous serpent.

গোমা, *a.* গোমোঠা বৰন, মলিন বৰ্ন, dingy, soiled, sullied, dusky.

গোমাই, *v.* মেঘে ঢাকি থোআ, to be overcast with clouds.

গোমোঠা, *a.* গোমা, বিবৰ্ন, faded, tarnished, soiled.

গোমোআ, *a.* গোমাই থোআ, overcast, darkened, cloudy.

গোৰ, *s.* গুৰি, আদি, the foot, the base, foundation or beginning.

গোৰ, *s.* লাথি, পদাঘাত, a kick, a stroke of the foot.

গোৰ খোআ, *a.* অনেক দিন পানি আদিত পৰি থকা, দম হোআ, buried in mud and water, amassed.

গোৰগোৰাই, *v.* গোৰগোৰনি সব্দ কৰা, ভোৰভোৰাই, পেটে মতা, to roar to rumble, to mutter.

গোৰাই, *v.* পানিত পুতি থৈ, to submerge, to put under mud and water.

গোৰালি, *a.* গুৰিৰ, belonging to the root or larger end; *s.* the blunt end of a thing, the tree near the root.

গোৰোআ, *s.* ভৰিৰ পাচ গাঁঠি, পানি আদিত পুতি বা পেলাই থোআ, the heel; *a.* placed under mud and water.

গোৰোঙ্গ, *a.* বৰ দ, খিয় দ, গোটোঙ্গ, precipitous, steep, perpendicular.

গোৰচনা, *s.* হালধিয়া বৰনিয়া গন্ধ দ্রব্য এবিধ, a bright yellow pigment.

গোৰোহনি, *s.* ভৰিৰ গোৰোআৰে মৰা, stamping with the foot.

গোৰোহা, *s.* গেৰেহা, ভল জোআ, পানি থকা, submerged in water, soggy.

গোৰ্হাল, *s.* গৰখিয়া লৰা গোট খাই সাও দিআ, সাও সপনি, a curse, a curse of cowboys employed for the purpose, they being considered especial favourites of Krishnoo.

গোলা, *a.* পানি দি জোল কৰা, বস্তু বেচা ঘৰ, mixed or dissolved in water; *s.* a merchant's shop, a storehouse, a granary.

গোলাপ, *s.* ফুল এবিধ, a rose.

গোলাপি জামু, *s.* গোলাপৰ ঘানেৰে এবিধ বৰ জামু, the rose apple.

গোলাম, *s.* দাস, বন্দি, বহতা, a servant, a slave.

গোলামি, *s.* দাসি, বান্দি, বহতানি, the female of the above.

গোলোআ, *s.* গোলা, মিহলি কৰোঁতা, দ্ৰুৱ কৰোঁতা, causing to dissolve; *a.* dissolved, mixed.

গোলোক, *s.* বৈকুণ্ঠ, ক্ৰিস্নৰ থকা ঠাই, the paradise of Krishnoo.

গোস্ট, } *s.* বংস, একে বঙ্গহৰ, গ্যাতি, lineage, descent, family, clan,
গোষ্ঠি, } race.

গোসাই, *s.* দেৱতা, মহাজন, গুৰু, a god, a religious teacher, the head of a religious sect.

গোস্নিঙ্গা, *s.* লতা এবিধ, a species of vine.

গোস্বামি, *s.* সিস্য ভজোআ, গোঁসাই, বেদাধিকাৰ, lord of the Veds, a title given to brahmins as teachers of the Veds.

গোহাৰি, *s.* গোচৰ, নিবেদন, প্ৰাৰ্থনা, a request, making known a desire.

গোহালি, *s.* গৰু বন্ধা ঘৰ, a house or shed for cattle.

গৌতম, *s.* এক বিসিৰ নাম, মান আদি কোনো কোনো জাতিৰ বৌদ্ধ অৱতাৰ বুলি পূজা কৰা দেৱমূৰ্ত্তি, the fourth incarnation of Boodh, now worshipped by the Burmese and Buddhists generally.

গৌঠালি, *a.* অহঙ্কাৰি, proud, haughty.

গৌৰ, *s.* হালধিয়া, বগা মিহলি বৰন, of fair complexion, pale red.

গৌৰৱ, *s.* মান্য, আদৰ, majesty, glory, greatness, adoration, honor.

গৌৰবান্বিত, *a.* মহিমাজুক্ত, মান্যৱন্ত, glorious, majestic.

গৌৰাঙ্গ, *a.* বগা, সুন্দৰ, ৰুপহ, white bodied, fair.

গৌৰি, *s.* দূৰ্গা, আঠ বচৰিয়া ছোআলি, a name of Durga.

গ্ৰন্থ, *s.* সাস্ত্ৰ, পুথি, a book, a writing, a volume.

গ্ৰন্থন, *s.* গাঁথা, the act of bringing together, compiling, arranging.

গ্ৰন্থি, *s.* গাঁঠি, সন্ধি, জোৰা, a joint, a knot.

গ্ৰস্ত, *a.* গিলা, আপদ আদিত পৰা, swallowed, eclipsed, seized, involved in some evil.

গ্ৰহ, *s.* সুৰ্জ আদি, a planet.

গ্ৰহন, *s.* চন্দ্ৰ সুৰ্জৰ গ্ৰহন, লোআ, চন্দ্ৰ সুৰ্জক চাঁয়াই ঢকা, an eclipse, a seizure, an acceptance.

গ্ৰহনি, *s.* তেজ সাঁও পৰা ৰোগ, the dysentery.

গ্ৰহনিয়, *a.* লব লগা, worthy of being received, accepted or regarded.

গ্ৰহজাগ, } *s.* গ্ৰহৰ উদ্দেসে কৰা হোম পূজা, propitiatory offerings to
গ্ৰহজজ্ঞ, } the planets.

গ্ৰহপতি, *s.* সুৰ্জ, the sun.

গ্ৰহপিৰা, *s.* গ্ৰহে কৰা পিৰা, গ্ৰহে কৰা দুখ, sickness supposed to be caused by the adverse influence of a planet.

গ্ৰহ সান্তি, *s.* গ্ৰহৰ নামে কৰা কৰম, designed to propitiate the planets.

গ্ৰাম, *s.* গাঁও, a village.

গ্ৰামি, *a.* গাঁৱলিয়া, pertaining to a village, rural, rustic.

গ্ৰাস, *s.* গৰাহ, খোজা, a mouthful, the act of swallowing a mouthful.

গ্ৰাহক, *s.* লোআটো, লওঁতা, one who takes or receives.

গ্ৰাহ, *s.* জলজন্তু, লোআ, a reception, an acceptance, a seizure, fabled monster of the deep, any large fish or marine animal.

গ্ৰাহ্য, *a.* গ্ৰহন কৰিব লগা, acceptable, worthy of acceptance or belief.

গ্ৰিস্ম, *s.* তাপ, জহ, ঘাম, জেঠ আহাৰ মাহ, heat, warmth, June and July.

গ্ৰিস্মকাল, *s.* ঘাম কাল, জহ কাল, the hot season.

গ্ৰিহ, *s.* ঘৰ, a house, a habitation.

গ্ৰিহিনি, *s.* ঘৈনি, অধিকাৰিনি, the mistress of a house.

গ্ৰিহস্থ, *s.* ঘৰৰ অধিকাৰ, গিৰিহঁত, the master or owner of a house.

গ্ৰিহস্থি, গ্ৰিহাস্ৰমি, } *a.* গ্ৰিহাস্ৰম ধৰমি, doing the duties of a householder; *i.e.* not an ascetic; *s.* a person who has a house and family.

গ্লানি, *s.* ৰটনি, চিন্তা, সোক, depreciation, depression, dejection.

ঘ,

ঘ, ঘকাৰ, the aspirate of the letter গ, pronounced like, *g-h* in *log-house.*

ঘঁচাল, *s.* অনেক মানুহ আহি গৈ, আমনি বা জঞ্জাল কৰা, hindrance or annoyance from constant calls and interruptions.

ঘঁট, *s.* বিবাহ আদিত পানি তোলা টেকেলি, পুজাৰ জল পাত্ৰ বা কলহ, ঘঁৰিয়াল আদিৰ টকা বা নৌটৰ ওপৰত থকা ওখ ডোখৰ, a jug, a waterpot, a sacrificial vessel, the protuberance on the snout of the crocodile, the prominent part of the throat.

ঘঁটি, *s.* জল পাত্ৰ এবিধ, a small metal water vessel.

ঘঁটিকা, *s.* ডিঙ্গিৰ নামৰ ওখ ডোখৰ বা ঘঁট, the prominent part of the throat or adam's apple.

ঘঁটিয়া, *a.* দুৰ্জন, টেঙ্গৰ, বেয়া, নানা ঠাইত বাগৰি বুধিয়ক হোআ, wicked, artful, cunning, bad, wary.

ঘঁটিয়া সিঙ্গৰা, *s.* এবিধ সৰু মাচ, a species of fish, so called from its caution in biting at the hook.

ঘঁৰিয়াল, *s.* এবিধ জলৰ জন্তু, an alligator.

ঘঁৰিয়া, *s.* এবিধ মাচ, a kind of fish.

ঘহন, } *s.* ঘঁহা, চোঁচোৰা, ঘৰ্ষন, মাৰ্জন, friction, attrition, the rubbing
ঘঁহনি, } of one body against another.

ঘঁহা, *a.* গাৰ মলি গুচুউআ বা তেল লগোআ, rubbed, anointed, oiled.

ঘঁহাই, *v.* ঘৰ্ষন কৰাই, চোঁচোৰাই, to cause to anoint or rub.

ঘঁহি, *v.* ঘঁহা মাৰি, মাজি, তেল আদি সানি, to rub, to anoint, to oil.

ঘঁহোআঘঁহিকৈ, *ad.* ইটে সিটে গা ঘঁহোআ, চোঁচৰাচুঁচৰি, খেৰোগেৰো, দিওঁ নিদিও কৰা, mutually rubbing, acting with hesitation.

ঘকচা লগা, *s.* ঘোৰোঁচা, খুন্দা লগা, কথা কওঁতে লাগি থৈ থকা, striking or dashing against, speaking disconnectedly or hesitatingly.

ঘকৰকৰে, *ad.* আগ পাচ নেচাই বেগত কৰা, at once, rashly, without thought or consideration.

ঘকৰাই, *ad.* গিৰিসাই, বেগেত্তিলে, হঠাত, quickly, immediately.

ঘকাৰ, *s.* ঘ বর্ন, the letter, ঘ or any character that represents that letter.

ঘগৰা, *s.* এবিধ মাচ ধৰা জন্ত্র, a bamboo fish trap.

ঘঘকৰে, *a.* পোৰা আজঠাৰ তাপ, সদাই একে দৰে থকা তপত, having continual or a burning heat.

ঘঘ্ঘচ্ কৰে, *ad.* আগ গুৰি নোচোআকৈ doing or saying things without regard to consequences inconsiderately.

ঘচৰাই, *ad.* বেগেত্তিলেই, ঘচ ঘচ কৰে, quickly, at once.

ঘট্ঘট, *s.* লৰোআ সব্দ বিসেস, লৰা, কঁপা, a rattling or rumbling.

ঘট্ঘটিয়া, *a.* বৰকৈ লৰা, loose, tumbling about ready to fall, tottering.

ঘটং, *s.* সব্দ বিসেস, the sound of anything falling into a deep place.

ঘটংমটং, *s.* ঠেকা লাগি সব্দ কৰি জোআ, আহুকলিয়া, the noise of things striking against each other, tumbling about in disorder.

ঘটন, *s.* আৰ্জন, কোনো বিসই হৈ উঠা, the act of bringing together, acquiring, earning, happening, occurring.

ঘটনা, *s.* আপদ বা সম্পদ ঘটা, an event, an occurrence, an accident.

ঘটমট্, *s.* আহুকাল, জোকাৰি লৈ ফুৰুআ, shaking, pulling about.

ঘটা, *a.* হৈ উঠা, সিধি হোআ, হৰা, আৰ্জন কৰা, happened, occurred, acquired, gained.

ঘটাই, *v.* সিধি কৰি, হৰুআই, to cause, to effect, to occasion.

ঘন, *a.* ডাঠ, গোট খোআ, ওচৰাওচৰি, thick, dense, crowded, close, near, inspissated; *s.* thickness, solidity, density.

ঘনচিৰিকা, *s.* ঘৰত বাহ লোআ সক চৰাই এবিধ, the house sparrow.

ঘনজুৰি, *s.* এবিধ গাৰি দিয়া বঙ্গালি কাপৰ, এৰিয়াৰ ৰঙ্গা হালধিয়া, সুতাৰে বোআ কাপৰ এবিধ, a kind of colored silk cloth.

ঘনাই, *v.* ডাঠ কৰি, ওচৰাওচৰিকৈ, বাৰে বাৰে আহি, to thicken, to set close together, to frequently come or do anything.

ঘনি, *s.* মাচ ধৰা বাঁহৰ সলিৰ এক জন্ত্ৰ, a bamboo fish trap.

ঘনে, *ad.* সিঘ্ৰে, বাৰে বাৰে, quickly, repeatedly, frequently.

ঘনে ঘনে, *ad.* বেলিএ বেলিএ, বাৰম্বাৰ, repeatedly, frequently.

ঘনেপতি, *ad.* বেলিএ পতি, again and again, often.

ঘনোআ, *a.* ডাঠ কৰা, ঘনকৈ ভৰা, thickened, pressed together, coagulated, curdled, congealed; *s.* the act of thickening &c.

ঘন্টা, *s.* কাঁহৰ বাদ্য বিসেস ঘৰি, দুই ডাঁৰ, a bell, a clock, an hour.

ঘপকৰে, *ad.* ঘপুৰাই, পোনেই, at once, quickly, suddenly.

ঘপ্‌ঘপাই ফুৰা, *s.* আগ পাচ নোচোআকৈ ধুমধুমাই ফুৰা, the running about heedlessly.

ঘপাঙ, *s.* বেগাই পৰাৰ সব্দ, the noise of anything falling suddenly.

ঘপৰাই, *ad.* বেগতিলেই, খপৰাই, suddenly, immediately.

ঘপিয়াই, *v.* কুৰিয়াই, to give a blow, to strike, to slash.

ঘমঘণ্টা, *s.* হুলস্থুল, গোলমাল, confusion, tumult.

ঘম্‌ঘমাই, *v.* ঘম্‌ঘম্ সব্দ কৰি, ভোৰ্তালৰ উঠা সব্দ, to make a loud noise like that of striking large cymbals together.

ঘমা, *s.* ঘাম ওলোআ, জুকলি বোআ, sweating, perspiring.

ঘমাই, *v.* ঘাম উলিয়াই, to cause to perspire.

ঘৰ, *s.* গ্ৰিহ, থকা ঠাই, পৰিয়াল, a house, dwelling, home, family.

ঘৰগিৰি, *s.* ঘৰৰ গৰাকি, ফুকন ডাঙৰিয়াৰ ঘৰৰ সকলো কাম চলোআ মানুহ, a person who manages the concerns of another's household or estate, a steward.

ঘৰ্‌ঘৰনি, *s.* ডিঙিৰ সব্দ, পেৰা আদিৰ সব্দ, the sound of snoring, a rumbling, roaring creaking sound as of wheels in motion.

ঘৰচি, } ঘৰচিয়া, } *a.* ঘৰত পোহা জন্তু, পোহনিয়া, remaining in or about a house, tame.

ঘৰ নিৰন্তৰ, } ঘৰমুৰি, } *ad.* ঘৰে ঘৰে, প্ৰতি ঘৰে, at every house.

ঘৰভঙ্গা, *s.* স্বামি তিৰোতা বিৰোধাবিৰুধি হোআ বা ম্ৰিতু্য হোআ, ঘৰ গচুউআ, the breaking up of a family by death or family disputes, the breaking down of a house.

ঘৰা, *s.* চোকা, আখা, নাদ আদিত দিয়া বাঁহৰ মেৰ, মৌবস আদিৰ উঁৱাল, a cooking place, a bamboo curb or frame serving as a well; a honey comb.

ঘৰাঘৰি, *ad.* নিজ নিজ ঘৰলৈ, each one's own house, to every house.
ঘৰামুটি, *a.* লুটিখাই পৰা, বা ডিঙিত ধৰি মাৰি পঠোৱা, fallen or pitched over from a height.
ঘৰি, *s.* কাল পৰিমান কৰা যন্ত্ৰ, ঘন্টা, a clock, a watch, an hour.
ঘৰিনি, *s.* গ্ৰিহিনি, ঘৈনি, the mistress of a house.
ঘৰিসনা *s.* ঘঁহনি খোৱা, চোঁচোঁৱাই থকা, friction, rubbing, filing, polishing.
ঘৰুআ, *a.* ঘৰৰ, ঘৰৰ লোক, আপোন, belonging to a house, home-made or produced at home, one's own.
ঘৰুআলি, *a.* ঘৰৰ নিচিনাকৈ, ঘৰৰ দৰে বন কৰা, like to one's own, working for another as for one's self.
ঘৰে ঘৰে, *ad.* প্ৰতি ঘৰে, each house, from house to house.
ঘৰে পৰে, *ad.* ঘৰে বাজে, at home and abroad, in one's own family and out of it.
ঘৰোআহ, *s.* সপুত্ৰাবান্ধৱ, পৰিয়াল, the whole household.
ঘৰোআহি, *a.* গ্ৰিহস্থি, সংসাৰি, having a family.
ঘলা, *s.* গালি পৰা, abuse, abusive language, reproach.
ঘলাই, *v.* গালি পৰাই, নিন্দা কৰাই, to cause to abuse or reproach.
ঘা, *s.* খন্থ আদি হৈ ঘা লগা, কটা বা ঘা লগা ঠাই, a wound, a sore.
ঘাই, *s.* মুল, প্ৰধান, বনৰিয়া চৰাই আদি ধৰিবলৈ সিকোআ চৰাই, a mark or point, to run to in a race, a leader, a bird used as a decoy to ensnare other birds; *a.* chief, principal.
ঘাইমুৰিয়া, *s.* প্ৰধান, ডাঙৰ, a chief, the head man of a village.
ঘাঁটি, *v.* ঘোঁটনিৰে খুঁটি, to stir about, to mix by stirring.
ঘাঁহ, *s.* বন, গৰু আদিএ খোআ তিন, meadow or pasture, grass, grazing.
ঘাঁহনি, *s.* ঘাহ থকা ঠাই, বননি, a place where grass grows, a pasture.
ঘাঁহি, *s.* ঘাঁহ কটিয়া, a grass cutter.
ঘাগৰি, *s.* গাগৰি, পিতলৰ খুঁৰা নোহোআ কলহ, a water jar.
ঘাগৰিগতিয়া, *a.* কতিয়া, গাত কাপৰ কতিয়াকৈ বন্ধা বা লোআ, a term applied to the manner of winding a cloth about the body.
ঘাগি, *s.* আস্ৰুই, কোনো বস্তু জত বহুতকৈ পাব পাৰি, a place of refuge, a place where the necessaries of life are abundant.
ঘাঘৰ, *s.* এবিধ অলঙ্কাৰ, an small tinkling ornament.
ঘাট, *s.* নৈৰ পাৰ হোআ বা পানি অনা বাট, a ferry, a landing place, a flight of steps leading down to the water.
ঘাট মাউৰা, *s.* সকতে মাক বাপেক মৰা, a child bereaved of both parents in infancy.

ঘাটি, *s.* দোষ, জগৰ, হানি, জিকিব নোআৰি, a fault, a crime, an offence.

ঘাটি খোআ, *a.* আপোন কথাৰে দোষত পৰা, হৰা, condemned by one's own words or actions, conquered.

ঘাটি লগা, *a.* অপৰাধ লগা, চিন্ লগা, faulty, criminal.

ঘাটৈ, আটোআল, *s.* ঘাটৰ গৰাকি, পাৰোআই, a ferryman.

ঘাত, *s.* তালে খোলে একেবাৰে বাজনা মৰা; আঘাত, কটা, a flourish or blast with musical instruments, a blow, a hurt, murder.

ঘাতকি, *s.* হত্যা কৰ্তা, হনন কৰা জন, বিশ্বাস ন ৰখা, one who strikes or destroys, a murderer; preceded by বিশ্বাস, treacherous, destroying confidence.

ঘাতন, *s.* ঘাত মৰা, টকা, the act of striking cutting or killing.

ঘাতি, *v.* বধ কৰি, কথাৰে অমৰ্জাত কৰি, to strike, to hurt, to kill, to reproach.

ঘানাকঘুনুক, *s.* হুনু বাত্ৰা, কনাকনি, অলপ বাত্ৰা ওলোআ, a slight rumor, uncertain information.

ঘাম, *s.* ঘৰ্ম, তাপ, জহ, তাপত ওলোআ গাৰ পানি, perspiration.

ঘাম কাল, *s.* ঘাম কালি, জহ কালি, the hot season, summer.

ঘামচি, *s.* ঘামত হোআ ঘন ফোঁহা, the prickly heat.

ঘামি, *v.* ঘাম ওলাই জুৰুলি বৈ, to sweat, to perspire.

ঘাৰ, *s.* গলধন, ডিঙ্গি, the nape of the neck.

ঘাৰ মোচোৰা, *s.* ডিঙ্গি মোচোৰা, ডিঙ্গি পকোআ, the act of wringing the neck.

ঘা লগা, *a.* গাত ঘা লাগি, খোঁচ আদিত বা খহু হৈ গাৰ মঙ্গহ বিদৰা, wounded, covered with sores; *s.* the act of wounding.

ঘালিনিয়া, *s.* গালি পৰা, অমৰ্জাত কৰা, abuse, reproach, defamation.

ঘিউ, *s.* ঘৃত, মূৰৰ মাজৰ কোমল ভাগ, clarified butter, ghee, vulgarly used for the brains also.

ঘিটঘিটাই, *v.* ঠেকা লাগি সব্দ কৰা, to reverberate, to make a sound as of things striking together.

ঘিটঘিটনি, *s.* ঘিট ঘিট সব্দ, বহুত লোকৰ হঙ্গম, reverberation, confusion, hubbub.

ঘিটিং, *s.* মেঘ আদিৰ এবেলি উঠা সব্দ, any sudden sound, as clap of thunder.

ঘিটিৰা, *a.* কটিয়া, বাহিৰ নোজৰা, চুটি, short, dwarfed.

ঘিন, *s.* ঘিনা, বিকচিনা, aversion, hate, antipathy, dislike.

ঘিনলগা, *a.* দেখিবলৈ বেয়া, দেখিলে ঘিন লগা, কুৰূপ, নিন্দনিয়, ugly, hateful, detestable.

ঘিনাই, *v.* ঘিন কৰি, to hate, to detest.

ঘিনোআ, *a.* ঘিন কৰা, hated, disliked, detested.

ঘিমৰু, *s.* বনৰিয়া গুটি এবিধ, a species of wild fruit.

ঘিলা, *s.* এবিধ লতাৰ গুটি, চক্ৰ, আঁঠুৰ গাঁঠি, চৰাইৰ আমঠু, a large round seed used as marbles in play, a wheel, the kneepan, a bird's gizzard.

ঘিলাখেলা, *s.* ঘিলা খেলা, a favorite play in which *ghilas* are used.

ঘিলাডোঙ্গিয়া, *a.* নৈৰ মাজত ঠাইতে দ, ঠাইত বাম হোআ, alternately deep and shallow, the sudden deepening of water in a river.

ঘিলাহাঁহ, *s.* এবিধ বনৰিয়া সৰু হাঁহ, a species of wild duck.

ঘুঁকটি, *v.* বিন্ধাত মাৰিএৰে হোৰোকা, ভালকৈ বিচাৰি, to insert or thrust into an orifice, to penetrate, to search carefully.

ঘুঁকি, *v.* খোঁকমাৰি, হাত সুমুআই, to gouge out, to dig out with the finger or nails.

ঘুঁকুচা, *a.* কুঁজা, কেঁকোৰা হৈ থকা, bowed, bent over, crooked.

ঘুঁকুটিউআ, *s.* আঙ্গুলিৰে খোচা মাৰি দিয়া, thrusting with the finger, as when calling attention &c.

ঘুঁটি, *s.* নাকৰ ভিতৰৰ নোম, ঘোটোনাৰে পিহি, the hair inside the nostrils; *v.* to stir up, to mix.

ঘুঁৰি, *s.* মাইকি ঘোঁৰা, a mare.

ঘুগুৰা, *s.* সৰু জুনুকা, a small bell.

ঘুগুলা, *s.* পচা ঘুলা, খেৰ আদিৰ ধুলা, a small bit, a particle, a mite.

ঘুগুলিকথা, *s.* ফটাকঁথা, a quilt or covering made of old pieces of cloth stitched together.

ঘুঙুৰ, *s.* উদফাই, দিঙ্গি বজা কফ ৰোগ, the asthma.

ঘুঙুৰিয়া, *a.* ঘুঙুৰ ৰুগিয়া, asthmatic.

ঘুটমুট, ঘটমুটিয়া, } *a.* সমান জোখৰ, মানি, বৰ দিঘল বা চুটি নহই, well proportioned, comely.

ঘুটুৰমুটুৰ, *a.* চুটিচাপৰ, লনি, small and short, well proportioned.

ঘুন, *s.* কাঠ বাঁহত ধৰা পোক, অঙ্গহিন, চিদ্ৰু থকা, a small destructive insect that bores timber &c. *a.* broken, defaced, bored.

ঘুনগুৰি, *s.* ঘুনে খোআ গুৰি, the dust made by the above insect.

ঘুনিয়া, *a.* ঘুন হোআ, হাত ভৰি আদি খুন হৈ চিন থকা, চিদ্ৰু থকা, pierced, bored, defaced, disgraced, crippled.

ঘুনুক ঘানাক, *s.* সাৱসেস নুসুনা খবৰ, ঘানাক ঘুনুক, কৰ্ণাত কনি, an uncertain report, vague rumor.

ঘুনুচা, *s.* জগনাথৰ এজনা ভাৰ্য্যা, কঁকালত পিন্ধা জৰি এবিধ, the name of one of the wives of Juggernath, an ornamented cord worn about the loins.

ঘুনেখোআ, *a.* ঘুনলগা বস্তু, bored by insects.

ঘুপঘুপিআ, *a.* অতিসই নেদেখা, ঘোৰাল, extreme, very, generally applied to darkness as ঘুপঘুপিয়া এন্ধাৰ, dense darkness.

ঘুপিয়া, *a.* আলি আদিৰ মেচ লোআ, বেঁকা, চুক সোমোআ, curving inward as of a road or river, deep set, as eyes in the head.

ঘুপুৰাই, *ad.* বেগেতিলৈ, হঠাত, suddenly, immediately.

ঘুম, *s.* মূৰে গাই ঢাকি কাপৰ লোআ, বৰ তোপৰ নিচিনা সবদ উঠা, enveloping the head and body with a cloth; some distant sound.

ঘুমটি, *s.* টোপনি, নিদ্রা, এবিধ কাপৰ, sleep, drowsiness, a kind of cloth.

ঘুমনি, *s.* ভাবনি, চিন্তিনি, abstractedness, being lost in thought.

ঘুঁমাই, *v.* সুই, টোপনিয়াই, মন মাৰি থকা, to sleep, to be abstracted or lost in thought.

ঘুমুৰ, *s.* উদফাই, হাঁইফাই, অব্যক্ত বৰ সবদ, the asthma, a distant sound.

ঘুমুৰাই, *ad.* বেগতিলৈ, হঠাত, ততখনাত, quickly, immediately.

ঘুমুৰিয়া, *a.* ঘুমুৰে ধৰা, asthmatic.

ঘুমুহাই, *ad.* ঘপুৰাই, গিৰিমাই, বেগতে, suddenly, unexpectedly.

ঘুৰঘুৰনি, *s.* গাঁৰি আদি জোআৰ সব্দ, any rolling rumbling sound.

ঘৰন, *s.* ঘুৰনিয়া গতি, পাক, ঘুৰি অহা, দুৰ, বেকা, a circuit, a whirling, the motion of a body on its axis or center; *a.* circuitous, round about, indirect.

ঘৰনিয়া, *a.* চুক নথকা, গোল, circuitous, round, circular.

ঘুৰাই, *v.* মেৰাই, পাক দি লুটিয়াই, to wind around, to twist, to whirl, to turn about; with অনা, to bring back, to turn back.

ঘুৰাই পকাই, *v.* ঘুৰিপকি, লুটিয়াই বগৰাই, to turn from a straight line, to wind or turn in a course or passage, to go in a zig zag course.

ঘুৰি, *v.* উভতি বা পাক দি, জোমা বা গন, to turn back, to revolve, to move round a center; *s.* a garment worn by females, a gown.

ঘুৰিয়া, *s.* কাপৰ আঁঠুআৰ দৰে তৰা, a cloth used as a temporary musquito curtain.

ঘুৰুআ, *a.* ওভোতোআ, পাক দিয়া, পালটোআ, turned, altered, reformed.

ঘূৰ্ণি, *s.* চকৰি, দুআৰৰ ভলত দিয়া চুঙ্গা, ধঁপাত খোআ পাত্র বিসেস, a wheel, a joint of bamboo used as a socket in which a mat door revolves; a *hooka* or apparatus for smoking.

ঘূর্ন, *a.* ঘূৰি থকা, ভুমি, whirling, turning, revolving.

ঘূর্ন বায়ু, *s.* ঘূৰনি বায়ু, বামাৰলি, a whirlwind.

ঘূর্নায়মান, *a.* বৰকৈ ঘূৰি থকা, whirling, rapidly revolving.

ঘূলা, *s.* পচা খেৰ আদিৰ ধুনা, ধান্যাদি সস্যৰ মলি, the chaff or dust of grain, anything light and worthless.

ঘূলি, *s.* মঁহ আদি পৰি থকা গাঁত, নৈৰ ঘূপিয়া দ ঠাই, ঘোল কৰি, মিহলাই, a place of mud and water where buffaloes and other animals wallow, a harbor; *v.* to stir up, to make muddy.

ঘেও, *s.* অন্তৰত এবেলি হাত দাঙ্গি সুতা কটা, an arm's length of thread in spinning.

ঘোঁচ, *s.* মনিৰ খন্দা, দাই, চিদ্র, a division in a string of beads, a fault.

ঘেচাল, } *s.* আমনি, খচনি, একে কথাকে ঘনেকৈ থকা, annoyance,
ঘেঁচালনি, } trouble, importunity.

ঘেঁচালি, *v.* খচি, আমনি কৰি, to tease, to worry by importunity.

ঘেঁতা, *s.* গায়নে একেবাৰে তাল খোল বজোআ, the simultaneous striking of musical instruments.

ঘেঁহনি, *s.* মৰন সময়ত ডিঙ্গিএৰে কৰা সব্দ, the death rattle.

ঘেঁহাই, *v.* ডিঙ্গিৰে সব্দ কৰি, ঠিককৈ ইচা অনিচা প্রকাস নকৰা, to rattle in the throat as when dying; to speak indefinitely.

ঘেঁহু, *s.* এবিধ ধান, wheat.

ঘেঁহোআ, *s.* দিবলৈ বা কৰিবলৈ টান ধৰা, থেৰোগেৰো কৰা, a reluctance to do or to give, hesitation, indecision.

ঘেকেচ, *s.* বাধা, খতৰ খোআ, দাই দোস, an obstacle, a hindrance, a fault; speaking in a cautious manner.

ঘেকেটমেকেঠ, *a.* খেটেংমেটং, কৰিবলৈ টান, difficult to do or to perform, perplexing, trying.

ঘেকেটা, *a.* বেয়া, ঘিন লগা, bad, hateful, despicable.

ঘেকেটা খোআ, *a.* অনেক ঠাইত বাগৰি অহা, passed around from place to place and rejected.

ঘেকেৰ, *s.* একে কোবে কটা বা কামোৰা, one stroke, one bite.

ঘেকেৰাই, *ad.* একে কোবেই, খচৰাই, cut or bitten at once.

ঘেকেটিয়া, *a.* ঘোকোটত থকা, কৰিবলৈ টান, troublesome, difficult.

ঘেঙ, *s.* কুকুৰৰ হেঙনি, কুকুৰে কেঙকৈ উঠা, the yelp of a dog.

ঘেঙ্গোআ, *s.* গোঁজৰনি মৰা, জিবা উলিয়াই লেলোআ, the act of snarling, growling, lolling.

ঘেঙ্গাই, *v.* গৰু কুকুৰ আদিএ জিবা উলিয়াই লেলাই থকা, to loll, to to thrust out the tongue, as a dog, from heat or exertion.

ঘেটমেট্, *a.* খেটেংমেটেং, কৰিবলৈ টান, difficult, perplexing.

ঘেতোআ, *s.* লাভ কৰা, ঘাত মৰা, finding, obtaining, the striking together as of musical instruments.

ঘেদ, } *s.* গেদ, মলি, the settlings, lees, dregs, roiled water.
ঘেদনি, }

ঘেদঘেদিয়া, *a.* ঘেজঘেলিয়া, ঘোদনি, মলিন, roiled, mixed with impurities.

ঘেদালি, *v.* ঘোল কৰি, বোকা কৰি, to roil, to stir up, to make muddy.

ঘেনেকা, *a.* বোকা কৰা, ফেনেকা, muddy, roiled.

ঘেনেকি, *v.* ফেনেকি, খচি, ভালকৈ বিচাৰি, to make muddy by treading, to search carefully.

ঘেঁৰ, *a.* বহুত, ঢেঁৰ, অনেক, much, many, abundant.

ঘেৰর্ঘেৰনি, *s.* ফফজুরু সব্দ, the sound of wheezing or of snoring.

ঘের্ঘেৰাই, *v.* ভিজি বজাই, টোপনিত নাক বজাই, to wheeze, to snore.

ঘেলঘেলিয়া, *a.* বৰকৈ পকা, বোকা জেন জোল, over ripe, suppurated, of thick consistence.

ঘেলনি, *s.* ঘেদনি, তলত পৰা বোকা, the settlings, dregs.

ঘেলাই, *v.* ধুন মাৰি ফুৰা, to strut, to walk with affected dignity.

ঘেলেঙ্গঘেটেং, *s.* পানি গাখিৰ আদি জোকাৰ খাই জোআ সব্দ, ঘটং মটং সব্দ, the sound of fluids shaken in a vessel.

ঘৈনি, } *s.* গিৰিহিনি, ভাৰ্জ্যা, তিৰোতা, wife, a housewife.
ঘৈনিএক, }

ঘৈয়াই, *v.* ঘামাৰি, কুৰিয়াই, to cut, to slash, to hack, to knock.

ঘোঁকা, *s.* গাঁত কৈ অনা, হাতেৰে সোপা মাৰি অনা, a hollow made by digging or scooping out.

ঘোঁকাজালি, *s.* ঘোঁকা ঘোঁকেনিয়া, চল পাই ছঁমাদঁমে নিয়া, scooping out handful by handful by stealth.

ঘোঁকাঘোঁক, *ad.* খামোচা খামোচ, handful by handful.

ঘোঁকোটা মৰা, *s.* হাতৰ আঙ্গুলিৰে খোচ মৰা, a thrust with the finger.

ঘোঁৰা, *s.* ঘোটক, a horse.

ঘোঁৰা চোআ, *s.* ঘোৰা ৰখিয়া, চহিচ, a horse keeper, a groom.

ঘোঁৰা সাল, *s.* ঘোঁৰা বন্ধা ঠাই, ঘোৰা ঘৰ, a horse stable.

ঘোঁকট, *a.* খোচৰ, আচল, ঘেকেটিয়া, puzzling, difficult, abstruse.

ঘোকট মাকট, *a.* বৰ জঞ্জাল, কৰিবলৈ টান, inconvenient, intricate.

ঘোকোচ, } *s.* কথাত আঁৰ লগা, চিদ্ৰ লগা, the committing an offence
ঘোকোচা, } in speaking, a fault, misdemeanor.

ঘোকোটা, *a.* বেয়া, নিচই সৰু, mean, small.

ঘোকোটানি, *s.* জাবৰনি, আওটনি, আচন্দ ঠাই, a filthy place, a labyrinth, an intricate place, entanglement.

ঘোকোৰ কন্দনি, *s.* উধমুধ নেচাই কৰা, acting without regard to consequences.

ঘোগ, *s.* নৈৰ কুৰ, ঘোলোং, a very deep place in a river.

ঘোগা, *s.* পানি লাগি মাত ভালকৈ নুফুটা, মাচ আদি থকা ঘোলোং, hoarseness; a deep place where shoals of fish &c. are found.

ঘোগোলা, *a.* ভাগি উঅলি জোআ, লাজ গুচা, broken, old, shameless.

ঘোঙ, *s.* বাঘৰ নিচিনা এবিধ কঁলা জন্তু, a wild beast little known but said to be black and to resemble the tiger.

ঘোচাম, *s.* মায়া মোহ, চোআ গচৰ সুত, মেলিব নোঅৰা গাঁঠি, কলগুহ, worldly illusion, a dilemma, a gordian knot.

ঘোচামৰ জৰি, *s.* চোআ সুতৰ জৰি, চিঙিব নোঅৰা খোহোচা জৰি, বিবাহ সম্পৰ্কিয় বান্ধ, an indissoluble bond, the matrimonial tie.

ঘোচোঙ, } *a.* সকত, ডাঙৰ, large, stout.
ঘোচোঙা, }

ঘোটক, *s.* ঘোঁৰা, a horse.

ঘোটঘোট, *s.* পানি আদি পিয়াৰ সব্দ, the noise of swallowing liquids.

ঘোটন, *s.* ঘোঁটা, মন্থন কৰা, the act of churning, stirring or agitating.

ঘোটনা, *s.* পিহনা, পিহা বা মথা পাত্ৰ, a mortar, any instrument for grinding substances.

ঘোটনি, *s* ঘোঁটা মাৰি, a pestle.

ঘোটা, *a.* পিহা, মথন কৰা, ground in a mortar, rubbed, stirred up.

ঘোদনি, *a.* বোকা উঠা, ঘোলা, mixed with sediment, roiled, filthy.

ঘোপ, *s.* গুপুত ঠাই, ঘুলি, হঠাত নোপোআ ঠাই, a secluded place, the socket of the eye, a place difficult of ingress or egress.

ঘোপমৰা, *a.* বৰ এন্ধাৰ, বাট নাইকিয়াকৈ বেৰ দিয়া, মেঘে ঢকা, enshrouded, closed in on all sides, overshadowed, gloomy.

ঘোপা, *a.* কোটৰত সোমোআ, বৰ দ, sunken, deep.

ঘোপাচকুআ, *a.* সোমোআ চকুআ, sunken eyed or deep set in the head.

ঘোৰ, *a.* ভয়ানক, ভই লগা, বৰ, অতিসই, এন্ধাৰময়, terrible, dreadful, horrible, formidable, dark, gloomy; with খাই, to bend, to curve.

ঘোৰখোআ, *a.* বেঁকা হোআ, দোঁখোআ, bent, curved, bowed.
ঘোৰঘোৰাই, *v.* টোপনিত ডিঙ্গি বজাই, মেকুৰিএ ডিঙ্গি বজাই, to snore, to purr as a cat.
ঘোৰতৰ, *a.* বৰ ভয়ানক, অতি ভয়ঙ্কৰ, very large; *ad.* exceedingly.
ঘোৰদিৃষ্টি, *s.* ভয়ানক দিৃষ্টি, বৰ খঙ্গেৰে চোআ, a stern angry look.
ঘোৰমুৰ্ত্তি, *a.* ভয়ানক আক্রিতি, terrible in shape or aspect.
ঘোৰাই, *v.* মেৰখুআই, ভিৰাই, to bend, to curve, to turn about.
ঘোল, *s.* মাখন লোআ দৈ গাখিৰৰ তলনি, তক্র, buttermilk, a mixture of buttermilk and water.
ঘোলঘুলিয়া, *a.* বৰকৈ পকা, over ripe.
ঘোলনি, *s.* গুৰ ঘোলা কাঠৰ পাত্র, a trough, a vat, a boat-shaped vessel into which hot syrrup is poured after boiling.
ঘোলা, *a.* কনি আদি গেলা, বোকাৰে মিহলি পানি, rotten, muddy.
ঘোলোং, *s.* নৈৰ ডুবি, দ পাত্র, a deep place in a river.
ঘোস, *s.* সব্দ, ধ্বনি, দোস, গুআল জাতি, a sound, a cry, a proclamation, a loud muttering sound as of thunder.
ঘোসক, *s.* দোস দিওতা, প্রকাসক, one who proclaims or publishes a matter, a public crier, a preacher.
ঘোসনা, *s.* সকলোকে জনোৱা, ৰটনি, প্রচাৰ কৰা কথা, a proclamation, a public statement, a sermon.
ঘোসা, *s.* ঘোসনা কৰা, নামৰ এক পুথি, পদৰ চন্দ বিসেস, the act of proclaiming &c. a shaster of the *Maha Puruhia* sect.
ঘোঁ ঘোঁ, ঘোঁঘোঁআ, } *s.* বৰ টান, powerful, strong, violent.
ঘোঘোঁ কৰে, *a.* বৰকৈ, টানকৈ, জোৰেৰে, strong, violently, powerfully.
ঘ্রান, *s.* গোন্ধ, বাচ উঠা, fragrance, smell, perfume; with কৰি, to smell.
ঘ্রানেন্দ্রিয়, *s.* নাক, the sense of smell.
ঘ্রিত, *s.* ঘিঁও, butter.
ঘ্রিনা, *s.* ঘিন, বিকচিনা, hate, hatred, ill will.

ঙ.

ঙকাৰ, the nasal *ng*, usually expressed by the compound character ঙ্গ ng, (ঙ and গ,) equivalent to *n* in *wink* or *ng* in *sing*. In cases where this letter requires the mark (্) underneath, it is written ং. It never begins an Assamese word, as is often the case in the Singpho and other dialects; and is seldom used except when compounded with another letter.

চ,

চকাৰ, চই, চগোট, চটা, this letter corresponds with the English *s*. Placed before a noun it is used as a numeral prefix, meaning six; as চ, স six hundred; চ কুৰি, six twenties; চ গোট বা চটা, six things.

চই, *a.* চটা, চগোট, আসঙ্কা, six.

চইতান, *s.* মহা সত্রু, পতিত প্রধান দূত, ভূতৰ ৰজা, পৰিখ্যা কৰোঁতা, an adversary, Satan, the devil or prince of darkness.

চই দেখা, *s.* সংসই, মিচা মন', অবিশ্বাস কৰা, doubt, mistrust, suspicion, lack of confidence.

চঁক, *s.* অকস্মাত ভই, উচাব খোআ, sudden terror, fright.

চঁক ধৰা, *s.* জন্তু আদিএ ভই খাই বৈ থকা, the being petrified with fear.

চঁক, *a.* ভই খোআ, frightened, startled, terror stricken.

চঁকি, *v.* চঁক খাই, ভই খাই, to be terror stricken, to be overpowered by fear.

চঁচ, *a.* সমান, সিতল, চচাঁলি, উকা, even, level, smooth; *s.* long strips of bamboo strung together.

চঁচল, *a.* চঞ্চল, সমান, অকপটি, smooth, level, sincere, guileless.

চচা, *a.* কাঠ বাঁহ আদি ফিতল কৰা, smoothed, evened; *s.* the act of smoothing with a plane, adz or other instrument.

চঁচালি, *s.* গোঠা কামি, চঁচ, long strips of split bamboo strung together.

চপা, *s.* চম্পা, সুগন্ধি ফুল এবিধ, a tree bearing fragrant yellow flowers.

চঁকল, *a.* ডৰ ডেকা, উঠি অহা, সুঅনি, grown up, beautiful, ruddy, fair.

চঁয়া, *s.* তিৰোতাই পিন্ধা ঘুৰি, চাঁ, মায়া, a petticoat, a shadow.

চয়া পুতলা, *s.* চাঁয়া বাজি, চকুৰ পুতলা, a picture cast upon the side of a wall or sheet, a panorama.

চঁয়াময়া, *s.* দেখা নেদেখা, অলপকৈ দেখা, a mere glance, a partial view.

চঁৰাল, *s.* চাণ্ডাল, অতি নিহ জাতি, an outcast, the lowest of the mixed tribes, born from a *soodra* father and brahmin mother.

চক, *s.* গাৰুৰ মুৰৰ তলা, বস্তু ভৰোআ, বাঁহৰ পাত্র, the embroidered end of a pillow, a kind of basket.

চক্চক কৰে, *ad.* বৰ সোআদ, অতিসই, very juicy, very sweet, exceedingly, very.

চক্চকিয়া, *a.* জিলিকনি উঠা, অতি সোআদ বা আনন্দ দিওঁতা, bright, glittering, shining, delicious, exquisite, pleasurable.

চকঠিয়া, *a.* বাৰে হতিয়া, চকাঠিৰ পৰিমান, তিনি সেৰিয়া, six yards in length; holding three seers dry measure.

চক্‌মক খাই, *v.* উচাব খাই টৌপনিৰ পৰা উঠা, to start in sleep, to twitch, to make a sudden motion of the body from alarm.

চক্‌মকাই, *v.* তৰ্‌বৰাই, জ্বিলিকি, to burst suddenly forth as a a flash of lightning, to glitter, to sparkle.

চক্‌মকিয়া, *a.* জ্বিলিকনি উঠা, উজ্জল, bright, shining, sparkling.

চকৰ, *s.* গাত থকা ঘূৰনিয়া চিন, চক্র, a round spot or figure on the body, (as on a snake,) a circle, a wheel.

চকৰা, *s.* এবি মুগাৰ মতা পখিলা, the butterfly produced from the chrysalides of the silk worm.

চকৰি, *s.* এবি মুগাৰ মাইকি পখিলা, চক্র, ঘিলা, the female of the above; a wheel.

চকল, } *s.* পাতল বা ঘূৰনিয়া খুঁতুৰা, a slice, a round thin bit of
চকলা. } anything.

চকলাচকল, *s.* পাতল পতহা, গাত ঘূৰনিয়া ঘূৰনিয়া হৈ অলপ উখহি উঠা, blotches or slight swellings in patches covering the body.

চকলা টেঙ্গা, *s.* এবিধ টেঙ্গাৰ নাম, an acid fruit.

চকলিয়া, *a.* চেপেটা ঘূৰনিয়া বা ডুখৰিয়া, round and thin.

চকলিয়াই, *v.* পাতলকৈ ডোখৰ ডোখৰকৈ কাটি, পতহিয়াই, to cut in round thin slices.

চকা, *a.* চাকি নির্মল কৰা, নিভাঁজ কৰোআ, সোআদ চোআ, পদুমৰ চাক, আঙঠি আদিৰ ওপৰৰ মেৰ, refined, strained, filtered, tasted; *s.* the seed vessel of the water lily; the signet of a ring.

চকাই, *v.* সোআদ চোআই নিভাঁজ কৰাই, চাকনিৰে চাকি, to cause to refine, to taste or to strain.

চকাচন্দা, *a.* ভালকৈ নেদেখা, চকামকা, having only a partial view or a mere glance.

চকা জোআ, *a.* চঁহা জোআ, চক্র আদি জুইত ফুটি ওলি এৰোআ, flaked off, falling off in scales.

চকামকা, *a.* অলপকৈ দেখা, মুনিচুনি বেলা, dusky, obscure, applied to the evening, twilight.

চকাৰ, *s.* চ বর্ন, the letter চ.

চকাৰবকাৰ, *s.* কাৰো একো ভালে বেয়া কোআ, (with a negative) not saying anything either good or bad of a person.

চকাহ, *s.* অৱসৰ, বতৰ দঙ্গা, বৰখুন আনিবলৈ এবি বঁদ দিব খোজা, rest, cessation, alternation, as from rainy to fair weather or from sickness to health.

চকি, s. বহা পিৰা এবিধ, মাচিয়া, ৰজা গৰৰ চাৰি আলি আদিত পৰ দি থকা ঠাই, a chair, a place where a sentry is stationed.

চকিদাৰ, s. পৰ দিয়া মানুহ, পৰিয়া, ৰখিয়া, a guard, a watchman.

চকি পিৰা, s. চকি, খুঁৰা লগা পিৰা বিসেস, a stool, a bench.

চকিয়াল, a. ৰাজ চকিত থকা মানুহ, চকিদাৰ, relating to a sentry.

চকু, s. নেত্ৰ, নয়ন, দৰ্শনেন্দ্ৰিয়, দ্ৰিষ্টি, চকু বাঁহ আদিৰ গাঁঠি, the eye-sight, a knot or part of a tree where a branch shoots out, the protuberant bud of a plant.

চকুআ, a. চকু থকা, গঁঠিয়া কাঠ বাঁহ আদি, having eyes, knotty.

চকুকোড, s. চকুৰ ৰোগ বিসেস, a disease of the eye.

চকুচকু, a. সৰু সৰু, very small.

চকু পকোআ, s. খঙেৰে চকু পকাই থকা, a surly look of displeasure.

চকু পোৰা, s. চকু চহৰা, পৰৰ শ্ৰী দেখিব নোঅৰা, খিয়লিয়া, looking with envy on the prosperity of another; a. envious.

চকুৰ পানি, s. চকুৰ লো, লোতক, a tear, tears.

চকুৰ মনি, s. চকুৰ পুতলি, চকুৰ ভৰা, the pupil of the eye.

চকু ৰোআ, a. বৰ সুন্দৰ, চাই থাকিবৰ মন জোআ, চকু লগা, fascinated, charmed, entranced by the sight.

চকু লগা, a. মনোহৰ, অতি সুন্দৰ, pleasing to the eye, beautiful.

চকোআ, s. টাটি, বাজ বেৰ, জলপনিয়া, চাউল এবিধ, a fence, a species of rice that is eaten uncooked.

চকোলা, a. উঠি লৰি ফুৰিব নোঅৰা, unable to rise or move about.

চক্ৰ, s. অস্ত্ৰ বিসেস, গাঁৱিৰ খিলা, চাক, মণ্ডল, বিষ্ণুৰ হাতৰ অস্ত্ৰ, the discus or weapon of Vishnoo, a circle, a wheel, the convolutions in the Halogram* or sacred stone of the Hindoos.

চক্ৰগতি, s. ঘূৰি ফুৰা, চাক পতা, ঘূৰনিয়া গতি, revolving round a center or on an axis, a whirl.

চক্ৰপানি, s. চক্ৰ হাতত থকা, বিষ্ণু, Vishnoo the wielder of the discus.

চক্ৰবাক, s. হাঁহৰ নিচিনা চাকৈচকোআ চৰাই এবিধ, the ruddy goose (anas casarca) called the Brahmani duck, said to have received the curse of Ram, not to produce more than two young in twelve years.

চক্ৰবান, s. বাঁহৰ চাক কৰি ঘূৰাই মৰা খাৰ বাজি বিসেস, a bamboo wheel made to revolve by the ignition of gunpowder.

চক্ৰাকাৰ, } a. চক্ৰৰ নিচিনা, ঘূৰনিয়া, circular, round, of the shape
চক্ৰাকৃতি, } of a wheel or discus.

চখ্যু, *s.* চক্ষু, চকু, লোচন, the organ of vision, sight.

চখ্যুগোচৰ, *a.* চক্ষুর্গোচৰ, চকুৰে দেখা, দেখিব পৰা, within seeing distance, *s.* an object of sight.

চখ্যুপাত, *s.* চকু পৰা, চকু দিয়া, fastening the eye upon, looking.

চখ্যুৰ্জল, *s.* চকুৰ লোতক, tears.

চগা, *s.* এবিধ উৰি ফুৰা দুৰ্গন্ধিয়া পোক, a flying insect of offensive smell.

চগা চোৰোকা, *a.* কেতিয়াবা কেতিয়াবা, মাজে মাজে, sometimes, seldom, at intervals, here and there, now and then.

চঙ্গ, *s.* খোপা বন্ধা চিগা চুলিৰ মুঠা, চেঙ্গ, false hair.

চঙ্গনিয়া, *a.* বেগতে ফটা বা ভগা, চনকা, easily broken, brittle, frail.

চঞ্চল, *a.* অকপট, সৰল, অকুটিল, sincere, honest, without hypocrisy.

চঞ্চাপ, *s.* চোলা আদিৰ দাঁতিত লগোআ, টেৰেচিয়াকৈ কটা কাপৰ, the facing of a garment.

চট, *s.* মৰাপাটৰ বোআ থৈলা, নৈৰ অলপ তল জোআ বালি, sackcloth, a sandbar.

চট্‌চটনি, *s.* ধৰফৰনি, কাঠৰ জুই আদিৰ সদ্ধ, ফট্‌ফটনি, a flapping, floundering as a fish out of water, a crackling rustling sound.

চট্‌চটাই, *v.* ধৰফৰাই, ডেওপাৰি, ফট্‌ফটাই, to flounder, to pop.

চট্‌চটিয়া, *a.* ধুমধুমাই ফুৰা, ডেওপাৰি ফুৰা, fluttering, hopping about.

চট্‌পহৰ, *s.* ধল পহৰ, ৰাতি পুআই অহা, the early dawn, day-break.

চট্‌ফটাই, *v.* চাটিফুটি কৰি, ধৰফৰাই, to flounder, to hop about, to struggle as in the agony of death.

চট্‌ফটিয়া, *a.* ডেওপাৰি ফুৰা, restless, uneasy, hopping about, bustling.

চটা, *a.* চই গোট, মেৰাই বন্ধা বা গোঁঠা, চাউল আদি কাঁৰি নিকা কৰা, কোনো সব্দৰ পাচত বেৱহাৰ কৰিলে চটা বুজাই, six, wound about, girt, cleared, cleaned; an affix denoting anything flat or extended, as পাত চটা, সিল চটা, a board &c.

চটাই, *v.* আপোন বৰ্হাই কৰা, গৰ্ব কৰি, to be proud or conceited.

চটাই চৰা, *s.* বাঁহৰ বহা আসন বিসেস, a bamboo seat, a sitting mat.

চটাক, *s.* পাঁচ টকা, পাঁচ তোলা, the weight of five rupees or two ounces avoirdupois, the sixteenth part of a seer.

চট:চট, *a.* ফালফাল, চলাচল, দিঘল চেপেটাচেপেট, long and thin; *s.* a slit.

চটিওআ, *s.* চাটি মৰা, সিঁচি দিয়া, sprinkling, sowing broadcast.

চটিয়াচটি, *s.* ইটে সিটে চটিওআ, সিচাসিচি, to sprinkle or dash water on each other.

চণ্ডি, *s.* এক সাস্ত্ৰ, দুৰ্গাৰ এক নাম, the name of a shaster; Doorga.

চত, *s.* দ্বাদস মাহ, বসন্তৰ প্ৰথম মাহ, the twelfth month, corresponding to part of March and April.

চত, *a.* অধিন, তলপিয়া, subject to, dependent.

চতবতাই, *v.* মিচাই মঁচাই কোআ, চেল্‌বেলাই, to talk at random, to prate.

চতবতিয়া, *a.* মিচাই মঁচাই কোআ, ধুৰ্ত্ত, চেল্‌বেলিআ, garulous, cunning.

চতৰবতৰ, *a.* লআলপা, অঠিক কথা কোআ, চেল্‌চেলোআ, deceitful, talking regardless of truth.

চতহ, *s.* স্বাধিন, আপোন অধিন, স্বতন্ত্ৰ, independence; with কাল, a period of peace and tranquility.

চতা, *s.* খাৰ ৱহোআ পাত্ৰ, খাৰনি সতা, an earthern leach for making lye.

চতি, *s.* খুঁটাৰ ওপৰত পথালিকৈ দিয়া ডাঙ্গ বিসেস, a beam, a support of a roof or any superstructure.

চতিয়না, *s.* এবিধ গচ, a species of tree.

চতুৰ, *a.* কথা জনা, টৈঙ্গৰ, shrewdness, cunning, sharpness.

চতুৰালি, *a.* টৈঙ্গৰালি, বুধিয়ক, cunning, shrewd.

চতুৰ্থ, *a.* চাৰিৰ লেখ, the fourth.

চতুৰ্থি, *s.* জোনৰ চাৰি দিন, তিথি বিসেস, the fourth day of a lunar month, a certain festival.

চতুৰ্দস, *a.* চৈধ্য, চাৰি অধিক দহ, the fourteenth.

চতুৰ্দসি, *s.* চন্দ্ৰৰ চৈধ্য দিন, তিথি বিসেস, the fourteenth day of a lunar month.

চতুৰ্দিস, *s.* চাৰি দিস, চৌদিস, the four cardinal points.

চতুৰ্পাস, *a.* চাৰিও ফাল, চৌমেৰ, all sides, all around.

চতুৰ্বৰ্গ, *s.* ধৰ্ম, অৰ্থ, কাম, মোখ্য, the four objects of human pursuit, said to be sensual enjoyment, wealth, virtue, and final beatitude.

চতুৰ্বৰ্নিয়া, *a.* চাৰি জতিয়া, চাৰি বৰনিয়া, relating to the four principal castes; the four principal colors, white, black, blue and red.

চতুৰ্ভুজ, *a.* চাৰি হতিয়া, বিষ্ণুৰ এক নাম, four armed, as Vishnoo.

চতুস্কোনি, *a.* চাৰি চুকিয়া, quadrangular, four cornered.

চতুস্পাদ, *a.* চাই ঠেঙ্গিয়া four footed, quadruped.

চত্ৰ, *s.* চাতি, an umbrella.

চত্ৰধৰ, *s.* ৰজা, চাতি ধৰোঁতা, a king; (*lit.*) the carrier of an umbrella.

চত্ৰভঙ্গ, *s.* ৰজা ভগা, অৰাজ, the subversion of dominion, loss of empire.

চদকা, *a.* নিন্দিত, গৰ্হিয়া খাই ফুৰা, despicable, universally despised.

চন, *s.* নিৰ্জান ঠাই, মাচ মৰা জক বিসেস, a waste or desert place; a rope used to frighten fish into a net.

চনকা, *a.* বেগতে ভগা, brittle, easily broken.

চন্‌পৰা, *a.* চন হোআ, খেতি নইন পৰা, fallow, lying waste; generally applied to land left unsowed after ploughing or without a crop.

চন্‌মুৰ, *s.* ধুম্‌ধুপাল, খৰলি পিটা, মুৰ কঁপাল ভুকুআই অতি বেজাৰ কৰা, worrying, fretting, irritation, storming about.

চন্তৰি, *s.* ৰখিয়া, পৰিয়া, a sentry, a guard, a watch.

চন্দ, *s.* শ্লোক, গৰ্হ, verse, poetry, poetic measure, shape, symmetry.

চন্দন, *s.* জাতিকাঠ আদি, sandal wood, several other kinds of fragrant wood are thus called.

চন্দনা, *s.* ৰঙ্গা আঁচ থকা ভাটৌ চৰাই, a species of parrot.

চন্দৰতাপ, *s.* চন্দ্ৰতাপ, ওপৰত অৰা কাপৰ, an awning, a canopy.

চন্দলা, *a.* ফেট্‌লেঙ্গা, বহল, বাও ভাগি মুকলি হোআ, broken and flattened out, squat.

চন্দলাই, *s.* বাও ভগা খৰাহি আদি, to flatten out.

চন্দলিয়াই, *v.* ভাঙ্গি পেলাই, বখলিয়াই, to break down, to strip off.

চন্দা, *s.* মাচ এবিধ, ফেটলেঙ্গা, a species of fish; *a.* flat, as roof &c.

চন্দিয়াই, *v.* নেউঠিবলৈ কপাহ বাচি, to tear apart, to open out, as cotton preparatory to spinning.

চন্দুক, *s.* পেৰা, কাঠৰ ঢাকনি লগা পাত্ৰ বিসেস, a chest, a box.

চন্দুআ, *s.* লাজ পৰা, লজুআ, shame, mortification; *a.* mortified &c.

চন্দুআলি, *a.* মিচা হৈ লাজ পৰা, mortified by the exposure of one's own misdeeds.

চন্দোআৰ, *s.* চন্দ্ৰতাপ, ওপৰত তৰা কাপৰ, a canopy, an awning.

চন্দ্ৰ, *s.* জোন, চন্দ্ৰমা, the moon.

চন্দ্ৰকান্ত, *s.* এবিধ বহু মুলিয়া মনি, আচাম দেসৰ এক ৰজাৰ নাম, a precious stone, the chrysolite, the name of an Assam king.

চন্দ্ৰগ্ৰহন, *s.* প্ৰিথিবিৰ চাঁ চন্দ্ৰত পৰা, an eclipse of the moon.

চন্দ্ৰতাপ, *s.* চন্দোআৰ, an awning, a canopy.

চন্দ্ৰবদন, *a.* চন্দ্ৰৰ দৰে সুআঁনি মুখ, moon-faced, beautiful as the moon.

চন্দ্ৰবিন্দু, *s.* অনুনাসিক বৰ্ন, আখৰৰ ওপৰত (ঁ) এই ৰূপে লিখে, the nasal character, (ঁ).

চন্দ্ৰমণ্ডল, *s.* চন্দ্ৰৰ মেৰ বা মৰল, the lunar orb, the moon's disc.

চন্দ্ৰমা, *s.* জোন, চন্দ্ৰ, নিসাকৰ, নিসাপতি, the moon, the queen of night.

চন্দ্ৰমুখি, *a.* জোনমুই, সুমুখি, moon-faced, beautiful as the moon.

চন্দ্ৰহাৰ, *s.* এবিধ ডিঙ্গিৰ অলঙ্কাৰ, a kind of necklace.

চন্দ্ৰিকা, *s.* জোনাক, জোনৰ পহৰ, moonlight, moonshine.

চন্দ্ৰোদয়, *s.* জোন ওলোআ, চন্দ্ৰ প্ৰকাশ, the rising of the moon.

চপ্‌চপ, } *s.* পিয়াহ আদি চুপি খোআৰ শব্দ, the noise of sucking
চপ্‌চপনি, } or of drawing liquids into the mouth.

চপ্‌চপাই, *v.* চপ্‌চপ্ শব্দ কৰি খাই, to make a sound with the lips as when sucking or eating.

চপ্‌চেপিয়া, *a.* পূৰ, ভৰা, মুখলৈকে হোআ, full to the brim.

চপনিয়া, } *a.* পৰৰ ঘৰত চাপি থকা, ভাত কাপৰ আদিলৈ চাপি
চপনিয়াৰ, } থকা, কেলেহুআ, living in common at the house of another for food and clothes or in hope of marriage or gain.

চপৰা, *s.* ডোখৰ, ডুখৰিয়া মাটি, a clod, a clump or shapeless mass.

চপৰাই, *v.* দোঁআই, চাপ্‌ৰ কৰি, নমাই, to bow, to bend the head, to lower, to let down.

চপৰাচপ্‌ৰ, *a.* ডোখৰডোখৰ, বখলাবখল, in clods or pieces.

চপৰিওআ, *s.* চাপৰি মৰা, থাপৰ মৰা, the act of clapping the hands, knocking or rapping at a door.

চপৰিয়াই, *v.* চাপৰ মাৰি, থপৰিয়াই, to clap the hands, to knock, to rap at a door for admittance.

চপা, *a.* লগলগা, গোট খোআ, সাঁচত মৰা, ওচৰ হোআ, assembled, collected together, printed, pressed.

চপাই, *v.* গোটাই, লগলগাই, আখৰ চপোআ, to draw, to collect together, to approach, to print, to press, to stamp; with কাটি, to cut close to the ground.

চপাখানা, *s.* পুথি আদি আখৰ চপা জন্ত্ৰৰ ঘৰ, a printing office.

চপোআ, *a.* গোটোআ, লগলগোআ, সামৰা, সাঁচত আখৰ মৰা, caused to be gathered together, pressed, printed or stamped.

চপিনা, } *s.* আগ্যা পত্ৰ বিসেস, ৰাজ মেললৈ সাখি অনা পত্ৰ, a subpoena
চফিনা, } or writ, commanding presence in court.

চবি, *s.* লেখা মুৰ্তি, পদৰ চন্দ বিসেস, a picture, a metrical measure.

চবিআই, *v.* নাও মাৰি, বঠা কোবাই, to strike with an oar or hoe or with the paw as a tiger.

চবিওআ, *s.* বঠা কোবোআ, ডাঁৰ মৰা, striking with an oar or hoe &c.

চভাও, *s.* স্বভাও, চৰিত্ৰ, দস্তুৰ, disposition, quality, temper.

চমক, *s.* অকস্মাত জিলিকনি, ৰশ্মি, উচাৱ, a flash, a glance, a twinkling, a starting back from fear; with খাই, to start back &c.

চমকা, *s.* পাঁচো আঙ্গুলি মেলা হাতৰ জোখ, a measure; as much as can be embraced by the hand with the fingers extended.

চমকিত, *a.* সচকিত, উচাৰ খোৱা, হঠাত ভই খোৱা, startled, smitten with sudden fear.

চমচমনি, *s.* বুকু আদিত পিতৰ বেদনা, টেঙা পানিৰ বেদনা, heartburn, a disorder of the stomach caused by bile or acidity.

চমটা, *s.* চালৰ চেপেটা চাবুক, a scourge, an instrument of punishment used by the Assam Kings.

চমটিয়াই, *v.* চমটাৰে মাৰি, to strike with the above instrument, to scourge.

চমত্কাৰ, *s.* দেখিবলৈ আচৰিত, বিস্মই, astonishment, surprise, amazement; *a.* wonderful, surprising, astonishing.

চমত্ক্রিত, *a.* চমত্কাৰ কৰা, আচৰিত, astonished, surprised, amazed.

চমন, *s.* তলব চিঠি, পদকিয়াক মতা ৰজাৰ আগ্যা পত্র বা কোনো বিসয়ত মতা পত্র, a summons or official notice to appear in court.

চমৰা, *s.* মচলাৰে গোঁৰাই সুকুউৱা, চাল, a skin, a tanned hide, leather.

চমৰা মৰা, *s.* গোট বন্ধা, সুকুউৱা, নিসন্ধি হৈ হোৱা ঘা, skinned over, (as a healed wound or sore.)

চমহিয়া, *a.* চমাহত হোৱা, চমাহ জোৱা, চই সিকিয়া, done in six months, six months old, six *hikis* in weight or value.

চমাৰ, *s.* চুন বেচা মানুহ, মুচিয়াৰ, a dealer in lime, a tanner, a shoemaker.

চমু, *a.* ওচৰ, ঠাইতে, near, close at hand.

চমুআ, *s.* ৰজাই নখটোৱা ধন নোলোৱা এখেল লোক, a class in the days of the Assam Kings exempted from service and tribute.

চম্পক, চম্পা, *s.* চঁপা, সুগন্ধি ফুল এবিধ, a species of yellow flower, the michelia champaca.

চম্বুক সিল, *s.* লো আকর্সন কৰা সিল এবিধ, loadstone.

চম্ভালি, *v.* ভাৰ গ্রহন কৰি, সামৰি, সতর্ক হৈ, to receive in charge, to preserve with care, to keep in safety.

চৰ, *s.* মুকলি হাতেৰে গালত মৰা, a slap on the cheek.

চৰগ, *s.* স্বর্গ, আকাস, heaven, the firmament.

চৰগ পৰা, *s.* ৱজ্রপাত হোৱা, a stroke of lightning, a thunderbolt.

চৰঠ, *s.* নাৱৰ আগ গুৰি টিঙৰ ওচৰত পাৰি দিয়া কাঠৰ পাট বা ফলিয়া বাঁহ, the flooring of the two ends of a boat beyond the cover on which the boat is worked.

চৰত্তিয়া, *s.* অনা, চাৰি পইচা, an anna.

চৰন, *s.* ভৰি, পদ, a foot, the feet, used figuratively for favor, protection.

চৰনামৃত, চৰনোদক, *s.* গুৰুৰ ভৰি ধুউৱা পানি, পাদোদক, পাদ জল, the water in which a brahmin or gooroo's foot has been washed.

চৰম, *s.* লাজ, স্ৰম, দুখ, shame, labor, fatigue.

চৰমা, } *s.* আই সকল পকি চোকোৰা এৰাই জোআ, the drying up
চৰমি, } of a sore and falling off of the scab.

চৰহা, *s.* মুখেৰে চৰহি খোআ, চোপা, the act of sucking or drawing into the mouth as fluids.

চৰহা মৰা, *s.* টান মাৰি ধৰা, লেৰোআ, suction, sticking, adhering.

চৰহি, *v.* মুখেৰে চুহি, টানি ধৰি, to suck in with the mouth, to adhere by suction, to stick fast.

চৰা, *a.* বৰ্হা, অধিক, ৰজাৰ খেল নাও, exceeding in length, more than; *s.* a royal barge, a pleasure boat.

চৰাই, *s.* পখি, উৰন, চৰমাৰি, বৰ্হাই দি, থাঁহ আদি আহাৰ খুআই, a bird; *v.* to slap, to exceed, to drive to pasture, to feed.

চৰাঙ্গ চোআ, *s.* লুকাই দেস সৈন্য আদি চোআ দুত, গুপ্ত চৰ, চৰিয়া, a spy, a secret informer, an emissary.

চৰাচৰ, *a.* চলাচল, এই জগত, moveable and immovable, *i. e.* the world.

চৰি, *s.* নাও ঠেলা বাৰি বা লগি, বাৰ্হি, a setting pole used in propelling boats; *v.* to exceed, to pass beyond a line or limit.

চৰিত্ৰ, *s.* স্বভাও, নিতি, বেৱহাৰ, বিবৰন, natural disposition, manner, description, history.

চৰিয়া, *s.* মুখ আদি ধোআ পাত্ৰ, চৰাঙ্গ চোআ, a wash-bowl or basin, a spy, a secret informer.

চৰু, *s.* ভাত আদি ৰন্ধা মাটিৰ পাত্ৰ, an earthen cooking vessel.

চৰুপ, *a.* স্বৰুপ, সত্য, নিচই, true, real, exact, not imaginary or fictitious.

চৰুপে, *ad.* নিচয়ে, সত্যে, স্বভাৱতে, truly, certainly, in like manner.

চৰ্কাৰ, *s.* গবৰ্নমেণ্ট, অধিকাৰ, government.

চৰ্কাৰি, *a.* গবৰ্নমেণ্টৰ, গবৰ্নমেণ্টৰ বা অধিকাৰৰ সম্বন্ধিয়, উমৈহতিয়া, relating to government, public, common to all.

চৰ্চৰনি, *s.* মুঁহ লগা, উসাহ খুন্দা খোআ, চুঁচৰি জোআৰ সবদ, a choking, strangling, the noise of any thing being dragged.

চৰ্চৰিয়া, *a.* নিৰহ, নিৰহকৈ ভজা, dry, juiceless, dried up in cooking.

চৰ্চাকৰা, *s.* লোকৰ কথা উলিওআ, প্ৰস্তাও কৰা, আখ্যান কৰা, making others a subject of conversation, meddling &c.

চৰ্দাৰ, *s.* কাজ কাম চলাওঁতা প্ৰধান জন, অধিকাৰ, an overseer, a headman, a chief, a chieftain.

চৰ্ধা, *s.* আস্তিক. প্ৰিতি, মৰম, স্ৰধা, reverence, love, respect.

চৰ্মচেদন, *s.* চুমি কৰা, circumcision.

চল, *s.* প্ৰবঞ্চনা, ফাঁকি, সুজোগ, উছু, a stratagem, a device, trick, pretence, artifice, fraud, forgery; *a.* easy to do.

চল্‌কচৌ, *s.* অস্থিৰ, মন পাতল, unsteady, unstable, volatile.

চলন্দৰ, *a.* চলাচল, আয়াজাত, having intercourse.

চলম, *s.* কাচৰ পিঠিৰ দাঁতিৰ কোমল ভাগ, the joining or soft part between the upper and lower shell of the turtle.

চলঙুআ পানি, *s.* ভৰাঙ্গ পানি, হাম পানি, shallow water.

চল্‌চন্দ, *s.* চল বুধি, ফাঁকিফুকা, intrigue, trickery.

চল্‌চল্‌ কৰে, *ad.* একে বেলিএ বাকি দিয়া, ৰূপৰ দৰে হগা, poured forth at once or abundantly, of silvery whiteness.

চলচলিয়া, *a.* অধিককৈ বাকি দিয়া, পানিৰে খাল বাম সমান হোআ, poured out to overflowing, of one even surface or expanse, silver-coloured, applied to water and to fish.

চলতি, *a.* চলা, প্ৰবৰ্ত্ত, চলন্তি, in common use, current, popular.

চলন, *s.* প্ৰবৰ্ত্তন, গমন, আচৰন, walk, conduct, custom, habitual practice.

চলনা, *s.* চল কৰা, ফাঁকি দিয়া, deception, trickery.

চলা, *a.* চলতি হোআ, গমন কৰা, ফাঁকি দিয়া, কোনো কথাৰ পাচত ব্যৱহাৰ কৰিলে চলা বুজাই, current, in common use, moved, tricked, deceived; as an affix, as বাহ চলা, (a bamboo.)

চলাই, *v.* প্ৰবৰ্ত্তাই, গমন কৰাই, সমান কৰি, চালনিৰে চলোআ, to cause to move or to do, to superintend, to manage, to sift.

চলাচল, *a.* জোআ অহা, আয়াজাত, চলতি, ফাল ফাল, going and coming, having intercourse, in common use, current, in slits or strips.

চলাহ, *s.* বুধি সিকোআ, লোভ দেখুউআ, the act of deceiving, misguiding, duping, tricking.

চলাহি, *a.* মিচা মহলা মাৰি ফুৰোঁতা, ফাঁকি দিওঁতা, tempting, misleading.

চলি, *v.* গতি কৰি, আচৰি, খৰিৰ সৰু চলা, to act, to go, to pursue a particular course of conduct; *a.* chip, a small bit of wood.

চলিত, *a.* চলন হোআ, চলা, moved, agitated, gone, current, customary.

চলিহা, *s.* চলিচা, প্ৰাই চলিচ বচৰ হোআত চকুএ ভালকৈ নেদেখা, আন্ধিয়া, উঁহচিয়া, impaired sight that generally comes at about forty years of age; *a.* dim-sighted, immature, not ripe.

চলিহা ধৰা, *a.* আন্ধিয়া মানুহৰ চকুএ ভালকৈ নমনা হোআ, dim-sighted.

চলু, *s.* হাতৰ ঢোলা, গণ্ডুস, a handful of water for rinsing the mouth.

চলে বলে, *ad.* চলেৰে বা বলেৰে, কোনো উপায়ে, by artifice or by strength, by any means whatever, somehow.

চলোপানি, } a. চলকচো, সঁচাই মিচাই কৈ ফুৰা, volatile, talkative,
চলোভলো, } garulous, speaking without regard to truth.

চৱাল, s. চাৱাল, সক লৰা, a child of four or five years of age.

চহকি, a. সামৰথ, ধনি, আঢ্যৱন্ত, মোৰন্তাৰ, rich, wealthy, opulent.

চহ দিয়া, s. কথা দিয়া, মিচা আসা দেখুউআ, finding out a secret by flattery or false promises, the holding out false inducements.

চহৰ, s. গ্ৰাম, বহ গাওঁ, a thickly settled place, a village.

চহৰিয়া, } s. চহৰত থকা মানুহ, a villager, an inhabitant of a thick-
চহকআ, } ly settled place.

চহল, a. ফুৰিবলৈ চল, সমান ঠাই, level, passable, easy of access:

চহলামহলা, s. চলবাদি, কাঁকিফুকা, টাটক নাটক, fraud, imposition.

চহা, a. নজনা, গঁয়া, হালোআ, unlearned, unpolished, rustic.

চহাই, v. ঠাই চাহ কৰি, খানিকুৰি, to till, to plough, to cultivate.

চহি, v. চাহ কৰি, আবাদ কৰি, বাই বা কুৰি, দস্তকত বা হাতৰ লেখা, to cultivate, to till; s. a signature, a sign, a mark.

চহিচ, s. ঘোঁৰা চোআ, a groom, a horse keeper.

চহোআ, a. চাহ কৰা, খনা কোৰা, tilled, cultivated.

চাই, v. দেখি, দৰ্সন কৰি, ভস্ম, to see, to look; s. ashes.

চাইচিডি, v. বিবেচনা কৰি, আগ গুৰি চাই, to carefully observe.

চাইটা, a. চাৰি, চাৰিৰ লেখ, four.

চাইমাকটি, a. চাইচুই, চাই মাটি আদি বেয়া বস্তু, worthless, as ashes &c.

চাইমুআ, a. কলা মুখেৰে, বেজাৰ মুআ, fierce, cross or surly looking.

চাউডাঙ্গ, s. মানুহৰ প্ৰান দণ্ড কৰিবলৈ ৰজাই লোআ খেল এবিধ, a class appointed by the Assam Kings as public executioners.

চাউনি, s. সেনাৰ কোঁঠ, সৈন্য থকা ঠাই, a military camp, a barrack.

চাউল, s. তণ্ডুল, ধানৰ সাহ, rice, husked rice.

চাউল চুকুআ, s. জিবিকাৰ বা আয়ুস চুকুআ, the loss of means of support or the loss of life.

চাউল মৰা, s. জিবিকাৰ গুচা, without a living or means of support.

চাওনি, s. খেৰেৰে ঘৰ চোআ, the giving a coating of grass, thatching.

চাঁ, s. চাঁয়া আঁৰ, ৰদ নপৰা, a shadow, a shade, darkness, obscurity.

চাঁচ, s. কাঠ চঁচা অস্ত্ৰ; চাঁচোন, a carpenter's adz.

চাঁচৰি, s. সঁচাই মিচাই কোআ, equivocation, speaking without strict regard to truth.

চাঁচি, v. সিতল কৰি, চাঁচন মাৰি, to shave, to hew, to smooth.

চাঁচোন, s. কাঠ চঁচা অস্ত্ৰ, চাঁচ, a carpenter's adz.

চাঁতকৰে, *ad.* অকস্মাত, বেগতে, at once, suddenly.

চাঁদ, *s.* চন্দ্ৰ, জোন, the moon.

চাঁয়া, *s.* চাঁ, চিন মাত্ৰ, চাব নিচিন, a shade, a shadow, a type.

চাক, *s.* চক্ৰ, চকা, কুমাৰৰ কলহ আদি সজা চক্ৰ, a potter's wheel, a circle, a discus.

চাকচিকন, *a.* নিকা, পৰিষ্কাৰ, দেখিবলৈ ভাল, neat, tidy, particular as to personal appearance, beautiful.

চাকনি, *s.* চেৱা বস্তু, চকা পাত্ৰ বা মানুহ, one who tastes, a person appointed to taste of the King's food, a strainer.

চাকনৈয়া, *s.* সোঁতত পানি ঘূৰি থকা, a whirlpool, an eddy.

চাকৰ, *s.* বেচলৈ কাম কৰা মানুহ, a servant, a hired domestic.

চাকৰি, *s.* বেচলৈ কৰা কাম, domestic service, business, employment.

চাকৰিয়া, *a.* চাকৰি কৰা, relating to service, doing service.

চাকলি, *s.* চকলিয়া, ডিঙ্গিৰ অলঙ্কাৰ, a flat circular body, a small round gold neck ornament worn by females.

চাকি, *v.* সোআদ চাই, প্ৰদিপ, দিপ জলোআ পাত্ৰ, বন্তি, ফুলৰ সৰু মালা, আঙ্গঠি আদিৰ ওপৰৰ চকা, to taste, to strain or filter; *s.* a lamp, the signet of a ring, an ornament of flowers.

চাকি চোআ, *s.* সোআদ চোআ, চেলেকি চোআ, testing by the taste.

চাকি পতা, *s.* কাপৰত ঘূৰনিয়াকৈ ফুল তোলা, the inserting round figured flowers into the border of a cloth.

চাকৈ চকোআ, *s.* এবিধ বনৰিয়া চৰাই, a species of bird, the bartavelle or red-legged partridge.

চাগল, *s.* চাগ, মতা চাগ, a he-goat.

চাগলি, *s.* মাইকি চাগলি, a she-goat.

চাকৈ, *ad.* কিজানি, হবলা, জানোঁ, probably, perhaps, possibly.

চাঙ্গ, *s.* আটাল, পাভটি আদি চাঙ্গ, a platform, a scaffolding, a stage.

চাঙ্গ ঘৰ, *s.* চাঙ্গৰ ওপৰত সজা ঘৰ, a house with a raised floor.

চাঙ্গটি, *s.* সিংহাসন আদিৰ ওপৰত তৰা খলপিয়া চন্দ্ৰতাপ বিসেস, a royal canopy.

চাঙ্গমাই, *s.* ৰজাৰ ভাত ৰন্ধা লোক, men who prepare the king's food.

চাঙ্গি, *s* মাটি আদি কৰ্হিওআ পাত্ৰ, a contrivance for carrying earth &c. on the shoulders of two men.

চাঙ্গিন, } *s.* ছিলৈৰ মুৰত লগোআ তিনি সিৰিয়া অস্ত্ৰ, চাঙ্গেৰি, a bayonet.
চাঙ্গিৰি, }

চাঙ্গেৰি, *s.* বনৰিয়া টেঙ্গা সাক এবিধ, an acid esculent plant.

চাট, s. বাক আদিৰ কোব, চকা বা তল জোআ, অলপ চটিওআ, গুৰ ঘোলা মাৰি, গৰু ধুউআ হালধি আদি সিয়া জুৰিয়া সলা, a side blow, submerging, covering, overshadowing; a small quantity, a sprinkling, an implement for stirring treacle; a stick on which turmeric &c. are strung at the ceremony of washing cattle.

চাটন, s. এবিধ পাট কাপৰ, a kind of silk cloth, satin.

চাটনি, s. গোঁঠনি, খোআ বস্তু এবিধ, any kind of cane work, a kind of sauce, *chutney*.

চাটমৰা, s. চাক মৰা, ভৰি পৰা, পানিএ তল নিওআ, the act of submerging, filling to overflowing, covering; *a.* submerged &c.

চাটি, v. পানি চটিয়াই, কাপৰ চাটি মাৰি, ঢাকি, পাৰ বুৰি, মেৰাই গুঁঠি বা বান্ধি, to splash, to dash, to give a side blow, to envelope or hide from sight as a vine does a tree, to submerge, to girt, to wind round and round.

চাটিফুটি, s. ধৰফৰনি, ইচাটবিচাট, to toss about as when in distress.

চাটি মৰা, s. চটিওআ, নেজেৰে কোব মৰা, কাপৰ চাটি মৰা, the act of splashing or dashing water, striking with the tail, tossing the end of a cloth over the shoulder.

চাটু, s. ভাৰসা বা মুখ ৰখা, hope, expectation, distinction or deference.

চাটু নকৰা, s. ভাৰসা নকৰা, মুখ নৰখা, not having respect of persons.

চাত্তৰ, s. পৰ্হা লৰা, চাত্ৰ, a scholar, a pupil, a learner.

চাত্তৰসালি, s. পৰ্হাসালি, চাত্ৰসালি, a school-house, or place of instruction.

চাতি, s. চত্ৰ, an umbrella.

চাতুৰি, *a.* চতুৰালি, craftiness; *a.* artful, sly, roguish.

চাদ, s. সৰু লৰাৰ পিয়াহৰ বাঁতি, throwing up milk after nursing.

চাদৰ, s. চেলেঙ কাপৰ, a shoulder cloth, a sheet.

চাদি, v. পিয়াহ বাঁতিয়াই, to eject from the stomach, as nursing infants.

চান কৰ্হা, s. ভাগৰ অলপ কটা, filching, purloining, keeping back &c.

চানক্য, s. প্ৰসিদ্ধ মুনি বিসেস, the name of a sage, and author of a work compiled from various other works.

চান্দ, s. চন্দ্ৰ, জোন, গোজোআ সাক এবিধ, the moon, a species of esculent plant.

চান্দনি, s. গচত উঠা ভৰিৰ কনাৰি ডোল, a loop used for the feet in climbing trees.

চান্দ বদন, *a.* জোনৰ দৰে মুখ, moon-faced, beautiful as the moon.

চান্দি, *v.* চল চাই, খাপ দি, ভাল কুপ, to roam about in search of, to lie in wait for as a beast of prey; *s.* silver.

চাপ, *s.* আখৰৰ সাঁচ, a stamp, a die, a press a block for printing cloth.

চাপকন, *s.* দিঘল চোলা, a long native coat.

চাপনি, *s.* আপুনি সোমোআ বা বিয়া নকৰোআকৈ অনা তিৰোতা, a woman who lives with a man unmarried.

চাপ মৰা, *s.* চাব দিয়া, সাঁচত মৰা, the act of stamping, pressing, or printing; *a.* pressed, printed, stamped.

চাপৰ, *a.* চুঁটি, ওখ নোহোআ, হাতেৰে মৰা সব্দ, low, short, of small stature, a clapping of hands, a blow with the open hand.

চাপৰাই, *v.* চাপৰ কৰি, দোঁআই, নমাই, to bend down, to bow, to lower.

চাপৰি, *s.* হাততালি, চাপৰ হৈ, নৈএ মেৰাই থোআ ওখ মাটি, ওখ টিঙনা মাটি, বলি মুৰনিয়াকৈ থোআ এৰি বা মুগাৰ সুতা, an island, high table land, raw silk drawn out from the cocoon ready for twisting, a clapping, a bending of the body.

চাপৰা, *s.* চাপৰ হোআ, কুঁজা হোআ, তললৈ নমা, the act of stooping down, lowering anything.

চাপাচি, *a.* লুকুউআ, গুপুতে থোআ, চুৰ কৰা, concealed, suppressed, hidden, kept back clandestinely.

চাপি, *v.* সাঁচত মাৰি, কোজৰলৈ আহি, ওচৰ হৈ, to print, to stamp; with আহি to come near, to approach.

চাব, *s.* চিন, কোৰ বঠা আদি ঘুপুহাই মৰা, বেগতে অনা বা কৰা, নাঙলৰ আগত উঠা জাবৰ মাটি, a stamp, an impression, a mark a stroke with a hoe or oar; with ধৰা to seize, to clutch; with মাৰি, to stamp, to print, to press, to row, to hoe.

চাব্ কটা, *s.* নাঙলৰ আগত লগা জাবৰ মাটিৰ দম কাটি সমান কৰা, মাটি কটা, the levelling of uneven places made by the plough, cutting the ground with a stroke of the hoe.

চাবতিয়াল, *a.* চাবত আনিব পৰা, বেগাই কৰিব পৰা, খৰ কৰা, dexterous, expert, adroit, apt, quick, nimble.

চাব দিয়া, *s.* চাব মৰা, মিচাকৈ কথা ধৰা, the affixing a stamp or seal, charging with a crime without proper proof.

চাবন, *s.* চাবোন, কাপৰ আদি ধোআ খাৰ দ্রব্য, soap.

চাবাইচ, *interj.* ভাল বোলা মাত, বাৰু, সলগা মাত, a word expressing approbation; well done! bravo!

চাবি, *s.* সঁচাৰ কাঠি, a key.

চাবুক, *s.* চাপেৰে গোঁঠা চেকনি, a whip, a scourge.

চাবুক ধৰা, *s.* চাবুক লোআ, a class who in the days of the Assam Kings inflicted punishment by scourging.

চাম, *s.* গচ এবিধ, একে লগে এবেলি হোআ গুটি বা ৰোগ আদি, a tree valuable for timber, succession, order, the produce of one season, a crop, a stage of a disease.

চাম কঠাল, *s.* চাম গচৰ গুটি, the fruit of the above tree.

চামচেকুআ, *s.* বিচাৰ নিচিনা কলাপতিয়া বৰনৰ পোক এবিধ, a species of caterpillar.

চামনি, *s.* জোল বস্তুৰ ওপৰত উঠা চটা, সৰ, the cream or thick part that rises to the surface of liquids.

চামনি মাৰি, *v.* জোল বস্তুৰ ওপৰত চটা বান্ধি, সৰ বান্ধি, চমৰা মাৰি, to rise to the surface as cream on milk, to scab over, as a sore.

চামৰ, *s.* চোঁঅৰ, a or whisk made of the tail of the *Yak* or Tartar cow.

চামৰি, *s.* চুঁঅৰি পশু, the Tartar cow.

চামুচ, *s.* সৰু হাতা বিসেস, a spoon.

চামোন, *s.* ভুত এবিধ, উপদেৱতা, a spirit, a ghost, an apparition.

চাৰ, *a.* অধিক, বৰ্হা, গৰু আদিএ ঘাঁহ খাই ত্রিপ্তি পোআ, sufficient, abundant, excessive; *s.* pasturage, plenty, overplus.

চাৰখাৰ, *s.* ধ্বংস, লোপ, নষ্ট, কথাত মুখ হৰা, ruin, destruction, complete alienation of friendship, extinction.

চাৰন পোআ, *s.* লোকৰ পৰা অলপ উপাই পোআ, the receiving of slight assistance from another.

চাৰ পোআ, *a.* ঘাঁহ খাই ত্রিপ্তি হোআ, filled, satisfied, finding abundance of pasturage or food.

চাৰি, *v.* বাৰ্হি, অধিক হৈ, এৰি, চাৰি গোট, চাইটা, to exceed, to go beyond, to leave, to abandon; *a.* four.

চাৰিও ফাল, *ad.* চতুৰ্দ্দিক, চৌদিস, সকলো ফালে, on all sides, all around.

চাকলি, *s.* বনৰিয়া খুঁতৰা সাক, a species of wild esculent vegetable.

চাৰেক, *affix.* পৰবৰ্ত্তি অব্যয় সব্দ, আন সব্দৰ পাচত জোগ হলে বহু বুজাই, দিএক, গোটাচাৰেক, a particle or affix meaning several, a few.

চাৰেঘাৰে, *ad.* বৰ্হাকৈ, জোখত অধিককৈ, more than a given measure.

চাৰেঙ্গদাৰ, *s.* এবিধ বাদ্য, a stringed instrument, a violin.

চাৰেঙ্গদাৰি, *s.* চাৰেঙ্গদাৰ বজাওঁতা, a player on the above instrument.

চাল, *s.* চৰ্ম্ম, বাকলি, কুআ বা কামি বোআ ঘৰৰ হেৰালি, the skin, the bark of a tree, the husk or covering of a nut, a roof.

চালকাপৰ, *s.* এবিধ নোমৰ বহু মুলিয়া কাপৰ, a shawl, generally applied to Cashmere shawls.

চালকুঁঅৰি, *s.* ঘৰৰ ওপৰত চকৰে খোআ ঔসধিয় বন এবিধ, a medicinal plant.

চালচিগা, *a.* অতি দুখিয়া, নিচলা, very poor, utterly destitute.

চালটানি খোআ, *s.* দুখিয়াবো ধন বস্তু টানি অনা, the act of oppressing the poor, filching or extorting from the needy.

চালনি, *s.* চাউল বা পিঠাগুৰি আদি বস্তু চলা পাত্র, a sieve.

চালপিৰা, *s.* সোআ ৰব পিৰা, a broad plank with feet, used for sleeping.

চালান, *s.* দ্রব্য পঠোআ, ৰচিদ বিসেস, an invoice, a bill of lading, a list of articles or letters despatched.

চালি, *v.* চালনি মাৰি, তামোলৰ লগত খোআ গচৰ চাল, এচলিয়া ঘৰ, to winnow, to sift; *s.* the bark of certain trees chewed with betelnut, a roof with one side.

চালি জাৰি, *v.* কুলা চালনি লগাই, চাইচিতি, উবাৰ কৰি, to investigate, to search, to ventilate, to winnow, to sift, to pick out.

চালি ধৰা, *s.* চৰায়ে নেজ তোলা, ফেৰ মেলা, the act of strutting, spreading out the tail as a peacock.

চালু, *s.* এবিধ ৰঙ্গা কাপৰ, a kind of red twilled cloth.

চালুকিয়া, *a.* সৰু লৰা চোআলি, small, young, applied to children of two or three years of age.

চাৰল, *a.* চৰলিয়া, হলা, কতিয়া, slanting, oblique.

চাহ, *s.* এবিধ গচৰ পাত, বিৃধি হৈ জোআ, হাল বোআ বা কোৰা, tea, the tree or the manufactured leaf; *a.* profitable, mellowed, made ready for seed.

চাহ এৰা, *s.* ক্রমে ক্রমে এৰা, the temporary abandonment of a work.

চাহনি, *s.* চহোআ ঠাই, চাহ বাৰি, a cultivation, a tea garden.

চাহপোআ, *a.* ফাইপোআ, লাভ পোআ, উপকাৰ পোআ, উফুউআ, profitable, advantageous.

চাহমৰা, *s.* চাহ পাত মোহৰা ভজা আদি কাম, manipulation &c. of tea.

চাহাব, *s.* ইংৰাজি আদি প্রধান লোকক মান্যেৰে মতা, a title of honor addressed to Europeans and other respectable persons.

চাহি, *s.* এবিধ অতি সৰু পোক, a species of small insect.

চাহিনি, *a.* ভাগৰ অলপ ভাকৰ, a very little, a part.

চাহিনি খোআ, *s.* লোকৰ কিনা বস্তুৰ অলপ চান কাৰ্হি লোআ, pilfering or abstracting a small quantity.

চি, *interj.* নিন্দাৰ মাত, ঘিন কৰা, চিহ্, an exclamation of contempt &c.
চিঁউচিঁউ, *s.* পোআলি চৰাইৰ মাত, the chirping of young birds.
চিঁচিঁয়াই, *v.* চিঁচিঁ সব্দ কৰি, to chirp as young birds.
চিঁয়ৰ, } *s.* এটাহ, ৰিঙ্গ, হাই, বৰকৈ সব্দ কৰা, a scream, a yell,
চিঁয়ৰনি, } a loud cry.
চিঁয়ৰাই, *v.* এটাহ পৰাই, হাই কৰাই, to cause to scream or roar.
চিঁয়ৰি, } *v.* এটাহ পাৰি, বৰকৈ হাই কৰি, ৰিঙ্গিয়াই, কোহাল
চিঁয়ৰি বাখৰি, } কৰি, to scream, to cry aloud, to yell, to roar.
চিঁয়া, *a.* আগলৈ সৰু হৈ জোআ বা মাজ সৰু, tapering, contracted in the middle.
চিক, *s.* দুই কৰঙ্গনৰ জোৰাৰ চুক, চিকাৰ মাত, the groin, the screech of the *sika* or musk-rat.
চিক্‌চিকাই, *v.* চিকাই মতা, to screech, as the musk-rat.
চিক্‌চিকিয়া, *a.* তৰবৰিয়া, চিক্‌মিকিয়া, চাকচিকন, shining, glossy, sleek.
চিকটা, *a.* লিকটা, লেটেকা, কিৰ্পিন, tough, tenacious, tight, stingy.
চিকন, *a.* সুন্দৰ, উত্তম, পুষ্ট, beautiful, excellent, nice, fine, sleek, fat.
চিক্‌নকৈ, *ad.* ভাল ৰূপে, নিকা কৰি, nicely, handsomely.
চিকনাই, *v.* আওঁতাই, ভাল কৰি, নিকা বা সুন্দৰ কৰি, to clear away, to put in order, to beautify, to make smooth, even or glossy.
চিকনোআ, *a.* চিকন কৰা, আওঁতোআ, ভাল কৰা, cleared, put in order.
চিক্‌মিক, *s.* দেখ্‌নেদেখ, এফেৰিমান কাল, জিল্‌মিল, a glance, a momentary view, a twinkle, glitter.
চিক্‌মিকাই, *v.* জিল্‌মিলাই, তৰবৰাই জিলিকি, to twinkle, to glitter.
চিকৰা, *s.* গৰু আদিৰ গাত কামুৰি থকা কিট, চাল ওকনি, a tick, a small insect that infests animals, a species of skin-louse.
চিকা, *s.* এন্দুৰৰ নিচিনা এবিধ গোন্ধোআ জন্তু, a species of musk-rat that makes a screeching sound, whence its name.
চিকাচন্দা, *s.* ঘিন, অৰুচি, চুব খাবলৈ বেয়া পোআ, disgust, dislike.
চিকাফুৰা, *a.* চিকাই চোআত গোন্ধোআ, বদনাম, দুৰ্নাম, (lit.) anything passed over by the *sika* rat; *i. e.* having a bad odor or name.
চিকামাৰলি, *s.* এবিধ সাপ, a species of snake.
চিকাৰ, *s.* পছু চৰাই মাৰি ফুৰা মৃগয়া, hunting; with কৰি, to hunt.
চিকাৰি, *s.* চিকাৰ কৰি ফুৰা, ব্যাধ, a sportsman, a hunter.
চিকাৰূপ, *s.* কম্পানি ৰূপ, stamped coin.
চিকি, *a.* চিকুটি চিকুটি, হাত ধৰি ভাকৰকৈ, a very little; *ad.* stintedly doing, giving, eating &c.

চিকোট, *s.* দুই নখেৰে টিপা, a pinch, a nip.

চিকুটি, *v.* চিকোট মাৰি, দুই নখেৰে টিপি, to pinch, to nip.

চিগা, *a.* ডোল আদি দোডোখৰ হোআ, broken, cleft, parted asunder.

চিগাভগা, *a.* অনেক ডোখৰ হোআ, broken in pieces, shattered.

চিগি পৰা, *a.* সৰি পৰা, তললৈ সৰা, parted and fallen off, scaled off.

চিঙ্গ, *s.* হিন্দুস্থান দেসৰ এক জাতি বিসেস, a race of people in Hindustan.

চিঙ্গা, *a.* খণ্ড কৰা, চিগা, দোডোখৰ কৰা, broken, parted, divided.

চিঙ্গি, *v.* চিগি, ডোল আদি দোডোখৰকৈ খণ্ড কৰি, ভেদ কৰি, to break, to part asunder.

চিট, *s.* ফুলৰ চাপ মৰা এবিধ কপাহি কাপৰ, printed calico, chintz.

চিটচিটনি, *s.* গাৰ খজতি, পোৰনি, বিজবিজনি, an itching sensation.

চিটচিটাই, *v.* বিজবিজাই, খজতি পোৰনি ধৰা, to itch.

চিটা, *s.* চটিওআ, চেকা, মাটি আদিৰ দিঘলিয়া খণ্ড, দিঘল ডোখৰ, the act of sprinkling, a splint, a slice, a long strip of cloth or land, a mark, a stain.

চিটাগুলি, *s.* ছিলৈৰ সৰু গুলি, shot, buckshot.

চিটাচিট কৰা, *a.* দিঘলকৈ ভাগ ভাগ কৰা, divided into strips.

চিটাদিয়া, *s.* আই ওলাবলৈ দাগ দিয়া, innoculation, vaccination.

চিটামাৰি, *v.* সাস্তি কৰি, এচাটি মাৰি, চটিয়াই, to sprinkle.

চিটি, *s.* পত্ৰ, কাকত, লেখা, a note, a letter.

চিটিকনি, *s.* উফৰি জোআ পানি আদি, rain driven into the house by the wind.

চিটিকা, *s.* চৰাই ধৰা অস্ত্ৰ, মোটোকাই দিয়া বাঁহ, উফৰি পৰা, পোক এবিধ, a bird-trap, a strip of bent bamboo used as a support to the covering of a boat, an insect.

চিটিকি, *v.* উফৰি, পানি আদি এঠাইত পৰি আন ঠাইত পৰা, to bound in or drive in, as drops of rain.

চিটিখেল, *s.* নামলেখা তুলাপাতৰ গুলি বাঁটি খেল কৰা, গুটি বুজুআ বুজি কৰা, চুৰ্ত্তি খেল, a kind of raffling, casting lots, lottery.

চিণ্ডাল, *s.* চিঁৰাল, এবিধ লতাৰ ফল, a species of melon.

চিত, *s.* মন, আসই, the thoughts, feelings and affections.

চিতপতিওআ, *s.* মন পতিওআ, আসা কৰা, confidently hoping, expecting, anticipating.

চিতহৈ, *v.* ওপৰলৈ মুকৈ দিঘল দি পৰি, to lie with the face upwards.

চিতল, *s.* মাছ এবিধ, a species of fish.

চিতা, *s.* মৰা মানুহ পুৰিবলৈ সজা চাঙ্গ, a funeral pile.

চিতাচৰ্চ্চা, *s.* ভাবনি চিন্তনি, বেজাৰ কৰি ভাবি থকা, trouble, anxiety, concern; *a.* troubled, anxious.

চিত্ৰ, *s.* চবি, পট আদি লেখা মুৰ্ত্তি, নানা বৰনিয়া, a picture, a painting, printed linen; *a.* many colored, variegated.

চিত্ৰকৰ, *s.* খনিকৰ, a painter, a carver.

চিত্ৰ গুপ্ত, *s.* কঁপালৰ দসা লিখোঁতা জম ৰজাৰ কাকতি, the registrar of *Jom* the regent of death, said to write the fates of men.

চিত্ৰবিচিত্ৰ, *a.* নানা বৰনিয়া, আঁকাবঁকা, variegated, checkered, gaudy.

চিদাজ, *a.* মিচই, ঠিক, খাটি, certain, final; with কৈ, certainly.

চিদানন্দ, *a.* মনত সদাই আনন্দ থকা, ever joyful, applied to God.

চিদ্ৰ, *s.* বিন্ধা, অপৰাধ, দাই, চল, a hole, a perforation, a fault, a blemish, a chance, an occasion.

চিন, *s.* চিহ্ন, চাব, লখ্যন, প্ৰমান, a sign, a mark, a token.

চিনা, *s.* খেহ দেস, বা মানুহ, চিনি ধৰা, পৰিচই থকা, China, the Chinese, recognition; *a.* recognised, known, acquainted with.

চিনা আলু, *s.* এবিধ আলু, a species of sweet yam.

চিনাই, *v.* চিনি পোআই, চিনাকি কৰাই, দেখুআই, to introduce, to point out, to make acquainted with.

চিনাকি, *s.* চিনি পোআ, পৰিচই থকা, আগেএ দেখা বা জনা, an acquaintance or person well known.

চিনাচিনি, *a.* দুয়োকো দুয়ো চিনি পোআ, acquainted.

চিনা জোক, *s.* হাবিত থকা লক জোক, a species of leech.

চিনি, *v.* পৰিচই কৰি, বুজি, দেখি, to know, to be acquainted with.

চিনোআ, *s.* পৰিচই দিয়া, চিনাকি কৰোআ, causing to know &c.

চিন্তনি, } *s.* ভাবনা, গুননি, খিখিয়নি, thought, meditation, anxious
চিন্তা, } thought, solicitude.

চিন্তাকুল, *a.* চিন্তাৰে ব্যাকুল, চিন্তাত বলিয়া হোআ, distracted with anxious thought, perplexed.

চিন্তামনি, *s.* কাম্পনিক মনি বিসেস, a fabulous gem, said to give the possessor whatever he desires.

চিন্তি, *v.* ভাবি, ধ্যান কৰি, গুনি গাঁথি, to think, to meditate, to be anxious, to have great solicitude.

চিন্তিত, *a.* ভাবিত, anxious, perplexed.

চিপ, *s.* খোৰোচা জৰি, বেগাই মৰা আঁজোৰ, মৰিবলৈ ধৰাত আঁজুৰি লোআ উসাহ, a slip knot, a sudden pull upward; with খোআ, a heaving of the breast as when laboring for breath.

চিপতচিপে, } *ad.* প্ৰতি চিপে, বেগত বেগে, in rapid succession.
চিপেচিপে, }

চিপ্ৰাং, *s.* মাটি খনা অস্ত্ৰ, a crowbar, an iron implement for digging.

চিপ লোআ, *s.* মৰিবলৈ ধৰাত সেসৰ উসাহ টনা, laboring for breath as when dying.

চিপাহ্ মনি, *s.* সিলিখা মনি, a kind of bead.

চিপাদাৰ, *s.* এস চিপাহিৰ অধিকাৰ, the native commander of a company of sepoys; the head of a hundred.

চিপাহি, *s.* সেনা, জুধাৰু, a native soldier, a sepoy.

চিপোআ, *s.* চিপ মৰা, দুখেৰে গিলা, laboring to breathe or to swallow.

চিয়া, *s.* নাম, আগলৈ নাম থকা কৰম, পদবি, আগ সৰু, a name, a work or event by which one's name is perpetuated.

চিয়াই, *v.* ধৰ্ম্ম আদিলৈ চাই কৈ, সপত কৰি, to asseverate, to swear.

চিয়াৰ, *s.* সঙ্কেতকৈ কোআ, কথাৰ ঠাৰ, an intimation by sign or word.

চিৰ, *s.* আঁচ দি কটা, পাগুৰিৰ কাৰ্চিপি বন কৰা পটি বিসেস, a rent, a slit; as an affix, meaning long continuance.

চিৰকলিয়া, *a.* বহু দিনিয়া, জুগমিয়া, আওতি জুগিয়া, ancient, of long standing, perennial, lasting, always.

চিৰকাল, *s.* বিস্তৰ কাল, অনেক দিন, সদাই, বাৰেও কাল, a long period, during all time, forever.

চিৰ্কালি, *s.* সিয়াল, স্ৰিগাল, ধূৰ্ত্ত a jackal.

চিৰ্কালি সহ, *a.* মহা ধূৰ্ত্ত, টেঙৰ, sly, acute, crafty like the jackal.

চিৰ্চিৰাই, *v.* অলপ অলপকৈ বৈ থকা, to flow gently.

চিৰজিবি, *a.* বহু দিন জিয়া, সদাই থকা, long lived, ever living.

চিৰলি, } *a.* চিটাচিট, ফটা, ভেঁভেলিপতিয়া, rent, ragged, tattered, torn into strips.
চিৰলুআ, }

চিৰস্থাপি, } *a.* বহু দিনিয়া, সদাই একে ঠাইতে থকা, থিতাপি, durable, lasting, perennial, steadfast, ever the same.
চিৰস্থাই, }

চিৰা, *a.* ফলা, ফটা, চেপেটা চলা, ধান ভাজি খুন্দি খোআ বস্ত, split, divided; *s.* a splint, food made of parched rice pounded.

চিৰাচিৰ, *a.* চলাচল, চিটাচিটে ফটা, ডোখৰ ডোখৰ, split, into strips.

চিৰাফ, *s.* প্ৰধান স্বৰ্গিয় দুত, a seraph, an angel of the highest order.

চিৰাল, *s.* চিঙাল, এবিধ খোআ গুটি, a kind of muskmelon.

চিৰি, *v.* ফালি, নাও আদিত উঠা জখলা, তাঁতৰ সুতা ধৰা সিতল কামি, to tear in pieces, to split; *s.* a board used in passing to and from a boat; the rod used in a native loom to raise the warp.

চিৰিকচিৰিককৈ, *ad.* অলপ অলপকৈ, লাহে লাহে, little by little, slowly.

চিৰিকা, *a.* সৰু, খণ্ডু, little, very small.

চিৰিঙ, *s.* আহোমৰ পুজাৰিৰ খেল বিসেস, পৰ্বতৰ টিঙ, সিৰৰ বেদনা, a class of priests among the old Ahoms, a mountain peak, a sharp darting pain of the muscles or nerves.

চিৰিঙনি, *s.* টনটননি, একেৰাহে টনকনাই বিসাই থকা, a continuous darting pain or throbbing.

চিল্চিলিয়া, *a.* পাতলকৈ পৰা বা বৈ জোআ, চিৰ্চিৰিয়া, flowing in a shallow stream or falling in scattering drops.

চলনি, *s.* চিলা চৰাই, a hawk, a kite.

চিলমিল, } *a.* অলপ টোপনি অহা, কলা ঘুমটিএ ধৰা, drowsy; *s.*
চিলমিলিয়া, } drowsiness.

চিলা, *s.* চিলনি, তুলা পাতৰ সাজি উৰুআ বস্তু, a hawk, a paper kite.

চলিঙা, } *s.* কামিৰে কটিয়াকৈ বোআ সেৰেঙা বেৰ, a bamboo lattice
চিলিঙি, } work.

চিলিম, *s.* হোঁকাৰ মুৰত দি ধঁপাত খোআ পাত্ৰ, the bowl of a *hooka*; a tobacco pipe.

চিলিম চিগা, *a.* মুৰ চিগা, সমুলি নষ্ট হোআ, মুৰ মৰা, (*lit.*) loss of the head; *i. e.* having no way left for accomplishing an object.

চিহ, *interj.* নিন্দা বাক্য, ঘিন কৰা মাত, চিকৌ, fie! fie! for shame!

চিহচাহ কৰা, *s.* মনৰ অসন্তোস বেজাৰ আদি কথাৰে প্ৰকাস কৰা, expressing disgust, displeasure or regret.

চিহা, *s.* সংখেপকৈ লিখা, an abstract, a summing up, an epitome.

চুঅনি, *s.* আওটনি, চুআ পেলোআ ঠাই, a place where filth and refuse are thrown.

চুআ, *a.* খাই এৰা ভাত আদি, অসুচি, left of a meal, uneaten, ceremonially unclean, polluted by the touch.

চুআই, *v.* অলপকৈ লগাই, পৰ্স কৰাই, to touch or to cause to touch, to handle or touch slightly.

চুআ হোআ, *s.* অসুচি হোআ, ৰজস্বলা, ceremonial uncleanness of any kind, menstruation.

চুই, *v.* পৰ্স কৰি, হাত দি, গাত লগাই, to touch, to come in contact with, to meddle with.

চুঁচৰি, *v.* চেঁচোৰাই, ঘঁহনি খাই, to crawl, to drag, to creep.

চুঁচি, *v.* অস্ত্ৰেৰে বা আঙুলি আদিৰে চোঁচা মাৰি, to scrape off, to press out with the thumb and fore finger as in milking.

চুচি মৰা, *s.* আপনৈ সৰুকৈ চচা, সেস নথকাকৈ খোআ, the act of tapering or reducing to a point, leaving nothing of a meal.

চুচিয়া নাও, *s.* সৰু নাও, চেলেঙ্গি নাও, a very small canoe or fishing boat.

চুঁট, *s.* মতা গৰুৰ গল্ধনৰ কুঁজ, a bullock's hump.

চুঁৱৰি, *s.* এবিধ পশু, the yak or Tartar ox.

চুক, *s.* কোনা, ভুল, a corner, an angle, an error.

চুকচুকিয়া, *a.* অলপ অধিক সোআদ বা চোকা হোআ, overseasoned with salt or other condiments.

চুকমিয়া, *s.* বচৰেকলৈ খাজানা দি মাটি খোআ, an under tenant.

চুকা সাক, *s.* টেঙ্গা সাক এবিধ, a species of sorrel.

চুকিয়া, *a.* চুক লগা, কুনিয়া, having an angle, cornered.

চুঙ্গা, *s.* ফোঁপোলা বাহ আদিৰ পাত্ৰ, a pipe, a funnel, a joint of bamboo used as a vessel for holding fluids.

চুঙ্গি, *s.* এখেল মানুহ, পাচি আদিৰ মেৰ বৰ্হোআ চুটি কাঠি, a class of people, short splints of bamboo used in shaping or widening baskets or any braided work.

চুঙ্গি বাখৰ, *s.* এবিধ সৰু ডালিমা বাখৰ, a silicious stone or gem; the sardonyx.

চুঙ্গিয়া, *a.* চোঙ্গত থকা, belonging to a camp, head quarters.

চুচঙ্গ, *s.* এবিধ চাহ, a quality of tea, Souchong.

চুচুক্চামাক্কৈ, *a.* ভই বা লাজ ভাৱে ভুমুক ভামাককৈ, timidly, hesitatingly, modestly.

চুটা পৰা, *a.* তাকৰ হোআ, কমা, অলপ থকা, deficient; *s.* a deficiency.

চুঁটি, } *a.* দিঘল বা ওখ নোহোআ, কঁটিয়া, চমু, ঘোঁৰাৰ লৰ, short,
চুঁটিমুটি, } low, dwarfed, stinted in growth.

চুঁটি কাপৰ, *a.* মেখেলা, তিৰোতাৰ অধোবস্ত্ৰ, a woman's lower garment.

চুঁটিচাপৰ, *a.* ঘুটুমুটিয়া, অতি চাপৰ, short, very short.

চুঁটিয়া, *s.* হিন্দু জাতিৰ এবিধ, সালিকা চৰাই, লফা সাক এবিধ, a caste of people, a species of bird, a vegetable.

চুন, *s.* পোৰা সিল বা সামুকৰ গুৰা, lime.

চুনখাৰ, *a.* বৰ চোকা উগ্ৰ, piercing, corroding, pungent; with কৰি, to pierce, to cut, to wound by cutting words.

চুনচাত, *s.* উবাৰ, ধ্বংস, নষ্ট, তোলাং, destruction, overthrow.

চুনৰি, *s.* জন্তুৰ পেটৰ ঘিলা, the kidneys.

চুনি কৰা, *s.* চৰ্মচেদন কৰা, circumcision.

চুপ্‌চুপাই, *v.* কথাৰে ভুলাই, মুখৰ মিঠা দি উচটাই, to flatter, to persuade by flattery or soft speech.

চুপতি, *s.* মুখৰ দন্দ, মুখ জুঁজুআ, mutual retort.

চুপহি, *s.* কাঠ কলি, ফুল আদিৰ বেটু, the calyx of a flower.

চুপি, *v.* ওঁঠেৰে চুহি, তেলৰ টিঁপা, to suck; *s.* an oil vessel.

চুৰা, *s.* চুচৰি, পৰবর্ত্তি সব্দ বিসেস, আন কথাৰ পাচত জোগ হলে কেতিয়াবা বহু বচন বুজাই, a division, a portion, a heap, a clump, a tuft; as an affix meaning many, much.

চুবুৰিয়া, *s.* ওচৰ ঘৰিয়া, প্রতিবাসি, a neighbor.

চুমা, *s.* চুম্বন, মৰমেৰে মুখত মুখ দিয়া, a kiss.

চুমৈকে, *ad.* মিহিকৈ ঠাহি কুটা, finely, in minute parts.

চুৰ, চুৰ কৰা, *s.* অপহৰন কৰা, আনৰ বস্তু নেদেখাকৈ নিয়া, stealing, theft, clandestinely taking another's goods.

চুৰ দিয়া, *s.* টিঁপনি দিয়া, মন্ত্রেৰে বাৰ্হিব নোআৰাকৈ ৰখা, the preventing of growth or increase by incantations.

চুৰা, *s.* গুৰ, coarse or unrefined sugar, treacle.

চুৰিয়া, *s.* ধুতি, পুৰুসৰ অধোবস্ত্র, a man's waistcloth.

চুৰুকি, *v.* কোৰেৰে চিকনাই, to scrape off the surface of the ground with a hoe.

চুৰুনা, *s.* অপহৰন কৰা জন, a male thief.

চুৰুনি, *s.* চুৰ কৰা তিৰোতা, a female thief.

চুৰুপা খোআ, *s.* সোআদ বিচাৰি খাই ফুৰা, an epicure, a voluptuary.

চুৰুপা চুৰুপি, *s.* স্রুব স্রুচ হোমকৰা মাৰি, a sort of ladle used in making burnt offerings.

চুৰ্কি, *s.* ইটা গুৰি, brick dust, mortar.

চুৰ্চুমৈ, *a.* ভাঙ্গি গুৰি কৰা, চুৰ্নাক্রিত, broken into fragments.

চুৰ্চুৰিয়া, *s.* মাটি উজৰা সৰু পোক এবিধ, এবিধ ত্রিন, পাতলকৈ, a species of worm, a kind of grass; *ad.* slightly, thinly, sparsely.

চুৰ্তি, *s.* গ্যান, তত, স্রুতি সাস্ত্র, sensation, knowledge, the *Smritti* or that portion of the Veds written from report or memory.

চুৰ্তিভং, *a.* গ্যান হেৰোআ, বিতত, distracted, perplexed, confounded.

চুৰ্ন, *s.* গুৰি, flour, any powdered substance.

চুৰ্নাক্রিত, *a.* গুৰি কৰা, চুৰ্চুমৈ কৰা, pulverized, reduced to powder.

চুলা, *s.* খৰমৰ খুঁটি, জাপিৰ মুৰত দিয়া সোন আদিৰ টুপ, the knob or toe-piece of a wooden sandal, the tip of a *japi*.

চুলি, *s.* কেস, the the hair of the head.

চুলিয়াচুলি, *s.* দুয়োৰ চুলিত দুয়ে আঁজোৰা, pulling hair, contention.
চুলুঙ্, *s.* মন পাতল, চেলেপু, a shallow minded person, unchaste.
চুলুঙ্গালি, *a.* চেলচেলিয়া, ফুচুৰি, unsteady, volatile, unchaste.
চুহি, *v.* চুপি, মুখেৰে ৰস টানি, to suck, to draw into the mouth.
চেই, *v.* কাপৰ আদিৰে চাকি, কাঠ বাঁহ আদি ডোখৰ ডোখৰ কৰি. কুকুৰক খেদোআ মাত, to strain or filter, to cut into portions, to chip for hewing; *interj.* a word for driving away dogs.
চেও, *s.* হাতৰ অলঙ্কাৰ বিসেস, ভাগ, খণ্ড, a kind of bracelet, a division, a piece, a portion of a tree, bamboo &c.
চেওপাত, *s.* ঘূৰনিয়াকৈ কটা কলা পাত, a piece of plaintain leaf cut round or in scallops.
চেঁই, *s.* মাহ আদিৰ চিৰা, the pod of beans and all leguminous plants.
চেঁউৰি, *s.* গৰু আদিৰ মাইকি পোআলি, the female young of cattle.
চেঁকুৰ, *s.* জন্তু আদিৰ লৰ, চাপলি, running, rapidly moving.
চেঁকুৰি, *v.* জন্তু আদিএ লৰ মাৰি, চাপলি মেলি, to run, to bound.
চেচনি, *s.* সান্ত্বনা, জুৰ কৰা, চেঁচা পৰা, respite from heat, coolness, the cold stage after fever.
চেঁচা, *a.* তাপ নথকা, জুৰ, জ্বাৰ লগা, সু'থিল, cold, without zeal or spirit.
চেঁচু, *s.* বাঁহৰ ধাৰ থকা চলা, a sharp splinter of bamboo.
চেঁচুআ, *a.* চেঁচুৰ দৰে ধাৰ থকা, thin and sharp like the above.
চেঁচুক, *s.* ৰদ নপৰা, সদাই চাঁ পৰা ঠাই, a cool shady place.
চেঁচুকিয়া, *a.* চেচুকত থকা বা হোআ, shady, cool, out of the sun.
চেঁকুৰা, *a.* তেজ আদি গোট বন্ধা, চেই বা চিৰা, coagulated, clotted, thickened, the pod of leguminous plants.
চেঁকুৰিয়া, *v.* দিঘল ডুখৰিয়া, long and narrow like a pod, generally applied to ingots of gold or silver.
চেচেঁ, *s.* চৰাই পোআলিৰ ঘন মাত, the cry of young unfledged birds.
চেঁচেআই, *v.* চৰাই পোআলিএ ঘনে মাতি, to peep as young birds.
চেঁচেৰা, *s.* চট পানিৰ হামোৰনি, rapid shoal water running over an uneven surface of shifting sands.
চেচেৰাপোৰা, *a.* এফাল পুৰি জোআ, charred or half burnt.
চেঁচোৰ, *s* এবিধ বনৰ আলু, an edible jungle root.
চেক, *s.* মচলমানৰ এক জাত, বা উপাধি, a mussulman class or titular prefix to a name.
চেক্চেকাই, *v.* বেজবেজাই, ভুকভুকাই, ৰৰকৈ কৈ, to twinge, to suffer a sharp pain, to smart, to teaze.

চেক্‌চেকি, *s.* কোকলোঙা চৰাই, a species of bird.
চেক্‌চেকিয়া, *a.* বেজবেজিয়া, বৰ টেঙা, very acid.
চেকনি, *s.* সৰু আচাৰি, সিৰিপনি, a small switch or whip.
চেকা, *s.* চিন, দাগ, অপবাদ, দুৰ্নাম, a stain, a blot, a blemish.
চেকি. *v.* চেই, চাকি, to strain, to sift, to filter.
চেকেৰা, *s.* এবিধ টেঙা, a kind of acid fruit.
চেগ, *s.* চল, উপাই, a chance, a good opportunity, artifice, pretext.
চেগ চাই, *v.* চল চাই, to watch for an opportunity of deceiving.
চেগ মৰা, *s.* চল চাই কাম কৰা, চল পাই অহা বা কৰা, doing slightly or quickly, seizing an opportunity for doing anything.
চেগাচোৰোকা, *ad.* মাজে মাজে এৰি কৰা, কেতিয়াবা কেতিয়াবা, here and there, now and then, some times, occasionally.
চেঙ্গ, *s.* চুলিৰ চঙ্গ, ধুন, false hair.
চেঙ্গচেঙ্গনি, *s.* জুয়ে পোৰাৰ দুখ, ভকভকনি, the smarting pain of a burn.
চেঙ্গচেঙ্গিয়া, *a.* বৰ তপত, very hot.
চেঙ্গ মৰা, *s.* এবিধ সাক, ধুন মৰা, a kind of greens, the act of adorning with false hair.
চেঙ্গা, *s.* মাচ এবিধ, গাত হাত দিব নিদিয়া বনৰিয়া জেন জন্তু আদি, a species of fish; *a.* wild, untamed.
চেঙ্গালুটি পাৰি, *v.* দুখত তত নেপাই বাগৰা বাগৰি কৰি, ধৰফৰাই, to writhe, to distort or throw the body about in agony.
চেঙ্গেলি, *s.* এবিধ সৰু মাচ, a species of fish.
চেঙ্গেলিয়া, *a.* তজবজিয়া, চেঙ্গা, trifling, puerile, boyish, resembling a child in manner and opinions.
চেতন, } *s.* জ্ঞিব, গ্যান, সাৰ পোআ, তত পোআ, the understanding,
চেতনা, } intelligence, sensation, life, feeling, perception.
চেতন পাই, *v.* সাৰ পাই, গ্যান পাই, তত পাই, জাগি, to be awakened, aroused or admonished, to come to one self.
চেদ, *s.* সিমা, কটা, ভেদ, প্রিথক, a boundary, the end of a division.
চেদন, *s.* কাটন, ভেদ কৰা, প্রিথক কৰা, the act of severing or dividing.
চেদভেদ, *a.* খণ্ডিখন, সদাই, having no space between, incessant, continuous.
চেদি, *v.* কাটি, ভেদ কৰি, to sunder, to sever, to divide.
চেদেলদেল, *a.* ভাগি চিগি উঅলি জোআ, broken and flattened out.
চেন, *s.* নবাই খেদা খোলাকটিৰ খেল, a play of tossing and catching several things simultaneously in the hand.

চেনা, *s.* সোন ৰূপ আদি কটা চুটি বটালি, নৰনি, তপত গাখিৰত টেঙ্গা দি কৰা দৈ, দিঘলে ফালি সুকুউআ মাচ বা মঙ্গহ, a chisel for cutting metals, the curds of milk, fish or flesh dried in strips, a native blood-letting instrument.

চেনাই, *v.* চেনাৰে কাটি, নৰনিৰে তেজ উলিয়াই, to cut with the above chisel, to draw blood with a native blood-letting instrument.

চেনাবেনা, *ad.* জাক ভাঙ্গি এটা এটা হৈ জোআ, scattered one by one.

চেনি, *s.* কুঁহিয়াৰ আদিৰ ৰসেৰে কৰা সোআদ বস্তু, sugar.

চেনিজোক, *s.* এবিধ সৰু বাম জোক, চিনা জোক, a species of leech.

চেনিমাচ, *s.* এবিধ, মাচ, a species of fish.

চেনু, *s.* গালত ফুটফুটকৈ কলা পৰা ৰোগ, a disease of the skin.

চেনেহ, *s.* স্নেহ, মৰম, বেথা, প্ৰিতি, আস্থিক, love, affection, fondness, regard; with কৰি, to love, to regard with affection.

চেনেহা চেনেহি, *s.* মৰমা মৰমি, mutual affection, love or regard.

চেনেহি, *a.* মৰমিয়াল, চেনেহ লগাব পৰা, dear, beloved.

চেনেহুআ, *a.* চেনেহৰ, চেনেহত দিয়া বা কৰা, given or done from affection or good will.

চেনোআ, *a.* তেজ কটা, নৰনিৰে কটা, bled, lanced.

চেপ, *s.* ঠেক, চেপা, narrow, confined.

চেপা, *s.* পকাই পানি উলিওআ, দুই বস্তুৰ মাজত দি হেঁচা, মাচ ধৰা জন্ত্ৰ, the act of wringing out water from a cloth, of pressing out juice of sugar cane &c. a bamboo fish trap.

চেপা মৰা, *s.* হেঁচা বা টিপা মৰা, নিচেই ঠেক, the act of squeezing, compressing or pinching; *a.* compressed, narrowed, squeezed.

চেপি, *v.* চেপা দি, হেঁচি, পকাই পানি উলিয়াই, to compress, to squeeze, to pinch, to press, to wring out.

চেপি অনা, *s.* নিৰস বা ঠেক্কৈ অনা, a gradual compress, narrowing or pressing toward one side.

চেপি ধৰা, *a.* চেপা মাৰি ধৰা, হেঁচি ধৰা, stuck fast, held firmly.

চেপেট্ কলাই, *s.* মাহ এবিধ, a species of flat bean.

চেপেটা, *a.* হেঁচা খাই সমান বা পাতল হোআ, পাতল, খিন, flat, flattened, compressed, lean, thin.

চেপেনা, *s.* চেপা মাৰি ধৰা, জন্ত্ৰ, সঁৰাহ, তামোল খুন্দা পাত্ৰ, pincers, tongs, an instrument for bruising the betelnut.

চেফেৰা, চেফেৰিয়া, } *a.* বিজতৰিয়া, ভালৰ পৰা ক্ৰমে বেয়া হোআ, সম্পুৰ্ন ডেকা কাল, deteriorated from the original stock.

চেবা, *a.* উচাব খোআ, ভই লগা, startled, terrified.

চেবাই, *v.* চঁক ধৰি, চঁকি, ভই লাগি, to fear, to shudder, to fall back

চেমনিয়া, *a.* মাজ বয়সিয়া, সমান, of medium size or age.

চেমাহি, *a.* চমহিয়া হিচাব, half yearly, a six month's account.

চেৰ, } *a.* সেসত হোআ, পাচতিয়া, the last of all.
চেৰনিয়া, }

চেৰ্‌চেৰনি, *s.* অগ্নি তাপত তেল ঘিঁও আদিত পানি পৰি উঠা সব্দ, any sputtering or hissing sound, as of water dropped into hot oil.

চেৰ্‌চেৰাই, *v.* তপত তেল আদিত পানি পৰাত সবদ উঠি, to make a sputtering or hissing sound.

চেৰা, *a.* এৰা, ইহ জোআ, পাচতিয়া, abandoned, left, passed by, after.

চেৰাই, *v.* ডেই গৈ, চেৰেঠ কৰি, পাচ পেলাই বা এৰি, to step over a person, to leave behind, to pollute, to foul.

চেৰাচুলি, *s.* ওপজা চুলি, the hair of a new-born infant.

চেৰাসলিয়া, *a.* অসচিয়া, প্ৰসৱৰ চুআ থকা, unclean, applied to the period of ceremonial uncleanness after child-birth.

চেৰাসালি, *s.* প্ৰসৱৰ ঠাই, a lying-in chamber or place of child-birth.

চেৰাপ, *s.* ফটিকা, মদ, সুৰা, spirituous liquor, intoxicating drink.

চেৰুআ, } *s.* জন্তু আদিৰ পিৰা, a shoulder or quarter.
চেউৰা, }

চেৰেক্ কৰে, *ad.* বেগতে, একে বেলিএ, at once; applied to cutting &c.

চেৰেকা, *s.* প্ৰথম ডেকা কাল বুধি থিৰ নোহোআ, পানি আদি মাৰি পঠিওআ চুঙ্গাৰ জন্ত্ৰ, not arrived at years of discretion; a rude kind of syringe made of a joint of bamboo.

চেৰেকি, *s.* সুতা মেৰাই থোআ বাঁহৰ পাত্ৰ, a reel for winding thread.

চেৰেঙ্গ কৰে, *ad.* অকস্মাত মনত পৰা, খটং, suddenly recollecting.

চেৰেঙ্গদাৰ, *s.* বাদ্য এবিধ, a stringed instrument resembling the violin.

চেৰেঙ্গবেৰেঙ্গ, *s.* পোৰনি ডেৰনি, গাৰ বেদনা, a burning sensation.

চেৰেঙ্গা, *s.* ডাৱৰৰ মাজত বঁদ দিয়া বা বঁদ অতি টান হোআ পৰ, বঙ্গালি বৰ নাও, an interval of the sun's shining in a cloudy day or of intense heat, a large Bengali boat.

চেৰেঙ্গাই, *v.* অকস্মাতে মনত পৰা, to fall suddenly into the mind.

চেৰেঠ, *a.* মলিন হোআ, বেয়া হোআ, covered with filthy blots, stains or blemishes, spoiled.

চেৰেপা, *s.* কেঁতকুৰি, উৰি ফুৰা খুদু কিট, a small biting insect; a gnat.

চেৰেমা, *a.* বৰ টেঙ্গা বা সোআদ, খিনোআ, too acid or sweet, lean.

চেৰেলা, *a.* হাৰ চাল থকা, খিন কটিয়া, lean, emaciated.

চেৰেলিয়া, *a.* পেট বৈ থকা, ঢিলা, lax, having a looseness of the bowels.

চেৰৌ চেৰৌ কন্দা, } *s.* বৰকৈ কন্দা, চিয়ৰ বাথৰ কৰা, bawling, crying out as in pain or when calling to a person.
চেৰৌ[ফেৰৌ, }

চেল্‌চেলাই, *v.* মঁচাই মিচাই সদাই কৈ ফুৰি, to babble, to blab, to prate, to talk idly or to let out secrets in a thoughtless manner.

চেলচেলিপাই, *v.* পানিৰ ওপৰে ওপৰে চলি জোআ, to skip or glide along on the surface of water, as a flat stone thrown with force.

চেল্‌চেলিয়া, } *a.* মঁচাই মিচাই কৈ ফুৰা, চুলুঙ্গালি, loquacious, babbling, blabbing.
চেল্‌বেলিয়া, }

চেল্‌মেঠ, *s.* চালাংচুলুঙ্গ, গা সাৰিবলৈ ভাও ধৰা, সাতি সুতা, doing in mere pretence; listlessness, unconcern, indifference.

চেলা, *s.* বহু ঠেঙ্গিয়া বিসাল পোক, a centipede.

চেলাই, *v.* বখলিয়াই, চাল গুচাই, to strip off, to skin, to make bare.

চেলাউৰি, *s.* চকুৰ ওপৰৰ ভ্ৰূ, the eyebrows.

চেলা জৰি, *s.* তিনি ডলিয়াকৈ গোঁঠা জৰি, চেলাৰ নিচিনা গোঁঠা জৰি, a cord of three strands so braided as to resemble a centipede.

চেলাপেটি, *s.* পানি জোক, a species of leech.

চেলাম, *s.* নমস্কাৰ, প্ৰনাম, a salutation.

চেলামি, *s.* বৰ তোপ মৰা আদিৰে সম্মান কৰা, সেৱা এ প্ৰনামি, a ceremony of respect, as firing a military salute, presenting arms &c.

চেলু, *s.* ধৰিবৰ ঠাই, চল, a chance, means, facility.

চেলেকনা, *s.* এবিধ মাচ, a species of fish.

চেলেকা, *a.* জিবাৰে চোঁচা, licked; *s.* the act of licking.

চেলেকাচোবোৰা, *ad.* মাজে মাজে এৰি মাজে মাজে কৰা, here and there, doing in one place and omitting in another.

চেলেকি, *v.* জিবাৰে চুঁচি, to lick.

চেলেকি খোআ, *s.* জিবাৰে চুঁচি খোআ, lapping, licking up.

চেলেঙ্গ, *s.* এতৰপিয়া গাত লোআ কাপৰ, a shoulder cloth.

চেলেঙ্গি নাও, *s.* অতি সৰু পাতল নাও, a very small light boat.

চেলেপু, *a.* সদাই মিচা কথা কৈ থকা, চুলুঙ্গ, garulous, prating, speaking regardless of the truth.

চেলো, *ad.* কেতিয়াও, a word denoting denial, negation or refusal.

চেলোআ, *s.* চাল বখলিউআ, নিকটোআ, the act of skinning an animal or of removing the scales of a fish.

চেলোআ লগা, *a.* নিৰাস হোআ, লাজত পৰা, disappointed, put to shame.

চেৰা দিয়া, *a.* ভাপত সিজোআ, steamed, cooking by steam.

চেষ্টা, *s.* জতন, সুম, কাৰ্যৰ, তত, exertion, effort, endeavor, search, pursuit; with নাই, without mitigation, rest or relief.

চৈ, *s.* টকৌ পাত আদিৰে চোআ নাৱৰ ঢাকনি, জলা লতা এবিধ, a light moveable cover of a boat; a species of aromatic vine, much used by natives as medicine for bruises or internal injuries.

চৈতন্য, *s.* চেতনা, গ্যান, জিৱাত্মা, sensation, feeling, knowledge, the soul, spirit; God.

চৈত্য, *s.* সিজু গচ, the date tree.

চৈত্ৰ, *s.* চঁত মাহ, a hindoo month being part of March and April.

চৈধ্য, *a.* চৌধ, fourteen.

চো, *s.* ভাও দেখুউআ মুৰ্ত্তি বিসেস, a mask, an assumed form.

চোআ, *s.* ঘৰৰ চালত খেৰ মেলি বন্ধা, পৰ্স কৰা, দেখা, গচ এবিধ, দিঘল বস্তুৰ বা বাটৰ এক ভাগ, thatching, touching, seeing; the sago palm; a portion of anything long and narrow; a portion of a road.

চোআলি, *s.* কুমাৰি, কন্যা, a young girl.

চোঁচ, *s.* থেঁতেলোআ বাঁহ, বাহ কচুৰ ঠাৰি আদিৰ ওপৰৰ চাল, crushed bamboo, the outer covering of the bamboo; the fibrous outer covering of plants; scrapings.

চোঁচনি, *s.* খোৰোচা জৰি, a noose, a slip knot; with খাই, to tighten, to draw up, to compress.

চোঁচ পৰা, *s.* ঘা আদি সুকুউআ, সুকাই সমান হোআ, the drying up of water or healing of a sore; *a.* leveled, dried up.

চোঁচা, *s.* চুচিনিয়া, চোৰোকা, scraping off the surface of anything.

চোঁচা মাৰি, *v.* অতি সিঘ্রে, চুঁচি, to go or do quickly; to scrape off.

চোঁচোৰা, *s.* চুঁচৰি ফুৰা, ঘঁহনি, dragging, crawling, creeping, scraping.

চোঁচোৰাই, *v.* মাটি আদিত টানি নি, to drag along on the ground.

চোঁত কৰে, *ad.* বেগতবেগে, বেগতে, quickly, speedily, in a moment.

চোঁতাল, *s.* দুআৰ মুখৰ বাহিৰ সমান ঠাই, the open space in front of a dwelling, a court-yard.

চোতালবাঘ, *s.* চোতালত পাত লৈ থকা এবিধ পোক, a species of insect.

চোৱৰ, *s.* চুৰৰি পহুৰ নোমেৰে বন্ধা চামৰ, a fly-brush, a fly-flap.

চোক, *s.* ধাৰ, খাৰ বা লোনৰ সোআদ, sharpness, as of an edge, saltness, pungency, acridness.

চোকচুকিয়া, *a.* সোআদ নাইকিয়া, তুহৰ দৰে, without sweetness, tasteless.

চোকা, *a.* কাটিন, উগ্র, পাৰ্গত, sharp, cutting, keen, pungent, spicy.

চোকোটা, *s.* দুখ বেজাৰ পাই সিকা, learning by painful experience.

চোকোৰা, *s.* গুটি আদিৰ বাকলি, খজুৰ চাল, the shell of a nut or egg, a scab.

চোঙ্গ, *s.* জন্তু থকা হাবি, মুগা আদি পোহা ঠাই, a place where the mooga silk worm is fed; a resort of wild beasts.

চোঙ্গাই, *v.* আলি অলপকৈ বান্ধি অলপ অলপ দি থকা, to make a mere outline as of a road, to render slight assistance.

চোপনি, *s.* মুখৰ সবদ, কেঁচুয়াই পিয়াহ খোআ সবদ, the noise made by the mouth in sucking.

চোপা, *s.* চুপি খোআ, চোহা, the act of sucking.

চোবা, *s.* তামোল কুঁহিয়াৰ আদি খাই পেলোআ সিটা, anything chewed and ejected from the mouth.

চোবাই, *v.* দাঁতেৰে কামুৰি, দাঁতেৰে গুৰি কৰি, to bite, to masticate, to chew, to grind with the teeth.

চোবোআ, *a.* দাঁতেৰে গুৰি কৰা, masticated, chewed.

চোভা, *s.* সন্ধা, মনেৰে ভৰা, doubt, mistrust, suspicion, lack of confidence.

চোম, *s.* মুগা পোহা গচ, গাৰ চালত চগা পৰি জোআ এবিধ ৰোগ, a tree on which the mooga worm is fed, a disease of the skin.

চোমনি, *s.* চোম গচনি, a grove of the above trees.

চো মাৰি, *v.* বেগতে কোনো কাম কৰা, চেগ মাৰি, to do quickly, to sieze an opportunity of doing or going.

চোৰ, *s.* হৰন কৰোঁতা, চুৰ কৰোঁতা, a thief.

চোৰচাঙ্গ, *s.* ঘৰৰ খোটলিয়া চাঙ্গ, চুৰ কৰিব নোআৰাকৈ সজা চাঙ্গ, a raised room in a house secured against thieves.

চোৰাঙ্গকৈ, *ad.* নেদাখাকৈ, চুৰকৈ, গুপুতে, clandestinely, thievishly, privately, secretly.

চোৰাত, *s.* গাত ডকা এবিধ গচ, a species of nettle.

চোৰোকা, *s.* চুৰুকি পেলোআ, কোৰেৰে বন চাঁচি পেলোআ, hoeing or clearing off the surface of the ground.

চোৰোকানি, *s.* চোৰোকা ঠাই, a cleared place.

চোৰোহা, *s.* এবেলি চুহি খোআ, গুটি এবিধ, sucking; an edible fruit.

চোৰ্চোৰ, *s.* চোঁচৰাৰ সব্দ, the noise of dragging anything along.

চোলা, *s.* গাত পিন্ধা কুৰ্তা আদি সিয়া বস্ত্ৰ, a coat, a jacket.

চোলোক, *s.* স্লোক, পদ্য, a metrical composition, a stanza, a verse.

চোহা, *s.* ৰস খোআ, চুহি থকা, sucking, drawing into the mouth.

চোহোঙ্গাচোহোঙ্গ, } *a.* সোআদ বা ৰস নোহোআ, নিৰস, juiceless,
চোহচুহিয়া, } tasteless, insipid, without flavor.

চৌ, *prefix.* চাৰিও, চতুঃ, কুক্কুৰক ফেটোআ, four, used in composition.

চৌকচ, *a.* সকলোতে পাৰ্গত, কাঠিয়ক, পটু, নিপুন, able, vigilant.

চৌকা, *s.* আখা, চৰু বহোআ উধান পতা, a cooking place.

চৌকাঠ, *s.* দুআৰ মুখৰ চাৰি ডলিয়া কাঠ, (lit.) the four timbers forming the wooden frame of a door or window.

চৌকি, *s.* চকি পিৰা, খুঁৰা লগোআ বহা আসন, a chair, a stool.

চৌখাম *s.* আগৰ ধৰি লোকৰ দ্বাৰাই সোধা, কটকি, enquiring into a matter through a second party.

চৌচাৰিচ, *a.* দুকুৰি চাৰি, forty-four.

চৌচলিয়া, *a.* চাৰি খন চালেৰে ঘৰ, four sided, as a roof.

চৌচালি, *s.* চাৰি চালেৰে, a four sided roof.

চৌচোআই, *v.* পানি আদি বৰ সবদেৰে পৰি, to pour out, to flow in a rapid stream.

চৌচোকৰে, *ad.* পানি আদি জোল বস্তু বৰকৈ বৈ পৰা, flowing rapidly in a stream, violently purging.

চৌঠেঙ্গিয়া, *a.* আসা ভঙ্গ হোআ, নিৰাস হোআ, disappointed, deceived.

চৌডুলি, *s.* চৰাই ধৰা ফান্দ এবিধ, a snare for catching birds.

চৌতাঙ্গ, *s.* নগাৰ দোআনিয়া, পৰৰ দুত, ৰজাত কথা জনাওঁতা কটকি, an informer, a class who explained to the King the affairs of others; a Naga interpreter.

চৌত্রিচ, *a.* একুৰি চৈধ্য, thirty-four.

চৌদিস, *s.* পুব পচিম উতৰ দখিন, চাৰিও দিস, the four cardinal points.

চৌদিসে, *ad.* চাৰিও ফালে, সকলো দিসে, on all sides, all around.

চৌপট, *s.* খেল এবিধ, চাৰিও পোনে অঁতোআ, পাৰ্গত, a game resembling dice; *a.* cleared on all sides; expert, skillful.

চৌপৰ, *s.* দিন বা ৰাতিৰ চাৰি পৰ, fourth watch of the day or night.

চৌপাস, *s.* চাৰিও ফাল, চাৰিও দিস, four ways or sides.

চৌফলিয়া, *a.* বঁদ টান, টিকাফুটিয়া, very hot, scalding, applied to the sun.

চৌবিচ, *a.* একুৰি চাৰি, twenty-four.

চৌৰাঙ্গ, } *a.* উঠিব নোআৰা হৈ পৰি থকা, prostrated, unable to rise,
চৌৰাঙ্গি, } as from sickness or fatigue.

চৌৰাম্নবৈ, *a.* চাৰি কুৰি চৈধ্যটা, ninety-four.

চৌৰাসি, *a.* চাৰি কুৰি চাৰি, forty-four.

চৌৱন, *a.* দুকুৰি চৈধ্য, fifty-four.

চৌসত্তৰ, *a.* তিনি কুৰি চৈধ্য, seventy-four.

চৌসষ্টি, *a.* তিনি কুৰি চাৰি sixty-four.

চৌহদ, *s.* মাটি বা বাৰিৰ চাৰি সিমা, a quadrangle.

ছ, ছকাৰ, এই আখৰ হলে অসম ভাসাত কোনো কথাত উচাৰিত নহই, This letter is properly an aspirate of the preceding letter, *s*, and as used in the Bengali and Sanscrit alphabets may be represented by the English letters *chh*; but in Assamese both forms of the letter are pronounced like simple *s*. Therefore for all practical purposes the first form only need be retained.

জ,

জ, জকাৰ, চৰাইৰ মুৰৰ ফুল, ধান এবিধ, this letter is pronounced like *zy*, or *si* in *vision*, (vizyun,) corresponding to French *j*. At the end of words the sound of the y is scarcely perceptible, as মেজ, তেজ, pronounced *mez*, *tez*. It is used in composition to mean *born from, produced by*, as অণ্ডজ, *i. e.* produced from an egg, oviparous; জলজ, *i. e.* sprung from water, produced in water, aquatic; a cock's comb, a species of rice.

জই, *s.* জুধত জিকা, পৰাজই কৰা, কাৰ্জ সিধি, victory, conquest, triumph, success; with কৰি, to conquer, to overcome, to subdue, to succeed in an undertaking.

জইঘঁটা লৰা, *s.* গোটেই গা জোকাৰি বা দুখ দি থকা, troubling, disturbing, (lit.) shaking the whole body as a bell the building in which it is hung.

জই জই, *s.* জিকাৰ ধনি, আনন্দৰ বাও, the shout of victory, hosanna, an exclamation of praise to God, or of exultation; with হওক, an invocation of blessings.

জই জই মই মই, *a.* সকলোতে সিধি হৈ ফুৰা, বৰ প্ৰতাপি, successful in every thing, illustrious.

জইধনি, *s.* জই জই সব্দ, মঙ্গল ধনি, হৈধনি, a shout of victory, a loud blessing, hosanna.

জইন, *ad.* কাৰন, মুল কাৰন, cause, reason.

জঁই, জঁই পৰা, *a.* সুকাই লেৰেলা পৰা, বিবৰন হোআ, লাজ পৰা, wilted, faded, dried up, out of countenance, abashed.

জঁক, জঁক উঠা, *s.* খঙ্গ, বলিয়া জাঁই উক দিয়া, madness, frenzy, fury, hydrophobia.

ঝঁকা, *s.* লো পিতল আদিৰ বৰ কেৰাহি, হাৰ মাৰ আক্ৰিতি, a large cooking vessel; a skeleton; *a.* reduced to skin and bones.

ঝঁকাল, *a.* ঝঁক উঠা, খঙ্গাল, জকমকিয়া, furious, raving, foaming with rage or as in spasms of hydrophobia.

ঝঁকি, *v.* গুঁজৰি, খঙ্গ উঠি, নোম সিয়ঁৰি, to rage, to storm, to fume, to stand erect as the hair from fright.

ঝঁকিউআ, *s.* ঝাঁকি দিয়া, জুইত ধান সুকুউআ, drying paddy over the fire preparatory to being pounded out.

ঝঁকিয়াই, *v.* জিকাৰ খাই উঠা, গাৰ নোম সিয়ঁৰা, মাচে ঝাঁকি মৰা, to stand erect, (applied to the bristling of the hairs of the body;) to leap up, as a shoal of fish from the water.

ঝঞ্জলিত, *a.* বৰ খঙ্গ, জাজুল্যমান, angry, wrathful.

ঝঞ্জলুআ, *a.* জঞ্জাল থকা, আহুকলিয়া, disturbed, involved in difficulty, harassed with care.

ঝঞ্জা, *s.* দুটিয়া, জুৰিয়া, জোঁটা, twins; two of a sort growing together.

ঝঞ্জাল } *s.* আহুকাল, জেঙ্গা, বনত আহৰি নোহোআ, আউল বা জোঁট,
জঞ্জাল, } disorder, confusion, press of business, hindrance, difficulty.

ঝঁট, *a.* চুলি আদি আউল বা গাঁঠি লাগি জোআ, tangled hair, intertwined or matted roots.

ঝঁট লগা, *a.* আউল লগা, matted, clotted, tangled.

ঝঁটলা, *a.* ঝঁট বন্ধা, snarled, intertwined as a bunch of bamboos.

ঝঁটা, *s.* সিৱৰ বা সন্যাসিৰ মুৰৰ ঝঁট বন্ধা চুলি, the long matted hair of Hiwo and of ascetics; *a.* tangled, matted.

ঝঁটাধাৰি, *s.* ঝঁটিয়া, সন্যাসি বা সিৱ, a wearer of matted hair; an ascetic, an epithet of Hoda Hiwo.

ঝঁটায়ু, *s.* সিতাক ৰাখিবলৈ ৰাৱনেৰে জুধ কৰা ৰামায়নত লিখা চৰাইৰ নাম, the name of a famous bird that strove to save *Sita* the wife of *Ram*, as recorded in the Ramayan.

জটিয়া, *a.* জট থকা মানুহ, জটাধাৰি, having matted hair.

ঝঁতৰ *s.* কপাহৰ সুতা কটা জতন, a native spinning wheel.

জতৰি, *s.* কপাহৰ গুটি গচুআ জন্ত্ৰ, নেওঠনি, a machine for cleaning cotton of the seeds.

জতৰিফেটি, *s.* এবিধ সাপ, a species of serpent.

জপিয়াই, *v.* জাপ মাৰি, ডেও দি, to skip, to leap, to bound, to jump.

জকমক, *a.* প্ৰফুলিত, ভালকৈ ফুল আদি ফুটা, full blown, blooming, showy, sparkling, gorgeous.

জকমকাই, *v.* সোভা কৰি, প্ৰফুল্লিত হৈ, to glitter, to sparkle, to bloom.

জকাই, *s.* জাকৈ, মাচ ধৰা উপাই, a bamboo scoop for catching fish.

জখৰিয়া, *s.* জখাৰ কৰা মানুহ, a manufacturer of saltpetre.

জখলা, *s.* খাপ বা খোপ থকা ওপৰলৈ উঠা উপাই, চিৰি, a ladder, a flight of steps.

জখলা খুপিয়া, *a.* জখলাৰ দৰে খোপ থকা, having notches or steps like a ladder.

জখাৰ, *s.* খাৰ এবিধ, saltpetre, nitre, nitrate of potash.

জখিনি, *s.* ভুতুনি, পিসাঁচিনি, জখ্যৰ তিৰি, a fabulous creature, a fairy; wife of the demon *Jokh.*

জক্ষা, *s.* কাহত তেজ ওলোআ এবিধ ৰোগ, a disease, pulmonary consumption.

জখ্য, *s.* ধন সম্পতি ৰাখোতা উপদেৱতা বিসেস, কুবেৰৰ ধন আদি ৰখ্যক, জখ, a kind of fabled beings said to superintend wealth.

জগত, *s.* সংসাৰ, ভুবন, the world, the universe considered as passing away or transitory.

জগতাধাৰ, *s.* জগতক ৰাখোতা, the support or supporter of the world.

জগতপতি, *s.* জগতৰ কৰ্ত্তা, পৰম ইস্বৰ, the Lord or Governor of the world.

জগন্নাথ, *s.* জগতৰ গৰাকি, বিষ্ণু, উৰিয়া দেসৰ তিৰ্থ বিসেস, Juggernaut, an epithet of Vishnoo; (lit. the Lord or master of the universe.)

জগৰ, *s.* দোস, অপৰাধ, দাই, চিদ্ৰ, a fault, a crime, a blunder.

জগৰিয়া, *a.* দুসি, অপৰাধি, faulty, criminal, guilty.

জগা, *a.* জনমা, ওপজা, born, hatched, produced.

জগাই, *v.* সাৰ পোআই, জন্মাই, to wake, to give birth to, to produce.

জগাকাঠ, *s.* পানিত গোঁৰ খাই ওনোআ পচা কাঠ, wood long submerged and brought again to the surface.

জগি, *v.* সাৰ পাই, উপজি, to be wakeful; to give birth to; to produce.

জগোআ, *s.* সাৰ পোওআ, জন্মোআ, the act of watching or of producing.

জগ্য, *s.* হোম, জাগ, পুজা, a sacrifice, an oblation, worship.

জগ্যকুণ্ড, *s.* হোম পোৰা গাত, a sacrificial pit or place for making burnt offerings.

জগ্যসুত্ৰ, *s.* লগুন, উপবিতি, the sacred thread or *logun.*

জংঘল, *s.* (হাবি বননি, অৰন্য,) বৰ্ন বিসেস, a forest, a wilderness, a place overgrown with grass; a bluish colour.

জংঘলি, *a.* বনৰিয়া, হাবিঅলিয়া, wild, uncultivated.

জংঘা, *s.* কৰঙ্গন, উৰু, আঁঠুৰে তপিনাৰে মাজ ভাগ, the thigh.

জচা, *s.* নোখোজাকৈ দিয়া, উপজাচি দিব খোজা, the giving without asking, offering for acceptance; *a.* offered.

জজন, *s.* জজা, পুজা আদি কৰা, the performing of worship or sacrifice.

জজমান, *s.* জি জজনে কৰাই, sacrificing, one who brings an offering and for whom the sacrifice is made.

জজুর্বেদ, *s.* চাৰি বেদৰ দুতিয় বেদ, the second of the four Veds.

জগ্ম, *a.* জঁজা, লগ লগা, united, paired as two seeds growing together.

জটামাংসি, *s.* এবিধ সুগন্ধি মচলা, the Indian spikenard; an ointment.

জঠঙ্গ, *a.* নৰলানচৰা, ঠৰ, not flexible, stiff, immoveable.

জঠৰ, *s.* হাত ভৰি ঠৰ হোআ ৰোগ, the palsy.

জত, *pron.* জি ঠাইত, জি থান, at what place.

জত, } *a.* জিমান, জি পৰিমান, জতেক, as much as, as many as.
জতক, }

জতন, *s.* চেষ্টা, কার্বাৰ, উপাই, labor, effort, pains, care, exertion, endeavor, diligence, means of doing.

জতাই, *v.* জুগুত কৰি, জতনাই, থিৰ কৰি, to get ready, to prepare.

জতুআ, *a.* জাতৰ দৰে থকা, একে জাতৰ, সজ, conformed to the rules of caste, of the same caste.

জতেক, *a.* জিমান, জত, how much, how many, how long.

জতোআ, *s.* উপাই কৰা, জুগুত কৰা, preparation, making ready; *a.* prepared, made ready.

জথা, *conj.* জেনে, জেই প্রকাৰে, as, like as, for instance.

জথাজোগ্য, *ad.* জেনে উচিত, as is proper, as is worthy or capable of.

জথার্থ, *a.* স্বৰূপ, উচিত, ন্যাই, ঠিক, true, accurate, genuine, fit, proper.

জথাসক্তি, } *ad.* জিমান সক্তি, জি উচিত, পাৰে মানে, as much as is
জথাসাধ্য, } possible or proper, to the utmost ability.

জথেষ্ট, *a.* ইচা মতে, according to desire, enough, sufficient.

জথোচিত, *ad.* জি উচিত, জেনে প্রকাৰ, as is fitting, proper or lawful.

জদি, } *conj.* জানোচা, জদ্যপি, if, if so be, though, although.
জদিস্যাত, }

জদু, *s.* বসু দেৱৰ বংস, জজাতি ৰজাৰ পুত্র, a famous king, the eldest son of Jujati and an ancestor of Krishnoo.

জদুপতি, *s.* শ্রী ক্রিষ্ণ, an epithet of Krishnoo.

জদুবংস, *s.* জাদৱ বংস, ক্রিষ্ণৰ ভাই পৰিয়াল আদি, the family of Jodu.

জদুমনি, *s.* ক্রিষ্ণৰ এক নাম, গাল উখহা ৰোগ, an epithet of Krishnoo, a disease of the face.

জদ্যাপি, *conj.* জদিস্যাত, জদি, if, also, although, even if.
জধবা, *a.* লেতেৰা, বিচাৰ নথকা, জধলা, nasty, of filthy habits, disorderly.
জধল মধল, *a.* গাৰ কাপৰ নেসামৰি ফুৰা, untidy, slovenly.
জধামুর্খ, *s.* অতি মুর্খ, একো নজনা, a fool, a stupid fellow, a dunce.
জন, *s.* মানুহ, লোক, পুংলিঙ্গ সব্দ, a person, a man, a generic affix, as দুজন, two persons, two men; দুজনি, two females.
জনক, *s.* পিত্রি, মিথিলা দেসৰ ৰজা, সিতাৰ পিত্রি, কপ আদি পৰা সব্দ, an ancestor, the father in law of Ram, any jingling sound.
জনচাৰেক, *a.* কেই জনমান, অলপিয়া মানুহ, a few or several persons.
জনজনাই, *v.* সৰহিয়া কপ আদিৰ সব্দ উঠি, নাকত পোৰনি ধৰি, to jingle, to rattle, to clash, to tingle.
জননি, *s.* মাত্রি, দৰা ঘৰলৈ কনাই পঠোৱা, a mother; with দি, to send the কনাই, to the house of the bridegroom.
জননি দিয়া, *s.* বাত্রা দিয়া, informing, giving word.
জনম, *s.* জম্ম, ওপজা, উত্পন হোৱা, birth, production, result, fruit.
জনমি, *v.* উপজি, হৈ, জম্মি, to bear, to bring forth, to produce.
জনলোক, *s.* ম্রিত্যু হোৱা ধার্মিকৰ থান, হিন্দু মতৰ সাত খন স্বর্গৰ পঞ্চম স্বর্গ, সুখ ভোগৰ থান বিসেস, in Hindoo cosmography a division of the universe called the paradise of good men.
জনা, *a.* গ্যাত, বুজা, শুপোৱা, গিয়ানি, known, heard of, public, acquainted with, having knowledge of, skilled, learned.
জনাই, *v.* কৈ, বুজাই, to inform, to acquaint, to make known, to tell.
জনাজনি, *a.* প্রকাস হোৱা, সকলোএ জনা বুজা, mutually known, public.
জনার্দন, *s.* ক্রিষ্ণৰ এক নাম, an epithet of Krishnoo.
জনি, *s.* সৰু গুটিৰে সুগন্ধি মচলা, পৰবর্তি সব্দ, জথা, মানুহ জনি, হাঁহ জনি, an aromatic seed; a generic affix, as মানুহ জনি, a woman.
জনিয়া, *a.* জলা জলা বা জনি গুটিৰ দৰে গোন্ধ থকা, aromatic, fragrant.
জনোৱা, *s.* সুনুউৱা, বুজুউৱা, কোৱা, the act of making known, informing; *a.* told, informed, reported.
জন্তু, *s.* প্রানি, পশু আদি, an animal, whether man or brute.
জন্ত্র, *s.* কল, সঁজুলি, ফান্দ, কুন্দা আদি, a machine, an engine, an implement, an instrument, a trap.
জন্ত্রবাদ্য, *s.* আপুনি বজা বাদ্য, an instrument of music.
জম্ম, *s.* জনম, উত্পত্তি, birth, production.
জম্মতিথি, *s.* জনমা তিথি, ওপজা দিন, a birth day.
জম্মান্তৰ, *s.* আন জম্মা সিহ জনম, a succeeding birth, another state &c.

জন্মি, *v.* উপজি, হৈ, to bear, to produce, to be.

জন্মোআ, *s.* ওপজোআ, প্রসও কৰা, birth, production; *a.* born, produced.

জন্য, *s.* কাৰন, হেতু, নিমিত্তে, cause, motive, reason.

জপ, *s.* মন্ত্ৰ আদিবে পুনঃ পুনঃ দেৱতাৰ নাম লোআ, the frequent repetition of the name of a deity audibly or otherwise on a rosary or the joints of the fingers, muttered repetitions.

জপঙ্গজপঙ্গ, *ad.* ঢৈঙ্গ দিঘলিয়াকৈ পেলাই খোজ কৰ্হা, striding, taking long steps, (used adverbially.)

জপজপাই, *v.* ব্যাকুল হৈ ফুৰা, to run about distractedly.

জপজপিয়া, *a.* পাতেৰে ভৰা হোআ গচ, leafy, covered with leaves.

জপটিয়াই, *ad.* মহটিয়াই, ভাল বেয়া সকলোকে গোটাই, as a whole good and bad together.

জপনা, *s.* পদুলি মুখৰ দুআৰ, the outside door or gate of an enclosure.

জপমালা, *s.* কৰমালা, যপ কৰা কাঠৰ মালা, a rosary or bead roll.

জপৰ-কৰি, } *v.* পানিত জাঁপ মাৰি শব্দ কৰা, to make a noise as of
জপঙ্গ-কৰি, } a sudden plunging into water or of falling.

জপৰজলো, *a.* ভালকৈ নজনা, আবালচন্দ, stupid, slovenly, inefficient.

জঁপৰা, *a.* ডাঁৰি চুলি নুখুৰুউআ বা নফনিউআ, unshaven, uncombed, having disordered or dishevelled hair.

জঁপা, *s.* কাপৰ থোআ বাঁহৰ পাত্ৰ, জাঁপি থোআ, জপ কৰা, a bamboo clothes basket, repeating the names of the gods, packing, or folding up; *a.* packed, piled, folded, shut.

জঁপাই, *v.* বন্ধ কৰি, জপোআই, সামৰি, to close, to shut (as a door or book,) to fold, to repeat a prayer or name of a god.

জঁপাই বনমালি, *v.* ভাল বেয়া নিবিচাৰি, তেনেই সোপা মাৰি, to take or eat without regard to kind, quality or person.

জঁপি, *v.* জপ কৰি, আৰাধনা কৰি, to skip, to leap, to bound, to jump.

জঁপোআ, *s.* দুআৰ আদি বন্ধ কৰা, সামৰা, causing to be shut, packed &c.

জব, *s.* জ ধান, barley.

জবকা, *s.* জাবৰ আদি গোটোআ জতন, a rake.

জবকিয়াই, *v.* জবকাৰে জাবৰ গুচাই, to rake.

জবন, *s.* গৰিয়া, মচলমান, a foreigner, a mussulman.

জবৰথবৰকৈ, *ad.* খপজপকৈ অথিৰ ভাৱে, hesitatingly, tremblingly.

জবৰা, *s.* জাবৰৰ নিচিনা, লোন নিদি সিজোআ সাক, rubbish, greens boiled without salt.

জবলা, *a.* আবালচন্দ, একো নজনা, worthless, stupid.

জবা, *s.* ফুল এবিধ, a species of flower.

জম, *s.* মিত্যু, অন্তকাৰি, death, Jom, the fabled regent of death.

জমকাল, *a.* মৰন কাল, জমৰজাৰ সদ্দিস ভয়ানক, the time of death, a time terror, terrible; *s.* an epithet of Jom the regent of death.

জমকিঙ্কৰ, *s.* জম দুত, a messenger of Jom.

জম্‌জমাই, *v.* জন্‌জনাই অহা, গোটেই গাত বেদনা হৈ অহা, to feel a burning painful sensation in the whole body.

জমদ্বাৰ, *s.* দুআৰ দলিৰ কোস, হাত-ভৰিৰ দুই আঙ্গুলিৰ গুৰি, the gate of death; the threshhold of a door; the forks of the fingers.

জমপুৰি, *s.* জমালই, জম নগৰ, the fabled abode or city of Jom.

জমলাখুটি, *s.* এবিধ ঔসধিয় গচ, a medicinal plant, used in fevers.

জমলাৰ্জুন, *s.* জঁজা অৰ্জুন গচ, a species of tree.

জমা, *s.* মুঠ কৰা, গোট খাই থকা, গোট বন্ধা, a collection, an accumulation, amount, sum total; in book keeping the creditor's side; *a.* collected, gathered, congregated, summed up.

জমালই, *s.* জমৰ ঘৰ, দুখ, কষ্ট, the abode of Jom, (*fig.*) torment.

জম্বুদিপ, *s.* সাত দিপৰ এক দিপ, ভাৰত বৰিস, জগত, the hindoo central division of the earth, which includes the whole of Hindustan.

জম্ভাসুৰ, *s.* এক দৈত্যৰ নাম, a notorious demon slain by Bheem one of the five Pandoos.

জয়, *s.* জই, see জই.

জয়জুক্ত, *a.* জই হোআ, জিনা, victorious.

জয়ন্তা, *s.* জঁইতা, কচাৰি দেস, Jyntia; the Cachari country.

জয়ন্তি, জয়া, *s.* দুৰ্গা, এবিধ ফুল, Doorga; a species of flower.

জয়াৰ, *a.* ভুত পিসাঁচ থকা ভই লগা ঠাই, ভয়ানক, possessed by evil spirits, enchanted, haunted.

জয়ি, *a.* জিকোঁতা, জিনা জন, victorious, conquering, triumphant, successful.

জৰ, *s.* তাপ, ৰোগ, a fever.

জৰক, *s.* হাবিয়নিৰ সবদ, a rustling noise.

জৰখাপৰি, *s.* পেটৰ ৰোগ বিসেস, the spleen.

জৰজৰকৰি পৰি, *v.* সৰু বস্তু আদি সৰহিয়াকৈ পৰা, টোপাটোপে সৰা, to spill, to drop plentifully, to shower.

জৰজৰিয়া, *a.* সুকুউআ, গোট গোট, পানি সামৰা, dry, separate, mealy.

জৰথ, *s.* হালধিয়া বৰনৰ এবিধ গচ আৰু গুটি, a tree the seeds of which are used in coloring yellow.

জৰনি, *s.* অলপ অলপকৈ বৈ থকা, oozing, dropping, falling in small drops.
জৰপুৰ, *ad.* অতি টানকৈ গাঁঠি দিয়া, tightly, firmly, (applied to binding.)
জৰা, *s.* টেঙ্গা এবিধ, মন্ত্ৰ কৰা, ঘুল্লা পতান গুচুউআ, a citron; the making passes over the body accompanied by incantations; winnowing; *a.* old, aged, winnowed.
জৰাই, *v.* জৰোআ, তাপে ধৰা, to have fever; to make incantations &c.
জৰি, *s.* ডোল, গচ এবিধ, a string, a cord, a species of tree.
জৰিমনা, *s.* অপৰাধৰ ধন লোআ, অৰ্থ দণ্ড, a legal fine.
জৰিয়া, *a.* জৰ উঠা, জৰে ধৰা, having fever, feverish.
জৰু, *s.* ডোল, লেজু, জৰি, a cord, a string.
জৰোআ, *a.* জৰ তোলা, জৰ উঠি থকা, causing or subject to fever.
জৰোৰোআ, *a.* অনেক বিন্ধা ওলোআ, সেবেঙ্গা, broken through, full of holes, (applied to a broken roof.)
জল, *s.* পানি, উদক, water, a liquid.
জলক-তবক, *a.* চকুৱে ভালকৈ নেদেখা, seeing imperfectly, indistinct.
জলক লগা, *a.* বৰ ৰশ্মি লগাত চকুএ দেখিব নোঅৰা, একে ঠৰে চাই থকা, dazzled by intense light; staring in silent amazement.
জলকা, *a.* মন মাৰি ফুৰা বা থকা, বদ নিদিয়া, sad, melancholy, overcast with clouds.
জলকা লগা, *s.* ৰোগ বা অসন্তোসত মন মৰা, melancholy, depression.
জলকিয়া, *s.* জলা গুটি, মৰিচ, pepper.
জল-কুঁঅৰি, *s.* জলকোঁঅৰৰ ভাৰ্জা, an imaginary river goddess; (masculine জল কোঁঅৰ, a river god.)
জল খোআ, *s.* জলপান কৰা, উপাহৰ বস্তু খোআ, luncheon, tiffin.
জলগুঁই, *s.* মাইকি ঘঁৰিয়াল, the female crocodile.
জলজনি, *s.* বেৰ আদিৰ ফুটা, বিন্ধা ওলোআ, a window, any aperture in a partition to admit light.
জলঙ্গা, *s.* ফটফটিয়া, ফটিকৰ নিচিনা নিৰ্মল, বেৰৰ বিন্ধা, clear, transparent, crystal; *s.* a window.
জলচৰ, *a.* পানিত থকা, aquatic, living in the water.
জলজ, *a.* পানিত জন্মা, পদুম আদি, produced in water; water lily &c.
জলজলিয়া, *a.* ফট্‌ফট, নিৰ্মল, clear, pellucid, crystal.
জলজলাই, *v.* অতি খঙ উঠি, to be furious, to rage.
জলজিৱ, *s.* মাচ মগৰ আদি, a fish or any aquatic animal.
জলথল, *s.* মাটি পানি, বোকা, land and water, moist soft earth.
জলদ, *a.* পানি দিওঁতা, মেঘ, water-giving; *s.* a cloud.

জল-দিয়া, *s.* তৰ্পন কৰা, সমুলি আসা এৰা, (*lit,*) giving water to the manes of the dead; hence, hopelessness, discouragement.

জলধৰ, *s.* মেঘ, সমুদ্ৰ, a cloud, the sea.

জলধা, *a.* লেতেৰা, বন বাৰি কৰিব নজনা, incompetent, unskillful.

জলধি, *s.* সমুদ্ৰ, the sea, the ocean.

জলন, } *s.* জ্বলি থকা, পোৰা, দহন, a flaming up, burning.
জলনি,

জলন্ত, *a.* জ্বলি থকা, পুৰি থকা, burning, flaming, fierce.

জলন্ধৰ, *s.* অসুৰৰ নাম, ৰোগ এবিধ, the name of a demon; the dropsy.

জলন্ধৰিয়া, *a.* সুবিয়া, জলন্ধৰ ৰোগে ধৰা, dropsical.

জলপনিয়া, *a.* জলপানৰ সম্বন্ধিয়, উপহাৰ দ্ৰব্য, suitable for a light meal or luncheon; *s.* light food.

জলপাত্ৰ, *s.* লোটা, কলহ আদি, a water vessel.

জলপান, *s.* পানি খোৱা, কৰাই পিঠাগুৰি আদি উপাধি দ্ৰব্য, the drinking of water; a tiffin or luncheon; with কৰি, to take a lunch.

জলপ্ৰাই, *a.* পানিৰ নিচিনা চেঁচা, উমঘাম নাইকিয়া, watery, cool like water, dispassionate, not easily provoked.

জলপ্লাবন, *s.* পানিৰে তল জোৱা, মহা প্ৰলই, an inundation, a deluge.

জলফাই, } *s.* টেঙা এবিধ, the olive tree and fruit.
বেলফৈ,

জলবিসুব সংক্ৰান্তি, *s.* তুলাৰ সংক্ৰান্তি, কাতি বিহু, the autumnal equinox.

জলভৰথ, *a.* চেচা, নিৰ্জ্ব, dispassionate, cool, not irascible.

জলম, *s.* বহুআই পিন্ধি ৰঙ দেখুউআ মৰা পাটৰ বৰৈ, দিঘল সাজ, a long coarse garment worn in making sport.

জলমই, *a.* পানিৰ সদৃস, watery.

জলম-জথম, *s.* গাত কাপৰ নেসামৰাকৈ ফুৰা, the wearing of apparel loosely or untidily.

জলমল, *s.* ফটিক আদিৰ জিলিকনি, brilliance, lustre, glitter.

জলমলিয়া, *a.* জলমলাই থকা, কান্তিমই, sparkling, glittering, brilliant.

জলয়া, *s.* লোটা ভৰি নিয়া মৰা পাটৰ জালৰ মোনা, a coarse netted bag used in carrying brass dishes &c.

জলৰজপৰ, *a.* জলোপলো, অথিৰ, হাত ভৰি কঁপা, unsteady, trembling, shaking, (applied to old persons.)

জলসাই, *s.* সমুদ্ৰত সয়ন কৰা বিষ্ণু, an epithet of Vishnoo, represented as sleeping on the ocean.

জলসাৰ, *s.* ঘনে সক পানি চোআ ৰোগ, the diabetes.

জলসুবিয়া, *a.* সেতুসেতিয়া, সোবা সেৰেলুআ, dropsical.

জলহমলহ, } *a.* কাপৰ ভাল ৰুপে পিন্ধিব নজনা, বনবাৰি ভালকৈ নজনা
জলছু, } slovenly, negligent of order or neatness.

জলহুআ, *a.* সাক আঞ্জাত অধিক পানি হোআ, পনিয়া, having too much water, (a culinary term.)

জলা, *a.* জলি থকা, জলকিয়া আদিৰ পোৰনি, বিন্ধা, blazing, burning, pungent, spicy, perforated.

জলাকটা, *s.* সৰহকৈ বিন্ধা দিয়া হাঁতা আদি পাত্ৰ, a skimmer.

জলাধাৰ, *s.* জলপাত্ৰ, সমুদ্ৰ, পুখুৰি, a reservoir of water, the ocean &c.

জলাহ, *s.* পানিত তল গৈ থকা ঠাই, a fen, a swamp, a bog.

জলাহি, *a.* পনিয়া গাখিৰ দিয়া মহ গৰু আদি, watery, diluted.

জলি, *v.* জুই লাগি, জহি, জিলিকি, প্ৰকাস হৈ, খঙ উঠি, to burn, to to blaze, to glow, to be inflamed with anger or desire.

জলি-উঠা, *a.* জুই লাগি উঠা, বৰকৈ খঙ উঠা, flaming, raging &c.

জলুকা, *s.* পানিৰ সৰু পোক, a small water insect.

জলৈ, *ad.* জি ঠাইলৈ, জতে, whither.

জলোদৰি, *a.* গৰ্ভৰোগ, কালিৰ এক নাম, dropsical, big-bellied; an epithet of Kali.

জলোপলো, *a.* বৰ দুখ পোআ, দুখ-কষ্ট, থানথিত নাইকিয়া, troubled, afflicted, driven about from place to place.

জলোলথো, *a.* চেঙ চেঙিয়া পানিমই, watery, diluted.

জস, } *s.* খ্যাতি, গুন প্ৰকাস, celebrity, praise, renow, glory,
জসস্যা, } reputation, fame.

জহ, *s.* ঘাম, ফিতাহি, দাই, জগৰ, warmth, heat, boasting, a fault.

জহকাল, *s.* ঘাম কাল, গ্ৰিস্ম কাল, the hot season, summer.

জহনি, *s.* মাউৰ, পেট বোআ ৰোগ, the cholera.

জহৰ মহৰ, *s.* সাপে খোআৰ ঔসধ বিসেস, an antidote for poison.

জহৰা, *a.* আনৰ পৰা হোআ লৰা, জাৰজ, illegitimate, *s.* a bastard.

জহা, *s.* গোন্ধোআ সৰু ধান এবিধ, কোমোৰা এবিধ, a species of fragrant rice, a species of pumpkin.

জহাই, *v.* গপাই, ফিতাহিকৈ, to boast, to brag, to vaunt.

জহামাল, *s.* জন্তু এবিধ, a species of wild animal.

জহালি, *s.* খেতি কৰা চাহ মাটি, land thoroughly subdued by cultivation.

জহি, *v.* পমি, দ্ৰুও হৈ, (ফিতাহি কৰোঁতা,) to dissolve, to melt; *s.* a braggart, a boastful person.

জহুল, *a.* সৰ্ব প্ৰকাস, জঞ্জাল, known of all, public.

ঝহোআ, *a.* ঝাহ জোআ, পচি ঝিন জোআ, ঝহ কৰা, decomposed, rotted.

ঝা, *s.* দেওৰ বা জেঠালৰ তিৰোতা, an appellation used between the wives of an elder and younger brother.

ঝাইফল, *s.* সুগন্ধি মচলা গুটি, জাতি ফল, the nutmeg plant and fruit.

ঝাউৰি, *s.* জুম, এবেলি সবহকৈ গুটি আদি হোআ, অনেকে একে বেলিএ কৰা, a crowd, a multitude, what is done at one time by a crowd of people, a crop of fruit, the produce of one season.

ঝাঁই, *s.* খঙ্গ, জক, মাইকি মেকুৰি, হিলৈ মৰা, anger, frenzy, hydrophobia; a female cat; the discharge of a gun or a volley.

ঝাঁও, *s.* এবিধ ত্রিন, পাগত উতলি জোআ ইটা, ঝাব খোজা, a species of plant, (tamarix indicus,) a burnt brick used in preparing the *Sasi pat,* on which the *puthis* are written.

ঝাঁকি, *v.* জিকাৰ মাৰি, জুই ধৰি ধান সুকুউআ, গুৰৰ গেদ কটা চালনি, to leap from the water as fish; to dry paddy by the fire for pounding; *s.* a bamboo skimmer.

ঝাঁজ, *s.* জঞ্জাল, নৈত গোট খাই থকা জেঞ্জ ঝাবৰ, ঠাহ খোআ, confusion, pressure of work, difficulty, annoyance; driftwood.

ঝাঁজৰি, *s.* লুৰুমা হাবি, land covered with patches of low jungle.

ঝাঁজি, *s.* খাগৰি কাঠ আদি নৈত উটি অহা ঝাজ, এক নদিৰ নাম, driftwood; the name of a river in upper Assam.

ঝাঁটলি, *a.* কুটকৰা চুলিৰে, জট বন্ধা তিৰি, আউলি বাউলি, short haired, frizzled, curly headed.

ঝাটি, *s.* লোৰ সেল, বৰচা বিসেস, a spear.

ঝাঁত, *s.* মাহ ঘেঁহু আদি পিহা জন্ত্র, a millstone, a hand mill.

ঝাঁতঝাত কৰে, ঝাঁউতঝাউত কৰে, } *ad.* গিৰিপ গিৰিপ, একে লগে উঠা সব্দ, in concert, in unison or time.

ঝাঁতি, *s.* চৰু আদি বহোআ লোৰ তিনি ঠেঙ্গিয়া বেৰা, an iron tripod for supporting cooking vessels over the fire.

ঝাপ, *s.* ডেও মৰা, লাফ, লম্ফ, a jump, a bound, a spring, a leap.

ঝাপতঝাপে, *ad.* অতি সিঘ্রে জোআ, জপিয়াই জপিয়াই জোআ, going with a bound, going rapidly.

ঝাপমাৰি, *v.* ডেওদি, জপিয়াই, to bound, to leap, to jump.

ঝাক, *s.* সৰহিয়া মানুহ বা জন্তু, বাহ, a drove, a flock, a multitude.

ঝাকৈ, *s.* জকাই, মাচ ধৰা উপাই, a bambooh fish trap.

ঝাকৈয়া, *s.* জকাই বাঁওতা, জকয়া, one who fishes with above instrument.

ঝাখৰ, *s.* লোৰ চোলা, কৱচ, বনৰ সাজ, a coat of mail, defensive armor.

জাগ, *s.* হোম, চরু কলা আদিত তাপ বা মঁহ নিবাৰনৰ নিমিত্তে গৰু গো-হালিত ধুঁআ দিয়া, an offering, an oblation, an act of worship.

জাগ দিয়া, *s.* ফল আদি পকাবলৈ তাপ ধুঁআ দিয়া, the ripening of fruit by artificial warmth.

জাগন, } *s.* সাৰ পোৱা, চেতনা, জাগি থকা, an awaking from sleep,
জাগৰণ, } watchfulness, vigilance.

জাগোন, *s.* নাৱৰ তলৰ মুচি চঁচালি, the lower floor of a boat.

জাঙ্গ, *s.* কৰঙ্গন, জানু, the thigh.

জাঙ্গথনিয়া, } *a.* কৰঙ্গনিয়া, up to the thigh in depth.
জাঙ্গ থোআ, }

জাঙ্গফাই, *s.* মনি কেঁকু আদি কটা এবিধ মাটি, amber.

জাঙ্গি, *s.* চৰাই ধৰা খোৰোচা ফান্দ, a snare for birds.

জাজুল, *a.* সৰহিয়া, বহুত, অনেক, many, much.

জাজুল খাই, *v.* সৰহিয়াকৈ, উবুৰি খাই, to assemble in a body.

জাজুল খাই উঠা, *s.* সকলোৰে ৰব খঙ উঠা, the angry excitement of a multitude.

জাজুলখাই ধৰা, *s.* সৰহিয়াই বেৰি ধৰা, surrounding in a crowd.

জাজুলখাই লগা, *s.* সৰহিয়াকৈ গোট ধৰা, bearing abundantly.

জাচক, *s.* খোজনিয়াৰ, ভিখুক, a petitioner, a suitor, a beggar.

জাচি দিয়া, *s.* আপোন ইচাতে দিয়া, নোখোজাকৈ দিয়া, the giving without being asked, offering for acceptance.

জাজক, *s.* পোৰোহিত, পুজাৰি বামুন, a priest, one who offers sacrifices.

জাত, *s.* জন্মা, কুল, বিধ, a caste, a species, a class.

জাতনা, *s.* দুখ, কষ্ট, জিয়াতু, উপুসাস্তি, pain, agony, anguish, torment.

জাতি, *s.* কুল, বিধ. এবিধ বাঁহ, নম্ৰ, জুৰ, caste, a family, race or nation; a kind, species, genus; a species of bamboo; mild.

জাতি কাঠ, *s.* সুগন্ধি কাঠ, চন্দন কাঠ, sandal wood.

জাতিভ্ৰষ্টা, *s.* জাত জোআ, অজাতি হোআ, the loss of caste; *a.* outcast.

জাতিহিন, *a.* অজাতি, অকুলিন, without caste.

জাতেই, *ad.* নিচয়ে, নিচেই, সমুলি, truly, certainly, very, altogether.

জাতো, *conj.* কিয়নো, কাৰন, for, because.

জান, *s.* বুজ, গ্যান, পানি জোআ লোব, খাৰৈ, জুৰি, perception, understanding, a drain, a trench, a channel, a creek.

জানি, *v.* বুজি, to known, to understand, to perceive.

জানিবা, *ad.* বিসেসত, নিচিনা, কোনো প্ৰকাৰে, (lit.) understand, for instance, after a fashion, something like to.

জানিয়োক, *v.* poetical form of জানোক, let him know.

জানিসুনি, *v.* বুজ্জ বাজ পাই, বুজ্জি বাজ্জি, to know and to hear, *i. e.* to have full knowledge of.

জানু, *s.* কৰঙ্গন, উৰু, আঁঠুৰ ওপৰ ভাগ, the thigh.

জানু পাৰি, *v.* আঁঠু পাৰি, কৰঙ্গন পেলাই, to kneel, to bend the knee.

জানেক, *s.* মিথিলা দেসৰ ৰজাৰ নাম, the famous King of Mithila.

জানেকি, *s.* ৰামৰ ভাৰ্জা সিতা, Hita the wife of Ram.

জানোঁ, } *ad.* বুজোঁ, কিজানি, অনিচই বা হব নোঅৰা মাত, অসাধ্য,
জানোঁচা, } (lit.) I understand; used also to express doubt, uncertainty, indecision, impossibility: forsooth.

জাপ, *s.* জাপি থোআ, তৰপ, a pile, a layer, a portion.

জাপতগৰ, *s.* এবিধ গচ আৰু ফুল, a flowering plant.

জাপৰ, *a.* খুৰাব লগিয়া চুলি, having the hair unshorn or uncut.

জাপৰি, *s.* চুলিৰ আল নধৰা তিৰোতা, বৰ বিহ, a woman who neglects to dress her hair; a poison.

জাপি, *s.* বাঁহৰ সলিৰ চত্ৰ, ভাগে ভাগে থাক্কি, a broad brimed hat serving as an umbrella; *v.* to fold, to pile one thing on another.

জাবৰ, *s.* খেৰ কুটা আদি পেলনি জোআ ঘুগুলা বস্তু, rubbish, trash, refuse, litter, sweepings, debris.

জাবৰনি, *s.* আঁকাঠু হোআ ঠাই, খেৰ কুটা পৰা ঠাই, a place covered with rubbish.

জামদগ্নি, *s.* এক ৰিসিৰ নাম, one of the sages of the hindoo shasters.

জামৰা, *s.* উখহা মৰা, টোটোৰা, the reducing of a swelling; *a.* reduced.

জামৰি, *v.* উখহা কমি, টোটোৰা হৈ বা পৰি, to diminish in size.

জামাক জিমিক, *ad.* চুচুক চামাক, লাজ ভাৱে ভুমুকা ভুমুকি, লাহে লাহে, doing confusedly as if ashamed or frightened.

জামাদাৰ, *s.* বিসয়া বিসেস, a muster-master, a chief.

জামিৰ, *s.* টেঙ্গা এবিধ, a kind of citron.

জামু, *s.* জম্বু, জামু ফল বিসেস, a species of fruit, (Eugenia Jambolana.)

জামুকি, *s.* বৰ তোপৰ জুই দিয়া মাৰি, a match used in firing artillery.

জামুদাঁত, *s.* দুই ফালৰ গুৰি দাঁত, the double teeth.

জাৰ, *s.* সিত, চেঁচা লগা, জি জনৰ, coldness; *pron.* who, of whom.

জাৰ কঁইটা, *s.* জাৰত নোমৰ গুৰিত উঠা সক সক ফোঁহা, roughness of the skin caused by cold, (vulgarly called goose-pimples.)

জাৰকাল, *s.* সিত কাল, সিসিৰ, the cold season, winter.

জাৰজ, *a.* জহৰা, উপপতিৰ সন্তান, illegitimate, base-born; *s.* a bastard.

জাৱন, *s.* কঠিন সিল, জাৱোন, ঔসধলৈ ধাতু আদিৰ পোৰা চাই, a kind of stone used for sharpening edged instruments, calcination.

জাৱনি, *s.* অৰন্য, বৰ হাবি, কাঠনি হাবি, a forest, a wood, a wilderness.

জাৰি, *v.* গুন মন্ত্র কৰি, ঘুলা পতান গুচাই, মুখ নলাবে লোটা, to make incantations and passes over the body; to winnow; *s.* a small drinking vessel with a spout.

জাৰিফুঁকি, *v.* গুন মন্ত্র কৰি, ফুঁআই, ভুহ পতান আদি গুচাই, to repeat incantations, simultaneously breathing upon and making passes over the body; to winnow.

জাল, *s.* মাচ পছু আদি ধৰা উপাই, জুই জ্বলা, তাপ, জলকিয়া আদিৰ পোৰনি, a net, a web, a snare; a flame of fire, heat whether of fire or spices.

জালমৰা, *s.* মেলিয নোঅৰা, জলকত্তৱক কৰা, তাপ বা পোৰনি গুচা, imperfect vision, seeing as through a net or film indistinctly, the diminution of heat, coolness.

জালি, *v.* জুই লগাই বা ধৰি, ধাতু আদি পাত্রৰ বিন্ধা বা জোৰা মাৰি, কোমল গুটি, এৰি মুগাৰ বাহ বন্ধা সুকান পাটৰ বোজা, জালৰ নিচিনা, to kindle a fire, to unite the surface of metals by means of a more fusible composition; *s.* the young tender fruit of vines, the nest of silk worms; *a.* netted.

জালিকটা, *a.* জালৰ দৰে পাহ কটা, having interstices like network.

জালিকাপৰ, *s.* জাল কাপৰ, a netted cloth, netting.

জালিগাঁত, *s.* জুই দিবলৈ খনা গাঁত, a furnace.

জালিমখাই, *v.* জাঙ্গুল খাই, সিয়ঁৰি উঠা, to rouse in sudden passion.

জালুক, *s.* এবিধ জ্বলা গুটি, black pepper.

জালুকিয়া, *v.* জালুক দি বন্ধা, spiced, seasoned with pepper.

জালোআ, *s.* জাল বাঁওতা, ডোম, a fisherman, the Doom caste.

জায়া, *s.* খোজা, নিবেদন, প্রার্থনা, a request, prayer, petition.

জাহ জোআ, *a.* পমি বা খই হৈ জোআ, জিন জোআ, dissolved, digested, decomposed.

জাহদিয়া, *a.* খাৰ আদিত পানি দি সৰোআ, অপবাদ দিয়া, leached, passed through ashes, defamed.

জাহাজ, *s.* সাগৰৰ বৰ নাও, a ship, any large masted vessel.

জাহাজি, *a.* জাহাজত থকা, জাহাজ চলোআ লোক, belonging to a ship; *s.* a sailor, a mariner.

জাহিঙ্গা, *s.* এবিধ লাহি ধান, a species of paddy.

জাহ্নবি, *s.* গঙ্গা নদি, ভাগিৰথি, an epithet of the river Ganges; (lit. the daughter of *Jahnoo.*)

জি, *pron.* জিটো, জি জন, জিএক, who, whatever, that which; *s.* a daughter.

জিউ, *s.* প্ৰান, জিৱ, ধাতু, অতি চেনেহৰ মাত, the life, the soul, the heart; used also as a term of endearment.

জিউআ, *s.* জিৱন দিয়া, প্ৰান দিয়া, ৰখ্যা কৰা, the causing to live; restoring to life; preserving from great calamity.

জিএক, *s.* জি, চোআলি, দুহিৱি, a daughter, a girl.

জিঁয়া, *s.* উৰি ফুৰা পতঙ্গ বিসেস, a species of winged insect, a dragon fly.

জিকজিকাই, *v.* খঙ্গ কৰি, সিঁয়ৰি, to be angry at the hearing of or sight of anything, to rise in sudden rage.

জিক্মিক্, *a.* জিলিকনি, চিক্মিক্, shining, glossy, sparkling.

জিকা, *s.* এবিধ পাচলি, জিনা, জই কৰা, a species of vegetable; conquering, overcoming; *a.* conquered.

জিকাৰ, *s.* গাশ্জোকাৰি উঠা, a jerk, a twitch, a start.

জিকাৰু, *s.* জিকোঁতা, জয়ি, a victor; *a.* victorious, triumphant.

জিকি, *v.* জিনি, জই হৈ, to conquer, to overcome.

জিগ্যাস, *s.* সোধা, বুজ লোআ, a question, an inquiry.

জিঙ্গজিঙ্গাই, *v.* see, কেট্কেটাই,

জি জি, *pron.* জি কোনো, জিবিলাক, whoever, whatever.

জিঞ্জিৰি, *s.* লোৰ সিকলি a chain, a fetter.

জিঞ্জিৰি মুৰা, *s.* জিন্জিনোআ, খুন্দা খাই মুৰ গা জন্জনোআ, numbness occasioned by a blow.

জিঠিঐ, *s.* গিৰিএকৰ বায়েক, a husband's sister.

জিণ্টি, *s.* এবিধ হালধিয়া ফুল, a species of yellow flower.

জিন, *s.* জিৰ্ন, খই, জাহ, মিল, decomposition, digestion, agreement.

জিন্জিননি, *s.* মুৰ হাতত খুন্দা খাই জিন্জিনোআ, numbness, a twinging sensation as of a limb asleep.

জিন্জিনাই, *v.* জিন্জিননি ধৰি, তেজ নচলি ফৰফৰাই, to twinge, to be numb.

জিনা, *a.* জই কৰা, জিকা, conquered, overcome; *s.* the act of conquering.

জিনাৰু, *s.* জিকাৰু, জই কৰোঁতা, a conqueror.

জিপ, *s.* গচ মাটি আদিত থকা ৰস, moisture, sap.

জিপজিপিয়া, *a.* অলপকৈ তিতা, জেকা, moist, damp.

জিপনি, *s.* ভগা বস্তুৰ ওপৰত আপি বন্ধা, জোৰা দিয়া, a splice, a splint used to confine or strengthen anything limber or broken.

জিবা, *s.* জিহ্বা, ৰসনা, the tongue.

জিবিকা, *s.* পোহনৰ উপাই, উপজিব্য, a livelihood, maintenance.

জিন, *s.* ঘোঁৰাৰ পিঠিৰ আসন, এবিধ কাপৰৰ আঁহ, টেঙ্গাৰ সাহ, a saddle; the nap of cloth, the pulp of an orange &c.

জিমান, *a.* জত, জি পৰিমানে, as many, as much.

জিয়া, *a.* নমৰা বা নেগেলা, জি, living, fresh, not stale; a daughter.

জিয়াই, *v.* নমৰি, নমৰাকৈ ৰাখি, to revive, to restore to life; with আছোঁ, to live, to be alive; with ৰাখি, to preserve alive.

জিয়াৰি, *s.* জি, জিএক, a daughter.

জিৰ্‌জিৰ্ কৰে, *ad.* অলপ অলপকৈ বোআ, gently flowing.

জিৰনি, *s.* বিস্রাম, সাঁত, খতি, rest, cessation, repose, respite.

জিৰনিয়া, *a.* খতি কৰা, জিৰোআ, reposing, resting, recovering &c.

জিৰা, *s.* সুগন্ধি মচলা এবিধ, cummin seed.

জিৰাই, *v.* বিস্রাম কৰি, সঁতাই, to rest, to repose.

জিৰাই সঁতাই, *v.* বিস্রাম কৰি, বৈবৈ, ভাগৰ বা চিন্তা নকৰাকৈ, to take one's ease, to go or do leisurely, to rest from care or solicitude.

জিৰিলি, *s.* অনেক ঠাইত ফটা, tattered, torn to strips.

জিৰোআ, *s.* বিস্রাম কৰা, সান্ত হোআ, rest, quietude, freedom from care.

জির্ন, *a.* পুৰনি, জিন, বহু দিনিয়া, old, worn out, rotten, decomposed.

জিল্‌জিলিয়া, *a.* see জেল্‌জেলিয়া.

জিল্‌মিল, *s.* এবিধ বনৰিয়া সাক, জিলিকা, a species of wild plant used for food; brightness, glitter.

জিল্‌মিলিয়া, *a.* জিলিকি থকা, তিৰবিৰিয়া, glittering, shining, sparkling.

জিলা, *s.* ৰাজ্য মেল থকা থান, a town or township, a district.

জিলি, *s.* এবিধ উৰি ফুৰা পোক, a species of cricket.

জিলিকনি, জিলিকা, } *s.* জিলিকি উঠা, টলবলিয়া ৰশ্মি, glitter, sparkle, effulgence.

জিলিকি, *v.* তিৰবিৰাই, ৰশ্মি উঠি, জলি, to shine, to glitter.

জিলিঙ্গনি, *s.* জেউতি, বেৰ আদিৰ বিন্ধাই দি অহা ৰশ্মি, the shining of the sun through a crevice, or as obscured by clouds.

জিৱ, *s.* প্রান, ধাতু, জিৱাত্মা, life, existence, the sentient soul, an animal, a living creature, the vital principle.

জিৱন, *s.* জিয়াই থকা, নমৰাকৈ থকা, life, existence.

জিৱন্ত, *a.* জিয়াই থকা, জিয়া, living, alive, extant.

জিৱন্তে, *ad.* জিয়াই থাকোঁতে, জিয়াতে, during one's existence.

জিৱাত্মা, *s.* জিৱ, প্রান, the vital principle, the sentient soul, vitality.

জুই, *s.* অগ্নি, বহ্নি, fire.

জুই আঙ্গনি, *s.* জুইফিৰিঙ্গটি, জুইৰ তাপত সাঁচ ৰোআ, a spark of fire.

জুইচাই, *ad.* অতিসই, বৰ, (lit. fire and ashes,) used adverbially for very, greatly, exceedingly.

জুইগলা, *a.* জুয়ে পোৰা, হানি হৈ জোআ, দুৰকঁপলিয়া, consuming, wasting, unfortunate, unsuccessful.

জুঁজ, *s.* জুধ, সমৰ, ৰন, a battle, a combat, a fight, contest, conflict.

জুঁজাই, *v.* জুঁজ কৰাই, to cause to fight.

জুঁজারু, *s.* জুধারু, ঢালি, বিৰ, a combatant, a champion.

জুঁজি, *v.* জুধ কৰি, to fight, to contend.

জুঁটি, *a.* সাঙ্গুৰি, উজুটি, চৰাই ধৰা ফান্দ, to tie or string together; with খাই, to trip, to stumble; a bird snare.

জুঅলি, *s.* মহ গৰুৰ কান্ধত দি জোঁটা কাট, পানিৰ দাঁতি, a yoke, the water's brink.

জুক্ত, } *a.* জোগ হোআ, লগ লোআ, মিলিত, সলগ্ন, yoked, joined to,
জুত, } united with, possessed of.

জুক্তি, } *s.* বিচাৰ, ন্যায়, পৰামর্স, উচিত, a deduction, an inference,
জুগুতি, } a demonstration; *a.* right, proper, fitting.

জুখি, *v.* জোখ কৰি, পৰিমান কৰি, to weigh, to measure.

জুগ, *s.* সত্য, দ্বাপৰ ত্রেতা, কলি, এই চাৰি কাল বিসেস, an age of the world, of which the Hindoos reckon four, viz, the *Hotyo*, *Dwapor*, *Treta*, and *Koli.*

জুগজোআ, } *a.* অনেক দিন জোআ, বহু কলিয়া, lasting, enduring.
জুগমিয়া, }

জুগি, *s.* সাপ মেলা বা পাট পলু পোহা জাতি, a juggler, a serpent charmer, a caste of people whose occupation is to rear the mulberry silk worm.

জুগি এৰি, *s.* পোক এবিধ, গচ এবিধ, a kind of insect, a tree.

জুগুত, *a.* প্রস্তুত, জোজা, থিৰ, উচিত, ready, prepared, fitting.

জুটুলা, *a.* চুটি, চাপৰ, short, low.

জুতি চোআ, *s.* চাকি চোআ, সোআদ লোআ, ভাল বেয়াৰ প্রমান বুজা, the act of tasting, trying or testing the quality of anything.

জুথৰি, *s.* জোথা সুতা, আঁহ ওলোআ সুতা, the outside and imperfect silk of a muga cocoon.

জুনজুনাই, *v.* নেপুৰ বা ঘুগুৰা আদিৰে সবদ কৰি, to make a low tinkling sound as of small bells or feet ornaments.

জুনজুনিয়া, *a.* বৰ সুকান, কনকনিয়া, very dry, sonorous.

জুনা, *s.* বিহু গাঁওতেঁ পদ খুউআ, the introductory stanza to a song, forming afterward the chorus of each verse.

জুনিয়া, *s.* সোআদ বিচাৰি খোআ, জুতি বিচাৰি খোআ, dainty, squeamish, fastidious.

জুনুক্জুনুক্, *s.* নেপুৰ আদিৰ সবদ, the tinkling sound of feet ornaments.

জুনুকা, *s.* কাঁহ পিতল আদিৰ জুনজুনকৈ বজা বাদ্য, a rattle, a small bell.

জুপি, *v.* জুমি, খাপ দি, to peep, to look slyly.

জুপুৰজুপুৰ কৰে, *ad.* লাহে লাহে বুঢ়াৰ দৰে খোজ কৰ্হা; walking slowly and tremblingly like an old man.

জুপুৰা, *a.* চাপৰ, low,. short.

জুবত কাল, *s.* ডেকা বয়স, জৌৱন কাল, the period of youth, adult age.

জুবতি, *a.* ডেকেৰি, গাভৰু চোআলি, young; *s.* a young woman.

জুবৰাজ, *s.* ডেকা ৰজা, প্ৰথম ৰাজ পুত্ৰ, a prince, an heir apparent.

জুবা, *a.* ডেকা, জৌৱন, young, youthful; *s* a young man.

জুবুৰিয়াই, *v.* পানিত তল নিয়াই, বুৰাই, to dip in a liquid, to submerge.

জুম, *s.* সমুহ, জাক, বাহ, a multitude, a crowd, a flock, a gang.

জুমাজুম, } *ad.* জাক জাক, বাহ বাহ, in multitudes, in crowds.
জুমাজুমি, }

জুমি, *v.* চকু দি চাই, জুপি, খাপ দি, to peep, to look through a crevice.

জমুকা, *s.* সোক বেজাৰত মনে মনে বহি থকা, the sitting down in silent grief; *a.* pensive, sad, dejected.

জুমুধি, *s.* জুই ৰখা ধান খেৰৰ জৰি, a braided wisp of straw.

জুমুধি পোৰা, *s.* মৰা সওৰ মলনি হিন্দু লোকে মিচাই খেৰৰ স সাজি পোৰা, the burning in effigy where the real body of a deceased hindoo cannot be obtained.

জুমুৰা, *a.* বাৰ্হিব নোঅৰা, চুটি, কঁটিয়া, stunted in growth.

জুমুৰি, *s.* লেঠা, বেবুজ, পদৰ চন্দ, distraction, perplexity from a multiplicity of objects &c. a style of native chanting.

জুৰ, *a.* চেঁচা, সিতল, সান্ত, লেহেম, cool, dispassionate, tranquil, placid.

জুৰজুৰ কৰে, *ad.* সুকান গুৰি বস্তু আদি অলপ অলপকৈ পৰা, dropping little by little; (applied to things dry or pulverized.)

জুৰজুৰিয়া, সুকান গুৰি বস্তু, dry, pulverised.

জুৰনি, *s.* চেঁচা ঔসধ, ক্বাথ পানি, a cooling draught, a decoction.

জুৰা, *a.* গুৰি হোআ মাটি, চাহ মাটি, pulverised, ploughed, friable.

জুৰাই, *v.* চেঁচা কৰি, সান্ত কৰি, লাহে লাহে, to cool, to tranquilize; to go or do leisurely, to comfort, to refresh.

জুৰি, *v.* আৰম্ভ কৰি, হাবি কাটি, আঁটি, ব্যাপি, পৰ্বতৰ জৰনা, to make ready, (applied to ploughing or clearing jungle;) to satisfy; to diffuse, to spread, to fill, to cover; *s.* a rill, a rivulet.

জুৰি ধৰা, *s.* বেৰি ধৰা, আগুৰি ধৰা, the act of surrounding, hemming in.

জুৰি বন্ধা, *s.* গোটাই আগ বন্ধা, মুগা গচত মেৰাই বন্ধা, the binding together by the top as of grass &c. binding a green wisp around a tree to prevent the muga silk worm descending.

জুৰিয়া, *a.* দুটিয়া, জোৰ, belonging or relating to a pair.

জুৰুআ, *a.* চেঁচা কৰা, সান্ত কৰা, cooled, refreshed or comforted.

জুৰুলাজুৰুল কৰি, *v.* টেপাটেপ কৰি, সমুলি তিতা, to be drenched.

জুৰুলিজুপুৰি, *s.* বৰকৈ তিতা, soaked or saturated.

জুৰুলি, *s.* ঘাম বৈ জোআ, তিতিবুৰি, the flowing of perspiration.

জুৰুলিয়া, *a.* ওপচমুৰিয়া, পুৰ নোহোআ, বল হিন, wanting, deficient in measure or strength, feeble.

জুলই, *s.* বুৰা আঙুলি আৰু তৰ্জনি আঙুলিৰ বহল জোখ, দহ আঙুল, পৰিমান, the distance between the thumb and fore finger extended, equal to the width of ten fingers.

জুলজুলিয়া, } *a.* পনিয়া, জুলিয়া, ৰসাল, liquid; of thin consistency.
জুলিয়া, }

জুলনি, *a.* জুলি থকা উপাই, a swing.

জুলা, *s.* জুলি থকা, আন্দোলন, the act of swinging.

জুলাপ, *s.* পেট চলোআ ঔষধ, a purgative, a cathartic medicine.

জুলি, *s.* এবিধ জোলোঙ্গা, আন্দোলন কৰি, হেন্দুলি, a kind of bag; *v.* to oscillate, to swing.

জুলুকজালাক, *a.* মিজিঙ্গ মাজাঙ্গকৈ ফুৰা, idiotic in look and manner.

জুলুকা, *s.* মুৰ ঘুমাই থকা, জুমুকা, hanging the head as from grief.

জুলুকি, *s.* এবিধ মাচ ধৰা জতন, a contrivance for catching fish.

জুলুকি জুলুকিকৈ, *ad.* বাৰে বাৰে, ঘনে ঘনে, again and again, repeatedly.

জুহাল, *s.* জুই ধৰা ঠাই, জুইসাল, a fire-place.

জে, *conj.* জি জিহেতু অৰ্থাই সব্দ, that, as to, in regard to.

জেই, *pron.* জি সৰ্ব নাম বিসেস, which, (the emphatic form.)

জেউতি, *s.* কান্তি, দিপ্তি, সোভা, light, splendor, brightness.

জেউতিয়া, *a.* সোভা থকা, জিলিকা, luminous, splendid, brilliant, bright.

জেউৰ, *s.* কেঁচুআৰ ঠেহ, ঘনে কান্দি থকা, কন্দল, the peevishness or capriciousness of children.

জেওৰা, *s.* সেৰেঙ্গাকৈ বোআ বেৰ, a fence, a hedge.

জেকনি লগা, } *a.* জেক্‌জেকিয়া, তিতা, wet, damp, moist.
জেকা, }

জেকাই, *v.* সেমেকাই, তিতি, to dampen, to moisten.

জেকি, *v.* সেমেকি, তিয়াই, to be damp or moist.

জেকেটজেকেট, *a.* এঁঠাএঁঠি, এঁঠা লগা, sticky, viscid, gluey, gummy.

জেকেৰা, } *s.* খঙেৰে ডাবি দিয়া, গেজেৰা, ভেকাহি, crossness, snap-
জেক্কেৰা, } pishness, tartness.

জেগেলা, *a.* লেতেৰা, খেহেটা, মলিন, untidy, squalid, of filthy habits.

জেঙ, *s.* বাঁহ আদিৰ ডাল ঠেঙুলি, brushwood, rubbish.

জেঙজেঙিয়া, *a.* কাঁইটিয়া ডাল, thorny, prickly, bushy.

জেঙা, *s.* অপৰাধ, দাই, লেঠা, জগৰ, an offence, anything at which exception is taken; a fault.

জেঙাই, *v.* জেঙোৱা, জেঙ দি, to obstruct a passage with thorns &c.

জেঙেৰিয়া, *a.* অপৰাধি, দুসি, জগৰ থকা, লেঠা লগা, faulty, blame-worthy, exceptionable.

জেটুকা, *s.* গচ এবিধ, a species of myrtle.

জেঠ, *s.* দুতিয় মাহ, জৈষ্ঠ, a hindoo month corresponding to a part of May and June.

জেঠপা, *s.* জেঠায়েকৰ গিৰিএক, the husband of a father's or mother's elder sister.

জেঠা, *s.* বৰ বোপাই, বাপেকৰ ককাএক, a father's elder brother.

জেঠাই, *s.* বাপেক বা মাকৰ বায়েক, a father or mother's elder sister.

জেঠাল, } *s.* বৰজনা, গিৰিএকৰ ককায়েক, a husband's elder brother.
জেঠোত, }

জেঠি, *s.* এবিধ জন্তু, মুৰ হাতৰ সিৰ, চাল আদিৰ গোঁঠনি, the house-lizard; the pulse; a splint of bamboo to which the reeds of a partition or roof are separately fastened.

জেঠুআ, *a.* জেঠত হোআ, relating to, born or made in the month of *Jeth.*

জেঠৈৰি, *s.* ঘৈনিএকৰ ককায়েক, a wife's elder brother.

জেতিয়া, *ad.* জি সময়, জি কাল, when, whenever, at whatever period.

জেতুটি, } *a.* জিমান, জত, জি পৰিমান, as many, as much.
জেতেক, }

জেন, *ad.* জি ৰূপ, জাতিকে, that, in order that, to the end that.

জেনুতেন, } *ad.* কোনো প্ৰকাৰ, কথমপি, somehow, in some way or
জেনুতেনকৈ, } manner, with difficulty.

জেনি, *ad.* জি ফালে, জি দিসে, whatever way or direction.

জেনে, } *a.* যি ৰূপ, যিহৰ নিচিনা, জেনুআ, as, like as, like.
জেনেকুআ, }

জেনেকৈ, *ad.* যি ৰূপে, যি মতে, as, just as, in like manner.

জেৰা, *s.* তিনি আঙ্গুলিত ধৰাৰ সমান কোনো দ্ৰব্য, as much as can be taken up between the thumb and two fingers, a pinch.

জেমা, *s.* ঘুৰি, গাওন, a skirt, a petticoat, a gown.

জেৰা, } *a.* জেপেটি ধৰা, লেচেৰা বন্ধা, adhering, sticking together,
জেৰিয়া, } as of threads in a warp.

জেৰেপা, *a.* ফালিবলৈ টান, কেৰেৰিয়া, cross grained, having the grain twisted or gnarled.

জেৰেপি হৰি, *v.* এঁঠা লাগি, জেপেটি, to adhere, to cling together, to stick.

জেৰোআ, *s.* জেওৰা, a fence.

জের্জেৰিয়া, *a.* জেলুজেলিয়া, সেৰেঙা, পাতল, sparse, scattering.

জেলুজেলিয়া, } *a.* পাতল, ববকৈ ফটা, জিৰিলি, thin, sleazy, loosely
জেলাইলাই, } woven, torn and hanging in shreds.

জেলাম, } *s.* এৰি মুগাই পকিবলৈ উলিওৱা লাম পানি, the purging of
জেলেম, } the silk worm preparatory to forming the cocoon.

জেলুক, *s.* কুমজেলুকা, a slug or snail without a shell.

জেলুকিয়া, *a.* জেকি পিচল হোআ, slimy, sticky, clammy like the slug.

জেলেপ, *s.* বিচনি আদিৰ চপ্লাপ বা চেলা জৰি, a narrow binding to secure the edge of plaited or braided work.

জেলেপি, *s.* সোআদ পিঠা বিসেস, a kind of sweetmeat.

জেষ্ঠ, *a.* ববজনা, ববটো, প্ৰথম ওপজা, the eldest, the first born.

জেসাহু, *s.* ঘৈনিএকৰ বায়েক, a wife's elder sister.

জোঁআই, *s.* জিএকৰ গিৰিএক, a son in law.

জোআহি, *s.* ধাতুৰ পাত্ৰ বা অলঙ্কাৰ আদি, gold and silver ornaments, valuable vessels and such like personal property.

জো, *s.* উপাই, আৰম্ভ, সক্তি, preparation, power, ability.

জোআ, *s.* গতি কৰা, চলা, the act of going or moving in any manner.

জোআথোআ, *s.* মৰনৰ মুখত থকা, মৰিব লগা, lying at the point of death.

জোআৰ, *s.* পানিৰ আস্ফালন, ঢৌ, পানি বাইনি, a tide; the ebb and flow of the sea.

জোঁত, *s.* জুঁৱলিৰ ডোল, কৰিবলৈ আচল বন, আউল, the tie of a yoke, anything difficult to do, a tangle.

জোঁৰ, *s.* জুই লগোআ খৰিৰ বন্ধা মুঠা, ধেনুৰ জৰি, a flambeau, a fire-brand used as a torch; the string of a bow.

জোক, *s.* এবিধ তেজ খোৱা পোক, a blood sucker, a leech.

জোকা, *s.* দুটা তিনটা গোটাই চাৰি বা ডিঙ্গিত বন্ধা, জোঁটা, the tying of several things together so as to hang down like a cluster.

জোকাই, *v.* খঙ্গ তোলাই, to provoke, to vex, to excite to anger, to stir up.

জোকাৰ, *s.* লৰা, কপা, জিকাৰ, a shaking, a trembling.

জোকাৰ খাই, *v.* লৰি, কঁপি, to shake, to tremble.

জোকাৰ মাৰি, } *a.* লৰাই, কঁপাই, to shake, to cause to shake.
জোকাৰি, }

জোকোআ, *s.* খঙ্গ তোলোঁআ, teasing, provoking to anger.

জোকোৰা, *s.* গেকেৰা, ডাবি, ভেকাহি, an angry retort.

জোখ, *s.* ওজন, পৰিমান, weight, measure.

জোগ, *s.* ধ্যান, তপ, একে লগ কৰা, মিলন, একান্ত মনে ইস্বৰক ভবা, abstract and religious meditation, contact, conjunction, deep meditation on the Divinity.

জোগনিয়াৰ, *a.* জোগাওঁতা, supplying necessary things, providing.

জোগমায়া, *s.* ভগৱতি, দুর্গা, an epithet of Doorga.

জোগাই, *v.* জুগুত কৰি, আগত আনি দি, to supply, to furnish, to provide.

জোগান, *s.* নিয়মিত ৰূপে দি থকা, a stated or regular supply of anything.

জোগাসন, *s.* ধ্যানাসন, a particular posture supposed to be favourable for abstract meditation.

জোগি, *s.* সন্যাসি, ধ্যান কৰোঁতা, an ascetic, one whose mind is fixed on a single object or on God.

জোগিনি, *s.* জোগ কৰা তিৰি, গোসানিৰ পাৰিসদ, a female ascetic, a companion of a deity.

জোগিনি তন্ত্ৰ, *s.* এক পুথিৰ নাম, one of the hindoo sacred books.

জোগ্য, *a.* উচিত, পাত্ৰ, অৰ্হ, কামিলা, worthy, capable, suitable, fit, proper.

জোঙ্গ, *s.* কাঁইটৰ দৰে আগ জোঙ্গা, হুল, a thorn, anything painted.

জোঙ্গলা, *s.* আগ চিয়া কৰা, জোঙ্গা কৰা, the act of sharpening to a point.

জোঙ্গা, } *a.* আগ চিয়া, কাঁইটৰ দৰে জোঙ্গা হোৱা, pointed, having
জোঙ্গাল, } a sharp point.

জোঙ্গা-পিঠিয়া, *s.* মাচ এবিধ, a species of fish.

জোঙ্গালি, *v.* জোঙ্গাকৈ কাটি, পঁজালি, to sharpen to a point.

জোজন, *s.* এপৰ বেলিৰ বাট, চাৰি ক্ৰোস, a measure of distance equal to four *Krus*, which, reckoning 8000 cubits or 4000 yard to the *Krus*, will be *nine miles*.

জোজা, *a.* থিৰ, জুগুত, ready, prepared.

জোজোনা, *s.* দিষ্টান্ত, উপমাৰে পদ খুআই কোআ, a simile, an allusion, example or illustration, a charade.

জোটন সুদ্ধি, *s.* দৰা কন্যাৰ ৰাসিৰ মিল চোআ, the comparing of the nativities of bride and bridegroom, matching, pairing.

জোঁটা, *s.* সাঙ্গোৰা, দুটাক একে কৰি বন্ধা, yoking, joining, tying together.

জোঁটাই, *v.* গোটাই, লগলগাই, সাঙুৰি, স্বৰবৰ্ন যুক্ত কৰি, to associate, to join together, to yoke or harness, to unite the letters and vowels of a word in spelling.

জোঁটামৰি, *s.* এবিধ টেঙ্গা, a species of acid fruit.

জোঁটাসালি, *s.* জুঁটিয়াৰ, দুই তিনি জনে লগ লাগি কৰা বা কৰা, a co-partnership, doing in concert.

জোঁটোআ, *s.* গোটোআ, স্বৰবৰ্ন যুক্ত কৰা, joining together, spelling.

জোতা, *s.* চালৰ পইজাৰ, a pair of shoes or slippers.

জোতিঃ, *s.* পহৰ, কান্তি, ৰশ্মি, সুৰ্জ চন্দ্ৰ আদি, light, splendor, a luminary, the heavenly bodies.

জোতির্ময়, *a.* বৰ প্ৰতাপি, তেজস্বি, luminous, brilliant, glorious.

জোতিস বিদ্যা, *s.* গ্ৰহ আদি গনিত বিদ্যা, the science of astronomy including astrology.

জোতিসিয়া, *a.* জোতিসৰ সম্বন্ধিয়া, জোতিস জনা, astronomical; *s.* versed in astronomy, an astronomer.

জোত্ৰ, *s.* সম্পত্তি, সমৰ্থ, বিভুতি, power, wealth, greatness, prosperity.

জোথা, *s.* মুগাৰ চৰিয়া সুতা, the coarse fibrous part of a silk cocoon.

জোন, *s.* চন্দ্ৰ, নিসাপতি, the moon.

জোনদিয়া, *s.* বুটি কোৰত লো খুউআ, কোৰত যোধ দিয়া, to renew a hoe by welding on a new circular piece of iron.

জোনমৰা, *s.* আমাবস্যা, আওঁসি, the waning of the moon.

জোনাক, *s.* চন্দ্ৰৰ পহৰ, moonlight.

জোনাকিপৰুআ, *v.* ৰাতি পহৰ কৰি ফুৰা পোক, the glow-worm.

জোনালি, *a.* ৰাতি জোনাকৰ দৰে পহৰ হোআ, illuminated by the moon, or other lights.

জোনি, *s.* স্ত্ৰি চিহ্ন, আকৰ স্থান, the vulva, the place from which anything originates, a source.

জোপা, *s.* জোমা, ডাঙ্গে পাতে থকা গচ বা সৰু হাবি, the act of looking slyly, a bush or bushy tree, a clump or cluster of jungle.

জোপাজোপ, *a.* এজোপা এজোপা, অনেক জোপা, bushy, covered with bushes, full of branches.

জোপামৰা, *s.* মনে মনে বহি চাই থকা, staring idly about.

জোপোহা, *a.* ঠাল ঠেঙুলি বহলকৈ মেলা, thick and wide spreading.

জোমা, *s.* জুপি চোৱা, জুমি থকা, বৈ চাই থকা, peeping or looking slyly.

জোৰ, *s.* হাল, দুটা লগ লগা, সমান, a pair, a couple, a match; with কৰি, to match, to pair; পাতি, to cohabit, to live with.

জোৰ তামোল, *s.* গোবোৱা তামোল, betelnut that has been buried.

জোৰন, / **জোৰোন**, *s.* বিয়াৰ পূৰ্ব্বে পিন্ধোৱা খাৰু মনি আদি, ornaments sent to the bride previous to marriage.

জোৰা, *s.* সন্ধিস্থান, অঁটা, গায়ন বায়নৰ খেস, জোটন, a pair, a suit of clothes, a joint, union, musical harmony, a sufficiency; with দি, to splice, to reunite.

জোৰাই, *v.* জোৰা দি, অঁটাকৈ দি, to join, to unite, to give a sufficiency, to mend.

জোৰাই জোখাই, *ad.* সমান ভাবে, উচিত ৰূপে, as, equal to, of the same status, or measure.

জোৰা চোৱা, *s.* দৰা কন্যাৰ ৰাশিৰ মিল চোৱা, comparing nativities of bride and bridgroom.

জোৰোৱা, *s.* জোৰা মৰা, সংজোগ কৰা, the act of joining, fitting or framing together, giving a sufficiency.

জোল, *s.* ৰস, দুগ্ধ, আঞ্জা আদিৰ পানি, a fluid, a liquid, soup, broth.

জোলা, *s.* তাঁতি, ফুটা কপাহ, a weaver, a section of a cotton pod.

জোলোঙা, *s.* মোনা, a bag, a satchel.

জৌজৌআ, *a.* নিৰস হৈ গোটি গোটি হোৱা, dry, separated, not adhesive.

জৌজৌআই, *v.* সৰহিয়াকৈ পৰি সব্দ কৰা, to shower or fall in separate streams, to pour down abundantly.

জৌজৌ কৰে, *ad.* সৰহিয়াকৈ পৰা, গোট গোটকৈ পৰা, singly or separately falling, as water from a vessel full of holes.

জৌতক, *s.* বিবাহত উচৰ্গা বস্তু, a dowry, a marriage portion.

জৌতকিয়া, *a.* জৌতকত দিয়া, pertaining to a dowry.

জৌবন, *s.* ডেকা, গাভৰু, a youth, youthfulness, maturity.

জৌবন কাল, *s.* ডেকা কাল, গাভৰু কাল, youth, adult age.

ঞ

ঞ, **ঞকাৰ**, this letter is commonly used in Assamese manuscripts to denote the nasal *n*, of French, *n*, in *l' enfant*, as in গোসাঞ guhain; but in printing the symbol ँ is used instead, thus গোসাঁই.

ট

ট, টকাৰ, this letter corresponds with the English *t*, as in, *talk*, *toe*; pronounced by bringing the tongue far back, against the palate; or by applying the tip of the tongue to the roots of the teeth.

টঁকি, *v.* পুৰ হৈ, গৰাই সৈতে সমান হৈ, to be full to overflowing.

টকচালি, *s.* গা জোকাৰি ধুন ধান মাৰি ফুৰা, the putting on airs, strutting about, showing contempt or incivility.

টক চোআ, *s.* দিম দিম বুলি তুতুউআ, the putting off with mere promises.

টক্‌টক্‌কৰে, *ad.* বেগিকৈ জোআ সব্দ, বেগেৰে, rapidly, continuously, as of rapid footsteps, or any similar oft repeated sound.

টকটকিয়া, *a.* নৰিয়াৰ পৰা উঠি সক্তি পোআ, restored to health.

টকমুৰি, *a.* টকলা, একো নাইকিয়া হোআ, bare, destitute, reduced from abundance to want; *s.* a bankrupt.

টকয়া, *s.* কান ঢকা টুপি, বনত পিন্ধা মুৰৰ সাজ, a cap, a helmet.

টকৰ, *s.* কোব মৰা বা পৰা সব্দ, a small sharp sound or sounds.

টকৰাই, *ad.* বেগতে, হঠাতে, quickly, suddenly.

টকলা, *a.* হাবি বন একো নথকা হোআ, মুৰত চুলি নথকাকৈ খুৰুউআ, bare, applied to land or to the head when shaven.

টকলিউআ, *s.* জিবাৰে টকালি মৰা, the making a sharp clicking noise with the tongue, in token of delight or approbation.

টকলিয়াই, *v.* টকালি মাৰি, সলাগি, একো নাইকিয়া কৰি, to make the above noise, to express satisfaction, to make bare.

টকা, *s.* ৰুপৰ মুদ্ৰা, ধন, ফলা বাঁহৰ বাদ্য, ঠেক চুৰিয়া আদি, a rupee, money, a bamboo clapper, a narrow waistcloth.

টকালি, *s.* জিবাৰ সব্দ, সলাগ, a sharp clicking noise of the tongue.

টকিয়া, *s.* সৰু তুলা, এটকাৰ ভৰ, এটকালৈ পোআ, a pair of small scales for weighing up to a rupee; worth or weighing one rupee.

টকৌ, *s.* তাল গচৰ দৰে এবিধ গচ, মকৰাৰ নিচিনা এবিধ জন্তু, a species of fan palm, a species of spider.

টগ্‌বগাই, *v.* থৰক্‌বৰক্ কৰি, কঁপনিত থিৰে থাকিব নোআৰি, to stagger, to totter, to tremble.

টগবগোআ, *s.* থৰকবৰক কৰা, a shaking as from extreme debility.

টগ্‌ৰবগ্‌ৰ, *a.* টাঙটালি, লৰকফৰক, unsteady, unstable, trembling.

টঙ্কাৰ, *s.* ধেনুৰ জোৰৰ সব্দ, the twang of a bowstring or of any stringed instrument.

টঙ্গ, *s.* তামোল গামোচাৰ তলিচা, a receptacle for carrying betelnut &c.

টঙ্গনা, *s.* মাটিৰ চিটা বা কাঠৰ ডাঙৰ ডোখৰ, a piece of land or a large piece of wood.

টঙ্গনা টঙ্গন, *a.* সকত বা ডাঙৰ ডোখৰ ডোখৰ, bulky, in a large piece.

টঙ্গনিয়াই, *v.* টাঙোন মাৰি, to beat with a club, to pound.

টঙ্গলতি, *s.* এবিধ গোঙ্কোআ গচ, a species of tree.

টঙ্গা, *s.* বিৰিঙ্গাৰ নিচিনা এবিধ বন, a species of coarse grass.

টঙ্গালি, *s.* কটি বন্ধন, কঁকালি গামোচা, a girdle, a sash.

টঙ্গি, *s.* খেতি আদিত পৰ দিয়া ওখ পজা, a high watch-house.

টঙ্গিয়াল, *s.* টঙ্গিত থকা মানুহ, one who occupies a *tongi* or watch-house, a watchman.

টঙ্গুআ, *a.* অকলসৰিয়া, ডঙ্গুআ, দিগবাস, solitary, stripped of everything.

টটঙ্গা, *a.* নৈ পুখুৰি আদি সুকাই জোআ, dried up; applied to streams, &c.

টটৰিয়া, *a.* ৰস বা জোল নথকা, সুকাই জোআ, dried up, as food in cooking.

টটহ, *a.* থিচুৰ্তি, তই পোআ, disconcerted, abashed.

টটাটিঙ্গা, *a.* দুষ্ট, ধূৰ্ত্ত, depraved, wicked, annoying, cunning, crafty.

টটাৰি, *a.* কট্‌কিন, কৰাৰি, আটকিয়া, penurious, tight-fisted, scarce.

টটি, *s.* বিৰোধ, অমিল, contention, hostility, discordance.

টনকিয়াল, *a.* দুখ সহিব পৰা, টান, able to bear suffer or endure.

টন্‌টনাই, *v.* বৰকৈ বিসাই, চিৰিঙ্গনি পাৰি, to throb with pain, to pulsate.

টন্‌টনিয়া, *a.* চিলা নোহোআ, বল দিয়াত টান হোআ, drawn tight, stretched, strained, tense.

টন্‌হ, *s.* ডোল আদি চিগা বা বস্তু আপুনি ফটাৰ সদ্দ, a sound of sudden snapping or cracking as of a cord or heated bamboo.

টনহা, *s.* কঁকাল আদিৰ জোৰাত দুখ পোআ, a strain or sprain of the joints of the body.

টনা, *s.* বল দিয়া, আকর্সন কৰা, কপিন্ন, pulling, drawing or attracting, a narrow waistcloth; *a.* drawn, attracted.

টনাটনি, *s.* ইটে সিটে টনা, pulling back and forth.

টনি, *s.* জাল ধৰা বা বোআ মাৰি, the bamboo frame to which a scoop net is attached.

টনোআ, *s.* বল দিউআ, the causing to draw.

টপটপনি, *s.* বলকনি, কৈ থকা কথা, talkativeness, loquacity.

টপ্‌টপাই, *v.* বলকি, অনেক কথা কৈ, to be loquacious, to talk incoherently.

টপটপৌ, *a.* মুখ খৰ, কথা বাত্ৰাত বুধিয়ক, fluent in speech, flippant, glib.

টপৰাই, *ad.* সিঘ্ৰে, অকস্মাতে, পোনেই, quickly, suddenly, rapidly.

টভক, *s.* পানিত বুৰ মৰা শব্দ, a plunging sound.

টলকা মৰা, *s.* নিজম দিয়া, মনে মনে থকা, the hearing or seeing in silence.

টল্‌টল্‌ কৰে, *ad.* গচৰ গুটি বা বৰখুন আদি পোট পোট হৈ সৰা বা পৰা, in a scattered manner, sparsely.

টল্‌টলাই, *v.* টিলটিলাই, টোপাটোপে পৰি, to fall sparsely.

টল্‌টলোআ, *s.* এটা এটাকৈ সৰা বা পৰা, falling in scattering drops.

টলবল্‌, *s.* ঝলমল্‌, বৰ জিলিকনি, অথিৰ হোআ, glitter, splendor, tremulousness, unsteadiness.

টলবলাই, *v.* ঝলমলাই, ডগমগাই, অথিৰ হৈ, to glitter, to quiver.

টঙ্গি, *v.* দেখি, গমি, বিবেচনা কৰি, to see, to search, to thoroughly investigate or understand a matter.

টলৌটলৌ, } *ad.* মুদাতে ফুৰা, going needlessly or to no purpose.
টলৌভলৌ, }

টহ্‌টহাই, *v.* বহাত কঁকাল ঠৰ হৈ, সুনাত বেয়া লাগি, to be stiff from remaining long in one position; to be offended by the hearing of a thing.

টহ্‌টহোআ, *s.* বহি থকাত কঁকাল কুটকুটুআ, সুনাত বেয়া লগা, stiffness from long sitting &c. anything offensive to the hearing.

টাইটুই, *s.* হাতেৰে টাৰ্বাৰ কৰা, আঙ্গি ভঙ্গি কৰা, motioning, pointing, speaking by signs.

টাৰ, *s.* মাটি জোখা আঁঠ হতিয়া মাৰি, a 12 foot measuring rod.

টাৰি, *s.* টাৰ মাৰোঁতা, one who measures with the above.

টাকনি, *s.* নাৱৰ চৈ বন্ধা ডোল, বাধা বা হাক দিয়া, the binding of a boat cover, an interdiction, a refusal.

টাকি, *v.* পাৰ সমান হৈ, মন বাৰ্হি, সাহ দি, to fill to the brim, to be bold or regardless of danger.

টাকুৰি, *s.* সুতা কটা বা পকোআ যন্ত্ৰ, a hand spindle.

টাগৰটাল, *a.* চলাহি, ধূৰ্ত্ত, cheating, swindling, crafty.

টাঙ্গগুটি, *s.* লৰাই খেমালি কৰা টাঙ্গোন গুটি, ভটাগুটি, a small wooden ball used in children's play.

টাঙ্গটালি, } *a.* চলবাদি, মিচলিয়া, crafty, cunning; *s.* equivocation,
টাঙ্গটিঙ্গালি, } strategy, craftiness; with কৰি, to scheme &c.

টাঙ্গটিঙ্গ, *s.* নিয়াৰিত লো পিতল আদি খুন্দা সব্দ, the ring of an anvil.

টাঙ্গন, } *s.* টোকন, লাঠি, a club, a bludgeon.
টাঙ্গোন, }

টাঙ্গনি, *s.* চুৰা, চুবুৰি, খিলোআ, a section of country; *a.* emaciated.

টাঙনি জাল, *s.* এবিধ মাচ ধৰা জাল, a kind of fishing net.

টাঙবাঙ, *s.* টাঙটালি, মিছা কথা কৈ ফুৰা, intriguing, plotting.

টাঙি, *s.* সিল কটা বটালি, a stone cutter's chisel.

টাটক, *s.* মিচা, মায়া কৰা, খেতৰ সাইধ, jugglery, legerdemain.

টাটক নাটক, *s.* লগনিয়া কথা, লোকৰ কথা অন্যত কোআ, intrigue, backbiting, talebearing.

টাটকিয়া, *s.* টাটক কৰা, মায়া কৰিব জনা, লগনিয়াৰ, a juggler, one who practices slight of hand, an intriguer.

টাটৰি, *s.* গাত মলি বন্ধ জোআ, মলিৰে চমৰা মৰা, squalor, filthiness.

টাটি, *s.* খাগৰি আদিৰে ঘনকৈ বোআ জেওৰা, a fence of braided reeds.

টান, *a.* কঠিন, আচম, কটুৰ, কিৰ্পিন, দুৰ্মুল্য, টনটনিয়া, hard, difficult, severe, cruel, inflexible, stingy, dear, tense, rigid.

টান মৰা, *s.* গোট মৰা, ঠেৰহা মৰা, a hardening or drying up.

টানি, *v.* বল দি নি, আকৰ্ষন কৰি, to pull, to draw, to attract.

টানি টুনি, } *ad.* জেনতেনকৈ, মুৰে মুৰে, কথম কথমপি, somehow,
টানি মানি, } with difficulty, hardly.

টাপিটুপা, *s.* অলপিয়া বস্তুৰে কাৰ্জ্য সিধি কৰা, ফাঁকিফুকা, the making a little suffice, pretence.

টাব, *s.* নফটা খুঁৰা, ৰাধা কৰাৰ চিন বা খুঁটা, the unclipped hoof of horses &c. a post as a sign of interdiction or boundary.

টাবুৰিজাবুৰি, *s.* মিচামিচিকৈ কৰা, pretending to do; pretence.

টামনিটুমনি, *a.* মধ্যম আক্রিতিৰে দেখিবলৈ ভাল, of medium size and well proportioned.

টাৰি, *s.* তেল থোআ মাটিৰ সৰু পাত্র, a small oil vessel.

টাৰ্বাৰ, *s.* হাতেৰে কোআ বা বুজুআ, motioning with the hand, beckoning, gesticulating.

টালিটোপোলা, *s.* টোপোলা টুপলি, অনেক টোপোলা, a bundle or number of bundles bound up in one cloth.

টালিবাজি, *s.* চল কৰা, কথাৰে ভুলুআ, the taking by stealth &c.

টালিভলি, *s.* চালুকিয়া লৰাৰ ৰঙ্গ, childish frolic, prattle or glee.

টালিমৰা, *s.* মুৰ জোকাৰি কোআ, a significant nod of the head &c.

টাহ, } *s.* সাল বা খোচ মাৰি ধৰা, a sharp cutting pain in the
টাহনি, } back or chest.

টাহি, *v.* কঁকাল বা বুকুত সালি ধৰি, হেঁচি বা খুন্দি ভৰাই, ঠাহি, খাজি, to feel a sharp pain as above; to press together; to ram down as in loading a gun.

টি, *affix.* পৰবৰ্ত্তি সব্দ, সৰু হবমিয়াল বস্তুৰ এটিক বুজাই যেনে লৰাটি, বস্তুটি, affixed to nouns, and denoting diminutiveness or affection.

টিঁয়া, *s.* সৰু, এবিধ ডাটো চৰাই, small, a species of parrot.

টিক, *s.* মুৰৰ মাজ, গচ আদিৰ আগ, টিঁকা, the crown, the tip.

টিক্চালি, *a.* টটাটিঙ্গা, দুস্ট, mischievous.

টিক্টিকাই, *v* জেঠিএ বা সৰু মাৰি আদিৰে কৰা সব্দ, to make a ticking sound as a lizzard.

টিক্টিকিয়া, *ad.* অতি খঙ্গাল বা ৰঙ্গ, very, exceedingly; applied to anger or redness.

টিঁকনি, *s.* মাজ মুৰৰ চুলি, a tuft of hair left on the shaven crown.

টিকা, *s.* সাস্ত্ৰৰ টিপনি, নিচইকৈ জানি আছে, প্ৰমান পোআ, ওখ মাটি, কোমৰ তল ভাগ, a commentary; certainty; definite knowledge; elevated land; the hip.

টিকাসঁকাহে, *ad.* বুজি বাজি, ঠিক ৰূপে, understandingly, intelligently.

টিকি, *v.* মনেৰে বুজি, টিঁকা কৰি, উকি, to investigate, to ascertain; *s.* a call, a scream; with মাৰি, to call.

টিঁকিৰা, *a.* কঁটিয়া, চুঁটি, ধঁপাত খোআ এঙ্গাৰৰ ঘিলা, কানি পানৰ সৰু ভাগ, short; *s.* a ball of powdered charcoal or a preparation of opium and the *pan* leaf, used in smoking.

টিঙ্গ, *s.* নাৱৰ আগ গৰি, পৰ্ব্বতৰ ওপৰ ভাগ বা সিঙ্গ, the ends of a boat; the peak or summit of a mountain.

টিঙ্গটিঙ্গ, *s.* ধাতু আদিৰ টিঙ্গ টিঙ্গ সব্দ, a tinkling soun

টিঁঙ্গটিঙ্গাই, } *v.* টিঙ্গটিঙ্গ সব্দ কৰি, মুৰ কামুৰি বা বিষাই, to tinkle; to
টিঁনটিনাই, } feel a throbbing pain.

টিঙ্গটিঙ্গিয়া, *a.* বেগতে খঙ্গ উঠা, of a quick temper, spirited.

টিঙ্গনা, *s.* ওখ মাটি, elevated land.

টিঙ্গনাসালি, *s.* সৌচৰ স্থান, অসুচি ঠাই, a privy or other unclean place.

টিঁঙ্গালি, *a.* ওপৰাওপৰিকৈ জাঁপি থোআ, ওখ, piled, heaped up, high.

টিঁঙ্গিৰি, *s.* পানি আদি কৰ্ঢিওআ, দেঁতৰ সিকিয়া, জুই তোলা চিখা, an instrument for carrying water jars suspended from the shoulder, a steel for striking fire.

টিঁঙ্গিৰি তুলা, *s.* জুই তোলা বৰ সুকান বস্ত, চোআ গচৰ তুলা, tinder; (fig.) a passionate person.

টিপ, *s.* চকুৰ প্ৰচাৰ, চকুৰ ইঙ্গিতেৰে কোআ, a hint, a wink.

টিপচি, *s.* এবিধ খুদু চৰাই, a species of small bird.

টিপনি, *s.* সাস্ত্ৰৰ টিকা, টিপা, a note of explanation; a pinch, a squeeze.

টিপ মৰা, *s.* নিদ্ৰা জোআ, অলপ টোপনি অহা, চকু জঁপোআ, the act of closing the eyes as in sleep or of winking significantly.

টিপা, *s.* সৰু টেকেলি, হাতৰ চেপা, a small earthern vessel, a squeeze &c.

টিপাই থকা, *s.* দিম বা কৰিম বুলি পলমকৈ থকা, তুতুআই থকা, the putting off with mere promises.

টিপি, *v.* আঙ্গুলি পুতি, টিপা মাৰি, to press with the toes or fingers, to squeeze, to pinch.

টিপিঙ্গ টেপাঙ্গ, *ad.* অলপ অচৰপ, at small cost, lightly.

টিপিটাপি, *v.* হাতেৰে হেচি পুটকি, to press or squeeze together.

টিমক, *a.* বুধিয়ক, টেঙ্গৰ, কথা জনা, quick of understanding, intelligent.

টিলটিলনি, *s.* বৰখুন এটোপা এটোপাকৈ পৰা, falling in scattering drops.

টিলটিলাই, *v.* টোপাটোপে বৰখুন পৰি, to fall in scattering drops.

টিলা, *s.* মহ পোআলি বন্ধা খুঁটি, সৰু, টিলিকা, a post to which buffalo calves are bound; *a.* very small, dwarfed.

টিলাটিপা, *a.* সৰু সুৰা, টিলৌ টপৌ, small, (used collectively.)

টিলিকা, *a.* চুঁটি চাপৰ, বাঢ়িব নোআৰা, সৰু, short, small, dwarfed.

টিলিকি, *s.* আঙ্গুলিৰ বাদ্য, the snapping of the fingers; with মাৰি, to snap the fingers.

টিলিঙ্গ, *s.* সৰু তাল বা টিলিঙ্গাৰ সব্দ, a tinkling sound.

টিলিঙ্গা, *s.* সৰু ঘন্টা, a small bell.

টিলিটিপা, } *a.* নিচেই সৰু, very small.
টিলৌটিপৌ, }

টুটলি, *s.* থোঁতোৰাৰ তল ভাগ, টেঁটোলা, the pendant skin of the neck.

টুকৰিয়া, *s.* লতা এবিধ, টোকাৰি বোআ মানুহ, a species of vine; a performer on the native guitar.

টুকি, *v.* পানি নথকাকৈ মচি, এপাত এপাতকৈ ছিঙ্গি, to wipe dry, to pick off leaf by leaf.

টুকুৰটুকুৰ, *ad.* লাহে লাহে জোআ বা কটা, slowly, gently; (applied to going or cutting.)

টকুৰা, *s.* খুঁতুৰা, ডোখৰ, a piece.

টুকুৰাটুকুৰ, *ad.* খুঁতুৰাখুঁতুৰ, ডোখৰ ডোখৰ, in several small pieces.

টুট, *s.* } কম, তাকৰ, নুন, deficiency.
টুটনি, }

টুটকিয়া, *s.* লগনিয়াৰ, কৰ্ণটিয়া, কথা লগাই ফুৰা, a whisperer, a back-biter, a slanderer, a mischief maker.

টুনটুনিয়া, *a.* পুৰ হোআ ওখ হোআ, full, puffed out, applied to the belly.

টুনি, *s.* এবিধ সরু চৰাই, a species of small bird.

টুপ, *s.* আগ ঘৰ, জাপি আদিৰ মুৰ, নৈৰ চুকিয়া বলুকা, a high projecting point; a high sand bank in the bend of rivers.

টুপটুপিয়া, *a.* ৰসাল মুখ, ৰস থকা, moist; applied to the mouth.

টুপলি, *s.* সরু টোপোলা, a very small bundle.

টুপাই, *v.* টুপ খুআই, টুপ লগাই, to tip, to sharpen to a point.

টুপাই বুৰ মৰা, *s.* সমুলি মিচা মতা, the utterance of downright falsehood.

টুপি, *s.* মুৰত পিন্ধা বস্ত্ৰ, এটোপা, a cap, a hat; a drop of liquid.

টুপিওআ, *s.* টোপাটোপে পৰা, মাছে বৰশিত খোঁটা, the falling in drops; dripping; the nibbling of fish at bait.

টুপিটুপি, *ad.* এটোপা এটোপা, in drops.

টুপিয়াই, *v.* টোপাটোপে পৰি, মাচে বৰশিত খুঁটি, to drip, to nibble &c.

টুমনি, *s.* নদিএ পেলোআ চাপৰি, a high sand bank.

টুমনিটামনি, *a.* চুটিচাপৰ, দেখিবলৈ ভাল, ঘুটুঘুটিয়া, well proportioned.

টুলটুলিয়া, *a.* পেট পুৰ হোআ, পুৰ, ৰবৈক পকা, full, fully ripe.

টুলঙ্গভুলুঙ্গ, *a.* নাও কতিয়াকতি হোআ, টলঙ্গ ভলঙ্গ, swaying to and fro; rocking, (as a boat.)

টেইটুকি, *ad.* কথমপি, মুৰে মুৰে, barely, just sufficient.

টেঁটনি, *s.* মহৰ মাত, টেঁটোআ, the bellowing of buffaloes.

টেঁটু, *s.* ডিঙ্গি, নেলু, the throat.

টেঁটুআ, *s.* ডিঙ্গিত চেপা খাই ধৰা, tight about the neck, choking, strangling.

টেঁটোআ, *s.* মহে টেঁটনি মৰা, দিবলৈ বা কৰিবলৈ টান পোআ, the bellowing of buffaloes; reluctance in doing or giving.

টেঁৱা, *s.* নিচেই কেঁচুআই কন্দা সব্দ, the cry of a new born child.

টেক, *s.* নৈৰ মোচৰৰ মুৰ, the middle of a bend in a river.

টেকটেকনি, *s.* মাইকি হাঁহৰ মাত, খঙ্গেৰে ঘনে কৈ থকা কথা, the quacking of ducks; continual angry disputation.

টেকেলা, *s.* দুত, a messenger.

টেকেলাবৰা, *s.* টেকেলাৰ বিসয়া, an officer over twenty *tekelas*.

টেকেলি, *s.* মাটিৰ ডিঙ্গি থকা সরু পাত্ৰ, a small earthern water jar.

টেঙ্গটেঙ্গাই, *v.* ভেঙ্গভেঙ্গাই থাকি, to scold, to speak crossly.

টেঙ্গৰ, টেঙ্গৰালি, *a.* বুধিয়ক, চতুৰ, ফন্দিয়ক, wild, shy, cunning.

টেঙ্গা, *a.* অম্ল ৰস বিসেস, sour, acid, cutting; *s.* acid fruit.

টেঙ্গাপানি, *s.* পিত পানি, ভুঁহিয়াৰ আদি ৰসৰ কৰা এবিধ টেঙ্গাপানি, চির্কা, acidity of the stomach; vinegar.

টেঙ্গামুৰিয়া, *a.* লঘোনত দুখ পোআ, তিতামুৰিয়া, famished, disgusted.

টেঙ্গা লগা, *a.* বেজাৰ লগা, আমনি লগা, soured, displeased, disgusted.

টেঙ্গুচিয়াই, *v.* খোৰাই খোৰাই, দুপিয়াই খোজ কাঢ়ি, to limp, to.

টেঙ্গেচি, *s.* চাঙ্গেৰি টেঙ্গা, টেঙ্গা লতা এবিধ, a kind of acid vine.

টেঙ্গোআ, *s.* টেঙ্গা হোআ, বিৰক্তি লগা, বেয়া পোআ, the act of souring, offending or displeasing; setting the teeth on edge.

টেট্কুটি, *s.* ফুৰ্টি কথা, ধেমালি কথা, কুটি কথা, fun, wit, humor.

টেটকুটিয়া, *a.* কুটি কথা বা ফুৰ্টিৰ কথা কওঁতা, exciting mirth, *s.* a humorist.

টেটেৰা, টেটেৰিয়া, *a.* সুকাই জোআ, খিনোআ, dried up, thin, emaciated.

টেটোনটামন, *a.* চল কৰোঁতা, টেঙ্গৰ, চিৰ্কালি, ধুৰ্ত্ত, টেধৰ, knavish, false, unfaithful, untrustworthy, deceitful.

টেন্‌টেনাই, *v.* ঠেনঠেনাই, ভগা চক আদিৰ সব্দ উঠি, to sound inharmoniously or as a cracked instrument.

টেন্‌টেনিয়া, *a.* ঠেন্‌ঠেনিয়া, having the above sound.

টেপটেপাই, *v.* বহুতকৈ কথা কৈ, to talk much and incoherently.

টেপটেপিয়া, *a.* পানিৰে বৰকৈ তিতা, filled to overflowing, saturated.

টেপৰ, *s.* এবিধ টেঙ্গা বা গচ, a species of acid fruit and the tree.

টেপা, *a.* জোল বস্তুৰে লদা বন্ধা, পোটোকা পৰা, চেপা, মুখত দিয়া গৰাহ, indented, hollowing, squeezed, pressed; *s.* a mouthful.

টেপাইচেলাই, টেপাই মৰা, *s.* আভুআ ভঁৰা, কিৰ্তিমালি, চল কৰা, the doing anything imperfectly; *a.* counterfeit, imperfect.

টেপা কৰা, *a.* বঁটি লাক বন্ধা, খুন্দি জোল কৰা, powdered, pulverized, beaten to a soft consistency.

টেপাখাই, *v.* ভয়ত কোঁচ খাই, চেপা খাই, to crouch or shrink with fear, to recoil in terror.

টেপা খোআ, *s.* চেপা খোআ, ভয়ত কোঁচ খোআ, a crouching &c.

টেপাটেপ, *a.* বোকাৰ নিচিনা দ্ৰৱ হোআ, moist, of soft consistency.

টেপাটেপে, *ad.* গৰাহে গৰাহে, সোপা সোপে, mouthful by mouthful.

টেপা মাৰি, *v.* চেপি, টেপা কৰি, to sieze, to grasp, to pinch.

টেপু, *s.* কচুৰ সৰু আলু, কচুগুটি, মুলবিজ, the small sprouts that grow from the parent *kosu* plant; *a.* small, diminutive.

টেমা, *s.* সাঁফৰ থকা সৰু পাত্ৰ, a small round box.

টেমি, *s.* চুন থোআ সৰু টেমা, a small box for holding lime eaten with the *pan* leaf.

টেমুনা, *s.* চকুৰ তলৰ টিকা, উখহা, মেটুৰা, the cheek bone, a swelling.

টেমুনাটেমুন, *ad.* ঠায়ে ঠায়ে উখহা, মেটুৰামেটুৰ, covered with swellings.

টেৰা, *a.* বেঁকা, কঁভিয়া, ভাঁজ লোআ, askew, slanting, oblique.

টেৰাবেঁকা, *a.* কভিয়াকভি, হেকেনাহেকেন, ভেঙ্গুৰিয়া, circuitous, winding, crooked, distorted.

টেল্‌টেল্‌ কৰে, *ad.* ঘনে ঘনে, বেলিএ বেলিএ, গোট গোটকৈ, often, frequently, in rapid succession.

টেল্‌টেলিয়া, *a.* পেট বা চকু ওপৰত থকা, উঠঙ্গা, puffed or bulged out, applied to the belly or eyes.

টেলেকা, *a.* ওপৰ চকুআ, having prominent eyes.

টেলেঙনি খোআ, *s.* উফৰি বাগৰি জোআ, টেলামুৰি খোআ, falling and rolling over and over.

টেলেৰা, *a.* জোক পোক আদিএ খাই সকত হোআ, swelled out, distended, full, (applied to leeches &c.)

টেৱাটোকা, *ad.* মুৰে মৰে, কথমপি, জেনতেনকৈ, somehow, scarcely.

টো, *affix.* পৰবর্তি সব্দ, কথাৰ সেসত থাকিলে বিসেসকৈ এটাক বুজাই, জেনে মানুহটো, বস্তুটো, nearly equivalent to the article *the* in English; it is also placed after the genative to distinguish one individual from another, as বৰটো, the largest.

টোঁআই, *v.* মাৰিবলৈ দাঙ্গি বা পোনাই, to take aim, to raise the hand or a weapon in a threatening manner.

টোওআ, *s.* মাৰিবলৈ দঙ্গা বা পোনোআ, the act of pointing or raising the hand as in shooting or striking.

টোটোলা, *s.* চৰাই মাচ আদিৰ আহাৰ মোনা, the crop or first stomach of birds or fish.

টোক্‌টোকাই, *v.* সদ কৰি মৰিয়াই, to rap, to knock.

টোকনি, *s.* সৰু পুখুৰি, এবিধ জন্তু, দুখুনি তিৰি, a small tank; a small animal resembling the ground rat.

টোকৰ, *s.* তেজ উলিউআ অস্ত্ৰ, এক আঙ্গুলিৰে মৰা, an instrument for blood-letting; a snap or tap with the finger.

টোকা, *s.* পানি আদি টুকি পেলোআ, the act of wiping dry or entirely removing a blot or any liquid.

টোকাৰি, *s.* এবিধ বাজনা, a native instrument of music played with the fingers like a guitar.

টোকোন, *s.* লাখুটি, টাঙ্গোন, a club, a cudgel.

টোকোনা, *a.* একো নথকা, দুখিয়া, নিন্দাৰ বচন, poverty-stricken, worthless.

টোকোৰা, *s.* এবিধ সৰু চৰাই, a species of small bird.

টোকোৰা পজা, *s.* সৰু ঘৰ, পজা ঘৰ, a small native hut.

টোটা, *s.* ভুলাপাতেৰে বন্ধা বন্দুকৰ খাৰ আদি, টোনা, a cartridge.

টোটোৰা, *a.* সুকাই পোটোকা পৰা, গুটি আদি সুকাই সেৰেলা পৰা, shriveled up; wilted.

টোন, *s.* কাঁৰ থোৱা চুঙ্গা, a quiver or sheath for arrows.

টোনা, *s.* মাচ ভৰাই লোৱা পাত্র, a small long necked fish basket.

টোপ, *s.* বৰশিত দিয়া বা, চৰায়ে খুউৱা আহাৰ, a bait for catching fish, the food of an unfledged bird.

টোপনি, *s.* নিদ্রা, ঘুমটি, sleep, drowsiness.

টোপনি অৰা, *a.* মাজতে আৰি থোৱা, suspended, hung up; *s.* suspension.

টোপনি বঞ্চা, *s.* সাৰে থকা, জাগি থকা, sleeplessness, wakefulness.

টোপনি বোআ, *s.* পাম পাম বুলি আসা কৰা, the waiting in hope.

টোপনিয়াই, *v.* কলমটিয়াই, টোপনিএ ধৰে, to sleep, to nod, to drowse.

টোপ লোআ, *s.* আহাৰ কৰা, আসা পালি থকা, taken, as a fish seizes a hook and bait; *s.* a confident expectation.

টোপা, *s.* পানি বা জোলৰ অতি তাকৰ ভাগ, বিন্দু, a drop; a very small quantity.

টোপাই, *v.* বৰশি পেলাই, পাম পাম বুলি আসাৰে থাকি, to let down a baited hook; to wait in confident expectation.

টোপা গাঁঠি, *s.* এটা এটাকৈ দিয়া গাঁঠি, a particular method of knotting or tying at long intervals.

টোপাটোপে, *ad.* এটোপা এটোপকৈ, in drops or continuous drops.

টোপাল, *s.* হিম বা বৰখুনত গচৰ পাতৰ টোপাটোপে সৰা পানি, the droppings of rain or dew from trees.

টোপোআ, *s.* বৰশি টুপিউআ, পাম বুলি আসা কৰা, baiting; hope &c.

টোপোৰা, *s.* শৰিৰ দৰে উথহি পৰা, টোবোৰা, সুতাৰ গাঠি, a blotch, a swelling, a protuberance, a knot &c. in a thread.

টোপোলা, *s.* পাত বা কাপৰেৰে মুঠকৈ বন্ধা, a bundle, package, parcel.

টোপোলাবন্ধা, *s.* গোটাই মুঠকৈ বন্ধা, আগ কৰা, the act of binding in bundles, also of setting apart for a religious offering.

টোৰটোৰ, *s.* বেঙ, বা ধুঁআ খোআৰ সব্দ, a croaking or rumbling sound.

টোৰটোৰাই, *v* বেঙ বা ধোঁআ খোআৰ সব্দ উঠি, to croak, to rumble.

টোল, *s.* বাৰিৰ চৌ সিমা, বাৰি ঘৰ, বাহৰ, a homestead, a house with the grounds attached.

টোলোঠা, *s.* তাঁতসালৰ সুতা বা কাপৰ মেৰোআ কাঠ, the two parts of a native loom on which the warp and woven cloth are wound.

টোহটোহাই, *v.* ভোৰভোৰাই, মনে মনে খঙ কৰি, to mutter, to grumble.

টৌ, *s.* অন্ন আদি সিজোআ পিত্তলৰ পাত্ৰ, a brass cooking dish.

টৌটৌকৰে, *ad.* বৰ সব্দেৰে, ৰবকৈ, loudly, vociferously.

ঠ

ঠ, ঠকাৰ, the aspirate of the preceding letter, and is sounded like *th* in *hot-house.*

ঠকঠক কৰে, *ad.* বৰকৈ, অতিকৈ কঁপা, very, tremblingly, unsteadily, in an agitated manner.

ঠকঠকাই, *v.* বৰকৈ কৈ বা কঁপি, to flow rapidly, to quiver, to shake.

ঠকৰাই, *v.* ঠকৰ কৰে লগা, to strike against.

ঠকুৰা, *s.* পাগ বা পাগুৰি বন্ধা কাঠৰ পাত্ৰ, a wooden block, used in shaping the *paguri* or native turban.

ঠগ, *s.* আক্রিতি, চল, shape, form, cheating, swindling.

ঠগা, *s.* পুথি থোআ কাঠৰ পাত্ৰ, a small wooden stand.

ঠগি, *v.* চলি, চল কৰি, কাঠৰ সৰাই, to cheat, to deceive; *s.* a round wooden vessel or tray.

ঠগিত, *a.* গঠিত, সুঅনি, দেখিবলৈ ভাল, comely, beautiful, well proportioned.

ঠটা, *a.* কেৱল সুদা, একো নাইকিয়া, empty, bare, void.

ঠন্ঠন্কৰে, *ad.* চনকা বস্তু ভগাৰ দৰে অকস্মিতে ভাগি চিগি জোআ, suddenly snapped or broken asunder.

ঠন্ঠমিয়া, *a.* চনকা, বেগতে ভগা, easily broken, frail, brittle.

ঠন্ ধৰা, *a.* লেৰেলা গুচা, জিপ ধৰা, revived to freshness, as a plant.

ঠৰ, *a.* লৰচৰ নকৰা, পোন হৈ থকা, motionless, rigid, stiff; *s.* rigidity, stiffness.

ঠৰঙা, *a.* ঠৰ হোআ, ভিৰাব নোআৰা, লন্দন নোহোআ, stiff, rigid.

ঠৰমৰ, *a.* অচেতন, বিগ্যান, বিমুর্চ্ছিত, insensible, stunned, writhing, distorted; *s.* distortion of the body from pain.

ঠৰিয়া, *a.* ঠাৰি থকা, এটিয়া, having a stem; one, single.

ঠৰুআ, *s.* কলপাত আদিৰ মাজৰ ঠাৰি, the middle rib of a leaf.

ঠল্ঠলাই, *v.* ঠলঠল সব্দেৰে সিল বৰষুন আদি পৰা, to fall thickly with a rattling sound as of rain or hail.

ঠলৰ, *s.* গুটি আদি অকস্মাতে পৰাৰ সব্দ, the sound of sudden dropping.

ঠলৰা, *a.* খুদ্ৰ বস্তুৰ ডাঙৰ, large, grown; applied to maggots &c.

ঠলামুৰি, *s.* মুৰত হাতেৰে চাপৰ মৰা, চপৰাৰ ওপৰে ওপৰে কোবা, a slap on the head; the breaking of clods or lumps of earth.

ঠহ, } *s.* বিন্ধা আদিত সৰকিবলৈ টান ধৰা, পাচিলে জাব নোখোজা
ঠহ ধৰা, } বা গপ ধৰা, tightness, narrowness, reluctance, obstinacy.

ঠহৰ, *s.* অকস্মাত ফুটা বা হাঁচি আদিৰ সব্দ a sound of sudden explosion.

ঠহৰকৰে, } *ad.* হাঁচি আদিৰ সব্দ, বেগাই, অকস্মাতে, suddenly, at once.
ঠহৰাই, }

ঠাই, *s.* থান, ভুমি, চল, a place, a situation, means or chance.

ঠাইঠাই, *ad.* বেলেগ বেলেগ, গোট গোট, scattered, dispersed.

ঠাইতে, *ad.* ওচৰতে, চমুতে, near, close at hand, proximate.

ঠাঁচকৰে, *ad.* অকস্মাতে, বেগতে, গিৰিসাই, suddenly, instantly, generally applied to breaking, falling or striking.

ঠাকঠিক, *a.* নিয়মত, লৰচৰ নোহোৱা, কামৰ আঁৰ নথকা, exact, prompt, nice, accurate, conformed to rule, methodical.

ঠাকুৰ, *s.* দলৰ পুজাৰি, দেৱতা ব্রাহ্মনক মান্যকৈ মতা, the officiating priest of a temple; a term of respectful address, like *sir*.

ঠাকুৰানি, *s.* গোঁসানি, a goddess.

ঠাকুৰিয়া, *s.* গোঁসানি পুজা আদি নমনা ধর্ম্মাচাৰি, a sect of *hindoos* who, rejecting idols, worship the one God.

ঠাচ, *s.* গর্হ ঠগ, shape, form.

ঠাট, *s.* আড়ম্বৰ, ঐস্বর্জ, প্রভাও, pomp, show, parade.

ঠাটকটক, *s.* সেনা বা জুদ্ধৰ সামগ্রি আদি, the paraphernalia of war &c.

ঠাটমৰা, *a.* গঞ্জ মৰা, নিসন্ধি হোৱা, compacted, pressed closely together.

ঠাৰ, *s.* চিয়াৰ, ইঙ্গিত, অকলসৰিয়া, a sign, a signal, a nod, a wink.

ঠাৰি, *s.* পাত গুটি আদি ধৰি থকা ভাগ, বিন্ত, ঠেক, a stalk or stem; the petiole or leaf stem.

ঠাৰু, *a.* ঠিক, নিচই, certain, true, ascertained.

ঠাল, } *s.* গচৰ শাখা, ডাল, a branch, a twig.
ঠালি, }

ঠাৱৰ, *a.* নিচই, থিৰ, settled, established, fixed; with কৰি, to ascertain, to determine, to resolve upon.

ঠাৱৰি, *v.* থিৰ হৈ, নিচই কৰি, to settle upon, to ascertain, to fix.

ঠাৱৰকৈ, *ad.* স্বৰূপকৈ, নিচইকৈ, certainly, in a settled manner.

ঠাৱঠিক, } *ad.* অতি স্বৰূপ, নিচয়ে, settled as true; fully resolved
ঠাৱেঠিকে, } upon, certainly.

ঠাহ খোৱা, *a.* নিসন্ধি হোৱা, হেঁচা চেপা, ঠাট মৰা, pressed closely together, stuffed, pressed down.

ঠাহ মৰা, *s.* ঠাহ মাৰি ধৰা, বুকুত খোচ মাৰি ধৰা, sharp cutting pain.

ঠাহি, *v.* হেঁচি চেপি, নিমন্থিকৈ, to stuff, to press together, to ram down, as a cartridge.

ঠিক, *a.* স্বৰুপ, নিচই, নিয়মিত, certain, true, exact.

ঠিক্কৈ, *ad.* স্বৰুপকৈ, নিয়মিত ভাবে, certainly, positively, exactly.

ঠিক্ঠাক, *a.* স্বৰুপ, লৰচৰ নোহোআ, exact, correct, accurate, in place.

ঠিকনা, *s.* নিচই ঠিক, প্ৰমান পোআ, certainty, certitude.

ঠিকা, *s.* বেচ ঠিক কৰি কোনো কাম পোআ, working or paying at a definite rate.

ঠিকা কৰি, *v.* কাম বা ভাৰ বেচৰ নিচই কৰি, to make a contract.

ঠিকা কাম, *s.* বেচৰ আৰু জিমান কাম কৰিব ভাৰ নিৰ্বন্ধ কৰা কাম, job work.

ঠিলা, } *s.* বিন্ধা মৰা সাল, সোপা, a stopple.
ঠিহা, }

ঠিহঠিহাই, *v.* পেটৰ বেদনা কৰি, খুঁচি বিন্ধি, to feel a sharp cutting pain in the bowels.

ঠিহনি, *s.* নিমন্থি, ঠাহ খোআ, গন্ধ খোআ, the act of crowding, pressing or beating to compactness.

ঠিহাই, *v.* নিমন্থি কৰি, বৰকৈ পেট পুৰাই, to press down; to eat to excess, to cram.

ঠিহিৰা, *a.* ঘিটিৰা, কঁটিয়া, short, dwarfed, stinted.

ঠুঁটি, *s.* নিচেই, দাঁতি, আগ বা মুৰ, the end or edge of anything.

ঠুঁটিয়াই, *v.* অলপ গাজ মেলি, to sprout, to grown.

ঠুক্ঠুক্কৰে, *ad.* জাৰত বৰকৈ কঁপা, shivering, shaking, as from cold.

ঠকমৰা, *s.* অকস্মাত দেখাদি জোআ, a brief interview, a casual meeting.

ঠুকিঠুকি, *ad.* সৰু সৰুকৈ কটা বা ফলা, small, in fine pieces.

ঠুজুৰি, *s.* এবিধ নেপলিয়া অস্ত্ৰ, a Nepaulese knife.

ঠুহা, *s.* মাচ ধৰা এবিধ জন্ত্ৰ, ঠেক, a fish trap; *a.* narrow, contracted.

ঠেটু, *s.* হাত ভৰিৰ জোৰা বা গাঁঠি, নিচেই মুৰ, the joints of the hands or feet, the end.

ঠেঁটুআ, } *a.* জাৰত কোচাই নিয়া, benumbed, stiff from cold.
ঠেঁটুৱা, }

ঠেটুভগা, *s.* হাত ভৰিৰ জোৰাতে ভগা, a dislocation of the joints.

ঠেক, *a.* সঙ্কিৰ্ন, চেপ, সৰু, কষ্ট বা টানত পৰা, narrow, contracted, difficult; *s.* a difficulty, a strait, intricacy.

ঠেক পোআ, *a.* দুখ কষ্ট পোআ, টানত পৰ, troubled, involved in difficulty, straitened, perplexed.

ঠেকা, *s.* ঢোকা, ইটৰ সিটৰ খুন্দা লগা, a prop; the striking of two things together, a stake, a stanchion.

ঠেকাই, *v.* ওচৰ চপাই, চেপ্ কৰি, to draw near, to contract, to narrow.

ঠেকি, *v.* ঠেক কৰি, হেঁচি, চেপি, to contract, to press together.

ঠেঙ, *s.* ভৰি, পাদ, চৰন, কৰনি আদিৰ খুঁৰা, the leg; a support.

ঠেঙ নামনি, *s.* সোআত ঠেঙ মেলা ফাল, ভৰি পথান, the foot of a bed.

ঠেঙা, *s.* ঠেঙত পিন্ধা বস্ত্ৰ, পাইজেমা, pantaloons, drawers.

ঠেঙাল, *s.* এক জাত কচাৰি, a class of Cacharis.

ঠেঙুল, } *s.* আদা আদিৰ ফেনা, সৰু সৰু ডাল, a small sprout or shoot.
ঠেঙুলি, }

ঠেনমেঠেন, *s.* এট্‌কেন মেট্‌কেন, অনিচা ভাও, হেলা, indifference, carelessness, sluggishness, unconcernedness, indecision, irresolution.

ঠেনমেঠেনকৈ, *ad.* হেলাকৈ, carelessly, unconcernedly, sluggishly.

ঠেক, *s.* ধৰাৰ উপাই, চল, ঠাৰি, আসুই, a chance, a way, a means or opportunity; a stem, a refuge, an abode.

ঠেৰেঙা, *a.* ঠৰঙা হোআ, লম্দন নোহোআ, stiff, rigid, numb, not pliable.

ঠেল্‌ঠেল্‌কৰে, *ad.* সৰহিয়া গুটিএৰে, abounding in seeds, seedy.

ঠেলা, } *s.* ঠেলি নিয়া, হেঁচা, a push, a shove; a setting aside; *a.*
ঠেলামৰা, } shoved, pushed, set aside.

ঠেলাঠেলি, *a.* হেঁচাহেঁচি, হিঁহনি, mutually pushing, swaying back and forth, as of a crowd of people.

ঠেলি, *v.* হেঁচুকি, হেঁচি নি, to push, to shove, to thrust aside.

ঠেলিয়াঠেলি কৰা, *s.* ইএ সিএ দাই পেলোআপেলি, হাজি বাগি, a mutual recrimination, competition, emulation.

ঠেহ, *s.* বোঁহ, পেঁচ, অভিমান, sullenness, moroseness, the sullen resentment of an affront, pouting.

ঠেহধৰা, } *s.* বোঁহ পতা, পেঁচ, বা গপ কৰা, sulkiness, stubbornness,
ঠেহপতা, } sullenness, thrusting out the lips sullenly.

ঠেহাল, *a.* ঠেহ ধৰা, ওফোন্দ বা বোঁহ পতা, গঁফাল, sullen, morose, sulky.

ঠেহেৰকৰে, *ad.* অকস্মাত বেগতে সব্দ কৰি, suddenly, abruptly.

ঠেহেৰা মৰা, *s.* কটু বাক্য, গেজেৰা মৰা, sharp, cutting, incisive language.

ঠোঁট, *s.* চৰাইৰ মুখৰ আগ ডোখৰ, চঞ্চু, the bill or beak of a bird.

ঠোঁট আচৰা, *a.* ঠোঁটেৰে আচাৰ মৰা, অনিচা দেখুআ, খাই অসলাগ কৰা, ungrateful, unthankful.

ঠোঁটা, *a.* ঠোঁটত নিয়া, নৈৰ কিলাকুঁটিয়া গৰা, having a defect in the speech; *s.* a projecting point in the bank of a river.

ঠোঁটামোজা, *s.* খুঁটিয়াখুঁটি বা অলপ দ্বন্দ, contention, disputation.

ঠোঙ্গোনা, *s.* হাতেৰে অলপকৈ মৰা, মুঠিৰে গালত মৰা, the giving a blow on the cheek with the fist.

ঠোলা, *s.* কোঁচ খাই খাল পৰা, a hollow, an indentation.

ঠোলা পৰা, *a.* খাল পৰা, hollow, shrunk or shrivelled.

ঠোহঠোহাই, *v.* বেজাৰেৰে মনে মনে কৈ কৈ, to mutter, to grumble.

ঠৌঠৌআ, *a.* ভাত আদি টান হোআ, অৰঅৰিয়া, detached, separate; (applied to dryly cooked rice.)

ড

ড, ডকাৰ, this letter corresponds with the English *d* in *day*; pronounced by bringing the tip of the tongue for back against the palate.

ডঁৰ, *s.* দণ্ড, সাস্তি, a fine, a punishment.

ডঁৰক লোআ, *s.* একে ঠঁৰে মাচ আদিএ ৰৈ থকা, the rising and remaining stationary as fish on the surface of water.

ডঁৰকাল, *a.* পোন, বেঁকা নোহোআ, straight, direct, undeviating.

ডঁৰিক, *s.* বনৰিয়া চৰাই এবিধ, a species of the pheasant.

ডঁৰিকনা, *s.* সৰু মাচ এবিধ, a species of small fish.

ডঁৰিকা, *s.* এক নদিৰ নাম, দিঘল লাউ উৰহি আদি, a river in upper Assam, a species of long gourd and bean.

ডঁৰিয়লি, *a.* পোন, বেঁকা নোহোআ, অধিন, without a bend (as a straight section of a river;) subject to.

ডঁহচিয়া, *a.* ডকৰা, পকিবলৈ বৰন ধৰা, ডাঁহেকিয়া, beginning to ripen, approaching maturity.

ডঁহাচকুআ, *a.* হালধিয়া বা বগা চকুআ, ডাঁহৰ চকুৰ নিচিনা চকু থকা, having light or grey eyes.

ডকডকিয়া, *a.* কেৱল জিয়া, তেজৰ বৰন, fresh, living, red, as the gills of newly caught fish.

ডকৰা, ডকৰিয়া, } *a.* দপা, আধাপকা বা সুকুউআ, half ripe or half dry, approaching maturity.

ডকা, *s.* নৈৰ চটত পানি ফুটনি, কাঢ়ি লোআ, মতা, the noise of a rapid current over and uneven surface, robbing, pillaging.

ডকাই, *v.* সকলোকে চপাই, খেদি আনি, মাতি, to drive or collect together in a drove.

ডকাইত, *s.* ডকা দিওঁতা, a robber, a highwayman.

ডখৰ ডখৰকৈ, *ad.* ডোখৰ ডোখৰকৈ, in several pieces or parts.

ডখৰিয়া, *a.* ডুখৰিয়া, গোট মৰা, lumpy, hard.
ডগডগি, *s.* জল পাত্ৰ এবিধ, লোটা, a kind of drinking vessel.
ডগমগ, *s.* জলমল, বৰ কান্তি, a glow or sparkle as of liquor.
ডগমগাই, *v.* জলমলাই, বৰ কান্তি উঠি, to sparkle as liquor poured out
ডগমগিয়া, *a.* কান্তিমন্ত, sparkling.
ডগৰ, *s.* বাদ্য এবিধ, দ্ৰিঢ়, অতি ডাঠ, a sort of drum; *a.* firm, strong.
ডঙ্গুআ, *s.* অকলসৰিয়া, লগ নাইকিয়া, a bachelor; *a.* single, alone.
ডঠ, *s.* গোৰ কাঁইটেৰে ডাঁৰ, a goad, a prick, a spur.
ডচাই, *v.* দ্ৰিঢ় ৰূপে নিচইকৈ কই, to caution.
ডফলা, *s.* পৰ্বতিয়া জাতি মানুহ এবিধ, Duffola, a mountain tribe in the north of Assam.
ডবকমৰা, *a.* একে ভাৱেৰে থকা, remaining stationary or silent.
ডবিউআ, *s.* তামোল আদিৰ থোক মেলা, ছুকিউআ, ডাবি দিয়া, the putting forth of new leaves, applied especially to palms; rebuking, reproving.
ডবুআ, *a.* ডাব লগোআ, having a handle that serves also for case; as a pocket knife &c.
ডম্বৰু, *s.* বাদ্য এবিধ, শিৱৰ বাদ্য, a small drum, shaped like an hour-glass; ***Hoda Hiwo's*** insignia.
ডৰ, *s.* ভই, সঙ্কা, ত্ৰাস, fear, alarm, panic, terror, fright.
ডৰপদুৰা, *a.* ভয়াতুৰ, সাহ নোহোআ, fearful, timid; *s.* a coward.
ডৰা, *s.* আলি দি ভাগ ভাগ কৰা মাটি, land with a well defined boundary.
ডৰাই, *v.* ভই কৰি, to fear, to be alarmed.
ডৰাডৰকৰা, *a.* অনেক ডৰা কৰা, কোবোআত সেৰাসেৰ দি সাঁচ বন্ধা, ridged, as from flogging or as a rice field divided by ridges.
ডৰুআ, *s.* ভই খুউআ, the causing of fear or alarm.
ডলডল কৰে, *ad.* নিজম দি লৰচৰ নোহোআকৈ কেঁচআই নকন্দাকৈ পৰি থকা, quietly, without crying, applied to an infant.
ডলডলিয়া, *s.* জুই থকা আঙ্গঠাৰ কান্তি, the glow of burning coals.
ডলা, *s.* বাঁহৰ বহল পাত্ৰ, মাহ আদি ঘঁহি ফলা, ডাল কটা, a bamboo tray or fruit-basket, the act of grinding in a hand mill, the lopping off branches.
ডলি, *v.* মাহ আদি ঘহি ফালি, ডাল কাটি, to rub or grind, to lop off branches.
ডলিয়া, *a.* ডাল থকা, গোটা, having branches, not split, round.
ডলুআ, *a.* ডালৰ, ডালত থকা, of or relating to a branch.

ডহডহিয়া, *a.* অবচৰ নোহোআ, নৰলা, stable, firm, decided.

ডাইন, *a.* সোঁফাল, the right hand, applied to musical instruments.

ডাইনি, } *s.* ভুতুনি, পিসাঁচি, জোগিনি, a female imp or evil spirit,
ডাকিনি, } a witch.

ডাইল, *a.* অতি বিসাল, চোকা, venomous, virulent, poisonous, pungent, as applied to medicine.

ডাউক, *s.* বনৰিয়া চৰাই এবিধ, a species of bird.

ডাঁৰ, *s.* সৰু দিঘল বাহ, দণ্ড, সাঠি পল, নাল খুউআ বঠা, a pole or small straight bamboo, the sixtieth part of a day or 24 minutes, an oar with a spliced handle.

ডাঁৰি, *s.* ডাঁৰ মাৰোঁতা, বৰখি বোআ দিঘল মাৰি, থোঁতোৰাৰ চুলি, জৰিমনা কৃৰি, an oarsman, a fisherman, the beard; *v.* to fine, to lay damages.

ডাঁহ, *s.* এবিধ তেজ খোআ বৰ মাখি, a gad fly.

ডাঁহনখিয়া, } *a.* পকিব খোজা, ডুঁহচিয়া, beginning to ripen.
ডাঁহেকিয়া, }

ডাঁহি, *s.* বিসাল সৰ্প এবিধ, a species of poisonous serpent.

ডাক, *s.* কাকত অনানিয়া কৰা, মতা কুকুৰাৰ মাত, a letter carrier, a part, the crowing of a cock.

ডাক দিয়া, *s.* কুকুৰাই পৰে পৰে মতা, cock crowing.

ডাকি, *v.* সাপ আদিএ খুঁটি, চোৰাত চুন আদিএ ধৰি, বিষ মাৰি, to sting or bite as a serpent, to corrode, to call.

ডাকু, *a.* সাহসিক, চোকা, ডকাইত, overreaching, active, sharp; *s.* a person who steals or overreaches.

ডাকুৰ, *s.* চাপনি আদিৰ ডিঙ্গিত দিয়া পথালি মাৰি, a poke for beasts.

ডাখৰি, *s.* ডোখোৰা খৰি, খুঁৰা নোহোআ পিৰা, a short thick piece of wood, a chunk or piece of wood used as a seat.

ডাঙ্গ, *s.* দুআৰ বন্ধ কৰা মাৰি, a bar used in fastening a door &c.

ডাঙ্গৰ, *a.* সকত, ব্যাগম, বৰ, প্ৰধান, great, large, stout, chief, noble.

ডাঙ্গৰদিঘল, *a.* ওখ সকত, full grown.

ডাঙ্গৰি, *s.* ধানৰ মুঠি গোটাই বন্ধা মুঠা, a sheaf, several small bundles bound in one.

ডাঙ্গৰিয়া, *s.* দেউতা, ভদ্ৰ লোকৰ মান্যৰ মাত, a term of respect; *a.* great, honorable, noble.

ডাঠ, *a.* পাতল নোহোআ, ঘন, নিসংসই, thick, dense, inspissated, close, crowded, stable, bold.

ডাঠুআ, ডাঠুআল, } *a.* ডাঠ ধৰি থকা, সাহিয়াল, বুকু ডাঠ, fearless, dauntless, courageous.

ডাফলি, *a.* সকত বা মঙ্গহাল, (*fem.*) fat, fleshy, stout.

ডাব, *s.* কুমলিয়া নাৰিকল, কটাৰিৰ এফাল ঢকা ফাঁক, ঘোঁৰাৰ খোজৰ চিন, an unripe cocoanut, a handle that serves also as a case of an instrument, the impression of a horse's hoof.

ডাবকটাৰি, *s.* ডাব লগা কটাৰি, তামোল কটাৰি, a knife with the above handle.

ডাবৰ, *s.* মুখ ধোআ পাত্র, a brass vessel, a wash-hand bason.

ডাবৰি, *s.* কুঁহিয়াৰৰ ৰস লোআ সিটা, the refuse of pressed sugar cane.

ডাবি, *s.* খঙ্গেৰে ভই দেখুউআ, হুমিয়নি, তামোল আদিৰ ডাব, threatening, chiding, scolding, reproof; with দি, to rebuke, to reprove, to threaten, to remonstrate.

ডাল, *s.* ঠাল, গচৰ সাখা, পৰবৰ্ত্তি সব্দ, a bough, a branch; a generic affix, applied to things long and slender, as এডালি চুলি, লাখুটি এডাল, one hair, one staff or a staff.

ডালচেনি, *s.* নেলুকা গচৰ নিচিনা এবিধ সুগন্ধি গচৰ চাল, cinnamon.

ডালডঙ্গুয়া, *a.* অকল সৰিয়া বঁৰলা, এটিয়া, destitute of friends, lonely.

ডালি, *s.* গচৰ সৰু ঠাল, a small branch or twig.

ডালিখৰাহি, *s.* খুঁৰা লগা খৰাহি, a bamboo tray with feet.

ডালিম, *s.* খোআ, গুটি এবিধ, the pomegranate tree and fruit.

ডালিমা, *s.* এবিধ ৰঙ্গা বাখৰ, চুন্নি বাখৰ, a precious stone, amber.

ডাৱৰ, *s.* মেঘ, a cloud, floating vapors.

ডাৱৰিয়া, *a.* মেঘ হোআ, বৰখুন আনিবলৈ গোমাই থকা, cloudy, dark, lowering, overcast with clouds.

ডিকনি, *s.* আঁক টনা মাৰি, an instrument for drawing straight lines.

ডিকা, *s.* আঁক দিয়া, ৰুল কৰা, drawing lines with do. do.

ডিঙ্গৰা, *s.* হুকুমা, মাচ ধৰা জতন, a bamboo fish trap.

ডিঙ্গৰি, *s.* চালনিত ৰোআ খৰচি, the coarse past of anything sifted.

ডিঙ্গৰিয়া, *a.* বৰকৈ উখহা, swollen, puffed out.

ডিঙ্গি, *s.* গল, টেটু, কণ্ঠ, the neck, the throat.

ডিঙ্গিয়া, *s.* ডিঙ্গি থকা, ডিঙ্গিলৈকে হোআ, up to the neck, neck deep.

ডিঠক, ডিঠিক, } *s.* চকুৰ আগত, সাখ্যাত, visible appearance, bodily presence.

ডিঠকতে, ডিঠিকতে, } *ad.* সাখ্যাতে, আগতে, in sight, present bodily.

ডিমরু, *s.* এবিধ গচ বা তাৰ ফল, a fig, a figtree.

ডিম্বা, } *s.* কনি, অণ্ড, an egg, spawn.
ডিম্ব,

ডিম্বজ, *a.* কনিৰ পৰা জন্মা, produced from an egg, oviparous.

ডিম্বাকৃতি, *a.* কনিৰ দৰে ঘুৰনিয়া, অণ্ডাকৃতি, egg-shaped, oval.

ডিৰা, *a.* সন্ততি নোহোৱা, অকল সৰিয়া চকৰি আদি, without offspring, without a mate.

ডিৰাই, *v.* ফিতাহি কৰি, সৰুকে ৰৰটো কৰি অহাই, to boast, to exaggerate, to misrepresent.

ডিল, *s.* কলৰ ওলাই অহা থোক, তেজ চলোৱা বুকুৰ কলাডিল, সাহ, the flower of the plantain, the heart, courage.

ডিলা, *s.* কঁঠাল আদিৰ ফুট লাগি থকা আধাৰ, নাঙ্গলৰ ইহ, ঘিলা ঘুৰা মাজৰ মাৰি, a cob, pin, or spike, around which fruit grows, as the jack fruit, maize &c. an axis, the beam of a plough.

ডুকি, *v.* ডলা আদিৰে জোকাৰি, to separate the coarse part of anything from the fine by shaking.

ডুখৰিয়া, *a.* ডোখৰ ডোখৰ হোৱা, গোট মৰা, খৰচিয়া, not pulverised, coarse, lumpy.

ডুবডুবিয়া, *a.* চপচপিয়া, মুখলৈকে হোৱা, পুৰ, suffused, full to overflowing, full to the brim.

ডুবাই, *v.* বুৰাই, পানিত তলী নিয়াই, to overflow, to inundate.

ডুবি, *s.* নদিৰ দ ডুবি, কুহ, পানিত তল গৈ, a deep place in a river or harbor; *v.* to submerge, to sink.

ডুমুনি, *s.* ডোমৰ তিৰোতা, a woman of the fisherman caste.

ডুৰি, *s.* বন এবিধ, চঙ্গাপৰ মাজত দিয়া ডোল, a species of native grass, a loop or fastening of a garment.

ডুৰিকানি, *s.* চোলাৰ কঁকালত সিয়া ঠেক কাপৰ, a narrow strip of cloth used as a stay in the waist of a native garment.

ডুলি, *s.* মাহ সৰিয়হ আদি থোৱা বাঁহৰ বৰ পাত্ৰ, a sort of large basket for storing grain.

ডুলিমৰা, *ad.* সৰহিয়াকৈ, বৰকৈ, in great numbers, thickly, plentifully.

ডেইজোৱা, *a.* পুৰি কলা হোৱা, চেৰি জোৱা, বস্তু বা মানুহৰ ওপৰে জোৱা, scorched, stepped over, passed by as a thing of no consequence.

ডেউকা, *s.* চৰাইৰ বাবিচনিৰ পাখি, a wing, a pinion.

ডেউনা, *s.* নাকৰ ওপৰ ডোখৰ, the bridge of the nose.

ডেও, *s.* জাঁপ, জাঁপ মৰা, a leap, a bound; with দি or মাৰি, to leap to jump, to bound.

ডেওনা, *s.* বাটৰ ডেই জোআ জেওৰা, a stile, a low place in a fence.

ডেওপৰা, *a.* জঁপিয়াই ফুৰা, ধুমধুপাল কৰা, তত্ নাইকিয়া, restless, uneasy; *s.* uneasiness, restlessness.

ডেকা, *s.* জুবা, জৌৱন, গজলিয়া, ভদ্র লোকৰ সন্তানৰ সম্বোধন, a youth, a title of respect; *a.* young.

ডেকাকহে জোআ, *s.* ডেকাত মৰা, সাও দিয়া, a term of abuse, imprecating an early death.

ডেকাদেও, *s.* বৰুআ ফুকনৰ লৰাৰ সম্বোধন, বপা, a title of respect addressed to the children of the nobility.

ডেকেৰি, *a.* জুবতি, গাভৰু চোআলি, young; *s.* a young girl.

ডেকেৰুআ, *a.* প্রাই ডেকা চৰাই বা ওকনি আদি, approaching maturity, (applied to birds, insects &c.)

ডেগ, *s.* মাজ ডাঙ্গৰ মুখ বহল হোআ পাত্র, a large earthern vessel.

ডেঙ্গুৰ, *s.* ডিঙ্গিৰ ডাকুৰ, a poke for unruly cattle &c.

ডেডনি, } *s.* বৰকৈ চিঁয়ৰা, বাঘ আদিৰ মাত, a loud scream or growl,
ডেডাউৰি, } any roaring sound as of a tempest or fire.

ডেফা, *a.* ডেকা, জুবা, young, thrifty, rapidly growing.

ডেমডেউকা, *s.* বিজলৰ গচ, a species of plant, a flower.

ডেমডেমিয়া, *a.* বৰ ৰস থকা, কেঁচা, green, sappy, unripe.

ডেমেহা, } *a.* পৈনত বা বয়স নোহোআ, not fully grown or ripe,
ডেমেহিয়া, } immature.

ডেৰ, *a.* এক আৰু আধা, one and a half.

ডেঁৰধৰা, *s.* গচ প্রবল হৈ বৰ্হা, luxurious vegetation, the full foliage of trees and plants; *a.* covered with leaves and foliage.

ডেৰিয়া, } *a.* সমান নহই, এডোখৰ আগ বৰ্হা, ডেৰ ভাগ থকা, of unequal
ডের্হিয়া, } length or measure, one part and a half.

ডেৱা, *s.* মাচ ধৰা উপাই, গচ এবিধ, ডেই জোআ, a platform across a stream for catching fish; a species of tree; *a.* scorched.

ডোঁআৰ, *s.* নদিএ এৰা দ হৈ থকা সুঁতি, an old channel of a river where water stands.

ডোঁআৰবন্ধা, *s.* কাপৰ, বওঁতে তাঁতৰ মুৰ বন্ধা, the lengthening out of a warp in the loom for weaving.

ডোখৰ, *s.* খণ্ড, খুঁতুৰা, চিটা, a piece, a bit, a parcel.

ডোখৰ ডোখৰ, ডোখৰ ডোখৰকৈ, *ad.* খণ্ড খণ্ড, খুঁতুৰাখুঁতুৰ, in pieces, in small partitions, parcels or bits.

ডোঙ্গ, *s.* খোল, খাল পৰা ঠাই, a hollow or low place.

ডোঙ্গা, *s.* তাকৰ পানি ৰোআ ঠাই, কলাপটুয়াৰ খোল, a puddle, a place of standing water, an extemporized dish of the plantain stalk.

ডোঙ্গাডোঙ্গি, *ad.* তাকৰ তাকৰ পানিৰ ঠাই, places of standing water.

ডোবা, *s.* ডুবি, নদিৰ দ কুঁহ, পানি ৰোআ খাল, মাটিৰ ভৰা, a pond, a standing water.

ডোবাডোব, ডোবোলাডোবোল, *ad.* ভাগ ভাগ, চিটাচিট, parceled out, divided into sections.

ডোম, *s.* জালোআ, মাচ মৰিয়া জাত, a fisherman, a caste of people.

ডোৰাকানি, *s.* ফাটি ওলোমা কাপৰ, a cloth torn or worn to shreds.

ডোল, *s.* জৰি, লেজু, পঘা আদি, a string, a rope, a cord.

ডোলাই, *v.* ডোল লগাই বান্ধি, to attach cords for the purpose of binding, suspending or carrying.

ঢ

ঢ, ঢকাৰ, সৰহিয়াকৈ একে বাৰে জোখা, জোখ, this letter is the aspirate of ড and is sounded like *dh*, in *good hope*; with মাৰি, to weigh or measure in the gross.

ঢক, *s.* দাহ, সবদ, ৰচি, swooning, fainting; rumour.

ঢকেধৰা, *s.* দাহে ধৰা, জৰ তাপ আদিত বিমুৰ্চ্চিত হোআ, the being siezed with faintness or swooning.

ঢকঢক্‌কৰে, *ad.* কলহৰ পানি বকাত মাত উঠি, flowing with a purling or gurgling sound.

ঢকফুটা, *s.* ৰচি উঠা, কথা ওলোআ, a rumour, report.

ঢকা, *s.* ঢাকি থোআ, হাতৰ চাপৰ, the act of covering; a slap or blow with the open palm; *a.* covered.

ঢকাডিঙ্গৰা, *s.* গৰু আদিৰ পেট উখহা ৰোগ, inflamation of the bowels.

ঢকামৰা, *s.* হাতেৰে চাপৰ মৰা, striking with the open hand.

ঢকিয়াই, *v.* ঢকা মাৰি, চাপৰ মাৰি, to strike with the open palm.

ঢকিসকিকৈ, *ad.* ঘনকৈ কটা, থকাসৰকাকৈ কাপৰ আদিৰ বল মৰা, thickly gashed or hacked; badly worn, as applied to cloth.

ঢকুআ, *s.* তামোল আদিৰ পাতৰ ঠাৰিৰ বোখা, a sheath or membrane investing the young leaf or branch of of palm.

ঢঙ্গা, *a.* সস্য আদিৰ অধিক ৰস হোআ বা সেৰসেৰিয়া, lean, thin, poor, imperfect, applied to grain and fruits.

চচকৰে, *a.* মুদা, আৰ বেৰ নাইকিয়া, মুকলি, entirely open or unenclosed, wide open, wholly destitute.

চচৈয়া, *a.* খনেই মুকলি, বেয়া কঁপলিয়া, wide open, unfortunate.

চপচপাই, *v.* পাখিএৰে সদ কৰি, তেউকা কোবাই. to flap the wings, to make the noise of flapping.

চপলা, *a.* বহল পাত আদি, মন্দত মৰা চাপৰ, broad, wide, as a leaf.

চপলামৰা, *s.* দন্দত তিৰোতাই উৰুত চপৰিউআ, the slapping the thighs, as by Assamese women when quarreling.

চপলিয়াই, *v.* লৰি, লৰ মাৰি, চাপলি মেলি, to run, to bound, to canter.

চৰা, *s.* বাঁহ আদিৰ বহা আসন, মুদা, a sitting mat; *a.* without seasoning, or seasoned with খাৰ only.

চৰালমোন, *s.* একো নোখোআকৈ থকা লমোন, abstinence from eating and drinking.

চৰিয়া, *a.* মোটা, ডাঙৰি সুতা, মিহি নোহোআ, coarse, applied to thread, or work of any kind.

চল, *s.* বৰ পানি বৰ্হা, জাক, a freshet, a flood, a multitude.

চলকনি, *s.* ঢোলোকনি, ঢৌত পানি সোমোআ, the dashing of waves over the side of a boat or vessel.

চলখাই, *ad.* আটাইবোৰ, সৰহিয়াকৈ, in multitudes, abundantly.

চলখোআ, *a.* দম হোআ, বহু গোট খোআ, heaped together, piled up.

চলঙপলঙ, *s.* থিৰ নোহোআ, নাও আদি ইকাতি সিকাতি কৰা, swaying to and fro, rolling, rocking, as a boat.

চলা, *s.* সাঁচ আদিত বকা, বাকি দিয়া, the act of pouring out or of casting melted metals in a mould; *a.* poured, cast.

চলাই, *a.* সকলোকে একাললৈ কাতিকৈ পেলাই, to cast down, to prostrate.

চলি, *a.* কাতি হৈ, হলি, leaning, prostrated, cast down.

চলি পৰা, *s.* হলি পৰা, কাতি হৈ পৰা, চাক মাৰি পৰা, কাতি, falling together promiscuously; *a.* aslant, leaning, inclining.

চলিয়াই, *v.* একাললৈ হলাদি, to tend to one side, as the channel of a river, or a boat.

চলুআ, *s.* চলা মানুহ, চলা পাত্ৰ, a founder, a caster; *a.* cast, moulded.

চাঁচ, *s.* অকস্মাত পৰাৰ সদ, the sound of sudden falling.

চাঁচচাঁচ কৰে, *ad.* ঘনে ঘনে অকস্মিতে পৰা, in quick repetition.

চাঁহিচুঁহি, *v.* আঁজুৰি পিঁজুৰি, কাৰ্হি আনি, to take by violence.

চাক, *s.* বৰ ঢোল, a kind of large drum.

চাকচাল, *s.* মাখি চালৰ তল চাল, the cutis or second skin.

ঢাকনি,
ঢাকোন, } *s.* সৈঁফৰ, আবৰন, a cover, a lid, a covering, a screen.

ঢাকমৰা, *s.* সৰহিয়াকৈ ঢাকি পৰা, উবুৰি খাই পৰা, the covering of a place or field by a flock or crowd of people; *a.* covered.

ঢাকি, *v.* আবৰি, আৰ দি, গুপুত কৰি, to cover, to hide, to conceal.

ঢাট্কঁপলিয়া, *a.* দুৰ্ভগিয়া, হিন কঁপলিয়া, unfortunate, unsuccessful.

ঢাটকঁপাল, *s.* দুৰ্ভাগ্য, মন্দ কপাল, misfortune, ill-fate.

ঢাপ, *s.* মাটিৰে বন্ধা গৰ, a mud wall, an embankment.

ঢাপৰ, *s.* নাৱৰ চাল বা চৈ, the covering of a boat.

ঢাপলি, *s.* লৰ, চুঁটি, speed, as applied to quadrupeds.

ঢাপলিকা, *s.* চাপৰ পৰ্ব্বত, আৰ দিয়া খেৰ আদিৰ পৰলি, a hill, a low range of hills, a screen or covering of coarse grass.

ঢাৰি, *s.* কাঠিৰে বোঁআ ঢৰা, a bamboo mat.

ঢাৰিপাটি, *s.* সোআ সজ্যা, ঢাৰি আৰু পাটিদৈৰ পাটি, a native bed.

ঢাল, *s.* বাৰু, জুধত অস্ত্র আদি নিবাৰন কৰা জতন, a shield, a buckler.

ঢালখোআ, *a.* কাতি হোআ, কতিয়া হোআ, leaning, aslant.

ঢাল লৈ, *ad.* এফলিয়া হৈ, on one side, towards, in one course.

ঢালি, *v.* বাকি, জুধত, নিপুন, to pour out; *a.* powerful, warlike.

ঢাহিমুহি, *v.* চলে বলে কাৰ্হি নি, to accomplish by strength or stratagem.

ঢিল,
ঢিলা, } *a.* কোমল, লোলা, সুগম, উজু, লঘু, soft, light, (as a burden;) not difficult, thin, loose, unstable, slack.

ঢিলা সোলোকা, *s.* টানি নধৰা, সোলোক চোলোক, looseness, slackness.

ঢুঁহি, *v.* আঁজুৰি, বল দি আনি, to pull.

ঢুঁহিমুহি, *v.* টানি আঁজুৰি, ডকা হকা দি, to do or take by violence.

ঢুকাই, *v.* খ্যই হৈ, নাইকিয়া হৈ, হানি হৈ, মৰি, to consume, to waste away, to exhaust, to die.

ঢুকি পোআ, *a.* হাত মেলি পোআ, বুজিব পৰা, within reach or comprehension.

ঢুকুআ, *s.* খ্যই হোআ, নাইকিয়া হোআ, a consuming, wasting, destruction, extinction, death.

ঢুকুচি,
ঢুকুচিমুকুচি, } *ad.* কথমকথমপি, জেনতেনকৈ, somehow, by the greatest effort.

ঢুপুকিয়া, *a.* উথহা, আধা পকা, not plump or full, applied to grain.

ঢুল্ঢুলিয়া, *a.* চকুৰ লো ওলাওঁ ওলাওঁ হোআ, ready to burst into tears.

ঢুলি, *v.* গা দোলন কৰি, লৰাই, to sway to and fro, to oscillate.

ঢুলিয়া, *s.* ঢোল বজাওঁতা, a drummer.

চুলকি, *s.* এবিধ ঢোল, a kind of drum struck with the fingers.

চেঁকৰ, *s.* দোলাৰ বেঁকা সোৰ মাৰি, হেঁকটি ফুটাই হঁহা, the foot of a dhooly or litter, the noise of violent laughter.

চেঁকি, *s.* ভৰিৰে ধান বনা স্তম্ভন, a pedal for cleaning rice.

চেঁকিসাপ, *s.* ডাঙ্গৰ সাপ এবিধ, a species of large snake.

চেঁকিসাল, *s.* চেকি পতা ঘৰ বা ঠাই, where a rice pedal is placed.

চেঁকেৰ, *s.* উগাৰৰ সব্দ, eructation, the noise of belching wind from the stomach.

চেঁকেৰি, *s.* কামৰূপৰ পৰগনাৰ লোক, a class of people in Kamroop.

চেঁকেৰিয়া, } *s.* ফুট নথকা কঁঠাল, imperfect fruit of the jack tree.
চেঁকেৰুআ, }

চেঁৰা, *s.* চৰাই এবিধ, সুম কৰিব নোঅৰা সকত গাৰে মানুহ, a pelican, flaccidity.

চেঁৰুআ, *s.* আলু নথৰা মুলা সাক এবিধ, a species of vegetable.

চেকচেকনি, *s.* গঁৰ ঘোঁৰা আদিৰ মাত, বৰকৈ হঁহা, the sound of neighing, also of violent laughter.

চেক্‌চেকাই, *v.* গঁৰ ঘোঁৰা আদিএ চেক্‌চেক্ সব্দ কৰি, বৰকৈ হাঁহি, to neigh, to whinny as a horse, to laugh boisterously.

চেকনিমৰা, *a.* পানিএ তলগৈ থকা, submerged, overflowed.

চেকিয়া, *s.* বন সাক এবিধ, a fern of the genus petris, a general name for several species of the brake.

চেকিয়াপতিয়া, *a.* চেকিয়া পাতৰ দৰে কলা আঁচ থকা, বাঘ এবিধ, having long stripes, striped; *s.* a species of tiger.

চেকিয়াল, *s.* এক খেল মানুহ, an office or class of people in the days of the Assam Kings.

চেঙ্গচোঙ্গিয়া, } *a.* সৰহ পানি থকা, পনিয়া, অস্বাদু, জলো খলো হোআ
চেঙ্গা, } watery, without richness or flavor, insipid.

চেপচেপিয়া, *a.* টানকৈ নবজা, ঢিলা, having a dull sound, as of unbaked earthen ware, or a loose drumhead when struck.

চেপা, *a.* আটিল নোহোআ, কোমল, নিৰ্বলি, not firm, flabby and weak.

চেপেলা, } *a.* নিয়মতকৈ ডাঙ্গৰ বহল, বহল পাতেৰে, wide or
চেপেলা চেপেল, } broad, applied to leaves, or the hem of a garment.

চেমেকা, *a.* ডাৱৰিয়া, ভালকৈ ৰদ নোলোআ, cloudy, shady, murky.

চেৰ, *a.* অনেক, বহুত, সৰহ, দম, much, many, abundant.

চেৰাই, *v.* দলাই, সৰহ কৰি, to collect in abundance.

চেৰাচেৰ, *ad.* চেৰনেচেৰ, দমাদম, heaps upon heaps, abundantly.

ঢেৰেকনি, *s.* মেঘৰ গাজনি, বজ্ৰপাতৰ শব্দ, thunder, the reverberating or rolling sound of thunder.

ঢেলওপোঙা, *s.* আধা মৰা হৈ ওপঙি ফুৰা, floating half dead on the water.

ঢেলঢেলিয়া, *a.* তেজ নাইকিয়া, সেতা সেৰেলুআ, pale, wan, not ruddy.

ঢেলা, *a.* তেজ নথকা, প্ৰাই বগা, ডাৱৰিয়া, pale, obscure, cloudy.

ঢেলাচকুআ, *a.* সকত, ওপৰ চকুআ, having the white of the eye large.

ঢেলুকাঢেলুক, *s.* মৰিবলৈ ধৰোতে চকু লুটিয়ালুটি কৰা, the setting of the eyes in death.

ঢেলেঙপেলেঙ, *s.* হেলেঙপেলেঙ, বাঁইজাঁই, staggering, swaying.

ঢোঁৰা, *s.* পানি সাপ এবিধ, বৰ জাত কাউৰি, a species of water snake.

ঢোঁৰাকাউৰি, *s.* বৰ বিধ কাউৰি, a species of crow, a raven.

ঢোঁহা, } *a.* আউলিয়া, আউল লগা, আউলবাউল, বল দি আউল
ঢোঁহাঢোঁহ, } কপে আঁজুৰি অনা, snarled, tangled.

ঢোঁহোৰ মোঁহোৰকৈ, *ad.* আগ গুৰি নাইকিয়াকৈ, বিসুনিকৈ, doing in a disorderly or irregular manner.

ঢোঁহোৰা, *a.* আউলিয়া, আত হেৰোআ, snarled, tangled.

ঢোকা, *s.* ঠেকা, আসুই, পানি আদি গিলা, a prop, a stay, a support, propping of anything, the swallowing any liquid.

ঢোকাঢোক, *ad.* অনেক বাৰ পানি আদি খোআ, drinking excessively.

ঢোকা পৰ্বত, *s.* পৰ্বতৰ গুৰিত থকা চাপৰ পৰ্বত, a hill or low range of mountains.

ঢোকোৰ, *s.* উপাৰ বা পানি গিলা শব্দ, a gulping sound, or sound of swallowing liquids.

ঢোপ, *s.* লৰাই খেলোআ বৰৰ এঁঠাৰ বা ফটাকানিৰ টোপোলা, মহন্তৰ নিৰ্মালিৰ মালা, a ball used in a well known play, a wreath of sacred leaves given by the priests to their disciples as a blessing.

ঢোপঢোপিয়া, *a.* বৰকৈ উথহা, hard, swollen, inflated.

ঢোপাকলি, *s.* ফুলিব লগা ফুলৰ কলি, a flower bud ready to open.

ঢোপাচালি, *s.* মেঘ আদিএ এন্ধাৰকৈ ধৰা, enshrouding, overshadowing.

ঢোপাবৰ, *s.* এঁঠা ওলোআ এবিধ বৰৰ গচ, the caoutchouc or Indian rubber tree.

ঢোপোকা, *s.* সোপোকা, হেঁচিলেই সোমাই, এৰিলে পুৰ হই, elastic, yielding to pressure and recovering the original form.

ঢোৰোহা, } *a.* হোৰোহা, পেট বা কঁকাল ডাঙৰ হোআ, big-bellied,
ঢোৰোকা, } large waisted.

ঢোল, *s.* বাদ্য এবিধ, ধান আদিৰ জোখ a drum, a measure.

ঢোলোকনি, *s.* ঢৌত সোমোোআ, হোলোকনি, তেল আদি লৰি উপচি পৰা, the swallowing of water by a drowning man, the dashing of waves into a boat.

ঢোলোকাঢোলোক, *ad.* ঘনে পানি খোআ বা সোমোআ, হোলোকাহোলোক, repeatedly swallowing water, repeatedly shipping waves

ঢৌ, *s.* বতাহ বা সোঁতৰ কোবত উঠা পানি, a wave, a billow, a swell.

ঢৌআই, *v.* পানি লৰাই, ঢৌ তুলি, বৰকৈ পানি পেলাই, কথা প্ৰকাস কৰি, to raise in waves, to agitate.

ঢৌআ বজা, *s.* গাত পানি জোলা বজা, the rising of blisters; *a.* blistered.

ঢৌউঠা, *s.* বতাহত পানি উঠা, কথা প্ৰজলিত হোআ, the rising of waves, a report, rumor.

ঢৌজোআৰ, *s.* দুআৰ গৰিলা, আস্ফাল, waves, the raging of the sea.

ঢৌঢৌআ, *a.* গাখিৰ আদিৰ সুদা পানি, বগা জেন দেখি, white, whitish, as a large sand bank appears at a distance.

ঢৌঢৌকৰে, *ad.* সুদা পানি কেবল মুকলি, widely, extensively, wide open.

ঢৌ মাৰ জোআ, *s.* পানি সান্ত হোআ, the subsiding of waves, a calm.

ণ

ণ, ণকাৰ, this letter is pronounced in Assamese words precisely as ন, *n.* It is never used as the initial of a word.

ত

ত, তকাৰ, the first of the dental class, pronounced like *t* in *water*; applying the tip of the tongue to the roots of the teeth, as when about to utter the word *think*; or *t*, in *Mat-thew.*

তই, *pron.* সামান্য বা তলপিয়াক মতা সৰ্বনাম, you, (addressed to inferiors.)

তঁক, *s.* খঙ, বেগ, জঁক, anger, haste, excitement.

তঁক উঠা, *s.* মনৰ বেগ উঠা, the rising of anger, excitement.

তকতকিয়া, *a.* খৰতকিয়া, বেগাই কোআ বা কৰা, quick, expert, active.

তগৰ, *s.* সুগন্ধি পদ্ম এবিধ, a species of tree and fragrant flower.

তজবজাই, *v.* লৰি ফুৰি, থিৰ নে থাকি, to be restless, unstable, fickle.

তজবজিয়া, *a.* তৰল, অথিৰ, অসান্তি, restless, unstable, fickle.

তজু, *pron.* তোমাৰ, আপোনাৰ, thine.

তণ্ডুল, *s.* চাউল, uncooked rice.

তত, *s.* গ্যান, বুজ, অৰ্থ, তত্ত্ব, sensation, feeling, consciousness, knowledge obtained through the senses, the import &c.

তত, *ad.* সেই ঠাইত, তাত, in that place, there, yonder.

ত—ত, *ad.* তিমান, সেইমান, so much, so many, a correlative.

ততকৰা, *s.* অনুমান কৰা, বুজ কৰা, understanding, perceiving, the doing a thing understandingly.

ততকাল, *ad.* সিমান কাল, তেতিয়াই, সেই কাল, so long a time, so long.

তত্খ্যনাত, *ad.* ততালিক, বেগাই, সেই খেনকতে, at once, at that instant, immediately, suddenly.

তত্দিয়া, *s.* চেষ্টা দিয়া, সান্ত হোআ, the giving time to do understandingly or in a cool and collected state of mind.

তত্নাইকিয়া, *a.* বিগ্যান হোআ, বিচেষ্টা, বিতত হোআ, আহৰি নোপোআ, without consciousness or knowledge, not self possessed.

তত্পোআ, *s.* গ্যান বা বুজ পোআ, জিৰনি পোআ, the becoming conscious or self collected, self possession, understanding.

তত্লোআ, *s.* চেতন হৈ থকা, গ্যান কৰা, বুজ বা সান্ত হোআ, জিৰোআ, the being on the alert, knowing, being self possessed.

তত্ হেৰোআ, *s.* গ্যান হেৰোআ, বিবুধি হোআ, the losing ones's consciousness, being at one's wits ends, perplexed, confounded.

ততাতৈয়া, *ad.* তৰাতৰি, বেগাবেগি, লৰালৰি, quickly, hastily, hurriedly.

ততালিক, } *ad.* তেতিয়াই, নিমিসত, অতি সিঘ্রে, quickly, speedily,
ততালিকত, } in haste.

ততোআল, *a.* ততেৰে থকা, বিচেষ্টা নোহোআ, cool, deliberate.

ততোধিক, *ad.* তাতকৈ অধিক বা সৰহ, more than that, more.

তত্র, *ad.* তাত, সেই ঠাইত, there, therein, in that place.

তত্রস্থ, *a.* তাত থকা, situated there, of that place.

তথাপি, *ad.* তথাপি, তেও, তথাচ, even, even though, yet, still.

তত্ত্ব, *s.* জথাৰ্থ, স্বৰুপাৰ্থ, an accurate idea, reality, truth, nature, the first principle, reason.

তত্ত্বগ্যান, *s.* জথাৰ্থবোধ, বুজবোধ, knowledge nature, truth &c.

তথা, *ad.* সেই দৰে, সেই ৰুপে, তেনে, thus, there, the same, ditto.

তথাই, } *ad.* তাতে, সেই ঠাইতে, in that place, there.
তথাতে, }

তথাচ, } *conj.* তেও, তত্রাপি, notwithstanding, nevertheless, yet,
তথাপি, } still, even.

তদাকাৰ, *a.* তাৰ নিচিনা, পৰিপাটি, সুন্দৰ, উত্তম, like to, in order, elegant, neat.

তদনন্তৰ, *ad.* তাৰ পাচত, তাত বাজে, afterwards, after, then, next.

তদন্ত, *s.* বুজ বিচাৰ, সেস নথকা অনুসন্ধান, investigation, inquiry, aim.

তদনন্তৰ, *ad.* তাৰ পাচে, তাত বাজে, afterwards, moreover, besides.

তদপি, *ad.* তেও, তথাপি, although, notwithstanding.

তদুত্তৰ, *s.* তাৰ উত্তৰ, সমিধান, his or her answer or reply.

তদ্রূপ, *ad.* সেই ৰূপ, তাৰ নিচিনা, like unto, of the same shape or kind.

তধা, } *s.* বিচুৰ্ত্তি হৈ এুকে ঠৰে চাই থকা, ৰ লগা, টক লগা, stare-
তধালগা, } ing in silent amazement, fixed in a gaze of astonishment.

তন, *s.* পিয়াহ, এধাৰ, স্তন, the breast, suck, nourishment.

তনপান, *s.* পিয়াহ খোৱা, এধাৰ খোৱা, স্তনপান, sucking; drawing nourishment from the breast.

তনই, *s.* পুত্র, সন্তান, পো, a son or male descendant.

তনয়া, *s.* জি, পুত্রি, চোআলি, জিয়াৰি, a daughter; *fem.* of the above.

তনু, *s.* সৰিল, দেহা, ভেল, পাতল, সেবেঙ্গা, the body; *a.* minute, delicate, thin, lean, slender.

তনুজ, *a.* সৰিলৰ পৰা জাত হোআ, produced from the body; *s.* a son.

তন্ত্র, *s.* দেৱতা পুজাৰ মন্ত্র আদি বিতি বুজা সাস্ত্র এবিধ, a *tontro* or religious treatise, teaching formulas and rites for worship in the form of a dialogue between Hiwo and Doorga.

তন্ত্রমন্ত্র, *s.* ফাঁকিফুঁকা, মিচাই কোনো উপাই কৰা, peculiar and mystical formulas and rites for the worship of the deities; a charm for the cure of diseases and the prevention of evil.

তন্দ্রা, *s.* কলা ঘুমটি, চিলমিলিযা টোপনি, drowsiness, lassitude.

তন্দ্রালু, *a.* তন্দ্রাই ধৰা, অল্প নিদ্রালু, ক্লান্ত, drowsy, sleepy.

তপ, } *s.* ইন্দ্রিয়ক নিগ্রহ কৰি ইশ্বৰ আৰাধনা কৰা, তপস, penance,
তপস্যা, } religious austerity.

তপত, *a.* উষ্ণ, চেঙ্গচেঙ্গিয়া, তাপ লগা, hot, warm.

তপতোআ, *a.* তপত কৰা, warmed, heated.

তপসিঁ, *s.* তপস্বি, সন্যাসি, ধ্যান কৰোঁতা, an ascetic, a devotee.

তপা, *a.* তালুৰ চুলি সৰি টকলা হোআ, bald.

তপিনা, } *s.* জানুৰ ওপৰ কংকালৰ পাচ ভাগ, কৰঙ্গনৰ বাজ ফাল, the
তপিলা, } rump, the buttock, the outside of the thigh.

তবধ, *a.* অবাক হৈ থকা, ৰলগা, তধা লগা, dumb, silent from astonishment.

তবলা, *s.* বাদ্য এবিধ, a musical instrument, a tabor.

তম, } *s.* অন্ধকাৰ, মোহ আদি অহঙ্কাৰ, সত্ত্ব ৰজ তম তিনি গুনৰ সেস
তমস, } গুন, darkness, gloom; in hindoo philosophy, the third and lowest of the three natural qualities.

34

তমলুআ, *a.* আপঁইতা বাঁহ, তমাল তুলাব পৰা বাঁহ, unripe, applied to bamboos not too ripe to split into strips for strings or withes.

তমাল, *s.* কুমলিয়া বাঁহ বা তাৰ কাঠি, a withe of green bamboo.

তমোগুনি, তমোগুনিয়া, *a.* ডেওপৰা, অহঙ্কাৰি, তামচকিয়া, proud, arrogant, boasting, insulting, inert, stupid, ignorant.

তম্বুৰু, *s.* বাদ্য এবিধ, a drum.

তম্ভি, *v.* জিৰাই, উসাহ লৈ, জিৰাই সঁতাই থাকি, to rest, to stop a while to take breath, to take one's ease.

তয়াতোকা, *s.* তয়াইঁয়া, অমান্য মাত, incivility in address.

তয়াময়া, *a.* অতিসই, বৰ টান, কঠিন, exceeding, great, very, severe, hardly contested, as a race or battle.

তয়েই, *pron.* তুমিএই, you yourself, (emphatic) addressed to inferiors.

তৰ, *a.* বাম, তৰাঙ্গ, দ নোহোআ, shallow, not deep.

তৰ, *a.* সেই ঠাইৰ, of or belonging to yonder place.

তৰঙ্গ, *s.* ঢৌ, পানিৰ জোআৰ, a wave, a billow, a rapid current.

তৰঙ্গনি, *a.* তৰঙ্গবজিয়া, বৰ চোকা, অতি বেগিকৈ বোআ পানি, quick, fierce, sharp, flowing swiftly.

তৰন, *s.* পাৰ হোআ, নিস্তাৰ, উধাৰ, the crossing over a stream, surmounting a difficulty, overcoming, surmounting.

তৰনি, *s.* নিস্তাৰ, নাও, উপাই, ত্ৰান, ৰখ্যা, the means of crossing a stream or of overcoming a difficulty; hence, a boat, salvation, deliverance.

তৰপ, *s.* জাপ, বিধ, a layer or thickness; a kind or sort.

তৰপৰা, *a.* পানি সুকাই বাম হোআ, লাজত পৰি মাতিব নোঅৰা, dried up or shallow; confounded, unable to reply.

তৰপাতৰপকৈ, *ad.* জাপে জাপে, ওপৰাউপৰিকৈ, in layers, of sorts &c.

তৰপিয়া, *a.* জাপ বা তৰপ থকা, having folds or several thicknesses.

তৰফ, *s.* ফলিয়া, পখ্য, side, party.

তৰল, *a.* অথিৰ, পাতল বা লঘু মন, unstable, inconstant, fickle.

তৰহ, *s.* ৰকম, বিধ, প্ৰকাৰ, a kind, a sort, a manner.

তৰহেতৰহে, *ad.* অনেক প্ৰকাৰ, variously, of many kinds.

তৰা, *s.* নখ্যত্ৰ, আকাসৰ সৰু সৰু পহৰ, গচ এবিধ, নিস্তাৰ হোআ, a star, a constellation, an asterisk.

তৰাই, *v.* পাৰ কৰি, নিস্তাৰি, to deliver, to extricate, to save.

তৰাগচ, *s.* এবিধ ত্ৰিন, a species of plant.

তৰাডাঁহি, *s.* ডাইল সাপ এবিধ, a species of venomous snake.

তৰাতৰি, *ad.* লৰা লৰি, বেগা বেগি, খৰ খেদা, quickly, at full speed.

তৰানৰা, *s.* হাৰাসাস্তি, তত এৰি লৰি ফুৰা, fleeing at full speed.

তৰানি, *s.* তৰা গচনি, a place covered with the *tora* plant; see তৰা গচ.

তৰাস, *s.* ত্ৰাস, ভই, সঙ্কা, fear, terror, dread, alarm, trepidation.

তৰাহি, *s.* পিতলৰ কাঁহি, আঠধতুআ থাল, a metal dish, a tray, a plate.

তৰি, *v.* নিস্তাৰ হৈ, আপদ সাৰি, পাল আদি মেলি লগাই, to cross over, to escape, to be saved, to spread out, as a sail.

তৰু, *s.* ব্ৰিখ্য, গচ, a tree, a plant.

তৰুআহি, *s.* ধান বিন্ধাৰ নাল, the handle of an instrument used in thinning out a field of newly sprouted grain.

তৰুআকদম, *s.* এবিধ ফুল, a species of flower.

তৰুন, *s.* ভৰ বয়স, ডেকা, জুবত, ন, a young man; *a.* young, new.

তৰুনি, *s.* ডেকেৰি, গাভৰু, জুবতি, *fem.* of the above, a young woman.

তৰে, *ad.* বামে, by land.

তৰোআ, *a.* উধাৰ কৰা, উপকাৰ কৰা, saved, helped over a difficulty.

তৰোআল, *s.* খড়্গ, ৰনৰ অস্ত্ৰ, a sword, a cimeter.

তৰ্ক, *s.* সাস্ত্ৰ এবিধ, বাদ, কথাৰ জুজ, বিচাৰ, the science of reasoning, logic, discussion, disputation, investigation, search, inquiry.

তৰ্কি, *v.* বিবেচনা কৰি, বুজি বাজি, বিচাৰ কৰি, to investigate, to look into a subject, to reason, discuss.

তৰ্জন, *s.* ডাবি, গৰ্জন, threatening, scolding, storming.

তৰ্জনি, *s.* বুৰা আঙ্গুলিৰ ওচৰৰ আঙ্গুলি, the fore finger.

তৰ্জু, *s.* জোখ কৰা সৰু তুল, a balance, a pair of small scales.

তৰ্তৰিয়া, *a.* চুলুক, পাতল, ধৌৰ্জ নোহোআ, ফুচুৰি, fickle, volatile, light-minded, shallow.

তৰ্মাস্তি, *s.* হাৰাসাস্তি, খাম্মাং, বগু জগু, হাইবাং, great suffering, loss or trouble; with কৰি to give trouble and anxiety; with হৈ, to be troubled, afflicted or anxious.

তৰ্পন, *s.* মৃতকক দিয়া জলাঞ্জলি, the ceremony of pouring out water to the manes of deceased ancestors; libation to the dead.

তৰ্বৰাই, *v.* জিলমিলাই, জিলিকি, to glitter, to dazzle, to sparkle.

তৰ্বৰিয়া, *a.* জিলমিলোআ, জিলিকি থকা, sparkling, glittering.

তৰ্মুজা, *s.* এবিধ লতা গচৰ ফল, the watermelon plant and fruit.

তল, *a.* অধঃ, নাম, অধোভাগ, অতি সেস, বস, অধিন, under, beneath, below, subject to, dependent; *s.* the bottom, subjection.

তলওপৰ, *a.* লুটিয়ালুটি, জুলজুল, ভোলপাৰ, upside down, confused.

তল খুঁচুৰিয়া, *a.* অলপিয়া, গুপুতে দিয়া বা কোআ, secret, clandestine.
তলগৰিয়া, *a.* পানিত নোপোঙা, গধুৰ, not buoyant, heavy.
তলগৈ, *v.* ডুবি, বুৰি, আপ্লাবিত হৈ, to sink, to be submerged.
তলচৰিয়া, } *a.* তলত সৰি থকা, সেসতিয়া, আগ্যাৰ তল, অধিন, dropped
তলচিয়া, } off, as ripe fruit; last or youngest, dependent, subject to.
তলচা, *s.* তলত পাৰি দিয়া আসন, anything spread out to sit on.
তল জোআ, *a.* তল গৈ থকা, বুৰা, ডুবা, sunk, submerged, overflowed.
তলধৰা, *s.* দাঙ্গি ধৰা, তাঁতৰ গৰকাৰ জৰি, a cord attached to the treadles of a native loom.
তলনি, *s.* গেদ, গেদনি, সেহনি, lees, dregs, sediment, refuse.
তলপৰা, *s.* তলত থকা, তলত পাৰি দিয়া, falling under, spread down.
তলপিয়া, *a.* বসবৰ্ত্তি, অধিন হৈ থকা, subject to, under.
তলপেট, *s.* পেটৰ অধো ভাগ, নাইৰ তল ভাগ, the lower part of the belly.
তলসৰা, *s.* তলত সৰা, গুটি আদি গচৰ তলত সৰি থকা, the shedding or falling off of fruit or leaves; *a.* fallen off.
তলা, *s.* কলহ লোটা আদিৰ তলি, গাঁৰু চাক, অনুসন্ধান, the bottom of water vessels &c. the embroidered end of a native pillow; a padlock; an understanding of a matter.
তলাতল, *s.* খলপাখলপ, খাপ খাপ, the third of the seven hells of the hindoo shasters; *a.* high and low, above and below.
তলানলা, *s.* বুজ বিচাৰ, আগ গুৰি, a thorough knowledge of an affair.
তলামৰা, *s.* লোটা আদিৰ তলা খুউআ, সঁচাৰ মৰা, the inserting the bottom piece of brass water vessels, locking with a padlock.
তলি, *s.* তল ভাগ, the bottom, base, foundation.
তলিয়ৰি, *a.* তলি বহল, তলত দিয়া, having a broad base.
তলিচা, *s.* দলিচা, তলৰ, a rug, a carpet, any cloth spread for sitting.
তলিয়া, *s.* কাঠৰ ভাত বৰ্হা পাত্ৰ, ভাতৰ চৰুৰ ঢাকনি, a wooden cover of a cooking vessel.
তলুআ, *s.* হাত ভৰিৰ তল ভাগ, the palm of the hand or sole of the foot.
তলে, *ad.* তল ফালে তল ভাগে, beneath, under, below.
তলেতলে, *ad.* নজনাকৈ, গুপুতে, মনে মনে, আৰকৈ, secretly, slyly.
তলৈ, *ad.* সেই ঠাইলৈ, তালৈ, to that place, there.
তস্কৰ, *s.* চোৰ, টটাটিঙ্গা, a thief, an unruly, mischievous person.
তহঁত, *pron.* তোমোলাক, তুচ্চাৰ্থক সৰ্ব নাম, you, (inferior.)
তহ্বহকৈ, *ad.* থান থানকৈ, লিৰিকি বিদাৰি সিচৰিকৈ, here and there, meddling with this and that, as a mischievous child.

তাই, *pron.* সামান্যৰ তিৰোতাক মতা সৰ্ব্ব নাম, she, (applied to inferiors.)

তাইলুকিয়া, *s.* মান্য হিন, বিশ্বাস জোগ্য নোহোআ, নিহ, লগনিয়াৰ, a low minded person; *a.* double tongued, untrustworthy, mean.

তাও, *s.* থান কাপৰ, কমাৰ আদিয়ে ভাতিৰে দিয়া তাপ, a roll of cloth; a welding heat.

তাওকিন, *s.* ভোগদ্ৰৱা, নাল খুউআ লোটা, a drinking vessel with a spout.

তাওদিয়া, *s.* জুইত তাপ দিয়া, লো· আদি বৰকৈ তপতোআ, the heating, welding, or uniting metals by intense heat.

তাং, *s.* তাৰিখক বুজাই, an abbreviation for তাৰিখ, or day of the month.

তাঁত, *s.* ববৈশ তাঁত সালত লগোআ সুতা, a warp in the loom.

তাঁতসাল, *s.* কাপৰ বোআ জন্ত্ৰ, a loom.

তাঁতি, *s.* পাট কাপৰ বোআ এখেল মানুহ, a weaver, a class of people called the weaver caste.

তাক, *pron.* সেইটক, সামান্যক কোআ মাত, him, it.

তাকৰ, *s.* অলপ, নোজোৰা, কম, a little; *a.* insufficient, lacking.

তাকৰাই, *v.* কমাই, টুটাই, অলপ কৰি, to diminish, to lessen.

তাকৰিয়া, *a.* অলপিয়া, কম হোআ, less, reduced in quantity or size.

তাচ, *s.* এবিধ খেল, এবিধ সোনোআলি কাপৰ, a card or game of cards.

তাজিয়া, *s.* মচলমানৰ মুৰ্ত্তি লৈ ফুৰুআ উত্চৱ, a mussulman observance.

তাত, *a.* সেই ঠাইত, there, in that place.

তাত্কৈ, *ad.* সিমান্তকৈ, above that, more than that.

তাতপৰ্জ্য, *s.* স্বৰুপাৰ্থ, অভিপ্ৰাই, scope, object, design, a moral.

তাতে, *ad.* সেই ঠাইতে, এই হেতুকে, in that place, therefore.

তাতো, *ad.* সেই ঠাইতো, সিমানতো, there also, over and above that.

তাপ, *s.* উষ্নতা, ৰদ আদিৰ তাপ, জ্বৰ, মনৰ পিৰা, heat, fever, distress, sorrow, pain, mental agony.

তাপদিয়া, *s.* তপতোআ, দুখ বেজাৰ লগোআ, heating, the giving annoyance, vexation or sorrow; *a.* annoying, vexatious.

তাপৰি, *v.* সোক দুখ সামৰি, সহি, to bear up under grief, to endure, to repress one's desire.

তাপলি, *s.* এচটা জোৰা দিয়া কানি আদি, জোৰা মৰা, a patch; with মাৰি, to patch, to mend; তাপলি মৰা, *a.* patched, mended.

তাপি, *a.* তাপজুক্ত, দুখি, সোকাকুল, distressed, afflicted, suffering.

তাপুৰু, *a.* দাঁত্ চুলি সৰা, খিনাই জুমুৰা হোআ, toothless, bald, infirm.

তাবিজ্ঞ, *a.* সকলোতে পাৰ্গত, ready, accomplished, skilled.

তাম, *s.* তাম, ধাতু এবিধ, copper.

তাম কঁাহ, *s.* তাম আৰু কঁাহ, টান, সকত, an alloy of brass and copper; *a.* firm, strong (as the above alloy.)

তাম বৰনিয়া, *a.* তাম্ৰ বৰ্ণেৰে, অলপ ৰঙ্গা, copper colored.

তামসিক, *a.* তম গুনিয়া, dark, dull, inert, stupid, see তম.

তামি, *s.* তামৰ বাটি, a copper cup.

তামুলি, *s.* গুআ কটা, a class who prepare tamul for the nobility.

তামুলি ফৰিঙ্গ, *s.* এবিধ ৰঙ্গা ফৰিঙ্গ, a species of grass-hopper.

তামোল, *s.* তাম্বুল, গুআ, the tamul or arica nut.

তামোল পান কটা, *s.* চোআলি-খোজাৰ নিৰ্বন্ধ, the ceremony of eating *tamul pan* together at asking a girl in marriage.

তাম্বু, *s.* কাপৰৰ ঘৰ, a tent.

তাৰ, *s.* বিন আদিৰ গুনা, উচ্চ স্বৰ, সেইটোৰ, the string of a musical instrument, a shrill note; *pron.* his.

তাৰক, *s.* নিস্তাৰ কৰোঁতা, ত্ৰান কৰ্ত্তা, তাৰোতা, a saviour, a deliverer; *a.* effectual for salvation or deliverance.

তাৰন, *s.* পাৰ হোআ, নিস্তাৰ, crossing a river, getting through a difficulty, the act of saving, salvation.

তাৰনা, *s.* দুখ, ক্লেস, জাতনা, suffering, persecution, threatening, expulsion.

তাৰাপতি, *s.* চন্দ্ৰ, নিসাপতি, the moon.

তাৰামণ্ডল, *s.* তৰা সমুহৰ থান, the starry region or firmament.

তাৰি, *v.* নিস্তাৰি, উধাৰি, বোআত ঘন কৰি, to save, to deliver, to extricate, to press the splints of braided work or the woof in the loom close together.

তাৰিখ, *s.* মাহৰ দিনৰ সংখ্যা, the date or day of month.

তাৰিনি, *s.* উধাৰ কৰ্ত্ৰি, দুৰ্গা, মাত্ৰি, a female deliverer, a mother.

তাৰে, *a.* সেই ঠাইৰ, সেইটোৰ, belonging to that person place or thing.

তাৰোঁতা, *a.* উধাৰ কৰোঁতা, ত্ৰানকৰ্ত্তা, saving, delivering; *s.* a saviour.

তাল, *s.* গচ এবিধ, কঁাহৰ জোৰ বাদ্য, হাত চাপৰি বোআ, গানৰ পৰিমান, the fan palm or palmyra tree; with বোআ, the striking together of the hands, or of cymbals, beating time.

তাল জুৰিয়া, *ad.* সমনিয়া, একে সমান দুটা, in unison, together.

তালব্য, *s.* তালুত উঠা আখৰ, a palatal.

তাল মৰা, *a.* তাল বাদ্য বজোআ, কানত সোপা মাৰি ধৰা, stunning or overpowering the organs of hearing by any loud noise, stunned.

তাল মাৰি, *v.* নিজম দি, কানত সোপা মাৰি, to be silent, to be deafened or stunned by a loud noise; *a.* deafened, stunned.

তাল মাৰি ধৰা, *a.* কান-আদিত সোপা মাৰি ধৰা, deafening, pungent.

তালি, *s.* হাত চাপৰি বোআ, তাপলি, clapping the hands; a patch.

তালি ধৰা, *a.* জলা আদিএ বহকৈ কানত ধৰা, pungent, piercing.

তালি মৰা, *s.* কাপৰত তাপলি মৰা, লোটা আদিৰ তলা মৰা, patching, mending, inserting the bottom piece of a brass water vessel.

তালু, *s.* জিবাৰ ওপৰ ঠাই, মুৰৰ ব্ৰহ্ম ৰন্ধ্ৰ, the palate, the roof of the mouth, the crown of the head.

তালৈ, *pron.* সেই ঠাইলৈ, মানুহলৈ বা কামলৈ, to that place, person &c.

তাৱৈ, *s.* বাপেকৰ সখিএক, সখিএকৰ বাপেক, address of a father's friend, or of the father of a son's friend.

তাসম্বাৰ, *pron.* সিবিলাকৰ, তেওঁবিলাকৰ, their, (poetic.)

তাহাঁতৰ, *pron.* সিহঁতৰ, সিবিলাকৰ, their.

তাহাতে, *d.* তাতে, সেই ঠাইতে, there, upon that.

তাহানি, *ad.* ভালে দিনৰ আগেয়ে, কেতিয়াবা, formerly, a long time ago.

তাহোন, *s.* তাঁতৰ সুতাৰ আঁহ গুচুআ মাৰ এবিধ, a kind of glutinous preparation or sizing, applied to the warp in weaving.

তিঁয়হ, *s.* এবিধ লতাৰ গুটি, তিয়ঁহ, a cucumber.

তিখা, *s.* টান কৰা সুধ লো, উগ্ৰ, খঙ্গাল, steel, *a.* sharp, keen, spirited.

তিখামখৰা, *a.* চোকা খৰোতৰ, sharp, spirited, lively, quick.

তিখাল, }
তিখ্ন, } *s.* চোকা, কাটোন, sharp, keen, edged.

তিত্কাল, *ad.* সিঘ্ৰে, ততালিক, তুৰন্ত, quickly, shortly.

তিতা, *a.* জেকা, ভিজা, তিক্ত স্বাদ এবিধ, damp, wet, bitter.

তিতাই, *v.* পানিত তিয়াই, ভিজাই, জেকাই, to wet, to dampen.

তিতাফুল, }
তিতাবাহক, } *s.* এবিধ তিতাৰ গচ বা ফুল, a medicinal, plant and flower.

তিতামুৰিয়া, *a.* ৰদ বা লঘোনত দুখ পাই গা ৰহা, faint from heat &c.

তিতালগা, *a.* তিতা পোআ, বেজাৰ পোআ, embittered, unpleasant.

তিতালাও, *s.* এবিধ লাও, a species of gourd.

তিতি, *v.* পানিৰে ভিজি বা জেকি, to moisten, to wet, to dampen.

তিতিকি, *a.* অলপ তিতা লগা, slightly bitter.

তিথি, *s.* প্ৰতিপদাদি পোন্ধৰ তিথি, a lunar day, a day of lunar change.

তিনটা, *a.* তিনি গোট বস্তু বা মানুহ, three persons or things.

তিনি, *a.* তিন, ত্ৰিসংখ্যা, ত্ৰি, three.

তিনিওপ্ৰসঙ্গ, *s.* পুআ দুপৰিয়া, গধুলি, সদাই, morning noon and evening, continually.

তিনিমুনি, *s.* তিনটা বাটৰ মুৰ লগা লগা, a place where three roads meet.

তিনিৰ‌‌‌‌তিয়া, *a.* তিনি ৰাতিৰ ভৰ, দুই পইচাৰ মুল্য, তিনি ৰাতি থকা আচাম ৰজাৰ মোহৰ, a small coin of the Assam kinsg.

তিফাই, *s.* জুই ধৰা পাত্র, তিপাহি, a movable furnace or fire place.

তিবৃ, *a.* উগ্র, অতিসই খৰ, চোকা, pungent, sharp, keen, quick.

তিমান, *ad.* সেইমান, so much, (a correlative.)

তিমানকৈ, *ad.* সেইমানকৈ, at that particular rate or proportion.

তিমি, *s.* সাগৰৰ অতি ডাঙ্গৰ মাচ, a fabulous fish of enormous size, applied also to the whale.

তিমিৰ, *s.* অন্ধকাৰ, এন্ধাৰ, darkness, obscurity, blindness.

তিয়নি, *s.* গা ধোআত তিতা চুৰিয়া, the cloth wet at bathing.

তিয়াই, *v.* তিতাই, ভিজাই, to wet, to moisten.

তিয়াগ, *s.* ত্যাগ, এৰা, চাৰি দিয়া, relinquishment, separation, abandonment, desertion; with কৰি, to forsake, to abandon &c.

তিয়াগি, *v.* এৰি, চাৰি দি, to leave, to forsake, to abandon.

তিৰ, *s.* পাৰ, নদিৰ দাঁতি, a shore or river's edge, margin, verge.

তিৰবিৰাই, *v.* জিলমিলাই, চিক্‌মিকাই, to spangle, to sparkle, to dazzle.

তিৰস্কাৰ, *s.* নিন্দা, বিতণ্ডা, গালি, abuse, reviling, insult, reproach.

তিৰি, *s.* নাৰি, স্ত্রি, মাইকি মানুহ, a woman, a female.

তিৰোতা, *s.* ভাৰ্য্যা, ঘৈনিএক, তিৰি, a wife.

তির্থ, *s.* গঙ্গা আদি, পুন্য খেত্র, a place of pilgrimage, any sacred spot, especially a sacred bathing place.

তির্থগামি, } *a.* তির্থলৈ জোআ, going on pilgrimage; *s.* a traveler,
তিথজাত্রি, } a pilgrim.

তিথজাত্রা, *s.* তির্থ গমন, তিথলৈ জোআ, the going on pilgrimage.

তিল, *s.* সস্য বিসেস, অতি অলপ, গাৰ সৰু সৰু কলা চিন, a plant the seeds of which are oleaginous, (Sesamum Orientale;) a moment, a very little of any thing, a freckle, a mole.

তিলক, *s.* ফোঁট, an mark on the forehead made of earth or sandal, a freckle, a mole.

তিলকাঞ্চন, *s.* তিল সোন, মৰাৰ সময়ত গোটাই উচৰগ কৰা তিল সোন, তামৰ বাটি, an offering of *teel* seed and gold made to a brahmin in the hour of dying.

তিলনি, *s.* তিলৰ খেত্র, মৰাৰ তিন দিনত কৰা কৰম, a field of the sessamum plant, a ceremony on the third day after a person's decease.

ভিলেকত, *ad.* খন্তেকত, চকুৰ প্ৰচাৰত, অতি সিম্ৰে, quickly, in a moment, in the twinking of an eye.

ভিহ্‌তিহিয়া, *a.* বৰ চোকা, অতি জোঙা, very sharp or pointed.

তিহ্‌বলি, *s.* এবিধ ফুল, যা তাৰ গচ, a species of flower.

তুআ, *pron.* আপোনাৰ, তোমাৰ, your, (poetical.)

তুঁহ, *s.* বনা ধানৰ বাকলি, chaff, refuse, light worthless matter.

তুকতুকিয়া, *a.* বৰ পিচল, very slippery.

তুখ্‌ৰুঙ্গ, *a.* পৰিপাটি, বস্তু আদি ভালকৈ বন্ধা, জুগুত হোআ, in order, repaired, packed and bound up, ready.

তুঙ্গতুঙ্গাই, *v.* চুপচুপাই, মিচাকৈ আসা দেখুউআই, to deceive by false hopes or promises, to allure.

তুঙ্গতুঙ্গুআ, *s.* চুপচুপুআ, ভাৰসা বা কথা দিয়া, the act of deceiving &c.

তুঙ্গাই, *v.* উচটাই, মন বৰ্হাই, তুলি দি, to encourage or stimulate.

তুচ্ছ, *a.* অধম, খুদু, নৰম, অকামিলা, হেলা, insignficant, low, mean, despicable; with কৰি, to despise.

তুচ্ছগ্যান, *s.* নিচেই সৰু হেন মনা, অৱহেলা, হেয়গ্যান ,contempt, disesteem.

তুতি, *s.* স্তুতি, গুন বনোআ, প্ৰসংসা, প্ৰাৰ্থনা, praise, worship, eulogy; with কৰি, to praise, to worship.

তুতিয়া, *s.* এবিধ কজলা বা খৰুআ দ্ৰুব্য, blue vitriol.

তুতুআই, *v.* দিম দিম বুলি নিদিয়া, to promise and not perform.

তুমৰলি, *s.* বৰকৈ তেজ বৈ জোআ, blood flowing, bleeding copiously.

তুমি, *pron.* সৰ্ব নাম, সম্বোধন মাত, এক বচন, you, thou.

তুমিতুমা, *s.* সমনিয়াক মান্যেৰে মতা মাত, তুমি সম্বোধন কৰা, mutual address of respectable people.

তুৰন্তে *ad.* সিম্ৰে, ততালিকে, নিমিসে, quickly.

তুৰি, *s.* বাদ্য বিসেস, ভেঁৰি, a trumpet.

তুৰিমুৰি, *s.* ইফাল সিফাল, নিয়ম নৰখা, আজ্ঞা দস্তুৰত নোবোআ, rudeness, incivility, disregarding rules of propriety, coarseness.

তুৰ্তুৰিয়া, *a.* পাতলা, সৰু, লঘু, পাতল মুখেৰে, thin, light, shallow.

তুল, *s.* বস্তু জোখা পাত্ৰ, তুলাচনি, তুলাচালনি, a balance or pair of scales.

তুলনা, *s.* সমান কৰা, উপমা, equality, similarity, comparison, likeness.

তুলসি, *s.* এবিধ সৰু বিৰিখ্য, বিৃন্দা, *tulohi*, the basil plant, held sacred and worshipped by the hindoos; (ocymum sanctum.)

তুলা, *s.* গুটি গুচুউআ কপাহ আদি, সপ্তম ৰাসি, cotton &c. divested of the husk and seeds, the sign Libra.

তুলাই, *v.* বাঁহ আদিৰ কাঠি উলিয়াই, to split into thin strips or splints.

তুলাচমি, *s.* নালত আঁক থকা জোখৰ, পাত্ৰ, an instrument for weighing.

তুলাতুল, *a.* বৰকৈ সিজা, অতি কোমল, মৃদু, cooked soft; soft like cotton, mild, gentle.

তুলাপাত, *s.* কাকত, কাগজ, paper.

তুলাপ্ৰাই, *a.* তুলাৰ নিচিনা কোমল বা লঘু, like cotton, soft or light.

তুলি, *s.* তুলা ভৰোআ মজ্যা, উভালি, ওপৰলৈ দাঙ্গি, থিয় কৰি, a quilt or mattrass; *v.* to uproot, to raise, to erect.

তুলিধৰা, *a.* দাঙ্গি ধৰা, সুঅনি হোআ, supported, attired, adorned.

তুলুআ, *s.* কাঠি বা ডমাল আদি কৰা, splitting into long thin splints.

তুল্য, *a.* সমান, নিচিনা, সদৃশ, equal, alike, similar; *s.* similarity, analogy; with কৰি, to liken to, to compare with.

তুল্যগ্যান, *s.* সমান মনা, একে ভৰা, the esteeming different persons or objects alike.

তুল্যাতুল্য, *a.* সমান অসমান, similar and dissimilar, like and unlike.

তুষ্ট, *a.* সন্তুষ্ট, হৰ্সিত, pleased, gratified, glad, acceptable, pleasing.

তুষ্টি, *s.* তুষ্ট হোআ, আনন্দ, আহ্লাদ, pleasure, delight, enjoyment.

ত্বৰিত, *ad.* সিদ্ধে, বেগাই, now, immediately, at once.

তেও, *conj.* তথাপি, yet, notwithstanding.

তেওঁ *pron.* সেই জন, মান্যৰ মাত, he, (honorific.)

তেজ, *s.* ৰক্ত, সোনিত, blood.

তেজ গোঁৰা, *a.* অলপ বগা, ৰঙ্গচা, having a ruddy complexion.

তেজ পৰা, *a.* সৌচত তেজ পৰা, গ্ৰহনি ৰোগ, dysentery, bloody flux.

তেজপাত, *s.* এবিধ সুগন্ধি পাত, the leaf of a tree, (laurus cassia,) used as a condiment.

তেজমুই, *s.* এবিধ গচ, a species of tree.

তেজসাঁও পৰা, *s.* সৌচত তেজে সাঁৰে পৰা, খৰ গ্ৰহনি, mucous and bloody discharges from the bowels.

তেজস্বি, *a.* প্ৰতাপি, দিপ্তিমান, splendid, illustrious.

তেজি, *v.* ত্যাগি, এৰি, বৰ ৰঙ্গা, to leave, to forsake, *a.* very red.

তেজিৰঙ্গা, *a.* বৰ ৰঙ্গা, টিকটিকিয়া, red like blood, blood-red.

তেতিখ্যনে, } *ad.* তেখনে, বেগতে, সেই সময়তে, then, immediately.
তেতিয়াই, }

তেতেক, *ad.* সেইমান, তিমান, ততখিনি, so much, so many, (a correlative).

তেঁতেলি, *s.* এবিধ টেঙ্গাৰ গচ বা ফল, the tamarind tree and fruit.

তেঁতেলি পতিয়া, *a.* তেঁতেলি পাতৰ দৰে চিৰাচিৰ, বা চেপেটা, narrow and thin like the leaf of the tamarind.

তেধৰ, *a.* টেঙৰ, বুধিয়ক, সিয়ান, চতুৰ, cunning, sly, artful.
তেনে, *a.* সেই ৰূপে, তেনেকুআ, so, thus.
তেনেই, *a.* সেই ৰূপেই, সমুলঞ্চে, আটাইখিনি, exactly so, all, the whole.
তেনেকুআ, *a.* সেই ৰূপ, তেনে, তাৰ নিচিনা, তেনেহে, like, similar.
তেনেকুআকৈ, } *ad.* সেই দৰে, তাৰ নিচিনাকৈ, in like manner, thus.
তেনেকৈ, }
নেতেহলে, } *conj.* তেহে, সেয়ে হলে, if so, in that case, then.
তেন্তে, }
তেৰ, *a.* ত্ৰয়োদস, thirteen.
তেৰানৈবে, *a.* চাৰি কুৰি তেৰ, ninety-three.
তেৰাসি, *a.* চাৰি কুৰি তিনি, eighty-three.
তেৰেজ, *s.* অঙ্কৰ হিচাব গোটোআ, জোগ, addition, a summing up.
তেৰেটা, *a.* তেৰ জন বা গোট, thirteen.
তেল, *s.* সৰিয়হ আদিৰ পেৰা ৰস, জন্তু আদিৰ তেল, oil, vegetable or animal.
তেল ঘঁহি, *v.* তৈল মাৰ্জন কৰি, তেল সানি, to anoint.
তেলটুপি, *s.* সৰু চৰাই এবিধ, the swallow.
তেলনি, *a.* তেলেৰে মিহলি বা ভজা, oily, cooked or eaten with oil.
তেলমৰা, *s.* তেল তপত কৰি আঞ্জাত দিয়া, the putting vegetables &c. into hot oil for cooking.
তেলাল, *a.* তেলেতিয়া, বৰ তেলেৰে, তেল থকা, fat, greasy, oily.
তেলি, } *s.* তেল বেচোঁতা, তেলুআই, an oilman, a class of people
তেলিয়া, } who sell oil.
তেলিচাই, *s.* তেলেৰে মিহলি চাই, a mixture of oil and ashes.
তেলিয়াসাৰেঙ্গ, *s.* সৰ চৰাই এবিধ, the Indian crane.
তেলিসাল, *s.* তেল পেৰা অস্ত্ৰ বা জতন, an oil press.
তেলেতিয়া, *a.* খাওঁতে মুখত তেলৰ দৰে লগা, having an oily taste.
তেহে, *ad.* তেবে, তেন্তে, then, in that case, being thus.
তেহেত, } *ad.* আঁতৰত, নিলগত, দুৰৈত, at a distance, yonder.
তেহেলৈ, }
তোক, *pron.* সামান্যক মতা সৰ্ব নাম, you, (inferior.)
তোচখোআ, *a.* কোঁচ খোআ, হোঁহোকা মৰা, headed off, turned back.
তোচদান, *s.* কলাই খাৰৰ তোতা থোআ পেৰা, a cartridge box.
তোমাই, *v.* তোমত বান্ধি, তোমেৰে টোপোলা বান্ধি, to bind up in the above.
তোৰা, *s.* দিঘল মাচ এবিধ, a species of fish.
তোলনি, } *s.* প্ৰথম ৰিতুমান হোআ বিয়া, a ceremony perform-
তোলনি বিয়া, } ed on a daughter's reaching the age of puberty.

তোলনিয়া, *a.* তুলি লোআ, তোলা, পোসা, adopted, reared, raised.
তোলপাৰ, *s.* হুলস্থুল, হুআদুআ, confusion, noise, hubbub.
তোলা, *s.* উভলা, ওপৰলৈ দঙা, সন্তান আদি ডাঙৰ দিঘল কৰা, টকাৰ ভৰ, tearing up by the roots; rearing children or animals; *a.* lifting, raising, gathering up; eight annas in weight.
তোলাই, *v.* লোকৰ দ্বাৰাই তুলি, to cause to be raised, lifted &c.
তোলাও, } *a.* নিপাত, উবাৰ, নাস, উচন, laid waste, destroyed, strip-
তোলাজ, } ped.
তোসা, *s.* তুষ্ট কৰা, সন্তোস কৰা, the giving pleasure or gratification.
তৌতৌআই, *v.* খৰখেদা কৰি, বৰ আহুতেৰে ঘনে ঘনে কৈ কৈ, to do or speak in a flurried or confused manner.
ত্যাগ, *s.* see তিয়াগ.
ত্ৰয়, *a.* তিনটা, ত্ৰিভিয়, three, a triad, used mostly in composition, as বেদত্ৰয়, the three veds; লোকত্ৰয়, the three worlds.
ত্ৰয়োদস, *a.* তেৰ, thirteen.
ত্ৰয়োদসি, *s.* চন্দ্ৰ ওলোআৰ পন্থা তেৰ তিথি, তিথি বিসেস, the thirteenth day of a lunar month, a festival.
ত্ৰস্ত, *a.* ভয়জুক্ত, আকুল, ভয়াতুৰ, terror stricken, frightened.
ত্ৰাতা, *s.* ত্ৰানকৰ্তা, ৰাখোঁতা, a saviour, a deliverer.
ত্ৰান, *s.* উধাৰ, নিস্তাৰ, ৰখ্যা তৰন, মুক্তি, salvation, deliverance.
ত্ৰানকৰ্তা, *s.* উধাৰ কৰ্তা, নিস্তাৰোঁতা, ৰাখোঁতা, saviour, deliverer.
ত্ৰান পোআ, *a.* মুক্তি বা নিস্তাৰ হোআ, saved, delivered, rescued.
ত্ৰানোপাই, *s.* মুক্তিৰ উপাই, তৰনৰ উপাই, a way of salvation.
ত্ৰাস, *s.* ভই, ডৰ, সঙ্কা, fear, terror.
ত্ৰাসি, *a.* ভয়াতুৰ, ভয়জুক্ত, fearful, cowardly; *s.* a coward.
ত্ৰাসিত, *a.* ভয়জুক্ত, চিন্তিত, কম্পিত, terrified, affrighted, horror stricken.
ত্ৰাহি, *interj.* ত্ৰান কৰা, ৰখা, save! deliver! (Sanscrit.)
ত্ৰি, *a.* তিনি, ত্ৰিতয়, three, in composition, as ত্ৰিজগত, the three worlds.
ত্ৰিকাল, *s.* ভুত, ভবিস্যত, বৰ্ত্তমান, জোআ থকা অহা কাল, তিনি বেলা, present past and future; morning noon and evening.
ত্ৰিকালগাঁ, *a.* সৰ্বগ্যানি, সৰ্বজ্ঞান, knowing the past present and future.
ত্ৰিকুট, *s.* খিৰসাগৰৰ মাজৰ এক পৰ্বত, a fabulous mountain with three peaks.
ত্ৰিকুল, *s.* পিত্ৰি, মাত্ৰি, সহুৰ, এই তিনি বংস, the three families of one's father, mother and wife.
ত্ৰিকোন, *s.* তিনি চুক, a triangle.

ত্রিকোনিয়া, *a.* তিনি চুক থকা, তিনি চুকিয়া, triangular, trigonal.

ত্রিগুন, *s.* সত্ত্ব, রজ, তম অংসৰ তিনি গুন, the three inherent natural qualities of matter; threefold, thrice, triple.

ত্রিচ, *a.* ডেৰ কুৰি, thirty.

ত্রিজগত, *s.* স্বৰ্গ, মৰ্ত্ত্য, পাতাল, the three worlds; the universe; heaven, earth and hell.

ত্রিতিয়, *a.* তিনিৰ সংখ্যা, তিনি সংখ্যক, তিনটাৰ সেসৰটো, the third.

ত্রিতিয়া, *s.* উদই চন্দ্ৰৰ তিন দিনৰ তিথি, the third day of a lunar month.

ত্রিদস, *s.* দেৱতা, a deity or god subject to birth, being and destruction.

ত্রিদেৱ, *s.* ব্ৰহ্মা, বিষ্ণু, সিৱ, ত্রিমুৰ্ত্তি, the hindoo triad, Brahma, Vishnoo, and Maheswor.

ত্রিধা, *ad.* তিনি প্ৰকাৰ, of three kinds, three fold.

ত্রিন, *s.* বন, ঘাঁহ, grass, a shrub.

ত্রিনমই, *a.* সৰহকৈ বন থকা, ত্রিন জেন, অতি তুচনিয়, abounding with grass, grassy; worthless as straw, insignificant.

ত্রিনয়ন, } *a.* তিনি চকুআ, মহাদেও, three eyed, an epithet of
ত্রিলোচন, } Hoda Hiwo.

ত্রিপত্র, *a.* তিনি পাত থকা, বেল পাত আদি, three leaved, trifoliate; three pronged, as of the hindoo trident.

ত্রিপথগা, *s.* গঙ্গা, the Ganges, as supposed to flow through heaven, earth and the infernal regions.

ত্রিপদি, *s.* তিনি ঠেঙিয়া, চন্দ বিসেস, a tripod; a three legged table or stand; a kind of metre, consisting of two lines, each divided into three parts.

ত্রিপুৰাৰি, *s.* সিৱ, মহেস, Hoda-Hiwo, Mahadeo.

ত্রিপ্ত, *a.* সন্তুষ্ট, হৰ্ষিত, satisfied, gratified, pleased.

ত্রিপ্তি, *s.* হেপাহ পলোআ, তুষ্ট, the satisfaction of appetite thirst &c.

ত্রিবৰ্গ, *s.* ধৰ্ম্ম, অৰ্থ, কাম, the three objects of human pursuit, viz, love, wealth, and duty.

ত্রিবেনি, *s.* তিৰ্থ বিসেস, সৰস্বতি, জমুনা, গঙ্গা, এই তিনি নদিৰ জোগ, a confluence of three streams, applied to the junction of the Ganges, Soraswoti, and Jumuna Rivers.

ত্রিভুবন, } *s.* স্বৰ্গ মৰ্ত্ত্য পাতাল, the universe, heaven, earth and the
ত্রিলোক, } infernal regions.

ত্রিমুৰ্ত্তি, *s.* তিনি আকাৰ, ব্ৰহ্মা, বিষ্ণু, মহেস, the hindoo triad or the united form of Brahma, Vishnoo and Maheswor.

ত্রিসন্ধ্যা, *s.* পুআ, দুপৰিয়া, গধুলি, morning, noon, and evening.

ত্রিষা, *s.* পিয়াহ ত্রিষ্ণা, thirst, appetite, strong desire.

ত্রিসুল, *s.* সিৱৰ অস্ত্র, তিন ডলিয়া অস্ত্র বিসেস, a trident, a three pronged weapon, generally regarded as Hiwo's insignia.

ত্রেতা, } ত্রেতাজুগ, } *s.* হিন্দুমতে ১২৯৬০০০ বচৰ পৰিমিত দুতিয় জুগ, the second *jug* or age, in the mythological chronology of the hindoos, consisting of 1,296,000 years.

ত্রৈৰাসিক, *s.* অঙ্কৰ প্রকৰন বিসেস, the rule of three in arithmetic.

ত্রৈলোক, *s.* তিনি ভুবন, স্বর্গ, প্রিথিবি, পাতাল, the three worlds, heaven, earth and the infernal regions.

ত্র্যাখ্যৰ, *a.* ওঁকাৰ, অ, উ, ম, এই তিনি আখৰ, triliteral; *s.* the three letters অ, উ, ম, the sacred and mystic syllable, O, U, M, which represents the hindoo trinity.

থ

থ, থকাৰ, থৰ দিয়া, this letter is the aspirate of the dental ত, and has the sound of *th*, in *Mat-thew*; the imperative of থৈ, to put, to place; it is also the termination of some ordinal numerals, as চতুর্থ, the fourth, from চতুৰ, four.

থকবক, *s.* ফুটধৰি বৰ্কৈ উতলা, ভুমুক্ ভমুক্ কৰা, a bubbling or boiling up; with কৰি, to boil or bubble up.

থেকৰবকৰ, *a.* অথিৰ অবিৰ, কঁপি থকা, trembling, shaking, quivering, having an unsteady gait; *s.* tremor, tremulousness.

থকা, *a.* থিতি হোআ, নিবাস কৰা, অহসেস, existing, dwelling, living, continuing, remaining in excess.

থকাঠাই, *s.* নিবাসৰ থান, ঘৰ, a dwelling place, residence, home.

থকাথৈয়া, *a.* দুই মন হৈ এবেলি ৰই এবেলি জাই, hesitating, undecided.

থকাসৰকা, *a.* অনেক ঠাইত বিন্ধা বা কটা, cut or pierced through and through in many places.

থগিত, *a.* বিবুধি হৈ ৰৈ থকা, তব্ধা, confounded, brought to a stand.

থঙ্গা, *s.* নোমৰ বহা কাপৰ, কম্বল, a blanket, a cloth used to sit upon.

থপথপাই, *v.* পানি খচি ফুৰি, বিয়াকুল হৈ ফুৰি, থপিয়াই, to flounder or splash about in water, to be flurried or agitated.

থপথপিয়া, *a.* থিৰ, জোল নোহোআ ভাঠ, বোকা আদি, thick and tenacious.

থপৰাই, *ad.* বেগতে, থুপুৰাই, suddenly, quickly, unexpectedly.

থপৰিউআ, } থপামৰা, } *s.* চপৰিউআ, হাতেৰে লাহেকৈ মৰা, the act of gently patting with the hand.

থপিউআ, *s.* থাপ মৰ, হাতৰ তলুআৰে মাৰি সমান কৰা, চিলনি আদিএ থাপ মৰা, the act of clutching; the beating of a mass into shape by patting.

থপিয়াই, *v.* থাপমাৰি, থাপি, to clatch, to pat, to pounce down upon.

থপিয়াথপিকৰি, *v.* থাপ মৰামৰি, to mutually peck, pat or slap.

থমক, *s.* ৰোআ, থগিত হোআ, stopping, standing still.

থমকা, *a.* ভয়ত বিস্মই হৈ ঠঁৰে ৰৈ থকা, surprised and brought to a sudden stand.

থমকি, *v.* ৰৈ ৰৈ, তম্ভি, to come to a sudden stand.

থমকাগোআ, } *s.* তম্ভা, ৰৈ থকা, the standing motionless as from fear or surprise.
থমকিৰোআ, }

থম্থম্কৰে, *ad.* থুপথুপকৰে, থুলন্তৰ ৰূপ, একো বন নকৰাকৈ, with loss of vigor in old age, without work, sitting idle.

থমথমিয়া, *a.* থুলন্তৰ, সকত, corpulent, stout, (principally in old age.)

থমাদৈ, *s.* পানি নোহোআ দৈ গাখিৰ, solid milk curds.

থৰ, *s.* ধোৰ্জা, ধানৰ চটা বা আঠোটা মুঠি, six or eight handfuls of reaped grain, a term used in counting grain.

থৰকবৰক, *a.* গাৰ গতি এৰা, অথিৰ, unsteady, tremulous, shaking.

থৰকাচুটি, *s.* তত্জুৰি, গ্যান বুধি, self-possession, self-control.

থৰকাচুটিএৰা, *s.* বিচেষ্টা হৈ, চুৰিয়া পিন্ধিবলৈ তত নোহোআ, বিতত, ধোৰ্জ এৰা, insensibility, the loss of consciousness or self-control.

থৰ্থৰ্কৰে, *ad.* অতি কম্পনেৰে, অথিৰ ভাৱে, tremblingly, unsteadily.

থৰ্থৰিবান, *a.* ভয়ত কম্পমান, exceedingly terrified, trembling with fear.

থল, *s.* থান, ঠাই, বাম, a place, a station, dry lands, a low land.

থলআখৰ, *s.* পাতৰ বৰনেৰে তোলা আখৰ, a letter formed in outline on a dark ground.

থল্থলিয়া, *a.* জুসুজুলিয়া, থলে বহল হৈ জোআ, লেউলেউআ, neither fluid nor solid; of soft consistence.

থলপদ্ম, *s.* এবিধ ফুল, a flowering plant, (Hibiscus mutabilis.)

থলি, *s.* থকা ঠাই, থান, ভৈয়াম, an abode, a place, a low land.

থলিদাঙ্গি, *v.* উচলকৈ, থকা ঠাই এৰি, to wholly abandon an abode.

থলুআ, *a.* থলত থকা, relating to a valley or low land.

থহা, *s.* থাহি পেলোআ, ঘনকৈ খোঁচা বা কটা, the act of thickly piercing or cutting in small bits; *a.* chipped, minced.

থাই, *v.* তল নাগে, থাউনি পাই, to touch bottom, within one's depth.

থাউনি, *s.* মুৰ তল নোজোআ পানি, গা থোআ, water within one's depth; bottom.

থাউকাল, *a.* নিয়মিয়া, সমান, দিঘল বা চুঁটি নোহোআ, of ordinary size, of good proportion.

থাওকতে, *ad.* মুঠতে, সমুলি, থোপতে, by wholesale, in the gross.

থাক, *s.* জখলা আদিৰ খাপ, বথ দিয়া, মানা কৰা, জাব নিদিয়া, an interstice, a layer, a step in a flight of stairs; one of a series.

থাকি, *v.* ৰৈ, বাস কৰি, থিতি হৈ, to remain, to stay, to abide, to wait.

থাকোঁতা, *s.* থকা জন, নিবাসি, an inhabitant, a dweller, a resident.

থাঙ্গৰাঙ্গ, } *ad.* ডাল ডাল, নৰ্বাঙ্গ তৰ্বাঙ্গ, in confusion, thrown about
থাঙ্গলাঙ্গ, } in disorder.

থান, *s.* ঠাই, ইশ্বৰক সেৱা কৰা ঠাই, a place, a dwelling, an abode, a sacred place or place of worship.

থান কাপৰ, *s.* ভাও কাপৰ, a roll of cloth.

থানথিত, *s.* থাকিবলৈ ঘৰ বা ঠাই, থিতি লগা, a permanent or fixed abode, fixedness, permanence.

থানবান, *a.* থানথান, গোট গোট, সিসুতি, scattered about in disorder.

থানা, *s.* চকি পহৰাৰ ঘৰ, a police station, a watch-house.

থানান্তৰ, *s.* আন ঠাই, দেসৰ পৰা অন্তৰ, another place, a foreign country; with হোআ, removed; with কৰি, to remove &c.

থানিকা, *s.* থকা ঠাই বা ঘৰ, থিতি, a residence, an abode.

থানেথানে, *ad.* নানা ঠাইত, অনেক থানত, ঠায়ে ঠায়ে, here and there, in various places.

থাপ, } *s.* তত্ নোপোআকৈ থাপতে ধৰি নিয়া, থপা, থাপৰ, the
থাপমৰা, } act of clutching, grasping or snatching; *a.* grasped &c.

থাপত, } *ad.* থিতাতে ততালিকতে, বেগতবেগে, as with a sudden
থাপতথাপে, } clutch, suddenly.

থাপনা, *s.* পতা, থিতি কৰা, a placing, fixing or setting up (as an idol,) appointing, establishing, (as a law or ordinance.)

থাপি, *v.* থাপন কৰি, থৈ, পাতি, চপাই, অলপকৈ হেঁচি, to establish, to set up, to place, to ordain, to appoint.

থাপিত, *a.* সাঁচতিয়াৰ, থোআ, পতা, fixed, established, set up, appointed.

থাপিথুপি, *v.* সমান কৰি, হাতেৰে হেঁচি সমানকৈ, to pat, to smooth or make compact by patting.

থাল, *s.* পিতল আদিৰ বহল পাত্ৰ, কাঁহি, তৰাহি, a metalic flat dish or tray.

থালি, *s.* বৰ চৰু, a large earthen boiling vessel.
থাহি, *v.* ঘনকৈ কাটি বা খুঁচি, মিহিকৈ কুটি, to cut fine, to chip, to mince.
স্থিত, *a.* স্থিতি হোআ, থকা, situated, being, established.
থিতাতে, *ad.* ওচৰতে, ততালিকে, তেতিয়াই, at hand, near, suddenly, at once.
থিতাদহে, *ad.* ততালিকে, তুৰন্তে, at once, quickly, speedily.
থিতি, *s.* ৰোআ, আহি পোআ, থকা, থানিকা, an abiding, continuance, residence, durability, permanence; with কৰি, to establish, &c.
থিপ্থিপিয়া, *a.* অলপ পানি হোআ, moist, as weather or land.
থিয়, *a.* পোন, ওখ, চন্দা নোহোআ, perpendicular, erect, precipitous; with কৰি, to place upright; with হৈ, to stand erect.
থিয়কিল, *s.* কিলাকুটি থিয়কৈ মৰা, a downward stroke with the elbow.
থিয়গোৰ, *s.* থিয়ৈ ভৰিৰে মৰা, প্ৰহাৰ, a downward stamp of the foot.
থিয়দঙ্গা, *a.* থিয় হোআ, থিয় হব পৰা, upright, able to stand erect.
থিয়াথিয়ৈ, *ad.* নবহাকৈ থকা বা ফুৰা, without sitting or waiting.
থিয়ৈ, *ad.* থিয় হৈ, পোন হৈ, in an upright, erect or standing position.
থিৰ, *a.* অলৰ, অচল, গোট মৰা, সান্ত, নিচই, জুগুত, fixed, steady, firm, unshaken, certain, placid, cool, calm, ready.
থিৰ কৰা, *a.* জুগুত কৰা, নিচই কৰা, নিয়ম কৰা, prepared, made ready &c.
থিৰজুৰ, *a.* সান্ত, নিৰ্জু, ধিৰ, চেঁচা, calm, collected, cool, dispassionate.
থিৰ্থিৰাই, *v.* অলপকৈ বৰখুন কনিয়াই, সিমসিমাই, to rain in small drops.
থিৰাঙ্গ, *a.* নিচই, স্বৰূপ, ঠিক, true, certain; with কৈ, *ad.* truly &c.
থিৰিকনি, *s.* কনিওআ বৰখুন, কিন্কিননি, mist, small rain-drops.
থিৰেজুৰে, *ad.* লাহে লাহে, ক্ৰমে ক্ৰমে, ধিৰেৰে, slowly, gently, gradually.
থু, } *s.* সেপ, মুখৰ ওলোআ পানি, spittle, saliva.
থুই, }
থুআই, *v.* থুই পেলাই, to spit, to eject saliva from the mouth.
থুইপেলোআ, } *s.* সেপ পেলোআ, ঘিন দেখুউআ, spitting, a way of
থুউআ, } expressing disgust.
থুঁতৰি, *s.* থোঁতোৰা, তল ওঁঠৰ তল ভাগ, the chin.
থুতৰিয়া, *a.* থুতৰিলৈকে হোআ, থোঁতোৰাৰ সমান, chin-deep, up to the chin.
থুকিথুকিকৰি, *v.* কাটি কাটি, ডোখৰ ডোখৰ কৰি, to cut into small pieces, to mince, to hack.
থুকিয়া, *a.* থোকেৰে থকা, of a branch or a cluster.
থুকু, *s.* সৰু চুঁটি টেকেলি, a small earthen jug.
থুকুচি, *v.* কাপৰ আদি হাতেৰে থেকেচি খচি ধুই, to press or squeeze cloth as in washing.

থুত্কুৰিয়াই, *v.* চোবাই থুথুকৈ পেলাই, to taste and eject from the mouth.
থুন্থুনাই, *v.* অলপকৈ কান্দি, কুনকুনাই, to whine, to utter a low cry.
থুন্থুনিয়া, *a.* কুন্কুনাই কান্দি থকা, whining, whimpering, complaining.
থুনপাক, *s.* ধন থোআ সৰু মোনা, a money purse, a small bag.
থুনুকথানাক, *s.* থেনাক্থুনুক, সৰু লৰাৰ অথিৰ খোজ বা মাত, imperfect utterance or a tottering gait, as of a child.
থুপ, *s.* গোট, মুঠ, লগ লগা, a collection, a heap, an assemblage; with খাই, to gather together, to assemble.
থুপথ্পিয়া, *a.* অলপ পানি থকা, থপ্থপিয়া, moist, soft.
থুপৰি, *s.* বন বাৰি নজনা তিৰোতা, একাজভাগি, ভাকৰি, a woman ignorant of work; *a.* worthless, ignorant, stupid.
থুপাই, *v.* গোটাই, চপাই, to assemble, to collect in groups or clusters.
থুপি, *s.* আঙ্গনি, গুটিৰ জোঁটা, one bunch of a cluster of fruit.
থুপুআ, *s.* গোটোআ, চপোআ, মুঠ কৰা, the act of collecting or gathering together in groups.
থুপুৰ কৰে, *ad.* লাহেকৈ, থেকেচা নোখোআকৈ, gently, applied to falling or laying anything down.
থুপুৰি, *a.* জুম, গোট, মুঠ, a collection, a group.
থুৰি, থুৰিপাত, } *s.* কলা পাত আদিৰ থোৰ, the sheath of the plantain, the young ear of corn or grass before it shoots forth.
থুৰিউআ তামোল, *s.* পানৰ থোৰ সাজি ভৰোআ তামোল, tamul enclosed in pan leaf.
থুৰিয়া, *s.* তিৰোতাৰ কৰ্ন ভুসন, an ear ornament worn by women.
থুৰিয়াই, *v.* থোৰ সাজি, চুৰিয়াৰ থোৰ কৰি, to roll up, to lay in folds or plaits, as the end of a *suria* or waistcloth.
থুৰিয়াৰখা, *s.* পোআলি মৰা মহৰ গাখিৰ ৰখা, the retaining or holding up of the milk by a Buffalo that has lost her calf.
থুৰুহি, *s.* নিমিস, খন্তেক, অলপকাল, a moment, a short time.
থুল, *s.* সমাজ, সভা, a meeting, an assemblage of persons.
থুল্থুলিয়া, *a.* অতি পকা, fully ripe, soft, mellow.
থুলন্তৰ, *a.* গা গতিএ সকত, সুঅনি, large and well proportioned.
থুহথুহ কৰে, থুহথুহিয়া, } *ad.* অতি কোমল, কুঁহি পাতৰ দৰে, very soft, tender, as applied to young leaves, sprouts or fruit.
থেতালি, থেতেলা খুআই, } *v.* খুন্দি বা ফালি চেপেটা কৰি, আধাখুন্দা কৰি, to crush, to split and spread out, as bamboos or reeds.
থেতেলা, *a.* খুন্দা খাই আধা ভগা বা চেপেটা হোআ, crushed, bruised.

থেকেচা, *s.* থেকেচনি, ঠাইতে এফাল মৰা, বিকৰ্থন, the throwing down violently &c. speaking reproachfully.

থেকেচামাৰি, থেকেচি, } *v.* তললৈ এচাৰ মাৰি, to throw down violently, to slam down.

থেকেৰনেকেৰ, *ad.* বিস্তেনি ৰূপে বৰ সুমেৰে, scarcely able, with the greatest effort.

থেকেৰা, *s.* এবিধ টেঙ্গা, a species of acid fruit.

থেন্থেনাই, *v.* ভগা পাত্ৰে সব্দ কৰি, আমনিকৈ কান্দি, to make a jarring sound, as of a broken vessel or a monotonous cry.

থেন্থেনিয়া, *a.* পানিৰে মিহলি হৈ থকা, পেন্পেনিয়া, clammy.

থেপ্থেপিয়া, *a.* জোল বা টান নোহোআ, বোকাৰ দৰে ঘন, ডাঠ, thick, dense, compact.

থেপা, থেপাথেপ, } *a.* ঘন, ডাঠ, এফে ঠাইতে আটাইবোৰ গোট খোআ, close together, thick, crowded, in clusters.

থেৰেজু, *s.* এবিধ টেঙ্গা, a species of plumb.

থেৰেহা, থেৰেহা মৰা, } *a.* ভালকৈ নপকা বা নিসিজা, নিচপতি নপৰা, not well ripened or cooked.

থেৰোগেৰো, *s.* কৰিম নে ন কৰিম, মনৰ খুঁকুৰি, আসঙ্কা অথিৰ, indecision, doubt, a dilemma.

থেলথেলিয়া, *a.* লেপ্লেপিয়া, বোকাৰ দৰে কোমল, soft like mud.

থৈ, *v.* এ ঠাইত ৰাখি, to put, to place.

থৈয়াথৈ, থৈয়ানথৈয়া, } *a.* দন্দত মান ধৌৰ্জ নৰখা, অতি বৰ দন্দ হোআ, without restraint, fierce, applied only to quarreling.

থৈলা, *s.* মৰা পাটৰ মোনা, বা জোলোঙ্গা, a bag, a sack.

থোআ, *a.* ৰখা, থিতি কৰা, থাপন কৰা, set, placed, put, laid.

থোঁতা, *a.* ভালকৈ মাত নুফুটা, খোনা, having an impediment in the speech, stammering.

থোঁতোৰা, *s.* থুঁতৰি, the chin.

থোক, *s.* কলা আদিৰ আখিএ মধুনাই লাগি থকা থোকা, a bunch, as of plantains or other fruit.

থোক্থোকনি, *s.* এঁঠাৰে বস্তুৰ উতল, থকবকনি, the noise of boiling &c.

থোক্থোকাই, *v.* এঁঠাৰে বস্তু উতলি, থক্বকাই, to make the sound peculiar to glutinous substances when boiling.

থোক্থোকোআ, *a.* এঁঠাৰে বস্তুৰ উতল ধৰা, boiling, bubbling up.

থোকাথুকি, *a.* ভালকৈ মাত নুফুটা, কাপৰৰ ঠায়ে ঠায়ে সুতা গোট খোআ, having an imperfect articulation; uneven, as of threads.

খোকাখোক, *a.* কেইবা থোক, অনেক থোকা, abounding with clusters.

খোপ, } *s.* গুটি আদিৰ জোটা, মুঠ, একে ঠাইতে গোট খোআ, a bunch,
খোপা, } a cluster, a tassel.

খোপতে, *ad.* মুঠতে, থাওকতে, all together, in the gross.

খোপাখোপ, *a.* অনেক খোপা হৈ লগা, জোঁটাজোঁট, hanging in clusters.

খোপেখাপে, *ad.* মুঠতে, তেনেই, থাওকতে, as a whole.

খোপোৰা, *a.* বাৰ্হিব নোআৰা, একো কামৰ নোহোআ, ভোতা, ঘুৰনিয়া, short, dwarfed, worthless, blunt.

খোৰ, *s.* মুকলি নোহোআ কোমল পাত, ইঙ্গিত কথা, চুৰিয়াৰ থুৰিউআ, আগ, a new tender leaf or the spathe of palms, a secret, an intimation, the plaits in a *suria* or waistcloth.

খোৰতে, *ad.* কথা নভঙ্গাকৈ, মুঠতে, ইঙ্গিততে, indefinitely, vaguely, secretly or by mere intimation.

খোৰভঙ্গা, *s.* গুপুত কথা প্ৰকাস কৰা, চুৰিয়া থুৰিউআ, the unraveling of a secret, the act of plaiting a *suria* or waistcloth.

খোৰা, *s.* ধান আদি বনা ঢেঁকিৰ মাৰি, the pestle of a foot pedal.

খোৰালি, *a.* খোৰাৰ নিচিনা আগলৈ চিঁয়া, plump, like the above.

খোৰ্খোৰবাটি, *ad.* নিৰসা আৰু লাজ পাই উভতি, returning ashamed and disappointed.

খোলগোল, *a.* ভালকৈ পকা বা সিজা, গলিয়ন, ripe, soft cooked.

খোলোকা, *a.* মঙ্গহাল, পুষ্ট, fat, fleshy, stout.

খোহ্মোহ, *s.* নিৰুত্তৰ, বিবুদ্ধি, speechless; with খাই, to be confounded.

খৌকিবাখৌ, *ad.* বৰকৈ, অতিসই ৰূপে, violently, excessively, applied to boiling or to anger.

দ

দ, দকাৰ, গম্ভিৰ, অগাধ, তল, the letter *d*, dental, pronounced like *d*, in the word *breadth*; *a.* deep, *s.* the deep, depth.

দইন, *s.* হানি, দন্য, লোকচান, loss, damage, harm, failure in business.

দইন পৰা, *s.* খেতি বা কাম আদিৰ হানি হোআ, the failure of a crop, loss in business or trade.

দংসন, *s.* সাপ আদিএ খোটা, বা কামোৰা, the act of biting or stinging.

দংসি, *v.* কামুৰি, খুঁটি, দাহ কৰি, to sting, to bite, to burn.

দঁতা, *a.* দাঁত গজা, having teeth, applied to beasts.

দঁতাল, *s.* মাটি বালি খন্দা জন্ত্ৰ, বৰ দাত থকা, ডাঙ্গৰ, an instrument used in excavating a passage for a boat; *a.* having tusks.

দঁতুআ, *a.* উজলাদঁতা, having prominent teeth.

দগ্দগ্, } a. জিয়া, তেজাল, ৰঙ্গা, fresh, as applied to fish or flesh;
দগ্দগিয়া, } reddish, glowing.

দখ, s. জুবা, ডেকা, জৌৱন, the period or age of maturity.

দখডাঙ্গৰ, a. জুবত হোৱা, দুই বিয়াৰ, past the age of puberty.

দখিন, s. দখিন দিস বা ফাল, the south; a. south, southern.

দখিন পাট, s. আচামৰ চাৰি সত্ৰৰ মাজৰ এক সত্ৰ, name of one of the leading hindoo religious establishments in Assam.

দখিনা, s. কম প্ৰতিস্টা কৰা দান, মিৃতকৰ নিমিত্তে দিয়া দান, a fee, a present to a priest or a preceptor, a funeral gift.

দখিনায়ন, s. উত্তৰৰ পৰা সুৰ্জে দখিনে গতি কৰা কাল, the period of the sun's declination from north to south.

দখিনিয়া, s. দখিন ফলিয়া, দখিনাৰ, southern, relating to a gift.

দখ্য, a. পাৰ্গত, ব্ৰহ্মাৰ পুত্ৰ প্ৰজাপতি জনা, active, dexterous, skilful, able; s. a son of Brahmá sprung from the thumb of his right hand.

দগধা, } a. মেটা, সোৰোপা, inactive, lazy, sluggish, slow, stubborn.
দগা, }

দগৰ, s. এবিধ বাদ্য, দ্ৰিঢ়, অতি সকত, a kind of musical instrument; a. very, very strong.

দগ্ধ, a. পোৰা, পুৰি চাই কৰা, দাহ কৰা, burnt, calcined, scorched.

দগ্ধা, a. অমঙ্গলিয়া তিথি বিসেস, unlucky, s. an unlucky lunar day.

দঙ্গা, s. ওপৰলৈ তোলা, থিয় কৰা, lifting up; a. raised, lifted, elevated.

দঙ্গাই, v. তোলাই, ওপৰলৈ তুলি, to lift up, to raise or straighten.

দঙ্গাপৰা, s. বাৰম্বাৰ দঙ্গা, দাঙ্গি থকা, the lifting or moving about.

দণ্ড, s. লাখুটি, টাঙ্গোন, ডাঁৰ, অপৰাধৰ সাস্তি, a staff or sceptre, punishment, chastisement, a fine, an hour of twenty four minutes.

দণ্ডকৰ্ত্তা, s. সাস্তি কৰোঁতা, one who inflicts punishment.

দণ্ডধৰ, s. দণ্ড ধৰোঁতা, এবিধ সন্যাসি, ৰজা, জম, holding or swaying a staff or sceptre; hence a pilgrim, a king, *Jom.*

দণ্ডনিয়, } a. সাস্তিৰ, জোগ্য, দণ্ডৰ পাত্ৰ, punishable, worthy of punish-
দণ্ডাৰ্হ, } ment.

দণ্ডবত, s. দিঘল হৈ পৰা, অষ্টাঙ্গ প্ৰনাম, prostration, the falling flat on the ground; *lit.* like a staff; with কৰা, a. fallen &c.

দণ্ডি, s. লাখুটি লওঁতা, সন্যাসি বিসেস, bearing a staff, a pilgrim.

দত্ত, a. দান কৰা, দিয়া, given away, bestowed.

দত্তা, a. বিয়া দিয়া চোৱালি, given in marriage; s. a betrothed damsel.

দদাই, *s.* বাপেকৰ ভায়েক, সুদ্ৰাদিৰ বাঁৰি মাকৰ অন্য পতি, a father's younger brother, a stepfather.

দদা, *s.* ককাএক, জ্যেষ্ঠ জন, an elder brother.

দদাসহুৰ, *s.* ঘৈনিয়েকৰ দদায়েক, a wife's uncle.

দধি, *s.* দৈ গাখিৰ, গোট মৰা গাখিৰ, curdled milk.

দধিমথন, দধিমন্থন, *s.* দৈ ঘোটা, এখন অচমিয়া নাটৰ নাম, churning milk, the title of a popular Assamese drama.

দধিসাগৰ, *s.* হিন্দু মতে দৈ গাখিৰৰ এক সাগৰ, the ocean of curds, the fifth ocean in hindoo mythology.

দন, *s.* জালৰ জৰি, the large rope of a fishing net.

দনা, *s.* ঘোঁৰাৰ মুখত খুউআ লেগাম বা সিকলি, লেজু, a bridle, a curb, a bit, a rein; with ওলোমা, *a.* hanging in tatters.

দন্ত্য, *a.* দাঁতৰ পৰা উচাৰন হোআ আখৰ, dental, (as of a letter.)

দন্দ, *s.* হাই উৰুমি, খৰিয়াল, strife, a quarrel; with কৰি, to quarrel.

দন্দবান্দ, দন্দাবন্দা, *s.* হাই হুই, কামোৰা কামুৰি, খোচা মোৰা, a quarrel, contention.

দন্দুৰা, *a.* সদাই দন্দকৈ ফুৰা, a contentious, quarrelsome man.

দন্দুৰি, *s.* দন্দ কৰা তিৰি, a quarrelsome woman.

দন্য, *a.* দইন, ঢুকুআ, হানি, see দইন,

দপ্দপনি, *s.* ডেও পাৰ্নি, ধুম ধুপাল, restlessness, boisterousness.

দপনা, *a.* সকত ডোখৰ বা চলা, a large piece, (as of a meat or wood.)

দপনাদপন, *ad.* ডোখৰা ডোখোৰ, চলাচল, in large pieces.

দপা, *a.* পকিবলৈ ধৰা, ডাবি হুকি দিয়া, partially ripened; reproving, rebuking; with মানুহ, a reprover.

দপালি, *v.* দপনি কৰি, গালি সপনি কৰি, ডাবি হুকি দি, to reprove, to rebuke, to revile.

দপি, *v.* আধাপকা হৈ, ডকৰি, ডাবি দি, to be half ripe, to rebuke &c.

দবক্, *a.* নিমাত, নবৰ্হা নুটুটা, তবক, বৈ থকা, silent, without increase or diminution, stationary.

দবনি, *s.* দবা কোবোআ, ধুম ধুমনি, বৰকৈ খোআ, the sound of a large drum, (the দবা,) eating to satiety.

দবৰাদবৰি, *s.* হতাহতি, কিলা কিলি, quarreling, striking back and forth.

দবা, *s.* বাদ্য এবিধ, a large drum.

দবাদি, *v.* বলেৰে আনি বা নি, to sieze and take away by violence.

দবাপৰলি, *s.* ঘৰৰ চালৰ দাঁতিত বন্ধা বেচা, বা পৰলি, the first or undermost layer of a thatched roof.

দম, *s.* দল, থোপ, সৰহ, চেৰ, a heap, a pile, a multitude, *a.* much &c.
দমকা, *s.* ঝটকা, দোপ, কঁকালত দুখ পোৱা, a strain, a pain in the joints caused by a strain; with খাই, to receive a sprain.
দমদমিয়া, *a.* ওপচ, ভৰা, নদিএ ওখকৈ বালি পেলোৱা, heaped up, full to overflowing, cast up as a sand bank.
দমন, *s.* সাসন, দমা, বস কৰা, keeping in order, bringing into subjection.
দমনা, *s.* এবিধ সুগন্ধি সৰু গচ, a species of fragrant tree.
দমনিয়, *a.* দমিব পৰা, দমিব লগিয়া, capable of being tamed or subdued.
দমৰা, *s.* গৰুৰ মতা পোৱালি, চতিত লগোৱা মুধৰ ডাঙ্গ, the male calf of a cow, an upright support in the frame of a roof.
দমলা, *s.* চকলা ৰূপে বহল হৈ উখহা, a swelling; with বান্ধি, to swell.
দমলাদমলি, *s.* উখহা উখহি, বখলা বখলি, a blotch of swellings.
দমাই, *v.* দম কৰি, সৰহকৈ গোটাই, to heap together, to collect in heaps.
দঁমাদম, *ad.* দলাদল, সৰহত্কৈ সৰহ, in heaps, abundantly, excessively.
দমি, *v.* জিনি, বস কৰি, to subdue, to subject, to check or suppress.
দম্ভ, *s.* গৰ্ব, অহঙ্কাৰ, গপ, গঁফ, pride, arrogance.
দম্ভালি, } *a.* গঁফাল, গৰ্বি, দৰ্পি, ৰৰটো হোৱা, গোআল, proud, arrogant, conceited, boastful.
দম্ভি, }
দৰ, *s.* বস্তুৰ মুল্য, ভাও, নিচিনা, প্ৰকাৰ, price, cost, likeness, similarity.
দৰঙ্গ, *s.* আচামৰ মাজৰ এক প্ৰদেস, Durrung, a District of Assam.
দৰদৰাই, *v.* চেঁচা লাগি, জ্বৰ লাগি, to feel a chilly sensation.
দৰব, *s.* ঔসধ, ৰোগ নাসক বস্তু, medicine.
দৰমহা, *s.* মাহিলা কৰা কামৰ বেচ, monthly wages, salary.
দৰা, *s.* বৰ, বিবাহ কৰোঁতা জন, স্বামি, a bridegroom, one who leads a marriage procession; hence আদৰাই, which see.
দৰালিঘৰিয়া, *s.* দৰা ঘৰৰ, the attendants of a bridegroom.
দৰিউআ, *s.* মাচৰ দাৰেৰে কপাহ চন্দিউআ, the straightening out of cotton with the jaw of the borali fish.
দৰিদ্ৰ, *a.* দুখিয়া, কঙ্গাল, নিধনি, poor, needy, indigent; *s.* poverty &c.
দৰিয়াই, *v.* দাৰেৰে কপাহ চন্দিয়াই, to comb out cotton; see চন্দিওআ.
দৰোআ, *s.* দৰ কৰা, ভাও কৰা, the pricing an article.
দৰ্প, *s.* অহঙ্কাৰ, দম্ভ, মইমত, pride, vanity, conceit.
দৰ্পন, *s.* আৰ্চি, দাপোন, a mirror, a looking glass.
দৰ্পি, *a.* অহঙ্কাৰি, গৰ্বি, মই মতালি, গঁফাল, proud, boastful, arrogant.
দৰ্বাৰ, *s.* ৰাজ সভা, ৰাজ মেল, a court, a hall of audience.
দৰ্সন, *s.* দেখা, দ্ৰিস্টি কৰা, চোআ, a sight, a view; with দি, to appear.

দৰ্শাই, *v.* দেখাই, চিনাই, to show, to point out.

দৰ্হাই, *v.* বাধা কৰি, ভই লগাই, to prevent, to intimidate.

দৰ্হোআ, *s.* ভই লগোআ, বুজুআ, নিচইকৈ কোআ, intimidating, deterring.

দল, *s.* দ মাটিত হোআ এবিধ বন, ভাগ বা জুম, a species of aquatic grass, a portion, a gang, a party, a body of troops.

দল, *s.* দৌল, মঠ, সৰহ, দম, a shrine, a temple; *a.* abundant, much.

দলই, } *s.* কৰ্মানুসাৰে প্ৰধান গনক সোনাৰি আদি, a leading person,
দলৈ, } a chief artificer, an astrologer.

দলকচু, *s.* এবিধ ৰঙা ধান, a species of red rice.

দলঙ্গ, *s.* বহল সাঁকো, পানি পাৰ হোআ উপাই বিসেস, a bridge.

দলঙ্গা, *s.* মাচ মৰা জতন এবিধ, a fish trap.

দলচা, *s.* ঘোঁৰা আদিৰ পিঠিত দিয়া কাপৰ, a saddle cloth.

দল্দল্ কৰে, *ad.* কেঁচুআই নকন্দাকৈ পৰি থকা, contentedly, without crying, (applied to infants.)

দল্দলনি, *s.* ভৰি দিলে লৰা বোকা ঠাই, পিটনি, a bog, a miry place.

দল্দলিয়া, *a.* দ বোকা থকা, দলনি দোপনি, miry, yielding or shaking like boggy ground.

দলন, *s.* পিহা, মোহৰা, ঘঁহা, grinding or rubbing, as with mill stones.

দলনি, *s.* দল থকা ঠাই, a place covered with the দল grass.

দলনি দোপনি, *s.* ওপৰে ফুৰিব পৰা ভাঠ দলনি, দ বোকাৰ পানি, boggy ground, a deep mire.

দলমা, *s.* উখহা, বোবোৰা, a swelling; with বঙ্গা, *a.* swollen, blotched.

দলমাদলম, *s.* বোবোৰা বোবোৰ, a collection of swellings or ridges.

দলমাদলমি, *ad.* বহু ঠাইত উখহা, thickly ridged or blotched.

দলাই, *v.* অনেক গোটাই, দমাই, to gather together, to heap up.

দলাদল, *a.* দমাদম, অনেক অনেক, অধিকাধিক, very many.

দলি, *s.* চপৰা, দুখৰিয়া মাটি বা শিল আদি, মোহাৰি, ঘঁহি, a clod, a clump, a throw from the hand; *v.* to grind or rub on a stone; with মৰিয়াই, to break clods.

দলিচা, *s.* নোমৰ বহা আসন, a rug, a carpet.

দলি মৰা, *s.* দলিউআ, throwing to a distance.

দলিমৰিয়া, *s.* দলি ভঙ্গা কাঠৰ হাঁতুৰি বিসেস, a long handled mallet for breaking clods.

দলিমাৰি, } *v.* নিলগলৈ মাৰি পঠাই, to throw to a distance, to fling,
দলিয়াই, } to cast aside.

দলিয়নি, *s.* চপৰামি, দলি থকা ঠাই, a place abounding with clods.

দলিয়াদলি, *v.* পৰস্পৰে দলিয়াই, to throw back and forth.

দসন, *s.* দন্ত, দাঁত, a tooth, a tusk.

দসম, *a.* দহৰ সম্বন্ধিয়, হিন্দুৰ এক সাস্ত্ৰ, a tenth; *s.* a shaster, being the substance of the tenth division of the Bhagawat, translated into Assamese by Shree Hongkor.

দসমাংস, *a.* দসম পুৰক ভাগ, দহ ভাগ, the tenth part, a tithe.

দসমি, *s.* তিথি বিসেস, the tenth day of the moon's increase and wane.

দস মুখ, } *a.* দহমুৰিয়া, ৰাৱন, having ten faces; *s.* an epithet of
দসানন, } Rawon.

দসৰথ, *s.* ৰাম চন্দ্ৰৰ পিত্ৰি, অজোধ্যাৰ ৰজা, *lit.* fighting with ten chariots; a sovereign of Oude, the father of Ram.

দসা, *s.* কঁপাল, ভাগ্য, অৱস্থা, গতি, কাপৰৰ দহি, state, fate, lot, condition.

দসাৱতাৰ, *s.* বিষ্ণুৰ পৰা হোৱা দহ অৱতাৰ, an epithet of Vishnoo; *lit.* he who became ten times incarnate.

দসাহিন, *a.* অভাগ্য, দুৰ্কপলিয়া, চাট্টি কঁপালিয়া, unlucky, unfortunate.

দস্তক, *s.* দস্তখত, হাত আখৰ, চহি, a signature.

দস্তা, *s.* বাৰে মিহলি ধাতু, an alloy, an amalgam, pewter.

দস্তুৰ, *s.* ৰিতি, মত, ভাও, custom, practice, habit, usage.

দস্তুৰ মতে, *ad.* ৰিতি মতে, ভাৱেৰে, সাধাৰন মতে, according to usage.

দহ, *a.* দস, সংখ্যা বিসেস, ten.

দহন, *s.* পোৰন, দাহ কৰা, combustion, conflagration.

দহনখিয়া, *a.* দুই হাতৰ খামোচে পোৱা, as much as can be clasped with the ten fingers.

দহন বহন, *s.* মৰা নি খৰি দিয়া, কাঠ সংস্কাৰ, the bearing away and burning a dead body.

দহঁৰা, *s.* দহ গণ্ডা, দুবুৰি, চলিচ, in arithmetic ten *gandas* or forty.

দহা, *s.* পোৰা, মৰাৰ দহ দিনত কৰা কাম, a burning, a ceremony for the dead performed ten days after death.

দহি, *v.* পুৰি, আঁচলৰ আগৰ দিঘ সুতা, to burn; *s.* the fringe of a cloth.

দহিকচু, *s.* এবিধ খোৱা কচু, a species of the *arum* plant, the stalks of which are edible.

দহোটিয়া, *s.* দহ জনৰ ওপৰত বৰা, an overseer of ten; *lit.* having ten.

দা, *s.* কটা চিঙা নাসেবে অস্ত্ৰ বিসেস, a *da* or long knife used also as a sword.

দাই, *s.* অপৰাধ, দোস, চিদ্ৰ, জগৰ, ধান আদি সস্য কাটি, a fault, a crime, an error; *v.* to reap.

দাইনি, *s.* ভুতুনি, পিসাচিনি, a witch, an evil spirit.

দাউনি, *s.* ধান দোআ মানুহ, কাচি ধৰোঁতা, a female reaper.

দাউৰাদাউৰি, *s.* লৰ, বেগা বেগি, haste, speed; with কৈ, *ad.* hastily.

দাউৰি, *v.* লৰ মাৰি, লৰি, অতি সিঘ্রে, to run; *ad.* speedily.

দাঁত, *s.* দন্ত, দসন, a tooth, a tusk, a fang.

দাঁতকৰচনি, *s.* দাঁত চোবোআ, the gnashing or grinding of the teeth.

দাঁতকৰচি, } *v.* দাঁতেৰে সব্দ কৰি, to grate or gnash the teeth.
দাঁতচোবাই, }

দাঁতকামুৰি, *v.* দাঁতে দাঁতে বা দাঁতে ওঁঠৈ চেপি ধৰি, ডাখি দি, to bite or grind the teeth, to rage, to scold.

দাঁতচোবোআ, *s.* দাঁতেৰে সব্দ কৰা, সদাই খঙকৈ থকা, the grating or grinding of the teeth.

দাঁতৰি, *s.* চাঙ্গ আদিৰ দাঁতি বা কান, the edge, side or margin.

দাঁতসৰাহিদিয়া, *s.* বিচেস্টা হৈ দাঁতে দাঁতে চেপি বা আটি ধৰা, the lock-jaw, the setting of the teeth as in convulsions.

দাঁতসিৰা, *s.* দাঁতৰ আলু উখহা ৰোগ, a disease of the gums.

দাঁতি, *s.* কোসৰ, কান, পাৰ, a border, a margin, an edge, a side.

দাঁতিনি, *s.* উজলা দঁতা তিৰি, a woman having prominent teeth.

দাঁতিপাৰ, *s.* পৰ্বত আদিৰ সিমা বা কোসৰ, a country bordering on the base of hills and mountains.

দাঁতিয়াল, *s.* দাঁতি পাৰত থাকোঁতা, গাঁতিয়াল, বুৰা ডাঙ্গৰিয়া, ভুত্ বিসেস, a resident of the above, an imaginary evil spirit.

দাগ, } *s.* মাটিৰ ভাগ, চিন, খেল, a portion of land, a class, a
দাগি, } spot, a blemish.

দাঙ্গদোলা, *s.* হাতেৰে ধৰি মানুহ আদি দাঙ্গি নিয়া, the bearing or carrying in the hands or arms.

দাঙ্গি, *v.* তুলি, ওপৰলৈ নি, to raise, to lift up.

দাঙ্গমাৰি, *s.* তাঁত ধৰা মাৰি, a rod of a native loom to which the warp is fastened.

দাতা, *s.* দিওঁতা, দানি, a giver, a liberal person.

দাদৰি, *s.* হেলা, নেওচা, a term of abuse or insult.

দাদৰিখোআ, *a.* সৰপা, নেওচা খোআ, lazy, stupid, mean, low.

দা ধৰা, *s.* অস্ত্র বাহক এক খেল, the king's body guard.

দান, *s.* উচৰগ, দিয়া, an alms, a gift, a present, a donation.

দানকটা, *s.* বেপাৰি আদিৰ বাজ কৰ লোআ, a tax or duty levied by the Kings of Assam.

দানকৰা, *a.* দান দখিনা দিয়া, বিনা মুল্যে দিয়া, given, bestowed, betrothed.

দান পত্ৰ, *s.* দানৰ নিৰ্বন্ধ পত্ৰ, a will, a testament, a legacy.

দানৱ, *s.* অসুৰ, দেৱতাৰ অৰি, দনুজ, দৈত্য, a demon, a fiend, a giant.

দানসাগৰ, *a.* হিন্দুৰ এক প্ৰধান দান, এখন পুথিৰ নাম, benevolent, giving generously, the name of a shaster.

দানি, *a.* দান কৰা মানুহ, দিব পাৰোঁতা, bountiful, liberal, benevolent.

দানিখোৱা, *s.* বেলিএ বেলিএ লাভ পোৱা, খেল আদিত জিকা, one who wins a prize or game.

দাপন, *s.* দাপোন, কাঁহৰ মুখ চোৱা পাত্ৰ, a metalic mirror.

দাপনি, *s.* ডাবি, হাক, বাধা, reproof, rebuke; with কৰি, to rebuke; with খোৱা, reproved, rebuked.

দাপি, *v.* ডাবি দি, দাপনি কৰি, to reprove, to rebuke.

দাব, *s.* খুঁৰা লগা ঘোঁৰা আদিৰ খোজ, a hoof print of a horse; with মৰা, the making an impression with the hoof.

দাম, *s.* হাদাম, সৰহ, বহু, a heap, much, many.

দামকলা, *s.* বন কলা এবিধ, a species of plantain.

দামদুম, *s.* চেবেপা, কেঁতকুৰি, ধুম ধাম সব্দ, a small stinging insect, a loud continuous noise.

দামবন্ধা, *a.* হাদাম বন্ধা, অধিক হোৱা, collected together, heaped up.

দামুৰি, *s.* গৰুৰ পোৱালি, দমৰা বা কাৰ্হুলি, a sucking calf.

দামোদৰ, *s.* ক্ৰিস্নৰ এক নাম, an epithet of Krishnoo.

দাম্ভিক, *a.* দম্ভালি, দৰ্পি, গৰ্বি, proud, imperious, overbearing.

দায়ক, *a.* দানি, দিওঁতা, bountiful, liberal, giving; *s.* a giver; used also in composition, as ভইদায়ক, causing fear.

দায়া, *s.* মৰম, ক্ৰিপা, অনুগ্ৰহ, compassion, tenderness, mercy, favour.

দায়ামই, } *a.* মৰমিয়াল, দায়া কৰোঁতা, merciful, gracious.
দায়ালু, }

দায়াৱান, *a.* দয়াযুক্ত, ক্ৰিপালু, merciful, compassionate, gracious.

দাৰ, *s.* মাচ আদিৰ মুখৰ ঘন দাঁত, the teeth of fish or reptiles.

দাৰন, *s.* বিদাৰন, ফলা, চিৰা, the act of tearing, rending or splitting.

দাৰমুখ, *s.* ফিটকিৰি, এবিধ খাৰ বাখৰ, alum.

দাৰা, *s.* ভাৰ্জা, তিৰোতা, ঘৈনি, a wife.

দাৰুক, *s.* ক্ৰিস্নৰ সাৰথি, Krishnoo's charioteer.

দাৰুন, *a.* ভয়ানক, কঠিন, নিষ্ঠুৰ, terrific, awful, horrible, cruel.

দাৰোগা, *s.* চকিয়াল বৰুআ, থানা ফাটক আদিৰ কৰ্ম চলোৱা প্ৰধান বিসয়া, a native head officer of police, a superintendent.

দাস, *s.* বন্দি, কিঙ্কৰ, সেৱক, আলধৰা, a slave, a servant, a worshiper.

দাসি, *s.* হেটি, সেৱকিনি, আলধৰতি, a female servant or worshiper.

দাস্য, *a.* দাস সম্বন্ধিয়, servile, slavish.

দাস্যকাম, *s.* বন্দিৰ কাম, আলপৈচাম, menial service or occupation.

দাহ, } *s.* পুৰি নিয়া, পোৰা, a burning, combustion, conflagration
দাহন, }

দাহেধৰা, *a.* নবিয়াত হোআ কিহবৰ, পোৰনি, তাপে ধৰা, বমত স্রান্ত হোআ, faint; *s.* fainting, swooning.

দাহোন, *s.* সম্পতি, সাহোন, property, whether inherited or acquired.

দি, *v.* দান কৰি, দিয়া হৈ, to give, to bestow, to present.

দিউআ, *s.* পৰৰ দ্বাৰাই দিয়াই, the causing to give.

দিওঁতা *s.* দান কৰোঁতা, দিব পৰা, দি থকা, a giver, giving habitually.

দিক, } *s.* দিস, ফাল, পোন, কোনা, a point of the compass, quar-
দিগ, } ter, direction.

দিকচৌ, *a.* বৰ দুৰৈ, very long; (applied to a road or journey.)

দিগ্গজ, *s.* প্রিথিবিৰ চুক ধৰি থকা হাঁতি, one of the eight elephants said in hindoo mythology to support the earth.

দিগজোআ, *s.* দিঘল কল এবিধ, a species of very long plantain.

দিগ্দর্সন, *s.* সকলো ফাললৈ দেখি থকা, চাৰিও পোনে চোআ, a looking on every side, a general survey.

দিগপতি, } *s.* দিসৰ অধিপতি দহ জনা দেবৃতা, দিগেশ্বৰ, a protector of
দিগপাল, } the quarters of the globe.

দিগবাহ, *a.* উলঙ্গট, বিবস্ত্র, দৰিদ্র, naked, poverty stricken.

দিগবিজই, *a.* সকলো দেস জিকোঁতা, প্রিথিবিক জিনোঁতা, all-conquering everywhere victorious.

দিগবিদিগ, *ad.* সকলো ফাল, আঠ দিস, everywhere, on all sides.

দিগম্বৰ, *a.* নাঙ্গট, বিবস্ত্র, সিৱ, সন্যাসি, naked, stripped, an epithet of Hoda Hiwo, a naked mendicant.

দিঘ, *s.* দির্ঘ, দিঘল, length, extension; *a.* long.

দিঘল, *a.* দির্ঘ, দিঘ, দুৰৈ, long, extended; *s.* length, extension.

দিঘলদিপৰি, *v.* দণ্ডৱত হৈ, অষ্টাঙ্গ প্রনাম কৰি, to fall prostrate.

দিঘলা, *a.* দিঘল হোআ, long, applied only to man.

দিঘলিয়া, } *a.* দিঘল চানেকি, দিঘল, tall, long, (used compara-
দিঘলেচাৰি, } tively.)

দিঘা, *s.* দিঘৰ জোখ, দির্ঘ, length, extension.

দিঘে, *ad.* দিৰ্ঘে, দিঘলে, in length, lengthwise.

দিন, *s.* সুর্জ ওলাই থকা কাল, দিবস, কাল, day time, a day, time.

দিনকৰ, *s.* see দিবাকৰ.

দিননাথ, *s.* সুর্জ, দিনপতি, the sun; *lit.* the lord of day.

দিননিউআ, *s.* কাল নিউআ, আয়ুস চুকুউআ, সমই খেদোআ, the spending of time, living.

দিননিয়াই, *v.* কাল বা সমই খেদাই, to spend time, to live.

দিনবন্ধু, *s.* দুখিয়াৰ মিত্র, the helper of the needy.

দিনমনি, *s.* সুর্জ, বেলি, the sun, the eye of day.

দিনৰদিণ্টো, *ad.* গুৰে দিন, গোটেই দিন, all the day long.

দিনহিন, *a.* দুখিয়া, দৰিদ্র, কঙ্গাল, দুখিত, poor, needy, destitute.

দিনান্ত, *s.* দিনৰ সেস, গধুলি, the close of the day, evening.

দিনে দিনে, } *ad.* নিতৌ নিতৌ, গুৰেও, প্রতিদিনে, daily, each day,
দিনে পতি, } every day, continually.

দিনে ৰাতি, *ad.* ৰাতিএ দিনে, সদাই, day and night, continually.

দিনৌ, *ad.* নিতৌ, সদাই, daily, continually.

দিপ, } *s.* প্রিথিবিৰ বৰ খণ্ড, হিন্দু মতে জম্বু আদি সাত দিপ, চাকি, a
দ্বিপ, } continent, in hindoo mythology one of the seven circular divisions of the world; a lamp.

দিপচকু, *s.* বিত চকু, a pair of spectacles.

দিপলিপ, *a.* সোভিত, অতি সুন্দৰ, beautiful, comely, well proportioned.

দিপাধাৰ, *s.* চাকি থোআ পাত্র, গচা, a candlestick, a lamp holder.

দিপান্বিত, } *a.* চাকিএৰে ভুসিত, চাকি সমুহ, কাতি মাহৰ অমাবস্যাৰ
দিপাৱলি, } তিথি বিসেস, clear, luminous, effulgent.

দিপিকা, *s.* এক সাস্ত্রৰ নাম, a native book of prophecies.

দিপ্তি, *s.* দিপিতি, পহৰ, প্রকাস, light, brightness, effulgence.

দিপ্তিকৰ, *a.* প্রকাস কৰোঁতা, সুর্জ, giving light, illuminating; *s.* the sun.

দিপ্তিমন্ত, } *a.* প্রকাস জুক্ত, সোভিত, radiant, shining, illustrious.
দিপ্তিময়ই, }

দিপ্তিমান, *a.* দিপ্তি কৰোঁতা, প্রকাসময়ই, bright, shining, effulgent.

দিফলু, *s.* এখন সত্রৰ নাম, এক নদিৰ নাম, one of the principal hindoo religious establishments in Assam; the Difoloo River.

দিবস, } *s.* দিন, সুর্জৰ পহৰ থকা কাল, a day, the period of time
দিবা, } between the rising and setting of the sun.

দিবাকৰ, *s.* সুর্জ, ৰবি, ভানু, ভাস্কৰ, the sun, *lit.* the maker of day.

দিব্য, *a.* উত্তম, সুন্দৰ, মনোহৰ, সু, স্বর্গিয়, সপত, পৰিখা, beautiful, celestial, divine.

দিব্যগ্যান, *s.* সুগ্যান, excellent or supernatural knowledge.
দিব্যবস্ত্র, *s.* অতি সুন্দৰ বস্ত্ৰ, fine raiment.
দিয়া, *s.* দিয়ন, দান কৰা, দি থকা, a giving, bestowing, granting.
দির্ঘ, *a.* দিঘল, long.
দির্ঘজিবি, *a.* অনেক দিন জিয়া, চিৰজিবি, long lived.
দির্ঘ দর্সি, *a.* দুৰদর্সি, গ্যানি, পণ্ডিত, বহুদর্সি, far seeing, prudent, having forecast; *s.* a wise or prudent person.
দির্ঘনিস্বাস, *s.* দিঘলকৈ উসাহ চলা, হুমুনিয়াহ, a sigh, a long breath.
দির্ঘাকাৰ, *a.* দিঘল হোআ, দিঘলিয়া, oblong, lengthwise.
দির্ঘায়ু, *s.* দির্ঘজিবি, দিঘল আয়ুস, long life, longevity.
দিস, *s.* উত্তৰ দখিন আদি দিগ, course, direction a point of the compass.
দিহ, *s.* আঞ্জা, সাক আদি বেঞ্জন, উপাই, পাত্ৰ আদি, curry of varieties.
দিহা, *s.* বুজ, সিকোআ, বুজুআ, বেৱস্থা, a way or means of doing or going, direction, order; with দি, to direct, to supervise.
দিহাদিহি, *ad.* ঠায়ে ঠায়ে, চাৰিও ফাললৈ, this way and that, all about.
দু, } *a.* দুটা সংখ্যা বিসেস, ২, two.
দুই, }
দুআৰি, *s.* দুআৰ ৰখা মানুহ, a door keeper, a porter.
দুআৰ, *s.* ঘৰ আদিত সোমোআ বাট, ঘৰৰ বাট ঢাকনি, a passage, an entrance, a way, a door.
দুআৰ গঁৰিলা, *s.* পানিৰ ঢৌ, সোঁতত উঠা পানি, a ripple, a wave.
দুআৰডলি, *s.* দুআৰ মুখৰ পথালি গৰ, a threshhold.
দুআৰডাঙ্গ, *s.* দুআৰ বন্ধ কৰা মাৰি, a bar for fastening a door &c.
দুআৰমুখ, *s.* ঘৰৰ দুআৰ থকা ফাল, the entrance or door of a house.
দুই এক, *a.* দুটা এটা, অলপিয়া, one or two, a few.
দুইপৰিয়া, *a.* দুই পাৰত থকা, on both sides, as of a river.
দুইপ্ৰহৰ, *s.* দিন বা ৰাতিৰ দুপৰ বেলা, দুই পৰ, half of a day and night or 12 hours; with দিন, noon; with ৰাতি, midnight.
দুইবাৰ দুবাৰ, *ad.* দুবেলি, twice.
দুই মন, } *a.* থেৰোগেৰো, দিধা, কৰোঁ নকৰোঁ, ঠিক নোহোআ,
দুই মনা, } undecided, hesitating, vacillating.
দুকুৰি, *a.* চলিচ, দুকুৰি, forty.
দুখ, *s.* টান পোআ, কষ্ট, সুম, অসন্তোস, affliction, trouble, pain, suffering, distress, want, indigence.
দুখনিয়া পিন্ধা, *a.* ডেকা বা ডেকেৰি হোআ, *lit.* wearing two cloths, *i. e.* having reached the age of maturity.

দুখান, *a.* দুখনি, দুইখন, two.

দুখি, } *a.* দুখত থকা, ক্লেসিত, খিনহিন, afflicted, miserable, wretched.
দুখিত, }

দুখিয়া, *a.* দৰিদ্র, কঙ্গাল, দুখত পৰা, poor, needy, destitute, afflicted.

দুগ্‌দুগি, *s.* ডিঙিৰ অলঙ্কাৰ বিসেস, দুক্‌দুকি, a neck ornament, a brooch.

দুগ্ধ, *s.* এঁআঁ গাখিৰ, milk.

দুটা, *a.* জোৰা, দুজন, দুই গোট, two things.

দুডলিয়া, *a.* দুডাল থকা, having two limbs or branches.

দুত, *s.* টেকেলা, বাত্রা আনোঁতা, পাঁচনি, a messenger, an angel.

দুতৰ, *s.* আপদ, দুখ, ততৰ, জোঁট, misfortune, suffering, trouble, perplexity.

দুতৰপিয়া, *a.* দুই তৰপ থকা, দুদুবোলিয়া, double, in two folds or layers.

দুতলিয়া, *a.* দুই কথা কওঁতা, দুমুখিয়া, পকি ঘৰৰ দুতাল থকা, double tongued, two stories high, as a house.

দুতিয়, *a.* দুই সংখ্যক, the second.

দুতিয়া, *s.* তিথি বিসেস, চন্দ্ৰৰ সুক্ল বা ক্রিষ্ণ পখ্যৰ দ্বিতিয় দিন, the second day of the moon's increase and decrease.

দুদঘোৰ, *s.* কেঁচুআৰ এবিধ ঘোৰ ৰোগ, cholera infantum.

দুধৰিয়া, *a.* দুই দাঁতিএ ধাৰ থকা, double edged.

দুধাৰ, *a.* দুই সোঁতা, দোথোপা সিয়া মনি, a double channel.

দুধেনুআ, *a.* দুজনি গৰুএৰে, pertaining to a cow and calf given as an atonement.

দুন, } *a.* দুগুন, আকও, দুনাই, two; *ad.* twice, again.
দুনা, }

দুনৰি, *s.* বিয়া আদিৰ আগত নিয়া দিপ পাত্র, a kind of lantern used on festive occasions.

দুনাই, *ad.* আকও, পুনৰাই, ঘুৰি, again, a second time, repeatedly.

দুনিয়া, *a.* পাঁচ সেৰিয়া, holding a *doon* or five seers.

দুনুআ, *s.* দুই বাৰ কৰা, the act of doing twice.

দুন্দুভি, *s.* নাগেৰা বাদ্য, দবা, a kind of large drum.

দুপতিয়া, *a.* দুপাত মেলা, দুইপাত থকা, having the second leaf, as of a seedling; *fig.* applied to an early death.

দুপদুপাই, *v.* গোৰোআৰ সদ কৰি, লৰি, ডেওপাৰি, ধুমধুমাই, to run or walk with a heavy tread.

দুপৰ, *s.* দুই প্রহৰ, দিন বা ৰাত্তিৰ মাজ, two parts of the day, mid-day, midnight.

দুপৰিয়া, *a.* দুইপৰৰ সমন্ধিয়া, দুপৰ বেলিত, relating to midday or midnight.

দুপাল দুপালি, *ad.* দুবাৰ, দুবেলি, twice, two turns.

দুপিয়াই, *v.* মুৰ লৰাই সলাগি, দোপদি, to nod assent, to press downward as with a lever.

দুফলিয়া, *a.* দুফাল হোআ, দুয়ো ভাগত হোআ, divided into two parts, belonging to two ways.

দুফাল, *s.* দুইফাল, দুচিটা, দুই দিস, two parts or divisions, two ways.

দুবৰি, *s.* বন এবিধ, a fine grass, a species of *dhan.*

দুভঁজিয়া, *a.* দুই ভাঁজ থকা, দুবিধ, দুই প্রকাৰ, double curved, of two kinds or sorts.

দুমদুমনি, *s.* বৰকৈ খোজ কৰ্হাৰ সবদ, গিৰগিৰনি, a sound of heavy footsteps, any heavy rumbling sound.

দুমদুমিয়া, *a.* মুখলৈকে হোআ, চপ্চেপিয়া, বৰকৈ উথহা, full to overflowing, swollen.

দুমুৰি, } *s.* পুৰনি কাপৰ জোৰা মৰা সিয়নি, the turning and
দুমুৰি মৰা, } sowing together the ends of two cloths.

দুয়ো, *a.* দুইটাই, both.

দুৰ, *a.* নিলগ, আঁতৰ, distant, far off, bad, evil; with কৰি, *v.* to remove, to send or drive away.

দুৰবিন, *s.* দুৰৈলৈ দেখা জন্ত্র, a telescope, a spyglass.

দুৰঅৱস্থা, *s.* দুখ, আপদ, দুৰ্দশা, adversity, calamity, evil condition.

দুৰাকাচ, *s.* এবিধ সৰু কাচ, a species of small turtle.

দুৰাচাৰ, *s.* অনিতি, কুআচাৰ, profligacy, wickedness, dissoluteness.

দুৰাচাৰি, *a.* নিতিত নথকা, পাপি, কুবেৱহাৰি, profligate, vicious &c.

দুকলিউআ, *a.* জপা, দুতৰপ কৰা, দোমোকোচ কৰা, folded or folding.

দুৰৈ, *a.* দুৰ, নিলগ, দুৰনি, far off, distant; *s.* remoteness, distance.

দুৰ্কপালিয়া, *a.* হিনকঁপাল, অভাগি, ill fated, unfortunate.

দুৰ্গতি, *s.* দুখ, ক্লেস, দুদশা, distress, poverty, wretchedness, misery.

দুৰ্গন্ধ, *s.* বেয়া বাচ, কুঘ্ৰান, stench, disagreeable odor.

দুৰ্গন্ধিয়া, *a.* দুৰ্গন্ধ থকা, stinking, offensive in smell, fetid.

দুৰ্গম, *a.* জাব বা তৰিব নোআৰা, জাবলৈ কঠিন, difficult of entrance or approach, narrow, strait.

দুৰ্গা, *s.* পাৰ্বতি, হিমালইৰ কন্যা, মহা সিৱৰ স্ত্রী, the goddess Durga.

দুৰ্গুন, *s.* বেয়া গুন, কুস্বভাও, a bad quality, an evil disposition.

দুৰ্ঘটনা, *s.* দুঘটন আপদ অমঙ্গল, mishap, misfortune.

দুৰ্জই, *a.* দুৰ ডাঙৰ, বলৱন্ত, জিনিবলৈ কঠিন, gigantic, powerful, difficult to be subdued

দুর্জ্জন, *a.* দুষ্ট, বেয়া, কুকর্ম্মি, wicked, base, cruel, malevolent.
দুর্জ্জনালি, *s.* দুস্কৰম, বেয়া কৰম, উদ্দণ্ডালি, wickedness, malevolence.
দুর্জ্জস, } *s.* বেয়া নাম, কুখ্যাতি, অপবাদ, নিন্দা, ill fame, reproach, a
দুর্নাম, } bad character.
দুর্দ্দসা, *s.* হিন কঁপাল, দুর্গতি, অভাগ্য, ill fortune, adversity.
দুর্ব্বল, *s.* অসমর্থ, নির্ব্বল, impotence, weakness, feebleness; *a.* feeble &c.
দুর্ব্বলি, *a.* নির্ব্বলি, আসকতিয়া, সামৰথ নোহোআ, weak, feeble, impotent.
দুর্ব্বাক্য, *s.* দুর্ব্বচন, নিন্দা, গালি, harsh, abusive or obscene language.
দুর্ব্বাসনা, *s.* মন্দ কঁপাল, দুর্ভাগ্য, দুর্দ্দসা, evil fate or condition.
দুর্ব্বুধি, *s.* কুমতি, কুবুধি, evil inclination or advice, bad counsel.
দুর্ব্বুধিয়া, *a.* দুষ্ট বুধি থকা, কুবুধিয়া, subtle, crafty.
দুর্ভগা, *a.* ভাগ্যহিন, এলাগি তিৰোতা, hateful to the sight, despicable, as a woman hated by her husband.
দুর্ভগিয়া, *a.* টাটকঁপলিয়া, ভাগ্যহিন, wretched, unfortunate, miserable.
দুর্ভাগ্য, *s.* বেয়া কঁপাল, দুর্ব্বাসনা, misfortune, ill fate.
দুর্ভিক্ষ, *s.* আঁকাল, এঁকাল, খাবলৈ নাইকিয়া, a famine, dearth, scarcity.
দুর্ম্মতি, *s.* দুষ্ট মতি, কুস্বভাও, দুর্ব্বুধি, an evil desire, evil inclination.
দুর্ম্মুল্য, *a.* বৰ মৰগ, মহঙ্গা, exorbitant in price, dear.
দুর্লখ্যন, *s.* কুলখ্যন, বেয়া চিন, an evil omen, a bad sign.
দুর্ল্লভ, *a.* দুসাধ্য, পাবলৈ টান, scarce, rare, obtained with difficulty.
দুলিয়া, *s.* দোলা ভাৰ বওঁতা, দোলা ভাৰি, a palkee bearer.
দুৰুচি, *v.* পুনৰাই হৈ, পুনাই উক্‌ দি, to do or to break forth a second time, as of disease.
দুষ্ট, *a.* দুর্জ্জন, পাপি, অধম, wicked, depraved, vicious, low, vile, mean.
দুষ্টালি, *s.* দুষ্ট কৰম, দুর্জ্জনালি, villany, wickedness, meanness.
দুসাধ্য, *a.* কঠিন, কৰিবলৈ টান, দুস্কৰ, difficult, impracticable.
দুসি, *a.* দোস কৰা, অপৰাধি, জগৰিয়া, guilty, criminal, sinful, faulty.
দুসুতিয়া, *a.* দুতলিয়া সুতাৰে বোআ, double threaded.
দুসুঁতিয়া, *a.* দুই সোঁতা থকা, having a double channel.
দুস্কৰ, *a.* দুসাধ্য, কঠিন, আচল, difficult, not easy.
দুস্কৰম, } *s.* বেয়া কাম, পাপ কৰম, অধর্ম্ম আচৰন, an evil act, a
দুস্কর্ম্ম, } crime, misconduct.
দুস্কর্ম্মি, *a.* পাপি, অধর্ম্মি, দুস্কৰম কৰোতা, evil, wicked, sinful.
দুহতিয়া, *a.* দুটা হাত থকা, দুই হাত পৰিমিত, দুটাই কৰা, দুই হাতেৰে কৰিব পৰা, two cubits in measure, having two hands, work that requires both hands.

দুহিতা, } s. জি, জিয়াৰি, a daughter.
দুহিত্রি,

দেই, } s. ভাল ৰূপে কোআ বা সোধা মাত, a word used in mak-
দেইবা, } ing familiar requests, as, *you will, wont you? Do, please!*

দেউ, s. বামুন বা পণ্ডিতৰ সম্বোধন, term used in addressing a bramin.

দেউতা, s. ডাঙৰিয়া লোকৰ সম্বোধন, a term of respect used in addressing the Assamese nobility.

দেউৰি, s. দেৱালইত নিজুক্ত দেৱলিয়া বিসেস, প্রসাদ আদি বস্ত বিলাওঁতা, an attendant on an idol temple.

দেও, s. দেৱতা, মান্যৰ সম্বোধন, a god, a demon, respectful address, Sir.

দেওধনি, s. বৰকৈ কঁপা, দেৱতাই লম্ভা, the trembling of one supposed to be possessed by an evil spirit.

দেওঁধাই, s. আহোমৰ পুজাৰি, আহোমৰ জোতিসিয়া, a class of priests among the Ahoms, an Ahom astrologer.

দেওপুজক, s. প্রতিমা বা দেৱতা পুজা মানুহ, a worshiper of idols.

দেওপুজা, s. প্রতিমা বা দেৱতাক অর্চা, idolatry, the worshiping of images or imaginary deities.

দেওবাৰ, s. ৰবিবাৰ, সপ্তাহৰ প্রথম দিন, বিস্রাম বাৰ, Sunday, the first day of the week.

দেওৰ, } s. স্বৈপএকৰ ভায়েক, a husband's younger brother.
দেৱৰ,

দেকদেকিয়া, a. ভেকুভেকিয়া, ঘা আদিৰ পানি ওলাই থকা, suppurating.

দেখনিয়াৰ, a. দেখিবলৈ ভাল, সুঅনি, ঠগিত, beautiful, comely, pretty.

দেখনেদেখ, s. দেখিলতে আঁতৰ হোআ, আধা দেখা আধা নেদেখা, a gleam, a glimpse, a partial view.

দেখা, s. দর্সন, চোআ, seeing, sight, a view; with দি, to appear.

দেখাই, v. দর্সাই, চিনাই, বুজাই, দেখুআই, to show, to point out.

দেখাদেখি, s. সমুখা সমুখি, চোআচুই, an interview, seeing face to face.

দেখাসুনা, a. জনাবুজা, স্বৰূপ, seen and heard, certain.

দেখি, v. দর্সন কৰি, চাই, বিবেচনা কৰি, বুজি, to see, to look, to understand, to perceive.

দেখুউআ, s. লোকৰ হতুআই চোওআ, the causing to see &c.

দেদেৰাখাই, v. ঘঁহনিত অলপ চাল চিগি, to chafe, to break the skin.

দেবি, s. গোসানি, a goddess.

দেৰদেৰিয়া, a. বৰ চেঁচা, চোকা, very cold, chilly, pungent.

দেৱগর্জ্জন, s. মেঘৰ গর্জন, মেঘ গাজনি, thunder.

দেৱতা, *s.* দেও, ইন্দ্র আদি, a god, a deity.

দেৱবানি, *s.* আকাসি বানি, a voice from above, an oracle.

দেৱমাতা, *s.* অদিতি, দেৱতাৰ মাক, Oditi, the mother of the gods.

দেৱলিয়া, *s.* দেৱালইৰ পুজাৰি আদি নিজুক্ত মানুহ, a priest &c. attendant on an idol.

দেৱস্ব, *s.* দেৱতাৰ বস্তু, দেও পূজাৰ নিমিত্তে দিয়া ধন আদি, property consecrated to the gods.

দেৱাল, *s.* দেৱতাৰ ঠাই, পকিগৰ আদি, a heathen temple, a wall.

দেৱালই, *s.* দেৱতাৰ থান, an idol temple.

দেৱোত্তৰ, *s.* দেৱতাৰ নামে দিয়া মাটি আদি, an endowment of a temple.

দেস, *s.* প্ৰিথিবিৰ এক খণ্ড, এক ৰজাৰ অধিন হোৱা ঠাই, a country, a province, a region.

দেসাচাৰ, *s.* দেসৰ নিতি, a custom prevalent in a country.

দেসাধিকাৰ, *s.* দেসৰ গৰাকি, ৰজা, the governor of a country.

দেসান্তৰ, *s.* অন্য দেস, দেসৰ আঁতৰ, a foreign country; *a.* foreign.

দেসি, *a.* দেসৰ, এক্‌কে দেসৰ, of a country, of one's own country.

দেসে দেসে, *ad.* প্ৰতি দেসে, in every country, everywhere.

দেহ, *s.* দেহা, সৰিল, কাই, গা, the body, stature.

দেহপ্ৰান, *s.* জিৱ সৰিল, বৰ মৰমৰ, soul and body, a term of affection.

দেহি, *a.* দেহ জুক্ত, আয়ু, পুতৌ কৰা মাত, corporeal, relating to the body; *interj.* an exclamation of sorrow or affection.

দেহিঐ, *interj.* দুখ বা মৰমত মতা, পুতৌ কৰা মাত, an exclamation of affection or fondness.

দেহিখানি, } *a.* আপোনাৰ সৰিল জেন দেখা, অতি মৰমৰ মাত, like
দেহিডুখৰি, } to one's own flesh, very dear.

দৈ, *s.* গোট মৰা গাখিৰ, থমা, দধি, পাটি দৈৰ চোঁচ, curdled milk, splints of a certain tree from which a kind of fine mat is made.

দৈকলা, *s.* চৰাই এবিধ, a species of fish bird.

দৈত্য, *s.* অসুৰ, দানৱ, a demon, a fiend.

দৈব, *s.* অদ্রিষ্ট, ভাগ্য, কঁপাল, ইস্বৰিয়, fate, consequences of the actions of a former birth, providence; *a.* providential, divine.

দৈবকি, *s.* বসু দেৱৰ ভাৰ্জা, ক্ৰিষ্ণৰ মাক, Krishnoo's mother.

দৈবকিনন্দন, *s.* শ্ৰীক্ৰিষ্ণ, গোপাল, Krishnoo; *lit.* the son of Doiwoki.

দৈবগ্য, *s.* গনক, জোতিসিয়া, a fortune teller, an astrologer.

দৈবঘটনা, *s.* কঁপালে কৰোৱা, বাসনাৰে হোৱা কৰম, a providential circumstance, a fortuitous event.

দৈবজোগ, *s.* কঁপালৰ ফেৰ, ইশ্বৰৰ ইচা, a fortuitous or providential combination of circumstances.

দৈবজোগে, *ad.* হঠাতে, অকস্মাতে, অজস্রে, এনেই, accidentally, unexpectedly, providentially, by chance.

দৈবাত, *ad.* অকস্মাত, হঠাত, suddenly.

দৈবাধিন, *a.* ইশ্বৰাধিন, ভাগ্যাধিন, subject to providence or fate.

দৈয়নদিয়া, *s.* বিবাহৰ দিনা পুআ দৰা কন্যাৰ গালত পানেৰে দৈ সনা তিৰোতাৰ আচাৰ বিসেস, the ceremony of rubbing curdled milk on the faces of the bride and bridegroom on the morning of the wedding day.

দৈয়া, *a.* গোট মৰা, থমা, দৈ হোআ, thick, curdled, coagulated.

দোঅনিয়া, *a.* আন ভাসা মাত্তিব জনা, দোভাসিয়া, speaking two languages; *s.* an interpreter.

দোআ, *a.* দুবেলি কৰা বা হোআ, ধান কটা, twice; *s.* reaping.

দোআন, *s.* অন্য জাতৰ ভাসা, মাত, speech, a foreign language.

দোআ ভজা, *a.* দুবেলি ভজা, twice roasted, applied to rice twice parched called *seera.*

দোআল, *s.* চকি মুৰ্হা আদিত বেঁতেৰে বৈ দিয়া, বিসেস কামত দুগুনকৈ কাঁৰি খটোআ, cane work, as in the seats of chairs &c.

দোঁআই, *v.* চপৰাই, নমাই, to bow, to bend, to nod.

দোঁআৰ, *s.* নদিএ এৰা মুঁতি, তাঁতৰ মুৰ, the deserted channel of a river, the last end of a web of cloth.

দোঁওআ, *s.* মোটোকাই চপৰোওআ, the act of bowing, bending down.

দোকমোক, *s.* সন্ধ্যা, ৰাতি পুআই পুআই অহা, নোকনোকালি, twilight.

দোকান, *s.* বেপাৰৰ ঠাই, পহাৰ, বজাৰ, a retail shop, a bazaar.

দোকানি, *s.* দোকান দিয়া মানুহ, বেপাৰি, a retailer, a shop-keeper.

দোকোলটাকি, *v.* চাদি পৰি, গৰা বুৰি, to have an even surface, as of a country overflowed with water.

দোকোলদাকাল, *a.* পানিৰে তল জোআ, submerged, inundated.

দোকোঁহলগা, *s.* ঠেহ লগা, ওফোন্দ পতা, pouting, thrusting out the lips in sullenness.

দোজিবা, *s.* আল জিবা, the *uvula* or soft palate.

দোতোৰা, *s.* দুডাল গুনাৰে বাজনা, a two stringed musical instrument.

দোদোৰা, *a.* চোঁচোৰা খাই চাল জোআ, bruised, scraped.

দোধোৰমোৰ, *s.* চাইটিয়া কাঠিৰ যোৰ, বিবেচনা থিৰ কৰিব নোআৰা, a kind of braid; indecision, hesitation.

দোন, *s.* পাঁচ সেৰিয়া জোখৰ পাত্ৰ, a measure holding five seers.

দোপদৰ, *s.* আহোম ৰজাৰ বৰ ফুকনৰ সোধৰ চৰা বা কচাৰি ঘৰ, আচাৰৰ এক প্ৰদেস, a council chamber, a court-house.

দোপ দি, } *v.* চাঙ্গ আদিত উঠি তললৈ হেচা মাৰি, to press
দোপ মাৰি, } downward.

দোপনি, *s.* গোৰোআৰ দোপ, পানিৰ ওপৰৰ ভৰি দিলে নোসোমোআ দলনি, a pressing down; water overgrown with grass.

দোমাহি, *s.* সঁকৰাতি, বিহু, a day on which the sun passes from one sign of the zodiac to another, a hindoo festival held on three of these days.

দামোজা, *a.* দুটাৰ মাজ, midway, between.

দোৰোল, *s.* তৰপ, কাপৰৰ জাঁপ, মোকোট, a fold, a thickness.

দোৰোলাই, *v.* জাঁপি, মোকোটাই, দুতৰপ কৰি, to fold.

দোৰ্ঘোৰ, *a.* অতি ভয়ানক, অতি, বৰ, fearful, frightful, gloomy, very, great.

দোৰ্পতি, *s.* তাঁতৰ বাঁচ খুউআ সঁজুলি বা ফাঁক, a contrivance for holding the reed of a loom which separates the threads of the warp.

দোলন, *s.* ড়োলত উঠি বা আৰি ইফাল সিফাললৈ লৰা, oscillation.

দোলপাৰ, *s.* হুলস্থুল, ডোলপাৰ, confusion, tumult, disorder.

দোলা, *s.* মানুহ তুলি মানুহে বৈ নিয়া কাঠৰ আদিৰ জান বিসেস, খাটলা, a palkee, a litter.

দোলাই, *v.* ইফাললৈ সিফাললৈ লৰাই, চাৰি দাঁতিত চপ্পাপ সিয়া কাপৰ, to cause to oscillate or swing back and forth.

দোলা পৰা, *a.* মাজ খাল পৰা, sunken in the middle, concave.

দোলা ভাৰি, *s.* দোলা ভাৰ বোআ, দুলিয়া, a dooly bearer.

দোলাসৰিয়া, *s.* ৰজাৰ দিনৰ টেকেলাৰ খেল বিসেস, a class of orderlies in the days of the Assam Kings.

দোস, *s.* অপৰাধ, পাপ, জগৰ, চিদ্ৰ, দাই, guilt, fault, crime, offence.

দোসগ্ৰস্ত, *a.* পাপ বা অপৰাধত পৰা, জগৰিয়া, guilty, criminal.

দোসাদোস, *s.* দোস নিৰ্দোস, good and evil, crimination and acquittal.

দোসাদোস গ্যান, *s.* ভাল বেয়াৰ বোধ, the conscience, the moral sense or faculty that approves or condemns actions.

দোসি, *a.* পাপি, জগৰিয়া, অপৰাধি, sinful, faulty, criminal, guilty.

দোহন, *s.* গাখিৰ খিৰোআ, দোহা, milking with the hand.

দোহমতি, *s.* ঘৈনিয়েকৰ বায়েকৰ গৈয়েক, husband of wife's eldest sister.

দোহোৰা, *s.* দুতৰপ, ডাঙৰ নাৱৰ মাজ ভাগ, the middle part of a large boat.

দোহোৰাই, *ad.* দুবেলি, দুনাই, পুনৰাই, repeatedly, twice, double.
দোল, *s.* মঠ মন্দিৰ, দল, a temple.
দৌলত, *s.* সৰহ সম্পত্তি, wealth, opulence, riches.
দ্ৰব্য, *s.* বস্তু, বেহানি, সামগ্ৰি, a thing, a substance, goods, property.
দ্ৰব্যজাত, *s.* দ্ৰব্য বস্তু, বস্তু বেহানি, property in general.
দ্ৰৱ, *s.* জোল, ৰস, গলা, liquefaction, fusion, solution.
দ্ৰৱিত, *a.* জোল হৈ জোআ, পমি জোআ, গলিত, melted, dissolved, fluid.
দ্ৰাখ্যা, *s.* ফল বিসেস, লতা পনিয়ল, কিচ্‌মিচ, a grape, a raisin.
দ্ৰাখ্যালতা, *s.* দ্ৰাখ্যাৰ গচ, a grape vine.
দ্ৰিঢ, *a.* সকত, টান, অলৰ, স্বৰূপ, নিচই, firm, stable, substantial.
দ্ৰিঢকৈ, *ad.* স্বৰূপকৈ, নিচইকৈ, লৰ নোহোআকৈ, certainly, truly &c.
দ্ৰিঢবাক্য, *s.* স্বৰূপ বা ঠিক কথা, an asservation, an assurance.
দ্ৰিস্টান্ত, *s.* উপমা, সাধু কথা, পটন্তৰ, a similitude, a parable, a figure.
দ্ৰিস্টি, *s.* দেখা, নিৰিখ্যন, দৰ্সন, sight, vision, perception.
দ্ৰিস্টি গোচৰ, *a.* চকুৰ আগত, সাখ্যাত, জিমানলৈ দেখি, in sight, in view, within seeing distance.
দ্ৰিস্টিপাত, *s.* চকু পৰা, দেখা, চোআ, seeing, perceiving by sight.
দ্ৰিস্য, *a.* দেখা পোআ, seen, visible, perceptible.
দ্ৰুত, *a.* সিঘ্ৰ, খৰ, লৰালৰি, বেগ, swift, fleet, speedy, quick.
দ্ৰুতগতি, *s.* বেগাই জোআ, খৰকৈ জোআ, fleetness, swiftness.
দ্ৰোন, *s.* এবিধ বন ফুল, দোৰোন, দোন, দুৰ্জোধন ৰজাৰ আচাৰ্জ্য এজন, a species of wild flower.
দ্ৰোহ, *s.* অপকাৰ, হিংসা, অহিত, mischief, injury, spite, malice, treason.
দ্ৰোহি, *a.* হিংসক, অহিত কাৰি, mischievous treasonous; *s.* a traitor.
দ্বাপৰ, *s.* চাৰি জুগৰ ত্ৰিতিয় জুগ, the third *Jug* or age of the world, comprising according to hindoo chronology 864,000 years.
দ্বাৰাই, } *prep.* হতুআই, হেতুকে, by, with, through, by means of.
দোআৰাই, }

ধ

ধ, ধকাৰ, the aspirated dental *d*, pronounced as *dh* in *Goodhope.*
ধংস, } *s.* নস্ট, বিনাস, চুনচাত, destruction, ruin, devastation; with
ধংসন, } কৰি, to destroy &c.
ধংসক, *a.* নস্ট কৰোঁতা, উপদ্ৰুবি, দংসি, ruinous, destructive, destroying.
ধঁতুৰা, *s.* এবিধ বন গচ বা তাৰ ফুল, the thorn apple.
ধঁতুৰাপহিয়া, } *a.* ধঁতুৰাৰ ফুলৰ আক্ৰিতিৰে, shaped like the petals
ধঁতুৰাফুলিয়া, } of the above flower.

ধঁপাত, *s.* ধোঁআপাত, tobacco.

ধক্‌ধক্‌কৰে, *ad.* ভক্‌ভক কৰে, চক্‌চক্‌ কৰে, উজ্জল ৰূপে, কেৱল বগা, with a white shining appearance.

ধকধকিয়া, *a.* বৰ, অতিসই বগা, ভকভকিয়া, very, very white, shining.

ধজ, *s.* নিচান, সিমাত মৰা খুঁটা, স্তম্ভ, a banner, a boundary, a pillar.

ধতাকটাৰিধতা, *s.* লোকৰ কথা বা বনত হাত দিওঁতা, বৰ অধিকাৰ দেখুউআ, meddling with the affairs of others.

ধদুআ, *a.* অকামিলা, বতুআ, উপপতি, useless, unworthy, unfit.

ধন, *s.* বিত্ত, অৰ্থ, টকা, wealth, property, riches, money.

ধনঞ্জই, *s.* অৰ্জুন, ধন জই কৰা, বৰ ডাঙ্গৰ, an epithet of Orjun; *lit.* one who conquers wealth; *a.* large, great.

ধনন্তৰি, *s.* দেৱতাৰ বেজ, the fabled physician of the gods, produced from the churning of the ocean.

ধনপতি, *s.* কুবেৰ, ধনি, Kuver, the god of wealth; *a.* rich, wealthy.

ধনৱন্ত, } *a.* ধনি, অৰ্থি, আঢ্যৱান, চহকি, rich, wealthy, opulent.
ধনবান, }

ধনহিন, *a.* নিধনি, কঙ্গাল, দৰিদ্ৰ, poor, indigent, poverty-stricken.

ধনাধিকাৰ, *s.* ধনপতি, ধনৰ গৰাকি, a title or right to property or having a title or right.

ধনাৰ্জ্জন, *s.* ধন পোআ, ধন অৰ্জা, লাভ, the acquisition of wealth, gain.

ধনি, *a.* চহকি, সবল, opulent, rich; *s.* a sound, an echo.

ধনিষ্ঠা, *s.* তেইচ নখ্যত্ৰ, লেস, কনিকা, according to hindoo astronomy the twenty third stellar mansion; *a.* very little, small.

ধনু, *s.* ধেনু, কাঁৰ বা বাটলু গুটি মৰা অস্ত্ৰ, a bow, an instrument used also for cleaning cotton.

ধনুআ, *a.* ধনৰ, ধন লগা, costing money, bought or sold for money.

ধনুটঙ্কাৰ, *s.* ধেনু জোঁৰৰ সব্দ, the twang of a bowstring.

ধনুৰাসি, *s.* নৱম ৰাসি, the sign Sagitarius.

ধনুৰ্গুন, *s.* ধেনুৰ জৰি, জোঁৰ, the string of a bow.

ধনুৰ্দ্ধৰ, *s.* ধনু লৈ ফুৰোঁতা, bearing a bow, an archer, a bowman.

ধন্য, *a.* ধইন, কৈল্যান জুক্ত, পৰম সুখি, ভাগ্যৱান, প্ৰস্নংসিত, happy, blessed, praiseworthy, praised.

ধন্যধন্য, *interj.* প্ৰসংসা কৰা মাত, well done!

ধন্যবাদ, *s.* প্ৰসংসা, গুনবৰ্নন, স্তুতি কৰা, thanksgiving, praise, applause, thanks; with কৰি, to give thanks, to praise.

ধপচালি, *s.* খচি থকা, দপদপনি, ভৰক, annoyance, threatening.

ধপধপাই, *v.* ডেউকা আদিৰে কোবাই, বুকু কঁপি, to flap, to fly, to flutter or palpitate.

ধপালনি, *s.* গালি, নিন্দা, loud abusive talk, scolding.

ধমক, *s.* ডাবি, কোবোহনি, a threat, scolding, chiding.

ধমধমনি, *s.* জুই আদিৰ সদ্দ, খুন্দাখাই কঁপি উঠা সবদ, a roaring sound.

ধমধমাই, *v.* জুই পানিঅ বৰ সবদ কৰি, দুমদুমাই, বুকু কঁপাই, to roar as fire, water, or a tempest, to tremble; to palpitate.

ধমধমিয়া, *a.* বৰকৈ জুই উঠা, ধমধমাই থকা, roaring as of a fire or a storm or a current, or of rapid beating, or of footsteps.

ধমধমোআ, *s.* খুন্দা খাই কঁপি সদ্দ হোআ, the act of roaring &c.

ধমনা, *a.* গুৰ আদি পগোআত লিকটা হৈ টান মৰা, কাঠ আদি ডাঙৰে থকা, stringy, ropy, as a glutinous substance.

ধমাধম, } *a.* বেগাবেগি, কোবাকুবি, বৰকৈ, bustle, speed, hurry;
ধুমাধুম, } with কৈ, *ad.* speedily &c.

ধৰ, *s.* সিমা, ভেঁটা, আলি, নিয়ম, an embankment, a boundary, a rule.

ধৰনি, *s.* প্ৰিথিৱি, চাঙ্গৰ গৰ ধৰা ধাম, তেজ বিস ৰখা বান্ধনি, the earth, a beam or support of a superstructure, a ligature bound around any member of the body to arrest the flow of blood or the spread of poison.

ধৰপাই, *ad.* বেগত্তিলে, চৌঁতকৰে উঠা, suddenly, quickly, (applied to rising or starting suddenly as from sleep.)

ধৰফৰ, *s.* ডেওপাৰনি, খৰমৰ, floundering, struggling, writhing.

ধৰম, } *s.* পুন্য কৰম, ইশ্বৰক ভক্তি আৰাধনা কৰা, ন্যাই, পবিত্ৰ, সুধ,
ধৰ্ম, } merit, any system of faith or worship, religion, justice.

ধৰমি, } *a.* ধৰম কৰা, সাধু, পুন্যৱন্ত, ধৰ্মিস্ট, virtuous, religious, pious,
ধৰ্মি, } just, righteous, godly, honest.

ধৰা, *a.* ধৰি ৰখা, প্ৰিথিৱি, holding or containing, held, seized, caught; *s.* the act of seizing &c., the earth.

ধৰাই, *v.* হস্তগত কৰাই, অস্ত্ৰ আদি ঘঁহাই চোকা কৰি, to seize or cause to be seized, to make sharp.

ধৰাধৰ, *s.* পৰ্বত, বিষ্ণুৰ এক নাম, কুৰ্ম ৰূপে প্ৰিথিৱি ধৰা, an epithet of Vishnoo, *lit.* the holder of the earth.

ধৰাধৰি, *s.* ইটে সিটক ধৰা, holding or seizing one another.

ধৰাবন্ধা, *a.* ঠিক, নিচই, প্ৰমানিক, certain, fixed, indubitable.

ধৰি, *v.* হস্ত গত কৰি, ৰাখি, আৰম্ভ কৰি, to seize, to hold, to contain, to begin, to undertake.

ধৰুআ, *a.* ধাৰ থকা, ৰিন লগা, involved in debt; *s.* a debtor.

ধৰোআ, *a.* অস্ত্র আদিৰ ধাৰ বা চোক তোলা, তিখ্ন কৰা, হস্তগত কৰোআ, whetted, sharpened, seized, caught.

ধৰোওআ, *s.* লোকৰ হতুআই ধৰা, অস্ত্রাদিৰ ধাৰ তোলোওআ, the causing to be seized or to be sharpened.

ধর্মত, ধৰমত, } *ad.* স্বৰূপত, অথার্থত, in fact, truly.

ধর্মপালন, *s.* ধৰম ৰখা, ধৰম আচৰন, the observance or practice of the duties of religion.

ধর্মৰখ্যক, *s.* ধৰম ৰাখোতা, গুৰু, a religious teacher.

ধর্মৱন্ত, *a.* ধৰমি, পুন্যৱান, pious, religious, virtuous, just.

ধর্মসাস্ত্র, *s.* ধৰম পুথি, বাইবেল, the holy scriptures, the Bible; the body of hindoo law.

ধর্মৱন্ত, ধর্মসিল, } *a.* পুন্যৱান, ধর্মি, পুন্য কৰোঁতা, pious, religious, virtuous, just.

ধর্মাত্মা, *s.* পবিত্র আত্মা, সুধ, সাধু, the Holy Spirit, a holy person.

ধর্মাধর্ম, *s.* পাপ পুন্য, religion and irreligion, merit and demerit.

ধর্মাৱতাৰ, *s.* ধৰম অৱতাৰ, য়িচু খ্রিষ্ট, an incarnation of justice or religion, Jesus Christ the true Incarnation.

ধর্মি, ধর্মিষ্ঠ, } *a.* ধৰমত থকা, সাধু, ধর্মৱন্ত, pious, godly, just, righteous, honest.

ধর্সা, *s.* গাত ধৰা, লস্থা, a laying hold of, possession by an evil spirit.

ধল, *s.* বাৰ্হনি পানি, বগা, a flood, a freshet, *a.* white.

ধহমহ, ধহমহনি, } *s.* ডাবি, ভই দেখুআ, খৰখেদা, নৰিয়াৰ উথাল, scolding, storming, fuming, hurrying.

ধাই, *s.* ধাইমাক, লৰা তোলা মাক, উপমাতা, a wet nurse, a foster mother.

ধাউভি, *s.* ধাউনি, ভাবনি, চিন্তা, আসা, anxiety, solicitude, earnest desire or expectation.

ধাঁয়েধৰা, *s.* কেঁচুআই টোপনিত হঁহা বা কন্দা, the smiling or crying of an infant in sleep.

ধাতা, *s.* বিধতা, প্রতিপালক, ব্রহ্মা, a nourisher, a protector, an epithet of Brahma, providence.

ধাতু, *s.* তাম আদি, বাত, পিত, কঁফ, তেজ আদি সবিলৰ মুল, জিৱ, নিস্বাস, ক্রিয়া বাচকৰ মুল, a metal, an elementary or primary substance, the breath, life, a verbal root.

ধাতুউৰা, *a.* বিচুৰ্তি হোআ, ভই লগা, frightened, panic-stricken.

ধাতুমই, *a.* ধাতুৰে, ধাতুৰ, metalic.

ধাদহি, } *a.* ধামনি, লুধুমি, সকত গাৰে তিৰি, অকামিলা তিৰি,
ধাদুমি, } corpulent. (fem.)

ধান, *s.* ধান্য, সস্য বিসেস, paddy or unhusked rice, grain in general.

ধাননি, *s.* ধানৰ পথাৰ, ধান থকা পথাৰ, a rice field.

ধাম, *s.* চাঙ্গৰ গৰ ধৰা ধৰনি, বসতি, থান, a beam, a support, a dwelling place, an abode.

ধামখুমিয়া, *a.* নৈৰ বৰ সোঁতত দ বাম হোৱা, alternately deep and shallow, applied to a rapid current over an uneven surface.

ধামধুম, *s.* খতি নোহোআকৈ কৰা, hurry, bustle, confusion, tumult.

ধামনি, *a.* see ধাদহি,

ধাৰ, *s.* অস্ত্ৰৰ চোক বা কাটোন, সোঁত, ৰিন, the edge of a sharp instrument, a current, a debt.

ধাৰন, *s.* ধৰা, পিন্ধা, জোগ আদি ৰখা, a holding, having or sustaining, germinating, conceiving; with কৰি, to take hold of.

ধাৰা, *s.* ৰিতি, নিতি, চলিত আচাৰ, বাকি দিয়া সোঁতা, a custom, usage, habit, fashion, a stream.

ধাৰ্মিক, *a.* ধৰমি, পৰমাৰ্থিক, সাধু, religious, virtuous, pious, just, upright.

ধিউআ, *a.* মনত লাগি থকা, ধিয়ান কৰা, fixed in mind; *s.* meditation.

ধিক্কাৰ, *s.* নিন্দা, গালি সপনি, বিকৰ্থনা, reproach, abuse, contempt.

ধিঙ্গ, *s.* এবিধ মানুহ বা জাত, a class or caste of people.

ধিঙ্গজোৰা, *a.* বন নকৰি থিয়ৈ থকা, standing idle.

ধিত্ৰাজ, *s.* এবিধ চৰাই, বনৰিয়া ৰাজ হাঁহ, a kind of bird, the wild goose.

ধিতিঙ্গা, } *a.* বনত অভ্যাস নোহোআ, এলেহুআ, not inured to work,
ধিতিঙ্গালি, } lazy.

ধিধিয়াই, *v.* চিন্তি, গুনি ভাবি, to be anxious or solicitous.

ধিপধিপাই, *v.* ধপধপাই, বুকু কঁপি, to beat, to throb, to palpitate.

ধিপিংধিপিং, *s.* বুকু আদি ধপধপোআ, a heaving of the breast, palpitation, a throbbing.

ধিমাই, *v.* কমাই, সান্ত হৈ, to abate, to lessen, (as of heat or wind.)

ধিমিকধামাক, *s.* জুই আদিৰ অলপ পহৰ উঠা, a glimmering, a flickering.

ধিমিকিধিমিকি, *ad.* অলপ অলপ উসাহ থকা, shortly, faintly, (applied to breathing.)

ধিয়াই, *v.* ধ্যান কৰি, চিন্তি, ভাবি, to meditate, to reflect, to contemplate.

ধিয়ান, *s.* ধ্যান, চিন্তন, ভাবনি, জোগ কৰা, meditation, reflection.

ধিৰ, *a.* সান্ত, গম্ভিৰ, steady, grave, serious, solemn.

ধিৰে, *ad.* লাহে লাহে, ধিৰেৰে, গহিনকৈ, cautiously, slowly, steadily.

ধুআই, *v.* ধৌত কৰাই, পখলাই, to wash, to cleanse, also causative.

ধুঁআখুলিয়া, } *a.* পালেই ভাঙ্গি খোআ, হাতত একো নথকা, spending
ধুতপতলিয়া, } as fast as obtained; *i. e.* wasteful, prodigal.

ধুই, *v.* পখালি, স্নান কৰি, ধৌত কৰি, to wash, to cleanse, to purify.

ধুঁঅলি, } *a.* ধুঁআময়, ধুঁআধুঁই হোআ, কোআমোআ, দুৰলৈ
ধুঁঅলিকুঁঅলি, } এন্ধাৰ দেখা, smoky, hazy, foggy, obscure.

ধুতকঁপলিয়া, *a.* দুৰ্কঁপলিয়া, সাঁখিনা, luckless, ill fated.

ধুতি, *s.* চুৰিয়া, পুৰুসৰ অধোবস্ত্ৰ, সুচি হৈ থকা, a waistcloth; *a.* washed.

ধুন, *s.* বিভুসন, সোভন, পেঁচ, বেস, decoration, dress, finery, display.

ধুনকৰা, } *s.* বিভুসিত হৈ, পেঁচ মৰা, the making a show or display.
ধুনমৰা, }

ধুনা, *s.* তুলা আদি মুকলি কৰা, এঁঠা এবিধ, বৰকৈ কোবোআ, separating cotton fibres with the bow.

ধুনাএঁঠা, *s.* এবিধ গচৰ এঁঠা, a valuable resin obtained from the *Dhuna* tree, incense.

ধুনাধুন, } *a.* তুলা ধুনাৰ দৰে, আঁহ গুলোআ, তুলাতুল, beaten to
ধুনামই, } pieces, like cotton by the bow.

ধুনি, *v.* ধেনুৰে তুলা মুকলি কৰি, বৰকৈ কোবাই, to beat cotton with the bow.

ধুনিজোআ, *s.* বৰ বেগেৰে জোআ, the act of going quickly.

ধুনিনিয়া, *s.* মৰিয়াই বেগাই নিয়া, taking or driving away quickly.

ধুনিয়া, *a.* সুঅনি, সোভিত, of fine appearance, showy, gaudy.

ধুন্দা, *s.* আসঙ্কা, সন্দেহ, অলকা, doubt, mistrust, suspicion, depression.

ধুন্দুলি, *s.* এবিধ লতাৰ পাচলি গুটি, a species of the gourd.

ধুন্ধুপাল, *s.* ডেও পাৰনি, a storming about, fretting.

ধুপ, *s.* পূজাত লগা সুগন্ধ বস্তু, incense, resin, a fragrant taper.

ধুপকৰে, *ad.* গধুৰকৈ, গহিনকৈ সবদ উঠা, heavily, applied to falling.

ধুপধুপাই, *v.* ধুপধুপ সব্দ কৰি, to make a sound as of heavy footsteps or of any thing falling.

ধুপা, *a.* ডেৱা, অলপ ডেই জোআ, scorched, browned, as in cooking.

ধুপাৎপাৎ, *a.* ভাগি চিগি একো নথকা, scattered, pillaged, laid waste.

ধুপাধাৰ, *s.* ধুপ লগোআ পাত্ৰ, a censer, a vessel for burning incense.

ধুপালনি, *s.* ডেও পাৰনি, গোৰোহনি, a stamping, running about with a heavy step.

ধুপি, *v.* বদত ডেৰাৰ নিচিনা হৈ ঘনে উসাহ লোআ, বা জুইত ডেই, to pant, to scorch.

ধুপিয়া, *s.* ধুপ সাজোঁতা, a person who prepares an aromatic taper.
ধুপুৰাই, *ad.* হুৰুসকৈ, বেগতে, quickly.
ধুপুৰি, *s.* ধুমুৰি, কোনোবা খন, কোনোবা দূৰৈ ঠাই, somewhere, at some unknown place or country.
ধুপুহ, *s.* বৰকৈ পৰাৰ সব্দ, the sound of heavily falling.
ধুবাং, *a.* হাত ভৰি মেলি নৰলাকৈ পৰি থকা, lying at full length with the limbs extended.
ধুবাংজুৰি, *v.* হাত ভৰি মেলি নৰলাকৈ পৰি, to lie as above.
ধুম, *s.* কাঠৰ বৰ হাঁতুৰি, a heavy beetle or mallet.
ধুমকলা, *a.* অতি ঘোৰ কলা, very black.
ধুমকলা, *a.* অতি কাণ কলা, নিচেই নুসুনা, বৰ কলা, very deaf.
ধুমকেতু, *s.* আকাসত চলা জুই বা পহৰ, উল্কা, a meteor, a luminous body floating in the atmosphere.
ধুমখুলি, *s.* চনমুৰ, ডেও পাৰনি, irritation, worrying, bustling about.
ধুমধুমনি, *s.* ঢোল আদি বজোআৰ সব্দ, the sound of beating, as of drums.
ধুমাখুন্দা, } *a.* অতি টান, বৰ, অতিসই, severe, heavy, driving, pressing,
ধুমাৰ্জ্জই, } as of rain or urgent work.
ধুমাধুম, *ad.* নিজিৰোআকৈ, বেগাবেগি, quickly, rapidly, hastily.
ধুমুহা, *s.* বৰ বতাহ বৰখুন, a tempest, a storm of wind.
ধুম্র, *a.* ধুঁআ বৰনিয়া, of a smoky or purple color; smoke.
ধুৰা, *s.* গিত পদৰ প্ৰথম সুৰ বিসেস, introductory stanza of a song.
ধুৰ্ত্ত, *a.* টেঙ্গৰ, দুষ্ট, wily, knavish, subtle, crafty, sly.
ধুৰ্ত্তালি, *s.* টেঙ্গৰালি, দুষ্টালি, slyness, craftiness, subtilty.
ধুলা, } *s.* কেবল গুৰি মাটি বা বালি, পুষ্প ৰেনু dust, the pollen of a
ধুলি, } flower.
ধুলামই, } *a.* ধুলিয়বি, ধুলিৰে ঢকা, ধুলিৰ নিচিনা, চাহ হোআ, dusty,
ধুলিময়, } covered with dust, like dust; *i. e.* powdered, pulverized.
ধুলিয়া, *s.* ঘাত দিয়া গুৰি দৰব, any powdered medicine applied to a sore.
ধুলিয়া উফি, *s.* মুৰৰ সামান্য উফি. scurf, dandruff.
ধুলিয়াসাঠ, *s.* অম্বুবাচিৰ পুৰ্বে তিন দিন বৰখুন দিয়া, a slight rain that often falls just before the three ritually unclean days in the month of Ahar.
ধেঁতোৰ, *s.* ইকৰাৰ গেৰেলা থোৰ, sprouts of *Ikora* or small reed.
ধেনা, *s.* সাহ নথকা গুটি, গৰু আদিৰ জিবাৰ ৰোগ, an imperfect nut, a disease of cattle.
ধেনু, *s.* ধনু, মাইকি গৰু, a bow, a cow.

ধেনুপতিয়া, *s.* ধেনু পতা মানুহ, one who sets the bow for a wild beast.

ধেনু মজা, *s.* এবিধ বিহলঙ্গনি বন, ধেনু জোঁৰ ঘঁহি টমটনিয়া কৰা, a species of wild plant.

ধেন্দেলা, *a.* চকু ফুটা গালিৰ মাত, blind, a term of abuse.

ধেমালি, *s.* ৰঙ্গ, ওমলা, খেলা, play, sport, pastime; with কৰি, to play &c.

ধেমেলাধেমেলি, *a.* ইটে সিটে ৰঙ্গ কৰা, playing together.

ধেমেলিয়া, *a.* ৰঙ্গুআল, কৌতুকিয়া, sportive, playful, jocose.

ধৈয়াল, *a.* নিধক, নিলাজ, নিৰ্গত, shameless, abominable.

ধৈৰ্য্য, *s.* সহন, সান্ত, থিৰে থকা, constancy, firmness, patience, endurance, steadfastness, composure; with ধৰি, to endure &c.

ধোআ, *a.* ধৌত কৰা, পখলা, washed, cleansed.

ধোআমুলা, *a.* নিকা, ধুই অনা, উবাৰ কৰা, clean, clear, pure, washed, cleared out; *i. e.* nothing left.

ধোঁআ, *s.* জুইৰ ভাপ বিসেস, ধুম্ৰ, smoke.

ধোঁআকোঁআ, see ধূঁঅলি কুঁঅলি,

ধোন্দাল, *s.* বৰ ফই, জৰি, ফোঁপাল, a large rope, a cable.

ধোন্দোলা *a.* মাজেদি বহল বিন্ধা থকা, ফোঁপোলা, hollow, tubular.

ধোব, *s.* কাপৰৰ নিকা গুন, whiteness, cleanness.

ধোবা, *s.* ধুবি, কাপৰ ধোআ মানুহ, a washerman, a *dhoba.*

ধোবানি, *s.* ধুবুনি, ধোবাৰ তিৰোতা, a washerwoman.

ধৌচিৰা, *a.* দুফাল হৈ ফটা, চিটাচিট হৈ ফটা, rent, split into parts.

ধৌত, *a.* ধোআ, বগা, মলি নথকা কৰা, washed, purified, white.

ধৌধৌকৰে, *ad.* নিচেই বগা, বৰ বগা, very white or clean.

ধ্যান, *s.* ধিয়ান, চিন্তন, ভাবন, meditation, religious contemplation, reflection, thought; with কৰি, to meditate &c.

ধ্যানি, *a.* ধ্যান কৰোঁতা, meditative, contemplative, thoughtful.

ধ্ৰুব, *a.* থিৰ, নিচই, উতৰ কেন্দ্ৰত থকা এটা তৰা, fixed, permanent, stable, certain, sure; with তৰা *s.* the polar star, the north pole.

ধ্বংস, *s.* নষ্ট, চুনচাত, destruction, ruin.

ধ্বংসক, } *a.* নষ্ট কৰোঁতা, উপদ্ৰুবি, destructive, ruinous.
ধ্বংসি, }

ন

ন, নকাৰ, নতুন, নৱম সংখ্যা, কথাৰ আগত থাকিলে নিসেধ বা ওলোটা অৰ্থ বুজাই, জেনে নহই, নকৰি. This letter is pronounced like the letter *n*, in *tent*. In composition it has the force of *un*, *in*, *not*, and often takes a vowel to euphonize with the vowel of the word to which it is joined; as দি, to give; নিদি, not to give; আনি, to bring, নানি, not to bring; উঠি, to ascend; নুঠি, not to ascend &c.

নক্চা, *s.* আৰ্হ্না, পট, আৰ্হি, a picture, a portrait, a model, a map, a plan.

নকটা, *a.* গোটা হৈ থকা, চেদ নকৰা uncut, undissevered, undivided.

নকঁৰসা, *a.* আগিৰে থকা, untrimmed, unpruned.

নকঁৰা, *a.* পৰলিয়া, আকাঁৰি, uncleaned, unpounded, (as of rice.)

নকল, *s.* প্ৰতি ৰুপ, আৰ্হিৰে লিখা, a copy, an imitation, a transcript.

নকা, *a.* নাকেৰে, নাক থকা, having a nose.

নকুল, *s.* নেউল, পাণ্ডৱৰ এক ভাই, an ichneumon, (Viveria Ichneumon;) one of the five Pandoo princes.

নকুসক, *a.* দুখ সুখ সহিব নোৱৰা, unable to endure fatigue, effeminate.

নকৈ, *ad.* নতুনকৈ, দুনাই, newly, recently, a second time.

নখ, *s.* আঙুলিৰ মুৰৰ চোকা ভাগ, পৰ্বতৰ কেৱল দাঁতি, a toe or finger nail, a claw, a talon.

নখচুকা, *s.* নখৰ চুকত হোৱা এবিধ ৰোগ, a whitlow.

নখ্যত্ৰ, *s.* তৰা, চন্দ্ৰৰ ২৭ ভাৰ্য্যা, a star, a constellation, a stellar mansion.

নখ্যত্ৰপতি, *s.* চন্দ্ৰ, জোন, the moon.

নগনা, *a.* নেলেখা, মান্য নকৰা, uncounted, disesteemed, disregarded.

নগৰ, *s.* ৰাজধানি, ৰজা থকা ঠাই, জিলা, পুৰ, পুৰি, a town, a city.

নগৰা, *s.* ভাৰপাচি আদিত লগোৱা জৰি, বা কনাৰি, a rattan ring or loop.

নগৰিচন, *s.* নগৰধ্বংসন, নাস, উপদ্ৰ্ত, the destruction of a city, devastation, ruin.

নগৰিয়া, } *a.* নগৰত থকা, নগৰ নিবাসি, dwelling in a city; *s.* a
নগৰুআ, } citizen.

নগা, *s.* পৰ্বতিয়া জাতি বিসেস, a Naga, a race inhabitating the mountains south-eastward of Assam.

নগাটেঙ্গা, *s.* এবিধ টেঙ্গা, a species of lemon.

নগাঢাৰি, *s.* বাঁহৰ সজা ঢাৰি, a kind of large bamboo mat.

নগামাকো, *s.* নগাৰ এবিধ কাপৰ, a kind of Naga cloth.

নগুৰসাস্তি, *s.* উগ্ৰসাস্তি, বৰ সাস্তি, extreme punishment or suffering.

নঘটা, *a.* সিধি নোহোৱা, নফলিউৱা, নহৰা, unaccomplished, unsuccessful, unconquered.

নঘৰিয়া, *a.* নকৈ আহি ঘৰ সাজি লোৱা, newly residing in a place.

নঙ্গলা, *s.* দুআৰ মুখৰ সলখাৰ্মাৰি, a bar of a gateway or passage.

নচা, *a.* নাচি থকা, আঙ্গিভঙ্গি কৰা, dancing, skipping; *s.* a dance.

নচুউআ, *s.* নাচ কৰোওআ, the causing to dance.

নজনা, *a.* অজলা, অবোধ, ভু নোপোআ, ignorant, unknown, unacquainted; *s.* the not being aware of, ignorance.

নটলা, *a.* মন নকৰা, বিবেচনা নকৰা, ভালকৈ নেদেখা, inattentive, without discrimination, perception or proper understanding.

নটা, *a.* নাটনি হোআ, নোজোৰা, ন গোট, insufficient, wanting, nine.

নটি, } *s.* নাচনি, বেস্যা তিৰি, a dancing girl, a prostitute, a harlot, a strumpet.
নটিনি, }

নটুআ, *s.* নচা লৰা, a dancing boy.

নতি, *s.* তুতি, প্রনাম, নমস্কাৰ, obeisauce, prostration, humility.

নতুন, *a.* ন, নকৈ হোআ, নবিন, new, fresh.

নতুনকৈ, *ad.* নকৈ, পুনৰাই, newly, lately, recently, renewedly.

নতুবা, *ad.* নাইবা, অথবা, জদি নহই, otherwise, if not, or else.

নথা, *s.* খুঁটাৰ কানে মৈতে মাৰলি বন্ধা, নাথনি দিয়া, the binding of a *maroli* or transverse timber to the shoulder of a post; *a.* bound.

নথৈ, *ad.* নোথোআকৈ, সেস নেৰাকৈ, without stint, entirely; *v*, not to place or put down.

নথৈভক্তি, *s.* বাঁকি নথকাকৈ কৰা ভক্তি, entire devotion, loving with the whole heart.

নদ, *s.* ব্রহ্মপুত্র আদি মতা নৈ, a river; (personified as male.)

নদনবদন, *a.* সকলো বিধৰ সম্পত্তিৰে বৰ্হা, বাহুল্য, possessed of abundance.

নদি, *s.* গঙ্গা জমুনা আদি নৈ, a river, *fem.* of নদ, as the Ganges &c.

নদিয়া, *s.* মাটিৰ চৰিয়া, a kind of large earthen dish.

নদিয়াল, *s.* ডোম, মাছ মৰা জাতি, a Doom, the fisherman caste.

ননন্দ, } *s.* ননদ, গিৰিএকৰ ভনিএক, a husband's younger sister.
ননান্দি, }

ননা, *a.* অনা নোহোআ, not brought; with কৈ, *ad.* without bringing.

নন্দন, *s.* পুত্র, পুতেক, a son.

নন্দিনি, *s.* জি, কন্যা, দুহিজি, দুহিতা, a daughter.

নন্দেক, *s.* গিৰিএকৰ ভনিএক, see ননন্দ,

নপকা, *a.* কেঁচা, পকা নোহোআ, green, unripe.

নপৰিয়া, *a.* নৰিয়া, ৰুগিয়া, sick, unwell; as a substantive, sickness.

নপুংসক, *s.* মতা বা তিৰোতা নোহোআ, লেহেতিয়া, অঙ্গহিন, খাহি কৰা পুৰুস, a eunuch, a hermaphrodite; *a.* destitute of virility, neuter.

নফলিয়াই, *v.* সিধি নহৈ, গুন নধৰিৰ, নঘটি, not to come pass, to be ineffectual.

নবাব, } *s.* বাদস্যাৰ মন্ত্রি বিসেস, a nabob, a viceroy.
নেবাব, }

নবিন, *a.* নতুন, ন, হবৰ অলপ দিন হোআ, new, fresh, modern, novel.

নভগানিচিগা, } *a.* গোটা, লিকটা, whole, unbroken, tough, flexible, not brittle.
নভঙ্গানিচঙ্গা, }

নমনা, *a.* অমান্য কৰা, হেলা কৰা, মনিব নোঅৰা, disobedient, regardless, indistinct, imperceptible.

নমস্কাৰ, *s.* সেৱা, প্রনাম, a bow, a salutation, obeisance.

নমস্য, *a.* সেৱা বা প্রনামৰ জোগ্য, honorable, worthy of respect or salutation, reverend.

নমাই, *v.* তললৈ আনি, চপৰাই, দোঁআই, to take down, to lower.

নমোআ, *s.* তললৈ অনা, চাপৰোআ, দোঁওআ, causative of the above.

নম্র, *a.* নৰম, অহঙ্কাৰ নথকা, মিদু, কোমল, সেও হোআ, humble, lowly, meek, gentle, mild, forbearing, yielding, forgiving.

নয়ন, *s.* চকু, নেত্র, আখি, লোচন, the eye.

নৰ, *s.* মানুহ, পুৰুস, জন, a man, a male, mankind.

নৰক, } *s.* পাপৰ ফল ভোগা ঠাই, hell, one of the sixty four infernal regions of the hindoo books.
নৰ্ক, }

নৰকনি, *s.* গোকাটনি, অসুচি ঠাই, any filthy detestable place.

নৰকি, } *a.* নৰকত থকা, পাপি, অধৰ্মি, hellish, infernal, wicked, impious.
নৰ্কি, }

নৰনি, *s.* নখ কটা সৰু অস্ত্র, খনিকৰৰ নিচেই সৰু বটালি, an instrument for cutting the nails, engravers, tools.

নৰনিপতিয়া, *a.* ঠেক পাতেৰে, সৰু চেপেটা, very thin and narrow like the above.

নৰপতি, *s.* ৰজা, নৃপতি, a king, *lit.* Lord of men.

নৰবলি, *s.* মানুহ বলি, a human sacrifice.

নৰমেধ, *s.* আগৰ কালৰ জজ্ঞ বিসেস, a festival of former days.

নৰলোক, *s.* ইহলোক, মৰ্ত্য লোক, ভূলোক, মানুহৰ ঠাই, the world inhabited by men.

নৰসিংহ, *s.* বিষ্ণুৰ চতুৰ্থ অৱতাৰ, the fourth incarnation of Vishnoo, in shape half man and half lion.

নৰা, *s.* দাই এৰা ধান গচৰ গুৰি, এজাত মানুহ, stubble, a race of people in upper Assam.

নৰাতগৰ, *s.* এবিধ ফুলৰ নাম, a species of flower.

নৰাধম, *a.* দুষ্ট স্বভাৱৰ মানুহ, অজোগ্য, depraved, wicked, low, mean.

নৰালি, *s.* নৰা থকা ঠাই, নৰা জাতিৰ শাইকি, a field of stubble.
নৰাবগৰি, *s.* এবিধ গুটি, ফল বিসেস, a species of plum.
নৰিয়া, *a.* ৰুগিয়া, জৰ বিয়াধি আদি, sick, ill; *s.* sickness, disease.
নৰিয়া পৰিয়া, } *s.* অপাই, অমঙ্গল, বিঘিনি, বিয়াপাৰ, ৰুগি নিৰুগি,
নৰিয়া পাৰসিয়া, } affliction, calamity, suffering, disease.
নৰেন্দ্ৰ, *s.* নৰৰ ইন্দ্ৰ, অৰ্থাত ৰজা, প্ৰজাপতি, a king, a sovereign.
নৰ্ভৰ, *a.* লেটিপেটি, মিহলি, ভ্ৰুস্ট, mixed up promiscuously, corrupted by mingling, (applied to caste.)
নল, *s.* এবিধ ফোঁপাল ত্ৰিন, পুৰ্ব্বৰ এক ৰজা, a reed; the name of a king.
নলকচু, *s.* এবিধ দিঘলিয়া কচু, an edible root of the arum class.
নলগা, *a.* গোট নধৰা, আলগতিয়া, অপ্ৰয়োজনিয়, fruitless, disunited, disconnected, unnecessary.
নলটেঙ্গা, *s.* মৰ্মতি টেঙ্গাৰ লতা, a species of acid vine.
নলনি, *s.* নলৰ হাবি, a patch of reed jungle.
নলবৰা, *s.* এবিধ পাঁচ নখিয়া গাহৰি, a species of wild animal.
নলৰা, *a.* থিৰে থকা, অলৰ, unshaken, immovable, fixed, firm, stable.
নলা, *s.* পানি জোৱা বিন্ধা, দিঘল ফোঁপোলা পাত্ৰ, a drain, a tube.
নলি, *s.* সৰু দিঘলিয়া ফোঁপোলা মাৰি নেলু, a tube, the trachea.
নলিচা, *s.* ধঁুআখোআৰ মাৰি, the upright tube of the *hooka.*
নৱম, *a.* নৱ সংখ্যা পুৰক, the ninth.
নৱমি, *s.* চন্দ্ৰৰ নৱম দিন, তিথি বিসেস, the ninth day of a lunar month.
নষ্ট, *a.* হানি, বেয়া, ভ্ৰুস্ট, spoiled, destroyed, ruined, debauched, defiled, corrupted.
নহৰু, *s.* এবিধ মচলা, a garlic, (allium sativum.)
নাই, *ad.* নোহোআ, অভাও, নাস্তি, a negative, no, not; *s.* the navel.
নাইকিয়া, *s.* নথকা, নোহোআ, ঢুকুউআ, none, nothing, non-existence, extinction, death.
নাইপিয়া, *s.* জেঠিৰ দৰে বগাই ফুৰা এবিধ জন্তু, a species of lizzard.
নাইবা, *conj.* নতুবা, আন প্ৰকাৰ, or, otherwise.
নাও, *s.* নৌকা, নাম, খ্যাতি, a boat, a name, renown.
নাওনিমিত, *a.* এফেৰিমান, অতি অলপ, very little, in name only.
নাওবৈচা, *s.* নাও বোআ মানুহ, খেল এখন, the king's oarsmen.
নাওৰা, *s.* দুই ঘৰৰ মাজত দিয়া পানি ধৰা জতন, an eaves' spout.
নাক, *s.* নাসিকা, ঘ্ৰানেন্দ্ৰিয়, the nose.
নাকটি, *s.* নাকৰ ডিলা, the cartilage of the nose.
নাকডেওনা, *s.* নাকৰ ওপৰ ভাগ, the bridge of the nose.

নাকনি কাননি, *s.* বেবুজ দি ধৰা, কামত দুখ পোৱা, vexation, trouble, bewilderment.

নাকি, *s.* নাকত লগোৱা জৰি, a cord passed through the cartilage of the nose.

নাকিসলি, *s.* তাঁতৰ ব সলি, a part of a native loom.

নাগ, *s.* সাপ, হাঁতি, পাতালৰ কল্পিত উপদেৱতা, a hydra, a dragon, a serpent, fabulous demigods inhabitating the under world.

নাগতি, *s.* বৰ ক্লেস, নানা সাস্তি, নানা অৱস্থা, suffering, affliction, trouble; with কৰি, to trouble, to afflict, to vex.

নাগপাস, *s.* কল্পিত অস্ত্র বিসেস, হিন্দু মতে দেৱতাই বন্ধা সাপৰ জৰি, a fabulous magical noose or lasso used to entangle an enemy.

নাগফেনা, *s.* এবিধ কাঁইট গচ, সাপৰ ফেঁট, a species of cactus.

নাগ মাটি, } *s.* আকৰত থকা এবিধ কলা মাটি, কৈলা মাটি, stone or
নাগৰ গু, } fossil coal.

নাগেৰা, *s.* বাদ্য এবিধ, a kettle drum.

নাগলি, *s.* ম্লেচ জাতি, a barbarian, *i. e.* without caste.

নাগলোক, *s.* পাতাল পুৰ, an appellation of the hindoo infernal regions, *lit.* the world of hydras and serpents.

নাগিনি, *s.* নগাৰ তিৰোতা, সৰ্পিনি, a Naga woman, a female serpent.

নাগেশ্বৰ, *s.* নাহৰ ফুল, the flower of the *nahor* tree.

নাঙ্গট, } *a.* উলঙ্গট, বিবস্ত্র, bare, naked.
নাঙ্গটা, }

নাঙ্গল, *s.* হাল বোৱা জতন, a plough.

নাচন, } *s.* নচা, অঙ্গি ভঙ্গি কৰা, নাচ, dancing, a dance, frisking
নাচোন, } about.

নাচনি, *s.* তাঁতৰ সঁজুলি, নৰ্তকি, নচা তিৰি, নাচি থকা, a species of ant, a pulley in a native loom, a female dancer.

নাচনিয়াৰ, *a.* নাচিব জনা, skilled in dancing.

নাচি, } *v.* নাচন কৰি, অঙ্গি ভঙ্গি কৰি, to dance.
নাচিবাগি, }

নাজিৰ, *s.* টেকেলাৰ গৰাকি, a sheriff, an officer over peons.

নাট, *s.* নৰ্ত্তন, ভাও, a dance, a pantomime, a drama.

নাটক, *s.* নটুআ, ভাও দেখাওতা, a dancer, an actor.

নাটনি, *s.* নটা, অকুলন, চুটা, insufficiency, inadequacy, want, lack.

নাটপাৰ, *s.* এবিধ পাৰ চৰাই, a species of dove.

নাতি, *s.* পুতেক জিএকৰ পুত্র, a grandson.

নাতিনি, *s.* পুতেক জিএকৰ জিএক, a grand-daughter.

নাতিপুতি, *s.* নাতিৰ পৰিনাতি, নাতিৰ নাতি, a great grandson.

নাথ, *s.* প্রভু, গৰাকি, স্বামি, a lord, a master, a husband, a protector.

নাথনি, *s.* খুঁটাৰ কানত মাৰলিৰে দিয়া বান্ধ, নথা, the binding of a beam or transverse timber to the post on which it rests.

নাদ, *s.* কুপ, পানি থকা দ গাঁত, গর্জন আদি সব্দ বিসেস, a well, a reservoir, a sound, a loud call, a roar, a bellow.

নাদনি, *s.* এবিধ মাচ, a species of fish.

নাদুৰি, *v.* সাঁতুৰি, পানিত সাঁতোৰ খেলি, to swim, to play about in water.

নাদোৰা, *s.* সাঁতোৰা, সাঁতুৰি ৰঙ্গ কৰা, frolicking in water.

নান্কাৰ, *s.* ৰজাই দিয়া নিষ্কৰ ভুমি, rent free land.

নানা, *a.* অনেক, বহু বিধ, বিবিধ, of many kinds, various.

নানৎনবক্লৎ, *a.* অতি দুখিয়া হোআ, ভাত কাপৰ নাইকিয়া, afflicted, wretched, poverty-stricken.

নানাৰুপ, *a.* বহু ৰুপ, অনেক প্রকাৰ, various, diverse, multiform.

নানার্থ, *a.* অনেক প্রকাৰ অর্থ, of diverse meanings.

নানি, *v.* নৈ নাহি. the negative of আনি to bring, *i. e.* not to bring.

নাপিত, *s.* মুৰ খুৰুউআ মানুহ, নট, a barber.

নাভি, *s.* নাই, the navel, the centre of a circle.

নাভিপদ্ম, *s.* ব্রহ্মাৰ জনম হোআ পদ্ম, the fabulous lily from which Brahma is said to have sprung.

নাম, *s.* নাও, খ্যাতি, ইশ্বৰৰ গুন, তল, a name, honor, an appellation of a deity, a noun in grammar; *a.* inferior.

নামত, *prep.* তলত, চাপৰত, beneath, below.

নামতি, *s.* নাম লগোআ তিৰি, a female chorister.

নামমাত, *a.* ভাতখৈ লক্ষ বা চাপৰ, তল, short, a little less, inferior.

নামনি, *s.* উজনিৰ নাম বা ভাটি, পিথান, পর্বতৰ গুৰিৰ ঠাই, a lower part; as a lowland, the foot of a bed, the base of a mountain.

নামি, *v.* তললৈ গৈ, চাপৰ হৈ, to come down, to descend.

নামুআই, *v.* আমনি নেলাগি, মন নৈগ, not to be satiated or disgusted.

নায়ক, *s.* অধিকাৰ, গৰাকি, a leader, a guide, a conductor.

নাৰ, *s.* এবিধ সৰু মাচ, a species of fish; (pronounced naro.)

নাৰ্ *a.* নষ্ট, বেয়া হোআ, spoiled, rendered useless.

নাৰদ, *s.* ব্রহ্মাৰ পুত্র এজন, মুনি, the name of a celebrated hindoo sage who caused strife among the gods by tale-bearing.

নাৰদিয়া, *a.* নাৰদৰ দৰে চলা, টুটকিয়া, like Narod in tattling.

নাৰায়ন, *s.* বিষ্ণু, জলসাই, Vishnoo, *lit.* he who slept on the water.

নাৰায়নি, *s.* গোসানি, লক্ষ্মি, Lokhmi, wife of Vishnoo.

নাৰি, *s.* তিৰোতা, আঁত, হাত ভৰিৰ জেঠি, *fem*, of নৰ, a woman, a female, the entrails, the pulse.

নাৰিকল, *s.* এবিধ গুটি, the cocoanut.

নাল, *s.* অস্ত্র আদিৰ হাতেৰে ধৰা ভাগ, a handle, a haft.

নালিয়া, *a.* নালৰ দৰে দিঘল, গা নাইকিয়া, long and slender.

নাৱৰিয়া, *s.* নাৱৰ মানুহ, a boatman.

নাস, } *s.* নষ্ট, চুকুআ, মৰন, destruction, ruin, annihilation, death.
নাসন, }

নাসক, *a.* নাস কৰোঁতা, ruinous, destructive.

নাসিকা, *s.* নাক, the nose.

নাস্তি, *a.* নাই, নোহোআ, not, not existing.

নাস্তিক, *a.* ইশ্বৰ বা পৰলোক আচে বুলি বিশ্বাস নকৰা, ধৰম সাস্ত্র নমনা, sceptical, atheistical; *s.* an atheist, an infidel, a sceptic.

নাশ্রুতনাভুত, *a.* কেতিয়াও মুসুনা নজনা, unknown, unheard of.

নাহক, *a.* মিচা, অকাৰন, false, without cause.

নাহি, *v.* আগমন্ নকৰি, নাই, not to come; *ad.* নাই, not, (poetic.)

নি, *v.* লৈ গৈ, কথাৰ আগত থাকিলে নিসেধ বা নথকাক বুজাই, জেনে নিসিদ্ধ, নিলাজ, to take; as a prefix it implies absence or separation, as নিলাজ, shameless, নিলগ, absent.

নিওআ, *s.* নিয়াই থকা, চুকুউআ, the taking away, consuming; preceeded by দিন or কাল, the spending of time.

নিওঁতা, *s.* নিয়া জন, লৈ জাওঁতা, one who takes away.

নিঃ, *a.* নিহ, see নিচ,

নিকট্কট, } *a.* কাপ খাই ধৰা, লৰচৰ নোহোআ, বৰ কিৰ্পিন, closely
নিকপ্কপ, } fitting, fast, firm, penurious.

নিকটৰিয়া, *a.* কটাৰি নোহোআ, কষ্টকৈ সুদা লোন ভাত খোআ, নিৰস, *lit.* without a knife for cutting; hence, with খোআ, eating plain rice and salt, poor.

নিকটাই, } *v.* বখলিয়াই, চাল গুচাই, to remove the skin, peel
নিকোটাই, } or bark; with দাঁত, to show the teeth, as in laughing.

নিকটি, *v.* চাল গুচি বা এৰাই, to peel off, as skin or bark.

নিকপটিয়া, *a.* অকপটিয়া, সৰল, উদাৰ, sincere, guileless, frank.

নিকৰ, } *s.* চাল বিসেস, বাকলি, চোকোৰা, the skin, peel, bark.
নিকল, }

নিকৰি, *s.* পানি সৰলৰ গুটি, চোকোৰা, the seed of a species of aquatic plant, a scab.

নিকৰুআ, *a.* কঠিন কৰি খোআ, কষ্ট ৰূপে খোআ, eating sparingly or with discomfort.

নিকা, *a.* মলি নথকা, বগা, clean, pure, white.

নিকা কৰা, *a.* মলি গুচুউআ, সুধ বা বগা কৰা, purified, cleansed, refined, clarified; *s.* the act of purifying &c.

নিকাৰ, *s.* দুখ, ত্ৰিয়াতু, কষ্ট, injury, suffering, torment.

নিকাহি, *s.* বাহিঁ থকা চতি আদিৰ মুৰ, দাতৰি, a projection, an overhanging point.

নিখৰ্চি, *ad.* সমুলি, একো নথকাকৈ, completely, entirely.

নিখৰ্ব, *s.* ১০০ বৃন্দ, সংখ্যা বিসেস, a million million.

নিখুন, *a.* একে আগি, নিঘুন, entire, without defect, faultless, perfect.

নিখুন্দ, *a.* ঠাই নোহোআকৈ হেঁচি ভৰোআ, crammed full, pressed closely.

নিগনি, *s.* সৰু জন্তু এবিধ, a mouse.

নিগনি কুন্দা, *s.* নিগনি মৰা জন্ত্ৰ, a mouse trap.

নিগম, *s.* পৌৰানিক সাস্ত্ৰ বিসেস, a portion of the Puránas.

নিগৰি, *v.* জৰি, জৰি ৰস ভাগ বেলেগ হৈ, to ooze out, to drip.

নিগাজি, *a.* আটুট, খৰিচ, স্বৰূপ, real, genuine, true, exact.

নিগূঢ়, *a.* বুজিবলৈ টান, গুপুত, গম্ভিৰ, abstruse, obscure, profound.

নিগ্ৰহ, *s.* অতি কঠিন বা নিৰ্দয়া ৰূপে আচৰা, severity, harshness, rigorous treatment; with কৰি, to treat harshly &c.

নিঘাত বচন, *s.* অতি কুবচন, বা অসহনিয় মাত, cross angry speech.

নিঘুন, } *a.* ঘুন নথকা, চিদ্ৰু নথকা, সজ, sound, perfect, whole.
নিঘুনিয়া, }

নিচ, *a.* কু, দুষ্ট, অধম, নিহ, low, mean, vile, disreputable.

নিচই, } *a.* স্বৰূপ, সত্য, ঠিক, true, certain, exact.
নিচৈ, }

নিচইকৈ, } *ad.* স্বৰূপকৈ, সত্য ৰূপে, truly, certainly, exactly.
নিচয়ে, }

নিচটি, *a.* একে আগি, গাৰি নিদিয়া, alike, of uniform texture.

নিচলা, *a.* খিনোআ, নিৰ্ধনি, দৰিদ্ৰ, emaciated, enfeebled, poor.

নিচলা পিচলা, *a.* সমুলি উদঙ্গ, without covering, naked.

নিচলিয়া, *a.* নিচ কাম কৰি ফুৰা, দুৰ্জন, mean, low, vicious, debased.

নিচাই, *v.* ঘৰৰ খেৰ বখলিয়াই, to remove the thatch of a roof.

নিচাও, *s.* আহোমৰ বৰ বাপেকৰ সম্বন্ধ, a father's elder brother; (ahom.)

নিচাঙ্গ, *s.* চাঙ্গ ঘৰৰ বাহিৰে মুকলি আগচাঙ্গ, an open or uncovered portion of a *sang* or raised floor of a house.

নিচাটু, *a.* অপেক্ষা নকৰা, independent, not having respect of persons.

নিচান, *s.* চিন, ধ্বজ, পতকা, a flag, a standard, a banner.

নিচিদ্ৰ, *a.* চিদ্ৰ নথকা, অসুধ নকৰা, faultless, pure, without holes; with কৈ, *ad.* faultlessly, unceasingly.

নিচিনা, *a.* সদ্ৰিস, দৰে, স্বৰূপ, নেদেখা নজনা, similar, like, analogous; accented on the second syllable unacquainted, unknown.

নিচিনাকৈ, *ad.* সদ্ৰিসে, দৰে, ৰূপে, নেদেখা নজনাকৈ, in the same manner &c.

নিচিন্তি, *v.* চিন্তা নকৰি, নেভাবি, to be thoughtless or free from anxiety.

নিচুকা, *s.* সৰু খৰাহি, সান্ত হোআ, a small basket for washing rice; *a.* assuaged, appeased, soothed.

নিচুকাই, *v.* সান্ত কৰাই, কান্দন এৰুআই, to assuage another's grief, to soothe, to comfort.

নিচুকি, *v.* সান্তি হৈ, কান্দন এৰি, to be comforted, to cease crying.

নিচুৰিয়া, *a.* সন্তান নোহোআ অৱস্থা বিসেস, without offspring.

নিচেই, *ad.* সমুলি, অতি, বৰ, completely, very, entirely.

নিচোআ, *s.* ঘৰৰ চালৰ খেৰ বখলিউআ, removing the thatch from a roof.

নিজ, } *a.* আপোন, স্ব, one's own, innate.
নিজা, }

নিজগৰি, } *a.* জগৰ নথকা, আজৰি হোআ, faultless, free, at leisure.
নিজগৰিয়া, }

নিজঞ্জাল, *a.* জঞ্জাল নথকা, নিৰোল, free from confusion, disorder, trouble or care.

নিজনি, *a.* ফট্‌ফটিয়া, নিৰ্ম্মল, clear, limpid, transparent.

নিজম, *s.* নিটাল, মনে মনে থকা, keeping silent; with দি, to be silent &c.

নিজৰনি, *s.* জৰনিৰ পানি, an oozing or dropping.

নিজৰা, *s.* ঘামি ঘামি বোআ, oozing, percolating.

নিজৰি, *v.* ঘামি, জৰি, বৈ, to ooze, to drop, to percolate, to perspire.

নিজাৰ পৰা, *s.* ফুল সৰা, উবাৰ হোআ, এঁটোআ, the falling or closing up of the petals of a flower.

নিজুক্ত, *a.* নিজোজিত, কামত পতা, appointed, authorized.

নিজুত, *s.* দহ লাখ, a million.

নিজোজক, *s.* নিজোজন কৰোঁতা, one who appoints or ordains.

নিজোজন, *s.* নিজুক্ত কৰা, পতা, the act of ordaining or appointing; with কৰি, to ordain, to appoint.

নিজোজিত, *a.* নিজোজন হোআ, appointed, authorized, ordained.
নিটহটহ, *a.* see, নিকটকট, ৰৰ টান
নিটালমৰা, *s.* নিজম দিয়া, মনে মনে থকা, silence, taciturnity; *a.* silent &c.
নিচালে পৰা, *s.* চিত হৈ পৰা, দিঘলদি পৰা, চৌবাজিদি পৰা, falling suddenly senseless.
নিত, *ad.* নিতৌ, সদাই, daily, continually, constantly.
নিতি, *s.* ৰিতি, সদাচাৰ, নিয়াই, good behaviour, moral conduct, morality.
নিতি কথা, *s.* হিত উপদেস, সত্ত্ব বুধি দিয়া কথা, a moral tale a discourse on ethics.
নিতুলি, *ad.* সঘনে, খতি নকৰাকৈ, সদাই, constantly, without cessation.
নিতৌ, *ad.* দিনৌ, প্ৰতিদিন, daily.
নিত্য, *a.* নিতে, ওৰেও, সদাই, continual, perpetual, eternal.
নিত্যানন্দ, *a.* সদানন্দ, সদাই আনন্দ, ever joyful, ever happy.
নিদান, *s.* আদি কাৰন, এক বৈদ্য সাস্ত্ৰ, দুখ বা আপদ, cause, the name of a medical treatise; with কাল, a time of suffering or calamity.
নিদাৰুন, *a.* মৰম হিন, কাঠ চিত, নিৰ্দয়া, harsh, cruel, merciless.
নিদ্ৰা, *s.* টোপনি, ঘুমটি, সয়ন, sleep, slumber, drowsiness.
নিদ্ৰালু, *a.* টোপনি গধুৰা, এলেহুআ, sleepy, lethargic, slothful.
নিদ্ৰিত, *a.* টোপনিত থকা, ভৰ ঘুমটি অহা, asleep, slumbering.
নিধক, *a.* নিলাজ, নিৰ্গত, shameless, (a term of abuse.)
নিধকালি, *s.* নিৰ্গতালি, নিলাজ কাম কৰা, shamelessness.
নিধনি, } নিৰ্ধনি, } *a.* ধন নাইকিয়া, কঙ্গাল, দৰিদ্ৰ, poor, indigent, needy.
নিধৰুআ, *a.* ধাৰ নথকা, without debt, not indebted.
নিধাতু, *a.* কান্দি ঠৰ হোআ, নিৰুশ্বাস, উধাতু, out of breath, as from violent crying or fright.
নিধি, *s.* ভঁৰাল, সম্পতি, আধাৰ, সমুদ্ৰ, a treasury, wealth, a receptacle, the ocean.
নিনাও, *a.* নাম নথকা, without a name.
নিন্দক, } নিন্দকি, } *s.* নিন্দা কৰা, নিন্দা কৰোঁতা, reproaching, reviling, blaming, a reviler, a blasphemer.
নিন্দনিয়, *a.* নিন্দাৰ জোগ্য, নিন্দা কৰিব লগা, নিহ, blameworthy, contemptible, despicable.
নিন্দা, *s.* তিৰস্কাৰ, গৰিহনা, বিকৰ্থনা, reproach, slander, abuse.
নিন্দাবিতণ্ডা, *s.* নানা ৰুপ গালি সপনি, all manner of abuse.
নিন্দি, *v.* নিন্দা কৰি, গৰিহনা কৰি, to abuse, to reproach, to revile.

নিন্দিত, *a.* নিন্দা পোআ, গৰ্বিহিত, অধম, despised, reviled, low.
নিপাত, *s.* নাস, তললৈ পৰা, a falling down, overthrow, ruin.
নিপানি, *a.* পানি নথকা, বা নিদিয়া, dry, tight, not leaky.
নিপুন, *a.* পাৰ্গত, পটু, eminent, skilful, expert, able.
নিপোটল, *a.* আগে গুৰিএ সমান, পুৰ, of uniform size throughout the whole length, plump.
নিফুট, *a.* অহফুট, অতি গুপুত, লুকুআ, concealed, hidden.
নিবন্ধ, নিবন্ধন, } *s.* নিয়ম, কথা বন্ধা, প্ৰতিগ্যা, an agreement, a voluntary obligation or vow.
নিবাৰন, *s.* হাক, বাধা, নিসেধ, prohibition, hindrance, resistance.
নিবাস, *s.* ঘৰ, থকা ঠাই, a dwelling, a residence; with কৰি, to dwell.
নিবাসি, *a.* বাস কৰোঁতা, থাকোঁতা, residing; *s.* an inhabitant &c.
নিবিৰ, *a.* ঘোৰ, অঘাধ্য গম্ভিৰ, dense, thick, impenetrable.
নিবেদন, *s.* জনোআ, গোচৰ, প্ৰাৰ্থনা, মিনতি, a representation, a petition, a request, a prayer.
নিবেদিত, *a.* নিবেদন কৰা, প্ৰাৰ্থিত, উচৰগ কৰা, made known, requested, asked for, given, offered in sacrifice.
নিবোকবোক, see নিমাও মাও, নমতা,
নিবোকা, *a.* নমতা, মোবোলা, silent, taciturn, reserved.
নিব্ৰিত্তি, *s.* গুচা, শ্যান্ত, এৰা, a cessation, a leaving off.
নিভঁজুআ, নিভাঁজ, } *a.* ভাঁজ নথকা, সুধ, পোন, unmixed, unalloyed, straight.
নিম, *s.* তিতা গচ এবিধ, the Nim tita tree, (Melia Agadirachta.)
নিমজ, *a.* সিতল, মিহি, খহটা নোহোআ, smooth, of even surface.
নিমন্ত্ৰন, *s.* আহ্বান, মতা, আমন্ত্ৰন, an invitation, a call, a summons.
নিমন্ত্ৰিত, *a.* আমন্ত্ৰিত, মতা, called, invited.
নিমৰমিয়াল, নিৰ্মৰমিয়াল, } *a.* নিৰ্দয়া, ক্ৰিপাহিন, মৰম নোহোআ, unmerciful, unkind, pitiless, hard-hearted.
নিমাওমাও, *a.* নিবোকবোক, মাত নাইকিয়া, silent and solitary.
নিমাত, *a.* মাত নথকা, অবাক, speechless, silent.
নিমাতি, *s.* এবিধ চৰাই, a species of bird.
নিমাসিত, *a.* দুখিয়া, দৰিদ্ৰ, অকল সৰিয়া, poor, lonely, solitary.
নিমিত্ত, *s.* কাৰন, হেতু, নিদান, a reason a cause, a motive.
নিমিত্তে, *a.* কাৰনে, হেতুকে, অৰ্থে, for, for the sake of, for the purpose of, on account of.
নিমিস, *s.* চকুৰ প্ৰচাৰৰ সমান খন্তেক, the twinkling of an eye, a moment.

নিমিসতে, *ad.* তিলেকতে, মুহূৰ্তকতে, চকুৰ প্ৰচাৰতে, in a moment, quickly.

নিমুআ, *a.* নিবোকা, আসই নোপোআ, পেট বুধিয়া, covert, deep, designing, specious.

নিমুআকৈ, *ad.* কোনেও ভু নোপোআকৈ, covertly, secretly.

নিমুৰমুৰা, *a.* ঠাল টেঙ্গুলি ন থকা, লঠা মুৰা, without stem or support, hence friendless, forlorn, helpless.

নিয়ভি, *s.* ফেঁচা, an owl.

নিয়ম, *s.* নিৰ্বন্ধ, বিধি, ৰিতি, মত, প্ৰতিগ্যা, a covenant, a stipulation, a law, a regulation, a rule, an agreement.

নিয়মকৈ, *ad.* নিয়ম ৰূপে, জোখাকৈ, according to rule or custom.

নিয়ম পত্ৰ, *s.* নিয়ম লিখা কাকত, a written agreement, a treaty.

নিয়মিত, *a.* নিৰূপিত, ঠিক, stipulated, fixed, appointed, settled.

নিয়ৰ, *s.* হিম, dew.

নিয়ৰভঙ্গা, *s.* আঁঠুৰ তল ভাগ, পশু আদিৰ আগ চেউৰাৰ মাজ ডোখৰ, *lit.* breaking the dew, applied to any part of the body that sweeps the dew.

নিয়া, *a.* লৈ জোআ, লোআ, taken a way; *s.* the act of taking.

নিয়াই, *v.* লোকৰ দ্বাৰাই নি, স্থানান্তৰ কৰি, স্বৰূপ, ন্যাই, to take away; *s.* justice, righteousness; *a.* right, just, true.

নিয়াৰি, *s.* ধাতু পিটা ঠকুৰা বিসেস, আৰ নথকা, an anvil, straight, perfect.

নিৰ, *particle.* কথাৰ লগত জোগ হলে নোহোআ বুজাই, পানি, used only in composition to express privation, absence, or negation; the final ৰ, is changed into স, or চ, according to the initial letter of the word to which it is prefixed; *s.* water.

নিৰঞ্জন, *a.* নিৰ্মল, তেজোময়, পুন্য, পৰম ইশ্বৰ, untinged, unstained, pure.

নিৰন্তৰ, *a.* সদা, অবিচেদ, without interval, incessant.

নিৰপৰাধ, *s.* অপৰাধ হিন, নিৰ্দোস, innocence, freedom from fault.

নিৰপৰাধি, *a.* নিদুসি, নিজগৰিয়া, guiltless, innocent.

নিৰৰ্থ, নিৰৰ্থক, *a.* প্ৰয়োজন নথকা, অকামিলা, অসাৰ্থক, মিচা, useless, to no purpose, profitless, without meaning.

নিৰল, *a.* থিৰ, লৰচৰ নকৰা, জঞ্জাল নথকা, fixed, immovable.

নিৰস, *a.* সুকান, জৰ্জৰিয়া, অস্বাদু, dry, without juice, insipid.

নিৰসা, *a.* আসা নাইকিয়া, hopeless, dejected, despairing.

নিৰস্ত্ৰ, *a.* অস্ত্ৰ হিন, সুদা হাত, without weapons, empty handed.

নিৰহঙ্কাৰ, *s.* অহঙ্কাৰ নথকা, নম্ৰ মন, humility, lowliness of mind.

নিৰহঙ্কাৰি, *a.* অহঙ্কাৰ নকৰা, নম্ৰ, poor in spirit, humble, lowly.

নিৰহনিপানি, *a.* ৰস পম নথকা, কিৰ্পিন, একে কথিয়া, without moisture.

নিৰহাই, *v.* নিৰহ কৰি, পানি নথকা কৰি, to deprive of water or moisture, to pour off water from a substance.

নিৰহোআ, *s.* ৰস নাইকিয়া কৰা, জুৰ্জৰিয়া কৰা, the pouring off of water.

নিৰাই, *v.* সাক আদিৰ বন গুচাই, চিকোনাই, to weed, to root out.

নিৰাকাৰ, *a.* আকাৰ সুন্য, নিৰাক্ৰিতি, without form, incorporeal.

নিৰানন্দ, *s.* সোক, বিসাদ, বিমন, sadness, dejection, sorrow.

নিৰাপদ, *a.* আপদ হিন, সুকলম, নিৰ্বিঘিনি, secure, safe; *s.* security &c.

নিৰাময়ই, *a.* ৰোগ নথকা, free from sickness or disease.

নিৰাস, *a.* আসা নথকা, hopeless, despairing.

নিৰাসুই, *a.* ডঙুআ, আসুই হিন, without refuge or help, unprotected, helpless, defenceless.

নিৰাহাৰ, *s.* লঘোন, ব্ৰত, abstinence from food, fasting.

নিৰিখ, *s.* চলিত দৰ ভাও বা নিয়ম, a fixed rate or price.

নিৰিখ্যন, *s.* চোআ, দেখা, a looking, seeing, observing.

নিৰুউআ, *s.* সাক ধান আদি গচোওআ, weeding or causing to be weeded.

নিৰুগি, } *a.* ৰোগ নাইকিয়া, সুস্থ, in health, well.
নিৰুগিয়া, }

নিৰুত্তৰ, *a.* উত্তৰ দিব নোঅৰা, অবাক, নিমাত, unanswerable, speechless.

নিৰুদ্ধ, } *a.* বন্ধা, ভেঁটা, ৰোধ কৰা, obstructed, hindered, restrained.
নিৰোধ, }

নিৰুপন, *a.* সজা, থিৰ কৰা, পতা, a planning, arranging, settling or determining, the laying down of a rule or precept.

নিৰুপম, *a.* অনুপম, উপমা হিন, incomparable, matchless.

নিৰুপাই, *a.* অনুপাই, উপাই ৰহিত, বিবুধি, remediless, helpless.

নিৰুপিত, *a.* থিৰ কৰা, নিচই কৰা, settled, fixed, appointed.

নিৰুস্বাস, *a.* উসাহ বন্ধ, ধাতু নাইকিয়া, out of breath, stifled.

নিৰোআ, *a.* গচোআ, ধান আদি চিকোনোআ, weeded.

নিৰোল, *a.* হাই উৰুমি নোহোআ, hushed, still, quiet.

নিৰ্গত, *a.* নিলাজ, shameless.

নিৰ্গতালি, *s.* নিলাজ কৰম কৰা, shamelessness.

নিৰ্গুন, *a.* গুন ৰহিত, অকামিলা, destitute of properties, worthless.

নিৰ্জ্জন, *a.* লোক সুন্য, অৰন্য, secluded, solitary, uninhabited.

নিৰ্জু, *a.* সান্ত, জাতি, চেঁচা, খঙাল নোহোআ, calm, placid, cool.

নিৰ্দয়া, *s.* দয়া হিন, নিমৰম, cruelty, hardheartedness.

নিৰ্দুসি, *a.* নিজগৰিয়া, নিৰপৰাধি, innocent, blameless, faultless.

নির্দোস, *v.* দোস হিন, নিৰপৰাধ, innocence, freedom from fault.

নির্বন্ধ, see নিবন্ধ,

নিবল, *s.* দুর্বল, সক্তি হিন, weakness, feebleness, impotence.

নির্বলি, *a.* দুর্বলি, আসকতিয়া, খিন, weak, feeble, impotent.

নির্বান, *s.* নুমুআ, হিন্দু মতে ইশ্বৰত লই জোআ মুক্তি, extinction, extinguishment as of a lamp or fire; the hindoo doctrine of the total emancipation of the individual soul from matter, and its re-absorption into the divine essence; *a.* blown out &c.

নির্বিকাৰ, *a.* সদাই এক দৰে থকা, immovable, without change.

নির্বিঘিনি, *a.* নিৰাপদ, secure, without impediment or difficulty.

নির্বিঘিনিএ, *ad.* বিঘিনি নোহোআকৈ, কুসলে, securely, safely.

নির্বিৰুধি, *a.* নির্বিৰোধ, মিলেৰে থকা, peaceable, free from strife.

নির্বিৰোধে, *ad.* মিলেৰে, কন্দল নোহোআকৈ, peaceably, quietly.

নির্বিহ, *s.* এবিধ ঔসধি গুটি, a species of medicinal fruit.

নির্বুধি, } *a.* বুধি হিন, অগ্যানি, অজলা, silly, foolish, dull, imbecile; *s.* imbecility, folly.
নির্বোধ,

নির্ভই, *a.* নিসংসই, সাহিয়াল, বুকু ডাঠ, bold, fearless, undaunted.

নির্ভুল, *a.* ভুল নোহোআ, সুধ, নেপাহৰা, without error or mistake.

নির্মল, *a.* মল নাইকিয়া, নিকা, সুধ, pure, clear, transparent, cloudless.

নির্মান, *s.* সজা, কৰা, গর্হা, formation, making or fabricating.

নির্মালি, } *s.* দেৱতাক দিয়া পুস্পাদি, বা মালা, a garland &c. offered to an idol, and returned by a priest to his disciples.
নির্মাল্য,

নির্মিত, *a.* নির্মান কৰা, সজা, কৰা, made, formed, built.

নিল, *s.* ৰম গচ, এবিধ কলা বৰন, indigo.

নিলকণ্ঠ, *s.* সদাসিৱ, মৰা চৰাই, তিতা ঔসধ বিসেস, blue throated, an appellation of Hoda Hiwo, a peacock, a bitter medicine.

নিলকান্ত, *s.* নিল মনি, বাখৰ বিসেস, a kind of bead, a sapphire.

নিলগ, *a.* আঁতৰ, বেলেগ, দুৰৈ, absent, distant, far off, remote.

নিলগাই, *v.* দুৰ কৰি, আঁতৰাই, to separate, to remove, to put away.

নিলগা নিলগি, *a.* আঁতৰা আঁতৰি, separate, remote from each other.

নিলগিয়া, *a.* দুৰৈ, পৰ, সমন্ধ নথকা, distant, separate, unrelated.

নিলগে, *ad.* বেলেগে, আঁতৰে, আলেঙ্গে, separately, remotely, apart.

নিলগোআ, *s.* দুৰ কৰা, আঁতৰোআ, a removing, a separating.

নিলাজ, *a.* লাজ নাইকিয়া, নিধক, shameless, impudent, immodest.

নিলাজি, *s.* লাজ নাইকিয়া তিৰি, এবিধ বন ফুল বা তাৰ গচ, an immodest woman, the sensitive plant.

নিলাম, *s.* see লিলাম,

নিসংসই, *a.* সংসই নকৰা, নিৰ্ভই, indubitable, clear, certain, fearless.

নিসকতিয়া, *a.* সক্তি হিন, আসকতিয়া, দুৰ্বলি, weak, feeble, infirm.

নিসঙ্গ, নিসঙ্গি, } *a.* অকলসৰিয়া, লগ সঙ্গ নথকা, solitary, alone, without society.

নিসত, *a.* ৰস নথকা, খৰাঙ্গ, বিৰস, dry, parched.

নিসনি, *s.* তপত ভাতৰ পানি, rice gruel.

নিসন্তান, *a.* সন্তান হিন, নিচুৰিয়া, childless, without offspring.

নিসন্ধি, *a.* সুন্য নথকা; ঠাহ মৰা, গঞ্জ, without interstices, closely packed.

নিসমৰ, *s.* মনে মনে থকা, নিজম দিয়া, the keeping silent, quiet or unresisting, passiveness.

নিসা, *s.* ৰাতি, ৰজনি, সৰ্বৰি, হালধি, night, turmeric.

নিসাকৰ, *s.* চন্দ্ৰ, জোন, the moon.

নিসাপতি, *s.* জোন, চন্দ্ৰমা, নিসাকৰ, the queen of night, the moon.

নিসাৰসাৰ, *a.* ঘোৰ টোপনিত অচেতন বা সঁহাৰি নোপোআ, উমান নাইকিয়া, locked in sleep, unconscious, indifferent.

নিসালমুআ, *a.* কাৰো মুখলৈ নেচাই চোকা মাত মতা, speaking without regard to person or rank, impudent.

নিসেধ, *s.* হাক, বাধা, prohibition, restriction.

নিষ্কৰ, *a.* খাজনা দিব নলগিয়া, নানকাৰ, not taxable, rent free.

নিষ্কৰ্মা, নিষ্কৰ্মি, } *a.* অকৰ্মা, অপাত্ৰ, একো কামৰ জোগ্য নোহোআ, worthless, undeserving, useless.

নিষ্ট, *a.* দ্রিঢ়, নিচই, ঠিক, সত্য, fixed, certain, true.

নিষ্টা, *s.* দ্রিঢ় ভক্তি, সুদ্ধা, steadiness, adherence to belief &c.

নিষ্ঠুৰ, *a.* নিদাৰুন, নিমৰমিয়াল, merciless, cruel, harsh, fierce.

নিস্তাৰ, নিস্তাৰন, } *s.* ৰখ্যা, মুক্তি, তৰনি, পাৰ হোআ, salvation, deliverance, rescue, preservation.

নিস্তাৰক, *a.* ৰাখোঁতা, উধাৰ কৰোঁতা, delivering; *s.* a deliverer.

নিস্তাৰ কৰ্তা, *s.* ত্ৰান কৰ্তা, মুক্তি দাতা, a saviour, a deliverer.

নিস্তাৰি, *v.* মুক্তি দি, উধাৰি, to save, to rescue.

নিস্পতি, *s.* সমাপ্ত কৰা, মুৰ পেলোআ, a finishing, a decision, the final settlement or disposition of a matter.

নিস্পাপি, *a.* নিৰ্দুসি, পাপ নথকা, without sin, guiltless, innocent.

নিস্প্ৰয়োজন, *a.* অকাৰন, নিৰৰ্থক, নলগা, to no purpose, needless.

নিস্পৃহা, *a.* অনিচা, আস্তিক নথকা, apathetic, without desire, disinterested; *s.* indifference, apathy, disinterestedness.

নিস্ফল, *a.* বিফল, অনৰ্থক, সুদা, গোট নধৰা. fruitless, ineffectual.

নিহপালি দিয়া, *a.* সকলোএ ঘোৰ নিদ্ৰাত পৰ', নিৰ্জ্জন পৰা. locked in sleep; an hour of the night when none keep awake.

নিহালি, *s.* কঁথা, তুলা আদিৰে কৰা জাৰ কাপৰ বিসেস, a quilted cloth.

নু, *ad.* a particle, used in composition with verbs to express negation, corresponding to *un* in English; see ন.

নুইকৰা, *a.* আসৈ মতা, denied, falsified, made ineffectual; *s.* the act of denying or rendering futile.

নুইনাইকৰা, *a.* সমুলি আসৈ কৰা, wholly denying, falsifying.

নুকুটা, *a.* গোটেই থকা, কুটা নহই, not cut fine, not minced.

নুখুউআ, *a.* ভোজন নকৰোআ, নলগোআ, unfed, not fitted or joined.

নুজুৰাই, *v.* জুৰ নকৰি, সান্ত নকৰি, not to cool, satisfy or refresh.

নুতি, *s.* সৰু আই, খহু বিসেস, the chicken pox.

নুনি, *s.* পাটপলুএ খোআ গচ এবিধ, the silk mulberry.

নুনুমাই, *v.* জলি থাকি, to be unquenched.

নুনুমুআ, *a.* জলি থকা, মাৰ নোজোআ, unquenched, unquenchable.

নুন্য, } *a.* তাকৰ, কম, deficient, less, defective, wanting.
ন্যূন,

নুন্যাধিক, *a.* বৰ্হা টুটা, কম বেচ, more or less.

নুফুটা, *a.* বিন্ধা নোহোআ, অপ্ৰকাস, পষ্টকৈ মাত নোলোআ, unpierced, unbored; indistinct, inarticulate.

নুফুলা, *a.* ফুল আদিএ পাহ নেমেলা, unblown, not opened, as a flower bud.

নুবুজা, *a.* নজনা, অৰ্থৰ ভু নোপোআ, নিৰ্বোধ, not understood, unperceived, slow of apprehension, dull.

নুমলিয়া, *a.* সেসতিয়া, পাচতিয়া, youngest, last of all, very small.

নুমাই, *v.* জুই আদি লোপ হৈ, নিৰ্বান হৈ, to go out, (as a fire or light.)

নুমুআ, *a.* নুমাই জোআ, লোপ হোআ, blown out, extinguished.

নুমুআই, *v.* জুই নাইকিয়া কৰি, নিৰ্বান কৰি, লোপ কৰি, to put out, to extinguish, to blot out, to destroy.

নুমুউআ, *s.* নিৰ্বান কৰা, লোপ কৰা, putting out, quenching &c.

নুৰা, *s.* মেৰোআ বস্তু, মেৰ দি বন্ধা মুঠা, উৰি নুফুৰা, a scroll, a roll, any thing rolled up; not flown.

নুৰানুৰ, *a.* অনেক নুৰা, in rolls or bundles.

নুৰি, *v.* উৰাও নকৰি, সৰু নুৰা, not to fly; *s.* a small roll.

নুৰিয়াই, *v.* নুৰা বান্ধি, মেৰাই, to roll up, to wind.

নুৰিওআ, *s.* নুৰা বন্ধা, the act of rolling or winding up.

নুৰিয়ানুৰি, *a.* পকোআপকি, intertwined, twisted together.
নৰুচা, *a.* ইচা নোজোতা, খাবৰ মন নোজোআ, disinclined, averse.
নুলটি, *v.* নুভতি, ঘুৰি নাহি, not to return.
নুলিয়াই, *v.* বাহিৰ নকৰি, প্ৰকাস ন কৰি, not to bring out or expose.
নুলুকাই, *v.* নেঢাকি, গুপুত নকৰি, not to conceal.
নুসুজা, *a.* দুৰ্গুন কৰা, ধাৰৰ ধন নিদিয়া, noxious, indebted, unpaid.
নুসুধি, *v.* সোধ পোৰ্চ নকৰি, not to enquire or investigate.
নুসুনা, *a.* কানত নপৰা, নমনা, unheard of, unheeded.
নুসুনি, *s.* কানত নপৰি, নেমানি, not to hear or heed.
নুহনুহিয়া, *a.* নোহনোহাই থকা, দুখত কেঁকোআ, moaning, uttering a low stifled groan.
নুহুইকি, *v.* পাচলৈ নগৈ, নুলটি, not to turn back.
নে, অব্যই সব্দ, সোধা বা নকৰাক বুজাই, a particle used interrogatively or negatively in composition with verbs.
নেউচি, *v.* নেওচা দি, ঠেঙ্গৰ তলে সৰকাই, to treat as despicable.
নেউঠি, *v.* কপাহৰ গুটি গুচাই, to separate cotton from the seed.
নেউল, *s.* নেল, এবিধ জন্তু, an ichneumon or mangoose.
নেওগ, *s.* বিসয়া বিসেস, in former days a superintendent of tekelas.
নেওচন, নেওচা, *s.* ডেওআ, ঠেঙ্গৰ তলে সৰকাই পেলোআ, the act of stepping over or treating as despicable.
নেওচনিখোআ, *a.* চদকা খোআ, গৰিহা খোআ, despised, abused.
নেওঠনি, *s.* কপাহৰ গুটি গুচুআ জন্ত্ৰ, জঁতৰি, a native instrument for cleaning cotton from the seed.
নেওঠা, *s.* নেওঠনিৰে কপাহৰ গুটি গুচুউআ, the separating &c. as above.
নেওতা, *s.* অঙ্কৰ গননা, the Multiplication Table.
নেকনেকনি, *s.* বৰ বৰখুন আদিৰ সব্দ, any pattering sound, as of rain.
নেকনেকাই, *v.* নেকনেক সব্দ কৰি, to patter, as falling rain.
নেকনেকিয়া, *a.* নেকনেক সব্দ উঠা, গধুৰ ভাৰ, having a pattering sound.
নেকেৰা, *s.* এবিধ লাহি ধান, a species of paddy.
নেকেহ, *s.* পেলাই দিয়া সব্দ, থেকেচা খোআ সব্দ, the noise of falling or of throwing down violently.
নেকেহ কৰে, *ad.* ধুপুৰ কৰে, নেকেহ সব্দকৈ, with a heavy sound.
নেকেহা, *a.* সকত, ডাঙ্গৰ, গধুৰ, stout, heavy.
নেগুৰ, *s.* নেজ, জন্তু আদিৰ পাচৰ ওলমি থকা ভাগ, সেস ভাগ, ফাঁন্দ, the tail of an animal; the hinder part.
নেগুৰিয়া, *a.* নেগুৰ থকা, পোক এবিধ, having a tail: *s.* an insect.

নেগেলা, *a.* জিয়া, ডকডকিয়া, নপচা, not putrid, fresh.

নেঘেৰঘেৰ, *a.* অনেক, সৰহ, বহুত, ঢেৰ, much, abundant, plenty.

নেঘেৰি, *s.* সৰু চৰাই এবিধ, a species of small bird.

নেঘেৰিখোপা, *s.* তুলি বন্ধা খোপা, hair bound in a knot on the top of the head.

নেচা, *s.* সুতাৰ ভাগ বা খান্দি, a skein or hank of thread.

নেচাই, *v.* দর্সন নকৰি, বিবেচনা নকৰি, not to see or consider; *ad.* without consideration, carelessly.

নেচানেচ, *a.* অনেক নেচা, ঠাই ঠাই, in skeins or hanks.

নেচিয়া, *a.* নেচাৰে থকা, belonging to a skein.

নেচিয়াই, *v.* নেচা কৰি, to wind into skeins.

নেচেল, *a.* see চেলো, সিদ্ধি নোহোআ মাত,

নেচোআ, *s.* সুতাৰ নেচা কৰা, the winding of thread into skeins.

নেজ, *s.* see নেগুৰ, a tail.

নেজাল, *a.* নেজেৰে, নেজ থকা, having a tail.

নেজাইনুপুআই, *a.* অতি দিঘল বা পলম হোআ, সেস নপৰা, seeming never to come to an end, as a road or a long night.

নেজানি, *v.* নুবুজি ভু নেপাই, not to know or understand.

নেজাল তৰা, *s.* নেজ লগা তৰা বিসেস, a comet.

নেটাই, *v.* সমাপ্ত নকৰি, মুৰ নেপেলাই, not to finish.

নেটোআ, *s.* সেস নকৰা, অন্ত নেপেলোআ, বাঁকি থকা, non completion; *a.* unfinished, incomplete.

নেত্র, *s.* চকু, আখি, the eye.

নেত্রজল, *s.* চকুৰ পানি, লোতক, tears, *lit.* the water of the eye.

নেথনি, নেথপৰা, } *s.* দুখ বেদনাত উমাহ লোআ মাত, কেঁকনি, a grunt, a groan, a moan.

নেথাই, *v.* নেথ পাৰি, কেঁকাই, তলি নেপাই, to groan, to breathe hard, not to touch bottom.

নেথাকি, *v.* থিতি নহৈ, নৰৈ, not to remain.

নেথোআ, *s.* কেঁকোআ, নেথ পৰা, তলি নোপোআ, a grunting or groaning, the not touching bottom.

নেদেখা, *a.* কনা, দর্সন নকৰা, অচিনাকি, blind, unseen, unacquainted.

নেদেখাই, নেদেখুআই, } *v.* দর্সন নকৰাই, নিচিনাই, নিসিকাই, not to explain, shew, point out or teach.

নেপাই, *v.* নোপোআ হৈ, অনুচিত, নিসেধ কৰা মাত, not to obtain; used also as a term of interdiction, unlawful, improper.

নেপাহৰা, *a.* ভুল নোহোআ, মনত থকা, not forgotten, remembered.

নেপূৰ, *s.* ভৰিৰ অলঙ্কাৰ, a tinkling ornament worn around the ancles.

নেফানেফ, *a.* ফাঁহ ফাঁহ বা থান থান, disarranged, as the hair &c.

নেমুটেঙ্গা, *s.* এবিধ টেঙ্গা, a species of acid fruit, the lime.

নেমেলা, *a.* মুকলি নকৰা, বান্ধত থকা, not loosed, bound.

নেৰা, *a.* এৰি নিদিয়া, ধৰি থকা, unyielding, holding on; with কৈ, *ad.* unceasingly, incessantly.

নেৰানেপেৰাকৈ *ad.* খতি নোহোআকৈ, continuously, without ceasing.

নেৰি, *v.* এৰি নিদি, ধৰি থাকি, not to cease or leave.

নেৰিয়া, *s.* এবিধ মাচ, a species of fish.

নেৰোঁতা, *s.* এৰি নিদিওঁতা, ৰাখোঁতা, a keeping, a holding on.

নেৰোপানি, *a.* নেপাই নেৰা, কেবেনা কুটা, persevering, persistent.

নেলি, }
নেলু, } *s.* ডিঙ্গিৰ নলা, টেঁটু, the trachea or wind pipe.

নেলিয়াকটাৰি, *s.* নালেৰে সৰু কটাৰি, a kind of small knife.

নেলুকা, *s.* এবিধ গোন্ধোআ গচ, a species of the cinnamon tree.

নেলেখা, *s.* লেখ নকৰা, আখৰ নিদিয়া, unnumbered, uncounted, not reckoned, unwritten.

নেহা, *s.* চেনেহ, বেথা, প্ৰিতি, love, affection, regard.

নৈ, *s.* নদি, বহল সোঁতা, a river.

নৈদাঁতি, *s.* নৈৰ কোস বা পাৰ, the river's edge.

নৈবেদ্য, *s.* দেবুতাৰ আগত দিয়া খাদ্য দ্ৰব্য, an oblation, an offering.

নৈৰিত, *s.* দখিন পচিমৰ মাজ কোনা, the south west.

নো, *ad.* অব্যই সব্দ, নোহোআ নথকাক বুজাই, an indeclinable particle, no, not; it is also used to express a slight degree of surprise or inquiry, see ন.

নোঅৰা, *a.* অপাৰগ, সমৰ্থ নোহোআ, unable, incompetent.

নোআই, *v.* মাহ হালধিৰে কন্যা দৰাক গা ধুআই, to perform the ceremony of rubbing the bride and bridegroom with turmeric and the flour of pulse preparatory to marriage.

নোআইতোলনি, *s.* পুস্পোত্সৱ বিবাহ, প্ৰথম ৰিতুস্নানৰ বিয়া, a hindoo ceremony on a daughter's reaching the age of puberty.

নোআৰি, *v.* অসমৰ্থ হৈ, নোঅৰা হৈ, to be unable or incompetent.

নোকনোকালি, *s.* ৰাতি পুআই অহা সময়, the early dawn.

নোকোআ, *a.* কথন নকৰা, নোবোলা, নমতাকৈ থকা, untold, unsaid.

নোকোৰা, *s.* খহু আদিৰ চোকোৰা, কোৰ নমৰা, a scab; *a.* unhoed.

নোকোহা, *s.* সকত, লুদুৰ পুদুৰ, পুষ্ট, stout, large, fat.
নোখোআ, *a.* ভোজন নকৰা, কাপ খাই নধৰা, uneaten, not fitted together.
নোখোজা, *a.* জাগ্না নকৰা, ইচা নোজোআ, unsought, unasked.
নোচোআ, *a.* দৰ্সন নকৰা, নেদেখা, পৰ্স নকৰা, unseen, untouched.
নোজোকাই, *v.* খঙ নোতোলাই, not to vex or tease.
নোজোখা, *a.* জোখ নকৰা, আজোখ, unmeasured, unweighed.
নোজোৰা, *a.* অকুলন, নাটনি হোআ, insufficient.
নোট, *s.* ধনৰ সলনি চলা কাগজ, a currency note, a bank note.
নোদোকা, *a.* সকত, নোকোহা, stout, corpulent.
নোদোৰপোদোৰ, *a.* মঙ্গহাল, বৰ পুষ্ট, পোহ তোলা, not lean, fleshy, fat.
নোধোআ, *a.* অধৌত, নপখলা, unwashed, unclean.
নোপোআ, *a.* অপ্ৰাপ্তি, অনুচিত, unobtained, unobtainable, improper.
নোভতা, *a.* উকতি নহা, পালটন নোহোআ, not turned back, not reversed.
নোম, *s.* লোম, গাৰ সৰু সৰু চুলি, hair of the body, nap.
নোমল, *a.* সবাতকৈ সৰু, সেহত হোআ, least, born or produced last.
নোমসিয়ৰা, *s.* খঙ ভই আদিত গাৰ নোম থিয় হোআ, horripilation, a bristling of the hairs of the head or body from terror &c.
নোমাল, *a.* সৰহ নোম থকা, hairy, shaggy.
নোলাই, *v.* বাহিৰ নহৈ, not to come out or appear.
নোলোআ, *a.* বাহিৰ নোহোআ, গ্ৰহন নকৰা, not appearing, not taken.
নোহ্নোহাই, *v.* ঠোহ ঠোহাই, অসন্তোস ভাও দেখাই, to whimper, to whine.
নোহোআ, *s.* নাইকিয়া, নথকা, মিচা, non-existence, absence, negation.
নোহোআনোপজা, *a.* অসম্ভাবিক, আচৰিত, unknown and unproduced, *i. e.* unusual, strange, unique.
নৌ, *ad.* নাই হোআ, অলপ বাঁকি থকা, not, not yet.
নৌকা, *s.* see নাও, a boat.
ন্যাই, *s.* নিয়াই, উচিত, স্বৰূপ, জথাৰ্থ, right, justice, equity, logic.
ন্যাইসাস্ত্ৰ, *s.* তৰ্কসাস্ত্ৰ, সুবিচাৰ কৰা বিদ্যাৰ পুথি, a treatise on logic.
নৃপতি, *s.* নৰপতি, ৰজা, a king, a sovereign.

প

প, পকাৰ, this letter has the sound of the English *p* in *pin*.
পইচা, *s.* তামৰ মুদ্ৰা বা মোহৰ, চৰতিয়াৰ চাৰি ভাগৰ এভাগ, a copper coin, the fourth of an anna, pice, change.
পইজাৰ, *s.* জোতা, a shoe, a slipper.
পইৰা, *s.* দাঁতি, কোস, পাত্ৰ আদিৰ তলিৰ কান, the outer edge of anything, the base or foot of a hill.

পইৰাদিয়া, *s.* বোকাত ধান সিঁচা, খুৰা দিয়া, the casting of seed into a prepared muddy soil.

পঁইতা, *s.* পানি দি থোআ ভাত, cooked rice mixed with water.

পঁইতাচোৰা, *s.* পতঙ্গ বিসেস, a cockroach.

পইতালিচ, *a.* দুকুৰি পাঁচ, forty five.

পঁইত্রিচ, *a.* একুৰি পোন্ধৰ, thirty five.

পাঁচা, *s.* পাঁচি দিয়া, মাচ আদি খোঁচা জতন, sending, deputing, appointing, a fish spear; *a.* appointed &c.

পঁজাল, *s.* উমান, সঁহাৰি, গম, an intimation, a conception, an idea.

পঁজালি, *v.* জোঙালি, to sharpen to a point.

পয়া, *s.* নিচেই কেঁচুআ লৰা চোআলিৰ গা সুকাই জোআ ৰোগ, a wasting disease peculiar to infants.

পকটিয়াই, *v.* ঘুৰাই পকাই, লুটিয়াই বগৰাই, চোবাই বা মোহাৰি, to turn round and round, as a cud in the mouth, or as grain beaten out by trampling.

পক, *s.* পকা, সম্পুৰ্ন হোআ, ripeness, maturity, suppuration.

পকধৰা, *a.* পকনি উঠা, পকিব খোজা, beginning to ripen, mature, &c.

পকনি, *s.* পকোআ দ্ৰব্য, anything producing suppuration, ripeness, maturity.

পকৰা, *s.* আফু আদিৰ কেঁকুৰি বা চোপা ফুল, a capsule or seed vessel.

পকা, *a.* কেঁচা নোহোআ, নিপুন, ripe, soft, mature, turned gray or of a ripe color.

পকাই, *v.* পাক দি, ঘুৰাই, মেৰাই, পকিবলৈ দি, বাটি, to twist, to wind or whirl about, to cause to ripen or suppurate.

পকাইজকাই, *ad.* ঘুৰাই পকাই, মেৰাই ঘুৰাই, in a zigzag manner; *v.* to go a zigzag course, to make frequent turns.

পকাখৰিচা, *s.* বাঁহ গাজৰ কৰা টেঙ্গা, a pickle made from the tender shoots of the bamboo.

পকি, *v.* পক ধৰি, চুলি আদি বগা পৰি, ইটাৰে সজা ঘৰ আদি, to suppurate, to ripen, to turn gray; *s.* brick and mortar work.

পকিজাঁকি, *a.* গুটি আদি সমুলি পকা, খঙত বৰকৈ ৰঙা হৈ উঠা, thoroughly ripe, burning with rage.

পকিয়া, *a.* পাক থকা, having short turns or curves, curled.

পকিয়াপকি, পকোআপকি, } *a.* অনেক পাক থকা, বেঁকাবেঁকি, twisted, curved, zigzag, circuitous.

পকোআ, *a.* পাক দিয়া, বটা, twisted; *s.* the act of twisting.

পকোআজকোআ, *s.* ঘুৰি পকি ফুৰা, আওপাক সোঁপাকে গাঠি খোআ, wandering about this way and that.

পখ, *s.* see পস, মাহৰ আধা ভাগ,

পখৰা, *a.* কেইবা ৰবনিয়া, ৰোগ বিসেস, কুঠিয়া, spotted, leprous.

পখৰাচিতৰা, *a.* নানা ৰবনিয়া, চিত্র বিচিত্র, pie-bald, variegated,

পখৰু, *s.* তামোল গামোচাৰ ভলিচা, ভং, অসম ৰজাৰ দিনত পিন্ধা পাগুৰি বিসেস, a cloth used for carrying tamul pan and accompaniments, a kind of turban.

পখলা, *a.* খোআ, পানিৰে নিকা কৰা, washed, rinsed, cleansed.

পখালি, *v.* ধুই, প্রখ্যালন কৰি, to wash, to cleanse, to rinse.

পখি, *s.* চৰাই, উৰনিয়া জন্তু, পক্ষি, a bird, a fowl.

পখিওআ, *s.* পাখি পুচুওআ, চুলি আদি পাহ পাহ কৰা, plucking the feathers of a bird.

পখিয়াপখি, *s.* চুলিয়া চুলি, খুঁটিয়া খুঁটি, চুলি আদি আঁজোৰা, striking with the wings in fighting, quarreling, wrangling.

পখিৰাজ, *s.* গৰুড় পখি, চোকা, বেগি, Goruna, the regent of birds, on which Krishnoo is mounted; *a.* sharp, cutting, quick.

পখিলা, *s.* পোক পলুৰ উৰি ফুৰা পতঙ্গ, a butterfly.

পখ্য, *s.* মাহৰ এফাল দিন, পখা, ফাল, ফলিয়া, ৰোগলৈ হিত বস্তু, the half of a lunar month, a wing, side, party.

পখ্যপাত, *s.* এটাৰ ফলিয়া হোআ, একলিয়া, favoritism, partiality &c.

পখ্যপাতি, *a.* এটাৰ ফালে ভৰ দিয়া, partial, leaning to, hostile.

পগলা, *a.* বলিয়া, উন্মত, বাতুল, সিৱৰ এক নাম, crazy, mad, intoxicated, an epithet of Hiwo.

পগাই, *v.* সিজাই, ধাতু আদি জোল কৰি, to boil, to cook, to melt.

পগোআ, *a.* তপতোআ, ধাতু আদি জোল কৰা, boiled, melted, refined.

পঘা, *s.* গৰু বন্ধা ডোল, rope for binding cattle.

পঘাগুমঠি, *s.* পঘাৰ আগৰ গাঁঠি, এবিধ মোৰ, the knot of a slip noose

পঙ্ক, *s.* বোকা, mud, mire.

পঙ্কজ, *s.* পদুম, কমল, *lit.* sprung from mud, the lotus.

পচতিয়া, *s.* ঔসধ গচ এবিধ, a species of medicinal plant.

পচৰজি, *s.* চেঁকেৰি ৰজাৰ ডাঠ কাপৰ এবিধ, a kind of coarse silk cloth.

পচলা, *s.* খাবলৈ কটা লৰু কলা পুলি, the tender shoots of the plantain tree when used as an article of food.

পচা, *a.* গেলা, পুৰনি হৈ জাহ জোআ, এৰিয়া আদি তাঁতৰ তাহোন, rotten, putrid, corrupt, tainted, a sizing used in weaving silk.

পচাই, *v.* গেলাই, গুটি আদি গজিবলৈ পুতি থৈ, to rot, to sprout, to plant seeds for germination and transplanting.

পচি, *v.* গেলি, জহি, to rot, to putrify.

পচিম, *s.* বেলি মাৰ জোআ দিস, the west; *a.* west, westerly.

পচিমিয়া, *a.* পচিম ফালৰ, হিন্দুস্থানৰ, western.

পচোআ, *a.* গেলোআ, গজোআ, rotted, planted.

পচোআবতাহ, *s.* পচিমৰ বতাহ, a westerly wind, also a wind blowing up stream.

পজা, *s.* অতি সৰু ঘৰ, বহা, a temporary hut, a shanty.

পজালি, *s.* গাজ, কন, a germ.

পজালিগেলা, *s.* কন গেলা, গাজ মৰা, destruction of the germ or vital part; *a.* having a decayed or rotten germ.

পঞ্চ, *a.* পাঁচ, five.

পঞ্চকোনিয়া, *a.* পাঁচ চুকিয়া, পাচ কুনিয়া, pentagonal.

পঞ্চতত্ত্ব, পঞ্চভুত, } *s.* প্রিথিবি, বায়ু, আকাস, জল, অগ্নি, in hindoo science the five primary elements; *viz.* earth, air, ether, water, fire.

পঞ্চতপা, *s.* ৰদত চাৰি কুৰা জুইৰ মাজত কৰা হিন্দুৰ এক তপ বিসেস, a religious penance which consists in sitting in the hot sun, with four fires around and within reach.

পঞ্চদস, *a.* পোন্ধৰ, fifteen.

পঞ্চদসি, *s.* পুর্নিমা বা আমাবাস্যা, the fifteenth lunar day.

পঞ্চম, *a.* পাঁচ সংখ্যক, the fifth.

পঞ্চমি, *s.* তিথি বিসেস, চন্দ্রৰ পাঁচ দিন, the fifth day of the lunar increase or decrease.

পঞ্চানন, *s.* পাঁচ মুখিয়া, সিৱ, সিংহ, *lit.* five faced, Hiwo, a lion.

পঞ্চাম্রিত, *s.* ঘিঁউ, চেনি, মৌ, দুগ্ধ, দৈ, the five sweets, *viz.* ghee, sugar, honey, curds, and milk.

পঞ্চাইত, *s.* চালিচ, মেল, বিচাৰ কৰিবলৈ বহা পাঁচ জন মেলুআই, a jury consisting of five persons for arbitration.

পঞ্জিকা, *s.* পাঁজি, তিথি বাৰৰ পুথি, an almanac, a calendar.

পট, *s.* নকচা, ৰূপ, চবি, আকাৰ, a picture, a likeness.

পটন্তৰ, *s.* দ্রিষ্টান্ত, উপমা, জোজোনা, a comparison, simile, parable.

পট্‌পট্‌কৈ, *ad.* বেগত বেগে, গোটেই ওলাই থকা, quickly, readily, fluently.

পটা, *s.* মচলা আদি বটা চঁটিয়া সিল, খাজনালৈ মাটি আদি দিয়া পত্র, a curry stone, a lease of land.

পটাগুটি, *s.* মচলা বটা সিলৰ গুটি, the muller used with a curry stone.

পটাগুটিয়া, *a.* পটা গুটিৰ নিচিনা, like a muller, applied to a species of mango, also to a disease of the bowels.

পটি, *s.* সোন ৰুপৰ গুনাৰ পাৰি, দোকানি আদি থকা ঠাই, সৰু বাট, gold or silver lace, a border, a quarter or division in a market occupied by one class of traders, a foot path.

পটিয়া, *s.* পাটি সজিয়', হিন্দুৰ জাত বিসেস, a people who braid mats.

পটু, *a.* পাৰ্গত, নিপুন, সকলো জনা, পণ্ডিত, clever, expert, able.

পটুআ, *s.* কটা কলা গচ, a layer of the plantain stalk.

পটেশ্বৰি, *s.* ৰানি, ৰজাৰ প্ৰধান ঘৈনি, a queen, a king's consort.

পঠাই, *v.* পাচি, জাবলৈ দি, চলাই, to send, to depute.

পঠোআ, *a.* প্ৰেৰন কৰা, পঁচা, চলোআ, sent; *s.* the act of sending.

পণ্ডিত, } *s.* সিখ্যক, সাস্ত্ৰ জনা, বিদ্যাৱন্ত, গ্যানি, অধ্যাপক, a teacher,
পঁৰিত, } a learned man, a scholar; *a.* learned, accomplished.

পণ্ডিতালি, *s.* গ্যান বিদ্যাৰ গুন থকা, learning, erudition, scholarship; with ভাও দেখুআ, a pretence or show of knowledge.

পতঙ্গ, *s.* উৰি ফুৰা ফৰিঙ্গ আদি পোক, a winged insect.

পতঙ্গপৰা, *a.* সাং হোআ, সেস হোআ, ওৰ পৰা, completed, ended.

পতন, *s.* পৰা, গুচা, a falling, dropping, descent.

পতনুআ, *a.* কৰ্কৰ্তনিয়া, সাহ পুৰ নোহোআ ধান আদি, blasted, immature.

পতলা, *s.* দ্ৰব্যেৰে ভৰা পাত, বহুত, পাত ভৰা, *lit.* a leaf full, *i. e.* as much as a leaf used for a plate will hold; a large quantity.

পতহা, *s.* পাতল পাতল চকলা, a slice, a thin piece.

পতহিয়াই, *v.* তামোল আদি পাতলকৈ চকলিয়াই, to cut in thin slices.

পতা, *s.* ভৰিৰ তলুআ, সোন আদিৰ পাতল পাত, নিজুক্ত কৰা, জুগুত কৰা, আৰম্ভন কৰা, the sole of the human foot, also a webbed foot, gold leaf, appointing to office, appointed, set up.

পতাই, *v.* থতাই, থুআই, নিজুক্ত কৰাই, জুগুত কৰাই, to place, to appoint, to induct, to set, (as a stone in a ring.)

পতান, *s.* সাহ নথকা ধান, chaff, blasted or immature grain.

পতি, *s.* পৈ, স্বামি, গিৰিহঁত, অধিকাৰ, প্ৰতি, a husband, a lord, a master, an owner; *a.* each, every.

পতিউআ, *a.* বিস্বাস কৰা, সঁচা মনা, believed, regarded as true.

পতিত, *a.* পৰা, ভ্ৰুষ্ট হোআ, জাত জোআ, চন পৰা, fallen, fallen from virtue, depraved, abandoned, outcast, lying waste or fallow.

পতিতপাৱন, *s.* পতিতক সুচি কৰা, পাপিক মুক্তি কৰোঁতা ইশ্বৰ, purifying the sinful or fallen, saving sinners.

পতিব্রতা, *s.* স্বামিত ভক্তি থকা স্ত্রি, সতি, a wife devoted to her husband.
পতিয়াই, *v.* বিশ্বাস কৰি, সত্যাত কৰি, মানি, to believe, to give credence.
পতিহা, *s.* প্ৰত্যাস, ভাৰসা, hope, expectation.
পতিহিন, *a.* অৰখ্যাক, বিধৱা, স্বামি হিন, widowed; *s.* a widow.
পতুআ, *a.* সৰহ পাত থকা, abounding with leaves, having leaves without fruit, (applied mostly to grain.)
পতোআ, *s.* থাপন কৰোআ, the causing to be appointed.
পতোআৰ, *s.* পানিৰ বেগ ৰখা বেৰ, a break-water.
পত্নি, *s.* ভাৰ্য্যা, ঘৈনি, বিবাহিতা স্ত্রি, a wife, the mistress of a house.
পত্র, *s.* কাকত, চিঠি, পাত, a letter, an epistle, a leaf, a blade of grass.
পত্রবাহক, *s.* কাকত নিওঁতা, ডাকোআই, a letter carrier, a postman.
পথ, *s.* বাট, আলি, আচৰন, a path, a road, a way, a course of conduct.
পথদৰ্সক, *s.* বাট দেখাওঁতা, গ্যান দিওঁতা, গুৰু, a guide, a leader, a teacher.
পথৰুআ, *s.* পথাৰত থকা বা তাত বন কৰা লোক, laborers in the field.
পথলিয়া, *ad.* পথালি, across, horizontaly; with কৈ, crosswise.
পথাৰ, *s.* খেতি কৰা ঠাই, a cultivated field.
পথালি, *s.* পুতল, বহল, প্ৰস্থ, breadth, width, diameter; *a.* broad &c.
পথালিকোমোৰা, *s.* এবিধ লতাৰ মুল, a vine whose root is medicinal.
পথালিকোলা, *s.* কোলাত পথালিকৈ লোআ, the carrying anything horizontally in the arms.
পথালিচকুআ, *a.* মানুহ, নৰজাতি, mankind, *lit.* having horizontal eyes, a term applied to man in contra-distinction to beasts.
পথিক, *s.* পথুক, বাটৰুআ, জাত্রিক, a traveller, a passenger.
পদ, *s.* ভৰি, পয়াৰ, শ্লোক, বাব বা বিসই, লিঙ্গ বা ধাতু, a foot, a step, a metrical measure, a verse, an office or employment.
পদকিয়া, *s.* জগৰিয়া, জাৰ নামে গোচৰ কৰে, an adversary, a defendant.
পদজল, *s.* চৰনোদক, গুৰু আদিৰ ভৰি ধুউআ পানি, water in which a gooroo's foot has been washed.
পদতল, *s.* ভৰিৰ তল, অধিন, the sole of the foot, subjection.
পদপ্ৰমান, *s.* চিন বাম, প্ৰমান, সাখি, evidence, positive proof.
পদবি, *s.* উপাধি, উপনাম, a title, a surname, a patronymic.
পদা, *s.* বায়ু এৰা, পাদ মৰা, the breaking of wind backwards.
পদাঘাত, *s* লাথি, গোৰ মৰা, a kick.
পদাঙ্গুলি, *s.* ভৰিৰ আঙ্গুলি, a toe.
পদাতিক, *s.* সেনা, ভৰিৰে চলা চিপাহি, a foot soldier, infantry.
পদাপৰুআ, *s.* এবিধ পোক, a species of insect.

পদাপাল, *a.* তত হেৰোআ, disconcerted, loss of presence of mind.

পদাৰ্থ, *s.* বস্তু, দ্ৰব্য, কথা বা পদৰ অৰ্থ, a thing, substance, property, matter, essence, quality, the meaning of a word &c.

পদাৰ্থবিদ্যা, *s.* সিষ্টি বস্তুৰ গুন আদিৰ বিদ্যা, the science of natural philosophy.

পদাৰ্পন, *s.* খোজ দিয়া, appointment to office, installation.

পদিনা, *s.* সুগন্ধি সাক এবিধ, spearmint.

পদুম, *s.* পদ্ম, কমল, the water lily, the lotus.

পদুমনলা, *s.* ৰোগ বিসেস, a disease of the bowels.

পদুমনি, *s.* পদুম হৈ থকা ঠাই, a patch of water lilies.

পদুলি, *s.* ঘৰলৈ সোমাই জোআ বাট, a path leading to a house.

পদেপদে, *ad.* খোজে খোজে, step by step, at every step.

পদ্ম, *s.* পদুম, a lotus.

পদ্মনাভ, *s.* বিষ্ণুৰ এক নাম, *lit.* born from a lotus; Vishnoo.

পদ্মমুখি, *a.* পদ্মৰ নিচিনা সুন্দৰি, beautiful as the lotus.

পদ্মৰাগ, *s.* উত্তম বাখৰ এবিধ, a ruby.

পদ্মিনি, *s.* সুন্দৰি স্ত্ৰি, সুলখ্যনি, a very beautiful woman.

পদ্য, *s.* see কবিতা, পদ, poetry.

পনৰু, *s.* পিঁয়াজ, মুল বিসেস, an onion.

পনিয়া, *a.* সেৰেকা, পানি দিয়া, চোটোআ, watery, thin, diluted.

পনিয়াল, *s.* এবিধ সোআদ গুটি, a kind of fruit.

পন্থ, *s.* see পথ, a path.

পপিয়া, *a.* পাপি, অধৰ্ম্মি, দুসি, sinful, wicked.

পপিয়া তৰা, *s.* আকাসৰ পৰা পৰা জুই বিসেস, a meteor.

পবা, *s.* আঙ্গুলিৰ পাবত হোআ ৰোগ, a disease of the fingers and toes.

পবাল, } *a.* পাব থকা, পাবেৰে, having joints.
পবালি, }

পবিত্ৰ, *a.* সুচি, সুধ, নিৰ্মল, holy, pure, clean.

পম, *s.* সিহৰি, আলু আদিৰ মুলত লগা চাকুলিয়া সিপা, the fibrous roots of a bulbous plant, hence, *fig.* a clue, a guide.

পমা, *s.* এবিধ গচ, পমি জোআ, দ্ৰৱ হোআ, a species of the toon tree valuable for timber; *a.* melted.

পমাই, *v.* জোল কৰি, দ্ৰৱ কৰি, to cause to melt, to dissolve.

পমি, *v.* জোল হৈ, খাই হৈ, দ্ৰৱ হৈ, to melt, to dissolve.

পমুআ, *a.* পামত থকা, পামৰ খেতিয়ক, temporarily cultivating; *s.* a temporary settler or cultivator.

পমোৱা, *a.* জোল কৰা, দ্ৰুত কৰা, melted, dissolved.

পয়াৰ, *s.* পাদ, চন্দ, শ্লোক, metre, verse consisting of two lines.

পৰ, *a.* আন, নিলগিয়া, বেলা, প্ৰহৰ, other, another, after; *s.* a stranger, the fourth part of a day or night.

পৰকাল, *s.* ভবিস্যত কাল, সিহলোক, another world, a future state.

পৰগনা, *s.* ঢেকেৰিৰ গাঁও বা মহল, a district, the Dhekeri country.

পৰঙিজাল, *s.* মাচ মৰা জাল এবিধ, a kind of fish-net.

পৰচাঁয়া, *s.* লোকৰ চাঁ, ভুত প্ৰেত আদিৰ দ্ৰিস্টি, a ghost, an apparition.

পৰচেস্টা, *s.* ভুত আদিৰ দোস, an offence against an evil spirit.

পৰজন্ম, *s.* সি জনম, পৰকাল, the next birth.

পৰজাত, *a.* আনৰ পৰা হোৱা, born of another, fostered by a stranger, adopted.

পৰত্ৰ, } *ad.* পাচে, পৰন্তে, আগলৈ, afterwards, bye and bye.
পৰত্ৰে, }

পৰদি, *v.* সাৰে থাকি ৰাখি, সাৱধানে থাকি, to watch, to be vigilant.

পৰদুখ, *s.* লোকৰ দুখ, another's sufferings.

পৰদেস, *s.* বিদেস, অন্য দেস, another country.

পৰ দেসি, *a.* বিদেসি, আন দেসৰ, of another country; *s.* a foreigner.

পৰ দ্ৰোহি, *a.* লোকৰ অনিস্ট কৰোঁতা, হিংসক, injurious to others.

পৰ পুৰুস, *s.* আন মানুহ, উপপতি, another man, a stranger, a gallant, a paramour.

পৰব, *s.* see পৰ্ব,

পৰম, *a.* অতি ভাল, উত্তম, প্ৰধান, chief, best, excellent, supreme.

পৰমগতি, *s.* সক্ত গতি, মুক্তি, the obtaining of heaven.

পৰমগ্যান, *s.* ইস্বৰ বিসয়ক গিয়ান, ধৰম গিয়ান, divine knowledge.

পৰম পুৰুস, *s.* ইস্বৰ, God, the most excellent.

পৰমব্ৰহ্ম, *s.* পৰম ইস্বৰ, the supreme being.

পৰমাত্মা, *s.* ব্ৰহ্ম, ইস্বৰ, God, the supreme spirit.

পৰমানু, *s.* সৰু সৰু কনিকা, ধূলি পৰিমান, an atom, a particle of matter.

পৰমান্ন, *s.* গাখিৰেৰে সিজোৱা ভাত, পায়স, rice boiled with milk.

পৰমায়ু, *s.* আয়ুস, জিয়াই থকা কাল, a life time, an age; preceeded by অনন্ত, eternal life, endless happiness.

পৰমাৰ্থ, *s.* অতি উত্তম বিসই, স্বৰুপ অৰ্থ, ইস্বৰ বিসয়ক গ্যান, সত্য, the chief good, an excellent or spiritual object.

পৰমাৰ্থিক, *a.* ধাৰ্মিক, ইস্বৰ পৰায়ন, সুধ, সত্য, spiritual, holy, excellent, true, religious.

পৰম ইশ্বৰ, *s.* পৰম ব্রহ্ম, ইশ্বৰ, the Supreme Being.

পৰলা, *s.* বৰ্ন বিসেস, বগা কলা মিস্র বৰন, an iron gray color.

পৰলি, *s.* দবা পৰলি, খেৰ আদিৰে বন্ধা চালি, a layer of thatch used as a cover or screen.

পৰলিয়া, *a.* আকাঁৰি, মলি থকা চাউল, uncleaned, (as rice.)

পৰলোক, *s.* সিহলোক, পৰকাল, the world to come.

পৰসু, *s.* কুঠাৰ, a battle axe, a hatchet.

পৰসুৰাম, *s.* বিষ্ণুৰ এক অৱতাৰ, the sixth incarnation of Vishnoo.

পৰন্তে, *ad.* পাচে, আগলৈ, পৰে; hereafter, bye and bye.

পৰস্ত্রি, *s.* পৰৰ তিৰি, আনৰ ভাৰ্জা, another's wife.

পৰস্পৰ, *a.* ইটে সিটে, উভই, reciprocal, mutual, both.

পৰস্পৰে, *ad.* ইএ সিএ, উভয়ে, reciprocally, mutually.

পৰস্রি, *s.* লোকৰ সম্পতি বা ঐশ্বৰ্জ্য, another's prosperity.

পৰহি, *s.* দুদিনৰ আগ বা পাচ, পৰ্সুই, the day before yesterday, the day after tomorrow.

পৰা, *a.* সমৰ্থ হোআ, পাৰগ, পতিত হোআ, তললৈ সৰা, পাৰি অনা, able, competent; spread down, fallen; *prep.* from, out of.

পৰাক্রম, *s.* বল, সক্তি, খ্যমতা, might, power, strength, valor.

পৰাক্রমি, *s.* বলি, সক্তিমন্ত, খ্যমতা থকা, mighty, powerful.

পৰাংমুখ, *s.* পাচ মুখ, হোঁহোকা, লাজ হোআ, with averted face.

পৰাজই, *s.* হৰা, ঘটা, defeat, discomfiture, a repulse.

পৰাজিত, *a.* পৰাজই হোআ, overcome, defeated, repulsed.

পৰাধিন, *a.* পৰৰ অধিন, তলপিয়া, dependent, subject to.

পৰামৰ্স, *s.* আলচ, বিবেচনা, মন্ত্রনা, advice, counsel, a plan.

পৰায়ন, *s.* কোনো বিসয়ত লাগি ধৰা, ৰতি হোআ, devotedness, attachment, zeal; used in *comp.* as ইশ্বৰ পৰায়ন, devoted to God.

পৰাৰ্দ্ধ, *s.* সংখ্যা বিসেস, দুভাগৰ সেস ভাগ, a hundred thousand billions.

পৰাল, *s.* ধান বনা বা খুন্দা, কাপৰ আদি খচি বা দুখ দি বল মৰা, removing the husks of grain by pounding.

পৰালি, *s.* দইন, খ্যতি, হানি, loss, waste, diminution.

পৰাস্ত, *a.* হৰা, ঘটা, পৰাজিত, defeated, overthrown, conquered.

পৰি, *v.* পতিত হৈ, তললৈ সৰি, উপসৰ্গ বিসেস, to lie or fall down, to empty into, to drop.

পৰিকৰ, *s.* আল পৈচান ধৰোঁতা, আল ধৰা, লগুআ বা বন্দি, *lit.* a surrounding or enveloping, hence, a train, a retinue, an attendant, a servant.

পৰিখা, } *s.* প্ৰমান বুজা, বিচাৰ, a trial, a temptation, an ordeal,
পৰিখ্যা, } assaying; with কৰি, to tempt, to prove, to assay.

পৰিখ্যিত, *s.* আগৰ কালৰ এজন ৰজাৰ নাম, পোৰোহিত, name of an ancient king, a priest; *a.* tried, brought to the test, tempted.

পৰিচই, *s.* চিনা জনা, acquaintance, knowledge, an introduction.

পৰিচাৰ্জ্য, *s.* শুাল পৈচান, service, attendance.

পৰিচাৰক, *a.* দাস, আলধৰা, লগুআ, পৰিচৰ্জা কৰা, attending upon; *s.* a servant, an attendant, a follower.

পৰিচেদ, *s.* চেদ, সিমা, বিভাগ, a limit, a boundary, a section of a book, a space in writing.

পৰিত্যাগ, *s.* এৰা, ত্যাগ কৰা, abandonment, relinquishment.

পৰিতুষ্ট, *a.* সন্তোস, সদই, ভাল পোআ, pleased, satisfied, contented.

পৰিত্ৰাতা, *s.* নিস্তাৰক, উধাৰক, ত্ৰানকৰ্তা, a saviour, a liberator.

পৰিত্ৰান, *s.* নিস্তাৰ, উধাৰ, ৰখ্যা, salvation, deliverance.

পৰিত্ৰিপ্ত, *a.* ত্ৰিপ্তি হোআ, satiated, satisfied.

পৰিধান, *s.* পিন্ধা, কাপৰ আদি গাত লোআ, the putting on of clothing, attire, ornaments &c.

পৰিধি, *s.* মেৰৰ মাজ জোখ, হিন্দুৰ হোম কুণ্ডৰ জুই খোঁচৰা কাঠৰ মাৰি, the circumference of a circle.

পৰিনাতি, } *s.* নাতিৰ নাতি, a great grandchild.
পৰিনাতিনি, }

পৰিপক্ক, *a.* ভালকৈ পকা, সিজা, পাৰ্গত, thoroughly ripe or cooked.

পৰিপাটি, *a.* অঁত লগা, ধাৰা মতে, আৰ নথকা উত্তম, regular, methodical, neat, tidy; with কৈ, *ad.* regularly, neatly.

পৰিপুৰ্ন, *a.* সম্পুৰ্ন, ভৰা, পুৰ, filled, replete, complete, full.

পৰিবেষ্টন, *s.* বেৰি ধৰা, মেৰাই থকা, a surrounding or encircling.

পৰিমান, *s.* জোখ, টিকা, প্ৰমান, measure, capacity, proof.

পৰিমানি, *a.* প্ৰমান পোআ, প্ৰমানিক, proven, evident, authentic.

পৰিমিত, *a.* নিয়মিত, জোখ বা টিকাৰ, measured, defined, limited, moderate, temperate.

পৰিয়া, *s.* পৰ দিয়া মানুহ, প্ৰহৰি, চকিয়াল, পৰত থকা, বেলি বা পৰ হোআ, used in *comp.* as এপৰিয়া, one side, দুপৰিআ, noon.

পৰিয়াল, *s.* ঘৰৰ লৰা তিৰোতা আদি, a family and relatives.

পৰিসোধ, *s.* ধাৰ সুজা, প্ৰতিকাৰ, the payment of a debt, retaliation &c.

পৰিস্কাৰ, *a.* নিকা, নিৰ্মল, সুধ, পৰিপাটি, clean, pure, neat; *s.* purity &c.

পৰিস্কিত, *a.* নিকা কৰা, সুধ বা নিৰ্মল কৰা, সোভিত, cleansed, purified.

পৰিস্রম, s. দুখ, ক্লেস, জতন, toil, exertion, labor, effort.

পৰিস্রমি, a. দুখ কাৰি, laborious, painstaking, industrious.

পৰিস্রান্ত, a. দুখ পোআ, স্রান্ত, ভাগৰ লগা, wearied, fatigued, tired.

পৰিহৰা, a. এৰা, তিয়াগ কৰা, left, deserted, abandoned.

পৰিহৰি, v. এৰি, ত্যাগি, to abandon, to leave.

পৰুআ, s. পিপৰা, সৰু কিট বিসেস, an emmet, an ant.

পৰুআই পোআ, s. বাট নেপাই ঘুৰি পকি ফুৰি থকা, বাটৰ ভু হেৰোআ, wandering about, losing the way, perplexity.

পৰেক, s. নিৰ্দ্ধাৰিত কাল, এপৰ, তিনি ঘন্টা বা দিনৰ চাৰি ভাগৰ এভাগ, the fourth part of a day or night.

পৰেক্তিয়া, a. এপৰ হোআ, pertaining to the above.

পৰোপকাৰ, s. লোকৰ উপকাৰ, assistance given to others.

পৰে পকাৰি, a. পৰক উপকাৰ কৰোঁতা, helpful to others, useful.

পৰ্ব, s. উত্চও, পৰব, তিথি বিসেস, পুথিৰ খণ্ড, a festival, a feast, a chapter, a section.

পৰ্বত, s. গিৰি, অচল, সিলামই ওখ ভুমি, a mountain.

পৰ্বতিয়া, a. পৰ্বতত থকা, of or from a mountain; s. a mountainer.

পৰ্বাস, s. প্ৰবাস, আপোন ঘৰ এৰি আন ঠাইত থকা, a temporary residence away from home, a lodging.

পৰ্স, } s. চোআ, স্পৰ্স, হাতেৰে ধৰা, the act of touching, feeling
পৰ্সন, } or handling; a. touched, felt.

পৰ্সি, v. পৰ্স কৰি, চুই, to touch, to feel, to handle.

পসুই, s. see পৰহি,

পৰ্হা, s. পাঠ কৰা, পাঠ সিকা, reading, reciting; a. read, recited.

পৰ্হাই, } v. পাঠ কৰাই, আখৰ মতাই, সিকাই, to teach, to in-
পৰ্হুআই, } struct, to cause to read.

পৰ্হাসালি, s. স্কুল ঘৰ, চাতৰ সালি, বিদ্যালই, a school, a school house, a seminary, a college.

পৰ্হি, v. পাঠ কৰি, আখৰ মাতি, to read, to repeat, to study.

পৰ্হিদোলা, s. চেকৰ খুউআ এবিধ দোলা, a kind of light palkee.

পৰ্হুআ, s. সিখ্যক, অধ্যাপক, ওজা, চাতৰ, a teacher, an instructor.

পল, s. মাচ মৰা জতন, (pron. *polo*,) a contrivance for catching fish.

পল, s. ডণ্ডৰ সাঠি ভাগৰ এভাগ, a period of 24 seconds or the 60th part of a *dond*.

পলম, s. বেলি, গহৰি, বিলম্ব, delay, procrastination.

পলমে, *ad*. বেলিকৈ, পাচেকৈ, leisurely, slowly.

পলৰিয়া, *s.* পলাই জোআ, পলাওঁত', a fugitive, a runaway, a deserter.

পলস, *s.* নৈয়ে পেলোআ কোমল বোকা, কাঠৰ সাৰৰ ওপৰ ভাগ, soft mud, the soft sappy part of wood.

পলসুআ, *a.* পলস থকা, পলসৰ নিচিনা, soft, sappy, miry, muddy.

পলা, *s.* তেল পেৰা বেঁতৰ পাত্র, চেতেৰি, a braided rattan hoop used in an oil press.

পলা, *a.* পোহা, পালন কৰা, আগ্যা মনা, reared, brought up, preserved, obeyed; *s.* the act of rearing, obeying &c.

পলাই, *v.* চোৰাঙ্গকৈ গুচি যৈ, to run away, to flee, abscond.

পলাইপত্রং দিয়া, *s.* পলাই ফাঁট মৰা, fleeing away out of reach.

পলাউৰি, *s.* পলাই জোআ তিৰি, পলাই ফুৰঁতি, a female fugitive.

পলায়ন, *s.* পলাই জোআ, flight, desertion.

পলাস, *s.* এবিধ কাঠ ফুলৰ গচ, a species of tree and its flower.

পলিয়া, *a.* পালত থকা, belonging to a relay.

পলু, *s.* এবি মুগা আদিৰ পোক, a silk worm.

পলুআই, *v.* মানুহ আদিক চোৰাঙ্গকৈ নি বা নিয়াই, to cause to abscond, to entice away.

পলে পলে, *ad.* খ্যনে খ্যনে, momentarily, constantly.

পলোআ, *a.* পলাই জোআ, লুকাই থকা, fled, absconded.

পলৌ, *a.* অথিৰ, তৰল, wavering, fickle, unsteady, unsettled.

পল্টন, *s.* সেনাৰ সংখ্যা, চিপাহিৰ লয়ন, a regiment or company of soldiers, soldiers' lines or barracks.

পস, *s.* পখ, মাহৰ একাল, the half of a lunar month, a fortnight.

পসপৰা, *s.* পোক্কেৰ দিন জোআ, the lapse of a fortnight.

পসি, *v.* পৰি, সৰনাগত হৈ, to touch the feet as an act of worship.

পসু, *s.* see পশু, an animal.

পসুপতি, *s.* সিংহ, সিৱৰ এক নাম, a lion, an epithet of Hiwo.

পহৰ, *s.* দিপ্তি, প্রকাস, গ্যান, light, illumination, knowledge.

পহৰা, *a.* মনত নথকা, ভ্রম হোআ, পাহৰা, পৰ দিয়া, forgotten, mistaken; *s.* forgetfulness, a mistake, the keeping watch.

পহৰোআ, *s.* ভুলুআ, মনৰ পৰা গুচুউআ, পহৰ কৰা, deceiving, causing to forget or mistake, lighting up; *a.* deceived.

পহলজি, *s.* এবিধ দিঘল হিলৈ, a kind of long native gun.

পহাৰ, *s.* পোহাৰিৰ বজাৰ, দোকান, a retail shop.

পহাৰি, *s.* পোহাৰি, বনিয়ানি, a woman who keeps a retail shop.

পহিয়া, *a.* পাহ থকা, having petals like a flower.

পছু, *s.* হৰিনা আদি চাৰি ঠেঙ্গিয়া জন্তু, পসু, a deer, a quadruped.
পছুমৰিয়া, *s.* পছু মাৰোঁতা, ব্যাধ, a hunter.
পাই, *v.* প্ৰাপ্তি হৈ, লাভ কৰি, কৰিবৰ উচিত, পইচাৰ তিনি ভাগৰ এভাগ. to get, to find, to obtain, to arrive at; ought, proper, probable; *s.* the third part of a pice.
পাইক, *s.* কাঁৰি, হজুআ, বনুআ, কুলি, a cooly, a laborer.
পাউঁৰি, *s.* মাচ মৰা জতন, a bamboo fish trap.
পাঁওনা, পাঁওনি, } *a.* পাব লগিয়া, due; *s.* pecuniary claim, debt.
পাঁওকৰা, *s.* হেঁপা বিসেস, a species of wild cat.
পাঁচ, *a.* পঞ্চ. পাঁচৰ সংখ্যা, five.
পাঁচনি, *s.* দূত বিসেস, কটকি, খ্ৰিষ্টৰ মত ঘোসনা কৰোঁতা, one sent, a messenger, an embassador, an apostle.
পাঁচি, *v.* পঠাই, মাটিৰ দিঘলিয়া চিটা, to send forth; *s.* a strip of land.
পাজৰা, *s.* কোস, দাঁতি, the edge or side.
পাঁজি, *s.* পঞ্জিকা, তিথি বাৰ চোআ পুথি, বটা তুলা, পতা হুল, an almanac, a calendar, a roll of cotton for spinning, a pointed bamboo stuck in the ground as a defence from attack.
পাঁজি কটা, *s.* জঁতৰত সুতা কটা, the spinning of cotton rolls.
পাঁঠা, *s.* মতা চাগ, a ram, a he-goat.
পাতি, *s.* খেল বিসেস, লোৰ, খাঁলি, সাৰি, a game, (fox and geese,) a drain, a drill for planting.
পাক, *s.* মোচৰ, কৰাই মুৰিয়া, ঘূৰুআ, আঁৰ বা চিনু, a bend in a river, an eddy, a turn, a circular wrench, a twist, an unexpected turn in events, a fault, a crook, an obstruction.
পাকখোআ, *a.* পকোআ, মেৰ খোআ, কৰাই মুৰিয়া ধৰা, kinked, twisted, turned, whirled, obstructed.
পাকঘূৰনি, *s.* মুৰ ঘূৰনি vertigo, a whirling round and round.
পাকচক্ৰ, *s.* বুধি, ফান্দ, চাক নৈয়া, deceit, collusion, a cabal, an eddy, a whirlpool, a circular motion.
পাকতে, *ad.* ঘূৰি জাওঁতেই, বেগতে, while turning round, quickly.
পাকদি, *v.* ঘূৰাই, পকাই, মোচোৰা মাৰি, to turn, twist.
পাকপৰা, *a.* পাকপতা, চাকনৈয়া, ঘূৰি থকা, curved, turned, whirled about.
পাকভোঁহৰ, *s.* বিন্ধনা বিসেস, পকাই বিন্ধা জতন, an auger, a gimlet.
পাকমৰা, *s.* ঘূৰি অহা, পকোআ, the going and returning.
পাকমাৰি, *v.* ঘূৰি আহি, বেগতে, to go and return; *ad.* quickly.

পাকৰি, *s.* সুতলাহি, a spindle full of thread.

পাকেপতি, } *ad.* ঘনে পতি, বাৰে বাৰে, continually, repeatedly.
পাকে পাকে,

পাকৈঢোঁৰা, *s.* বৰ ঠোঁটেৰে চৰাই এবিধ, দ্রোনকাক, a species of crow.

পাখি, *s.* চৰাইৰ সৰু বৰ পখা, মাচৰ পাখি, a feather, a wing, a pinion, a plume, the fins of a fish.

পাখি মৰিয়া, *s.* চৰাই মৰিয়াৰ এক খেল, a fowler, a class of people.

পাগ, *s.* পাগুৰি, তাপ, ভাত আদি ৰন্ধা, লো আদি তপতাই জুগুত কৰা, a turban, the act of cooking food or of tempering iron.

পাগটুন, *s.* কেঁচুআৰ জিবা ভেঁকুৰা ৰোগ, a disease of children, canker in the mouth.

পাগধৰা, *a.* সিজাই বা তপতাই জোখত ৰখা, cooked, tempered.

পাগমাৰি, *s.* তাৰু, ভাত লৰোআ মাৰি, a ladle, a stirabout.

পাগল, *a.* বলিয়া, পগলা, মতলিয়া, crazy, insane, drunk.

পাগলগা, *a.* ৰন্ধা আদি ভাল হোআ, well cooked or tempered.

পাগলি, *s.* বাউলি, বাতুলি, *fem.* of পাগল, which see.

পাগসালি, *s.* চৰু মলা আদি পোৰা ঠাই, a potter's kiln, a furnace.

পাগি, *v.* পগাই, আওটি, সিজাই, to bake, to temper, to cook.

পাগুৰি, *s.* পাগ, মুৰত বন্ধা কাপৰ, a turban.

পাগুলি, *v.* ঘাঁহ আদি চোবাই গুৰি কৰা, to chew the cud, to ruminate.

পাঙ্গপতা, *s.* মিচা কথাৰ চাঙ্গ পতা, মিচাই কথা সজা, building air castles, indulging in vain speculations, suspecting, scheming.

পাঙ্গি, *v.* অনুমানে ভাবি, চোভা মানি, to imagine, to fancy, to plan.

পাচ, *s.* পিচ, সেস, পিঠি ফাল, the hind part, the rear; *a.* last, &c.

পাচখালি, *a.* পাচ সুদা, ধন নথকা, having nothing left in hand.

পাচত, *ad.* পিচত, সেসত, মুৰকত, afterwards, at last.

পাচতিয়া, *a.* পাচত হোআ, নুমলিয়া, সেহুআ, last, after, the youngest.

পাচদিনা, *ad.* কালি, আনাকা দিনা, an after day, afterwards.

পাচধৰা, *s.* আলধৰা, পাচত ফুৰা, লগ ধৰা, সাও বিসেস, a helper, an attendant; a curse.

পাচপৰা, *s.* পিচ হোআ, সেসত থকা, falling behind.

পাচবেলা, *s.* বিয়লি বেলা, the afternoon, an after period.

পাচবেলি, *ad.* আকৌ, ঘুৰি, দোআবাৰ, again, a last time.

পাচলি, *s.* খাৰধি, সাক আদি, esculent vegetables.

পাচলুটি, *s.* পিঠি ফাল, পিচ ফাল, the rear, the backside.

পাচি, *s.* বাঁহ আদিৰ কাঠিৰে বোআ পাত্র, a basket.

পাচুআই, *v.* পাচ পেলাই, হেঁাহোকাই, to leave in the rear, to put back, to cause to stand back.

পাচে, } *ad.* পিচে, অন্তত, আগলৈ, behind, afterwards, after, subse-
পাচেকৈ, } quently.

পাচে পাচে, *ad.* লগে লগে, পিচে পিচে, close behind, after.

পাজৰি, *s.* দাঁতি, কোস, the edge, the margin.

পাজুৰি, *s.* চৌপট খেলৰ লেখ বিসেস, a game resembling dice.

পাট, *s.* কাঠৰ পাতল চেপেটা চলা, এবিধ পলুৰ সুতা, a board, the silk of the mulberry silk worm.

পাটপটম্বৰ, *s.* পাট সুতাৰ কাপৰ, silk woven from the above.

পাট নগৰ, *s.* কাঠৰ পাট আদিৰে সজা ৰজাৰ বাহৰ, সৰু নগৰ, a temporary residence of the king.

পাটনাদ, *s.* মাটিৰ পাট খুউআ বা পকি কৰা নাদ, a walled up well.

পাটপলু, *s.* পাট সুতা দিয়া পোক, the mulberry silk worm.

পাটৰানি, *s.* ৰজাৰ প্ৰধান যৈনি, পটেশ্বৰি, a queen consort.

পাটলি, } *s.* মেখেলা আদিৰ সিয়া দাঁতি, a broad hem in the bottom
পাটুলি, } of a garment.

পাটি, *s.* আসন বিসেস, সজ্যাত পৰা সিতল চাৰি, a kind of fine mat.

পাটিচৰা, *s.* পাটি দিয়া আসন বিসেস, a sitting mat.

পাটিদৈ, *s.* পাটি সজা ত্ৰিন, grass of which the above is made.

পাটিসোন্দা, *s.* এবিধ গচ, a species of tree.

পাটুআ, *s.* দ্ৰিষ্টান্ত, উপমা, an illustration, an example, a comparison.

পাটোআৰি, *s.* চেকেৰিৰ বিসয়াৰ কাকতি, a collector of revenue.

পাটোন পৰা, *s.* লোকৰ উপমা দিয়া, a comparison of any two things.

পাঠ, *s.* পৰ্হা, অধ্যয়ন, এবেলি পৰ্হোঁআৰ ভাগ, a reading, a perusal.

পাঠক, *s.* জি পাঠ কৰে, পাঠ কৰোঁতা, a reader,

পাঠকৰা, *s.* পৰ্হা, পুথি আদি মতা, a reading, a recital, a lesson.

পাঠবৰ্হোআ, *a.* কথা বৰ্হোআ, enlarged, exaggerated; *s.* adding to a text or lesson, exaggeration.

পাঠসালি, *s.* see পৰ্হাসালি, a school house.

পাঠান, *s.* মচলমানৰ এক জাত, a mahomedan sect.

পাণ্ডব, *s.* পাণ্ডু ৰজাৰ পুত্ৰ, the descendents of Pandoo Raja.

পাণ্ডা, *s.* দেৱালয়ৰ পুজাৰি, an attendant or priest of an idol temple.

পাণ্ডু, *s.* কুৰু বংসৰ ৰজা, বগা হালধিয়া মিহলি বৰন, the name of an ancient king of Hostinapur or Delhi; father of the Pandowa princes; *s.* pale.

পাণ্ডুৰোগ, *s.* সোথ ৰোগ, the dropsy.

পাত, *s.* বৃিখ্য আদিৰ পত্র, পৰা, a leaf of a tree or book; *a.* falling, fallen.

পাতক, } *s.* পাপ, অধৰম, অপৰাধ, sin, guilt, crime.
পাতেক,

পাতকি, *a.* পাপি, অপৰাধি, কুকৰ্ম্মি, sinful, guilty, criminal.

পাতত দিয়া, *a.* পাতেৰে মেৰাই পোৰা, rolled in a leaf for roasting.

পাতন, *s.* পতা, থাপন, founding, contriving, arranging.

পাতমুচি, *s.* এবিধ সৰু চৰাই, a species of bird.

পাতল, } *a.* লঘু, পনিয়া, পিৰপিৰিয়া, সেৰেঙ্গা, গোট গোট, not heavy,
পাতলা, light, thin in texture, diluted, separate, widely apart.

পাতলালি, *s.* পাতল ভাও, চুলুঙ্গ পৰ্ক্তি, shallowness, fickleness, lightness.

পাতলিয়া, *a.* পাতল হোআ, thin, sparse.

পাতলকৈ, *ad.* সেৰেঙ্গাকৈ, এটা এটাকৈ, thinly, sparsely.

পাতসিয়া, *s.* এবিধ নিচেই সৰু চৰাই, a species of bird.

পাতাল, } *s.* মাটিৰ তল, ৰসাতল, নাগ লোক, one of the seven hindoo
পতাল, hells and the abode of the *nags* or serpents.

পাতালগাজনি, *s.* পতালৰ পৰা উঠা গুমগুমনি, any deep rumbling sound, like that preceeding an earthquake.

পাতাল ফুটা, *a.* প্রিথিবিৰ তলিলৈকে ফুটা, অতি দ, অনেক দিনিয়া, চহকি, deep, unfathomable, of long standing wealth and position.

পাতি, *v.* থাপন কৰি, নিজুক্ত কৰি, খিৰ কৰি, কৰিবলৈ জুগুত কৰি, চেপেটা সাল, to set up, to found, to establish, to appoint, to prepare to do, to hold out the hand to receive anything, to set (as a trap,) to bare or expose any part of the body; *s.* a small wooden wedge.

পাতিকাউৰি, *s.* সৰু বিধ কাউৰি, the common crow.

পাতিহাঁহ, *s.* পোহনিয়া সৰু বিধ হাঁহ, a duck.

পাত্র, *s.* কাঁহি বাটি আদি জিহেৰে বস্তু অনা নিয়া কৰে বা জিহত থই, পাচি আদি, a vessel, a receptacle; *a.* fit, competent, worthy.

পাথৰ, *s.* জাৰন আদি সিল, a flint.

পাদ, *s.* পদ, চৰন, বায়ু এৰা, শ্লোক্ আদিৰ চাৰি ভাগৰ এভাগ, a foot, breaking wind.

পাদজ, *a.* সুদ্র জাতি, produced from the feet, as the lowest of the four castes are said to have sprung from Brahma's feet.

পাদপদ্ম, *s.* চৰন কমল, স্তুতি বা মান্যৰ মাত, a lotus foot, a term of endearment or flattery.

পাদসেৱা, *s.* চৰন সেৱা, ভৰিত ধৰা, touching the feet of another in salutation or in token of respect.

পাদুকা, *s.* খৰম, জোতা, a sandal, a shoe, a slipper.

পাদোদক, *s.* চৰনোদক, water in which a gooroo has dipped his foot.

পাদ্য, *s.* ভৰি ধুৱলৈ দিয়া পানি আদি, water to wash the feet.

পান, *s.* পি খোআ, ধাতু পাত্র জোৰোআ সুৰগাৰে মিহলি ধাতু, কানি আৰু পান ভাজি কৰা বস্তু, এবিধ লতাৰ পাত, the act of drinking; a composition used in brazing; a preparation of betel leaf and opium for smoking; the betel leaf.

পানকটা, *a.* পাহ কটা, notched, truncated.

পানকৰা, *s.* ভাজি আফিঙেৰে টিকিৰা কৰা, পিয়া, the preparing the betel leaf and opium for smoking; the act of drinking.

পানপাত্র, *s.* বাটি, পান কৰা পাত্র, পিয়লা, a cup, a drinking vessel.

পানা, *s.* বহু মুলিয়া কজলা সিল বিসেস, a precious stone, an emerald.

পানি, *s.* জল, উদক, water.

পানিকাউৰি, *s.* এবিধ পানিত থকা চৰাই, a species of fish bird.

পানিকুঁআ, *a.* পানিত পৰি গেলা, putrid.

পানিগচা, *s.* গচৰ দৰে উঠা মেঘ, banks of clouds low in the horizon.

পানিচৰোআ, *a.* অলঙ্কাৰ আদিত ৰূপ সোন জোল কৰি লগোআ, gilt, gilded; *s.* gilding.

পানিচামৰি, *s.* সৰু আই, an eruptive disease resembling measles.

পানিচোআ, *s.* বৰ সৌচ আদি কৰা, alvine and urinary evacuations.

পানিজোলা, *s.* জুই আদিৰ দোআৰাই বন্ধা চৌ, a blister.

পানিপাচ, *s.* ঘৰৰ চালৰ দাঁতি, the lower part of a roof, the eaves.

পানিপিয়া, *s.* পানি খোআ, এবিধ চৰাই, পানিত গেলা, the act of drinking; a species of bird; *a.* putrid.

পানিপেতা, *a.* কেঁচুআ, অতি সৰু কোমল সৰা, infantile, tender.

পানিপোতা, *s.* পিৰালিৰ দাঁতি, চালৰ পানি পৰা ঠাই, the ground under the eaves where the water falls.

পানিমঙ্গলি, *s.* পানিৰ এক ভুতুনিৰ নাম, an imaginary water spirit said to cause sickness and lameness.

পানিমৰি, *s.* এবিধ টেঙ্গা, a species of plant.

পানিলগা, *s.* জল দোস, কফৰ পিৰা, a cold, taking cold.

পানিসৰাধ, *s.* বচৰি কৰা সৰাধ, the annual ceremony of pouring out water and offering the funeral cake to the manes of deceased ancestors.

পানোআই, s. কানি পান খোআ জন, an opium smoker.
পানধোআ, s. পাত্র বিসেস, a round metalic dish.
পাপ, s. ইস্বৰৰ আগ্যা ভঙ্গা, দোস, কুকৰম, sin, guilt, crime, wickedness.
পাপগ্রস্ত, a. পাপত পৰা, পতিত, fallen, involved in sin.
পাপগ্রহ, s. ৰিষ্ট গ্রহ, কুগ্রহ, an inauspicious planet.
পাপাত্মা, s. দুষ্ট, চইতান, a wicked disposition, a devil, Satan.
পাপি, } a. অধর্মি, পাতকি, নর্কি, wicked, sinful, depraved.
পাপিষ্ট, }
পাব্, s. দুই গাঁঠিৰ মাজ ভাগ, the part between two joints.
পাভ, s. বাকলি হিন সৰু মাচ্ এবিধ, (pronounced *pabho,*) a small fish.
পাভটি, s. খুঁটা পুতি সজা সৰু চাঙ্গ, a small shelf or platform.
পাম, s. দুৰৈৰ খেত, খাত, a farm, an outlying cultivation.
পামৰ, a. নিচ, অধম, অগ্যানি, mean, vile, sinful, unworthy, ignorant.
পায়স, s. গাখিৰত সিজোআ ভাত, পৰমান, পাহ, rice boiled in milk.
পাৰ, s. নৈৰ গৰাৰ গুৰি, দাঁতি, সিমা, নিস্তাৰ, a river bank, a border, an edge, a shore, a crossing over.
পাৰ, s. পোহনিয়া সৰু চৰাই এবিধ, (pronounced *paro,*) a dove.
পাৰ কৰা, s. নৈৰ সিপাৰলৈ নিয়া, নিস্তাৰ কৰা, crossing over, deliverance.
পাৰ ধৰা, s. দাঁতি উঠি পৰা, the healing up of the sides of a sore.
পাৰল, s. এবিধ গচ, পৰলা বৰনেৰে মাইকি গজ আদি, a species of tree.
পাৰসৱ, s. সুদ্রিৰনিত বামুনৰ হোআ লৰা, the child of a sudra mother by a bramin father.
পাৰা, s. ৰস, ধাতু বিসেস, quicksilver.
পাৰি, v. সমর্থ হৈ, ওখৰ পৰা বৃখা আদিৰ গুটি চিঙ্গি, চাৰি পাটি মেলি, কাপৰৰ দাতি, to be able; to gather fruit, to spread down; s. a line or row, as the teeth; with দি, to cross over.
পাৰিজাত, s. দৈবিক ফুল, স্বৰগৰ ফুল, a fabled flower in the hindoo paradise.
পাৰিসদ, s. দেৱতাৰ লগত থকা অনুচৰ, an attendant of the gods.
পাৰেমানে, ad. সক্তিএ আঁটে মানে, সাধ্য মানে, as much as possible, to the extent of one's ability.
পাণ্ডিত, a. নিপুন, চোকহ, পৰা, learned, skilful, accomplished.
পার্চি, s. এক দেস বা ভাসা, Persia, a Persian.
পাৰ্বতি, s. দুর্গা, উমা, হিমালইৰ জিএক, a name of Doorga.
পাল, s. জাক, কোনো বিসয়ত গাই পতি পৰা ভাগ, নাৱত বতাহ ধৰা কাপৰ, a flock, a herd, a drove, a turn in rotation, a sail.

পালক, *s.* পালন কৰোঁতা, ৰখ্যক, a preserver, keeper, protector.

পাল্কি, *s.* এবিধ দোলা, জান বিসেস, a palankeen, a kind of sedan.

পালজ্বৰ, *s.* পালপাতি উঠা জ্বৰ, এৰেকৈয়া আদি জ্বৰ, intermittent fever.

পালটন, *s.* উলটি অহা, ঘূৰা, the act of turning or coming back; preceeded by মন, repentance, reformation.

পালটাই, *v.* ঘূৰাই, ওভোতাই, ওলোটাই, to turn another person about; preceeded by মন, to reform.

পালটি, *v.* উলটি, উভতি, ঘূৰি, to turn, to return.

পালন, *s.* পোহা, আগ্যা পলা, খাবলৈ পিন্ধিবলৈ দিয়া, the act of keeping, preserving, cherishing, obeying.

পালন কৰ্ত্তা, *s.* পালোঁতা, প্ৰতিপাল কৰোঁতা, a nourisher, a supporter.

পাল্পতা, } *s.* কাম বা সময় ভাগ কৰা, doing in turn or by rotation.
পাল্বঁটা,

পাল্পাঁচনি, *s.* ভাগে ভাগে কাম আদিত পঠিওআ, sending by turns &c.

পালেপালে, *ad.* এটাৰ পাচত এটাকৈ, ভাগে ভাগে, in succession.

পাল সুঁটুআ, *s.* পাল মৰা, the completion of a task.

পালি, *v.* পোহ পাল কৰি, আগ্যা মানি, ওজা আদিৰ তলে কাম কৰা লোক, ৰখিয়া, সময়ে সময়ে দৰৱ খোআৰ ভাগ, to nourish, to obey; *s.* a learner under a mechanic, a dose of medicine, a keeper, a tender.

পালিকঠিয়া, *s.* তিন দিনিয়া তোলা কঠিয়া, the rice plant pulled ready for transplanting.

পালি পহৰি, *s.* পাল পাতি পৰ দিয়া লোক, one who watches in turn.

পালেঙ্গ, *s.* সাক এবিধ, সোআ খাট বিসেস, the beet root, a bedstead.

পাৱন, *a.* পবিত্ৰ কৰোঁতা, purifying, cleansing.

পাসটি, *s.* পাখটি, চৌপট খেলৰ মাৰি, dice.

পাসণ্ড, *a.* ধৰম ভ্ৰুষ্ট, পাপিষ্ট, ইস্বৰ বা ধৰম আদি নিন্দক, heretical, impious, blasphemous.

পাসা, *s.* চৌপট আদি খেল, gambling.

পাহ, *s.* দিঘল চুলিৰ কোসত ৰখা চুঁটি চুলি, ফুলৰ পাহি, চন্দ্ৰ তাপ আদিৰ পাহ, পায়স, a row of short hair left around the unshaved crown, the petals of a flower, the notched border of an awning, rice boiled with milk, dice.

পাহকটা, *s.* পান কটা, পথৰুআ আলিৰ দাঁতি সমানকৈ কটা, carving, sculpture, smoothing the edges of a road or ridge.

পাহজাল, *s.* এবিধ মাচ মৰা জাল, a kind of large fishing net.

পাহপাহ, *a.* পাত পাত, ভাল ভাল, সিগ্নুতি, scattered about.

পাহমেলা, *s.* পাত মেলা, ভালকৈ ফুলা, the opening of a flower.

পাহৰন, *s.* মনত ভুলা, সোঁৱৰন নথকা, forgetfulness.

পাহৰা, *a.* ভুলা, মনত নথকা, বিস্মৰন হোআ, forgotten, forgetful.

পাহৰি, *v.* ভুলি, ভ্ৰম হৈ, মনত নেথাকি, to forget, to mistake.

পাহৰোআ, *s.* ভুল কৰোআ, ভ্ৰম কৰোআ, causing to forget.

পাহি, *s.* see পাহ.

পাহুআল, *a.* ওখই ডাঙ্গৰে দেখিবলৈ ভাল, tall, well proportioned.

পি, *v.* পান কৰি, to drink, to suck.

পিউআ, *s.* পিবলৈ দিয়া, পান কৰোআ, causing to drink or suck.

পিঁয়াজ, *s.* পনৰু, মচলা বিসেস, an onion.

পিঁয়াপি দি, *v.* এটা এটা হৈ পলাই, to scatter, to disperse.

পিক, *s.* তামোল খাই পেলোআ থুই, কুলি চৰাই, tamul saliva.

পিকদান, } *s.* পিক পেলোআ পাত্ৰ, a spittoon.
পিকবাম,

পিকাই, *v.* পিক পেলাই, to eject tamul saliva.

পিকো, *s.* উত্তম বিধ চাহ, the finest quality of tea, Pekoe.

পিঙ্গ, *s.* মহা অপৰাধিৰ প্ৰান দণ্ড কৰা সুল বিসেস, a sharp pointed instrument formerly used for impaling criminals.

পিঙ্গদিয়া, *s.* সুলত দিয়া, জোঙ্গত দিয়া, transfixing with the above.

পিচ, *a.* পাচ, পিঠি ফাল, after, behind.

পিচত, *ad.* পাচত, মুৰকত, তৈ থৈ, afterwards.

পিচফাল, *s.* পাচ লুটি, পিঠিৰ ফাল, the hinder part, the rear.

পিচল, *a.* লেতকেতিয়া, তুকতুকিয়া, slippery; with খাই *v.* to slip.

পিচলি, *v.* পিচল খাই, ভৰি চুঁচৰি, to slip, to slide.

পিচ্লোআ, *s.* পাচত জোআ, লগ ধৰা, সাও বিসেস, going behind, overtaking; a curse.

পিচলোআ, *a.* পিচল খুউআ, slipped, sliding from under.

পিচে, *ad.* পাচে, সেসে, afterwards.

পিজলি, *s.* ওকনিৰ সৰু পোআলি, পিজলা, a newly hatched louse.

পিঁজালি, *v.* জোঙ্গালি, আগলৈ সৰু কৰি, to sharpen to a point.

পিট, *s.* পানিৰ ওপৰত ডাঠকৈ হোআ বন, আঁট, ঘন, aquatic grass; thickness, compactness.

পিটখোআ, *a.* আট খোআ, ডাঠ হোআ, close, beaten together.

পিটন, *s.* মৰিওআ, হাঁতুৰিৰে কোবোআ, pounding, beating.

পিটনি, *s.* পিট থকা ঠাই, ডাঠ দলনি, water covered with vegetation.

পিটা, *a.* হাঁতুৰিৰে কোবোআ, মৰা, pounded down, or compacted.

পিটি, *v.* হাঁতুৰিৰে খুন্দি, মাৰি, to pound, to beat.

পিটিউআ, *s.* তৰাৰ বৌখা ফুলিউআ বা মুকলি কৰা, preparing the outer section of the *tora* plant for making cordage.

পিটিকা, *a.* আঙ্গুলিৰে হেঁচা, টিপা মৰা, pinched, pressed, shampooed.

পিটিকি, *v.* আঙ্গুলিৰে টিপি, to press with the fingers, to shampoo.

পিটিকোআ, *s.* লোকৰ হতুআই টিপোআ, pinching, pressing.

পিঠা, *s.* পিঠাগুৰি আদিৰে কৰা খোআ দ্ৰব্য, bread, a loaf.

পিঠাগুৰি, *s.* চাউল ঘেঁহু আদিৰ গুৰি, flour, meal.

পিঠাগুৰিয়া, *a.* ফহফহিয়া, পিঠা গুৰিৰ দৰে মিহি, fine like flour, mealy.

পিঠাপনা, *s.* অনেক বিধ সুস্বাদু ভজ্য পিঠা, cakes and sweetmeats.

পিঠি, *s.* লুটি, গাৰ পাচ ভাগ, পুথিৰ পাত আদিৰ এফাল, the back, a page.

পিঠি দিয়া, *s.* পাচ দিয়া, আওকান কৰা, *lit.* giving the back; hence disregard, neglect, inattention.

পিঠিয়া, *s.* এবিধ সকত মাচ, ভাৰ পাচিৰ ঢাকনি, পিঠিৰ চৈ, a species of fish, a kind of basket cover.

পিঠিয়াপিঠি, *a.* দুয়ো দুইৰ ফাললৈ পিঠি দিয়া, বিৰোধা বিৰুধি, *lit.* back to back, mutually hostile.

পিণ্ড, } *s.* মৰাৰ নিমিত্তে দান কৰা অন্নাদিৰ লাৰু, a funeral cake offer-
পিৰ, } ed to the dead by the nearest relatives.

পিণ্ডদান, *s.* পিৰ দিয়া, offering the above.

পিত, *s.* আহাৰ জিৰ্ন নিউআ হালধিয়া পানি, সাহ, হালধিয়া বৰ্ন, সৰিলৰ ধাতু বিসেস, gall, bile, courage; *a.* yellow.

পিত্‌কোস, *s.* পিতৰ ভঁৰাল, the gall duct.

পিতপিতাই, *v.* চাৰিও ফালে বিচাৰি, to make thorough search.

পিতল, *s.* ধাতু বিসেস, brass.

পিতলি, *a.* পিতলৰ সজা, brazen.

পিতলুআ, *a.* পিতল থকা, পিতলময়, mixed with brass.

পিতা, *s.* বোপাই, পিত্রি, a father.

পিতাদেউ, *s.* বোপাই, বাপেকৰ সম্বোধন, respectful address of a father.

পিতামহ, *s.* ককা, বাপেকৰ বাপেক, a paternal grandfather.

পিতামহি, *s.* বাপেকৰ মাক, বুৰিআই, a paternal grandmother.

পিত্রি, *s.* see পিতা, a father.

পিত্রিকর্ম, *s.* স্ৰাধ আদি কৰম, funeral rites for deceased ancestors.

পিত্রিধন, *s.* পৈত্রিক ধন, বাপেকৰ সম্পতি, ancestral property.

পিত্রিধর্ম, *s.* কৌলিক ধৰ্ম, বাপেকৰ ধৰম, ancestral religion.

পিত্রিপুৰুস, *s.* উপৰি পুৰুস, ancestors.

পিত্রিবন্ধু, } *s.* বাপেকৰ মিত্র, বাপেকৰ মাতুল আদি, a paternal relative.
পিত্রিবান্ধৱ, }

পিত্রিলোক, *s.* মৰা পিত্রি সকলৰ স্থান, the abode of departed spirits.

পিত্রিহিন, *s.* বাপেক মৰা মাউৰা, fatherless.

পিন্ধন, } *s.* কাপৰ আদি গাত লোআ, বেস কৰা, the putting on
পিন্ধা, } of apparel.

পিন্ধি, *v.* কাপৰ আদি লৈ, ভুসিত হৈ, to dress, to put on attire.

পিপৰা, *s.* সৰু পৰুআ, any small insect.

পিপলি, *s.* এবিধ লতাৰ গচ বা গুটি, a kind of long pepper.

পিপলিয়া, *v.* পিপলিৰ নিচিনা, অস্ত্রৰ ধাৰৰ খুৰখুৰিয়া, long and slender, rough, uneven, as the edge of tools.

পিপা, *s.* পানি আদি থোআ কাঠৰ পাত্র, a cask, a barrel &c.

পিপাসা, *s.* পিয়াহ, ত্রিস্না, thirst.

পিপাসি, *a.* পিয়াহ লগা জন, thirsty.

পিয়ন, *s.* দামুৰি আদিএ পিয়া, sucking, (applied to animals.)

পিয়নচৰা, *a.* গৰু আদিৰ পোআলিএ পিবলৈ এৰা, weaned, (as above.)

পিয়ল, *s.* মাটি জোখ, লেখ কৰা, the measurement of land for taxation.

পিয়া, *s.* পান কৰা, পিয়াহ নেৰা, drinking, sucking.

পিয়াই, *v.* পিয়াহ দি, দুই বস্তুৰ মূৰ দিঘলিয়াকৈ জোৰাই বা সুমুআই, to nurse, to give suck; to join two things by lapping.

পিয়াহ, *s.* তন, আধাৰ, স্তন, ত্রিসাঁ, the breast, the udder, thirst.

পিয়াহ লগা, *a.* পান কৰিবলৈ ইচা হোআ, ত্রিসাঁতুৰ হাবিয়াহ কৰা, thirsty, having intense desire.

পিৰঠি, *s.* পিৰ্কটি, চকুৰ আচাদন, the eyelid.

পিৰা, *s.* কাঠৰ বহা আসন, ৰোগ, বেদনা আদিৰ দুখ, জন্তুৰ কাটি নিয়া গোটা ঠেঙ্গ বা তপিনা, a bench, a stool, pain, distress, bodily suffering, a quarter of meat.

পিৰালি, *s.* ঘৰৰ ভেঁটিৰ বাহিৰ ভাগ, the outer edge of the embankment of a house.

পিৰি, *v.* পিৰা কৰি, নাৱৰ পথালি ডাঙ্গ, গচৰ সিপাই সৈতে কাটি তোলা ভেঁটি, to pain, to ache; *s.* the cross beam of a boat; earth taken up with the roots of a plant in transplanting.

পিৰিকপাৰাক, *s.* অলপ অলপকৈ চকু মেলা, জুইৰ ধিমিকধামাক, rapidly winking, the flickering of a flame.

পিৰিকা, *s.* এবিধ ফুল, a species of flower.

পিৰিকাপিৰিক, *s.* অলপ অলপকৈ চকু টিপুআ, winking at each other.
পিৰিকোআ, *s.* চকু পচৰা, চকু টিপোআ, winking.
পিৰিত, *a.* পিৰাজুক্ত, ৰুগিয়া, pained, afflicted, distressed.
পিৰিতি, *s.* প্ৰিতি, প্ৰেম, মৰম, স্নেহ, love, affection, esteem, regard.
পিৰ্কটি, } *s.* চকুৰ পিৰঠিৰ নোম থকা ভাগ, the eye lashes, the corner of the eye.
পিৰকটি, }
পিৰ্পিৰকৰে, *ad.* পৰুআৰ দৰে বগাই জোআ, অতি পাতল, moving like an ant very lighty; *a.* thin, applied only to texture.
পিৰ্পিৰোআ, *s.* পৰুআ আদিএ গাত বগোআৰ দৰে লগা, crawling or moving lightly, (as an insect.)
পিল্পিলিয়া, *a.* গা নাইকিয়া, কঁকিলা সৰুিয়া, slender, slim.
পিলিকা বন, *s.* খোঁচৰ বন, জোঁট বন, slow, intricate or perplexing work.
পিলিকি, *v.* লাহে লাহে কৰি, to work lazily, to linger, to saunter.
পিলিকি থকা, *s.* একেটা বনতে লাগি থকা, loitering at work.
পিলৌপিলৌ, *a.* বিচৌবিচৌ, পোক আদি অধিক হোআ, numerous, in great numbers.
পিসাঁচ, *s.* ভুত, প্ৰেত আদি, a demon, a fiend, an imp.
পিসাঁচি, *s.* ভুতুনি, পেৰেতনি, *fem.* of the above.
পিহনা, *s.* দৰব আদি পিহা শহটা পাত্ৰ বিসেস, a stone for grinding paints, a grater for nutmegs &c.
পিহা, *a.* ঘঁহা, ground with the above stone, the act of &c.
পিহি, *v.* ঘঁহি, to grind or rub as above.
পুঅতিয়া নিসা, *s.* নিচেই সেস নিসা, the darkness just before dawn.
পুআ, *s.* প্ৰভাত, প্ৰাতঃ, অৰুনউদই, the dawn of day.
পুআই, *v.* প্ৰভাত হৈ, দিন হৈ, জুইৰ তাপ লৈ, অতি পুআতে, to dawn, to grow light; preceeded by জুই, to warm one's self by the fire; emphatic form of পুআ, the very early dawn.
পুউআ, *s.* জুইৰ তাপ লোআ, warming or causing to warm by the fire.
পুং, মতা, পুৰুস, নৰ, লোন আদিৰ ভুমুক, a particle used in *comp.* denoting man, male, masculine.
পুংলিঙ্গ, *s.* পুৰুসৰ চিন, ব্যাকৰনৰ মতে পুৰুস বাচক সব্দ, the penis; in *gram.* the masculine gender.
পুংসক্তি, *s.* পুৰুসালি গুন, পুৰুসৰ সক্তি, virility.
পুঁজ, *s.* খহু আদিৰ গেলা ৰস, pus, purulent matter.
পুকিয়া, *a.* পোকে ধৰা, কেনাই খোআ, worm-eaten, bored by insects.
পুখুৰি, *s.* পানি থকা জলাধাৰ, জলাসই, a tank, a reservoir of water.

পুঙ্গ, *s.* ভুমুক, উহ, a fountain, a spring.

পুঙ্গ উলিউআ, *s.* সঁচাই মিচাই কথা বর্হাই কোআ, উহ উলিউআ, exaggeration.

পুঙ্গা, *s.* বৰশিত বান্ধি দিয়া কুঁহিলা বা পাখি আদি, মাচ এবিধ, a float to a fish line, a species of fish.

পুজক, *s.* পুজা কৰোঁতা, a worshiper, one who makes a *puja.*

পুজনিয়, *a.* পুজা কৰিব লগা, আদৰনিয়, সেৱনিয়, worthy of worship, reverenced, hallowed.

পুজা, *s.* সেৱা অৰ্চনা, সম্মান, worship, adoration, homage.

পুজাৰি, *s.* পুজা কৰা বামুন, an officiating priest, a worshiper.

পুঠি, *s.* সৰু মাচ এবিধ, a species of small fish.

পুত, *s.* see পুত্ৰ, son.

পুতলা, } *s.* ওমলা মুৰ্ত্তি, প্ৰতিমা, a doll, a puppet, a small image,
পুতলিকা, } an idol.

পুতাই, *s.* পুতেকলৈ অতি মৰমৰ মাত, a term of endearment addressed to a son.

পুতি, *v.* গাঁত পুৰ কৰি, মাটিৰে ঢাকি, মৈদাম দি, to fill up, to bury.

পুতি থোআ, *a.* পোতা, গাঁত পুৰ কৰি থোআ, মাটিৰে ঢাকি থোআ, মৈদাম বন্ধা, buried, interred.

পুতুখোআ, } *a.* পুতেকৰ মুৰে গালি পৰা, পুতেকৰ মুৰ খোআ, a term
পুতুমুৰখোআ, } of abuse; (*lit.* eater of your son's head) merciless, without natural affection &c.

পুতেক, *s.* সন্তান, লৰা, পুত্ৰ, a son.

পুতৌ, *s.* চেনেহ বা মৰম দেখুউআ মাত, affectionate language used in fondling or caressing.

পুতৌ কৰা, *s.* মৰম কৰা, উপকাৰ কৰা, showing affection or respect.

পুত্ৰ, *s.* see পুতেক, a son.

পুত্ৰপৌত্ৰাদি, *a.* পুতেক নাতিএক আদি, posterity, descendents.

পুত্ৰি, *s.* জি, দুহিত্ৰি, কন্যা, চোআলি, a daughter.

পুথাও, *s.* ককাক, আহোমৰ বাপেকৰ বাপেক, a grandfather, (Ahom.)

পুথি, *s.* সাস্ত্ৰ, কিতাপ, গ্ৰন্থ, a book, a shaster.

পুনঃ, } *ad.* পুনৰাই, দুনাই, আকৌ, আৰুবাৰ, again, repeatedly.
পুনচ, }

পুনচবিয়া, *s.* নোআইতোলনি বিয়া, কন্যাকাল হোআ, a second marriage; *a.* marriageable.

পুনৰউঠান, *s.* পুনৰ বাৰ উঠা, মৰনৰ পৰা উঠা, the resurrection.

পুনৰবাৰ, } *ad.* পুন ৰাই, আকৌ, দুনাই, যুৰি, a second time, again,
পুনৰপি, } repeatedly.

পুনৰুক্তি, *s.* পুনৰাই কোআ, দুনাই মাত লগোআ, repetition, tautology.

পুনর্জনম, *s.* দুতিয় জনম, নতুন জনম, a second birth, regeneration.

পুনর্বসু, *s.* নখ্যত্র বিসেস, the seventh lunar asterism.

পুনি, *s.* পানিত হৈ ওপঙ্গি থকা বন বিসেস a species of aquatic plant.

পুনৌনোআ, *s.* বনৰিয়া সাক এবিধ, a species of medicinal plant.

পুন্য, *s.* পুইন, ধৰম, সজ কৰম, religious merit.

পুন্যকর্তা, *s.* পুন্য কৰম কৰোঁতা, one who performs meritorious actions, one who sanctifies or makes righteous.

পুন্যভূমি, *s.* তির্থ স্থান, a sacred place or place of pilgrimage.

পুন্যৱন্ত, } *a.* ধৰমি, সাধু, পুন্য থকা বা কৰা, righteous, having re-
পুন্যৱান, } ligious merit.

পুৰ, *a.* ভৰা, চপ্‌চপিয়া, পুষ্ট, সম্পুর্ন, সিধি, নগৰ, full, plump, fleshy, fulfilled, come to pass; *s.* a town, a city.

পুৰঠ, } *a.* পৈনত, পুৰ, আপঁইতা নোহোআ, mature, complete, ripe.
পুৰঠি, }

পুৰন, *s.* অঙ্ক বৃধি কৰা গননা, পুৰ কৰা, multiplication, the act of filling.

পৰনি, *a.* অনেক দিনিয়া, পুৰাতনিয়া, old, ancient.

পুৰনিআৰনি, *a.* অতি পুৰনি, very old, (applied mostly to grain.)

পুৰন্দৰ, *s.* ইন্দ্র, Indra, also the name of the last king of Assam.

পুৰ্‌পুৰকৰে, *ad.* বাধা বা কঠিন নোহোআকৈ লাহে লাহে, without hindrance or difficulty.

পুৰা, *s.* তিন দোন পৰিমান, চাৰি হালচা মাটি, সম্পুর্ন, পুৰন কৰা, a measure containing fifteen seers, a measure of land; *a.* multiplied.

পুৰাই, *v.* পুৰ কৰি, সম্পুর্ন কৰি, সিধি কৰি, to fill, to accomplish.

পুৰাকল, *s.* এবিধ কল, a species of plantain.

পুৰাকুঁহিয়াৰ, *s.* ডাঙ্গৰ বিধ কুঁহিয়াৰ, a species of sugar cane.

পুৰাতন, } *a.* আগৰ কলিয়া, প্রাচিন, পুৰনি, old, ancient.
পুৰাতনিয়া, }

পুৰাতন কথা, *s.* আগৰ কালৰ কথা, ইতিহাস, a legend, a tradition.

পুৰান, *s.* ব্যাসে কৰা অঠৈৰ সাস্ত্র বিসেস, ইতিহাস, a class of books treating of hindoo mythology and history.

পুৰাৰি, *s.* সিৱ, মহাদেও, an epithet of Hiwo.

পুৰাপুৰ, *a.* বিস্তৰ, অনেক, সৰহ, plentiful, abundant, overflowing.

পুৰি, *v.* দাহ কৰি, বয়ৰয়াই, নগৰ, to consume with fire, to burn; *s.* a town, a city.

পুৰিয়া, *a.* এপুৰা ধৰা, সেন্দুৰৰ টোপোলা বিসেস, holding a *pura* or fifteen seers.

পুৰুস, *s.* মানুহ, পুমান, a man, a male, a person, an individual; in hindoo philosophy the word is used for the embodied spirit, the human soul; a generation, as তিনি, পুৰুস, three generations, ওপৰ পুৰুস, former generations.

পুৰুসানুক্রমে, *ad.* পুৰুস ক্রমে, পুৰুসৰ পৰা পুৰুসলৈ, in lineal succession, from father to son.

পুৰুসার্থ, *s.* চেষ্টা, কাৰবাৰ, উপাই, জতন, exertion, labour, efforts, pains.

পুৰুসালি, *s.* সাহ, পুৰুসৰ গুন, সাহিয়াল, courage, manliness; *a.* valiant.

পুৰুসিয়া, *a.* জুগমিয়া, অনেক দিনিয়া, ancient, of many generations.

পুৰুসে পুৰুসে, *ad.* পুৰুসানুক্রমে, from generation to generation.

পুৰুসোত্তম, *s.* উত্তম পুৰুস, বিষ্ণুৰ এক নাম, an eminent man, a title of Vishnoo.

পুৰৈ, *s.* লতা পাচলি বিসেস, a species of esculent plant.

পুৰৈয়া, *a.* পকা পুৰৈ গুটিৰ বৰনিয়া, চালৰ ৰোগ বিসেস, of a reddish color, like the seeds of the above; *s.* a cutaneous disease.

পুর্ন, *a.* পুৰ, ভৰা, সিধি, full, complete, filled, perfected.

পুর্নঅৱতাৰ, *s.* ভগৱন্তৰ প্রধান অৱতাৰ, ভাগৱতৰ মতে ক্রিষ্ণ অৱতাৰ, a chief incarnation, generally applied to Khrisnoo in the Bhagawat, in other shasters it is applied to Ram, and to a *Nor King*.

পুর্নচন্দ্র, s. পুর্নিমাৰ জোন, the full moon.

পুর্নপাত্র, *s.* ভৰা পাত্র, জোখৰ বৰ ভোকনি, a full vessel.

পুর্নব্রহ্ম, *s.* পৰম ঈশ্বৰ, পৰম ব্রহ্ম, the all perfect, God.

পুর্নিমা, পুনিমা, } *s.* পুর্নমাসি, জোন পুৰ হোআ তিথি, the day of the full moon.

পুর্ব, *s.* আদি, আগ, আগৰ, প্রথম, the beginning; *a.* former, preceding, prior, anterior.

পুর্বকলিয়া, *a.* আগৰ কালৰ, ancient, former.

পুর্বকাল, *s.* আগৰ কাল, ভুত কাল, former times, the past.

পুর্বদিন, *s.* আগ দিন, জোআ দিন, কালি, the preceding day, yesterday.

পুর্বদিস, *s.* পুব ফাল, সুর্জ ওলোআ ফাল, the east.

পুর্বপুৰুস, *s.* আদি পুৰুস, উপৰি পুৰুস, forefathers, first parents, progenitors, ancestors.

পূর্বফল্গুনি, *s.* নখ্যত্র বিসেস, the eleventh stellar mansion in the hindoo zodiac.

পূর্বভাদ্রপদ, *s.* নখ্যত্র বিসেস, the twenty fifth stellar mansion.

পূর্বাপৰ, *a.* আগৰ পৰা পাচলৈ, আগ আৰু পাচ, preceding and following, before and after, in regular order.

পূর্বাষাঢ়া, *s.* নখ্যত্র বিসেস, the twentieth stellar mansion.

পূর্বাহ্ন, *s.* আগ বেলা, পুআ বেলা, the morning or early part of the day.

পূর্বে, *ad.* আগে, আগেয়ে, আদিতে, প্রথমতে, formerly, anciently, at first.

পূর্বোক্ত, *a.* আগেয়ে কোআ, আদিতে কোআ, previously spoken.

পুলকি, *v.* সুলকি, এৰাই, to loosen, to untie, to break loose.

পুলকিত, *a.* হর্সিত, আনন্দিত, উল্লাসিত, ৰোমাঞ্চিত, overjoyed, delighted.

পুলি, *s.* গছিৰৰ অলপ দিন হোআ গচ আদি, a plant, a seedling.

পুলুকা, *a.* মুৰ সোলোকা, লুকুআ, broken away, unloosed; with যাৰি, to slip away.

পুলুকামৰা, *s.* কাম আদিৰ পৰা মনে মনে গুচি জোআ, the act of slipping away slyly.

পুলুঙপালাঙ, } *s.* ইফাল সিফাললৈ চোআ বা জোআ, looking this way
পুলুকপালাক, } and that.

পুষ্ট, *a.* পুৰ, মঙ্গহাল, পোহ তোলা, fat, fleshy, well fed, fattened.

পুস্তক, *s.* পুথি, কিতাপ, গ্রন্থ, সাস্ত্র, a book.

পুস্প, s. ফুল, স্ত্রিৰ ৰিতু, a flower, a blossom, the menstrual flux.

পুস্পবাৰি, *s.* ফুলৰ পানি, ফুলৰ মধু, water scented with flowers, the honey of flowers.

পুস্পোদ্যান, *s.* ফুলনি বাৰি, a flower garden.

পুস্পমালা, *s.* ফুলৰ মালা, বা চাকি, a string of flowers, a garland.

পুস্পৰেনু, *s.* ফুলৰ কেসৰৰ ধুলি, the pollen of flowers.

পুস্পৱতি, *a.* চুআ হোআ, ৰিতুমতি, menstruous.

পুস্পোত্সৱ, *s.* নোআই তোলনি বিয়া, the ceremony performed on reaching maidenhood.

পুস্যা, *s.* নখ্যত্র বিসেস, the eighth stellar mansion.

পুহ, *s.* নৱম মাহ, *Puh* the ninth Assamese month, comprising parts of December and January.

পুহনবিয়া, *s.* গর্ভসংস্কাৰ কৰা বিয়া, a ceremony performed on conception.

পুহি, *v.* প্রতিপাল কৰি, to feed, to nourish, to support, to rear.

পুহিয়া, *a.* পুহ মাহত হোআ, belonging to the month of *Puh*.

পেঁচ, *s.* ঠেহ, ধুন, পাক থকা গজাল বিসেস, sulkiness, pouting, a screw.

পেঁচপতা, } s. চেঁহ পতা, বেঁাহ পতা, ওফোন্দ লগা, the act of sulking or pouting.
পেঁচলগা, }

পেঁপা, s. বাদ্য এবিধ, a kind of wind instrument.

পেঁপাবলা, a. বেগতে বৰ্হা, কোমল, সলা বলা, of rapid growth, tender.

পেঁপুআ, s. বিচুৰ্ত্তি, বিগ্যান, বিভত, বিমোহ, surprise, astonishment.

পেঁপুআ খোআ, a. বিচুৰ্ত্তি হোআ, তত হেৰোআ, filled with surprise.

পেঙ্গ, a. see কেপ, a thorn &c. in the ground.

পেঙ্গা, } a. খোৰা বিসেস, অলপকৈ খোৰাই জোআ, halt, lame, crippled.
পেঙ্গুৰা, }

পেঙ্গুৰি, s. খোৰাই ফুৰা তিৰি, a lame woman.

পেঙ্গেলিয়াই, v. উলাই কৰি, নিন্দা বা খেনি কৰি, to mock, to deride.

পেঙ্গেলাপেঙ্গেলি, s. পৰস্পৰে কৰা উলাই, mutually mocking or deriding.

পেট, s. উদৰ, গৰ্ভ, মন, আসই, the belly, the abdomen; *fig.* the mind, the secret feelings.

পেটকামোৰনি, s. পেটৰ বিস, a griping pain in the bowels.

পেটকুৰুচিয়া, } a. পেটত অনেক কথা ৰাখি থোআ, কপটিয়া, hypocritical, insincere, holding a grudge.
পেটকেৰুনিয়া, }

পেটগাজনি, } s. পেটৰ সব্দ, গোৰ্গোৰনি, a rumbling of the bowels.
পেটগোঁজৰনি, }

পেটপোহা, s. উদৰ প্ৰতিপাল কৰা, working for mere subsistence.

পেটবোআ, s. পেট চলা, a purging of the bowels.

পেটা, a. পেট থকা, হেঁচা বা গচকাত চেপেটা হোআ, having a belly, flattened by pressure.

পেটাউঠা, } a. চেপেটা হোআ, পেটেকা তোলা, crushed, jammed.
পেটাতোলা, }

পেটাজৰি, s. ঘোঁৰা আদিৰ পেটত বন্ধা জৰি, a girth, a belly band.

পেটাৰি, s. বেঁতৰ জাঁপা বিসেস, a kind of clothes basket.

পেটাল, a. বৰ পেট থকা, গেৰেলা, corpulent, pot-bellied.

পেটু, s. মাচ আদিৰ নাৰি বা ভুঁৰু, the entrails.

পেটুআ, a. see পেটাল, corpulent.

পেটুলি, a. পেট ডাঙ্গৰ তিৰি, গেৰেলি, গৰ্ভিনি, fem. of the above.

পেটেকা, a. চেপেটা, পেটু ওলোআ, crushed, jammed, flattened.

পেন্পেনাই, v. কেনকেনাই, লৰাই নেৰাকৈ কান্দি, to make a low monotonous sound as of a child crying.

পেনপেনিয়া, a. থিৰ থিৰিয়া, নিসনিৰে থকা, পানি আদিৰে উথলা, পেনপেনাই থকা, continuous, (as of rain) soft, slushy.

পেনাই পেনাই খোআ, *s.* লাহে লাহে খোআ, পিলিকি পিলিকি খোআ, the eating slowly or daintily.

পেনেৰা, *a.* কন্দুৰা, পেনপেনাই থকা, babyish, peevish.

পেনেৰি, *s.* কান্দুৰি, নেহ নেহাই থকা চোআলি, fem. of the above.

পেনোআ, *s.* পেনপেনাই থকা, উঁউকৈ কান্দি থকা, low continuous crying, whimpering.

পেৰা, *s.* বস্তু আদি থোআ কাঠৰ বৰ পাত্ৰ, সৰিয়হ আদি জন্ত্ৰৰে চেপা, a box, a chest, the act of grinding in a mill; *a.* ground.

পেৰাখাট, *s.* মানুহ সোআ বৰ পেৰা, a chest bed on wheels.

পেৰি, *v.* জন্ত্ৰেৰে চেপি, to express a fluid by grinding or pressing.

পেৰুচৰাই, *s.* এবিধ বিলাতি পোহনিয়া পখি, a turkey.

পেৰেক, *s.* বোকা আদিত খোজ দিয়াৰ সব্দ, a splashing sound.

পেৰেকাপেৰেক, *a.* ফেনেকা ফেনেক, muddy, splashy.

পেৰেঙ্গ, } *s.* মৰা মানুহৰ স নিয়া চাৎ বিসেস, অপৰাধিৰ প্ৰান দণ্ডৰ
পেৰেঙ্গনি, } জন্ত্ৰ, খ্ৰিস্টৰ ধৰমৰ চিন; a cross; an instrument of torture on which notorious malefactors were put to death.

পেৰোআৰি, *s.* দোলা আদিত আৰ দিয়া কাপৰ, a sedan curtain.

পের্পেৰাই, *v.* ঘনে কৈ বা কান্দি, ফেদফেদাই, to make a monotonous sound, to repeat a thing over and over.

পের্পেৰিয়া, *a.* বোকা জেন কোমল, ঘনেকৈ থকা, soft, muddy.

পেলনি জোআ, } *a.* পেলাব লগা, নষ্ট হোআ, worthless, fit to be
পেলনিয়া, } thrown away.

পেলাই, *v.* অপ্ৰয়োজনিয় বস্তু ত্যাগ কৰি, হাত আদিৰ পৰা পতন কৰাই, কথাৰ লগত জোগ হলে এঁটোআক বুজাই, to throw, to cast down or away; it is often compounded with other verbs expressing the idea of completely doing, as চাই পেলাই, বহি পেলাই.

পেলু, *s.* পেটৰ ভিতৰত থকা দিঘল পোক এবিধ, an intestinal worm.

পেলুআ, *a.* পেলুৰ নিচিনা ডাঙ্গৰ, like the above worm, hence coarse, (applied to thread.)

পেলোআ, *a.* পতন কৰা, cast off, thrown away.

পেহা, } *s.* বাপেকৰ ভনিএকৰ পতি, a paternal uncle.
পেহাক, }

পেহি, } *s.* বাপেকৰ ভনি, বা ভনিএক, a paternal aunt.
পেহিয়েক, }

পৈ, } *s.* স্বামি, পতি, গিৰিএক, a husband.
পৈএক, }

ৈপত্রিক, *a.* পিতা পিতামহৰ, অনেক পুৰুসিয়া, paternal, ancestral.

ৈপত্রিক ধন, *s.* বাপেক ককাকৰ ধন সম্পতি, ancestral property.

ৈপত্রিক ভুমি, *s.* বাপেক ককাকৰ মাটি, ancestral land.

ৈপনত, *a.* আপঁইতা নোহোআ, পুৰঠ, পাৰ্গত, full grown, mature, perfect, accomplished.

ৈপয়াঁতি, *a.* ৈপএক থকা, গিৰিএক লগা, having a husband; sometimes used in abuse.

ৈপশাঁচিক, *a.* ভুত পিশাঁচ আদিৰ সম্পৰ্কিয়, fiendish, demoniacal.

পো, *s.* পুত্র, সন্তান, লৰা, a son.

পোঅন জিয়ন, *s.* পো জি, লৰাসুৰি, sons and daughters.

পোআ, *a.* প্রাপ্ত, সেৰৰ চাৰি ভাগৰ এভাগ, বা কুৰি টিকাৰ ভৰ, found, obtained; *s.* an acquisition, the fourth part of a seer.

পোআপুই, *ad.* পাঁও পাঁও হোআ, ওচৰ চপা, just about to reach a place or obtain a desired object.

পোআল, *s.* মনি বিসেস, প্রবাল, coral.

পোআলি, *a.* সৰু লৰা, দামুৰি আদি, young, small; *s.* the young of men and animals.

পোআ, *s.* কথোপকথনত পুতেকক বুজুআ মাত, a son, (*i.e.* of the person addressed.)

পোঁআতি, *a.* পোআলি থকা, সন্তান জনমোআ, having issue.

পোঁতকৰে, *ad.* বেগতে, সিঘ্রে, চোঁতকৰে, quickly, at once.

পোক, *s.* কিট, পাখি আদি নথকা জন্তু বিসেস, a worm.

পোকৰ, *s.* মল দ্বাৰ, গিদা, the anus.

পোকৰটনা, *s.* লেঙ্গটি, কপঙ্গ, সৰু চুৰিয়া, a narrow waistcloth.

পোকৰে পোকৰে, *ad.* পিচে পিচে, গিদে গিদে, one after another, close behind.

পোকা, *a.* পোকে ধৰা, কেৰুনিয়া, worm-eaten.

পোটক, *s.* সোঁট, প্রতিফল, retaliation, reward or punishment.

পোটপোটনি, *s.* ভোটভোটনি, a rumbling of the bowels.

পোটোকা, *s.* খুঁন্দা আদিত পৰা খাল, a dent, a dimple.

পোত, *s.* খুঁটা আদিৰ মাটিৰ তলত সোমোআ ভাগ, the part of a foundation wall or post that is under ground.

পোতন, *s.* মাটিৰ তলত থোআ, the laying a foundation or the burying anything in the ground.

পোতনি, *s.* পঁইতা ভাতৰ পানি, the water of stale rice.

পোতা, *a.* পুতি থোআ, পোতত থকা, interred, buried; *s.* a burial.

পোতাসাল, *s.* বন্দিসাল, ফাটক, a prison.

পোন, *a.* প্ৰথম, বেঁকা নোহোআ, সৰল, সলসলিয়া, ঠাক, কুৰি গণ্ডা, straight, plain, sincere, four twenties or eighty.

পোনতে, *ad.* আদিতে, প্ৰথমতে, at first.

পোনৰ, *s.* আদিৰ, প্ৰথমৰ, the first, the preceding, the former.

পোনা, *s.* মাচৰ পোআলি, পো জিক মতা মৰমৰ মাত, young fish, small fry.

পোনাই, *v.* পোন কৰি, থিয় কৰি, to straighten.

পোনেই, *ad.* আৰ নোহোআকৈ, প্ৰথমেই, directly, straightway, at once.

পোনেপোনে, *ad.* দিঘে দিঘে, বেকা নোহোআকৈ, প্ৰথমে, খপৰাই, straightforward, at once, at first.

পোনোআ, *s.* বেঁকা বা ভাঁজ গুচুআ, পোন কৰা, the straightening of anything crooked.

পোন্দাই, *v.* কোন্দোআকৈ ধৰি, চকু ঘোপা কৰি, to frown.

পোন্দোআপুন্দিকৈ, *ad.* চকু ঘোপাকৈ, কোন্দোআ কুন্দিকৈ, frowningly, with an angry countenance.

পোষ্ক, *s.* চুৰিয়াৰ আগ বা পাচ খোচনি, the end of a waistcloth that is tucked in behind.

পোন্ধৰ, *a.* দহ আৰু পাঁচ, fifteen.

পোৰন, } *s.* গাত তাপ ধৰা, ৰমৰমনি, জ্বলা, a burning or conflagration, an inflamation.
পোৰনি, }

পোৰা, *a.* জুইত দিয়া, দাহ কৰা, চেঙ্গচেঙ্গ ভকুভকোআ, ৰমৰমোআ, burnt, roasted, scorched, broiled, pungent.

পোৰানি, *s.* জুয়ে পোৰা ঠাই বা হাবি, a burnt jungle.

পোৰাপিঙ্গলা, *s.* এবিধ খজু, a kind of cutaneous disease.

পোৰোক কৰে, *ad.* বেগতে, মুহূৰ্ত্তে, quickly, easily.

পোৰোলালতি, *s.* লতা বিসেস, কোৰোলালতি, পটোলৰ গচ বা গুটি, a cucurbitaceous plant, the Tricosanthes divisa.

পোৰোহিত, *s.* জাজক, দহা কাজ আদি কৰোআ জন, a priest.

পোর্পোৰকৰে, *ad.* বাধা বা সোধ পোচ নোহোআকৈ, খহটা নধৰি, চৰ্চৰ কৰে, at will, without obstruction.

পোলা, *s.* বেৰৰ চুক বা দুআৰ মুখত বন্ধা মুঠা, আটি, কোঁচা, reeds bound over the corners or at the doors of a reed partition.

পোলাকটা, *s.* ঘৰৰ চুক বা দুআৰ মুখৰ আটি কটা, চোৰ, one who cuts the above, hence a thief.

পোলাপোল, *s.* আটি আটি, মুঠামুঠ, কোচাকোঁচ, many bundles, an abundance, a large quantity.

পোলোঙ্গা, *a.* পোন, ঠাল ঠেঙ্গুলি নথকা দিঘল, লেঙ্গলেঙ্গিয়া, erect, straight, tall, (applied to trees.)

পোলোঙ্গাপোলোঙ্গ, *a.* সলসলিয়া, চকু দাঙ্গি চোআ, straight, and without a branch; with কৈ, *ad.* applied only to gazing about with the head elevated.

পোহতোলা, *a.* পুষ্ট কৰা, well fed, fattened.

পোহদিয়া, *s.* আগৰ লগতে নকৈ বৰ্হাই দিয়া, daily, the adding of new milk to old curds.

পোহধৰা, *a.* পুৰ হৈ পৰা, মঙ্গহ ধৰা, fat, fleshy.

পোহন, *s.* প্ৰতিপাল কৰা, cherishing, feeding, maintaining.

পোহন পালন, পোহপাল, *s.* প্ৰতিপাল, খুউআ পিন্ধোআ, দিঘল ডাঙ্গৰ কৰা, rearing or supporting.

পোহনিয়া, *a.* ঘৰচিয়া, ঘৰত পোহা জন্তু আদি, tame, domesticated.

পোহা, *a.* প্ৰতিপাল কৰা, ঘৰচিয়া, হাতৰ ঠেলা, not wild, tamed, a handful.

পোহাৰ, *s.* বজাৰ, দোকান, a market, a shop.

পোহাৰি, *s.* পোহাৰ দিয়া তিৰি, বনিয়ানি, a market woman.

পৌত্ৰ, *s.* নাতি, a grandson.

পৌত্ৰি, *s.* নাতিনি, a granddaughter.

পৌৰানিক, *a.* পুৰানৰ, পুৰনি, ancient, relating to or founded on the purans; *s.* a mythologist.

প্ৰ, *prep.* উপসৰ্গ বিসেস, আন কথাৰ লগত জোগ হলে ওপৰ, অতিসই, বৰ, আদি বুজাই, an inseparable preposition, expressing intensity or excellence; it is sometimes used in the sense of former, fore.

প্ৰকট, *a.* কৰিবলৈ টান, সকলোএ জনা, difficult of accomplishment, evident, notorious.

প্ৰকৰন, *s.* আধ্যা, পুথিৰ চেদ, প্ৰস্তাও, a chapter or section of a book, a topic of discussion.

প্ৰকাণ্ড, *a.* বৰ সকত, ডাঙ্গৰ, ভয়ানক, lofty, large, stupendous, gigantic.

প্ৰকাৰ, *s.* বিধ, ভাও, ৰুপ, সদ্ৰিস, a sort, kind, method, manner.

প্ৰকাৰান্তৰ, *a.* আন ৰুপ, আন ভাও, of another sort, dissimilar, different.

প্ৰকাস, *s.* পহৰ, ৰশ্মি, প্ৰচাৰ, এলোআ, বেকত, light, lustre, a disclosure, a revelation, a manifestation; with কৰি, to reveal, to publish.

প্ৰকাসক, *s.* প্ৰকাস কৰোঁতা, দিপ্তি কৰোতা, প্ৰচাৰক, a publisher, an expounder.

প্ৰকাসন, *s.* পুকাস কৰা, পহৰ দিয়া, ব্যক্ত কৰা, পুচাৰ কৰা, a manifestation, a showing or publishing.

প্ৰকাসনিয়, } *a.* পুকাস কৰিব লগা, পুকাসিবৰ জোগ্য, worthy of being
প্ৰকাস্য, } shown or revealed.

প্ৰকাসৰূপে, *ad.* সকলোৱে জনাকৈ, ব্যক্তকৈ, openly, publicly.

প্ৰকাসি, *v.* পুকাস কৰি, দিপ্তি কৰি, পুচাৰ কৰি, to shine, to show; to reveal, to publish abroad.

প্ৰকাসিত, *a.* পুকাস হোআ, পহৰ হোআ, পুচাৰিত, disclosed, revealed, published, proclaimed.

প্ৰক্ৰিতি, *s.* স্বভাও, পৰ্কিতি, সক্তি, স্ত্ৰি, original and unformed matter, accounted in the hindoo books as the passive or female principle from which the world arose; nature, disposition.

প্ৰখ্যাত, *a.* জনা সুনা, পুসিদ্ধ, celebrated, renowned, famed.

প্ৰখ্যালন, *s.* ধোঅন, পখালন, washing or cleansing, expiation.

প্ৰখ্যেপ, *s.* পেলোআ, casting forth, propelling.

প্ৰচণ্ড, *a.* ভয়াময়া, অতি বৰ বা ভয়ানক, terrible, violent, dreadful.

প্ৰচণ্ডপ্ৰতাপ, *s.* বৰ মহিমা, অতি তেজস্বি, excessive glory or effulgence.

প্ৰচণ্ড প্ৰতাপি, *a.* অতি মহিমাৱন্ত, all glorious.

প্ৰচণ্ডমুৰ্ত্তি, *s.* ভয়ানক ৰূপ, দেখিলে ভই লগা, a terrible visage or aspect.

প্ৰচলিত, *a.* চলি থকা, পুসিদ্ধ, চলাচল, in popular use, prevalent, current.

প্ৰচাৰ, *s.* ঘোসনা, কিৰ্ত্তন, চকুৰ টিপ, the act of publishing, proclaiming or preaching; with চকু, the twinkling of an eye.

প্ৰচাৰক, *s.* ঘোসক, কিৰ্ত্তন কৰোঁতা, a proclaimer, a preacher.

প্ৰচুৰ, *a.* অনেক, বহুত, ওগাইৰহ, much, plentiful, abundant.

পুজ্বলিত, *a.* বৰকৈ জ্বলি উঠা, পুকাসিত, enkindled, blazing, public.

প্ৰজা, *s.* ৰজাৰ আধিনৰ মানুহ, ৰাজ্য, লোক সমুহ, সন্তিসন্ততি, a subject, a dependent, a people, offspring, progeny.

প্ৰজাপতি, *s.* ব্ৰহ্মা, ৰজা, Brahma considered as the sire of all, a king, a sovereign.

প্ৰজাপালক, *s.* পুজাক চলাওঁতা বা পালোঁতা, ৰজা, a king, a sovereign.

প্ৰতাপ, *s.* পুভাও, মহিমা, splendor, dignity, glory, majesty.

প্ৰতাপি, *a.* তেজস্বি, মহিমাৱন্ত, ঐশ্বৰ্য্যৱন্ত, glorious, dignified, splendid.

প্ৰতি, *prep.* উপসৰ্গ বিসেস, লৈ বা ফালে, সলনি, পুত্যেক, as an inseparable preposition it generally expresses reflected or reiterated action, corresponding with the Latin *re.* as ধ্বনি, sound, পুতি ধ্বনি, reverberation; *a.* each, every.

প্ৰতিকাৰ, *s.* পুতিফল, পোটক তোলা, a requital, retribution, reward.

প্ৰতিখ্যন, *ad.* ঘনে পতি, বেলিএ বেলিএ, বাট চোআ, অপেখ্যা কৰা, constantly, without intermission, expectation.

প্ৰতিগমন, *s.* পুনৰাই জোআ, বাৰম্বাৰ গমন, the going again.

প্ৰতিগ্যা, *s.* অঙ্গিকাৰ, সঙ্কল্প, a promise, an agreement.

প্ৰতিগ্যাপত্ৰ, *s.* অঙ্গিকাৰ পত্ৰ, a written agreement, a promissory note.

প্ৰতিচাঁয়া, *s.* পুতিমুৰ্ত্তি, চাঁ, পুতিবিম্ব, reflected image, an exact likeness.

প্ৰতিজন, *s.* গাইপতি, এক এক জন, each one, every one.

প্ৰতিতি, *s.* বিশ্বাস, পুত্যাই, স্বৰূপ মনা, faith, evidence, belief.

প্ৰতিদান, *s.* দানৰ সলনি দান, pay, reward, recompense.

প্ৰতিদিন, *ad.* দিনে দিনে, নিতৌ, নিত নিত, দিনৌ, daily, every day.

প্ৰতিধনি, *s.* সবদৰ পাচত সবদ উঠা, ধনি উঠা, an echo, a reverberation.

প্ৰতিনিধি, *s.* সলনি, বদলি, অন্যৰ মুৰে নিজুক্ত, a representative, a substitute, a deputy, a proxy.

প্ৰতিপত, প্ৰতিপদ, } *s.* তিথি বিসেস, চন্দ্ৰকলাৰ পুথম দিন, the first day of the moon's increase or wane.

প্ৰতিপাল, *s.* পোহনপালন, cherishing or providing.

প্ৰতিপালক, *s.* পোহপাল কৰোঁতা, পোহোঁতা a protector, a guardian.

প্ৰতিফল, *s.* সমুচিত ফল বা লাভ, পুতিকাৰ, পোটক তোলা, retribution, retaliation, revenge, reward; with দি, to punish, to reward.

প্ৰতিবচন, প্ৰতিবাক্য, } *s.* উত্তৰ, সমিধান, সিধান্ত, সমিচাৰ, an answer, a reply.

প্ৰতিবাদ, *s.* বিবাদৰ উত্তৰ, litigation, an answer to a charge.

প্ৰতিবাদি, *s.* পদকিয়া, বা উত্তৰ দিয়া জন, a defendent, a respondent.

প্ৰতিবাসি, *s.* চুবুৰিয়া, ওচৰ ঘৰিয়া বা গাঁয়া, ওচৰিয়া, a neighbor; *a.* neighboring.

প্ৰতিবিম্ব, *s.* চাঁ, পুতিমুৰ্ত্তি, a reflected image, a picture, an exact likeness.

প্ৰতিমা, *s.* দেৱমুৰ্ত্তি, পুতলা, মুৰ্ত্তি, an idol, an image, a picture.

প্ৰতিমুৰ্ত্তি, প্ৰতিৰূপ, } *s.* তদ্ৰূপ আকাৰ, চবি, a resemblance, an exact likeness, an image.

প্ৰতিষ্ঠা, *s.* গৌৰব, পুসংসা, সুচি কৰা, praise, commendation, renown.

প্ৰতিহিংসা, *s.* হিংসাৰ সলনি হিংসা, revenge, retaliation.

প্ৰত্যাই, *s.* বিশ্বাস, সঞ্জাত, পতিওআ, faith, belief, confidence, trust.

প্ৰত্যাখ্য, *a.* চকুৰ আগত থকা, দেখি থকা, visible, evident, clear, plain.

প্ৰত্যাখ্যপ্ৰমান, *s.* দেখা পুমান, স্বৰূপ পুমান, the evidence of the senses; *a.* self evident.

প্রত্যঙ্গ, *s.* সৰিলৰ পুতিঅঙ্গ, সৰু সৰু অঙ্গ, the extremities or smaller members of the body.

প্রত্যাসা, *s.* আসা, ভাৰসা, মন লাগি থকা, hope, expectation, confidence.

প্রত্যুত্তৰ, *s.* সমিচাৰ, পুনৰ উত্তৰ, an answer, a reply.

প্রত্যুপকাৰ, *s.* উপকাৰৰ সলনি উপকাৰ, a return of kindness.

প্রত্যুস, *s.* পুভাত, অতি ৰাতি পুআ, the early morning dawn.

প্রত্যেক, *a.* পুতিজন, গাইপতি, every one, each, individually.

প্রথম, *a.* আদি, আগ, পুধান, বৰ, একৰ সংখ্যা, first, chief, principal.

প্রথমতে, প্রথমে, } *ad.* পোনেই, আদিতে, firstly, in the first place, at first, in the beginning.

প্রদর্সন, *s.* see দর্সন,

প্রদান, *s.* দান, অর্পন, দিয়া, the act of giving or surrendering.

প্রদিপ, *s.* চাকি, বন্তি, সলা, a lamp, a lantern, a light.

প্রদেস, *s.* দেসৰ এভাগ, চহৰ, এক খণ্ড, a district, a province, a region.

প্রধান, *a.* স্রেষ্ঠ, বৰ, ডাঙ্গৰ, মাই, chief, principal, pre-eminent, prime.

প্রনই, *s.* পেম, মৰম, পিৃত, আদৰ, affection, kindness, regard.

প্রনতি, প্রনাম, } *s.* সেৱা, ভক্তিৰে মুৰ দোঁওআ, নমস্কাৰ, চালাম, salutation, worship.

প্রনামি, *v.* পুনাম কৰি, সেৱা কৰি, to salute, to worship; *s.* a salutation gift.

প্রনিপাত, *s.* সেৱা, অষ্টাঙ্গ পুনাম, worship, prostration, salutation.

প্রপিতামহ, *s.* ককাকৰ বাপেক, আজোককাক, a paternal great grandfather.

প্রপিতামহি, *s.* ককাকৰ মাক, আজো বুৰিমাক, a paternal great grandmother.

প্রপৌত্র, *s.* পৰিনাতি, a great grandson.

প্রপৌত্রি, *s.* পৰিনাতিনি, a great granddaughter.

প্রফুল, *a.* ফুলা, মুকলি, সন্তুষ্ট, হর্সিত, expanded, blooming, cheerful, gay, smiling, glad.

প্রফুলিত, *a.* মুকলি হোআ, আনন্দিত, হর্সিত, in blossom, expanded, gay, cheerful, prosperous.

প্রবঞ্চনা, *s.* ফাঁকি, চল, ভাওনা, fraud, cheating, imposture, deception.

প্রবন্ধ, *s.* চেষ্টা, উপাই, জতন, পুৰুসার্থ, continuous effort, striving, laboring.

প্রবর্তন, প্রবর্তনি, } *s.* আচৰন, জিবিকাৰ উপাই, a course of conduct, a means of living.

প্রবর্ত্তি, *v.* আচৰি, চলি, জিবিকাৰ উলিয়াই, to pursue a course of conduct, to subsist.

প্রবল, *a.* বৰ বল, সক্তিমান, বৰ্হা, strong, powerful, mighty, prevalent.

প্ৰবাল, *s.* পোআল মনি, coral.

পুবাস, *s.* পৰবাস, বিদেসত বা পৰৰ ঘৰত থকা, a temporary residence away from home.

পুবাসি, *s.* পৰবসুআ, বিদেসি, আলহি, a guest, a sojourner.

পুবেস, *s.* ভিতৰলৈ জোআ, সোমোআ, আহি পোআ, entrance, penetration, engaging in a pursuit.

পুবোধ, *s.* ভাল গ্যান, চেতন, বুজুআ, a conviction, an awakening, vigilance; with দি, to arouse, to call the attention, to excite.

পুবোধদিয়া, *s.* গ্যান দিয়া, সিকোআ বুজুআ, চেতনা কৰা, the act of awakening, convincing &c.

পুভা, *s.* দিপ্তি, কিৰন, ৰস্মি, কান্তি, light, splendor, radiance, lustre.

পুভাও, *s.* পুতাপ, মহিমা, পৰাক্ৰম, majesty, dignity, honor, power.

পুভাকৰ, *a.* দিপ্তি দিওঁতা, সুৰ্জ, বেলি, giving light, hence; *s.* the sun.

পুভাত, *s.* কেৱল পুআ, অৰুনোদই, উসাকাল, morning, day break, dawn.

পুভু, *s.* ইস্বৰ, অধিকাৰ, গৰাকি, Lord, God, a master, a governor.

পুভেদ, *s.* see ভেদ,

পুভৃতি, *ad.* আদি কৰি, et cetera, and the like, and so forth.

পুমাতামহি, *s.* মাকৰ বুৰিমাক, আজোবুৰিমাক, a maternal great grandmother.

পুমাদ, *s.* আপদ, বিপদ, trouble, an evil, calamity, misfortune.

পুমান, *s.* সাখি, পৰিমান, পৰিখ্যা, নিচই বুজা, চিন, evidence, proof, testimony, authority for an opinion, a mark of distinction.

পুমানিক, *a.* পৰিমানি, পুমান পোআ, স্বৰূপ, substantiated, having proof, founded on evidence.

পুমুখাত, *ad.* আৰ তাৰ মুখৰ পৰা, orally, by word of mouth.

পুমোদ, *s.* আনন্দ, হৰ্স, আহলাদ, joy, delight, rapture.

পুয়াগ, *s.* তিৰ্থ বিসেস, a place of pilgrimage at the junction of two or more sacred rivers, as of the Jumuna and Ganges.

পুয়াস, *s.* জতন, সুম, দুখ, ইচা, exertion, diligence, labour, earnest desire.

পুয়াসি, *a.* সুমি, দুখকাৰি, আকাঙ্খি, laborious, diligent.

পুয়োজন, *a.* আৱস্যক, সকাম, লগা, need, necessity, use.

পুয়োজনিয়, *s.* লাগতিয়াল, আৱস্যক হোআ, সকামৰ, উচিত, needful, necessary, proper, fit.

পুলই, পলইকাল, } *s.* কল্পান্ত, সৃস্টিৰ নাস, ধ্বংস, অন্তকাল, অতিসই দুখ, the end of a *kolpo*, or the destruction of the world, universal dissolution, death, calamity.

পুসৱ, *s.* গৰ্ভিনিৰ সন্তান জনম, parturition, child birth.

পুসংসনিয়, *a.* পুসংসাৰ জোগ্য, সুখ্যাতিৰ্পাত্ৰ, commendable, praiseworthy.

পুসংসা, *s.* সলগা, গুন বৰ্ননা, জসস্যা, praise, eulogy, applause, flattery.

পুসঙ্গ, *s.* পুস্তাব, কথন মথন, নাম কিৰ্ত্তন, a topic, a subject, discourse, a kind of worship with cymbals.

পুসন্ন, *a.* সন্তুষ্ট, দয়াজুক্ত, সদই, pleased, favorable, propitious, kind.

পুসস্ত, *a.* উত্তম, অতি ভাল, excellent, good.

পুসাদ, *s.* অনুগ্ৰহ, গুৰুএ খাই এৰা বা দেৱতাৰ আগত থোআ দ্ৰব্য, favour, food offered to an idol, the leavings of a gooroo's meal.

প্ৰসিদ্ধ, *a.* পুখ্যাত, সকলোএ জনা বুজা, previously mentioned, famous, celebrated, well known.

প্ৰসুতা, } *s.* সন্তান পোআ তিৰিৰ ৰোগ বিসেস, a lying in woman; পসুৰ্তা, } a disease incident to parturition.

প্ৰস্তৰ, *s.* সিল, a stone, a rock.

প্ৰস্তাও, } *s.* পুসঙ্গ, ব্ৰিত্তান্ত, উক্তি, a subject, a topic of conversation, প্ৰস্তাৱ, } an occasion, an opportunity.

প্ৰস্তাবিত, *a.* কথিত, কোআ, পুসঙ্গ কৰা, related, mentioned, told.

প্ৰস্তুত, *a.* জুগুত, থিৰ, সাস্টম, prepared, ready, prompt.

প্ৰস্থ, *a.* পথালি জোখ, বহল, পোহা, wide, broad; *s.* width, breadth.

প্ৰস্থান, *s.* গমন, গুচি জোআ, departure, a setting out.

প্ৰশ্ন, *s.* জিগ্যাসা, সোধা, a question, an interrogation, a query.

প্ৰশ্নোত্তৰ, *s.* জিগ্যাসাৰ উত্তৰ, সোধা মেলা, questions and answers, a catechism.

প্ৰশ্বাস, *s.* এৰা উসাহ, respiration.

প্ৰহৰ, *s.* দিন ৰাতিৰ আঠ ভাগৰ এভাগ, পৰ, তিনি ঘন্টা, an eighth part of a day or three hours, a watch.

প্ৰহৰি, *s.* পৰিয়া, চকিদাৰ, a watchman, a sentry, a sentinel.

প্ৰহাৰ, *s.* আঘাত, মাৰ, কোব, a blow, a stroke, a beating, a flogging.

প্ৰহাৰি, *v.* পুহাৰ কৰি, মাৰি, to strike, to flog.

প্ৰহেলিকা, *s.* সাঁথৰ, দ্ৰিস্টান্ত, a puzzle, an enigma, a riddle.

প্ৰহ্লাদ, *s.* বিস্টুৰ পৰম ভক্ত দৈত্য এজন, a notorious demon of hindoo mythology.

প্ৰাই, *ad.* অলপ কম, অলপ বাকি থকা, নিচিনা, a little short, almost, nearly, like to.

প্ৰাক্তন, *s.* কঁপাল, ভাগ্য, বাসনা, অদ্ৰিস্ট, resulting from acts supposed to have been committed during a former birth; destiny, fate.

প্ৰাক্ৰিত, *a.* প্ৰাকিত, নিচ, অধম, সামান্য, low, common, vulgar.

প্ৰাচিত, } *s.* পৰাচিত, পাপনাসক কৰম, পুনৰ সুচি হোআ বা কৰাৰ
প্ৰায়চিত্ত, } উপাই, atonement, expiation, penance.

প্ৰাচিন, *a.* পূৰনি, আগৰ, বহু দিনিয়া, former, ancient, olden.

প্ৰাতস, } *s.* পুআ, পুভাত, the dawn, the early morning.
প্ৰাতঃকাল, }

প্ৰান, *s.* জিৱ, আত্মা, নিস্বাস, ধাতু, বায়ু, life, breath, spirit, vitality.

প্ৰানঘাতক, } *s.* প্ৰান মাৰোঁতা, প্ৰান বধি, a murderer; *a.* destructive,
প্ৰানঘাতকি, } fatal to life, murderous.

প্ৰানত্যাগ, *s.* জিৱ এৰা, মৰা, ধাতু এৰোআ, the relinquishing of life, death.

প্ৰানদণ্ড, *s.* প্ৰান মৰা, capital punishment.

প্ৰাননাথ, *s.* পুভু, পতি, স্বামি, *lit.* lord of my life; a husband, an expression of endearment.

প্ৰানপন, *s.* প্ৰান উচৰ্গা, প্ৰান থাকে মানে পৰিস্ৰম কৰা, hazarding life on an undertaking, puting forth the greatest effort.

প্ৰানপ্ৰতিষ্ঠা, *s.* প্ৰতিমা আদিক জিৱ দিয়া, the pretended endowing of an idol with life.

প্ৰানপ্ৰিয়, *a.* প্ৰানৰ সম স্নেহ পাত্ৰ, প্ৰিয়তম, dear as life, beloved.

প্ৰানবস্তু, *s.* জিৱ পদাৰ্থ, animated matter.

প্ৰানবায়ু, *s.* সৰিৰত থকা বায়ু বিসেস, the breath of life.

প্ৰান বিজোগ, *s.* সৰিৰৰ পৰা প্ৰান বেলেগ হোআ, মৰন, death, the departure of life.

প্ৰানসম, *a.* প্ৰান তুল্য, দেহিডুখৰি, অতি মৰমৰ, dear as life, beloved.

প্ৰা নহত্যা, *s.* জিৱ বধ, প্ৰান মৰা, the taking of life, murder.

প্ৰানহিংসা, *s.* প্ৰানৰ অহিত চিন্তা, প্ৰান বধিবলৈ চিন্তা, mortal hate, murderous intent.

প্ৰানাধিক, *a.* বৰ মৰমৰ, প্ৰানতকৈ অধিক, more than life.

প্ৰানান্ত, *s.* প্ৰানৰ সেস, মৰন, the end of life, death.

প্ৰানি, *a.* জিৱন্ত, জিৱ থকা, মনুস্য আদি, living, alive; *s.* a living creature.

প্ৰাপ্ত, *a.* পোআ, লাভ হোআ, found, gained, acquired, earned.

প্ৰাপ্তি, *s.* পৰাপতি, লাভ, উতপন, পাব লগা, gain, profit, a sum due.

প্ৰাৰ্থনা, *s.* নিবেদন, মাগন, মিনতি, কাবৌ, a prayer, a request, a petition, a supplication, worship.

প্ৰাৰ্থনিয়, *a.* নিবেদন কৰিব লগা, প্ৰাৰ্থনা কৰাৰ জোগ্য, worthy or proper to be asked for.

প্ৰাৰ্থি, *v.* প্ৰাৰ্থনা কৰি, to pray, to make supplication, to worship.

প্রার্থিত, *a.* প্ৰাৰ্থনা কৰা, খোজা, নিবেদিত, asked for, solicited, prayed for.

প্রিতি, *s.* পিৰিতি, স্নেহ, ভক্তি, প্ৰেম, love, affection, regard.

প্রিথক, *a.* বেলেগ, ভিন্ন, ভাগ ভাগ, separate, divided.

প্রিথকাই, *v.* বেলেগাই, আঁতৰাই, to separate.

প্রিথিবি, *s.* ভূলোক, ভূমণ্ডল, ভূমি, the earth, the world.

প্রিথু, *s.* আগৰ এজন ৰজাৰ নাম, an ancient king celebrated as having first taught men to cultivate the earth.

প্রিয়, *a.* স্নেহ পাত্র, মৰমৰ, স্বামি, dear, beloved; fem. প্ৰিয়া.

প্রিয়তম, *a.* প্ৰিয়তকৈ প্ৰিয়, বৰ মৰমৰ, স্বামি, dearly beloved; *s.* a husband.

প্রিয়তমা, *a.* ভাৰ্য্যা, অতি প্ৰেম পাত্রি, fem. of the above; *s.* a wife.

প্রিয়পাত্র, *a.* স্নেহৰ জোগ্য, worthy of affection.

প্রিয়বাক্য, *s.* মৰমৰ কথা, সোআদ মাত, loving words.

প্রিয়বাদি, }
প্রিয়ভাসি, } *a.* মৰমিয়াল কথা কঁওতা, of pleasant speech.

প্রিয়ালাপ, *s.* মৰমেৰে কথা বাত্রা হোআ, agreeable conversation.

প্রেত, *s.* মৰা, পিসাঁচ বিসেস, a ghost, a spectre, an apparition, a goblin.

প্রেতকর্ম্ম, *s.* মৰাৰ দস কৰ্ম্মাদি, কাজ দহা আদি, ceremonies for the dead intended to deliver them from evil spirits.

প্ৰেতনদি, *s.* বৈতৰনি, মৰি আত্মাই পাৰ হোআ নদি, the river of Hell, or the hindoo styx.

প্ৰেতপতি, *s.* ভূতৰ ৰজা, জমৰাজ, Jom the fabled regent of death.

প্রেতাকাৰ, *a.* প্রেতৰ দৰে, ভূতৰ নিচিনা, কুৰূপ, ghastly, hideous.

প্রেম, *s.* চেনেহ, মৰম, প্ৰিতি, love, tenderness, affection.

প্ৰেমসুত্র, *s.* প্ৰেমৰ জৰি, মৰমৰ বন্ধন, the bond of affection.

প্রেমাগ্নি, *s.* মৰমৰ জুই, জলন্ত প্ৰেম, the flame of love.

প্রেমাসক্ত, *a.* প্ৰেমত ৰতি হোআ, affectionately attached or devoted to.

প্ৰৌঢ়িক, *a.* সকলোএ জনা, প্ৰকাস, open, published.

প্লখ্য, }
প্লখ্যদ্বিপ, } *s.* জৰি গচ, সাত দিপৰ এক দিপ, a kind of tree, one of the seven circular oceans of hindoo cosmogony.

প্লাবন, *s.* বান পানি, তল জোআ, an inundation, a flood.

প্লাবিত, *a.* বুৰা, তল জোআ, deluged, overflowed, submerged.

ফ

ফ, ফকাৰ, is the aspirate of প, and is pronounced like *ph* in *loop-hole.* It is often pronounced like the letter *f* in *fate.*

ফই, *s.* লেজু, সকত ডাঙ্গৰকৈ বটা জোল, a cable, a large rope.

ফইদা, *s.* আয়ম, ভেম, অহঙ্কাৰ, লাভ, affectation, pride, advantage.

ফঁপৰা, ফঁপৰিয়া, } *a.* ফাঁপৰে ধৰা, খহটা, তেলকুৰ নথঁহা, scurfy, rough to the touch.

ফঁহিয়াই, *v.* দিঘলকৈ চিৰাচিৰ কৰি, চিটিয়াই, to split into strips.

ফঁহিওআ, *s.* সৰু সৰুকৈ চিটাচিট কৰা, the act of splitting into strips.

ফক্‌ফকিয়া, *a.* মিচাতে বক্‌বকাই ফুৰা, ভক্‌ভকিয়া, নিকা, boastful, braggart, snowy white.

ফকৰা, *s.* জোজোনা, চলবুধি, an enigma; with পতা, intrigue, plotting.

ফকাম, *s.* পানিপাচত দিয়া চতি, a brace in a roof extending from an outer to an inner post; pride, arrogance; with জুৰি, *v.* to be filled with pride.

ফকিৰ, *s.* সন্যাসি বিসেশ, মচলমানৰ বৰাগি, a mendicant, a hermit.

ফঙফঙিয়া, *a.* ভালকৈ পহৰ হোআ, ফৰকাল, day light, not cloudy.

ফচ্‌ফচিয়া, *a.* বালি অঁহিয়া, এঁঠা ৰহিত, crumbling at the touch, mealy.

ফচৰাই, *a.* সিঘু চিগা বা ভগা, suddenly, applied to the sound of anything bursting, breaking or piercing.

ফচহু, *a.* অকামিলা, ফুচুৰি, worthless.

ফচৌ, *s.* মানৰ কাপৰ এবিধ, a kind of Burmese silk cloth.

ফচৌচৌআ, *s.* ফুচুৰি কথা কোআ, মিচা, অসাৰ, a flashing in the pan; *a.* vain, futile, empty.

ফটকা, *s.* তুলাপাতেৰে মেৰাই কৰা খাৰৰ বাজি এবিধ, a fire cracker.

ফট্‌ফটিয়া, *a.* নির্মল, ফটিকৰ নিচিনা, জলি থকা, clear, transparent, crystal.

ফটৰ, *s.* ফুটা বা চিগাৰ সৰু সন্দ, the sound of snapping or bursting.

ফটা, *a.* দুফাল হোআ, ফাট মেলা, চিৰাচিৰ, split, cracked, rent, torn.

ফটাকানি, *s.* চিৰা কানি, কাপৰৰ চিগা ডোখৰ, rags, shreds, tatters.

ফটাচটা, ফটাচিটা, } *a.* ফাটি ডোখৰ ডোখৰ হোআ, চিগা ভগা, অনেক ঠাইত ফটা, torn to rags, tattered.

ফটিক, *s.* আর্চিৰ নিচিনা বগা বস্তু এবিধ, a crystal, quartz.

ফটিকা, *s.* সুৰা, মদ, spirituous liquor.

ফটুয়াই, *s.* ভৰিৰ ফটা ৰোগ এবিধ, a disease of the feet.

ফনা, *s.* সাপৰ ফেঁট, আলু আদিৰ ঠেঙুলি, the hood of the cobra, a branch root or tuber.

ফনি, *s.* চুলি মেলোআ জতন, সাপ, a comb, a serpent.

ফনিউআ, *s.* মুৰ আঁচোৰা, মুৰ মেলোআ, combing; *a.* combed.

ফনিয়াই, *v.* চুলি আঁচুৰি, মুৰ মেলাই, to comb the hair.

ফনিস্বৰ, *s.* বাসুকি, পুধান নাগ, Bahuki, *lit.* the king of serpents, the fabulous serpent Bahuki.

ফন্দ, *s.* ছল, টৈঙ্গৰৰ বুধি, a snare, an artifice, stratagem, trickery.

ফন্দন, *s.* গাৰ মঙ্গহ লৰা, a twitching of the muscles.

ফন্দি, *a.* বুধিয়ক, টৈঙ্গৰ, চতুৰ, cunning, intriguing, trickish.

ফন্দিয়ক, } *a.* বুধিয়ক, টৈঙ্গৰ, সিয়ান, full of evil devices, crafty,
ফন্দিয়াৰ, } cunning.

ফন্দিয়া, *s.* সিৰ কোঁচাই নিয়া ৰোগ, cramp, involuntary contraction of the muscles.

ফৰ, *s.* দিঘল বাৰু বিসেস, a leathern shield.

ফৰকাল, *a.* নির্মল, পানি ৰোকা নথকা, মনত আসঙ্কা নথকা, clear, pellucid, satisfied.

ফৰমা, *s.* ধান এবিধ, a species of paddy.

ফৰিঙ্গ, *s.* উৰি ফুৰা পতঙ্গ বিসেস, a locust, a grasshopper.

ফৰিঙ্গত, *s.* মাহ সৰিয়হ আহুধান আদি ৰোআ বাম মাটি, land not subject to inundation.

ফৰ্ফৰাই, *v.* চের্চেৰাই, অলপ পোৰনি ধৰি, to feel a smarting, twinging or burning sensation.

ফর্ফৰিয়া, *a.* পানি নাইকিয়া হোআ সুকান ঠাই, চর্চৰিয়া, dry.

ফর্ফৰোআ, *s.* জলা বা চের্চেৰোআ, অলপ পোৰনি ধৰা, a twinging &c.

ফর্মুটি, *s.* দলি মাৰি পঠিওআ মাৰি, a stick or club thrown from the hand.

ফর্মুটিউআ, *s.* ফর্মুটি মৰা, pelting with clubs or sticks.

ফর্মুটিয়াই, *v.* ফর্মুটি মাৰি, মাৰি দলিয়াই, to pelt as above.

ফল, *s.* গচৰ গুটি, লাভ, প্রতিকাৰ, গুন, fruit, produce, gain, profit, reward, consequence, result; with ধৰি, to bear fruit, to produce.

ফলঙ্গ, } *a.* মুকলি, আৰ নাইকিয়া, open, unshaded.
ফলংলঙ্গ, }

ফলদায়ক, *a.* ফল দিওঁতা, fruitful, profitable.

ফলবৃত্তি, *a.* গুটি লগা, লাগনি, productive, advantageous.

ফলৱন্ত, } *a.* গুটি ধৰা, গোট লগা, bearing fruit.
ফলৱান, }

ফলা, *s.* অ আ, ক খ আদিৰ ভাগ, চিটাচিট্ কৰা, ফালি পেলোআ, a compound letter; *a.* split, cracked, cleft, torn.

ফলাচিৰা, *a.* see ফটাচিটা, ফালি চিৰি পেলোআ, ragged.

ফলাফল, *s.* লাভ অলাভ, উত্পন হানি, loss or gain, failure or success, advantage or disadvantage.

ফলাহাৰ, *s.* গুটি আদি ভোজন কৰা, vegetable diet.

ফলি, *s.* ফলি পটিৰে লিখা কাঠৰ পাট, সোনাৰিৰ গুনা টনা অতন, চিলট, a blackboard, a slate.

ফলিউআ, *s.* ফলা, চিটাচিট কৰোআ, সিধি হোআ, ঘটা, splitting or tearing into strips, the coming to pass; *a.* split, happened.

ফলিক. *a.* গোমোঠাবা চেকা নোহোআ দেখিবলৈ সুঅনি, clean, pure, white.

ফলিগুটি, *s.* ফলিত লিখা মাটিৰ গুটি, চিলটৰ পেন্সিল, a slate pencil, any thing used for marking on a blackboard.

ফলিতয়ৰা, *s.* সাঁচত চাব আদি কটা, তামৰ ফলিত বা পত্ৰত লিখা, marked, engraved.

ফলিতা, *s.* ফল, সমাজিকৰ অৰ্থ, a result, the interpretation of a dream.

ফলিন, *a.* গুটি লগা, ভকন, fruitful, advantageous.

ফলিয়া, *a.* ফাল ফাল হোআ, চেপেটা, কৰিয়া, পখ্য, কাফুলি মাচ, flat, split, belonging to a side or party, partial.

ফলিয়াই, *v.* ফালি, ফাল ফাল কৰি, সিধি হৈ, to split into strips, to bring to pass.

ফলোআ, *s.* ফাল ফাল কৰোআ, splitting or causing to be split.

ফলগুতচও, *s.* ফাকুআ, হলি, দোল জাত্ৰা, the *holi* festival, *fakua.*

ফহফহিয়া, *a.* বালি জেন, ফচ্ফচিয়া, soft, mealy.

ফাঁওচফাঁওচ, *s.* সাপ আদিৰ ফোঁপাওবিৰ সব্দ, a hissing sound.

ফাঁক, *s.* অস্ত্ৰ আদি সুমাই থোআ ডাব বা মোট, a sheath, a scabbard.

ফাঁকটি, *s.* ফাঁকি, চল, ভাও জোৰা, an illusion, fraud, imposition, deceit, a trick.

ফাঁকি, *s.* গিত বা শ্লোক আদিৰ ভাগ, চল, a couplet or verse in poetry, imposition, deception, trickery.

ফাঁকুআ, *s.* see ফলগুতচও.

ফাঁট, *s.* নগৰ বা দেসৰ সিমাৰ দুআৰ বিসেস, a kind of police station of the Assam king.

ফাঁট মৰা, *a.* বুজ বাজ নোপোআকৈ লুকুআ, নিফুট মৰা, effaced, hidden, without sign or trace.

ফাটোআল, *s.* চকিয়াল, ফাঁটৰ নিজোজিত মানুহ বিসেস, a watch or policeman connected with the above.

ফাপৰ, *s.* গাৰ চাল চিগি খৰলা হোআ ৰোগ, a disease resembling the scurvy.

ফাঁপি, *v.* ঔসধ আদিএ গুন ধৰি, to take effect (as medicine.)

ফাঁহ, ফাঁহি, } *s.* ফঁচি, চিপ ডোল, খোৰোচা জৰি, a rope with a slip noose, a hangman's rope.

ফাঁহিদিয়া, *s.* ডিঙ্গিত ডোল লগাই প্ৰান দণ্ড কৰা, death by hanging.

ফাকডেমা, *s.* এবিধ গচ, কথাৰ চল, a species of tree, equivocation.

ফাগুন, *s.* একাদস মাহ, the name of a month, containing part of February and March.

ফাগুনিয়া, *a.* ফাগুনত হোআ, born or produced in the above month.

ফাঙ্গ, *s.* মিচাকে সচা ৰুপে কোআ বা কৰা, pretence, show, pretext; with মাৰি, or দি, to pretend, to feign.

ফাঙ্গফুঙ্গ, *a.* ফাকিফুকা, ফাচাঙ্গফুচুঙ্গ, মিচামিচি, pretended, feigned, unreal.

ফাচফুচ, ফাচাঙ্গফুচুঙ্গ, } *a.* মিচামিচি, অকামিলা, deceptive, false, worthless; *s.* mere pretence.

ফাট, *s.* আঁচ, আঁক, চিৰ, বেঁত মেলা, a split, a crack, a fissure, an opening.

ফাটক, *s.* কইদসাল, পোতাসাল, বন্দিসাল, a prison.

ফাটকিয়াল, *s.* বন্দিয়াৰ, ফাটকত থোআ লোক, a prisoner.

ফাটি, *v.* ফাট মেলি, দুফাল হৈ, ফাটি চিটি, to crack, to split, to rive.

ফাতিহা, *s.* গপ অহঙ্কাৰ বিসেস, গণ্ডলিকা, মই বৰ বুলি ফুৰা, haughtiness, self conceit.

ফানটি, *s.* ভৰিত পিন্ধা চাল বা কাঠৰ জতন, a kind of sandal.

ফানফান, *a.* ঠাই ঠাই, ডাল ডাল, গোট গোট, scattered, dispersed.

ফানুচ, *s.* এবিধ চাকি লগোআ পাত্ৰ, the globe or shade of a lamp.

ফান্দ, *s.* খোৰোচা জৰি, চৰাই আদি ধৰা জতন, মাচ আদিৰ নেজ, চল, বুধি, snare, a trap, the tail of a fish, the bushy part of the a tail of animals.

ফান্দনি, *s.* কলাফুলৰ তল ভাগ, the lower part of the leg.

ফান্দি, *s.* বনৰিয়া হাঁতিত ফান্দ লগাওঁতা, ওফন্দি, an elephant trapper; *v.* to swell, to bulge out, to inflate.

ফাল, *s.* নাঙ্গলৰ মুখত দিয়া লো বা বাহ আদিৰ চেপেটা জোঙ্গ, দিস, পখ্যা, a plough share, a part, side, direction.

ফালফাল, *ad.* এফাল এফাল, চটা চঁটা, in halves, in strips.

ফালৰিমাৰি, *v.* আঁতৰি, দুৰ হৈ, to keep at a distance, to stand aloof.

ফালি, *v.* চিটা চিট কৰি, দুফাল কৰি, to split, to divide.

ফিকা, *s.* নৈৰ টান পানিৰ কোব পৰা গৰা, কথাৰ কোব, a place in a river's bank against which the current beats violently.

ফিকি, *v.* খঙ্গত উজৰি, ওফন্দি, to rouse up in anger; to swell.

ফিঙ্গফিঙ্গকৰে, *ad.* পানি তেজ আদি বিন্ধাই দি অতি বেগেৰে জোআ, in spirts, rapidly flowing, (as in blood letting.)

ফিঙ্গফিঙ্গিয়া, } a. বেগতে খঙ্গ উঠা, quick tempered.
ফিফিয়া,

ফিচ্‌ফিচিয়া, a. বৰ পুৰনি বা পচা হোআ, চুলেই ফটা, easily torn, rotten, old, (applied to cloth.)

ফিচা, s. মাচৰ ফান্দ ভাগ, the lower part of a fish.

ফিচাহিনি, s. দেখিবলৈ বেয়া স্ত্রি, গেছেনি, শুতুনি বিসেস, a ill favoured woman, (a term of abuse.)

ফিচিকা, a. মাজে মাজে অলপ অলপ ফটা, মিচিকিয়া হাঁহি, well worn, torn here and there, smiles.

ফিচিকাফিচিকি, s. পিতিঙ্গা পিতিঙ্গি, ইটে সিটে মুখলৈ চাই কৰা হাস্য, the exchanging of mutual glances and smiles.

ফিতাহি, s. see ফাতিহা.

ফিন্দাই, v. ওফোন্দাই, উঠঙ্গাই, to swell, to inflate, to bulge out.

ফিফিকৰে, ad. ফিঙ্গফিঙ্গ কৰে, বৰ বেগেৰে, quickly, at once, (applied to the rising of anger.)

ফিৰিঙ্গটি, s. জুইআঙ্গনি, অগ্নিকনা, a spark of fire.

ফিৰিঙ্গি, s. ইউৰোপৰ বা আমেৰিকাৰ ইঙ্গৰাজি লোক, a foreigner, applied in Assam to Europeans.

ফিৰ্ফিৰিয়া, a. ৰিবৰিবিয়া, অলপকৈ দিয়া বতাহ, very light, (as wind.)

ফু, } s. মুখৰ বতাহ, মুখেৰে দিয়া বতাহ, a puff, a sudden emission
ফুই, of breath from the mouth.

ফুআই, } v. মুখেৰে বতাহ দি, to puff, to blow.
ফুমাৰি,

ফুউআ, s. জুই আদিত মুখেৰে বতাহ দিয়া, the act of blowing &c.

ফুঙুৰি, s. মিচাকৈ কোআ, আসোঁআহ, an excuse, a pretence.

ফুঁঙুৰিউগাৰ, s. পেট উখহি ওপৰলৈ উঠা বায়ু, অজিনৰ জলা উগাৰ, flatulence, an eructation of wind.

ফুঙুৰিতৰঙ্গাই, v. আসোঁআহ উলিয়াই, to make an excuse.

ফুকন, s. ৰজা ঘৰৰ প্রধান বিসই বিসেস, a officer of state under the Assam Kings.

ফুকলিয়া, a. কেঁচুআ, নিচেই সৰু, infantine, very small.

ফুকাই, } v. জনমাই, ওপজাই, প্রসও কৰি, to bring forth young.
ফুকুআই,

ফুকুউআ, s. ওপজোআ, জনমোআ, brought forth.

ফুঙ্গফুঙ্গকৰে, a. খুৰখুৰ কৰে, পতানৰ দৰে নিচেই পাতল, light like chaff.

ফুচ্‌ফুচাই, v. মনে মনে কৈ, কানে কানে কৈ, to whisper.

ফুচ্ফুচিয়া, *a.* মনে মনে কোআ, কানে কানে কোআ, whispered, spoken in the ear.

ফুচ্ফুচুআ, *v.* কানে কানে কথা কোআ, whispering.

ফুচুৰ, } *a.* পাতল, চুলুঙ্গ, vain, light, trifling.
ফুচুৰি, }

ফুট, *s.* কঁঠাল আদিৰ কোঁহ, উতল, বুজ, বিন্দু, the pulp of fruit, a boiling, an intimation, a dot.

ফুটকলা, *s.* এবিধ বনৰিয়া গচ বা গুটি, এবিধ পানিত গজা বনৰ গুটি, a species of jungle plant.

ফুটগধূলি, *s.* সন্ধ্যা ভাগ, অলপ ৰাতি, the early evening.

ফুটচাই, *s.* তুঁহ পতানৰ পোৰা চাই, the ashes of chaff.

ফুটনি, *s.* লেখ বুজত কম, ওকনিৰ কনি, ৰোগ বিসেস, a default in an account, a nit.

ফুটনিবিন্ধনি, *s.* খোঁচনি বিন্ধনি, a sharp piercing pain.

ফুট্ফাট, *s.* বাত্রাবিত, ভুভা, বুজ বাজ, a report, a trace, an intimation.

ফুটফুটিয়া, *a.* অনেক ফুট থকা, খহুৰ অনেক চিন থকা, freckled, spotted, pitted with pox.

ফুটমনিয়াৰ, *a.* সতর্ক, বুধিয়ক, টেঙৰ, quick of understanding, discriminating, sharp, quick, cunning.

ফুটলোআ, *s.* পোআলি জগিবলৈ কনিত বিন্ধা লোআ, বুজ লোআ, the chipping of an egg in hatching, the ascertaining the truth.

ফুটা, *a.* বিন্ধা হোআ, ফুটি ওলোআ, সবদ উঠা, মাত ওলোআ, কোঁহ, বিন্ধা, pierced, broken, burst; *s.* the pulp of fruit.

ফুটাই, *v.* বিন্ধা কৰি, উলিয়াই, প্রকাস কৰি, to pierce, to open; preceded by মাত, to speak out distinctly.

ফুটাফুট, *a.* কোঁহাকোঁহ, অনেক ফুটা, divided into several pulps.

ফুটি, *v.* বিন্ধি বা বিন্ধা ওলাই, ফুল আদি মুকলি হৈ, প্রকাস হৈ, to burst, to open, to expand, to become generally known.

ফুটিখাৰনি, *s.* সুদা খাৰনি, চৰা খাৰনি, simple ley or alkaline salt used as salt in seasoning food.

ফুটিয়াই, *v.* কোঁহ উলিয়াই, to take out the pulp of fruit.

ফুটুআ, *s.* বিন্ধা দিয়া, piercing, bursting; *a.* pierced, bored, burst.

ফুটুআই, *v.* বিন্ধা দি, জুই দি সবদ কৰাই, the causative of ফুটাই.

ফুটুকা, *s.* এবিধ সৰু গচ, ফুটফুট থকা, a flowering shrub; *a.* spotted.

ফুটুকাফুটুক, } *a.* ৰঙ্গা বগা অনেক ফুট থকা, নানা ৰবনিয়া, of various
ফুটুকাফুটুকি, } colours, variegated.

ফুটুকিয়া, *a.* ফুটুকা হোৱা, ফুটুকা থকা, spotted.

ফুতি, *s.* কটাৰি ডাব আদিত মৰা ভুঁহ গজাল বিসেস, ধান খোৱা পতঙ্গ, a washer or head of a rivet, a weevil or small insect destructive to grain.

ফুৰনি, *s.* মুৰ ফুৰুউআ ৰোগ, বায়ু ৰোগ, giddiness, vertigo.

ফুৰা, *s.* ভ্ৰমন কৰা, ফুৰি থকা, the act of walking, going.

ফুৰাই, *v.* ঘুৰাই, ভ্ৰমাই, to turn, to lead about; preceded by হাত to stroke or make passes with the hand.

ফুৰি, ফুৰিচাকি, } *v.* খোজ কাঢ়ি, ভ্ৰমন কৰি, বাটকুৰি বাই, to walk, to travel, to roam about.

ফুৰুআ, *s.* ভ্ৰমন কৰোআ, the causing to walk or lead about.

ফুৰুলিমৰা, *s.* একেবাৰে মুখাই হাই মৰা, a simultaneous yell or whoop.

ফুৰুহা, *s.* এবিধ বন গচ, কোমোৰা আদিৰ ওপৰত পৰা বগা বৰন, a wild plant, a white mildew that gathers on the surface of the pumpkin &c.

ফুৰুহি, *s.* থুৰুহি, নিমিস, খন্তেক, মিচা আসোআঁহ, a short time, an excuse.

ফুৰ্ফুৰকৰে, *ad.* অলপ অলপকৈ সুগন্ধ কৰা বা পোৱা, fragrantly.

ফুল, *s.* গচৰ পুস্প, মাচৰ কন, কাপৰত তোলা ফুলৰ আৰ্হি, a flower, a blossom, the gills of a fish, a woven figure in cloth.

ফুলকটা, *a.* পত্ৰাদিত ফুল তোলা, নকচা কটা, carved, engraved.

ফুলচতি, *s.* বৰ চতিৰ ওপৰত দিয়া সৰু চতি, an upper beam in a roof.

ফুলতি, *s.* কাপৰত ফুল তুলিব জনা তিৰি, a woman who inserts a flowered border in cloth.

ফুলন, *s.* ফুলা, ফুল মেলা, flowering, blossoming.

ফুলনি, *s.* ফুলৰ বাৰি, ফুলৰ গচ থকা ঠাই, a flower garden, a patch of flowers.

ফুলপৰা, *s.* চকুৰ মনি বগা হোআ ৰোগ, মনি বগা পৰা, a cataract or film on the eye; *a.* having a film.

ফুলবচা, *s.* তাঁতত ফুল দিয়া, weaving a flowered border in a cloth.

ফুলৰি, *s.* ফুল নসৰা ধান আদি, grain in the flower.

ফুলা, *a.* ফল মেলা, কলি আদি ফুটি মুকলি হোআ, blossomed.

ফুলাই, *v.* ফুল মেলাই, ফুল ধৰাই, to open or spread out, to blossom.

ফুলি, *v.* পাহ মেলি, ফুল ধৰি, জকমকাই, to flower, to bloom.

ফুলিপৰা, *a.* ফুল আদিৰ ভালকৈ পাহ মেলা, প্ৰফুল্লিত হোআ, blossomed, expanded, in full bloom.

ফুলুউআ, *s.* ফুল মেলোআ, ফুল ধৰোআ, the causing to open, bloom &c.

ফেঁউ, *s.* ফেরুআৰ মাত, the cry of the *Ferua*, an animal said by some to be very like or identical with the jackal.

ফেঁকুৰা, *s.* উচুপি উচুপি কন্দা, sobbing, suppressed crying.

ফেঁকুৰি, *v.* উচুপি উচুপি কান্দি, to sob.

ফেঁচকুৰি, *s.* চকুৰ মলি, morbid secretions of the eye.

ফেঁচা, *s.* নিয়তি চৰাই, a species of owl.

ফেঁচামুআ, *a.* ফেঁচাৰ নিচিনা মুখ হোআ, বেয়ামুআ, owl faced, ill-favored.

ফেঁচু, *s.* এবিধ কলা চৰাই, ফেঁহু চৰাই, a species of blackbird.

ফেঁচুলুকা, *s.* এবিধ চৰাই, a species of bird, (Tardus Emeria.)

ফেঁট, *s.* সাপৰ কুলা, ফেনা, the hood of a serpent.

ফেঁটতোলা, *s.* সাপে কুলা মেলা, সাপে খঙেৰে মূৰ দঙা, the expanding of the abore.

ফেঁটা, *a.* ভৰিৰ আঙুলি পথালিএ মোটোকা থোআ, having the large toe widely separated from the others.

ফেঁটাই, *v.* উচটাই, ধৰিবলৈ পঠিয়াই, সাহ দিয়াই, to set on, to stimulate, to urge forward.

ফেঁটি, *s.* অলপ বস্তুক তুচ্ছ ৰূপে কোআ মাত, জুগিৰ সাপ থোআ জঁপা, a term used to express disparagement or contempt.

ফেঁটিগোম, } *s.* বিসাল সাপ এবিধ, the cobra de capello.
ফেটিসাপ, }

ফেঁটাআ, *s.* সাহ দিয়া, ধৰিবলৈ সিকাই পঠিওআ, setting on, urging.

ফেঁপেৰি, *s.* সাহ দেখুআ, গেঙেৰি, defiance.

ফেঁপেৰিপতা, *s.* সাহ দেখুআই ধৰা, গেঙেৰি দিয়া, bidding defiance.

ফেঁহু, *s.* দামুৰি জগিলে জন নৌপৰোঁতে খিৰোআ গাখিৰ, the first milking of a cow or any milch animal.

ফেকাম, *s.* see. ফকাম, বস্তাৰ এবিধ আৰ কাপৰ.

ফেকামজোৰা, *s.* গপ মাৰি থকা, ভেম জোৰা, filled with pride, arrogant.

ফেচ্ফেচিয়া, *a.* see, ফিচ্ফিচিয়া.

ফেচুআল, *s.* এবিধ খেল, a class of day laborers in former days.

ফেচেকা, *a.* পানি মাৰ জোআ তামোল, ভালকৈ বুৰা নোহোআ তামোল, soft, (applied only to half ripe betelnuts.)

ফেচেৰকৰে, } *ad.* বেগাই, পুৰনি কাপৰ আদি হঠাত ফটা, without
ফেচেৰাই, } hindrance, readily.

ফেচেলাফেচেলি, *s.* চুপতাচুপতি, মুখ জুঁজুউআ, bantering, joking.

ফেটেঙা, *a.* ভেতলেঙা, flattened out like the hood of a snake.

ফেটেঙ্গাফেটেঙ্গ, *a.* ফেৰেকাফেৰেক, ঠেঙ্গ বহলাই খোজ কৰা, standing or walking with the legs far apart.

ফেত্‌লেঙ্গা, *a.* মেলাহি, মুকলি, flattened out, broad and shallow.

ফেদফেদাই, ফেন্‌ফেনাই, *v.* অনৰ্থক ৰূপে বহু কথা কৈ, to talk incoherently, to babble.

ফেদফেদিয়া, *a.* মলিৰে পূৰ হোআ, আগ গুৰি নোহোআকৈ কৈ কৈ থকা, roily, dirty, incoherent.

ফেদা, *s.* মলি, গাৰ মল, filth, dirt, excretions.

ফেদূআ, *a.* মলিন, লেতেৰা, অসুবনি, filthy, dirty, disagreeable.

ফেদেলা, *a.* অবধা, কাম ভালকৈ কৰিব নজনা, লেতেৰা, unskilled in ordinary work, slovenly, disorderly.

ফেদেলি, *a.* লেতেৰি, গেঙ্কেলি, আলাগি, *fem.* of the above; *s.* a slattern.

ফেদেলি পুৰান, *s.* আগ গুৰি নাইকিয়া মিচা গপ, ফেদফেদোআ, talking at random, idle chit chat.

ফেন, *s.* জোল বস্তুৰ ওপৰত উঠা ফুট্‌ফুটিয়া মলি, foam, froth, scum.

ফেনকুটিয়াই, *v.* ফেদ্‌ফেদাই, অধিককৈ কথা কৈ, to foam, to babble.

ফেন্‌ফেনিয়া, *a.* ফেন ওলাই থকা, ফেনেৰে, foamy, frothy.

ফেনা, *s.* সাপৰ ফেঁট, এদা আদিৰ বাহিঁ জোআ চেপেটা ঠেঙ্গুলি, the hood of a snake, a branch tuber.

ফেনাই, *v.* ফেন উঠি, to cause to foam or froth.

ফেনাধৰা, *s.* ঠেঙ্গুলি মেলা, sprouting, throwing out tubers.

ফেনি, *s.* এবিধ সোআদ পিঠা, a kind of leavened cake.

ফেনেকা, *a.* হাত বা ভৰিৰে খচা, বৰকৈ মোহৰা, mixed, incorporated.

ফেনেকি, *v.* খচি, জোল কৰি, মোহাৰি, to mix, to incorporate.

ফেনেফোতকাৰ, *s.* নদিত ফেন উঠি বৰকৈ পানি বৰ্হা, the swelling and foaming of a rapid flood.

ফেনোআ, *a.* ফেন উঠা, frothy, rising in scum.

ফেপা, *a.* অলপ দিনতে ডাঙ্গৰ হোআ, কোমল, of rapid growth, tender.

ফেপূআ, *a.* ভেঁকুৰা, ফেকুন্দা, mouldy, mildewed.

ফেৰ, *s.* জোখত বৰ্হা টুটা, ভেম, প্ৰবল, পেঁচ, মেখেলা চোলা আদিৰ তলৰ হেৰ বা ঘেৰ, equality, affectation, show of pride, a haughty air, the width of a garment at the bottom.

ফেৰধৰা, *s.* সম্যাদি প্ৰবল হৈ গা দিয়া, জোৰ মৰা, the putting forth of new foliage.

ফেৰপতা, *s.* গপ মাৰি তুল্য হব খোজা, ভেম ধৰা, the putting on of airs, affectation.

ফেৰমৰা, *s.* তুলা আদিৰ জোখ সমান কৰা, balancing of a pair of scales.

ফেৰা, } *s.* অব্যয় সবদ, নাম, বা সংখ্যাৰ পিচত জোগ হলে অলপ
ফেৰি, } বুজাই, a particle joined with a noun or numeral (see একেৰা,) to express a little or very small quantity.

ফেৰিয়া, *a.* তৌলৰ জোখ বিসেস, ফেৰ থকা, জোখত কম বেচ থকা, uneven, (applied to the two sides of a balance.)

ফেৰিয়াফেৰি, *s.* গপিয়াগপি, হিংসাহিংসি, হাঙ্গি বাগি, emulation, rivalry, disagreement.

ফেৰুআ, *s.* জন্তু এবিধ, the *Ferua*, see ফেঁউ,

ফেৰেকা, *a.* ঠেঙ্গ বহলাই খোজ কৰ্হা, bandy-legged.

ফেৰেকাকোলা, *s.* থিয় হৈ লৰা ঠেঙ্গ বহলাই কাসত লোআ, the seat astride the hip on which native children are carried.

ফেৰেকাফেৰেক, *s.* হাঁহৰ দৰে খোঁজ কৰ্হা, হেঁকেৰাহেঁকেৰ, having a waddling gait.

ফেৰেঙ্গনি, *s.* গচৰ দুই ডালৰ জোৰা, a crotch, a fork of a tree.

ফেকেটা, *s.* ভৰি বহলাই মেলা, a striding, walking with long steps.

ফেংফেং কৰে, *ad.* একে ৰাহে বতাহ দি থকা বা জলকিয়া আদিৰ পোৰনিএ ধৰা, continuously, steadily, (applied only to the blowing of wind and to a burning sensation.)

ফেৰ্ফেৰিয়া, *a.* সোসোকৈ বা নেৰাকৈ বতাহ দি থকা, continuous, blowing steadily.

ফেসাই, *s.* ভাত খোআ বান, মাটিৰ মুৰ বহল পাত্ৰ, মেলাহি চৰু এবিধ, a kind of cooking vessel.

ফেলেঙ্গা, *a.* see ফেটলেঙ্গা,

ফেহুজালি দিয়া, *s.* পুৱে বেনু দিয়া, ৰাতি পুউআ সময়, the early dawn, *lit.* the time of the first notes of the *Fehu* bird.

ফৈদ, *s.* বঙ্গহ, গোত্ৰ, পৰিয়াল আদিৰ ভাগ, খেল, a family, a clan, a tribe of people.

ফৈদিয়া, *a.* ফৈদেৰে থকা, খেলৰ, বঙ্গহিয়া, belonging to a class or tribe.

ফোঁট, *s.* কঁপালৰ তিলক, a hindoo sectarian frontal mark.

ফোঁটা, } *a.* ফোঁট লোআ, কঁপালত ফোঁট থকা, marked on the fore-
ফোঁটাল, } head.

ফোঁপ, *s.* বিন্ধা, ভিতৰ সুদা, ফুটা, a cavity, a hollow.

ফোঁপনি, *s.* ঘনে কৰ্হা নিশ্বাস, ভই বা ভাগৰ পোআত বেগে লোআ উসাহ, panting, rapid breathing.

ফোঁপাই, *v.* খৰকৈ উসাহ লৈ, to pant for breath.

ফোঁপাউৰি, *s.* সাপ আদিৰ গোঁজৰনি, a hissing sound, (as of a serpent.)

ফোঁপাত, *s.* এবিধ খজুউআ ত্রিন, a species of nettle.

ফোঁপাল, ফোঁপালি, *a.* বিন্ধা থকা, মাজ ফোঁপোলা, spongy, soft and porous, hollow.

ফোঁপোলা, *a.* বিন্ধা হোআ, ভোমোলা, ৰোন্দা, hollow, spongy, porous.

ফোঁহা, ফোঁহোৰা, *s.* সৰু সৰু খহু, ব্রন, a pimple, a blotch.

ফোঁহাই, *v.* ফোঁহামেলি, সৰু সৰু খহু হৈ, to break out in pimples or blotches.

ফোঁচ, *s.* বতাহ আদি বেগাই ওলোআ সব্দ, a sound of hissing or of hard breathing.

ফোচ্‌ফোচাই, *v.* ফোচ ফোচ কৰি, সাপে গজৰি, to make a hissing sound.

ফোচোকা, *s.* হিলৈ আদিত লাহেকৈ উঠা সব্দ, ঠেহেৰ কৰে উঠা সব্দ, an explosive sound (as of ignited gunpowder.)

ফোচোৰ, *s.* গাঁঠি আদি লাহেকৈ মোলোকোআত উঠা সব্দ, ভাপ লাগি ফুটাত উঠা সব্দ, any low snapping sound as of a tight cord &c.

ফোৰ, *s.* প্রথমে ৰখাই লোআ সিয়নি, slightly tacking together, basting.

ফোৰমৰা, *s.* সিয়া, সিয়নি মৰা, sewing, stitching.

ফোৰোহনি, *s.* গৰু মহ আদিএ নাকেৰে কৰা সব্দ, a snorting, snuffing sound made by cattle.

ফৌজ, *s.* সৈন্য সমুহ, troops, soldiers, an army.

ফোফোআ, *a.* নিৰস, গুৰি হৈ যোআ, dry, powdered.

ফোফোকৰে, *ad.* পিঠা গুৰিৰ দৰে সুকান, like flour, mealy.

ব

ব, বকাৰ, গৰুৰ কান্ধ বা গল্‌ধন, তাঁতৰ সুতা তোলা পকোআ জক, This letter is pronounced like *b* in *but*; at the end of words it becomes *w*, and is written with a mark underneath, thus ৱ as সিৱ Hiwo, not *Sib*, or is changed into ও, স্বভাও, not *swobhab* as in Bengali; *s.* the neck of an ox, the cord that connects the treadles with the upper part of a loom.

বই, *s.* ব্যাই, চুকুআ, টকা আদিৰ ভগন, খৰচ, expenditure, outlay, a wasting, diminution.

বইনা, *s.* বাউনা, চুঁটি চাপৰ, নিয়মিত ৰুপে মুল্য দিবলৈ আগেয়ে দি ৰখোআ অলপ ধন, বইনি, a dwarf, earnest money, a pledge.

বইনাকৰা, *s.* নিয়মিত ৰুপে মুল্য দিবলৈ আগ বাৰ্হি অলপ ধন দি ৰখা, বইনি কৰা, the giving a pledge, or money to bind a bargain.

বওঁতা, *s.* কাপৰ বা কাঠি আদি বোআ জন, সস্য সিচোঁতা, ভাৰ আদি লওঁতা, weaving, braiding, bearing a load, the sowing of seed, a weaver, a sower.

বংদিয়া, *s.* নাল খুউআ, কথাত জোৰা দি কোআ, the inserting a handle into the end of a spear, chisel, or other instrument; hence, *fig.* enlarging, expatiating, exaggerating.

বংনাল, *s.* জাঁঠি বলম আদিৰ নাল, কুৰা, the handle of a spear.

বংস, *s.* গোত্র, ফৈদ, বঙ্গহ, বাঁহ, race, lineage, stock, family, a bamboo.

বংসলোচন, *s.* বাঁহৰ ভিতৰত হোআ বগা বস্তু, the manna of bamboos, an earthy concretion of a milk white color, found in the hollow of bamboos, and used by the natives in medicine.

বংসাৱলি, *s.* বংসানুক্রম লিখা, পুথি a genealogy, a pedigree.

বংসি, *s.* বাঁহি, মুৰুলি, a flute, a pipe, a fife, a whistle.

বংসিধৰ, *s.* মুৰুলিধাৰি, শ্রীক্রিস্ন, Krishnoo; *lit.* the flute player.

বংসিয়, *a.* গোত্রজ, কুলৰ, lineal, relating to a family.

বঁকিয়া, *s.* বঙ্গিয়া, পথাৰৰ বৰ আলি, a path through a rice field.

বঁজা, *a.* কেতিয়াও গুটি নলগা, নিচেই সন্ততি নোহোআ, without fruit, barren, impotent.

বঁটা, *s.* পুৰস্কাৰ, ৰজা আদিএ সন্তোস পাই দিয়া দ্রব্য বস্তু, ধন বস্তুৰ ভাগ ভাগ কৰা, a reward, a gift, a dividing into shares.

বঁটাই, *v.* ভাগ ভাগ কৰাই, to divide, to apportion.

বঁটাবঁটি, *s.* ভাগ কৰা কৰি, ভগিয়া ভগি, a mutual sharing or dividing.

বঁটোআ, *s.* ভাগ ভাগ কৰোআ, the causing to be divided &c.

বঁতি, *a.* বৈ থকা, সোঁত থকা, flowing, not stagnant.

বঁতিওআ, *s.* বাঁতি অহা, বান্ত কৰা, vomiting, retching.

বঁতিয়াই, *v.* বান্ত কৰি, বাঁতি আহি, to vomit.

বঁৰলা, *s.* তিৰোতা মৰা মতা, a widower.

বঁৰিয়া, *s.* সুত কুল, বামুনৰ কুল জোআ জন, one of the mixed or degraded castes among the hindoos.

বঁহিয়া, *a.* বাহি হোআ, ধোআ মাহ আদি, old, stale, having an old look.

বকটিয়াই, *v.* চাল চেলাই, বখলিয়াই, to remove the skin, to peel.

বকটু, *s.* বাঁহ বা যেঁতৰ বুকু বা ভিতৰ ভাগ, the inner part of the rattan or bamboo.

বকনি, *s.* বহু কথা কোআ, বলকনি, বেক্‌বেকনি, talkativeness, garrulity.

বক্‌বকাই, *v.* বেক্‌বেকাইঁ, বহু কথা কৈ, বলকি, বৰকৈ উতলি, to talk much, to prate, to bubble, (as boiling water.)

বকবকোআ, *s.* কথা কৈকৈ থকা, বেক্‌বেকোআ, বৰকৈ উতলা, babbling, a babbler, a bubbling up.

বকৰানি, *s.* হাবি জাবৰনি, চুআ পেলোআ ঠাই, a jungly or filthy place.

বকলা, *s.* সাঁচি গচৰ চাল, the bark of the *Hansi* tree, used for writing.

বকহাবকহ, *a.* বখলাবখল, সোআদ নোহোআ, coarse grained and without sweetness.

বকা, *a.* বাকি দিয়া, ঢলা, poured out, spilled.

বকুল, *s.* এবিধ সুগন্ধি ফুলৰ গচ, a species of tree that bears a fragrant flower, (Mimusopo Elengi.)

বকোআ, *s.* ঢলোআ, the causing to be poured out or spilled.

বক্তা, *s.* কওঁতা, কথকি, a speaker, one fluent in speech.

বখনা, *s.* বাখ্যা কৰা, কথা উলিয়াই বহুলকৈ কোআ, commenting, expatiating, speaking disparagingly of others.

বখনাবখনি, *s.* ইটে সিটে বাখ্যা কৰা, oral argument or disputation.

বখলা, *s.* ডোখৰ, ভাগ, চপৰা, বখুআ, চঁটা, a lump, a flake, a clot.

বখলাবখল, *a.* চপৰাচপৰ, ডোখৰ ডোখৰ, খমলাখমল, lumpy, flaky &c.

বখলিউআ, *a.* চেলোওআ, চাল বাকলি আদি গুচুউআ, ওপৰৰ গুচাই সাৰ ভাগ উলিয়াই, the act of peeling or stripping off.

বখলিয়াই, *v.* চেলাই, বাকলি গুচাই, নিকোটাই, to peel, to remove the skin or covering.

বখানি, *v.* বাখ্যা কৰি, কথা কৈ বা উলিয়াই, to comment upon, to applaud, expatiate.

বখিয়া, *s.* সিয়নি এবিধ, backstitching, (in sewing.)

বখুআ, *s.* বৌখা, বখলা, পটুআৰ চঁটা, the fibrous covering of plants, the outer leaves of palms.

বগলি, *s.* মাচ খোআ বগা চৰাই এবিধ, a paddy bird, a heron.

বগডিঙিয়া, *a.* বগলিৰ দৰে দিঘল ডিঙিয়া, long necked like the heron.

বগপঞ্চক, *s.* কাতিৰ সুক্ল পখ্যৰ একাদসিৰ পৰা পাচ দিনিয়া পৰ্ব, a festival held from the eleventh of *Kati*, during which fish, flesh, and sexual intercourse are prohibited.

বগৰা, *a.* বাগৰি ফুৰা, লোকৰ ঘৰে ঘৰে থকা, নিন্দাৰ মাত, rolling, wandering about, frequently changing quarters or employment.

বগৰাই, *v.* মাটিত পথালিকৈ ঘুৰাই, বাগৰ মৰাই, লুটিয়াই, to roll, to toss about from side to side as in pain.

বগৰি, *s.* সৰু টেঙা গুটি, ফল বিসেস, a peach, a plum, (applied to several kinds of fruit.)

বগৰোআ, *s.* বগৰাই নিয়া, লুটিয়ালুটি কৰোআ, rolling or tumbling about.

বগল, *s.* কাসলতি, মোনা বিসেস, the arm pit, a sleeve gusset, a kind of small bag carried under the arm.

বগা, *a.* সুকুলা, ধৱল, ধোতুমনি, নিকা, বৰন এবিধ, white, clean; *fem.* বগি.

বগাই, *v.* বুকুৰে চুঁচৰি, গচ আদিত পৰুআ আদি ফুৰি, to crawl, to creep, to climb.

বগামাটি, *s.* ধল মাটি, খৰি মাটি, chalk.

বগিতাম, *s.* টিন, tin.

বগিয়াবগি, *s.* বাগি দিয়াদি, হাঙ্গিয়াহাঙ্গি, ইটে সিটে হাঙ্গি ধৰাধৰি, contention, strife, rivalry.

বগুআবাই, *v.* হাত ভৰিএৰে ফুৰি, to crawl, to creep on all fours.

বগুআবোআ, *s.* হাত ভৰিএৰে ফুৰা, crawling, creeping.

বগোআ, *s.* বুকুৰে বাট বুলা, বগাই ফুৰা, crawling, climbing.

বঙ্গলা, *s.* চাহাব লোকৰ ঘৰ, বঙ্গাল দেসি দ্রুব্য, a bungalow, the country or people &c. of Bengal.

বঙ্গহ, *s.* গোত্র, সতি সন্ততি, বংস, a generation, descendants, a family.

বঙ্গাল, *s.* বঙ্গ দেস বা তাৰ লোক, Bengal, the country or people.

বঙ্গালি, *s.* বঙ্গাল দেসৰ, a Bengali, relating to Bengal.

বঙ্গিয়া, *s.* see বঁকিয়া.

বচ, *s.* ঔসধি ত্রিন এবিধ, তামোলৰ পোক, the Orris root; an insect injurious to young betelnuts.

বচন, *s.* কথা, বাক্য, সাস্ত্রৰ শ্লোক বা পদ, a word, a dictum, a passage in a sacred book or in a code of laws.

বচৰ, *s.* বাৰ মাহ, সঁক, সম্বত্চৰ, সাল, a year.

বচৰউদানি, বচৰচালে, } *ad.* প্রতি বচৰে, বচৰি বচৰি, yearly, year by year.

বচৰবন্ধিয়া, বচৰিবন্ধিয়া, } *a.* প্রতি বা গোটেই বচেৰেকত হোআ বা থকা, annual, yearly.

বচৰবিয়নি, বৰসিবিয়নি, } *a.* বচৰে বচৰে পোআলি জগোআ মাইকি, producing young yearly.

বচৰি, বচৰি বচৰি, } *ad.* বচৰ চালে, প্রতি বচৰে, বচৰ উদানে, annually.

বচৰিয়া, *a.* বচৰত হোআ, বচৰ সম্বন্ধিয়, of one year, relating to a year.

বচা, *a.* বাচ বা বেয়া গুচুউআ, মিহলি নথকা, অচম দেসৰ এক চহৰ, মাচ এবিধ, মাচ আদি কুটা, ভাল বেয়া আদি ভাগ ভাগ কৰা, sorted, classified; *s.* a class of people, a species of fish.

বচাই, *v.* বাচ গুচুআই, মাচৰ পেটু আদি গুচুআই, causative of বাচি.
ব চিগা, *a.* জুঁৱলি লোআত গৰুৰ কান্ধত ঘঁহনি খাই ঘা লগা, having a galled neck, (as of oxen.)
বচেধৰা, *a.* তামোলত পোকে ধৰা, worm eaten, applied to betelnuts.
বচেৰেক, *s.* এবচৰ, one year.
বচেৰেকিয়া, *s.* প্ৰতি বচৰত হোআ, এবচৰিয়া, a yearling; *a.* of one year.
বচোআল, *s.* বৰুআ ফুকন আদিএ কঁকালত পিন্ধা অচমিয়া চুৰিয়া বিসেস, a garment resembling a waistcloth, formerly worn by the Assamese nobility.
বজবজাই, *v.* বেজ বেজাই, মুখ আদিত চোকা বস্তুএ ধৰি, to have a sharp pungent taste.
বজৰিয়া, *s.* গুটি থকা সৰু আঠিয়া কল এবিধ, a species of plantain.
বজৰুআ, *a.* বজাৰৰ, বজাৰত থকা, বজাৰৰ সমন্ধিয়, belonging to a bazaar; *s.* a shop keeper.
বজা, *s.* বাদ্য আদিৰ সব্দ উঠা, the sounding of a musical instrument.
বজাই, *v.* বাজনাৰ সব্দ কৰাই, ঢোল আদি কোবাই, to sound, to play on a musical instrument.
বজাৰ, *s.* বেচা কিনা ঠাই, দোকান, পহাৰ, a bazaar, a market place.
বজাৰি, *s.* বজৰুআ, বেপাৰি, দোকানি, one who trades in a market.
বজাল, *s.* এবিধ বনৰিয়া সৰু বাঁহ, a species of small bamboo.
বজুআ, *a.* বাজৰ, বাহিৰৰ, আলগা, outside, relating to the outside.
বজোআ, *s.* বাদ্য কৰা, a performer on a musical instrument.
বজোআই, *v.* বাদ্য কৰাই, the causative of বজাই, which see.
বজোআৰ, *s.* পানিৰ আস্ফালনৰ সব্দ, the roaring of waves.
বজ্ৰ, *s.* ইন্দ্ৰৰ অস্ত্ৰ বিসেস, বিদুলিৰ সিল, চৰগ, a thunderbolt.
বজ্ৰপাত, *s.* বজ্ৰ পৰা, চৰগ পৰা, the fall of a thunderbolt.
বজ্ৰপানি, *s.* বজ্ৰ হাতত থকা জন, ইন্দ্ৰ, কিৰ্পিন, কঠিন, a hard miser, an epithet of Indra; *lit.* the holder of the lightning.
বজ্ৰমই, *a.* বৰ টান, কটকটিয়া, সিলৰ নিচিনা, hard.
বজ্ৰলেপ, *a.* গাঁঠি আদি সোলোকাবলৈ বৰ টান হোআ, নেৰানেপেৰা, hard, tight, difficult to unloose, (applied to a knot or fastening.)
বজ্ৰাঘাত, *s.* বজ্ৰ মৰা, বজ্ৰৰ কোব, *lit.* the striking of a thunderbolt, hence sudden calamity &c.
বঞ্চনা, *s.* আসা দি নিৰসা কৰা, চল, deceit, fraud, imposition.
বঞ্চি, *v.* চল কৰি, আসা গুচাই, কাল নিয়াই, to deceive, to cheat, to delude, to impose upon; preceded by দিন, to spend time.

বঞ্চিত, *a.* নিৰসা হোআ বা কৰা, disappointed, cheated, deceived.

বট, *s.* বৰ গচ, the Indian fig tree, (Ficus Indica.)

বটা, *s.* তামোলৰ পাত্র, পিহা, ডোল আদিত পাক দিয়া, a betel box, a quail; *a.* ground, powdered, twisted, (as a rope.)

বটালি, *s.* কাঠ খোলা অস্ত্র, a chisel.

বটি, *v.* পিছি, ডোল আদি পকাই, to grind by rubbing on a stone, to mix, to twist.

বটিয়া, *s.* সৰুকৈ বটা জৰি, এবিধ সৰু মাচ, thread, a species of small fish.

বটিয়াই, *v.* মুখ আদিত আঙ্গুলি সুমুআই, to thrust the finger into any thing hollow or deep.

বটু, *s.* বামুন, ব্রহ্মচাৰি, চুঁটি বাপু, an officiating brahmin.

বটুআ, *s.* তামোল আদি লোআ মোনা, a small bag.

বটোআই, *v.* পিহোআই, ডোল পকোআই, the causative of বটি.

বঠা, *s.* নাও বোআ কাঠৰ জতন, ডাঁৰ, an oar.

বঠাপতিয়া, *a.* বঠাৰ আক্রিতিৰে, oar shaped.

বঠি, *s.* ধূপ খুঁচি দিয়া ঠকুৰা, মৈদাৰ নাল, গৰ্হ, আক্রিতি, a censor, the foot piece of an instrument for cutting fish; shape, form.

বঠিদিয়া, *s.* কাঠ চঁচাত চেও চেওকৈ কুবিয়াই লোআ, ফলাত সাল মৰা, the scoring of timber preparatory to hewing, the inserting a wedge as in splitting timber.

বতৰ, *s.* কাল, সস্য আদিৰ বিসেস বিসেস সময়, a season, a particular time or period as of fruit, rain or heat &c; weather.

বতৰকালি, *s.* খেতিৰ দিন, the season for cultivating.

বতৰদঙ্গা, *s.* বৰখুন এৰা, the lifting of the clouds, *i. e.* clear weather.

বতা, *s.* ত্রিন বিসেস, নভঙ্গা মাটি, ভগাক ভাল কৰা, coarse grass, uncultivated land, repairing anything broken, a kind of small bird.

বতানি, *s.* বৰতানি, বতা থকা ঠাই, হাবিয়নি, a patch of coarse jungle.

বতাহ, *s.* বায়ু, wind, air.

বতাহি, *a.* সদাই বেগে ফুৰঁতি, *fem.* unstable, light like wind.

বতিসা, *a.* বত্রিচ, একুৰি বাৰ, thirty two.

বদন, *s.* মুখ, আক্রিতি, face, countenance, look, expression, visage.

বদিয়া, *a.* বাদত পৰা, দুসি, charged with crime, accused.

বদিয়াৰ, *s.* বাদি, বাদত পৰা জন, a person accused.

বদুআ, *a.* বেয়া, লোৰা, ডাঠ, bad, dull, blunt.

বধ, *s.* প্রান মৰা, জিৱ নাস কৰা, হত্যা, the taking of life, murder; with কৰি, to kill, to murder.

বধলোআ, *s.* প্রান হত্যা কৰা, বধ কৰ', taking life, killing &c.
বধা, *a.* বাধা, হাক দিয়া, প্রান মৰা, forbidden, slain, murdered.
বধাবধি, *s.* প্রান মৰামৰি, mutual slaughter.
বধি, *s.* বধ কৰোঁতা, বধ ভাগি, a murderer; *v.* to slay, to kill.
বন, *s.* ত্রিন, হাবি, কাম, বেৰসাই, কাজ, grass, jungle, business, work.
বনচৰ, *a.* হাবিত থকা জন্তু, বনৰিয়া, haunting or roaming the forest.
বননি, *s.* হাবিয়নি, বন থকা ঠাই, a wilderness, a jungle, a forest.
বনপতি, *s.* বনৰজা, বাঘ, the king of the forest, the tiger.
বনবাৰি, *s.* কাম কাজ, work, business, employment of all kinds.
বনবাস, *s.* হাবিত থকা, a residence in a forest.
বনবাসি, *a.* তপসি, হাবিত নিবাস কৰোঁতা, residing in a forest; *s.* a hermit, an anchorite.
বনবোন্দা, *s.* বনৰিয়া মেকুৰি, a wild cat.
বনমলা, } *s.* শ্রী ক্রিস্নৰ মালা, গচ এবিধ, a garland worn by Krishnoo,
বনমালা, } hence his epithet বনমালি, the wearer of the garland.
বনমানুহ, *s.* বৰ বান্দৰ বিসেস, হাবিৰ মানুহ, the ourang outang &c.
বনমালি, *s.* শ্রী ক্রিস্ন, a name of Krishnoo.
বনৰি, *s.* নটিনি, বেস্যা স্ত্রি, an adulteress, (a term of abuse.)
বনৰিয়া, *a.* হাবিয়লিয়া, হাবিত থকা, ঘৰচিয়া নোহোআ, wild, jungly.
বনৰৌ, *s.* এবিধ ৰৌমাচ বাকলিয়া পহু, কেমটাই পহু, a species of land animal with scales like a *Roe* fish.
বনলগোআ, *s.* গৰুক হাল বাবলৈ সিকোআ, breaking cattle to plough.
বনহালধি, *s.* কেঁতুৰি, a plant resembling the turmeric.
বনা, *s.* ধান আদি খুন্দি চাউল উলিওআ, the pounding out of rice.
বনাই, *v.* ভ্রমি, ফুৰি থাকি, ধান খুন্দাই, সাজি, to roam, to wander about, to pound out rice, to build, to make, to construct.
বনাগ্নি, *s.* হাবিৰ জুই, a jungle fire.
বনি, *s.* কাৰনি, হেতু, লেচু, a cause, a reason.
বনিক, } *s.* বেপাৰি, দোকানি, মুদৈ, a merchant, a banker.
বনিয়া, }
বনিয়াই, *v.* বান লগাই, মাজে মাজে সম জোখেৰে পাতলাই, মাজে মাজে পকি বা চিজি, to thin out (as grain,) to ripen or turn gray here and there.
বনিলোআ, *s.* কাৰন লোআ, লেচু লোআ, the making an excuse.
বনুআ, *a.* বন কৰা জন, বন কৰি থকা, বনত নিপুন, industrious.
বনৌসধি, *s.* হাবিৰ ঔসধ, বন দৰব, a vegetable medicine.

বন্তি, *s.* চাকি, প্ৰদিপ, সলা, a lamp, a light.

বন্দন, }
বন্দনা, } *s.* সেৱা, নমস্কাৰ, salutation, worship.

বন্দনিয়, *a.* সেৱা কৰিব লগা, পুজ্য, worthy of homage or worship.

বন্দি, *s.* গোলাম, দাস, ভিৃত্য, a slave, a dependent.

বন্দিকৰা, *a.* কইদ ৰখা, বন্ধন কৰা, bound, imprisoned.

বন্দিবেটি, *s.* গোলাম বান্দি, দাস দাসি, slaves, male and female.

বন্দিবোআ, *s.* কেৱাৰ কৰা, গোলাম খটা, servitude, slavery.

বন্দিয়াৰ, *s.* কইদি, জুধত ধৰি অনা লোক, a prisoner, a captive, a prisoner of war.

বন্দিসাল, *s.* কইদ সাল, ফাটক, পোতা সাল, a prison, a dungeon.

বন্ধ, }
বন্ধন, } *s.* বান্ধ, আটক, নিৰোধ, the act of binding, fastening, confining, shutting up; a tie, a bond.

বন্ধা, *a.* বান্ধ দিয়া, আলি বা ভেঁটি তোলা, বন্ধোআ, ভেঁটা দিয়া, bound, confined, fastened; *s.* voluntary servitude.

বন্ধাই, *v.* বান্ধ দিয়াই, ৰূপ সোন আদি লগাই, দমৰাৱ কনি খুন্দাই, আলি বা ভেঁটি তোলাই, to cause to be tied or bound; to set (as a precious stone;) to plate, to gild, to emasculate by pounding the testicles, to raise a road or embankment.

বন্ধু, *s.* মিতিৰ, সখি আদি, সুহৃদ, ইষ্ট, প্ৰিয়, a friend, an associate.

বন্ধুআ, *s.* টকা ধাৰে লৈ সুতত বোআ মানুহ আদি, বন্ধা, a person pledged to serve another until able to pay an amount obligated without interest; voluntary servitude.

বন্ধোআ, *a.* বান্ধ দিউআ, দমৰা গৰুৰ অণ্ডকোস খুন্দা, পাত্ৰাদিত ৰূপ সোন লগোআ, আলি আদি তোলোআ, set, plated, gilded, emasculated, raised as a road or foundation.

বন্ধ্যা, *a.* সন্তান নোহোআ, বাঁজি, barren, childless.

বপা, }
বপাদেও, } *s.* ভদ্ৰুৰ লৰাক মান্য ৰূপে মৰমেৰে মতা সম্বোধন, a vocative, a respectful address to a small boy.

বপুৰা, }
বপুৰা পুতাই, } *s.* মৰমকৈ কোআ মাত, a vocative expressing pity or affection.

বমগোলা, *s.* এবিধ বৰ হিলৈৰ গুলি, a cannon ball, a bombshell.

বয়স, }
বহ, } *s.* বচৰ, জিৱন কাল, age, a period of life.

বয়সিয়া, }
বহখোআ, } *a.* বয়স পোআ, অনেক বচৰ হোআ, of age, mature, aged.

বৰ, *a.* ডাঙ্গৰ, অতি, প্ৰধান, জেষ্ঠ, দৰা, আসিৰ্বাদ, গচ এবিধ, great, eminent, first born; *s.* a bridegroom, a blessing, a boon granted by a deity; the Indian figtree.

বৰউফি, *s.* খহুৰ দৰে মুৰত ঘা লাগি জোআ ৰোগ, the scald head, a disease of the scalp.

বৰকথিয়া, *a.* গপেৰে কথা কোআ, ওআইডাঙ্গ দৰা, saucy, impertinent.

বৰকাপৰ, *s.* ডাঙ্গৰি সুতাৰ দুতৰপিয়া কাপৰ, a coarse cloth shawl.

বৰ কাঁহ, *s.* কাঁহৰ বাদ্য এবিধ, a gong, a brass metal plate used as a bell.

বৰকৈ, *ad.* ডাঙ্গৰকৈ, অতিকৈ, টানকৈ, greatly, exceedingly, unusually.

বৰখা, *s.* বৰখুন দিয়া, বিৃষ্টি হোআ, the falling of rain or hail.

বৰখাই, *v.* বৰখুন দিয়াই, বৰ্সাই, to cause to rain or hail.

বৰখি, *s.* মাচ ধৰা জন্ত্ৰ, বৰখুন দি, a fish hook; *v.* to rain.

বৰখিডাঁৰি, *s.* বৰখি অৰা মাৰি, a fishing rod.

বৰখুন, } *s.* বিৃষ্টি, মেঘৰ পানি পৰা, rain; with দি, or আনি, to
বৰসুন, } rain.

বৰগলা, *s.* এবিধ বৰ মাচ, বাহু মাচ, a species of fish.

বৰঙ্গনি, *s.* ৰাজ্যৰ মাজত নিয়মিত ৰুপে তোলা ধন আদি, money raised by assessment.

বৰঙ্গা, } *s.* এবিধ খেৰ, a kind of thatch.
বৰতা, }

বৰচা, *s.* চুলি লগা জাঠি বিসেস, a spear, a javelin, a lance.

বৰজনা, *s.* জেঠাল, গিৰিএকৰ ককায়েক, a husband's elder brother.

বৰ জি, *s.* প্ৰথম জিএক, বৰ জনি, চোআলি, an elder daughter.

বৰটি, *s.* চাঙ্গৰ জৰি, ডাঙ্গৰটি, a leathern strap.

বৰটোকোলা, *s.* এবিধ বৰ চৰাই, a species of gigantic crane.

বৰঢাক, *s.* ঢোলৰ নিচিনা বৰ বাদ্য এবিধ, a kind of large drum.

বৰত, *s.* বৃত, লঘোন, fasting, a fast.

বৰতমানি, *s.* এবিধ উত্তম কলৰ নাম, a species of plantain.

বৰতি, *a.* বৰতিয়া, বৰাই দেখুআ, মোআমৰিয়াৰ বুতি এবিধ, one who fasts; a parade of superiority or show of authority, a headman or priest of the Moamoria Muttucks.

বৰতিয়া, *a.* বৃতে থকা, লঘোনিয়া, fasting, one who fasts.

বৰ দিয়া, *s.* আসিৰ্বাদ কৰা, the bestowing of a blessing.

বৰদোআ, *s.* বটদুৱা, শ্ৰীসঙ্কৰে পতা এক থান, এবিধ সৰু মাচ, a famous religious establishment of the *Maha Puruhia* sect near Nowgong, a species of fish.

বৰন, *s.* বগা কলা আদি বিধ বিধ বৰ্ন, a color.

বৰনিয়া, *a.* বৰন থকা, বৰনৰ, colored; relating to an order.

বৰপাত্ৰ, *s.* অসম ৰজাৰ প্ৰধান বিসই এজন, ডাঙৰ পাত্ৰ, a title of honor bestowed in the days of the Assam kings.

বৰমা, *s.* বৰ বাপেকৰ ঘৈনিএক, the wife of a father's elder brother.

বৰমহা, } *a.* বাঁহ কাঠ আদি ভেঁকুৰা, mildewed.
বৰমোহা, }

বৰল, *s.* এবিধ বিসাল পতঙ্গ, a hornet.

বৰলিয়া, *s.* কাঠ খোআ পোক এবিধ, a boring insect that infests timber.

বৰসিবিয়নি, *s.* see বচৰবিয়নি,

বৰা, *s.* গাহৰি, অচম দেসৰ সৰু বিসই এখন, ধান এবিধ, বানিবলৈ খুৱলিত দিয়া ধান, a boar, an inferior officer appointed by the Assam kings over twenty *peons,* a species of rice, paddy ready for pounding.

বৰাই, *v.* বুজাই, সিকাই, সম্মত কৰাই, মিল কৰাই, to persuade, to induce, to cause to consent; generally used with বুজাই.

বৰাগি, *s.* সন্যাসি বিসেস, টোকাৰি আদি বাই ফুৰা লোক, a wandering religious mendicant, an ascetic.

বৰাচাউল, *s.* এবিধ এঠা থকা চাউল, a species of rice.

বৰাজোৰা, *s.* ধান বানিবলৈ ধৰা, the cleaning of paddy from the husk.

বৰালি, *s.* এবিধ বাকলি নোহোআ ডাঙৰ মাচ, a species of fish.

বৰালিবকুআ, *s.* ঔসধি বন এবিধ, a species of medicinal plant.

বৰাহ, *s.* বৰা গাহৰি, বিষ্ণুৰ ত্ৰিতিয় অৱতাৰ, a boar, in hindoo mythology, the third incarnation of Vishnoo in the form of a boar.

বৰাহু, *s.* এবিধ ঔসধি জিন, a species of medicinal plant.

বৰি, *s.* দৰবৰ গুলি, বাকৰি মাটি, মিল বা বস কৰি, অধিন হৈ, a pill, a bolus, waste land; *v.* to acknowledge subjection to; *a.* subjugated, dependent.

বৰিয়নি, *s.* বাকৰিয়নি, সহ নকৰা মাটি, fallow land, land grown up a second time to jungle.

বৰিস, *s.* হিন্দু মতে ভাৰত আদি প্ৰিথিবিৰ দিপ, বৰ্স, বচৰ, one of the hindoo mythological divisions of the earth; a year.

বৰুআ, *s.* ৰজাই পতা পদ বিসেস, an honorary title, given to various officers by the Assam Kings.

বৰুন, *s.* জলৰ অধিকাৰ, এবিধ গচ, the Neptune of hindoo mythology; a species of tree.

বৰৈ, *s.* আৰি দিয়া সোন ৰূপ আদিৰ পাহি, a fringe of gold or silver to which small bells are often suspended.

বৰোআ, *a.* অধিন বা মিল কৰোআ, subjugated, on good terms.

বৰ্জন, *s.* অসুচি কৰা, পৰিত্যাগ কৰা, abandonment, exclusion, exemption, omission.

বৰ্জা, } অসুচি কৰা, নিসেধ কৰা, ত্যাগ কৰা, polluted, unclean,
বৰ্জিত, } cast out, left, rejected.

বৰ্জি, *v.* এৰি, বাচ কৰি, নিসেধ কৰি, to leave, to exclude, to except.

বৰ্ত্তমান, *a.* এতিয়া, সাখ্যাত, সাখ্যাত থকা, existing, present, extant.

বৰ্ন, *s.* বৰন, জাতি, আখৰ, color, hue, tint, a class, a caste, a tribe, a letter of the alphabet.

বৰ্ননা, *s.* গুন কথন, বিবৰন, a description, a relation, a narrative.

বৰ্নমালা, *s.* আখৰ সমুহ, ক, খ, আদি; বৰ্নাই, গুনাগুন কৰি, বৰ্ননা কৰি, the alphabet, *lit.* a garland or series of letters; *v.* to relate, to expatiate upon.

বৰ্ষ, *s.* see বৰিস,

বৰ্ষা, } *s.* see. বাৰিখা,
বৰ্ষাকাল, }

বৰ্হনি, *s.* খাম আদি বৰ্হাই দিয়া মাৰি, a rod used in pushing rice under the pestle of a foot pedal.

বৰ্হমথুৰি, *s.* এবিধ গচ বা তাৰ থোৰ, the spathe or stem of a jungle plant used sometimes with *tamul,* to blacken the teeth and lips.

বৰ্হা, *s.* বাৰ্হি জোআ, জোখতকৈ অধিক, ভাত আদি থাবলৈ উলিউআ, growing or increasing, lading out cooked rice; *a.* excessive, beyond proper bounds.

বৰ্হাই, *v.* অধিক কৰি, ডাঙ্গৰ কৰি, দিঘলাই, ভাত উলিওআই, to advance, to lengthen, to increase, to dish out rice from a cooking vessel.

বৰ্হাবৰ্হি, *s.* সাহেৰে কৰা গলিয়াগলি, পৰস্পাৰ দন্দলৈ আগ বৰ্হা, mutually daring or defying one another.

বৰ্হিয়া, *a.* ভাল, উত্তম, বেচ, excellent, very good.

বৰ্হোআ, *s.* দিঘল ডাঙ্গৰ কৰোআ, অধিক কৰোআ, ভাত আদি উলিওআ, ধান আদি খুৰলিলৈ হেঁচুকি দিয়া, causative of বৰ্হা, a lengthening out, advancing, increasing, growing &c.

বল, *s.* সক্তি, পৰাক্ৰম, সেনা, power, strength, ability, force, violence.

বলকনি, *s.* বকৰকনি, বলবলনি, কৈ কৈ থকা কথা, volubility, idle prate, gabble.

বল কৰা, s. বলেৰে ধৰা, the act of forcing or compelling.

বলকি, v. বকি, খঙ্গেৰে কথা কৈ কৈ, to prate, to scold.

বলদ, } s. বঙ্কোআ হাল বোআ গৰু, an ox, a bullock.
বলধ,

বলধা, s. অণ্ড কোসৰ ৰোগ, অণ্ড কোস ডাঙ্গৰ হোআ, a swelled testicle; a. having the above disease.

বলধি, s. ৰথ গাঁৰি টনা ডাঙ্গৰ বলদ এবিধ, an up country bullock.

বলৱন্ত, } a. বলি, সক্তিমান, পৰাক্ৰমি, strong, robust, powerful,
বলৱান, vigorous.

বলা, s. সুতা বা লো আদি পিটি বা বল দি দিঘল কৰা, lengthening out by pounding or forging.

বলা, v. জোআ, জাবলৈ কোআ, জাবলৈ দিয়া, let us go, (imperative.)

বলাই, v. লো আদি দিঘলাই, বায়ু চলাই, to forge, to lengthen by pounding, to blow, to breeze.

বলাৎকাৰ, s. বল কৰা, violence, rape, oppression.

বলি, a. বলৱন্ত, সক্তি থকা, লো আদি পিটি দিঘল কৰি, পুজাত কটা চাগ আদি, সুতলৰ ৰজা এজন, strong, powerful, mighty; s. a victim offered in sacrifice; the famous king *Boli*, who was tricked out of his dominions by the brahmin or Dwarf Incarnation; v. to lengthen by pounding or forging.

বলিকটিয়া, s. বলি কটা লোক, পুজাৰ চাগ আদি কটা মানুহ, one who slays a victim offered in sacrifice.

বলিমৰা, } s. আহোম মতৰ পুজাত বলি টঙ্গনিয়াই মৰা মানুহ, among
বলিমৰিয়া, the Ahoms a man who slays the victim with a club.

বলিকৈ, ad. সৰহকৈ, বৰ্হাকৈ, তাৰিকৈ, plentifully, abundantly, powerfully.

বলিদান, s. বলি দিয়া, বলি উচৰগ কৰা, the offering a sacrifice or making an oblation.

বলিদানি, a. বৰকৈ দিব পৰা, হাত মুকলি, bountiful, liberal.

বলিদিয়া, a. চাগ আদি কটা, offered in sacrifice.

বলিয়ৰা, s. এবিধ মাচ, a species of fish.

বলিয়া, a. পগলা, উম্মত, বাতুল, mad, crazy, deranged.

বলিয়ালি, s. পাগলালি, বাউল, mental derangement, craziness.

বলিষ্ঠ, a. বলজুক্ত, বৰ বলি, সক্তিমান, strong, powerful, able, vigorous.

বলুকা, s. নৈৰ চাপৰি, a sand bank.

বলোআ, s. বলি দিঘল কৰোআ, বতাহ আদি দিয়া বা অনা, forging, the blowing of the wind.

বস, *s.* দমন, আগ্যাৰ তল, অধিন, control, subjugation.

বস কৰা, *a.* দমন কৰা, অধিন কৰা, আগ্যাৰ তল কৰা, subjugated.

বসতি, *s.* বাস, থকা ঠাই, a residence, a dwelling place, an abode; with কৰি, to settle, to dwell.

বসন্ত, *s.* নুতি বা বৰ বিধ আই, খহু বিসেস, চত বহাগ মাহৰ ৰিতু, the measles, the small pox; the vernal season, from the middle of March to the middle of May.

বসন্তকাল, *s.* ফুল পাত আদি মেলা সময়, চত বহাগ, spring &c.

বসিষ্ট, s. মুনি বিসেস, এজন ৰিসি, the name of a famous sage.

বসু, *s.* ধ্রুবকে আদি কৰি হিন্দু মতে আঠ জন দেৱতা, আঠ সংখ্যা, a kind of demi-god of whom eight are enumerated, hence in the hindoo symbols this word stands for eight.

বসুদেৱ, *s.* শ্রীক্রিষ্ণৰ পিতৃ, Bahoodeo, the father of Krishnoo.

বসুমতি, *s.* বসুন্ধৰা, প্রিথিবি, ভুমি, ধৰনি, মেদিনি, the earth.

বস্তু, *s.* দ্রব্য, বেহানি, সামুগ্রি, পদার্থ, an article, a thing, materials, baggage, personal property or effects.

বস্ত্র, *s.* কাপৰ, বসন, clothing, raiment, apparel, a garment.

বহখোআ, *s.* কন্যা কাল নোহোআকৈ থকা, বয়স লোআ, beyond the usual period of puberty.

বহঁত *s.* ডেওআ গচৰ গুটি, a species of tree and its fruit.

বহতা, } *s.* খাতত বন কৰি মাটি খোআ লোক, বন্দি বিসেস, a settler
বহতিয়া, } on the land of another, a land tenant.

বহন, *s.* see বহা,

বহনা, *s.* মৰম, স্নেহ, সাদৰ, affection, love, esteem.

বহৰি, *s.* বৰ বিধ সেনৰ নাম, a species of hawk.

বহল, *a.* বিস্তির্ন, মুকলি, ফেতুলেজা, পথালি জোখ, broad, wide, spread out, extended; *s.* width, breadth.

বহলাই, *v.* বহল কৰি, বিস্তাৰি, অধিক কৰি, to widen, to spread out.

বহলোআ, *s.* বহল কৰা, the act of widening &c.

বহা, *s.* পজা আদি সৰু ঘৰ, বহি থকা, a hut, a shelter, a sitting.

বহাই, *v.* বহুআই, চাপৰাই, চৰু আদি আখাত দি, to seat, to lower, to place a cooking vessel over the fire.

বহাগ, *s.* হিন্দু মতে বচৰৰ প্রথম মাহ, the first hindoo month, embracing a part of April and May.

বহাগি, *s.* দোলা খোআ কেপ দিয়া মাৰি, বহাগত হোআ, a frame for supporting a palkee; produced in the month of Bohag.

বহি, *s.* লেখ বুজৰ পুথি, বুৰা পাতৰ কৰা চাহ, আসন আদিত থিতি হৈ, চাপৰ হৈ, an account book; *v.* to sit, to sink, to settle.

বহিখোঁআ, *s.* চতিৰ ওপৰত দিয়া ঠেকা, একো বন নকৰাকৈ খোৱা, an upright support in a roof; eating the bread of idleness.

বহু, } *a.* অনেক, বিস্তৰ, সৰহ, ভালেমান, much, many, abundant,
বহুত, } numerous.

বহুআ, *s.* কথা জোৰা দি কোআ মানুহ, অনেক ভাও ধৰা, an actor, one who makes sport; *a.* funny, comical, assuming many shapes.

বহুআই, *v.* আসন আদিত থিতি কৰাই, চপৰাই, to cause to sit down &c.

বহুউআ, *a.* বহুআই থোআ, চপৰোওআ, seated; *s.* the act of seating.

বহুতৰ, *a.* বিস্তৰ, অসিম, অনেক, many, much, numerous.

বহুদর্সি, *a.* বৰ গ্যানি, সুবিবেকি, বুধিমান লোক, observant, having forecast, experienced, circumspect, cautious, prudent.

বহুনা, *s.* নাৱৰ বা হাঁতিৰ গলধন, তাঁত বোআত বহা আসন, the prow of a boat; the neck of an elephant; the seat of a native loom.

বহুবচন, *s.* অনেকক বুজুআ মাত, (in *gram.*) the plural number.

বহু বিধ, *a.* অনেক প্রকাৰ, নানা ৰূপ, of many kinds, various.

বহুভাসি, *a.* কথকি, সৰহকৈ কৈ থকা, অনেক ভাসা জানোঁতা, garrulous, loquacious; knowing many languages.

বহুমুলিয়া, } *a.* অনেক টকাৰ, অতি উতম, বহু দামৰ, expensive, costly,
বহুমুল্য, } of great value.

বহু ৰূপ, *a.* অনেক আকাৰ, নানা বিধ, of various shapes, multiform.

বহুল, *a.* বিস্তৰ, বহল, much, many, abundant, broad, wide.

বহোআ, *s.* চাপৰোআ, চৰু আদি আখাত পতা, the act of lowering anything or of placing a vessel on the fire.

বহ্নি, *s.* অগ্নি, জুই, অনল, fire or its mythological deity, *Ogni.*

বা, *conj.* অথচ, নতু, বতাহ, বতাহৰ কোব, either, or; *s.* wind.

বাই, *s.* বৰ ভনিএক, বঠা আদি মাৰি, হালেৰে চহাই, বাদ্য বজাই, বন কৰাই, an elder sister; *v.* to row, to plough, to play on an instrument of music, to cause to serve or work, to employ.

বাইক, *s.* see বাক্য,

বাইখন, *s.* বাখ্যা, কথা উলিওআ, বর্ননা, comment.

বাইচ, *a.* একুৰি দুই, twenty two.

বাইটি, } *s.* জেষ্ট ভনিক আদৰেৰে মতা সম্বোধন, affectionate address
বাইদেও, } of an elder sister.

বাইবটি, *v.* হাল বাই, চাহ কৰি, to mellow land by ploughing.

বাউঁশি, *s.* ঘৰৰ চালৰ দাঁতিৰ পংক্তি, the first layer of thatch around the edge of a roof.

বাউল, *s.* বাতুল, বলিয়ালি, insanity, craziness.

বাউলা, *a.* বলিয়া, বাতুল, crazy, insane.

বাউলি, *a.* বলিয়া উঠা তিৰোতা, টৌ ধৰা লোৰ চেপেনা, *fem.* of the above; *s.* tongs for taking cooking vessels from the fire.

বাউহি, *s.* বাৰিচনি, the upper part of the arm.

বাও, *s.* ধান এবিধ, খৰাহি পাচি আদিৰ মুখত বন্ধা কামি, a species of paddy; the rim or upper binding of a basket, &c.

বাওকনি, *s.* যাই নোহোআকৈ পৰা কনি, an imperfect egg.

বাওতলি, *s.* বাও ধানৰ মাটি, land sown with paddy.

বাওনা, *a.* কঁটিয়া, চুঁটিচাপৰ, ঘুটমুটিয়া, short, dwarfed; *s.* a pigmy, a dwarf, fem. বাওনি.

বাঁও, *s.* বাম, আওফাল, লেবেৰা, the left; with হাত, the left hand.

বাঁওকা, *s.* ধান অনা বিৰিয়া, an instrument or pole for carrying burdens on the shoulder.

বাঁওতা, *s.* হাল বঠা আদি বোআ জন, বাদ্য বজাওঁতা, a ploughman, an oarsman, a performer on a musical instrument.

বাঁওফলিয়া, *s.* আওহতিয়া, বাঁও ফালৰ, on the left side.

বাঁওহতিয়া, *a.* বাঁওহাত চলা, লেবেৰা হতিয়া, left handed.

বাঁক, *s.* কল্পিত মাচ খোআ ভূত এবিধ, an imaginary evil water spirit.

বাঁকৰাজ, *s.* কাপ কাপ থকা সাপ এবিধ, a species of water snake.

বাঁকি, *s.* অৱসেস থকা, কম, সেস থকা, a remainder, a balance, deficiency, arrears.

বাঁকিয়া, *a.* বাঁকি থকা, লেঠা থকা, অসম্পূৰ্ণ, wanting, lacking, deficient.

বাঁকুহি, *v.* বৰকৈ আঁচুৰি, to scratch.

বাঁজি, *a.* সন্তান নোহোআ মাইকি, barren.

বাঁজিফুল, *s.* গুটি নধৰা ফুল, a blossom that produces no fruit.

বাঁটি, *v.* ভাগ ভাগ কৰি, ভগিয়াই, to divide among several, to distribute.

বাঁতি, *s.* বান্ত, মুখে ওলোআ পিত পানি আদি, vomit, vomiting, matter ejected from the stomach.

বাঁহ, *s.* বাঁহ গচ, a bamboo.

বাঁহনি, *s.* বাঁহৰ বাৰি, অনেক বাহ থকা ঠাই, a bamboo grove.

বাঁহি, *s.* see বংশি, মুৰুলি.

বাক, *s.* বাক্য, বচন, a word, utterance, speech.

বাকচতুৰ, *a.* কথাৰ বৰ টেঙৰ, shrewd &c. in speech.

বাকনি, *s.* ঔ টেঙ্গা আদিৰ বখলা, ঢাকনি, a flake or layer of certain kinds of fruit, a cover.

বাকপটু, *s.* কথকি, সজ্ঞ বক্তা, *lit.* master of speech, eloquent, fluent.

বাকৰি, *a.* চাহ নকৰা, বৰি, বননি বা জাবৰনি, deserted, waste, grown up to grass jungle.

বাকৰিয়নি, *s.* জাবৰনি, হাবিয়নি, a patch of waste or deserted land.

বাকলি, *s.* মাচৰ খলপিয়া আবৰন, গচ আদিৰ ওপৰৰ চাল, the scales of a fish; a rind; an integument or covering of fruit.

বাকলিয়া, *a.* বাকলি থকা, বাকলিৰে, having scales, husks &c.

বাকি, } *v.* ঢালি, পাত্র আদিৰ পৰা কাঢিকৈ পেলাই, to pour out,
বাকিদি, } to spill, to empty.

বাকি দিয়া, *s.* বকা, ঢলা, the act of pouring, spilling &c.

বাক্য, *s.* কথা, বচন, বাক, a word, a saying, utterance, speech.

বাক্যালাপ, *s.* কথনমথন, কথোপকথন, conversation.

বাখৰ, *s.* ডালিমা পানা আদি বহু মুলিয়া উত্তম সিল, খাৰ দ্রব্য আদি, a generic name for several kinds of precious stones, also of several sorts of crystallized minerals used in medicine.

বাখৰপতা, } *a.* বাখৰ লগোআ, ornamented or set with precious
বাখৰাম, } stones.

বাখৰু, *s.* গুটি ধানৰ মেৰ আদি, a barn, a storehouse.

বাখৰুআ, *a.* বাখৰ সম্বন্ধিয়, adorned with or relating to বাখৰ.

বাগতি, *s.* সাৰিবলৈ কথাৰে বাগি দিয়া, equivocation, a subterfuge to escape detection.

বাগৰ, *s.* লুটি খোআ, কাতিকুতা, a tumbling; a rolling from side to side; with খাই, and মাৰি, to roll, to tumble, to toss about.

বাগৰাবাগৰি, *s.* লুটিয়ালুটি, চেঙ্গালুটি, a rolling, tumbling about.

বাগৰি, *v.* বাগৰ মাৰি, লুটি খাই, লোকৰ ঘৰে ঘৰে ফুৰি, to roll, to tumble, to turn over; with ফুৰি, to wander from house to house; to frequently change situations.

বাগি, *s.* ফুল এবিধ, বুধিৰে গা সৰা, হাঙ্গি, ফাল, a species of flower; a subterfuge, an artifice to escape detection, a side.

বাগিদিয়া, } *s.* মিচা মতা, লোকৰ গাত পেলোআ, গা সাৰি ফুৰা, evasion,
বাগিমৰা, } trickery, clearing one's self by implicating others.

বাগিধৰা, *s.* হাঙ্গি ধৰা, rivalry.

বাগিবুগা, see বাগি দিয়া,

বাগিয়াৰ, *a.* বাগি দিব জনা, ধূর্ত্ত, artful, trickish.

বাগিস্বৰি, *s.* সৰস্বতি, an epithet of *Soroswoti*, called the godess of speech and eloquence.

বাঘ, *s.* এবিধ হিংসক জন্তু, ব্যাঘ্র, a tiger; *fem.* বাঘিনি, a tigress.

বাঘআঁচোৰা, *s.* কাঁইট সাক এবিধ, a thorny shrub, (Pisonia Aculestia.)

বাঘচকা, *s.* দুই হাতৰ বৰ চাপৰ, a mode of punishment by striking with the palms of the hand joined together.

বাঘমকৰা, *s.* এবিধ বৰ মকৰা, a species of spider.

বাঘমৰিয়া, *s.* বাঘ মাৰি ফুৰা লোক, a tiger hunter.

বাঙ্গকৰা, *a.* খাৰ টেঙ্গা নিদিয়াকৈ সিজোআ আঞ্জা, বেয়া, কেলেহুআ, bad, useless, worthless, mean.

বাঙ্গপিটা, *s.* আপোনাৰ পিঠিত কোবাই ভাও দেখুউআ, self flagellation or the pretence of it, the person who practices it.

বাঙ্গবিঙ্গ, *s.* অৰ্থ নাইকিয়া কথা, বিঙ্গ্‌বিঙ্গ্‌ বাঙ্গবাঙ্গ, jargon, gibberish.

বাঙ্গি, *s.* ডাকত দিয়া টোপোলা, ডাঙ্গৰ বিধ চিঁৰাল, a package carried by post, a species of melon.

বাচ, *s.* গন্ধ, মিহলি, scent, perfume, mixture of good and bad.

বাচক, *a.* কওঁতা, বুজুআ জন, expressive of, expressing.

বাচকবনিয়া, *a.* ভালতকৈ ভাল, বাচি লোআ, chosen, select, best.

বাচৰু, *s.* গৰু পোআলি, দামুৰি, a young calf.

বাচি, *v.* মিহলি গুচাই, মাচ আদিৰ বাকলি পেটু গুচাই, to pick out, to select, to clean.

বাচি লোআ, *s.* মনেৰে ভাল বিচাৰি লোআ, selected, chosen, picked.

বাজ, *s.* বাহিৰ, আলগা, সমস্ত নথকা, প্ৰকাস, the outside; *a.* without, irrelevant, public, not secret.

বাজ কৰা, *a.* বাহিৰ কৰা, প্ৰকাস কৰা, shut out, excluded, divulged.

বাজনা, *s.* খোল মৃদং আদি বাদ্য, a musical instrument.

বাজবন, *s.* বাহিৰ কাম, উপৰুআ কাম, out-door work.

বাজি, *s.* টাটক বিদ্যা, বাদ্য আদিৰ সব্দ উঠি, sleight of hand, leger-demain; *v.* to sound, as a musical instrument.

বাজিকৰ, *s.* টাটকিয়া, মায়া বিদ্যা কৰোঁতা, a conjurer, a magician, one who practices sleight of hand or legerdemain.

বাজু, } *s.* বাবিচনিৰ অলঙ্কাৰ, an ornament worn on the arm.
বাজুবন্ধ, }

বাজে, *prep.* বিনে, বাহিৰে, তাৰ উপৰি, without, apart, aside from.

বাজেবাজে, *ad.* বাহিৰে বাহিৰে, আলেঙ্গে আলেঙ্গে, নজনোআকৈ, out-wardly, in outward appearance.

বাঞ্ছনিয়, *a.* আসা কৰা, ইচা থকা, desirable, to be wished for.
বাঞ্ছা, *s.* ইচা, আসা, মন, অভিলাস, desire, wish, will.
বাঞ্ছি, *s.* see বাঁহি, ইচা কৰি; *v.* to wish, to desire.
বাঞ্ছিত, *a.* অভিলসিত, আসা কৰা, কামনা কৰা, desired, pleasing.
বাট, *s.* আলি, পথ, বিন্ধা, a road, a way, a passage, a hole.
বাটচাই, *v.* ৰৈ থাকি, অপেখ্যা কৰি, to wait for, to expect.
বাটচোআ, *s.* ৰৈ থকা, অপেখ্যা কৰা, expectation, a looking or waiting for.
বাটবুলি, *v.* খোজ কাঢ়ি, গতি কৰি, to walk, to travel on foot.
বাটৰুআ, *s.* বাটে জোআ লোক, পথুক, a traveller, a passer by.
বাটলু, *s.* বিয়া নকৰাকৈ অনা তিৰোতা, চাপনি, a concubine.
বাটলু গুটি, *s.* ধেনু গুটি a small clay ball for shooting from a bow.
বাটি, *s.* ধাতুৰ পান পাত্র, ৰাজহাৰৰ দুই দাঁতি, পিহি বা টেপা কৰি, পকাই, ববলৈ তৰা তাঁত, তাঁতৰ বৰ নেচা, a drinking cup, the fleshy part attached to the spine; *v.* to grind on a stone.
বাটিকৰা, *s.* তাঁত তৰিবলৈ সুতা মেলা, the process of warping thread.
বাটোআলি, *s.* বাটত থকা কল্পিত ভুতুনি বিসেস, an imaginary evil spirit said to infest high ways.
বাত, *s.* বতাহ, বায়ু, বিস ৰোগ এবিধ, air, wind, flatulence; with ৰোগ, rheumatism.
বাতৰা, } বাতৰি, } *s.* সম্বাদ, বাত্রা, ভু, বার্ত্তা, news, information, intelligence.
বাতাচা, *a.* চেনিৰ মিঠৈ বিসেস, a kind of sweetmeat.
বাতি, *s.* বন্তি, চাকি, ভগাক ভাল কৰি, a lamp, a light, a candle; *v.* to mend, to repair.
বাতুল, *a.* বলিয়া, উম্মত, পগলা, mad, insane, foolish, crazy.
বাত্রা, *s.* see বাতৰা, news.
বাদ, *s.* বাক্যৰ জুধ, কলঙ্ক, অপজস, দুর্নাম, a word, a dispute, a stain, a stigma, a bad name, a reproach.
বাদকৰা, *s.* তর্ক কৰা, কথাৰ জুঁজ কৰা, reasoning, argumentation.
বাদবিচাৰ, *s.* তর্কবিতর্ক, সঁচা মিচাৰ বিবেচনা, an investigation, an enquiry.
বাদবিতণ্ডা, *s.* অপবাদ দি গালি পৰা, বিকর্থনা, a reproach, vilification.
বাদবিবাদ, *s.* উতৰাউতৰি, a controversy, a dispute, altercation.
বাদল, *a.* মেদা, দগধা, সৰপা, ডাৱৰ, lazy, slow, indolent; *s.* a cloud.
বাদাম, *s.* এবিধ ফল, an almond.
বাদি, *s.* গুচৰিয়া, কওঁতা, a complainant, a plaintiff; *a.* speaking, pleading.

বাদু, *s.* কঁঠাল আদিৰ ভিতৰৰ কোমল বাকলি, the covering of the pulp of fruit.

বাদুলি, *s.* ৰাতি উৰি ফুৰা জন্তু এবিধ, a bat; a general term used for the vampire &c.

বাদুলিচাকি, *s.* অনেক চাকিএৰে ওলোমাই থোআ দিপাধাৰ, a chandelier, a branched frame or support for holding many lights.

বাদুলিসঁচাৰ, *s.* বৰ তলা এবিধ, a padlock.

বাদ্য, *s.* ঢোল আদি বাজনা, an instrument of music or its music.

বাদ্যভণ্ড, *s.* নানা বিধ বাজনা, a concert of instrumental music, musical harmony.

বাধক, *a.* নিবাৰক, হাক দিওঁতা, কৰিব নিদিয়া, obstructive; *s.* one who prevents, forbids or obstructs.

বাধা, *s.* নিবাৰন, হাক, নিসেধ, hindrance, prevention, obstruction; with কৰি, to hinder, to forbid &c.

বান, *s.* নৈৰ ঢল, চাম, বিধ, মাচ ৰখা জতন, কাঁৰ, পাচৰ সংখ্যা, a flood, an inundation, an even texture, a contrivance for catching fish, a dart, an arrow; this word is used figuratively for five.

বানচ, *s.* বেচ, মুল্য, বাব, hire, pay, price.

বানবাটি, *s.* খুঁৰা লগা বাটি, a brass vessel with feet attached.

বানবাৰিখা, } *s.* ভৰ বর্সাকাল, the season of floods.
বানবাৰিসা,

বাণ্ডা, *s.* হাঁতিৰ ঠেঙ্গ বন্ধা জতন, a fetter for the feet of elephants.

বানাত, *s.* বানত, নোমৰ কাপৰ এবিধ, broadcloth, woollen cloth.

বানাৰচ, *s.* বাৰানসি, কাসি খেত্র, the sacred city of Benares, *Kahi.*

বানি, *s.* কথা, বাক্য, তাঁতৰ পথালি, নৌকাৰ দাঁতি, ধান খুন্দি, a voice, a saying, an utterance, a breadth of cloth, the sides of a boat, to clean rice from the husk.

বানিজ্য, *s.* বেপাৰ, বেহা, দোকান দিয়া, trade, traffic, commerce, barter.

বানিসুতা, *s.* তাতত বোআ পথালি সুতা, the woof of cloth.

বানেবানে, *ad.* বিধে বিধে, চামে চামে, ভাগে ভাগে, in successive stages.

বান্দৰ, *s.* বানৰ, a monkey.

বান্দৰালি, *a.* বানৰৰ নিচিনা কৰা, বান্দৰৰ স্বভাও ধৰা, apish, monkeyish.

বান্দৰি, *s.* মাইকি বান্দৰ, তাঁত সালৰ নাচনি ধৰা, *fem.* of বান্দৰ, the female monkey, a pulley in a native loom.

বান্দৰকেঁকোআ, } *s.* গা খজুউআ এবিধ লতাৰ গুটি, a species of nettle.
বান্দৰচেঙ্গা,

বান্দৰবিটলিয়া, *s.* বান্দৰৰ নিচিনা স্বভাও, নিন্দিত মাত, apish, monkeyish.

বান্দি, *s.* দাসি, বেটি, a female slave.

বান্দিমোহৰ, *s.* বান্দিএ মৰোআ বাৰ্হনি লেখা এবিধ ৰূপ, an Assamese coin stamped by a maid servant.

বান্ধ, } *s.* বন্ধন, গাঁঠি, a binding, a fastening, a tie.
বান্ধনি, }

বান্ধ, } *s.* বন্ধু, ইষ্ট সমন্ধিয় মাত, মিত্তিৰ কুটুম, a friend, an ally,
বান্ধব, } a relation.

বান্ধকানি, *a.* কৰাচ্য, কিৰ্পিন, দিব খাব নোআৰা, tight, penurious, stingy.

বান্ধনি, *s.* বান্ধ, গাঁঠি, ধৰনি, a binding, a ligature, an incantation.

বান্ধি, *v.* বান্ধ দি, বন্ধন কৰি, to bind, to fasten, to tie.

বাপ, *s.* পিত্ৰি, বোপাই, সুদ্ আদি মহন্তৰ সম্বোধন, a father; a title given to several classes of priests.

বাপ ভাই, *s.* সমজুআক মতা সম্বোধন, fathers and brethren, a term used in addressing a promiscuous multitude.

বাপতিসাহোন, *s.* বাপেকৰ মাটি বাৰি আদি বস্তু, hereditary property.

বাপা, *s.* স্নেহ মান্যেৰে মতা সম্বোধন, an affectionate address to children.

বাপু, *s.* পিতা বা বামুনৰ সম্বোধন, father; respectful address of a father or of a brahmin.

বাপুটি, *s.* see বাপা, এজন বামুনৰ সম্বোধন,

বাপুদেউ, *s.* বামুনক মান্যেৰে মতা সম্বোধন, a term of respectful address.

বাপেক, *s.* বাপেকি, পিতাক, a father.

বাপেকে, } *s.* ডাবি দিয়া মাত, বাপেক, a father or as a father; a word
বাপেৰে, } used in threatening, meaning I will beat you as your father did or without restraint; an ejaculation of surprise &c.

বাব, *s.* বিসই, পদ, বেচ, কাৰন, business, office, wages, a cause.

বাবকটা, *a.* কাঠ বা গচ আদিত কাটি চিন দিয়া, marked; *s.* the placing of a mark, a tally.

বাবতি, *s.* চুপতি, মুখ জুজোআ, বাদানুবাদ, a controversy, dispute, mutual retort.

বাবতে, *ad.* হেতুকে, কাৰনে, on account of, because of.

বা-বৰখুন, *s.* বতাহ বৰখুন, rain and wind.

বাবৰি, *s.* এবিধ সাক, a species of edible plant.

বাবাকৰ্হা, *s.* সুমত মুখ মেলি ফোঁপোআ, a puffing or panting.

বাবাৰ্ত্তা, } *s.* বুজ্ঝ বাজ, ভুভা, সমাচাৰ, information, report.
বাবাত্ৰা, }

বাবিচনি, *s.* কাসলতিৰ ওপৰ পাচ ভাগ, the shoulder blade.

বাবিবিঙ্গ, *s.* এবিধ ঔসধি গচৰ গুটি, a species of medicinal plant.

বাবু, *s.* ভদ্র লোকৰ সম্বোধন বিসেস, a native gentleman, a respectful address equivalent to Sir, Esquire.

বাবুলিকটা, } *a.* চুলি চুঁটিকৈ ৰখা, having the hair cut short.
বাবুলৰখা, }

বাম, *a.* ডৰ, ডবাঙ্গ, বাওঁ, তল নোজোআ মাটি, shallow; *s.* land not overflowed, land in distinction from water, the left side.

বামগঁতিয়া, *a.* বাম ঠাইত থকা বা হোআ, not subject to inundation.

বামন, *s.* বিষ্ণুৰ পঞ্চম অৱতাৰ, বটু, বাওনা, the fifth incarnation of Vishnoo as a dwarf.

বামাৰলি, *s.* ঘূর্ন বায়ু, বতাহৰ পাক বিসেস, a whirlwind.

বামি, *s.* এবিধ দিঘল মাচ, a species of fish.

বামুন, *s.* ব্রাহ্মন, দ্বিজ, বিপ্র, a brahmin; *lit.* twice-born.

বামুনভেঁকোলা, *s.* কপালত ফোঁট থকা বৰ বেঙ্গ, a species of large frog, so called from having a spot on the forehead.

বামুনি, *s.* বামুনৰ তিৰোতা, ব্রাহ্মন কুলৰ স্ত্রি, a woman of the brahmin caste, or the wife of a brahmin.

বামুনিয়া, *a.* বামুনৰ সম্পর্কিয়, বামুনৰ ধৰমত চলা, relating to the brahminical caste.

বায়ঙ্গ, *a.* বেলেগ, আঁতৰ, ইয়াৰ বাজ, separate, distinct, disconnected.

বায়ন, *s.* মৃদং খোল আদি বজোআ বা সিকাওঁতা জন, a player on a musical instrument.

বায়ু, *s.* বতাহ, পৱন, মুৰ ফুৰনি ৰোগ, air, wind, *Bayu*, the wind god or guardian deity of the N. W. quarter; hypochondria.

বায়ুআ, *a.* বায়ু ৰুগিয়া, hypochondriacal, troubled with flatulence.

বায়ুকোন, *s.* উত্তৰ পচিমৰ মাজ দিস, the northwest quarter.

বায়ুপুত্র, *s.* হনুমন্ত, ভিম, an epithet of Honuman and Bhim.

বাৰ, *s.* দিন, বেলি, বেৰ, নাৱৰ কান, দ্বাদস, ৰবি আদি সাত দিন, a day of the week; a time or occasion; a partition in a house or boat; as two syllables it is the numeral twelve.

বাৰটা, *s.* বেৰ আদিৰ তলত দিয়া বাঁহ বা চেপেটা কাঠ, a support on which a partition rests.

বাৰন, *s.* see খণ্ডন, নিসেধ কৰা, বাধা, a hindrance.

বাৰবাৰ, } *ad.* ঘনে ঘনে, বেলিএ বেলিএ, সদাই, পুনঃ পুনঃ, again and
বাৰম্বাৰ, } again, repeatedly.

বাৰানসি, *s.* see কাসি, বানাৰস, Benares.

বাৰি, *s.* চাপ বা জেওৰা দিয়া সস্যাদিৰ ঠাই, জল, সৰু মাৰি, a compound, a garden, water, a staff, a stick.

বাৰিঅলিয়া, *a.* বাৰিত হোৱা, বাৰিৰ সমন্ধিয়, relating to or produced in a garden.

বাৰিক, *s.* গাৱৰ টেকেলা বিসেস, the head man of a village.

বাৰিখা, } *s.* বৰ্সাকাল, the rainy season.
বাৰিসা,

বাৰিচোৱা, *s.* বাৰিত বন কৰা লোক, মালি, a gardener.

বাৰু, *s.* ঢাল, সলগা মাত, স্বিকাৰ পোৱা মাত, a shield; *ad.* very well, well done; *a.* good, excellent, nice, well.

বাৰুঅতি, *s.* বাৰু খেলাৰ জনা লোক, অচম ৰজাৰ এখেল মানুহ, the bearer of a shield; a class of former Assamese soldiers.

বাৰুনি, *s.* চত মাহৰ ক্রিস্ন ত্রয়োদসিত গঙ্গা স্নানৰ তিথি বিসেস, a bathing festival in the month of ***Soot***

বাৰেপতি, *ad.* ঘনে পতি, বাৰম্বাৰ, সঘনে, every time.

বাৰেবাৰে, *ad.* বেলিএ বেলিএ, repeatedly, often, over and over.

বাৰেমতৰা, *s.* স্বৰ জুৰু কৰা আখৰ, বানান, spelling, orthography.

বাৰ্তা, *s.* বাতৰি, বাত্রা, news, intelligence, information.

বাৰ্সিক, *a.* বচৰেকত হোৱা, বচৰ উদানি, annual.

বাৰ্দ্ধন, *s.* বৰ্দ্ধা, growing or increasing.

বাৰ্দ্ধনি, *s.* ঠাই সঁৰা জতন, বাৰ্হি অহা, a broom, growth, an increase; with পানি, a rise of water, a flood.

বাৰ্হি, *v.* ডাঙ্গৰ বা অধিক হৈ, খাবলৈ পাত্রত ভাত আদি উলিয়াই, ধনৰ সুত, to grow, to increase, to rise as a flood, to serve up food; *s.* interest on money.

বাৰৈ, *s.* কাঠৰ বন কৰিব জনা মানুহ, a carpenter.

বাৰৈটোকা, *s.* এবিধ চৰাই, কিৰ্পিনালিকৈ নিজে আটাই বন কৰি ফুৰা মানুহ, a woodpecker, a penurious person.

বালক, } *s.* অজ্ঞান লৰা, চাৱাল, ফুকলিয়া লৰা, a small child not
বালেক, } come to years of understanding.

বালগোপাল, *s.* ক্রিস্নৰ লৰা কালৰ নাম, epithet of Krishnoo as a child.

বালি, *s.* বালুকা, হিন্দু মতে পুৰ্ব কালৰ একন বানৰৰ ৰজা, sand, gravel, grit, the name of a monkey chief, the son of Indra and brother of Hugriwo.

বালিঅঁহিয়া, *a.* মাটি আদি বালিৰ নিচিনা হোৱা, sandy, like sand.

বালিচন্দা, *s.* ধাতু বিসেস, the mineral talc.

বালিচৰি, *s.* বঙ্গালৰ বালেশ্বৰ নগৰত কৰা বুটা দিয়া এবিধ উত্তম পাট-কাপৰ, a kind of flowered silk cloth.

বালিচাহি, *s.* অতি খুদ্ৰ কিট এবিধ, a small stinging insect.

বালিমাহি, *s.* খঞ্জৰিত পখি, এবিধ সৰু চৰাই, a species of bird.

বালিয়া, *a.* see বালি অহিতা,

বাস, *s.* থকা ঠাই, কাপৰৰ দহি, বস্ত্ৰ, a habitation, a dwelling.

বাসনা, *s.* কঁপাল, ভাগ্য, দসা, গতি, destiny, fate, condition, portion.

বাসনাবস্থিয়া, *a.* কপালত ঘটা, কঁপালেৰে হোৱা, according to fate, fated.

বাসৱ, *s.* ইন্দ্ৰ, পুৰন্দৰ, an epithet of Indra.

বাসি, *s.* বাস কৰা, থাকোঁতা, বাহি, dwelling, residing; used in *comp.* as বনবাসি, living in a forest.

বাসুকি, *s.* সাপৰ ৰজাৰ নাম, এক্ষন নাগ, Bahuki, the king of serpents used as a cord by the *Ohurs* in churning the ocean.

বাসুদেৱ, *s.* বসুদেৱৰ পুত্ৰ, শ্ৰীকৃষ্ণ, a name of Krishnoo.

বাস্তৱত, } *ad.* স্বৰূপত, স্বধৰ্মত, সঁচাকৈ, নিচয়ে, truly, really, in fact.
বাস্তবিক, }

বাস্প, *s.* see ভাপ, steam &c.

বাহ, *s.* চৰাই আদিএ সাজি লোৱা ঘৰ বা ঠাই, জাক, গুটিৰ ওপৰৰ কাঠ বাকলি, a nest, a temporary stopping place, a drove, a multitude, a brood, a litter, the shell of a nut.

বাহক, *s.* তিতা ফুলৰ গচ, ভাৰ বওঁতা, a medicinal plant; a carrier.

বাহন, *s.* উঠি ফুৰা ভজন, হাঁতি ঘোঁৰা আদি, জান, a vehicle, a conveyance, any means of transit.

বাহবন্ধা, *a.* গোট খোৱা, গুটিৰ ওপৰত কাঠ বাকলি হোৱা, collected in a mass, enclosed in a shell or covering.

বাহৰ, *s.* ৰজা বা গোসাঁইৰ প্ৰবাসত থাকিবলৈ কৰা সৰহিয়া ঘৰ, a temporary house or stopping place for a king or priest.

বাহি, *a.* ন নোহোৱা, আগ দিনা জুগুত কৰা বস্তু, পৰ্য্যুসিত, not fresh, stale, withered, of the preceding day.

বাহিগা, *s.* সেই দিনা নোধোৱা গা, আগ দিনাই ধোৱা গা, the body bathed on the preceding day.

বাহিনি, *s.* সংখ্যা বিসেস, সৈন্য সমুহ, বহু সংখ্যা, a legion, an army, a body of troops, a great multitude.

বাহিৰ, *s.* বাজ, ভিতৰ নহই, প্ৰকাস, outside; *a.* without, extended, open, not concealed; with হৈ, *v.* to come forth, to proceed from.

বাহিৰা, *a.* বাহ্যৰ, আলগতিয়া, বজুআ, outside, distinct, separate.

বাহিৰে, *ad.* বাজে, উপৰি, বিনে, besides, aside from, except.

বাহু, *s.* হস্তমুল, বৰ মাচ এবিধ, বাবিচনি, the arm, a species of fish.

বাহু-দাঙ্গি-কোআ, *s.* সাহ দি কোআ, উৰ্দ্ধবাহু হৈ কোআ, the raising of the arm in solemn asservation.

বাহুবল, *s.* হাতৰ বল, পৰাক্ৰম, the strength of the arm, might, power.

বাহুবলি, *a.* সক্তিমন্ত, পৰাক্ৰমি, strong, powerful, mighty.

বাহুমুল, *s.* কাসলতিৰ ওপৰ ভাগ, হাতৰ গুবি, বাবিচনি, the shoulder joint, the arm pit.

বাহুল্য, *s.* বিস্তৰ, অধিক, অনেক, abundance, plenty, variety, multiplicity; *a.* abundant &c. with ৰূপে or কৈ, *ad.* plentifully &c.

বি, *prep.* উপসৰ্গ বিসেস, কথাৰ আগত হলে উত্তম আৰু বিপৰিত বুজাই, জথা উত্তম, বিসিষ্ট; বিপৰিত, বিজোগ; inseparable preposition, denoting variety, distinction, separation, division, equivalent to *un*, *di*, *dis*, &c. in English.

বিংসতি, *s.* কুৰি, কুৰি, twenty, a score.

বিকচিনা, *s.* ঘিন, খাবলৈ বেয়া পোআ, dislike, hate, aversion.

বিকটা, *a.* দেখিলে ভই লগা, বেজেৰামুআ, মুখ ভেঙ্গুৰা, অকটা, hideous, distorted, frightful, disagreeable to the taste.

বিকটাই, *v.* মুখ ভেঙ্গুৰাই, to distort the countenance, to make grimaces.

বিকটামুআ, *s.* ভেঙ্গুৰা মুআ, ভয়ানক মুৰ্ত্তি, a monster; *a.* having hideous features.

বিকৰুআ, *a.* বেচিবলৈ কৰা, বেচিব লগিয়া, saleable, ready for sale.

বিকৰ্থনা, *s.* নিন্দা, বিগতি, গালি বিসেস, abuse, reviling.

বিকল, *a.* দুখ পোআ, দুৰ্বলি, চিন্তা জুক্ত, আপদ, লৈলৈ থৈথৈ, troubled, agitated, decayed, impaired.

বিকা, *a.* বেচা, বিক্ৰই কৰা, sold; *s.* the act of selling.

বিকাই, *v.* বেচাই, সকলোতে দুৰ্গুন প্ৰকাস কৰি, to sell, to traduce openly, to expose.

বিকাৰ, *s.* আন ৰূপ, স্বভাৱৰ সলনি কৰা, জ্বৰ, ৰোগ আদি প্ৰবল হোআৰ দুখ, change, deterioration, alteration.

বিক্ৰই, *s.* বেচা, a sale.

বিক্ৰমাদিত্য, *s.* আগৰ কালৰ এজন হিন্দু ৰজাৰ নাম, the name of a former hindoo sovereign.

বিক্ৰিত, *a.* বেয়া ৰূপ, আভঁজা, কুৰূপ, ill-shaped, distorted; *s.* alteration, deterioration, distortion.

বিস, *s.* খঙ্ক আদিৰ বেদনা, সৰিলৰ দুখ বিসেস, pain, distress, ache.

বিখোআ, *s.* বিসোআ, বিসে ধৰা, বেদনা কৰা, paining, aching, distress.

বিখ্যাত, *a.* প্রখ্যাত, প্রকাস হোআ, সকলোএ জনা, named, called, denominated, renowned.

বিগতি, *s.* নিন্দা, ইতিকিঙ্গ, বিকর্থন, reviling, abuse, reproach; with কৰি, *v.* to revile &c.

বিগৰ্হি, *a.* আগৰ্হি, চন্দ গৰ্হ নোহোআ, আলাগি, নিন্দনিয়, ill-shaped, deformed, ugly, despicable.

বিগুল, *s.* চিপাহিৰ বাদ্য বিসেস, ৰনসিঙ্গা, a bugle, a trumpet.

বিগ্য, } *a.* পণ্ডিত, গ্যানি, সুবুধি, wise, learned, skilled, experienced.
বিজ্ঞ, }

বিগ্যাত, *a.* জনা, গ্যাত হোআ, বিদিত, known, understood.

বিগ্যান, *s.* তত হেৰোআ, গ্যান চেতন ৰহিত, মূৰ্চিত, the loss of presence of mind, perplexity, unconsciousness, insensibility.

বিগ্যানি, *a.* অগ্যানি, অতি মূৰ্খ, ignorant, senseless, foolish, deranged.

বিগ্ৰহ, *s.* ৰন, জুধ, সমৰ, war, strife, contest.

বিঘা, *s.* মাটিৰ পাঁচ কঠা পৰিমান, এস লোচা, হালচা, nearly half an acre (in land measure.)

বিঘাত, } *s.* হানি, মৰা, হিংসা, an impediment, a hindrance, injury,
বিঘাতন, } hurt, destruction, murder.

বিঘাতবচন, *s.* দুৰ্বচন, বৰ গালি, abusive language.

বিঘিনি, *s.* আপদ, বিপদ, অপাই, an obstacle, an impediment, an obstruction, a hindrance, an offence; with কৰি, to offend; with কৰাই, to cause to offend.

বিচখ্যন, *a.* উত্তম, সুন্দৰ, good, beautiful.

বিচনি, *s.* বা দিয়া জতন, ব্যজন, a fan.

বিচ্ বচ্, } *ad.* দম দম, অনেক অনেক, in scores, very many.
বিচৌবিচৌ, }

বিচৰা, *a.* বিচাৰ কৰা, বুজ লোআ, inquired after, sought.

বিচৰাই, *v.* বিচাৰ কৰাই, to cause to be sought.

বিচৰোআ, *s.* বিচাৰ কৰোআ, the causing to be sought.

বিচল, *a.* আচল, অকাবু, কঠিন, difficult, intricate, uncurrent.

বিচা, *s.* সুঙ্গ লগা পোক বিসেস, বিচনিৰে বতাহ দিয়া, a caterpillar; the act of fanning.

বিচাট, *s.* বেজাৰ, বিসাদ, বিৰক্তি, sadness, dejection, offence.

বিচাট লগা, *a.* বেজাৰ লগা, বিৰক্তি হোআ, offended, dispirited, dejected.

বিচাৰ, *s.* সোধ, বিবেচনা, বুজ বাজ, deliberation, consideration, enquiry, an investigation, a trial.

বিচাৰকৰ্ত্তা, *s.* সোধাৰু, সোধকৰ্ত্তা, an investigator, an arbitrator, a judge, a magistrate.

বিচাৰখোঁচাৰ, *s.* বুজবাজ, ভুভা, a thorough investigation, a strict search or enquiry.

বিচাৰথান, *s.* সোধৰ ঠাই, কচাৰি ঘৰ আদি, a place of trial, a tribunal, a court house.

বিচাৰদিন, *s.* সোধৰ দিন, সোধ পোচৰ দিন, a day of trial &c.

বিচাৰপৰ, *s.* সোধ পোচ, ভুভটং, বুজবাজ, an enquiry, an investigation, deliberation.

বিচা ৰাসি, *s.* অষ্টম ৰাসি, the sign Scorpio.

বিচাৰি, *v.* বিচাৰ কৰি, বিবেচনা কৰি, বুজ লৈ, পাবলৈ ফুৰি, to seek, to enquire, to investigate, to search for.

বিচি, *v.* বিচনিৰে বা দি, to fan.

বিচিত্ৰ, *a.* উত্তম, সুন্দৰ, অনেক ফুল জালি থকা, নানা বৰনিয়া, excellent, beautiful, variegated, handsome, spotted.

বিচুকৰম, *s.* see বিশ্বকৰ্ম্ম,

বিচুৰ্ত্তি, *s.* বিস্ময়ই, চুৰ্ত্তি হেৰোআ, utter astonishment, wonder.

বিচেষ্টা, *a.* বিভত, উত্ৰাৱল, বিগ্যান, চুৰ্ত্তিভঙ্গ হোআ, surprised, elated, overjoyed, discomposed.

বিজ, *s.* বিৰ্জ্য, কঁচ, কন, গুটি, কঠিয়া, seed, fruit, semen virile.

বিজাতবিয়া, } *a.* জাত এৰা, চেফেৰা, জহৰা, বিজতিয়া, mongrel, bastard,
বিজতুআ, } out of caste, base-born, hybrid.

বিজবিজাই, *v.* গাজনিৰে চিটচিটাই, to itch, to tingle, to feel a crawling sensation.

বিজমৰা, *a.* বল মৰা, কন মৰা, without the power of procreation, impotent.

বিজয়াদসমি, *s.* দুৰ্গোত্তচৰ পুজাৰ দসমি তিথি, the tenth day of *Akin* or *Kati*, when the image of Doorga is thrown into the river.

বিজল, *a.* লেতকেতিয়া, পিচল, ডেমডেউকা, glutinous, viscid, slimy, slippery; *s.* viscidity, slime, gluten.

বিজাই, *v.* বিজল হৈ, to be slippery or slimy, to exude slime.

বিজুতি, *a.* জুতি নোহোআ, আজোখা, ভাল ন লগা, disproportioned, out of order, not according to taste.

বিজুলি, *s.* বিদুলি, মেঘত ওলোআ জিলিকনিৰ চমক, lightning.

বিজুলিবাঁহ, *s.* এবিধ সৰু বাঁহ, a species of bamboo.

বিজোখা, *a.* আজোখা, সমান জোখ নোহোআ, out of measure, disproportionate, of unequal length.

বিজোগ, *s.* বেলেগ, প্রিথক, মৰন, a separation, a disunion.

বিজোৰ, *a.* জোৰ নোহোআ, হালেই সমান নোহোআ, এটিয়া, odd or uneven, ill matched, mis-mated or without a mate.

বিটলিয়া, *a.* বৰিয়া বিসেস, নিহ, অধম, বামুনক পৰা গালি, vile, abominable, a term used in abusing brahmins.

বিট্‌লোন, *s.* এবিধ কলা লোন, a kind of black rock salt.

বিটালি, *s.* *fem.* of বিটলিয়া, which see.

বিঠিক, *a.* অঠিক, অনিচই, অজতন, not exact, incorrect, irregular; *s.* inexactness, inequality, irregularity.

বিত, *s.* ধন, সম্পত্তি, wealth, property, substance.

বিতচকু, *s.* চকুৰ উপকাৰি দর্সনৰ জতন, দিপ চকু, a pair of spectacles.

বিতণ্ডা, *s.* নিন্দা, গালি, বিকর্থনা, vilification, abuse, calumny.

বিতত, *a.* তত নোহোআ, ডেও পৰা, ধৌর্জ্জ এৰা, careless, unconscious, restless, disconcerted.

বিতৰন, *s.* দান কৰা, বিলাই দিয়া, alms giving, distribution of charity, a donation, a gift.

বিতল, *s.* পতাল বিসেস, in hindoo cosmogony the second of the infernal regions.

বিতলসগুন, *s.* বৰ জাতি সগুন, a large species of vulture.

বিতুস্ট, *a.* অসন্তুষ্ট, বেয়া পোআ, dissatisfied, displeased.

বিতোপন, *a.* সুন্দৰ, উত্তম, বৰ ভাল, beautiful, excellent.

বিথংসনা, *a.* একো নথকা, বিধৰি, সুদা, empty, stripped of every thing.

বিদৰা, *a.* ফটা, আঁচ মেলা, দ্‌চিটা হোআ, বহল হৈ জোআ, rent, torn &c.

বিদৰি, *v.* ফাটি, আঁচ মেলি, দুফাল হৈ, to tear, to rend, to lacerate.

বিদা, *s.* বিদ্যা, ওমলা বিসেস,

বিদাই, *s.* জোআৰ অনুমতি, a farewell, an adieu, a ceremony of departure; with দি, to dismiss, to give leave of absence; with লৈ, to take leave.

বিদাৰন, *s.* ফলা, চিৰা, the causing to break, lacerate, tear or rend.

বিদাৰি, *v.* ফালি, চিৰি, দুফাল কৰি, উজাৰি, ভেদি, to cause to tear &c. causative of বিদৰি; with মন, to break the heart.

বিদিত, *a.* প্রকাসিত, জনা, গ্যাত থকা, known, understood, revealed.

বিদিস, *s.* দিসৰ মাজৰ চুক, an intermediate point of the compass.

বিদুলি, *s.* see বিজুলি, lightning.

বিদুলিচমক, *s.* বিজুলিৰ পৰা ওলোআ কান্তি, a flash of lightning.

বিদুলিয়াই, *v.* বিজুলিয়াই, বিদুলি মাৰি, to lighten, to flash.

বিদেস, *s.* পৰদেস, a foreign country, another country.

বিদেসি, *s.* পৰদেসি, আন দেসি, a foreigner; *a.* of another country.

বিদ্যা, *s.* বিদা, লিখা পৰ্হা আদি গুন, বেৱসাই, গ্যান, learning, science, knowledge, art, profession.

বিদ্যালই, *s.* পৰ্হা সালি, চাতৰ সালি, a school, a college, a seminary.

বিদ্যাৱন্ত, *a.* পণ্ডিত, লিখা পৰ্হা আদি গুন থকা, wise, learned, literary.

বিদ্যাহিন, *a.* বিদ্যা নথকা, চহা, ignorant, unlearned.

বিদ্রূপ, *s.* বিগতি, নিন্দা, অহিত, হিংসা, ridicule, mimicry, mockery.

বিদ্রুহি, *a.* ৰজা আদিৰ দ্রোহ আচৰা জন, rebellious, hostile, malicious.

বিদ্রোহ, *s.* হিংসা, দ্রোহ, rebellion, hostility, hatred, spite.

বিধ, *s.* প্রকাৰ, বাব, চাম, ভাগ, ভাও, class, kind, sort.

বিধতা, *s.* সৃজন কৰ্ত্তা, ব্রহ্মা, Brahma, God as the universal law-giver, Providence.

বিধবিধ, } *a.* নানান প্রকাৰ, অনেক বিধ, বিবিধ, various, of different
বিবিধ, } kinds.

বিধৰম, *s.* বিধৰ্ম্ম, অধৰম, পাপ, দুৰাচাৰ, apostasy, heterodoxy.

বিধৰমি, } *a.* অধৰমি, দুৰাচাৰি, ধৰমৰ বিপৰিত আচৰা জন, apostate,
বিধৰ্ম্মি, } heretical, deviating from the rules of a sect or caste.

বিধৰি, *a.* বস্ত্র গাত নথকা, বিবস্ত্র, naked, bare, unclothed.

বিধৱা, *s.* ৰাঁৰি, গিৰিএক মৰা তিৰি, a widow; *a.* without a husband.

বিধান, *s.* দিহা, আগ্যা, বেৱস্থা, বিধি, আইন, a statute, a law, a decree.

বিধানপণ্ডিত, *s.* আইন বিধি জনা, a lawyer, a person versed in law.

বিধি, *s.* বেৱস্থা, দিহা, নিয়ম, পূজা আদিৰ পুথি, বিধতা, a law, a precept, an ordinance, a formula; providence, fate, destiny, luck.

বিধিমতে, } *ad.* বিধিৰ মতে, নিয়মিত ৰূপে, according to precept or
বিধিয়তে, } law.

বিধুতি, *a.* ধুতি নোহোআ, ৰজস্বলা, অসুচি বিসেস, ceremonially unclean, polluted, menstruous.

বিন, *s.* এডলিয়া গুনাৰে বা ঘোঁৰাৰ ফান্দ আদিৰে সজা সক বাজনা এবিধ, a single stringed musical instrument.

বিনই, } *s.* কাকুতি, মিনতি, কাবৌ কোকালি, humble entreaty, sup-
বিনতি, } plication.

বিনচ কৰা, *s.* গৰ্ভপাত কৰা, জন্তু আদিএ কাল পুৰ নৌ হঁওতে পোআলি জন্মোআ, abortion, premature birth.

বিননি, *s.* গুন বর্নাই কন্দা, বিলাপ, lamentation, wailing.

বিনন্দ, } *a.* অতি ভাল, উত্তম, সুন্দৰ, superior, nice, fine, excellent.
বিনন্দিয়া, }

বিনন্দবিলাস, *s.* অময়া সুখ, অনেক প্রকাৰ সুখ, নানা প্রকাৰ অতি উত্তম, perfect happiness, ecstasy, bliss.

বিন্‌বিনাই, *v.* বিল্‌বিলাই, সৰহিয়া পোক গুলাই সোমাই থকা, to go in and out in swarms; (applied mostly to worms and insects.)

বিনষ্ট, *a.* নাস, ধ্বংস, চুকুউআ, perished, destroyed, ruined, lost.

বিনা, *s.* বিন, বাদ্য এবিধ, নোহোআকৈ, নোহোআত, the Indian lute; except, without, beside.

বিনাই, *v.* গুন বর্নাই কান্দি, বিলাপ কৰি, to lament, to wail.

বিনাদুসি, *a.* নির্দুসি, নিজগৰিয়া, দাই দোস নথকা, faultless, guiltless.

বিনাদোস, *s.* অনাদোস, অপৰাধ নোহোআ, innocence, guiltlessness.

বিনামুল্যে, } *ad.* এনেই, ধন বা বেচ নিদিয়াকৈ, freely, without price.
বিনামোলে, }

বিনাস, *s.* নষ্ট, ধ্বংস, উচন, নাস, destruction, ruin, utter loss.

বিনাসক, *a.* নষ্টকাৰক, নাস কৰোঁতা, মাৰোঁতা, destructive, ruinous.

বিনাসি, *a.* নষ্ট কৰা বা হোআ, চুকাই, সাং কৰি, সংহাৰি, বিনষ্ট কৰি, perishable, destructible; *v.* to destroy.

বিনাসুই, *a.* নিৰাসুই, অকলসৰিয়া, without refuge, unprotected.

নিৰাসুমে, *ad.* দুখ নোহোআকৈ, অপ্রয়াসে, সুচলে, easily, without effort.

বিনে, *ad.* বাজে, বাহিৰে, উপৰি, except, aside from, without.

বিনৈ, *s.* ধানৰ গচৰ নিচিনা এবিধ ত্রিন, বিনুঐ, a species of the tare or darnel that grows among grain and resembles it.

বিনোআ, *s.* বিলাপ কৰা, সুঁঅৰি সুঁঅৰি কন্দা, wailing, lamentation.

বিন্দু, *s.* অনুস্বাৰ, জোল বস্তুৰ টোপা বা কনিকা, বির্জ্য, the nasal sign (ং,) a dot, a point, a very little, a drop, seed, semen.

বিন্দুসাৰ, *s.* মুত্রৰ ৰোগ এবিধ, বির্জ্যপাত ৰোগ, a disease of the urinary organs, gonorrhœa.

বিন্দ্রাবন, *s.* see ব্রিন্দাবন, ক্রিষ্ণৰ গৰু ৰখা ঠাই,

বিন্ধন, *s.* বিন্ধা, ফুটুআ, boring, piercing or perforating anything.

বিন্ধনা, *s.* বিন্ধা দিয়া অস্ত্র, জোঁৰ, any piercing or boring instrument.

বিন্ধনিফুটনি, *s.* সৰিসত খোঁচা বিন্ধা ৰোগ, cutting, griping pains.

বিন্ধা, *s.* জলঙ্গা, ফুটা, খোঁচা, বাট থকা, আহু ধান পাতলোআজন, a hole, an opening, a perforation, an instrument for thinning out a field of grain.

বিন্ধাই, *v.* বিন্ধা কৰাই, ফুটাই, বিন্ধাৰে ধান পাতলাই, to cause to bore, to perforate, to pierce, to thin out grain as above.

বিন্ধা মৰা, *s.* বাট মৰা, ফুটা মৰা, the closing up of an opening; *a.* closed, stopped up.

বিন্ধি, *v.* ফুটি, বিন্ধা দি, হুল আদি সোমাই, to bore, to perforate, to sting.

বিন্ধোআ, *a.* বিন্ধা দিয়া, ফুটুআ, বিন্ধাৰে ধানৰ গচ পাতলোআ, perforated, thinned out, (as grain:) *s.* the causing to be thinned.

বিপক্ষ, *s.* সত্রু, প্রতিবাদি, বিৰুধি, an enemy, an adversary; *a.* hostile.

বিপত্তি, } *s.* আপদ, প্রমাদ, দুখ, calamity, misfortune, adversity, suffering.
বিপদ,

বিপৰিত, *a.* বেলেগ, আন ৰুপ, ভিন, ওভোতা, উত্তম, opposite, reverse, contradictory, delicious.

বিপল, *s.* পলৰ তিনি কুৰি ভাগৰ এভাগ, a second of time.

বিপাক, *s.* হব নলগা ঘটনা, দৈবাত ঘটনা, লেঠা, বাধা, embarrassment, an unexpected result or difficulty.

বিপ্র, *s.* বামুন, a Brahmin.

বিফল, *a.* গোট নধৰা, অনৰ্থক, নিস্ফল, fruitless, barren, useless.

বিফলে, *ad.* সিধি নোহোআকৈ, অনৰ্থককৈ, fruitlessly, ineffectually.

বিবৰন, *s.* বৃত্তান্ত, আখ্যান, বৰন গুচা, কান্তি গুচা, a description, a history, a detail, an account; *a.* pale, changed in color, blushing.

বিবস, *a.* বিভত, বিগ্যান, বিচুৰ্ত্তি, disconcerted, confused, distracted.

বিবাদ, *s.* দন্দ বা কথাৰ জুধ, a dispute, a quarrel, wrangling, a broil.

বিবাদি, *a.* দন্দুৱা, বিবাদ কৰা, quarrelsome, contentious, litigious.

বিবাহ, *s.* বিয়া, a marriage, a wedding; with দি, to give in marriage; with কৰি, to marry.

বিবাহিত, *a.* বিয়া কৰোআ, বেইতা, married, wedded.

বিবিধ, *a.* নানা প্রকাৰ, অনেক বিধ, of different kinds, various, manifold.

বিবিয়নি, *s.* টোপনি আদিত ভুম কোআ, incoherent talk.

বিবিয়াই, *s* টোপনিত বা নৰিয়াত ভুম বলকি, to talk incoherently, (as in sleep or delirium.)

বিবুধি, *a.* বুধি হেৰোআ, নিৰুপাই, at one's wit's end, without expedient.

বিবেচক, *a.* বিবেচনা কৰোঁতা, বিচাৰ কৰি চোআ, enquiring, discriminating, reflective, thoughtful, considerate.

বিবেচনা, *s.* গ্যান ৰুপে বিচাৰ কৰা, আলোচনা, discrimination, reflection.

বিভৱ, *s.* সম্পত্তি, ধন ঐশ্বৰ্য্য, বিভুতি, substance, property, wealth, power, dignity.

বিলগ, *a.* বেলেগ, প্রিথক, আঁতর, separate, apart, removed.

বিভঙ্গ, *s.* অতি সিঘ্রে পলোআ, পিঁয়াপি দিয়া, হাত তবি মরলোআকে মরার দরে পরি থকা, sudden or hasty flight or dispersion.

বিভাগ, *s.* ভাগ, অংস, a sub-division, a share, a lot, a part.

বিভিচার, *s.* বেস্যা গমন, লুম্পট করয়, অবিচার, fornication, adultery &c.

বিভিচারি, *a.* বেস্যালি, লুম্পট, দুষ্ট, lecherous, adulterous, unchaste, lewd.

বিভিসন, *s.* লঙ্কা দিপর রজা, রাবনর ভায়েক, Bibihon, the famous king of Ceylon, brother of Rawon;—mentioned in the Ramayan.

বিভূতি, *s.* সম্পতি, ঐশ্বর্য্য, wealth, power, majesty, glory.

বিভূতিমান, *a.* জোরবার, চহকি, ঐশ্বর্য্যসালি, rich, opulent, majestic, &c.

বিভুসন, *s.* ভুসন, সাজ, অলঙ্কার আদি, decoration, ornament, jewels.

বিভুসিত, *a.* পিন্ধি উবি ধুনিয়া হোআ, ভুসিত, decorated, adorned.

বিভ্রম, *s.* ভ্রম, বলিয়ালি কথা, an error, a mistake, a whim, caprice.

বিমন, *a.* নিরানন্দ, বেজারমুআ, মন মরা, sad, downcast, perplexed.

বিমান, *s.* দেবতার রথ, a self-moving car or chariot of a god.

বিমুখ, *a.* মুখ ঘুকআ, প্রসন্ন নোহোআ, having the face averted; averse, unfavorable.

বিমূর্চিত, *a.* বিগয়ান, মূর্চাগত, তত হেরোআ, unconscious, insensible, fallen into a swoon or trance.

বিমোচন, *s.* see মোচন,

বিমোহ, *a.* আদি অন্ত নোপোআ, নিরুপাই, বিবুধি, without beginning or end, helpless, perplexed, involved in doubt or difficulty.

বিম্ব, } *s.* প্রতিমূর্ত্তি, চাঁয়া, জলফুট, পানিজোলা, a reflected image, a
বিম্বু, } shadow, a bubble.

বিম্বাসবলে, *ad.* বর বেগে, very swiftly.

বিম্রিসা, *s.* পরামর্স, বিবেচনা, বিচার, consideration, investigation.

বিয়ন, *s.* পোআলি দিয়া, প্রসও করা, parturition, birth.

বিয়নি, *s.* পুতেক বা জিএকর দুই সাহুএকর সম্বোধন, a son's or daughter's mother in law.

বিয়পা, } *a.* পানির দরে বৈ জোআ, বচি ফুটা, running, spreading;
বিয়লা, } (as ink on paper or a report.)

বিয়াপি, } *v.* পানির দরে বৈ, মুকলি হৈ, বচি ফুটি, to spread, to run,
বিয়লি, } to be generally known.

বিয়র্থ, *a.* বেথা, নিসফল, ব্যর্থ, vain, useless, inefficient.

বিয়লিবেলা, *s.* ভাটি বেলা, আবেলি বেলা, তিনি পরিয়া সময়, the afternoon, generally reckoned from three o'clock P. M.

বিয়লি মাহ, *s.* তেল সানি বাকলি গুচুউৱা মাহ, pulse cleaned from the husk by the application of oil before pounding.

বিয়া, *s.* বিবাহ, marriage.

বিয়াকৰন, *s.* ভাসা শুধকৈ লিখা আৰু কোআৰ বিদ্যা, ব্যাকৰন. the science of grammar; analysis or taking to pieces.

বিয়াকুল, *a.* ব্যাকুল, আতুৰ, বিহ্বল, perturbed, perplexed, troubled, confused, disquieted, excited, distressed.

বিয়াধ, *s.* ব্যাধ, চৰাই পছু মৰিয়া, a hunter, a fowler.

বিয়াধি, বিয়াপাৰ, *s.* ব্যাধি, কুষ্ঠ আদি ৰোগ, a disease, (applied mostly to cutaneous diseases.

বিয়াপক, *a.* ব্যাপক, জুৰি থকা, pervading, penetrating, diffusive, extending over the whole of a thing.

বিয়াপি, *v.* ব্যাপি, ব্যাপ্ত হৈ, সকলোতে জুৰি, প্ৰচলিত হৈ, to diffuse, to spread, to pervade.

বিয়৾, *s.* পুতেক বা জিএক দুয়োৰো সহুৰেকৰ সম্বোধন, a son's or daughter's father in law.

বিয়ৈবাঁজি, *a.* দুই এক সন্তান পাই আৰু সন্তান নোহোআ তিৰি, barren after the first or second child.

বিৰ, *s.* জুধাৰু, বৰ বলি, বৰ পৰাক্ৰমি, চুলি কোঁচা কোঁচাকৈ ফালি ওকনি চোআ, সাপ আদিৰ মেৰ, a warrior, a champion, a hero; a parting of the hair, a coil.

বিৰকতি, বিৰক্তি, *s.* বেজাৰ, আমনি, অসন্তোস, disgust, aversion, dissatisfaction.

বিৰত, *a.* ক্ষান্ত হোআ, আসক্তি গুচা, ceased, relinquished, having lost desire for.

বিৰতি, *s.* ইচ্চা গুচা, নিবৃত্তি, loss of desire, cessation.

বিৰ দিয়া, *s.* চুলি আদি দুভাগকৈ ফালি নিয়া, the act of parting the hair or of making a way through a crowd of people.

বিৰবন্ধা, *s.* মেৰ বন্ধা, a coil, (as of a serpent.)

বিৰল, *a.* নিৰ্জ্জন, অকলসৰ, গোপন, alone, private, apart.

বিৰালি, *s.* মেকুৰি, a cat.

বিৰস, *a.* চোহোজা, নিৰস, বিবৰন, insipid, nauseous, dry, pale.

বিৰহ, *s.* বেজেগ, আঁতৰ, bereavement, loneliness, separation, absence, (especially of lovers, as used in amatory songs.)

বিৰহিনি, *s.* স্বামি লগত নথকা তিৰি, গিৰিএক আঁতৰ হৈ থকা, a woman separated from her husband or lover.

বিৰা, *s.* পানৰ খিলা বা ফাল, ধান কৰ্হিওআ বেঁকা কান যাৰি, পানিত থকা জুত এবিধ, a single betel leaf.

বিৰাজৰা, *s.* এবিধ ডাঙৰ জৰা টেঙ্গা, a species of acid fruit.

বিৰাভঁজিয়া, *a.* বেঁকা, কেঁকোৰা, curved, bent, crooked.

বিৰি, *s.* মাদলি, অলঙ্কাৰ বিসেস, a neck ornament.

বিৰিঙ্গ, *s.* এবিধ গচ, a species of tree.

বিৰিঙ্গা, *s.* বিৰিনা, এবিধ জোপোহা ত্ৰিন, অলপকৈ ঘামি ওলোআ, a species of grass, oozing, percolating, dropping.

বিৰিৰি, *v.* অলপকৈ ঘামি ওলাই, to ooze, to percolate, to drop.

বিৰিয়া, *s.* বেঁত আদিৰ পকোআ আধাৰি, ধান কৰ্হিওআ বাঁওকা, a coil of some soft substance used as a support for the round bottom of earthern vessel; a splint of bamboo used for carrying burdens on the shoulder.

বিৰিয়াপতা, *s.* সাপ আদিএ যেৰ পতা, বিৰ বন্ধা, the act of coiling.

বিৰুপ, *a.* কুৰুপ, আপৰ্হি, deformed, ill shapen, uncomely.

বিৰোধ, *s.* সক্ৰতাও, অহিত, অমিল, disagreement, dissension, quarrel, hostility, animosity, opposition.

বিৰ্য্য, *s.* see বিক্ৰ, পৰাক্ৰম,

বিৰিয়াল, *s.* সোন ৰুপ আদিৰ কাম কৰা হাৰি, a low class of artisans in metals.

বিল, *s.* বন্ধ খাই থকা বহল দ পানি, সৰোবৰ বিসেস, a lake, a pond.

বিলগ, *a.* বিলগ, প্ৰিথক, বেলেগ, not in contact, separate, parted.

বিলগোআ, *s.* বিলগোআ, প্ৰিথক কৰা, আঁতৰোআ, the act of separating.

বিলনিয়াৰ, *s.* বিলাই দিওঁতা, দেউৰি, one who allots, or distributes.

বিলম, } *s.* বেলি, গহৰি, পলম, delay, procrastination, a putting off.
বিলম্ব, }

বিলাই, *v.* বাঁটি দি, গাইপতি দি, দুৰ্গতি, দুৰ্দসা, বিতৈ, to apportion, to distribute; *s.* a portion, fate, condition.

বিলাত, *s.* ইংলণ্ড আৰু আমেৰিকা আদি চাহাব লোকৰ দেস, বেপাৰি লোকে বস্তু দি লগোআ মুল্য ধন, any foreign country, mostly applied to England, Europe and America.

বিলাতি, *a.* বিলাত দেসত হোআ বা থকা, ইংলণ্ড আদি দেসৰ, foreign &c.

বিলাতি আলু, *s.* এবিধ ঘুৰনিয়া আলু, the potatoe, (solanum tuberosum.)

বিলাপ, *s.* বিননি, গুন বৰ্নাই কন্দা, a wailing, a lamentation.

বিলাস, } *s.* ৰঙ ৰেমালি, লিলা, লাহ, enjoyment, sport, pastime, wantonness.
বিলাহ, }

বিলাতি বেঙেনা, *s.* বিলাত দেসৰ এবিধ বেঙেনা, the tomato.
বিলৈ, *s.* বিলাই, দুখ, বিপত্তি, ill condition, destitution, want.
বিলোৱা, *s.* বিলাই দিয়া, the act of distributing.
বিষ্ঠা, *s.* পেটৰ মল, গু, dung, excrements, ordure, anything worthless.
বিষ্ণু, *s.* ত্রিমূর্ত্তৰ এক নাম, নাৰায়ন, Vishnoo, the second person in the hindoo triad in the character of a preserver.
বিষ্ণুপদি, *s.* গঙ্গা, সংক্রান্তি বিসেস, the Ganges, so called from having sprung from Vishnoo's foot; the sun's entrance into the signs Taurus, Leo, Scorpio, and Aquarius.
বিস, *s.* বস্তু আদিৰ বেদনা, পিৰা বিসেস, বিহ, pain, venom, poison.
বিসই, *s.* পদ, সংসাৰিক সুখ, বাব, কাৰন, প্রসঙ্গ, wealth, worldly or sensual pleasure, a subject, an affair, a matter.
বিসইভোগ, *s.* সংসাৰিক সুখ ভোগ, the enjoyment of worldly pleasure.
বিসম, *a.* সম নোহোৱা, বেয়া, মন্দ, bad, unwholesome, hurtful, unlike.
বিসয়া, *s.* বিসই থকা, খাজনা আদি তোলা লোক, the holding an office. a collector of revenue, a mouzadar.
বিসয়ে, *ad.* কথাতে, কাৰনে, অৰ্থে, concerning, respecting.
বিসৰ্গ, *s.* দুই বিন্দু, (ঃ) যোড়সৰৰ, the character (ঃ).
বিসাই, *v.* বিথাই, বেদনা কৰি, বিস উঠি, to ache, to pain.
বিসাদ, *s.* বেজাৰ, সোক, অসন্তোস, sadness, dejection, distress.
বিসাল, *a.* বিস থকা, বৰ বিসেৰে, poisonous, venomous.
বিসালি, *a.* বিসে ধৰা, বিসৰ, poisoned.
বিসিষ্ট, *a.* উত্তম, বৰ ভাল, সজ, বিচখান, excellent, eminent, superior.
বিসুব, *s.* দিন ৰাতি সমকাল, সংক্রান্তি বিসেস, the equinox or the intersection of the equator and the ecliptic.
বিসুব ৰেখা, *s.* প্রিথিবিৰ মধ্য ৰেখা, the equinoctial line.
বিসেস, *s.* ভেদ, ভিন, আন এক বিধ, উত্তম, a distinction, a difference, a peculiarity; *a.* peculiar, particular, excellent.
বিসেসকৈ, *ad.* ভালকৈ, আৰু অধিককৈ, ভেদকৈ, especially, particularly
বিসেসত, *ad.* স্বৰূপত, বাস্তৱত, truly, in reality.
বিসেসন, *s.* গুন বাচক সব্দ, উপাধি, a distinction, an epithet, a predicate, an adjective, a qualifying word or sentence.
বিসোৱা, *a.* বিথোৱা, বিসে ধৰা, aching, paining.
বিস্তৰ, *a.* অনেক, বহুত, অসংখ্যা, abundant, ample, much, many.
বিস্তাৰ, *s.* বহল, বাহুল্য, প্রকাস, extension, width, breadth, a speaking out, a making public, spreading abroad.

বিস্তাৰি, *v.* বহলাই, মেলি, বাহুল্য কৰি, to enlarge, to spread abroad.

বিস্মই, *s.* আচৰিত, তবধ, surprise, astonishment, wonder.

বিস্মৰন, *s.* পাহৰন, ভুল, ভুম, forgetfulness, oblivion.

বিস্ৰাম, *s.* জিৰনি, সঁতোআ, বোআ, rest, repose, relaxation.

বিস্ৰামবাৰ, *s.* জিৰোআ দিন, ৰবিবাৰ, দেওবাৰ, the day of rest, Sunday.

বিশ্ব, *s.* জগত, ব্ৰহ্মাণ্ড, সংসাৰ, সকলো, the world, the universe, everything; *a.* all, universal, entire.

বিশ্বকৰ্ম্ম, *s.* বিচুকৰম, দেৱতাৰ খনিকৰ, a fabulous architect of the gods.

বিশ্বনাথ, *s.* সিৱৰ এক নাম, *lit.* lord of the universe, an epithet of Hiwo.

বিশ্বাদ, *a.* সোআদ নোহোআ, চোহচুহিয়া, insipid, without flavor.

বিশ্বাস, *s.* স্বৰুপ মনা, সম্ভাত, প্ৰত্যাই, faith, trust, confidence, belief.

বিশ্বাসঘাতকি, } *a.* অবিশ্বাসি, অসম্ভাতি, treacherous, betraying confi-
বিশ্বাসঘাতি, } dence; *s.* a traitor, treachery, breach of faith.

বিশ্বাসি, *a.* বিশ্বাসৰ যোগ্য, সম্ভাত কৰা, স্বৰুপ, সত্যবাদি, faithful, trustworthy, honest.

বিহ, *s.* বিস, হলাহল, প্ৰান নাসক বস্ত এবিধ, poison, venom.

বিহকটি, *a.* অতি তিক্তা, আকটা, very bitter, distasteful.

বিহন, *a.* নাইকিয়া, অভাও, বিহিন, destitute, bereft.

বিহফোঁহোৰা, *s.* বৰ বিসেৰে খহু এবিধ, a boil, a carbuncle, a tumor.

বিহবাঁহ, *s.* এবিধ বিসাল বাঁহ, a species of bamboo.

বিহমনা, *s.* এবিধ বনৰিয়া গচ বা তাৰ গুটি, a species of tree and its nut.

বিহলঙ্গনি, *s.* এবিধ বনৰিয়া দৰব সাক, a species of fern.

বিহা, *s.* কুৰি বা চৌবিচ গোটৰ সংখ্যা, অপৰাধৰ দণ্ড আগ্যা দিয়া, a score; the act of passing a sentence or of imposing a fine.

বিহাই, *v.* পানিত বিহ দি, কথা বহুলকৈ বৰ্নাই, to poison the water for the purpose of catching fish; to enlarge, to expatiate.

বিহান, *s.* প্ৰভাত, পুআ, the dawn, the early morning.

বিহানে, *ad.* পুআই, প্ৰভাতে, সোনকালে, at dawn, early.

বিহাৰ, *s.* ক্ৰিসম্ভোগ, ধেমালি, খেলা, ৰঙ্গ আনন্দ, কেলি, play, sport, pastime, recreation.

বিহি, *v.* অপৰাধৰ দণ্ড আগ্যা দি, to decide according to law, to fine, to pass sentence upon.

বিহিত, *a.* উচিত, কৰিব লগা, fit, proper, legitimate, right.

বিহিন, *a.* see হিন, নাইকিয়া হোআ,

বিহু, *s.* চত, কাতি আৰু মাঘ মাহৰ সংক্ৰান্তি, পৰ্ব্ব, an Assamese festival of which there are three each year, the *Bikoo.*

বিহুআ, *a.* বিহুৰ সমন্ধিয, চৰাই এবিধ, relating to the *Bihoo.*

বিহোআ, *s.* বিল আদিত বিহ দিয়া, কথা কৈকৈ প্ৰকাস কৰা, the poisoning a stream or pond for catching fish.

বুকু, *s.* হিয়া, বিদই, মন, মাচৰ পেটু বিসেস, the breast, the bosom; *fig.* the mind.

বুকুআ, *a.* বকুৰ পৰিমান, বুকলৈকে, breast-deep, up to the breast.

বুকু চোলা, *s.* কঁকাললৈ পৰা চুঁটি হাতেৰে চোলা এবিধ, a kind of jacket.

বুকুবৰি, *s.* বুকু চোলাৰ বুকুৰ কাপৰ, বনত পিন্ধা বুকুৰ সাজ, the breast piece of a native jacket, a breastplate.

বুজ, *s.* গ্যান, তত্ত, বিচাৰ, জু, understanding, apprehension, an idea.

বুজন, } *a.* টৈশৰ, ডাঙৰ, খুঁটি খাব পৰা, গ্যান হোআ, come to
বুজনিয়া, } years of understanding, intelligent, grown.

বুজনি, *s.* কথা বুজুআ, সিকনি, information, instruction, direction.

বুজ পোআ, *a.* ভু পোআ, জনা, having knowledge of a matter, known.

বুজবাজ, *s.* ভুভা, বাৰ্ত্তাবিত, উআদিহ, definite information, full knowledge.

বুজবিচাৰ, *s.* বুজ লোআ, চোআ চিন্তা, বিবেচনা, investigation, enquiry.

বুজা, *a.* ভু পোআ, জনা, গ্যাত হোআ, known, understood.

বুজাই, *v.* বোধ দি, গ্যান সিকাই, to explain, to point out, to show.

বুজাবুজি, *s.* জনোআ জনি, ইটে সিটে বিজুআ, a mutual understanding.

বুজি, *v.* বুজ কৰি, জানি, বিবেচনা কৰি, to know, to understand, to infer, to suppose, to imagine.

বুজিবাজি, } *ad.* বুজ বাজ কৰি, চাই চিন্তি, সাৱধানে, understandingly,
বুজিসুজি, } warily.

বুজুআ, *s.* গ্যান দিয়া, জনোআ, বিজুআ, the act of explaining &c.

বুট, *s.* বঙ্গালি মাহ এবিধ, a species of pulse, (Cicer Arietimum.)

বুটলি, *v.* এটা এটাকৈ তুলি, to pick up, to gather.

বুটা, *s.* কাপৰত দিয়া গুটি ফুল, figures of embroidered cloth.

বুটা দিয়া, *s.* গুনাৰ বা সুতাৰ গুটি ফুল থকা, embroidery; *a.* embroidered.

বুটি, *a.* চুঁটি, খই গৈ ভোতোহা হোআ, blunt, short, worn short.

বুধ, *s.* চতুৰ্থ গ্ৰহ, বিষ্ণুৰ নৱম অৱতাৰ, the planet Mercury, a sage of the Budhist sect; the ninth incarnation of Vishnoo.

বুধবাৰ, *s.* চতুৰ্থ বাৰ, Wednesday.

বুধি, *s.* গ্যান, বোধ, চল, উপাই, understanding, genius, judgment, sagacity, contrivance, means.

বুধিমন্ত, } *a.* বুধি জনা, গ্যানি, টৈঙৰ, ফন্দিয়ক, wise, sagacious,
বুধিয়ক, } learned, inventive.

বুবুআই, *v.* অব্যক্ত রূপে কথার আগ উলিয়াই, to speak indistinctly or in a low voice, to divulge imperfectly.

বুবু-বাবা, *s.* গুপুত কথা লোকে অলপকৈ কোআকুই করা, the talking over a vague report secretly.

বুৰ, *s.* জোবোবা, ডুব, পানিৰ তলত সোমোআ, immersion, baptism, a submerging, dipping, plunging, diving.

বুৰঞ্জি, *s.* ৰজা আদিৰ আগৰ কালৰ ইতিহাস, a history, a record.

বুৰ দিয়া, } *s.* পানিত ডুব দিয়া, জোবোবা মৰা, গা ধোআ, the act of
বুৰ মৰা, } dipping, plunging or baptizing; *a.* immersed &c.

বুৰ দিয়াই, *v.* বুৰ মৰাই, জোবোবা মৰাই, to dip, to immerse, to plunge, to baptize.

বুৰা, *a.* পানিত তল জোআ, বৃদ্ধ, বয়সিয়া, পৈনত, submerged; aged, mature, ripe; *s.* an old man; *a.* old.

বুৰা আঙুলি, *s.* বুঢ়াআঙুলি, মাই আঙুলি, the thumb.

বুৰাই, *v.* পানিত তল নিয়াই, জুবুৰিয়াই, to submerge, to overflow, to dip.

বুৰা গোহাই, *s.* অহম ৰজাৰ তিন জন ডাঙৰিয়াৰ মাজৰ এজনৰ পদ, the prime minister of the Assam kings.

বুৰামুআ, *a.* বুৰাৰ মুখৰ নিচিনা মুখ হোআ, having an old look.

বুৰি, *s.* বয়সিয়া তিৰি, পাঁচ অঁৰা, কুৰি, তল হৈ, an old woman, five gundas or twenty cowries; *v.* to submerge, to overflow; *a.* old.

বুৰি আই, } *s.* পিতা মহি, মাতা মহি, বুৰি তিৰোতাৰ সম্বোধন, a grand-
বুৰিমাক, } mother, a term used in addressing an old woman.

বুৰিঙআ, *s.* ডুব দিয়া, বুৰ মৰা, the act of diving or submerging.

বুৰিয়াই, *v.* বুৰ মাৰি, to dive.

বুৰুউআ, *a.* পানিত তল নিউআ, জুবুৰিউআ, submerged, overflowed, immersed; *s.* the act of immersing &c.

বুৰুলি খেৰ, *s.* চালৰ পুৰনি খেৰ, old thatch of a former roof.

বুৰ্বুৰনি, *s.* মুখে উলিউআ ফেন, পানিৰ তলৰ পৰা উঠা ঘন ফুট, froth, foam; with কাঢ়ি to froth, to foam at the mouth.

বৰ্বুৰিয়া, *a.* ফুট্ফুটিয়া ঘন ফুট উঠা, bubbling, covered with bubbles.

বুলন, } *s.* খোজ, গমনৰ গতি, walk, gait, pace.
বলনি, }

বলনি কাপৰ, *s.* ভিতৰ ঠাইত ৰজা আৱলৈ বাটত পাৰি দিয়া কাপৰ, a rug or carpet spread on a path for a king.

বুলনি ঘৰ, } *s.* ইটো ঘৰৰ পৰা সিটো ঘৰলৈ জোআ সৰু ঘৰ, a small
বলনি চৰা, } house or covered pathway connecting two houses.

বুলা, *a.* খোজ কৰ্হা, ফুৰা, চলা, trodden, walked, passed over.

বুলাই, *v.* খোজ কৰ্হাই, চলাই, গাত হাত ফুৰাই, খেলৰ গুটি আদি লৰাই দি, to cause to move or pass, to make passes over the body with the hand.

বুলি, *v.* কৈ, খোজ কাঢ়ি, to speak, to move.

বুলিয়া, *a.* ৰোল দিয়া, ৰঙ্গ লগোৱা, colored, dyed.

বুলুউআ, *s.* চলোআ, হাত ফুৰুউআ, the act of moving or passing from one place to another, making passes with the hand, touching the keys or strings of a musical instrument.

বেই, *s.* বিবাহত দৰা কন্যাক নোৱআ, ধুউআ কাঠৰ বা কলাপুলিৰ খুঁটা দি কাপৰেৰে সজা টুপ ঘৰ বিসেস, a place for the ceremony of bathing the bride and bridegroom at marriage.

বেইতা, *a.* বিবাহিত, বিয়া কৰা, married, wedded.

বেইবেইতা, *a.* বিবাহিতা, বিয়া কৰোআ তিৰোতা, *fem.* of the above.

বেঁও, *s.* উৰ, আঠ হাত পৰিমান, দুই হাত মেলাৰ জোখ, a measure of distance equal to 12 feet.

বেঁওআ, *s.* চিকত হোআ ৰোগ, নাঙ্গলৰ ফাল খুউআ পাতি, কঠ আদি বোআ ফলিয়া বাঁচ, দুই হাত মেলাত কি পৰিমান, চাৰি হাত, a tumor in the groin, a bubo; a wedge to a plough; a rod in a native loom; a measure of above four cubits or the length of the two arms extended.

বেঁওচনিয়া, *a.* একতিয়া, turned aside from a direct course.

বেঁকা, } *a.* পোন নোহোআ, আৰ থকা, ভঁজিয়া, crooked, curved,
বেঁকোৰা, } bent.

বেঁকাবেঁকি, } *a.* ভেজুৰা ভেজুৰি, কেঁকোৰা কেকুৰি, having sev-
বেঁকোৰাবেঁকুৰি, } eral curves or bends.

বেঁকামুআ, *a.* ভেজুৰা মুখেৰে, wry-faced.

বেঁত, *s.* লেগ্লাই জাতি আদি বেত্ৰ, এবিধ জকৰ লতা বিসেস, cane, rattan.

বেঁতনি, *s.* সৰহকৈ বেঁত গজা ঠাই, a cane brake or thicket.

বেঁত মেলা, *s.* ফাট মেলা, মুকলি হোআ, মুখ মেলা, an opening, yawning.

বেকত, *s.* ব্যক্ত, বিদিত, প্ৰকাস, expressed, made known.

বেক্বেকাই, *v.* কেবুকেবাই, অনেক কথা কৈ, to prate, to talk much.

বেকেটাবেকেটি, *a.* মুখ ইকটা সিকটা কৰা, astringent, bitter.

বেগ, *s.* সিঘ্ৰ গতি, খৰ, দৌত, velocity, speed, swiftness, force.

বেগত, *s.* বুৰা আক মাজ আঙুলি দিঘলকৈ মেলাৰ জোখ, বাৰ আঙুল পৰিমান, a span, nine inches.

বেগতিয়া, *a.* বেগত পৰিমানৰ, a *begot* or span in breadth, brief.

বেগতিলে, } *ad.* সিদ্ধু, খৰকৈ, ততালিকে, quickly, speedily.
বেগতে,

বেগ ধৰা, *s.* খৰকৈ জোআ, সিদ্ধু কৰা, the doing or moving rapidly impetuosity, eagerness.

বেগৱন্ত, } *a.* বেগি, খৰোতৰ, swift, active, impetuous.
বেগৱান,

বেগাই, *ad.* খৰ কৰি, সিদ্ধু, বেগতে, quickly, rapidly.

বেগাবেগি, *a.* লৰালৰি, খৰখেৰা, quick, rapid.

বেগি, *a.* বেগেৰে, বেগৱন্ত, খৰ, কোবাল, swift, rapid, impetuous.

বেঙ, *s.* ভেঁকুলি, ভেক, a frog.

বেঙা, *s.* ঠেঙ মিঘলাই দি খোজ কৰা, চুকি পাবলৈ ভৰিৰ গোবোআ দাঙি থিয় হোআ, মাচ এবিধ, striding, standing on tiptoe, a species of fish; with মেলি, to stride, to stand on tiptoe.

বেঙেটি, *s.* গৰু আদিৰ খুঁৰাৰ পাচ ফালৰ জুৰিয়া নখ, the two hindmost claws of beasts that part the hoof.

বেঙেনা, *s.* এবিধ পাচলি, a *brinjal*, the eggplant.

বেঙেনাবুলিয়া, *a.* বেঙেনা বৰনিয়া, কজলা বৰনৰ, purple.

বেচ, *s.* বানাচ, মূল্য, বাব, ভেৰোন, ফল, উত্তম, ভাল, বাক, price, hire, rent, wages, a reward; *a.* good excellent; *interj.* well done! sometimes used in derision.

বেচ খোআ, *s.* কাম কৰি ধন লোআ, a hireling, one who serves for wages; *a.* hireling, mercenary.

বেচা, *s.* বিক্ৰই কৰা, বিকা, a sale; *a.* sold.

বেচাই, *v.* বিকাই, to cause to be sold.

বেচা কিনা, *s.* ক্ৰই বিক্ৰই, sale and purchase.

বেচি, *v.* বিক্ৰই কৰি, বিকি, বৰ্হী, অধিক, to sell; *a.* excessive, more.

বেচু, *s.* কঁকাল আদিত হোআ ৰোগ. চকলিয়া ঘা বিসেস, a kind of rheum or skin disease.

বেচোআই, *s.* বেচ খোআ বা পোআ মানুহ, working for wages.

বেজ, *s.* বৈদ্য, চিকিত্চক, ঔসধ জনা, a doctor of medicine, a physician.

বেজকচু, *s.* এবিধ খজুউআ বিহ কচু, a species of wild *kosu*.

বেজবৰুআ, *s.* প্ৰধান বৈদ্য, বেজৰ বিসয়া বিসেস, a head medical officer of the Assam king's.

বেজবেজ কৰে, *ad.* বেজেৰাৰ দৰে, বৰ চোকাকৈ, with a smarting, biting sensation, acrimoniously.

বেজবেজিয়া, *a.* চোকা গুৰ থকা, বেজেৰা লগা, বেজবেজ কৰে ধৰা, sharp, corrosive, smarting, acrimonious.

বেজাৰ, *s.* বিৰকতি, অসন্তোস, বেয়া পোআ, displeasure; with লগা, out of humor, displeased.

বেজালি, *a.* বেজৰ সম্বন্ধিয়, ঔসধিয়, বৈদ্য সাস্ত্র বিসেস, relating to medical science.

বেজালি পুথি, *s.* ঔসধ মন্ত্র আদিৰ পুথি, a medical treatise.

বেজি, *a.* কাপৰ সিয়া লো পিতলৰ সলা, a needle for sewing.

বেজিনি, *s.* বেজৰ তিৰোতা, দৰৱ জনা তিৰি, a female physician, a midwife.

বেজেৰা, *a.* বেজবেজিয়া, চোকা, সুনি বেজাৰ লগা, sharp, biting, cutting, pungent, irritating.

বেজেৰাবেজেৰি, *s.* কেটেৰা কেটেৰি, কেটেৰ জেজেৰ, crossness, snappishness, tartness.

বেটি, *s.* দাসি, আল ধৰা তিৰি, a female servant or slave, a handmaid.

বেটু, *s.* ফুল আদিৰ গুৰিৰ চুপহি, পাত্রৰ চুলা বিসেস, লাখুটিৰ মুৰত খুউআ টেমি, the calyx of a flower, the metal head of a cane.

বেটুআ, *s.* বেটু থকা, having the above calyx or metal head.

বেতাল, } *s.* ভুত ভুতুনি আদি, বৰ টটাটিঙ্গা, অঘাইতং, an evil spirit;
বেতালি, } (a term of abuse.)

বেতি, *s.* এবিধ বনৰিয়া বাঁহ, a species of wild bamboo.

বেতেৰি, *s.* তেল পেৰা পলা, a braided rattan hoop for expressing oil.

বেতেৰিচোবোআ, *s.* একে কথাকে কৈ কৈ থকা, আউল নমৰা কথা, repeating again and again.

বেতেৰিবন্ধিয়া, *a.* পলাবন্ধিয়া, আও পকিয়া, একে কথাতে লাগি থকা, firm, unyielding, like the বেতেৰি, which see.

বেথা, *s.* মৰম, চেনেহ, আস্তিক, love, affection.

বেথা লগা, *a.* স্নেহ লগা, মৰম লগা, বাটুআ, dear, beloved, esteemed.

বেদ, *s.* হিন্দুৰ প্রধান চাৰি খন আদি সাস্ত্র, the generic appellation of the hindoo sacred writings, a Veda; science.

বেদনা, *s.* বিস, পিৰা, দুখ, pain, distress, bodily suffering.

বেদব্যাস, *s.* মুনি বিসেস, an epithet of the sage Byah, which see.

বেদাঙ্গ, *s.* ব্যাকৰন আদি বেদৰ চই অঙ্গ, a supplementary portion of the Vedas treating of the sciences.

বেদাচাৰ, *s.* বেদৰ আচৰন, the practice enjoined by the Vedas.

বেদান্ত, *s.* এক সাস্ত্রৰ নাম, বেদৰ সাৰ কথাৰ পুথি, *lit.* the scope or substance of the Vedas, a treatise on the above.

বেদান্তিক, *s.* বেদান্তৰ পণ্ডিত, a follower of the Vedas.

বেদি, *s.* যজ্ঞ আদিৰ ভেঁটি, an altar, a mound, a platform.

বেপাৰ, *s.* বেহা, বানিজ্য, কিনা বিকা, trade, traffic, commerce.

বেপাৰি, } *s.* বেহেৰুআ, দোকানি, মুদৈ, a trader.
বেপেৰুআ, }

বেবানি, *s.* গৰু আদিৰ হেম্বেলনি, the bleating or lowing of animals.

বেবাই, *v.* গৰু আদিএ বে বে কৰি, হেম্বেলিয়াই, to bellow, to bleat.

বেবুআ, *s.* পেঁপুআ, ভত হেৰোআ, অজলা, the act of bellowing, the loss of self possession.

বেবেৰিবাজ, *a.* আন্‌ৰবাজ, অমিল, আউমিয়া, contrary to right or custom, discordant.

বেমেজালি, *s.* অনেক কাম একে বেলিএ পৰা, আজুল খাই ধৰা, perplexity, embarassment, as by the pressure of work or business.

বেমেলি, *a.* মিহলি, সিসুতি, গোট গোট হোআ, mixed, scattered about.

বেয়া, *a.* অধম, কুচিত, অভদ্ৰ, কু, বিসম, bad, evil, inferior.

বেৰ, *s.* বাৰ, ঘৰ আদিৰ আবৰন, মেৰ, দুই হাতৰ আঁকোআল, a partition or side of a house, girth or circumference, as much as can be compassed by the arms.

বেৰটা, *s.* বাৰটা, বেৰৰ তলত দিয়া চঁটিয়া গৰ বা বাঁহ, the board or bamboo on which an upright partition rests.

বেৰা, *a.* বেৰ দিয়া, লো পিতলৰে সজা কাঁহিৰ তলত দিয়া অতন বিসেস, enclosed, surrounded; *s.* a metal tripod.

বেৰাই, *v.* মেৰাই, বেৰ দিয়াই, to surround or enclose.

বেৰি, *s.* লোৰ সিকলি, অস্ত্ৰৰ নালৰ আঙঠি, বেৰ দি, জেওৰা দি, চাৰিও ফালে আগচি, an iron chain, a ferule or flat ring around the handle of an instrument; *v.* to surround, to enclose.

বেৰি ধৰা, *a.* মেৰাই ধৰা, আবৰি ধৰা, surrounded, encircled &c.

বেৰিয়া, *a.* একলিয়া হৈ গজা দাঁত, irregular, one sided, applied to teeth.

বেৰোআ, *a.* বেৰ দিয়া, আৰ দিয়া, enclosed, surrounded &c.

বের্বেৰকৰে, } *a.* পানি পৰি কুমলি থকাৰ দৰে, ভের্ভেৰিয়া, soft,
বের্বেৰিয়া, } yielding like mud.

বের্হা, *s.* বেৰা, কাঁহি তুলি থোআ অতন, a support for a metal plate.

বেল, *s.* শ্ৰীফল, এবিধ গচ বা তাৰ গুটি, the baal or wood-apple (Argle Marmelos.)

বেলবেলাই, *v.* অনৰ্থক কথা কৈ, চেলচেলাই, ফেদফেদাই, to talk nonsense.

বেলবেলিয়া, *a.* বেলবেলাই থকা, চেলচেলিয়া, foolish, nonsensical.

বেলা, *s.* বেলি, পৰ, আহোম ডাঙৰিয়াৰ কৰি খোজা সোন ৰূপ আদি ধাতুৰ পাত্র, নিৰুপিত কাল, time, the time of day, a kind of silver or golden vessel, a particular time.

বেলি, *s.* সূৰ্য্য, সময়, কাল, বাৰ, the sun, time, a time, a turn.

বেলি থাল, *s.* গোটোৱা কাঁহি বিসেস, ঘুৰনিয়া থাল এবিধ, a kind of brass platter.

বেলি ফুল, *s.* পুআতে সূৰ্য্যলৈ মুখ কৰি ফুলি সূৰ্য্যৰ লগে লগে পাক লৈ গতি কৰা ফুল এবিধ, the sunflower.

বেলিএপতি, } *ad.* বাৰে বাৰে, ঘনে ঘনে, every time, repeatedly, time and again.
বেলিএবেলিএ, }

বেলেগ, *a.* প্ৰিথক, আঁতৰ, নিলগ, separate, apart, distant.

বেলেগতিয়া, *a.* বেলেগে থকা, কেইবা পুৰুসৰ অন্তৰ হোআ বন্ধু, distant; applied also to remote relationship.

বেলেগাই, *v.* বেলেগ কৰি, প্ৰিথকাই, আঁতৰাই, to separate, to remove.

বেলেগে, *ad.* বেলেগকৈ, আঁতৰে, নিলগে, separately, apart, singly.

বেলেগোআ, *s.* নিলগোআ, প্ৰিথক কৰা, the act of separating or removing; *a.* separated, removed.

বেৱসাই, *s.* কাম কাজ, বৃত্তি, a profession, a trade, an occupation.

বেৱস্থা, *s.* বিধি, বিধান, a rule, a statute, an established usage or custom.

বেৱহাৰ, *s.* আচৰন, ৰিতি, custom, usage, practice, intercourse, conduct, general behaviour.

বেস, *s.* ভূসন, ভাও, চদ্ম, dress, garb; with ধৰি, to assume a guise.

বেসধৰা, } *a.* ভাও ধৰা, চদ্ম কৰা, disguised; *s.* a disguise.
বেসধাৰি, }

বেস্যা, *s.* নটি, ব্যভিচাৰি, বিভিচাৰি লোক, a harlot, a prostitute, a courtezan; *a.* adulterous, corrupt.

বেস্যাগমন, *s.* বেস্যা হৰন, prostitution, whoredom, adultery.

বেস্যালই, *s.* নটি সাল, a house of ill fame, a brothel.

বেস্যালি, *a.* বেস্যা কামত খেল কৰি ফুৰা, whorish, unchaste, adulterous, lewd; *s.* an adulterer or adulteress, a whoremonger.

বেহা, *s.* বেপাৰ, বানিজ্য, বেচা কিনা, trade, commerce.

বেহাই, *s.* বেহা কৰি, বেচি কিনি, to traffic, to trade.

বেহানি, *s.* দ্ৰব্য, বস্তু, সামগ্ৰি, things, goods, an article.

বেহি, *s.* তেল আদি টেকেলিৰ পৰা অনা হাতন, a small oil ladle.

বেহু, *s.* সৈন্যে ৰনত পতা চক্ৰ বিসেস, জুধলৈ পতা সৈন্যৰ দল, a phalanx, a line of soldiers drawn up in battle array.

বেহেকআ, *s.* বেপেকআ, বেপাৰি, মুদৈ, a trader, a merchant.

বেহেলা, *s.* গানত বজোআ যন্ত্র বিসেস, a violin, fiddle.

বেহোআ, *s.* বেচা কিনা, বেহা কৰা, merchandise, trade, buying and selling.

বৈ, *v.* কঢ়িয়াই, সোঁত ধৰি, গুটি আদি সিঁচি, বন কৰি, কাপৰ চাৰি আদি নির্মান কৰি, to bear, to flow, to sow, to work or serve, to weave, to braid.

বৈকুণ্ঠ, *s.* স্বর্গ, বিষ্ণুৰ ধাম, the hindoo paradise of Krishnoo.

বৈখান, *s.* see বাইখান,

বৈগুন, *s.* দুর্গুন, বেয়া, an evil quality; *a.* worthless, pernicious.

বৈচৰ, *a.* হাল বোআ, working in the yoke; *s.* a working ox.

বৈচা, *s.* নাৱৰ বঠা মৰা লোক, নাৱৰিয়া, বাৰ, a boatman, a sailor, a time, a turn.

বৈতৰনি, *s.* হিন্দুৰ সাস্ত্র মতে নৰ্ক নদি, the hindoo Styx or river of hell.

বৈদ, *s.* see বেজ, বৈদ্য, a physician.

বৈদিক, *a.* বেদৰ সমন্ধিয়, Vedantic, pertaining to the Vedas.

বৈদুর্য্য, *s.* এবিধ বহু মুল্য সিল, মনি বিসেস, a gem, the onyx stone.

বৈনাই, *s.* ভনিএকৰ গিৰিএক, a younger sister's husband.

বৈৰি, *s.* সত্রু, অৰি, বিপক্ষ্য, an enemy, a foe, an adversary, hostility.

বৈষ্ণৱ, *s.* বিষ্ণুৰ ভকত বিসেস, a votary, a worshiper of Vishnoo.

বৈস্য, *s.* হিন্দুৰ ত্রিতিয় জাত, the third hindoo caste, the trading and agricultural class.

বোঅনি, *s.* কাপৰ আদি বোআৰ বেচ, weaving; pay for weaving.

বোআ, *s.* বৈ জোআ, সিঁচ', বন কৰা, বজোআ, কাপৰ আদি নির্মান কৰা, flowing, sowing, ploughing, carrying, weaving, braiding, playing on an instrument.

বোআই, *v.* ববলৈ দি, সোঁত ধৰাই, চলাই, বজোআই, causative of বৈ,

বোআৰি, *s.* পুতেক ভায়েকৰ ঘৈনিএক, a daughter in law; a younger brother's wife.

বোকনি, *s.* জোলোঙা, a small bag worn under the arm.

বোক্‌বোক্ কৰে, *a.* সোআদ নোহোআ, অস্বাদ বিসেস, unpleasant to the taste.

বোক্‌বোকাই, *v.* মুখত খোআ বস্তু লৈ কথা কৈ, মোক্‌মোকাই, to mumble, to mutter, to speak indistinctly.

বোকা, *s.* জোল্‌জুলিয়া মাটি, পঙ্ক, mud, mire, clay.

বোকা দিয়া, *s.* কঠিয়া কৰ পৰাকৈ বোকা কৰা, বোৰ দিয়া, the ploughing of wet land for the transplanting of rice.

বোকোচা, *s.* পিঠিত তুলি নিয়া টোপোলা আদি, হোৰা, a pack or burden carried on the back.

বোকোচা লোআ, *s.* পিঠিত তুলি লোআ, carrying on the back.

বোজা, *s.* মুৰত বৈ অনা টোপোলা আদি, a load, a burden.

বোটলা, *s.* হাতেৰে তুলি লোআ, বুটলি থোআ, the act of gathering or picking up; *a.* gathered, picked up.

বোদবোদ, *s.* নমতা নোবোলাকৈ থকা, বোধ ৰূপ ধৰা, taciturnity, reserve.

বোদবোদিয়া, } *a.* নমতা নোবোলা, অবাক হোআ, taciturn, reserved.
বোদৰূপ, }

বোধ, *s.* গ্যান, বুজ, অনুমান, knowledge, intellect, understanding, an opinion, an idea, an inference.

বোধগম্য, *a.* বুজিৰ পৰা, গমি পোআ, comprehensible.

বোন্দা, *s.* মতা মেকুৰি, a male cat.

বোন্দোৰা, *a.* চুঁটি, নবৰ্হা, জুপুৰা, short, stinted, dwarfed.

বোপা, *s.* লৰা আদিক মৰমেৰে মতা মাত, affectionate address of a boy.

বোপাই, *s.* পিতা, আপদেও, লৰাক মৰমেৰে মতা, আচৰিত মনা মাত, father, familiar address of a child; an exclamation of surprise.

বোপা ককা, *s.* পিত্রি পিতামহ, ancestors, progenitors.

বোপাদেও, *s.* লৰাক মৰম আদৰেৰে মতা মাত, a respectful address of the sons of the nobility.

বোবা, *a.* মাতিব নোআৰা, অবাক, dumb, speechless.

বোবোৰা, } *a.* নিসন্ধিকৈ ফোঁচা হোআ, দলমা বন্ধা, ফুট ফুট হৈ উখহা,
বোৰোলা, } pimpled, blotched, pitted.

বোবোৰাবোবোৰ, } *a.* অনেক ঠাইত বোবোৰা হোআ, দলমাদলম, cov-
বোবোলাবোৰোল, } ered with pimples or blotches.

বোৰ, *affix.* বহু বচন বুজুআ পৰৱৰ্ত্তি সব্দ, a plural termination.

বোৰোকা, *a.* টোপোৰা টোপোৰ হোআ, উখহাৰ দৰে মঙহ উঠা, ভোভোৰা, টেমুনা, pimpled, pitted, blotched.

বোৰোকাবোৰোক, *a.* গোট গাই টেমুনাৰ দৰে হোআ, covered with risings or excrescences on the surface of the body.

বোল, *s.* ৰহন, বচন, কথা, মাত, a color, speech, a saying, an utterance.

বোল দিয়া, *s.* ৰহন লগোআ বা খুউআ, বোলোআ, the act of coloring &c.

বোলবচন, } *s.* গালি সপনি, কথা বাত্রা, abuse, speech, conversa-
বোলমাত, } tion.

বোলা, *a.* কোআ, এবিধ কাঠ, said, spoken; *s.* a species of tree.

বোলাই, *v.* ৰহন খুআই, ব্রিধি কৈ, to dye, to color, to do in excess.

বোলোআ, *a.* বৰন লগোআ, বৰন খুউআ, বৰ্দ্ধা, colored, dyed, increased.

বৌ, *s.* ককাএকৰ ঘৈনিএক, ভাল লোকৰ মাকৰ সম্বোধন, an elder brother's wife.

বোখ, } *s.* কচু আদিৰ পাত মেলা ঠাবি, বা বখলা, the sheath or outer
বোলা, } covering of the sprout of a *Kosu* plant or of a palm.

বৌধ, *s.* একো নমনা, নাস্তিক, a Budhist.

বৌধাচাৰ, *s.* বুধৰ আচৰন, বৌধ মত, Budhism.

ব্যই, *s.* see বই, wasted &c.

ব্যক্ত, *a.* প্ৰকাস, জনা, বেকত, বিদিত, made known, revealed, manifest.

ব্যতিক্ৰম, *s.* ক্ৰমৰ বাহিৰ, বিপৰিত মত, বিতিক্ৰম, inversion, contrariety, deviation, variation.

ব্যাকৰন, *s.* see বিয়াকৰন, সব্দ সাস্ত্ৰ.

ব্যাধি, *s.* see বিয়াধি, a disease &c.

ব্যাস, *s.* মুনি বিসেস, যেৰৰ পথালি জোখ, Byah, the name of a celebrated sage the reputed compiler of the Vedas and Purans and author of the Mahabharat; the diameter of a circle, width.

ব্ৰজ, *s.* মথুৰাৰ চাৰিও ফালত থকা দেস, ব্ৰিন্দাবন আদি ক্ৰিস্নৰ লিলাৰ থান, গকুল, the district about Agra and Mathura, the scene of Krishnoo's sports.

ব্ৰজনাথ, } *s.* ক্ৰিস্নৰ এক নাম, an epithet of Krishnoo.
ব্ৰজমোহন, }

ব্ৰত, *s.* বৰত, উপবাস, সাস্ত্ৰৰ নিয়মেৰে কৰা লঘোন, a vow, a voluntary penance; any supposed meritorious act of devotion.

ব্ৰহ্ম, *s.* পৰম ইস্বৰ, নিৰাকাৰ আত্মা, Brahm, the divine source and essence of the universe, or the Deity divested of quality, action and attribute; when in action he is masculine, and is termed Brahma, which see.

ব্ৰহ্মকুণ্ড, *s.* ব্ৰহ্মপুত্ৰ নদি ওলোআ ঠাই, তিৰ্থ বিসেস, a sacred spring, said in the shasters to be the source of the Brahmaputra.

ব্ৰহ্মগ্যান, *s.* এক আত্মা বোধ কৰা জ্ঞান, the belief that the soul is identical with the Creator, the knowledge of the all pervading Brahm; a supposed attainment of knowledge which causes all distinctions to cease and all things to be alike.

ব্ৰহ্মগ্যানি, *a.* ব্ৰহ্ম গ্যান থকা, ইস্বৰক জানোঁতা, having the knowledge of the soul as one with Brahm &c.

ব্ৰহ্মচাৰি, *s.* এবিধ সন্যাসি, an ascetic, a religious student.

ব্ৰহ্মডিম, } s. জগত, ব্ৰহ্মাণ্ড, the mundane egg of the hindoo shasters;
ব্ৰহ্মডিম্ব, } the universe.

ব্ৰহ্মপুত্ৰ, s. ব্ৰহ্ম কুণ্ডৰ পৰা ওলোআ বৰ নৈ, ব্ৰহ্মাৰ পুত্ৰ, the Brahmaputra.

ব্ৰহ্মবিচাৰ, s. সত্য বা সুক্ষ্ম বিচাৰ, a just decision, strict investigation.

ব্ৰহ্মৰন্ধ্ৰ, s. ব্ৰহ্ম তালু, মূৰৰ তালু, the crown of the head.

ব্ৰহ্মলোক, s. ব্ৰহ্মা থকা ঠাই, স্বৰ্গ বিসেস, the heaven of Brahma.

ব্ৰহ্মসিৃষ্টি, s. সংসাৰ, জগত, the universe, the world.

ব্ৰহ্মা, s. সৃজন কৰ্ত্তা, বিধতা, Brahma, the first of the hindoo triad or Brahm in action, the Creator.

ব্ৰহ্মাণ্ড, s. ব্ৰহ্মৰ ডিম্ব, জগত, বিশ্ব, Brahma's mundane egg, the universe.

ব্ৰাহ্মন, s. বামুন, সৰ্ম্মা, a Brahmin.

ব্ৰাহ্মনি, s. বামুনি, বামুনৰ স্ত্ৰি, *fem.* of the above.

ব্ৰিক্ষ, s. গছ, তৰু, বিৰিখ, a tree, a shrub, a plant.

ব্ৰিত্তান্ত, s. বিবৰন, আখ্যান, ঘটি জোআ কথা, বৰ্ননা, a history, a narration, a relation.

ব্ৰিত্তি, s. বিৰ্ত্তি, জিবিকাৰ উপাই, কাম কাজ, a livelihood, a profession, an occupation, business.

ব্ৰিধ, s. বুঢ়া, আলৰ, aged.

ব্ৰিধকাল, s. বুঢ়াকাল, ব্ৰিধ অৱস্থা, the period of old age.

ব্ৰিধি, s. বৰ্ঢ়া, অধিক হৈ জোআ, increase, growth, enlargement, extension.

ব্ৰিন্দ, a. দহ অৰ্বুদ, অনেক, a thousand millions, many.

ব্ৰিন্দা, s. ক্ৰিষ্ণৰ এজনা তিৰোতা, তুলসি, the Basil plant, considered sacred by the hindoos.

ব্ৰিন্দাবন, s. ক্ৰিষ্ণৰ লিলাৰ থান, তিৰ্থ বিসেস, the name of the place where Krishnoo sported with the milkmaids.

ব্ৰিষ্টি, s. বৰষুন, rain; with আনি, or পৰি, to rain.

ব্ৰিস, s. ভতৰা, দুডিম্ৰ ৰাসি, a bull, the sign Taurus.

ব্ৰিহত, a. মহত, ডাঙৰ, সকত, immense, large, great, important.

ব্ৰিহস্পতি, s. পঞ্চম গ্ৰহ, দেৱ গুৰু, the planet Jupiter.

ব্ৰিহস্পতিবাৰ, s. পঞ্চম বাৰ, গুৰু বাৰ, Thursday.

ব্ৰিথা, a. অনৰ্থক, মিছা, অকাৰন, বিফ্ৰৰ্থ, useless, futile, in vain.

ভ

ভ, ভকাৰ, this letter is the aspirate of ব, and is pronounced like *bh* in *cob-house.*

ভই, s. ত্ৰাস, ডৰ, সংসই, fear, apprehension, alarm, terror.

ভংভঙ্গিয়া, a. অকপটিয়া, সৰল, পেটত কথা নৰখা, outspoken, frank.

ভঁজ, *s.* চন্দ, পটি, ৰূপ, symmetry, form, appearance.

ভঁজিয়া, *a.* বেঁকা, টেৰা, ভেঙুৰা, crooked, bent, curved, distorted.

ভঁজোআ, *a.* মিহলি দিয়া, মিস্রিত, ভাঁজ খুওআ, adulterated, alloyed.

ভঁৰলুআ, *a.* ভঁৰাল সম্বন্ধিয়, relating to a storehouse or granary.

ভঁৰা, *s.* ভাওনা কৰা, মিচা মতা, the act of deceiving, cheating &c.

ভঁৰাল, *s.* ধন ধান আদি থোআ ঘৰ, a storehouse, granary, treasury.

ভঁৰালি, *s.* ভঁৰাল আদিৰ বস্তু ৰাখোতা বা তাৰ ভাৰ লোআ জন, a store keeper, a treasurer, one in charge of a godown.

ভকত, *s.* ভক্ত, সেৱক, উপাসক, ঈশ্বৰ আৰাধনা কৰোঁতা, সম্বোধন বিসেস, a worshiper, a person devoted to the duties of religiou; a term of familiar address among equals.

ভকতালি, *s.* ভকতৰ ভাও, devotedness, or the pretence of it.

ভকতি, *s.* see ভক্তি.

ভকতিয়া, *a.* ভকত বা ভক্তি সম্বন্ধিয়, relating to worship &c.

ভক্ভক্ কৰে, *ad.* ধক্ধক্ কৰে, অতিসই ৰূপে (বগা বা নিকা,) exceedingly, very; applied to things white, bright, or glittering.

ভক্ভকনি, *s.* চেং চেঙনি, জুই আদিৰ পোৰনি, a burning or smarting.

ভক্ভকাই, *n.* উজ্জল হৈ, ধকধকাই, চেঙচেঙাই, জমজমাই, to glitter, to glisten, to smart (as a burn;) to throb.

ভক্ভকিয়া, *a.* উদাৰ, সৰল, নিকা, নির্মল, simple, frank, guileless, undefiled, clean, pure, shining.

ভকৰা মাত, *s.* লন্দন নোহোআ মাত, গেজেৰা, কটুআ কথা, a harsh, rough, angry tone or language.

ভকুআ, } *s.* বর্গলা মাচৰ পোআলি, the young of *Borgola* fish.
ভকুআটেপা, }

ভক্তি, *s.* ভকতি, অনুৰাগ, স্রদ্ধা, সেৱা, attachment, devotedness to God, homage, veneration, worship.

ভক্তিভাবে, *ad.* ভকতি ভাবে, স্রদ্ধা ৰূপে, আদৰেৰে, মান্যেৰে, reverently, devoutly, with confidenee.

ভখ্য, *a.* খাব পোআ, খাদ্য, খোআ, fit to be eaten, eatable, edible.

ভখ্যন, *s.* খোআ, ভোজন, a meal, a repast, the act of eating.

ভগন, *s.* খৰচ, চুকুআ, নষ্ট, ৰাজ্য বিভ্রাট, কোনো আপদত স্থান এৰা, expense, expenditure, political revolution, a removal, a retreat.

ভগনিয়াৰ, *a.* ভাগি-জোআ, আপদত আপোন ঠাই এৰা, fugitive, emigrant, fleeing from place to place.

ভগৱতি, *s.* ঈশ্বৰি, দুর্গা, পার্বতি, a goddess, Durga, Parboti.

ভগৱান, *s.* ঈশ্বৰ, God.

ভগা, *a.* গোট গোট হোৱা, ভগ্ন হোৱা, খৰচ হোৱা, broken, expended.

ভগাই, } *v.* ভাগ কৰি, বাটি, অংস কৰি, to divide, to apportion,
ভগিয়াই, } to distribute.

ভগাচিগা, *a.* ভোখৰাডুখৰি, খুঁকুৰা, ভগ্ন, broken to pieces; *s.* broken pieces, a break, a rent.

ভগিনি, *s.* বাএক বা ভনিএক, a sister, whether older or younger.

ভগিয়া, *a.* ভাগ সম্বন্ধিয়, relating to a portion.

ভগিয়াৰ, *s.* ভাগি, অংসি, জুঁটিয়াৰ, a sharer, a partner.

ভগিৰথ, *s.* এজন দিলিপ ৰজাৰ পুত্ৰ, a king celebrated in hindoo mythology as having by austere devotions brought the river Ganges from heaven.

ভগোৱা, *s.* ভাগ কৰা, বঁটোৱা, dividing or causing to be divided.

ভগ্ন, *a.* see. ভগা,

ভঙ্গ, *s.* ভগা, গুচা, হৰা, a breaking, an interruption, a defeat.

ভঙ্গা, *s.* ভগ্ন কৰা, খৰচ কৰা, breaking or expending; *a.* broken, expended, spent.

ভঙ্গাই, *v.* ভঙ্গোআই, ভগন কৰাই, সৰু ধন সলাই, কথা দি উচটাই, to cause to break, exchange or expend; to coax, to entice away.

ভঙ্গি, *s.* গাৰ ভাঁজ, ভাও, gait, gesture, attitude.

ভঙ্গিতা, *s.* গিত পদৰ চেদ, গিতৰ চেও, the close of a hymn or stanza or of a musical strain.

ভঙ্গুআ, *s.* ভাঙ্গ খোৱা লোক, a smoker of hemp.

ভঙ্গোআ, *s.* ভগন কৰোআ, সৰু ধন সলোআ, উচটোআ, হানি বা ভগ্ন কৰোআ, the causing to be broken, expended, or enticed &c.

ভচৰ, } *s.* see ফটৰ, বেগতে চিগা বা ভগাৰ সব্দ, the sound of sud-
ভটৰ, } den breaking.

ভচ্ ভচ্ কৰে, } *ad.* ভট্ভট্ কৰে, বেগতে, suddenly, hastily, inconsid-
ভচৰাই, } erately, at once, with a sudden snapping sound.

ভচি, *s.* জোখৰ কম পুৰাই দিয়া দ্ৰব্য; anything given to make up a deficiency in weight.

ভজন, } *s.* সেৱা, উপাসনা, worship, adoration, service.
ভজনা, }

ভজা, *s.* ভজন কৰা, সেৱা কৰা, তেল আদি দি বা সুকানে খোলাত সিজোআ, worshiping, adoring; *a.* fried, roasted, broiled, baked.

ভজাই, *v.* ভজোআই, ভজন কৰাই, সিস্য কৰাই, তপত পানিত চেঁচা পানি

মিহলাই, to cause to worship, to introduce into a religion; to reduce the temperature of hot water by the addition of cold.

ভজি, *v.* সেৱা কৰি, উপাসনা কৰি, সৰন লৈ, to worship, to adore.

ভটঙ্গ, *s.* পানিত অকস্মাত পৰা বা উঠাৰ সব্দ, টভঙ্গ, the sound of plunging or of suddenly rising from the water.

ভটঙ্গভাটাঙ্গ, *s.* অব্যক্ত সবদ বিসেস, মিচামিচি, a muttering or continuous unintelligable sound.

ভট্ভট্, *s.* ডোল ফই আদি বেগতে চিগাৰ সব্দ, the noise of suddenly snapping asunder as of a cord or rope.

ভট্ভটিয়া, *a.* ভচ্ভচিয়া, ঠন্ঠন্ কৰে চিগা, easily broken, brittle.

ভটা, *s.* টাংগুটি, খেলৰ মাৰি, a baton used in a game of cricket.

ভটাগুটি, *s.* টাংগুটি, এবিধ খেলৰ দ্ৰব্য, a small wooden ball for do.

ভটিওআ, *s.* ভাটিলৈ জোআ, পচিমলৈ জোআ, the going down stream or in a westerly direction.

ভটিমা, *s.* ইস্বৰ ভজনাৰ স্তৱ বিসেস, সঙ্কৰে কৰা হিন্দুৰ এক পুথিৰ নাম, a hymn of praise to God, the title of a book or hymn.

ভটিয়নি, *s.* নৈ বৈ জোআ ফাল, নামনি, down stream.

ভটিয়াই, *v.* ভাটিলৈ গৈ, পচিমলৈ গৈ, to go down stream or in a westerly direction.

ভট্টাচাৰ্য্য, *s.* প্ৰধান পণ্ডিত, পণ্ডিতৰ উপাধি বিসেস, an eminent scholar, a philosopher.

ভতৰা, *s.* সাঁৰ, নবন্ধোআ গৰু, a bull.

ভতাই, *v.* তাঁতৰ সুতাত মাৰ খুআই, to size thread for weaving.

ভতিজা, *s.* ককাএকৰ বা ভাএকৰ পুতেক, a brother's son, a nephew.

ভতুআ, *a.* ভাত ভাৰি, অকামিলা, ভাতৰ চাউল, এবিধ সাক, *lit.* rice eating, *i. e.* knowing how to eat but not to work; useless; with চাউল, rice for cooking; a species of wild vegetable.

ভতোআ, *a.* সুতাত মাৰ দিয়া, sized, (as thread for weaving.)

ভদৰ্কলি, *s.* চৰাই এবিধ, a species of bird.

ভদিয়া, *a.* ভাদৰ, ভাদ্ৰ মাহত হোআ, belonging to the month Bhado, or parts of August and September.

ভদ্ৰ, *a.* উত্তম, ভাল, সজ্জ, good, respectable, honorable, estimable, virtuous.

ভদ্ৰাক্ষ্য, *s.* এবিধ গচ বা তাৰ গুটি, a species of tree the seeds of which are used in making rosaries.

ভন্ভন্, *s.* মাখি আদিৰ ভোনভোন সব্দ, a buzzing or humming sound.

ভন্ভনাই, *v.* গুনগুনাই, ভোন্ভোনাই, to buzz, to hum.

ভনা, *a.* ৰচনা কৰা, বোলা, composed, written, uttered.

ভনি, *s.* কনিষ্ঠ ভগিনি, ৰচনা কৰি, বুলি, a younger sister; *v.* to compose, to utter.

ভনিজোঁআই, *s.* মাইকি মানুহৰ ভনিএকৰ গিৰিএক, a woman's younger sister's husband.

ভনিতা, *s.* পদ ৰচনা কৰোঁতাৰ নাম, পদ আদিৰ চেদ, the name of an author or composer.

ভবা, *s.* চিন্তা কৰা, গমা, গুনা, the act of thinking; *a.* thought of &c.

ভবিস্যত, *a.* আগলৈ হোআ, অহা কাল, future; *s.* futurity, the future; in *gram.* the future tense.

ভবিস্যতবক্তা, *s.* আগলৈ হব লগা কথা কওঁতা, a seer, a prophet.

ভমক, *s.* জুই বা মানুহৰ খঙ আদি বেগতে উঠা, the sudden rising of anger, fire, &c. irritability, hastiness of temper.

ভমক কৰে, } *ad.* অকস্মাত, বেগতে, হঠাত, ভাঁউতকৰে, suddenly, unexpectedly, quickly.
ভমকাই, }

ভম্‌ভমনি, *s.* জুই আদিৰ পোৰনি ডেৱনি, a smarting or burning sensation.

ভম্‌ভমাই, *v.* তাপত পুৰি ডেই, to feel a burning sensation.

ভয়ঙ্কৰ, *a.* ভয়ানক, ভয়জনক, বিহুত, frightful, terrific, dreadful.

ভয়াই, *interj.* দুখত পৰাত মৰমৰ আস্তিক বুজুআ মাত, a vocative expressing pity or affection.

ভয়াতুৰ, *a.* সাহ নাইকিয়া, ভৰপদুৰা, ত্ৰাস লগা, ভয়েৰে আতুৰ হোআ, timid, fearful, cowardly.

ভয়ানক, *a.* see ভয়ঙ্কৰ,

ভয়াম, *s.* ভৈয়াম, পৰ্বতৰ গুৰিৰ সম থল, a plain, a valley.

ভৰ, *s.* গধুৰৰ পৰিমান, ভাৰ, পুৰ, হেঁচা, weight, fullness, pressure.

ভৰক, } *s.* ভাবুকি, ডাবি, মিচা গপ, a threat, a menace, a vain boast; with মাৰি, to threaten, to boast, to vaunt.
ভৰকনি, }

ভৰন, *s.* বায়ুৰ ঔসধ বিসেস, a kind of cooling lotion.

ভৰনি, *s.* দুতিয় নখ্যত্ৰ, মিচাতে ধন আদি বই হোআ, আখালডাঁৰ, the second lunar mansion; a filling up, the making up of a deficiency, damage or loss.

ভৰপুৰ, *s.* পৰিপূৰ্ন, সম্পুৰ্ন, completely filled, brimful.

ভৰম, *s.* লাজ, ধৈৰ্য্য, self possession, dignity, self respect.

ভৰা, *a.* পুৰ হোআ, চপচপিয়া, full, filled; *s.* a filling.

ভৰাই, *v.* সুমাই, পুৰ কৰাই, অখালডাঁৰ কৰাই, পুৰাই, to thrust into, to cause to fill, to cause to make up a loss or deficiency.

ভৰি, s. পদ, চৰন, সুমাই, পুৰ কৰি, ভৰনি কৰি, the foot; v. to put in, to fill, to make up a loss or deficiency.

ভৰি পৰা, a. পুৰ হোআ, ওপচ হোআ, চপচপিয়া, জুৰি পৰা, filled to overflowing, running over.

ভৰুন, s. ভৰপুৰ, সম্পুৰ্ন ভৰা, full, complete, loaded or covered with fruit or leaves; full as a house with people or children.

ভৰোআ, s. সুমুআ পুৰুআ, ভৰনি কৰোআ, the act of filling or of causing to be filled with or of making up a deficiency.

ভলভলনি, s. বৰকৈ কোআ কথা, loud boisterous talk.

ভলভলিয়া, a. see. ভৎভজিয়া,

ভলভলোআ, s. কথা কওঁতে বৰকৈ কোআ, talking in a boisterous manner.

ভলা, a. তাপ আদিত মেচ সোআ, ডকা গচ এবিধ, warped, turned or twisted by heat; a kind of tree.

ভলুকা, s. বাঁহ এবিধ, a species of bamboo.

ভৱ, s. সংসাৰ, সিৱ, the world, an epithet of Hiwo.

ভস্ম, s. ভচম, চাই, ashes.

ভসম উঠা, a. বৰকৈ গেলা, উৱলি জোআ, বৰ পচা, rotten, putrid.

ভস্মিক্রিত, a. চাই কৰা, ভস্ম কৰা, burnt, reduced to ashes.

ভাই, s. কনিষ্ঠ সহোদৰ, ভ্রাতা, সমনিয়াৰ সম্বোধন, a younger brother; familiar address among friends.

ভাইপো, s. বঙ্গহ পৰিয়াল, ভায়েকৰ পুতেক, ভতিজাক, family relatives, a brother's son.

ভাই বোআৰি, s. ভাএকৰ ঘৈনি, the wife of a younger brother.

ভাইভনি, s. একে মাকৰ লৰা চোআলি, ভ্রাত্রি ভগিনি, a brother and sister by the same mother.

ভাও, s. মুল্য, দৰ, ভঙ্গি, বেস, চল, বাদি, স্বভাও, price, value, attitude, gesture, pretence, natural disposition.

ভাওনা, s. চো পিন্ধি ভাও দেখুউআ উছৱ, নাট ক্রিয়া, a masquerade, a dramatic performance.

ভাঁউৰি, s. মুগা কটা জন্ত্রৰ কঁৰাসলিত সুমুআ দিঘল খিলা বিসেস, a wheel for spinning the *Muga* silk.

ভাঁকৰা, a. ভতুআ, অপাত্র, নিস্কৰ্মা, অকামিলা, useless, worthless, unskillful; *fem*. ভাঁকৰি.

ভাঁকুতকুতনি, s. কাসলতিত হাতেৰে কৰা সুৰসুৰনি, tittilation, the sensation felt when tickled.

ভাঁকুতকুতাই, v. সুৰসুৰাই, গাত হাতেৰে সুৰফুৰাই, to tittilate, to tickle.

ভাঁজ, *s.* মিহলি, বেঁকা, মেচ, an admixture or adulteration, an alloy, a crook or deformity; with দি, to alloy, and with লৈ, to be bent, curved or deformed.

ভাটৌ, *s.* সুকপক্ষি, a parrot.

ভাঁৰি, *v.* ভাওনা কৰি, ভাও কৰি, আনৈ মাতি, to deceive, to dissemble; with কোআ, *a.* deceitful; *s.* a deceiver, an impostor.

ভাকিভুকা, *s.* সুআ দিয়া, ফাঁকিফুকা, deception, dissimulation, pretence.

ভাগ, *s.* অংস, খণ্ড, a part, a share, a portion.

ভাগ কৰা, *a.* অংস কৰা, ভাগ বঁটা, বঁটা, divided, shared.

ভাগতি, *a.* ভাগৱত সাস্ত্র কোআ মানুহ, versed in the Bhagowot.

ভাগৰ, *s.* স্রান্তি, দুখ, স্রম, অংসৰ, fatigue, weariness; with লাগে, to be wearied or fatigued.

ভাগৰি, *v.* স্রান্ত হৈ, ভাগৰ পাই, to tire, to be wearied or fatigued.

ভাগৰাই, *v.* স্রান্ত কৰাই, ভাগৰ লগাই, causative of the above.

ভাগৰুআ, *a.* ভাগৰ লগা, স্রান্ত হোআ, tired, wearied, fatigued, exhausted.

ভাগৱত, *s.* হিন্দু লোকৰ এক প্রধান সাস্ত্র, one of the hindoo shasters.

ভাগি, *v.* ভগন হৈ, নিজ ঠাই এৰি অন্য ঠাইলৈ গৈ, পলাই, অংসি, to break, to flee, to retreat; *s.* a partner, a sharer, a shareholder.

ভাগিন, *s.* বায়েক বা ভনিয়েকৰ পুতেক, a sister's son.

ভাগিনি, *s.* বায়েক বা ভনিয়েকৰ জিয়েক, a sister's daughter.

ভাগিৰথি, *s.* গঙ্গা, a name of the Ganges, from king Bhagiroth.

ভাগ্য, *s.* কঁপাল, দসা, দৈৱ, বাসনা, a lot, portion, chance, luck &c.

ভাগ্যৱন্ত, } *a.* সুভগিয়া, সুখিয়া, ধন্য, fortunate, lucky, prosperous,
ভাগ্যৱান, } blessed, happy.

ভাঙ, *s.* এবিধ বাগিয়াল গচ, the Indian hemp, (Cannabis Sativa.)

ভাঙনি, *s.* ভাঙ থকা ঠাই, ধন ভঙা তিৰি, a patch of the above; *a.* extravagant, (spoken of a woman.)

ভাঙনিয়াৰ, *a.* খৰচ কৰিব পৰা মানুহ, সৰহকৈ ধন ভাঙি থকা লোক, কথা দি উচটোআ, extravagant, wasteful; causing alienation.

ভাঙি, *v.* বই কৰি, নষ্ট কৰি, খুঁকুৰা কৰি, ভগন কৰি, নাও আদি খোলা কেকোঁৰা হাতোআঁৰ, to expend, to destroy, to break; *s.* a kind of curved adz used in excavating boats &c.

ভাঙিচিঙি, *v.* খণ্ড খণ্ড কৰি, to break in pieces, to destroy, to waste.

ভাঙোন, *s.* মাচ এবিধ, a species of fish.

ভাজনি, *s.* ভাজিব জনা তিৰি, ভাজতি, a woman who understands the art of baking, frying &c.

ভাজি, *v.* সুদাকৈ বা তেলেৰে পানি নিদিয়াকৈ সিজাই, to fry, to parch, to roast.

ভাটি, *a.* নামনি, পশ্চিম, down stream, western.

ভাটি বেলা. *s.* বিয়লি বেলা, আবেলি বেলা, the afternoon.

ভাণ্ড, *s.* পাত্ৰ a receptacle, a vessel, a pot, a cup.

ভাণ্ডক, *a.* ভাণ্ডনা কৰা, ভঁৱৰি কোঁআ, ভুআ দিয়া, deceitful, artful.

ভাণ্ডনা, *s.* ভঁৱা, ফাঁকি, চল, deceit, deception, artifice.

ভাণ্ডি, *v.* ভাঁৱি, ভাণ্ডনা কৰি, to deceive, to dissemble.

ভাত, *s.* সিজোআ চাউল, অন্ন, cooked rice, food.

ভাতকাপৰিয়া, *a.* ভাত কাপৰলৈ চাকৰ খটা, working for food and clothes.

ভাতকেৰেলা, *s.* মিঠা কেৰেলা, এবিধ লতাৰ গুটি; পাচলি, an edible vegetable.

ভাতঘিলা, *a.* এবিধ ঔসধি গচ, a species of medicinal tree.

ভাততিতা, *s.* এবিধ তিতা গুটি, a bitter fruit, (edible.)

ভাতভাৰি, *a.* ভতুআ, অপাত্ৰ, অকামিলা, doing nothing but eating.

ভাতি, *s.* সোনাৰি সাল আদিৰ জুই ফুটুআ যন্ত্ৰ বিসেস, a smith's bellows.

ভাত্ৰি, *s.* ভাই ককাই, সহোদৰ, একে বাপেকৰ পুতেক, a brother.

ভাদ, *s.* হিন্দু মতে পঞ্চম মাহ, the month Bhado, (August—September.)

ভাপ, *s.* বাষ্প, তাপত পানিৰ পৰা উঠা ধুঁআ, vapor, steam.

ভাপ জাহাজ, *s.* ভাপেৰে চলোআ কল জাহাজ, a steamer, a steamship.

ভাপত দিয়া, *a.* ভাপত সিজোআ, cooked or heated by steam.

ভাব, *s.* চিন্তা, গুননি, অৰ্থ, অভিপ্ৰাই, thought, care, anxiety, meaning, sentiment, purpose.

ভাবনা, ভাবনি, } *s.* চিন্তনি, গুননি, thought, care, anxiety.

ভাবৰ, ভাবৰি, } *s.* জাবৰ, কুটাকাটি আদি, refuse, sweepings, rubbish, trash, litter.

ভাবলি, *s.* জহা ধান এবিধ, a species of paddy.

ভাবি, *v.* চিন্তি, গমি, গুনি, to think, to consider, to suppose, to infer.

ভাবিচিন্তি, *v.* বৰকৈ চিন্তা কৰি, গুনি ভাবি, চাই চিন্তি, to be anxious or wary, to do cautiously or understandingly.

ভাবিত, *a.* চিন্তিত, গুননি ধৰা, anxious, thoughtful.

ভাবুকি, *s.* ডাবি বিসেস, ধমক, হাঁতি খেদা ভঁৰৰ আগত বন্ধা জোঁৰ, a threat, a menace; a torch attached to a long pole used in driving wild elephants.

ভাবুৰি, *a.* একাজি, ভাকৰি, বনবাৰি একো নজনা তিৰি, ignorant or unskillful at work, a term of reproach applied only to women.

ভায়া, *s.* ভাই সমনিয়া মানুহৰ সম্বোধন, brother, (vocative.)

ভাৰ, *s.* কান মাৰিত দুফালে বন্ধা বস্তু, ভৰ, হেঁচা, a burden, a load, a heavy charge or responsibility.

ভাৰত, *s.* হিন্দুৰ এক পুৰাতন ইতিহাস শাস্ত্ৰ, মহা ভাৰত, the famous Sanscrit epic poem usually called the Mahabharat.

ভাৰতবৰিস, } *s.* হিন্দুস্থান, জম্বুদিপৰ এক খণ্ড, India proper, Hin-
ভাৰতবৰ্ষ, } doostan, from king Bharot whose patrimony it was.

ভাৰসা, *s.* আসা, বাঞ্চা, পতিহা, hope, anticipation, trust, confidence.

ভাৰন্তু, *s.* ভাৰত বৰ্ষ, জগত, Hindoostan, ignorantly the known world.

ভাৰি, *s.* ভাৰ বোআ মানুহ, a burden bearer.

ভাৰ্য্যা, *s.* বিয়া কৰোআ তিৰোতা, ঘৈনি, a wife.

ভাল, *a.* উত্তম, সু, চিকন, বাৰু, বেচ, good, excellent, respectable, nice; with হৈ, *v.* to be in health, with কৰি, to amend in health to repair anything; with কৈ, *ad.* well, thoroughly, nicely.

ভালৰি, *a.* ভাল হোআ, মিল হোআ, সন্নৰখি, restored, reconciled, received back into favor; with বোলাই, to gain favor &c.

ভালুক, *s.* বনৰিয়া হিংসক জন্তু এবিধ, ৰিখ্যা, a bear.

ভালেটি, *a.* অনেকটি, বহুত, সৰহ, several, many.

ভালেতো, } *conj.* তাতেহে, সেই কাৰনেহে, therefore, for that reason,
ভালেহে, } in consequence of.

ভালে দিন, *s.* অনেক দিন, বহু দিন, many days, a long time.

ভালেভালে, *ad.* যেয়া নৌহওঁতেই, কথমপি, কোনো মতে, while in good condition, barely, in some way.

ভালেমান, *a.* অনেক, বহুত, বিস্তৰ, much, many, abundant.

ভাৱৰিয়া, *s.* উভাৰ ধৰা, an actor, one who wears a mask.

ভাস, *s.* নিতি, আচাৰ বিচাৰ, custom, observance, usage.

ভাসা, *s.* দেসৰ চলিত মাত, মোআন, a language, tongue, dialect.

ভাস্কৰ, *s.* সুৰ্য্য, বেলি, the sun.

ভিকহু, *a.* কঙ্গাল, দুখিয়া, দৰিদ্ৰ, poor, indigent, needy.

ভিখাচন, *s.* সেস উপাই, উপাই, a last means or resource; with ভাগি, to lose or expend the last means or resources.

ভিখাৰি, } *s.* মগনিয়াৰ, খোজনিয়াৰ, a mendicant, a beggar.
ভিখুক, }

ভিখ্যা, *s.* দান, মাগন, alms, anything given in charity.

ভিজা, *a.* তিতা, জেকা, wet, moist, damp.

ভিজি, *v.* তিতি, জেকি, to wet, to moisten, to make damp,

ভিওাকাৰ, *a.* উখহা, ওফন্দা, ভিম্‌কাৰ, swollen, puffed out.

ভিত, *a.* ভই পোআ, ডৰোআ, সঙ্কাজুক্ত, frightened, alarmed, afraid, terrified.

ভিতৰ, *s.* মাজ ঠাই, অন্তৰ, মাজ, অভ্যান্তৰ, the middle; *a.* inside &c.

ভিতৰি, *a.* গপুতে, অপ্ৰকাসে, মনে মনে, তলে তলে, secretly, privately.

ভিতৰুআল, *a.* লাগভিয়াল, ভিতৰত থকা বা ফুৰা, ভিতৰ সমন্ধিয়, having free access to or relating to the inside of a house; hence trusted, confided in.

ভিতৰে ভিতৰে, *ad.* মাজে মাজে, আঁতে আঁতে, পেটে পেটে, through the middle, within, secretly, privately.

ভিন, *a.* বেলেগ, প্ৰিথক, একে নোহোআ, different, separate, distinct.

ভিনিহি, *s.* বাএকৰ গিৰিএক, an elder sister's husband.

ভিনে ভিনে, *ad.* বেলেগে বেলেগে, প্ৰিথকে প্ৰিথকে, separately, singly.

ভিম, *s.* পাচ পাণ্ডৱৰ দ্বিতিয় জন, কুঁহিয়াৰ সালৰ চেপা ক্ৰতন, ভয়ানক, the second of the five Pandoo princes, mentioned in the Mahabharat; a roller in a native sugar mill.

ভিমকলা, *s.* আহিয়া কলা এবিধ, a species of large plantain.

ভিমটোকা, *s.* ভালকৈ বান্ধ নোলোআ গৰু, an imperfectly emasculated ox.

ভিমদল, } *a.* বৰকৈ উখহা, বৰকৈ ওফন্দা, bulging, much swollen.
ভিমদলে, }

ভিমৰাজ, *s.* মানুহৰ মাত লোআ এবিধ কলা চৰাই, এবিধ ঔসধিয় বন, the *Bhimraj*, a species of singing bird; a medicinal plant.

ভিৰ, *s.* ভৰ, হেঁচা, দো, pressure, a bend, a curve; with খাই, or লৈ, to bend, to curve.

ভিৰখোআ, *a.* হলা, দো খোআ, bent, bowed, curved.

ভিৰাই, *v.* দোঁআই, হলাই, ঘোৰাই, দুটা মহৰ ভৰি এক লগে জুঁটি, to bend, to curve; to bind the two feet of two buffaloes together.

ভিৰাই লৰ মাৰি, *v.* উভতি বৰকৈ লৰ মাৰি, to run rapidly, to flee back, to retrace one's steps.

ভিৰাল, *a.* পুৰ হোআ, সকত আক গধুৰ, filled out, plump and heavy.

ভিৰি, *a.* অকামিলা, কামৰ নোহোআ, মোহৰ নমৰা কপ, useless, unserviceable; with কপ, uncoined silver.

ভিৰোআ, *s.* দোঁওআ, ভিৰ খুউআ, causing to bend &c. see ভিৰাই.

ভিষ্ম, *s.* কুৰু পাণ্ডৱৰ ককাক, Bhismo, the grandfather of the five Pandoo princes, famous in the Mahabharat.

ভিষ্মপৰ্ব, *s.* মহা ভাৰতৰ সষ্ট পৰ্ব, the sixth volume of the Mahabharat.

ভু, *s.* প্রিথিৱি, বুজ, বোধ, গ্যান, চুর্ত্তি, the earth, understanding, knowledge, information, conception, consciousness.

ভুআ, *s.* ফাঁকি, চল, ভাকিভুকা, deceit, deception.

ভুআ দি, *v.* চল কৰি, ফাঁকি দি, ভুলাই, to deceive, to impose upon.

ভুঁই, *s.* ভুমি, ৰোকা দিয়া কপিত মাটি, land, soil prepared for rice.

ভুঁইকপ, *s.* ভুমি কম্প, প্রিথিৱি লৰা, an earthquake.

ভুঁইথোৰা, *s.* মাটি ফুটি ওলোআ সকত গজালি, a large sprout from the earth.

ভুঁইয়া, *s.* উত্তৰ কোলৰ আগ কালৰ ৰাজবংসিয় প্রধান লোক বিসেস, a former privileged class of the Assamese nobility.

ভুঁইলতা, *s.* কেঁচু, an earth worm.

ভুঁৰ, *s.* উটুআই অনা জাপে জাপে বন্ধা বাঁহ কাঠ আদি, কলপটুআ আদি-ৰে সজা নৈ পাৰ হোআ জতন, a raft, a float.

ভুঁক, *s.* পেটত আহাৰ আদি গোট খাই থকা ডাঙৰ নাৰি বিসেস, the paunch, the belly.

ভুঁহৰি, *v.* ফুটি, প্রকাস হৈ, to break and flow out, (as a swelling;) *fig.* to become public.

ভুকনি, *s.* কুকুৰ আদিৰ মাত, the barking of a dog.

ভুকি, *v.* কুকুৰে ৰাও কৰি, ঢৌৰৌআই, to bark.

ভুকু, *s.* মুঠিএৰে কৰা প্রহাৰ, a blow with the fist.

ভুকুআই, *v.* ভুকু মাৰি, মুঠিৰে মাৰি, to strike with the fist.

ভুগি, *v.* ভোগ কৰি, ভুঞ্জি, সুখি, ভোগ কৰোঁতা, to enjoy, to suffer.

ভুগোল, *s.* প্রিথিৱি মণ্ডল, the earth, the terrestrial globe.

ভুগোল বিদ্যা, *s.* প্রিথিৱিৰ বিৱৰনৰ বিদ্যা, the science of geography.

ভুচম্পা, *s.* মাটিতে ফুলা ফুল এবিধ, a species of flower.

ভুচৰ, *a.* মাটিত ফুৰোঁতা, terrestrial, moving on land; *s.* a land animal.

ভুজ, *s.* বাহু, হস্ত, হাত, মাটিৰ অস্ত ভাগৰ পৰিমান, the hand, the arm, in mathematics the lines that bound a plane figure.

ভুজঙ্গ, *s.* কথাৰ নাল, সর্প, an expletive or word not necessary to the sense but used merely to fill up the measure; a serpent.

ভুজপত্র, *s.* এবিধ গচৰ চালৰ পাত, the bark of a tree used as a substitute for paper in writing.

ভুজাই, } *v.* ভোজন কৰাই, খুআই, দুখ সুখ ভোগ কৰাই, to feed, to
ভুঞ্জাই, } entertain, (as a guest,) to give pleasure or pain to another.

ভুঞ্জি, *v.* ভোগ কৰি, খাই, ভুগি, to enjoy or suffer, to experience &c.

ভুটুকুৰা, *a.* কঁটিয়া, চুঁটি, ঘিটিৰা, short, dwarfed, stinted in growth.

ভুটিয়া, *a.* ভোট দেশৰ বা তাৰ মানুহৰ সম্বন্ধিয়, relating to Bhootan or its people.

ভুটুঙ্গাই, *ad.* অকস্মাত, বেগাই, suddenly, unexpectedly.

ভুত, *s.* পিসাঁচ, চইতান, প্রেত, হোআ কাল, হৈ হোআ, an evil spirit, a devil, Satan, a ghost, a goblin; past time, the past.

ভুতমুলা, *s.* ঔসধিয় সাক এবিধ, an edible and medicinal vegetable.

ভুতল, *s.* প্রিথিবি, ভু, the earth, the ground.

ভুতিয়া, *a.* ভুত সম্বন্ধিয়, relating to evil spirits.

ভুতুনি, *s.* ভুতৰ তিৰোতা, পিসাঁচি, *fem.* of ভুত, which see.

ভুতে পোআ, *a.* ভুতে ধৰা, ভুতগ্রস্ত, possessed by an evil spirit, demoniacal.

ভুধৰ, *s.* প্রিথিবি ধৰোঁতা, পর্বত, a mountain; (*lit.* sustaining the earth.)

ভুনভুন, } *s.* মাখি আদিৰ সব্দ, গুনগুননি, a buzzing sound, a low
ভুনভুননি, } murmur.

ভুনভুনাই, *v.* মাখি আদিএ সব্দ কৰি, গুনগুনাই, to buzz, to hum &c.

ভুপতি, *s.* ৰজা, নিপতি, প্রিথিবিৰ অধিপতি, a king, a sovereign.

ভু পোআ, *s.* বুজ পোআ, সুনা, জনা, an understanding or knowledge.

ভুবন, *s.* ব্রহ্মাণ্ড, জগত, a sphere; one of three worlds, *viz.* heaven, earth, and the subterranean regions.

ভুবুৰিউআ, *s.* নোম সিঁয়ৰোওআ, ৰোমাঞ্চিত হোআ, a bristling up or the standing of the hair on end, horripilation.

ভুবুৰিয়াই, *v.* নোম সিঁয়ৰাই, ৰোমাঞ্চিত হৈ, to bristle up or stand erect, as the hair, from sudden fright &c.

ভু ভটঙ্গ, } *s.* বুজবাজ, বাত্রাবিত্ত, information, news, intelligence.
ভুভা, }

ভুমণ্ডল, *s.* প্রিথিবি মণ্ডল, ভুগোল, the earth, the terrestrial globe.

ভুমি, *s.* প্রিথিবি, মাটি, থল, the earth, the ground, dry land.

ভুমিকম্প, *s.* ভুইকঁপ, প্রিথিবি কঁপা, an earthquake.

ভুমিকা, *s.* আভাস, গ্রন্থ আদিৰ বিগ্যাপনি, the preface to a book.

ভুমুক, *s.* পুঙ, উহ, পানি আদি উহ লৈ ওলোআ, a fountain, a spring.

ভুমুকাভুমুকি, *s.* ভুমুকি মৰা, ঘনে ঘনে মুখ উকিয়াই চোআ, alternately hiding and showing the face.

ভুমুকি, *s.* হঠাত দর্সন দিয়া, suddenly appearing.

ভুমুকিয়াই, *v.* হঠাত দর্সন দি, ভুমুকি মাৰি, to appear suddenly.

ভুৰভং, *s.* কটাক্ষ, ভ্রুভঙ্গ, উম্ঘাম, *lit.* bending the eyebrows; *i. e.* turning the attention.

ভুৰভুৰাই, *v.* অব্যক্ত সব্দ কৰি কৈ, to speak in a low monotonous tone.

ভুৰভুৰিয়া, *a.* ভুৰভুৰিয়া, কোমল, soft, friable, (applied mostly to soil;) low, indistinct, applied to the voice.

ভুৰা, *s.* গা সেকিবলৈ কাপৰ আদিৰ বন্ধা টোপোলা, ভবুৰা, a bag of sand or a small bundle of cloth, used in applying heat or dry fomentations.

ভুৰামাচ, *s.* ডঁৰিকনা আদি সৰু মাচ, very small fish, (collectively.)

ভুকুক কৰে, } *ad.* পুৰুকাই, সিদ্ধে, quickly, hastily.
ভুকুকাই, }

ভুকুকা, *s.* মাটিৰ সৰু টেকেলি, টিপা, থুকু, a small earthen vessel.

ভুকুকিয়াই, *v.* ভুলাই, উলমুলাই, চহ দি, to impose upon, to trick, to cheat.

ভুকুলা, *a.* পেটুলা, পুষ্ট, ভুকুহা পেটা, pot bellied; *fem.* ভুকুলি.

ভুকুহা পেট, *s.* অলপ ডাঙৰ পেট, a pot belly, enlarged abdomen.

ভুল, *s.* পাহৰা কথা, ভ্ৰম, সোঁত নোহোৱা থিৰ পানি, মলপ, a mistake, an error, a blunder; with পানি, still or standing water.

ভুলচুক, *s.* ভুল, a reduplication of ভুল; an oversight, a blunder.

ভুলা, *s.* পাহৰা, বিস্মৰন, ভ্ৰম হোৱা, a mistake, forgetfulness, deception.

ভুলাই, *v.* ভুল কৰাই, চল কৰি, পাহৰাই, মোহ কৰাই, to deceive, to lead into error, to mislead, to dupe, to trick, to inveigle.

ভুলি, *v.* পাহৰি, বিস্মৰন হৈ, ভ্ৰম হৈ, মোহ হৈ, to forget, to mistake, to lose consciousness, to be misled or infatuated.

ভুলুআ, *s.* পাহৰোৱা, মোহ কৰোৱা, ভ্ৰম জন্মোৱা, the causing to mistake, to be duped or infatuated; *a.* mistaken.

ভুলুঙভালাঙ, *s.* পুলুঙপালাঙ, কামত মন নিদি ঘনে ইফাল সিফালকৈ থকা, looking this way and that, the doing anything listlessly or carelessly.

ভুলোক, *s.* মৰ্ত্য লোক, ইহলোক, the earth, the habitation of men.

ভুসন, *s.* অলঙ্কাৰ বেশ, সাজ, ornament, decoration, embellishment.

ভুসিত, *a.* অলঙ্কিত, সুভিত, সজোৱা, decorated, embellished, adorned.

ভেউ, *s.* কুকুৰে ভুকা মাত, বৰ মাচ এবিধ, the bark of a dog; a species of fish.

ভেঁকুৰা, *a.* সেমেকি ফুলা, ভেকুন্দা, উঁসুমা, mouldy.

ভেঁকুৰা লগা, *a.* অকামিলা হৈ পৰি থকা, mouldy; hence disused.

ভেঁকুৰি, *v.* উঁসুমি, ভেঁকুৰা লাগি, এবিধ তিতা সৰু গচ, to mould, to mildew.

ভেঁকুৰি গুটি, *s.* এবিধ তিতা সৰু গুটি, a bitter medicinal seed.

ভেঁকুলি, *s.* খহু লগা এবিধ ভেকো, বেঙ, a toad; (improperly a frog.)

ভেঁকুজিয়া, } *s.* গৰু আদিৰ ডিঙিৰ ৰোগ এবিধ, a disease of the throat
ভেঁকোলা, } peculiar to cattle.

ভেঁকো, *a.* একো নজনা মানুহ, ভেবা, হেবাং, stupid, dull, ignorant, foolish.

ভেঁকোভাওনা, *s.* মিচামিচিকৈ কৰা কাম, doing in mere pretence.

ভেঁকোলা, *s.* বেঙ, ভেঁকুলি, a frog.

ভেঁজা, *s.* আওজা, হেঁচা, আস্রই, তাঁতত বৈয়া সমান কৰা উপাই, a leaning against, a reclining, downward pressure, a prop, a refuge; making even the deficient side of a warp in weaving.

ভেঁট, *s.* জলৰ পুস্প এবিধ, a species of aquatic plant and its flower.

ভেঁটা, *s.* ধৰ, পানি, ৰখা আলি, সাখ্যাত কৰোতে বস্ত দিয়া, দর্সন পোআ, বেৰা, a dam or embankment to confine water, enclosing or surrounding; *a.* dammed up, introduced &c.

ভেঁটাই, *v.* সাখ্যাত কৰাই, বেৰাই, ধৰ বন্ধাই, বনৰিয়া ফুল এবিধ, to introduce to a superior, to enclose, to surround, to dam up, to hedge up a way; *s.* a species of wild flower.

ভেঁটি, *v.* ভেঁটা দি, সাখ্যাত কৰি, বেৰি, সাখ্যাত কৰাত বা সিধি পাবলৈ দিয়া ধন বস্তু, to enclose, to dam or hedge up, to give a present or bribe, to introduce one's self to a superior; *s.* an altar, a raised bed of earth, a bribe, an offering made on visiting or saluting a superior.

ভেঁটি খাই, *v.* সিধি কৰিবলৈ বস্ত লৈ, to take a bribe.

ভেঁটি দিয়া, *s.* সিধি পাবলৈ বস্ত দিয়া, the giving of a bribe.

ভেঁটুআ, *a.* ভেটিৰ লগা, ভেঁটা, intended for a bribe.

ভেঁটোআ, *v.* আগ কৰোআ, লগ পোওআ, ভেঁটাই দিয়া, to bring forward, to introduce.

ভেৰ্‌কৰে, *ad.* অকস্মাতে বা বেগতে ভেলেক কৰে, দুর্গন্ধ উঠা, suddenly; applied to stench or to the crying of a child.

ভেঁৰি, *s.* বাদ্য বিসেস, a kind of trumpet.

ভেকভেক্ কৰে, *ad.* ৰবকৈ, খেলখেল্ কৰে হঁহা, boisterously, violently, loudly, applied to laughter.

ভেকাহি, *s.* হুঁকি, ডাবি, গেজেৰা, angry retort, snappishness, crossness.

ভেজুচালি, *s.* খেনি, পেজলাই, উপহাস, buffoonery, jesting, mocking.

ভেজুৰা, *a.* বেঁকা, ভাঁজ থকা, হেঁকেৰা, crooked, curved, bent.

ভেজুৰাভেজুৰি, *a.* বেঁকাবেকি, having several curves, very crooked.

ভেজুৰিয়া, *a.* see ভেজুৰা

ভেচ্‌ভেচিয়া, *a.* অসাৰ, নিস্ফল, মিচা, without foundation, (applied to a report,) fruitless, vain.

ভেচেলি, *s.* মাচ এবিধ, a species of fish.

ভেজাই, *v.* পানি আদিৰে মাজলৈকে তিতাই বা সবকাই, তপত পানিত চেঁচা পানি মিহলাই, দুবাত আন বস্তু ভাঁজ দি, to cause to be thoroughly saturated, to temper hot water by adding cold.

ভেজি, *v.* ভিজি, তিতি, পানি আদিৰে ভেদি, to wet, to soak, to saturate.

ভেট্‌ভেটিয়া, *a.* সৰকৈ কোমলা, ভেটেঙ্গা, পানি সোমাই ওফোন্দা, নিস্তেজ, উশহাৰ দৰে হোৱা, soft, saturated, swollen by moisture, pale, flaccid.

ভেটেঙ্গা, *a.* see, ভেট্‌ভেটিয়া.

ভেদ, *s.* ভিন, প্ৰিথক, বেলেগ, পেট বোৱা, separation, distinction, difference, dissimilarity; a purging by stool.

ভেদাভেদ, *s.* অৰ্থ সংযোগে প্ৰকাস কৰি, ভেদ আৰু অভেদ, ভিন অভিন, মিল অমিল, agreement and disagreement, differences.

ভেদি, *v.* ভেজি, মাজলৈকে সোমাই, সৰকি, to penetrate, to pierce.

ভেদেলি লতা, } *s.* এবিধ ঔসধিয় লতা, a species of medicinal vine.
ভেদাই লতা, }

ভেনভেননি, *s.* বৰ মাখি আদিৰ কোনকোননি মাত, any buzzing sound.

ভেনভেনাই, *v.* মাখি আদিএ কোনকোনাই, to buzz.

ভেবৰ, } *s.* উতলত উঠা মলি, ভেৰ, গেদেৰি, the froth or scum that
ভেবেৰ, } rises on the surface of heated liquors.

ভেবা, } *a.* আজলা, একো নজনা, ভু নেপাই মুখলৈ চাই থকা, ভু হে-
ভেবুআ, } ৰোৱা, dull, stupid, in a maze.

ভেম, *s.* গপ, অহঙ্কাৰ, আয়ম, pride, arrogance, affectation, conceit.

ভেমেচাভেমেচি, *a.* বেঁকাবেঁকি, হেঁটামেচা, bent, having several curves.

ভেৰ, *s.* see ভেবেৰ.

ভেৰনি, *s.* হোৰনি, গেৰেকনি, সৰহ ভেৰ থকা ঠাই, a morass, a fen, a filthy place.

ভেৰাউলি, *s.* see ভেৰোন.

ভেৰাকুটি, *s.* ভুৰকুটি, ধেমালিত ভাও ধৰা, jocosity, mirthfulness.

ভেৰাকুটিয়া, *a.* ধেমেলিয়া, কুটি কথা কোৱা, jocose, playful.

ভেৰেহা, *a.* আটিল নোহোৱা, ঢিলা, soft, flabby, flaccid.

ভেৰোন, *s.* নাও ঘৰ আদিৰ মাসিক বেচ, hire, rent.

ভেৰোনিয়া, *a.* ভেৰোনে দিয়া, ভেৰোন লগা, hired, rented.

ভেৰ্ভেৰ কৰে, } *a* ভেবেৰৰ দৰে, গেলা, বোকাৰ দৰে, soft, rotten, pu-
ভেৰ্ভেৰিয়া, } trid, slushy, marshy.

ভেৰ্মেঠিয়াই, *v.* একে কথাকে বিৰোধ ভাৱে বাৰে বাৰে কৈ থাকি, ঠেহে-ৰা ঠেহেৰি কৰি, to speak in an angry fault finding manner, to grumble, to complain.

ভেল, *s.* জিব ন থকা সৰিল, মৰা স, the dead human body.

ভেলেউ, *s.* গচ এবিধ, a species of tree.

ভেলেক কৰে, *ad.* বেগতে নাকত লগা দুৰ্গন্ধ, লৰাই হাঁহা, with offensive smell; also spoken of the silly laughter of children.

ভেলভেল কৰে, *ad.* বৰকৈ নাকত লগা দুৰ্গন্ধ, with a disagreeable smell.

ভেলেকা, *a.* মুখ মেলি চাই থকা, আজলা, ভেবা, foolish, stupid, dull.

ভেলেকি, ভেলেকি বান, } *s.* ইন্দ্ৰজালিক মায়া, খেতৰ সাইধ্য, magic, jugglery, sleight of hand.

ভেলেকি মৰা, *s.* ইন্দ্ৰজালি মায়া কৰা, খেঁতৰ সাইধ্য কৰা, the practice of the above, a juggler.

ভেলেঙ, ভেলেঙা, } *a.* কথা কব নজনা, ভেবুআ, foolish, ignorant, stupid.

ভেলেঙি, *s.* সৰ পশু এবিধ, a species of deer.

ভেস, *s.* see বেস.

ভেহ, *s.* কাঠ এবিধ, a species of tree.

ভৈয়াই, *interj.* দেহিঐ, সোকত মৰমেৰে মতা বা আচৰিত মনা, a vocative expressing sorrow, affection or suffering.

ভো, *a.* বৰ, অতি, great, eminent.

ভোঁত্কৰে, *ad.* অকস্মাতে, বেগতে, quickly, at once.

ভোঁভোঁআই, ভোঁভোঁকৰে, } *ad.* থকত গোগোআই, অতি বেগে, বেয়া গোন্ধকৈ, with a humming sound, swiftly; with a bad smell.

ভোঁহৰ, *s.* বিন্ধনা, লোৰ সলা, বিন্ধা দিয়া অস্তৰ, an awl, a drill, a punch.

ভোঁহৰা, *a.* গাঁৰ আদি ফুটা, প্ৰকাস হোআ, pierced or opened, as a swelling; become public, spread abroad.

ভোঁহাৰি, *v.* বিন্ধি, ফুটাই, প্ৰকাস কৰি, to pierce, to make public.

ভোক, *s.* খাবৰ ইচা, খুধা, ৰুচি, hunger, appetite; with চৰি, to pass the usual time of eating or to suffer from hunger; with লাগি, to be hungry.

ভোগ, *s.* আহাৰ, খোআ, দুখ সুখ আদি ভুঞ্জন, দেৱতাৰ আগত দিয়া পায়স আদি, eating, enjoying, possessing; enjoyment, suffering; an offering of cooked food to the gods; with কৰি, to undergo, to enjoy, to suffer.

ভোগজৰা, *s.* নলা' লগা জল পাত্ৰ বিসেস, ডাওকিন, a kind of water vessel having a spout.

ভোগজিৰা, *s.* আঞ্জাৰ এক মচলা, সুগন্ধ গুটি এবিধ, an aromatic seed, cummin seed.

ভোগমঠিয়া, *a.* সকত, লোঠোঙা, stout, corpulent, large.
ভোগবোআতি, *s.* অতি উত্তম কপিত মাটি, a fertile soil for rice.
ভোগবতি, *s.* পাতালি গঙ্গা, the fabled Ganges of the infernal regions.
ভোগাই, *v.* ভোগ কৰি, সুখ কৰি, ভুঞ্জি, to enjoy, to suffer, to undergo.
ভোগালি, *a.* সুখ ভোগ থকা, সকলো বস্তুৰ ঠাই, happy, prosperous; *s.* a place of plenty.
ভোগোআ, *a.* সুখ ভোগ কৰা, ভুঞ্জা, possessed of plenty or happiness.
ভোচক্র, *s.* ডাঙ্গৰ সভা, বৰ মেল, a large assembly; *lit.* a large circle.
ভোচভোচ কৰে, *ad.* see ভচভচ কৰে.
ভোচোৰাই, *ad.* অকস্মাতে, বেগতে ভগা বা নষ্ট হোআ, suddenly; applied to the breaking of earthen vessels.
ভোজ, *s.* বিসেস সকামে নিমন্ত্রিত লোকৰ ভোজন, a banquet, a feast.
ভোজন, *s.* খোআ, আহাৰ কৰা, the act of feasting, a feast, a repast.
ভোজন পান, *s.* খোআ পিয়া, eating and drinking.
ভোজনি, *s.* বিসেস সকামত দান কৰা চাউল মাহ আদি ভোজনৰ বস্তু, a voluntary religious offering of food.
ভোট, *s.* অসম দেসৰ উত্তৰত থকা এক দেস আৰু জাতি, Bhootan, the Bhootanese.
ভোটএৰা, *s.* বঙ্গালি এৰা, a species of the castor oil plant.
ভোটভোটনি, *s.* নাৰিৰ গাজনি সব্দ, খঙ্গত অব্যক্ত ৰূপে কৈ থকা, a rumbling sound of the bowels.
ভোটভোটাই, *v.* অব্যক্ত সব্দ কৰি, গোৰগোৰাই, to rumble as above.
ভোটমৰা, *a.* সাক এবিধ, a hemp the leaves of which are edible.
ভোটমৰিচ, *s.* এবিধ সকত জলকিয়া, a species of large red pepper.
ভোটা, *s.* ডাঙ্গৰ চাকি, বৰ আৰিয়া, a large lamp, a torch used in hunting at night.
ভোটাতৰা, *s.* বৰ তৰা, চাইউঁৰিয়া সকত তৰা, a large star, Venus, the evening star.
ভোটোঙ, ভোটোঙটোঙ, } *a.* সুৰনি নোহোআ, লোঠোঙা, অসুৰনি ডাঙ্গৰ, ugly, coarse, large.
ভোটোঙাভোটোঙ, *a.* বৰ বৰ একোটা, লোঠোঙালোঠোঙ, thick, clumpy.
ভোত্‌ভোত্‌ কৰে, *ad.* বেলিএপতি, বাৰে বাৰে, again and again, repeatedly.
ভোতা, *a.* জোঙ বা ধাৰ নথকা হোআ, ভোভোহা, blunt, dull.
ভোট তাল, *s.* কাঁহৰ এবিধ বৰ তাল, a kind of cymbal.
ভোভোৰা, *a.* সকত, ডাঙৰ, নোকোহা, large, stout, stubbed.
ভোভোহা, *a.* see ভোতা, blunt, not sharp.

ভোদা, *a.* আহলা, ভেবা, foolish, simple, not sharp or discerning.

ভোপণ্ডিত, *s.* বৰ পণ্ডিত, a great pundit, a philosopher.

ভোবোকাৰ, } ভোবোৰা, } *a.* নোমাল, জপৌপৌআ, নোম সিঁয়ৰি থকা, having a heavy beard or long bushy hair, hirsute.

ভোবোলা, *s.* খাহি নকৰা সৰহ নোমেৰে বৰ চাগ, a ram.

ভোম, *s.* চকুৰ পিৰিকটিৰ নোম, the eye lashes.

ভোমবতি, *s.* গচ এবিধ, a species of tree.

ভোমালি, *v.* সৰকাই, বহলকৈ বিন্ধা কৰি, to transfix, to pierce through.

ভোমোৰা, *s.* উৰি ফুৰা পতঙ্গ এবিধ, এবিধ গচ আৰু গুটি, the large black bee; a species of tree the seeds of which are medicinal.

ভোমোলা, *a.* বৰ বিন্ধা হোআ, ইফালে সিফালে সৰকা, উদাৰ, pierced through, sincere, frank.

ভোভোৰনি, *s.* ভোৰভোৰ শব্দ, গোৰগোৰনি, গোন্দগোন্দনি, a rumbling, a murmuring, muttering.

ভোৰ্ভোৰাই, *v.* মুখৰ ভিতৰত গোৰগোৰাই, to grumble, to mutter.

ভোল, *s.* এবিধ পাচলি গুটি, মোহ, মগন, an edible vegetable; forgetfulness, infatuation, delusion, fascination.

ভোলা, *s.* এবিধ গচ আৰু গুটি, অন্যাই নকৰা সাধু বিশেষ, a species of tree and its seed.

ভোলাভাঁটৌ, *s.* এবিধ উভয় ভাটৌ, a species of parrot.

ভোলানাথ, *s.* সদাশিৱ, দেখিবলৈ সুঅনি পুষ্ট, an epithet of Hiwo.

ভোলোজা, *a.* জেয়ে জিহকে কই তাকে সুনা, তনু, সেৰেজা, credulous, simple, easily deceived, of loose texture, thin, wide apart.

ভোভোআই, *v.* বৌবৌ কৰি, ভুকি, বৰকৈ জুই আদিৰ তাপ উঠি, বা পুৰি, to bark, (as a dog;) to burn as with fever.

ভ্ৰম, *s.* ভুল, পাহৰন, বাউল, a blunder, an error, forgetfulness, a mistake, a delusion.

ভ্ৰমন, *s.* ফুৰা, গমন, a roaming or wandering about.

ভ্ৰমি, *v.* ফুৰি, গমন কৰি, to travel, to roam, to wander.

ভ্ৰষ্ট, *a.* নষ্ট, পতিত, fallen, degraded, depraved, corrupted.

ভ্ৰষ্টা, *a.* বিভিচাৰিনি তিৰোতা, বেস্যা স্ত্ৰি, *fem.* of the above; unchaste, fallen from virtue; *s.* an adulteress or unchaste woman.

ভ্ৰাতা, } ভ্ৰাত্ৰি, } *a.* ভাই, সহোদৰ, a general term for brother or cousin.

ভ্ৰান্তি, *s.* ভ্ৰম, পাহৰন, a mistake, a delusion, an error, a going astray.

ভৃত্য, *s.* দাস, বন্দি, সেৱক, কিঙ্কৰ, a servant, a dependent, a slave.

ভ্রূ, *s.* পিবঠিৰ ওপৰৰ নোম, চেলাউৰি, the eye brows.

ভ্রূভঙ্গ, *s.* কটাখ্য, a frown, an angry glance, a scowl.

ম

ম, মকাৰ, this letter is pronounced like the English *m*.

মই, *pron.* আপুনি, স্বয়ং, কথাৰ সেসত যোগ হলে স্বৰূপ বা নিচিনা বুজাই, এটা শব্দ, I myself; used also as an affix to nouns by which they become adjectives, as দায়া, *mercy*, দায়ামই, *merciful*; *s.* the fabled artificer of the Danobs or demons.

মইনা, *s.* চৰাই এবিধ, a species of singing bird, the *moina*.

মইমত, *a.* আপোন মতেৰে প্রবর্ত্তা, পৰাধিন নোহোৱা, মতগর্ব্বি, self-willed, obstinate, perverse, headstrong.

মইমতালি, *s.* হুমঠালি, মতগর্ব্বালি, দম্ভালি, self conceit, obstinacy &c.

মকটিয়া, *s.* কঁঠিয়া ভলুকা বাঁহ এবিধ, বৰকৈ পাগুলি থকা, খোৱা বস্তু ভালকৈ নিভিতা, a species of bamboo.

মকমকনি, *s.* বকবকনি, ফকফকনি, গোঁৰবনি, a grumbling or threatening.

মকমকাই, *v.* বকবকাই, ফকফকাই, to grumble, to threaten.

মকৰ, *s.* এবিধ জল জন্তু, মগৰ, দসম ৰাসি, a fabulous marine animal variously represented; with ৰাসি, the sign Capricorn.

মকৰকুণ্ডল, *s.* কানৰ ভুসন বিসেস, a kind of ear ornament.

মকৰা, *s.* এবিধ জাল তৰোঁতা পোক, a spider.

মকৰা জাল, *s.* মকৰাই পতা জাল, a cobweb, a spider's web.

মকাল, *s.* বাঁহ এবিধ, a species of bamboo.

মকুআ, *a.* আধাখুন্দা, মিহি নোহোৱা, half pounded, coarse, (as rice.)

মখনা, *s.* সৰু দঁতিয়া হাঁতি এবিধ, a species of large elephant with short tusks.

মখমল, *s.* এবিধ কাপৰ, velvet.

মখা, *s.* জাক, বাহ, দল, একে ঠাইতে গোট খাই থকা, থমা, a word used in composition with nouns as an affix, meaning a herd, a flock, a drove, a collection, a multitude.

মগ, *s.* আৰাকান দেসৰ এক জাতি, বগা কুঁহিয়াৰ এবিধ, a *Mugh*, a tribe of people in Arracan; a species of sugar cane.

মগজু, *s.* হাৰৰ ভিতৰৰ ঘিঁউ, কঠ আদিৰ সিয়া দাঁতি, marrow; the selvedge of a cloth or mat.

মগন, } *s.* কথা ভাবি তবধ হোৱা, তল যোৱা, বুৰা, মজা, immersion, a
মগ্ন, } sinking; *a.* immersed, sunk, overwhelmed, wholly absorbed in or devoted to.

মগনিয়াৰ, *s.* খোজনিয়াৰ, ভিখাৰি, a beggar, a mendicant.

মগৰ, *s.* সাগৰৰ ত্ৰিহত জন্তু এবিধ, an imaginary sea monster.

মগৰমুৰি, *a.* মগৰৰ মুৰ থকা, ornamented with the head of the *Mogor.*

মগু, *s.* এবিধ মাহ, a species of leguminous plant.

মঘা, *s.* অঘৈয়া জোং, দসম নক্ষত্ৰ, চাৰি শিৰিয়া চোআ আদিৰ গদা, a pointed stub or stump of a reed; the tenth lunar asterism; a flat bludgeon.

মঘুআ, *s.* কলডিলৰ বখুআ, মাঘ মাহত হোআ, a layer of the flower of the plantain; relating or belonging to the month of *Magh.*

মঙ্গল, *s.* ত্ৰিতিয় গ্ৰহ বা বাৰ, কুসল, কৈল্যান, সুভাসুভ গননা, the planet Mars; Tuesday; prosperity, happiness, a calculation for ascertaining future events; divination, with চাই, to calculate future events, to divine.

মঙ্গলতি, *s.* মঙ্গল চোআ মানুহ, one who practices divination.

মঙ্গলমৰা, *s.* চাই ঠেকিয়া জন্তুএ মাটিত আঁচোৰা, the pawing or scratching of the ground by quadrupeds.

মঙ্গহ, *s.* মাংস, flesh, meat.

মঙ্গহাল, } *a.* পুষ্ট, নোদোকা, fat, stout, fleshy.
মঙ্গহিয়াল, }

মচত, *ad.* গৰ্ভত, জগতত, কেতিয়াও, (*lit.* in the womb or germ,) hence, in existence.

মচন্দৰি, *s.* এবিধ দৰৱ সাক, পানিত আৰু মাচত থকা ভুত বিসেস, a medicinal vine, a fabulous water demon.

মচ্‌মচ্ কৰে, *ad.* চনচন কৰে, পাত আদি ভগা বা চোবোআৰ সবদৰ দৰে, with a crackling sound, (as when chewing anything crisp.)

মচমচিয়া, *a.* চনচনিয়া, চনকা, brittle, easily broken, dry, crisp.

মচৰমচকুটি, *s.* জগতৰ সকলো দৰৱ, বিবিধ ঔসধ, medicine in general, every known remedy.

মচলমান, *s.* জবন, মহম্মদৰ সেৱক, গৰিয়া জাত, a Mussulman.

মচলা, *s.* সুগন্ধি বস্তু, বাখৰ, spice, drugs.

মচা, *s.* লিপা, মাৰ্জন কৰা, পানি আদি টোকা, the act of wiping, plastering, smearing; *a.* wiped, smeared, plastered.

মচাকোচা, *a.* লিপা পোচা, আঁতোআ পিঁতোআ, cleaned and plastered over.

মচি, *v.* লিপি, মাৰ্জন কৰি, টুকি, to wipe, to smear, to plaster.

মচিদ, *s.* মচলমানৰ নাম ঘৰ, a musjid or mosque, a Mussulman place of worship.

মচুআ, *a.* মাচৰ সম্বন্ধিয়, relating to fish.

মচুৰ মাহ, *s.* এবিধ ৰঙ্গা মাহ, a species of red pulse or lentil.

মচোআই, *v.* মচাই, টোকাই, লিপাই, the causative of মচি, which see.

মচোআপোম, *s.* এবিধ কলা সাপ, a species of black venomous serpent.

মজ, *s.* গচ এবিধ, a species of tree.

মজৰা, *s.* এবিধ কুঁহিয়াৰ, আক এজাত খাগৰি, a species of sugar cane, a kind of jungle reed.

মজলিয়া, *a.* বৰ সৰু দুইবো মাজৰ, মধ্যমিয়া, middling, moderate, medium.

মজা, *s.* ঘঁহা, তল জোআ, মোহ জোআ, a rubbing, sinking, an overwhelming, fascinating; *a.* rubbed, overwhelmed, engrossed, absorbed, captivated, fascinated.

মজাই, *v.* ঘঁহাই, তল নিয়াই, মোহ নিয়াই, causative of the above.

মজাঠি, *s.* ৰঙ্গা বৰনিয়া লতা এবিধ, the Indian madder.

মজাঠিবুলিয়া, *a.* মজাঠিৰে বোলোআ, মজাঠিৰ বোলৰ নিচিনা, dyed with the Indian madder or resembling the color.

মজামজিকৈ, *ad.* মাজে মাজে, মাজে সময়ে, কেতিয়াবা কেতিয়াবা, now and then, occasionally.

মজাৰলি, *s.* বিসাল পকআ এবিধ, a kind of venomous insect.

মজি, *v.* মগ্ন হৈ, বুৰি, মোহ গৈ, to submerge, to sink, to be mentally absorbed in or wholly devoted to.

মজিন্দাৰ, *s.* আগৰ ৰজাৰ দিনৰ বিসই এখন, a head writer or accountant of the old Assam kings.

মজিয়া, *s.* ভাত খোআ ঠাই, ঘৰৰ মাজ ঠাই, a dining room, the middle apartment of a house.

মজুআ, *a.* see, মজলিয়া.

মটক, *s.* মোআমৰিয়া, মৰান, Muttuck, a district in upper Assam.

মটমট, মটমটনি, *s.* কোনো দ্রব্য মোটোকোআত উঠা সব্দ, কোনো কথা কৰিম বুলি ৰৰকৈ কৈ থকা, a crackling sound.

মটমট কৰে, *ad.* বেগতে ভগাৰ সব্দ, টনটন্ কৰে, with a dry crackling sound.

মটমটাই, *v.* মটমট্ সব্দ কৰি, to make a crackling sound.

মটমটিয়া, *a.* মটমট্ সব্দ থকা, টনটনিয়া, সুকান, having a crackling sound.

মটৰকৰে, মটৰাই, *ad.* ঠনৰাই, ভগা চিগাত মটৰ সব্দকৈ, with the sound of snapping or breaking.

মটৰ মাহ, *s.* এবিধ মাহ, peas.

মটহা, *a.* লন্দন নোহোআ, মঠঙ্গা, সকত, ঠৰঙ্গা, coarse, large, stout, stiff, unbending.

মটিয়া, *a.* মাটিৰ নিচিনা, like earth, mixed with earth.

মঠ, *s.* দল, মন্দিৰ, গপ, ঠেহ, গ, a temple, a monastery, a pagoda; with জুৰি or ধৰি; *v.* to be sulky, sullen, morose or obstinate.

মঠহা, *a.* মটহা, সকত, এবিধ ধান, stout, rough, coarse; *s.* a species of paddy.

মঠলামঠলি, *s.* গপিয়াগপি, ঠেলিয়াঠেলি, ভেৰ্মেঠিয়াভেৰ্মেঠি, a mutual bickering, disdain or abuse.

মঠলিয়াই, *v.* গপাই, ভেৰ্মেঠিয়াই, to bicker, to speak angrily &c.

মঠা, *a.* খহকা, মিহি নোহোআ, মাঠনি আদিৰে নিমজ কৰা, coarse, rude, not gentle; smoothed.

মঠাডাঙ্গ, *s.* ধান এবিধ, a species of paddy.

মঠালনি, *s.* দম্ভ অহঙ্কাৰকৈ কোআ কথা, গপালনি, the act of defying or speaking disdainfully.

মঠালি, *v.* কোবাই বা চাঁচি সমান কৰি, গপিয়াই, ভেৰ্মেঠিয়াই, to smooth, to plane, to defy.

মঠিয়া, *s.* মাটিৰ গাগৰি, বৰ ডেগ, a large earthen jar.

মণ্ড, *s.* মাঁৰ, ভাত আদিৰ ৰস বা জোল, starch, rice gruel.

মণ্ডল, *s.* সুৰ্জ চন্দ্ৰৰ বাহিৰে হোআ ৰশ্মিৰ বেৰ, মৰুস, গোল, চক্ৰ, স্তেঁচিত ঘুৰিয়েৰে লিখা সুভ সুচক চক্ৰ বিসেস, a circle, an orb, a sphere, a disc, a halo, a small circle marked on the ground in a dwelling on which offerings are made to the gods.

মণ্ডলাকাৰ, মণ্ডলাক্ৰিতি, } *a.* ঘূৰনিয়া, গোলাক্ৰিতি, spherical, round, globular.

মণ্ডলি, *s.* ঘূৰনিয়াকৈ বহা সমাজ, স্থল, সমুহ, খ্ৰিষ্ট ধৰ্মৰ সভাৰ সাধাৰন নাম, *lit.* sitting in a circle, hence, an assembly, a church &c.

মণ্ডা, *s.* চেনি আদিৰে কৰা মিঠৈ বিসেস, a kind of sweetmeat.

মত, *s.* আসই, মন, ৰিতি, আচাৰ, ধৰম পথ, ৰূপ, নিচিনা, a disposition of the mind, a particular sentiment or belief, a way, a sect; subjoined to other words it means, like, similar.

মতগজ, *a.* সকত, ডাঙ্গৰ, stout, large.

মত্গৰ্ব, *s.* অহঙ্কাৰ, মইমতালি, self conceit, self will.

মতৰ, মতৰা, } *s.* ঔসধ বিসেস, আহুদি, a charm or medicine given to bewitch or to gain the affections.

মতৰি, *s.* আহুদি কৰোঁতা, হাৰামি, one who administers the above.

মতলিয়া, *a.* মদ আদিৰ ৰাগিএ ধৰা, মতোআল, পগলা, drunk, intoxicated, as with strong drink or hemp.

মৎস্য, *s.* মাচ, বিষ্ণুৰ প্ৰথম অৱতাৰ, a fish, the incarnation of Vishnoo in the form of a fish.

মতা, *s.* পুৰুষ, কোআ, নিমন্ত্ৰন কৰা, খেমা খোজা, a male; the act of calling, inviting, or of begging pardon; *a.* male, called, invited.

ম-তা, *s.* গন্ধক আদি বাখৰেৰে কৰা জুইৰ খেমালি, a kind of fire works.

মতাই, *v.* বোলাই, নিমন্ত্ৰন কৰাই, খেমা খোজাই, to cause to call, to invite, to beg pardon.

মতি, *s.* মন, বুধি, আসই, ইচা, mind, understanding, disposition, desires, inclination.

মতোআল, *a.* see মতলিয়া.

মথন, *s.* মথা, মাখন কৰিবলৈ গাখিৰ আদি ঘোটা, stirring, churning.

মথনি, *a.* মথন সমন্ধিয়, জিহেৰে মথে, relating to the above; with মাৰি, a churning stick.

মথা, *s.* মথন কৰা, গাখিৰ আদি ঘোঁটা, the act of churning; *a.* churned.

মথাউৰি, } *s.* বাৰ্ইনি পানি ভেঁটাব কাৰন নৈৰ দাঁতিৰ ওখ আলি, ধৰ, an
মথাৰি, } embankment.

মথি, *v.* মথন কৰি, ঘোল কৰি, to churn.

মথুৰা, *s.* তিৰ্থ বিশেস, কংস ৰজাৰ নগৰ, *Mathura*, a town celebrated as the birth place of Krishnoo.

মদ, *s.* ভাত আদিৰে কৰা ৰাগিয়াল বস্তু, সুৰা, চেৰাপ, ফটিকা, arrack, spirituous liquor.

মদন, *s.* কামদেউ, কাম, the name of the hindoo Cupid; lust.

মদনা, *s.* পৰ্বতিয়া ভাঁটৌ এবিধ, a species of parrot.

মদপি, *s.* মদাহি, সুৰা পান কৰোঁতা, a drinker of arrack, a drunkard.

মদকআ, *a.* মদাৰ কাঠৰ দৰে কোমল বা ৰবল, soft, wood without heart.

মদাৰ, *s.* মন্দাৰ বিৰিখ, the coral tree; (Erythrina Fulgens.)

মদাহি, *s.* see মদপি, a drunkard.

মধা, *s.* মুঠা, পোলা, a large bundle, an armful, (as of wood &c.)

মধামধে, *ad.* পোলা পোলে, আকোআলে আকোআলে, bundle after bundle; in bundles.

মধু, *s.* মৌ মাখিৰ ৰস, মৌ, honey; *a.* sweet, melodious.

মধুনা, *s.* কলা গচৰ মাজৰ সাৰ ডোখৰ, the heart of the plantain tree.

মধুপৰ্ক, *s.* উচৰ্গা কৰিবলৈ গোটোআ গাখিৰ মৌ আদি, a religious offering of milk and honey.

মধুময়, *a.* মৌৰ দৰে সোআদ, মৌ জেন, sweet; honied, mellifluous.

মধুৰ, *a.* সোআদ, মিঠা, সুললিত, sweet, luscious, pleasant.

মধুৰিয়াম, *s.* এবিধ গুটি আৰু তাৰ গচ, the guava tree and its fruit.

মধ্য, *s.* মাজ, অন্তৰ, ভিতৰ, সংখ্যা বিসেস, the middle, an interval. the centre; *a.* intermediate, medium, central, ten thousand billions.

মধ্যম, *a.* মজলিয়া, মাজিও, middling, intermediate, central.

মধ্যস্থ, *a.* মাজত থকা, একলিয়া নোহোআ, সমস্থআ, standing between, intervening; *s.* a mediator, an umpire.

মধ্যাহ্ন, *s.* দুপৰ বেলা, দিনৰ তিনি ভাগৰ মাজৰ ভাগ, noon, midday.

মন, *s.* মতি, চিত, দোসাদোস গ্যান, ইচা, আসই, the mind, the heart, the conscience, desire; with কৰি or দি; *v.* to give the attention; with দৈ, to wish or desire; with পৰি or বাহি, to be contented; with পাই, to know or understand another's heart or inner feelings; with পুৰি, to sympathize with another's distress; with লাগি, to be attached to another.

মনস্থ, *a.* মনত থকা, ইচা, বাঞ্চা, *lit.* situated in the mind; desired, wished for; *s.* a desire, wish, design, intention.

মনা, *s.* গা পাতি লোআ, আদৰ কৰা, মান্য বা আগ্যা পালন কৰা, সুজা, চকুৰে তৰ্কা, বাধা, a regarding, reverencing; acclimation, clearness of perception, interdiction.

মনাই, *v.* মান কৰাই, the causative of মানি, which see.

মনাকচু, *s.* বৰকৈ খজুউআ এবিধ বনৰিয়া কচু, a species of wild Kosu.

মনি, *v.* তৰ্কি, নিৰিখন কৰি, মুকুতা পোআল আদি ডিজিৰ অলঙ্কাৰ, চকুৰ মাজৰ পুতলা, to discern by looking attentively; *s.* a gem, a pearl, a bead or string of beads; the pupil of the eye.

মনিঅৰি, *s.* সুআগমনি ধান, এবিধ চৰাই, a kind of paddy, a species of small bird.

মনিকুট, *s.* নাম ঘৰৰ মুৰত সজা পুজা ঘৰ, a small house attached to a *namghor*, where the idols are worshiped.

মনিচ, *s.* মনুস্য, মানুহ, man, mankind.

মনিচাল, *s.* হাইঠা গুটি বা তাৰ গচ, a species of tree and its fruit.

মনিজৰু, *s.* মনি সিয়া বটিয়া, তাঁতৰ সৰু জৰি এবিধ, a string for beads, the cords attached to the pedals of a native loom.

মনিপুৰ, *s.* অসম দেসৰ দখিন ফালৰ এক দেস, the country of Munnipoor.

মনিপুৰিয়া, *a.* মনিপুৰ দেসৰ, মনিপুৰৰ, of or belonging to Munnipoor; Munnipooria.

মনিৰাজ, *s.* ফুল এবিধ, a species of flower.

মনু, *s.* হিন্দুৰ এক ধৰ্ম্ম সাস্ত্ৰ, স্বায়ম্ভুৱ আদি চৈধ্য জন মুনি বিসেস. Monu, the famous hindoo legislator and the supposed revealer of the Indian code of laws: a Monu or president of the universe of which there are said to be fourteen in every kolpo or interval from creation to creation.

মনুস্য, *s.* see মনিচ, man, the human race.

মন্থৰ, *s.* কলা এপ্ৰকাৰ, a species of plantain.

মনেমনে, *ad.* গুপুতে গুপুতে, নিজমে, secretly, privately, quietly &c.

মনোআ, *s.* বনৰিয়া তিতা সাক এবিধ, মান কৰোআ, a kind of bitter wild vegetable; the causing to observe or regard.

মনোনিত, *a.* বাচি লোআ, গ্ৰাহ্য কৰা, elected, chosen, approved, wished for, acceptable.

মনোমই, *a.* ইচামই, মনৰ মতে, according to desire or wish; mental.

মনোৰথ, *s.* মনৰ কামনা, ইচা, desire; *lit.* a vehicle of the mind.

মনোৰম, *a.* মন লগা, মনোহৰ, সুন্দৰ, agreeable, lovely, pleasing, beautiful.

মনোহৰ, *a.* মন মোহা, মন হৰা, ravishing, charming, captivating.

মন্ত্ৰ, *s.* দেৱতা আৰাধনাৰ গুপ্ত বাক্য, জৰাফুঁকা আদি গুন, a mystical formula of invocation to the gods, an incantation, a spell, &c.

মন্ত্ৰ কৰা, *s.* জৰাফুঁকা কৰা, গুন বাক্য মতা, pronouncing an incantation, the use of magic or enchantment.

মন্ত্ৰি, *s.* আলচ কৰোঁতা, মন্দিয়ক, ৰজাৰ প্ৰধান পাত্ৰ, counsellor, adviser, the king's prime minister.

মন্দ, *a.* বেয়া, কু, bad, evil, vile.

মন্দৰ, *s.* মন্দৰাচল, মথনি পৰ্ব্বত, the fabulous mountain *Mondor*, with which the ocean is said to have been churned by the *Ohurs*, in order to recover the sacred things lost by the deluge.

মন্দাৰ, *s.* see মদাৰ.

মন্দিৰ, *s.* দেৱালই, মঠ, ইশ্বৰ সেৱা কৰা থান, ঘৰ, a temple, a shrine, a place of worship.

মন্বন্তৰ, *s.* এক জন মনুৰ ভোগৰ দিন, ৭১ মহা জুগ, in hindoo chronology, a period of time consisting of 71 *jugs* of the gods or 306,720, 000 years of mortals; fourteen *monwontos* constitute a *kolpo* or a period of creation and destruction.

মম, *s.* মৌ সিটা, beeswax; with বাত্তি, a wax candle.

মম্‌ কৰে, *ad.* মহমহকৰে, সুগন্ধকৈ, fragrantly, sweetly.

মমত্, *s.* চেনেহ, মৰম, দায়া, affection, compassion, pity.

মৰমলীয়া, *a.* মলমলিয়া, সুগন্ধি, ভালৰি, fragrant, favored, esteemed.

ময়ূৰ, *s.* মৰা চৰাই, the peacock.

মৰক, *s.* মাৰি, মাউৰ, মহনি আদি, ভগাত বা চোবোআত উঠা সব্দ, mortality, plague, pestilence, contagion, an epidemic; the sound of sudden breaking or of crushing with the teeth.

মৰকত, *s.* বহু মুলিয়া মনি এবিধ, an emerald.

মৰকিয়া, *s.* লোকৰ গৰুৰে দুদিন হাল বাই এদিন পাল নিয়া হালোআ, ploughing two days for the use of a pair of bullocks one day.

মৰকুচিয়া, *s.* এবিধ লৰা মৰা খেতৰ, an imaginary evil spirit said to destroy little children.

মৰকুটা, *s.* খেৰ কঠিয়া আদিৰ গুৰিত থকা জাবৰ, refuse straw, thatch &c.

মৰগ, *s.* মহঙ্গা, টান দৰ, scarcity, dearness, high price.

মৰগিয়া, *s.* মহঙ্গা, টান দৰৰ, high-priced, costly, dear, scarce.

মৰঙ্গ, *s.* সৌচৰ ঘৰ, ভৰি হাত ধোআ ঘৰ, a privy, a necessary.

মৰঙ্গ চোআ, *s.* বজাৰ হাৰি, মেটৌৰ, a mehter or sweeper.

মৰন, *s.* মিৃত্যু, মৰা, প্ৰান বিওোগ, death, demise.

মৰনএদা, *s.* এবিধ ঔসধি এদা, a species of ginger.

মৰনা, *s.* গৰু মঁহ আদিৰে খলাত মাৰিবলৈ পৰা ধান আদি, the treading out of grain by cattle.

মৰপা, *s.* লো আদি ঘহা অভন, ও বিসেস, a kind of file or rasp.

মৰা ভাও জোৰা, *s.* মৰাৰ দৰে পৰি থকা, সতন্ন জোৰা, a state of insensibility or the pretence of it.

মৰম, *s.* চেনেহ, বেথা, মমত, affection, tenderness, compassion, sympathy.

মৰমৰাই, *v.* সুকান বস্তু ভগাত বা ভঙ্গা বস্তু চোবোআত সব্দ উঠি, to make a rustling or crackling sound.

মৰ্মৰিয়া, *a.* খৰ্খৰিয়া, সুকান, মৰ্মৰ্ সবদ থকা, very dry, having a rustling or crackling sound.

মৰমিয়াল, *a.* চেনেহ কৰা জন, দয়ালু, মৰম থকা, affectionate, kind.

মৰল, *s.* চন্দ্ৰ সুৰ্য্যৰ মেৰৰ বাহিৰে পৰা ঘুৰনিয়া চাঁয়া বা মণ্ডল, a halo, a circle around the sun or moon.

মৰলিয়া, *s.* এবিধ সাক আৰু এবিধ গচ, a species of edible vegetable.

মৰলি সাপ, *s.* এবিধ সাপ, a species of snake.

মৰলিপাক, *s.* মৰলি সাপৰ নিচিনা পাক, a coil, a winding or tortuous motion like that of the above snake.

মৰসন, } *s.* খেমা কৰা, দোস তিয়াগ কৰা, সহা, forgiveness, forbear-
মৰসা, } ance, enduraee.

মৰসি, *v.* খেমা কৰি, দোস এৰি, সহি, to forgive, to forbear, to endure.

মৰহা, *a.* জিৰ্ন হোআ, সুকান, পচা বিসেস, old, dried up, shriveled, faded.

মৰহি, *v.* জিৰ্ন হৈ, সুকাই, নিৰস হৈ, to dry up, to wither, to fade.

মৰা, *s.* মৈৰা চৰাই, এবিধ বৰ মতা হাঁতি, ঘৰৰ চালৰ দুই মুধে দিয়া কাঁৰৰ পোলা খেৰ, a peacock, a species of elephant; a tuft of thatch bound on the ends of the ridge of a house.

মৰা, *a.* মিতু্য হোআ, বধ কৰা, প্ৰহাৰ কৰা, সস্যাদিৰ গুটি সৰোআ, dead, beaten, struck, thrashed, killed; *s.* the act of beating &c.

মৰাই, *v.* ধান আদিৰ গুটি সৰাই, প্ৰহাৰ কৰাই, বধ কৰাই, to cause to be threshed or trodden out as of grain, to cause to beat or kill.

মৰান, *s.* মটক বা মোআমৰিয়া লোক, the *Muttuck* district and its people.

মৰাপাট, *s.* মৰা গচৰ চালৰ সুতা বিসেস, hemp, jute, (Corchorus Olitorious.)

মৰামৰি, *s.* কিলাকিলি, মৰিয়ামৰি, টঙনাটঙনি, a mutual striking back and forth, a scuffle.

মৰামু, *s.* মৰাৰ মুৰ সিতান কৰা কাল, উত্তৰ পুবৰ মাজ দিস, the point of the compass, (N. E.) towards which the head of a corpse is laid.

মৰামুআ, *a.* মৰা মুকৈ থকা, pertaining to the N. E. as above.

মৰাৰ পেৰা, *s.* মৰা স থোআ পেৰা, মৰনৰ পেৰা, a coffin.

মৰি, *v.* মিতু্য হৈ, to die, to be extinct.

ম-ৰি, *s.* এবিধ টেঙা, এবিধ পেঁপা, a species of citron, a kind of trumpet.

মৰিদি, *v.* হাবি মাটি কাটি থৈ, হাবি মাটি মাৰি থৈ, to cut jungle preparatory to planting the following year.

মৰিচ, *s.* see জলকিয়া.

মৰিচা, *s.* এবিধ খোআ সাক, কাঁহ পিতলৰ মামৰ বিসেস, a species of edible vegetable, verdigris.

মৰিয়া, *s.* পিতল গৰেঁতা এক জাত মানুহ, a class of braziers.

মৰিয়াই, *v.* টঙনিয়াই, কোবাই, to beat, to strike, to cause to be beaten.

মৰিয়ানি, *s.* মৰিয়াৰ তিৰোতা, *fem.* of মৰিয়া, which see.

মৰিয়ামৰি, *s.* see মৰামৰি.

মৰিসালি, *s.* মৰা পোতা বা পোৰা ঠাই, সামনসালি, a graveyard, a burial ground, a cemetery.

মৰুভুমি, *s.* উখৰা মাটি, জল নথকা ঠাই, a dry sterile soil, a sandy desert.

মৰুআ, *a.* মাৰ নকৰা, এবিধ সুগন্ধি ফুল, sized, unwashed; *s.* a species of fragrant flower.

মৰোআ, *s.* প্ৰহাৰ কৰোওআ, বধ কৰোআ, ধান আদিৰ গুটি সৰোআ, the causing to beat, kill, thresh; *a.* beaten, killed &c.

মৰ্‌টিয়া মাহ, *s.* বেয়া মাহ, অধিক নৰিয়াৰ মাহ, the sickly months.

মৰ্জতা, } *s.* মান, মৰ্জদা, আদৰ, সন্মান, ভাল নাম, honor, reputation,
মৰ্জাত, } respect, esteem.

মৰ্জতালি, *s.* মান মৰ্জদা কৰা বা থকা, respectability; *a.* respectable, estimable, honorable.

মৰ্ত্য, *s.* নৰ, মনুস্য, মৰন থকা, ম্ৰিত্যুৰ অধিন, a mortal, a man; *a.* earthly, mortal, dying.

মৰ্ত্যলোক, *s.* প্ৰিথিবি, মনুস্য লোক, ইহলোক, the earth, the abode of mortals, mankind.

মৰ্দন, *s.* মোহৰা, মোচৰা, পিহা, ঘঁহা, দমন, the act of grinding, rubbing or pounding, a trampling, a subduing.

মৰ্মৰ, *s.* এবিধ বহু মুল্য সিল, সুকান বস্ত্ৰ ভঙ্গাত বা চোবোআত উঠা সবদ, marble, any crackling or rustling sound.

মৰ্মস্থান, *s.* অলপ আঘাততে প্ৰান মৰা ঠাই, কোমল ঠাই, any vital part.

মৰ্সন, *s.* see মৰসন.

মৰ্সি, *v.* see মৰসি.

মল, *s.* মলি, টাটৰি, গুপল, ফলৰ সক কলি, dirt, filth, excrements, ordure, a fruit germ.

মলথু, } *s.* চালনিৰ উপৰচৰিয়া চাউল, coarse rice that remains in
মলসু, } the sieve after sifting.

মলঙ্গগিৰি, *a.* বৰ, ডাঙ্গৰ, অতি সকত, large, stout.

মলঙ্গা, *a.* ভেঁকুন্দা, উখুমা, গাপ উঠি গোন্ধোআ, ঘমা, mildewed, fermented, mouldy.

মলঙ্গি, *v.* উখুমি, গাপ উঠি, ঘামি, to ferment, to sweat, to mildew.

মলচা, *a.* মচা, টোকা, rubbed, wiped.

মলচি, *v.* মচি, টুকি, to rub, to wipe.

মলপ, *s.* নৈৰ ভুল পানি, থিৰ পানি, still or standing water.

মলম, *s.* ঔসধিয় লেপ, ঘা আদিত লিপি দিয়া ঔসধ, a salve, a plaster.

মলমল্ কৰে, *ad.* অতি সুগন্ধ ৰূপে, চিকন ৰূপে, fragrantly, smoothly.

মলমলিয়া, *a.* সুগন্ধি, fragrant.

মলমাস, *s.* বৰ্জা মাহ, an intercalary month.

মলয়া, *s.* অতি ওপৰ গগন, সুগন্ধি কাঠ বিসেস, the upper regions of space; with চন্দন, sandal wood.

মলয়াচল, *s.* ভাৰত বৰ্সৰ মলয়া নামেৰে এটা পৰ্বত, the *Maloy* mountains answering to the western Ghats of India.

মলহা, *s.* এবিধ কুঁহিয়াৰ, নদিৰ কোসত থকা এবিধ সকত খাগৰি, a species of sugar cane, a kind of large jungle reed that grows near water.

মলা, *s.* মোহৰা, ঘঁহা, সৰু চৰু, ফুল মনি আদিৰ গঁথা মালা, the dissolving of a substance by maceration, a small earthen vessel, a chaplet, a garland, a wreath, a rosary.

মলাচৰু, *s.* সৰু চৰু, কঠনিয়া মলা, চৰু আৰু মলা, an earthen vessel larger than the above.

মলাজপা, *s.* মলা গুটিৰে নাম বা মন্ত্ৰ জপ কৰা, the repetition of the names of the deities on a rosary.

মলামনি, *s.* সোন পোআল আদিৰে গঁথা দিঘলকৈ ডিঙিত পিন্ধা মনি, a necklace of beads.

মলামুআ, *a.* মলা হেন মুখ থকা, বহল মুখিয়া, broad faced, like the *mola.*

মলি, *s.* গুআল, টাটৰি, মল, ঘহি নিকা কৰি, ধঁপাতত গুৰ সানি, dirt, filth of the body; *v.* to rub, to press, to squeeze, to dissolve by maceration.

মলিন, *a.* টাটৰি বস্তা, মলি যুক্ত, ফেদুআ, বিবৰন, dirty, filthy, faded.

মলিয়া, *s.* মলাগঁথা বা ফুল চিঙ্গি অনা লোক, one who prepares garlands.

মলিয়াই, *v.* আম আদিৰ ফুল কলি ধৰি, to set, (as young fruit.)

মলুআ, *s.* ঢোল খোলৰ মুখৰ গোঁঠনি, মজহাল, গাল মুখ ধৰা, a peculiar kind of binding used in securing the ends of a native drum; *a.* fleshy, having a full face.

মসিমুৰ, *a.* মহিমুৰ, চুৰ্নিকৃত, চুৰ্ মৈ, চুৰ্নায়মান, broken to atoms.

মস্তক, *s.* মুৰ, সিৰ, মথা, the head, the top.

মস্তক, } *a.* সকত, বৰ ডাঙৰ, large, stout, gigantic.
মস্তং, }

মস্তুল, *s.* নাৱৰ পাল তৰা খুঁটা, a mast.

মহ, *s.* মহিস, a buffalo.

মহ, *s.* তেজ খোআ পতঙ্গ এবিধ, a musquito.

মহখুঁটি, *s.* মহ বন্ধা ঠাই, a place where buffaloes are kept.

মহগুআল, *s.* মহ ৰখিয়া, a keeper of buffaloes.

মহঙ্গ, *s.* ভুখৰিয়া লোকৰ এক হাট বিসেস, a class of people.

মহঙ্গা, *s.* see মৰগ.

মহঙ্গিয়া, *a.* মৰগিয়া, মহঙ্গৰ লোক বা বস্তু, dear, scarce; relating to the above class of people.

মহটিয়াই, *v.* মপটিয়াই, পকাই মোহাৰি, to trample down and destroy cultivation.

মহত, *a.* বৰ, ডাঙ্গৰ, মহা, উত্তম, প্ৰধান, great, important, chief, noble.

মহতালি, *s.* ডাঙ্গৰৰ ভাৱত কৰা কেৰামতালি, দম্ভালি, a show of greatness, display, ostentation.

মহন্ত, *s.* মহাজন, ধৰ্মাচাৰ্য্য, গোসাঁই, ডাঙ্গৰ, a religious teacher.

মহ্মহ্, *s.* গৰু আদিএ ঘাঁহ খোআৰ শব্দ, the sound of chewing.

মহ্মহ্ কৰে, *ad.* মহ্মহ্ সব্দৈক, অতি সুগন্ধ ৰূপে, like the above sound; sweetly, fragantly.

মহম্মদ, *s.* মচলমানৰ ধৰম থাপন কৰোতা জন, Mahomet, the founder of the Mussulman religion.

মহৰি, *s.* কাকতি, লিখক, লিখোঁতা, a writer, a scribe, a clerk.

মহল, *s.* পৰগনা, মৌজা, a district, a division of a province.

মহলা, *s.* প্ৰমান লোআ, বিদ্যাৰ পৰিক্ষা, আলচ, proof, trial, examination; with লৈ, to examine as of a school.

মহলা পতা, *s.* আলচ কৰা, counseling.

মহলিয়া, *s.* গাৱৰ পৰা বস্তু আনি দোকানিক বেচা বেপাৰি, মহলত থকা, a wholesale country trader; *a.* belonging to a মহল.

মহা, *a.* প্ৰধান, বৰ, মহত, সিকি, চাৰি অনা, এসিকিৰ ভৰ, মাহিএকৰ গিৰিএক, great, large, excellent; *s.* silver coin worth four annas, four annas in weight; the husband of a mother's younger sister.

মহাকাল, *s.* সিৱৰ নাম বিসেস, মিৃত্যু, an epithet of Hiwo, death.

মহাকালি, *s.* স্যামা গোঁসানি, an epithet of Durga.

মহাজন, *s.* মহন্ত, সাধু, ডাঙ্গৰ বেপাৰি, an eminent saint, a religious teacher, a merchant, a money lender.

মহাজনিয়া, *a.* মহাজন সম্বন্ধিয়, relating to the above.

মহাত্মা, *s.* মহিমা, প্ৰভাও, পৰাক্ৰম, majesty, glory, divine power.

মহাতল, *s.* পাতাল বিসেস, one of the hindoo infernal regions.

মহাদেউ, *s.* ৰুদ্ৰ, সদাসিৱ, Hoda Hiwo.

মহা দেবি, *s.* পাৰ্বতি, গোঁসানি, Parboti, wife of Hiwo.

মহান, *a.* প্ৰধান, স্ৰেষ্ঠ, মহত, grand, great, vast, important.

মহা নিদ্ৰা, *s.* মৰন, মিৃত্যু, *lit.* the great sleep; death.

মহানিম, *s.* এবিধ তিতা গচ, নিম তিত', the *Nimtita* tree.

মহা নিসা, *s.* মাজ নিসা, মানিসা, ঘোৰ নিসা, the dead of night, midnight.

মহাপথ, *s.* ৰাজবাট, মিত্যু, a highway, death.

মহা পৰা, *a.* অলপ ভেঁকুৰা পৰা, বিবৰন পৰা, slightly mouldy or defaced.

মহা পাতক, } *s.* বৰ পাপ, হিন্দু মতে ব্ৰাহ্মন বধ আদি পাঁচ বিধ পাপ, a
মহা পাপ, } heinous offence, one of the five highest crimes.

মহা পাতকি, } *a.* পঞ্চম মহা পাপি, বৰ পাপি, guilty of the above.
মহা পাপি, }

মহাপুৰুস, *s.* সিদ্ধ লোক, শ্ৰী সঙ্কৰ দেৱ, শ্ৰী মাধ দেৱ, a saint, a great man, a nobleman; a title given to Shri Honkor and Madho Deo.

মহাপ্ৰলই, *s.* কল্পান্ত, চৌধভুবন নাস, জি প্ৰলয়ৰ পাচত একো নেথাকিব, বৰ আপদ, a dissolution of the world, occurring according to hindoo ideas, every 420,000,000 of years; also the great dissolution of the universe, commensurate with the life of Brahmá, when saints, gods, and Brahmá himself will melt away and vanish. (Wilson.)

মহাবিয়াধি, *s.* বৰ বিয়াপাৰ, কুষ্ঠ ৰোগ আদি, an incurable or mortal disease.

মহাবিসুব, *s.* বহাগৰ সংক্ৰান্তি, চতৰ বিহু, the day on which the sun passes from the last to the first sign of the zodiac.

মহাভুত, *s.* বৰ ভুত, প্ৰিথিবি, জল, আকাস, অগ্নি বায়ু, এই পঞ্চ ভুত, a primary element of which the hindoos reckon five; viz. earth, water, air, fire, ether.

মহামহিম, *a.* বৰ মহিমাজুক্ত, মান্যৱান, most noble, illustrious &c.

মহামায়া, *s.* অসাৰ সংসাৰ, দুৰ্গা, worldly illusion, the vanity of the world; an epithet of Durga.

মহামাৰি, *s.* বৰ মৰক, মাউৰ, জহনি, ৰাজপিৰা, a pestilence, plague.

মহামুল্য, *a.* অতি মুল্য, বহু মুলিয়া, precious, costly, high priced.

মহাৰাজ, *s.* প্ৰধান ৰজা, সৰ্গদেও, a great king or sovereign; an address to royalty equivalent to "your majesty."

মহি, *s.* প্ৰিথিবি, the earth.

মহি, *s.* চিয়াহি, ধাতু আদি গলোআ পাত্ৰ, ink, an earthen vessel used for fusing metals, a crucible.

মহিচুঙ্গা, *s.* মৈলাম, লিখিবলৈ থবি চিয়াহি থোআ পাত্ৰ, an inkstand.

মহিপাল, *s.* ৰজা, প্ৰিথিবিক পালোঁতা জন, a king, a sovereign, *lit.* a preserver of the earth.

মহিমা, *s.* প্ৰভাও, ঐশ্বৰ্য্য, প্ৰতাপ, greatness, glory, majesty, dignity.

মহিয়া, *a.* সিকিটিয়া, মাহৰ সমন্ধিয়, কপৰ কমিস্যন, of the value of four annas; pertaining to a month.

মহিসি, *s.* ৰজাৰ ঘৈনি, কুঁঅৰি, পটেশ্বৰি, a queen consort.

মহুৰা, *s.* পালেঙ্গ আদিৰ বেৰত দিষা কাঠৰ চুঙ্গা বিসেস, কাপৰ ববলৈ ইক-ৰাৰ কাঠিত মেৰোআ সুতা, the rods of a bed railing; a quill or reed on which thread is wound for the shuttle in weaving.

মহেন্দ্ৰ, *s.* see ইন্দ্ৰ.

মহেস, *s.* সদাসিব, মহাদেব, an epithet of Hiwo.

মহেশ্বৰি, *s.* দুৰ্গা, Durga.

মহোত্‌চও, *s.* প্ৰধান উতচও বা পৰ্ব্ব, a great festival.

মাই, *s.* মোমায়েকৰ ঘৈনি, a maternal uncle's wife.

মাইকাঠি, *s.* জঁতৰৰ ঘিলাৰ মাজৰ বাৰি, মনি কাঠি, the axis or axle of a native spinning wheel.

মাইকি, *s.* তিৰি, স্ত্ৰি, মাক, a woman, a mother; *a.* female.

মাইকি পোআলি, *s.* মাক আৰু সন্তান, টকা বা মোহৰ আদি মৰা সাঁচ, a mother and her children, a die for stamping coin.

মাইগুটিয়া, *s.* এবিধ ধান, a species of paddy.

মাইগোম, *s.* এবিধ মিকিৰৰ ধান, a species of Mikir paddy.

মাইহাঙ্গ, *s.* ৰজা আদিএ ভাত খোআ সোন আদিৰ পাত্ৰ বিসেস, a kind of gold or silver plate used only by the king and his nobles.

মাউথ, *s.* বেলেগ নোহোআকৈ থকা পৰিয়াল আদি, a family group, a club.

মাউথপাতি, *v.* একে লগে থাকি, to dwell together.

মাউত, *s.* হাঁতি ৰখিয়া, an elephant driver.

মাউৰ, *s.* মহনি ৰোগ, মৰক, the cholera, pestilence.

মাউৰা, *s.* মাক বাপেক মৰা, পিত্ৰি মাত্ৰি হিন, an orphan, deprived of one or both parents; *a.* orphan, bereft.

মাংস, *s.* see মঙ্গহ.

মাকত, *s.* আবৰাঙ্গৰ গচ, এবিধ ঔসধিয় গচ বা গুটি, a species of medicinal tree and its fruits.

মাকৰি, *s.* মাঘি সপ্তমি তিথি, a festival held on the seventh day of the moon's increase in the month of *Magh*.

মাকৰিঘিলা, *s.* ঔসধিয় সৰু ঘিলা এবিধ আৰু তাৰ গচ, a large climbing shrub and its seed, (Dalbergia Marginata.)

মাকো, *s.* তাঁতৰ মহুৰা ভৰাই বোআ কাঠৰ জতন, a weaver's shuttle.

মাখন, *s.* গাখিৰৰ মথা সৰ, butter.

মাখি, *s.* পতঙ্গ বিশেষ, a fly.

মাখিঅতি, *s.* বিহুত গৰু কোবোআ এবিধ সৰু গচ, a tree the twigs of which are used to drive home the cows on the *Biku* festival.

মাখিচাল, *s.* চালৰ ওপৰৰ পাতল চাল, the upper or scarf skin.

মাখিমৌ, *s.* এবিধ সৰু মৌ, a species of small honey bee.

মাখুন্দি, *s.* মাইকি হাঁতি, a female elephant.

মাখোগলা, *a.* বৰ গলা, গোখোবা গলা, having large cheeks.

মাগন, *s.* ভিখ্যা কৰা, খোজা, গোনোআ, begging, asking, soliciting.

মাগনি, *s.* খোজনিয়াৰ তিৰি, a female beggar.

মাগি, *s.* খুজি, ভিখ্যা কৰি, গোনাই, to beg, to ask, to solicit.

মাগোন, *s.* see মাগন.

মাঘ, *s.* হিন্দুৰ দসম মাহ, the tenth hindoo month, being parts of January – February.

মাঘিসপ্তমি, *s.* see মাকৰি, মাঘৰ সুক্লা সপ্তমি.

মাচ, *s.* মত্স্য, মিন, a fish.

মাচকঁইটা, *s.* পানৰ সলনি চালেৰে তামোল খোআ এবিধ গচ, a species of tree.

মাচতি, } *s.* মাচ বহিয়া, সৰহ মাচ ধৰিব পৰা, expert at fishing.
মাচতিয়াৰ, }

মাচমৰিয়া, *s.* মাচ মৰা লোক, জালোআই, a fisherman.

মাচুল, *s.* ভেতোন, দান, postage, fees, taxes.

মাজ, *s.* মধ্য, ভিতৰ, অন্তৰ, the middle, the centre, an interval; among, in the midst; *a.* intermediate, central, middle.

মাজডাঙ্গৰি, *a.* কঁকাল ডাঙৰ (তিৰি,) having a large waist, (*fem.*)

মাজতিয়া, *a.* মাজত থোআ, মাজুই, between, in the middle.

মাজপাচ, *s.* ঘৰৰ চালৰ তিনি ভাগৰ মাজ ভাগ, কুমৰ ভাগ, the middle portion of one side of a thatched roof.

মাজালি, *s.* মাজত থকা, মাজৰ ভাগ, a middle piece; *a.* middle.

মাজিউ, } *s.* মাজৰবেটা, মাজতিয়া, a middle or second one, (applied to
মাজু, } children in a family.)

মাজুলি, *s.* দুসুঁতি নৈৰ মাজত থকা চাপৰি, উপদিপ, an island.

মাজে মাজে, *ad.* মাজেদি, মধ্যে মধ্যে, মজামজিকৈ, কেতিয়াবা কেতিয়াবা, through the middle, now and then, sometimes.

মাজেমুধে, *ad.* আগ পাচ নেচাই, উধমুধ নাইকিয়াকৈ, heedlessly, carelessly, without looking to the result.

মাটি, *s.* ভুমি, মৃত্তিকা, earth, soil, ground.

মাটিকঁঠাল, *s.* কেতেই কঁঠাল, the pine apple, and plant.

মাটিগাদুৰি, *s.* এবিধ খোআ সাক, কুকুৰা ঠেঙিয়া সাক, a species of edible vegetable.

মাটিফেঁটি, *s.* বিসাল সাপ এবিধ, a species of venomous snake.

মাটিমাহ, *s.* এবিধ কলা মাহ, a kind of pulse, (Phasulus Radiatus.)

মাটিমাহি, *s.* সৰু চৰাই এবিধ, অতি স্নাতি, a species of small bird, gentle, tame.

মাটোকটোকা, *s.* এবিধ লতা বিসেস, মাটুকটুকা, a species of medicinal vine.

মাটৌৰ, *s.* ঠানৌৰ, কোনো দ্ৰব্য ভগাত উঠা সব্দ, the sound of anything cracking or breaking.

মাঠ, *a.* স্থুৰ, মেদা, slow, indolent, inactive.

মাঠনি, *s.* নিমজ কৰা সৰু হাঁতুৰি, a smoothing hammer.

মাঠি, *s.* মাঠনিৰে সমান কৰি, নিমজ কৰি, এবিধ মাটিৰ গাগৰি, to smooth with the above hammer; *s.* a large earthen jar.

মাটুকটুকা, *s.* see মাটোকটোকা.

মাত, *s.* সব্দ, বচন, ভাসা, দোআন, sound, voice, language, speech; with মাৰি, to put to silence: with লগাই, to speak to; with ফুটি, to commence to articulate.

মাত কথা, }
মাত বোল, } *s.* কথা বাৰ্ত্তা, গালি সপনি, conversation, abuse; with খাই, to receive abuse; with কৰি, to converse, to abuse.

মাতা, *s.* মাক, মাৰি, জননি, আই, mother.

মাতামহ, *s.* মাকৰ বাপেক, ককাক, a maternal grandfather.

মাতামহি, *s.* মাকৰ মাক, বুৰিমাক, a maternal grandmother.

মাতি, *v.* বুলি, কৈ, ৰিজিয়াই, আহ্বান বা নিমন্ত্ৰন কৰি, খেমা মাগি, মাইকি, to speak, to invite, to call, to beg pardon; *a.* female.

মাতেমাতে, *ad.* কথাই কথাই, মুখে মুখে, গালিএ সপনিএ, word for word, abuse for abuse; tit for tat.

মাত্ৰ, }
মাত্ৰকে, } *ad.* মাথোন, কেৱল, তেতিয়াই, only, merely, as soon as, immediately.

মাত্ৰি, *s.* আই, মাতা, mother.

মাথা, *s.* মুৰা, মুৰ, সিৰ, the head.

মাথোন, *ad.* মাত্ৰ, কেৱল, only, merely.

মাদলি, *s.* বিৰি, মনিৰ মাজত থকা এবিধ ডাঙৰ মনি বিসেস, a large bead or neck ornament, which with medicine enclosed is worn as a charm or amulet.

মান্দুৰি, *s.* এবিধ নৈৰ চাপৰিত হোৱা বন, a species of grass.
মাদৈ, *s.* ৰানি, ৰজাৰ কুঁৱৰি, a queen, a king's consort.
মাধ মাৰ, *s.* বৰ টাঙ্গোন, বৰ মাৰ, a mauling, a blow with a cudgel.
মাধৱ, *s.* ক্রিষ্ণৰ এক নাম, an epithet of Krishnoo.
মাধৈমালতি, *s.* এবিধ লতা আৰু তাৰ সুগন্ধি ফুল, a species of vine which bears a fragrant flower.
মান, *s.* সম্মান, মর্য্যাত, বর্মা দেস বা তাৰ লোক, honor, respect, obedience; Burmah and its people.
মাননি, *s.* মান কৰি দিয়া বা আগ কৰা বস্তু, মানৰ ভিৰি, regard, respect, the giving anything in token of respect or of religious homage; a Burmese woman.
মাননিয়, মাননিয়াৰ, *a.* মান্যৱন্ত, অভ্রান্ত, মানিব লগা, respected, honored, binding, obligatory, entitled to respect.
মানন্তা, *s.* জি জনে মান কৰে বা কথা সুনে, মানোঁতা, the act of obeying, respecting &c. one who respects, venerates or obeys.
মানপি, *a.* মনুস্য, মানুহ সমন্ধিয়, mortal, relating to man.
মানস, *s.* মনৰ চিন্তা, বা ভাব, ইচা, a thought, a wish, a volition.
মান সত্কাৰ, *s.* আদৰ সম্মান, মান মর্য্যাত, respect, reverence, honor.
মানসিক, *a.* মানৰ সমন্ধিয়, মনত থকা, relating to the mind, mental, ideal, imaginary.
মানি, *v.* মান্য কৰি, আগ্যা পালি, সুজ্রি, পটিয়াই, লনি, সমান জোখৰ, to esteem, to honor, to respect, to observe, to obey, to agree with, to suit; *a.* well proportioned, comely, fitting.
মানিক, *s.* পাথৰ ভিখা আদিত উঠা ফিৰিঙ্গটি, বহু মুলিয়া ৰত্নু বিসেস, a spark of fire struck from iron or steel, a ruby.
মানিকিমধুৰি, *s.* এবিধ সৰু জহা ধান, a species of paddy.
মানিসা, *s.* মাজ্ নিসা, দুপৰ নিসা, midnight.
মানুহ, *s.* মনুস্য, নৰ, man, mankind.
মানুহমুআ, *a.* খিনোআত অলপ চিকন হোৱা, অলপ চহকি হোৱা, recovered from emaciation; having a competence.
মানুহালি, *s.* বৰ লোক জেন দেখুউআ, manliness or the affectation of it; a parade of wealth or greatness.
মান্তামান্তি, *s.* পৰস্পাৰে সম্মত হোৱা, মিল হোৱা, mutual consent.
মান্তি, *s.* সৈমান, সম্মত, assent, agreement, willingness.
মান্য, *s.* আদৰ, মান, মর্জ্জা, honor, respectability.
মান্যৱতি, *a.* মান্য থকা বা কৰিব লগা স্ত্রি, (*fem.*) honorable, respectable.

মান্যৱন্ত, } *a.* আদৰনিয়, মান থকা বা কৰিব লগা, bonored, venerated,
মান্যৱান, } worthy of respect.

মামৰ, *s.* লো আদিত ধৰা মল, rust, oxide of iron.

মামৰি, *s.* এবিধ চালৰ ৰোগ, a kind of cutaneous disease.

মামৈ, *s.* গেৰেকুআ তামোল, এবিধ সৰু বন তামোল, a species of wild betelnut.

মায়া, *s.* ছল, দয়া, খেতৰ সাইধ, লোভ মোহ আদি, মৰম, প্ৰেম, illusion, magic, fascination, worldly illusion, affection, love.

মায়াজাল, *s.* লোভ মোহ আদিৰ বন্ধন, the net of worldly illusion.

মায়াপি, *a.* মায়া সম্বন্ধিয়, বাজিকৰ, হৰগুক, magical, worldly, illusive, fascinating; *s.* a magician, a juggler.

মাৰ, *s.* আঘাত, টাঙোন, মণ্ড, ভাতৰ নিসনি, মুঠি জোৰ নাও, a blow, rice starch or gruel; with নাও, a raft made of two or more boats bound together.

মাৰ গৈ, *v.* অস্ত হৈ, নেদেখা হৈ, শুহি, সান্ত হৈ, to set, to disappear, to evaporate, to dry up, to become calm.

মাৰ জোআ, *s.* অস্ত জোআ, সুৰ্য্য আদি বহা, সোহা, সান্ত হোআ, the setting of the heavenly bodies, evaporation; the subsiding of anger or of a tempest, cessation.

মাৰল, *s.* ৰৰ ঘৰৰ মুখৰ ঘৰ, তামুলি চৰা, a portico.

মাৰলি, *s.* খুঁটাৰ ওপৰত চাল ধৰা দিয়া বাঁহ বা কাঠ, আৰু কাঠি গছ এবিধ, a transverse support of a roof resting on the posts of a building; a species of tree.

মাৰি, *v.* দলি কাঁৰ আদি নিলগলৈ খেপন কৰি, মৰিয়াই, জপাই, বধ কৰি, কঁৰিয়াই, গুলিয়াই, বাৰি, জহনি, to beat, to strike, to shut, to kill, to shoot, to destroy; *s.* a rod, a stick, a mortal disease, as cholera.

মাৰিমৰক, *s.* জহনি আদি, cholera, a pestilence.

মাৰ্ঘাত, *s.* মৰন তুল্য আপদ, কষ্ট, বিপত্তি, a deadly blow, a fatal calamity.

মাৰ্ভাত, *s.* সুতা সিজোআত দিয়া আধা খুন্দা ধানৰ ভাত, broken rice or paddy boiled and used for sizing.

মাল, *s.* বাহু জুজাক, মল্ল, a wrestler, a boxer.

মালজুধ, *s.* মালে কৰা জুধ, wrestling, boxing.

মালতি, *s.* সুগন্ধি ফুল এবিধ, a species of fragrant flower.

মালভোগ, *s.* এবিধ ধান, কলা এবিধ, বনৰিয়া সাক বিসেস, a kind of paddy, also of plantain; an edible wild vegetable.

মালা, *s.* see মলা.

মালি, *s.* বাৰিচোআ, ফুল তোলা বা গঁথা মানুহ, এবিধ মাচ, a gardener, a species of fish; *fem.* মালিনি, a woman who prepares garlands.

মালিহা, *s.* চহলা মহলা, মিচাই সঁচাই কথাৰ চাজ পতা, the art of dissembling, feigning or pretending; pretence, dissimulation.

মাহ, *s.* দুপথ, ডেৰ কুৰি দিনৰ সংখ্যা, মাটি মগু আদি ডাইল, গাৰ চালত থকা এবিধ টোপোৰা, a month; a general name for several kinds of pulse; a wart.

মাহনি, *s.* মাহতলি, মাহ বোআ ঠাই, a field of pulse.

মাহি, *s.* মাকৰ ভনিএক, সতিয়ৈ মাক, a maternal aunt, a stepmother.

মাহিকটা, *s.* এৰি মুগা আদিত মাখিৰ পোআলি হোআ, a small worm the egg of which is hatched in the cocoon.

মাহিলি, *ad.* মাহে মাহে, মাহে পতি, monthly.

মাহুদি লতা, *s.* এবিধ ঔসধৰ লতা, a species of medicinal tree.

মাহেকিয়া, *a.* এমহিয়া, এমাহ হোআ, of one month, a month old.

মাহে মাহে, *ad.* প্রতি মাহে, মাহেপতি, every month, monthly.

মিকিৰ, *s.* পর্বতিয়া জাতি বিসেস, Mikir, a Hill Tribe on the southern border of the Nowgong District in Assam.

মিচলিয়া, } *s.* মিচা কথিয়া, অসত্যবাদি, a liar, an untruthful person.
মিচাবাদি, }

মিচা, *a.* অসত্য, অস্বৰূপ, এবিধ কুঁজা মাচ, পকা ৰহিত জুবুৰিউআ কুহিয়াৰৰ মিঠা দ্রব্য বিসেস, false, untrue; *s.* a species of fish; a kind of sweetmeat.

মিচাই, *ad.* অস্বৰূপকৈ, মিচামিচিকৈ, falsely, untruly.

মিচালি, *s.* মিচা কথা, অসত্য, a lie, a falsehood, an untruth.

মিচিকিয়াই, } *v.* অলপ হাস্য কৰি, মিলিক কৰে হাঁহি, to smile, to look
মিটিকিয়াই, } pleased.

মিচিকিয়া হাঁহি, *s.* মিলিকিয়া হাঁহি, a smile, a look of pleasure or of approbation.

মিচিমি, *s.* এক পর্বতিয়া জাতি বিসেস, Mishmee, a Tribe of mountain people on the N. E. border of Assam.

মিচিমি তিতা, *s.* এবিধ মিচিমি দেসৰ তিতা দৰব, a medicinal bitter herb found in the Mishmee hills, ***Mishmi Teeta.***

মিচিৰি, *s.* এবিধ চেনি বিসেস, sugar candy.

মিস্থিঙমাঙাঙ, *a.* মাহিমুহা, জুলুকজ্ঞাসাক, খৰপোচ নকৰা, slow motioned, slow paced, lazy, sluggish.

মিক্কিৰা, *a.* মিটিৰা, কঁটিয়, গা কৰিব নোৱৰা, short, below the average height or size, dwarfed.

মিটি, *v.* মিলি, to be reconciled, to make up, as a quarrel.

মিটমিটনি, *s.* সুকান খাগৰি আদি ভঙ্গাৰ শবদ, a crackling sound.

মিট্‌মিটিয়া, *a.* মিট্‌মিট্ কৰে শব্দ উঠা, crackling, snapping.

মিঠা, *a.* মিষ্ট, সোৱাদ, সুঅঙ্গা, লাহ্রন্য, সুস্বাদু, sweet, pleasant, agreeable; *s.* sweetness, suavity.

মিঠামৰা, *s.* এবিধ পাট সাক, লহকৰি মৰা, a species of the hemp the leaves of which are edible.

মিঠামৰি, *s.* সোৱাদ টেঙ্গা এবিধ, জুৰ, শান্ত, a species of fruit resembling the citron; *a.* cool, dispassionate.

মিঠৈ, *s.* গুৰ পিঠাগুৰি আদিৰ লাক, গুৰ, treacle, sweetmeats.

মিত্ কটাৰি, *s.* সৰু আগ জোঙ্গা কটাৰি, a small sharp pointed knife.

মিত্ দা, *s.* জোঙ্গা দা এবিধ, a large knife similar in shape to the above.

মিতা, *s.* একে নাম হোৱাত সম্বোধন বিসেস, সখিৰ নিচিনা, a familiar address equivalent to friend.

মিতিনি, *s.* মিতাৰ ঘৈনি, দুই তিৰিৰ মিতা, *fem.* of the above.

মিতিৰ, *s.* মিত্র, কুটুম, ইষ্ট, a friend, a connexion.

মিতিৰালি, *s.* কুটুমালি, মিতিৰৰ ভাৱ, friendship.

মিত্র, *s.* see মিতিৰ.

মিত্রাক্ষৰ, *s.* পদ্যৰ প্রতি পদৰ সেসত থকা একে উচাৰনৰ আখৰ, rhythm, rhyme in poetry.

মিথুন, *s.* তৃতিয় ৰাসি, জঁজা, the sign Gemini, the Twins.

মিন, *s.* দ্বাদস ৰাসি, মাচ, the sign Pisces, the Fish.

মিনতি, *s.* বিনতি, কাকুতি, বিনই, a supplication, a request, a prayer, a petition.

মিনা, *s.* সোন কপত ৰঙ দিয়া কাঁচৰ নিচিনা দ্রব্য বিসেস, enamel.

মিনা কৰা, *a.* সোনৰ অলঙ্কাৰ আদিত মিনাৰে চিত্র বিচিত্র কৰা, enameled or the act of enameling.

মিৰমিৰ কৰে, *ad.* মিহ্‌মিহ্ কৰে, লাহে লাহে, slowly, gently, by degrees.

মিৰি, *s.* জাতি এবিধ, a tribe of people in upper Assam.

মিৰিঅনি, *s.* মিৰিৰ তিৰোতা, a female of the above Tribe.

মিৰিকা, *s.* এবিধ টেঙ্গা, ৰাজি বোমাচ, a kind of acid fruit, a species of fish.

মিৰিমাহ, *s.* অৰ্হৰ মাহ, a kind of pulse, (Cytricus Cajau.)

মিল, *s.* একে হোৱা, বিৰোধ নথকা, সংজোগ, সম প্রিতি, agreement, union, harmony, concord, contact, reconciliation.

মিলন, *s.* মিল হোআ, উপাৰ্জ্জন, উদ্গম, পৰাপতি, coming into contact, union, being reconciled; acquisition, gain, profit.

মিলমিলাই, *v.* নিচলা অলপ চিকোন হৈ, গা পুৰ হৈ, to fill out, to recover.

মিলমিলিয়া, *a.* অলপ মঙ্গহ বৰ্হা বা চিকোন হোআ, grown fleshy.

মিলা, *a.* মিল হোআ, পোআ, united, reconciled, obtained.

মিলাই, *v.* লগ পোআই, সংপ্ৰিতি কৰাই, ঘটাই, উপাৰ্জ্জন কৰাই, to unite, to join, to reconcile, to bring to pass, to match, to acquire.

মিলাপ্ৰিতি, *s.* মিলি বা চেনেহেৰে থকা, peace, amity, concord, unity.

মিলি, *v.* লগ লাগি, মিল হৈ, ঘটি, পাই, to match, to agree to, to obtain, to happen.

মিলিককৰে, } *ad.* অলপ হাস্যকৈ, মিচিক্‌কৰে, smilingly, in a sim-
মিলিকিয়াই, } pering manner.

মিলেৰে, } *ad.* লগে ভাগে, চেনেহ প্ৰিতিৰে, with one accord,
মিলাপ্ৰিতিৰে, } affectionately.

মিষ্ট, *a.* see মিঠা.

মিস্ৰ, *s.* মিহলি, a mixture, a compound; *a.* mixed.

মিস্ৰিত, *a.* মিহলি হোআ, সনা, লই হোআ, mixed, compounded, incorporated; with কৰি, to compound, to mix.

মিহলি, *a.* মিস্ৰিত, লেটিপেটি, mixed, mingled promiscuously.

মিহলাই, *v.* মিস্ৰিত কৰি, to mix, to throw together promiscuously.

মিহি, *a.* নিমজ, সিতল, খৰচিয়া নোহোআ, fine, smooth, minute.

মুই, *v.* গুৰি দ্ৰব্যত অলপ পানি আদি সানি, তামোল খোআত লগা সেলেকি, to mix any powdered substance with water to the consistence of dough; *s.* vertigo caused by the excessive use of tamul pan.

মুকলি, *a.* উদঙ্গ, আৰ বেৰ নথকা, বন্ধন নোহোআ, ফলঙ্গ, loose, untied, open, uncovered, unenclosed.

মুকলিমুৰিয়া, *a.* উদঙ্গ মুৰিয়া, স্বাধিন, স্বতন্ত্ৰ, free, unrestrained.

মুকুট, *s.* মুৰৰ ভূসন, কিৰিটি; a crest, a crown, a diadem, a tiara.

মুকুটি, *s.* গালত মুঠিৰে মৰা খুন্দা, a blow with the fist on the cheek.

মুকুটিয়াই, *v.* মুকুটি মাৰি, to smite with the fist on the cheek.

মুকুতা, *s.* বহু মুলিয়া ৰত্ন বিসেস, a pearl.

মুকুতি, } *s.* পৰিত্ৰান, নিস্তাৰ, ৰখ্যা, উধাৰ, deliverance, freedom,
মুক্তি, } salvation, final beatitude or the deliverance of the soul from matter and from the necessity of successive births.

মুক্ত, *a.* মুকুত, উধাৰ পোআ, এৰোআ, saved, delivered &c.

মুক্তিদাতা, } s. মুকুতি দিওঁতা, ত্ৰান কৰ্ত্তা, a deliverer, a saviour.
মুক্তিদায়ক, }

মুক্তিয়াৰ, s. প্ৰতিনিধি, উকিল, an agent, an attorney, an overseer.

মুখ, s. বদন, আহাৰ আদি কৰা দুআৰ, আগ ফাল, নৈএ আন নৈ আদিত পৰা ঠাই, the mouth, the face, front, entrance or opening, a river's mouth; with কৰি, to look, to hold intercourse with; with চাই, to show partiality; with দি, to take sides in a quarrel or dispute; with বজাই, to join in a dispute; with লাগি, to be affected by an evil eye; with ভাঙ্গি, to remove the effects of the evil eye; with মাৰি, to put to silence; with মৰি, to be silenced.

মুখৰা, a. মুখাল, কটু মাত মাতোঁতা, টেঙ্গা মাত দিওঁতা, uncivil, abusive.

মুখা, s. সজা মুখ, ভাওনা আদিত মুখত পিন্ধা চো, a mask, a disguise.

মুখাগ্নি, s. মুকুৰি, মৰাৰ মুখত চিতাত টোওঁআ জুই, fire placed in the mouth of a corpse on the funeral pile.

মুখামুখি, s. পৰস্পৰে হোআ বাক্য বচন, সমুখাসমুখি, দেখাদেখি, an interview; with কৈ, face to face.

মুখাল, } a. প্ৰধান, বৰ মুৰিয়া, মুখ্য, chief, principal, head, leading,
মুখিয়াল, } prominent.

মুখি, v. মোখনি দি, মুখৰ বান্ধ দি, নিৰুত্তৰ কৰি, to give the first binding to the edge of braided work; to put to silence.

মুখিয়া, a. মুখ থকা, বৰকৈ সিজা (মুখ,) having a face; over cooked, applied to a silk cocoon that has been overboiled preparatory to spinning.

মুখেমুখে, ad. মুখামুখিকৈ, মুখেপতি, face to face; full to the brim; in every one's mouth.

মুখ্য, a. see মুখাল, প্ৰধান, chief, supreme.

মুগা, s. এবিধ পলু আৰু তাৰ বাহ, বৰন বিসেস, a *mooga* silk worm and its cocoon, *mooga* silk; a light brown color.

মুগাচুঙ্গিয়া. s. মুগাচোঙ্গত থকা মানুহ, মুগা ৰখিয়া, one who tends the *mooga* silk worm; a. relating to the above.

মুগাৰ মাহি, s. see মুগাৰ পৰা ওলোআ পোক.

মুগা সুতা, s. মুগাৰ বাহৰ পৰা কটা সুতা, the *mooga* thread.

মুগি, a. মুগা বৰনেৰে মাইকি. of the color of *mooga*, as a cow &c.

মুগধ, a. see মুঢ়.

মুগুৰি, s. see মুখাগ্নি.

মুচকচ্, *s.* অচেতন, মূৰ্চ্ছা, চৈৱৰ, a swooning, fainting, loss of sensation.

মুচকি, *v.* মোকোটা খাই, পাক খাই, সাঁফি লৰি, to turn, to sprain or dislocate a joint.

মচমুচিয়া, *a.* বেগতে ভাগি জোৱা, brittle, frail, easily broken.

মুচৰি, *v.* মোহাৰি, মৰ্দন কৰি, পকাই, to wring, to wrench, to twist, to fasten the ends of ratans &c. by twisting together.

মুচি, *s.* কঁঠালৰ কলি, the bud or young fruit of the Jack tree.

মুচিপেলাই, } *v.* কঁঠালে কলি ধৰি, to set; (applied only to the fruit
মুচিয়াই, } of the Jack tree.)

মুচিয়াৰ, *s.* চালৰ কাম কৰোঁতা, চৰ্ম্মকাৰ, a tanner, a shoemaker &c.

মুজা, } *a.* কুঁজা, বাৰ্হিব নোঅৰা, bored by insects, blighted, blasted.
মুজুৰা, }

মুটকি, *v.* মুচকি, মোটোকা খাই, to bend, to sprain, to dislocate.

মুটুকিয়া, *a.* দাঁতত বাজি জোৱা, এধা সিজা ভাত আদি, এধা ফুটা, imperfectly cooked, small and slender.

মুঠ, *s.* মোট, গোট, থুপ, সংখোপ, the sum total, substance, amount.

মুঠতে, *ad.* থোপতে, থাওকতে, তেনেই, by wholesale, as a whole.

মুঠন, *s.* মুঠি মৰা এহাত, কুৰি আঙুল পৰিমান, a measure of length from the elbow to the lower knuckle joint of the little finger.

মুঠনিয়া, *a.* মুঠন পৰিমিত, relating to the above measure.

মুঠা, *s.* কোঁচা, আটি, পোলা, a large bundle, as wood, thatch &c.

মুঠামুঠ, *s.* অনেক মুঠা, পোলাপোল, কোচাকোঁচ, many bundles; with কৰি, to make up into bundles.

মুঠি, *s.* হাতৰ মুঠি, ধানৰ আটি, মুঠিৰ পৰিমান, তৰোৱাল আদিৰ নাল, the clenched fist, a handful of reaped grain, a handful; the hilt of a sword; with মাৰি, to clench the fist.

মুঠিয়াই, *v.* চুৰিয়া আদি থুৰিয়াই, মুঠি মাৰি মাৰি, গপিয়াই, to lay in folds or plaits; to squeeze into balls; to boast, to vaunt.

মুঠিমুঠি, *a.* আটি আটি, কোঁচাকোঁচ, অনেক, in handfuls, abundant.

মুঢ, } *a.* নিৰ্বোধ, একো নজনা, মুৰ্খ, মুগধ, foolish, stupid, ignorant,
মূঢ়মতি, } clownish; *s.* a fool, an idiot.

মুণ্ড, *s.* মুৰ, সিৰ, মাথা, a head, a skull.

মুণ্ডমালা, *s.* মানুহৰ মুৰৰ সজা মালা, a garland of skulls.

মুত, *s.* সৰুপানি, খুদ্ৰ সৌচ, মুত্ৰ, urine.

মুতা, *s.* খুদ্ৰ সৌচ কৰা, সৰু পানি চোৱা, the discharging of urine.

মুতি, *v.* খুদ্ৰ সৌচ কৰি, to urinate, to make water.

মুতুৰা, *a.* সঘনে মুত্তি থকা, খুন্দু মোচ কৰি থকা, discharging urine excessively.

মত্ৰ, *s.* see মুত.

মুথা, *s.* কঠ সজা এবিধ পোহোআ বন, a species of grass used for making mats, and the roots of which are fragrant.

মুদা, *s.* চকু আদি জপোআ, বিন্ধা, বাট, the act of closing the eyes; an orifice, an opening.

মুদাই, *v.* চকু জাপ খুআই, চাকি ধৰি, to shut the eyes; to close, or cover, to be oppressed with sleep.

মদাৰৰা, *s.* মুক্ত মৰা কিৰা মৰ, এব পেলোআ, the act of closing or shutting up; bringing to a final end.

মদি, *v.* চকু জপাই, চকু জাপ খুআই, to close, to shut; *a.* closed &c.

মুদুআ, *s.* চকু জাপ খুউআ, shutting; *a.* closed &c.

মুদুআই, *v.* চকু জপোআই, the causative of মুদি.

মুদৈ, *s.* সাউদ, ডাঙ্গৰ বেহেৰুআ, সদাগৰ, বানিজ্য কৰা লোক, a merchant, a trader, a banker.

মুদগৰ, *s.* লোৰ টাঙ্গোন বিসেস, মুত্তিৰ নোঅৰা এবিধ ৰোগ, a mace, a weapon, a kind of urinary disease.

মুদ্ৰা, *s.* আঙ্গুলিৰ ভঙ্গি বিসেস, সোন ৰুপ আদিৰ মোহৰ, talking by gestures with the fingers; a coin, a stamp.

মুধ, } *s.* মুধা, দুই খন চালৰ মাজৰ মিলন জোৰা, the ridge of the
মুধচ, } roof of a house.

মুধৰখুঁটা, *s.* ঘৰৰ মুধৰ মাৰলিত লগোআ খুঁটা, a post that sustains the ridge pole.

মুধৰমাৰলি, *s.* দিঘে ঘৰৰ মাজত দিয়া বাঁহ বা কাঠ, a ridge pole.

মুধা, *s.* see মুধ.

মুধাফুটা, *a.* খিয়াতিমন্ত, পুৰাজনিয়া, renowned, ancient, venerable.

মুনি, *s.* ব্যাস বসিষ্ঠ আদি ৰিখি, তপসি, বাটৰ মুৰ, a hindoo sage or saint; an inspired writer, supposed to have obtained more or less of the divine nature by profound abstraction and meditation; an ascetic, a hermit or devotee; preceded by দুই বা তিনি, a place where two or three roads meet.

মুনিয়া, *a.* সৰু, সাহ পুৰ নোহোআ, মুতুৰা, মোনৰ ভৰ থকা, জাপিৰ টুপ আদিত লগোআ, ফটা কানিৰে সজা খুটি বিসেস, having an imperfect kernel, dwarfed; a maund in weight; a small ornament on the top of a *japi*.

মুনিচুনি, *s.* কেৱল গধূলি, সন্ধ্যা সময়, twilight, between daylight and dark, the evening twilight.

মুনিহ, *s.* মতা, পুৰুস, ধানৰ খেতত বেচলৈ বন কৰা মানুহ, a man, a male, a laborer employed in transplanting rice or in harvesting; with দি, to assist in gathering in a harvest.

মুয়ে ধৰা, *s.* তামোল আদিএ মুৰত ধৰা, vertigo occasioned by the excessive use of tamul pan.

মুৰ, *s.* সিৰ, সীমা, সেস, the head, end, limit, boundary; with পৰি or মৰি, to be completed or ended.

মুৰকত, *ad.* সেসত, পাচত, finally, in conclusion, at last.

মুৰতকিয়া, *a.* মুৰ সমনিয়া, বৰ ডাঙৰ, *lit.* reaching up to the head; hence, *fig.* heavy, large, important, as applied to work &c.

মুৰঠি, *s.* এবিধ ডাঙৰ পুঠি মাচ, a species of carp, (Cyprimus Chrysoparius.)

মুৰ দোঁআই, *v.* মুৰ চপৰাই, প্রনাম কৰি, to bow the head, to salute.

মুৰ ফুৰনি, *s.* মুৰ ঘুৰুউআ বায়ু, অচন্ত্রাই, giddiness, vertigo.

মুৰমুৰিয়া, *a.* বেগতে ভগা, চনচনিয়া, খৰ হোআ, brittle, easily broken.

মূৰা, } *s.* মূৰৰ লাওখোলা, a skull.
মূৰাকলি, }

মুৰামাংসি, *s.* গন্ধ দ্রব্য বিসেস, a kind of vegetable perfume.

মুৰামুৰি, *s.* চমুআচমু, ওচৰাওচৰি, সেস, nearness to completion, an impending crisis or event; *a.* near, adjacent, at hand.

মুৰাৰি, *s.* ক্রিষ্ণৰ এক নাম, মুৰ দানৱক মৰা জন, an epithet of Krishnoo; *lit.* the destroyer of the demon *Mur.*

মুৰিয়ল, *s.* বিয়াত দৰা কন্যাই মুৰত পিন্ধা কঁপালি বিসেস, মস্তক মালিকা, an ornament worn on the foreheads of the bridegroom and bride.

মুৰিয়লি, *s.* মাটিৰ মুৰ বা আগালি, waste land adjacent to pottah land, or the outer edge of a piece of land.

মুৰিয়া, *a.* মুৰ সমনিয়া, কঠা বা দোনৰ মুৰে মুৰে হোআ বা তাৰ আধা জোখ, হাঁতোআহ আদিৰ নাল, relating to the head; as high as the head, even full, (dry measure); *s.* an adz handle.

মুৰুলি, *s.* বাঁহি, বাদ্য বিসেস, a flute, a fife, a whistle.

মুৰেমুৰে, *ad.* কানে কানে, সমান জোখত কথমপি, কোনো মতে, টুটিএ টাটিএ, by exact measurement barely, in some way, scarcely.

মূৰ্খ, *a.* অপণ্ডিত, একো নজনা, stupid ignorant, foolish; *s.* a fool.

মুৰ্চা, *s.* অচেতন, মুচ্ছকচ, syncope, fainting, a swoon, insensibility.

মুৰ্চ্ছিত, *a.* মুচুকচ, বিগ্যান হৈ পৰা, অচেতন হোআ, fainted, swooned.

মুৰ্জাই মূৰ্জাই, *ad.* ববকৈ খটিয়াই, মুৰ্ত্তকুআই থাকি, অনেক বাৰ কৈ থাকি, repeatedly, as speaking, driving or urging to work.

মুৰ্ত্তি, *s.* আকাৰ, ৰূপ, প্ৰতিমা, form, shape, an idol, a statue, an image, a likeness, a resemblance.

মুৰ্ত্তিমন্ত, } *a.* আকাৰ থকা, সাকাৰ, ৰব পাৰ্গতি, খঙ্গত জলন্ত হোআ,
মুৰ্ত্তিমান, } embodied, having a visible or corporeal form, personified.

মুফ্‌লা, *s.* বন এবিধ, a species of grass.

মুৰ্হা, *s.* কটা গচৰ গুৰি, এবিধ বেঁতৰ বাঁহৰ কৰা আসন, the stump of a tree, reed or bamboo; a stool made of bamboo and cane.

মুৰ্হানি, *s.* অনেক মুৰ্হা থকা ঠাই, a place abounding with stumps.

মুল, *s.* সিপা, আলু, গুৰি, আদি কাৰন, প্ৰধান, a root, origin, cause, source; *a.* principal, original.

মুল কাৰন, *s.* আদি কাৰন, the first cause.

মুল ধন, *s.* সুত পাবলৈ দিয়া ধন, আচল ধন, capital, stock in trade.

মুলা, *s.* আলু ধৰা এবিধ সাক, উনৈচ নক্ষত্ৰ, a raddish; the nineteenth stellar mansion.

মুলেমুলে, *ad.* মুল ধনৰ বা জোখৰ সমানে, অধিক নহৈ, at the original cost, without interest or gain.

মুল্য, *s.* বেচ, দৰ, ভাও, cost, price, value.

মুহি, *v.* মোহ কৰি, বঞ্চি, to charm, to captivate, to fascinate, to delude, to impose upon.

মুহিত, *a.* মোহ হোআ, বিহ্বল হোআ, deluded, charmed, infatuated &c.

মুহুৰ্ত্ত, } *s.* খেনেক, সোনকাল, দিনৰ পোন্ধৰ ভাগৰ এভাগ, a very
মুহুৰ্ত্তক, } short space of time.

মুহুৰ্ত্তে, } *ad.* সিঘ্ৰে, বেগতে, ততালিকে, quickly, in a very short
মহুৰ্ত্ততে, } space of time.

মুহুদি, *s.* ভোজনৰ পাচে মুখ সুধ কৰা তামোল আদি দ্ৰব্য, anything used to sweeten the breath after eating.

মেকাহি, *s.* এবিধ গচ আৰু তাৰ এঁঠা, a species of tree and its gum, from which a valuable varnish is made.

মেকুৰি, *s.* বিৰালি, a cat.

মেকুৰিখুজিআ, *s.* গা ধৰিবলৈ লবাৰ গাড ধৰা চিন বিসেস, a dimple.

মেকুৰিচালি, *s.* এবিধ লতা আৰু তাৰ চাল, a species of vine and its bark, used sometimes as a substitute for tamul pan.

মেখেলা, *s.* তিৰোতাৰ অধোবস্ত্ৰ, চুঁটি কাপৰ, a narrow skirt worn by Assamese women.

মেগেলা, *s.* এবিধ পাটি বোআ বন, a species of grass used in making mats.

মেঘ, *s.* ডাৱৰ, জলধৰ, a cloud.

মেঘনাদ, মেঘৰগাজনি, *s.* মেঘৰ গৰ্জন, চেৰেকনি, thunder.

মেঘবৰনিয়া, *a.* মেঘৰ বৰনেৰে, cloud colored, dark.

মেঘাই, *v.* মেঘ হৈ, ডাৱৰাই, to cloud up, to become cloudy.

মেঘোআ, *s.* মেঘ হোআ, ডাৱৰোআ, ওন্দোলাই পেলোআ, being overcast with clouds.

মেচ, *s.* দোঁ, ভাঁজ, মাজ তললৈ বহা, a bend, a crook, a curve; with খাই, or লৈ, to bend, as under a weight.

মেচ্‌মেচ্‌কৰে, *ad.* অতি কিটকিট কৰে কলা, অতিসই কলাক বুজুআ মাত, very, (applied to black.)

মেচ্‌মেচিয়া, *a.* মেচ্‌মেচ কৰে কলা হোআ, brittle; very black.

মেচা, *a.* মাজ বহা, বুকু উঠা, বিৰা ভঁজিয়া, bent, bent backwards or downwards.

মেচাকি, *s.* গচ এজাত, জন্তু এবিধ, a species of tree; a species of wild animal; see মেচেকা.

মেচামেচি, *s.* হেঁটা মেচা, ভেমেচা ভেমেচি, curves, crooks, windings; *a.* curved, winding, curling.

মেচি, *s.* মেচা তিৰোতা, *fem.* of মেচা, having a curved spine.

মেচেকা, *s.* বনৰিয়া অঁকা বকা জন্তু এবিধ, a species of wild animal.

মেজ, *s.* বৰ ঠগা, ওখ পিৰা বিসেস, a table.

মেজাঙ্কৰি, *v.* এবিধ মুগা বা সুতা, এজাত গচ, আদাকৰি গচ, a kind of silk; a species of tree.

মেজি, *s.* খেৰ কাঠ আদিৰ পতা দল, বিহুত পোৰা হাৰজি, a stack of wood, straw, or unthreshed grain; a pile of straw burnt as a festival amusement at the end of harvest.

মেট্‌মেট্‌কৰে, *ad.* নিওঁতে মেটেৰ সব্দকৈ জোআ, গধুৰ ৰূপেৰে, with a snapping cracking sound.

মেট্‌মেটিয়া, *a.* মেটেৰ মেটেৰ সবদ থকা, বৰ ভাৰ, having a snapping sound; with ভাৰ, a heavy burden.

মেট্‌মেটোআ, *s.* মেট মেট সব্দ কৰা, a crackling or creaking sound.

মেটা, *a.* see মেদা.

মেটুৰা, *s.* টৈমুনা, এঠাইত ধৰকৈ উখহা, a tumor, a swelling.

মেটুৰামেটুৰি, *s.* অনেক ঠাইত হোৱা মেটুৰা, a collective noun, signifying several swellings or tumors.

মেটেকা, *s.* এবিধ পানিৰ বন, a species of aquatic grass.

মেটেকাতলি, মেটেকানি, *s.* মেটেকা থকা ঠাই, a place abounding with the above.

মেটেৰ, *s.* টান বস্তু ভগাত উঠা সব্দ, the sound made by the breaking of a hard substance.

মেটেলি, *s.* মেৰতলি, মেখেলা বা চুৰিয়াৰ খোঁচোনা, তেলৰ কুপা আদিৰ ঠিলা, that part of the edge of a *mekhela* or *suriya* that is tucked in at the waist; the cork of an oil vessel.

মেটোৰমেটোৰ কৰে, *ad.* লাহে লাহে, ধিৰে ধিৰে, slowly, gently, lazily.

মেঠ, *s.* অধিক পাবৰ আসাৰে দিয়া তাকৰ ভেঁটি, অৱস্থা, a small present given with the hope of gaining some request, or of obtaining something of greater value in return; with পেলাই, to present the above; condition.

মেঠনি, *s.* বুকুত মেখেলা পিন্ধি তাৰ ওপৰত পথালিকৈ বিহা বন্ধা, a woman's skirt that is worn over the breast; with মাৰি, to wear the same.

মেঠনিয়াই, *v.* লেহেম কৰি, পলম কৰি কৰি, to delay, to loiter.

মেঠোন, *s.* এবিধ পৰ্ব্বতিয়া বা বনৰিয়া সকত গৰু বিসেস, a species of wild mountain cow.

মেতৰ, *s.* গু কটা হাৰি, a scavenger, a sweeper, a *mehter*.

মেতৰনি, *s.* মেতৰৰ তিৰি, *fem.* of the above.

মেদ, *s.* মলি, গেদেৰি, lees, settlings, sediment, scum.

মেদানি, *s.* গেদ্গুদি, lees, sediment.

মেদমেদিয়া, *a.* গেদগেদিয়া, চেপা, slow, inactive, turbid, roiled; not well baked, (applied to pottery.)

মেদা, *a.* মাঠ, মেটা, চোকা নোহোৱা, চেপা slow, inactive, dull, stupid.

মেদিনি, *s.* প্ৰিথিৱি, ভুমি, the earth.

মেদেলা, *s.* সকত, পুষ্ট, বন এবিধ, stout, fat; with চহকি, very rich.

মেদেলি, *s.* তেলৰ গেদেৰি, the sediment of oil.

মেদেগুআ, *s.* এবিধ ত্ৰিন বিসেস, a species of grass.

মেধি, *s.* সিস্যৰ কৰ তোলা গোসাইৰ লোক, one who collects the annual taxes exacted by hindoo priests from their disciples.

মেনা, *s.* ওলোমা সিঙ্গিয়া মহ, a buffalo that has drooping horns.

মেনাই, *v.* see পেনাই.

মেনি, *s.* মেনাৰ স্ত্রি, the *fem.* of মেনা.

মেমেধু, *s.* ধনিয়া, গোন্ধোআ সাক, the coriander plant and seed.

মেমেৰা, *a.* নিচলা, চেৰেঙ্গা, lean, spare, emaciated.

মেৰ, *s.* মেস, বেৰ, পাক, গুটি ধান আদি থোআ জতন, a sheep, the measure of girth, a twist, a receptacle for grain; with খাই, to roll or coil up.

মেৰখোআ, *a.* পাক খোআ, নুৰা বান্ধি থকা, tortuous, winding.

মেৰ চাগ, *s.* see মেস, a sheep.

মেৰচৰা, *s.* এবিধ ঘূৰনিয়া চাবি, চক চৰা, a round sitting mat.

মেৰ পতা, *s.* বিৰ বন্ধা, বিৰ বান্ধি থকা, a coil or the act of coiling.

মেৰাই, } *v.* নুৰিয়াই, পকাই, চাৰিও ফালে বেৰি, to roll up, to
মেৰিয়াই, } encircle, to surround, to wrap around.

মেৰু, *s.* সুমেৰু পৰ্ব্বত, the famous mountain *Meru* of the shasters, which according to hindoo cosmogony forms the centre of the seven continents; in astronomy, the North Pole.

মেৰুদণ্ড, *s.* ৰাজহাৰ, the spine, the back bone.

মেৰুন, *s.* মেহুন, গাত হোআ বৰ টেমুনা, a wen.

মেৰুনিয়া, *a.* মেৰুন থকা, মেহুনিয়া, having a wen.

মেৰেটামেৰেটি, *s.* গা ভাঙ্গিচিঙ্গি থকা, গা-মুৰি, the act of stretching the body, (as when weary.)

মেৰোআ, *a.* মেৰাই থোআ, নুৰিওআ, বেৰোআ, wound or wrapped around, enclosed, surrounded, encircled.

মেল, *s.* সোধপোচ কৰা সমাজ, পঞ্চাইত, a council, an assembly, a jury.

মেল কৰা, *s.* কথা পতা, পৰামৰ্শ কৰা, সোধ বিচাৰ, consultation, deliberation.

মেলনি, *s.* এৰি দিয়া, মুকু কৰা, বিদাই, release, friendly dismission.

মেল পতা, *s.* সোধপোচ কৰিবলৈ ধৰা, কথা বাত্রা হোআ, presenting a subject or appointing a council for deliberation and enquiry.

মেল মৰা, *s.* সোধা বা তাক নিস্পতি কৰা, the closing of a council or the settlement of a question

মেলমেলিয়া, *a.* সেঙ্গসেঙ্গিয়া, লেমলেমিয়া, delayed, put off, deferred.

মেলা, *a.* মুকু বা মুকলি কৰা, মেলি দিয়া, opened, loosed, unbound.

মেলানি, *s.* see মেলনি.

মেলামৰা, *s.* জাঠি আদি নিজগলৈ মাৰি পঠিওআ, the act of hurling or casting from the hand as of a missile weapon.

মেলাহি, *a.* বহল, ফেহুলঙ্গা, broad and shallow.

মেলি, *v.* বন্ধন মুকলি কৰি, সোলোকাই, ঢিলাই, বহলাই, to spread out, to open, to loose, to untie, to stretch forth.

মেলুআই, } *s.* মেল কৰি ফুৰা লোক, a member of a council.
মেলুৱৈ, }

মেলেচ, *s.* see ম্লেচ.

মেস, *s.* মেৰ চাগ, প্ৰথম ৰাশি, a sheep, a ram; the sign Aries.

মেহমেহিয়া, *a.* এলেহুআ, খৰতকিয়া নোহোআ, lazy, indolent, dull, inactive.

মেহুন, *s.* গচত হোআ টেঙুনা, an excrescence on a tree or plant.

মেহুনিয়া, *a.* মেহুন থকা, having the above excrescence.

মৈ, *s.* চাহ মাটি সমান কৰা জতন, the native harrow.

মৈটকা, *s.* মৈত লগাই টনা হাঁকোটা থকা গুৰি ফলা বাঁহ, a bamboo pole split at one end, by which a harrow is drawn in muddy soil.

মৈটা, *s.* আখি থকা গোটা বাঁহৰ দিঘল অথবা বিসেস, a single bamboo used as a ladder, the knots serving as steps.

মৈথুন, *s.* শৃঙ্গাৰ, ওৰ জোআ, copulation, coition.

মৈদা, *s.* মাচ সাক কুটা অস্ত্ৰ এবিধ, a kind of knife used for cutting fish and vegetables.

মৈদাম, *s.* মৰিসালিত সজা মাটিৰ দল, the mound of earth raised over a grave, a grave, a tomb, a sepulchre.

মৈদামনি, *s.* মৈদাম থকা ঠাই, a graveyard, a burial ground.

মৈয়াই, *v.* মৈৰে মাটি সমান কৰি, to level with the harrow.

মৈলাম, *s.* মহি চুঙা, an inkstand.

মোআ, *s.* এবিধ সৰু মাচ, এবিধ আলুৰ নাম, a species of fish; a kind of sweet potato.

মোআৰ মৰা, *s.* আসা নথকা হোআ, ভিকাচন ভগা, the losing all hope, chance, means or resource.

মোআৰি, *a.* মোহৰ মৰা, ভিৰি নোহোআ, (ৰূপ বা সোন,) coined, (applied only to gold and silver.)

মোকমোকাই, *v.* বোকবোকাই, মুখত ভাত আদিৰে কথা কৈ, to speak indistinctly, to mumble.

মোকৰ্দ্দমা, *s.* গোচৰ, আদালতত কৰা দাই দোসৰ বিচাৰ, a law suit.

মোকল, *a.* মুকলি, clear, open, unenclosed.

মোকলফুৰা, *s.* সৌচ কৰা, বাহিৰ ফুৰা, evacuations by stool.

মোকোট, *s.* মোটোক, মোচোকা, জাপ, a bend, a fold.

মোকোটোআ, *s.* মোকোটাই থোআ, জাপি থোআ, bending or folding.

মোকোৰা, *s.* মুখ ভৰা গৰাহ, a large mouthful.

মোখনি, *s.* পাচি আদিৰ মুৰ নোসোলোকাকৈ বোআ বান্ধ, the tucking in the ends of splints to secure the edge of braided work.

মোখা, *s.* মুৰ মৰা, মোখনি বোআ, the binding or securing the edge of a mat or other braided work.

মোখোৰা, *s.* গৰুৰ মুখত দিয়া বেঁতৰ খাজ, a muzzle for oxen.

মোখ্য, *s.* নির্বান মুক্তি, নিস্তাৰ, প্রধান, মুখ্য, beatitude, final emancipation of the soul from matter; *a.* principal, chief.

মোচ, *s.* কল গচৰ অলপকৈ ওলোআ ডিল, গোঁফ, the flower bud of the plantain when it first sprouts from the tree, whiskers.

মোচন, *s.* মুক্তি, মর্সন, খণ্ডন, liberation, deliverance, forgiveness.

মোচৰা, *s.* মোহৰা, মর্দ্দন কৰা, পকোআ, a wringing, twisting, squeezing.

মোচা, *a.* ঠোলা, কোঁচ খোআ, curled, contracted, applied only to thin substances, as the ear, paper, leaves of plants &c.

মোচোকা, *s.* মোটোকা, পাক, a bend, a sprain.

মোচোৰা, *s.* পাক মৰা গাঁঠি এবিধ, a knot made by twisting together the ends of a binding.

মোট, *s.* গোট, মুঠ, গাৰ চাল, কলপ, চালৰ মোনা, the sum total; a leathern bag or skin used for carrying water; the skin of the body considered as a case; the cast off skin of reptiles.

মোটমৰা, *a.* বৰ গছিন আৰু ভাঠ (হাবি,) dense, thick, impenetrable, as jungle, forest &c.

মোটাতোলা, *s.* খৰাহি চালনি আদিৰ বোআত চুকৰ কাঠি এবি বোআ, the widening of a basket near the top.

মোটে, *ad.* মুঠে, সমুলি, সকলোমুলি, all together, in the whole, in all.

মোটোকা, *s.* see মোকোটা.

মোধ, *s.* লো বা তিখা দি পুৰনি কোৰ আদি বঢা, জোন দিয়া, a piece of iron or steel welded on an old implement to renew it.

মোধাই, *v.* জোন দিয়াই, পুৰনি অস্ত্রত লো তিখা খুআই, নতুন কৰাই, to renew an old or broken iron instrument, as above.

মোধোআ, *a.* মোধ দিয়া, পুৰনি কোৰ আদিৰ মুখত এডোখৰ জোৰা দিয়া, welded, renewed, repaired.

মোন, *s.* দুকুৰি সেৰিয়া এক জোখ, আঠ মোন, a maund, 80 pounds.

মোনা, *s.* দিঘল জোলোঙা বা বগল, a bag.

মোমাই, } *s.* মাতুল, মাকৰ ককায়েক বা ভায়েক, a maternal uncle.
মোমায়েক, }

মোমাসহুৰ, *s.* গিৰিয়েক বা ঘৈনিয়েকৰ মোমাইএক, an uncle by marriage.

মোৰ, *s.* ৰোগ বিসেস, আঁত গুৰি, নিজৰ, a disease resembling cholera; the end of a thread or rope; the beginning or root of a matter; the pronoun *my.*

মোৰোকনি, *s.* মাচ আদিএ মৰা পাক, সোঁত পানিৰ উঠা চাক, a circular motion, as made by fish in water; a whirling or eddying.

মোল, *s.* মূল্য, গুন, value, intrinsic worth or excellence.

মোলাই, *v.* বস্তু বেপাৰলৈ দৰ ভাও কৰি, বেপাৰলৈ কিনি, to fix a price or valuation; to buy for resale.

মোলান, *a.* ম্লান, মলি, পদুমৰ আলু বিসেস, faded, pale, soiled, discolored, sad, downcast.

মোলোআ, *s.* মোলাই লোআ, বেপাৰলৈ কিনা, দৰ কৰা, the act of bartering, exchanging or fixing a price.

মোহ, *s.* মায়া, ভোল হোআ, মৰম, লোভ, fascination, enchantment, infatuation, delusion, natural affection, avarice; with হৈ, to be charmed; with লাগি, to desire, to covet.

মোহন, *s.* মোহ জোআ, মন্ত্ৰ, fascination, &c. an epithet of Krishnoo.

মোহনি, *s.* মোহ কৰা এবিধ মন্ত্ৰ, a charm, an incantation.

মোহনিভাঙ, *s.* উত্তম ভাঙ এবিধ, a kind of hemp, strongly narcotic, used for smoking.

মোহৰ, *s.* চাব, চিন, সাঁচত মৰা ৰুপ সোন আদি, a seal, a stamp, a coin; with মাৰি, to seal, to stamp.

মোহৰা, *s.* ঘঁহা, হাতেৰে গুৰি কৰা, মোচৰা, মলা, a rubbing, dissolving a substance in a fluid by squeezing or maceration; pulverizing by rubbing in the hand.

মোহ লগা, *a.* মৰম লগা, অতি সুন্দৰ, desirable, lovely.

মোহা, *s.* মোহ কৰা, a yellowish brown color, infatuated, enchanted, captivated.

মোহাৰি, *v.* ঘঁহি, হাতেৰে গুৰি কৰি, মলি, to rub, to dissolve a substance in a fluid by squeezing or maceration, to pulverize by rubbing or wringing, to squeeze.

মোহিনি, *a.* মোহ নিওআ (স্ত্রি,) fascinating; *s.* a fascinating woman.

মৌ, *s.* মধু, মৌ জোল, অমৃত বিসেস, honey, the nectar of flowers, reckoned as one of the five sweets.

মৌআ নমা, *a.* উথহি সেজুআ নমা, উথহি ওলোমা, hanging down like a swarm of bees; applied only to a swelling.

মৌকোঁহ, *s.* মৌৰ বহ ঘৰা, a honey comb.

মৌজ, *s.* থুপ, জুম, বাগিএ ধৰি ঠৰ হৈ থকা, a multitude, an assemblage of people; stupor from opium &c.

মৌজা, *s.* পৰগনা, মহল, a division assigned to one native collector.

মৌজাদাৰ, *s.* মৌজাৰ প্ৰধান বিসয়া, তচিল্দাৰ, a revenue collector.

মৌজুলিয়া, *a.* মৌ জোলৰ নিচিনা, মৌ ৰসৰ ৰৰনিয়া, like honey.

মৌজোল, *s.* মৌৰ ৰস, মধু, honey.

মৌডিমৰু, *s.* এবিধ সোআদ বৰ ডিমৰু, a species of fig.

মৌপিয়া, *s.* এবিধ চৰাই, a species of bird.

মৌবিচনি, *s.* মৌৰ ৰহ ঘৰাৰ বাহিৰ ভাগ, a portion of honey comb.

মৌমাখি, *s.* মৌৰ মাখি, a honey bee.

মৌসৰালি, *s.* এবিধ পানিত হোআ বন, a kind of aquatic grass.

ম্রিগ, *s.* হৰিনা আদি পশু, a deer, a stag, an antelope.

ম্রিগনাভি, *s.* কস্তুৰি, গান্ধকলাই, the musk of a species of deer, musk.

ম্রিগয়া, *s.* পশু মৰা, চিকাৰ, hunting, the chase.

ম্রিগসিৰা, *s.* পঞ্চম নক্ষত্ৰ, the fifth mansion of the hindoo zodiac.

ম্রিত, } *a.* মৰা, পৰলোক হোআ, dead, deceased, defunct.
ম্রিতক, }

ম্রিতপ্ৰাই, *a.* মৰে মৰে হোআ, nearly dead, at the point of death.

ম্রিত্তিকা, *s.* মাটি, ভুমি, earth, soil, ground.

ম্রিত্যু, *s.* মৰন, প্ৰান বিজোগ, জম, death, bodily dissolution, decease, demise; *Jom*, the regent of death.

ম্রিত্যুঞ্জই, *s.* মৰনক জিনোঁতা, সিৱ, conqueror of death, Hiwo; in a nobler sense, Christ, who was the first that rose from the dead.

ম্রিদঙ্গ, *s.* এবিধ বাদ্য, মিৰ্দঙ্গ, an oval shaped drum, a tabor.

ম্রিদঙ্গিয়া, *a.* ম্রিদঙ্গ বজোআ, ম্রিদঙ্গৰ নিচিনা, a drummer on the above.

ম্রিদু, *a.* কোমল, মিহি, mild, gentle, soft.

ম্লান, *a.* see মোলান.

ম্লেচ, *a.* অনাচাৰি, অসভ্য, বেদাচাৰ নমনা, barbarian; *s.* any person heterodox as regards the hindoo faith; a barbarian.

য,

য, যকাৰ; এই আখৰ অসমিয়া ভাসাত (জ) নিচিনাকৈ মাতে; কিন্তু তাৰ তলত ফুট থাকিলে, (য়) ইয়, এই ৰূপে উচাৰন হই; জেনে, য়িক-চালম, কায়স্থ, মায়া আদি; আন ব্যঞ্জনৰ লগত জোগ হলে (্য) এই ৰূপে লিখে; জেনে ধন্য, মান্য আদি. In Assamese this letter is usually pronounced like the soft or French *j*, and should therefore be written জ, but when written with, a dot underneath, thus (য়) it becomes *y*. When য় is combined with a preceding consonant it takes the form(্য) and is commonly pronounced as if *i* were inserted before the consonant; as আগ্য, *agya*, pronounced *aigya*; ধন্য, *dhonyo*, pronounced *dhoinyo*.

ৰ.

ৰ, ৰকাৰ, ৰৰ দিয়া, this letter is pronounced like the English *r*, in *real*; combined with a preceding consonant it is expressed by the mark (্ৰ) placed underneath, as প্ৰিতি, love; when preceding a consonant it is expressed by the mark (ʹ) called *reph*, written over the consonant, thus পৰ্ব্বত, *porbot*, a mountain; the imperative of ৰৈ, to stand; with লগা, *a.* fixed in astonishment.

ৰইনা, *s.* কোৰ্হোনা, দতাল, চট পানিৰ বালি খন্দা জতন, a wooden implement used for deepening the channel of a river.

ৰকৰ, *s.* ৰকহ, নিগনিএ কাঠ আদি কুটাৰ সদ, আচোৰোঁতে উঠা সব্দ, any gnawing or scratching sound.

ৰকাৰ, *s.* ৰ আখৰ, the letter ৰ, or any character representing it.

ৰক্ত, *s.* তেজ, ৰুধিৰ, সোনিত, ৰঙ্গা, blood; *a.* red, crimson.

ৰক্তচন্দন, *s.* ৰঙ্গা চন্দন, red sandal wood.

ৰক্তমই, *v.* তেজৰ নিচিনা, তেজমই, bloody, like blood, crimson.

ৰক্তসাৰ, *s.* তেজসাৰ, a disease in which blood is discharged with urine; (Hamaturia.)

ৰখা, *s.* ৰক্ষা কৰা, থোআ, পালন কৰা, ৰাখি থোআ, চৰোআ, the act of keeping, preserving, tending; *a.* kept, preserved, tended.

ৰখাই, *v.* ৰক্ষা কৰাই, থোআই, পালন কৰাই, চৰোআই, to cause to keep, preserve or tend, to restrain.

ৰখি, *v.* ৰখ্যা কৰি, পালি, পহৰি দি, পৰ দি, বাট চাই, to guard, to keep, to tend, to wait for.

ৰখিয়া, *s.* ৰখি থকা জন, পৰিয়া, গৰু আদি চৰাওঁতা, a keeper, a watchman, a tender of cattle.

ৰখ্যক, *s.* ৰাখোতা, ৰখ্যা কৰ্ত্তা, a keeper, a preserver, a deliverer.

ৰখ্যা, *s.* নিস্তাৰ, তৰনি, পালন, আসুই, ৰাইখ, জিৰনি, preservation, protection, rescue, deliverance, relief, mitigation.

ৰগৰ, *s.* ঢোল খোল আদিৰ দৰনি, মনৰ বেগ, টক, মৌজ, ৰঙ উচাহ বিসেস, the quick beating of a drum; elation, excitement.

ৰঘু, *s.* কদম্ব গচ, ৰামৰ ককাক, a species of tree, (Nauclea Cadamba;) a name of the grandfather of Ram.

ৰঘুমলা, *s.* গচৰ ডালত হোৱা এবিধ জোপোহা গচ, a species of parasitic plant.

ৰঙ্গ, *s.* ৰহস্য, আনন্দ, হৰিস, ধেমালি, বৰন, joy, gladness, delight, mirth, fun; paint.

ৰঙ্গচঙ্গ, *s.* ৰচঙ্গা, নানা বৰন, gaudiness, gayety of color, showiness.

ৰঙ্গচঙ্গিয়া, *a.* চিত্ৰবিচিত্ৰ, নানা বৰন থকা, ৰঙ্গাৰচঙ্গা, gaudy, showy, gay, variegated.

ৰঙ্গচা, } *a.* অলপ ৰঙ্গা, of a reddish color.
ৰঙ্গচিয়া, }

ৰঙ্গচুআ, } *a.* অলপ ৰঙ্গা বৰনিয়া, of a light reddish color.
ৰঙ্গটুআ, }

ৰঙ্গৰঙ্গিয়া, *a.* ৰিঙ্গৰিঙ্গিয়া, অলপ ৰঙ্গা, of a dull or faded color.

ৰঙ্গৰূপ, *s.* ৰঙ্গ তামচা, আনন্দ, play, sport, merriment.

ৰঙ্গা, *a.* হেঙ্গুলিয়া, তেজৰ বৰনিয়া, red.

ৰঙ্গা আলু, *s.* এবিধ কেঁচাই খোৱা আলু, পৰিয়া আলু, a species of red potato, (Convolvolus Batatas.)

ৰঙ্গাৰচঙ্গা, *a.* see ৰঙ্গচঙ্গিয়া.

ৰঙ্গালি, *a.* গোটেই ৰঙ্গা হোৱা, ৰাঙ্গলি, জোনালি, red, reddish, illuminated, lighted up, as of many lamps or an extensive fire.

ৰঙ্গিয়াল, } *a.* ধেমেলিয়া, ৰঙ্গ কৰি থকা, sportive, mirthful, jocund,
ৰঙ্গুআল, } playful, jolly.

ৰচকপচক, *s.* লচ্পচ, ৰমকজমককৈ ধুন মাৰি গা দেখুউআ, a vain, light or trifling manner.

ৰচকি, *a.* লচপচি, ধুন মাৰি গা মেলাই ফুৰঁতি, giddy, flaunting, vain, light-minded; *s.* a flirt, a coquette.

ৰচঙ্গা, *s.* see ৰঙ্গচঙ্গ.

ৰচত, *s.* ৰোজ, সৈন্য আদিলৈ গোটেটোআ সমল, daily rations, provisions in general for an army.

ৰচনা, *s.* নকৈ সাজি লিখা, literary composition, fabrication, orderly arrangement.

ৰচা, *s.* ফই, লেজু, ৰচনা কৰা, লিখা, a rope, a cable; *a.* composed, written, fabricated.

ৰচি, *s.* জৰি, ডোল, জক, ৰচনা কৰি, কথা গোটাই লিখি, জনি, a rope, a cord, a string; *v.* to write, to compose, to fabricate.

ৰচিত, *s.* ধন আদি পোআৰ প্ৰমান পত্ৰ, a written receipt.

ৰজগুন, } *s.* ৰাজসিক গুন; তিনি প্ৰধান গুনৰ দুতিয় গুন, in hindoo
ৰজস, } philosophy the second of the three inherent natural qualities, active power, passion or activity.

ৰজত, *s.* ৰূপ, silver.

ৰজনজনা, *a.* জনাজাত, বৌচিক, প্ৰখ্যাত, সকলোএ জনা, known, made public, spread abroad.

ৰজস্বলা, *a.* চুআ হোআ, ৰিতুমান পোআ, menstruous.

ৰজা, *s.* ভূপতি, নৰেশ্বৰ, চক্ৰধৰ, নিৃপতি, a king, a monarch, a sovereign.

ৰজাই, *v.* সুআই, to dress or adorn another, decoration.

ৰজি, *v.* সুআই, মানিহে, মিলি, to conform to, to suit, to agree with, to be consistent with; *a.* suitable, fitting or appropriate.

ৰঞ্জন, *s.* আনন্দ দিওঁতা, ভাল লগা, pleasure, the giving of pleasure &c.

ৰঞ্জিত ৰঞ্জিত, *a.* মন ৰৰকৈ উত্ৰাৱল হোআ, overjoyed, transported.

ৰটনি, *s.* কেলকেলনি, বলকনি, the cawing of crows, garrulity.

ৰটা, *s.* কাউৰিএ কেলকেলোআ, বলকা, cawing, being garrulous.

ৰটি, *v.* কেলকেলাই, বকি, বলকি, to caw, to talk much, to babble.

ৰ-চি, *s.* চক, ঘোসনা, সকলোতে প্ৰকাস, rumor, publicity, notoriety; with ফুটি, or উঠি, to become generally known.

ৰচৌচৌ, *a.* আৰ বেৰ নথকা, মুকলি, ঢৌঢৌ, wide open, not inclosed &c.

ৰণ্ডভণ্ড, *s.* লণ্ডভণ্ড, নৰ্বাঙ্গ তৰ্বাঙ্গ, demolition, confusion, disorder.

ৰত, *a.* আসক্তি হোআ, আসক্ত, ৰতি হোআ, devoted to, delighted with, enamored.

ৰতন, *s.* see ৰত্ন.

ৰতৰতিয়া, *a.* ঘা আদিত তেজ ওলাওঁ ওলাওঁ হোআ, just ready to bleed; as of a bruise or wound.

ৰতি, *s.* আসক্তি, মন জোআ, আস্তিক, মৈথুন, ৰমন, attachment, regard, sexual intercourse, sensual enjoyment.

ৰতিয়া, *a.* এক ৰাতি পৰিমানৰ, of the weight of one *rati*, or about two grains Troy weight.

ৰত্ন, *s.* হিৰা আদি ৰহু মুলিয়া মনি, ৰতন, a gem, a jewel, a precious stone, anything valuable.

ৰত্নাকৰ, *s.* সাগৰ, ৰত্ন ওলোআ ঠাই, হিন্দু মতৰ এখন পুথি, a mine of jewels; the name of an Assamese book.

ৰত্নাৱলি, *s.* ৰত্নৰ মালা, হিন্দু মতৰ এখন পদ পুথি, a string of jewels, the title of an Assamese shaster.

ৰথ, *s.* গাঁৰি বিসেস, a carriage, a chariot, a car, a wheeled vehicle.
ৰথজাত্রা, *s.* জগন্নাথৰ ৰ থ টনা উৎচৱ, the festival of Juggernaut.
ৰথি, *s.* ৰথত উঠি ফুৰা বা ৰন কৰা লোক, a charioteer &c.
ৰদ, *s.* সুৰ্য্যৰ কিৰন বা তাপ, solar heat, sunshine; with দি, to shine.
ৰদঘাই, *s.* ৰবৈক ৰদ পৰা ঠাই, a hot sunny place.
ৰদাই, *v.* ৰদত দি, সুৰ্য্যৰ তাপত সুকুআই, to sun; to dry in the sun.
ৰদুআ, *a.* ৰদত দিয়া, সুৰ্য্যৰ তাপত সুকুউআ, sunned; sunning &c.
ৰন, *s.* জুধ, বিগ্রহ, সমৰ, সংগ্রাম, war, battle, conflict, a fight, contest.
ৰনঘোঁৰা, *s.* হিলৈৰ মুখৰ ঘোঁৰা, the hammer of a gun-lock.
ৰনজেউতি, *s.* ৰনৰ উচাহ, the excitement or enthusiasm of battle.
ৰনসিঙ্গা, *s.* ৰনৰ বিগুল, a war trumpet, a bugle, a war conch.
ৰনুআ, *s.* ৰন কৰোঁতা, জুধাৰু, ৰন সমক্ষিয়, a soldier; *a.* relating to war.
ৰন্ধন, ৰন্ধা, } *s.* সিদ্ধ কৰা, সিজোআ, the preparation of food, cookery.
ৰন্ধাই, *v.* সিজুআই, লোকৰ হতুআই সিদ্ধ কৰাই, to cause to cook &c.
ৰবি, *s.* সুৰ্য্য, বেলি, the sun.
ৰবিবাৰ, *s.* দেওবাৰ, সপ্তাহৰ প্রথম বাৰ, *lit.* the sun's day or Sunday.
ৰভা, *s.* ৰৰ চালি, নকৈ সজা খন্তেকিয়া সভা ঘৰ, এবিধ কচাৰি জাতি, a temporary house prepared with one roof.
ৰম, *s.* নিল বা তাৰ গচ, indigo or the plant.
ৰমকজমক, *a.* বিভুসিত, সোভিত, dressy, showy, wearing ornaments &c.
ৰমন, *s.* ক্রিডা, লিলা, sport, play, sensual pleasure.
ৰমনি, *s.* স্ত্রি, ভাৰ্য্যা, কামিনি, তিৰোতা, a wife, a beautiful woman.
ৰমৰমনি, *s.* জালুক আদিৰ পোৰনি, the burning sensation or taste produced by spices and aromatic substances.
ৰম্‌ৰমাই, *v.* জলাৰ পোৰনিএ ধৰি, to feel the above.
ৰমলিয়াই, *v.* অধিক কাউৰিএ কা কা কৰি, ৰটি, to make a loud cawing sound, (as a flock of crows.)
ৰমাপুৰি, *a.* উত্তম মনোহৰ ঠাই, ভাল ঠাই, pleasant, agreeable, attractive; *s.* a delightful place.
ৰম্য, *a.* সুন্দৰ, মনোহৰ, agreeable, pleasing, charming, lovely.
ৰ-লগা, *a.* টক লগা, চাই বৈ থকা, fastened to a spot, enchanted.
ৰস, *s.* ৰহ, সত, জোল, সোআদ, ৬ অঙ্ক, এবিধ ধাতু বিসেস, juice, liquid, fluid, sap; taste, flavor, savor; carnal pleasure; literary taste or sentiment; used also for the numeral six.
ৰসাতল, *a.* পাতালৰ সপ্তম ভাগ, the lowest of the seven hindoo hells.

ৰসাল, ৰসালি, *a.* ৰহিয়া, ৰস থকা, সাকআ, juicy, savory, fertile, moist; sentimental, full of feeling.

ৰসিক, *a.* ৰসযুক্ত, ৰসাল. sentimental, witty, jocose, amorous.

ৰশ্মি, *s.* কিৰন, জেউতি, দিপ্তি, brightness, effulgence, a ray of light, a sunbeam.

ৰহ, *s.* ৰস, juice, fluid.

ৰহ্খোআ, *s.* গৰু মহ আদিএ জাক ফুৰা, পথাৰ ফুৰা, the copulation of quadrupeds.

ৰহ্ঘৰা, *s.* মৌৰ কোঁহ, বস্তুৰ প্ৰধান ঠাই, honey comb.

ৰহ্দিয়া, *a.* ভালকৈ পকা, ৰস ধৰা, fully ripe, juicy.

ৰহন, *s.* বৰন, ৰঙ, আৰ্চিত লগোআ আস্তৰ, color, varnish, paint.

ৰহ্ৰহ্ কৰে, ৰহৰহিয়া, *a.* ৰস থকা, ৰসাল, অলপ টেঙ্গা থকা সোআদ, sweet and juicy, delicious, applied to fruit.

ৰহস্য, *s.* আনন্দ, ৰঙ্গ, ধেমালি, কৌতুক, pleasure, sport, fun, frolic, mirth.

ৰহা, *s.* ভোক চৰা, ৰোআ, a fainting or suffering from hunger; a remaining or coming to a stand; *a* faint, famished.

ৰহি, *v.* ৰহ দি, ৰৈ, ভোক চৰি, খাবলৈ নেপাই গা বেয়া কৰি, সৰিয়হ পেৰিবলৈ জুগুতোআ গুৰি, কুঁহিয়াৰৰ পেৰা ৰস, to ripen, to remain; to faint or suffer from hunger; *s.* mustard seed pounded ready for pressing; the expressed juice of sugar cane.

ৰহিত, *a.* নোহোআ, হিন, destitute of, without; used mostly in *comp.* as মৰন ৰহিত, *i. e.* without death, immortal.

ৰহিয়া, *a.* ৰহ থকা, ৰহ দিয়া, juicy, ripened.

ৰাইক্হ, *s.* ৰাখ্যস, অতি খঁকুআ, বৰ খাবৈচ, a glutton.

ৰাইখ, *s.* ৰখ্যা, জিৰনি, protection, rescue, deliverance, relief, mitigation.

ৰাইজ, *s.* see ৰাজ্য.

ৰাইজাঁই, *s.* ভোক আদিৰ দুৰ্বলত গাৰ হেলেঙ্গপেলেঙ্গ, আচম্ভাই, faintness, vertigo, giddiness.

ৰাইডঙ্গিয়া, ৰাইডঙ্গিয়া জাপি, *a.* ৰাইডাঙ্গৰ নিচিনা, সৰু দৈয়া এবিধ জাপি, এখেল মানুহ, relating to or like the *raidung* ratan; *s.* a kind of *japi* used instead of an umbrella; a class of people.

ৰাইডাঙ্গ, *s.* এবিধ ডাঙ্গৰ বেঁত, a species of large ratan.

ৰাইলা, *a.* চকু পোৰা, পৰৰ সুখ সহিব নোআৰা, খিয়লিয়া, envious.

ৰাউচি, *s.* বৰ চিঁয়ৰ, বৰ ৰাও, এটাহ, a loud cry, a yell, a scream.

ৰাও, *s.* বৰ মাত, চিয়ঁৰ, কান্দন, a loud voice, shout or cry; with জুৰি or ৰাখি, to wail, to lament, to cry aloud.

বাওমুআ, *a.* কুলখ্যামিয়া, চকুৰ নামনিলৈকে ফোঁট থৈ অহা, (ঘোঁৰা গৰু আদি,) quarrelsome; having a bad mark or sign, (applied to cattle.)

বাওবাও কৰে, *ad.* বৰ সৰ:শবে, with a loud sound or as of many voices in concert, loudly.

বাঁচ, *s.* তাঁতৰ সুতা সুমাই বোআ বাঁহৰ ফৰন, the reed of a native loom.

বাঁচপাত, *s.* একবিধ বোলৰ ত্রিন, a species of grass used in dyeing red.

বাখি, *v.* ৰক্ষা কৰি, ভাৰি, পালি, থৈ, চৰাই, to keep, to preserve.

বাখোন, *s.* see ৰখা.

বাখ্যস, *s.* মানুহ আদি খোআ লোক, a cannibal, a gormandizer, a glutton, a monster.

বাখ্যসি, *s.* ৰাইকহনি, *fem.* of the above.

বাগ, *s.* গিতৰ সুৰ, ষৰ, শং, a tune, a note or musical measure; with দি or তুলি, to pitch a tune or lead in singing.

বাগি, *s.* মদ আদি দ্রব্যৰ জাস, ৰতি, আসক্তি, the intoxicating quality of spirituous liquors or drugs; attachment; with ধৰা, *a.* intoxicating, exciting.

বাগিয়াল, *a.* মদ কানি আদি বাগি ধৰা বস্তু খোআ লোক, বাগি থকা, মতলিয়া, addicted to the use of intoxicating drugs or spirits; intoxicating, stimulating.

বাঘবৰালি, *s.* বৰ ৰৰালি মাচ, a species of fish, (Silurus Pilorius.)

বাঙ্গ, *s.* ধাতু বিসেস, তামোল খাওঁতে মুখত ধৰা বৰন, tin, pewter; the color of tamul spittle.

বাঙ্গকুকুৰ, *s.* একবিধ বনৰিয়া হিংসক কুকুৰ, a wolf, a wild dog.

বাঙ্গচালি, *a.* বঙ্গুআল, চলকুটো, (স্ত্রি,) volatile, lively, fickle, (*fem.*)

বাঙ্গপতা, *s.* বৰন থুউআ অতি পাতল বাঙ্গ, tin-foil.

বাঙ্গবৈয়া, *ad.* পিৰ্পিৰ কৰে, ৰিঙ্গৰিঙ্গিয়া, পাতল, very, applied to thinness.

বাঙ্গল, *s.* একবিধ ৰঙ্গা ফুল, a species of red flower.

বাঙ্গলি, *a.* ৰঙ্গাবৰনিয়া, ৰঙ্গালি, red; illuminated, lighted up.

বাজ, *s.* ৰজা বা বাইজ, ৰজাৰ সমন্ধিয়, a prince, a king; *a.* royal, kingly; used generally in *comp.* with other nouns, as ধৰ্ম্মৰাজ *i. e.* the king of justice, or the just king; ৰাজ কিৰিটি, the kingly crown; ৰাজ আগ্যা, a royal mandate &c.

বাজকৰ, *s.* ৰাজস্ব, খাজানা, revenue, tribute, taxes.

বাজকন্যা, } *s.* ৰজাৰ দুহিত্রি, আইদেও, a princess, a king's daughter.
বাজকুমাৰি, }

ৰাজকাৰ্য্য, *s.* ৰজাৰ কাম কাজ, the business of government &c.
ৰাজকিৰিটি, } *s.* ৰজাৰ মুৰৰ ভুসন, ৰাজ টুপি, a royal crown, a diadem.
ৰাজমুকুট, }
ৰাজকুঁঅৰি, *s.* ৰজাৰ ঘৈনি, মাইৈ, ৰানি, a queen, a king's consort.
ৰাজকুমাৰ, } *s.* ৰজাৰ পুত্ৰ, a prince, a king's son.
ৰাজকোঁঅৰ, }
ৰাজখোৱা, *s.* অসম ৰজাই পতা এবিধ বিসয়া বিসেস, an office held under Assam kings.
ৰাজটিকা, *s.* ওখ মাটি, elevated table land.
ৰাজদণ্ড, *s.* ৰাজ ডঁৰ, ৰজাই কৰা সাস্তি, ৰজাৰ লাখুটি, a penalty or sentence according to law, a royal sceptre.
ৰাজদ্ৰোহ, *s.* ৰজাৰ বা ৰাজ্যৰ অহিত আচৰা, বিদ্ৰোহ, high treason, conspiracy against the king or government.
ৰাজদ্ৰোহি, *a.* ৰজাৰ অনিষ্ট চিন্তক, ৰাজবিৰুদ্ধি, treasonous; *s.* a traitor.
ৰাজদুআৰ, *s.* ৰজাৰ দুআৰ, ৰাজ সভা, the king's gate, the royal levee.
ৰাজধৰ্ম্ম, *s.* ৰাজ নিতি, ৰজাৰ কৰিব লগা কৰ্ম্ম, the duties pertaining to the kingly office.
ৰাজধানি, *s.* ৰাজ নগৰ, ৰজা বাস কৰা ঠাই, a capital city or seat of government.
ৰাজনিতি, *s.* ৰাজ্য চলোৱা বিধি, ৰাজ ধৰম, political science, royal ethics.
ৰাজপথ, } *s.* আলি বাট, ৰাজ আলি, a highway, a public road.
ৰাজবাট, }
ৰাজপাট, *s.* ৰজাৰ গাদি, ৰাজ সিংহাসন, a royal throne.
ৰাজপিৰা, *s.* মাউৰ আদি ৰোগ, an epidemic, the cholera &c.
ৰাজপুৰি, *s.* ৰাজ নগৰ, a royal city.
ৰাজবংস, *s.* ৰজাৰ ফৈদ বা পৰিয়াল, a royal family or race.
ৰাজভগন, *s.* ৰাজ বিভ্ৰাট, দেস বিপ্লৱ, ৰজা ভগা, political revolution, the overthrow of a government.
ৰাজমন্ত্ৰি, *s.* ৰজাৰ প্ৰধান মন্ত্ৰি, a king's minister or adviser.
ৰাজমাও, *s.* ৰজাৰ মাক, a king's mother.
ৰাজ লখ্যন, *s.* ৰজাৰ চিন, a sign or insignia of royalty.
ৰাজসভা, *s.* ৰজাৰ সোধৰ চৰা, ৰজাৰ মেল, a royal assembly, the king's privy council.
ৰাজসাসন, *s.* প্ৰজাপালন, kingly government, sway, rule, dominion.
ৰাজস্ব, *s.* ৰজাৰ ধন, ৰাজকৰ, খাজানা, government revenue, royal tribute.
ৰাজহ, *s.* see ৰাজ্য.

বাজহতভহ, *s.* বাহিৰ লেঠা বা জেজা, public duties and obligations in distinction from private or domestic affairs.

বাজহাঁহ, *s.* বাজহংস, এবিধ বৰ হাঁহ, a goose.

বাজহাৰ, *s.* পিঠিৰ মাজ হাৰ, মেৰুদণ্ড, the back bone, the spine.

বাজহিতভহি, *s.* বাহিৰ লেঠা বা জেজা, public duties and obligations.

বাজহুআ, *a.* বাজ্য সমন্ধিয়, উমৈহতিয়া, appertaining to the people; in common.

বাজা, *s.* see বজা.

বাজাধিৰাজ, *s.* বৰ বজা, বজাবো বজা, a king of kings; an Emperor.

বাজাৱলি, *s.* বজাৰ নাম লিখা বংসাৱলি, বাজ বুৰঞ্জি, a royal genealogy or pedigree.

বাজ্য, *s.* প্ৰজা সমুহ, সৰহিয়া লোক, a kingdom, the commonwealth, a nation, an administration, a community, the public, dominion, sway; with কৰি, to reign, to rule, to govern.

বাতি, *s.* নিসা, এক অনাৰ চই অংসৰ এক অংস পৰিমান, night; a goldsmith's weight equal to two grains Troy weight.

বাতিপুআ, *s.* পুআ বেলা, প্ৰাতস, প্ৰভাত, the morning twilight.

বাধা, } *s.* ক্ৰিষ্ণৰ এজনা ভাৰ্য্যা, the favorite mistress of Krishnoo.
বাধিকা, }

বানি, *s.* বজাৰ ঘৈনি, পটেশ্বৰি, ৰাণি, a queen, the wife of a king.

বান্ধনবাৰ্হন, } *s.* বন্ধাবৰ্হা কৰম, the preparing and serving up of food.
বান্ধোনবাৰ্হোন, }

বান্ধনি, *s.* চাঙমাই, বান্ধোঁতা, বন্ধা, a cook; the act of cooking.

বান্ধনিসাল, *s.* আখল, পাক ঘৰ, বান্ধনি ঘৰ, a kitchen, a cook house.

বান্ধি, *v.* সিজাই, ভাত আদি উতলাই, to cook, to prepare food.

বাপ, *s.* চেষ্টা, বতি, সুশ্ৰা, effort, application, attention, regard.

বা-বা, *s.* জঁজাল, উপচক্ৰ, উমঘাম, perplexity, care, anxiety, solicitude.

বামচন্দ্ৰ, *s.* বিষ্ণুৰ সপ্তম অৱতাৰ, দসৰথ বজাৰ এজন পুত্ৰ, the seventh incarnation of Vishnoo; a king of Oude, the hero of the Ramayan.

বামজখলা, *s.* এবিধ কেঁকোৰা বেঁকোৰা লতা, a species of vine.

বামতাল, *s.* বাঁহৰ দুজুৰিয়া তাল, a rude cymbal made of bamboo.

বামতুলসি, *s.* এবিধ সুগন্ধি তুলসি, a variety of the basil plant, (Ocymum Gratissimum.)

বামধেনু, *s.* মেঘ ধেনু, *lit.* Ram's bow, the rainbow.

বামনৱমি, *s.* বামৰ জন্ম তিথি, the birth day of Ram.

ৰামপাৰ, *s.* নৈৰ কোসত থকা এবিধ চৰাই, a species of bird.

ৰামায়ন, *s.* ৰাম অৱতাৰৰ মহা কাব্য পুথি, সন্দ খৰিয়াল, the Ramayan, a famous poem which treats of the birth &c. of Ram.

ৰাৱন, *s.* লঙ্কাৰ পতি, দসানন, ৰাখ্যসৰ ৰজা এজন, *Rawon*, an ancient king of Ceylon or *Longka*.

ৰাস, *s.* গোপিনিৰ সহিত ক্রিস্নৰ বিহাৰ, কমা, কম, the lewd gambols of Krishnoo with the milkmaids; deficiency, decrease.

ৰা-সলা, *s.* এবিধ মাচ, এবিধ সাপ, a species of fish; a kind of snake.

ৰাসি, *s.* মেস বিস আদি ১২ ৰাসি, a sign of the zodiac.

ৰাসিচক্র, *s.* ৰাসি মণ্ডল, the zodiac.

ৰাহি, *s.* ব্রিধি, অধিক, মিল, প্রিতি, আই, বৰ্হা, abundance, succession, income, agreement; *a.* continuous, abundant.

ৰাহিয়াল, *a.* সৰহ হোআ, বৰ্হা, সাঁচভিয়াৰ, prosperous, increasing.

ৰাহু, *s.* অষ্টম গ্রহ, the eighth planet of hindoo Astronomy; in mythology a *Doityo* or demon, with the tail of a dragon, whose head Krishnoo cut off; but being immortal the head and body retained their separate existence, and being translated to the stellar sphere became the author of eclipses, by endeavoring to swallow the sun and moon.

ৰাহুগ্রস্ত, *s.* ৰাহুএ ধৰা, চন্দ্রৰ গ্রহন লগা, *lit.* seized by Rahu; eclipsed.

ৰাহুগ্রাস, *s.* ৰাহুএ গিলা, গ্রহন, an eclipse of the sun or moon.

ৰিক, *s.* হিন্দুৰ প্রথম বেদ, the first of the four Veds.

ৰিকাপি, *s.* ধূআখোআ থোআ পাত্র, বৈঠক, a support for the *hooka*.

ৰিঙ, } ৰিঙি, } *s.* চিয়ঁৰ, এটাহ, উকি, a loud call, a scream, a yell, an outcry; with মাৰি or ধৰি, to call out, to scream, to yell.

ৰিঙৰিঙিয়া, *a.* পাতল, পিৰ্পিৰিয়া, light, thin, spare, sparse.

ৰিঙাবোআ, *s.* কোৰ্হাল, চিয়ৰা চিয়ৰি, এৰাও, ইটে সিটে ৰিঙোআ, an outcry, an uproar, a call.

ৰিঙিউআ, *s.* চিয়ঁৰা, এটাহ পাৰি মতা, a call, crying aloud.

ৰিঙিয়াই, *v.* চিয়ঁৰি মাতি, এটেহিয়াই, উকিয়াই, to call out, to cry aloud.

ৰিজাই, *v.* মিলাই, তুলনা কৰি, to compare, to estimate a thing by comparing it to or with another, to liken.

ৰিজু, *a.* মিলি পৰা, সমান, equal, corresponding, alike.

ৰিঠা, *s.* মাচ এবিধ, a species of fish, (Columba Indica.)

ৰিত, } ৰিতি, } *s.* নিয়ম, নিতি, আচাৰ, custom, method, an established usage or observance.

ৰিতু, *s.* বসন্ত আদি চই কাল, ৰজস্বলা হোআ, a season, any one of the six seasons into which the hindoos divide the year; menstruation.

ৰিতুস্নান, *s.* চাইদিনিয়া মুৰ পা ধোআ, চুৱ নোহবা হোআ, monthly ablution at the menstrual period.

ৰিদই, *s.* বুকু, হিয়া, মন, চিত্ত, the breast, the heart, the affections.

ৰিন, *s.* ধাৰ, কৰ্জ্জা, a loan, a debt.

ৰিনচোৱা, *a.* দৰিদ্ৰ, অতি দুখিয়া, poor, indigent, destitute.

ৰিনিৰিনি, } *a.* অলপ অলপকৈ, কিঞ্চিত ৰূপে, (দূৰ দ্ৰিষ্টি,) in-
ৰিনিকিৰিনিকি, } distinctly, imperfectly; (of seeing at a distance.)

ৰিপু, *s.* সত্ৰু, বৈৰি, a foe, an enemy.

ৰিপুআ, *s.* চৰিয়া, চৰাঙচোআ, গুপ্তচৰ, a spy, a secret informer, an emissary; with মেলি, to send a spy.

ৰিৰ্ৰিৰনি, *s.* অলপকৈ বলোআ (বতাহ,) a gentle breeze, a light wind.

ৰিৰ্ৰিবাই, *v.* অলপ অলপ বতাহ বলাই, to breeze, to blow gently.

ৰিসি, *s.* মুনি, তপসি, a saint, a sage, an ascetic.

ৰিহা, *s.* তিৰোতাৰ গাত মেৰাই লোআ ওপৰ কাপৰ, মৰাপাটৰ নিচিনা সুতাৰ গচ এবিধ, a light scarf worn by women; a species of hemp from which superior cordage is made.

ৰুআ, *s.* ঘৰৰ চালৰ থিয় বাঁহ আদি, the rafters of a roof.

ৰুই, *v.* ৰোপন কৰি, গুঁজি, পুতি, থাপন কৰি, to plant, to set in the ground, to set, to fix, to place.

ৰুকি, *v.* ঘুঁকি, চুঁচি চুঁচি গুচাই, খজুআই, to gouge, dig or scoop out; to scrape.

ৰুকুনি, } *s.* কিষ্ণৰ একনা ভাৰ্জ্জা, an epithet of the goddess Lokhmee.
ৰুক্মিনি, }

ৰুখা, } *a.* কম, ভাকৰ, চুটাপৰা, wanting, deficient; *s.* deficiency.
ৰুসা, }

ৰুগিয়া, *a.* ৰোগ থকা, কুৰিয়া, নৰিয়া, diseased, sick, ill.

ৰুচনি, } *s.* অতিসই প্ৰিতি, মন জোআ, ভাল লগা, a liking, a relish,
ৰুচি, } hunger, appetite, desire, taste.

ৰুজিয়া, *a.* ৰোজৰ সমন্ধিয়, ৰোজ খোআ, relating to daily provisions.

ৰুটি, *s.* পিঠা বিসেস, bread.

ৰুদ্ৰ, *s.* সিৱ, মহাদেৱ, সংহাৰক, an epithet of Hiwo; *a.* furious, wrathful.

ৰুদ্ৰমুৰ্ত্তি, *s.* ক্ৰোধ মুৰ্ত্তি, সিৱৰ ভয়ানক মুৰ্ত্তি, Moha Deo or Rudro, in his terrific form; applied also to a furious person.

কদ্ৰাক্ষ, *s.* মলা গঁথা এবিধ গচৰ গুটি, a seed used in making rosaries.

ৰুধিৰ, *s.* তেজ, সোনিত, blood.

রুন, *s.* পাৰ কুপৌ আদিৰ মাত, the cooing of doves or pigeons.

রুনুঝুনু, *s.* ঝুনঝুন ঝানঝান সদ, a tinkling or clattering sound.

রুন্দিখুন্দি, *ad.* দবনিকৈ, ৰবকৈ, অতিসই ৰূপে, luxuriously, voluptuously, as of eating to satiety.

ৰূপ, *s.* ৰজত, টকা, আক্রিতি, সোভা, নিচিনা, silver, a coin, a rupee; shape, form, mode, manner; in composition, as the last member of a word, like, resembling; with ধৰি, to assume a form, to become incarnate; with মাৰি, to coin money.

ৰূপতা, *s.* এবিধ সৰু মাচ, a species of small fish.

ৰূপৱতি, *a.* সুন্দৰি, সুঅনি, ৰূপহি, *fem.* elegant, beautiful, handsome, having a beautiful form or figure.

ৰূপহ, *a.* সুন্দৰ, বিতোপন, চিকোন, beautiful, good, nice.

ৰূপহি, *a.* ৰূপৱতি, সুন্দৰি, সুঅনি, বাও ধান এবিধ, *fem.* of the above; *s.* a species of paddy.

ৰূপিত *a.* সালিতলি, ৰোআতি, ৰোপন কৰা, planted; *s.* rice land.

ৰূপুআলি, *a.* ৰূপৰ, ৰূপেৰে কৰা, ৰূপালি, made of silver.

ৰূপে, *affix.* ক্রিয়া বিসেসনৰ পৰবর্তি সবদ, দৰে, ভাবে, নিচিনাকৈ, an adverbial affix signifying in this manner, thus.

ৰুৰুঅনি, *s.* সোঁত পানিৰ খলকনিৰ সদ, the roaring sound of water.

ৰেওআ, *s.* অলঙ্কাৰত গুনাৰে ঘনকৈ পতা সিৰ বা গুটি, বালি চটৰ সিৰ বা খাপ, filigree work, a sand shingle.

ৰেওআ পতা, *a.* অলঙ্কাৰত ঘনকৈ গুনা টনা বা সিৰ পতা, ornamented with filigree work.

ৰেক্‌ৰেকাই, *v.* টেক্‌টেকাই, বলকি, ৰেকৰেকাই, to talk in a loud and boisterous manner.

ৰেখা, *s.* আঁক, আঁচ, চিন, a line, a mark, a streak, a stripe; in Geography, lines of Latitude and Longitude.

ৰেঘ, *s.* এবিধ জাল, a kind of large fishing net.

ৰেঘা, *s.* কঁপালত লোআ পথালি ফোঁট, চিন, আঁচ, a hindoo sectarian frontal mark, a line, a mark.

ৰেজৰেজকৰে, *ad.* কুকুৰে সুকা মাতৰ দৰে, ইফালে সিফালে দেখা সেৰেজা, the barking of a dog, a harsh voice.

ৰেঙৰেজি, *a.* কুকুৰৰ দৰে হাই কৰা (স্ত্রি), having a harsh voice, *fem.*

ৰেজ্‌ৰেজিয়া, *a.* সেৰেজা, তনু, of loose texture, having interstices.

ৰেঙ্গাই, *v.* জোৰা নেথাই, ডাৰৰৰ মাজত অলপকৈ বদ ওলাই, to be separate or not joined, to shine out dimly.

ৰেঙ্গোআ, *s.* অলপকৈ বদ দিয়া, মাজে মাজে সেৰেঙ্গা হোআ, a partial or occasional shining of the sun, sparseness, looseness.

ৰেনু, *s.* কনিকা, বিন্দু, বালি পৰিমান, a grain a particle, an atom.

ৰেন্দা, *s.* কাঠ নিমজ কৰা এবিধ অস্ত্ৰ, a carpenter's plane.

ৰেপ, *s.* অস্ত্ৰ আদিৰ ধাৰেৰে মৰা ঘঁহা, দা কটাৰিৰে মৰা ঘহা, a downward and drawing stroke with a cutting instrument.

ৰেপনি, *s.* ঘনে ৰেপি থকা, অস্ত্ৰাদিৰ ঘঁহনি, কথা চোবোআ, the act of drawing an instrument back and forth with a downward pressure as a fiddle bow; saying the same thing over and over.

ৰেপা, *a.* অস্ত্ৰ আদিৰে ঘঁহি থকা, drawn back and forth &c.

ৰেপি, *v.* অস্ত্ৰ আদিৰ ধাৰেৰে ঘঁহি, একে কথাকে কৈ থাকি, to draw back and forth with a downward pressure; to say the same thing over and over.

ৰেফ, *s.* ব্যঞ্জনৰ ওপৰত লিখা ৰ ফলাৰ এই (´) চিন, the symbol (´) for ৰ, placed over another letter.

ৰেৱতি, *s.* সেস নক্ষত্ৰ, ২৭ নক্ষত্ৰ, the last lunar asterism.

ৰেবাব, *s.* এবিধ বৰ টেঙ্গা, the pumalo or shaddock; (Citrus Aecumana.)

ৰৈ, *v.* থাকি, গমন নকৰি, খমকি, বাট চাই, to stop, to wait, to remain, to come to a stand, to expect.

ৰৈৰৈ, *ad.* প্ৰচুৰ ৰূপে, অধিক্যক, plentifully, abundantly.

ৰৈয়ত, *a.* কাটি চিঙ্গি মুকলি কৰা, সুথিল, cleared, as a path &c.

ৰোঅনি, *s.* কঠিয়া ৰোআ তিৰি, a woman who transplants rice.

ৰোআ, *s.* ৰোপন কৰা, পোতা, থোক নেমেলা ৰোআ ধানৰ গচ, ৰৈ থকা, থকা, the act of planting, waiting, stopping; corn in the blade; *a.* planted; left, (as a remainder.)

ৰোওআ, *s.* ৰোপন কৰোআ, গচ আদি পোতোআ, causing to be planted or fixed.

ৰোকনি, ৰোকোনা, } *s.* নাৰিকল আদি ৰোকা অস্ত্ৰ, an instrument for scraping cocoanut pulp.

ৰোকা, *s.* কৰি থকা, খোঁকা, gouging, digging, scooping or scraping out.

ৰোগ, *s.* নৰিয়া, ব্যাধি, disease, illness, sickness, distemper.

ৰোচোকা, *s.* অলপ ঘা, অলপ চিন্দু, a slight wound, blemish or defect.

ৰোজ, *s.* সাঁজ, নিত্য আহাৰ, সিধা, daily provision; with ধৰি, to supply with daily provisions.

বোজা, *s.* পৰিয়াৰ ব্ৰত, a mussulman fast.

বোন্দা, *s.* বিন্ধা, খোন্দ, a hole, a perforation, an opening in a sore &c.

ৰোম, *s.* গাৰ নোম, the hair of the body.

ৰোমাঞ্চ, *s.* গাৰ নোম শিঁয়ৰা, গাৰ নোম স্তোবোৰা হোআ, horripilation, a bristling of the hair.

ৰোল, *s.* হাই, কোৰ্হাল, এৰাও, a noise, tumult, confusion.

ৰোস, *s.* সম্মান, আবুৰ, খং, coolness, reserve, dignity of manner, anger, passion.

ৰোঁহ, *s.* ঠেহ, গপ, ওফোন্দা, sullenness, pouting, resentment.

ৰোহিনি, *s.* চতুৰ্থ নক্ষত্ৰ, the fourth lunar asterism.

ৰৌ, *s.* এবিধ বৰ মাচ, a species of fish, (Cyprimus Denticulatus.)

ৰৌআচৌআ, } *s.* দন্দ খৰিয়াল, হাই, উকমি, quarreling, contention,
ৰৌআলৰৌআল, } noisy dispute.

ৰৌৰৌ, *s.* কুকুৰৰ ভুকনি, নৰক বিসেস, the bark of a dog, one of the hindoo hells.

ৰৌৰৌআই, *v.* ৰৌৰৌকৰে ভুকি, খঙেৰে ৰবকৈ বলকি, to make a loud noise, as of a dog barking or of angry dispute.

ল

ল, লকাৰ, লৰলৈ কোআ, this letter corresponds with the English *l*; the imperative of লৈ, to take.

লই, *s.* লিন, একে হোআ, মিল হোআ, dissolution, absorption, a solution, a mingling or melting together.

লইখ কৰি, *v.* লখ্য কৰি, চাই থাকি, দ্রিষ্টি কৰি, কটাখ্য কৰি, গম লৈ, to see, to observe, to notice, to discriminate.

লইলস্কৰ, *s.* লালিগিৰা, বন্দি বেটি, পৰিচাৰক, camp followers, attendants, domestics.

লকলককৰে, *ad.* সিগ্নে সিগ্নে, বেগাই, (বাৰ্হি অহা,) rapidly, quickly; (applied only to growth and increase.)

লকলকনি, *s.* হেপাহ, অতি ইচা, লোভ, পাবলৈ বা কৰিবলৈ বৰ উচাহ, a craving, a strong desire, an ardent wish, covetousness.

লকলকাই, *v.* বৰকৈ লোভ কৰি, ইচা লৈ, মন বাৰ্হি, to desire greatly, to covet, to be bold and grasping.

লকচা, *s.* এবিধ ত্রিন, a species of coarse grass.

লকচি, *s.* বাঁহৰ কোমল আচাৰি, a young bamboo shoot or twig.

লকৰথকৰ, *a.* থকৰবকৰ, অথিৰ, tottering, trembling, unsteady.

লকৰপকৰ, *a.* সোলোক চোলোক, লৰকফৰক, loose, unsteady, not firm.

লখ, *s.* গঁচ, মুল, কঠিয়া, seed for planting, origin.

লখাই, লক্ষ্মন, } *s.* ৰাম চন্দ্ৰৰ এজন ভায়েক, a brother of Ram Sondro.

লখিমি, লক্ষ্মি, } *s.* বিষ্ণুৰ প্ৰধান ভাৰ্য্যা, সম্পত্তি দিওঁতা দেৱি, ধান, the wife of Vishnoo, the goddess of wealth; grain, substance.

লখিমি অনা, *s.* পথাৰৰ ধান দাই সেস মুঠি অনা, the bringing from the harvest field the last bundle of grain of the season.

লখ্য, *a.* লাখ, এস হেজাৰ, দিস্টি, অনুমান, a *lac*, one hundred thousand; a view, an inference.

লখ্যন, *s.* চিন, ভাল বেয়াৰ নিদৰ্সন, স্বভাও, a mark, a sign, a token, an indication of a good or evil disposition.

লখ্যবিলখ্য, *a.* অসংখ্য, অলেখ, লাখবিলাখ, countless, innumerable.

লগ, *s.* জোগ, মিল, সঙ্গ, contact, conjunction, union; with পাই, to overtake, to meet; with ধৰি or লৈ, to follow after.

লগডিলৈ, *ad.* বেগতে, সিঘ্ৰে, তুৰন্তে, quickly, speedily, instantly.

লগনিখৰি, *s.* প্ৰথমে জুই লগোআ সুকান খৰি, kindling wood.

লগনিয়াৰ, *a.* টুটকিয়া, লোকৰ কথা লোকত লগোআ জন, নাৰদিয়া, whispering, backbiting; *s.* a slanderer, a tale bearer.

লগৰিয়া, *s.* সঙ্গি, একে লগে থকা বা ফুৰা, সমনিয়া, a companion, an associate.

লগলগাই, *v.* লগেৰে থৈ, একে লগ কৰি, to place together, to unite.

লগা, *a.* লাগনি, ফল ধৰা, লাগি থকা, প্ৰয়োজনিয়, জামিন, bearing fruit, adhering, needful; *s.* a surety, security, bail.

লগাই, *v.* খুআই, জোগ কৰাই, ফল ধৰাই, মিলাই, লোকৰ বিৰোধে কথা কৈ, to fasten, to cause to touch, to bring into contact.

লগাই ভগাই, *v.* লোকৰ কথা লোকত কৈ, টুটকালি কৰি, to slander, to talk in a backbiting manner.

লগাভগা, *a.* সমন্ধিয়া, জাতি কুটুম্বৰ সমন্ধ থকা, related or connected; *s.* a connection, a relation.

লগালগি, *a.* ওচৰাউচৰি, চমুআচমু, adjoining, near to each other, adjacent; *s.* nearness, contiguity; with কৈ, *ad.* at hand.

লগি, *s.* নাৱৰ চৰি, গৰ্ভত সন্তান মেৰোআ জাল, গৰু আদিৰ জল, a bamboo pole used in propelling boats; the placenta or after-birth.

লগিয়া, *suffix.* ধাতুৰ প্ৰত্যাই বিসেস, ক্ৰিয়াৰ পিচত জোগ হলে আৱস্যক বা লগা বুজাই, a participial suffix, used after verbs in the future tense to imply necessity or obligation, as মই জাব লগিয়া, I must go.

লগিয়ালগি, *a.* see লগালগি.

লগুআ, *s.* আলধৰা, লিগিৰা, লিটিকাই, a personal attendant.

লগুআলি, *s.* লগুআৰ কাম, personal service or attendance.

লগুন, *s.* বামুনে পিন্ধা নগুনিয়া সুতা, ব্রহ্ম সুত্র, the brahminical sacred thread, worn by the higher classes of hindoos.

লগুনগাঁঠি, *s.* বিবাহত দৰা কন্যাক লগ্ন কৰা গাঁঠি থকা কাপৰ, the marriage knot.

লগুন দিয়নি, *s.* বামুনৰ লৰাক লগুন দিয়া কৰম, the ceremony of investing a person with the brahminical thread.

লগোআ, *s.* সংযোগ কৰা, মিলোআ, খুঁউআ, লোকৰ অহিতে কথা কোআ, the act of joining, uniting, touching, fastening, backbiting or of tale hearing; *a.* joined, fastened.

লগোআভগোআ, *s.* লোকৰ কথা আত তাত কৈ ফুৰা, slandering, backbiting, mischief making.

লগ্ন, *a.* লগা, মিল হোআ, জোগ হোআ, ৰাসিৰ উদই, adjoining, touching, joined, united; *s.* a junction, the time between the rising of a sign of the zodiac above the horizon and its being completely above it.

লঘন, }
লঘোন, } *s.* অনাহাৰ, উপবাস, ব্রত, fasting, abstinence from food.

লঘু, *a.* পাতল, গধুৰ নোহোআ, অমান্য, light, not heavy, unimportant, trifling, trivial; with কৰি, to disesteem, to disregard; with পাই, to feel light or relieved of bodily or mental suffering.

লঘোনিয়া, *s.* অনাহাৰি, উপবাসি, ব্ৰতিয়া, one who fasts.

লঙ্কা, *s.* সিংহল দিপ, ৰাৱনৰ দেস, the island of Ceylon or *Lonka*; in mythology, a famous city, the capital of Rawon.

লঙ্গ, *s.* মচলা বিসেস, এবিধ ফুল আৰু তাৰ গচ, the clove tree and its fruit; a fragrant flowering plant, (Eugenia Caryophillatas.)

লঙ্ঘন, *s.* উলঙ্ঘন, ডেওআ, অতিক্রম কৰা, আগ্যা ভঙ্গা, লঘোন, the going beyond a limit, a stepping over; the transgressing of a law.

লচ্পচ্কৈ, *ad.* ৰচকপচকৈ, ধুন মাৰি ইফাল সিফালকৈ, in a bustling hurried manner; with joyful haste.

লচ্পচাই, *v.* চঠ্ৰভাই, তজ্ৰজাই, বেগে ইফাল সিফালকৈ ফুৰি, to bustle about, to run about restlessly here and there.

লচৰাই, *ad.* বেগতে, সিঘ্রে, গপৰাই, quickly, hastily.

লজুআ, *a.* লাজ থকা, লাজকুৰিয়া, bashful, modest, retiring.

লজ্জা, *s.* চৰম, লাজ, shame, bashfulness, modesty.

লঞ্ছনা, *s.* লাঁজ কৰা, অপমান, লঘু কৰা, abuse, reproach, disgrace.

লগ্ন, *a.* লান, সলগ্ন, একে লগ, united, connected, in contact.

লট্ঘট, *s.* ঘট্মট, টনা আঁজোৰা, the act of pulling or shaking about.

লট্ঘটাই, *v.* টানি আঁজুৰি, ঘট্মটাই, to pull about, to vex, to trouble.

লটংপটং, *a.* লৰি থকা, টলঙভলঙ, ওলোমধোলোম, swinging, dangling, shaking about.

লট্পটাই, *v.* জিবা লট্পট্ কৰি, লট্পটিত খুৰ সনাই, দুষ্টালি কৰি, to mumble, to roll the tongue in chewing as one who has no teeth, to act with levity or wantonness, to strop a razor.

লট্পটি, *s.* খুৰ ধৰোআ চাল, দুষ্টা তিৰি, a razor strop, an unchaste woman.

লটপটিয়া, *a.* জিবা লট্পটাই থকা, দুষ্টালি কৰা, rolling about the tongue, unsteady, unchaste.

লট্পটোআ, *s.* জিবা লৰোআ, চালত খুৰ ঘঁহা, দুষ্টালি কৰা, the act of mumbling or of stropping a razor, wanton behaviour.

লটিকা, *s.* ভঁৰালৰ বেৰৰ বাহিৰ ফালে বন্ধা সঁৰাহ বা থিয় গোজ, the palisades in a partition, fence or railing.

লটিঘটি, *s.* see লট্ঘট্.

লঠংঠং, *a.* গাত কাপৰ নাইকিয়া, উদঙ, সুদা, destitute of clothing, naked, empty handed.

লঠঙা, *a.* ডাঙৰ, সকত, large, stout.

লঠঙালঠঙ, *a.* সৰু বস্তুৰ ডাঙৰ, সকত সকত, coarse grained, stout.

লঠৰা, *a.* পাখি চুলি আদি নথকা, destitute of hair or feathers, bald.

লঠৰিয়া, *a.* চপনিয়া, গভিয়া, অকলসৰিয়া, working for food and clothes, living at the house of another in hopes of marriage &c.

লঠা, } লঠামুঠা, } *a.* গচৰ পাত নাইকিয়া হোআ, টকলা, without foliage or grass, bare.

লঠিয়া, *s.* তলে দি সুমাই ঠেলা দিয়া মাৰি, গুৰি টিঙত বঠাৰে দিয়া উচাল, চাৰ দিয়া, a lever, a pry, propelling a boat with the steering oar, using the end of the boat as a fulcrum.

লঠৌবৰা, *s.* টাঙোন বৰা নামে এবিধ ধান, a species of paddy.

লণ্ডভণ্ড, *s.* লাঙলাঙ থাঙথাঙ, ৰণ্ডভণ্ড, নৰ্বাঙভৰ্বাঙ, confusion, disorder, ruin, overthrow; with কৈ, *ad.* scattered about in disorder.

লতা, *s.* বগাই জোআ ত্রিন বিসেস, a vine, a climbing plant, a creeper.

লতাআমাৰি, *s.* এবিধ গচ, a species of valuable timber tree.

লতাকোবাই, *v.* লতাৰ দৰে বগাই গৈ, to creep, to twine, (as a vine,) to spread or increase, to overspread, to run in all directions.

লতাচাল, *s.* মঙ্গহৰ ওপৰৰ মাজ চাল, the under skin or cutis.

লতাজৰি, *s.* এবিধ গছ, গছৰ ওপৰত গজা এবিধ জৰি গছ, a species of tree, (Ficus Infectoria?)

লতানি, *s.* বহু লতা থকা ঠাই, a place abounding in vines.

লতাপতা, *s.* লাটপাট, অলপিয়া দ্ৰব্য, অলপ সম্বন্ধ লগা, things of trifling value, odds and ends; *a.* remotely related.

লতাপনিয়াল, *s.* হাবিৰ এবিধ দ্ৰাক্ষা লতা বা গুটি, a grape vine and its fruit; with ৰস, wine, with খেতি, a vineyard.

লতামাকৰি, *s.* গচত উঠা বাঘ এবিধ, a wild animal resembling the panther.

লতাসিৰ, *s.* গাৰ সৰু সৰু লেটেকা সিৰ, the small veins and muscles of the body.

লতি, *s.* কানৰ তল কোস, the lobe or lower part of the ear.

লতিয়া, *a.* মাটিত লতা বগাই জোআ, creeping on the ground as a vine; applied particularly to a species of the betel vine.

লথিয়াই, *v.* লাথি মাৰি, to kick.

লদা, } *s.* সান্দহ আদিত গোট বন্ধা চপৰা, a lump, a solidified mass.
লদি, }

লদালদ, *s.* চপৰাচপৰ, লনালন, in lumps, lumpy.

লনা, *s.* দিঘল জোঁটা, ওলোমা থোপা, a long bunch or cluster.

লনালন, *s.* থোপাথোপ, জোঁটাজোঁট, hanging in clusters or bunches.

লনি, *a.* মানি, সুঅনি, ভাল, well proportioned, comely.

লন্দন, *a.* কোমল, তুলাতুল, soft, tender.

লপলপ কৰে, *ad.* খৰকৈ মুখ লৰোআৰ দৰে, with a mumbling sound or a rapid indistinct utterance.

লপলপাই, *v.* খৰকৈ মুখ লৰাই, (কোআ বা খোআ,) to mumble, to talk rapidly and indistinctly.

লপলপিয়া, *a.* লপলপাই থকা, সঁচাই মিচাই বহু কথা কৈ থকা, mumbling, talkative, prating.

লপা, *a.* লাপুঙ, সোলা, দাত নাইকিয়া, মিচা কথা কোআ, toothless, false, prating, speaking regardless of truth.

লপাথপা, *s.* অলপকৈ মৰা হাতৰ চাপৰ, a light blow with the open hand, a slap.

লফা সাক, *s.* এবিধ খোআ সাক, a species of edible vegetable.

লভি, *v.* পাই, প্ৰাপ্ত হৈ, লাভ কৰি, to get, to gain, to acquire.

লভ্য, *a.* পাব লগিয়া, লাভ, পৰাপতি, obtainable; *s.* gain, profit.

লম্‌লমিয়া, *a.* বৰকৈ ওলমা, hanging down, pendent.

লম্পট, *a.* see লুম্পট.

লম্ভা, *s.* ধৰ্‌মা, ধৰা, the act of possessing, (as evil spirits.)

লম্ভি, *v.* ধৰ্‌সি, ধৰি, to possess, (as evil spirits.)

লয়ন, *s.* চিপাহিৰ পটি, সাৰি, the English word "*line*" Indianized, applied to barracks or rows of houses for soldier or coolies.

লয়লাস, *s.* ধুনপেঁচ, লাহলোটন, লাহবিলাহ, diversion, pastime.

লৰ, *s.* বেগাই জোআ গমন, বেলেগ, ভিন ভাও, running, swiftness; difference, changeableness, instability; *a.* swift of foot, different, unlike, altered, changed, unstable; with দি or মাৰি, to run, to flee, to speed.

লৰকফৰক, *a.* ঢিলা সোলোকা, অথিৰঅবিৰ, ইফাল সিফাল, loose, not firm, unsteady, not exact, irregular.

লৰজফৰজ, *a.* লটজপটজ, dangling, swaying to and fro, shaking about, turning this way, and that.

লৰচৰ, *s.* কাতিকুতা, উঠামেলা, moving about.

লৰনি, *s.* লাৰনি, কৰাই পিঠাগুৰি আদি লৰোআ জতন, a number of small splints bound together, used in stirring grain &c. while parching.

লৰফৰ, *s.* ধৰফৰ, চট্‌ফট, ইকাল সিফাললৈ লৰা, a tossing or turning from side to side, a flouncing struggling or springing about.

লৰ্‌ফৰাই, *v.* ধৰ্‌ফৰাই, চট্‌ফটাই, to toss, to struggle or spring about.

লৰ্‌লৰাই, *v.* দন্‌দনাই, পিৰপিৰাই, ওকনি আদিএ মুৰত বগাই, to creep, to crawl.

লৰা, *s.* লৰ মৰা, জোকাৰ খোআ, সাঁতিৰে নথকা, অথিৰ, গেলা, সলনি হোআ, the act of running, shaking, trembling &c; *a.* unsteady; slightly putrid, changed.

লৰা, *s.* পুত্ৰ, পো, বালক, a boy, a son.

লৰাই, *v.* জোকাৰ খুআই, টাক আদিৰে লুটিয়াই বগাৰাই, সলনি কৰি, ঠাই আদি সলাই, to shake, to stir or move about, to alter, to change.

লৰাইচৰাই, *v.* দাঙ্গি মেলি, লুটিয়াই বগৰাই, নৰিয়াৰ আলপৈচান ধৰি, to move about, to turn over, *fig.* to wait upon the sick.

লৰাজম, *s.* বেগতে মাৰি নিয়া কাল, তত্‌কালিক মৰন, *lit.* the swiftly pursuing *Jom*; sudden death.

লৰাতকৰা,) *a.* খৰখেদা, লৰালৰি, ততাতৈয়া, quick, rapid; with কৈ,
লৰাধপৰা, } quickly, rapidly.

লৰাদামুৰি, *s.* see লৰালুৰি.

লৰামাইকি, *s.* সন্তান জন্মা তিৰোতা, a mother.

লৰালৰি, *a.* see লৰাতকৰা.

লৰালুৰি, *s.* লৰা দামুৰি, সতি সন্ততি, the children of a family male and female.

লৰি, *v.* লৰ মাৰি, জোকাৰ খাই, কপি, অথিৰ হৈ, সলনি হৈ, গতি এৰি, গেলি, to run, to shake, to tremble, to change, (as the mind or features, or as fish in the first stage of putrifaction)

লৰিঅলি, *s.* এবিধ সৰু চৰাই, পানিঘোৰা, a species of bird.

লৰুঅলি, *s.* এবিধ সৰু মাছ, a species of fish.

লৰুআই, *v.* লৰ মৰাই, বেগাই খেদি নিয়াই, to cause to run, to drive with speed.

লৰুউআ, *s.* লৰ মৰোৱআ, লৰ দিওআ, the causing to run; *a.* rapidly driven, chased away.

লৰোআ, *s.* লৰাই দিয়া, জোকৰা, কঁপোআ, টাকৰে লুটিয়াই দিয়া, সলোআ, the act of changing, shaking, trembling, turning or stirring about; *a.* changed, shaken, moved about.

লৰ্কচা, *s.* কাপৰেৰে চাঙ্গি কৰি মানুহ আদি অনা ভাৰ, a person carried in a cloth as a load on men's shoulders,

লৰ্বাঙ্গতৰ্বাঙ্গ, *s.* see লণ্ডভণ্ড.

লৰ্লবিয়া, *a.* বৰ বুৰা, আলৰ aged, stricken in years.

ললমজলম, *a.* অলমজটম, কোঁচাকোঁচে ওলমি থকা, slovenly in dress.

ললাট, *s.* কঁপাল, দুখ, ক্লেশ, জাতনা, fate, destiny, distress, affliction.

ললাটি, *a.* ললাট ভুঞ্জা, দুখ পোআ, দুখিত, distressed, afflicted.

ললিতৎ, *a.* সিজাত বা খুন্দাত জোল উঠা, লন্দন, টেপাটেপ, reduced to jelly, (as by beating;) tender, (by boiling.)

লৱকুস, *s.* সিতাৰ জঁজা দুই পুত্ৰৰ নাম, the twin sons of Sita.

লৱন, *s.* লোন, salt.

লৱনসাগৰ, *s.* লোন সাগৰ, হিন্দু মতে প্ৰথম সাগৰ, the salt ocean, the first of the seven circular oceans of the hindoo shasters.

লস, *s.* see লখ.

লহকৰি, *s.* এবিধ মৰা সাক, a species of hemp the leaves of which are edible.

লহঙ্গপহঙ্গ, *a.* পাহুআল, দিঘল ডাঙ্গৰ, tall, stout and well proportioned.

লহন, *s*, চহ, উচটনি, মিচা আসা, false inducements, flattery.

লহপহ কৰে, *ad.* হলফলৈ কৰে, লহসহ কৰে, বেগতে, (বৰ্হা,) rapidly, (applied only to growth.)

লহপহিয়া, *a.* হলফলিয়া, সাক আদি বেগতে বৰ্হা, flourishing, increasing, rapidly growing.

লহৰপহৰ, *a.* মগহাল, লুদুৰপুদুৰ, fat, plump, full.

লহলহ কৰে, *ad.* see লহপহ কৰে.

লা, *s.* লা পৰুআই তোলা এঁঠা, lac, stick lac.

লাই, *s.* লোকৰ পৰা পোআ সাহ, আসই, মন, মৰম, প্ৰধান, সাক এবিধ, boldness from the example or influence of others; *a.* principal, chief, first.

লাইখুঁটা, *s.* ঘৰৰ প্ৰধান খুঁটা, প্ৰথমে পোতা খুঁটা, a principal post in a house, and set in the ground first.

লাইজাবৰি, *s.* এবিধ ঔসধিয় সাক; a species of medicinal plant.

লাইজুলিয়া, *a.* কলাপতিয়া বৰনৰ নিচিনা, greenish.

লাই পাই, *v.* সাহ পাই, আসই পাই, মৰম পাই, to take courage, to be emboldened by influence or example; to find favor, to be indulged.

লাই পাত, } *s.* এবিধ সাক, a species of vegetable or greens.
লাইসাক, }

লাই পো, *s.* অতি চেনেহৰ পো, a favored or indulged son.

লাই পোআ, *a.* মৰম বা সাহ পোআ, encouraged by indulgence or by example.

লাইলঠিয়া, *a.* অকলসৰিয়া, সঙ্গ নাইকিয়া, alone, only one, solitary.

লাইলেচাই, *a.* কেৱল দুটা, only two; (applied to things.)

লাউ, } *s.* এবিধ লতাৰ ফল আৰু তাৰ গচ, a pumpkin plant and its
লাও, } fruit.

লাউলাউ কৰে, *ad.* অতি বেগে, (বাৰ্হি জোৰা,) rapidly, as of growth.

লাওখোলা, *s.* সুকান লাউৰ খোলা, মূৰৰ খোলা, a gourd shell, the skull.

লাওলোআ, *a.* অতি দুখিয়া, লাউত বাজে অন্য পাত্ৰ লবৰ বল নথকা, very poor, destitute, *lit.* (having only a gourd shell.)

লাওডুবি, *s.* এবিধ ধান, a species of paddy.

লাওপতা, *s.* এবিধ সৰু মাচ, a species of small fish.

লাকটিপাকটি, *s.* লথুপথু, লাবভাব, odds and ends, things of little value.

লাকপাক, *a.* কোনো প্ৰকাৰে আৰপি থোআ, done in the rough, slightly done, unreliable, unsatisfactory.

লাকিসুক, *s.* লাটিপুটি, লৰাৰ খেমালিৰ দৰে কৰা, childish play, trifling or playing at work.

লাকেপাকে, *ad.* সাতেমোতৰে, মিচাই মঁচাই, কোনো প্ৰকাৰে, in some way, by some means, in some manner, after a fashion.

লাখ, *a.* লখ্য, এস হেজাৰ, one hundred thousand, a *lac.*

লাখবিলাখ, *a.* লাখলাখ, অসংখ্য, বহুত, অনেক, thousands upon thousands, innumerable.

লাখৰবাখৰ, *a.* গা নচুউআ, গাত তত নাইকিয়া জন, brisk, lively, restless.

লাখুটি, *s.* হাতত লোআ মাৰি, সৰু টোকোন, a staff, a walking stick.

লাগতিয়া, লাগতিয়াল, *a.* প্ৰয়োজনিয়, লগা, ভালৰি, খাটনিয়াৰ, necessary, needful; *s.* a favourite.

লাগনি, *a.* লগা, গুটি ধৰা, বেগতে জুই লগা, bearing, producing fruit, readily burning.

লাগনিখৰি, *s.* জুই লগোআ সুকান বাঁহ আদিৰ খৰি, dry fuel.

লাগবান্ধ, *s.* চন্দ গৰ্হ, আগগুৰি, নিয়ম ৰুপ, মিল, symmetry, relation, connection, order.

লাগি, *v.* কাঁৰ আদি গাত পৰি, কামোৰ খাই, সংজোগ হৈ, গুটি ধৰি, গিৰিএকে ভাল দেখা, to hit, to strike, to adhere, to stick, to unite, to bear fruit; *a.* pleasing, fitting, favorite.

লাগিভাগি, *ad.* লা-চো কৰি, বন আদিত সহাই দি, in concert, together, mutually aiding.

লাঙ্গ, *s.* দুআৰ মৰা সলখা, হাঁতি সালৰ সলখা মাৰি, bars in a gateway or in a pen used for confining wild animals.

লাঙ্গচিঙ্গ, *s.* হাঁতিৰ আঁকুহি, গজাকোঁহ, an iron goad for driving elephants.

লাঙ্গনিপাঙ্গনি, *s.* লাচনি পাঁচনি, খুঁচুৰিয়া বন, light domestic work.

লাঙ্গপাঙ্গ, *a.* লৰক ফৰক, লাক্পাক্, done in the rough or slightly.

লাঙ্গপাট, *s.* হাঁতি বন্দি কৰা সলখা দিয়া সাল, a pen for confining wild elephants.

লাঙ্গফা, *s.* বেৰত পথালিকৈ দিয়া পাট বা মঁবাহ, a horizontal support to a partition.

লাঙ্গলাঙ্গ থাঙ্গথাঙ্গ, *a.* লণ্ডভণ্ড, ডালডাল, separated, scattered about.

লাঙ্গি, *s.* এবিধ মাচ ধৰা দিঘল জাল, a kind of fish net.

লাচ, *s.* ভাৰৰ বিৰিয়া বা ধান আদিৰ খোআ দোঁ, খোজত হাত লেচোআ, a bending as of ripened grain or of a pole under a burden; the swinging of the hands in walking; with খাই, to bend.

লাচখোআ, *a.* দোঁ খাই জোআ, ভিৰ খোআ, bent, curved, bowed over.

লাচনিপাঁচনি, *s.* see লাঙ্গনিপাঙ্গনি.

লাচিবাচি, *v.* লাৰি চাৰি, ভালৰো ভালটো বিচাৰি, to pick out the best, to cull; *ad.* by selection or choice.

লাচিম, *s.* এবিধ মাচ, a species of fish.

লাচো, *s.* এবিধ জাতি কচু, the hill *Kosu,* (a species of Arum.)

লাজ, *s.* লজ্জা, চৰম, অপমান, shame, modesty, shyness, disgrace.

লাজ কথা, *s.* অবাচ্য কথা, নিলাজ কথা, বেয়া মাত, obscence language.

লাজকাজ, } *s.* লাজ চৰম, ধৌর্জ্য মর্জাত, modesty, self respect.
লাজবিজ,

লাজকুৰিয়া, *a.* চৰম থকা, বৰ লাজ কৰা, bashful, modest, shy.

লাঞ্ছনা, *s.* see লঞ্ছনা.

লাগু, *s.* নেজ, লগু, লানি, সলগ্ন, a tail; *a.* continuous, consecutive.

লাট, *a.* লান, সলগ্ন, পাট সুতাৰ জোঁথা, continuous, unbroken; *s.* the tow or coarse part of Silk.

লাটকঁচি, *s.* এবিধ বন শাক, a species of wild esculent plant.

লাটপাট, *s.* লাকটি পাকটি, লাব ভাব, খুঁচুৰিয়া বস্তু, things of little worth, odds and ends.

লাটৰি, *s.* মুগা সুতাৰ বাচ বা জোঁথা, the refuse or tow of Mooga silk.

লাটিপুটি, *s.* লাকিলুকা, লৰা দামুৰিএ কৰা খেমালি বিসেস, childish play, frolic.

লাটিম, } *s.* লৰাৰ ওমলা কাঠৰ বস্তু, a spinning top.
লাটুম,

লাটুমা, *a.* লাক বন্ধা, লাটুমৰ দৰে গোট বন্ধা, *lit.* like a top, hence, lumpy, coagulated.

লাটুমালাটুম, *ad.* লাক লাক, চপৰা চপৰে, in lumps, in clots.

লাটুৰি, *s.* টাকুৰিত কাটিবলৈ মাৰিত ভৰাই লোৱা এৰি, a distaff for spinning the refuse silk of a cocoon.

লাঠক, *a.* মুৰত চুলি নথকা, টকলা, bald; *fem.* লাঠনি.

লাঠি, *s.* লাখুটি, দণ্ড, a walking stick.

লা-ঢো কৰি, *v.* হাত উজান দি, বনত সহাই দি, to render slight assistance.

লাণ্ডাসুমি, *s.* বঁৰলা, নিবাসুমি, a bachelor; without wife or children.

লাতুৰমনি, *s.* এবিধ লতাৰ গুটি আৰু গচ, এক ৰাতিৰ জোখ লোআ গুটি এবিধ, the seed of the Abrus, used as a weight by goldsmiths.

লাথি, *s.* পিচলৈ মৰা ভৰিৰ প্রহাৰ, a kick backward.

লাদ, *s.* জন্তুৰ বিষ্টা, হাঁতিত অনা বোজা, animal ordure; a load or burden carried by an elephant.

লাদি, *v.* জন্তুএ মল ত্যিাগ কৰি. হাঁতিত বোজা দি, to void excrement; to put a load or burden on an elephant.

লান, *a.* লেথেৰি, লাট, continuous, successive, unbroken.

লান, *s.* শালি, শাৰি, লেথেৰি, জোঁটা, থোকা, a line, a row, a range; a joining, a hanging down in clusters.

লা-পৰুআ, *s.* লা উৎপন কৰা এবিধ পৰুআ, the lac insect, (Cocus Ficus.)

লাপুঙ্গ, *a.* দাঁত নাইকিয়া, সোলা, লপা, toothless.

লাফ, *s.* জাঁপ, ডেও, ওপৰলৈ উঠা জাঁপ, a jump, a bound, a leap.

লাভ, *s.* উত্পন, প্ৰাপ্তি, পৰাপতি, পাউনি, profit, gain, advantage; with খাই, to acquire gain unjustly; with পাই, to gain.

লাবভাব, } *s.* see লাকটি পাকটি.
লামলাকটি, }

লাবি, } *v.* লৰাই চৰাই, লিৰিকি বিদাৰি, চুই মেলি, to move about,
লাবিচাবি, } to stir together; the latter form used adverbially.

লাবিবান্দ, *a.* আলাইবাদু, অপাত্ৰ, অকামিলা, good for nothing, useless.

লাৰু, *s.* গুৰ পিঠা গুৰি আদিৰে বন্ধা মিঠৈ, a kind of sweetmeat.

লাৰু লাৰু, *a.* অনেক লাৰু, দমাদম, (জোক পোক আদি,) in heaps, plentiful, in swarms, as of insects or maggots.

লাহঁনি, *s.* পানি সিঁচা বাঁহৰ নাল থুউআ জডন এবিধ, a basket with a handle used for baling water.

লাল, *s.* লেলাউটি, মুখৰ বোআ পানি, slaver, spittle running from the mouth, drivel.

লালকাল, *a.* তত নাইকিয়া, বিচেষ্টা, মৃত্য প্ৰাই, insensible, unable to move, almost dead.

লালটি, *s.* see লাল.

লালনা, *s.* আস্তিক, সদাই আলাপ কৰি থকা, affection, friendship.

লালবিজ, *s.* লালটি, জন্তু আদিৰ বিৰ্জ্য, phlegm, the white of an egg, semen.

লালি, *s.* খাজুৰ আদিৰ পগোআ ৰস, জুলিয়া গুৰ, সাৰি, শাৰি, লেথেৰি, treacle, molasses; a line, a row, a joining or tying together.

লা-লিগিৰা, *s.* see বৰ লোকৰ লইলস্কৰ.

লালুক, } *s.* ভেঁকুলিৰ পোআলি বিসেস, a tadpole, a frog in its
লালুকি, } first stage from the spawn.

লালুঙ্গ, *s.* অসম দেসত থকা এক জাতি, *Lalung*, a tribe of people.

লালৈ, *s.* মনি বিসেস, a precious stone (probably the chalcedony.)

লালৈভাদৈ, *s.* সঙ্খ আদিৰ অলপ্ মুল্যৰ মনি, small porcelain beads

লালোআ, *s.* কচোআ সিঙ্গৰা মাচ, a species of shrimp.

লাৱন্য, *s.* সৌন্দৰ্য্য, কোমল, স্নিগ্ধ, সুঅলা, *lit.* saltness; loveliness, amiability; *a.* soft, tender, gentle, amiable.

লাসবেস, *a.* see লইলাস.

লাহ, *s.* ধুন পেঁচ, গাৰ জুতি, show, parade, ostentation.

লাহতি, *a.* ধুনিয়া, গা চাই লাহ কৰা তিৰি, ostentatious, vain.

লাহন, *s.* চাৰি ঘৰিয়া আহোমৰ এখেল, সম্পতি বিসেস, one of the four leading classes among the old Ahoms.

লাহৰি, *s.* চেনেহি, মৰমৰ মাত, a particle expressing endearment.

লাহি, *a.* সৰু, গা পাতল, লেহুকা, thin, slender, flexible.

লাহি ধান, *s.* জহা আদি আগেয়ে পকা সৰু বিধ ধান, a general name for several kinds of fine paddy.

লাহেকৈ, লাহেলাহে, } *ad.* ধিৰে ধিৰে, অলপকৈ, শব্দ নোপোআকৈ, slowly, by degrees, quietly.

লিকচৌ, *s.* ৰজাৰ হুকুম মতে বিসয়াৰ ঘৰত খটা পাইক, a class of laborers whose services were given by the Assam king to his officers for a longer or shorter period.

লিকটা, *a.* চিকটা, লেকেটা, ৰবৰ এঁঠাৰ দৰে নিচিগা নভগা, tough, elastic, not easily broken.

লিক্‌লিকিয়া, *a.* লিহ্‌লিহিয়া, গা নাইকিয়া, সিলসিলিয়া, long and slender, applied to reeds and bamboos.

লিখক, লিখাক, } *s.* লিখিব জনা, লিখোঁতা, মহৰি কাকতি, a writer, a scribe, a secretary, a clerk.

লিখা, *s.* আখৰ দিয়া, চিত্ৰ কৰা, a writing, the act of writing or painting; *a.* written, painted.

লিখাই, *v.* লোকৰ হতুআই আখৰ দিয়াই বা চিত্ৰ কৰাই, to cause to be written or painted.

লিখি, *v.* আখৰ দি, চিত্ৰ কৰি, to write, to paint.

লিগিৰা, *s.* প্ৰধান লোকৰ আল পৈচান ধৰা লোক, আলধৰা, a house servant or personal attendant of the king and nobility.

লিগিৰি, *s.* প্ৰধান লোকৰ আলধৰা তিৰি, *fem.* of the above.

লিঙ্গ, *s.* পুৰুসৰ চিহ্ন, ব্যাকৰন মতে সব্দৰ জাতি, the penis or male organ of generation; in gram. the gender of a noun.

লিঙ্গলিঙ্গিয়া, *a.* দিঘল আৰু গা সৰু, long and thin, sparse, (applied only to hair and vegetation.)

লিটিকৰি, *a.* সৰু কঁটিয়া, বামুনৰ লগুআ বিসেস, very small, stinted,

লিটিকা, *s.* ভঁৰালৰ বাহিৰ বেৰত দিয়া থিয় ফলিয়া বাঁহ আদি, the upright outer supports of the sides of a granary.

লিতা, *a.* লাহি, পুষ্ট নোহোৱা, thin, lean, slender.

লিন, *a.* লই হোৱা, মিল হোৱা, absorbed, commingled, dissolved.

লিপা, *a.* মচা, মাটি আদি সনা, লেও দিয়া, wiped, smeared, plastered.

লিপাপোচা, *a.* মচা সনা, অঁতোৱা পিতোৱা, swept and plastered over.

লিপি, *v.* মচি, মাটি আদি সানি, লেও দি, to wipe, to smear, to plaster.

লিপিচ, *a.* লেচু, চেলু, চিদ্রু, an occasion, a chance, a fault.

লিপিত, } *a.* খাই ধৰা, সমাম হৈ লাগি ধৰা, মিল হৈ ধৰা, joined,
লিপ্ত, } united, in close contact, adhering.

লিৰিকি, *v.* ঘনে ঘনে চুই লাৰি, to turn over and over in the hand, to fumble about in search of anything.

লিলা, *s.* ধেমালি, ক্রিডা, বিলাস, play, sport, pastime, dalliance.

লিলাম, *s.* অনেক জনৰ মাজত বস্তুৰ দৰ বঢ়াই বঢ়াই বেচা, an auction sale.

লিলিয়নি, *s.* জোক সাপ আদিৰ গাৰ বা জিবাৰ জোকাৰনি, the tortuous motion of reptiles.

লিলিয়াই, *v.* জোক আদিএ গা বা জিবা লৰাই, to move as above.

লিহ্লিহিয়া, } *a.* see লিক্লিকিয়া.
লিহিৰিপতিয়া, }

লিহিৰিখোপা, *s.* ওলোমাই বন্ধা খোপা, a particular mode of knotting the hair low in the neck.

লুইত, *s.* বৰ নদি, ব্রহ্মপুত্র, a name of a portion of the Brahmaputra.

লুকাই, *v.* আৰ হৈ, নেদেখা হৈ, গোপন কৰি, to hide, to secrete.

লুকুমাই, *s.* বন্দি লৰা বিসেস, a slave boy.

লুকাভুকা, } *s.* লৰাৰ ধেমালি বিসেস, the child's play of hide and seek.
লুকালুকি, }

লুকাভুমুকা, *s.* এবাৰ মুখ দেখা দি এবাৰ লুকুউআ, the play of bo-peep.

লুকিনাবেজা, *s.* গৰ্ভ নাবেজা, এবিধ পেটত হোৱা খহু, internal boils &c.

লুকুআ, *s.* গোপন কৰা, আৰ কৰা, নেদেখুআ, the act of hiding or secreting; *a.* hidden, secreted, concealed.

লুকুআই, *v.* গোপন কৰি, আৰ কৰি, to hide or conceal anything.

লুখুৰাসন, *s.* চাৰিঘৰিয়া আহোমৰ এখেল, one of the four principal divisions of people among the Ahoms.

লুজলুজ কৰে, *ad.* অকলে, মনে মনে ফুৰি, stealthily, quietly, noiselessly.

লুজলুজাই, *v.* মনে মনে বিচাৰি ফুৰি, লুৰ্লুৰাই, to search for stealthily or quietly; *ad.* stealthily, quietly.

লুঙলুঙিয়া, *a.* চোৰৰ দৰে মনে মনে বিচাৰি ফুৰা বা কৰা, noiseless, sly, stealthy, wily, insidious.

লুচুৰ কৰে, } *ad.* বেগতে, খপৰাই, at once, without waiting.
লুচুৰাই, }

লুটপুটাই, *v.* see লটপটাই.

লুটি, *s.* ফাল, কাতি, বাগৰ, side, direction, a turning over or about; with খাই, to turn over.

লুটিয়াই, *v.* বগৰাই, তল ওপৰ কৰি, ওভোতাই, উবুৰিয়াই, to turn over, to upset, to turn about or upside down.

লুটিয়ালুটি, *s.* বগৰাবাগৰি, ইকাতি সিকাতি, a turning from side to side; with কৈ, *ad.* from side to side.

লুটিসুটি, *ad.* কাবৌকোঁকালিকৈ, বৰকৈ খাটিলুটি, importunately, with earnest entreaty.

লুটুঙপুটুঙ, *a.* টুলুঙভুটুং, কাতিকুতা কৰা, অকলসৰ, অসোস্তা, rolling about, (as a boat.)

লুঠুঙঠুঙিয়া, *a.* অকলসৰিয়া, কেও নাইকিয়া, নিৰাশ্ৰুই, alone, solitary, unprotected, shelterless.

লুতুৰিপুতুৰি, } *a.* বোকাৰে লেটিপেটি হোৱা, daubed, muddy, draggled;
লুতুৰপুতুৰ, } *s.* the act of draggling or trailing in the mud.

লুতুৰা, *a.* ভাল বিচাৰি ফুৰা বা খোৱা মনে মনে খাই অভ্যাস হোৱা, dainty, squeamish, luxurious in habits or in eating.

লুথুৰি, *s.* পানিত সিজোৱা পিঠাগুৰি, rice flour gruel.

লুথুৰি পাভ, *s.* এবিধ পাভ মাচ, a species of fish.

লুদুৰপুদুৰ, *a.* পুষ্ট, থোলোকা নোদোকা, fat, stout, fleshy.

লুনিয়া, *a.* লোন জুক্ত, salt, saline.

লুপ্ত, *a.* লোপ হোৱা, গুচা, নাইকিয়া হোৱা, disappeared, disused, obsolete, vanished, extinct, gone out.

লুভি, } *a.* লোভ থকা, পৰৰ দ্ৰব্য আদি পাবলৈ অতি ইচা কৰা,
লুভিয়া, } covetous, avaricious, grasping, *fem.* লুভুনি.

লুম্পট, *a.* বেশ্যা, পাপ কৰ্মত ৰতি থকা, lascivious, lewd, lustful; *s.* a libertine, lewdness, lasciviousness.

লুৰি, *v.* ডকা দি, কাৰ্হি, খৰি বিচাৰি, মক খাল, জোৰ; to pillage, to rob, to plunder; to gather firewood; *s.* a small drain, a drill for planting seed.

লুৰুকা, *a.* লোকৰ দ্ৰব্যাদি চুই বিচাৰি ফুৰা, intrusive, meddlesome, officious; *s.* the act of meddling, intruding &c.

লুককি, *v.* অনুমতি বিনা লোকৰ দ্ৰব্যাদি চাই বিচাৰি, to meddle, to intrude, to be officious.

লুকুমা, *a.* সৰু, ধান আদি বাৰ্হিব নোঅৱা, সামান্য, small, dwarfed, stinted in growth, inferior, ordinary.

লুবুজলুহুৰ, *a.* কেও কিছু নথকা, অকলসৰিয়া, destitute and friendless.

লুলুৱাই, *ad.* see লহলহাই.

লুলুৰিয়া, *a.* জৰ্জৰিয়া, aged, infirm.

লুহিয়া, *s.* এবিধ ত্ৰিন, লোহোৰা, লোৰ পাত্ৰ বিসেস, a species of grass, an iron pot.

লুহিয়ানি, *s.* লুহিয়া বন থকা ঠাই, a place abounding in the above grass.

লেই, *s.* কঁৰাল দিবলৈ সিজোৱা আটা, paste.

লেইলেই চেইচেই, *Interj.* বৰ ঘিন বুজুৱা মাত, চেই চেই লেই লেই, a word expressing the utmost contempt disgust or detestation; begone! for shame.

লেউলেউআ, *a.* জুলিয়া, লেপলেপিয়া, of the consistence of thin gruel.

লেউসেউ, *a.* সেতুসেতু, ঠৰঙা নোহোৱা, জেনি নিয়া তেনি জোৱা, flexible, pliant.

লেও, *s.* লেপ, চৌ আদিত বাহিৰে দিয়া বোকা, any substance used for smearing or plastering, (as lime for whitewash.)

লেওআ কঠিয়া, *s.* বোকা কৰি পৰা কঠিয়া, paddy that is sown for transplanting in wet soil.

লেকলেকাই, *v.* কেৰ্কেৰাই, কেল্কেলাই, to talk at random, to prate.

লেক্লেকিয়া, *s.* লেকলেকাই থকা, সঁচাই মিচাই কৈ থকা, the act of prating or talking at random; *a.* prating, babbling.

লেকাত, *s.* কোনো কামত লাগি থকাত পোআ দুখ, ক্লেস, suffering or exhaustion from any long continued exertion.

লেকাত লগা, *a.* স্ৰমতে ক্লান্ত হোআ, exhausted, prostrated by fatigue.

লেকাম, *s.* ঘোঁৰাৰ মুখত দি চলোআ জতন, a bridle.

লেকেচি, *s.* এচৰা, বাঁহৰ জেঙ, a bamboo twig.

লেকেচিয়া, *a.* ডেৰেচিয়া, ভালকৈ পুৰঠ নোহোআ, imperfectly ripened.

লেকেচিয়াই, *v.* টেঙ্গুচিয়াই, অলপকৈ খোৰাই, to limp, to halt in walking.

লেকেটা, *a.* লিকটা, চিকটা, tough, tenacious.

লেকেটিয়া, *a.* লেকাত জুঙা, নিচিগা নভগা, নেৰানেপেৰা, long enduring, tenacious, persistent.

লেখ, *s.* গননা, সংখ্যা, an account.

লেখক, *s.* লেখাক, লেখ কৰোঁতা, a scribe, an accountant.

লেখনি, *s.* কাপ, কলম, খনিকৰৰ চিত্ৰ কৰা তুলি, a pen, a pencil, a hair pencil or brush for drawing.

লেখা, *s.* সংখ্যা কৰা, গননা কৰা, লিখা, a reckoning, a counting; *a.* counted, reckoned.

লেখাই, *v.* গননা কৰাই, সংখ্যা কৰাই, to cause to be reckoned &c.

লেখাজোখা, *s.* লেখ বুজ কৰা, the making up of an account &c.

লেখি, *v.* লেখ কৰি, গনি, ওকনিৰ কনি, to number, to count, to reckon; *s.* a louse nit.

লেখিয়া, *a.* সদৃস, তুল্য, নিচিনা, like, similar, thus.

লেগাম, *s.* see লেকাম.

লেঙ্গ, *s.* এবিধ ৰোগ, a kind of pulmonary disease, consumption.

লেঙ্গগুটি, *s.* লেঙ্গে ধৰাৰ দৰে টান বনত খিন বা দুৰ্বল হোআ, suffering or emaciation from hard work.

লেঙ্গচেঙ্গিয়া, *a.* গা নচুউআ, গা চোআ, ধিতুপিলিঙ্গা, foppish, vain.

লেঙ্গটি, *s.* কপিং, পোকৰ টনা, a very narrow waistcloth.

লেঙ্গপেঙ্গ কৰে, লেঙ্গলেঙ্গ কৰে, } *ad.* দিঘল ৰূপে লেঙ্গাকৈ, কেঁকবেঁক কৰে, in length, in height; (of anything long and slender.)

লেঙ্গপেঙ্গিয়া, লেঙ্গলেঙ্গিয়া, } *a.* দিঘল, ওখ, কেঁকবেঁকিয়া, লেঙ্গা, long, tall, spindling.

লেঙ্গা, লেঙ্গি, } *a.* লেঙ্গলেঙ্গিয়া, দিঘল ওখ, (গচৰ দৰে,) long, tall, (applied only to trees, &c.)

লেঙ্গেৰপেঙ্গেৰ, *s.* লেনপেন, লেঙ্গেৰালেঙ্গেৰি, কুকুৰ আদিৰ চেনেহ, fondness, a fawning manner, (as of dogs.)

লেঙ্গেৰা, *a.* খোৰা, ভৰি ভগা, পেঙ্গেৰা, lame, halt, crippled, *fem.* লেঙ্গেৰি.

লেঙ্গেৰালেঙ্গেৰি, *s.* লেঙ্গেৰপেঙ্গেৰ, the act of fawning or cringing.

লেচ্কেচ, *s.* লেঠা, আহুকাল, জঞ্জাল, মুখ চুপতি বিসেস, embarrassment, difficulty, perplexity, trouble.

লেচা, *s.* লেচেৰা, কোচা, a bunch, a hank, a tress.

লেচাই, *v.* ফুৰাত হাত জোকাৰি, লৰাই, to swing, as the arms in walking, to shake, as a burden carried on a pole.

লেচাৰি, *s.* পদৰ চন্দ বিসেস, হাত জোকাৰি, a poetic measure or metre; *v.* to swing the arms in walking.

লেচালেচ, *s.* কোচাকোচ, চিৰাচিৰ, bunches &c. *ad.* in bunches.

লেচিয়া ধান, *s.* আধা সুকান ধান, half dried paddy.

লেচিয়া ভাৰ, *s.* এফালে গধুৰ এফালে পাতল ভাৰ, এফলিয়া হোআ ভাৰ, a burden carried with a pole unequally.

লেচু, *s.* কাৰণি, চল, ছিদ্ৰ, দাই দোস, chance, means, fault, offence.

লেচেৰা, *s.* see লেচা.

লেচেৰা মাহ, *s.* এবিধ লতা আৰু তাৰ চেঁই, a species of bean.

লেচেৰি, *s.* চেঁই ধান পিটিয়াই বন্ধা মুঠি, এডাল এডালকৈ বোটলা ধান, the gleanings of a rice field; a bundle of the heads of grain.

লেচোআ, *s.* হাত আদি জোকাৰি জোআ, the swinging of the hands in walking or the springing of a pole in carrying a load.

লেজাই, *s.* মাটিত বগোআ এবিধ বেঁত, a species of ratan.

লেজু, *s.* দিঘল ডোল, ৰচি, a long rope or cord.

লেজুআ, *a.* গুৰ আদি এঁঠা থকা বস্তু টানিলে লেজুৰ দৰে দিঘল হৈ জোআ, stringy, ropy.

লেট, } *s.* গা আদিত বোকা আদি সনা, daub, plaster, mud; with লৈ,
লেটি, } to daub one self, to wallow in the mud.

লেট্‌পেট, *a.* see লেটিপেটি.

লেটপেটাই, *v.* বোকা আদি সানি, মিহলাই, to daub, to draggle &c.

লেটা, *s.* মুগা আদিৰ বাহৰ ভিতৰত থকা পোক, পোকৰ দ্বিতিয় অৱস্থা, the chrysalis of the silk worm.

লেটাই, *v.* লেটিপেটি কৰি, মিহলাই, চুৰিয়া আদি মাটিত চোঁচোঁৰাই, লেটাইত সুতা লৈ, সুতা লোআ জতন, to bedaub, to draggle, to reel thread preparatory to warping; *s.* a kind of reel.

লেটাকুন্দাই, *v.* মুগা আদিএ লেটা টান বান্ধি, *lit.* to form a cocoon, hence to surround one's self with perplexities and difficulties.

লেটাগুটি, *s.* এবিধ তিতা লতা আৰু তাৰ গুটি, a species of vine and its fruit, medicinal.

লেটিপেটি, *a.* লেট্‌পেট, লুতুৰি পুতুৰি, daubed, draggled, mixed up.

লেটিয়াই, *v.* লেট খুআই, মিহলাই, the causative of লেটাই.

লেটিয়ালেটি, *s.* সনাসনি, মিহলোআ মিহলি, a mutual daubing, a mixing up of different things together.

লেটেকা, *a.* লিকটা, tough, not easily broken.

লেটেকু, *s.* এবিধ খোআ গুটি, a species of acid fruit.

লেটেকুআ, *s.* গৰু মহ আদিৰ এবিধ চকুৰ ৰোগ, a disease of the eyes peculiar to animals.

লেটেঙপেটেঙ, } *a.* see লেঙপেঙিয়া.
লেটেঙা, }

লেটোআ, *s.* সনা, বোকাত বাগৰা, মিহলোআ, লেটাইত সুতা লোআ, the act of daubing, mixing or of rolling thread; *a.* besmeared &c.

লেঠা, *s.* উতৰ, জঞ্জাল, জেঙ্গা, ছিদ্ৰ, difficulty, embarassment, fault.

লেঠিয়াই, *v.* নাম নধৰাকৈ লোকৰ গাতৈ দাই দোস ঠেলিয়াই, to throw blame on another by hint or innuendo.

লেঠিয়ালেঠি, *s.* ঠেলিয়া ঠেলি, ইটোএ সিটোৰ গাতে দোস পেলোআ, a mutual recrimination or shifting of blame.

লেচেয়ালগা, *a.* বিলম হৈ থকা, laid aside for a season, delayed.

লেত্‌কেতকৰে, } *a.* পিচল, বিজলুআ, sticky, slimy, viscid.
লৈত্‌কেতিয়া, }

লেতুসেতু, *a.* লেউসেউআ, ঠৰঙ্গা নোহোআ, জেনি নিএ তেনি নিব পৰা, flexible, pliable, easily bent.

লেতেৰপেতেৰ, *s.* সান মিহলি, লেথেৰগোবৰ, খেহেটাখেহেটি, a blending or mixing, uncleanliness, untidiness, disorder.

লেতেৰা, *a.* খেহেটা, ফেদেলা, জেগেঙ্গা, untidy, slovenly, disorderly.

লেতেৰি, *s.* ফেদেলি, খেহেটি, *fem.* of the above.

লেথেৰি, *s.* জালি, সলগ, সাৰি, a row, a line; with জাগি, to form into a line or row.

লেদ্‌লেদ্‌কৰে, *ad.* বৰ বা অতিসই, (গধুৰ,) very, applied only to weight.

লেদ্‌লেদিয়া, *a.* গধুৰ, heavy, weighty.

লেদেমা, *s.* মল মুত্ৰাদি, আল পৈচান, filth, excrements of the body.

লেদেমা উকটি, *v.* মৰিয়া আদিক আল পৈচান ধৰি, to minister to the sick.

লেধা, *a.* মেটা, মেদা, গধুৰ, heavy, sluggish, slow motioned.

লেধাইসামুক, *s.* এবিধ সামুক, a species of shell.

লেধেমা, *a.* লেধা, গধুৰ, লেদলেদিয়া, ponderous, heavy, weighty.

লেন, *s.* কোঁকালি, সাদৰ লগোআ, importunity, teasing, importuning.

লেনপেন, *s.* see লেঙ্গেৰ পেঙ্গেৰ.

লেনিয়াই, *v.* কোঁকালি কৰি, মৰম লগাই, আদৰ লগাই, to tease, to importune, to flatter in order to obtain a favor.

লেপ, *s.* সঁৰাহ, ঘন, নিহালি, a pair of tongs or pincers; *a.* thick, dense.

লেপ খাই, *v.* লিপিত খাই, থেপ খাই, to be closely joined, or united.

লেপ্ খোআ, *s.* লিপিত খোআ, থেপ খোআ, closely joined or united.

লেপ্থেপ, *a.* বৰ ঘন, গাত গা লগা, dense, thick, in close contact.

লেপ্লেপিয়া, *a.* বোকা জেন, লেউলেউয়া, জুলিয়া, of soft consistency, easily compressed, moist.

লেপেঙ্গালেপেঙ্গ খোজ, *s.* হলঙ্গা হলঙ্গ খোজ, দিঘল খোজ, a stride.

লেপেটখাই, } *v.* লাগি ধৰি, জেপেটি ধৰি, to stick or adhere close-
লেপেটিখাই, } ly together.

লেপেটা, *s.* আঁঠু আক তপিনা পেলাই বহা, sitting with the feet curled up.

লেপেটীয়া, *a.* ফেতলেকা ভৰি বা খোজ, খামোচে পোৱা, নেবানেপেৰা, flat footed, compressed.

লেফাফা, *s.* চিঠিৰ খাম, an envelope.

লেবলেবাই, *v.* লেবাৰ দৰে কথা কৈ, to lisp, to articulate imperfectly.

লেবা, *a.* খোতা, ভালকৈ কথা কব নজনা বা নোৱাৰা, having an imperfect articulation.

লে-বাই, *v.* জুই বা লতা বগাই, to creep, to spread, as a vine or fire.

লেবেৰা, } *a.* বাঁও হতিয়া, ড়েবেৰা, left-handed.
লেবেৰাহতিয়া, }

লেমলেমিয়া, *a.* সেংসেঙিয়া, পৰি থকা, লেটেয়া লগা, left for a time, delayed, put off.

লেৰা, *s.* কেঁচুৰ দৰে দিঘল, এমেৰা, সিয়া মনিৰ এডাল, one of several united strings of beads.

লেৰুআ ওঁঠ, *s.* ডাঙৰ ওঁঠ, prominent lips.

লেৰেলা, *a.* জঁই পৰা, সুকাই জোআ, wilted, withered, dried up.

লেৰেলি, *v.* জঁই পৰি, সুকাই বিবৰন পৰি, to wither, to wilt, to fade.

লেনপেল, *a.* চেদ ভেদ নাইকিয়া, খণ্ডিখন নোহোআ, বেমেলি, mixed, without cessation or interruption, without order, scattered.

লেলাই, *v.* জিবা উলিয়াই সেহাই, লেলাউটি উলিয়াই, to loll, to drool.

লেলাউটি, *s.* লালটি, মুখৰ লাল বিজু, saliva, spittle, drivel.

লেলি, *s.* লালি, লেথেৰি, সাৰি, a range, a row, a line.

লেলিলেথেৰি, *s.* নিচিগা দিঘল সাৰি, a long unbroken line or row.

লেলেইকঁহুআ, *s.* এজাতি কঁহুআ বন, a species of grass.

লেলেটীয়া, *a.* ললাট ভুঞ্জি থকা, ক্লেসি, suffering long, distressed.

লেলোআ, *s.* লেলাউটি ওলোআ, সেহোআ, the act of drooling or lolling.

লেস, *s.* ধনিষ্ঠা, বিন্দু, অলপ, কিঞ্চিত, কিচু, a minute particle, an atom.

লেহু, *s.* এবিধ বন, a species of grass.

লেহুকা, *a.* লাহি, পাতল, বেগতে ভিৰ খোআ, সকত বা দ্রিঢ নোহোআ, thin, flexible, yielding to pressure.

লেহেতি, *s.* বাঁহৰ পানি সিঁচা জতন এবিধ, বনৰিয়া এবিধ সাক, the triangular shaped baling basket, a species of wild vegetable.

লেহেতিয়া, *s.* প্রাই তিৰোতাৰ দৰে চলা পুৰুস, a hermaphrodite, a eunuch.

লেহেম, *s.* বেলি, পলম, খৰতকিয়া নোহোআ, জুৰ, procrastination, delay.

লেহেৰা, *a.* অসমৰ্থক, দুৰ্বল, অপাৰক, incompetent, weak, inefficient.

লেহোআ, *s.* লাহ কৰা, ধুন কৰি জোআ, a swaggering or pompous gait.

লৈ, *v.* গ্ৰহন কৰি, নি, to take; *affix.* to, unto; *emph.* লৈকে.

লৈলৈ-থৈথৈ, *s.* বৰ দুৰ্গতি, বিপত্তি, নানা আপদ, misfortune, calamity.

লো, *s.* লোহা, চকুৰ পানি, নেত্ৰ জল, লোতক, iron; a tear, tears.

লোআ, *s.* লোৰ সিকলি, গ্ৰহন কৰা, নিয়া, an iron fetter or chain; the act of taking; *a.* taken, received, accepted.

লোআই, *v.* পিঠা গুৰি ভাজি, চকুৰ পানি ওলাই, গ্ৰহন কৰোআই, to brown flour, to shed tears, to cause to take, to persuade.

লোআচুৰ, *s.* কমাৰ সালৰ লোৰ ভেৰ, the dross of iron.

লোআৰ, *s.* চল, চেগ, লোতৰ, a chance, a favourable opportunity.

লোআলি, *a.* লোযুক্ত, লোৰে কৰা, iron, made of iron.

লোওআ পিঠাগুৰি, *s.* ভজা পিঠা গুৰি, browned rice flour.

লোক, *s.* আন জন, জগত, ভুবন, another person, people, a world.

লোকপাল, *s.* ব্ৰহ্মা, ইন্দ্ৰাদি দস দিগপাল, a sovereign, a king.

লোকান্তৰ, *s.* পৰকাল, মৰন, another world, death.

লোকাপাৰ, *s.* এজাত পাৰ, কানৰ ষুমন বিসেস, a species of pigeon, a kind of ear ornament worn by men.

লোকালোক, *s.* হিন্দু মতে সাত সাগৰৰ বাহিৰে মেৰাই থকা পৰ্বত, প্ৰিথিবিৰ সিমা, অন্ধকাৰ, according to hindoo cosmography, a mountainous belt surrounding the seven circular oceans and forming the boundary of the world; darkness, obscurity.

লোঙ্গ, *s.* লোৰ, খাৰৈ, ঠেক হোলা, a deep ditch, a low place.

লোঙ্গাই, *v.* লোঙ্গ খানি, সৰু খাৰৈ খানি, to dig a drain or deep hollow.

লোচা, *s.* দিঘে পথালিএ এঁটাৰ পৰিমিত মাটি, 'a measure of land eight cubits square.

লোটসোট, *a.* কোঁচ খাই পৰা, নম্ৰ হৈ পৰা, subdued, humbled.

লোটা, *s.* পানি খোআ পাত্ৰ বিসেস, a metal drinking vessel.

লোঠোঙ্গা, *a.* see লঠঙ্গা.

লোতক, *s.* চকুৰ পানি, লো, a tear, tears.

লোতৃকোতিয়া, *a.* see লেতৃকেতিয়া.

লোতৰ, *s.* চল, আলম, কাৰন, a chance, an opportunity, a cause.

লোথোপথোপ, *a.* বৰ মঙ্গহাল, পুষ্ট, very fat, fleshy, plump.

লোদোৰপোদোৰ, } *a.* মঙ্গহাল, নোদোৰপোদোৰ, stout, corpulent.
লোদোৰা, }

লোধোমধোম, } *a.* গা ডাঙ্গৰ, লোকৰ লগত আসাকৈ লাগি থকা, corpulent; hanging on in hope of obtaining some favor.
লোধোমা, }

লোন, *s.* লৱন, নিমখ, salt.

লোনা, *a.* লুনিয়া, লোন সনা, লোনৰ সোআদ থকা, salt, saline, briny.

লোপ, *s.* বিনাস, নাস, অদিসয হোআ, a lapse or disappearance, discontinuance, erasure, abrogation, rescinding.

লোপখোপ, *a.* see লোখোপখোপ.

লো-পৰিখ্যা, *s.* লো উপতাই, হাতত দি দসি নির্দসিৰ প্রমান চোআ, the testing of an accused person's guilt or innocence by the application of a hot iron to the hand.

লোভ, *s.* পৰৰ ধন আদিলৈ ইচা, covetousness; with লাগি, to covet.

লোভি, *a.* লুভিয়া, লোভ কৰোঁতা, covetous, greedy of gain, grasping.

লোৰ, *s.* খলি, পানি জাবলৈ থকা দিঘল খাল, a small drain or outlet.

লোৱা, *s.* লুৰি অনা, ডকা দি অনা, খৰি বোটলা, a pillaging or robbing, the picking up of firewood.

লোৰোকাই, *v.* লুকৰি ফুৰাই, খানি ফুৰাই, হুৰকিয়াই, to cause to be stirred up, searched for or investigated.

লোলা, *a.* ঢিলা, কাপ খাই ন ধৰা, loose, not fitting closely.

লোলাসোলা, *a.* see লৰকফৰক.

লোহা, *s.* লো, iron.

লোহাজাৰন, *s.* লোৰ ভস্ম, লোৰ চাই, ঔসধ বিসেস, a medicinal preparation of iron.

লোহামই, *a.* লোৰ নিচিনা, বৰ টান, কেটকেট কৰে টান, hard like iron, iron.

লোহোৰপোহোৰ, } *a.* লোদোৰপদোৰ, মঙহাল, fleshy, corpulent.
লোহোৰালোহোৰ,

লোহোৰা, *s.* লোৰ পাঁত্র বিসেস, কেৰাহি, a small iron cooking vessel.

লৌআ-লপা, *a.* চতৰ বতৰ, হৰকতৰক, deceitful, untruthful.

লৌকিক, *a.* চলিত, দেসত চলা, ধিকাৰ, হাঁহিয়াত, popular, commonly received or practiced, vulgar.

লৌলৌকৰে, *ad.* লহলহ কৰে, বৰকৈ, (বহী.) quickly, rapidly; (applied mostly to growth and the rise of water.)

স

শ, ষ, স, এই তিনি আখৰৰ উচাৰন অসমিয়া ভাসাত একে হোআত কেৱল স ৰখাৰ প্রয়োজন। ষ, স, অন্য ব্যঞ্জনৰ লগত জোগ হলে চ ৰূপে উচাৰিত হই; জেনে কষ্ট, সাস্ত্র, সিস্য, আদি। সৰ ওপৰত ৰেফ দিলে স ৰূপে উচাৰিত হই; জেনে, দর্সন আদি। মৰা দেহা, পাঁচ কুৰি. The pronunciation of these three letters being one and the same in Assamese, the latter character স, *h*, need only be used. When combined with another consonant it has the sound of *s*, as সাস্ত্র, *hastro*, scripture; সিস্য, *hishyo*, disciple. The character reph (´) over the স, does not change it to *s*, as দর্সন, *dorhon*, sight; *s.* a carcass, a dead body; *a.* a hundred; with গুন, a hundred fold; reduplicated it means many hundreds, manifold, very many.

সইকিয়া, *s.* এস কাৰিৰ ওপৰৰ বিসয়', an officer over a hundred men.

সইধে, *ad.* এতিয়া, সম্প্ৰতি, now, presently.

সইন, *s.* সৈন্য, বনুআ সমুহ, a soldier, an army.

সইলাখ, *a.* নিচিনা, সেই ৰুপ, সদ্রিস, like, similar, analagous.

সং, *prep.* সৈতে, সহিত, ক্রিয়া পদ আদিৰ আগত জোগ হোআ উপসৰ্গ বিসেস, with, along with, together; used chiefly as a prefix to verbs and verbal derivatives.

সংক্রান্তি, *s.* দোমাহি, সুৰ্জ্য এক ৰাসিৰ পৰা আন ৰাসিলৈ জোআ দিন, the last day of the month; in astronomy the day on which the sun passes from one sign of the zodiac to another.

সংখ, *s.* সাগৰৰ সামুক বিসেস, এস খৰ্ব, a conch shell, used for libations or as a blowing horn; *a.* an hundred billions.

সংখ্যেপ, *a.* বাহুল্য নোহোআ, মুঠ, brief, short, concise, laconic; *s.* an abridgement, an abstract, a compendium.

সংখ্যেপে, *ad.* অলপতে, মুঠতে, বাহুল্য নোহোআকৈ, briefly, in a word.

সংখ্যা, *s.* লেখ, হিচাপ, গননা, অঙ্ক, a number, a reckoning, a quantity, a numerical figure.

সংগ্ৰাম, *s.* জুঁজ, ৰন, বিগ্ৰহ, fighting, conflict, war.

সংজুক্ত, *a.* লগা, সলগ্ন, মিলা, conjoined, united to, connected with.

সংজোগ, *s.* লগ, মিল, জোৰা, connection, contact, union, junction.

সংসৈ, *s.* আসঙ্কা, খুদুআনি, ভয়, doubt, uncertainty, fear, hesitation.

সংসৰ্গ, *s.* লগ, মিল, সঙ্গ, সহবাস কৰা, মৈথুন, union, junction, intercourse, cohabitation.

সংসাৰ, *s.* জগত, আৱস্থা, বিসই, গ্ৰিহস্থি, the world, the mundane or present state of existence, worldly concerns.

সংসাৰি, } *a.* সংসাৰ সমন্ধিয়, pertaining to or engaged in worldly
সংসাৰিক, } affairs, worldly, secular.

সংসোধন, *s.* সুধ কৰা, অসুধ বচা, a cleansing or clearing of defects, a revising, correction.

সংস্কাৰ, *s.* ওপকাৰে পৰা বিবাহ আদিত কৰা কৰম, সুধ কৰা, any purificatory rite, any ceremony of initiation or of marriage.

সংস্কৃত, *s.* হিন্দু লোকৰ মুল শাস্ত্ৰৰ আদি ভাসা, Sanscrit, the sacred and ancient language of the hindoos.

সংস্কৃতিয়া, *a.* সংস্কৃতৰ, সংস্কৃত ভাসা জনা, Sanscrit, learned in do.

সংহৰি, *v.* বিনাস কৰি, উচন কৰি, বধ কৰি, to destroy, to ruin, to kill.

সংহাৰ, *s.* বিনাস, ধ্বংস, প্ৰলই, destruction, ruin, devastation, used especially in reference to the end of the world at the expiration of a *kolpo.*

সঁক, *s.* অঙ্ক, বচৰৰ সংখ্যা, a numerical figure, an era or a year of any era.

সঁকচূৰ, *s.* আঁকৰাঁক থকা এবিধ সাপ, a species of snake.

সঁকাসাঁকিনি, *s.* এবিধ আপদিয়া চুঁটি সাপ, a kind of snake considered to be of ill omen if seen only.

সঁখ, *s.* সাগৰৰ সামুক বিসেস, সংখ, a conch shell.

সঁখিনা, *a.* হতাসিনিয়া, কুলখ্যনিয়া, ধুঁআখুলিয়া, luckless, ill-fated, unfortunate, wasteful, prodigal.

সঁচ, *s.* কঠিয়া, গুটি, জাত, seed for germination, race, offspring.

সঁচেই, *ad.* see সচ্চেই, মুলেই.

সঁচতো, *ad.* মচতো, গৰ্ভতো, in embryo, in the germ.

সঁচা, *a.* স্বৰূপ, গোটাই থোআ, সঞ্চিত, সৌচ কৰি পানি লোআ, true, stored, accumulated; *s.* accumulation, alvine ablution.

সঁচাৰ, *s.* পেৰা আদি বন্ধ কৰা অভন, তলা, a lock, a bolt or any similar fastening; with কাটি, a key.

সঁচাসঁচি, *a.* অতি স্বৰূপ, ঠিক, সত্য, true, exact, certain; *s.* certainty, truth.

সঁচি, *v.* সৌচ কৰি পানি লৈ, to perform alvine ablution.

সঁচুআ, *a.* সঁচৰ, সঁচলৈ থোআ, kept for seed, produced from seed, of legitimate birth.

সঁজাত, *s.* বিশ্বাস, পতিয়ন, সজ্জাত, trust, confidence, belief, credence.

সঁজাতি, *s.* কোনো কথাৰ প্ৰমান বুজিবলৈ পঠোআ বিশ্বাসি মানুহ, a confidential person sent to ascertain the facts of a case.

সঁজাল, *s.* ঠেন, জুগুত, উমান, a revival to freshness, (as a plant,) secret conversation or plotting.

সঁজালি, *v.* চিকুন হৈ, to be renewed in flesh after sickness, to rekindle, to renew a fire.

সঁজুলি, *s.* আহিলা, কাম আদি কৰা অভন বা উপাই, সামগ্ৰি, an implement, a tool, a utensil, furniture.

সঁতাই, *v.* জুৰাই, সান্ত হৈ, জিৰাই, বিস্ৰাম কৰি, to cool, to tranquilize, to rest, to take one's ease; *ad.* leisurely.

সঁতোআ, *s.* জুৰ কৰা, জিৰোআ, বিস্ৰাম কৰা, the act of resting or of doing anything leisurely; *a.* cooled, rested, refreshed.

সঁফুৰা, *s.* কাঠ আদিৰ সাঁফৰ মৰা টেমা, জমৰ এক দুতৰ নাম, a kind of betel box; an inferior angel of Jóm, the regent of death.

সঁৰা, *s.* বাৰ্হনি আদিৰে জাবৰ গুচুউআ, সমস্কত পতিত হোআ মতা, the act of sweeping; a man degraded in caste by an unlawful marriage; *a.* swept.

সঁৰাসাঁৰি, }
সঁৰাসুঁৰি, } *s.* সমস্কত পতিত হোআ লোক, a class of people degraded by marrying contrary to the hindoo law of affinity.

সঁৰাহ, *s.* চেপেনা, লেপ, জুৰিয়া কাম্বি, a pair of pincers; the two long narrow splints of bamboo used in securing the top of a fence.

সংহাৰি, *s.* গম, উমান, আটকাল, পঞ্জাল, a surmise, an intimation, a conception of the mind.

সকত, *a.* ডাঙৰ, দ্বিহত, পুষ্ট, দৃঢ়, টান, large, strong, stout, fat, firm.

সকত্‌কৈ, *ad.* ডাঙৰকৈ, টানকৈ, largely, firmly, strongly.

সকল, *a.* আটাই, গোটেই, সমুদাই, সমস্ত, all, whole, entire.

সকাম, *s.* বেৱসাই, কাম কাজ, প্ৰয়োজন, business, work, personal concern, affair, necessity.

সকাহ, *s.* আহৰি, আজৰি, সান্তা, সাম, বতৰ দশা, leisure, rest, interval, cessation from rain, alleviation of pain.

সকিয়াই, *v.* কোনো কাৰ্জ কৰিবলৈ জাননি দি, হানি বা বেজাৰ পোআত লোকৰ আগত ডাবি দি, to forewarn, to give notice, to threaten before witnesses.

সক্তি, *s.* সকতি, বল, সাম্ৰথ, জো, power, strength, might, ability.

সক্তিমন্ত, }
সক্তিমান, } *a.* বৰ সক্তি থকা, পৰাক্ৰমি, বলৱন্ত, strong, powerful, valiant.

সক্তিহিন, *a.* দুৰ্বলি, নিৰ্বলি, অপাৰক, weak, feeble, impotent.

সখি, *s.* সমস্ক বিসেস, বন্ধু, ইষ্ট, মিত্ৰ, an intimate friend, a companion, an associate; with বান্ধি, to form a friendship.

সখিঅতি, *s.* এবিধ চৰাই, a species of bird.

সগৰ, *s.* সুৰ্জ্য বংসৰ এজনা ৰজা, the name of a fabled king of Oude who is said to have had 60,000 sons.

সগৰ্ভা, *a.* গাভিনি, গা নৰিয়া, গা পৰসিয়া, pregnant, with child.

সগুন, *s.* মৰা স খোআ চৰাই এবিধ, এস গুন, a carrion bird, a vulture, *fem.* সগুনি; a hundred times.

সগুনি লতা, *s.* আমৈ লতা, a species of vine, (medicinal.)

সগোত্র, } s. একে গোত্র, a kinsman.
সগোত্রি, }

সঘন, a. অতি ঘন, close together, thick, impervious.

সঘনে, ad. ঘনে ঘনে, বেলিএ বেলিএ, বাৰম্বাৰ, frequently, repeatedly.

সঙ্কট, s. আপদ, বিপদ, ঠেক, misfortune, calamity, danger, a strait.

সঙ্কৰ, s. মহাদেও, সন্ন্যাসিৰ, মহাপুৰুষিয়া মত উলিওআ জন, a name of Hoda Hiwo; *Shree Honkor*, the founder of the ***Maha Purukia*** sect.

সঙ্কল্প, s. মনৰ কামনা, ইশ্বৰলৈ কৰা প্ৰতিজ্ঞা, intention, will, volition, a religious vow.

সঙ্কা, s. সংসই, ভই, আসঙ্কা, fear, danger, suspicion, doubt, mistrust.

সঙ্কেত, s. ঠাৰ, ইঙ্গিত, চিয়াৰ, a signal, an allusion, an intimation, a hint, a nod, a wink.

সঙ্গ, } s. লগ, সংসর্গ, জোগ, মিল হোআ, association, company, intercourse, society, junction, union.
সঙ্গতি, }

সঙ্গি, s. লগৰিয়া, সহাই, সাৰথি, a companion, an associate, an attendant.

সঙ্হৰি, v. see সংহৰি.

সচকিত, a. ভতোআৰ, সাৱধান, cautious, vigilant, watchful, wary.

সচাৰ, s. সৰন, ভকত হোআ, the rite of initiation into the hindoo religion.

সচি, s. ইন্দ্ৰৰ ভাৰ্য্যা, the wife of Indra.

সচিপতি, s. ইন্দ্ৰ, Indra.

সচেতন, a. চেতন থকা, সাৰ পোআ, সজাগৰ, living, animate, vigilant.

সজ্জ, a. ভাল, বাৰু, সুধ, সদ, উত্তম, good, well, pure, excellent, select.

সজ্জকৈ, } ad. ভাল ৰূপে, বাৰুকৈ, সুধ ৰূপে, well, in a suitable manner.
সজ্জ ৰূপে, }

সজ্জৰথি, a. ভালৰি, ভাল বোলোআ, restored to favor or esteem.

সজ্জা, a. কৰা, নির্মান কৰা, পোহনিয়া চৰাইৰ বাহ, সেহা, made, constructed; s. the act of making &c.; a bird's cage or coop.

সজ্জাই, v. জতাই, নির্মান কৰাই, ভূসিত কৰি, গৰু থুন্দি, কজুঐ বেপাৰি, to cause to be made or constructed; to dress or adorn another, to prepare or get ready, to destroy virility by pounding the testicles; s. a traveling trader, a pedlar.

সজ্জা কথা, s. মিচা কথা, মনেৰে পাতি কোআ কথা, a fabrication.

সজাগৰ, a. সাৰে থকা, সঁহাৰি লৈ থকা, watchful, vigilant.

সজ্জাপৰা, s. কাঠ বাঁহ আদিৰ বন, handicraft or workmanship in wood.

সজে সজে, *ad.* ভালে ভালে, বেয়া নোহোআকৈ, in good order or condition, while well off.

সজোআ, *s.* পিন্ধোআ, ধুন কৰোআ, কৰোআ, গড় বজোআ, the act of dressing or adorning another, the causing to be made &c.; the destruction of virility by pounding the testicles.

সজোআ পৰোআ, *s.* কুগুতাই থোআ, পিন্ধুআ উকআ, ভূসিত কৰা, the act of making ready, garnishing or preparing; *a.* garnished &c.

সজোত, *s.* হবিচ, a fasting, a fast.

সজ্যা, *s.* সোআ তুলি পাটি আদি, চাবি পাটি, a native bed, a sleeping mat.

সঞ্চই, *ad.* সঁচা, stored away, collected, kept.

সঞ্চেই, *ad.* মুলেই, সমুলি, completely, entirely.

সঞ্চাত, *s.* সঁঞ্চাত, প্ৰত্যই, স্বৰূপ মনা, trust, belief, confidence.

সঞ্চাতি, *s.* see সঁঞ্চাতি.

সট, *s.* এবিধ ঔসধৰ বন, a species of plant from which an alkaline seasoning for food is prepared.

সটকাই, সটৰাই, *ad.* বেগতে, হঠাত, গিৰিসাই, quickly, hastily without delay, at once.

সটখাৰ, *s.* সটৰ চাই, the alkali produced from the above plant.

সট্‌বট, *s.* চুপচুপ চাপ্‌চাপ, মুখেৰে ভালৰি বোলোআ, সেলবেলনি, flattery, adulation, cajolery, obsequiousness.

সট্‌বটাই, *v.* সেল্‌বেলাই, সঠামিত্ৰ কৰি, মুখেৰ মিত্ৰতা দেখাই, to flatter, to cajole, to be obsequious.

সঠ, *a.* দুষ্ট, খল, deceitful, insincere, knavish.

সঠামিত্ৰ, *s.* দুষ্ট বন্ধু, মুখৰ মিতিৰ, a false or pretended friend.

সঠিক, *a.* নিচই, স্বৰূপ, exact, true, certain.

সঠিককৈ, *ad.* নিচয়ে, স্বৰূপকৈ, ঠিককৈ, exactly, truly, certainly.

সঠুআ, *a.* সাঁঠৰ, সাঁঠত হোআ, pertaining to or produced in the three days of the month *Ahar*, supposed by the hindoos to be unclean.

সত, *s.* মন, ইচা, ৰস, চন্দন কাঠৰ পৰা কৰা সুগন্ধি তেল বিসেস, পাঁচ কুৰি, wish, desire, essence, juice or moisture, a perfume extracted from the sandal wood; *a.* one hundred.

সত্‌কাৰ, *s.* আদৰ, সম্মান, respect, honor, civility, politeness.

সতজোৰা, *s.* মিচাই চৌবাজি দিয়া, ধৰাং জোৰ, ভাও জোৰা, the feigning of physical inability or prostration.

সত্‌চিদানন্দ, *s.* পৰম ব্ৰহ্ম, an epithet of Deity, *lit.* he who is the source of being and happiness.

সতভিসা, *s.* চৌবিচ নখ্যত্র, the twenty fourth lunar mansion in the hindoo zodiac.

সতৃবতৃ, *s.* see সেলসেলনি.

সতমুল, *s.* এক ঔসধি গচ সিপা, আরু তাৰ গড়, a species of medicinal plant and its root.

সতৰি, *a.* তিনি কুৰি দহ, কথকি তিৰি, seventy; *s.* a talkative woman.

সতসতাই, *v.* ভালৰি বোলাই, বৰকৈ কৈ, to prate, to be garulous.

সতসৰ্বস, }
সতসৰ্বহ, } *s.* গৰাকিৰ সকলো খিনি বস্তু, one's whole property or entire possessions.

সতা, *s.* খাৰনি সৰোআ ভড়ন, an earthen leach for making lye.

সতি, *s.* পতিব্ৰতা, স্বামিৰ লগত চিতাত পোৰা তিৰি, a wife devoted to her husband during life, and who burns with him on the funeral pile; with হৈ, to burn on the funeral pile.

সতিনি, }
সতিয়ৈ, } *s.* সপত্নি, গিৰিয়েকৰ আন তিৰোতা, one of the several wives of one husband.

সতিনিমাৰি, *s.* জঁতৰ বটীয়া ধৰা মাৰি, a stick in a native wheel band.

সতিনিয়াহ, *s.* সতিনিৰ পৰস্পৰ হিংসা খিয়াল, animosity or ill feeling between the wives of the same husband.

সতিসন্ততি, *s.* লৰা লৃৰি, সন্তান, পো জি, offspring, children, progeny, descendants.

সতুৰালি, *s.* সত্ৰুৰ ভাও, হিংসা, সত্ৰুআলি, enmity, hostility.

সত্য, *a.* স্বৰূপ, সঁচা, true, real, certain.

সত্য কৰা, *s.* সপত কৰা, ধৰম চিয়াই কোআ, the act of affirming on oath, an asservation.

সত্য যুগ, *s.* হিন্দু মতে চাৰি যুগৰ প্ৰথম যুগ, the first of the four hindoo ages of the world, comprising 1,728,000 years.

সত্য বাদি, *a.* স্বৰূপ কথা কওতা, মিচা মোকোআ, speaking the truth, truthful, veracious.

সত্য সেৱা, *s.* সত্য নাৰায়ন, বিষ্ণুৰ পুজা বিসেস, a religious ceremony in honor of Vishnoo.

সত্যে, *ad.* স্বৰূপে, নিশ্চৈকৈ, স্বধৰ্মতে সপত কৰা, দৃঢ় প্ৰতিগ্যা, verily, truly; *s.* a term of asseveration, an oath.

সত্ৰ, *s.* সাধু মহাজন আদিৰ ধৰম প্ৰবৰ্ত্তোআ বাস কৰা থান, the head quarters of any leading hindoo priest and his attendants.

সত্ৰাধিকাৰ, *s.* সত্ৰৰ গৰাকি, অধিকাৰ মহন্ত, a head priest of the above.

সত্ৰিয়া, *a.* সত্ৰৰ, সত্ৰ সমন্ধি, of or relating to a *hotro.*

সত্রু, *s.* অৰি, বৈৰি, বিৰোধ কৰোঁতা, an enemy, a foe, an adversary.

সত্ত্ব, *s.* প্রক্রিতিৰ তিনি গনৰ আদি গুন, the first of the three inherent qualities of matter; (see গুন.)

সদ, *a.* ভাল, উত্তম, সত্ত, good, excellent.

সদই, *a.* দায়ালু, মৰমিয়াল, ক্রিপালু, kind, merciful, compassionate.

সদগতি, *s.* সত্তগতি, উধাৰ পোআ, a virtuous life, prosperity, bliss.

সদৰ, *s.* ৰাজধানি, the place where government is administered.

সদৰআমিন, *s.* দেওআনি বিচাৰ কৰা এক বিসয়া বিসেস, the judge or chief native officer of a sudder station.

সদৰি, *a.* প্রকাসিত, জনা সুনা, সদৰত থকা, public, known, dwelling in or belonging to a sudder station.

সদাই, } *ad.* সৰ্ব্বদাই, নিত্তৌ, ওৰেও, always, continually, perpetually,
সদাকাল, } constantly.

সদাগৰ, *s.* সাউদ, মুদৈ, a traveling merchant, a trader.

সদাচাৰ, *s.* সত্ত আচাৰ, সুকৰ্ম, সাধু ব্যেৱহাৰ, good conduct &c.

সদাচাৰি, *a.* সত্ত আচৰন কৰোঁতা, সুকৰ্ম্মি, well conducted.

সদানন্দ, *a.* সৰ্ব্বত্রে সুখি, সদাই আনন্দিত, ever-joyful.

সদাসৰ্ব্বদাই, *ad.* ওৰেও কাল, সৰ্ব্বতিকাল, সদাই, always, continually.

সদাসিৱ, *s.* মহেস, মহাদেও, an epithet of Hiwo; *lit.* always prosperous.

সদৌ, *a.* সকলো, আটাই, all, the whole, entire.

সদ্যহ, } *ad.* সম্প্রতি, এতিয়া, now, at present.
সদ্যে, }

সদ্রিস, *a.* নিচিনা, সইলাখ, তুল্য, like, similar, resembling; *s.* likeness.

সধলিক, *a.* সকলোএ জনা, প্রজলিত, generally known, spread abroad.

সধৱা, *s.* আয়তি, গিৰিএক থকা তিৰোতা, a woman having a husband.

সধা, *a.* সাধনা কৰা, সিধি কৰা, সিকা, ধাৰৰ পাৰ লগিয়া ধন আদি খোজা, asked for, desired, accomplished, instructed, demanded.

সধাই, *v.* সাধনা কৰাই, সিধি কৰাই, সিকাই, লোকৰ হতুআই পাৰ লগিয়া ধাৰ খোজাই, to ask, to accomplish, to teach, to break in, as oxen &c.; to demand through a second person.

সধোআ, *s.* সাধন কৰোআ, সিধি কৰোআ, সিকোআ, ধাৰ খোজোআ, the act of asking, accomplishing &c. through another.

সন, *s.* এবিধ গচ আৰু তাৰ চালৰ কৰা সুতা, the Bengali hemp plant and its flax; (Crotolaria Juncea.)

সনসনাই, *v.* মুগা আদিএ খোআত বা বগোআত সব্দ উঠি, to make a rustling sound as of silk worms among leaves.

সনাতন, *a.* অবিনাসি, সদাই থকা, ইশ্বৰৰ এক নাম, eternal, everlasting, an attribute of Deity.

সনা-পিটিকা, *a.* আঙুলিৰে টিপা আৰু মিহলোআ, bruised and mixed, as the ingredients of sauce condiment.

সনাহি, *s.* পোক বিসেস, সোঁআহি, বেগতে খাই ঢুকাৰ্ত্তা, a species of worm; *a.* consumed, wasted.

সনি, *s.* সপ্তম গ্ৰহ, the planet Saturn.

সনিবৰিয়া, *a.* সনিবাৰে হোআ, produced on or relating to Saturday.

সনিবাৰ, *s.* সপ্তম বাৰ, সনি গ্ৰহৰ দিন, Saturday.

সনোআ, *s.* সানত দিয়া, ধৰোআ, মিহলোআ, ঘঁহোআ, the act of whetting or sharpening, mixing smearing; *a.* sharpened, mixed, smeared.

সন্ত, *a.* সাধু, ধৰমি, good, virtuous.

সন্ততি, } *s.* লৰাছোৱালি, সন্তিসন্ততি, পো জি, a child, children, offspring, progeny.
সন্তান, }

সন্তাপ, *s.* সোক, খেদ, মনৰ দুখ, anguish, sorrow, remorse, woe.

সন্তাপি, *a.* সন্তাপেৰে দুখিত, সোক পোআ, filled with anguish, distressed.

সন্তুষ্ট, *a.* তুষ্ট, তৃপ্ত, হৰ্সিত, satisfied, pleased, gratified, delighted.

সন্তোস, *s.* তুষ্টি, তৃপ্তি, হৰ্স, আনন্দ, satisfaction, gratification, contentment, cheerfulness, pleasure.

সন্দিকৈ, *s.* চাৰিঘৰিয়া আহোমৰ এফৈদ, one of the four principal classes of the old *Ahoms.*

সন্দেস, *s.* চেনা চেনি আদিৰ মিঠৈ বিসেস, a kind of sweetmeat.

সন্দেহ, *s.* আসঙ্কা, খুঁদুকুনি, সংসই, hesitation, doubt, mistrust.

সন্ধি, *s.* মিলন, জোৰা, সুকথা, আখৰৰ সংজোগ, a junction, a joint, a fissure, an interstice, the permutation of letters.

সন্ধিয়া, *s.* গধুলি, গধুলা, সাঁজ সন্ধ্যা, evening, twilight.

সন্ধ্যা, *s.* গধুলি, পুআ দুপৰিয়া আৰু গধুলি কৰা বামুনৰ উপাসনা বিসেস, the twilight; a religious ceremony to be performed by brahmins morning, noon and evening.

সম্মত, } *s.* অনুমতি, মন, assent, agreement in opinion; *a.* acquiescent, willing.
সম্মতি, }

সম্মান, *s.* মান, আদৰ, সত্কাৰ, respect, veneration, honor.

সন্যাসি, *s.* সন্নাসি, তপসি, জোগি, ফকিৰ, a religious mendicant.

সপত, *s.* ধৰ্ম চিয়াই কোআ, সত্য অঙ্গিকাৰ, an oath, asseveration; with খাই, to swear, to take an oath.

সপতা, *s.* দা কটাৰি আদিৰ ফাট, a flaw in the blade of an instrument.
সপতাসপতি, *s.* পৰস্পৰ সপত দিয়াদি, a mutual declaration upon oath.
সপনি, *s.* গালি, সাও, abusive language, reviling, cursing.
সপৰিবাৰে, *ad.* পৰিয়ালে সমনিতে, with all one's family and attendants.
সপ্‌সপ কৰে, *ad.* সমসম কৰে, সোপাসোপকৈ, thickly, (like drops of mist or rain.)
সপ্‌সপিয়া, *a.* সমসমিয়া, ডাঠকৈ হিম আদি পৰা, thickly falling, thick.
সপা, *s.* গালি পৰা, সাও দিয়া, abusing, cursing; *a.* abused, reviled.
সপি, *v.* গালি পাৰি, to abuse, to revile.
সপিণ্ড, *s.* সাত পুৰুসৰ ভিতৰত থকা বন্ধু, a kinsman to the seventh generation in descent from a common ancestor.
সপিণ্ডি, *s.* বছেৰেকিয়া, বছৰৰ মূৰত কৰা প্রেত স্রাদ্ধ বিসেস, a ceremony performed on the first anniversary after death by the relatives of the deceased.
সপোন, *s.* সমাস্থিক, স্বপ্ন, a dream, a vision.
সপ্ত, *a.* সাত, seven.
সপ্তম, *a.* সাত সংখ্যা পূৰক অঙ্ক, the seventh.
সপ্তমি, *s.* চন্দ্ৰৰ সপ্তম কলা, হিন্দুৰ তিথি বিসেস, the seventh day of the lunar wane or increase.
সপ্তাহ, *s.* সাদিন, a week, seven days.
সপ্তাহিক, *a.* সাদিনিয়া, weekly, of seven days.
সপ্রমান, সপ্রমানিক, *a.* প্রমান থকাই থকা, having proof, self evident, authentic.
সফল, *a.* সার্থক, ফল ধৰা, সামফল, effectual, advantageous, successful.
সব, *a.* সকল, আটাই, মৰা দেহ, the whole, all; *s.* a dead body.
সবংসে, *ad.* বংসে সৈতে, বংস সমনিতে, with one's family or tribe.
সবদ, সব্দ, *s.* ধনি, মাত, কথা, বাক্য, ব্যাকৰন মতে সংগ্যা অর্থাত নাম, a sound, a noise, a roar, a voice, a word; a noun.
সবদিয়াল, *a.* খ্যাতপিয়া, বগৰি, famous, renowned, celebrated.
সব সৰু, *a.* কনিষ্ঠ, সকলোতকৈ সৰু, smallest, least of all, youngest.
সবহুআ, *a.* সবাহৰ, সভা সম্বন্ধিয়, belonging or relating to an assembly.
সবাহ, *s.* সমূহ লোকে কৰা হৰি কির্তন, public worship.
সভা, *s.* সমাজ, মেল, an assembly, a society, an association, a club.
সভাপতি, *s.* সমাজৰ অধিকাৰ, the president or chairman of do. do.
সভাসদ, *s.* সমজুআ, মেলুআই, সভাৰ লোক, a member of an assembly or society, a courtier.

সভ্য, *a.* সভাৰ যোগ্য, সিষ্ট, ভদ্ৰ, civilized, polite, polished.

সম, *a.* সমান, একে, তুল্য, level, equal, like, similar.

সময়, *s.* বেলা, পৰ, কাল, নিয়মিত পৰ, time, period, leisure.

সমজুআ, *a.* সমাজৰ সম্বন্ধিয়, দুইৰ মাজত হৈ মিল কৰোঁতা, belonging to an assembly; *s.* a mediator, a reconciler.

সমনিতে, *ad.* সৈতে, লগে, in accordance with, with.

সমনিয়া, *a.* সমান বয়সিয়া, সমান শ্ৰেনিৰ, equal in age or rank.

সমন্ধ, *s.* সম্পৰ্ক, লগা ভগা, ব্যাকৰনৰ মতে সষ্টি কাৰক, affiliation, connection, relation; (in *gram.*) the possessive case.

সমন্ধি, } *a.* সম্পৰ্ক থকা, সমন্ধ লগা, related to, connected with,
সমন্ধিয়, } belonging to.

সমৰ, *s.* যুঁজ, সংগ্ৰাম, ৰন, conflict, battle, war.

সমৰৰ-সাজ, *s.* যুদ্ধৰ অস্ত্ৰ, লাগতিয়াল বস্তু, a weapon, any implement.

সমৰ্থ, *s.* সক্তি, সাধ্য, জো, কৰিব পৰা, সমৰথ, ability, sufficiency, strength; *a.* able, sufficient, adequate, capable.

সমৰ্পন, *s.* সোধোআ, making over, dedicating or committing to another.

সমল, *s.* সামগ্ৰি, খোআ দ্ৰব্য, goods, provisions, eatables.

সমলিয়া, *s.* সমল যোগাওঁতা, one who supplies provisions.

সমসম কৰে, *ad.* সৰু সৰু ঘন টোপাকৈ পৰাৰ দৰে, in small drops, as dew or mist.

সমস্ত, *a.* সকলো, আটাই, গোটেই, সমুদায়, all, the whole, entire.

সমাগম, *s.* দেখা দেখি, অহা যোআ, an interview, a meeting, a coming and going, a concourse.

সমাচাৰ, *s.* বাৰ্তা, বাতৰি, সম্বাদ, news, intelligence, tidings.

সমাজ, *s.* see সভা, an assembly &c.

সমাজিক, *s.* see সপোন, a dream, a vision.

সমাদৰ, *s.* আদৰ, সম্মান, veneration, respect, honor, reverence.

সমান, *a.* তুল্য, একে, বৰ্হা টুটা নোহোআ, খলাবমা নোহোআ, like to, uniform, equal, level, even.

সমাপত, } *a.* ওৰ পৰা, সেস হোআ, অন্ত কৰা, concluded, ended,
সমাপ্ত, } finished, completed.

সমাপন, } *s.* সেস, অন্ত, ওৰ পৰা, সাঙ্গ, ইতি, end, completion, a
সমাপ্তি, } finishing, finis.

সমাৰ, *s.* দিঘে পথালিএ দুইবাৰ হাল বোআ, a second or cross ploughing.

সমাৰ বাই, } *v.* দিঘে পথালিএ হাল বাই, to cross plough.
সমাৰি, }

সমাস, *s.* অনেকটি পদ গোটাই এক্কে কৰা, the forming of compound words or sentences, a compound.

সমিচাৰ, } *s.* উত্তৰ, সিধান্ত, an answer, a reply.
সমিধান, }

সমিধ, *s.* এবিধ জজ্ঞত লগা গচ, a species of thorny tree the wood of which is used as fuel in offering sacrifices.

সমিপ, *s.* ওচৰ, চমু, nearness, vicinity, contiguity, proximity; *a.* proximate, near, contiguous.

সমুখ, *s.* মুখৰ আগ, সাখ্যাত, আগ ফাল, presence, front, opposite.

সমুখে, *prep.* সাখ্যাতে, before, in presence of, opposite, over against.

সমুখাসমুখি, *s.* মুখামুখি, পৰস্পৰ দেখাদেখি, a personal interview; with কৈ, *ad.* face to face.

সমুচিত, *a.* জোগ্য, উপজুক্ত, উচিত, fit, right, proper, suitable, appropriate.

সমুদাই, *a.* see সমস্ত, the whole &c.

সমুদ্র, *s.* সাগৰ, the sea, the ocean.

সমুলঞ্চে, *ad.* মুলে সৈতে, তেনেই, আটাইখিনি, (*lit.* with the root,) wholly, entirely.

সমুলি, *a.* আটাই, সমস্ত, সকলো, গোটেই, তেনেই, সমুলঞ্চে, all, the whole; *ad.* root and branch, completely, wholly, entirely.

সমুহ, *s.* অনেক, থুল, বহুত লোকৰ জুম, a multitude, a crowd; *a.* many &c.

সম্পত্তি, *s.* ধন বস্তু, ঐশ্বর্জ্য, বিত্তও, wealth, property, substance.

সম্পদ, *s.* সুখ, সুভ, সুখৰ কাল, happiness, prosperity, affluence.

সম্পর্ক, *s.* see সমন্ধ.

সম্পাদক, *s.* সমাপ্ত কৰোঁতা, কার্জ সিধি কৰোঁতা, সমাপন কৰা, effecting, completing, or managing; an editor, a manager.

সম্পুর্ন, *a.* পৰিপুর্ন, ভৰপুৰ, পুৰ হোআ, সিধ হোআ, full, filled, complete, perfect, finished.

সম্প্ৰতি, *ad.* এতিয়া, সইদে, আজি কালি, now, at present, now a days.

সম্প্ৰদান, *s.* দান, অর্পন, চোআলি দিয়া, ব্যাকৰনৰ মতে চতুর্থিৰ বিভক্তি, bestowing, giving in marriage; the dative in grammar.

সম্বত্চৰ, *s.* বচৰ, বৰিস, a full year.

সম্বাদ, *s.* see বাত্ৰা.

সম্বোধন, *s.* সোধনপোচন, ব্যাকৰন মতে অষ্টম কাৰক, a mode of address, the vocative case in grammar.

সম্ভও, *s.* হবৰ জোগ্য, হব পৰা, বিভুতি, ঐশ্বর্জ্য, probability, possibility, livelihood, wealth, means, resource.

সম্ভাৱ, } s. হব ঘটিব বুলি জনা বা ভবা, the deeming a thing pos-
সম্ভাবনা, } sible or probable.

সম্ভাৰ, s. see সম্বল.

সম্ভোগ, s. খোৱা, ভুঞ্জা, মৈথুন, enjoyment, possession, sexual intercourse.

সয়ন, s. সোৱা, নিদ্রা কৰা, ঘুমটি, lying down, reclining, sleeping.

সয়ম্বৰা, s. ৰজাৰ জিএ নিজে পতি বৰা, সঁইবৰা বচা, the ceremony of choosing a husband as was formerly practiced by the daughters of the kings.

সয়ম্বৰা-সাল, s. সয়ম্বৰা পতা ঠাই বা সভা, the house where the above ceremony was performed.

সৰ, s. কাঁৰ, সুৰুকিয়া বাট, পটি, গাখিৰৰ চামনি, এবিধ পহু, an arrow, a foot path, the cream of milk, a species of deer.

সৰই, s. সান্ত্বা, আপোনাৰ বন লোকক দি জিৰোৱা, হাত উজান, relief from labor or responsibility, leisure, assistance, help.

সৰকনা, s. ভৰিত বঃকৈ ফটুআই মেলা আঁক, cracks in the feet.

সৰকা, s. সৰকি জোৱা, ইফালে সোমাই সিফালে ওলোৱা, the act of passing through, going between, or transfixing; a. pierced &c.

সৰকাই, v. ইফালে সুমুআই সিফালে উলিয়াই, causative of do.

সৰকি, v. ইফালৰ পৰা সিফালে ওলাই, to pass through, to go between, to transfix, to pierce through and through.

সৰজাল, a. সেৰেঙা, বিন্ধা থকা, having interstices or holes.

সৰত, s. বিতু বিসেস, আহিন কাতি, September and October.

সৰতকান জোৱা, a. আওকান কৰা, নুসুনা ভাও ধৰি থকা, ধুবাং জোৱা, turning a deaf ear or pretending not to hear.

সৰধুআ, a. সৰাধৰ সমন্ধিয়, সৰাধৰ, relating to a *Shradh* or funeral.

সৰন, s. আসুই, ভকত হোৱা, সপত দি বা সুবিচাৰৰ কাৰন কৰা এৰাও, সুৰনাৰ পৰা বেৰতিলৈকে ৬ নক্ষত্ৰৰ কাল, an asylum, a refuge, protection, the taking the initiatory step to becoming a disciple, a exclamation or appeal for justice or protection, a period of six days in every month when hindoos are prohibited from building &c.

সৰন-খেৰ, s. ঘৰ চোৱা সুকান ন খেৰ, new dry thatch.

সৰন দিয়া, s. ৰজা বা গুৰুৰ নাম লৈ সপত বা দোহাই দিয়া, appealing or calling for justice or swearing in the name of the king or *gooroo*.

সৰন লোৱা, s. ভকত হোৱা, গুৰু ভজা, becoming a disciple; the act of worshiping a *gooroo*.

সৰনাগত, } *a.* আসুই কৰা, সৰনে পসা, having taken refuge or
সৰনাপন, } become a disciple.

সৰনিয়া, *a.* সেৱকিয়া, আসুই লৈ থকা, discipled, having become a worshiper; *s.* a disciple, a worshiper.

সৰনে পসা, *s.* আসুই কৰা, the act of taking refuge &c.

সৰপা, *s.* এলেহুআ, ঘনালৈ ভই কৰা, ধোদা, lazy, slothful, indolent.

সৰপালি, *s.* এলেহুআ, ধিতিঙালি, laziness, slothfulness, indolence.

সৰব্ ন, *a.* মিচেই নতুন, গোটাই ন, quite new, brand new.

সৰবজ্ঞান, } *a.* সকলো জনা, সৰ্বজ্ঞ, omniscient, all-wise.
সৰ্বজ্ঞান. }

সৰব বহি, *a.* সকলোৰে লগত মিলিব পৰা, conciliating, agreeable to all, popular.

সৰ্বহ, *s.* সকলো সম্পত্তি, সৰ্বস্ব, one's entire possessions.

সৰল, *s.* এবিধ সুগন্ধি গচ, পোন, ভঙ্গভঙ্গিয়া, উদাৰ, a species of pine tree; (Pinus Longifolia) *a.* straightforward, simple, frank.

সৰস্বতি, *s.* বাগ দেবি, the goddess of speech and eloquence, said to have invented the sanskrit language.

সৰহ, } *a.* বহুত, বিস্তৰ, অনেক, অধিক, much, plentiful, abund-
সৰহিয়া, } ant, many.

সৰা, *s.* গুটি আদি এৰাই তললৈ পৰা, চালনি আদিৰ পৰা সৰকি পৰা, সত্রু আৰু দাই আদিৰ পৰা ৰখ্যা পোআ, সোটা বা বাইনিৰে জাবৰ আদি গুচুউআ, পানিত মাচে ওলাই ফান্দ মাৰি জোআ, dropping off, escaping from an enemy or from evil; the sudden descent of fish from the surface of the water.

সৰাই, *v.* গুটি আদি এৰুআই তললৈ পেলাই, ৰখ্যা পোআই, ঠগি, to cause to fall off or to escape; *s.* a kind of stand or tray.

সৰাধ, *s.* স্রাদ্ধ, funeral obsequies made to deceased ancestors.

সৰাপোচা, *a.* অঁতোআ পিতোআ, মচাকোঁচা, cleared and swept.

সৰাল, *s.* চৰাইৰ ন পাখি গজিবলৈ পুৰনি পাখি সৰা, the shedding of the feathers of birds; with দি, to moult.

সৰালি, *s.* হাঁহৰ নিচিনা পানিৰ চৰাই এবিধ, a species of water fowl.

সৰি, *v.* এৰাই, তললৈ পৰি, to become detached and fall.

সৰিবৰি, *a.* সদ্রিস, নিচিনা, অনেক, অধই অবই, like, abundant.

সৰিয়হ, *s.* তেল পেৰা গুটি এবিধ আৰু তাৰ গচ, সৰ্সপ, the mustard plant and seed.

সৰিল, *s.* দেহা, কাই, তনু, গা, the physical frame, the human body.

সৰু, *a.* খুদু, একন মান, কনিষ্ঠ, সামান্য, small, little, minute, younger.

সৰুআই, *v.* বখ্যা পোআই, চিঙ্গি তললৈ পেলোআই, নুতি পানি চামৰি, সৰু হিষ বসন্ত, to cause to escape or to fall; *s.* the chicken pox.

সৰু-মানিমুনি, *s.* এবিধ ঔসধিয় বনৰিয়া সাক, a species of wild vegetable.

সৰু-মালভোগ, *s.* এবিধ লাহি ধান, a species of paddy.

সৰু-সালি, *s.* এবিধ বৰ ধান, a species of paddy.

সৰৈ, *s.* এবিধ সুকাঠি গচ, কাঠ, a species of tree and its timber.

সৰোআ, *s.* গুটি আদি এৰুআই, তললৈ পেলোআ, জাহ দিয়া, the causing to become detached and to fall, as ripe fruit; filtering, leaching or sifting; *a.* dropped off, filtered, leached, sifted.

সৰোবৰ, *s.* বিল, জলাসই বিসেস, a lake, an inland sea.

সৰ্গদেও, *s.* স্বৰ্গৰ দেৱতা, অচম ৰজাৰ সম্বোধন, *lit.* Lord of heaven, address of the Assam kings, equivalent to "your majesty."

সৰ্গৰিয়া, *a.* সৰ্বৰিয়া, সুগৰি, আসোআঁহ নথকা, complete, perfect, wanting nothing.

সৰ্প, *s.* see সাপ.

সৰ্ব, *pro.* সকলোকে বুজুআ সৰ্ব নাম সব্দ, all, the whole.

সৰ্বকাল, *s.* সদা কাল, সদাই, all times, all seasons.

সৰ্বখ্যন, *ad.* ওৰেও, দিনৌ, সদাই, at all times, perpetually, always.

সৰ্বগ্য, } *a.* সৰ্বজ্ঞান, omniscient, all wise.
সৰ্বগ্যানি, }

সৰ্বচাক, *a.* সৰ্বত্ৰ প্ৰচাৰ হোআ, সকলোতে চলা, মন্ত্ৰ বিসেস, known to all, public; *s.* a kind of charm or incantation.

সৰ্বতিকাল, *s.* ওৰেও কাল, বাৰেওটি কাল, all time, forever.

সৰত্ৰ, } *ad.* সকলো ঠাইতে, চাৰিও পোনে, every where, all around.
সৰ্বত্ৰে, }

সৰ্বদা, } *ad.* নিতৌ, দিনৌ, সদাসৰ্বদা, সদাই, every day, perpetually.
সৰ্বদাই, }

সৰ্বনাম, *s.* ব্যাকৰনৰ মতে আমি তুমি আদি সব্দ, a pronoun.

সৰ্বনাস, *s.* সকলো খাই, সমুলি নষ্ট, total destruction, ruin.

সৰ্বব্যাপক, } *a.* সকলো থানে জুৰি থকা, omnipresent, all-pervading, universal.
সৰ্বব্যাপি, }

সৰ্বসক্তিমান, *a.* সকলো সক্তি থকা, সকলো কৰিব পৰা, all-powerful, almighty, omnipotent.

সৰ্বস্ব, *s.* see সৰ্ভসৰ্বহ.

সৰ্বাঙ্গ, *s.* সৰিলৰ সকলো অঙ্গ প্ৰত্যঙ্গ, গোটেই গা, the whole body, every member of the body.

সৰ্বোত্তম, *a.* সকলোতকৈ উত্তম, অতি ভাল, supremely good, best.

সৰ্বোপৰি *a.* সকলোৰে ওপৰ, সকলোতেকৈ প্ৰধান, above all, supreme.

সৰ্সৰ, *s.* সব্দ বিসেস, সুকান দ্ৰব্যৰ ওপৰত বগোআত উঠা সবদ, a rustling sound.

সৰ্সৰ কৰে, *ad.* ঠহ নধৰাকৈ, অতি বেগেৰে, সাওসাও কৰে, (অহা জোআ,) without hesitation or difficulty, readily.

সৰ্সৰাই, *v.* খৰ্খৰাই, সুকান দ্ৰব্যৰ ওপৰত কিট পতঙ্গাদি বগোআত সব্দ উঠি, to make a rustling sound.

সৰ্সৰিয়া, *a.* সৰ্গৰিয়া, ভালকৈ মুখত অহা, অনৰ্গল, fluent, glib, flippant.

সল, *s.* মাচ এবিধ, a species of fish.

সলখ, *s.* এবিধ কাঠৰ নাম, a species of tree and its timber.

সলখা, *s.* নঙ্গলা, ডাঙ্গ, সাল, the bar of a gate, door or window, a shaft, a pin or fastening.

সলগা, *s.* কথা কোআত হই হই বা বাক বোলা, প্ৰসংসা কৰা, ভাল বোলা, assenting, commending, praising.

সলগাই, *v.* ভাল বোলোআই, প্ৰসংসা কৰাই, causative of সলাগি.

সলগোআ, *s.* ভাল বোলোওআ, the causing to be praised or commended.

সলগ্ন, *a.* একে লগ, সংযুক্ত, united, joined, connected, adhered.

সলঠাৰি, *s.* সলৰ পোআলি, the young of the *Hol* fish.

সলনাসলনি, *s.* সলোআসলি, সালসলনি, mutual exchange, barter, a swop.

সলনি, *s.* এটাৰ মুৰে আন এটা, প্ৰতিনিধি, a substitute, an agent, a deputy, a change; with কৰি, to change, to alter, to substitute; with ৰূপে, in the place of, instead of.

সলমাৰি, *s.* গৰুৰ ডিঙ্গিত দিয়া জুঁঅলিৰ খিয় মাৰি, the bows or pins of a native ox yoke.

সলমুটুকিয়া, *s.* আধা ফুটিয়া ভাত, half cooked, (applied only to rice.)

সলসলিয়া, *a.* পোন, পোলোঙ্গা, আঁৰ কেঁকোৰা নথকা, long and slender, straight, not obstructed.

সলা, *s.* লো বাঁহ আদিৰ মুৰ জোঙ্গা সৰু সলি, নাল খুউআত লা আদি দিয়া, লা লগোআ, সাল মৰা, বন্তি, an iron or bamboo spike or pin, a spindle; the act of varnishing with lac; the fastening a handle with lac; the wick of a lamp; *a.* fastened with lac, as a handle or as the bottom piece of a brass vessel.

সলাই, *v.* সলনি কৰি, লা লগাই বা সাল মৰাই, to exchange, to substitute, to cause to be overlaid with lac, to secure by lac or by a peg or wedge, as of a handle or the bottom piece of brass vessels.

সলাকানি, *s.* বৰ্ত্তি, সলিতা, সিহাকানি, a lamp wick.

সলাগ, *s.* উপকাৰ মনা, গুন লোআ, gratitude, thankfulness, acknowledgement of favors received; with লৈ, to express gratitude.

সলাগি, *v.* প্ৰসংসি, ভাল বুলি, গুন বখানি, to commend, to thank.

সলা-বলা, *a.* পেঁপা বলা, পুৰঠি নোহোআ, কোমল বয়সিয়া, আধা সিজা ভাত, sprouted, swollen, (as a bud,); *s.* half cooked rice.

সলাল, *a.* চৈঙ্গৰ, ধূৰ্ত্ত, cunning, crafty, artful.

সলাসল, *a.* নভগা নিচিগা গোট গোট, whole, unbroken, as rice.

সলি, *v.* বৰনৰ ওপৰত লা ঘঁহি, বাঁহ আদিৰ চঁচা গোটা মাৰি, to apply lac varnish; *s.* a roundly shaved splint of bamboo &c.

সলিতা, *s.* চাকিৰ সলাকানি, the wick of a lamp.

সলিয়া, *a.* সালৰ সমন্ধিয়, হাবিত বা গচত থকা এবিধ ডাঙ্গৰ এন্দুৰ, belonging or pertaining to an instrument or machine (see সাল,); *s.* a species of rat.

সলিসিয়ান, *a.* বুজন, জনা সুনা, চৈঙ্গৰ, arrived at years of understanding, knowing, discerning.

সলোআ, *s.* সলনি কৰা, এটাৰ মুৱে আন এটা লোআ বা দিয়া, the act of exchanging or bartering; *a.* exchanged, bartered.

সৱ, *s.* স, মৰা দেহা, a dead body, a carcass, a corpse.

সষ্টম, *a.* see সাষ্টম.

সষ্ঠি, *s.* চন্দ্ৰৰ সষ্ঠ কলাৰ দিন, ভাৰ, the sixth day of the moon's wane or increase; charge, responsibility, trust.

সসাজ, *s.* সাৰসেস, সমুলি নষ্ট, ভোলাও, an utter end, destruction.

সসি, *s.* চন্দ্ৰ, জোন, the moon.

সস্তা, } *a.* লঘু, সাম, সাইজ, সৰই, জিৰনি, light, alleviated, cheap; *s.*
সাস্তা, } comfort, relief, alleviation.

সস্য, } *s.* খেতিৰ উত্‌পন হোআ দ্ৰব্য, anything produced by tilling
সহ, } the ground, as crops or fruit; grain, harvest.

সহংকাৰ, *s.* see সংস্কাৰ.

সহজ, *s.* অভ্যাসত হোআ, সুচল, চলন, স্বভাও, ease, facility or skill acquired by practice, habit.

সহজে, *ad.* অনায়াসে, সুগম ৰূপে, easily, with facility, from habit.

সহন, *s.* দুখ কষ্ট আদি ভোগ কৰি থকা, দাই দোস বাৰে বাৰে এৰি থকা, patience, forbearance, endurance, long suffering.

সহৰ্জলা, *s.* লোটা আদিৰ সৰু বিন্ধা, a small hole or perforation.

সহস্ৰ, *a.* হেজাৰ, দহ স, one thousand.

সহা, *s.* এবিধ পছু, সহন কৰা, a hare; the act of forbearing, endurance.

সহাই, *s.* সাহসুই, উপকাৰ, সাৰথি, assistance, help, an assistant &c.

সহাকনিয়া, *a.* সহা পছুএ কান পতাৰ দৰে বেগতে সুনা, অলপতে সাৰ পোআ, quick of hearing, easily awakened.

সহি, *v.* সৈ, সহন কৰি, to bear, to forbear, to suffer, to endure.

সহিত, *prep.* সৈতে, লগে, with, together with.

সহুৰ, *s.* গিৰিএক বা ঘৈনিএকৰ বাপেক, a father in law whether of the wife or husband.

সহোদৰ, *s.* একে মাত্ৰিৰ পৰা ওপজা, সোদৰ, সগৰ্ভি ভাই ভনি, one of two or more born of the same mother.

সা, *s.* মুখ মুকলিকৈ মৰা ফুঁ, a forcible expiration of breath.

সাউদ, *s.* মুদৈ, সদাগৰ, a wholesale trader, a banker, a merchant.

সাও, *s.* সাপ, পৰৰ অনুভলৈ বোলা বাক্য বা প্ৰাৰ্থনা, a curse, a malediction, an imprecation.

সাওন, *s.* স্রাবন, বচৰৰ চতুৰ্থ মাহ, *Haun*, the fourth hindoo month, corresponding to parts of July and August.

সাও-সপনি, *s.* সাও দি পৰা পালি, cursing and reviling.

সাওসাও কৰে, *ad.* বেগেৰে, সৰ্সৰকৰে, (জোআ,) rapidly, smoothly, as of crawling or gliding along.

সাং, *s.* নাস, খাল্লাজ, অন্ত, destruction, end, conclusion, termination.

সাঁও, *s.* পেটৰ আম, খৰে ধৰাৰ মল, mucous matter.

সাঁও-পৰা, *s.* খৰে ধৰা, dysentery or bloody flux.

সাঁও-বৰনিয়া, *a.* সাঁও বৰনৰ, অতি কলা বা বগা নোহোআ মধ্যম বৰ্ন, dark, (applied only to the complexion.)

সাঁকি, *s.* সাঁফি, জোৰা, a joint of the body.

সাঁকিনি, } *a.* হুতাসিনি, ধুত কঁপালি, উতপাতিক সাপ এবিধ, *fem.* un-
সাঁখিনি, } lucky, unfortunate; *s.* a woman in whose hands nothing prospers; a hag, the female of the *Hoksur* snake.

সাঁকো, *s.* জান আদিত পাৰ হবলৈ দিয়া গৰ আদি, a foot bridge.

সাঁকোআ মাৰি, *s.* হেতা মাৰি, সাঁকো পাৰ হওঁতে ধৰা মাৰি, জঁতৰৰ মাজত দিয়া চেপেটা মাৰি, a hand rail for a bridge, the lower piece of a native spinning wheel.

সাঁচ, *s.* চিন, চাব, চলা জন্তু, a sign, a mark, a blot, a scar, a mould for casting; with বাহ্নি, to make a mark, stain or scar.

সাঁচতি, *s.* সাঁচিব পৰা তিৰোতা, a provident woman.

সাঁচতিয়াৰ, *a.* সাঁচি থোৱা, সঞ্চিত, hoarded, accumulated, laid up.

সাচতিয়াৰ, সাঁচত্তিয়াৰ, } *s.* সাঁচোঁতা, সঞ্চই কৰোতা, ধন ৰাখিব পৰা মানুহ, one who can accumulate, a provident man.

সাঁচবাখ *s.* সঁচা, সঞ্চই, frugality, economy in expenditure.

সাঁচি, *v.* সঞ্চই কৰি, সামৰি থৈ, আগৰ চন্দনৰ গচ, to collect, to hoard, to accumulate, to lay up; *s.* a species of tree.

সাঁচি-পাত, *s.* সাঁচি চালৰ পুথিৰ পাত, the bark of the above tree, used as a substitute for paper in copying the shasters &c.

সাঁচেকাটে, সাঁচেৰে, } *ad.* চিনে চাবে, একে চিনেই, *lit.* with mark and seal, hence undisturbed, (as a house or other property left for a season by the owner.)

সাঁচোন, *s.* সঁচা, সামৰন, সামৰি থোৱা, acquisition; *a.* acquired.

সাঁজ, *s.* সন্ধ্যা, মুনিচুনি বেলা, দিনৰ এবেলাৰ আহাৰ, evening twilight, one meal, food for one repast.

সাজোঁ, *a.* নতুন, বাহি নোহোৱা, হিন্দু মতে গধলি গা নোধোৱা, fresh, not stale, having the body unwashed at the evening meal.

সাঁঠুআ, *a.* সাঁঠৰ সমন্ধিয়, সাঁঠ কৰা বা সাঁঠৰ, produced in or relating to the three unclean days in the month of Ahar.

সাঁত, *a.* শান্ত, চেঁচা, জুৰ, cool, calm, quiet, tranquil, dispassionate.

সাঁতি, *s.* শান্তি, জিৰনি, tranquility, calmness, peace, rest, quiet.

সাঁতুৰি, *v.* নাদুৰি, পানিত হাত ভৰিএৰে আওডালি উটি ফুৰি, to swim.

সাঁতোৰ, *s.* পানিত হাত ভৰিএৰে আওডালি ওপঙ্গি ফুৰা, the act of swimming; with মেলি, *v.* to swim.

সাঁফৰ, *s.* ঢাকনি, আচ্ছাদন বিসেস, a cover, a lid.

সাঁফল, *a.* সিধি, ফল ধৰা, সাৰ্থক, efficacious, effectual, fruitful.

সাঁফি, *s.* হাৰৰ জোৰা, a joint of the body.

সাঁৰ, *s.* বুখুন্দাকৈ এৰি দিয়া ভতৰা গৰু, a bull let loose to roam without a keeper; *a.* free, unrestrained; with মেলি, to turn out, to roam without a keeper.

সাঁৰ-চেলেকা, *s.* চকৰৰ নিচিনা পাক খোৱা কপালৰ দাঁতিৰ চুলি, a cowlic or reversed tuft of hair on the human forehead.

সাঁৰি, *v.* বাৰ্হনি আদিৰে জাবৰ গুচাই, সঁৰাৰ স্ত্ৰিলিঙ্গ, to sweep; *s.* a woman degraded in caste by unlawful marriage.

সাঁৰিয়া, *s.* নিমন্ত্ৰনত সুদাই পথাৰত ধনকৈ দিয়া লোক, volunteer laborers for gathering in the harvest.

সাক, *s.* লাই লফা আদি আঞ্জা খোআ জিন বিসেস, edible vegetables.

সাকাৰ, *a.* আকাৰ থকা, দেহজুক্ত, embodied, having shape or form.

সাখি, *s.* প্ৰমান, দেখা মানুহ, আগত চাই থকা, evidence, testimony, proof, a witness.

সাখ্যাত, *s.* ভেঁট, দৰ্সন, দেখা দেখি, presence, interview, a visit.

সাখ্যাতে, *ad.* দেখাতে, আগতে, সমুখে, in the presence of, in sight, manifestly, evidently.

সাগৰ, *s.* সমুদ্ৰ. সংখ্যা বিসেস, the sea, the ocean, one hundred billions.

সাগৰসালি, } *s.* সুকুৰি সালি, এবিধ সালি ধান, a species of paddy.
সাগৰসেনি, }

সাগৰচেনি, *s.* এবিধ কলা, a species of plantain.

সাগৰফেনা, *s.* নাগফেনা, এবিধ কাঁইটিয়া গচ, a species of cactus.

সাগৰস্বৰূপ, *a.* সাগৰৰ নিচিনা, বৰ গহিন, broad, expansive, deep.

সাগুৰি, *a.* গুবে, গোটেই, (দিন,) the whole, entire, livelong.

সাঙ, *s.* see সাং.

সাঙিভাৰ, *s.* একে কান মাৰিতে দুটাই দুফালে লোআ ভাৰ, a burden suspended from a pole and carried on the shoulders as above.

সাঙিয়া, *a.* সাঙিকৈ নিব পৰা, সাঙিৰ সম্বন্ধিয়, capable of being carried as above; of or belonging to do. do.

সাঙুৰি, *v.* দুটাক একে লগে জুঁটি, to tie loosely together, as cattle.

সাঙ্গেপাঙ্গে. *ad.* আগৰ পৰা গুৰিলৈ, আদ্যোপান্তে, completely, entirely, wholly, from beginning to end.

সাঙোৰ, *s.* জোঁট, লগ, দুটাক জুঁটি দিয়া বান্ধ, union, a joining, a yoking or tying together.

সাঙোৰা, *s.* সাঙুৰি থোআ, জোঁটা, দুটাক লগ লগাই বন্ধা, the act of yoking or tying together; *a.* yoked, joined, tied together.

সাঙোৰা সাঙুৰি, *s.* জোঁটাসালি সঙ্গ, পৰস্পৰে সাঙোৰা, intimacy, intercourse, associating.

সাজ, *s.* একে বেলিএ পিন্ধা চোলা চুৰিয়া আদি কাপৰ, সবাহত দিয়া দ্ৰব্য, a suit of wearing apparel; things offered in sacrifice.

সাজি, *v.* নিৰ্মান কৰি, সখি বিসেস, নগা লোকৰ সম্বোধন, to make, to construct, to build; *s.* a term used in Upper Assam in addressing *Nagas.*

সাজি কোআ, *a.* মনেৰে পাতি কোআ, invented, false.

সাজি-পাৰি, *v.* পিন্ধিউৰি, কাঠি কামিৰ বন কৰি, to be attired or in readiness, to finish a piece of bamboo work.

সাজুক, *a.* জোখত হোৱা, of exact measure or proportion.

সাজৈত, *a.* চৌকচ, পাকৈত, নিপুন, able, clever, skillful.

সাট, } *s.* হিন্দু মতে প্ৰিথিবি অসুচি হোৱা দিন, অম্বুবাচি, the name
সাঁঠ, } given to three days in the month of *Ahar*, from the seventh to the tenth, in which the earth is supposed to be menstruous, during which time all agricultural labor is prohibited.

সাঠি, *a.* তিনি কুৰি, sixty.

সাত, *a.* সপ্ত, seven.

সাতপাচ, *s.* আগ পাচ, আগ গুৰি, ইসি, the beginning and end; all sides of a matter.

সাত পুৰুসিয়া, } *a.* অনেক পুৰুসিয়া, সপ্তম পুৰুসিয়া, ancient, of seven
সাতামপুৰুসিয়া, } generations.

সাতসত্তৰ, *a.* তিনি কুৰি সোতেৰ, sixty seven.

সাতসতুৰু } *s.* অজাত সত্ৰু, বৰ বৈৰি, a mortal enemy, a deadly foe.
সাতসত্ৰু, }

সাতসৰি হাৰ, *s.* সাত মেৰিয়া হাৰ, a necklace of precious stones consisting of seven strings.

সাতাইচ, *a.* একুৰি সাত, twenty seven.

সাতাল, *s.* সাত তাল, সাত থাপ, seven stories or steps one above another.

সাতালপতাল, *s.* সাত পতাল, the seven lower regions.

সাতাৱন, *a.* দুকুৰি সোতেৰ, fifty seven.

সাতেপাচে, } *ad.* লাটেপাটে, ইএ সিএ সৈতে, with trifling affairs,
সাতেসোতৰে, } with this and that.

সাঁথৰ *s.* সাধু কথা, কুট কথা, ফকৰা বিসেস, a riddle, an enigma.

সাদৰ, *s.* বেথা, মৰম, আদৰ, affection, esteem, veneration.

সাদৰাসাদৰি, *s.* চেনেহাচেনেহি, পৰস্পৰে মৰম কৰা, mutual affection or esteem.

সাদৰি, *a.* মুখ ৰখি, মৰমিয়াল, আদৰ মৰম কৰি, (*fem.*) gracious, tender hearted, benignant, pleasing; *v.* to be kind hearted &c.

সাদিন, *a.* সাত দিন, সপ্তাহ, seven days, a week.

সাদিনিয়া, *a.* সাত দিনৰ, সাত দিন হোৱা, of seven days, seven days old.

সাধক, *a.* সিধি কৰোঁতা, সিদ্ধ লোক, সাধনা কৰোঁতা, effectual, accomplished; *s.* a worshiper, one who obtains an object through acts of devotion.

সাধনা, *s.* আৰাধনা, বাঞ্ছা, entreaty, solicitation, worship, the accomplishing or effecting of a desired object.

সাধনি, } *s.* মৌজাদাৰৰ তলে খাজনা সধা বিসয়া, a tax collector
সাধনিদাৰ, } under a mouzadar.

সাধাৰন, *a.* ইতৰ, সামান্য, মজলিয়া, সকলোতে চলা, common, general, usual, ordinary.

সাধি, *v.* সিধি কৰি, আৰাধি, বাঞ্ছা কৰি, ধাৰে দিয়া ধন বস্তু খুজি, to perform, to accomplish, to worship, to ask for, to demand.

সাধু, *a.* ধৰমি, সন্ত, উত্তম, সজ, righteous, good, pious, honest.

সাধু কথা, *s.* উপকথা, ইতিহাস, সজা কথা, a fable, a story, an allegory.

সাধ্য, *a.* সাধিব পৰা, সক্তি, সামৰ্থ, accomplishable, possible, able; *s.* strength, power, ability, possibility.

সাধ্য মানে, *ad.* পাৰেমানে, সক্তি বা উপাই থাকে মানে, as much as possible, to the best of one's ability.

সান, *s.* দা কটাৰি ধৰোআ সিলৰ জতন, a grindstone; with দি, to sharpen by grinding.

সান বালি, *s.* বৰ ফুটিয়া বালি, coarse sand.

সানমিহলি, *a.* খৰ মিহলি, লেটিপেটি, mixed, blended or jumbled together.

সানি, *v.* মিহলাই, ঘঁহি, লগাই, to mix, to blend, to smear, to anoint.

সান্ত, *a.* সাঁত, জুৰ, থিৰ, মাৰ জোআ, calm, tranquil, peaceful, appeased, soothed, allayed.

সান্তনা, *s.* আশ্বাস, চেঁচনি, সোক আদিত বুজনিৰে সান্ত কৰা, comfort, consolation; with কৰোঁতা, a comforter.

সান্তি, *s.* সাঁতি, বিস্রাম, মন্ত্র গাই তুলসি আদিৰে মৰা পানিৰ চিটা, পতিব্রতা, (স্ত্রি,) peace, tranquillity, rest; sprinkling holy water as a purifying rite; *a.* chaste. (*fem.*)

সান্তি কৰম, *s.* মঙ্গলৰ নিমিত্তে কৰা পুজা হোম আদি, propitiatory rites for the averting of evil or the obtaining of good.

সান্তি বিয়া, *s.* পাচ বিয়া, পুনচ বিয়া, the final ceremony of marriage on reaching the age of puberty.

সান্তিয়নি, *s.* সান্তি কৰা পানি, holy water.

সান্দহ, *s.* ভজা চাউলৰ লদা বাখি খুন্দা কৰাই, the coarse flour of parched rice.

সান্দহুয়া, *a.* সান্দহৰ, made of parched rice flour.

সান্দি, } *s.* মাজ, যোঁকট ঠাই, জাঁজ, midst, a place inaccessible or
সান্ধি, } very difficult of access.

সাপ, *s.* সৰ্প, সাও, a snake, a curse, a malediction, an imprecation.

সাপি, *v.* সাও দি, to curse.

সাবট, *s.* আঁকোৱাল, আলিঙ্গন, a clasping, embracing or hugging; with মাৰি, to embrace, to clasp, to hug.

সাবটা, *s.* আঁকোৱাল মাৰি ধৰা, আলিঙ্গন কৰা, কোৰা, the act of embracing &c.; a perpendicular support to a partition; *a.* clasped, hugged.

সাবটাসাবটি, *s.* পৰস্পৰে আলিঙ্গন কৰা, mutual embrace.

সাবটি ধৰি, *v.* আঁকোৱাল মাৰি, to clasp, to embrace, to hug.

সাম, *a.* সান্ত্বা, সাম্য, লঘু, ক্ৰিতিয় বেদ, alleviated, lightened, subsiding, as of disease; with কাটি, to subside, to be alleviated; *s.* the third of the Veds.

সামগ্ৰি, *s.* বস্তু বেহানি, সম্বল, দ্ৰব্য, articles, goods, materials, provisions, things.

সামৰথ, *a.* সামৰ্থ, জোৰবন্তাৰ, চহকি, শক্তি, able, rich, wealthy; *s.* ability, power, wealth.

সামৰন, *s.* সামৰি থোৱা, সুমাই থোৱা, the act of keeping or laying aside; *a.* reserved, kept, laid aside for future use.

সামৰা, *s.* সামৰি থোৱা, জাপি থোৱা, মাৰ জোৱা, a keeping, a laying up, a drying up, shutting up as a flower.

সামৰি, *v.* সুমাই, সাঁচি, মাৰ হৈগ, to put inside, to lay up, to hoard, to put back in its proper place, to dry up.

সামাইন, সামান্য, *a.* সাধাৰন, ইতৰ, নিহ, প্ৰাকৃত, common, low, vulgar, inferior, ordinary.

সামুক, *s.* পানিৰ জন্তু বিশেষ, a shell, a snail.

সামুকভঙ্গা, *s.* সামুক খোৱা এবিধ চৰাই, a species of heron.

সামুকিয়া, *s.* এবিধ ভৰিৰ ৰোগ, বেঁতেৰে দিয়া গাঁঠি এবিধ, a disease of the bottom of the feet; a kind of knot.

সাম্ফল, *a.* see সাঁফল.

সাৰ, *s.* ঘাই, মুঠ, গচৰ মাজৰ টান ভাগ, এবিধ মূত্ৰ ৰোগ, গোবৰ আদি, চেতন, the essence or essential part, quintessence; the heart of a tree; a disease of the urinary organs; manure, sensation, wakefulness, vigilance; *a.* awake, radical, essential.

সাৰকাপৰ, *s.* চোৱালিৰ মাকক বিয়াত দিয়া কাপৰ, cloth given at marriage by the bridegroom or his parents to the mother of the bride.

সাৰথি, *s.* ৰথ চলাওঁতা, সহাই, পিচ ধৰা, a coachman, a helper, an assistant, a co-laborer.

সাৰধাৰ, *s.* গতি, আগ গুৰি, স্বভাৱ চৰিত্ৰ, the particulars of a matter, way or manner, usage, attributes of character.

সাৰ পাই, *v.* জাগি, চেতন পাই, টোপনি ভাগি, to wake from sleep, to arouse from indifference.

সাৰ পোৱা, *s.* টোপনি ভগা, চেতন পোৱা, the act of awaking from sleep; *a.* awake.

সাৰি, *v.* ৰখ্যা পৰি, মাচে পানিৰ ওপৰলৈ ওলাই, জালি, স্ৰুনি, তিৰোতাৰ এখনিয়া কাপৰ, to escape, to rise to the surface as fish; *s.* a range, a row, a line; with পাতি, to place in a row &c.

সাৰি জোৱা, *s.* হাতৰ পৰা পলাই জোৱা, ৰখ্যা পাই জোৱা, মুক্ত হোৱা, the act of escaping; *a.* escaped.

সাৰুআ, *a.* সাৰ বা মজ্জা থকা, সাৰৰ, rich, fertile, durable or pertaining to the heart (as of timber.)

সাৰেঙ্গ, *s.* এবিধ চৰাই, বিষ্ণুৰ ধেনু, a crane; the bow of Vishnoo.

সাৰে থকা, *s.* জাগি থকা, সাৰ পাই থকা, উজাগৰ, wakefulness, vigilance, watchfulness; *a.* watchful, wakeful, vigilant.

সাৰোল, *ad.* অতি বেগে, বিশ্বাসবেগে, very swiftly, with velocity.

সাৰোঁপ, *s.* জুলিয়া বস্তু খোআত বা যেত আদিৰে কোবোআত উঠা সব্দ, the noise of sipping or drawing liquids into the mouth by suction; the concussion of the air in whisking a ratan &c.

সাৰ্গত, *a.* সাৰোগত, নিচই, ঠিক, থিৰ, certain, positive, exact, true.

সাৰ্থক, *a.* সাফল্ল, সিধ, অৰ্থজুক্ত, to the purpose, effectual, profitable.

সাল, *s.* মুখ চেপেটা কাঠ বাঁহৰ পাতি, জন্ত্ৰ, সিল্প কাম আদি কৰা বা ঘোঁৰা আদি বন্ধা ঠাই, এবিধ মাচ, এবিধ গচ বা কাঠ, a wooden wedge or pin, a machine, an engine, a workshop, a place where a machine is set up; a valuable timber tree; a species of fish; used also in composition, as বন্দিসাল, *a prison,* ঘোৰা সাল, *a stable,* কমাৰ সাল, *a blacksmith's shop* &c.

সালকঠিয়া, *a.* গোটা সজিয়া, পোলোজা, সাল কাঠৰ, well proportioned, comely, good looking.

সালগ্ৰাম, *s.* গণ্ডকিত হোৱা সিলৰ বিষ্ণু মূৰ্তি বিসেস, the *Halogram* or sacred stone, said by the hindoos to represent Vishnoo.

সালচকুআ, *a.* সকলো চিনিব বুজিব পৰা, of quick observation, sagacious.

সালপতি, *s.* বাই ভনি দুয়োবো পতিৰ সম্বন্ধ, mutual address of the husbands of an elder and younger sister.

সালমইনা, *s.* মুখৰ ফোঁহা এবিধ, a small pimple.

সাল মাৰি, *v.* পাতি খুআই, সালি, টাহি, to wedge, to pierce, to transfix.

সাল-মাৰি-ধৰা, *s.* বুকুএ পিঠিএ খোঁচ মৰা বেদনা, সালি ধৰা, sharp cutting pains in the chest or bowels.

সালসলনি, *s.* সলনাসলনি, পাল পাতি, exchange, working in turn.

সালি, *s.* ধান এবিধ, লা আদিৰে নালত অস্ত্ৰাদি খুআই, সাল মাৰি, টাহি, কোনো কথাৰ সেসত যোগ হলে ঠাই বুজাই, জেনে, মৰিসালি, a species of paddy, a place; *v.* to wedge or pin, to transfix, to fasten a handle with lac.

সালিকৰি, } *s.* এজাত সক চৰাই, the *Halika* or mina, a well known
সালিকা, } bird, (Turdus Halika.)

সালিতলি, *s.* কপিত দ মাটি, বোআতি, a field of rice land.

সালেকটা, *a.* নতুন, সালৰ পৰা নকৈ উলিওআ, (কাপৰ) new, just from the loom.

সাৱধান, *a.* সাষ্টম, ভতোআৰ, তত, careful, cautious, prudent, wary; *s.* care, caution, &c. with হৈ, to take heed, to beware.

সাৱসেস, *s.* সম্পুৰ্ন, সেস, বা বাঁকি নথকা, completion, end.

সাষ্টম, *a.* সষ্টম, জুগুত, থিৰ, সাৱধান, ready, prepared, alert, wary.

সাসন, *s.* বস কৰা, দমন, প্ৰজা পালন, subjection, control, government.

সাসনসাল, *s.* মৰিসালি, a place for burial or for burning the dead.

সাসনসালি, } *s.* মৰিসালিত থকা ভুত বিসেস, name of a fabulous
সাসোনসালি, } evil spirit supposed to reside in burial places.

সাসোন, *s.* see সাহোন.

সাস্তা, *a.* see সস্তা.

সাস্তি, *s.* দণ্ড, ডঁৰ, জাতনা, জিয়াতু, punishment, distress, torment.

সাস্ত্ৰ, *s.* গ্ৰন্থ, বেদ পুৰান আদি পুথি, a sacred writing or book of authority on religion, art, or science; scripture.

সাস্ত্ৰসমত্ৰকৈ, *ad.* জেনে তেনেকৈ, কোনো মতে, in some way or other some how, by some means.

সাস্ত্ৰিয়, *a.* সাস্ত্ৰৰ, সাস্ত্ৰ সমন্ধিয়, relating to a sacred book or code of law; legal, scriptural.

সাহ, *s.* মজ্জা, সাৰ, গুটি আদিৰ মাজৰ কোমল ভাগ, পিত, নিৰ্ভই, the marrow, pith, the kernel or meat of fruit; pluck, courage, boldness, intrepidity, confidence, assurance.

সাহায্য, *s.* সহাই, উপকাৰ, লাগি ধৰি, assistance, help, aid.
সাহিয়াল, *a.* সাহ থকা, পিতাল, নিৰ্ভই, bold, valiant, courageous.
সাহু, সাহুএক, *s.* গিৰিএক বা যৈনিএকৰ মাক, a mother in law.
সাহুঅতি, *a.* সাহুৰ সমন্ধ, under or relating to a mother in law.
সাহোন, *s.* সম্পত্তি, সাজোন, property, substance, wealth.
সি, *pron.* ত্ৰিতিয় পুৰুসৰ এক বচন, সেই, বেজিৰে গুঁঠি, সিয়নি মাৰি, the pronoun he, that person or thing; *v.* to sew, to stitch.
সিংখাপ, *s.* সোন ৰুপৰ গুনাৰে বোআ এবিধ পাট কাপৰ, a kind of cloth ornamented with gold and silver tinsel.
সিংহ, *s.* পসুৰাজ, কেসৰি, পঞ্চম ৰাসি, ৰজাৰ নামৰ পদবি বিসেস, a lion; the sign Leo; used also as a title expressing valor &c.
সিংহদুআৰ, *s.* সিংহ সাজি থোআ দুআৰ, a gateway surmounted by a sculptured lion; a royal gate, a main entrance.
সিংহনাদ, *s.* সিংহৰ গৰ্জন, the roar of a lion.
সিংহাসন, *s.* সিংহ দি সজা ৰাজ আসন, a throne, a royal seat supported by sculptured lions.
সিঁচনি, *s.* পানি সিঁচা পাত্ৰ, সিঁচা, a kind of scoop for baling water, the baling out of water.
সিঁচা, *s.* চটিওআ, গোটা গোটাকৈ পেলোআ, বোআ, পানি গুচুউআ, the act of sprinkling, scattering, sowing broad cast, or of baling water; *a.* sprinkled, sown, baled.
সিঁচি, *v.* চটিয়াই, বৈ, গোটা গোটাকৈ পেলাই, পানি গুচাই, to sprinkle, to scatter, to sow broadcast, to bale.
সিঁত কৰে, *ad.* see সোঁত কৰে.
সিঁয়ৰাই, *v.* নোম থিয় কৰি, মুখ বিকটাই, to horripilate or bristle up; to sneer, to make up faces, to show contempt by look.
সিঁয়ৰি, *v.* নোম থিয় হৈ, নোম ভুৰুবিয়াই, জঁকি, জিকজিকাই, to make a wry face, to mock, to sneer, to ridicule.
সিঁয়ৰোআ, *s.* সিঁয়ৰাই থকা, মুখ বিকটোআ, horripilation, grimace, the act of showing contempt by look.
সিঁয়াৰি, *v.* ভেঙুচিয়াই, মুখ বিকটাই উপহাস কৰি, to make up faces in mockery or derision.
সিকটাই, *v.* মুখ বিকটাই, to make a wry or distorted face, to sneer.
সিকটোআ, *s.* মুখ বিকটোআ, মুখ ইকটা সিকটা কৰা, the distorting of the face, sneering.

সিকনি, *s.* সিখ্যা, বুজনি, উপদেশ, instruction, advice, teaching.

সিকর, *s.* কুমাৰ মাটিৰ গৰ্ভাৱতি তিৰিএ খাবলৈ কৰা খোলা বিসেস, a cake of baked potter's clay, eaten by Assamese women during pregnancy.

সিকলি, *s.* জিঞ্জিৰি, নোআ, a chain, a fetter, a shackle.

সিকা, *s.* সিখ্যা কৰা, অভ্যাস কৰা, the act of learning or receiving instruction; *a.* taught, instructed.

সিকাই, *v.* সিখ্যা দি, বুজনি দি, সধাই, to instruct, to teach, to train.

সিকি, *s.* চাৰি অনা, মহা, সিখ্যা কৰি, অভ্যাস কৰি, বুজি, four annas, the fourth part of a rupee; to learn, to learn by experience.

সিকিটিয়া, *a.* মহিয়া, চাৰি অনিয়া, four annas in price.

সিকিয়া, *s.* জৰিৰ কৰা ভাৰ নিয়া জতন, আঁকাজি বিসেস, a contrivance made of rope for carrying burdens suspended from a pole.

সিকিয়াবাউদি, } *s.* সিকিয়াত লগাই ভাৰ অনা কান মাৰি, a piece of
সিকিয়াবাঁওকা, } split bamboo from which the above is suspended.

সিকোআ, *s.* সিখ্যা কৰোআ, অভ্যাস কৰোআ, উপদেস দিয়া, বুজুআ, the act of teaching, instructing or training.

সিকোআই, *v.* লোকৰ দ্বাৰাই সিকাই, to cause to be taught or trained.

সিখক, } *s.* পণ্ডিত, অধ্যাপক, গুৰু, সিখ্যা দিওঁতা, a teacher, an
সিখ্যক, } instructor, a schoolmaster, a preceptor, an adviser.

সিখা, *s.* ব্ৰাহ্মন আদিৰ চলিত বন্ধা গাঁঠি বিসেস, জুইৰ আগ, a knotted tuft of hair, worn on the crown of the head by brahmins and some other castes; a flame of fire.

সিখ্যকিনি, *s.* সিখ্যকৰ ভাৰ্য্যা, অধ্যাপকনি, সিকাওঁতা তিৰি, a female teacher, a preceptress.

সিখ্যা, *s.* see সিকনি.

সিখ্যা গুৰু, *s.* অধ্যাপক, উপদেস লোআত পুজ্য আদি সিকোআ গুৰু, a tutor, an instructor.

সিঘ্ৰ, *a.* খৰ, বেগি, rapid, quick, speedy.

সিঘ্ৰে, *ad.* তুৰন্তে, বেগাই, খৰকৈ, quickly, soon, speedily, hastily.

সিঙ্গ, *s.* গৰু মহ আদিৰ মুৰত গজা জোঙ্গা অস্ত্ৰ বিসেস, বিসাল, a horn.

সিঙ্গৰা, *s.* মাচ এবিধ, a species of shrimp.

সিঙ্গৰামুৰিয়া, *a.* খিঙ্গখিঙ্গিয়া, অলপতে খঙ্গ উঠা, সিঙ্গৰাৰ দৰে মুৰ থকা, irritable, cross, having a head like a shrimp.

সিঙ্গৰি, *s.* এবিধ গচ, পানিৰ লতা বিসেস, a species of tree, an esculent plant and its fruit.

সিঙৰি ঘৰ, *s.* সিঙৰি কাঠেৰে সজা অসম ৰজা অভিসেক হোৱা ঘৰ, a temporary structure in which the Assam kings received coronation.

সিঙা, *s.* মহৰ সিঙৰ সজা বাদ্য বিসেস, তেজ কটা জতন, a buffalo horn used as a cupping instrument or for blowing.

সিঙাপাত, *s.* এবিধ বনৰিয়া ঔসধি বন, a species of medicinal plant.

সিঙাল, } *a.* সিং থকা, ডাঙৰ সিঙিয়া, horned, having large horns.
সিঙিয়া, }

সিঙি, *s.* বিসাল মাচ এবিধ, a species of fish, (Silurus Pungentissimus.)

সিঙিমূৰি, *s.* এবিধ বিহ, আৰু তাৰ গচ, হাতৰ আঙুলিৰ ৰোগ বিসেস, a species of poisonous plant; a felon or malignant whitlow.

সিঙিমূৰি জোৰা, *s.* এটাৰ মূৰ খুলি আনটৰ মূৰ খুউআ জোৰা, কঁহৰা জোৰা, a joining made by dovetailing.

সিচৰতি, } *a.* চেৰেলি বেৰেলি, গোট খানে হোৱা, scattered about,
সিচৰি, } dispersed.

সিজা, *a.* সিদ্ধ হোৱা, বুজা, cooked, experienced, mature.

সিজাই, *v.* ৰান্ধি, পাক কৰি, to cook, to prepare food for eating.

সিজি, *v.* সিজা হৈ, লন্দন হৈ, to become soft by cooking.

সিজু, *s.* এবিধ চাৰি সিৰিয়া কাঁইট গচ, a species of cactus.

সিজোৱা, *s.* ৰন্ধা, সিজাই খোৱা, cookery; *a.* cooked.

সিঠা, *s.* ৰস চেপি লোৱা জাবৰ, refuse fibre from which the juice or oil has been expressed.

সিত, *s.* জাৰ, cold; with কাল, the cold season, winter.

সিতগুৰি, *s.* নিচেই মিহি গুৰি, খৰচিয়া ন থকা, an impalpable powder.

সিতল, *a.* নিমজ, চেঁচা, smooth, cool.

সিতলা, *s.* বসন্ত আদি ৰোগ যত্ৰ কৰ্তৃত্ব অধিস্থাত দেবি, the goddess supposed to preside over small pox and kindred diseases.

সিতলি, *s.* চাল আদিত পথালিকৈ পৰা কামি, the pieces of split bamboo placed lengthways over the rafters of a roof.

সিতলিয়া, *s.* পানৰ ৰোগ বিসেস, a disease of the betel leaf and vine.

সিতা, *s.* ৰামচন্দ্ৰৰ ভাৰ্য্যা, জানেকি, নাঙলৰ সিৰলু, *Hita*, the wife of Ram.

সিতা তেল, *s.* মাটিৰ পৰা ওলোৱা এবিধ তেল, earth oil, petroleum.

সিতান, *s.* মূৰৰ গাঁৰু থকা ফাল, the head of a bed or sleeping place.

সিদিনাই, } *ad.* দুই তিনি দিনৰ আগেই বা পিচৰ, সেই দিনাই,
সিদিনাসোনেই, } on that day, the other day.

সিধ, *a.* সাঁফল, হৈ জোৱা, ৰন্ধা, সিজা, accomplished, finished, fulfilled, cooked.

সিধা, } s. ভোজনি, আলহি আদিক খাবলৈ দিয়া সমল, a general
সিধাপাতি, } term for provisions supplied to ong one outside the family.

সিধান্ত, s. উত্তৰ, সমিচাৰ, an answer, a reply, a decision or settlement of a question, a logical conclusion.

সিধি, s. ফলোদয়, সাফল্য হোৱা, পূর্ন হোৱা, completion, success, fulfillment, accomplishment; with কৰি, to fulfil.

সিধিফলা, s. অ আ আদি স্বৰ ফলা, a vowel, the vowels.

সিন্ধি, s. চোৰে ঘৰত সোমাবলৈ বেৰৰ তলে খন্দা বাট, a breach or hole in a wall made by burglars.

সিন্ধি দি, v. চোৰে ঘৰত সোমাবলৈ বেৰৰ তলে গাঁত খানি, to make a breach in a wall as above.

সিন্ধি সৰকা, s. সিন্ধিএদি সৰকা, চোৰক গালি পৰা মাত, *lit.* crawling through a breach, a thief; a burglar, (used as a term of abuse.)

সিন্ধু, s. সমুদ্র, হিন্দুস্থানৰ পচিম সিমাৰ এক নদি, the Indian Ocean, the river Indus.

সিপৰিয়া, a. সিপাৰত থকা, belonging to the other side.

সিপা, s. সিপা, ক্রিয়াদিৰ আদ্য, আদি কাৰন, a root, origin, cause.

সিপাই, v. সিপা মেলি, সিপাই, to take root, to become established.

সিপাৰ, s. নৈ আদিৰ আন পাৰ, the farther or opposite side.

সিপিনি, s. আলকৈ বস্ত্র কাটিব জনা তিৰি, কাতি, কাপৰ বোআ তিৰি, a woman skillful in weaving, spinning &c.

সিপিনে, } ad. আন পোনে, আন ফালে, সিফালে, yonder, on the
সিপোনে, } other side.

সিপুৰি, s. সিহপুৰি, পৰকাল, the next world, an after state of existence.

সিপোআ, a. সিপা মেলা, সিপা ধৰা, rooted; s. taking root.

সিফাল, ad. আন ফাল, সিলুটি, in that direction, on that side.

সিবাই, ad. সিবেলি, আন বাৰ, another time, next time.

সিবিলাক, pro. তেঁওবিলাক, আনবিলাক, they, others.

সিবেলি, ad. আন বেলি, সিবাৰ, another time.

সিবোৰ, pro. সেইবোৰ, সেইবিলাক, (বস্তু বা মানুহ.) they, these.

সিমনা, s. see সিমা.

সিমলু, s. তুলাৰ গচ এবিধ, the cotton tree; (Bombax Heptaphylla.)

সিমলু কলা, s. সিমলু গচৰ গুটি, the cotton pod of the above.

সিমলু তুলা, s. সিমলু গচৰ কলৰ তুলা, the cotton of the *Himolu* tree.

সিম্‌সিম্ কৰে, ad. ঝিৰ্ঝিৰ কৰে, হিম পৰাৰ দৰে, lightly falling like dew or mist.

সিম্‌সিমিয়া, *a.* খিৰ্খিৰিয়া, হিমৰ দৰে পৰা, light, misty, (applied to rain.)

সিমা, *s.* হদ, অন্ত, মুৰ, দুভাগ মাটিৰ মাজত চিন, boundary, limit, end, border, frontier, a landmark.

সিমান, *a.* তিমান, সেই সমান, so much, the correlative of জিমান.

সিমা মুৰিঅলি, *a.* সিমাৰ ওচৰত থকা, adjoining another's boundary.

সিয়নি, *s.* বেজি বটিয়াৰে দিয়া গাঁঠনি, জোৰা বিসেস, sewing, a stitch.

সিয়া, *s.* বেজি মৰা, সিপা, the act of sewing, a root; *a.* sewed.

সিয়াই, *v.* চিয়নি দিয়াই, সিপা ধৰি, to cause to be sewed, to take root.

সিয়ান, *a.* টৈঙৰ, টৈধৰ, চতুৰ, artful, cunning, sly, knowing.

সিয়াল, *s.* সৃগাল, a jackal, a fox.

সিয়ালকটাহি, *s.* সিয়ালৰ মুতৰ গোন্ধ, odor of the urine of canine animals.

সিয়াল গলা, *a.* সিয়ালৰ গালৰ দৰে ওফোন্দা গলা, গালৰ ৰোগ বিসেস, having prominent cheeks like the jackal.

সিয়াল নেজিয়া, *s.* এবিধ বন, সিয়ালৰ নেজৰ দৰে, a species of grass.

সিৰ, *s.* মুৰ, সৰিলৰ তেজ চলা নলা বা নাৰি, জোৰা ধৰা সুত, চতি পাত আদিত উঠা সিৰ বা ধাৰ, the head, a nerve, sinew, tendon, bloodvessel, vein, artery, the pulse; the corner or sharp edge of a board, timber &c.

সিৰফটা, *a.* শিপলগিয়া, কেলেহুআ নোহোৱা, long settled in a place, not dependent on others.

সিৰলু, *s.* নাঙল বোআত হোৱা লোৰ, a furrow made by ploughing.

সিৰলুআ, *a.* হালবাই নমৈওআকৈ থোআ, ploughed but not harrowed.

সিৰ্সিৰাই, *v.* সিৰ জোকাৰ খাই, জিক্‌জিকাই, জঁকি, to shiver, to be agitated or suddenly angry.

সিৰা, *s.* ৰোগ বিসেস, সিৰত হোৱা বেদনা, a kind of muscular disease.

সিৰামুৰি, *s.* সিৰ টানি ধৰা, an involuntary contraction of the muscles.

সিৰিক কৰে, } *ad.* অকস্মাত (সিৰ লৰি,) সৰিলৰ মাজে হোৱা জাৰৰ
সিৰিকাই, } জোকাৰ বিসেস, suddenly twinging, (of muscles.)

সিৰিকিয়াই, *v.* পেট আঙোৰ পাঙোৰ কৰি মুখৰ পানি ওলাই, to eructate acid matter from the stomach.

সিৰিপ, *s.* এচাবিৰে কোব মৰাত উঠা সবদ, the sound produced by the concussion of the air in striking with a whip &c.

সিৰিপনি, *s.* চেকনি, সৰু এচাবি, a switch, a small whip.

সিৰোধাৰ্য্য, *a.* সিৰত তুলি লব লগা, *lit.* placing on the head in token of respect; worthy to be respected, obeyed or regarded.

সিল, *s.* পাথৰ, সিলা, a rock, a stone, a hail stone.

সিলকোমোৰা, *s.* এবিধ দিঘল কোমোৰা, a species of gourd.
সিল গুটি, *s.* সৰু সিল, a small stone, a pebble.
সিলনি, *s.* সিল থকা ঠাই, a stony or rocky place; *a.* stony, rocky.
সিল্‌সিলিয়া. *a.* দিঘলিয়া, আগাৰিৰ মিহিনা আগলৈ সৰু হৈ যোআ, long, slender and tapering like a switch.
সিলা, *s.* see সিল.
সিলাকটিয়া, } *s.* সিলৰ কৰম কৰা লোক, a stone cutter, a stone mason.
সিলাকুটি, }
সিলাধমনা, *s.* এবিধ ৰোগ, a kernel or hard concretion in the flesh.
সিলাবৃষ্টি, *s.* সিল পৰা বৰষুন, a hail storm.
সিলিখা, *s.* হৰিতকি, ঔসধিয় গচ বা গুটি এবিধ, a species of myrobalan; the tree and its fruit.
সিলিখামনি, *s.* সিলিখাৰ আৰ্কাৰে মনি বিসেস, চিপাত মনি, a kind of bead resembling the seed of the above tree.
সিল্পকৰম, *s.* চিত্ৰ আদি কৰা বন, a work of art, handicraft.
সিল্প বিদ্যা, *s.* সজা পৰা বিদ্যা, চিত্ৰ আদি কৰা বিদ্যা, the mechanical arts, handicraft, trades.
সিৱ, *s.* মহাদেও, মহেস, হৰ, *Hiwo* or *Moheswor*, the destroyer; the third in the hindoo triad.
সিৱৰাত্ৰি, *s.* ফাগুনৰ ক্ৰিষ্ণা চতুৰ্দসি তিথি, the night of the fourteenth day of the moon's wane, in the month *Fagun* sacred to *Hiwo*.
সিৱলিঙ্গ, *s.* মাটি আদিৰ সজা সিৱ, সিৱৰ চিন বিসেস, the phallus representation of Hiwo, extensively worshiped by the hindoos.
সিৱলোক, *s.* কৈলাস, সিৱৰ থান, *Keilah* the heaven of *Hiwo*.
সিৱা, *s.* দুৰ্গা, মহাদেৱৰ ভাৰ্য্যা, পাৰ্বতি, Durga, Parboti, the wife of Hiwo.
সিসিয়নি, *s.* পানি উতলিবলৈ ধৰোত উঠা সবদ, the simmering sound of water when near the boiling point.
সিসিয়াই, *v.* সিসিয়নি আহি, জাৰ লাগি, to make the above sound; to shiver, as with cold.
সিসু, *s.* সৰু লৰা চোআলি, an infant, a child under eight years.
সিসুপাল, *s.* এবিধ জামু কলিয়া উত্তম পাটৰ বিহা, ক্ৰিষ্ণে বধ কৰা ৰজা এজন, a kind of silk fabric, an ancient king slain by Krishnoo.
সিষ্ট, *a.* ভদ্ৰ, সভ্য, সজা আচৰন কৰোঁতা, polite, well behaved, mannerly.
সিষ্টাচাৰ, *s.* উত্তম আচাৰ, politeness, civility, good manners, etiquette.
সিষ্য, *s.* চাত্ৰ, সিচ, সেৱকিয়া, ভকত, a pupil, disciple or worshiper

সিহ, *s.* এবিধ কোমল ধাতু বিসেস, lead.

সিহঁত, *pron.* সিহেঁতৰ, they, (inferior.)

সিহৰি, *s.* সৰু সিপা, চাকনৈয়া সিপা, পম, a branch of a bulbous root.

সিহা, *s.* সলাকাঠি, সিপা, a lamp wick.

সিহু, *s.* জল জন্তু বিসেস, মুহু, a fresh water porpoise.

সু, *a.* উপসর্গ, সব্দৰ আদিত জোগ হলে সুভ, ভাল, উত্তম, সজ বুজাই, an inseparable prefix meaning excellence, ease or facility; *a.* good, excellent, easy, agreeable, fine, handsome.

সুঅগা, *s.* উপধাতু বিসেস, borax.

সুঅদি, *a.* অলপ সোআদ, sweetish, slightly flavored.

সুঅনি, *a.* গঢ়িত, দেখনিয়াৰ, ঠগিত, দেখিবলৈ ভাল, handsome, beautiful, comely, pretty.

সুঅলা, *a.* অতি সুন্দৰ, ভাল, তুতি লগা, নন্দন, excellent, pleasing.

সুআই, *v.* সয়ন কৰাই, টোপনি অনাই, মানি বা সুন্দৰ দেখাই, to put to sleep, to be becoming or appropriate.

সুআগচৰি, *v.* ধুন জেউতি বাঢ়ি, ৰূপ সুন্দৰ হৈ, ক্রমে প্রেম বা খাটনি বাঢ়ি, to improve in looks; to grow beautiful.

সুআগি, *a.* সুভাগি, লাগি, (স্ত্রি,) beloved; a beloved wife or woman.

সুআগুৰি তোলা, *s.* দবাক দেখুআই পানি তোলা, a ceremony of dipping up water from a river, performed by the mothers of the bride and bridegroom on the departure of the latter from his father's house, and also on his arrival at the house of the bride.

সুই, *v.* নিদ্রা কৰি, সয়ন কৰি, কাতি হৈ পৰি থাকি, to sleep, to recline.

সুইন, *a.* সুন্য, সুদা, বিন্দু, আকাস, void, empty, vacant; *s.* a cipher, the atmosphere, empty space, a vacuum.

সুউআ, *s.* সুআই থোআ, সয়ন কৰোআ, সুঅনি হৈ থকা, the act of putting to sleep; *a.* put to sleep.

সুঁঅৰি, *v.* মনত পৰি, সুমৰি, to recollect, to remember, to recall.

সুঁই, *s.* চৰ্চৰনি, খুঁই, a strangling or choking from rapid swallowing.

সুঁতি, *s.* ধাৰ, নৈৰ সৰু সোঁতা, a small branch or arm of a river.

সুঁৰ, *s.* হাতিৰ নাক, এবিধ সাক আদি নষ্ট কৰা পোক, a proboscis, an elephant's trunk; a species of destructive caterpillar.

সুঁৰি, *s.* হিন্দুৰ এবিধ হিন জাত বিসেস, a low caste of hindoos.

সুঁহৰি, *s.* বোআৰি খটা কাল, subjection to the control of a father and mother in law.

সুক, } *s.* ব্যাসৰ পুত্ৰেক, এজনা মুনি, the celebrated hindoo sage
সুকদেৱ, } *Huk* and son of *Byah*.

সুকটি, *s.* সুকান মাচ, dried fish.

সুকনি, *s.* ঘা বা খহু সুকুআ, ঘা আদি সুকুআ দৰৱ, the healing or drying up of a sore, any medicine used for the above purpose.

সুকলতি, *s.* এবিধ ঔসধৰ গচ, a species of medicinal tree.

সুকলম, *a.* নিৰ্বিঘ্ন, অকণ্টক, আপদ বিঘিনি নোহোৱা, secure, without difficulty or obstruction, prosperous; *s.* security, freedom from care, danger or anxiety.

সুকলমে, *ad.* নিৰ্বিঘ্নে, ভালেৰে, safely, easily, without difficulty.

সুকাই, *v.* নিৰস হৈ, নিসত হৈ, খিনাই, ধান আদি ৰদত দি, to become dry, to become lean or emaciated.

সুকাঠি, *a.* সাৰুআ, সত্ত, (কাঠ,) good, sound, (applied to timber.)

সুকাঠিয়ক, *a.* অতি নিপুন জাও দেখুঁউআ, very expert, wise or skilled, (used by way of ridicule or abuse.)

সুকান, *a.* নিৰস, কেঁচা নোহোৱা, খিন, dry, dried up, lean, emaciated; *fem.* সুকানি.

সুকানি হৰা, *s.* গা সুকাই জোআ হৰা কৰম, a *muntro* or incantation supposed to occasion emaciation of body.

সুকি, } *a.* নিজা, আপোনাৰ, স্বতন্ত্ৰ. one's own, separate; with কৈ,
সুকিয়া, } separately.

সুকিয়াসুকি, *ad.* গাইপতি সুকিয়া হোৱা, separately, belonging to each.

সুকুআ, *s.* নিৰস কৰা, সুকাই জোআ, সুকান হোৱা, the causing to be dried; *a.* dried.

সুকুআই, *v.* সুকাবলৈ দি, সুকান কৰি, নিৰস কৰি, to cause to dry.

সুকুউআ, *s.* সুকুআই থোৱা, নিৰস কৰা, the causing to be dried.

সুকুমল, *a.* বৰ কোমল, স্নিগ্ধ, very soft, tender, delicate, bland.

সুকুৰ, *s.* সত্ত গ্ৰহ, সুক্ৰ, the planet Venus.

সুকুৰবৰিয়া, *a.* সুকুৰ বাৰে হোৱা, produced or born on Friday.

সুকুৰ বাৰ, *s.* সপ্তাহৰ সত্ত বাৰ, সুক্ৰবাৰ, Friday, the planet *Hukur's* day.

সুকুলা, } *a.* বগা, ধলা, সুক্লা, white, whiteness; *fem.* সুকুলি.
সুক্ল, }

সুক্ৰ, *s.* see সুকুৰ.

সুক্লপখ্য, *s.* চন্দ্ৰ ব্ৰিধিৰ কাল, the fortnight of the moon's increase.

সুখ, *s.* দুখ নোহোৱা, সুভাগ্য, সম্পদ, happiness, contentment, enjoyment.

সুখভোগ, *s.* সুখ ভুঞ্জা, আনন্দ কৰা, the enjoyment of happiness.

সুখি, / সুখিয়া, } a. সুখত থকা, চহকি, ভাগ্যৱন্ত, বৰ লোক, আনন্দিত, rich, opulent, happy, joyful.

সুখিয়াতি, / সুখ্যাতি, } s. সুজস, প্ৰসংসা, সকলোএ ভাল বোলা, fame, celebrity, renown; a. celebrated, famous, renowned.

সুখে সাধ্যে, ad. সুখে সান্তিএ, বিনা দুখে, ভালে কালে, happily, contentedly.

সুক্ষ্ম, a. অতি খুদু, নিচেই সৰু, খুদখুদ, fine, minute, delicate.

সুগতি, s. সৎ গতি, মুক্তি, a happy state, final emancipation.

সুগন্ধ, s. সুঘ্ৰান, ভাল গোন্ধ, মলমল্ কৰে, fragrance, perfume, odor, scent.

সুগন্ধি, a. সুঘ্ৰান থকা, মলমলিয়া, fragrant, aromatic, sweet scented.

সুগম, a. জাবলৈ বা কৰিবলৈ ভাল, উজু, অনায়াস, সুচল, easy, accessible, facile; s. ease, facility, convenience.

সুগৰি, a. আসোআঁহ নথকা, ভালকৈ কৰা, নিজগৰি, faultless, well executed, applied to work; with কৈ, satisfactorily, well done.

সুগৰি পহু, s. এবিধ সৰু পহু, a species of short horned deer.

সুগৰ্হি, / সুগৰ্হিত, } a. বৰ সুঅনি, ইগিত, দেখিবলৈ সুন্দৰ, সুঠান, beautiful, handsome, good looking.

সুগিয়া, a. সোগ কৰি থকা, সোক কৰা, downcast, dejected, of sad countenance; *fem.* সুগুনি, a woman of sad countenance.

সুগুন, s. সৎ গুন, সুজস, প্ৰসংসা, a good quality, praise.

সুগ্ৰিৱ, s. ৰাম চন্দ্ৰৰ সহাই হোআ এটা বান্দৰৰ ৰজা, *Hugriwo*, the name of a monkey king and ally of Ramsondro, when he fought with Rawon, king of Ceylon.

সুঘ্ৰান, s. see সুগন্ধ.

সুঙ্গ, s. জোঙ্গা বস্তুৰ আগ ভাগ, বিচাৰ বা ধান আদিৰ নোম, কথাৰ উঙ্গা, a prickle, a point, a sting, a bristle, the beards of grain, a slight intimation.

সুঙ্গ পোআ, a. কথাৰ অলপ বুঙ্গ পোআ, having an intimation.

সুঙ্গ লগা, a. সুঙ্গ থকা, prickly, bearded.

সুঙ্গসুঙ্গাই, v. বিজবিজাই, গাত সুঙ্গ পৰি খজুআই, to feel an itching or pricking sensation.

সুঙ্গসুঙ্গিয়া, s. লতা বিসেস, a species of wild vine.

সুঙ্গা, s. ঘ্ৰান কৰা, গোন্ধ লোআ, the act of smelling; smell.

সুঙ্গাই, / সুঙ্গুআই, } v. গোন্ধ লোআই, ঘ্ৰান কৰাই, to cause to smell.

সুঙ্গি, v. ঘ্ৰান লৈ, চৰাইৰ গাৰ ওকনি, to smell, to inhale by the nose; s. vermin that infest fowls.

সুচক, *a.* লগনিয়া, লোকক কথা লগোআ জন, skilful, expert, dexterous, sly, mischief making.

সুচল, *a.* সুগম, ভাল চল, easy, not difficult.

সুচাই, *v.* লগাই, টৌটকালি কৰি, উনুকিয়াই, to make mischief, to tattle, to backbite.

সুচা মৰা, *s.* কথা সুচাই ফুৰা, খহু আদিত খোচ মৰা, tattling, mischief making.

সুচি, *a.* পবিত্র, সুধ, চুআ নোহোআ, জেওবাৰ পথালি কামি, holy, pure, clean, cleansed; *s.* splints of bamboo for fencing.

সুচি কৰা, *a.* সুধ কৰা, নির্মল হোআ, প্রাচিত কৰা, cleansed, purified.

সুচি ফুৰাই, *v.* জেওবাৰ পথালি কামি দৈ, to interweave a strip of split bamboo into a fence.

সুচি ফুৰুআ, *a.* জেওবাৰ পথালি কামি দোআ, interwoven as above.

সুচুউআ, *s.* লোকক লগোআ, টৌটকালি কৰা, কথা উনুকিউআ, the act of backbiting or slandering or of giving a hint or intimation.

সুজস, } *s.* সজ নাম, ভাল প্রসংসা, a good name, celebrity; with
সুজসস্যা, } পোআ, well reported of.

সুজা, *s.* দুৰ্গুন নকৰা, ধাৰ মৰা, the act of suiting, fitting or of being agreeable to; acclimation, the liquidation of a debt.

সুজাই, *v.* ধাৰ মৰাই, to cause to be liquidated.

সুজান, *a.* বুধিয়ক, পটু, dexterous, ingenious, clever.

সুজি, *v.* বাহিএ বাহিঞ আদি, দুৰ্গুন নকৰি, ধাৰ মাৰি, to suit, to agree with, (as a climate, or food,) to pay, to cancel.

সুজোগ, *s.* সুচল, সুগম, ভাল সময়, a favorable juncture, a good chance.

সুতকৰে, *ad.* বেগতে, গম নোপোআকৈ, quickly, imperceptibly.

সুটনি, *s.* পাল সুটুআ, সোঁট সোঅবোআ, the completion of a work done by turns; retaliation, the returning of like for like.

সুটা, *s.* পাল মৰা, প্রতিফল দিয়া, the completion of a term of service, retaliation.

সুটাই, *v.* পাল মাৰি, সোঁট সোঁঅৰাই, প্রতিফল দি, to do in turn, to retaliate, to give like for like.

সুটাসুটি, } *s.* সুজাসুজি, প্রতিফল দিয়াদি, mutual retaliation.
সুটুআসুটি, }

সুটি, *v.* পাল মৰি, to complete, as a task performed in turn.

সুটুআ, *s.* পাল মৰা, সোঁট সোঁঅবোআ, the act of the above.

সটুলি, *s.* কুমাৰ মাটিৰ পেঁপা বিসেস, a kind of earthen whistle.

সুঠান, *a.* ঠগিত, জনা বুজা, কামিলা, handsome, skillful, useful.

সুত, *s.* পুত্র, টকাৰ বাৰ্হি, বেঁত আদিৰ চঁচা সক জৰি, লতাৰ বা নখৰ গুৰিৰ মেলা আঁহ বা সুঙ্গ, বৰিয়া জাত, খজুতি মৰাত পোৱা সুখ, a son; the interest on money; a filament, a fibre, a tendril; split and shaved ratan used as cordage; a degraded class consisting of brahmin widows and their offspring born in widowhood; alleviation from itching or pain.

সুত কটা, *s.* বেঁত আদি চঁচা, গুৰ আদি লেজুআ হোৱা, the shaving of ratans; *a.* stringy, ropy, tenacious like wax.

সুত কৰা, *s.* খজুতি আদি সান্ত কৰা, relief from pain or itching.

সুতনি, *s.* আশ্বাস, বা নির্ভই দিয়া, encouragement, emboldenment.

সুতল, *s.* পতাল বিসেস, the sixth of the hindoo infernal regions.

সুতলাহি, *s.* জঁতৰত কটা সুতাৰ টাকুৰি বিসেস, a spindle of thread.

সুতা, *s.* পাট কপাহ আদিৰ কটা সুত বা পকোৱা আঁহ, তন্তু, thread in general; with কাটি, to spin.

সুতাৰ, *s.* সুত পৰা বাৰ্হৈ, a carpenter, a joiner.

সুতুলি পিঠা, *s.* এবিধ ভজা পিঠাৰ নাম, a kind of sweet cake.

সুত্র, *s.* সুতা, অনেক অর্থ বুজুআ সংখ্যেপ বাক্য, ব্যাকৰন আদিৰ নিয়ম বা ধাৰা, a thread, a line, a clue, a sentence, a precept, an axiom, a rule.

সুত্রধাৰি, *s.* ভাৱনাত নাট পাঠ কৰা জন, প্রধান নটুআ, the manager of a native theatrical performance.

সুথিৰ, *a.* এको বিঘিনি বিভ্রাট নোহোৱা, (কাল,) সান্ত, peaceful, quiet, tranquil, undisturbed.

সুদর্সন, *s.* বিষ্ণুৰ চক্রাস্ত্র, এবিধ সালগ্রাম, সুদৃষ্টি, the discus or weapon of Vishnoo; a pleasing sight.

সুদহি, *a.* সুদ্রাদি লোক, সুদ্র, relating or belonging to the Sudro caste.

সুদা, *a.* একো নথকা, সুন্য, কেৱল, অকামিলা, মিচা, empty, void, blank, bare, mere, only, unserviceable, ineffectual, unreal.

সুদাই, } *ad.* এনেই, ওপৰতে, অকাৰনে, নাহকতে, without payment,
সুদাতে, } scot free, in vain, to no purpose, needlessly.

সু দিন, *s.* ভাল দিন, সস্ত দিন, a pleasant or auspicious day.

সুদিৰ, *s.* সুদ্র, হিন্দুৰ চতুর্থ জাত, Sudro or Sudir, the fourth hindoo caste.

সুধ, *a.* সুচি, নির্মল, পবিত্র, মিহলি নথকা, নিভুল, pure, clean, faultless, unmixed, holy, correct.

সুধনাপর্ব, *s.* এখন অসমিয়া পদ পুথি, the title of a poem translated from the Sanskrit into the Assamese.

সুধা, *s.* অমৃত, অমিৰা, nectar, ambrosia.

সুধি, *v.* প্ৰশ্ন কৰি, বুজ লৈ, অশৌচ আদিৰ অন্তত সুধ হোৱা দিন, to ask, to enquire; *s.* ceremonial purification after a birth or death.

সুনা, *a.* শ্ৰৱন কৰা, আগ্যা মনা, সুৰুঙা, heard, obeyed; *s.* the act of hearing or obeying; a hole, a perforation.

সুনাই, *v.* শ্ৰৱন কৰাই, সুনাকৈ কৈ, to cause to hear, to proclaim.

সুনাজনা, *a.* শুনা পোৱা, সুনা কৰা, heard and known.

সুনি, *v.* শ্ৰৱন কৰি, ফুল এবিধ, to hear, to listen, to obey; *s.* a species of flower.

সুনুউৱা, *s.* শ্ৰৱন কৰোৱা, ঘোষোৱা, the causing to hear; proclaiming.

সুনুৱাই, *v.* লোকৰ হতুৱাই সুনাই, to cause to hear.

সুন্দৰ, *a.* সোভন, সুশ্ৰি, দেখিবলৈ ভাল, beautiful, handsome, elegant.

সুন্দৰি, *a.* ৰূপৱতি, মিপমিপ, *fem.* of the above; *s.* a beautiful woman.

সুপকাৰ, *s.* চাকৰাই, ৰান্ধনি, a cook, a butler, (often used in ridicule.)

সুপথ, *s.* সজ পথ, ধৰ্ম বাট, a good road, a virtuous course of conduct.

সুপসুপিয়া, *a.* সোপোকাসোপোক, কোমল, soft, (as cotton,) spongy.

সুপি, *a.* সোপা, আটাইখিনি, all, the whole; used as a particle after nouns signifying the whole of anything that remains.

সুবচন, *s.* সজ কথা, ভাল মাত, good language, eloquence.

সুবৰ্ন, *s.* সোন, gold.

সুবৰ্নময়, *a.* সোনাময়, সোনেৰে সজা, golden, made of gold.

সুবিয়া, *a.* সোথে ধৰা, সোথকাগিয়া, dropsical.

সুবুধি, *s.* উত্তম বুধি, সজ আলচ, a good understanding.

সুবুধিয়ক, *a.* গ্যানি, সুবুধি থকা, wise, intelligent, well informed, sensible.

সুবেস, *a.* অতি ভাল, চিকোন, excellent, very fine.

সুভ, *a.* ভাল, মঙ্গল, কৈল্যান, good, happy, auspicious, favorable; *s.* good, happiness, good fortune, welfare, prosperity, luck.

সুভখ্যন, *s.* ভাল সময়, সজ খেন, a favorable or happy moment.

সুভগা, *a.* ভাগ্যৱতি, দাপি, favored; *s.* a beloved wife.

সুভজাত্ৰা, *s.* বিঘিনি নোহোৱা যাত্ৰা, a prosperous journey.

সুভবাত্ৰা, *s.* সুসম্বাদ, প্ৰভু যিচু খ্ৰিষ্টৰ দ্বাৰাই জগতৰ পৰিত্ৰানৰ সম্বাদ, good tidings, the Gospel or news of salvation by Jesus Christ.

সুভবানি, *s.* সুবাক্য, সজ কথা, an auspicious or good word.

সুভাগ্য, *s.* সজ বাসনা, good fortune, prosperity, happiness.

সুভাসুভ, *a.* ভাল বেয়া, সুভঅসুভ, good or bad, auspicious or inauspicious.

সুমতি, *s.* সজমতি, সুপ্ৰানি, excellence of disposition; *a.* well disposed.

সুমথিৰা, *s.* টেঙা এবিধ, an orange.

সুমৰি, *v.* সোঁৱৰন কৰি, to recollect, to remember.

সুমাই, / সুমুআই, } *v.* প্ৰবেস কৰাই, ভিতৰত থৈ, সাম্ৰি, ভৰাই, to cause to enter, to introduce, to put into, to fill or thrust into.

সুমুওআ, *s.* ভিতৰত থোআ, সামৰা, the entering or causing to enter.

সুমেৰু, *s.* মেৰু গিৰি, উত্তৰকেন্দ্ৰ, the fabulous *Mount Meru*, the centre of seven circular continents; the north pole.

সুৰ, *s.* দেৱতা, স্বৰ, গিতৰ মাত বা ৰাগ, a hindoo demigod; a tune in music; with টানি, to sing in tune.

সুৰসুৰ কৰে, *ad.* বাধা নোহোআকৈ, পুৰ্ণ কৰে, সুগমে, easily, readily,

সুৰসুৰাই, *v.* কাঁকুতকুতাই, গাত হাত দিলে কুতকুতনি উঠি, to feel a tickling sensation, to tickle.

সুৰসুৰিয়া, *a.* অকষ্টে চলাব পৰা, ঠৰ নধৰা, দমন হোআ, ঘোৰ খোআ, subdued, brought under control, broken in, (as cattle.)

সুৰা, *s.* মদ ফটিকা আদি, spirituous liquors.।

সুৰাসুৰ, *s.* দেৱতা আৰু অসুৰ, demigods and demons.

সুৰি, *v.* পানিৰ দল বন আদি গচাই, জাতি বিসেস, to clear away aqatic grass from the surface of water.

সুৰুককৰে, *a.* গম নোপোআকৈ, বেগতে, without being observed, quickly.

সুৰুকা মৰা, *s.* গা দেখুআই মনে মনে গুচি জোআ, পুসুকা মৰা, সোৰোকা মৰা, the slipping away unobserved; preceded by পাচ, the holding back from any work or project.

সুৰুকিয়া, *a.* সৰু, ঠেক, সৰকি জাব পৰা, narrow, (as of a road.)

সুৰুঙা, *s.* জলঙা, বিন্ধা, মুনা, a hole, an opening, a perforation, a crack, a fissure.

সুৰুজ, *s.* see সুৰ্য্য.

সুৰুজকঁপালি, *s.* এবিধ মূৰ কামোৰনি ৰোগ, a headache that comes and goes with the sun.

সুৰুজমুখিয়া, *a.* বেলিমুআ, ওপৰ মুখিয়া, turned towards the sun.

সুৰ্য্য, *s.* বেলি, ৰবি, the sun.

সুৰ্য্যকান্ত, *s.* এবিধ মনি, a kind of precious stone, probably the jasper.

সুৰ্য্যকান্তি, *s.* সুৰ্য্যৰ দিপিতি, এবিধ ফুল, sunshine, a species of flower.

সুৰ্য্যগ্ৰহন, *s.* সুৰ্য্যক চাঁয়াই ঢকা, ৰাহু গ্ৰাস, an eclipse of the sun.

সুৰ্য্যতাপ, *s.* বেলিৰ তাপ, ঘাম, the heat of the sun.

সুৰ্য্যমণ্ডল, *s.* সুৰ্য্যৰ গোলাকাৰ খণ্ড, the orb or disc of the sun.

সুৰ্য্যৰশ্মি, *s.* সুৰ্য্যৰ প্ৰকাস, কিৰন, a sunbeam.

সূর্য্যাস্ত, *s.* বেলি মাৰ যোৱা, sunset.

সূর্য্যোদয়, *s.* অৰুনউদয়, বেলি ওলোৱা, sunrise.

সুস্তি, *s.* চেষ্টাতকুল, আহৰি, consciousness, self-possession, leisure.

সুস্থিসান্তি, *s.* তহগুৰি, চেষ্টা বুধি, leisure and repose, self-possession.

সুৰ্পত্তিবান, *a.* সৰস্বতিবান, খৰকৈ কব পৰা, of ready speech, fluent.

সুল, *s.* হুল, সেল, পেটৰ ৰোগ বিসেস, শিল, a sharp thorn, a kind of spear; a colic or any sharp cutting pain; a sharp stake on which criminals were formerly impaled.

সুলকি, *v.* মুকলি হৈ, গাঁঠি আদি খহি, পুলকি, to be unbound or loosened.

সুলখ্যন, *s.* ভাল চিন, মঙ্গল লখ্যন, সুচৰিত্র, a good sign or distinguishing mark.

সুলখ্যনিয়া, *a.* সুলখ্যন থকা, having auspicious omens, ominous of good.

সুলভ, } *a.* সুম নোহোৱাকৈ পাব পৰা, মৰগ নোহোৱা, easily obtained or procurable, easy, feasible.
সুলভ্য,

সুললিত, *a.* মধুৰ, সুনিবলৈ ভাল লগা, sweet, melodious, **musical.**

সুলসুলিয়া, *a.* জুলিছা, সেউলেউআ, of soft consistency.

সুলা, *s.* ঘনে হগা ৰোগ, a chronic looseness of the bowels.

সুলা হগুৱা, *s.* সুলা কগিয়া, a person having the above disease.

সুলি, *a.* লাপৰি, দাঁত নাইকিয়া তিৰি, toothless; *s.* a toothless woman.

সুসি, *v.* see সুহি.

সুসিতল, *a.* বৰ চেঁচা, বৰ নিমজ, very cool, very smooth.

সুস্থ, *a.* ৰোগ নাইকিয়া, নিৰোগি, স্বস্থ, healthy, well, in good condition.

সুস্থিৰ, *a.* থিৰ, চঞ্চল নোহোৱা, সুথিল, firm, stable, steady, settled.

সুস্রি, *a.* সুআনি, দেখিবলৈ ভাল, good looking, comely.

সুস্রুসা, *s.* পৰিচর্য্যা, আলপৈচান, চেষ্টা, service, attendance; with কৰি, to wait upon, to render personal service.

সুহি, *v.* সুসি, ৰস টানি, সুকাই, to suck, to draw into the mouth, to dry up, to evaporate, to absorb.

সুহু, *s.* see সিহু.

সুহুৰি, *s.* সুদা মুখৰ বাজনা বিসেস, a whistling sound made by the mouth.

সুহুৰিয়াই, *v.* সুহুৰি মাৰি, to whistle.

সুহৃদ, *s.* পৰম মিত্র, বন্ধু, ইষ্ট, সখি আদি, a friend, an intimate companion.

সেই, *pron.* দাখ্যাত বা দুৰৈত থকা কথা বুজুআ সর্ব নাম বিসেস, সেও দি, that, even that, that person or thing; *v.* to apply heat.

সেইয়া, *ad.* সোৱা, yonder, there, in sight.

সেউজিয়া, *a.* প্রাই কজলা বৰনিয়া, of purple color.

সেউতি, *s.* এবিধ সুগন্ধি ফুল, species of fragrant flower.

সেও, *s.* জুই বা তপত বালি আদিৰে দিয়া বা লোৱা তাপ, উভ নোহোৱা, নম্র, the heat of fire when applied either directly or by heated substances; *a.* too slanting or oblique, as the handle of an implement; subdued.

সেওতা, *s.* নাৱৰ পানি পিঁচা জতন এবিধ, তিৰোতাৰ চুলি দুফাল কৰা চিন বিসেস, a bamboo scoop for baling water from a boat, the parting of the hair on the head.

সেওলা, *a.* বৰ সেও বা এচলিয়া, কাতি, very slanting or oblique.

সেংসেং কৰে, } *a.* চেঁচা, সেঙ্গেটা, পাতল, without warmth, as of a thin
সেংসেঙ্গিয়া, } cloth, cool.

সেঁওতা, *s.* দুভাগ চুলিৰ মাজৰ ৰেখা, the middle parting of the hair.

সেকসেক কৰে, } *a.* কোমল, আপঁইতা, (বাঁহ কাঠ আদি,) immature,
সেক্‌সেকিয়া, } soft, (applied mostly to wood.)

সেকা, *s.* সেও দিয়া, দুখ, কষ্ট, the act of warming by the fire, or of applying heat; distress, trouble, suffering.

সেকি, *v.* সেই, তাপ দি, to warm, to heat before the fire, to roast, to receive heat from the application of any heated substance.

সেকেটা, *s.* see চোটোকা.

সেঙ্গুন, *s.* নাকে দি ওলোৱা পানি, mucous discharge from the nose.

সেঙ্গুনিয়া, *a.* সেঙ্গুন জেন, এবিধ গচ, snotty; *s.* a species of tree.

সেঙ্গেটা, *a.* জাৰত ঠেৰেঙ্গা লগা; চেঁচা পৰা, benumbed or stiff from cold.

সেঙ্গেটাসেঙ্গেটি, *s.* জাৰত গাৰ সেঙ্গেটা, being pinched with cold.

সেজা, *s.* হনা, পানিৰ প্রধান ধাৰ, নৈ আদিএ নকৈ লোৱা বাট, the main current of a river; a new channel or path.

সেত, *a.* বগা, ধল, white, whitish.

সেত-কপৰা, *s.* ঔসধিয় ত্রিন বিসেস, a species of grass used as a febrifuge.

সেতকুপো, *s.* এবিধ বগা কুপো, a species of white dove.

সেতজেদালি, *s.* ঔসধিয় লতা বিসেস, a species of medicinal vine.

সেত্‌সেত্ কৰে, *a.* নিস্তেজ ৰূপে, চেল্‌চেল্ কৰে, pale, wan, sickly.

সেত্‌সেতিয়া, } *a.* নিস্তেজ, তেজ কুৰ নোহোৱা বগা, pale, wan, of
সেতা, } bloodless appearance.

সেতাসেৰেলুআ, *a.* সোৱা সেৰেলুআ, সেত্‌সেত্ কৰে বগা, pale, wan.

সেতু, *s.* আলি, সাঁকো, ধৰ, ধাতু বিসেস, a dam, a dike, a bridge, a metalic amalgam.

সেতুআ, *s.* ভৰিৰ পতা উখহা ৰোগ, a disease of the soles on the feet.

সেতুবন্ধ, *s.* আলি বন্ধা, সমুদ্ৰৰ মাজে দি শ্ৰীৰামে বন্ধা সেতু বা আলি, the ridge of rocks extending from the southern extremity of the Coromandel coast towards the island of Ceylon, said to have been formed by *Honuman* at the command of Ram as a bridge for his forces to go against *Rawan.*

সেন, *s.* এবিধ চৰাই, a kite, a bird of prey of the hawk kind.

সেনচোৱা, *s.* ৰজাৰ আগত সেন মেলি ৰঙ দেখুউৱা এখোল মানুহ, a class of people employed to train kites for the king.

সেনা, *s.* সৈন্য, চিপাহি, বনুআ, যুধাৰু an army, a soldier, a warrior.

সেনাপতি, *s.* সৈন্যৰ অধিকাৰ, a military commander, a general.

সেনি, *s.* লতা বা থোকৰ সৰু ডাল, the stem of fruit or grain.

সেন্দুৰ, *s.* সিন্দুৰ, তিৰোতাই কোঁচ লোৱা ৰঙা গুৰি এবিধ, vermillion.

সেন্দুৰি, *a.* ৰঙা; সেন্দুৰৰ নিচিনা, red, like vermillion.

সেন্দুৰিপমা, *s.* অতি ৰঙা, এবিধ পমা গছ, a species of Poma or Toon tree, (Cedrela Toona.)

সেন্দুৰিয়া, *a.* সেন্দুৰৰ দৰে ৰঙা, deep red.

সেন্দুৰিয়াবৰল, *s.* এবিধ বৰল, a kind of wasp.

সেপ, *s.* থুই, থু, মুখৰ ওলোৱা পানি, saliva, spittle.

সেপঢোকা, *a.* থুই গিলা, কিৰ্পিন, লুভিয়া, swallowing the spittle, used by way of abuse to mean, grasping, niggardly &c.

সেমেকা, *a.* অলপ তেকা, গাপ ধৰা, damp, moist.

সেমেকাই, *v.* অলপকৈ তেকাই, গাপ ধৰাই, to dampen, to moisten.

সেমেকোৱা, *s.* অলপকৈ তেকোৱা, গপোৱা, the act of dampening &c.

সেমেকি, *v.* তেকি, গাপ লাগি, to be damp or moist.

সেমেনাসেমেনি, *s.* লাজত পৰি মুখ ইফাল সিফাল কৰা, the turning of the face this way and that from shame or timidity.

সেয়ে, *pron.* সেইটোএই, that very person or thing, the emphatic of সি.

সেৰ, *s.* চাৰি কুৰি টকা পৰিমানৰ জোখ, দিঘল হৈ পৰা, a seer, two pounds avordupois, equal in weight to 80 rupees; with হৈ, to fall prostrate.

সেৰজোৰা, *s.* সতকা জোৰা, সোটমোট হৈ পৰা, the falling prostrate, as in pretence of utter inability to work or bear a burden.

সেৰসেৰকৈ, *ad.* পানি জেন, সোআদ নাইকিয়া, without flavor.

সেৰসেৰিয়া, *a.* সেবেকা, সোআদ নাইকিয়া, পনিয়া, insipid, tasteless.

সেৰা, *s.* বটা তুলাৰ পাজি, কোবত বহা সাঁচ, a cotton roll for spinning; a ridge or protuberance as from the blow of a ratan.

সেৰাখৰি, *s.* গোটা ডাঙ্গৰ খৰি, large unsplit fire-wood.

সেৰাসেৰ, *s.* অনেক সেৰা, কোৰত বৰকৈ সাঁচ বন্ধা, having numerous scars or ridges.

সেৰিয়া, *a.* এসেৰ পৰিমানৰ, one seer in weight or measure.

সেকন্দা, *a.* তিৰিৰ বস্য, governed by the wife, henpecked.

সেৰেকা, *a.* see সেৰসেৰিয়া.

সেৰেঙ্গা, *a.* ডালডলিয়া, পাতল, তনু, loose in texture, not dense &c.

সেৰেপা, } *a.* ভালকৈ পাক নোখোআ, ঢিলাপকিয়া, এওঁআ পকিয়া,
সেৰেপাগুনিয়া, } slack twisted.

সেবেলা, *a.* ঠেঁচা পৰা, উম নথকা, পানি পৰি থকাত সোটোৰা হোআ, benumbed by cold, wrinkled or contracted.

সের্বোআ, *s.* লে বোআ, পেট পেলাই চুঁচৰি যোআ, the act of crouching like a beast of prey.

সেল, *s.* দিঘল কুৰাত সুল লগোআ অস্ত্র বিসেস, কাপৰৰ পাৰি, a pike, a long spear or javelin; an ornamented selvedge.

সেলসেলনি, *s.* সত্বৰত, চেলবেলনি, levity, frivolity, idle prate.

সেলসেলাই, *v.* চেলবেলাই, সভবভাই, অঁচাই মিচাই বকি, to be light-minded or frivolous, to prate.

সেলসেলিয়া, *a.* see চেলবেলিয়া.

সেলাই, } *s.* পানিৰ তলত বা জেকা ঠাই আদিত হোআ বন বা ঘলি
সেলুআই, } বিসেস, moss, a species of lichen.

সেলুক, *s.* এজাত ভেঁট ফুলৰ আলু, the edible root of the ভেঁট, *bhent*, a species Lotus.

সেলুকিয়া, } *a.* সেলুকৰ দৰে কোমল হোআ, (তামোল,) soft by lying
সেলেকুআ, } in water, applied only to betelnuts.

সেলেক কৰে, *ad.* অকস্মাত দাঁত বাহিৰ কৰি, বেগতে দাঁত উলিয়াই, showing the teeth as in laughing.

সেলেকা দঁতা, *a.* সেৰেঙ্গা দঁতিয়া, গালিৰ মাত, having the teeth prominent and widely apart, (a term of abuse.)

সেলেঙ্গি, *s.* তামোলৰ মুই, giddiness caused by eating *tamul pan*.

সেৱক, } *s.* দাস, সিস্য, ভকত, উপাসক, কিঙ্কৰ, an attendant, a
সেৱকিয়া, } servant, a disciple, a worshiper.

সেৱা, *a.* আৰাধনা, ভজনা, উপাসনা, পূজা, অৰ্চনা, প্রনাম, worship, homage, adoration, salutation.

সেৱাচুৰ, *a.* ভক্তিহিন, destitute of veneration or devotedness to God; *s.* the neglect of divine worship.

সেৱালি, *s.* এবিধ ফুল, a species of fragrant flower.

সেৱি, *v.* সেৱা কৰি, ভজি, আৰাধি, to worship, to serve.

সেস, *s.* অন্ত, ওৰ, সিমা, পিচ, the end, conclusion, last, final.

সেসকাল, *s.* অন্তকাল, মৰনৰ কাল, the last time, the latter end, death.

সেসে, *ad.* পাচে, অন্তত, সেহত, মুৰকত, lastly, at last, finally, in conclusion.

সেহতিয়া, *a.* পাচতিয়া, সেহুআ, নুমলিয়া, last, after, youngest.

সেহনি, *s.* তলনি, ওপৰনি কটা দ্রব্য, a lower portion or remainder.

সেহাই, *v.* মুখত জলাই ধৰাত সা-সা-কৈ উসাহ লৈ, দুৰ্বলত মাত নুফুটাকৈ মাতি, to breathe forcibly with the mouth open, as when burnt with pepper; to speak in a low tone or whisper.

সেহু, *s.* মইন, হানি, loss, damage; with পেলাই, to cause damage &c.

সেহুআ, *a.* see সেহতিয়া.

সেহোআ, *s.* জলাৰ পোৰনিত মুখ মেলি ঘনে উসাহ লোআ, the breathing forcibly with open mouth, as from the burning of pepper.

সৈ, *s.* গাত লোআ, সহি, ইশ্বৰলৈ বস্ত আগ কৰি, acknowledgement, confession, agreement; *v.* to bear, to sustain; to set apart a religious offering; with কাৰ্হি or লৈ, to confess.

সৈতে, *prep.* সহিতে, লগে, with.

সৈন্য, *s.* see সইন.

সৈন্ধব, *s.* সন্ধ্যাক লোন, পৰ্বতিয়া এবিধ লোন, rock salt.

সৈমান, *a.* সহা, মান্তি হোআ, patient, forbearing; *s.* agreement, assent.

সৈয়া, *s.* ভাগি, ভাগিয়াৰ (ক-ৰি খেলত,) বৰ টান, (খেলৰ কনি,) অলপ হেকেৰা, a partner in a certain native game; *a.* hard, (applied only to eggs used in playing a game;) *a.* aslant, out of square.

সোঅন, } *s.* সয়ন কৰা, নিদ্রা কৰা, পৰি থকা, the act of sleeping or re-
সোআ, } clining.

সোঅনি ঘৰ *s.* সয়ন কৰা ঘৰ, a dormitory, a bedchamber.

সোআই, *ad.* জুৰাই, লাহে লাহে, সহিব পৰাকৈ, slowly, leisurely, as can be borne.

সোআদ, *a.* মিঠা, মধুৰ, স্বাদ ৰস, sweet, well flavored; *s.* sweetness, flavor, taste.

সোঁ, *a.* বাঁও ফালৰ সিফাল, দখিন, the right, in opposition to the left.

সোঁঅৰন, *s.* মনত পৰা, সুমৰন, recollection, remembrance, reminiscence.

সোঁঅৰনি, *s.* জন্ম পত্রিকা, সুমৰন কৰাই দিয়া, কোষ্ঠি আদি, a horoscope, a reminder, the recalling to mind.

সোঁঅৰা, *a.* মনত কৰা, স্মৰন কৰা, remembered, recollected, called to mind; *s.* the act of remembering &c.

সোঁঅৰাই, *v.* মনত পেলাই, স্মৰন কৰাই, to put in mind, to remind.

সোঁআহ, *s.* সিধান্ত, গোচৰ বা মেলৰ নিস্পাতিত্ দিয়া সিদ্ধান্ত, ন্যাতিৰ চিন বিসেস, a decision or final answer, the settlement of a question or matter of dispute.

সোঁট, *s.* প্ৰতিফল, উপকাৰ বা অপকাৰৰ বাবে উপকাৰ বা অপকাৰ কৰা, recompense, retaliation, the giving like for like.

সোঁট সোঁঅৰোআ, *s.* প্ৰতিফল দিয়া, আপাহ তোলা, the rendering of recompense, retaliating, taking revenge.

সোঁত, *s.* পানিৰ বেগ, স্ৰোত, নাকৰ সেঙ্গুন উলিউআত উঠা সবদ, a current, a stream, the noise made in snuffing and in blowing the nose

সোঁতা, *s.* বৰ নৈৰ সাখা, পানিৰ ধাৰ, the branch of a river, a creek.

সোঁ পাক, *s.* সোঁ হাতলৈ ঘূৰুউআ পাক, a turning or screwing to the right.

সোঁ ফাল, *s.* বাঁও ফালৰ আন ফাল, দখিন ফাল, the right side in opposition to the left side.

সোঁ বয়স, *s.* সম বয়স, মাজ বয়স, middle age.

সোঁ মাজ, *s.* ঠিক বা সম মাজ, the exact centre or middle.

সোঁ সৰিলে, *ad.* সৰিলে সৈতে, সসৰিলেৰে, with the whole body, in person, bodily.

সোঁ হাত, *s.* বাওঁ হাতৰ আন হাত, দখিন হাত, the right hand.

সোক, *s.* সন্তাপ, মনৰ দুখ, অনুতাপ, grief, sorrow or distress of mind, woe.

সোকাকুল, } *a.* সোকতে বিয়াকুল, সোকেৰে আতুৰ, overwhelmed with
সোকাতুৰ, } grief, exceedingly sorrowful.

সোকোতা, *s.* তিতা মৰাৰ সুকান পাত, the dried leaves of the hemp plant.

সোগ, *s.* অসন্তোস, বিতুষ্টি, আনৰ সমানে বা মনৰ ইচা মতে নোপোআত কৰা বেজাৰ, an offence taken, pique, umbrage.

সোগোনা, *a.* সুগিয়া, (বুৰা,) dissatisfied, woe-begone, a term of abuse applied to old men.

সোগোৰা চাউল, *s.* ভতুআ চাউল, rice suitable for boiling.

সোট্মোট, *a.* মুচৰি সামৰি সোপা কৰা, crumpled, drawn into a heap, wrinkled.

সোটা, *s.* ধান খেৰ আদিৰে সজা বাৰ্হনি বিসেস, ঠাই সৰা জতন, a broom made of straw or thatch.

সোটোৰা, *a.* সোপোৰা, সুকাই সোটোৰা পৰা, লেবেজা, wrinkled, shriveled, withered; *s.* a furrow or wrinkle.

সোতঝগিয়া, *a.* সুবিৰা, dropsical.

সোতবকচু, *s.* সোঁতত থকা কচুৰ নিচিনা দুৰ্ব্বলি, অলপ দুখতে সোটমোট খোৱা, দুখ সহিব নোৱৰা, *lit.* carried to and fro like a *kosu* in a current; hence, vacillating, wavering, without endurance, soft, weak.

সোথ, *s.* গোটেই গা উপহা ৰোগ, a dropsical disease.

সোদৰ, *s.* একে মাকৰ পো বা জি, an own brother.

সোধ, *s.* মেল, বিচাৰ, a suit in law, investigation, inquiry.

সোধকৰ্ত্তা, *s.* সোধাক, বিচাৰ কৰোঁতা, a judge, one who investigates.

সোধন, *s.* সুধ কৰা, লিখা আদিৰ ভুল বাচি বা দুৰ্গুন গুচাই ভাল কৰা, সোধা, the correcting of a writing, emendation, inquiry.

সোধনপোচন, *s.* সোধপোচ, আলহি আদিক কৰা আদৰসাদৰ, a cordial welcome; the reception of a guest with demonstrations of affection and respect.

সোধা, *a.* বিচাৰ কৰা, প্ৰশ্ন কৰা, বুজ লোৱা, investigated, inquired into, asked, questioned.

সোধাই, *v.* জিগ্যাসা কৰাই, বিচাৰ কৰাই, অৰ্পন কৰি, গতাই, to cause an investigation or inquiry to be made; to deposit, to make over or commit to the care of another.

সোধাক, *s.* সোধ কৰোঁতা, বিচাৰপতি, a judge, one who investigates.

সোধোৱা, *a.* জিগ্যাসা কৰোৱা, গতোৱা, asked, made over, deposited.

সোধোওৱা, *s.* সোধ কৰোৱা, বিচাৰ কৰোৱা, অৰ্পন কৰোৱা, the causing to ask, investigate or make over.

সোন, *s.* সুবৰ্ন, স্বৰ্ন, হেম, gold.

সোনকমোৱা, *s.* বালি ধুই সোন বিচৰা, the washing of sand for gold.

সোনকাল, *a.* সকাল, সিঘ্ৰ, early, soon, betimes.

সোনপৰুৱা, *s.* এবিধ সোন বৰনৰ পোক, a species of insect the gold colored dorsal scales of which are worn as ornaments.

সোনপুৰ, *s.* সকলো বস্তু পোৱা উত্তম ঠাই. এবিধ কচু, a species of *kosu.*

সোনসোনাই, *v.* কুনকুন্ কৰে কান্দি, to whine, to whimper.

সোনা, *s.* see সুবৰ্ন.

সোনাই, *s.* সন্তান আদিৰ প্ৰতি চেনেহৰ মাত, সোনামুৱা, সোনৰ তুল্য, অতি প্ৰিয়, *lit.* precious gold, a term of affectionate address to children.

সোনাপুৰ, *a.* উত্তম, (বতৰ বা ঠাই,) pleasant, agreeable, (applied to the weather and to a place.)

সোনামুআ, *s.* সোনাই, মুখ দেখিলে মৰম লগা, *lit.* a golden face; a term of endearment.

সোনাৰি, *s.* সোন ৰূপৰ কাম কৰোঁতা, a goldsmith.

সোনাৰিগৰিহঁ, *a.* মুআনি, দেখনিয়াৰ, handsome, beautiful, pretty.

সোনাৰু, *s.* এবিধ গছ, a species of tree.

সোনিত, *s.* তেজ, blood.

সোনোআল, *s.* সোন কমোআ খেল, a gold washer; a class of people in Upper Assam.

সোনোআলি, *a.* সোনৰ বন কৰা, সোন খতোআ, ornamented or overlaid with gold.

সোন্দা, *s.* এবিধ কল, a species of plantain.

সোন্দাই, *v.* ধুঁআ দি সুগন্ধি কৰি, to impregnate with smoke.

সোন্দোআ, *s.* ধুঁআ আদিৰ দ্বাৰাই সুগন্ধি কৰা, the act of the above; *a.* impregnated with smoke.

সোপা, *s.* ঠিলা, কাপৰ আদিৰে বাট মৰা, গোটোআ বস্তুৰ ভাগ, ঢেঁটি, পৰবৰ্ত্তি শব্দ, a heap, a lot, a parcel, a cork, a stopple; used also as an affix of quantity joined to nouns.

সোপাঢিলা, *a.* অকামিলা, বন বাহিত টান নোহোআ, shiftless, inefficient, feeble.

সোপা মৰা, *a.* এপাহ মৰা, এলেহুআ, ঠিহা মৰা, lazy, indolent, idle; corked or closed with a stopper; *s.* the act of closing with a stopper.

সোপোৰাসোপোৰা, *a.* সোটোৰাসোটোৰা, সোপাসোপ হোআ, gathered or wrinkled up.

সোপোকা, *d.* সুপসুপিয়া, কোমল, soft, porous, spongy.

সোৰ, *s.* এবিধ গা উখহা ৰোগ, a kind of dropsy.

সোৰা, *a.* সুবিয়া, সোৰে ধৰা, dropsical.

সোৰাসেৰেলুআ, *a.* see সেতাসেৰেলুআ.

সোভন, } *s.* জেউতি, দিপ্তি, কান্তি, সুআনি, সুন্দৰ, brightness, splendor,
সোভা, } beauty, brilliancy; *a.* shining, splendid, pleasing to the sight.

সোভাকাৰ, *a.* সোভা কৰা, দিপ্তি কৰা, ৰূপৱন্ত radiant, resplendent, bright, beautiful.

সোভিত, *a.* ভূসিত, সোভা কৰা, beautified, adorned, decorated.

সোম, *s.* চন্দ্ৰ, the moon.

সোমবৰিয়া, *a.* সোমবাৰ সম্বন্ধিয়, of or relating to Monday.

সোমবাৰ, *s.* সপ্তাহৰ দ্বিতিয় বাৰ, Monday.

সোমলতা, *s.* এবিধ লতা, the moon plant, (Asclepia Acida.)

সোমাই, *v.* প্ৰবেস কৰি, ভিতৰলৈ গৈ, to enter, to go in.

সোমোআ, *s.* প্ৰবেস কৰা, ভিতৰলৈ জোআ, entering or going in.

সোৰ, *s.* পটি, গৰখিয়াৰ এচাবিৰ খেল বিসেস, a narrow foot path in the jungle; a game played by cowherds with whips.

সোৰসোৰাই, *v.* অলপ কথাতে কান্দি, to cry at every little provocation.

সোৰসোৰোআ, *s.* সোৰ্সোৰাই কন্দা, the act of crying at everything.

সোৰোকা মৰা, *s.* see সুৰুকা মৰা.

সোৰোপা, *a.* এলেহুআ, ধোদা, সৰপা, lazy, indolent inactive.

সোৰোপালি, *s.* এলাহ, সৰপা জোৰা, হেলা, laziness, indolence, sloth.

সোল, *a.* সংখ্যা বিসেস, sixteen.

সোলা, *a.* দাঁত নাইকিয়া, লাপুঙ্, toothless.

সোলেঙ্. *s.* এবিধ টেঙা, a species of citron,

সোলোক্চোলোক্, *a.* আটিল নোহোআ, ঢিলা সোলোকা, not tight, loosely bound.

সোলোকা, *a.* বান্ধ মুকলি হোআ, এৰোআ, loose, untied; *s.* the act of loosening or untying.

সোলোকাই, *v.* গাঁঠি আদি মোকলাই, মেলি, খহাই, to untie, to unbind, to loosen.

সোসোআনি, *s.* ফেৰ্কেৰিয়া বতাহৰ সবদ, সোসো সবদ, any roaring or rushing sound, as of wind.

সোসোআই, *v.* সোসো সবদ কৰি, to make the above sound.

সোসোকৰে, *ad.* ফেৰ্ফেৰ কৰে, সোসো সবদকৈ, অতি বেগে জোআ সবদেৰে, with a roaring or rushing sound.

সোহনি, *s.* হোঁপা, সুহি নিয়া, ডাঙৰ বিধ মহ, the act of sucking, evaporating or drying up; a species of large gnat.

সোহা, *a.* সুহি নিয়া, হোঁপা, dried up, evaporated; with মাৰি, to draw into the mouth by suction.

সোহাই, *ad.* বেগাই, সুমাই, quickly, speedily,

সোহালিকৈ, *ad.* জোলে পোতনিএ অধিককৈ, (খোআ) ওআইড়াংকৈ, lavishly, greedily, vauntingly, boastingly.

সৌ, } *ad.* অলপ দুৰৈত সাখ্যাত থকা, সেইয়া, a particle denoting
সৌআ, } direction, in sight but distant, yon, yonder.

সৌকা, *s.* এবিধ বেঁত, a species of ratan; with মেলি, to make use of an enchanted ratan to point out a thief &c.

সৌকাগোম, *s.* এবিধ গোম সাপ, a species of venemous snake.

সৌখিনিতে, } *ad.* সেই ঠাইতে, এই খিনিতে, there, in that place,
সৌখিন্তে, } yonder.

সৌচ, *s.* ভরি হাত ধোআ, মোকল ফুৰা, the natural evacuation of the bowels.

সৌজিয়া, *a.* see সেউজিয়া.

সৌপিনে, } *ad.* সৌফালে, yonder, in that place.
সৌপোনে, }

সৌমাৰপ্রিষ্ঠ, *s.* আচাম দেসৰ সংস্কৃত নাম, the name given in the *Puthis* to that part of Assam extending above Bishnaath.

স্তও, } *s.* স্তুতি, গুন বর্নোআ, প্রসংসা, praise, eulogium, applause.
স্তুতি, }

স্তন, *s.* পিয়াহ, আধাৰ, the female breast, nourishment from the breast.

স্তম্ভ, *s.* খুঁটা, স্তম্ভ, a post, a pillar.

স্ত্রি, *s.* see তিৰি.

স্ত্রিলিঙ্গ, *s.* ব্যাকৰন মতে তিৰি বোধক সব্দ, *in gram.* the *fem.* gender.

স্থল, } *s.* see থল.
স্থান, }

স্নান, *s.* গা ধোআ, জল আদিৰে কৰা সৰিলৰ প্রখ্যালন, bathing, washing, ceremonial ablutions.

স্নানজাত্রা, *s.* জেঠৰ পুর্নিমাত জগন্নাথৰ মুর্তিক স্নান কৰোআ উতচৱ, the annual bathing festival of Juggernaut.

স্নেহ, *s.* চেনেহ, মৰম, মায়া, নেহা, love, tenderness, affection.

স্নেহপাত্র, *a.* চেনেহৰ জোগ্য, মৰমৰ পাত্র, worthy of affection, loveable, amiable; *s.* an object of affection, a favorite.

স্পিৃহা, *s.* হাবিয়াহ, হেপাহ, ইচা, প্রিহা, earnest desire, a longing, thirst.

স্ব, *a.* সুকিয়া, নিজা, আপোন, own, self, one's own.

স্বচন্দে, *ad.* আপোন ইচাৰে, সুগমে, at pleasure, at will, easily.

স্বজাতি, *a.* আপোন কুলিয়া, একে জাতৰ, of the same caste; *s.* a person of the same cast.

স্বতন্তৰ, } *a.* চতন্ত, তলপিয়া নোহোআ, স্বাধিন, free, independent,
স্বতন্ত্র, } unrestrained.

স্বদেস, *s.* আপোন দেস, one's own country.

স্বদেসি, *a.* আপোন দেসি, নিজ দেসৰ, of one's own country; *s.* a fellow countryman.

স্বধর্ম, *a.* নিয়াই, স্বরূপ, সঁচা, নিজ ধর্ম, true, real, right; *s.* one's own religion.

স্বধ, *s.* see সপোন.

স্বভাৱ, *s.* গতি, চৰিত্ৰ, প্ৰক্ৰিতি, পৰ্কিতি, nature, disposition, natural temper, propensity or quality.

স্বভাৱতে, *ad.* স্বৰূপতে, জনমতে, naturally, by nature, in reality.

স্বভাবিক, *a.* স্বভাৱতে হোআ, আপুনি হোআ, natural, inherent, innate.

স্বয়ং, *pron.* আপুনি, নিজ, self, own self, (indeclinable.)

স্বয়ম্বৰা, *s.* see সয়ম্বৰা.

স্বয়ম্ভু, *a.* নিজে হোআ, আপুনি উদ্ভৱ হোআ, self-existent, self-produced.

স্বৰ, *s.* অ আ আদি সিদ্ধি ফলাৰ আখৰ, ধনি, মাত, সুৰ, a vowel, a sound, a voice, a note in music, a tune.

স্বৰগ, } স্বৰ্গ, } *s.* হিন্দুমতে ইন্দ্ৰপুৰি আদি, দেৱতা থকা ঠাই, ইশ্বৰৰ পবিত্ৰ আলই, the firmament, heaven, the habitation of God, of good angels, and of the blessed; the third hindoo heaven, called the paradise of Indro.

স্বৰ্গধাম, } স্বৰ্গপুৰ, } *s.* স্বৰগ থান, ইশ্বৰৰ পবিত্ৰ আলই, heaven, the dwelling place of God.

স্বৰ্গবানি, *s.* আকাসি বানি, দেৱ বানি, a heavenly voice or message.

স্বৰ্গাৰোহন, *s.* স্বৰগত উঠা, এখন অসমিয়া পদ পুথি, *lit.* the ascending to heaven; the title of an Assamese poem.

স্বৰ্গিয়, *a.* স্বৰগৰ, স্বৰগৰ সমন্ধিয়, heavenly, celestial, pertaining to heaven.

স্বৰ্গি ৰজা, *s.* ইন্দ্ৰ বংসি অসম ৰজা, *lit.* a celestial king; a title given to the Assam kings.

স্বৰ্গি হৈ, *v.* পৰলোক হৈ, to obtain the heavenly abode, to die, (applied only to a king)

স্বৰ্ন, *s.* সোন, সুবৰ্ন, gold.

স্বস্তি, *part.* আসিৰ্বাদ বচন, an indeclinable particle used in a benediction or blessing; hail, may good attend you.

স্বাদ, *s.* see সোআদ.

স্বাধিন, *a.* স্বতন্ত্ৰ, independent, free, uncontrolled.

স্বামি, *s.* অধিকাৰি, গৰাকি, গিৰিহঁত, পতি, পৈএক, owner, lord, husband.

স্বাস, *s.* উসাহ, উদফাঁই ৰোগ, breath.

স্মৰন, *s.* সোঁঅৰন, recollection, remembrance, memory.

স্মৃতি সাস্ত্ৰ. *s.* মনু আদি মুনিএ কৰা ব্যৱস্থাৰ পুথি, *smriti* or the hindoo code of law, as delivered originally by inspired legislators to their respective pupils and by them committed to writing.

স্যাম, *s.* ক্রিষ্ণ, কলা বা দুর্বাৰ বৰন, a dark blue; *a.* dark-colored.

স্যামা, *s.* কালি গোসাঁনি, Doorga, the black goddess Kali.

সৃজন, *s.* স্রিষ্টি কৰা, সৃজা, প্রিথিবি নির্মান কৰা, the act of creating or producing out of nothing; creation.

সৃজন কর্ত্তা, *s.* পৰমেশ্বৰ, স্রিষ্টি কৰোঁতা, God, the creator of all things.

সৃজা, *s.* স্রিষ্টি কৰা, নির্মান কৰা, creation; *a.* created, made.

সৃজি, *v.* সৃজন কৰি, to create, to make out of nothing.

স্রধা, *s.* চেনেহ, মৰম, আস্তিক, love, affection, reverence, confidence.

স্রম, *s.* দুখ, পৰিস্রম, জতন, fatigue, toil, labor, effort, exertion.

স্রমি, *a.* দুখকাৰি, বনুআ, জতনকাৰি, laborious, industrious, sedulous.

স্রবন, *s.* সুনা, the sense of hearing, audience, perception of sound.

স্রবনা, *s.* নখ্যত্র বিসেস, the twenty third lunar mansion of the hindoo zodiac.

স্রাদ্ধ, *s.* সৰাধ, কৰম, solemn obsequies and offerings to the manes of deceased ancestors.

স্রান্ত, *a.* ভাগৰুআ, ক্লান্ত, weary, fatigued, exhausted.

স্রাবন, *s.* see সাওন.

স্রি, *s.* লখ্মি, সম্প্তি, ৰূপ, স্রিয়া মানুহৰ নামৰ আগত লিখা আখৰ, the goddess Lokhmi; fortune, luck, prosperity, beauty; as a prefix to a person's name it means honorable, renowned, illustrious.

স্রিজুক্ত, } *a.* লখ্মিজুক্ত, সুখি, মান্যবন্ত, illustrious, excellent, eminent;
স্রিজুত, } a prefix used in writing the name of a superior or equal; *fem.* শ্রীযুক্তা or শ্রীযুতা.

স্রিফল, *s.* এবিধ বেল, a species of the Bael fruit or wood apple.

স্রিভাগবত, } *s.* হিন্দুৰ এক প্রধান সাস্ত্র, *the Bhagawat*, a hindoo
স্রিমত ভাগবত, } shaster.

স্রিমতি, *a.* ভাগ্যবতি, স্রিজুতা, prosperous, illustrious, &c. (*fem.*)

স্রিমন্ত, *a.* ভাগ্যবন্ত, স্রিজুত, prosperous, lucky, fortunate.

স্রিমান, *a.* স্রিবিসিষ্ট, ভাগ্যবান, illustrious, fortunate, an affix used in writing the names of inferiors or equals.

স্রিলস্রিজুক্ত, } *a.* অতি লখ্মিজুক্ত, মহা ঐশ্বর্জবন্ত, প্রভু, most excellent,
স্রিলস্রিজুত, } most honorable &c. an honorary prefix to the names of eminent persons.

স্রিষ্টি; *s.* সংসাৰ, জগত সুজন, formation, creation, the world.

স্রুতি, *s.* বেদ, চুৰ্তি, the hindoo Veds.

স্রেনি, *s.* সাৰি, শাৰি, a row, a range, a rank, a class, a tier.

স্রেষ্ঠ, *a.* উত্তম, প্ৰধান, best, chief, prime, pre-eminent.

শ্লাঘ্য, *a.* সলাগৰ যোগ্য, প্ৰসংসনিয়, praiseworthy, laudable, deserving of applause.

শ্লোক, *s.* সংক্ষিপ্ত বাক্যৰ পদ, চোলোক, পদ্য, a stanza, a couplet, especially the epic stanza, consisting of two verses of sixteen syllables each.

হ

হ, হকাৰ, হৰলৈ দিয়া, the last consonant of the alphabet; it is a simple aspirate and pronounced like the English *h* in *hand*; the imperative present of the verb হৈ, to be.

হই, *ad.* চকপ, নিচই, এৰা, চকপ কথাত সলগা মাত, yes, truly, certainly, the indicative third person singular of হৈ, to be.

হওক, *ad.* হৰলৈ কোৱা, বাক, the imperative of হৈ, to be, often used adverbially for well, very well.

হংস, *s.* see হাঁহ.

হঁই, *voc.* সামান্য তিৰোতাক মতা মাত, হঁয়েৰা, a term of familiar address to woman of equal or inferior caste.

হঁক, *affix.* আমি তুমি সদৰ ক্ৰিয়াৰ পিচত থকা বহু বচন বুজুআ মাত, a particle often affixed to the first and second persons of verbs to denote plurality, there being ordinarily no distinction in the form of the plural and singular; when affixed to the first person in the indicative mood it forms the first person of the imperative, as কৰোঁহঁক, let us do it.

হঁত, *affix.* বোৰ, বহু বচন বুজুআ পৰবৰ্তি সব্দ, খিন, সুকাই জোআ, an affix joined to nouns and pronouns of the third person to express plurality, (inferior;) *a.* lean, thin in flesh.

হঁয়ে, }
হয়েৰা, } *voc.* see হঁই.

হঁহা, *s.* হাঁহি উঠা, হাস্য কৰা, নিন্দা কৰা, খেনি কৰা, laughter, ridicule.

হঁহা-মতা, *s.* হাস্য আৰু কথা কোৱা, পৰ পুৰুস বা স্ত্ৰিৰে আয়াস্লাত কৰা, coquetry, flirtation, any undue familiarity with the wife or husband of another.

হঁহুআই, *v.* হাঁহি তোলাই, to excite laughter.

হক, *a.* সঁচা, চকপ, true, right, just.

হক্‌হক, *s.* বৰকৈ হঁহাত বা বঁতিওআত উঠা সব্দ, the sound of violent laughter or of vomiting.

হক্‌হক্ কৰে, *ad.* বৰকৈ, হক্‌হক সব্দকৈ, (হঁহা বা বঁতিওআ,) violently, loudly, (applied to laughter or vomiting.)

হকাহুনা, *s.* অলপ মন্দ হাই, ঠোঁটামোজা, mutual contention, bickering, disputation.

হগা, *s.* সৌচ কৰা, মল তিয়াগ কৰা, ভৰি হাত ধোআ, the evacuation of the bowels.

হগুআই, *v.* ভৰি হাত ধোআই, সৌচ কৰাই, to cause the above.

হগুৰা, *a.* ঘনে হাগি থকা, having looseness of the bowels.

হজ, *s.* কাঁৰি হজুআৰ বন, ৰাজহৰ কাম, any manual labor performed for the public.

হজুআ, *s.* কাঁৰি, পাইক, হজ কৰা লোক, কুলি, public laborers, a class of people in the days of the Assam kings.

হজুআলি, *s.* হজুআৰ বেৱসাই, the office or work of the above laborers.

হটনি, *s.* গৰিহনা, নিন্দা, বেয়া বোলা, reproof, rebuke, reprehension.

হটা, *s.* গৰিহা কৰা, নিন্দা কৰা, পাচ হোঁহোঁকা, the act of rebuking or reproving, a retreating or going back.

হটাই, *v.* গৰিহনা কৰাই, পাচ হোঁহোঁকাই, to cause to be reproved, to cause to turn back.

হটি, *v.* গৰিহা কৰি, বেয়া বুলি, পাচ হুঁহকি, to rebuke, to reprove, to retreat, to move backward.

হটুআই, *v.* পাচুআই, হোঁহোঁকাই, to cause to retreat or move back.

হঠাত, } *ad.* অকস্মাত, ঘুপুৰাই, সটৰাই, suddenly, unexpectedly,
হঠাতকাৰে } immediately, forthwith.

হত, *a.* নষ্ট, বধ হোআ, destroyed, ruined, killed.

হতচিৰি, } *a.* স্রি নষ্ট হোআ, মৰিবলৈ দিয়া সাও, *lit.* bereft of beauty
হতস্রি, } and prosperity; a form of curse.

হতাই, *v.* হেতাই, হাতেৰে ভাৰ আদি উলাহি দি, to assist a person bearing a burden on the shoulder by raising the pole.

হতালিৰতালি, *s.* see হঁহামতা.

হতাহতি, *s.* হাতে হাতে কৰা বন বা কিলাকিলি, hand to hand conflict or joint work.

হতিয়া, *a.* হাতৰ সমান জোখৰ, হাত থকা, of one cubit in length; having hands.

হতুআ, } *prep.* হাতেৰে, যোআৰাই, by the hand of, by, with,
হতুআই, } through, by means of.

হত্যা, *s.* অপঘাত, বধ, প্ৰান নাস কৰা, slaughter, murder, killing.

হদ, *s.* সিমা, খৰ, boundary, limit.

হনা, *s.* নৈৰ সোঁতৰ খুন্দা, এফাললৈ হাল লোআ, হান মৰা, the dashing of the current of a stream against a bank, a leaning to one side; the act of piercing; *a.* pierced, speared.

হনিওআ, *s.* খোঁচোআ, হান মৰোআ, the causing to be pierced &c.

হনিয়াই, *v.* হনা লৈ, খুঁচি, হানি, to press or dash against, to pierce, to stab, to spear.

হনুমন্ত, } *s.* গাল পোৰা এবিধ বৰ বান্দৰ বিসেস, a black faced mon-
হনুমান, } key, *Honuman*, the fabled monkey chief, who assisted Ram in the conquest of Ceylon.

হন্তে, *prep.* নিমিত্তে, কাৰনে, হৈ, for, on account of, for the sake of.

হপহপ্ কৰে, *ad.* হাঁপোৰ হাঁপোৰ্ কৰে, সিঙ্কাই হোঁপাৰ দৰে, by suction.

হবলা, *ad.* ক্ৰিয়াৰ সেসত অনিচই বুজুআ পৰবৰ্ত্তি সব্দ, possibly, probably, used after a verb to denote possibility or probability. as গল হবলা, *i. e.* probably he is gone.

হবিস্য, *s.* মাচ মঙ্গহ নেখাই এক সন্ধ্যা খাই কৰা ব্ৰত, the eating of food considered sacred, that is of *aria* rice and *ghee*, once in twenty four hours during a shradh or season of mourning.

হমৰকৰে, } *ad.* চেৰেঙ্গ কৰে, অকস্মাত কোনো মৰমৰ বিসইলৈ মনত
হমৰাই, } পৰি, suddenly; applied to the recurrence of any painful recollection.

হম্‌হমনি, *s.* বুকুৰ ধমধমনি, মনৰ পোৰনি, a painful recollection extreme anguish of mind.

হম্‌হমাই, *v.* মন পুৰি, কোনো মৰমৰ বিসইলৈ মনত পৰি বেজাৰ পাই, to suffer anguish from any painful remembrance.

হৰ, *s.* সিৱ, মহা দেও, a name of Hoda Hiwo.

হৰকুতৰক, *a.* লোআলপা, চতৰবতৰ, false, flattering, regardless of truth.

হৰন, *s.* অঙ্কৰ ভাগ কৰা, চুৰ বা ডকা দিয়া, (in Arithmetic,) division; theft, pillage, rage.

হৰবাব, *s.* উচিত মুল্য, the proper worth or value.

হৰমোহন, } *a.* অন্তৰ্ধান, মায়াপি হোআ, a vanishing or disappear-
হৰলক, } ing.

হৰা, *s.* হৰন কৰা, কুকৰ্ম্ম, ঘটা, নিজিকা, (in Arithmetic,) the act of dividing; the infliction of injury by drugs or incantations; *a.* defeated, divided.

হৰাকৰ্ম্মি, *s.* কুকৰমি, হাৰামি, হৰা কৰম কৰোঁতা, one who inflicts injury by incantations or drugs.

হৰি, *v.* হৰন কৰি, চুৰ বা ডকা দি, নাইকিয়া হৈ, অঙ্কৰ ভাগ কৰি; বিষ্ণুৰ এক নাম, to steal, to rob, to ravish, to disappear; (in Arithmetic,) to divide; *s. Hori*, an epithet of Vishnoo.

হৰিতকি, *s.* সিলিখা, a species of tree and its fruit, (medicinal Terminialia Chebula.)

হৰিদ্বাৰ, *s.* এক তিৰ্থৰ নাম, *Hurdwar*, a place of pilgrimage in Hindustan.

হৰিধনি, *s.* হৈধনি, আসিৰ্বাদৰ পাচে চিঁয়ৰি বোলা ইশ্বৰৰ নাম, a simultaneous shout of the name of Hori.

হৰিন, } *s.* পশু এবিধ, মিগ, a buck, a deer.
হৰিনা, }

হৰিনি, *s.* মাইকি পশু, *fem.* of the above.

হৰিস, *s.* see হৰ্স.

হৰিসাদ-বিসাদ, *s.* ৰঙ্গ অসন্তোস, like or dislike.

হৰুআই, *v.* ঘটুআই, জই কৰাই, to cause defeat, to overcome.

হৰ্স, *s.* আনন্দ, ৰঙ্গ, হৰিস, joy, pleasure, delight, gladness.

হৰ্সিত, *a.* হৰিস লগা, আনন্দিত, পুলকিত, glad, joyful, happy, delighted.

হলঙ্গহলঙ্গ কৰে, *ad.* দিঘলকৈ, (খোজ কাৰ্হি,) লেপেংলেপেঙ্গকৈ, with long strides or steps.

হলঙ্গি, *a.* পাছুআল, লহঙ্গি, (স্ত্রি,) tall and well proportioned. *fem.*

হলচা, *s.* মাটিৰ পুৰাৰ চাৰি ভাগৰ এভাগ, পাঁচ কোনা, in land measure one fourth of a *Poora*; 80 or 87 cubits square.

হলনিয়া, *a.* এচলিয়া, কতিয়া, এফাললৈ হলি থকা, aslant, oblique, aslope.

হলফল্ কৰে, *ad.* লহপহ্ কৰে, বেগতে, (বৰ্হা,) rapidly, vigorously, applied to growth.

হলহলিয়া, *a.* ভলভলিয়া, অকপটিয়া, artless, frank, simple.

হলা, *a.* কাতি হোআ, চাল খোআ, বেৰ চকোআ আদিৰ খিয়কৈ বোআ মুঠি, slanting, leaning from the perpendicular; *s.* a bunch of reeds or split bamboo inserted into a braided partition &c.

হলাই, *v.* কাতি কৰি, চলাই, দোআই, ভিৰাই, to bend, to bow, to cast down, to prostrate.

হলাহল, *s.* কালকূট, বৰ বিহ, চলাচল, a deadly poison.

হলি, *v.* হালি, এঢ়লিয়া হৈ, কাতি হৈ, to incline from the perpendicular, to lean.

হলিগলি, *s.* মিলা প্ৰিতি, আয়াজাত, intimacy, familiarity, friendly intercourse.

হলিয়া, *a.* জুৰিয়া, হাল সম্বন্ধিয়, one of a pair, relating to a couple.

হলৌ, *s.* এবিধ কলা বান্দৰ, the *Holou*, a species of monkey.

হলৌচোলা, *s.* আজৰথা চোলা, অচমিয়া এবিধ দিঘল চোলা, a kind of long native coat.

হলৌহলৌকৰে, *ad.* পানিত দিঘল দিঘলকৈ, (খোজ কৰ্হা,) with long steps and a splashling sound as when walking in water.

হস্ত, *s.* see হাত.

হস্তগ্ৰহন, *s.* হাতত ধৰা, বিয়া, the taking of the hand, marriage.

হস্তি, *s.* see হাঁতি.

হস্তিদন্ত, *s.* হাঁতিৰ দাঁত, an elephant's tusk, ivory.

হস্তিনি, *s.* মাইকি হাঁতি, মাখুন্দি, a female elephant.

হহৈয়া, *s.* পানি ভগা, নৈয়ে নকৈ বৈ জোআ জান বা সোঁতা, the impetuous rush of an overflowing stream or newly formed channel.

হাই, *s.* এৰাও, চিয়ৰ, এটাহ, a noise, a scream, a yell, tumult.

হাইউৰুমি, *s.* চিঁয়ৰবাখৰ, কোৰ্হাল, the tumult of a crowd of people, uproar.

হাইচলাইচ, *s.* বজ ধেমালি, ডেকা কালৰ সুখ আনন্দ, merriment, sport, joviality, enjoyment.

হাইঠক, *s.* এবিধ হালধিয়া চৰাই, a species of bird, green-dove.

হাইঠা, *s.* see বনি চাল.

হাইতাল, *s.* হৰিতাল, হালধিয়া বৰনৰ ধাতু এবিধ, yellow arsenic, or pigment.

হাই হাই, *interj.* বিসাদ বুজুআ মাত, অল, alas! alas! oh!

হাউত্‌হাউত্‌, *s.* ঘমে বঁতিউআ আদিত উঠা হক্ হক্ সদ্দ, the sound of belching or vomiting.

হাউত্‌হাউত্‌ কৰে, *ad.* হোলোকহোলোক কৰে, হক্‌হক কৰে, with the above sound.

হাউলি, *s.* চৌতাল, বাৰি ঘৰ, হলি বা আউলি, a homestead, a house and grounds.

হাউহি, *s.* বাঘ আদিএ অকস্মাত ধৰিবলৈ মৰা চিয়ৰ, the growl of a tiger when seizing prey.

হাঁ-হাঁ, *interj.* বাধা বুজুআ মাত, take care! beware! an exclamation of warning or prohibition.

হাঁইফাঁই, *s.* ওপৰলৈ উসাহ টনা ৰোগ বিসেস, উৰফাঁই, asthma, any chronic difficulty of breathing.

হাঁওৰনি, *s.* বাঘৰ চিঞৰ, the cry of a tiger.

হাঁওফাঁও, *s.* বুকুৰ গুৰিৰ দুটা বঙ্গা মঙ্গহ বিসেস, উসাহ ঘৰ, the lungs.

হাঁওৰি মাৰি, } *v.* ডেডাউৰি মাৰি, বাঘ আদিৰ গেজেৰি বিসেস, to cry
হাঁওৰিয়াই, } as a tiger, to utter a loud out cry.

হাঁকালবিকাল, *s.* খাবলৈ পিন্ধিবলৈ নাটনি পৰাৰ দুখ, কষ্ট, the suffering and anxiety attending want.

হাঁকুটি, *s.* আঁকুহি, আগত কেৰেপিয়াকৈ বন্ধা ডাঁৰ, a hooked instrument for plucking or pulling down fruit &c.

হাঁকোটা, *s.* বস্তু অৰা চুটি আঁকুহি, a hook for suspending articles.

হাঁকোৰবাঁকোৰ, *s.* অতিসই হেপাহ, কচৰকামোৰ, a craving desire.

হাঁচটি, *s.* অচম ৰজাৰ বৰ তামুলিএ তামোল লৈ ফুৰুআ জতন, তামোল বন্ধা সৰু গামোচা, a small cloth used for holding Tamul Pan.

হাঁচি, *s.* অকস্মাত নাকৰ মাজে সবদকৈ বায়ু ওলোআ, a sneeze; with মাৰি, to sneeze.

হাঁতি, *s.* হস্তি, গজ, an elephant.

হাঁতিকেৰেলা, *s.* বনৰিয়া এবিধ ডাঙৰ কেৰেলা, a wild vegetable.

হাঁতিখুঁতৰা, *s.* এবিধ কাঁইটিয়া বন সাক, a species of thorny vegetable.

হাঁতিদাঁত, *s.* হস্তি দন্ত, হাঁতিৰ দাঁত, an elephant's tusk, ivory.

হাঁতিনা, *s.* কমাৰ সালৰ জুই তোআ জন্ত্র, a native blacksmith's bellows.

হাঁতিপটি, *s.* হাঁতি জোআ বাট, ঘন তৰাৰ সাৰি বিসেস, আকাসৰ চিন এটা, a wild elephant path in the jungle; a line of stars, a constellation.

হাতিভেঁকুৰি, *s.* বৰ বিধ ভেঁকুৰি গচ, a species of thorny shrub.

হাঁতুৰি, *s.* লো বা কাঠ আদিৰ মৰিউআ জতন, a hammer.

হাঁতোআহ, *s.* সৰু চাঁচ, হাত চাঁচ বিসেস, a small adz.

হাঁতোৰা, *s.* বাঘ কাচ আদি জন্তুৰ আগ ঠেঙ্গ, the fore paw of quadrupeds.

হাঁপোৰহাঁপোৰ কৰে, *ad.* see হপৰহপৰ কৰে.

হাঁফলু, *s.* পথাৰৰ ওখ ভেঁটি, উঁইচিলা, a knoll, a hillock, an ant hill.

হাঁফি, *ad.* সাহকৈ, সঙ্কা নোহোআকৈ, fearlessly, confidently, boldly.

হাঁফোলা, *s.* সাঁতোৰ মেলা, লৰাই কোলালৈ হাত মেলি জোআ, গাৰে জোআ বেগ, a throwing the body forward with arms extended.

হাঁকআ কুপৌ, *s.* ডাঙৰ বিধ কুপৌ চৰাই, a species of large dove.

হাঁহ, *s.* বাজহাঁহ আদি হংস, a goose, a gander, a duck, a drake.

হাঁহনি, *s.* see হাঁহি.

হাহাঁ, *interj* see হেহে.

হাহাঁ কাকা, *s.* দুখ, হাঁকাল বিকাল, খোৱা লোৱাৰ কষ্ট, poverty, destitution, want

হাঁহাঁকাৰ, *s.* বিসাদৰ ধনি, দুখ আতনাত কৰা কোৰ্হাল, lamentation, wailing, a cry of distress.

হাঁহি, *v.* হাঁসি, হাস্য কৰি, আনন্দ কৰি, নিন্দি, খিখিয়াই, to laugh, to smile, to rejoice, to ridicule; *s.* laughter.

হাঁহিনি, *s.* মাইকি হাহ, হংসিনি, the feminine of হাঁহ, which see.

হাঁহিয়াত, *s.* লাজ, কুখ্যাতি, shame, ill fame, a bad reputation.

হাক, *s.* বাধা, নিসেধ, নিবাৰন, prohibition, a forbidding, remonstrance.

হাকুলবাকুল, *s.* see হাঁকাল বিকাল.

হাকোটপিকোট, *s.* আজোৰ পিজোৰ, a scrambling or struggling to obtain.

হাগনি, *s.* ঘনে সৌচ কৰি থকা, a looseness of the bowels, diarrhaea.

হাগি, *v.* মল ত্যিয়াগ কৰি, সৌচ কৰি, ভৰি হাত ধুই, to evacuate the bowels.

হাঙদাঙ, *s.* বাধচাধ, নিজগৰ পৰা কৰা প্ৰতিপাল, an overlooking, superintending, oversight.

হাজি, *s.* বাগি, ভাগ ধৰা, হিঁয়াহ, rivalry, emulation, strife.

হাজিয়াহাজি, *s.* বগিয়াবগি, অনিয়াঅনি, পৰস্পৰে ভাগ ধৰা, mutual contention, strife, rivalry.

হাজৰিকা, } *s.* হেজাৰ কাঁৰিৰ ওপৰত বিসয়া, an overseer or officer
হাজৰিকিয়া, } over a thousand.

হাজাৰি ঘোসা, *s.* নাম ঘোসা, মহা পুৰুসিয়া এক পুথিৰ নাম, a Maha Puruhia hastro; so called from its containing the thousand names of Vishnoo.

হাজো, *s.* কামৰুপৰ এখন দেৱালইৰ নাম, *Hazoo*; a hindoo shrine near Gowhatty.

হাট, *s.* নিয়মিত সময়ে কিনা বেচা কৰা ঠাই, a stated local market, a fair; with কৰি, to buy or sell in a market.

হাটখোৱা, *s.* হাটৰ দান তোলা গৰাকি, an officer in a market who collects Government duties.

হাটবাট, *s.* হতালিবতালি, দিয়া লোৱাৰ আয়াজাত, intercourse, mutual exchange.

হাটকৰা, *a.* হাট সম্বন্ধিয়, হাটৰ, relating to a market or fair.

হাটি, *s.* চাতৰ আৰু ভকত আদিৰ থকা লানি ঘৰ, a line or row of houses attached to a religious establishment or school for the residence of the disciples or pupils.

হাটোআলি, *s.* হাটত থকা ভুতুনি বিশেষ, a female goblin said to haunt market places.

হাত, *s.* হস্ত, কৰ, চৌবিচ আঙুল পৰিমান, the hand; one cubit or eighteen inches in length; with পাতি, to ask for, to select.

হাতকৰা, *s.* হাতলৈ অনা, একেবাৰে দুই হাতেৰে খোল আদি বজোআ, the act of taking in the hand; the beating a drum with both hands simultaneously.

হাতকেৰাই, *s.* এবিধ হাত জুটি বন্ধা লোৰ জতন, handcuffs.

হাত জোৰ, *s.* কৰজোৰ, কৃতাঞ্জলি, দুই হাত জোৰ কৰা, the joining the hands as in supplication or in the act of receiving anything from the hand of a superior.

হাত দিয়া, *s.* হাত লগোআ, পৰ্শ কৰা, the giving the hand or the laying on of hands.

হাত ধৰা, *a.* খোঁচৰ, অলপকৈ খৰচ কৰা, হাতত ধৰা, difficult, requiring close application; economical in expenditure.

হাতনি, *a.* সদাই হাতৰ ওচৰত থকা, in frequent or constant use; always at hand.

হাতনিপেৰা, *s.* ধন আদি সদাই উলিয়াই সুমুআই থকা সৰু পেৰা, a small cash box for constant use.

হাত ফুৰাই, *v.* হাতেৰে চুই, চেঁচনি দি, জাতি কৰি, to stroke, to manipulate or make passes with the hand.

হাতবাউল, } *s.* দূৰৈৰ পৰা মতাত হাতৰ মুদ্ৰা বিশেষ, the beckoning with
হাতবাউলি, } the hand while calling to a person at a distance.

হাত মৰামৰি, *s.* ধৰুআই ধাৰ গাত লৈ সাখি কৰা, the acknowledgement of a debt or giving a pledge before witnesses.

হাত্লৰ, *a.* চোৰ স্বভাৱ থকা, light fingered, given to pilfering.

হাত সৰা, *s.* আপদ দুখ আদিৰ পৰা মুক্ত হোআ, the escaping from any danger or difficulty.

হাতালি, *a.* চেনৰ খেল বিশেষ, a game of toss and catch.

হাতেপতি, *ad.* প্ৰতি হাতে, in every hand.

হাতেলোতে ধৰা, *a.* চুৰ কৰোতেই বস্তুৰ সৈতে ধৰা পৰা, caught in the act of stealing.

হাদাজ, } *a.* উদজ, বখিয়া নাইকিয়া, without a keeper or guardian
হাদাজি, } unkept, at large.

হাদাম, *a.* অনেক দল, দম, much, abundant, plentiful; *s.* a heap, a pile.

হাদূৰা, *s.* লগনিয়াৰ কথা বিচুআ, investigating a slanderous report.

হাদূৰাহাদূৰি, *s.* বুজুআবুজি, ইটৈ সিটৈ কথা বিচুআ, the investigating a matter by confronting the parties.

হাদূৰি, *v.* see নাদূৰি.

হান. *s.* নৈৰ খোচ, দইন, a stab, a thrust, injury, loss.

হানি, *s.* দইন, ক্ষতি, খুঁচি, হুলেৰে বিন্ধি, টোআাই, harm, loss, damage; *v.* to stab, to pierce.

হাবাজ, *a.* একো নজনা, ভেবা, অকাজভাগি, simple, stupid, dull of comprehension.

হাবাথৰি, *s.* অতি পৰিশ্ৰমত বৰ ভাগৰ, exhaustion from great effort, fatigue; with খাই, to be fatigued or exhausted.

হাবাথৰিয়া, *a.* ক্লান্তিযুক্ত, বৰ ভাগৰুআ, wearied, fatigued, exhausted.

হাবি, } *s.* বননি, জাৰনি, অৰন্য, জাবৰনি, a jungle, a wilderness
হাবিয়নি, } a place covered with litter.

হাবিয়লিয়া, *a.* হাবিত থকা, বনৰিয়া, wild, jungly, living in a jungle &c.

হাবিয়াল, *s.* এখেল মানুহ, a class of people.

হাবিয়াহ, *s.* হেপাহ, বৰ বাঞ্চা, স্পৃহা, intense desire, a craving, a longing.

হাবুজিয়া, *s.* হাবুজত থকা লোক, a class of people.

হাবুৰুকা, *s.* পানি বহা জোআা মাটিত থকা সক কেঁচু এবিধ, a kind of earth worm.

হাম্‌খুৰিখাই, *v.* ডললৈ মূৰৈ মুখ থেকেচা খাই পৰি, to fall heavily on the face.

হামবাও, } *s.* অতি প্ৰেমেৰে সোঁঅৰণ কৰা, a fond recollection.
হামবাওকৰ্হা, }

হামহাম, *a.* see হাদাম.

হামাৰভাবে, *ad.* দৰহকৈ, দমকৈ, plentifully, abundantly.

হামাহি, *s.* গহৰি, হেলা, বেলি, পলম, tardiness, slowness, procrastination, delay.

হামি, *s.* টোপনি আহিব জানত মুখ আপুনি বহলকৈ মেল খোআ, জিমুন, a yawn, a gape.

হামিউআ, *s.* হামিয়াই থকা, হামি মৰা, the act of yawning or gaping.

হামিয়াই, *v.* হামি মাৰি, to yawn, to gape.

হাম্বিৰ, *s.* এবিধ টেঙ্গা, a kind of acid fruit.

হামোক', *a.* এঢলিয়া, কাতি, aslant, leaning; with খাই, to lean.

হামোৰকামোৰকৈ, হামোৰধামোৰকৈ, } *ad.* নেৰানেপেৰাকৈ, বেগাবেগিকৈ, ভতাতৈয়াকৈ, quickly, eagerly, earnestly.

হামোৰনি, *s.* পানিৰ পেট কামুৰিয়া, the whirling or eddying of a current.

হাৰ, *s.* অস্থি, ডিঙ্গিত পিন্ধা ৰূপ সোনৰ গোঁঠা সিকলি বিসেস, a bone; a gold or silver chain.

হাৰক, *s.* হাৰ্য্য, অঙ্কক হৰা অঙ্ক, a divisor, (in Arithmetic.)

হাৰকাটনৰ, *a.* আপোন আৰ্জ্জনৰ, নিজে দুখ কৰি অৰ্জ্জা, acquired or produced by personal labor.

হাৰখৰাহি, *a.* মঙ্গহ নাইকিয়া, নিচলবদতি, হাৰেচালে, emaciated, reduced to skin and bones.

হাৰগোঁঠনি, *s.* এবিধ চেলা গোঁঠনি, platting with five or seven strands

হাৰতখোআ, see নিচলা.

হাৰভাগি, *s.* লাউপতা মাচ, a species of fish.

হাৰমাল, *s.* এৰাব নোঅৰা লেঠা বা কহম, কলগুহ, an unavoidable incumbrance, a dilemma.

হাৰলি, *s.* মেঞ্জি, মাঘৰ বিহুত পোৰা কাঠ বা নৰা আদিৰ দল, a stack or pile of wood or straw; a stack of straw and wood burned at the end of harvest.

হাৰামি, *s.* see হৰা কৰমি.

হাৰাসাস্তি, *s.* হাইৰাং, আধাসাৰি, great weariness, fatigue, exhaustion, trouble, vexation; *a.* jaded, harassed, fatigued, much troubled.

হাৰি, *v.* ঘাটি, পৰাজই হৈ, হিন্দুৰ এক হিন জাত, to be defeated; *s.* a low hindoo caste.

হাৰি দি, *v.* গচৰ চাৰিও ফালে কাটি বা চাল গুচাই, to girdle a tree.

হাৰি মাৰি, *v.* দুই ঠেং জুটি, গোটা মাৰি, to fetter animals by binding the two feet together.

হাৰেচালে, *a.* হাৰ আৰু চাল মাত্ৰ, খিন, only skin and bones, emaciated.

হাৰ্য্য, *s.* হাৰকেৰে হৰা অঙ্ক, a dividend, the number to be divided.

হাল, *s.* জোৰ, লগ লগা দুটা, গৰুৱে মাটি ভঙ্গা জতন, a pair, a plough; with বাই, to plough; with বোআ, ploughed or ploughing.

হালচা, *s.* see হলচা, বিঘা.

হালধি, *s.* এবিধ মচলা, হৰিদ্ৰা, turmeric.

হালপতা, *s.* খামোচা, চন্দুক আদিৰ চুকত মৰা লো পিতলৰ পতা, a corner piece or clamp of iron or brass.

হালি, *v.* হলি, বৰ নাৱৰ গুৰি পোনোআ ক্ৰন, to lean, to slant; *s.* a rudder, a helm.

হালিজালি, *s.* ইফালে সিফালে হলি, আউলিজাউলি, a swaying back and forth, a swaggering; used also adverbially.

হালিম, *s.* এবিধ জলা সাক, garden cress, (Lepidium Sativum.)

হালেহালে, *ad.* দুটা দুটাকৈ, জোৰজোৰকৈ, two and two, in pairs.

হালৈ, } *s.* সন্দেস আদি মিঠৈ কৰি বেচা বেপাৰি, a confectioner.
হালোআই, }

হালোআ, *a* হাল বোআ, হাল সমন্ধিয়, relating to a plough; *s.* a ploughman.

হালোআ চহা, *a.* চহৰিয়া, লিখা পৰ্হা নেজানি হাল বাই খোআ, মুৰ্খ, knowing only how to plough; unlearned, rustic.

হাৱলদাৰ, *s.* চিপাহিৰ এক পদ বিসেস, a Havildar or native sergeant.

হাবৈ, *s.* ওপৰলৈ মাৰি পঠিওআ খাৰৰ খেল বিসেস, a kind of fire-works.

হাস্য, *s.* হঁহা, হাঁহি, laughter, ridicule.

হি, ক্ৰিয়াৰ সেসত জোগ হৈ অহা বুজাই, a contraction of the verb আহি, joined to verbs to express the act of coming prior to the act expressed by the verb to which it is joined, as খাবহি, he will come and eat.

হিং, *s.* এবিধ গচৰ এঁঠা, মচলা বিসেস, assafœtida.

হিংসক, *a.* খিয়লিয়া, হিংসাকুৰিয়া, হিংসা কৰোঁতা, malicious, injurious, hurtful.

হিংসা, *s.* খিয়াল, অসূয়া, বৈৰি ভাৱ, আখেজ, malice, hate, hurt, injury, spite.

হিংসাকুৰিয়া, *a.* see হিংসক.

হিঁচ্‌হিঁচ্, *voc.* গৰু আদিক মতা মাত, a word used in calling cattle.

হিঁহনি, *s.* হৈচাহৈচি, ঠিহনি, a crowd; with মাৰি, to crowd together.

হিজহিজ কিট্‌কিট, *s.* কেট্‌কেটনি, কেটেৰজেঙ্গৰ, continual fault finding, fretting, scolding.

হিজহিজিয়া, *a.* কেট্‌কেটোআ, জিজজিজাই থকা, fretful, fault finding &c.

হিঙ্গুল, *s.* ৰঙ্গা বৰনৰ ধাতু এবিধ, হেঙ্গুল, vermillion.

হিচ্‌হিচ, *a.* বহুত বহুত, দমাদম, much, abundant, many.

হিজল, *s.* এবিধ গচ, a species of tree.

হিটহিটনি, *s.* ঠেকা খাই উঠা অনেক সবদ, হুট্‌হুটনি, a clashing sound.

হিত, *s.* উপকাৰ, সুভ, লাভ, সহাই, উপকাৰি, benefit, advantage, profit; *a.* beneficial, profitable, advantageous.

হিতকাৰি, } a. হিত কৰোঁতা, উপকাৰি, beneficial, advantageous; s.
হিতৈসি, } a benefactor.

হিতোপদেস, s. ভাল সিকনি, এখন সংস্কৃত সিখ্যাৰ পুথি, salutary advice, useful instruction; the title of a hindoo book on moral science.

হিন, a. নাইকিয়া, কম, নিহ, destitute, bereft, deprived of, low, mean; used in composition, as পিতৃ হিন, bereft of a father.

হিন্দি, s. হিন্দুস্থানৰ ভাসা, Hindee, the language of Hindustan proper.

হিন্দু, s. হেন্দু, বেদ মতে প্ৰবৰ্ত্তা লোক, a hindoo.

হিন্দুস্থান, s. ভাৰত বৰিস, হিন্দু লোকৰ থান, the country of the hindoos; Hindustan.

হিন্দুস্থানি, a. হিন্দুস্থানৰ সমন্ধিয়, belonging to Hindustan.

হিম, s. ডাঠ নিয়ৰ, frost, snow, dew, mist, (a general term.)

হিমজু, s. হাঁতিৰ বিৰ্য্য, হস্তি বিন্দু, elephant semen.

হিমালই, s. ভাৰত বৰ্সৰ উত্তৰ সিমাৰ হিমজুক্ত পৰ্ব্বত, the Himmalaya mountains.

হিয়া, s. বুকু, হিদই, মন, চিত্ত, the breast, the heart, the mind, the affections.

হিয়াজালি, s. বুকৰ আমঠু, the fleshy portion of the breast.

হিয়াধাঁকুৰি, v. বেজাৰত বুকু ভুকুআই, হিয়াত চাপৰ মাৰি, to smite on the breast in token of grief.

হিয়ালিজিয়ালি, s. হৈলনিবিলনি, হালিজালি (কন্দা,) a wailing and swaying to and fro of the body.

হিৰ, s. পাট বা মুগা কাটোঁতে ওলোআ আঁহ বা সুতা, a fibre, the threads of a cocoon; with দি, to unwind the threads of a cocoon in spinning silk.

হিৰন্য, s. সোনা, হেম, gold.

হিৰন্য কসিপু, s. পূৰ্ব্ব কালৰ দুস্ট দৈত্য এজন, the name of a fabled gigantic demon, to destroy whom Vishnoo assumed the *Norohingho* incarnation.

হিৰন্যাক্ষ্য, s. হিৰন্য কসিপুৰ ভায়েক, the brother of the above demon.

হিৰহিৰ, } s. হুৰহুৰনি, গিৰ্গিৰনি, any roaring, rushing, rumbling
হিৰহিৰনি, } sound.

হিৰা, s. এবিধ উত্তম বাখৰ, চক গৰ্হা এজাতি চঁৰাল, a diamond; a low class of potters.

হিলৈ, s. গুলি মৰা অস্ত্ৰ বিসেস, a gun; with মাৰি, to discharge a gun.

হিলৈখাৰ, s. কলাইখাৰ, হিলৈ মৰা খাৰ, বাৰুদ, gunpowder.

হিলৈগুটি, *s.* বৰ টান গুটি, হিলৈ মৰা সিহৰ সৰু সৰু গুটি, a bullet.

হিলৈদাৰি, *s.* চিপাহি, অচম ৰজাৰ হিলৈ মাৰোঁতা এখেল মানুহ, a soldier armed with a gun.

হিলৈ মৰা, *s.* হিলৈৰে গুলি মৰা আৰু সদ্দ কৰা, the discharge of a gun.

হু, *interj.* উলাই বা ইতিকিন্দ কৰা মাত, an interjection expressive of contempt or derision.

হুআদুআ, *s.* হোলপাৰ, কন্দাকটা, confusion, hubbub, loud wailing or lamentation.

হুই, *s.* হাই, হৈ, a noise; *v.* to be.

হুঁ, *s.* মনৰ অতিসই খোদ বুজুআ মাত, হুমুনিয়াহ, a sigh, a stifled groan or expression of sorrow.

হুঁকৰি, *v.* গুঁজৰি, বলদ গৰু আদিএ চিয়ৰি, to growl, to bellow.

হুঁচৰিগোআ, *s.* চতৰ বিহুত ঢোল আদি লৈ ঘৰে ঘৰে আসিৰ্বাদ কৈ নাম গোআ, the going in procession from house to house with singing and musical instruments during the three days of *Sut* Bihu.

হুঁটা, *a.* নোকোমলা, টান, কেঁচামাল, আৱুজন, not soft, hard, obstinate, self, willed.

হুঁটুআ, *a.* মাজ ওখ, highest in the middle.

হুঁটুআহুঁটুলি, *a.* ওখ চাপৰ, অনেক খলাবমা থকা, undulating.

হুঁপি, *v.* চুহি ভিতৰলৈ উসাহ টানি নি, to suck, to draw into the mouth, to inhale.

হুঁহকি, *v.* পাচুআই, পিচলৈ গৈ, to move backward, to retrograde, to retreat.

হুকচকচ, *s.* বিতত, উথপথপ, খৰখোদা, bustle, hurry, haste.

হুকহুক কৰে, *ad.* ৰবকৈ, অতিসই ৰূপে, (কন্দা,) loudly, bitterly, excessively, (applied only to crying.)

হুকি, *s.* ভেকাহি, হঠাত খঙেৰে মৰা গেজেৰা, angry retort, cross and cutting words.

হুকিউআ, *s.* ভেকাহি মৰা, গেজেৰা মৰা, the speaking crossly or snappishly.

হুকিয়াই, *v.* ভেকেহিয়াই, খঙেৰে গেজেৰা মাৰি, to speak crossly &c.

হুকুম, *s.* আগ্যা, আদেস, বিধান, a verbal order or command.

হুকুমা, *s.* মাচ ধৰা যতন, এবিধ ডিঙৰা, a contrivance for catching fish.

হুচ, *s.* বনৰ ভিৰ, অনেক কামৰ জঁজাল, a pressure of work, urgency of business.

হুজ, *s.* মানুহৰ জুম, দল, a multitude, a crowd or throng of people.

হুট্‌হুট, } *s.* টান বস্তুত ইটে সিটে ঠেকা খোআত ভগাত বা ফুটাত
হুট্‌হুটনি, } উঠা অনেক সবদ, হুটুৰহুটুৰ, ঠালৌৰ ঠালৌৰ, the sound of beating or striking hard substances together; clangor, clash.

হুট্‌হুটাই, *v.* হুট্‌হুট্‌ সবদ কৰি, to clash, to strike against with noise.

হুটুৰ, *s.* এবেলি মৰাত ফুটাত বা ঠেকা খোআত উঠা সবদ, the sound of sudden striking breaking or clashing.

হুণ্ডি, *s.* ধন সলোআ পত্ৰ, a bill of exchange, a draft.

হুতাইতাই, *s.* see হুকচ্‌কচ্‌.

হুতাসন, *s.* জুই, অগ্নি, fire.

হুতাসিন, } *a.* কুলখ্যানিয়া, গজমুৰা, দুৰ্কপলিয়া, unlucky, unfor-
হুতাসিনিয়া, } tunate, evil-omened.

হুদ্‌, *s.* বৰ ফেঁচা এবিধ, a screech-owl.

হুন, *s.* দইন, হানি, failure, diminution, loss.

হুনু, *ad.* হেনো, (corruption of সুনোঁ, I hear,) used adverbially equivalent to the phrase "as report goes" or "they say."

হুমঠালি, *s.* মইমতালি, মতগৰ্ব, obstinacy, self-will.

হুমহুম গিৰ্গিৰ, } *s.* মেঘৰ বৰ গাজনি, a roaring or thundering noise.
হুমহুমনি, }

হুমাজাপে, *ad.* একে লগে, অনেকে লগ হৈ, together, in concert.

হুমিওআ, *s.* প্ৰতিকাৰ কৰিবলৈ প্ৰকাসকৈ ডাবি দিয়া, কৰিবলৈ প্ৰতিগ্যা বিসেস, the threatening of revenge.

হুমিয়াই, *v.* প্ৰতিকাৰ কৰিবলৈ প্ৰকাসকৈ ডাবি দি, to threaten retaliation or revenge.

হুমুনিয়াহ, *s.* দুখৰ নিশ্বাস, হুঁ, a sigh, a long breath.

হুৰ, *interj.* হুহ, চৰাই খেদা মাত, a vocable used in frightening away birds; shoo!

হুৰলগা, *a.* জুম ভগা, ভাগি জোআ, scattered, dispersed, fleeing panic stricken.

হুৰা, *a.* বৰষুন নাইকিয়া, খৰাঙ্গ, খৰ, (বতৰ,) dry, arid, without rain.

হুৰাই, *v.* চৰাই আদিৰ জাক ভাঙ্গি, to frighten away birds.

হুৰাওৰাও, *s.* বৰকৈ কন্দা, বাওজুৰি কন্দা, a loud cry, lamentation.

হুৰাওৰাৱে, *ad.* বৰ এৰাৱেৰে, (কন্দা) loudly, vehemently, (applied to crying.)

হুৰামুৰা, *s.* কিলাকিলি, দন্দ হাই, কন্দল, an affray, uproar, confusion, tumult.

হুৰি, *v.* ভাগৰি, to be wearied or fatigued.

হুৰিমাৰি, *v.* হাই দি লৰ মাৰি, to rush upou with a loud cry; *ad.* noisily, clamorously.

হুৰুৱাই, *v.* see হুৰাই.

হুৰুকা, *s.* খোঁচৰা, উকৰা, a stirring up, a loosening or scratching of the soil; *fig.* the investigating or stirring up of an old matter.

হুৰুকি, *v.* মাটি আদি খুঁচৰি, উকাৰি, to stir up, to investigate.

হুৰুথ, *s.* গিৰিস. ভাৰৰ বস্তু পৰাত উঠা সব্দ, the sound of anything falling heavily.

হুৰ্দল, *s.* বলাতকাৰ, জোৰাপোটা, unjust force or coercion, violence, compulsion.

হুৰ্হুৰ, }
হুৰ্হুৰনি, } *s.* see হিৰহিৰ.

হুৰ্হুৰাই, *v.* হুৰ্হুৰ কৰি, গিৰ্গিৰাই, to make a rumbling or roaring sound.

হুৰহুৰিয়া, *a.* অকপটিয়া, পেটত কথা নৰখা, ভঙ্গভঙ্গিয়া, frank, outspoken, unreserved.

হুল, }
হুলা, } *s.* কাঁইট, জোক, সুল, a thorn, a sting, a prickle, a sliver, a goad; with চাঁচি, to meditate injury or harm to another; with মাৰি, to pierce.

হুলথুল, }
হুলস্থুল, } *s.* তোলপাৰ, গণ্ডগোল, হুৰামুৰা, confusion, tumult, uproar, a hubbub.

হুলুকিওআ, *s.* জোল বস্তু উকৰা বা লৰোআ, পানি বা পোকে মুখ লৈ উহ দিয়া, the stirring of a liquid, the oozing out of a liquid.

হুলুকিয়াই, *v.* জোল বস্তু উকাৰি, পানি বা পোকে উহ দি, to stir up, (as a liquid;) to ooze out.

হুহলগা, *a.* see হুৰ লগা.

হুহু, }
হুহুঅনি, } *s.* ৰবকৈ উঠা জুইৰ সবদ, the roaring of fire.

হে, *interj.* বাধা বুজুআ কথা, সম্বোধনৰ মাত, নিচই বুজুআ পৰবৰ্ত্তি সবদ, a particle expressing prohibition; a vocative used in addressing equals; oh, oh you; when an affix it expresses the strongest certainty or emphasis.

হেঁকটি, *s.* বায়ু উঠি ডিঙিত খুন্দা খোআ সব্দ, a hiccough.

হেঁকটিয়াই, *v.* হেঁকটি আহি, to hiccough.

হেঁকটিয়া, *s.* হিঁকটিয়া, ঘা আদি সুকাই কাঠ বান্ধি থকা চিন, এবিধ গচ, a callous, a scar, a species of tree; *a.* scarred, cauterized.

হেঁকটিয়া মাহ, *s.* এবিধ বনৰিয়া মাহ, a species of wild pulse.

হেঁকা, *s.* সেকা, শৰিৰৰ বৰ ক্লেশ, দুখ, great bodily suffering, distress.

হেঁকাই, *interj.* বৰ সন্তোস বুজোৱা কথা, হেঁকো, ভাল হল, an exclamation expressing great satisfaction equivalent to "very good," "just right."

হেঁকেচকেচ, *s.* লেঠা, জেপা, ভতৰ, ঐয়াহিয়া, perplexity, difficulty, trouble.

হেঁকেৰা, } *a.* অলপ বেঁকা, কেঁচিয়া, চুকিয়ামুকি, out of square, oblique,
হেঁকেৰা, } not parallel, winding.

হেঁকেৰপেকেৰ, *a.* লৰৎফৰক, লৰচৰকৈ থকা, জোঁট, জেঙা, হেঁকেচকেচ, shaking about as anything loosely bound; *s.* difficulty, trouble, embarassment.

হেঁকেৰাহেঁকেৰ, *s.* ফেৰেকাফেৰেক, বেঁকাবেঁকি, a waddling gait, obliquity, crookedness.

হেঁকেৰাহেঁকেৰি, *a.* ফেৰেকা ফেৰেকি, হৈহা, waddling, out of square.

হেঁকেহেঁকেকৈ, *ad.* ঘনে ঘনে মাতি, (খঙেৰে কোৱা মাত,) repeatedly calling; used only when irritated by being frequently spoken to.

হেঁকো, *interj.* see হেঁকাই.

হেঁচনি. *s.* জিহেৰে হেঁচা দিঅ, হেচা মাৰি ধৰা বস্তু, a weight for pressing.

হেঁচা, *s.* ভৰ, তললৈ দিয়া ভিৰ, হেঁচোক ঠেলা, weight, downward or side pressure, a push, a shove.

হেঁচাঠেলা, } *s.* ঠেলাঠেলি, হিঁহনি, অনেক লোক গোট খোআত হোআ
হেঁচাহেঁচি, } ঠেকাঠেকি, a mutual pushing back and forth, swaying to and fro as of a dense crowd of people.

হেঁচি, *v.* হেঁচা দি, তললৈ ভৰ দি, ঠেলি, হেঁচুকি, to press, to push, to shove.

হেঁচুকি, *v.* ঠেলি, বলেৰে হোঁহোঁকাই, to push, to shove.

হেচোক, } *s.* ঠেলা, হেঁচা, হোঁহোঁকোআ, a push, a shove.
হেঁচোকা, }

হেঁটমুৰিয়া, *a.* এচলিয়া মুৰ থকা, having an ill shaped or disproportionately large head.

হেঁটামেচা, *a.* পোটোকা পৰা, জেমেচাজেমেচি, মেচামেচি, dented, of uneven surface.

হেঁটুলুকা, *s.* এবিধ চৰাই, a species of bird.

হেঁতা, *s.* কৰচলি, বস্তু উলিওআ বা কৰা জতন, জঁতৰ আদিত ঘূৰুউআ মাৰি, a spoon, a ladle; the handle of a spinning wheel.

হেঁতেন, সম্ভব্য, ভুত কালৰ ক্রিয়াৰ পিচত থকা কথা, an affix used in forming the subjunctive mood.

হেঁপা, *s.* মেকুৰিৰ নিচিনা বন জন্তু এবিধ, a species of wild cat.

হেঁপাইফোঁপাই, *ad.* ঘনে ফোঁপাই, হেলাইহেঁফাই, with palpitation or rapid breathing.

হেঁপোৰপিটা, *s.* মুখেৰে হেঁপোৰ হেঁপোৰকৈ পিটিত কোবোৱা, ঘনত বলে নোআৰিব লাগি থকা, self flagellation accompanied at each stroke with a sound from the mouth resembling that made by the stroke of the whip; the tugging at a work that is beyond one's strength.

হেঁকনি, *s.* বাধা, ডাবি, a prohibition, a forbidding; with মাৰি, to forbid, to threaten.

হেঁহনি, *s.* ঘোঁৰাৰ মাত, the whinnying or neighing of a horse.

হেকহেকনি, *s.* খেচখেচনি, একে কথাকে ঘনে কোৱা, the act of teasing, importuning, fault finding.

হেক্‌হেকাই, *v.* খেচখেচাই, ঘনে কোনো কথা কৈ, to tease, to importune.

হেকান, *s.* উপকাৰ কৰি সোঁৱৰোৱা, the taunting with, or frequently reminding a person of favor conferred; with পাৰি, to taunt.

হেঙদাঙ, *s.* ৰজাৰ হাত অস্ত্ৰ বিসেস, a small sword or rapier used by the Assam kings as an insignia of royalty.

হেঙ্গাজকাই, *s.* কুচুনি জকাই, এবিধ দিঘল জকাই, a long basket used for catching fish.

হেঙ্গাপুঙ্গা, *s.* এলাহ, মন নোহোৱাত হাঙ্গি ধৰি কৰা হেলা, a remissness or loitering at work.

হেঙ্গাৰ, *s.* গোঁজ মাৰি পথালিকৈ বাঁহ বান্ধি দিয়া জেওৰা বিসেস, a temporary fence made of whole bamboos hung on posts.

হেঙ্গাল, *s.* এবিধ দিঘল কুকুৰ, a species of dog.

হেঙ্গুল, *s.* ৰঙ্গা বৰনৰ ধাতু এবিধ, vermillion.

হেঙ্গুলিয়া, *s.* ৰঙ্গা, হেঙ্গুল বৰনৰ, red, like vermillion.

হেজাৰ, *a.* দহ স, সহস্ৰ, a thousand.

হেজাৰহেজাৰ, *a.* অনেক হেজাৰ, অতি সৰহ, many thousands, multitudinous.

হেজেৰিয়া, *a.* হেজাৰৰ, of a thousand, of the value of or containing one thousand.

হেজাই, *v.* ভাৰ আনিত হাতেৰে উলাহ দি, to ease a burden on the shoulder of another by raising it with the hand.

হেঁচাওপৰা, *s.* একেটা বস্তুকে কেইবাটায়ো লবলৈ ওপৰা ওপৰি কৰা, the scrambling of several persons for anything.

হেঁতামাৰি, *s.* সাঁকোত পাৰ হওঁতে ধৰি জোৱা মাৰি, a hand rail of a bridge.

হেঁভিয়াই, *v.* মাচ আদি বিচাৰিবলৈ পানিত হাতেৰে খেপিয়াই, to feel for fish with the hand under water.

হেতু, *s.* কাৰন, নিমিত্ত, কাইন, origin, cause, reason, motive.

হেতুকে, *ad.* কাৰনে, নিমিত্তে, জন্যে, wherefore, for, for the sake of.

হেতোআ, *s.* হাতেৰে ভাৰ আদি উলাহি দিয়া, the assisting in shifting or carrying a shoulder burden.

হেদাজি, } *a.* উদঙকৈ মেলা, ৰখিয়া নাইকিয়া, free, loosed, without
হেদানি, } a keeper.

হেদাম, *a.* see হাদাম.

হেদালিকামোৰনি, *s.* প্ৰসৱৰ পাচৰ পেট কামোৰনি, after-pains.

হেদালিচাঙ, *s.* কামিৰে সেৰেঙাকৈ বোআ চাঙ, a hanging bamboo shelf.

হেদালিচাল, *s.* কামিৰে সেৰেঙাকৈ বোআ ঘৰৰ চাল, a roof in which the thatch is laid on braided bamboo splints instead of bamboo rafters.

হেন, *conj.* এনে, সদৃস, like, such, as.

হেনজানি, *conj.* এতেকে, ইয়াকে জানি, এই নিমিত্তে, therefore, so, for this reason, with this understanding.

হেনতেন, *conj.* এনে তেনে, আমুক তামুক, so and so, this and that.

হেনে *conj.* see হেন.

হেন্দু, *s.* see হিন্দু.

হেন্দুলি, *v.* দোলন কৰি, চুলি, জুলি, to swing, to vibrate, to oscillate, to toss, (as waves.)

হেন্দোলনি, } *s.* দোলন, জুলি থকা হেলেপনি, oscillation, swaying,
হেন্দোলা, } vibration, dashing of waves.

হেন্দোলদোপ, *s.* দলদোপ, চুলেই লৰা, তল ওপৰ হোআ, oscillation, vibration, a swaying to and fro.

হেপা, *s.* নিলগলৈ হাত মেলা, with মেলি, to stretch out the hand to reach.

হেপাহ, *s.* হুতাহ, হাবিয়াহ, ইচা, eager desire, craving, longing; with পলাই, to gratify a craving desire.

হেপিমুআ, *a.* চেপেটামুআ, thin faced.

হেপোৰতেপোৰ, *s.* হাঁকোট পিকোট, বলে নোআৰা কামত জুৰি থকা, the striving to do beyond one's strength.

হেৰাঙ্গ, *a.* ভেবা, আৱাঙ্গ, বুধি হিন, stupid, simple, not quick of discernment.

হেৰাথৰি, *s.* see হাবাথৰি.

হেৰাবেৰা, *s.* বিয়াকুল, চেষ্টা ভৰ্কল নোহোৱা, trouble, perplexity, agitation of mind; with পাই, to be agitated.

হেমন্ত, *s.* ৰিতু বিসেস, আঘোন পুহ মাহ, the cold season; the two months Aghun and Puh, or about Nov. and Dec.

হেমাহি, *s.* হেলা, গা গধুৰ, খৰপোচ নোহোৱা, slackness, dilatoriness, remissness.

হেম্বা, } *s.* গৰুৰ মাত, the voice of a bovine animal, a low.
হেম্বে, }

হেম্বেলনি, *s.* হেম্বা হেম্বা কৰা, the lowing of bovine animals.

হেম্বেলিয়াই, *v.* হেম্বে কৰি, গৰুএ মাতি, to low, (as cattle.)

হেৰ, } *interj.* সামান্যক মতা মাত, Hollo! used in calling to inferiors.
হেৰৌ, }

হেৰা, *interj.* মান্যোৰে সমানক মতা মাত, Hollo! used in calling to equals.

হেৰাই, *v.* নাইকিয়া হৈ, বিচাৰি নেপাই, to loose, to cease to have in possession.

হেৰাপাই, *v.* কোনো হেৰোআ বা বাটত পৰি থকা অস্বামিক বস্তু পাই, to find anything that has been lost.

হেৰাপোআ, *s.* কোনো হেৰোআ বা বাটত পৰি থকা অস্বামিক বস্তু পোআ, কোমল চাউলৰ ধান এবিধ, the finding anything that has been lost; a kind of rice eaten without cooking.

হেৰাসাস্তি, *s.* see হাৰাসাস্তি.

হেৰি, *ad.* কোনো বস্তুৰ নাম পাহৰাত বা মুখত নহাত কোআ মাত, a word equivalent to "what do you call it."

হে·ৰি, *interj.* মান্যোৰে মতা সম্বোধন, a term of familiar address to friends and superiors.

হেৰুআই, *v.* অন্যৰ দোআৰাই হেৰাই, to lose or cause to be lost.

হেৰেই, *interj.* আদৰ সাদৰেৰে মতা সম্বোধন, a vocative used in addressing elders or superiors.

হেৰেপনি, *a.* গেজেপনি, মোট মৰা (হাবি,) dense, interwoven as of jungle.

হেৰেপা, *a.* চেপেটা হৈ পৰা, জাপখাই পৰা, সেপেটা, prostrated, (as grass or grain.)

হেৰেমগৰিয়া, *a.* আওগৰিয়া, এচলিয়া, (মাটি,) sloping, applied only to land.

হেৰেমনি, *s.* see হেৰেপনি.

হেৰোআ, *s.* হেৰাই যোআ, the act of loosing; *a.* lost.

হের্পেটা, *a.* see হেৰেপা.

হেলচ, *s.* এবিধ টেঙ্গা গচ, আৰু তাৰ গুটি, a species of acid fruit and its tree.

হেলনিয়া, *a.* হলি থকা, একতিয়া, oblique, aslant.

হেলা, *s.* হেমাহি আওকান, অমান্য, disregard, indifference, trifling, neglect.

হেলাইহেঁফাই, *ad.* see হেঁপাইফেপাই.

হেলাওটা, } *s.* এলাহ, মন দি নকৰা, idleness, indifference or loitering at work.
হেলালেচাৰি, }

হেলাকৰা, *s.* অমান্য কৰা, উলাই কৰা, মন নিদিয়া, the act of trifling, disregarding, or of treating with incivility; *a.* disregarded &c.

হেলাৰাঙ্গে, *ad.* অনায়াসে, একো দুখ নোহোআকৈ, অব্যাহতে, without difficulty, readily, easily.

হেলেকলেক, } *a.* সোলোক ঢোলোক, ভালকৈ খাই নধৰা, not firm, shaking, loosly bound.
হেলেকলেকিয়া, }

হেলেঙ্গপেলেঙ্গ, *a.* ভোকত বা ভাগৰত গা ৰাইজাঁই কৰা, weak, trembling, exhausted by excessive fatigue or hunger.

হেলেপনি, *s.* পানিৰ আস্ফাল, হেন্দোলনি, the dashing of waves.

হেলেপিহেলেপি, *ad.* কোনো বনত বলে নোআৰি লাগি থাকি, with repeated and fruitless effort, vainly striving.

হেহে, *interj.* বাধা বুজুআ মাত, হাঁহাঁ, an exclamation of prohibition or warning, equivalent to "look out!" "take care!"

হৈ, *v.* হই, জন্মি, হাই, পৰবৰ্ত্তি সব্দ, জেনে মোৰ হৈ বা মোৰ সলনি, to be, to exist; *s.* a cry, a yell; instead of, in the place of.

হৈচ, *interj.* অনেকে একে বেলিএ টনাত মতা মাত, all together, a word used in pulling and hauling.

হৈগুদু, } *s.* লৰাৰ খেমালি বিসেস, a kind of child's play.
হৈগুদুগুদনি, }

হৈধনি, *s.* আসিৰ্বাদৰ পাচে কৰা জইধনি, হৰিধনি, a loud invocation of the name of God; hosannah.

হৈয়া, *a.* see হেঁকেনা.

হোআ, *s.* হৈ জোআ, সিয়ালৰ মাত, being, existence, completion, the cry of a jackal; *a.* being completed.

হোআহুই, *ad.* হবলৈ অলপ থকা, approaching completion, nearly finished.

হোঁ, *voc.* সামান্যক দিব খোজা মাত, here, take it, have it.

হোঁকা, *s.* ধুঁআ খোআ, ধঁপাত খোআ সজন, a hubble bubble, a native smoking apparatus.

হোঁকোৰনি, *s.* বাঘ গৰু আদি জন্তুৰ চিঁয়ৰনি, a roaring or bellowing as of wild beasts or cattle.

হোঁকোৰা, *s.* হুঁকৰি ফুৰা, bellowing &c. or above.

হোঁপা, *s.* সোহা, চোহা, ভিতৰলৈ উসাহ টানি নিয়া, a sucking or drawing into the mouth.

হোঁহোঁকা, *s.* পাচলৈ জোআ, হটা, a retrograding or going back.

হোঁহোঁকাই, *v.* পাচুআই, পাচলৈ নিয়াই, হটাই, to cause to turn back.

হোক্‌হোকনি, *s.* ভালুক বৰা গাহৰি আদিৰ গোজৰনি, the grunt of a hog.

হোক্‌হোকাই, *v.* বৰা গাহৰি আদিএ মাতি, to grunt (as a hog.)

হোচোজা, *a.* সকত, বৰ ডাঙৰ দিঘল, tall and stout.

হোজা, *a.* পোনপটিয়া, ফাঁকিফুকা নজনা, হোলগোজ, artless, plain, unsuspecting, simple-hearted.

হোড়্‌কৰে, *ad.* অকস্মাত, বেগহে, হাউতকৰে, (বকা বা পৰা,) suddenly, quickly, (as of pouring or falling.)

হোতা, *s.* হোম কৰা বামুন, a sacrificial priest.

হোপোৰ, *s.* হোঁপা মৰাত উঠা সবদ, the sound made in sucking &c.

হোম, *s.* জুইত ঘিঁউ ঢালি কৰা জজ্ঞ, a burnt offering; the casting of clarified butter into the fire, as an offering to the gods, accompanied with incantations.

হোৰ, *s.* ভেৰভেৰিয়া বোকা, সেকেটা, অনেক কামৰ ভাৰ, হুঁচ, mire; revenge; pressure of work.

হোৰনি, *s.* ভেৰভেৰিয়া বোকাৰ ঠাই, ভেৰনি, a muddy or miry place.

হোৰা, *s.* নগা আদিএ বব অনা জন্তন, a basket carried on the back.

হোৰাহোৰে, *ad.* বহুতকৈ, অধিককৈ, much, abundant.

হোৰোকা, *s.* খোঁচৰা, উজৰা, the act of stirring up or mellowing, (as of earth.)

হোৰোপা, *a.* মাজ খন তললৈ বহি জোআ, sunken in the middle, concave.

হোৰোস, *s.* পানি বা সোকাত পৰিলে উঠা সবদ, the sound made by plashing in mud or water.

হোৰোস কৰে, } হোৰোসাই, } *ad.* হোৰোস সবদেৰে হঠাৎ, অকস্মাত, with the above sound, suddenly, unexpectedly.

হোৰোহা, *a.* ভেৰেহা, বৰ ডাঙৰ (পেট,) large, corpulent.

হোলগোঁজ, *a.* see হোজা.

হোলা, *s.* পৰ্ব্বতৰ দিঘল বহল খাল, a long deep hollow, a ravine.
হোলোক কৰে, *ad.* see হোতকৰে.
হোলোকনি, *s.* চলকনি, বতাহ বা অন্য দুখ্যৰ জোআৰাই খুন্দা খাই উঠা, ঢৌ, the dashing of waves, spray.
হোলোঙ, *a.* বৰ ডাঙৰ, মলঙগিৰি (ঘৰ নাও গচ আদি,) large, great. (applied to boats, houses, and trees.)
হোলোঙা, *s.* দুই মুৰ জোঙা বাঁহৰ কান মাৰি, a sharp pointed bamboo pole used in carrying cut grain &c. on the shoulder.
হোলোঙাপেোম, *s.* বৰ সাপ এবিধ, a species of large snake.
হোলোঙামৰি, *s.* দিঘল টেঙা এবিধ, a species of acid fruit.
হোহো, } *s.* বতাহৰ বৰ সবদ, the roar of a tempest.
হোহোঅনি, }
হোহোআই, *v.* হো-হো সবদ কৰি, to roar, (as wind.)
হৌহৌ, } *s.* পানি আদি বৰকৈ ওলোআ, the gushing or gurgling
হৌহৌঅনি, } of water &c.
হোহোআই, *v.* হৌহৌ কৰি, to gush forth, to bubble up as a spring.
হ্রস্ব, *a.* চুটি, চাপৰ, লঘু, short, low, grave, depressed in scale of sound.
হ্রস্ব ইকাৰ, *s.* চুটি বা প্ৰথম ইকাৰ জেনে (ি) the letter ই or its symbol (ি).
হ্রস্ব উকাৰ, *s.* চুটি বা প্ৰথম উকাৰ, জেনে, (ু) the letter উ or its symbol (ু).
হ্রাস, *s.* কম, হানি, shortness, diminishing.
হ্ৰদই, *s.* see বিদই.

ক্ষ,

ক্ষ, ক্ষকাৰ, this Sanskrit compound is composed of ক *k*, and ষ *sh*, but is pronounced খ্য *khy*, and in Assamese is often softened to খ, *kh*, as in the word অক্ষৰ *akkyor*, a letter; Assamese আখৰ *akhor*, or আইখৰ, *aikhor*. Hence this compound character is unnecessary in writing Assamese.

APPENDIX.

অ

অকাই পকাই, *ad.* পকাই ভকাই, ঘেৰাই ঘুৰাই, evasively, circuitously.

অখিয়াই, *v.* থোকৰ পৰা আখি খহাই, আখি আখি কৰি, to separate the several clusters of a bunch of fruit.

অঘৈয়া, *a.* see এঘৈয়া.

অটিয়ামটিয়া, *s.* বেজেৰা বেজেৰি, কেটেৰ জেঙেৰ, crossness, uncivil or angry speech.

অনাই, *v.* অনোআই, লৈ অহাই, to cause to bring.

অনাজালে, *ad.* জুই আগিৰ তাপ বা পোৰনি নোহোআকৈ, without heat or pungency.

অনিয়াঅনি, *s.* see আওনাআওনি.

অপতিপাল, *s.* অপ্ৰতিপাল, আপডাল নকৰা, the being without a protector or nourisher.

অবৰিয়া, *a.* see আওচলিয়া.

অৰিতি, *s.* অনাচাৰ, কুৰিতি, improper conduct or usage, lawlessness.

অৰ্পি, *v.* অৰ্পন কৰি, সোধাই দি, সমৰ্পি, to dedicate, to offer in sacrifice.

অসাইজ, *a.* খাবলৈ অশুচি, অখাদ্য, unfit for, interdicted, applied to food.

অহফুট, *v.* অচাৰ সঁচাৰ, গুপুত, ফুট নোপোআ, without trace or vestige, imperceptible.

আ

আওকলিয়া, *a.* আঁকোআলে পোআ, বেয়া কালৰ, clasped or embraced in the arms, as in measurement; inauspicious, ill-omened.

আওখালি, *v.* ধুই, পখালি, to wash, to rinse.

আওটি, *v.* পগাই, জোল কৰি, to boil, to melt; applied only to milk and metals.

আওজালি, *v.* পানিত হাত ভৰি লৰাই, ধোআত কাপৰ আনি জোকাৰি, to paddle, to move anything back and forth in water, to strike out with hands and feet as in swimming.

আওহি, *v.* আওজি, পিঠিএৰে ভৰ দি, to lean against.

আঁটি, *v.* জুৰি, কুলাই, to suffice, to be enough.

আঁক্ৰোহ, *s.* মোহ, আকাঙখ্যা, avarice, niggardliness.

আগচা, } *s.* আগত থিয় হৈ ৰাব নিদিয়া, বাট ভেঁটা, the going
আগ ভেঁটা, } in front in order to stop or oppose.

আগৰ, *s.* বিবিয়াত সুমুউআ চাৰি ডলিয়া ডোল, পূৰ্ব্বৰ, প্ৰথমৰ, তাহানিৰ,

a contrivance for carrying or hanging up earthen vessels; *a.* previous, former.

আগৰচন্দন, *s.* see অগৰু.

আগৰা, *s.* এবিধ বন শাক, বিৰিয়া, a species of edible wild vegetable; a circular wisp for the support of earthen vessels.

আগৰ্হি, *a.* অসুন্দৰি, আলাগি, ill shaped, ugly.

আগলতি পাত, } *s.* কলা পাতৰ আগ ভাগ, the upper portion of a
আগলি পাত, } plantain leaf.

আগলধা, *a.* ডিঙিলৈকে হোআ, full to the neck; applied to water vessels.

আগলিকা, *s.* বাৰ্হি থকা, খাই এৰা, অৱসেস, a fragment; what is left after eating.

আগলৈ, *ad.* পিচলৈ, ভবিস্যতলৈ, মুৰকত, আগ ভাগলৈ, hereafter, eventually, in future.

আগামপুৰাম, *s.* আগৰ পাচৰ, (কথা বা আচৰন,) origin and subsequent history; full account from first to last.

আঠধতুআ, } *a.* কেইবা বিধ ধাতু মিহলোআ, composed of several
আদধতুআ, } metals mixed.

আঙ্গোৰপাঙ্গোৰ, *s.* see আঁওৰপাঁওৰ.

আপডাল, *s.* পোহপাল, প্ৰতিপাল, যাতন চাকন, nurture a caring for.

আপোনপেটা, *a.* কাকো নিদি আপুনি আটাই খিনি খোআ, greedy, voracious, avaricious.

আমনিয়াই, *v.* see আমুআই.

আম্বলি, *s.* গচৰ পাতত বাহ লোআ এবিধ ৰঙ্গা পকআ, a species of red ant.

আলটিয়া, *a.* এঁঠাৰে, sticky, clayey.

আলটিয়া মাটি, *s.* এঁঠাৰে মাটি, কুমাৰ মাটি, clay, potter's clay.

আলহি, *s.* অথিতি, অভ্যাগত, প্ৰবাসি, a guest, a visitor; with সোধা, to entertain a guest.

আসোধন, *s.* সোধ পোচ নকৰা, নোসোধা, the not asking, the not obtaining permission.

আহৰাই, *v.* আজৰাই, থলি উদঙ্গ কৰি, to finish up a work; to make empty.

আহৰোআ, *s.* see আজৰোআ.

আহি, *v.* উপস্থিত হৈ, ওচৰ চাপি, সাধ্যাত হৈ, to come, to arrive, to draw near

ই

ইটাখলি, *s.* ইটামাটি খনা ঠাই, a place where clay for brick is dug.

ইটাসালি, *s.* ইটা সজা ঠাই, a place for making brick.

উ

উক, *s.* দুহচা, বোগ আদি পুনবাই বর্হা, a breaking forth afresh of pain or disease; used with দি, to break forth afresh.

উক্মুকাই, *v.* উক্মুকনিএ ধবি, গপ্‌গপাই, to feel a burning suffocating sensation.

উখহি, *v.* ওফন্দি, ফিফি, to enlarge, to swell, to become turgid.

উঘাই, *v.* উঘাত সুতা লৈ বা মেবাই, to wind thread on the *ughá*, a kind of reel.

উচটনি, *s.* মন বর্হা সিকনি, exciting or encouraging by words.

উচিত, *a.* বিহিত, ন্যাই, জোগ্য, কবিব লগা, fit, proper, morally right, suitable.

উতল, *s.* খক্‌বক্, জুইব তাপত ধবা উথাল, a bubbling or boiling up.

উতলাই, *v.* উতল ধবাই, সিজাই, উচটাই, to cause to boil, to cook by boiling; to excite.

উপজাচি, *ad.* নোখোজাকৈ, নমতাকৈ, without asking or speaking.

উজা, *s.* ঘবব খুঁটা পুতি চাল তোলা, মনেবে কথা সজা, the planning or rearing of a superstructure; *fig.* contriving, scheming.

উমনি, *s.* পোআলি জগিবলৈ চবাইএ কনিব ওপবত বহি দিয়া তাপ বা উম, incubation, warmth.

উমাই, *v.* উমনি লৈ, জুইব তাপ লৈ, to sit on eggs for hatching; *fig.* to warm one's self by a fire.

উমাইউমাই, *ad.* লাহে লাহে, (জুই লগা,) slowly, gradually, as of a fire in kindling.

উমাজাল, *s.* অলপ তাপ, a gentle heat.

উসুআ, *a.* see উহুআ.

এ

এক বচন, *s.* ব্যাকবন মতে এটাক বুজুউআ মাত, the singular number in Grammar.

একালিকৈ, *ad.* বৰকৈ, অতিসই রুপে, exceedingly, greatly, (applied to increase or diminution.)

এটকেনমেটকেন, *s.* খুচুরমুচুর, হেলালেচাবি, delay, loitering at work, busy about trifles.

এন্দুব, *s.* মাটিত থকা এবিধ জন্ত, a species of ground rat.

এন্দুৰিয়া, *s.* ৰোগ বিশেষ, গাঁত হৈ ওলোৱা ঘা, a kind of scrofulous disease.

এন্ধাৰ, *s.* অন্ধকাৰ, darkness, gloom; *fig.* ignorance, mental darkness; *a.* dark, obscure.

এন্ধাৰমূধাৰ, *s.* অন্ধকাৰ, darkness; a reduplicated form of expression.

এন্ধাৰ্মাই, *a.* অন্ধকাৰ যুক্ত, দিশ্বি হিন, dark, obscure.

এক্কেকআ, *s.* গাৰ চালৰ এবিধ ৰোগ, আধা পোৰা, (খৰি,) a disease of the skin; *a.* charred.

এবাল, *s.* see আবাল.

ও

ওপঙ্গা, *s.* ওপঙ্গি থকা, the act of floating or swimming; floated, borne on the surface.

ওপঙ্গাই, *v.* see উটুআই.

ক

কটলাকটল, *a.* মুখ লগোআ, ঠেহেৰা ঠেহেৰ, (মাত,) sharp, piercing, causing pain; applied to tone or language.

কটাহিক, } *s.* see কটাখ্য.
কটাহিড, }

কৰ্পূল, *s.* কেঞ্চ আদি সজ্বা তেল বৰনিয়া এবিধ কাঁচ মাটি; তামোলত খোআ এবিধ সুগন্ধি গচৰ শিপা, a substance resembling amber of which beads and ear ornaments are made; a fragrant shrub, the root of which is eaten with tamul.

কলমৌ, *s.* পানিত বগোআ এবিধ বনৰিয়া শাক, a species of edible aquatic plant.

কাঁজি, *s.* সিজুআ ধানেৰে কৰা জুৰনি পানি, a cooling medicinal drink made of the water of boiled paddy fermented.

কাখবিৰলা, } *s.* কাসত হোআ গাঁৰ, a disease of the arm pit.
কাসবিৰলা, }

কাচিকুচা, *s.* আলমবিলম, গহৰি, dilly dallying, loitering.

কাচিউঁৰিয়া, *a.* কাচি উঁৰৰ নিচিনা; কাপৰৰ আঁচলত বোআ এবিধ ফুল, এবিধ বন, notched like the edge of a sickle; *s.* a kind of flower woven into the border of a cloth; a species of wild grass.

কাচোৰকামোৰ, *s.* see কচৰকামোৰ.

কাটি, *v.* চেদ কৰি, পাঁজি আদিৰ সুতা উলিয়াই, to cut; with সুতা, to spin, to draw out and twist into thread.

কাতিসোটা, *s.* কাতি মাহত দিয়া বৰখুন, three or four day's rain in the month of *Kati*, or the latter rain before harvest.

কালফুৰা, *s.* জমৰ এক দুতৰ নাম, one of the fabulous messengers of death; a co-laborer with সঁফুৰা, which see.

কালিন্দ্রি ভোমোৰা, *s.* এবিধ উত্তম ভোমোৰা, a species of black bee.

কুঁচুনি, *s.* কোঁচ জাতৰ তিৰোতা, a woman of the *Kuns* caste.

কুকুৰিপিটা, *s.* নানা বিধ গালি সপনিৰে দিয়া লাজ, indignity, shameful abuse.

কুহ্‌কুহ্‌কৰে, *ad.* নেৰাকৈ লাহে লাহে, (পেট কামোৰা,) unceasingly; applied mostly to the griping of the bowels.

কুটকুটকৰে, *ad.* অলপ অলপকৈ, (কুটা বা কামোৰা,) gently, continuously, as of gnawing or a steady pain.

কুমজেলুকা, } *s.* বিজল থকা এবিধ পোক, a species of mollusk or
কুমজেসুকুআ, } slug.

কুহ্ *s.* see ডুবি.

কুলাই, *v.* আঁটি, জুৰি, to suffice, to be abundant.

কুলুআ, *a.* জোৰা, আঁটা, sufficient, abundant.

কেট্‌কেটনি, *s.* খঙেৰে কৈ থকা মাত, sharp angry speech, irritating language.

কেনুআ, } *ad.* কি ৰূপ, কেমে, how? what manner or kind.
কেনেকুআ, }

কেৰ্‌মেৰনি, *s.* see কেৰমেৰ.

কেৰমেৰাই, *v.* সাপ আদিএ কেৰ্‌মেৰ্ কৰি, to move in a tortuous manner, as of reptiles.

কেৰাহি, *s.* লোৰ এবিধ ৰন্ধা পাত্র, an iron cooking dish.

কেলপনিয়া, *a.* see কেলেহুআ.

কোঁহোৰা, *s.* see গজালি.

কোজোৰা, *s.* বিৰুচিনা, ঘিনঘান, aversion, dislike, repugnance.

কোদাল, *s.* see কোৰ.

কোনকোমনি, *s.* মহৰ মাত, গোন্‌গোননি, a humming, buzzing sound, as of musquitoes.

কোন্‌কোনাই, *v.* কোন্‌কোন্ সব্দ কৰি, to buzz.

কোপাত, *s.* টকোৰ নিচিনা এবিধ গচ, a species of the fan palm.

খ

খটাই, *v.* খাটনি কৰাই, বন কৰাই, to employ in service, to cause to work.

খঁডাই, *v.* অলঙ্কাৰ আদিত সোন ৰূপ খুৱাই, লগাই, to set or inlay as a jewel; to apply as suitable to another.

খডোৱা, *s.* অলঙ্কাৰ আদিত সোন বা ৰূপ খুউৱা, লগোৱা, the act of setting or inlaying or of applying, a saying or parable as suited to another; *a.* set, inlaid, applied to another.

খাজ, *s.* সৰু জোম বিশেষ, a contrivance of loosely braided splints for holding or carrying small parcels or fruit.

খালৈজাপি, *s.* এবিধ সৰু মাচ, a species of small fish.

খিকিৰকিচিয়া, *a.* ভাটত পৰি বাঢ়িব নোৱাৰা, stinted in growth by the thickness of surrounding plants.

খিৰিজ, *s.* see খিৰিক.

খুঁডৰা, }
খুঁকৰিয়া, } *s.* এবিধ বনৰিয়া শাক, a species of wild edible plant.

খেৰেউখেটেউ, *a.* ওআহোআ, অতি সৰহ, অনেক, plentiful, very abundant.

গ

গঁঠা, *s.* গোঁঠা, গোঁঠনি দিয়া, মনি আদি গিয়া, a knitting or stringing together; *a.* knitted, strung together, in order, plaited.

গঁঠাই, *v.* গোঁঠনি দিয়াই, মনি গিয়াই, to cause to be knit, strung together or arranged in an orderly manner.

গঁৰল, *s.* see গৰল.

গঁৰলি, *s.* গঁৰল থকা তিৰি, a woman who has goitre.

গঁৰিয়লি, *a.* গাঁৰি পৰা বা থকা, (কাপৰ,) barred, woven with alternate rows of coarse and fine thread.

গজাটোপ, *s.* পেট ওফোন্দাই ডাঙৰ কৰা পানিৰ এবিধ সৰু জন্তু, a kind of small water animal.

গণ্ড, *s.* see গোণ্ড.

গভিয়া, *a.* see ঘৰজিঁয়া.

গমিৰি, *s.* এবিধ ধানৰ নাম, a species of paddy.

গৰমুচি, *s.* see গৰৈমুচি.

গাঁথি, *v.* গোঁঠনি দি, মনি আদি গি, to knit, to string together, to plant.

গাভিনি, *a.* গৰ্ভ হোআ, (মাইকি জন্তু আদি,) with young; applied mostly to cattle.

গিয়ান, *s.* see গ্যান, knowledge, wisdom, &c.

গিয়ানি, *a.* see গ্যানি, having knowledge, wise, &c.

গুটিয়ামাৰি, *v.* জন্তুৰ দুই ঠেঙ জুঁটি দি, হাৰি দি বা মাৰি, to fetter animals by tying two feet together.

গলিয়ন, *a.* বৰকৈ পকা বা সিজা, over-ripe or cooked to a jelly.
গেলাই, *v.* গেলিবলৈ দি, পচাই, এবিধ মাহ, to cause to rot; *s.* a species of pulse.
গোবৰখোঁচৰা, *s.* এবিধ সৰু চৰাই, a species of bird, the Hoopoe.
গোমচেঙ্গ, *s.* ফুল থকা এবিধ পাট কাপৰ, a kind of figured silk cloth.
গ্যান, *s.* বুদ্ধ, বোধ, বিদ্যা, চেতন, wisdom, understanding, knowledge, idea, sense; with দি, to instruct, to advise, to counsel; with পাই, to from a conception of, to obtain knowledge; with আহি, to come to one's self, to be conscious.
গ্যানক্রিত, *a.* জানি সুনি কৰা, knowingly or intentionally done.
গ্যানৱন্ত, গ্যানি, *a.* সুবিবেকি, বুধিমন্ত, বিদ্যাৱন্ত, গিয়ান থকা, learned, wise, intelligent, knowing, clever, shrewd, sage.
গ্যানেন্দ্রিয়, *s.* বোধেন্দ্রিয় অর্থাত চকু, কান, নাক, জিবা, চাল, the organs of sensation; viz, smelling, tasting, hearing, seeing, feeling, to which is is often added thinking.
গ্যানোদই, *s.* গ্যান প্রকাস হোআ, গিয়ান ওলোআ, the rise or dawn of knowledge.

ঘ

ঘৰজিঁয়া, *s.* সহুৰেকৰ ঘৰত চোআলিলৈ চপা, গভিয়া, a son in law who lives in the house of his wife's father.
ঘুমুটিয়াই, *v.* ঘুৰিপকি, এন্ধাৰত বাট বিচাৰি, to grope about, to feel one's way in the dark.
ঘঁচি, *s.* ঘেঁচ, মনিৰ খন্দা, a division in a necklace of several strings.
ঘেঁটকালি, *v.* জোকাৰি, ঘটমটাই, আমনি কৰি, to teaze, to harass, to vex, to annoy.
ঘেৰি, *v.* বেৰি, আবৰি, to surround, to encircle.

চ

চক্‌মক্‌, *s.* উচাৱ, জিলিকনি, ভিৰ্বিৰনি, a sudden start, as from sleep; glitter, twinkle.
চকুচৰহা, *s.* এবিধ পোক, পৰ স্রি দেখিব নোআৰা, a species of annoying insect; *fig.* used for an envious person.
চটিয়াই, *v.* চাটি মাৰি; সিঁচি, to splash, to dash water, to sprinkle.
চদ্ম, *s.* ছল, ভাও, disguise, an assumed form, deception.
চম্চল, *a.* see চঁচল.
চৰনি, *a.* চৰোআ, চৰাই ফুৰা, (পথাৰ,) pasturing, grazing.
চৰিয়াই, *v.* চৰ মাৰি, চৰাই, to smite on the cheek with the open palm.

চৰোআ, *s.* বৰ্হোআ, পথাৰত গৰু আদিক ঘাঁহ খুউআ, চৰ মৰা, excess in weight or measure; the driving to pasture; the smiting on the cheek; used as an adjective also.

চাৰখোল, } *s.* কঁকালৰ দুই দাঁতিৰ খোল, পানি কাম, the part of the
চাৰপেটা, } abdomen on both sides below the spurious ribs.

চাৰদিয়া, *s.* গুৰিয়ালে বঠাৰে লঠিয়া দিয়া, the propelling of a boat with the steering oar using the stern as a fulcrum.

চাকলিয়াসিপা, *s.* ডালৰ সিপাৰ পৰা ওলোআ সৰু সিপা, সিহৰি, a branch root.

চাসিমাৰি, *s.* তাঁতৰ বান্ধবি ধৰা মাৰি, the pole from which a native loom is suspended when being worked.

চিকুনাই, *v.* see চিকনাই.

চিকৌ, *interj.* see চিহ.

চিগি, *v.* ডোল আদি দোডোখৰ হৈ, to part asunder, to break as of a cord or rope; applied to the drying up of a channel, the closing of an investigation, and the breaking off of a friendship.

চিলমিলকৈ, *ad.* অলপকৈ (টোপনি,) gently, applied to slumber.

চুকনি, *s.* বচৰেকলৈ খাজানা দি মাটি লোআৰ নিৰ্বন্ধ, the sub-renting land by an under tenant.

চুটিয়াধেনু, *s.* কাঁৰ্ফাই ধেনু, a crossbow, or bow placed athwart a stock.

চুবুৰি, *s.* অনেক ওচৰাওচৰিকৈ সজা ঘৰ, গাঁও বা টাকনি, কুৰি, a cluster of houses built in near proximity.

চুহ, *interj.* কোনো জন্তু খেদোআ মাত, a vocative; Shoo!

চেওমান, *s.* হাতৰ এবিধ অলঙ্কাৰ, a large bead used to unite the several strings of a broulet.

চেহুলেঙা, *a.* see ফেতুলেঙা.

চেৰালগা, *a.* চই নিচই হোআ, গতি লগা, থিৰ হোআ, settled, determined, finally disposed of.

চেৰেলিবেৰেলি, *a.* লাঙলাঙ, থানথান, গোটগোট, scattered about in disorder.

চেলকপেতেক, *s.* see চেলুমেহু.

ঝ

ঝকঝক কৰে, *ad.* অতিসই কপে, (হাৰ ওলোআ,) exceedingly; applied to extreme emaciation.

জগমোহন, *s.* দেঁলৰ আগত সজা ঘৰ, কৃষ্ণৰ এক নাম, a brick building attached to the front of a temple; a name of Khrishnu.

জমক, *s.* জঁক, খঙ, জাঁই, ওসধিয় দ্ৰব্য বিসেস, wrath, rage, frenzy; a medicinal substance.

জায়ত্ৰি, *s.* জাইফলৰ সুকান ফুল, the aril of the nutmeg, mace.

জাউভিজুগিয়া, *a.* see জুগমিয়া.

জাত্ৰা, *s.* ভ্ৰমন, ফুৰা, জোআ, a journey, travel, a march; preceded by তিৰ্থ, a pilgrimage.

জাত্ৰিক, *s.* পথুক, বাটৰুআ, জাত্ৰা কৰোঁতা, a traveller, a pilgrim.

জাম্বুৱন্ত, *s.* ৰামৰ এক সৈন্য, বিখ্যা বান্দৰ, *Jambuwonto*, one of Rám's famous monkey generals.

জাৰুআ, *a.* জাৰৰ সমন্ধিয়, জাৰ কালিৰ; relating to or produced in the cold season.

জাবতে, *ad.* জিমান পৰলৈ, সেই পৰ্য্যন্তে, while, as long as, until.

জিঙ্জিঙ্ কৰে, *ad.* সৰহিয়াকৈ, (কাঁইট,) greatly, applied to any pricking sensation.

জিঙ্জিঙিয়া, *a.* বহু কাঁইট থকা, জিঙ্জিঙাই থকা, pricking, annoying, irritating.

জুঁটিয়াৰ, *s.* see জুগিয়াৰ.

জুগুতাই, *v.* জুগুত কৰি, জোজা কৰি, জতাই, to make ready, to prepare.

জুতি, *s.* সোআদ, খোআ বা কৰাত ভাল, flavor, taste; with চাই, to taste.

জুধ, *s.* see জুঁজ.

জেপেটা, *a.* জেপেটি ধৰা, এঁঠাই ধৰা জেৰা, adhesive, sticky.

জোঁট, *s.* আউল, সুতা আদিত লগা গাঁঠি, a snarl, a tangle.

জোঁটাপুটি, } *s.* হাতে হাতে কৰা জুঁজ, আঁজোৰাআঁজুৰি, a scuffle, a
জোঁটাপোটা, } tumultuous broil or fight.

জোৰদাৰ, *a.* চহকি, ধনি, আঢ্যবন্ত, rich, wealthy, opulent.

ট

টকুৰা, *s.* see টাকুৰি.

ট-টকৰে, *ad.* উৰ্ব্ব কৰে, প্ৰকাস ৰূপে, brilliantly, with twinkling.

টাবহ, *s.* হাক, বাধা, নিসেধ, refusal, denial, prohibition.

টাঙ, *s.* see পাগঘাৰি.

টিকটিককৰে, *ad.* অতিসই ৰূপে, বৰকৈ, (ৰঙা বা খঙ উঠা,) very, exceedingly; applied to redness, and anger.

টুকিয়াই, *v.* টোকৰ মাৰি, এটা আঙুলিৰে মাৰি, to snap or tap with the fingers.

টুটাই, *v.* তাকৰ কৰি, কমাই, to cause to reduce, lessen or diminish.

টুটি, *v.* কমি, তাকৰ হৈ, টট পৰি, to lessen or diminish; applied also to the drying up of a stream.

টৈপকৰে, *ad.* এক গৰাহে, বেগতে, (খোআ বা গিলা,) at one mouthful, at once.

টৈলাই নকৰা, *s.* কান নকৰা, মন নিদিয়া, আওকান কৰা, the not giving ear, utter indifference.

টোকাপকআ, *s.* এবিধ পকআৰ নাম, a species of ant.

টোপাণি, *v.* আসা কৰি, to watch for anything; to hope for.

ঠ

ঠলামুৰিয়াই, *v.* ঠলামুৰি মাৰি, চপৰাৰ ওপৰত কোৰ আদিৰে কোবাই, to slap on the head, to break clods of earth by pounding.

ঠান, *s.* see গৰ্হ.

ঠাকৌৰ, *s.* ডাল আদি ভগা বা ফুটাৰ সব্দ, মাটৌৰ, a sharp sudden sound, as of anything bursting or breaking.

ঠুনুকা, *a.* অলপতে ভগা (পাত্ৰ আদি,) brittle, easily broken; applied to earthen or glass ware.

ঠেন্ঠেন্মেন্মেন, *s.* দোকদোকদাকদাক, জ্বৰ উঠিবলৈ কৰা গা বেয়া, in disposition of body, slight disease or illness.

ঠেলেঙাঠেলেঙ, *a.* ডালডাল, গোটে গোটে থকা বা পৰা, scattered about in confusion, thrown down in disorder.

ড

ডবহা, *a.* ডাঠ, মঙহাল, thick, stout, fleshy.

ডালডলিয়া, *a.* সেৰেঙা, পাতল, of loose texture, not dense, applied to cloth or braiding of any kind.

ডিঙডিঙিয়া, *a.* see ডিঙৰিয়া.

ডেওপাৰনি, *s.* ধুমধুপালনি, হায়োবিয়ো, uneasiness, restlessness, excitement.

ঢ

ঢলকুচিয়াই, *v.* মৰিবলৈ কাপকাপ কৰি বা উসাহ টানি, to gasp for breath as when dying.

ঢুকি, *v.* সেপ গিলি, to swallow one's spittle; with পাই, to reach.

ত

তওৰ, *s.* see অগৰ.

তবাক, *a.* see টটাটিদা.

তৰপ এৰোআ, *s.* গাৰ চাল এৰাই জোআ, মোট এৰোআ, the shedding

of the skin of the body or the bark of a tree.

তৰাঙ্গ, *a.* হাম, তৰ, shallow, shoal.

তৰ্ধনি, *s.* see চুৰ্ডি.

তেলকঁলা, } *a.* মজলিয়া বৰনৰ কঁলা, (মানুহ আদি.) olive colored;
তেলকঁলিয়া, } applied only to complexion

তেলচিকটি, *s.* তেলৰ চেকা, an oil stain.

তোম, *s.* তথালেৰে সেৰেঙ্গাকৈ হোআ পাত্ৰ, a contrivance made of loosely braided splints, lined inside with straw for holding or carrying grain &c.

দ

দগদগকৰে, *ad.* দিঘলকৈ, (খোজ কৰ্হা) উদঙ্গে, with long strides; immodestly.

দদ্দৰকৰে, *ad.* নৰলা নচৰাকৈ, firmly, steadily, unwaveringly.

দলদোপ-হেন্দোলদোপ্, *s.* দলনি আদিত বৰকৈ খোআ জোকাৰ, বহু লোকৰ সমাগম, the wave-like motion of a bog when agitated; hence *fig.* the swaying to and fro of a large crowd of people.

দলমঁৰা, *s.* দলনিত থকা এবিধ সৰু চৰাই, a species of small fish-bird.

দিঘলতি, *s.* চতৰ বিহুত গৰুক কোবাই পা ধ্আবলৈ নিয়া এবিধ গচ, a species of tree the twigs of which are used in the religious ceremony of the Hindoo in washing their cattle at the *sut* Bihú.

দুবাপিহিয়া, *a.* দুবা কাচৰ পিঠিৰ দৰে মাজ ওখ হোআ, চুটুকা, concave.

দোআই, } *ad.* পুনৰ্বাৰ, দুনাই, again, repeatedly.
দোআবাৰ, }

দোঁ, *s.* ভিৰ, মেচ, লাচ, a bowing, a bend; with খাই, to bend, to curve.

দোভাচলিয়া, *a.* দোজিবিয়া, কথা সলাই কোআ মিচলিয়া, double tongued, not true to one's promise.

ধ

ধনিয়া, *s.* মেমেধুৰ গুটি বা গচ, coriander seed and the plant (coriandrum sativum.)

ধিঙপিলিঙ্গা, *s.* ধিঙিঙ্গা হৈ ফুৰা ডেকা, a young man who struts idly about.

ধুমধ্পালনি, *s.* see ডেগুপাৰনি.

ধুলি, *a.* ১০০ পৰাৰ্দ্ধ সংখ্যা, ten billions.

ধোঁআখোআ, *s.* ধঁপাত খোআ জতন, হোঁকা, the *Huka* or smoking apparatus for drawing tobacco smoke through water.

ধোদ, } a. একো বন নকৰা, বহি খোৱা, এলেহুৱা, unemployed, idle,
ধোদা, } slothful.

ধোদাইলাজ, a. জোখতকৈ ডাঙৰ, বৰ সকত, (ঘৰ বস্তু আদি,) of extraordinary size.

ধোদোজা, a. সকত, ডাঙৰ (গা বা মানুহ,) stout, large; applied to the body.

ধোন্দ, s. গছৰ খোৰোঙ, ভলে দি পানি জোৱা বাট, a cavity in a tree; a fissure.

ন

নাইচোবোকা, a. ওপৰলৈ নাই ওলোৱা, having a prominent navel.

নিখৰ্ব, a. ১০ খৰ্ব সংখ্যা, a hundred thousand millions.

নিগৰাই, v. এটোপা নোহোৱা কৰি, to pour off liquid from a substance.

নিৰামিষ, } s. হবিস্য, মাচ মঙহ নেখাই মৃতকৰ নামে কৰা লঘোন, ab-
নিৰামুহি, } stinence from flesh during a *shrádh*.

নিৰামুহিয়া, a. নিৰামুহি সম্বন্ধিয়, pertaining to the above.

প

পংক্তি, } s. শ্ৰেনি, সাৰি, পতি, a row, a line, a path; *fig.* a pre-
পদ্ধতি, } scribed course of action.

পতিপাল কৰি, v. আপডাল কৰি, পুহি পালি, to nourish, to provide or care for.

পাকৈত, a. see পাৰ্গত.

পানিমৰলি, s. see মৰলিয়া সাপ.

পিৰি উঠা, a. ভেঁটি উচান হোৱা, সপৰিবাৰে মৰি চুকুৱা, utterly removed or cut off, as of the death of a whole family.

পুংমৈথুন, s. পুৰুসে পুৰুসে কৰা মৈথুন, sodomy.

পুংমৈথুনি, s. পুংমৈথুন কৰোঁতা, a sodomite.

পূজি, v. পূজা কৰি, অৰ্চনা কৰি, to offer in sacrifice, to worship.

প্ৰমাথ, s. see পৰমাৰ্থ.

ফ

ফঁপা, a. ঔসধে গুন ধৰা, taken effect, as of medicine.

ফাইপোৱা, a. see চাহ পোৱা.

ফাঁকিফুকা, s. চল, প্ৰবঞ্চনা, trickery, deception, imposture.

ফাৰ, s. দিঘ পথালিৰ সম জোখ, an average (in land measure,) with মাৰি, to strike an average.

ফালেঙ্গি, a. ফাঁকি দিয়া, চল কৰা, (মানুহ,) deceptive, trickish.

ফিন্দ খোৱা, a. ওফন্দি পৰা, টনটনিয়া হোৱা, inflated, swollen; tensely drawn, as a skin over a drum head.

ফচুঙ্গচুঙ্গ, } *a.* মিচা, বিফল, ফেচফেচিয়া, vain, futile.
ফোচফাচ, }

ফুটিয়া, *a.* ফুট থকা, কোঁহেৰে, pulpy.

ব

বনজ্ঞালুক, *s.* এবিধ ঔসধিয় বন, a species of medicinal plant.

বার্ত্তাবিত, } *s.* see বুজ্ঞবাক্ষ.
বাত্রাবিত, }

বিক্লিঙ্গবাক্রাঙ্গ, *a.* চন্দ গৰ্হ নাইকিয়া, কুৰূপ, বেয়া, ill looking, ugly.

বিঙ্গবিঙ্গবাঙ্গবাঙ্গ, *s.* নুবুজা মাত বা দোআন, unintelligible talk, gabble, jargon.

বিঙ্গবিঙ্গাই, *v.* বিঙ্গবিঙ্গ বাঙ্গবাঙ্গ কৰি, to talk unintelligibly, to gabble.

বিজলিকপাহ, *s.* বেয়া কপাহ, বাচ কপাহ, refuse cotton.

বেজিয়াখোঁচ, *s.* ডিঙি দিঘলিয়া মাচ খোআ এবিধ চৰাই, a species of fish bird.

বেজিয়ানাৰ, *s.* এবিধ সৰু মাচ, a species of small fish.

বোন্দাকাঁহ, *s.* ভাঁজ থকা কাঁহ, an inferior kind of bell metal.

বোৰহদিয়া, *s.* see বোকা দিয়া.

ভ

ভঁৰলু, *s.* বৰ নৈৰ পৰা ওলোআ সৰু সুঁতি, a small inlet from a large stream.

ভালুকিভলুকা, *s.* ডাঙ্গৰ বিধ ভলুকা বাঁহ, a species of large bamboo.

ভোকোৰা মাত, *s.* খঙ্গৰ কুচিত গালি, vile abuse.

ভোলোকাভোলোক, *s.* ভোবোলা চাগলিৰ গাৰ গোন্ধ, the animal fetor of male goats.

ম

মগা, *s.* মাগন কৰা, দান খোজা, to beg, to ask alms.

মধক, *s.* মৌৰ কৌঁহ, বহ ঘৰা, honey comb bee bread.

মৰগেঞ্জেলা, } *a.* মৰা প্ৰাই হৈ খিনোআ, wasted away, emaciated.
মৰচেৰেলা, }

মৰিঅতি, *a.* ইকৰা আদি আপুনি সুকাই থকা, dead and dry as of wood and reeds.

মেজেঙ্গা, *s.* এবিধ সাক, a species of edible plant.

মেটোৰমেটোৰ, *s.* খোজ কাঢ়োঁতে ভৰিত উঠা সব্দ, a snapping noise of the ancle joints when walking.

মেনেকা, *a.* থিৰ, মেটা, জুৰ, পাৰ্ব্বতিৰ মাক, placid, serene; *s.* name of the mother of Parboti.

মেৰ্মেৰ্কৰে, *ad.* ডাল আদি ভগাত হঠে পৰলৈ উঠা শব্দ, with the noise of sudden breaking.

মেৰ্মেৰাই, *v.* মেৰ্মেৰ কৰি, to make a breaking, crashing sound, as of the falling of a tree or heavy branch.

মেৰোক্মেদোক্, *a.* see ঠেঠেন্ন্ মেন্মেন্.

মেলেকা, *a.* আঞ্জা আদিৰ পাগ নলগা, not well seasoned, unsavory.

থোটা, *s.* বাঁহ আদিত দিয়া সয়েকিয়া চিন, a mark on a weaving reed placed at every on hundred splints.

মৌপিয়া, *s.* সৰু চৰাই এবিধ, a species of small bird.

ৰ

ৰদকাঁচলি, *s.* ৰদ পৰা ঠাই, a sunny place.

ল

লাকলঙিয়া, *a.* ৰজাৰ এবিধ খেলৰ, (মানুহ,) belonging to the *Lak-long khel*, a division of people in the days of the Assam kings.

লাংখালিংখি, *s.* ই সি, লাকটি পাকটি, odds and ends.

লিঙলিঙনি, *s.* জোক আদিৰ গতি, লিলিয়নি, the tortuous motion of reptiles in crawling.

লিতকিত কৰে, *ad.* see লেতকেত কৰে.

লিৰিকালিৰিক, *a.* সৰু সৰু, (মাচ আদি,) very small, applied to fish and reptiles.

লুটুমটুমা, } *a.* লাটুম জেন ঘুৰনিয়া, round like a top.
লুটুমা, }

স

সঁচলিয়া, *a.* সত্যবাদি, সঁচা কোৱা, truthful, mostly coupled with মিচলিয়া, and used in language of abuse.

সনা, *a.* মিহলি কৰা, লেটপেটোআ, ঘঁহা, mixed, smeared.

সনাই, *v.* মিহলাই, লেটপেটোআই, ঘঁহাই, সানত দিয়াই, to cause to be mixed, smeared or ground.

সয়েকিয়া, *a.* এসৰ, relating or belonging to a hundred.

সষ্ঠ, *a.* চই সংখ্যা পুৰক অঙ্ক, sixth.

সসোসিন, *a.* নিপুন, পাৰ্গত, ভালকৈ জনা, skilled, accomplished, expert.

সহজোগি, *a.* একে লগে, একে আলচেৰে, all together of one accord.

সাউত্কৰে, *ad.* বেগতে, চোঁত কৰে, suddenly, with a rush or spirit.

সাওপাট, *s.* সৃষ্টা বস্তুলৈ ইশ্বৰৰ নিয়ম, ইশ্বৰৰ কোনো আচৰিত কথা প্ৰকাস পালে দেখা লোকে সাওপাট বোলে, a law of nature, natural instinct.

সাঙ্গি, *a.* একে ডাল কান মাৰিৰ দুমুৰে দুটাই লোআ, borne by a pole resting on the shoulders of two persons.

সিৰিয়া, *a.* সিৰ পতা বা থকা, cornered, having angles or corners.

সোঁহৰ, *s.* বঙ্গা পাতেৰে এবিধ বৰ গচ, a species of the Indian fig tree.

হ

হঁছআবেচা, *s.* চালৰ মুৰৰ বেচা, the last layer of thatch before covering the ridge.

হটঙ্গা, *a.* দিঘল ডাঙ্গৰ, very tall and large.

হটঙ্গাহটঙ্গ, *a.* সকত ডাঙ্গৰ, টঙ্গনাটঙ্গন, (হাৰ,) brawny, large boned

হৰ্হৰ্টক্টক্, *a.* সদাই আনন্দেৰে থকা, ever joyful, serene, placid.

হৰৌহথৌ, *a.* see গেৰেউগেথেউ.

হাঁচিয়তি, }
হাঁচিয়া, } *s.* এবিধ ঔসধিয় বন, a species of medicinal plant.

হায়োবিয়ো, *s.* পৰৰ দুখ বা সুখ দেখি কৰা ভেওপাৰনি, excitement at witnessing another's adversity or good fortune.

হালধিয়া, *a.* হালধিৰ বৰনিয়া, yellow.

হেজেৰিয়া, *a.* হেজাৰৰ সমন্ধিয়, relating to a thousand.

হেনাহুঁচা, *a.* চলতিৰ দৰে নোহোআ, (মাত,) corrupt, incorrect, applied to accent or pronunciation.

ERRATA AND EMENDATIONS.

অ

অ, is also used as a vocative; as অ বোপাই, O father!

অঁকিউআ, *a.* add to the Eng. def. *s.* the act of striping, marking &c.

অকঠনা, *a.* for কঠিন মন, read কঠিন মন হোআ.

অকুটিল, *a.* for অকপট, read অকপটি.

অক্রম, for *a.* read *s.*

অখাদ্য, *a.* omit বেহানি, in the Assamese def.

অৰ্ঘ্য, *s.* omit আমনি.

অণ্ঠেকণ্ঠে, for *s.* read *ad.* Substitute for Eng. def. through the whole mouth and throat.

অতপালি, *s.* omit কবোঁতা.

অতি অলপ, for *ad.* read *a.*

অথনি, *ad.* for previous, read previously.

অথালিপথালি, *a.* for length and breadth, read transverse, across; with কৈ, *ad.* transversely, irregularly.

অনাআহুআ, for *ad.* read *a.*

অনিয়ম, add to the Eng. def. *s.* irregularity, lawlessness.

অন্তৰত, *ad.* add, at a distance from, separate from.

অপ্রিয়, *a.* for মৰম বেথা নাইকিয়া, read মৰম বেথা নলগা.

অফলাঅফলি, for *ad.* read *s.*

অবৈয়াল, *a.* add, unaccustomed to bear a burden.

অবিতি, *a.* read অব্রিত্তি, and add নচহা, খেতি নকৰা, unculivated, waste.

অভিষ্ট, *a.* omit অভিৰুচি.

অৰ্ঘ, *s.* omit আসা এৰা.

অৰ্ধ, *a.* omit the comma between সমানে, and এফাল.

অলম, *ad.* read *s.* see আলম, and the Eng. def.

অৱশ্য, *a.* for ঠিক কথা, read ঠিক.

অসঞ্চাৰ, for *s.* read *a.* add, not to be seen or found, very scarce.

অসন্তুষ্ট, *a.* for বেজাৰ, read বেজাৰ পোআ.

অহৰ্নিস, *ad.* read অহৰ্নিসে, and খন্তিখন নাইকিয়াকৈ.

অহোপুৰুসাৰ্থ, *ad.* read অহো পুৰুসাৰ্থে.

আ

আইচদেউতা, *s.* read আইচু দেউতা.

আওঘটনা, *s.* for দুঘটনা, read দুৰ্ঘটনা.

আওহোআ, *s.* for আওহাই, read আওহাই খোআ.

আঁচুউআ, *s.* for আচমন কৰা, read আচমন কৰোআ.

আঁচুৰিপিঁচুৰি, *v.* for আঁচোৰা, read আঁচোৰ মাৰি, used also adverbially.

আঁচুৰি, *v.* for আঁচোৰা, read আচোৰ মাৰি, for মুৰ কনিউআ, read কনিয়াই.

আঠু, *s.* read আঁঠু.

পাঠুচোঙ্গাই, *v.* for আঁঠু চপৰাই মান কৰা, read মান্যেৰে আঁঠু চপৰাই.

আঁহিয়া, *a.* for গোন্ধ, read গোন্ধোআ.

আকচা, for *s.* read *a.* for আকোৰ্গোজা, read আঁকোৰ্গোজা.

আগ কৰি, *v.* for সাখ্যাত কৰা আদি, read কৰি.

আগচি ধৰি, *v.* for ভেটি ধৰা, read ভেঁটি ধৰি, for জাব নিদিয়া, read জাব নিদি.

আগবৰ্হাই, *v.* read আগ বৰ্হাই থৈ বা আনি, আগ ভাগ কৰি.

আগালি, *s.* add the top or upper portion of a shrub, branch, tree &c.

আচৰাআচাৰি, *v.* for ঠেকেচা ঠেকেচি, read থেকেচা থেকেচি.

আচাৰ, *s.* আস্ফাল, a slap, a stroke, a forcible dash.

আচাৰখাই, *v.* read for def. পিছলাখাই, and লেটামুৰি খাই.

আজৰিয়া, for *ad.* read *a.*

আজিকালি, for *ad.* read *s.*

আটিমুটি, for *v.* read *s.* gesticulation, speaking by signs.

আতুলি, for *v.* read *s.* retching, gagging.

আপ্লাবন, for *a.* read *s.*

আমনিউআ, for *v.* read *s.* the being satiated, surfeited, disgusted &c.

আমন্ত্রিত, for *s.* read *a.*

আমুআই, *v.* for আমনিউআ আদি, read আমনিয়াই, অনিচা হৈ, বিৰক্তি লাগি.

আমোদ, *s.* হৰ্ষ, read হৰ্ষ.

আমোলাই, *v.* for বিসাদ লগা, read বিসাদ লাগি, for নিৰাস দেখুআ. read নিৰাস দেখুআই.

আয়তন, for *a.* read *s.*

আৰনিপুৰনি, for *s.* read *a.*

আৰুবেলিলৈ, for *s.* read *ad.*

আবৈয়া, *a.* omit সুদাই.

আলধৰা, *s.* for কিঙ্কৰ, spell কিঙ্কৰ.

আলাসতে, for *s.* read *ad.* মাটিত নলগা, read মাটিত নলগাকৈ.

আলৈপালৈ, *s.* for বন্ধ, read বন্ধু.
আসাবচাবেক, *a.* a comma omitted after গোটাচাবেক.
আত্মাসবিশ্বাস, *s.* omit পতিউআ.
আসুমি, *a.* omit the comma between the words আসুম, and সমন্বিত.
আহোমবগবি, *s.* omit the comma after আহম.
আহ্নিক, *a.* omit the comma after দিনে দিনে

ই

ইচ, *interj.* omit the comma after উপলক্ষ্যা.
ইন্দ্রায়ুধা, *s.* read ইন্দ্রায়ুধ.

উ ঊ

উখলমাখল, for *ad.* read *s.* bustle, hurry, haste.
উধাই, *v.* for গঁপাই, read গপাই, to boast, to vaunt.
উপগরু, *s.* read উপগুরু.
উভ, *a.* for খিয় হব, read খিয়.
উম, for *a.* read *s.* warmth, gentle heat as of the body.
উৰিপুৰি, *v.* alter the Assamese def. to থানখিত নাইকিয়াকৈ ফুৰি.
উৰ্বৰা, *a.* omit মাটি, and substitute, fertile, arable.
উলমূলাই, *v.* for মনত বঙ্গ লগোআ আদি, read মনত বঙ্গ লগাই, চুকচুকাই.
উলাই, for *v.* read *s.* and substitute the Eng. def. for detraction, reviling, the treating with disregard or contempt.

এ

এইলেখিয়া, for *ad.* read *a.* often written এইলিখিয়া.
এঁকাল, *s.* for আকাল, read আঁকাল.
এঁটাহ, *s.* for চিয়ৰ, read চিয়ঁৰ.
এঠাই, *v.* read এঁঠাই, for আঁঠা লগোআ, read আঁঠা লগাই, কঁৰাল দি.
একান্ত, *a.* omit সৰ্বদাই, add fixed, undivided as of the mind.
একোটা, *a.* omit এটা.
এচাল, *s.* read one quarter, one direction, এচালে, *ad.* in one quarter &c.
এনেতেনে, *ad.* omit the comma between এইৰূপ, সেই ৰূপ.
এফাল, *a.* for দুভাগ, read দুভাগৰ এভাগ.
এয়েই, *pron.* for এয়েই, read ইয়েই.
এহতিয়া, for *ad.* read *a.*

ও

ওআইদাবি, *s.* a comma omitted between পৰাক্রি, and কৰ্তা.
ওনা, *s.* add to Eng. def. as much rice as is parched or pounded at once.

ঐ

ঐ, add to the Eng. def. an interjection of calling, ho! what!

ক

কঁকিলাদাঁৰ, *s.* read কঁকিলা দাৰ.

কঁপালি, *a.* add সুভাগ্য, fortunate.

কঁপি, *v.* for কঁপ, in def. কম্পি.

কৰিয়া, *s.* read কঁৰিয়া.

কচ্‌কচনি, *s.* add irritation, an itching sensation.

কঠাকঠ, *a.* add very many, abundant.

কতুৱা, *ad.* read কঁতুৱাত, for কঁতৱা, read কঁতৱাত.

কনিকনি, *a.* read কনিকৰি.

কমনিয়াই, *v.* in the Assamese def. for ফুৰা, হোআ, লগা, read ফুৰি, হৈ, লাগি.

কৰপ, *s.* add filth, squalor.

কঁৰ্হাৰ, *ad.* for, from what place, read of what place.

কৰ্হাৰকোনোৱা, for *ad.* read *s.* *i.e.* somebody of some unknown place.

কৰ্হোআ, *s.* omit the second Eng. def.

কলকবান, *s.* omit the comma after সাঁফৰ.

কল্প, *s.* for Brohmo, in the Eng. def. read Brahmá.

কলি, *s.* add to the Eng. def. a knob; also মিঘল তিনি চুকিয়া কানি, a gusset.

কবচ, *s.* read কৱচ.

কাঁচি, *v.* for আঁক দি কটা, read আঁক দি কাটি, add *a.* not well curdled, applied to milk curds.

কাটলুআ, *a.* read কাঁটলুআ.

কাক্‌ৱা, for *ad.* read *pron.* the Accusative of কোনৱা, somebody.

কাঠকঠুআ, *a.* omit the last Eng. def.

কানসমনিয়া, for *v.* read *a.*

কানি, *s.* add কনা তিৰোতা, a blind woman.

কানিয়া, for *v.* read *a.*

কুঁহুম, *s.* read কুহুম.

কেনি, কেনিও, কেনিৱা, these three words are adverbs.

কৈ, *v.* add, কথন কৰি, বুলি.

কোকানলে, *s.* read কোকানল.

কোটি, for *v.* read *a.*

ক্ৰিম, *s.* for কলা, read কঁলা.

খ

খগজা, for *s.* read *a*; for অনভ্যাস, read অনভ্যাসি.

খমখমিয়া, for *ad.* read *a.*

খনি, *s.* used also as an affix, expressing diminution or affection, as মুখ খনি, dear little face.

খৰচি, *a.* for ব্যই, read ব্যই কৰা.

খৰম, *s.* omit the comma between কাঠৰ and পাদুকা.

খৰলিয়া, for *s.* read *a.*

খর্ব, for *v.* read *a.*

খাকৰ, খাকক, খাৰি, read thus, খাকৰ, খাঁকক, খাৰি.

খাঙৰি, *s.* read খান্দৰি, and omit the last Assamese def.

খাপ, *s.* omit the last Eng. def.

খাৰুআ, *s.* add হালপতা, a thin piece of metal.

খিচিৰাই, for *v.* read *ad.*

শিৱসাগৰ, *s.* for hindoo, read Hindoo, (capital H.) and so throughout the book.

খুকুন্দা, *s.* read খুকুন্দা.

খুকুৰা, *a.* read খুঁকুৰা.

খুঁচি, for *s.* read *v.*

খুজি, *v.* for আয়াকৰ, read আয়া কৰি.

খেকাউৰি, খেকাৰ, খেকেটিয়া, খেতৰ, খেতৰসাইজ, খেতৰি, these six words are without the nasal sign.

খেলকৰ, *s.* add, the turning a matter over in the mind, forecaste.

খোক, খোকাপতা, খোচৰ, these three words are without the nasal sign, and খোঁচৰ is an adjective.

খোহা, *s.* omit the comma between জোৰা and দিয়া.

গ

গ, add to the Eng. *s.* haughtiness, contempt, scorn.

গকাৰ, *s.* for গবন, read গ বর্ন.

গচকা, *a.* for খোজ পৰ, read খোজ পৰা.

গচোআ, *a.* add made over, or *s.* the making over to another at a fixed valuation.

গণ্ড, *s.* for গঁৰল, read গৰল.

গনপতি, *s.* omit the first Eng. def.

গপাই, *v.* omit আবুৰকৈ.

গপি, *v.* for বিবেচনা কাৰি, read বিবেচনা কৰি.

গমগমিয়া, *a.* for ভয়ঙ্কৰ, read ঘোৰ.

গহন, *a.* for নিবিড়তৰন, read নিবিৰ বন.

গহ্বৰ, *s.* for গম্ভিৰৰ, read গহ্বিৰ; for পৰ্বতৰৰ গুহা, read পৰ্বতৰ গুহা.

গাধ, *s.* omit ভাবি.

গুৱা, *s.* read গুআ.

গুচি, *s.* add নষ্ট হৈ, বেয়া হৈ, to be spoiled, to become bad.

গুচুআ, *a.* add spoiled, become bad.

গুটিভঁৰাল, *s.* for গটি read গুটি.

গুৰা, *s.* add any powdered or pulverized substance.

গেজেৰি, *s.* read, the act of snarling or showing the teeth.

গেলোৱা, *s.* read গেলোআ; for গেলিবলৈ, read গেলিবলৈ দিয়া.

গোগোঁআই, *v.* read গোঁগোআই.

গোবাচিপাহি, গোসানি, গোহাই, these three words lack the nasal mark.

গো, *s.* for মুখ, নজন, read মুৰ্খ, নজনা.

গোখুঁৰা, *s.* read গোখুৰা.

গোজিবা, *s.* for palate, read uvula or soft palate.

গোটখাই, *v.* for একে লগেই, read একে লগ হৈ.

গোলা, *s.* omit the last two Eng. def.

গোৰচনা, *s.* read গোৰোচনা.

গোলাপিজামু, *s.* for ঘানেৰে, read ঘ্ৰানেৰে.

গৌৰ, *s.* omit the comma after হালধিয়া.

গ্ৰহসান্তি, *s.* read worship designed to propitiate the planets.

ঘ

ঘচাল, *s.* omit the comma after টৈগ.

ঘটা, *a.* add overcome, defeated, conquered.

ঘটাই, *v.* for হকআই, read হঁকআই, and add to defeat, to conquer.

ঘণ্টা, *s.* add a comma after বিজেস.

ঘাটি, *s.* add *v.* to be defeated.

ঘাটোআল, *s.* misprinted, আটোআল.

ঘৰন, and ঘৰনিয়া, read ঘূৰন, ঘূৰনিয়া.

ঘোঁচ, *s.* read ঘেঁচ.

ঘেচাল, *s.* read ঘেঁচাল.

ঘোসক, *s.* for দোস দিওতা, read ঘোসনা কৰোঁতা.

ঘ্ৰিত, *s.* add ghee.

চ

চই, *a.* omit আসঙ্কা.

চঁক, চঁক ধৰা, চঁক, of these three words omit the last, connecting its Eng. def. with the second word used as an adjective.

চচা, *a.* lacks the nasal sign.*

চঁয়া, *s.* add an illusion.

চক, *s.* omit the comma after ভবোৱা.

চকুপোৰা, *s.* for চকু চহৰা, read চকু চৰহা.

চতুৰ, *a.* read shrewd, cunning, sharp.

চতুৰালি, for *a.* read *s.* shrewdness, sharpness, cunning.

চপা, *a.* add approached; *s.* the act of approaching.

চমৰা, *s.* omit the ˚ over গোঁৰাই, also the comma after সুকুআ.

চায়া, *s.* for চাৰ নিচিনা, read চঁাৰ নিচিনা.

চাকি, *v.* add চাকনি আদিত সকআই, সুধ কৰি, চেই.

চাকৈ, *ad.* misprinted চাগৈ.

চাটিফুটি, *s.* read restlessness, tossing about, inquietude.

চাৰ, *s.* add তেল পেৰা তল কাঠ, বহনা, the lower part of an oil press.

চিটিকা, *s.* add a bounding or flying off.

চিপ, *s.* for খোআ, read সোআ.

চিয়া, *s.* omit the Assamese আগ সক.

চিৰিকা, *a.* for থুদ, read থুদ.

চুকমিয়া, read চুকনিয়া; for *s.* read *a.*

চুচুকচামাক্কৈ, for *a.* read *ad.*

চুঁটি, *a.* add *s.* speed, applied to quadrupeds.

চেচনি, *s.* read চেঁচনি.

চেঁকুৰিয়া, for *v.* read *a.*

চেচেৰাপোৰা, *a.* read চেঁচেঁৰা পোৰা.

চেপেনা, *s.* omit the comma between চেপা মাৰি ধৰা, and যন্ত্ৰ.

চেফেৰা, *a.* omit the last Assamese def.

চেলমেঠ, *s.* for সাতি, read সাঁতি.

চোঁচা, *s.* for চচি নিয়া, read চুঁচি নিয়া.

চোঁচামাৰি, *v.* for অতি সিঘ্ৰে, read অতি সিঘ্ৰে টৈগ বা আহি.

চোভালবাঘ, *s.* read চোঁতাল বাঘ.

চোৰৰ, *s.* read চোঁৰৰ; for চুৰবি, read চুঁৰবি.

চোজাই, *v.* a comma omitted after বাক্কি; for ˚দি থকা read দি থাকি.

চৌ, for, ফেটোআ, read ফেঁটোআ, used also in setting on dogs.

জ

জইন, for *ad.* read *s.*

ঝাঁইঘঁটা লবা, for *s.* read *a.*

ঝকাল, ঝকিউআ, ঝটিয়া, ঝতবি, ঝতবিফেটি, ঝঁপিয়াই, these six words are printed without the nasal sign ঁ.

জগোআ, *s.* read, the act of awaking or causing to awake.

জজমান, *s.* for জি জজনে কৰাই, read জি জজন কৰাই.

জৰা, *s.* omit old age in the Eng. def.

ঝৰি, *s.* add *v.* নিঝৰি, টোপাটোপে পৰি, to ooze, to percolate, to drip.

জহোআ, *a.* add egotistical, self conceited, boastful.

ঝাঁও, omit ঝাব খোজা.

ঝাঁটলি, *a.* for কুটকৰা, read কুটকুৰা.

ঝাপ, ঝাপতঝাপে, ঝাপ মাৰি, these three words require the nasal.

ঝাগ, *s.* add the application of smoke to ripen fruit or drive away musquitoes.

জানু, *s.* add the knee.

জুকলিজুপুৰি, for *s.* read *a.*

জোৰা, *s.* add to the Assamese জোৰ.

ঞ

এ, read ঞ.

ট

টাৰ, *s.* টাৰি *s.* read টাঁৰ, টাঁৰি.

টিকটিকাই, *v.* substitute in the Assamese def. জেঠিএ বা সক মাৰিকে টিক্‌টিক সব্দ কৰি,

টেঙ্‌চিয়াই, *v.* add to halt.

টেটোনটামন, *a.* for টেঁধৰ, read তেঁধৰ.

টোটোৰা, *a.* for সেবেলা, read লেবেলা.

টোপ, *s.* omit the comma that divides the Assamese def.

ঠ

ঠাকঠিক, *a.* for নিয়মত, read নিয়মিত.

ঠুঁটি, *s.* omit the comma between নিচেই and দাঁতি.

ঠোটা, *s.* for ঠোঁটত নিয়া, read ঝিৰা চুঁটি, বা মাত দোবোল নোখোআ.

ঢ

ঢ, in Assamese def. omit the comma between জোখা and জোখ.

ঢপলা, *a.* omit মন্দত মৰা চাপৰ.

ঢলখাই, *ad.* for আটাইবোৰ read ঝাকে ঝাকে.

ঢলাই, for *a.* read *v.*

ঢলি, for *a.* read *v.* substitute for Eng. def. to lean, to incline.

ঢেঁৰা, *s.* for the last Assamese and Eng. definition read ঢেপা, আটিল নোহোআ, flabby, flaccid.

ঢেলাচকুআ, *a.* for Assamese def. read চকুৰ বগা ভাগ ডাঙৰ হোআ.

ঢোৰা, *s.* omit the last Assamese def.

ঢোপোকা, for *s.* read *a.*

ঢোটোকবে, *ad.* for Assamese def. read ৰবকৈ আৰ বেৰ ন থকা.

ত

তথাপি, *ad.* misprinted for তত্রাপি.

তত্ত্বগ্যান, *s.* substitute for Eng. def. the knowledge of first principles.

তদপি, for *ad.* read *conj.*

তনু, *s.* as an adjective read thin, not close together.

তবজনি, *a.* omit পানি, in Assamese def.

তৰা, *s.* add a species of plant, deliverance, escape.

তলা, *s.* add সঁচাৰ, to Assamese def.

তলাতল, *s.* add to the Assamese def. হিন্দু মতে দ্বিতিয় নৰক.

তালমৰি, *v.* omit the last two Eng. def.

তাহাতে, for *a.* read *ad.*

তিতাফল, *s.* omit comma after medicinal.

তিলক, *s.* for an mark read a mark; omit the last two Eng. def.

তুতুআই, *v.* for দিম দিম বুলি নিদিয়া, read দিম_দিম বুলি নিদি.

ত্রিপ্তি, *s.* for তুষ্ট, read তুষ্টি.

থ

থমকি, *v.* for ৰৈৰৈ, read ৰৈ থাকি.

থাক, *s.* omit the last three Assamese def

থাপি, *v.* add to pat, to make compact.

থেকেৰনেকেৰ, *ad.* read থেকেৰুনেকৰুকৈ.

থেৰেহা, *a.* add unsettled, as of an investigation.

থোৰ, *s.* omit the comma after থুৰিউআ, in Assamese def.

থোহমোহ, for *s.* read *a.*

দ

দতাল, in Assamese def. omit ডাঙৰ.

দখিনা, *s.* for কম প্রতিষ্টা কৰা দান, read কর্ম প্রতিষ্টা কৰা দান.

দখিনিয়া, for *s.* read *a.*

দগুনিয়, } *a.* omit the comma between মাহ্নিৰ and জোগা.
দগুাই, }

দস্যু, *a.* enclose আথব in brackets.

দন্দবান্দ, } *s.* for থোটা মোক্সা, read ঠোঁটামোক্সা.
দন্দাবন্দা,

দন্য, for *a.* read *s.*

দমলাদমলি, for *s.* read *a.* for Eng. def. read having numerous blotches or swellings.

দবমহা, *s.* for মাহিলা, read মাহিলি.

দলমাদলমি, for *ad.* read *a.*

দলিয়াদলি, *v.* read দলিয়াদলি কবি.

দসমাংস, for *a.* read *s.*

দসা, *s.* omit last Assamese def. কাপবব দহি.

দাউনি, *s.* omit female in Eng. def.

দানসাগব, for *a.* read *s.* for the two first Eng. def. read a kind of Hindoo alms-giving.

দিব্য, *a.* omit the last two Assamese def.

দুধাব, for. *a.* read *s.*

দুর্বিব, *s.* add to the Assamese এবিধ ধান.

দুজই, *a.* read দুর্জই, in def. for দুব ডাকব, read বব ডাকব.

দোলাই, *v.* omit the last Assamese def.

দ্রুত, *v.* for Assamese def. for বেগ, read বেগি.

দ্রোন, *s.* omit দোন, add Drun, a sage of King Durjudhon.

ধ

ধতুআ, *a.* add to the Eng. *s.* a paramour.

ধমাধম, } for *a.* read *s.* omit ববৈক.
ধূমাধূম,

ধবম, } *s.* add *a.* holy, sacred.
ধর্ম,

ধূনা, *s.* omit এঁঠা এবিধ, add to Eng. *a.* soundly beaten.

ধূনি, *v.* add to Eng. to beat severely.

ধূপুবি, *s.* omit at in the last Eng. def.

ধূমাধূম, omit the word. see ধমাধম.

ধূম্র, *a.* for ধূআববমিস্রা, read ধোঁআ বৰনিস্রা.

ধেমেলাধেমেলি, for *a.* read *s.*

ধূকব, *a.* read ধুব.

ন

ন, add to Eng. def. new, nine.

নখ, *s.* add the spur of a mountain.

নৰানি, *s.* add a womair of the Nora race.

নাগ, *s.* omit হাতি, in Assamese def.

নাচনি, *s.* add এবিধ পৰুআ.

নাৰি, *s.* for *fem.* of নৰ, read fem. of নৰ.

নিচিন্, *a.* for অসুখ নকৰা, read খতি নকৰা, add unceasing.

নিচুৰিয়া, *a.* enclose অৱস্থা বিশেষ, in brackets.

নিজাৰপৰা, *s.* omit উঁৰাৰ হোআ, এঁচোআ.

নিবিৰ, *a.* for অযাধ্য, read অমাইত, for গম্ভিৰ, read মোট মৰা.

নিয়াৰি, *s.* for আৰ নথকা, read আঁৰ নথকা.

নিৰঞ্জন, *a.* omit the last three Assamese def.

নিৰহনিপানি, *a.* add *fig.* applied to a miserly person.

নিৰূপন, for *a.* read *s.*

নিৰ্ঘোষ, for *v.* read *s.*

নিৰ্বিকাৰ, *a.* for immovable, read immutable, uniform.

নিশা, *s.* omit হালধি, and the Eng. def. turmeric.

নেকুনেকিয়া, *a.* for গধুৰ ভাৰ, read গধুৰ, heavy applied to a burden or to rain.

নেচেল, for *a.* read *ad.*

প

পইৰাদিয়া, *s.* for খুৰা দিয়া, read পাত্ৰাদিৰ তলিৰ কান লগোআ, the affixing a base.

পয়া, *s.* lacks the nasal sign.

পকা, *a.* add চুলিআদি বগা পৰা.

পথ্য, *s.* add *a.* wholesome, salutary; omit বস্তু.

পটুআ, *s.* for Assamese def. read কটা কলা গচৰ বখুআ.

পদ, *s.* add in gram. an inflected word, an article of property.

পদাৰ্থবিদ্যা, *s.* for সিষ্টি read সৃষ্টি.

পদাৰ্পন, *s.* for খোজ দিয়া, read খোজ দিয়া, add কৰ্মত নিজুক্ত কৰা.

পদ্ম, *s.* add সংখ্যা বিশেষ, ten billions.

পৰা, *a.* add plucked or picked off, as fruit from a tree.

পৰাৰ্দ্ধ, for *s.* read *a.* omit the second Assamese def.

পৰিখিত, *s.* for পোৰোহিত, read পৰিখ্যা পোআ বা কৰা, omit priest.

পৰিতুষ্ট, *a.* for সন্তোষ, read সন্তুষ্ট.

পৰিধি, *s.* omit the last Assamese def.

পৰিপক্ক, *a.* add mature, accomplished.

পহৰিয়া, *s.* add a watchman, a sentinel.

পৰিৰিক্ষিত, *a.* read পৰিৰিক্ষিত.

পৰেপকাৰি, *a.* read পৰোপকাৰি.

পাকৈচোঁৰা, *s.* cut out দোন কাক, substitute for Eng. def. the Hornbill.

পাগুলি, *v.* alter Assamese def. to খোআ ঘাঁহ আদি পেটৰ পৰা উলিয়াই চোবাই.

পাচধৰা, *s.* omit সাও বিসেস, and the Eng. def. a curse.

পাণ্ডু, *s.* before the last Eng. meaning for *s.* read *a.*

পাত্ৰ, *s.* add ৰজাৰ মন্ত্ৰি বিসেস, জোগ্য, a minister of state.

পাৰলি, *s.* add a dark grey color.

পাৰি, *v.* add to the Assamese def. সাদ্ৰি.

পাহ, *s.* omit the last Eng. def. dice.

পাহকটা, *s.* for carving, sculpture, read the notching of a border.

পিক, *s.* omit the last Assamese def. কুলি চৰাই.

পিপলিয়া, for *v.* read *a.*

পিপাসি, *a.* omit জন.

পিয়ল, *s.* add to the Eng. enrolment.

পিয়াহ, *s.* for ত্ৰিসাঁ read ত্ৰিসা.

পিয়াহলগা, *a.* for ত্ৰিসাঁতুৰ, read ত্ৰিসাতুৰ.

পিৰ্কতি, *s.* for last Eng. def. read the edge of the eyelids.

পুং, omit লোন আদিৰ ভুমুক, (see পুঞ্জ.)

পুত্ৰপৌত্ৰাদি, for *a.* read *s.*

পুন্য, *s.* add righteousness.

পুন্যকৰ্ত্তা, *s.* add পুন্যৰম্ভ কৰাওঁতা.

পুৰা, *s.* add *a.* full, complete, entire.

পুৰন্দৰ, *s.* add অসম দেসৰ সেস ৰজাৰ নাম.

পুৰুপুৰকৰে, *ad.* omit লাহে লাহে.

পুৰিয়া, *a.* add *s.* a small packet of vermillion, medicine &c.

পুকস, *s.* in Eng. def. for ওপৰ পুকস, read উপৰি পুকা.

পুৰ্নঅৱতাৰ, *s.* in Eng. def. for a Nor King, read Nor Hingho.

পুলুকা, *a.* omit লুকুআ, add ডোল আদিৰ বন্ধনৰ পৰা এৰোআ.

পস্পোদ্যান, *s.* read পুস্পোদ্যান.

পেঁপুআ, *s.* for বিয়োহ, read বিয়োৰ.

পেটা, *a.* add used in *comp*; as দিঘল পেটা, long bellied, আপোন পেটা, greedy.

পেনপেনিয়া, *a.* omit পানি আদিৰ উথলা, add whimpering.
পৈত্রিক, *a.* omit অনেক পুৰুসিয়া.
পোআ, *s.* read পোঁআ.
পোকৰটনা, *s.* for কপাল, read কপিল.
পোন, *a.* omit প্রথম.
পোনা, *s.* add a term of affectionate address to very small children.
পোর্পোৰকৰে, *ad.* omit চর্চৰ, কৰে.
পোলা, *s.* add a bundle; for কোঁচা, read কোচা.
পোহৰিয়া, *s.* alter Assamese def. to পুৰনি দৈ গাখিৰত এঁওআ গাখিৰ দি থকা; and omit daily in Eng. def.
প্রতিখ্যান, *ad.* omit the last two Assamese def. and the last Eng. def.
প্রতিষ্ঠা, *s.* add consecration (as of an image.)
প্রত্যাখ্যপ্রমান, *s.* for the last Eng. def. read, self evidence.
প্রদেস, *s.* omit এক খণ্ড.
প্রবল, *a.* for বৰ বল read বৰ বলি.
প্রবেস, *s.* omit আহি পোআ.
প্রসুতা, *s.* omit the first Eng. def.
প্রস্তাও, add বেলা বা সময়.
প্রহু, *a.* omit পোহা.
প্রিয়, *a.* omit স্বামি.
প্রেতনদি, *s.* for hindoo styx, read Hindoo Styx.

ফ

ফইদা, *s.* omit লাভ, and its Eng. def. advantage.
ফকফকিয়া, *a.* for daylight, read, clear, translucid.
ফমা, *s.* omit আলু আদিৰ ঠেঙুলি, and its Eng. def. a root branch.
ফনিস্বৰ, *s.* omit the first Babuki in Eng. def.
ফর্ফৰিয়া, *a.* for সকান ঠাই, read সুকান.
ফৰ্ফৰোআ, *s.* for চের্চেৰোআ, read চেকচেকোআ.
ফলি, *s.* add an instrument through which wire is drawn.
ফলিয়া, *a.* omit কাস্কুলি মাচ.
ফিচাহিনি, for a ill-favored woman, read an ill-favored woman.
ফুকুউআ, for *s.* read *a.*
ফুটা, *a.* add a perforation.
ফেঁটি, omit the last Assamese def.
ফেকাম, *s.* add a cloth screen or partition.
ফেকামজোৰা, for *s.* read *a.*

ফেচেকা, *a.* in Assamese def. insert তামোল, in brackets.

ফেটেঙ্গা, *a.* for ফেতুলেঙ্গ, read ফেতুলেঙ্গা.

ফেৰিয়া, *a.* omit the first Assamese def.

ব

বঁহিয়া, *a.* add to the Assamese def. হাঁথৰুআ পৰা.

বখলা, *s.* add a slab.

বকলা, *s.* omit the last Assamese and Eng. def.

বচৰ, *s.* omit সাল.

বচা, *a.* for অচম দেসৰএক চহৰ, read কাঁবিৰ এখেদ মানুহ, omit the last Assamese def.

বচোআল, *s.* in Assamese def. for চুৰিয়া read মেখেলা, in Eng. def. for waist cloth read skirt.

বজ্রুপানি, *s.* for বজ্র, read বজ্রু, cut out কিৰ্পিন, কঠিন, and its Eng. def. a hard miser.

বজ্রমই, *a.* read বজ্রুমই.

বজ্রাঘাত, *s.* read বজ্রুাঘাত. for বজ্র মৰা read বজ্রু মৰা.

বতা, *s.* add সৰু চৰাই এবিধ, a quail.

বনুআ, *a.* for বন কৰা জন, read বন কৰা, laborious.

বৰজি, *s.* omit comma between জনি and চোআলি.

বৰটি, *s.* cut out ভাঙ্গৰ টি, and write বৰটি, with a circumflex over the ৰ.

বৰ্ন্নমালা, *s.* } these two words are printed together by mistake.
বৰ্নাই, *v.* }

বল, *s.* omit সেনা.

বসুদেৱ, *s.* for Bahoodeo read Bohudeu.

বহখোআ, for *s.* read *a.*

বহুদৰ্সি, *a.* omit লোক.

বাউলি, *a.* for বলিয়া উঠা তিৰোতা, read বলিয়া উঠা, (তিৰোতা.)

বাঁকি, *s.* omit থকা.

বাঁজি, *a.* insert মাইকি, in brackets.

বাকচতুৰ, *a.* omit &c. in Eng. def.

বাক্যকৰা, *a.* omit আঞ্জা.

বাঞ্ছনিয়, *a.* for last Eng. def. read wished for.

বাটি, *s.* add *v.* to twist (as of a cord.)

বান, *s.* for পাচৰ সংখ্যা, read পাচৰ সংখ্যা.

বানি সুতা, *s.* for তাভত্ বোআ, read তাঁতত বোআ.

বাপুটি, *s.* omit এজন বামুনৰ সম্বোধন.

বাপুদেউ, *s.* add to Eng. def. used to brahmin only.

বাপেক, } *s.* omit the def. an ejaculation of surprise.
বাপেৰে,

বাপ, *s.* for the two last Assamese def. read পিণ্ডত দিয়া কাপৰৰ দহি, Eng. def. thread from the fringe of a cloth, given at a shradh, in honor of the dead.

বাহৰ, *s.* omit সৰ্হিয়া.

বাহি, *a.* omit বস্তু, in the second Assamese def.

বাহিগা, *s.* for সেই দিনা নোখোৱা গা, read নোখোৱা গা.

বিক্রিত, *a.* omit the last three Eng. def.

বিয়োগ, *s.* add preceded by প্রান, death, dissolution.

বিদা, *s.* used for বিদায়, which see.

বিনন্দবিলাস, *s.* omit the last Assamese def.

বিন্‌বিনাই, *v.* omit থকা, in Assamese def.

বিনাসি, *a.* omit চুকাই.

বিভঙ্গ, omit হাত ভৰি নৰলোআকৈ মৰাৰ দৰে পৰি থকা.

বিয়থ, *a.* read বিয়ৰ্থ.

বিয়ৈবাঁজি, *a.* omit তিৰি, and write মাইকি in brackets.

বিৰ, *s.* for চুলি কোঁচা কোঁচ্‌কৈ ফালি ওকনি চোঙা, read চুলি আদিক দুভাগকৈ ফালি বাট উলিউআ, add, a division or parting, applied to the hair, to dense jungle, or to a crowd of people.

বিৰা, *s.* add, a pointed splint of bamboo for carrying unthreshed grain, an imaginary water demon.

বিলাত, *s.* omit the last Assamese def.

বিহুআ, *a.* add, a species of bird.

বুকু, *s.* omit the last Assamese def.

বৰ্বিয়া, বলনি, বলনি কাপৰ, বলনি ঘৰ, বলনি চঁৰা, these five words are misprints for বুৰ্বিয়া, বুলনি, বুলনি কাপৰ, বুলনি ঘৰ, বুলনি চৰা.

বলি, *v.* read বুলি, for খোজ কাৰ্হি, read খোজকাৰ্হি.

বেজা, *s.* add মাত ফুটাই কব নোআৰা, unable to articulate.

বেদান্তিক, *s.* for Eng. read Vedantic.

বোলাই, *v.* for to do in excess, read, to be in excess.

বৌ, *s.* for মাকৰ ডিবোতাৰ, addressed often to respectable women.

বৌধ, *s.* for Assamese def. read বুধ মাত্র মনা লোক, a Boodh.

ভ

ভিম, *s.* for পাচ পাণ্ডৱৰ, পাচ পাণ্ডৱৰ, add very large, used in *comp.* as ভিমকল, ভিম দলৈ.

ভুৰা, *s.* omit ভুবুৰা.

ভেঁটি *v.* add ঘৰ আদিত ওখকৈ তোলা মাটি.

ভেত্‌কৰে, *ad.* read ভেঁত্ কৰে.

ভেকভেককৰে, *ad.* insert ইঁহা, in brackets.

ভেজাই, *v.* omit the last Assamese def.

ভেলেক্‌কৰে, *ad.* for Assamese def. read বেগতে, অকস্মাতে, (গোচৰ আ,)

ভেল্‌ভেল্‌কৰে, *ad.* for Assamese def. read ৰৰকৈ, বেয়াকৈ, (দুৰ্গন্ধ উঠে.)

ভেলেঙ্গি, *s.* for Assamese def. read মাইকি সৰু পছু.

ভোটা, *s.* add পুৰিবলৈ সজা কেঁচা ইটাৰ দল, a pile of unburnt brick.

ভোটাতৰা, *s.* add শুক্র গ্ৰহ, also the morning star.

ভোলা, *s.* omit the last Assamese def.

ম

মন, *s.* in Eng. def. for পৰি or বাৰ্হি, read পৰি or বহি.

মনু, *s.* for the first Assamese def. read হিন্দু ব্যবস্থাৰ সাস্ত্ৰ বক্তা মুনি এজন.

মলি, *s.* add to mix treacle and tobacco for smoking, to scour.

মঙহ, *s.* for Eng. def. read, a *hath* where Naga salt is sold.

মাজতিয়া, *a.* for মাজুই, read মাজু.

মান্যৱতি, *a.* স্ত্রি, shut up in brackets.

মাৰ, *s.* omit মুঠ.

মেজাস্কৰি, for *v.* read *s.*

মেঠ, *s.* omit অৱস্থা, condition.

মোচ, *s.* omit গোঁফ, which is Bengali.

ৰ

ৰথজাত্ৰা, *s.* for Juggernaut, read Jagannath.

ৰহঘৰা, *s.* omit the last Assamese def.

ৰাজদুআৰ, *s.* for the royal levee, read a royal levee.

ৰামায়ন, *s.* add to the Eng. def. contention, discord.

ল

লভাসিৰ, *s.* omit লেটেকা.

লৰা, *s.* লঁৰা, with circumflex.

লাই, *s.* omit সাক এবিধ, see লাইসাক.

লেচ্‌কেচ, *s.* omit the last Assamese def.

লেপ, *s.* omit নিহালি.

স

সগুন, *s.* omit এসগুন, and the Eng.

সতৰি, *a.* omit কথকি তিৰি, and its Eng. a talkative woman.

সতিনিমাৰি, *s.* read for Eng. def. a stick to steady the band of a wheel.

সৱ, *a.* omit মৰা দেহ, and Eng. def. a dead body.

সৰালি, *s.* for foul, read fowl.

সাক্ষিভাৰ, *s.* in Eng. def. omit the words as above.

সাদিন, for *a.* read *s.*

সাৰি, *v.* omit the last Assamese def.

সিজ, *s.* omit বিসাল.

সিৰফটা, *a.* read সিৰফুটা.

সিহৰি, *s.* for চাকমৈয়া সিপা, read চাকলিয়া সিপা.

সুগন্ধ, *s.* omit মলমল কৰে, which is *ad.*

সুচামৰা, *s.* omit খহ আদিত খোচ মৰা.

সুনি, *v.* add আগ্যা মানি.

সেওতা, *s.* omit the last def. in Assamese and Eng. see সেঁওতা.

সোমাৰপ্ৰিষ্ঠ, *s.* for Bishnauth read Bishnath.

স্নানজাত্ৰা, *s.* for Juggernaut read Jagannath.

স্বাস, *s.* omit last Assamese def.

হ

হৰন, *s.* for rage, read rape.

হৰমোহন, } *a.* read হৰ মোহন.
হৰলক, } হৰলুক.

হলাই, *v.* for দোআই, read দোঁআই.

হলো, *s.* for কলা, read কঁলা, with circumflex.

হলোহলোকৰে, *ad.* for খোজ কৰ্হা, read খোজ কৰ্হা.

হাই, *s.* for চিয়ৰ, read চিঁয়ৰ.

হাউলি, *s.* add to lean, to incline from a perpendicular.

হাঁওবিমাৰি, *v.* omit the last Assamese def.

হানি, *s.* omit টোআই.

হিলৈগুটি, *s.* read হিলৈ মৰা গুলি.

হেইতেন, omit the comma after সম্ভৱ.

হেপোৰতেপোৰ, *s.* for জুজি থকা, read জুঁজি থকা.

হৈ, *v.* for হই, read হুই.

হোঁকোৰা, *s.* for or above, read, as above.